BASTEI
LÜBBE

Von R. P. Mielke sind die folgenden Bastei Lübbe Taschenbücher lieferbar:

12876 Gilgamesch – König von Uruk
12970 Inanna – Odyssee einer Göttin
14657 Karl Martell – Der erste Karolinger
14855 Colonia – Der Roman einer Stadt

Inhalt

Britannien
FRIESEN
Weser
FRANKEN
Colonia Agrippina
Oder
Elbe
Main
Mosel
THÜRINGER
Paris
Trier
Châlons
BURGUNDEN
Armorica
Rhein
Orleans
Castra Regina
Troyes
Loire
ALAMANNEN
Donau
Raetien
Vindobona
ALANEN
Burgund
Poetovio
Drau
Bergamus
Mediolanum
Verona
Emona
Ticinum
Rhone
Aquileia
Padus
Ravenna
Tolosa
Arelate
Ebro
WESTGOTEN
Massilia
Ariminum
MARE HADRIATICUM
Barcino
Rom
SUEBEN
MARE TYRRHENUM
Carthago
VANDALEN

IMPERIUM ROMANUM
ZUR ZEIT ATTILAS
Grenze des Weströmischen Reiches
0
500 km
ANEN
SARMATEN
Borysthenes
Tanais
Pyretus
Maiotis
Palos
Theiß
Körös
Hierasus
Chersonesos
Marus
GEPIDEN
Heraklea
HUNNEN
Singidunum
Durostorum
PONTUS EUXINUS
(SCHWARZES MEER)
acium
Donau
Dakien
Moesien
Margus
Naissos
Serdica
Bosporus
Philippopolis
Hadrianopolis
Constantinopolis
Nicaea
Thessalonike
Propontis
MARE
THRACICUM
Athen
OSTRÖMISCHES REICH

Prolog

Es geschah gegen Abend, als die spät untergehende Sonne in rötlichen Dunst über den Ufersümpfen zwischen Donau und Theiß eintauchte und die schweigenden Schatten über dem flachen Land immer dunkler wurden, während in vielen hundert großen, zylindrischen Kupferkesseln über den Lagerfeuern zwischen Zelten und Yurten Fleischsuppen mit Zwiebeln und wilden Kräutern kochten, während die Kleinkinder schon vorab Airag, gegorene Stutenmilch, erhielten und die Männer schnuppernd und ungeduldig die spießartigen Löffel zur Hand nahmen und auf ihren Anteil am Tagesmahl warteten. In dieser Stunde des fast beendeten Tages, von dem später in den Annalen und Chroniken kein Rauben und Plündern, kein Königsmord, kein Barbareneinfall und kein erobertes Grenzcastell in beiden Teilen des riesigen römischen Reiches verzeichnet werden sollte, gellte urplötzlich eine Serie kurzer, trillernder Pfiffe über den Hauptplatz.

Sie wurden überall gehört – zwischen den riesigen Viehherden der Schwarzen Hunnen ebenso wie an den Feuern und in den Wagenburgen jener germanischen Hilfsvölker, die schon seit einer Generation gemeinsam mit den Steppenreitern aus dem Osten gegen die Feinde aller Herren kämpften, die sie mit Gold bezahlen konnten.

Drei noch junge Reiter preschten in scharfem Galopp aus dem Sonnenuntergang. »Sie kommen! Sie kommen! Hört ihr, die Römer kommen!« rief der jüngste, kaum vierzehnjährige Reiter mit heller Stimme. Der mittlere stieß noch mehr trillernde Pfiffe aus.

»He, Attila, schrei nicht so!« rief der älteste der drei, offensichtlich ihr Anführer. »Bist du ein Hunne oder ein kreischender Vandale?« Der Jüngste lachte laut und übermütig.

»Ich bin viel mehr Hunne als du, mein Bruder Bleda ... du ... stinkender Sohn einer Ostgotin!«

Mit einem peitschenden Knall schlug das kürzere Ende eines Wurfseiles durch die Luft. Das längere bildete noch im Flug eine Schlinge und fing perfekt abgemessen den Körper des Jungen ein. Attila spürte, wie seine Arme von den Zügeln gerissen und schlagartig an seinen eigenen Körper geschnürt wurden. Ein harter, schmerzhafter Ruck, vor dem ihn weder das hölzerne Sattelgerüst noch die breiten Steigbügel schützen konnten, ließ ihn in hilflosem Zorn aufschreien. Was jetzt kam, wußte er.

Wie alle heranwachsenden Nomadenkrieger hatten die drei ungleichen Brüder wieder und wieder geübt, mit straff angebundenen Armen vom Pferd zu fallen, im Stand und – was viel härter ruckte – im vollen Galopp. Doch beim Üben waren sie darauf vorbereitet und wußten, worum es ging. Nur machte sich Bleda, der älteste Sohn von Fürst Mundschuk, immer wieder einen Spaß daraus, seine Brüder auf diese Weise zu unterwerfen, die schon Heerführer und Könige mitten aus einer Schlacht in den Tod gerissen hatte.

Attila stürzte.

Er sah den Himmel über sich, dann aus den Augenwinkeln den grasigen Boden und ganz entfernt die Yurten und Zelte mit ihren Lagerfeuern. Nichts von all dem, was er in den vierzehn Jahren seit seiner Geburt gelernt hatte, war so schwierig und gegen jeden Instinkt wie das, was er jetzt tun mußte. Er wollte sich zusammenkrümmen, sich wie eine Kugel aus Zweigen einrollen, wie sie der Sturmwind über die Steppen trieb, um so aus Tempo und Wucht des Sturzes gemeinsam ein Yin und Yang zu bilden.

Doch genau das war falsch! Sie hatten gesehen, was selbst Kriegern geschah, wenn sie sich zu dieser Mutprobe verleiten ließen. Den besten Beweis lieferten lebende Hammel, die, an vier Beinen zusammengeschnürt und in einem hohen Sattel verklemmt, in die Wurfschlinge gingen und rücklings vom Pferd gerissen wurden. Derart zusammengebundene Hammel schlugen so schwer auf, daß sie sofort nach dem Aufprall tot waren. Und seltsamerweise überlebten gerade die Tiere, deren Körper nicht zu einer kugelig-dichten Masse zusammengebunden waren, die mitgeschleift und über Steine und durch Dornenbüsche gezogen wurden.

»Flach ausgestreckt bleiben!« hörte der junge Hunne eine dämonisch klingende Stimme in sich. »Vergiß jeden anderen Gedanken, und bezwinge die falschen Gefühle in dir!«

So sprach nur Aijbars, der *Schwarze Mondpanther*. Er war ihr Onkel und oberster Schamane der östlichen Stämme, und von ihm hieß es, er könne jede Krankheit heilen und mit den Toten reden.

»Schlag flach auf, ganz egal, was zerbricht und welche Seite deines Körpers auf diese Weise zerschunden und über den Boden geschleift wird. Du kannst überleben, und das ist jetzt das einzige, was zählt. Und vergiß niemals: Kein Römer und kein Germane kann auf unsere Art von einem dahinjagenden Pferd fallen ...«

»Nein«, dachte Attila noch, »kein Römer kann es, aber jetzt sehen sie es ... sie sehen, wie der jüngste Sohn ... von Fürst Mundschuk ... von seinem Pferd fällt ...«

Die Nacht kam an diesem Tag früher für ihn als für alle anderen.

Zur gleichen Zeit entstand neue Unruhe im Lager. Unmittelbar vor dem Rundzelt des Großkönigs, das mit seidenen Tüchern und vielen hundert bunten Stangenwimpeln geschmückt war, eilten Sklaven und Diener hin und her. Stolz und herablassend aussehende gotische und alanische Vasallenkrieger scheuchten ungebetene Neugierige, Bittsteller und wartende Abgesandte der vielen mitziehenden Stämme im Lager beiseite. Mit ihren kurzen, gefährlich klingenden Zischlauten brachten sie alle zum Schweigen.

Im letzten Tageslicht traten zwei Männer auf die flache, hölzerne Terrasse vor dem Zeltpalast in der Mitte des riesigen Lagers, in dem jede einzelne Yurte um das Hauptzelt eine ganz bestimmte Bedeutung und Aufgabe hatte. Es war, als würden die beiden Männer durch ihr Erscheinen den Tag nochmals vergolden. Sie blickten kurz in die jetzt tiefrote Dämmerung des Sommertages.

»Gehen wir zu Fuß bis zum Feuer?« fragte der Ältere.

Der andere nickte. »Wir können dort auf die Pferde steigen, sobald die Römer auftauchen.«

Zu jeder anderen Zeit wären sie nicht einen Schritt zu Fuß gegangen. Ohne auf die verwunderten Gesichter ringsum zu achten, gingen sie an den bereitgehaltenen Pferden vorbei. Das Feuer der Königssippe loderte an diesem Abend besonders hoch, hell aufstiebend und wie ein gewaltiger Scheiterhaufen zu den ersten Sternen hinauf.

Die beiden stattlichen Männer unterschieden sich weder durch ihren kräftigen Wuchs noch durch ihr langes, schwarzes, im Nacken mit einer Adler-Spange zusammengehaltenes Haar oder den Schmuck ihrer Kleidung voneinander. Beide trugen flache Halbstiefel, die mit goldbeschlagenen Riemen über Spann und Sohle geschnürt waren, gut geschnittene Leinenhosen, breite, mit Halbedelsteinen und Schnallen besetzte Ledergürtel, Dolche in kostbar geschmückten, emaillierten Scheiden, dazu halboffene Leinenhemden mit Stickerei sowie goldene Gelenkreifen und Halsketten mit eingefaßtem Bernstein, rotem Granat und ebenso glänzenden Karneolen.

»Willst du tatsächlich diesen Aetius in deinen Zeltkreis aufnehmen?« fragte der Jüngere. Der andere lachte verwegen. »Warum nicht, Fürst Mundschuk? Gold ist mir zwar lieber, aber ich nehme auch römische Adlige als Pfand für unsere Verträge.«

»Es ist das erste Mal, daß ein hunnischer Großkönig einen Römer als offizielle Geisel akzeptiert. Wir wissen doch, daß derartige Austausch-Adlige nur Kundschafter sind, die dich belauern und jedes Rülpsen an ihren Kaiser melden!«

Großkönig Kharaton lachte laut. »Dann soll er ruhig berichten, daß wir vor Kraft und Kampfgeist nicht mehr reiten können, sobald wir satt sind und mit Inbrunst rülpsen.«

Fürst Mundschuk schüttelte abweisend den Kopf. Er, der

seinen rühmenden Beinamen *Knauf und Schmuck der Fahne* zu Recht trug, konnte als einziger unter allen Neffen dem Großkönig ohne Scheu sagen, was ihm nicht behagte. Genau deshalb war er es, den der *Schwarze Mächtige* Kharaton in sein Lager gerufen hatte, während die Häupter der anderen östlichen Hunnenstämme zwischen den Südosthängen der Karpaten und der zum *Pontus Euxinus* hin strömenden unteren Donau zurückgeblieben waren.

Dieser Teil der einst vom römischen Kaiser Trajan eroberten und längst wieder aufgegebenen Provinz Dakien war ihnen zu einer neuen Heimat geworden – obwohl sie mit derartigen Begriffen kaum etwas anfangen konnten. Die meisten anderen Hunnenvölker ließen ihre Herden in der flachen, aber oft sumpfigen Ebene grasen, die sich auf der östlichen Seite der Berge bis zu den römischen Limes-Befestigungen am großen Fluß hinzog.

»Mir mißfällt immer mehr, daß Ravenna meinen Erstgeborenen als Gegengeisel bekommen soll«, sagte Mundschuk unvermittelt. Der Großkönig blieb stehen, schob die Unterlippe vor und sah sich unauffällig zu den Seiten hin um. Mundschuk ging noch einen Schritt weiter, ehe er ebenfalls stehenblieb und sich umwandte.

»Ja, ja, ich weiß«, sagte er und hob die Hände. »Da deine eigenen Söhne im Kampf gegen Rom gefallen sind, ist es dein Wille, daß ich einen Sohn im Austausch für Aetius stelle.«

»Gut, daß du rechtzeitig zur Einsicht kommst!« sagte der Großkönig mit einem Ansatz von warnender Verärgerung in der Stimme. »Es ist eine Ehre für dich, Mundschuk, denn du wirst von mir bevorzugt ... vor deinen älteren Brüdern Ruga und Oktar, dem *Friedlichen Starken*! Selbst wenn jene ebenso wie du einmal Könige der Hunnen werden, sind deine Söhne bereits als die Herrscher der nächsten Generation ausgewählt.«

»Bisher gibt es dafür nur die Prophezeiungen von Aijbars.«

»Na und? Immerhin hat mir euer jüngster und heiliger Schamanen-Bruder noch in der vergangenen Nacht geweissagt, daß meine Entscheidungen Gold, sehr viel Gold bedeuten! Du warst doch auch dabei, als er aus Knochenrissen von Hammelschultern, die im reinen Feuer lagen, die Wege unserer Macht ausdeutete.«

Fürst Mundschuk nickte. Er ging langsam weiter.

»Du willst einfach nicht einsehen, was nötig ist«, grollte der Großkönig ihm hinterher. »Es kann nicht schaden, wenn einer deiner Söhne frühzeitig lernt, wie unsere Feinde denken, fühlen und planen.«

»Dann laß mir wenigstens meinen Erstgeborenen«, bat Fürst Mundschuk und blieb erneut stehen. Alle anderen, die sonst dicht bei ihnen blieben, waren auch ohne ausdrücklichen Befehl so weit zurückgewichen, daß die beiden Männer inmitten des riesigen Lagers wie auf einem leeren Platz standen. »Wir könnten Attila benennen ... oder den Mittleren!«

»Willst du die Römer mutwillig beleidigen? Sie schicken uns den Sohn ihres Generals, der über ganz Gallien befiehlt. Und wir? Fürchten wir uns, einen künftigen Großkönig als unsere Geisel vorzuschicken?«

»Du weißt genausogut wie ich, daß wir keine Furcht kennen, Kharaton!« protestierte Mundschuk halblaut. Jetzt war auch er verärgert, wollte aber nicht, daß ihn die anderen hörten. »Vergiß nicht, daß ich selbst schon zweimal mit den Legionen Roms gegen Alarich und seine Westgoten gesiegt habe!« stieß er hervor. »Und König Uldin, der *Oftmals Glückliche*, den ihr jetzt alle verachtet? Es sind noch keine drei Winter vergangen, seit er zusammen mit dem obersten Feldherrn des westlichen Imperiums die Germanenhorden von Radagis in der Toskana niedergemacht hat. Zu Hunderttausenden sind diese brüllenden Germanen über die Alpen geströmt, um sich bis zum Herzen des Imperiums zu rauben und zu brennen. Ohne Uldin und uns Hunnen wäre Rom schon vor drei Wintern in Flammen aufgegangen ...«

»Ja, ja, ich weiß, du hältst immer noch zu diesem großmäuligen Versager. Westlicher Hunnenkönig wollte er sein, der größte unter der Sonne! So hat er vor den Oströmern geprahlt, kaum daß er vor ein paar Monaten über die Donau gesetzt war, um Tribut vom unmündigen Sohn des gerade erst zu den Toten abgetretenen Kaisers zu fordern. Und was ist geschehen? Mit Leichtigkeit haben die Oströmer ihre Grenzbefestigungen und sogar *Castra Martis* zurückerobert. Und Uldins Krieger – sind ihm weggelaufen. Seine eigenen Männer, Mundschuk!«

»Doch nicht aus Feigheit!«

»Goten! Alanen! Sarmaten!« zählte der Großkönig auf. Er drehte sich wieder um und stapfte weiter. »Und gute Hunnenkrieger, Mundschuk! Vom Gold geblendet und vom Glanz der Lügengeschichten über ein schönes Leben hinter den Mauern von Byzanz, mit seidenen Gewändern, Rosenduft und Weibern. Weibern, die sich bei all den kaiserlichen Eunuchen schon längst nach Kerlen sehnen, die noch nach Schweiß riechen und reiten können!«

»Du urteilst bitter, Kharaton! Vielleicht hat Uldin, der *Oftmals Glückliche*, nur vergessen, ihnen zu sagen, daß durch den Tod von Kaiser Arkadios eine günstige Lage entstanden war. Ich verstehe sehr gut, daß er sie nutzen wollte. Wie konnte er wissen, daß die Eunuchen in Byzanz genau damit gerechnet hatten ...«

»Ha!« stieß der Großkönig hervor. »Jetzt sagst du es selbst! Natürlich gibt es auch unter unseren Hunnen und den Vasallenkriegern Verräter! Aber Uldins Fehler war doch, daß er selbst keine Augen und Ohren am Hof von Konstantinopel und bei den Generalen Ostroms gehabt hat!«

»Du bist noch immer ungerecht, Kharaton!« sagte Mundschuk furchtlos. »Wer hat denn vor neun Wintern, am Neujahrstag des Jahres vierhunderteins nach ihrer christlichen Rechnung, den Kopf des Gotenaufrührers Gaina an den oströmischen Kaiser im zerstörten Byzanz geschickt und sich damit die ersten Verträge mit dem Imperium erworben? Auch das war Uldin, falls du das vergessen hast! Der erste Hunne, mit dem das tausendjährige *Imperium Romanum* jemals gesprochen hat! Der erste von uns, der nicht wie ein schrecklicher

Dämon aus der Finsternis oder als lallender Barbar behandelt wurde! Das, Kharaton ... das wird man noch in kommenden Jahrhunderten an allen Hunnenfeuern preisen ...« Der *Schwarze Mächtige* ging scheinbar ungerührt weiter auf den großen Lagerplatz zu, doch seine Schritte wurden kürzer, stampfender und schwerer.

»Das Imperium ist eben nicht mehr das gleiche, das unsere Väter angetroffen haben«, fuhr der Großkönig fort. »Es ist geteilt, und nur die Sprache und die römischen Gesetze halten es noch zusammen. Aber die Völker an den Grenzen hungern, wie wir gehungert haben, und drängen unaufhaltsam weiter nach Westen. Deshalb brauchen auch wir jetzt jemanden, der Rom von innen her erkundet ...«

»Ja, du hast recht«, sagte Fürst Mundschuk zustimmend. Es war, als hoffe er, den Großkönig auf diese Weise doch noch umzustimmen.

»Niemand kann wissen, was in ein, zwei Jahren sein wird. Aber die großen Römerkaiser liegen längst in Sarkophagen; die Helden der Legionen sind verwest. Wen interessiert noch Rom?«

»Mich, Mundschuk!« schnaubte der *Schwarze Mächtige*. »Mich und jeden anderen, der sich König der Hunnen nennt! Denn dieses Riesenreich ist überreif. Es wird verfaulen, wenn wir die Frucht nicht pflücken!«

»Es zuckt nur noch, dieses angeblich tausendjährige Reich!« Großkönig Kharaton lachte trocken.

»Es ist viel gefährlicher als das Imperium, das unsere Väter angegriffen haben! Denn es ist unberechenbar geworden in seinen Intrigen und seiner Korruption! Kaiser Honorius hat sich in Ravenna eingeigelt. Und wer schützt ihn dort? Nicht etwa seine Palastgarden, sondern Reiter von uns, die wir zurückgelassen haben. Dazu Germanen, die ihm schon sein toter Bruder, Kaiser Arkadios von Ostrom, versprochen hat.«

»Ja, aber Honorius hat soviel Angst vor Alarich und seinen Westgoten, daß er unfähige Dalmatiner nach Rom schickt und verbreiten läßt, zehntausend Reiter von uns wären schon unterwegs, um ihn zu schützen. Und in dieses Durcheinander soll ich meinen Ältesten schicken?«

»Es ist noch wahnwitziger«, lachte der *Schwarze Mächtige*, »und deshalb ist jetzt unsere Stunde gekommen: Im Westen des Reiches, in Gallien und Hispanien, schlagen sich römische Heerführer als selbsternannte Kaiser und Gegenkaiser. Im Osten regiert Theodosius der Zweite – ein Kind mit vier zeternden Schwestern. In Ravenna dieser unfähige Honorius, der seinen obersten Heerführer ermorden ließ, weil er zum Kampf gegen Alarichs Westgoten Truppen von der Rheingrenze abgezogen und mit Alarich verhandelt hat. In Rom schließlich ein Senat, der schon einmal Gold, Pelze und Gewürze an Alarich und seine Belagerer ausliefern mußte. Und dann plötzlich ein neuer Stern am Himmel über den Julischen Alpen. Dieser Mann, Generidus, kommandiert bereits alle weströmischen Truppen in Oberpannonien, Noricum und Raetien. Jetzt hat er auch noch Dalmatien bekommen, und weißt du, mit welcher Anweisung?«

Mundschuk schüttelte den Kopf.

»Er soll dafür sorgen, daß die Gelder aus Rom und Ravenna tatsächlich bei den Legionären ankommen und nicht in dunklen Tümpeln versickern. Und er soll den Notständen der Zeit gegen die benachbarten Barbaren begegnen. Damit sind wir gemeint, Fürst Mundschuk, wir, die Barbaren! Doch dieser neue Befehlshaber, den Rom als Riegel gegen uns und die Westgoten stellt, während es gleichzeitig um unsere Kampfkraft bittet, dieser Mann haßt die Christen mehr als uns. Er betet die Sonne an, im Glauben an den unbesiegbaren Gott Mithras ...«

»Was hat das alles zu bedeuten?«

»Angst, Mundschuk! Rom hat Angst! Extra für diesen Mann, der uns im Zaum halten soll, während wir gleichzeitig Hilfstruppen für den Kaiser schicken sollen ... extra für diesen Heerführer hat der Senat in Rom jenes Gesetz vorläufig außer Kraft gesetzt, das gnadenlos die Todesstrafe für jeden Militärführer befiehlt, der sich weigert, an den Gekreuzigten aus der fernen Ost-Provinz Palaestina zu glauben.«

»Und wenn es so ist: Verstehst du denn nicht, wie unberechenbar sie geworden sind?«

»Gib dir keine Mühe, Mundschuk!« sagte der Großkönig. »Du siehst, ich bin nicht wankelmütig. Du mußt noch viel lernen, wenn du selbst einmal König der Hunnen werden willst! Denn nicht die Stärken, sondern die Schwächen entscheiden über Sieg und Niederlage! Und Rom zeigt nur noch Schwächen. Das ist der Schlüssel zu den Schatzkammern des riesigen Imperiums. Wir können alles haben, und sie werden uns ihr Gold und ihr Geschmeide auch noch freiwillig bringen. Doch zuvor brauchen wir gute Männer an beiden Königshöfen. Dein Sohn Bleda wird einer davon sein! Oder fürchtest du, daß man ihn hinterrücks erschlägt, weil er ein Hunne ist?«

»Nein, Kharaton. Nicht, weil er ein Hunne ist, sondern weil seine Mutter Gotin war.«

»Na und? Die Goten belagern Rom, doch ihren König nennen die Römer respektvoll *Alaricus*! Nur über uns gibt es nichts als Lügenmärchen! Sie schreiben und reden doch alle, wie's gern gehört wird! Wir sind nur Tiere für sie ... grausame, unmenschliche Ungeheuer! Doch heimlich bewundern sie uns und zahlen mit Gold oder Beuteanteilen dafür, daß wir für sie kämpfen – die Römer ebenso wie die Westgoten!«

»Trotzdem will ich nicht, daß mein Erstgeborener in Ravenna als Geisel den Nacken beugen muß! Er würde lieber sterben als verhandeln oder mit schönen Worten kämpfen!«

Fürst Mundschuk blickte die breite Lagerstraße entlang. Von Westen her kam eine kleine Staubwolke näher, hinter ihr eine zweite. »Sieh selbst!« sagte er. »Die Römer bringen eine hochgestellte Geisel, aber kein Hunne beachtet sie ...«

Noch wenige Jahre zuvor wäre das undenkbar gewesen. Nach Jahrhunderten des Aufbruchs vom Rand des ummauerten Reichs der Mitte, des Hungers und der Armut waren sie bis an die gleißende Grenze des *Imperium Romanum* vorgestoßen. Nicht mehr die rohen und rotgesichtig herumirrenden Bauernkrieger aus dem Norden oder die alanischen Reiternomaden waren hier ihre Gegner gewesen, sondern die feinen und wie aus Marmor geschliffenen Legionäre der beiden römischen Reichshälften. Aber auch das war jetzt vorbei.

»Wir müssen uns neu und noch straffer zusammenfinden«, sagte der Großkönig, während er ebenfalls auf die Staubwolken blickte, die sich sehr langsam näherten. »Wenn es uns nicht gelingt, alle Hunnen mit eiserner Hand zusammenzuschließen, erleiden wir das gleiche Schicksal wie alle Völker, die sich an der römischen Pest angesteckt und dann gemeinsam aufgegeben haben. Denn das ist unsere Schwäche ... wir sind zu eigennützig!«

Er wandte sich abrupt um und winkte.

»Wir werden sie auf unseren Pferden empfangen!« Sofort kamen vier, fünf Männer mit gesattelten und reich geschmückten Wallachen auf sie zu.

»Die beiden da, sie sind die größten!«

Großkönig Kharaton und sein Schwager, Fürst aller Hunnenstämme zwischen den Karpaten und den Ufern des Schwarzen Meeres, sprangen aus dem Stand in die Steigbügel, lehnten sich weit nach vorn und glitten dann in die hohen, stramm gepolsterten Sättel, die ihnen jenen Halt auf ihren Pferden gaben, vor dem sich nicht nur die Unterlegenen in jedem Kampf fürchteten.

»Du hast mir noch nicht geantwortet«, rief Mundschuk. Kharaton richtete sich hoch auf.

»Wir schicken deinen Sohn Attila zu den Römern«, antwortete er so laut und mächtig, daß ihn auch die weiter entfernt Stehenden hören konnten. »Bleda wird hier gebraucht ... Als Großkönig von morgen ist er zu schade für das schon stinkende römische Imperium!«

Fürst Mundschuk unterdrückte nur mühsam einen Freudenschrei. Dies war die heikelste Angelegenheit gewesen, die je ein Hunnenfürst mit seinem Großkönig beredet hatte. Doch jetzt konnte er stolz und sehr zufrieden schnauben.

Präzise und perfekt im Sitz wie in den großen Zeiten der Legionen ritt die Gesandtschaft vom kaiserlichen Hof des Westens in Dreierreihen im Zeltlager des Hunnenkönigs ein. Sie hatte sich weder im Tag noch in der Stunde von den Vereinbarungen entfernt. Allen voran der Mann, der trotz seiner Jugend viel härter aussah als die milchgesichtigen römischen Krieger mit ihren metallglänzenden Buschhelmen und Kettenpanzern aus hammergeschlagenen Eisenringen.

»Das ist Aetius, deine Geisel«, sagte Fürst Mundschuk zum Großkönig der Hunnen.

»Aber neben ihm – ist das nicht dein Sohn ... Bleda? Und welches Pferd führt der Römer noch?«

Mundschuk griff fester in die Zügel. Ohne auf Kharaton zu achten, preschte er los. Er erkannte das andere Pferd. Quer über dem hölzernen Sattel hing ein staubiger, über und über blutverschmierter Körper.

»Bleda!« schrie Fürst Mundschuk. »Was ist mit deinem Bruder?«

»Ich bringe dir deinen Sohn Attila«, antwortete an Bledas Stelle Aetius, der Römer. Er sprach nicht Griechisch oder Latein, sondern den dunklen Dialekt jener Hunnen, die zwischen den Karpaten und der unteren Donau lebten.

»Wie kommst du dazu? Und was ist mit ihm?« rief Mundschuk.

»Ich fand ihn auf dem Weg zu euch«, antwortete der junge Römer, der stolz und hochgewachsen auf seinem nußbraunen Hengst ritt.

»Einfach in vollem Ritt vom Pferd gefallen«, ergänzte Bleda laut und mit einem Vorwurf in der Stimme.

»Es tut mit leid, Fürst Mundschuk«, sagte die Geisel. »Aber dein jüngster Sohn ... den sie Attila nennen ... ist tot.«

Der Weg

1. *Geisel in Rom*

»He, he ... ihr Drei da ... was wagt ihr Barbaren euch ins Rom der Römer?«

Der krächzende, zitternde Ruf des hohlwangigen, sichtlich seit langem arbeitslosen Notarius' klang hell durch die Mittagshitze. Der Schreibkundige mit dem langen Gesicht eines Syrers sah aus, als würde er jede Sekunde vor Hunger zusammenbrechen. Es gab einfach keine Arbeit für ihn, keine wohlhabenden Römer mehr, die ihr Testament noch nicht öffentlich ausgehängt hatten. So hockte er wie viele andere in der Subura schwitzend und erschöpft vom Nichtstun im Schatten seines wackeligen Schreibtisches, der wie ein zerfledderter und von der Sonne ausgebleichter Marktstand aussah.

Dort, wo sonst jeder Scherz, jede Anzüglichkeit zwischen den verwahrlosten fünfstöckigen Mietshäusern ein vielfältiges Echo gefunden hatte, wurde seit Monaten nicht mehr gelacht. Die neue Belagerung durch König Alarich und seine Westgoten hatte Rom mehr verändert als irgendein Ereignis in den vergangenen Jahrhunderten.

Zu jeder anderen Zeit hätten drei junge, sauber gekleidete Männer aus den Palästen auf den sieben Hügeln oder den Stadtvillen der Senatoren dem Winkeladvokaten sofort geantwortet: frech oder mit einem anzüglichen Witz. Doch diese drei vollkommen unterschiedlichen Halbwüchsigen sagten kein Wort. Zwei von ihnen hatten blonde, nach Römersitte halblang gestutzte Haare, helle Augen und große Nasen. Sie sahen aus wie Söhne von germanischen Edelingen. Der ältere, wahrscheinlich ein Vandale, war etwa siebzehn Jahre alt. Seltsamerweise zog er – ebenso wie der dritte junge Mann – sein linkes Bein ein wenig nach. Der zweite wirkte eher wie ein scheues, schnüffelndes Tier in einem fremden Gehege. Er sah sich ständig um, bewegte wortlos seine schmalen Lippen und sicherte nach allen Seiten.

Der auffälligste der jungen Männer war jedoch der dritte. Er war kleiner als die beiden Germanen. Mit seinem stämmigen, energiegeladenen Körper, seinem langen, schwarzen, im kräftigen Nacken von einer Adler-Spange zusammengehaltenen Haar und seinem wie aus Olivenholz geschnitzten Gesicht paßte er nicht zu den beiden anderen. Er hatte dunkle, sehr wach funkelnde Augen unter scheinbar müde gesenkten Lidern, dazu eine im Vergleich zu Römern, Griechen und Germanen eher flache Nase und volle, an den Kanten scharf konturierte Lippen. Seine hohe Stirn und sein schon fast wie bei ägyptischen Pharaonen geformter Kopf fielen besonders ins Auge. Wer so aussah, der konnte kein Sklave und kein kleiner Gefangener irgendeines Stadtpräfekten sein ...

»Los, los, verschwindet hier!« rief der Notarius, schon durch das Näherkommen der drei jungen Männer gereizt. »Hier ist kein Platz mehr für bunte Vögel aus den Barbarenländern!«

Es war der Kleine, der plötzlich knurrte wie ein Wolf, ruckartig stehenblieb und dann nach beiden Seiten mit den Armen ausschlug.

»Halt! Der da weiß es!«

Die beiden Blonden rechts und links von ihm stolperten fast. Es stank entsetzlich in der Subura, dem verrufensten von allen Vierteln Roms. Hier konnten selbst jene noch die Gunst irgendeiner Domina und ihrer Töchter kaufen, die selbst in den Kaschemmen hinter den langen Kais des Handelshafens Ostia nicht mehr eingelassen wurden.

»Was sagst du uns für diesen Solido?« fragte der Kleine mit leiser, seltsam rauher Stimme. Er zeigte ihm ganz kurz eine der glänzenden Goldmünzen, die unter dem gegenwärtigen Kaiser nur noch ein Drittel ihrer üblichen Größe hatten und vom Volk abfällig *Tremissen* genannt wurden. Der nörgelnde Notarius begriff sofort, welches Geschenk ihm Jupiter, Mithras oder der Gott der Christen da anbot. Hunger und Gier flackerten in seinen Augen auf.

»Sag uns, wo ein geheimer Eingang zu den Katakomben ist ...«

Der hagere Notarius schluckte, versuchte vergeblich ein Lachen und leckte sich ein-, zweimal über die Lippen.

»Was ... was wollt ihr da?« fragte er, plötzlich verschwörerisch und verschlagen. »Ihr seid doch keine Christen!«

»Nein, aber wir haben Solidos. Und du bist römischer Notarius – ein Mann, der vieles weiß und alles tut für den, der ihn bezahlen kann.«

Das war zuviel für den Notarius. Wie kam der Hunnenhund dazu, ihn öffentlich mit einer Hure gleichzusetzen! Er wußte einfach nicht mehr, wie er antworten sollte. Mit unsicheren Blicken suchte er in der leeren, vor Hitze flirrenden Straße, hinter der Stille der verhängten Türen und Fensterhöhlen nach irgendeiner Hilfe. Dann musterte er den jungen Hunnen.

Denn dieser Halbwüchsige in der kurzen weißen Tunika war kein leichtlebiger Grieche, kein genußsüchtiger Gallier, kein hartnäckiger Ägypter, kein verschmitzter Jude und erst recht kein rotbärtiger Germane. Er war der Fremde schlechthin, der Barbar, die Quelle aller Not und Angst.

»Was ist?« drängte er den Notarius. »Ein Solido für eine gute Antwort.«

»Dazu einen von mir«, ergänzte der zweite Hinkende.

»Und von mir«, der dritte, der sich immer öfter umsah und sich jetzt vor Aufregung beinahe verschluckte. Die Gier des Schreibers siegte über seinen Stolz.

»So mancher Zugang wird auch als Mauseloch benutzt ...«

»Genau das ist es, was wir suchen.«

»O ja, ich sehe es ... ihr wart die Gäste unseres Kaisers und des Senats von Rom! Jetzt fürchtet ihr, daß ihr geköpft oder an jene ausgeliefert werdet, die diese Stadt belagern ...«

»Wir fürchten den Senat nicht!« protestierte der ängstlichste der Drei. »Und auch nicht die Sklaven, die sich überall erheben!«

»Aber ihr wollt nach draußen! Der Boden wird euch hier zu heiß, habe ich recht?«

»Nein, stimmt nicht, wir wollen ...«

»Laudarich ...« Mit einem kleinen, schmerzhaften Stoß in die untere Rippe brachte der Hunne seinen Begleiter zum Schweigen. »Du bist ein kluger Mann, Notarius«, sagte er dann, zu dem Römer gewandt.

»Ich würde ein, zwei ... nein, ein Dutzend römischer Gesetze übertreten, wenn ich euch sage, was ich nur ganz zufällig gehört habe«, jammerte der Notarius. »Keiner der Christen ließe mich jemals wieder ein Testament verfassen und verkünden.«

»Hat dich bis heute irgendeiner von ihnen danach gefragt?«

»Nein, das nicht, aber all die anderen ...«

»Sie werden dir nicht einmal einen Kupfer-Obolus oder einen Silber-Denar bezahlen können, wenn Alarich die Stadt erobert und geplündert hat«, sagte Attila unnachgiebig. Er zeigte ihm noch einmal die kleine, wenige Gran schwere Münze. »Das hier ist deine letzte Chance auf Gold, ehe die Goten kommen und diese Stadt zum zweiten Mal ausrauben!«

»Mach keinen Fehler, Attila«, mahnte der Hinkende. »Wir müssen zurück in den Palast ... hier sind wir Freiwild ...«

Der Schwarzhaarige knurrte kurz.

»Habt ihr vergessen, warum wir hier sind? Und dir, Geiserich, habe ich schon mal gesagt, daß du mich nicht zu oft ›Attila – Väterchen‹ nennen darfst!«

»Soll ich denn ›Kleiner‹ oder ›Junge‹ zu dir sagen, wie die römischen Sklaven untereinander?«

»Hört doch auf, ihr beiden«, mischte sich Laudarich, der dritte der jungen Männer, wieder ein. Der Hunne verharrte einen Augenblick vollkommen regungslos, dann nickte er, und sein Mund verzog sich zu einem spöttischen Grinsen. Er drehte sich um und warf dem Notarius seine Goldmünze auf den Lattentisch.

»Schreib!« sagte er dann.

»Warte ...«, stieß der Notarius halb ängstlich, halb eilfertig hervor, »bei allen Göttern der Germanen ...« Er sah fast unterwürfig auf: »Göttern der Griechen?« Wieder ein Blick auf die drei jungen Männer: »der Ägypter ... Perser? Hach, ich weiß ... Christen ... diese verbotenen Arianer! Ja, damit kommen wir weiter ... ein gutes Stück, ein gutes Stück ...«

Er suchte hastig nach Pergament, einer Feder und noch nicht vertrockneter roter Ochsengalle. Zwischendurch biß er wie zufällig auf die nicht ganz runde, unsauber geschlagene goldene Münze. Noch immer ungläubig ließ er sie in einem Lederbeutel unter seinem zerfledderten Umhang verschwinden.

»Ich bin soweit!« verkündete er dann. Er schrieb, wie ihm die hunnische Geisel Roms diktierte: »Geiserich, Edeling des germanischen Vandalenvolkes und Laudarich, Edler der ebenfalls germanischen Gepiden, bestätigen hierorts am heutigen – hier mußt du Tag, Ort und Zeit ganz genau nennen ...«

»Also am zehnten August des Jahres vierhundertzehn nach der Geburt des Herrn ...«

»... nach der seltsamen Geburt des neuen Gottes, daß der Inhaber dieses Pergamentes, Sohn von Fürst Mundschuk und Nachfahre der Hunnenkönige in der dreizehnten Generation, von beiden oben Genannten den Ehrentitel *Väterchen* erhalten hat. Schreib das, Notarius, und gib dein Siegel darauf.«

Er drehte sich um. »So, jetzt bekomme ich schriftlich, was ich auch so schon wußte. Wenigstens das habe ich hier gelernt: Zeichen in Stein oder auf Pergament gelten in Rom mehr als das Wort eines Mannes!«

»Du mußt wahnsinnig sein!« stöhnte Geiserich. »Wir vertun hier nur unsere Zeit!«

»Vielleicht hat er doch alles nur geträumt!« warf Laudarich vorsichtig ein. Attila warf ihnen einen kurzen, aufblitzenden Blick zu.

Die beiden kannten den jungen Hunnen lange genug. Sie hatten miterlebt, wie er verwundet und zerschlagen in Ravenna angekommen, nach allerbester Kunst der Ärzte Roms gepflegt und zugleich von Rhetoren unterrichtet worden war.

Zusammen mit dem Kontingent der Dalmatiner, die der Kaiser zur Verteidigung der Riesenstadt nach Rom geschickt hatte, waren sie vor Rom auf die Westgoten gestoßen. Für alle drei war das Gemetzel, bei dem weniger als hundert von viertausend Söldnern der kaiserlichen Hilfstruppe überlebt hatten, die erste furchtbare Begegnung mit dem Grauen des Schlachtfeldes gewesen. Und nur durch einen gemeinsamen Kraftakt, bei dem Geiserich so wie Attila wenige Wochen zuvor vom Pferd gerissen worden war und sich dabei das linke Bein gebrochen hatte, waren die Drei bis zur Porta Salaria gelangt.

Sie waren nicht als Geiseln in Rom angekommen, sondern als Flüchtlinge vor den alles beherrschenden Westgoten. Damals, vor genau einem Jahr, hatten sie nicht geahnt, was ihnen in der Millionenstadt bevorstand.

Inzwischen hatten sie sich kennen- und schätzengelernt. Geiserich, der selbst nicht ganz genau wußte, wann er geboren war, träumte davon, einmal wie König Alarich sein ganzes Volk in ferne, reiche Länder zu führen, in denen es niemals Winter, dafür aber ewig fruchtbare Getreidefelder gab.

Laudarich hingegen war alles andere als der ängstliche Feigling, für den er sich gern ausgab. Der etwas unbeholfen und träge wirkende Gepide hatte sich von Kindheit an daran gewöhnt, daß viele stärker waren als er selbst. Auch Attila hatte ihn mühelos, und damals noch geschwächt, bezwungen. Laudarichs Stärke lag in der Fähigkeit, ganz genau zu beobachten und im entscheidenden Moment die Schwäche eines Siegessicheren für sich zu nutzen. Die ostgermanischen Gepiden waren seit kaum zehn Jahren ein Vasallenvolk der Hunnen. Aber sie hatten sich mit großer Mehrheit dafür entschieden, an der Seite der schnellen Reiter aus dem Osten gegen das *Imperium Romanum* vorzugehen.

Von Attilas Begleitern, die ihn im vergangenen Sommer nach Ravenna gebracht hatten, wußten sie, daß der zähe kleine Fürstensohn nur durch große Magie und die Zauberkunst eines Schamanen überlebt hatte, der daraufhin selbst tagelang vollkommen entkräftet an der Schwelle des Todes in seinem Zelt gelegen hatte.

Attila selbst schwieg über die Augenblicke, die ihn fast das Leben gekostet hätten. Inzwischen wußten sie, daß er tapfer, mutig, großzügig und sehr geduldig sein konnte. Daß er den Vogel streichelte und sich an seinem Lied erfreute. Und ihm den Kopf abbiß, wenn er vom Spiel genug hatte. Er hingegen wußte, daß weder Geiserich noch Laudarich das waren, was ihre Namen vorgaben. So wie er selbst stammten die beiden aus irgendwelchen trunkenen Nächten ihrer Väter. Ihre Mütter waren, ähnlich wie bei den Hunnen, mit ein paar Solidos oder geraubten Halsketten abgefunden worden. Sie galten nichts in der Ahnenreihe. Die Söhne waren Bastarde und hatten Glück, daß sie von ihren Vätern anerkannt worden waren, denn dadurch hatten sie Anspruch auf die königlich klingende Namensendung *rich, rix* oder *rex*.

Während der Notarius mit schon auffälliger Sorgfalt an den geforderten Pergamenten schrieb und zeichnete, blickten die jungen Männer immer wieder an den Hausfassaden entlang. Weder an den Fensteröffnungen noch an den Türvorhängen zeigte sich irgendeine Bewegung. Es schien, als sei die größte Stadt der Welt bereits ausgestorben. Nichts mehr war so, wie es seit Jahrhunderten gewesen war. Der Kaiser war aus Rom geflohen – zuerst nach Mailand, dann vor den Goten nach Ravenna.

Auf Beschluß des noch verbliebenen Senats hatte der Gotenkönig erst vor zwei Jahren fünftausend Pfund Gold, dreißigtausend Pfund Silber, dreitausend Pfund Pfeffer, viertausend seidene Gewänder und dreitausend purpurgefärbte Felle dafür erhalten, daß er seine Lager vor der Stadt abbrach und wieder Öl- und Getreidelieferungen in die hungernde Stadt zuließ. Und tausend Jahre lang wäre nicht möglich gewesen, was dann geschah: Obwohl längst nicht alle Römer das Christentum, die von oben her verordnete Religion, anerkannt hatten, hatten sie doch die allerheiligsten Schätze aus ihren Tempeln geholt und Götterbilder eingeschmolzen, nur um die Forderungen der Germanen zu erfüllen.

Alarich hatte Wort gehalten. Zu Neujahr des vergangenen Jahres, als Honorius, der Kaiser Westroms, offiziell sein achtes Konsulat antrat, hatte er nach erfolgter Zahlung wieder Märkte vor den Toren Roms erlaubt und den Tiber bis zum Hafen von Ostia freigegeben. Er war mit seinem Heer nach Norden abgezogen, begleitet von fast vierzigtausend Sklaven, die in der Gunst der Stunde aus Rom geflohen waren ...

Doch jetzt, kaum anderthalb Jahre später, lagen die Römer erneut am Boden und begannen, sich gegenseitig aufzufressen. Überall revoltierten die Sklaven gegen ihre Herren. Nur in der Altstadt taten drei »barbarische« Geiseln so, als ginge sie das alles überhaupt nichts an. Sie ließen sich ein kleines, scherzhaftes Schriftstück schreiben, geheime Fluchtwege aufzeichnen, und zahlten dafür auch noch mit Goldstücken.

Während sie warteten, dachte der junge Hunne daran, wie sie hierhergekommen waren. Es gab Dutzende, Hunderte von Geiseln in der Millionenstadt. Die weniger wichtigen hatten sich schon immer wie Sklaven mit besonderen Rechten auf den Straßen bewegen können. Aber noch vor sechs Monaten wären unbewachte Ausflüge für hohe Geiseln nicht möglich gewesen. Sie hatten jede nur denkbare persönliche Freiheit innerhalb der Stadtpaläste. Doch jeder einzelne hing als Opfer, das jederzeit umgebracht werden konnte, in einem Spinnennetz aus weiträumigen Verstrickungen, Intrigen und Machtkämpfen, aus politischen Lügen, nicht gezahlten Tributen und persönlichen Schwächen aller Beteiligten.

»Geisel ist schlimmer als Sklave«, murmelte der junge Hunne. Er hatte schnell gelernt, wie wenig Wert ein Menschenleben bei den Römern hatte. Sklaven hatten von ihrem ursprünglichen Status keinerlei Rechte mehr. Sie waren aufgrund vergangener Geschehnisse, Siege und Niederlagen auf die Null-, Nichts- und Verlierer-Linie zurückgestuft. Sklaven konnten verkommen, verhungern, gedemütigt werden oder aufsteigen und hinzugewinnen.

Geiseln hingegen waren die vorgeschobene Garantie für

künftige Ereignisse, von deren Ausgang noch niemand etwas wußte. Sie waren das Unterpfand für Termingeschäfte, die sie selbst nicht beeinflussen oder auch nur erkennen konnten.

Der Notarius hatte die Urkunde fertig. Er warf Trockenstaub über die rotglänzende Ochsengalle und pustete darüber. Mit feierlicher Grazie übergab er das Pergament an den jungen Hunnen. Auf der Rückseite entdeckte Attila einen sorgsam gezeichneten Plan.

»Hier vorn, an der Via Salaria, ist der Eingang nach unten. Hinter dem Kreis, es ist der Altar in einer Gruftkapelle, müßt ihr zuerst rechts und gleich wieder links abbiegen. Alle anderen Gänge sind entweder blind oder führen zum Altarraum zurück.«

Attila drehte das Pergament zu einer kleinen, harten Rolle und klemmte sie an der Gürtelschnalle unter seiner Tunika fest.

»Und die beiden anderen Pläne?«

»Auf ihnen habe ich deutlich aufgezeichnet, wie ihr auf der äußeren Seite der Mauer herauskommt. Wartet ... ich mache es noch etwas klarer ...«

Für einen kurzen Augenblick wurde Attila mißtrauisch. Doch dann lenkte ihn ein Geräusch schräg über ihnen ab. Es klang wie das gedämpfte Schnarren einer Rassel, wie sie manchmal von Sklaven benutzt wurde, wenn sie in lichtloser Nacht durch die Altstadt gehen mußten.

Attila preßte die Lippen zusammen. Er mußte sich noch mehr beherrschen als die beiden anderen. Aber er wollte einfach nicht zeigen, wie schlecht es ihm in der stickigen, stinkenden Enge zwischen den Mietskasernen ging. Sie waren in die verwirrende Vielfalt der Straßen, Gassen, Mietshäuser und Plätze bis in die Altstadt von Rom eingedrungen, die sie zuvor nur aus gezeichneten Plänen, Modellen und durch gelegentliche Ausfahrten kannten. Hier gab es nichts mehr, was an den Glanz der Metropole erinnerte, die ihnen bei ihrer streng begleiteten Ankunft wie der Himmel der Adler vorgekommen war.

Attila wurde nach außen hin immer ruhiger. Gleichzeitig

spannten sich in seinem Inneren alle Fasern seiner Empfindung. Er spürte Dinge, die er bei den Römern schon fast vergessen hatte. Es war, als würden gute und böse Dämonen der Berge und Schluchten, des Waldes und Wassers, der Luft und des Feuers, des Lebens und Todes gleichzeitig an ihm vorbeistreifen, ihn locken und rufen, warnen und fortziehen.

Wie war es möglich, daß sie so unerwartet in dieser großen, ummauerten und zudem belagerten Stadt erschienen und trotzdem unsichtbar für ihn und seine Begleiter blieben? Wie lange schon hatte er das nicht mehr erlebt? Wie lange schon die verborgenen Botschaften von Licht und Schatten, Hitze und Kälte, Himmel und Erde vermißt? Was sagten ihm die heimlichen Laute und die hundertfach deutlichen Düfte hinter dem groben, oberflächlichen Gestank?

Obwohl die Stadt schon seit vielen Monaten von Alarich und seinem bunt zusammengewürfelten Heer belagert wurde, waren doch bis in die jüngste Zeit immer noch Dunstschwaden von Fisch und Hammelfleisch, mit Knoblauch in Olivenöl gebraten, an den Fassaden der mehrstöckigen, eng zusammenstehenden Mietshäuser bis in das letzte Blau des Abendhimmels hinaufgezogen. Und selbst die verbliebenen Sklaven waren ihm besser genährt vorgekommen als sein eigenes Volk, wenn die Winter in den Ebenen der südlichen Donau hart und die eisigen Stürme in den Bergen Transsylvaniens scharf wie Messer gewesen waren ...

Der Notarius schien seinen Ehrgeiz daran zu setzen, ein Kunstwerk auf das zweite Pergamentstück zu zeichnen. »Könnt ihr das lesen«, fragte er, als er schließlich fertig war. Geiserich wollte aufbrausen, aber Laudarich hielt ihn zurück.

Attila wurde zunehmend mißtrauischer. Irgend etwas stimmte hier nicht. Für den Preis von drei Goldsolidos hätte der hungrige Notarius alles tun müssen, um seinen Lohn so schnell wie möglich in Sicherheit zu bringen. Ein erstklassiges Pferd hätte er dafür bekommen! Oder mehr als ein Dutzend Schweine! Überall im römischen Imperium, wenn auch nicht mehr in der Stadt selbst ... Warum arbeitete er absichtlich so langsam? Warum riskierte er, daß andere von seinem Glück erfuhren?

Eigentlich wäre es höchste Zeit gewesen, der drückenden, gefährlich ruhigen Subura zu entfliehen. Auch Attila hätte nichts lieber getan als das. Nur ein uralter Instinkt hielt ihn noch auf. Es war, als könnte er die ständig wachsende Gefahr riechen und auf der Zunge schmecken. Aber er war kein Tier, das in wilder Panik in die Falle lief. Er brauchte mehr Zeit, um die Gefahr zu orten ...

»Den dritten Plan!« befahl er dem Notarius. »Und schreib genau drauf, wie wir unter der Stadtmauer hindurchkommen! Und etwas schneller bitte, sonst schreibst du gleich mit deinem Nasenblut!«

Zum ersten Mal sprach Attila wie der Plebs in der Subura und nicht wie all die Edlen, mit denen er seit einem Jahr zu tun hatte. Die drei Geiseln wohnten ebenso wie einige andere von Anfang an im Palast von Pompejanus, dem Stadtpräfekt von Rom. Wie die meisten Paläste der Millionenstadt war er hinter schützenden Mauern als selbständiges Gutshaus angelegt – mit einem Markt, einem Hippodrom, Tempeln für ganz unterschiedliche Gottheiten, mit Gärten und Fontänen, Bädern, Säulengängen, schattigen Hainen und Vogelvolieren. Und wie eine ganze Reihe von einflußreichen Senatoren hatte auch dieser Pompejanus selbst während der Belagerung ein Einkommen von über viertausend Pfund Gold im Jahr, den Handel mit fast unbezahlbarem Korn und Wein nicht eingerechnet.

Trotz alledem hatten sie miterlebt, wie Pompejanus vom stolzen Römer zum schlaf- und hilflosen Verwalter der Millionenstadt abgesunken war. Wie er laut klagend jeden Strohhalm angenommen und jedes Mittel zum Überleben akzeptiert hatte. Als toskanische Wahrsager ihm gegen viel Gold erzählten, daß sie durch die geheimnisvolle Kraft von Zaubersprüchen und bestimmten Opfern in der Lage seien, Wolken den Blitz zu entlocken und das Feuer des Himmels bis zu den Lagern der Barbaren zu leiten, hatte Pompejanus auch das geglaubt und ein Dankgelage mit Unmengen von heimlich gehortetem Wein veranstaltet ...

Die Händler und Handwerker in der Subura tranken längst keinen Wein mehr – bestenfalls das letzte nach vielen Sommertagen schal gewordene Essigwasser, das sie sorgsam unter schmierigen Tüchern verborgen hielten.

Vorbei die großen und bequemen Jahre, die viele der jüngeren Geiseln gerade noch kennengelernt hatten. Vorbei die öffentliche Versorgung des Volkes von Rom. Kein Plebejer konnte jetzt noch sein Recht auf eine monatliche Kornzuteilung in Anspruch nehmen – geschweige denn den noch bequemeren Weg zu den Öfen, an denen es kostenlos oder gegen eine lächerlich kleine Münze Dreipfünder-Brote gab. Niemand, der heute hungerte, erhielt noch kostenlos Speck oder Fleisch von wilden Schweineherden, die vordem in den Eichenwäldern Lukaniens gemästet worden waren. Weder Korn noch Fleisch, Wein oder Olivenöl kam durch die Sperrriegel, die der Westgotenkönig so geschickt vor den zwölf Toren der Stadt plaziert hatte, daß er in aller Ruhe abwarten konnte.

»Alle Wege führen nach Rom«, stöhnte der Notarius. Er wollte den dritten Plan der Katakomben an Laudarich übergeben. »Und dieser führt aus Rom hinaus!« Er warf Sand über das dritte Pergament. Die rote Ochsengalle trocknete schnell, und er hielt seine Krallenhand auf. Laudarich legte sein Goldstück hinein.

Die großen Magistralen waren schon weit vor den Stadttoren unterbrochen. Genau wie der Schiffsverkehr auf dem Tiber. Attila und seine Begleiter hatten gehört, wie in den Palästen die Anweisungen ergangen waren, dem Volk die Brotrationen zu halbieren, zu dritteln und schließlich ganz zu streichen. Sie hatten auch verfolgt, wie sich die Wut des Volkes und die Demütigung der Regierenden miteinander verbanden, um den Belagerern doch noch ein Zeichen von Roms Kraft und Stärke zu geben. Doch nicht im mutigen Ausfall von guten, privilegierten Kriegern der Prätorianergarde hatte sich Rom stark gezeigt, sondern in schäbigen Racheaktionen gegen die eigene Bevölkerung.

»Ihr müßt von der alten *Porta Collina* aus auf der rechten Straßenseite die Via Salaria entlanggehen«, flüsterte der Advokat, während der zweite Solido in seiner Hand auf den versprochenen dritten wartete. »Bis zu dem Durchgang in einen Hinterhof, an dessen östlicher Seite die beiden Bögen des Christen-Fischsymbols in die Mauer geritzt sind ...«

Er stockte und sah nicht Laudarich, sondern Attila fragend an. Der junge Hunne sah die Angst in den hohlen Augen des Notarius', erkannte das Zucken der Mundwinkel und deutete das Blähen der Nasenflügel wie bei den Nüstern der Wölfe und Pferde.

Der hungrige und käufliche Notarius wollte sein Gold, sein Leben und sein Gesicht gleichzeitig behalten. Er verzog die Mundwinkel zu einem abfälligen, zitternden Grinsen, schloß seine Finger um die beiden Goldstücke zur Faust, hob wie ein Schauspieler auf dem Forum Romanum den Arm, blickte nach links und rechts und senkte dann ganz langsam wie ein Caesar seinen Daumen.

Im gleichen Augenblick stieß Laudarich sein Pergamentstück fallen und stieß einen gellenden Schrei aus.

Für einen langen, schweren Augenblick in der Hitze des Sommermittags schien die Zeit stehenzubleiben. Doch dann schlüpften überall magere, ausgehungerte Gestalten aus den mehrstöckigen Häusern. In weniger als einer Minute füllte sich die schmale Gasse mit lebenden Toten. Keiner der hohläugigen, mit seltsam schleppenden Schritten näher drängenden Römer lachte. Sie sahen sich nicht um. Ihre mißtrauisch ausweichenden und viel zu kurzen Blicke streiften keinen der Germanen, sondern immer nur den Schwarzhaarigen. Er, der niemals in einem griechischen Gymnasion, in den Thermen Roms oder im

Circus Maximus die *aura popularis* für sich gewonnen hätte, war plötzlich Mittelpunkt – Gladiator und Opfertier zugleich.

»Stirb, Hunne!« keuchte der Schreiber mit einem vor Hitze und Hunger irren Glanz in den Augen. Er richtete sich mühsam auf in seiner stinkenden, schmutzigen Tunika. Attila brauchte nur den Bruchteil eines Lidschlages, um zu begreifen. Er hatte es geahnt, ja, fast sicher gewußt! Und er hatte darauf gewartet, daß es geschah!

Jede andere Entwicklung, jede friedliche Beendigung des seltsamen Handels hätte ihm gesagt, daß alles Lug und Trug war. So aber wußte er, daß die Nachricht, die ihn im Halbschlaf erreicht hatte, kein Traum gewesen war.

»Geh in die Subura, Sohn von Fürst Mundschuk«, hatte eine schöne Mädchenstimme in der Dunkelheit geflüstert, »und such den einzigen Notarius, der dort noch nicht verhungert ist.«

»Wer bist du, und wer schickt dich?« hatte er sofort zurückgefragt. Sie aber, die wie eine Sklavin aus dem Osten klang, hatte nur geantwortet: »Laß dir einen Weg durch die Katakomben zeichnen ... und bezahle jeden Preis, denn du wirst draußen erwartet ...«

»Sie sind nur Tiere«, schrie der Notarius den anderen zu. »Fremde und Barbaren ... nicht mehr wert als die Knochenwürfel, mit denen sich die Legionäre Roms vergnügen!«

Die Hungernden der Subura drängten Schritt um Schritt näher. Attila sah, daß einige von ihnen das Amulett des Fisches aus Eisen oder geprägtem Kupfer an dünnen Lederriemen um den Hals trugen. Sie waren Christen. Es hieß, daß sie bei regelmäßigen und meist geheimen Treffen das Fleisch vom Sohn des eigenen Gottes aßen und dazu gemeinsam sein Blut aus großen Kelchen tranken.

»Ja, kommt heran ...« Der Notarius winkte mit beiden Händen. Zum ersten Mal seit vielen Monaten hatte er wieder ein Publikum. Nicht für die schriftliche Verkündung eines großen Nachlasses, nicht für Ehre und Nachruhm eines senilen Senators, der seine Lustknaben beschenken wollte, sondern für einen geplanten und öffentlich zu vollziehenden Mord.

»Erschlagt sie!« schnaufte er. »Drei Luxusbraten für die Hungernden ... auch wenn der gelbe Hunne nur mit Öl und jeder Menge Knoblauch zu genießen sein wird ...«

Ein unheimlich heulendes, vielstimmiges Winseln erfüllte die Luft. Es klang wie das Jaulen junger Hunde beim Anblick von Katzen, Igeln oder anderen Feinden. Aber es war nur der lange Hunger, gepaart mit Haß und der Verzweiflung, die Mord und Totschlag zuließ. Der Schreiber in der kleinen Gasse der Subura wurde zum Notar des Todes, damit die anderen, die ihn nicht mehr verehrten, noch einen Tag oder mehr überleben konnten.

Attila konnte einfach nicht fassen, was jetzt geschah. In den vergangenen Wochen hatte er immer wieder von dem Gerücht gehört. Aber er hatte nie glauben können, was sich Diener und Sklaven in den gut zweitausend Palästen Roms erzählten.

Die heiße Augustsonne stand grell und scharf zwischen den drei jungen Männern und den nach Dutzenden zählenden Bewohnern der Altstadtstraße.

»Ich schaffe zehn«, stieß Geiserich hervor.

»Ich ebenfalls«, teilte Laudarich nach kurzer Überlegung mit. Das waren die letzten Worte, die Attila von den beiden hörte. Die Welle von schweißnassen Leibern erreichte die drei Halbwüchsigen. Knochige Finger griffen nach ihnen. Wütende, nicht sonderlich starke, aber bis zum äußersten entschlossene römische Färber, Töpfer und Schuster, Barbiere, Korbmacher und Schmiede fielen über die Drei her. Selbst Flötenspieler und Dirnen mischten mit. Noch einmal versuchte Attila, seinen Verstand über das zu stellen, was er erlebte. Er wollte einfach nicht glauben, daß es hier nicht um Prügel und Haß auf Fremde ging, sondern um Jagd und Beute.

Der Pöbel wollte nicht erschlagen, um abzuwehren und zu beseitigen, sondern ganz bewußt töten. Die Hungernden wollten Fleisch ... Fleisch, das man braten und kochen und in das man sogar roh die Zähne schlagen konnte.

Menschenfleisch. Das Fleisch der verfluchten, verhaßten Feinde, die auch nicht anders waren als die Belagerer vor den Toren, die es gewagt hatten, die Ewige Stadt derartig zu demütigen.

Attila hatte plötzlich das Gefühl, als würde alles um ihn herum in Schweigen und Erstarrung übergehen. Er wußte, daß die Welt viel größer war als der Kessel, in dem er sich in diesem Augenblick befand. Und irgendwie hatte all das, was draußen, vorher und an ganz anderen Orten, zu anderen Zeiten geschehen war, Einfluß auf ihn selbst.

Er konnte nicht mehr unterscheiden, welche Gedanken und Erinnerungen jetzt wichtig waren. Wie ein Kaleidoskop aus scharfen, bunten Strahlen im frühen Sonnenaufgang drehte sich alles, was er in Rom gesehen und gelernt hatte, um die Suche nach einer einzigen Idee, nach einem Ausweg aus der tödlichen Gefahr. Es war fast so wie bei dem jähen Sturz vom Pferd. Doch diesmal riß ihn nicht sein eigener Bruder hoch, sondern erneut die Stimme des Schamanen.

Unwillkürlich dachte er daran, daß der Senat in den vergangenen Tagen fast täglich zusammengekommen war. Immer öfter hatten seine Lehrer angeordnet, daß er und andere Geiseln zuhören sollten bei den endlosen, oft feinsinnigen, aber meist nur rhetorischen und inhaltsleeren Wortgefechten und gegenseitigen Vorwürfen. Aber nichts davon taugte in irgendeiner Weise, um König Alarich zu beeindrucken.

Warum dachte er gerade jetzt daran? Und warum konzentrierte er sich nicht auf Kampf und Abwehr? Warum raubte ihm das klebrige Gift der römischen Erziehung gerade jetzt die Kraft zum Handeln?

Es schien, als wollte er wie die Angehörigen des römischen Senats nicht sehen und nicht hören, was geschah. Der Hunger war von Tag zu Tag furchtbarer geworden. Mütter hatten die Milch nicht mehr, um ihre Neugeborenen zu nähren. Väter fielen vor Erschöpfung schon in den Gassen um, noch ehe sie zu den tausendfach umlagerten Plätzen und Foren kamen, auf denen einige der Reichen ihr Gold in teures Korn umtauschten, um es mit Tränen in den Augen zu verschenken. Die Römer waren nie gute Kaufleute und Händler gewesen. Jetzt rächte sich, daß sie diese Aufgabe anderen überlassen hatten. Sie bluteten und schwitzten Gold so überreichlich aus, daß selbst alle Reichen zusammen die Stadt nicht mehr ernähren konnten.

Attila blickte in angst- und haßverzerrte Gesichter.

Die Friedhöfe außerhalb Roms waren nicht mehr erreichbar, und selbst zum Verscharren der Toten fehlte den Überlebenden die Kraft. Viele wurden deshalb in das geheimnisvolle Labyrinth aus Gängen unter dem Forum Romanum gebracht. Und in die noch immer unheimlichen Katakomben mit ihren Tausenden von leeren Mauerhöhlungen, die bei den ersten Christenverfolgungen in übertriebener Vorausschau unter der Stadt gegraben worden waren. Wem all das nicht widerfuhr, der landete – nicht nur bei Nacht – klatschend in der stinkenden Brühe des großen, mehrfach gemauerten Abwasserkanals zum Tiber ...

Der junge Hunne roch plötzlich den Gestank der Lebenden. Was Wunder, daß in den Stadtteilen rechts und links der *Cloaca maxima* Pest, Cholera und andere Krankheiten ausgebrochen waren. Keine Hilfe, kein Zauber und keine Medizin konnten den bedrängten und verwirrten Menschen aus aller Herren Länder und allen Kolonien in der beschämend wehrlosen Hauptstadt helfen.

Doch auch das lag jetzt außerhalb seiner ureigenen Interessen.

»Kümmer dich um dich selbst zuerst!« dachte er. Er wußte ganz genau, daß es bei jedem Kessel, jeder Belagerung und in jeder Grenze geheime, von allen Beteiligten geduldete Schlupflöcher gab. Wie oft waren in der stillen Stunde vor Morgengrauen Nachrichten aus Ravenna bei Pompejanus, dem Präfekten der Stadt eingetroffen? Wie oft hatte damit der in die Sümpfe

Norditaliens geflohene kaiserliche Hof Hilfe versprochen, ohne irgend etwas zu unternehmen?

Der junge Hunne schüttelte sich. Gleichzeitig erschreckte ihn, daß alles, was er in diesen Augenblicken dachte, sich nur auf Rom und wieder Rom bezog. War er schon drauf und dran, ein Römer oder Christ zu werden? Und ausgerechnet jetzt, da das Volk von Rom ihn totschlagen und fressen wollte?

Schluß damit!

Bereits beim ersten Schlag zerstörte er mit geballter Faust die Nasenknochen eines Römers, der mit zwei Messern zugleich auf ihn einstechen wollte. Mit seinen Ellenbogen rammte Attila gegen die Brustkörbe von zwei anderen, die gleichzeitig an seinen Haaren rissen. Und wieder knirschte, krachte und zerbrach etwas. Jemand klammerte sich um seine Beine und biß in seine linke Wade. Attila spürte den Schmerz. Er ließ sich fallen, duckte sich und trat mit dem rechten Fuß gegen den Kopf des Wahnsinnigen, der mit den Zähnen ein Stück Fleisch aus seinen Beinen reißen wollte.

Gleichzeitig begann seine eigene Nase zu bluten – ohne irgendeinen Schlag ... einfach so.

Niemand schrie, niemand sagte auch nur ein einziges Wort. Alle Geräusche in der engen Straße bestanden nur noch aus Stöhnen und Grunzen, schmerzhaftem Röcheln und einem letzten Gurgeln vor dem Tod. Niemals zuvor, nicht einmal bei den grausamsten Gladiatorenkämpfen im Colosseum hatten drei Halbwüchsige so hart und entschlossen gekämpft. Denn hier verwandelten sich die Angreifer in ihrem Hungerwahn zu den schlimmsten aller Bestien. Die Römer fielen wie von Schwertern gemäht rechts und links zu Boden. Manche der anderen erkannten ihre Chance. Sie begnügten sich mit ihren eigenen, niedergeschlagenen Freunden, schleppten sie fort, um später zu behaupten, die Barbaren hätten sie aufgefressen. Aber es waren zu viele gegen die drei jungen Geiseln ...

Irgendwann fiel ein Netz aus einem der oberen Fenster. Das Knäuel der Kämpfenden verhakte und verwirrte sich. Wer nicht eingefangen war, floh heulend und humpelnd nach beiden Seiten aus der Straße. Dann lagen nur noch erschöpfte, zuckende Leiber im blutdurchtränkten Straßenschmutz.

Und kein Christ kam, um in der Mittagshitze des zehnten Augusttages vierhundertundzehn Jahre nach der Geburt des seltsamen jüdischen Gottessohnes ein Gebet zu sprechen.

2. *Katakomben zur Freiheit*

Die Finsternis rund um ihn war dicht und feucht. Er empfand nichts als eine kalte, ekelhaft riechende Stille. Für eine Weile glaubte er an einen bösen Traum. Doch dann bemerkte er, daß er die Augen bereits geöffnet hatte. Die Dunkelheit veränderte sich kaum. Irgendwo weit entfernt erkannte er einen diffusen, blaßgelben Fleck. Noch ehe Attila erkennen konnte, was der Fleck bedeutete, entfernte er sich und ließ nur noch tiefere Dunkelheit zurück.

Erst jetzt, ganz langsam, kamen die Schmerzen zurück. Einer pochte in seiner linken Wade. Für einen Augenblick glaubte er, gerade erst von seinem Pferd gefallen zu sein. Doch das war länger her – viel länger!

Der zweite Schmerz glühte frisch und scharf in seiner rechten Hand. Der dritte und der vierte klopften in seinen Ellenbogen. Sein ganzer Kopf kam ihm vor, als sei die Haut gewaltsam abgezogen worden. Sobald er Luft holte, spürte er jede Rippe, und in den Seiten stach es wie von tausend Pfeilen.

Krank, dachte er, krank oder tot und in einem Kurgan-Erdhügel oder vielleicht sogar einem für alle anderen unsichtbar gemachten Königsgrab verborgen. Er hielt die Luft an, und gleichzeitig verstummten alle Geräusche. Er atmete erneut, und die Geräusche kamen wieder.

Und plötzlich wußte er, wo er lag. Er erschrak so sehr, daß er vor Übelkeit würgen mußte. Und keine Mädchenstimme flüsterte ihm zu, was er als nächstes tun sollte ...

Obwohl er absolut nichts sehen konnte, sagten ihm all seine Empfindungen, daß er sich tatsächlich in einem Grab befand – in einer länglichen Aushöhlung, bei der nur eine Seite offen war. Nie zuvor hatte sich sein Abscheu vor Mauern, Häusern und Gräbern unangenehmer bemerkbar gemacht als in diesem Augenblick. Es war keine Furcht, keine Angst, sondern eher ein Aufbäumen gegen diese Art ohnmächtiger Gefangenschaft. Niemand, der selbst in einer nachtdunklen Yurte oder einem Zelt noch die Sterne hatte sehen können, würde sich jemals an Dächer und Höhlen gewöhnen ...

Nicht einmal im Traum hätte er daran gedacht, daß er irgendwann in einer Mauerhöhle im Wirrwarr einer Katakombe abgelegt und dann vergessen werden könnte. Siedend heiß fielen ihm Geschichten von Unglücklichen ein, die sich selbst als Eingeweihte in den Gängen und Höhlen unterhalb der Ewigen Stadt verlaufen hatten. Und wie viele hatten vergeblich mit ihren Fingern Erde aus der Wand gekratzt, um einen der rettenden Gänge nach oben zu erreichen? Er wußte es nicht – wollte es nicht wissen!

Langsam und stöhnend richtete er sich auf. Er biß die Zähne zusammen – die Schmerzen blieben. Gleichzeitig erinnerte er sich daran, daß die Christen immer wieder behaupteten, die Katakomben seien als Zufluchtstätten während der Verfolgungen in den vergangenen Jahrhunderten entstanden.

»Falsch«, stöhnte er, »alles falsch!«

Er wußte nicht, warum er gerade jetzt an irgendwelche Etrusker dachte. Sie sollten es gewesen sein, die lange vor den Römern die übermannshohen Gänge unter ihren Häusern gegraben und an beiden Seiten eng übereinanderliegende Nischen für die Toten ausgehoben hatten. Lange vor den Römern? Wie lange vor ihnen? Vor mehr als tausend Jahren? Warum kam er unter all den vielen hundert Völkern und Stämmen, von denen er bereits gehört hatte, ausgerechnet auf die Etrusker?

Unwillkürlich mußte er lachen. Aber sofort schossen die Schmerzen wieder durch alle Fasern seines Leibes. Sie mußten klug gewesen sein, diese fernen Vorfahren der Römer. Offenbar hatten sie bereits erkannt, daß Städte für Menschen nicht geeignet waren. Er dachte daran, wie viele unterschiedliche Geschichten er in den vergangenen Monaten über Städte gehört hatte. Viele von ihnen waren an ihren eigenen Mauern und an ihrer Größe zugrunde gegangen. Geheimnisvoll klingende Namen wie Jericho und Babylon schossen ihm durch den Kopf. Athen war ummauert gewesen und unbedeutend geworden, Alexandria hatte die größte Bibliothek in seinen Mauern gehabt, bis sie durch die Christen verbrannt wurde, und selbst die ewige Stadt Rom war drauf und dran, zu einer stinkenden Anhäufung von verbleichenden Säulen und Steinquadern zu verkommen, wo jeder Regen mehr von den einst leuchtenden Farben abwusch.

Da waren sie auch schon wieder – die Gedanken an die ersten Opfer der Römer. Schon die Etrusker mußten gewußt haben, daß es in den ummauerten Städten irgendwann nicht mehr genug Platz für die Lebenden und Toten zugleich geben würde. Und aus Angst vor den Seelen der Toten und den Dämonen hatten sie ihre Ahnen unter den Böden ihrer Behausungen in ausgescharrten Wandmulden übereinandergeschichtet.

Attila erinnerte sich dunkel, wie seine römischen Lehrer davon gesprochen hatten, was anschließend geschehen war: Erst vor zweihundert Jahren waren die lange geheimen oder vergessenen Gruftanlagen nach und nach an die neue Religion, die neue Kirche der Römer verschenkt oder auch teuer verkauft worden.

Attila begriff nicht, warum seine Gedanken so weit ausschweiften. Ein Teil von ihm bäumte sich wild und unbändig auf, wollte fliehen, raus aus der Dunkelheit. Der andere Teil mahnte ihn wie ein magischer Befehl zu Ruhe und Geduld. Dieser Teil seiner Gedanken und Empfindungen sagte ihm, daß er sich gar nicht erst die Mühe machen mußte, sich das System aus Querverbindungen zwischen den alten Gängen und den verschiedenen Stockwerken der Katakomben vorzustellen. Er würde nie begreifen, was für Tote und nicht für die Lebenden gemacht war. Und schon die Stadt der Lebenden war für ihn in den vergangenen Wochen und Monaten die schlimmste Qual seines Lebens gewesen.

Trotzdem mußte er etwas tun. Er konnte nicht einfach liegenbleiben und darauf warten, daß irgend jemand ihn aus dem Labyrinth aus Grabhöhlen in den Wänden, aus Gängen und Treppen, blinden Erdstollen und Wasserfällen holen würde. War es nicht so vereinbart? An dieser Stelle stießen seine Gedanken gegen eine neue, noch dunklere Wand. Er stöhnte laut auf, dann dachte er gar nichts mehr.

Ein tiefes, wie von tausend sehr weit entfernten Ungeheuern ausgestoßenes Röhren klang durch die Dunkelheit. Attila richtete sich ruckartig auf. Er stieß mit dem Kopf gegen die Decke und fiel stöhnend zurück. Gleichzeitig erkannte er die Art des fernen Lärms. Es klang wie das schreckliche Kampfgeschrei der Germanen, das sie selbst Baritus nannten. Besonders zur Mittagszeit, wenn die Hitze jede Bewegung innerhalb der Mauern Roms zur Qual werden ließ und die Stille die Stadt wie von innen her würgte, besonders dann hatten die Goten in den vergangenen Wochen ihren Kriegsgesang hören lassen, den viele tausend vor den Kopf gehaltene Schildwölbungen zu einem grausigen Dröhnen verstärkten.

Attila wußte nicht, wie lange er ohne Besinnung gewesen war. Mit beiden Händen tastete er sich voran. Links war eine Wand. Über dem Kopfende ebenfalls. Er schob sich tiefer, bis seine nackten Füße feuchtes Mauerwerk spürten. Warum hatte er keine Sandalen an?

Er hob die Hände, konnte aber die Arme nicht einmal ganz ausstrecken, als er auch schon kalten Stein berührte. Die Öffnung der rechteckigen Grabkammer befand sich rechts von ihm. Sein Arm strich langsam durch die Dunkelheit, ehe er matt nach unten sank.

Er kam sich wie ein auf den Rücken geworfener Käfer vor und blieb ganz einfach liegen. Fast alle Tiere verkrochen sich, wenn sie in Situationen gerieten, für die sie keinen Ausweg kannten. Für eine Weile versuchte er, sich zu erinnern. Das Fischernetz. Und davor?

Er war mit zwei anderen jungen Geiseln in die Subura gegangen. Warum eigentlich? Wie konnte er, ein diplomatischer Gefangener des weströmischen Imperiums, sich derartig in Gefahr begeben? Sie hatten doch ganz genau gewußt, daß die Stadt von schwerbewaffneten und beutegierigen Westgoten und ihren Hilfsvölkern umzingelt war. Sie hatten auch gewußt, daß in der riesigen westlichen Hauptstadt des Reiches das Gesetz des Hungers galt und sonst gar nichts mehr.

Seit mehr als drei Monaten hatte sich kein Senator, kein *praetor*, kein *comes* und nicht einmal irgendein *decurio* auf den Straßen Roms blicken lassen.

Attila drehte sich ächzend zur Seite. Er zwang sich ganz langsam aus der Grube in der Wand. Die feuchte Kälte der Grabkammer ließ ihn zittern. Gleichzeitig jagten heiße Fieberwellen durch seinen schmerzenden Körper. Nicht einmal damals, nachdem ihn Aijbars mit seiner magischen Heilkunst ins Leben zurückgeholt hatte, war er so mutlos gewesen wie jetzt. Er kaute angestrengt auf seiner Unterlippe. Er wußte genau, daß er etwas Wichtiges vergessen hatte. Aber was?

Niemand war in den vergangenen Wochen in der Lage gewesen, Gerüchte und Wahrheit auseinanderzuhalten. Vielleicht lag es daran, daß ihm jetzt genau der Punkt in seiner Erinnerung fehlte, an dem er sich festhalten konnte. Trotzdem versuchte er wieder und wieder, Ordnung in seine wilden Gedanken und Erinnerungen zu bringen. Das war das Wichtigste, was er in dem verfluchten Jahr der edlen Gefangenschaft gelernt hatte. Sie nannten es Logik, aber es stammte nicht von ihnen selbst, sondern von den Hellenen. Half es ihm jetzt weiter, daß er sich in deren Sprache inzwischen fast so gut unterhalten konnte wie in den wichtigsten Dialekten jener Völker, mit denen er aufgewachsen war? Er wußte es nicht. Ganz langsam ließ er seinen Unterkörper über die Kante der Kammer gleiten.

Während seine nackten Füße nach einem Halt suchten, erinnerte er sich voller Sehnsucht an das weite Land, das er so lange nicht gesehen hatte. Er sehnte sich nach den Feuern unter dem großen Zelt der Sterne, nach den Gesängen der Frauen und

Mädchen und nach den wilden, verspielten Ritten. Wehmütig dachte er an die großen, zylindrischen Kupferkessel, in die leicht ein ganzer, mit Wildkräutern gewürzter Hammel paßte. Erst jetzt fiel ihm auf, daß die Kessel ebenso groß waren wie die Weinamphoren der Römer. Aber anders als jene mußten sie nicht eingegraben oder irgendwo angelehnt werden. Hunnenkessel glänzten, rundeten sich an ihrer Unterseite wie umgedrehte Helme und konnten auf den schrägen Ringfüßen stehen, wenn sie nicht über Lagerfeuern hingen.

Plötzlich sah Attila noch mehr: Ein seltsamer, mit Pelzen, Federn und kleinen Metallplättchen über der Brust verkleideter, unglaublich hagerer und erstaunlich junger Mann beugte sich immer wieder zu einem rhythmischen Singsang über einen der Kessel und rührte mit einem langen Löffelspieß in einem Sud aus Kräutern und geheimen Erden. Wie lange hatte er Onkel Aijbars, den fähigsten Schamanen zwischen Karpaten und Kaukasus, nicht mehr gesehen?

Attila spürte, wie es ihm die Kehle zusammenschnürte.

Was geschah mit ihm? Warum erinnerte er sich plötzlich wieder an die furchtbaren Träume nach seinem Sturz vom Pferd – an die Zeit, in der er mehr bei den Toten und den Dämonen der Tiefe gewesen war als bei den Lebenden unter der Sonne? Und warum spürte er so überdeutlich die Nähe der gleichen Geister und Dämonen und die gleichen Schamanenkräfte von Onkel Aijbars?

Er sah sich um und suchte in der Finsternis den Magier der verborgenen Kräfte, den Freund der Götter und der Winde, der raunenden Erdstimmen und der geheimnisvollen Wasser aus der Tiefe.

»Aijbars ... hilf mir ...«

Niemand war da, der seine plötzlichen Tränen sehen konnte. Und so weinte er, zum ersten Mal, seit alles angefangen hatte. Er weinte nicht über die Heimtücke seines Bruders, nicht darüber, wie der *Schwarze Mächtige* und sein eigener Vater ihn ausgehandelt hatten, und nicht über die ständigen Herabsetzungen, die er am Hof des Kaisers in Ravenna und noch hinterhältiger in Rom erfahren hatte.

Er weinte, weil er sich zum ersten Mal in seinem Leben vollkommen allein und verkauft und weit entfernt von allen anderen verlassen und lebendig begraben fühlte.

Die bunten Dampfwolken aus dem Kessel in der Dunkelheit vor ihm wurden dichter. Er wußte, daß sie eigentlich nicht da waren, aber vielleicht hatte er ja eine Spur jener unerklärlichen Begabung geerbt, mit der Onkel Aijbars über das Jetzt hinaus in die nicht für alle sichtbaren Wahrheiten blicken konnte. Der Baritus der Germanen war verstummt. Statt dessen schwang eine kaum wahrnehmbare Melodie in den zartbunten Rauchwolken vor seinen Augen mit. Er sah, wie Sterne sich in zarten Reigen umeinander drehten, wie sich Formen von Pflanzen und Tieren im Nebel bildeten und wie eine seltsame Kraft von den Kesseln über den Feuern ausging. Die Nebel quollen durch die Randverzierungen, die wie flachgeschlagene Pilze aus Metall nebeneinander standen. Sie strichen nach unten und streichelten über die Seitenwände des Kessels mit ihren senkrechten, in doppelten Linien geführten Verzierungen. Nur Eingeweihte wußten, was sie bedeuteten, aber sie sahen fast so aus wie der Plan, den der Notarius aufgezeichnet hatte, ehe die hungernden Plebejer über sie hergefallen waren ...

Der Plan!

Wo war der Plan?

Attila nestelte an seinem Gürtel herum. Was er fand, fühlte sich tatsächlich wie Pergament an. Also war es kein Trugbild, was seine Erinnerung ihm vorgaukelte! Der verkommene syrische Notarius in der Altstadt von Rom hatte für ein paar Goldstücke einen Plan für den Weg durch die Katakomben gezeichnet! Attila schnaubte vor Anstrengung. Aber warum – warum war er jetzt allein in den Grabkammern?

Er setzte vorsichtig einen Fuß vor den anderen. Der Fußboden war naß und eisig kalt. Kein Licht, keine Fackel wies ihm den Weg. Nicht einmal die Richtung, aus der der ferne Kriegsgesang der Germanen gekommen war, bildete einen Anhaltspunkt. Er folgte nur dem Bild in seinem Innern, von dem er wußte, daß es nicht wirklich war.

Ganz langsam veränderte sich das Bild des Kessels vor ihm. Er erinnerte sich wieder an den Abend, als in ebendiesem Kessel ein Opfermahl angerichtet worden war, um das zu feiern, was sie seine zweite Geburt nannten. Es war das Fest am Abend vor dem Tag gewesen, an dem er als Geisel seines Volkes an Westrom, an Kaiser Honorius ausgeliefert worden war. Großkönig Kharaton hatte den Edlen seines Volkes und allen Anführern der Vasallenvölker erklären lassen, warum der jüngste Sohn von Fürst Mundschuk und nicht Bleda, der älteste, ins Allerheiligste des Imperiums, in die uneinnehmbare Stadt Ravenna geschickt wurde.

Attila hatte damals nur sehr wenig von all dem verstanden. Lange Zeit hatte er geglaubt, was er an diesem Abend undeutlich gehört hatte. Irgendwie konnte nicht stimmen, daß die Wahl auf ihn gefallen war, um beide Teile des römischen Imperiums gleichzeitig zu ehren. Doch offiziell hieß es weiterhin, daß er und nicht Bleda die Geisel war, weil er im Todesjahr des letzten großen Kaisers Theodosius, im Jahr der Aufteilung des Imperiums unter seine beiden Söhne Honorius und Arkadios, geboren worden war.

Im Austausch für ihn hatten Rom und Ravenna den fast fünf Jahre älteren Aetius aus dem Kaisergeschlecht der Flavier gestellt, der aber nicht in Italien, sondern kaum drei Tagereisen vom Hauptsitz der östlichen Hunnen entfernt in Durostorum an der unteren Donau aufgewachsen war. Aetius war kein Hunne, aber er war auch keiner jener Römer, die sich grausam und gnadenlos mit ihren Schwertern und Gesetzen zu Herren über die ganze Welt ernannt hatten.

Attila stieß gegen eine Wand. Sie war härter als die feuchte Höhle, in der er aufgewacht war. Gleichzeitig spürte er einen sehr feinen, wärmeren Luftzug. Schritt für Schritt, mit nackten Füßen tastend, folgte er der Richtung, aus der die Wärme kam.

Allmählich erinnerte er sich wieder daran, wie er in die Katakomben geraten war. Einer von denen, die von den Römern abfällig Barbaren genannt wurden, stand vor den Mauern Roms. Zum ersten Mal seit vielen hundert Jahren würde es einer der »Wilden« schaffen, Rom auszuhungern, um es zu plündern und zu demütigen.

Genau zu diesem Mann und seinen Anführern wollten die drei Geiseln Roms. Nur deshalb hatte er sich zum Schein eine Urkunde über den Namen »Attila« ausstellen lassen. In Wirklichkeit war es um die Wegbeschreibung gegangen, denn was die Senatoren und Mächtigen in der umzingelten Stadt konnten, mußte auch für ihre Geiseln möglich sein: Es gab Wege nach draußen und wieder zurück! Sogar der Belagerer schien das zu wissen. Alarich war der beste Verbündete Roms gewesen. Er hatte bereits mit dem großen Kaiser Theodosius gekämpft. In seinem Gefolge lief sogar ein echter, vom römischen Senat gegen Honorius ernannter Kaiser namens Attalus mit. Es klang wie Irrsinn, aber genau dieser Kaiser hatte gleich nach seiner Ernennung den Belagerer zum obersten General und Heerführer des westlichen Imperiums erhoben. Als solcher hatte der Westgote dem Kaiser den Purpur wieder abgenommen.

Attila hatte nie verstanden, was da eigentlich geschehen war. Niemand hatte ihm erklären können, nach welchen Regeln und Gesetzen die Römer zwischen »guten« und »bösen« Feinden unterschieden. Guten, die Tod und Hunger verbreiten konnten und deren Name dennoch respektvoll und wie von ihresgleichen genannt wurde. Alarich gehörte dazu. Und bösen, die das Reich retten konnten und dennoch verfemt und ermordet wurden wie Alarichs Vorgänger Stilicho.

Wie der Vandale Stilicho oder wie Roms langjähriger hunnischer Verbündeter Uldin!

Attila ahnte plötzlich, daß er eher durch Zufall auf eine Wahrheit hinter der Wahrheit gestoßen war, die von den Hellenen als unlogisch bezeichnet worden wäre. Seit einer Generation, so hatten sie ihm im Laufe des vergangenen Jahres wieder und wieder eingetrichtert, seit dem Jahr ihres Gottessohnes 375, stellten die Hunnen angeblich die furchtbarste und größte Gefahr für das Imperium dar.

Erst fünfunddreißig Jahre waren vergangen, seit die Väter und Großväter auf ihren kleinen, schnellen Pferden die Steilufer des Danaster überwunden hatten. Es war nicht Lust an Krieg und Feindschaft gewesen, sondern ebenso wie bei den germanischen Völkern der Hunger, der sie immer weitergetrieben hatte.

Sie hatten Weidegründe gesucht in den kargen, von immer kälteren Winden gepeitschten Steppen im riesigen Landmeer, das bis zu der Mauer reichte, die bereits China gegen sie errichtet hatte. Aber konnte nicht alles auch ganz anders gewesen sein? Konnte der Haß und der Abscheu, den römische Schreiber über sie verbreiteten, nicht auch Teil eines Plans sein, mit dem das in tausend Jahren alt gewordene Weltreich von seiner eigenen Schwäche ablenken wollte?

Attila hielt unwillkürlich den Atem an und blieb stehen. Zu wahnwitzig kam ihm seine Gedankenkette vor. Aber dann lief es ihm heiß über den Rücken. So ließe sich erklären, warum Rom sich so widersprüchlich benahm, sie einerseits mit Gold bezahlte und andererseits für alle Übel der vergangenen Jahre verantwortlich machte!

So mußte es sein, denn auf sie, die wilden Unbekannten aus dem Osten, konnte endlich alles abgeschoben werden, während die anderen wie beiläufig einen weiteren Schub nach Süden und Westen erhielten. Nur einen kleinen, aber entscheidenden Schub. Attila war oft genug Ohrenzeuge gewesen, wenn bei den Gelagen der Senatoren und Heerführer in den Palästen darüber diskutiert und gestritten worden war, ob denn auch ohne die Hunnen Alarich und Radagis im Westen oder Gaina im Osten mit ihren Goten das Reich verheert hätten. Sie wußten ganz genau, daß die Hunnen nur einen der vielen Anstöße für die großen Züge der Völker gegeben hatten. In Wirklichkeit hatten die endlosen Trecks mit dem Hunger und der Kälte im Norden und mit dem verlockenden und gleichzeitig mörderischen Spinnennetz des *Imperium Romanum* begonnen. Doch niemand wollte die Wahrheit wissen! Und deshalb sagten sie es tausendfach, tuschelten es in allen Gassen und schrien es bei den Versammlungen über die Köpfe der Ängstlichen hinweg, hämmerten es in allen Kirchen in die Köpfe der Gläubigen ein:

»Fürchtet, fürchtet die schrecklichen Hunnen ... Schon gegen ihre eigenen Kinder sind sie brutal und grausam, kaum daß diese das Licht der Welt erblickt haben: Sie zerstören die zarten Wangen der neugeborenen Knaben bis aufs Blut mit ihren Schwerterklingen, so daß sie, noch ehe sie Milch zu kosten bekommen, schon schrecklichste Wunden ertragen müssen. So wachsen die Knaben und Jünglinge ohne jeglichen Bartschmuck auf, denn ein von Schwerthieben zerfurchtes Gesicht verdirbt die natürliche Anmut des Bartwuchses. Doch auch schon vorher sind die Gesichter ihrer Neugeborenen grauenhaft und schier unerträglich ... nur eine unförmige runde Masse, die aus den massigen Körpern aufragt, ist ihr Kopf ... Fürchtet, fürchtet alle, denn unter der Stirn seht ihr nur zwei Höhlen ohne Glanz, das sind ihre Augen. Kaum dringt das Tageslicht, das ihre Stirn trifft, bis zu den tief zurückliegenden Pupillen. Und seid gewarnt vor ihrem heimtükkischen Scharfsinn, denn trotz der engen Augen können sie weite Räume überschauen, und für die niemals großen Augensterne entschädigen die scharfsichtigen Punkte, die in den tiefen Schatten liegen ... Und hört, hört das Entsetzliche: Nie darf der Nase Doppelröhre über des Hunnen Gesichtsfläche hinauswachsen. Denen, die zu Kriegern ausersehen sind, werden die zarten Nasenlöcher mit Binden umwickelt, damit sie unter das Helmvisier passen. O hört, ihr Christenheit, den Frevel: In dieser Weise entstellt mütterliche Liebe nur um des Kriegshandwerks willen die eigenen Söhne, und die Gesichtsfläche wirkt entsetzlich breit, wenn sie nicht durch eine edle Nase unterbrochen ist.«

Attila schoß das Blut in den Kopf, und sein Zorn wuchs, als ihm wieder einfiel, was sie in der bis auf den letzten Platz gefüllten Kirche vorgelesen hatten, als er zum ersten Mal ein christliches Gotteshaus in Ravenna besucht hatte:

»Eine neue Plage sind umherschweifende Scharen von unbändiger Wildheit, furchtbar, raubgierig, gewalttätig und selbst unter den Barbarenvölkern als barbarisch geltend. Möge Jesus diese Bestien vom Römischen Reich fernhalten. Sie tauchen auf, wo man sie am wenigsten erwartet. Durch ihre Schnelligkeit eilen sie jedem Gerücht voraus. Religionen gelten ihnen nicht als heilig, denn sie haben selbst keine. Sie verschonen keinen Stand und kein Alter, noch fühlen sie Mitleid mit hilflosen Kindern. Säuglinge, die kaum noch zu leben begonnen haben, zwingen sie zu sterben. Und die Kleinen, nicht ahnend, welch furchtbares Los ihnen droht, lächeln noch, während ihre Mörder schon nach ihnen greifen und das Schwert zücken. Am Anfang hieß es, daß Jerusalem ihr Ziel sei, denn diese Stadt ist so reich an Gold wie kaum eine andere. Darum befestigte die Heilige Stadt ihre Mauern, die in sorglosen Friedenszeiten vernachlässigt worden waren. Antiochia wurde von Hunnen belagert. Tyrus versuchte erneut, sich vom Festland zu lösen und Zuflucht auf der Insel zu finden wie in früheren Jahrhunderten, damals – als der Feind noch Alexander hieß. Als die Gefahr immer bedrohlicher wurde, kam zu allem Unheil auch noch Sturm auf. Das sonst so friedliche Meer tobte, als wolle es sich selbst der drohenden Gefangenschaft entreißen. Die Wasser brachen aus dem Himmel, es blitzte und donnerte, aber die Christen hatten weniger Angst vor den tobenden Wettern, vor Schiffbruch und Untergang, sorgten sich keinen Moment um die eigene Sicherheit, sondern allein vor den Wilden und um die Keuschheit ihrer Jungfrauen ...«

Er ballte die Hände zu Fäusten und schnaubte vor Zorn und Wut. Nicht, was sie über verlorene Schlachten, eroberte Städte und erschlagene Opfer berichteten, schürte den Haß in ihm. Es war die Scheinheiligkeit, mit der sich das Imperium über alle anderen Völker und Rassen erhob.

Erst nach und nach war ihm aufgegangen, wie fremd und andersartig die Römer und die von ihnen unterworfenen Völker waren. Jeder besiegte Mann, jede Frau, jedes Kind in der Gemeinschaft der Hunnenkönige konnte weiterleben wie gewohnt. Nur die Römer zerstörten viel mehr als Siedlungen, Äcker und Gemeinschaften. Sie löschten die Sprachen aus, denn nur der konnte mithalten, der das Latein des Imperiums zu seinem neuen Ausdruck machte. Sie zerstörten brutal alle Sitten und Gebräuche, und jeder, der etwas gelten wollte, wurde bestraft, wenn er die Tracht oder Tradition seiner Herkunft öffentlich zeigte. Doch das alles reichte noch nicht, denn sie waren perfide genug, jedermann für seine Vergangenheit zu bestrafen, in der er noch nichts von den Gesetzen Roms ahnen und wissen konnte.

Sie selbst dagegen hielten sich für die Krone der Schöpfung, für feinsinnig, redegewandt und allen anderen Völkern und Rassen überlegen. In ihrem tausendjährigen Reich gab es von Anfang an nur eine Mitte – die Mitte der Welt und der Zivilisation, und die hieß Rom.

Attila konnte nur mühsam weitergehen, so voll war er vom Zorn gegen Rom und alles, was damit zusammenhing. Ihm fiel wieder ein, wie er nachts oft wachgelegen und vergeblich versucht hatte, die Welt der Römer und ihres Imperiums zu verstehen. Was machten sie anders? Wo waren sie wirklich besser?

Er bewunderte, daß alle Römer so selbstverständlich in großen Räumen denken und sich die fernsten Orte und Völker merken konnten, die irgendwo am Rand des Imperiums besiegt worden waren. Dutzende, Hunderte von Namen gingen selbst einfachen Handwerkern leicht über die Lippen, wenn es um die Provinzen in Hispanien und Africa, Aegypten, Kleinasien, Makedonien und Thrakien ging. Aber sie sprachen wie närrische Kinder davon ... wie von Spielfeldern rechts und links ihrer Straßen – von Provinzen, Diözesen und Ducaten, Städten, Castellen und Lagern, die jederzeit besetzt und verlassen, versetzt, ausgetauscht oder aufgegeben werden konnten. Selbst ganze Völker schienen für die Herrscher Roms nicht mehr Bedeutung zu haben als die Leben von Gladiatoren, deren Tod mit einem Schulterzucken bedauert oder zungenschnalzend als gerecht beurteilt wurde. Aber sie jammerten herzerweichend, wenn ein Barbier eine Locke zu kurz abschnitt.

Und doch war zwischen dem Reich und den nordischen Völkern alles anders als bei den Hunnen. Lag das Geheimnis vielleicht darin, daß kein Hunne jemals Land vom *Imperium Romanum* gewollt und gefordert hatte? Daß sie gekommen waren, ohne ein Ziel zu nennen, ohne Grenzen zu ziehen und ohne Mauern und Häuser, Paläste und Städte zu bauen?

Attila spürte instinktiv, daß er sehr nah an der Wahrheit sein mußte.

War hier das Geheimnis zu suchen, aus dem aller Haß entstanden war?

Die immer wilder ausgeschmückten Greuelmeldungen über sein eigenes Volk mußten alle einen gemeinsamen Ursprung haben. Zuviel wiederholte sich immer wieder, zuviel kam beinahe wortwörtlich gleich aus den verschiedensten Richtungen des Imperiums. Und die gehässigsten Berichte stammten aus Carthago und jener Provinz Africa, in der noch niemals ein Hunne gewesen war.

Er wußte längst, daß selbst die gefährlichsten Völker-Bewegungen in den Provinzen Makedonien, Illyrien und Thrakien nichts mit seinem eigenen Volk zu tun hatten. Rom stempelte all dies mit der Angst vor den Hunnen, aber in Wahrheit war die Bruchkante zwischen den beiden römischen Reichen die Ursache. Inzwischen war kein anderes Gebiet gefährlicher als die Gebirgsketten zwischen dem Hadriatischen Meer und der mittleren Donau.

Die Grenzen des einst mächtigsten Imperiums der Welt waren so durchlässig wie ein brüchiges, zu oft und zu nachlässig geflicktes Fischernetz geworden. Nichts hielt mehr, und auf nichts war mehr Verlaß. Vandalen, Alamannen, Sueben und Alanen drangen aus den Donauländern gegen die Franken bis über den Rhein vor. Burgunden hatten am mittleren Rhein ein Reich mit ihrer neuen Hauptstadt Worms gegründet. In Pannonien hatten sich die Provinzbewohner gegen die römische Obrigkeit erhoben. Die letzten Legionen Roms waren fast fluchtartig aus ihren Garnisonen in England abgezogen.

Attila bemerkte, wie seine Augen zu brennen begannen. Der warme Luftzug wurde stärker. Es roch auch nicht mehr so dumpf und muffig. Ein Zirpen ließ ihn aufhorchen. Es war der Klang von Zikaden, die in Rom und Ravenna viel häufiger waren als an der Donau.

Im gleichen Augenblick fiel ihm wieder ein, wozu er sich zusammen mit dem Vandalen Geiserich und dem Gepiden Laudarich entschlossen hatte. Er wußte wieder, warum sie in die Altstadt Roms gegangen waren. Dort, und nur dort, reichten die Solidos in ihrem Besitz für eine Käuflichkeit, die auf den Hügeln Roms zwar noch viel größer, aber für die drei Geiseln nicht zu bezahlen war.

Sie hatten begriffen, daß ihnen das gleiche Schicksal drohte wie Serena, der Ehefrau des großen Feldherrn Stilicho. Die Nichte von Kaiser Theodosius hatte ihre beiden Töchter nacheinander an Kaiser Honorius verheiratet. Dennoch war sie nach der Ermordung ihres Mannes vom römischen Senat des Hochverrats zugunsten von Alarich bezichtigt und öffentlich hingerichtet worden. Da hatte niemand die Hand gehoben und öffentlich gesagt, daß ohne sie und ihren Mann das westliche Reich kaum noch existieren würde.

Das gleiche Schicksal drohte allen Geiseln Roms schon seit Wochen und Monaten. Attila wußte nicht, daß er in genau der Situation war, die sein Vater für seinen Bruder befürchtet hatte. Dafür hatte er miterlebt, wie im Kaiserreich Intrigen geschmiedet, Minister bestochen und Betrügereien als Diplomatie ausgegeben wurden. Er hatte eine Ahnung davon bekommen, was sie mit *Staat, Politik* und *Gesetz* meinten. Aber er verstand noch immer nicht, warum sie ganz anders handelten, als sie es in ungezählten Pergamentrollen festgeschrieben hatten. Es war zu spät, das jetzt noch zu verstehen. Jedenfalls nicht in den Mauern der Ewigen Stadt ...

»Nicht in den Mauern!«

Das war es! Attila schrie den Satz, als wäre er eine magische Formel. Gleichzeitig erinnerte er sich, was er und die beiden anderen mit dem Pergament des Notarius vorgehabt hatten: Sie hatten sich keinen Fluchtweg nach draußen kaufen wollen – im Gegenteil! Nicht sie wollten nach draußen, sondern die anderen sollten hereinkönnen, um eine große, sinnlose Schlacht um Rom zu vermeiden!

Der Weg hinaus war auch ein Weg hinein!

Attila stöhnte auf.

Er wußte nicht mehr, was er zuerst denken sollte. Warum war er vor einigen Tagen mitten in der Nacht aufgewacht und hatte den vielfachen, klagenden Ruf von Störchen über der Stadt gehört ... mitten im Sommer ... über dem hungernden, belagerten Rom ...?

Seltsame Gerüchte über die Belagerer hatte es in den vergangenen Wochen jeden Tag und jede Nacht aufs neue gegeben. Und schon seit einiger Zeit wurde nicht nur in den schmalen Gassen der Altstadt, sondern auch in den Gängen der Paläste gemurmelt, daß Hunnenreiter nach Rom unterwegs gewesen sein sollten. Doch seltsamerweise nicht die Hunnen aus der kaiserlichen Palastwache in Ravenna, sondern andere, unbekannte Krieger, die zusammen mit dem Schwestermann des Westgotenkönigs von der Donau her nachgerückt sein sollten. Und wieder andere hatten behauptet, daß genau diese Verstärkung das Kernland des Imperiums nie erreicht hatte. Es hieß, die Goten und die Hunnen seien noch in den Julischen Alpen in eine tödliche Falle römischer Legionäre geraten.

Nur ein paar Dutzend Hunnen von einigen tausend aus der Begleitung des leichtlebigen Gotenfürsten Athawulf sollten überlebt haben, dazu eine Handvoll Gepiden und ein paar Vandalen, von denen Geiserich vermutet hatte, daß sie noch aus vergangenen Feldzügen bei den Westgoten im Wort standen. Doch nichts davon war bisher aufgeschrieben oder trug offizielle Siegel ...

Er tastete sich Schritt für Schritt in der Richtung voran, in der er bei seinem ersten Aufwachen einen verwaschenen gelben Fleck gesehen hatte. Der Lichtschein war nicht mehr da. Aber die Luft war warm und schmeichelte über seine Haut. Und über sich erkannte er unendlich viele Sterne. Er hatte nicht bedacht, daß es inzwischen Nacht geworden war.

Vor ihm verdeckten dichte Tamariskenbüsche die Sicht, doch nur ein, zwei Schritte weiter enthüllte sich – so kam es ihm in diesem Augenblick vor – das schönste Bild, das Attila je gesehen hatten. Hunderte, Tausende von Feuerflecken erstreckten sich über die Täler und Hänge vor der Stadt. Ihr Lichtschein vereinte sich dicht über dem Boden zu einem Vorhang aus aufstiebenden rotgelben Fahnen und beinahe rauchlos aufsteigender Hitze. Erst sehr weit oben verlor der Feuerschein seine Kraft gegen die Schwärze der Nacht und die wie Nadeln funkelnden Sterne. Und über allem stand leuchtend die schmale Sichel des zunehmenden Mondes.

Er hätte nie gedacht, daß Rom so schön zwischen Berge und Hügel eingebettet sein könnte. Der Nachthimmel über der vollkommen dunklen Stadt wurde im Norden vom Sternbild des Drachen, im Osten von den Fischen und im Westen von der Jungfrau begrenzt. Den Süden konnte er wegen der Mauern nicht sehen, doch das von Südwesten nach Nordosten über das hohe Firmament ziehende Band der Galaxis zeigte ihm auch so, wo er sich befand.

Wie jeder Hunne kannte Attila die Namen von mehr als tausend Sternen am Nachthimmel. Sie hießen anders als bei den Goten, Griechen und Römern, aber die auffälligsten Bilder und Konstellationen trugen ebenfalls seit Jahrtausenden Namen, die jeder kannte.

Er entfernte sich ein, zwei Steinwurf weit von der finsteren Stadtmauer um die gewaltige Metropole des Imperiums. Sie sah an dieser Stelle nicht besonders eindrucksvoll aus. Der Pfad, den er genommen hatte, führte schräg zwischen Lorbeer, Ginster und Tamarisken weiter zu einer Hauptstraße. Attila konnte keine Besonderheiten entdecken, doch allein aus der Verteilung der vielen Feuer in der Nacht schloß er, daß es sich hier um eine der ältesten Straßen des Imperiums handeln mußte. Wenn er sich nicht irrte, dann hatte er die Stadt genau im Norden verlassen, dort, wo die *Via Salaria* von den Salzfeldern an der Tibermündung bis zum gebirgigen und salzlosen ehemaligen Land der Sabiner weiterführte.

Er mußte unwillkürlich lachen. Das Jahr im Inneren des weströmischen Reiches hatte ihm doch mehr genützt, als er es bisher wahrhaben wollte. Unwillkürlich fragte er sich, wie viele nützliche Informationen und Hinweise er noch in sich trug. Er beschloß, von jetzt an darauf achtzugeben, ehe er irgendeine Entscheidung traf.

Im Moment sprach nichts dagegen, einfach zu einem der Feuer zu gehen. Zwar waren Westgoten und Hunnen keine Freunde; wie fast alle Völker östlich der Karpaten hatten sie in den vergangenen Jahrzehnten mehrfach erbittert und mit aller Grausamkeit gegeneinander gekämpft. Aber im Augenblick lagerte König Alarich nicht an der Donau, sondern vor Rom. Attila wußte nicht, wie viele der Hunnen, die mit Fürst Athawulf aus Pannonien gekommen waren, noch lebten.

In Rom waren Gerüchte lautgeworden, die von einer entsetzlichen Niederlage der nachrückenden Westgoten wissen wollten. Wenn das stimmte – wer sollte dann die Beute für sein eigenes Volk aus Rom holen, von der Attila in all den langen, einsamen Nächten als Gefangener des Imperiums geträumt hatte? All die Berge aus Gold, mit denen er zurückkehren wollte, die Kästen und Ledersäcke voller Geschmeide, dicht an dicht mit Karneolen und Rubinen, Saphiren und Topasen besetzten Kruzifixe aus den Kirchen, die goldenen Teller und

Platten aus den Tempeln des eigentlich längst verbotenen soldatischen Sonnengottes Mithras und der keuschen Vestalinnen, die Münzen mit allen nur denkbaren Kaisern Roms ...

Attila wußte nicht, was aus den beiden anderen Geiseln geworden war. Sie hatten vereinbart, daß sie gemeinsam versuchen wollten, durch die Katakomben die Stadt zu verlassen. Aber sie hatten ebenfalls vereinbart, daß keiner von ihnen mitgeschleppt werden sollte, wenn dadurch der Erfolg des Ausbruchs gefährdet würde.

Genau das mußte mit ihm geschehen sein. Sie hatten ihn zurückgelassen, als er nicht mehr weiterkonnte. Er erinnerte sich noch immer nicht daran, wie er überhaupt in die Katakomben gelangt war. Doch das war unwichtig. Er hatte den Ausgang auf der richtigen Seite gefunden. Das war alles, was jetzt zählte.

Er beobachtete, wie die Feuer ganz langsam kleiner wurden. Hin und wieder verdeckten Schatten den Lichtschein. Die Belagerer benahmen sich nicht anders als in den vergangenen Monaten. Nichts machte den Anschein des Ungewöhnlichen. Dennoch kam es ihm so vor, als würde er nicht alle Kräfte des Westgotenkönigs sehen.

Attila beschloß zu warten. In einer Situation wie dieser war es zu gefährlich, mit einem Hunnengesicht und in der Kleidung edler Römer mitten in der Nacht an einem Feuer der Germanenkrieger aufzutauchen. Trotzdem hätte er gern gewußt, ob die beiden anderen durchgekommen waren. Es störte ihn, daß er so gar nichts von ihnen wußte.

Vorsichtig entkleidete er sich. Er riß einen Streifen von der Toga, schob die Stoffreste unter einen Busch und bedeckte sie mit leise abgerissenen Zweigen. Er hatte Durst. Keinen Hunger – nur Durst. Die Schmerzen waren längst nicht mehr so schlimm wie in den Katakomben. Nur eines schwor er sich in diesen Minuten: Nie wieder würde ihn jemand dazu bringen, in unterirdische Höhlen zu gehen. Und ob er jemals wieder eine Stadt der Römer betreten würde, wußte er auch nicht!

Er fühlte sich ziemlich unwohl, als ihm plötzlich klar wurde, daß er bereits zweimal in seinem Leben »aus vollem Ritt« in eine andere Wirklichkeit gerissen worden war. Beim ersten Mal hatte er ganz bewußt gegen seinen Tod gehandelt. Beim zweiten Mal war mitten in einem Kampf einfach Schluß gewesen. Und das verwirrte ihn mehr als alles andere. Auch dies durfte nie wieder vorkommen!

Er rieb abgerissene Blätter und warmes Erdreich über den hellen Stoff, dann legte er den Streifen wie einen Lendenschurz an und verknotete ihn über dem Gürtel, den er darunter anbehielt. Sein wichtigster Ausrüstungsgegenstand war jetzt der kleine Pergamentfetzen. In seiner Hand war er das Tausendfache des Solidos wert, den er dafür bezahlt hatte.

»Hunnen!« dachte er. »Irgendwie muß ich zu den Hunnen im Lager der Westgoten!« Er hatte keine Ahnung, aus welchen Sippen oder Familien die Begleiter des Gotenfürsten Athawulf stammten. Nur daß es Hunnen im Heerlager des Gotenfürsten gab, schien festzustehen. Aber auch darüber war sich Attila auf einmal nicht mehr sicher ...

Auf keinen Fall aber durfte er versuchen, während der Nachtstunden an Dutzenden von Wachen vorbeizukommen. Zu viele heimlich ausgeschickte Botschafter zwischen Rom und Ravenna hatten bereits ihren Mut mit dem Leben bezahlt. Attila hatte bisher keinen der unglücklichen Stoßtrupps gesehen, aber es hieß, daß sie oft tagelang mit abgeschnittenen Zungen an Balkenbäumen vor den Stadttoren aufgehängt wurden, an denen die Römer nicht nur Sklaven kreuzigten ...

Aber noch war die Nacht einige Stunden lang, und auch Germanenkrieger wurden müde, wenn die Wachfeuer kleiner wurden und die Stille der Nacht zunahm.

Im gleichen Augenblick geschah es. Attila blieb wie angewurzelt stehen und hielt die Luft an. Irgendwo aus den Schatten der Büsche war ein leises Tschilpen wie von frisch geschlüpften Vögeln gekommen. Zweimal, dreimal, dann nichts mehr. Er spürte, wie das Blut in seinen Ohren pochte. Wie war das möglich? Wo kam im Hochsommer, noch dazu mitten in der Nacht, ein winziger Vogel her? Und warum konnte ihn das kaum hörbare Geräusch derartig erschrecken?

Es stimmte nicht! Er wußte genau, daß es nicht stimmte! Und plötzlich wußte er, was es war. Alles in ihm wehrte sich gegen den Gedanken, aber es gab einfach keine andere Möglichkeit:

Aijbars war da!

Attila blieb stocksteif stehen. Er bewegte sich nicht und wagte kaum zu atmen.

3. *An den Feuern der Goten*

Minutenlang war nur ferner Männergesang hörbar, vermischt mit leisen Trommelschlägen und dem gleichmäßigen Zirpen der Zikaden. Dann raschelte es im Buschwerk neben der steinernen Straße. Im Mondlicht schob sich eine helle Gestalt aus dem Schatten der Tamarisken. Aber es war nicht Aijbars, sondern Geiserich.

»Ganz still, Kleiner ... bleib, wo du bist ... ich hab' deinen Onkel mitgebracht ... kannst du gehen?«

»Ja«, sagte Attila. Er wunderte sich über das Krächzen in seiner Stimme. Er konnte sich nicht einmal über die Anspielung des Vandalen ärgern. Offenbar ging es ihm doch nicht so gut. Jetzt kam auch Aijbars hinter den Büschen hervor. Der *Dunkle Mondpanther* trug ein langes Kleid aus Fell und Federn, so dicht mit eisernem Gerät und Abbildungen von Geistern behängt, daß das eigentliche Fell selbst im hellen Licht des Mondes kaum noch zu erkennen war.

Aijbars ging einmal im Kreis um Attila herum, betrachtete ihn prüfend und summte leise dabei. Attila dachte plötzlich daran, daß kein Eisenschmuck an einem Schamanenkleid jemals rostete. Durch langen Zauber und endloses Besprechen wurde in jedem einzelnen Teil eine eigene, unsterbliche Seele geweckt. Und mit der gleichen Magie schützten auch die Schuppenpanzer der Hunnenkrieger mit Hilfe der Seelen viele Teile, die wie die Federn eines Vogels übereinanderlagen. Seltsamerweise nannten auch die Römer ihre Schuppenpanzer *lorica plumata* – das Federpanzerkleid ...

Aijbars flötete ganz leise, dann kam er auf ihn zu, schloß ihn kurz in die Arme und betastete dabei mit fliegenden Fingern beinahe jede Stelle seines Körpers.

»Keine erkennbaren Verletzungen«, flüsterte er sichtlich erleichtert. »Auch innerhalb deines Körpers nicht.«

Es kam sehr selten vor, daß der Schamane persönliche Regungen zeigte, die nichts mit größeren oder übersinnlichen Dingen zu tun hatten. Aber auch Attila fühlte sich in diesem Augenblick endlich wieder frei und unsagbar erleichtert. Jetzt – erst jetzt war der lange, lange Alptraum römischer Kammern, Gänge, Räume und Säle, Häuser und Dächer, Mauern und Paläste für ihn vorbei.

»Wie kommst du hierher?« fragte Attila. »Ausgerechnet jetzt?«

»Es waren die Wolken, der Wind und die Vögel des Himmels, Sohn meines Bruders Mundschuk«, antwortete der Schamane geheimnisvoll und gleichzeitig vergnügt. »Ich habe vom Siegesgeschrei toter germanischer Helden in ihrem Himmel gehört und auch dem Stampfen sehr schneller Hufe unter der Erde gelauscht, sodann die Schulterknochen von vielen Hammeln im Feuerbad gereinigt und ihre Bruchlinien gezählt ... so kam ich *ausgerechnet* jetzt hierher ...«

»Du meinst, du hast gewußt, wann Rom erobert wird?«

Aijbars hob die Schultern und zeigte seine leeren Hände.

»Komm, laß uns hier weggehen!« sagte er. »Ich mag nun mal keine römischen Mauern ... jedenfalls nicht so nah an Wachtürmen mit Bogenschützen ...«

»Denkst du etwa, ich?« stöhnte Attila und ließ sich von Aijbars und Geiserich in die Mitte nehmen. »Die Wächter der Stadt bewachen kaum noch etwas ... sie jagen wahrscheinlich die letzten noch lebenden Ratten und Mäuse Roms. Trotzdem hasse ich sie ... all diese Steine und Wälle und Mauern!«

»Um deine Frage zu beantworten«, sagte Aijbars, während sie ohne besondere Vorsicht zu einigen abseits gelegenen Feuern gingen, »ich hätte warten können, bis Kharaton wieder ein paar tausend Männern erlaubt, für das *Imperium Romanum* im Westen oder im Osten in den Kampf zu reiten. Ich hätte ebenso auf den vorgesehenen Tag der Rückkehr unserer Geisel Aetius warten können, aber die Knochen sagten mir nun einmal, daß ich allein und sieben Tage vor der Sommersonnenwende aufbrechen sollte ...«

»Ganz allein?« fragte Attila verwundert. Der Schamane zog den Kopf ein und stieß ein belustigt klingendes Vogeltschilpen aus. »Fast allein, fast allein! Ich bin schnell geritten, bis ich vor Emona, an der Furt der Bernsteinstraße über den Fluß Save, auf dieses germanische Großmaul Athawulf traf ... oh, hätten die Geister und Dämonen mich nie in dieses glatte Lügengesicht blicken lassen!«

Er schlug die Hände gegen seinen Kopf und tschilpte jetzt aufgeregt wie ein junger Vogel. »Allein hätte ich nicht mit eigenen Augen ansehen müssen, wie dieser unfähige Schwager von König Alarich seinen eigenen Stamm und dazu viele unserer Krieger gegen perfekt angreifende Römer rennen ließ ... wie er klüger und besser sein wollte als sie und alles falsch einschätzte ... und auch sein großmäuliger, versoffener und völlig verwahrloster Germanenhaufe ... das waren nicht mehr die blonden Löwen, wie sie so lange Zeit voller Respekt und Bewunderung von den Römern genannt wurden! Nein, Sohn meines Bruders Mundschuk, ich habe miterlebt, wie diese weich und kraftlos gewordenen Westgoten mit sinnlosen Angriffslinien, die sie den Römern in Aquincum und bei den anderen Lagern nur schlecht abgeguckt hatten, von den Legionären des Hühnerfreundes in Ravenna überrannt wurden ...«

»Was ist geschehen?« fragte Attila etwas atemlos. Sie gingen einen steileren Hang hinauf. Hier draußen war es viel wärmer als in den Katakomben, aber nicht so stickig und übelriechend wie in der belagerten Stadt. Zum ersten Mal nahm Attila wieder den Geruch von Fleischsuppe aus großen Kochkesseln wahr. Ihm wurde beinahe übel vor Schwäche und Freude.

Nur wenig später erreichten sie das kleine, gut tausend Schritt von den ersten Gotenfeuern aufgebaute Lager aus Yurten und einigen filzbespannten oder mit Tüchern bedeckten Wagen. Ein paar ostgotische Zelte und Karren standen noch weiter abseits. Es sah so aus, als hätten diese Hunnen mehr Pferde, als sie brauchten. Sie hielten sich zurück und schwiegen. Zum ersten

Mal in seinem Leben sah Attila Hunnen, die sich allesamt geduckt, wortkarg und verängstigt verhielten. Nur ein einziger, wenig älter als Attila, kam einmal näher als zwanzig Schritte an das wieder angefachte Lagerfeuer vor dem Zelt des Schamanen heran. Er starrte eine Weile auf sie, dann zog er sich in die Dunkelheit zurück. Attila gewöhnte sich nur langsam an die eigenartige Situation. Aber er war zu müde und zu zerschlagen, um sich noch groß Gedanken zu machen.

Erst als er gegessen und getrunken hatte, wollte er mehr über das eigenartige Zusammentreffen wissen. Trotzdem wartete er, bis Geiserich erneut zu Alarichs Lager gegangen war, um zu erkunden, wie der nächste Tag aussehen würde.

»Jetzt kannst du weitererzählen«, sagte Attila. Er lag auf dem Rücken am Feuer und hatte den Oberkörper gegen einen der hohen Sättel gelehnt, die ihnen auch dann als Sitz dienten, wenn sie nicht auf die Rücken der kleinen, schnellen Pferde geschnallt waren.

»Du fragst, was mit denen hier geschehen ist?« Sein Onkel lachte trocken. »Die Truppen von diesem General Generidus haben sie nahezu bis zum letzten Mann gespießt und erschlagen, geköpft und verstümmelt ... und das, als wir schon fast die weite Ebene und die leichten Straßen Italiens erreicht hatten und beinahe Aquileia an den nördlichen Lagunen des Hadriatischen Meers sehen konnten ...« Er wischte durch die Luft, als wolle er sich einfach nicht mehr an das Entsetzen erinnern.

»Dann gab es wirklich ein Massaker? Und du warst dabei?«

»Ja, ich war dabei«, seufzte der Schamane, »und wieder doch nicht dabei ...«

Attila verstand. In gewisser Weise war ein Schamane noch mächtiger als ein König. Denn nur ihm allein war erlaubt, über die Grenzen von einer Welt in eine andere zu wandern, ohne daß irgend jemand ihn daran hindern oder ihm folgen konnte.

»Allein wäre ich ohne jede Gefahr und viel besser durchgekommen«, sagte er nach einer langen Pause. »Selbst die Seelenlosen am Straßenrand und in den Wäldern, der Abschaum unter den Dieben und Wegelagerern, den Räubern und Halsabschneidern des ganzen Reiches zucken zurück und machen einen großen Bogen um einem Mann wie mich!« Er lachte kurz und fröhlich. »Sogar fanatische Christen haben sich bei meinem Anblick bekreuzigt und sind geflohen. Einige waren so verwirrt und unsicher, daß sie sich vor mir auf den Boden geworfen haben, ganz so, als sei ich derjenige, auf dessen Wiederkehr sie hoffen. Dabei flogen niemals weiße Tauben über meinem Kopf, und auch nach dem Gemetzel in den Julischen Alpen bin ich bestenfalls in den Sümpfen zwischen Aquileia und Ravenna über Wasser gegangen ...«

»Über Wasser gegangen?« fragte Attila verdutzt.

»Na ja, vielleicht sah es manchmal so aus ...«

Attila mußte lachen. Nicht über das, was Aijbars berichtete, sondern darüber, wie er sich jetzt dafür schämte.

»Wer wußte von deiner Reise?« fragte Attila.

»Nur Kharaton, dein Vater und unsere Römergeisel ...«

»Was? Dieser Aetius wußte ...«

»Von ihm erfuhr ich mehr, als wir ihm jemals danken können. Er konnte fliehen, ehe die Römer ihn erkannten. Aber er sollte mich ohnehin nur bis zu den Stadtmauern von Aquileia begleiten ...«

»Das wird ja immer toller! Ein Schamane der Hunnen und ein römischer Adliger in der Rüstung eines Legionärs zusammen zum Belagerer Roms unterwegs ...«

»Nein, zwei Schamanen«, berichtigte Aijbars. »Einer, der wie ein Hunne aussah, und einer, der gerade die ganz großen Initiationsriten überstanden hatte ...«

»Ein Blutkopf?«

»Ja, Attila, ein Blutkopf – mit der heiligen Zahl der Messerschnitte auf der Gesichtshaut gequält, bis der Schmerz so groß ist, daß nie wieder ein Barthaar Kinn und Wangen zeichnet! Sechshundertsechsundsechzig Schnitte, wie schon von Gog und Magog der Weisheit des Tieres zugeordnet ...«

»Warum?« stieß Attila entsetzt hervor. »Warum habt ihr das

mit der Geisel Roms getan? Genau dafür hassen und fürchten uns alle Weiber und Mädchen Roms ... sie glauben doch auch schon, daß wir sogar unseren Neugeborenen die Gesichter verstümmeln!«

»Wer schreibt, der lügt glaubhafter als der Erzähler«, seufzte Aijbars mit deutlichem Bedauern. »Da kannst du hundertmal beschwören, daß derartiger Unsinn meist nur aus Haß und Angst oder berechnender Verleumdung auf Pergament gekritzelt oder in Stein gemeißelt wird – wer sich in diesem Reich auf das Geschriebene beruft, bekommt das Recht, ganz gleich, ob es die Wahrheit oder Wahnsinn ist!«

»Ja, mit Gerechtigkeit hat das alles nichts zu tun«, sagte Attila zustimmend. Er sah Aijbars beim Schein flackernden Feuers ins Gesicht. Wer es nicht wußte, konnte keine der vielen hundert Narben im Gesicht des Schamanen erkennen. Im Gegenteil – durch den uralten Brauch wirkte seine Haut wie kräftiges, edel genarbtes Wildschweinleder. Attila lachte leise vor sich hin bei dem Gedanken. »Du hast mir noch nicht geantwortet.«

»Es war seine Idee«, gab Aijbars belustigt zurück. »Außerdem hat er nichts von seiner Römerschönheit eingebüßt. Er kann jederzeit wieder als Vorbild für eine Statue aus weißem Marmor dienen! Wir haben einfach nur eines der vielen Gerüchte über uns Hunnen genutzt und auf seinem Gesicht mit viel blutrotem und dauerhaftem Pflanzensaft ausgeschmückt.«

In diesem Augenblick kam Geiserich aus Alarichs Lager zurück. Er hatte die letzten Worte des Schamanen gehört. »Wieso ist das ein Gerücht?« warf er ein und grinste. »Das weiß doch jeder, daß bei euch alle männlichen Kinder schon gleich nach der Geburt auf diese Art verstümmelt und zerschnitten werden!«

»Keineswegs«, protestierte der Schamane. »Es ist vielmehr ...«

»Und du, Vandale«, unterbrach Attila grimmig, »du bist ein großer, blonder, löwenmütiger Germanen-Krieger! Aber wie jeder weiß, habt ihr Vandalen nur leeres Stroh im Kopf.«

»Na gut«, antwortete Geiserich und lachte. »Wir sollten jetzt allmählich schlafen. König Alarich will uns gleich morgen früh sehen!«

»Alle drei?« fragte Attila.

»Nein, nur mich und deinen Onkel. Von dir habe ich nichts erzählt!«

Attila starrte ihn ungläubig an.

»Du hast nichts erzählt von mir? Aber ich ...«

»Schon gut!« beschwichtigte Aijbars. »Es war meine Bitte!«

Die Westgoten, einige germanische Hilfsvölker mit fast vergessenen nordischen Namen und knapp hundert Krieger von drei westlichen Hunnenstämmen lagerten ungeduldig auf den Höhen vor Rom. Sie hatten keine Sicherungen gegen schlechtes Wetter oder den kommenden Herbst rund um ihre Zelte und Yurten errichtet. Viele hatten in all den Wochen nicht einmal ihr Marschgepäck vollständig entschnürt. Es war nur noch eine Frage der Zeit, wann der König der Westgoten den Befehl zur Eroberung der Stadt und ihrer Plünderung geben würde. Trotzdem machten die Hunnen einen schlechten, unsicheren Eindruck auf Attila. Er selbst kam aus einer Grenzregion an der unteren Donau, in der sie sich als Herren bewegten. Auch die erste große Niederlage von Hunnen unter König Uldin hatte die Stämme, über die sein Vater und seine Onkel Ruga und Oktar geboten, nicht gebeugt. Es war, als wären die Hunnen von der mittleren Donau noch schlimmer geschlagen als Uldins Überläufer.

Die ganze Zeit hatten fast alle einen Bogen um den jüngsten Sohn von Fürst Mundschuk gemacht. Sie gehörten nicht zu seinem Stamm oder zu den Volksteilen seiner Familie.

Sie kannten ihn und die östlichen Hunnen nur vom Hörensagen, da sie ihre Herden bereits vor einer Generation bis in die Nähe der Römerstadt Aquincum vorgetrieben hatten, unmittelbar vor dem großen Knick der Donau in westliche Richtung. Ihre Weiden lagen einige Tagereisen donauaufwärts vom Lager des Großkönigs. Wahrscheinlich war keiner von ihnen jemals östlich der Karpaten oder an der unteren Donau gewesen. Er bezweifelte, ob sie überhaupt schon einmal die Könige Kharaton oder Uldin gesehen hatten.

Was für Alarich eine Verstärkung werden sollte, war nur noch der kleine, klägliche Rest eines zuvor schon kraftlos gewordenen Haufens. Zu viele waren von den Römern niedergemetzelt und erschlagen worden. Die meisten der Überlebenden trugen Binden und Bandagen aus Stoffen, Blättern und Fellresten. Der Schock und die Verbitterung steckten ihnen noch immer tief in den Gliedern. Sie hatten nicht einmal mehr einen unteren Anführer, und sie hatten ihr Gesicht verloren.

Attilas Gastgeber hatten ihre Yurten bereits am frühen Morgen ab- und etwas weiter westlich auf einer leicht abfallenden Bergwiese wieder aufgebaut. Hier waren Gras und Strauchwerk noch besser als am ersten, von den Pferden und Ziegen inzwischen abgefressenen Lagerplatz. Auch hier waren sie nach allen Seiten vor Überraschungen sicher und konnten weit über die Lager der anderen hinwegsehen. Dennoch kam keine Fröhlichkeit auf, kein lautes Lärmen und kein Wettbewerb bei den Reitübungen.

Attila hatte sich nicht am Umzug des Lagers beteiligt. Er hatte fast den ganzen Vormittag verschlafen. Jetzt, nachdem er die Schale mit Ziegenmilch und einem Pülverchen des Schamanen getrunken hatte, fühlte er sich stark und tatendurstig wie schon lange nicht mehr. Er saß auf einem Felsbrocken am Rand der neuen Feuerstellen und konnte es noch immer nicht fassen, daß sie es geschafft hatten. Geiserich hatte ihm berichtet, wie er und Laudarich so schwer zusammengeschlagen worden waren, daß er sie beide nur bis in die Katakomben geschleppt hatte. Dann war er allein losgezogen, hatte Laudarich noch am Nachmittag zu den Heilkundigen der Westgoten gebracht und anschließend die Gruppe der geschlagenen und noch immer gedemütigten Hunnen gesucht, die das Fiasko von Fürst Athawulf überlebt hatten.

Bei Einbruch der Dunkelheit war er allein bis zur Mauer an der *Via Salaria* zurückgekehrt und hatte versucht, durch den in Gebüsch versteckten Ausgang erneut in die Katakomben einzudringen. Doch trotz einer mitgenommenen Fackel hatte er den Versuch abbrechen müssen ...

Bereits am frühen Morgen war er mit Aijbars zu den Königszelten von Alarich westlich der *Via Salaria* aufgebrochen. Nur ein paar barfüßige und ausnehmend hübsche junge Mädchen aus den Vasallenvölkern der Hunnen hatten sich mit ihren Ziegen bis auf Steinwurfweite genähert. Sie schienen sich sehr für ihn zu interessieren, doch Attila sah nur, daß es Ostgotinnen waren, und beachtete sie nicht weiter.

Obwohl er noch immer verärgert war, sah er allmählich ein, daß Geiserich aufgrund seines höheren Alters der bessere Überbringer ihrer Informationen aus der Stadt war. Trotzdem fühlte er sich ungerecht behandelt und verstand nicht, warum der Schamane unter allen Umständen seinen eigenen Ausbruch verheimlichen wollte. Für wen war das wichtig? Und was sollte damit verborgen werden?

Mit all seinen großartigen Überredungskünsten hatte der Schamane versucht, ihn davon zu überzeugen, daß es nicht gut für die Erzählungen an kommenden Lagerfeuern war, wenn die kraftstrotzenden und längst ungeduldigen Goten nicht nur einen hinkenden Vandalen, sondern auch einen ziemlich zerschunden aussehenden hunnischen Fürstensohn vorgeführt bekamen.

»Sie sind großartige Krieger«, hatte ihm Aijbars gesagt, »aber sie neigen dazu, in allem und jedem so sehr zu übertreiben, daß sie sogar fest daran glauben, bei ihren Schlachten würden ihre sämtlichen Toten als unsichtbares Geisterheer im Himmel mitreiten. Und weil für sie der Nachruhm ihrer toten Krieger wichtiger ist als der von lebenden Hunnen, müssen wir uns auf sie einstellen und nicht umgekehrt!«

Noch vor einem Jahr hätte Attila den Sinn dieser Schamanenworte nicht verstanden. Aber inzwischen wußte er soviel von der Kriegs- und Verhandlungskunst, daß er den klirrenden sichtbaren Waffen nur noch einen Teil des Erfolges zubilligte. Er hatte gelernt, daß nicht jeder Schwerthieb Beifall brauchte, nicht jede Attacke den Ring von der Stange holen mußte und nicht jeder kleine Sieg eine Schlacht gewann. Denn jedes eigene Versagen, und selbst das scheinbare und vorgetäuschte, tröpfelte mehr vom Gift des Triumphes in den Becher des anderen, machte ihn blind für den wahren, endgültigen Sieg.

Also versuchte er, sich daran zu gewöhnen, daß die Zeichen in den gebrannten Schulterblattknochen von Hammeln und die Ahnungen eines Schamanen mehr Weisheit enthalten konnten, als sie einem erst Fünfzehnjährigen zustand ...

Er blinzelte durch die Morgensonne auf die Ewige Stadt der Römer. Sie sah gewaltig aus, aber nicht gewalttätig. Auf vatikanischem Gebiet erkannte er die Basilika des Christen-Priesters, Schamanen und Wahrsagers St. Peter und weiter entfernt, am Ufer des Tiber, die andere mit dem Namen St. Paul.

Attila blickte auf die 150 Winter alte Mauer um die Stadt. Er hatte gelernt, daß ihr Bau dem Römerkaiser Aurelian zugeschrieben wurde. Alles, was sie schützen sollte, würde schon bald zur freien Beute für die Belagerer werden – heute, morgen oder in wenigen Tagen. Dagegen schützten auch die dreihundertachtzig Wehrtürme und die vierzehn wie Festungen wirkenden Stadttore nicht.

Obwohl – einige der Hunnen im Lager hatten ihm im Vorbeigehen gesagt, daß nichts von dem geraubt werden sollte, was sich in christlichen Anbetungshäusern befand. Die Hunnen verstanden das Verbot. Es war selbstverständlich, daß die Gebäude der heiligen Zeremonien und Rituale für Alarich tabu waren. Schließlich waren die Goten selber Christen, wenn auch arianische. Trotzdem sollten viele der Gotenkrieger unzufrieden sein über den königlichen Befehl zur Zügelung und Zurückhaltung.

Aber Attila fragte sich, ob die Gotenkrieger überhaupt zum

Plündern kommen würden. Er selbst hatte die Wunder und die überwältigenden Bauten Roms gesehen, diese faszinierende und doch fremdartige, bedrohliche und erschreckende Welt aus mächtigen Palästen, Straßen und Obelisken, gewaltigen, hoch aufragenden Säulen mit vergoldeten Standbildern. Sie würden staunen und erstarren, wenn sie vor Tempeln standen, die sich stolz und verwirrend in ihrer Pracht und Größe aneinanderreihten. Vielleicht würden sie auch alle Beute fallenlassen und sich bekreuzigen oder Wotan und ihre anderen Götter des Nordens anrufen, wenn sie den Circus in gewaltigen Kurven aufsteigen sahen, wenn sie die Rüstungen abwarfen und sich vor Freude wie Kinder lärmend in die Wasser der Thermen warfen, sich in den schattigen Hallen unter den hohen Kuppeln mit Wein, Weibern und Gesang vergnügten.

Attila preßte die Lippen zusammen bei dem Gedanken an die vielen riesigen Palastanlagen der Vornehmen. Sie waren Städte in der Stadt, wie Tausende von steingewordenen und in Generationen immer weiter aufgetürmten Königsyurten. Hier würden alle, die nach Beute suchten, reiche Ernte halten – wenn nicht das hungernde Volk von Rom zu Hunderttausenden die Gelegenheit ergriff, um selbst zu rauben und zu plündern. Und welche hochgestellte, noch wohlgenährte und nach Bädern und Parfümöl duftende Römerin wollte nach Stunden und Tagen des Entsetzens noch schwören, ob sie von ihren eigenen Sklaven, von den Eroberern oder von Römern selbst beraubt, umarmt und auf dem nächsten Lager grölend und schnaubend vergewaltigt worden war?

Sie hatten es sich oft ausgemalt an den Tafeln mit den Genüssen, an die sie gewöhnt waren. Mehr als ein dutzendmal hatte Attila miterlebt, wie sie das kommende Grauen in seinen schlimmsten Ausschmückungen genossen hatten, mit all den schaurigen Legenden von Hunnen und anderen wilden Tieren ...

Aber auch bei den Belagerern mußten inzwischen die wildesten Träume umherschwirren. Attila schauderte unwillkürlich, als ihm klar wurde, daß es jeden Augenblick soweit sein konnte.

Die struppigen Sarmaten in Alarichs Heer, in Pelze gehüllt, mit Bogen und Köcher bewaffnet und stets in Angst vor ihren eigenen, wehrhaften Weibern, aber auch die riesenhaften Goten, mit eisernen Rüstungen gepanzert, starke und schlichte Naturburschen auf ihrem kriegerischen Zug – sie alle konnten den nie gesehenen Luxus römischer Künste nicht einmal mit Worten benennen. Aber sie träumten davon, einmal im Leben voll in die Wollust Roms einzutauchen, und sie wußten, daß viele der Römer entweder kraftlose und intrigante Schlemmer oder fanatische Priester geworden waren.

Attila wunderte sich über die merkwürdige, fast unwirkliche Stille ringsum. Er dachte daran, daß die Römer immer dann, wenn die Sonne am höchsten stand, in eine eigenartige, fast trancehafte Müdigkeit verfielen. Weder Senatoren noch Sklaven, weder die Priesterinnen noch die Marktweiber schienen sich dagegen wehren zu können. In all den Monaten hatte er nicht herausgefunden, woran es lag, daß eine ganze Stadt zu einer bestimmten Stunde plötzlich einschlief ...

Die Hunnen kannten keine Stundeneinteilung des Tages und der Nacht, aber Attila hatte schnell gelernt, in Stunden und Minuten der Römer zu denken. Ihr Tag begann in der sechsten Stunde nach Mitternacht. Die eigentlich siebente zählte als erste Stunde. Die Mitte des Tages war nach sechs weiteren Stunden erreicht. Seit Monaten war selbst der kleine Imbiß aus Brot und Oliven um diese Zeit nur noch ein Traum gewesen. Nur wenige konnten sich noch leisten, drei Stunden später, zur neunten Stunde oder auch *none*, mit der *cena*, dem Abendessen, zu beginnen.

Doch irgendwie mußte das alles nicht an den gebürtigen Römern, den zugereisten Händlern, den Sklaven und Legionären aus allen nur denkbaren Völkerstämmen, sondern an der stehenden Luft über dem Fluß und den sieben Hügeln der Stadt liegen, denn auch im Lager der Goten regte sich nichts.

Es dauerte sehr lange, bis Aijbars und Geiserich wieder den Hang heraufkamen. Der Hunnenpriester winkte Attila schon von weitem mit seinem adlergekrönten, mit Federbändern verzierten Tanzstab zu. Rund um Attila auf dem Felsbrocken versammelten sich immer mehr Hunnen.

Aijbars, als der Mann mit der edelsten Herkunft, durfte sie nicht führen oder ihnen sagen, was sie tun sollten. Schamanen waren keine Krieger. Sie waren oft nicht einmal ganz richtige Menschen ...

Attila wußte, warum die Hunnen um ihn herum auch dann noch still waren, als Aijbars bereits in hüpfende, tanzende Bewegungen überging. Allein, ohne Ortskenntnisse und ohne Beute wagten sie sich nicht an die Donau zurück und auch nicht näher an die Westgoten heran. Es war, als würden alle nur darauf warten, wie er selbst, Sohn von Fürst Mundschuk, den Schamanentanz aufnahm und für sie übersetzte.

Attila erkannte und verstand die Zeichen seines Onkels. Er fühlte, wie eine warme, glückliche Welle aus Freude und Erregung durch seinen Körper rann. Er atmete tief durch. Er öffnete den Mund, formte ein breites Lachen und richtete sich auf. Mit einem schnellen Satz sprang er aus dem Sitz auf beide Beine gleichzeitig. Er riß die Arme hoch, nickte Geiserich zu, dann stieß er unwillkürlich einen von aller Last befreiten Freudenschrei aus.

»Noch einen Tag!« rief er den anderen Hunnen zu. »Morgen, wenn ganz Rom schläft ... genau in ihrer Mittagsruhe!«

Sie sahen es, hatten jede seiner Bewegungen miterlebt. In diesem Augenblick, als alle bereits jubeln wollten, stieß Aijbars einen scharfen Pfiff aus.

»Schweigt! Wollt ihr alles verraten?«

Zum ersten Mal, seit Hunnen unterwegs waren, gehorchten Krieger einem wütenden Schamanen.

»Unterschätzt mir Alarich nicht«, sagte Aijbars. Zusammen mit Attila und Geiserich hockte er auf umgelegten leeren

Kochkesseln im offenen Eingang seiner Yurte. Der bunte Türfilz war hochgerollt, einige Bahnen an den Seiten zu gut einem Drittel ebenfalls. Der Abstand zu dem Dutzend anderer, wesentlich einfacher aussehender Yurten betrug mehr als hundert Schritt. Sie tranken aus hölzernen Bechern mit kleinen Schlukken Ziegenmilch, die Aijbars von den Mädchen bekommen hatte. Sie waren inzwischen auf der anderen Seite des Lagers.

»Der König der Westgoten ist kein doppelzüngiger Narr wie Gaina und auch kein blindwütiger Draufgänger wie Radagis«, fuhr der Schamane fort. »Er ist ein sehr begnadeter Mann aus dem Geschlecht der Baltha, der Kühnen, die wie die Amelungen bei den Ostgoten zu den Edelsten ihrer Völker gehören. Trotzdem stünde Alarich ohne seinen ermordeten Intimfeind Stilicho heute nicht vor den Toren Roms.«

Attila hörte aufmerksam zu. Seit er eine Ahnung davon bekommen hatte, wie wichtig verschiedene Meinungen zu einer Sache waren, seit ihm die besten Lehrer Roms Dialektik und Rhetorik vorgeführt hatten, sah er vieles ganz anders als vorher. Er hatte gelernt, auf scheinbar unwichtige Kleinigkeiten zu achten. Während er früher so wie alle Heranwachsenden schnell und oft voreilig eine Position eingenommen hatte und diese auch dann noch verteidigte, wenn er befürchten mußte, sonst sein Gesicht zu verlieren, hielt er sich jetzt eher an die andere Methode. Er hörte ganz genau zu, bestärkte sein Gegenüber in seiner Meinung, statt ihm sofort zu widersprechen und ihn mit Worten anzugreifen, sagte zuallererst mehrmals »ja« zu dessen Ansichten, wiegte ihn dadurch in Sicherheit und gewann so die Zeit, die er brauchte, um seine eigene Position zu festigen.

Sie hatten es wieder und wieder geübt. Zuerst war es ihm viel schwerer gefallen als den beiden anderen. Doch dann hatte er gezeigt, daß es auch mit Talent und Begabung zu tun hatte, andere ausreden zu lassen. Und erst jetzt merkte er, daß Aijbars genauso verfuhr: Der Schamane benutzte sein großes Wissen nicht, um andere zu belehren oder sie von seinen eigenen Ansichten zu überzeugen. Es war vielmehr so, als würde er jeden Widerspruch, jede andere Ansicht wie die winzigen Vogelfedern, Metallplättchen und Halbedelsteine sammeln, aus denen das Gewand seines großen Tanzes bestand. Das Gewand wurde nie fertig, und jeden Abend stickte und knüpfte der Schamane mit unendlicher Geduld weiter an ihm. Auch jetzt schien er sich nur für sein kostbarstes Kleidungsstück zu interessieren, während er mit leisem Singsang weitersprach:

»Ihr dürft nicht vergessen, daß etwas vollkommen Ungewöhnliches im *Imperium Romanum* geschieht. Eigentlich ist es schon tot, aber es sind seine angeblichen Feinde, die es am Leben erhalten.«

»Wie das?« fragte Attila.

»Nehmen wir nur Stilicho und Alarich. Stilicho war von edler Abkunft bei den Vandalen. Schon sein Vater erreichte hohe Befehlsgewalt unter dem Kaiser Theodosius. Deshalb ist Stilicho, obwohl germanischer Herkunft, als Römer geboren und erzogen wurden. Er beherrschte wie wir die gemeinsame *lingua franca* der umherziehenden Germanenvölker, dazu wie du jetzt, Attila, das Griechische als Sprache des Ostreiches und Latein als offizielle Sprache von Macht, Gesetz und Verwaltung.«

»Warum ist das jetzt wichtig?« fragte Geiserich ungeduldig.

»Weil wir Rom besser verstehen, wenn wir uns Alarich ansehen.«

»Du sprachst von Stilicho und nicht vom König der Westgoten.«

»Geduld, Geiserich. Ich komme durch einen zum anderen.«

Attila warf dem Vandalen einen spöttischen Blick zu.

»Der wichtigste Mann des Imperiums stammt doch aus deinem Volk«, sagte er. »Er war sogar Vormund von zwei römischen Kaisern, dazu Schwiegersohn eines Kaisers und bis zu seinem Tod auch noch zweifacher Schwiegervater von Kaiser Honorius.«

»Stilicho ist tot!«

»Er könnte noch leben, wenn er wie Alarich gedacht hätte«, sagte der stickende Schamane. »Alarich ist der erste, dem alle Stämme seines Volkes folgen. Seit er ein Jahr vor Theodosius' Tod den Gegenkaiser Eugenius am Fluß Frigidus mitten im Unwetter eines furchtbaren Bora-Sturms geschlagen hat. Er war Verbündeter der Römer – so lange jedenfalls, bis Stilicho, der starke Mann Roms, sie in die schon vorher zugewiesenen Siedlungsgebiete zwischen dem Zufluß der Save in die Donau und dem Schwarzen Meer entließ.«

»War es nicht genau das, was sie sich immer erträumt hatten?« fragte Attila. »Alle Germanen sind doch ganz besessen von ihrem großen Traum von Ackerland und einem kleinen Häuschen mit einer kleinen Mauer oder einem Zaun darum.«

»Ganz recht«, antwortete Aijbars lächelnd. »Das galt so lange, wie sie im Norden und im Osten Hunger litten. Aber dann haben sie erfahren, wie groß die Ernte sein kann, wenn sie mit Blut und nicht mit Schweiß gesät, gepflanzt und eingebracht wird. Sie waren blind geworden vom Glanz des Goldes in den Städten und vom leichten Leben in der Wärme. Sie wollten weiter Krieger sein, und keine Bauern mehr auf schwerem, wildem Land. Das ist der wahre Grund, warum sie Alarich aufforderten, nicht nur ihr Heerkönig, sondern der Führer aller westgotischen Sippen, Stämme und des gesamten Volkes zu sein.«

»Aber Stilicho hat ihnen sehr schnell auf die Finger geschlagen«, sagte Geiserich grinsend.

»Ja«, meinte Aijbars zustimmend. »Er sah, welche Gefahr sich da zusammenbraute, und ehe sie sich richtig neu formieren konnten, kam er in Eilmärschen vom Rhein und kesselte sie ein. Die Goten hätten damals bereits den Untergang erlebt ...«

»... doch da kam Neid und Eifersucht des anderen kaiserlichen Stellvertreters zu ihrer Rettung!« warf Attila beinahe vergnügt ein.

»Ja, denn Rufinus, der Vormund dieses zwölfjährigen Kaisers Arkadios in Ostrom, schickte Stilicho ein Ultimatum: Er warf ihn raus, denn diese Region gehörte eindeutig zu Ost- und nicht zu Westrom.«

»Nicht sehr vandalisch, dieser gehorsame Rückzug«, sagte Geiserich.

»Er rächte sich noch viel direkter«, sagte Aijbars. »Ihr mögt schon viel gehört haben über die Dinge, die damals vorgefallen sind. Hört deshalb jetzt die Wahrheit: Die Krieger Ostroms wurden damals von Gaina angeführt. Er war wie Alarich Germane, und arianischer Christ wie fast alle Goten. Nach dem Tod von Kaiser Theodosius und der Teilung des Reiches auf seine beiden Söhne Honorius und Arkadios hatte er von Stilicho den Oberbefehl über die Truppen des Ostens erhalten. Dann hatte Arkadios sie zurückgefordert. Und Rufinus als der Beschützer und oberste Berater des schläfrigen, dümmlichen Ost-Kaisers mußte die heimkehrenden Ostgoten wohl oder übel freundlich empfangen. Immerhin hatten sie für das Imperium gegen Aufrührer und Usurpatoren gekämpft und auch gewonnen. Beide, Arkadios und sein Erzieher, ritten den nach Konstantinopel zurückkehrenden Truppen unter Gaina entgegen. Zu Ehren der Germanen hatte sich Rufinus sogar einen Germanenpelz über die Schultern gelegt.«

»Was wollte er damit erreichen?«

»Sie sollten abgelenkt werden und ihn auf diese Weise als eigentlichen Befehlshaber des östlichen Imperiums anerkennen, den, der beim Kaiser ist. Aber Rufinus war nicht dabeigewesen, als die Germanen für Theodosius siegten. Sie merkten sehr schnell, daß er ihnen schmeicheln und sich selbst als rechtmäßigen Verweser Ostroms hinstellen wollte. Die Anführer der Goten im Gefolge von Gaina machten kurzen Prozeß mit ihm. Plötzlich sah er sich von gezückten Schwertern umringt. Und als er dann sein Pferd herumriß, ritt er bedauerlicherweise gleich in mehrere Schwerterspitzen. Dummerweise erhielt er mit dem Eunuchen Eutropius einen Nachfolger, der noch hinterhältiger war. Doch immerhin hat dieser Mann seinem Kaiser die schöne, wollüstige Germanin Eudoxia ins kaiserliche Bett gelegt. Sie sorgte dafür, daß dem Arkadios bis zu seinem Tod vor zwei Jahren in Kopf und Körper nicht mehr als etwas Kraft für den Besuch von Gottesdiensten und für Gebete übrigblieb.«

»Und Stilicho?« fragte Geiserich verwundert.

»Der war zu dieser Zeit viele Tagereisen entfernt«, antwortete der Schamane mit seinem unnachahmlichen Kichern. Attila schüttelte unwillkürlich den Kopf, als er daran zurückdachte, wie sehr ihn genau dieses Vogeltschilpen in der vergangenen Nacht verwirrt hatte. Denn eigentlich – und das wurde ihm jetzt wieder klar – setzte es immer erst dann ein, wenn Onkel Aijbars sich an die Schwelle jener Welt begab, zu der nur Eingeweihte Zugang hatten.

»Was hat Alarich dann unternommen?«

»Der brach in die Provinzen südlich der Donau auf, und niemand interessierte sich dafür, ihn aufzuhalten. Nicht einmal am Paß der Thermopylen stellten sich Nachkommen der Hellenen gegen ihn. Sie öffneten ihm die Städte und Speicher, versorgten ihn mit Wein und Brotgetreide, ließen geschehen, daß seine Gotenpferde aus den heiligen Brunnen von Delphi soffen und seine Krieger gegen die Säulen pißten, während andere sich mit dem gleichen Recht des Krieges Mädchen und Weiber nahmen, wie es bereits die Götter Griechenlands getan haben.«

»Aber es heißt doch immer, daß die Westgoten vor uns geflohen sind«, sagte Attila verwundert.

»Sind sie auch – zweimal sogar! Ganz am Anfang, als Alarich noch keine Rolle spielte, und dann, als unser König Uldin gegen die Übergabe von Gainas Kopf Verträge von den Eunuchen in Byzanz erhielt. Als Alarich davon erfuhr, wurde es ihm zu heiß unter den Füßen. Denn gegen die Legionen Ostroms zusammen mit uns Hunnen war er nicht mutig genug. Er zog lieber über die Julischen Alpen in die Flußebene des Padus.«

»Vor nicht einmal neun Jahren«, warf Attila grinsend ein, um ganz bewußt mit seinem neu erworbenen Wissen zu glänzen. »Am achtzehnten November des Christenjahres vierhundertundeins. Da saß der Kaiser noch in Mailand und wollte bereits nach Gallien fliehen, weil sein oberster Feldherr nicht anwesend war, sondern in Raetien, nördlich der Alpen, gegen andere Vandalen und Alanen kämpfte.«

»Ja, aber dann bat Ostrom ausdrücklich um Hilfe. Stilicho kam direkt über das Hadriatische Meer. Er landete mit seinen Truppen bei Korinth und kesselte die Westgoten mitten in der nach dem ersten Kaiser Ostroms benannten Provinz Arkadien ein. Auf einem Hochplateau und ohne ausreichend Wasser. Jetzt hatte Stilicho endlich den Hebel, mit dem er die Satrapen in Ostrom aus dem kaiserlichen Palast heben konnte.«

»Davon habe ich noch nie etwas gehört«, sagte Geiserich.

»Es ist ja auch mißlungen und lange Zeit totgeschwiegen worden«, sagte Aijbars und zwitscherte ein wenig. »Arkadios war nicht stark genug, seinen obersten Minister und Berater in die Wüste zu schicken. Eigentlich hätte Stilicho das wissen müssen. So, und nun sagt mir, was ihr an Stelle des Vandalen und obersten Feldherrn Westroms in dieser Situation mit den aufsässigen, aber jetzt eingekesselten früheren Kampfgefährten gemacht hättet!«

Er legte seine Sticksachen zur Seite und öffnete einen geflochtenen Korb. In ihm befand sich, gut gepolstert, ein fest verschlossener Tonkrug. Aijbars bewegte seine Hände über dem Krug und formte mit den Fingern *Tamga*-Zeichen, die wie Runen der Germanen wirkten. Attila hatte die eigenartigen Beschwörungen schon mehrmals gesehen, aber Geiserich hielt unwillkürlich den Atem an.

»Was macht er da?« flüsterte er. »Ist das ein Opferritual?«

»Er holt sich Speise von den Göttern«, antwortete Attila.

»Nun?« fragte der Schamane. »Was hättet ihr an Stelle Stilichos entschieden? Ihr müßt euch solchen Fragen stellen, denn eines Tages werden sie so oder so auf euch zukommen. Auf dich, Attila, ebenso wie auf dich, Geiserich ...«

»Das glaube ich nicht mehr«, sagte Geiserich, und in seiner Stimme klang eine Spur von Bitterkeit mit. »Bei uns Vandalen kann keiner König werden, der nicht in jedem Wettbewerb der Beste ist!«

Aijbars lächelte kaum merklich. Behutsam löste er die Verschlußknebel des Kruges, dann holte er mit Daumen, Zeigefinger und Mittelfinger eine kleine Silberdose aus dem Krug. Sie war etwa so groß wie der Handteller einer Frau und zwei Finger hoch. An der Seite trug sie in silbernen hervorstehenden Einfassungen ein Dutzend halbrunder polierter Tigeraugen. Zehn Halbedelsteine von doppelter Größe befanden sich auf dem Stülpdeckel der Dose, ein weiterer genau in der Mitte. Zwischen dem Mittelstein und dem äußeren Ring verlief eine Reihe kleiner Türkise in den Farbschattierungen milchigblau bis lapislazuli.

Er öffnete ganz vorsichtig die Dose, dann ließ er Attila und Geiserich die kleine, graue Wurzelfrau mit langen Haaren um die Kopfausbuchtung, wohlgeformten Brüsten, breiten Hüften, einem vorgewölbten Leib und eng ineinander verschlungenen Beinwurzeln sehen: eine *Halirune*!

Geiserich schnaubte unwillkürlich. Auch Attila spürte, wie eine plötzliche Hitzewelle durch seinen Körper schoß.

»Meine Alraune«, sagte Aijbars ganz zart und liebevoll. »Aus Wurzeln, die ihr ähnlich sind, dem seltenen Rococcos des weiten Landes bis zur großen Mauer, gestampften Blüten vom Tausend-Früchte-Baum zwischen den Karpaten und dem Maiotischen Sumpfmeer und den Tränen des verletzten Mohns bereiten wir Schamanen uns ein Pulver, das besser wirkt als jeder Weinrausch.«

Er nahm eine winzige Prise, dann bot er Attila und Geiserich ebenfalls etwas an. »Ihr müßt es schnupfen«, sagte er.

»Dürfen wir das denn?« fragte Attila erstaunt.

»Warum denn nicht?« fragte Aijbars und nahm eine zweite Prise, diesmal genug, um eine ganze Kriegerrunde am Lagerfeuer zu versorgen. »Also, Geiserich, wie wäre Alarichs Schicksal gewesen, wenn du damals Oberbefehlshaber der weströmischen Legionen und ihrer Hilfsvölker gewesen wärst?«

»Ich hätte sie in alle Winde zerstreut, damit sie dem Imperium nicht mehr gefährlich werden könnten.«

»Seltsam«, sagte der Schamane und begann mit einem leisen, wiegenden Singsang. »Genau damit hat gerade erst Ostrom das Volk der Skiren bestraft. Die unglücklichen Verbündeten von König Uldin leben noch, aber sie wurden für ihre Treue zu uns Hunnen grausamer bestraft als jedes andere Volk, das durch Rom in die Sklaverei gezwungen wurde.«

»Was ist geschehen?« fragte Geiserich.

»Die Skiren existieren nicht mehr«, antwortete der Schamane. »Fast alle Anführer und viele ihrer Besten wurden von den Legionären Ostroms getötet, hingerichtet und an Kreuze gehängt. Von ihren Frauen und Mädchen spricht ohnehin niemand mehr. Sie verschwanden ebenso schnell in den Zelten der Krieger und auf den Sklavenmärkten wie zu allen Zeiten. Aber die anderen, die unter normalen Umständen als die Wertlosen und Geschlagenen heimkehren dürfen – auch die gibt es nicht mehr ...«

»Wurden sie umgebracht?« fragte Attila.

»Schlimmer, mein Sohn!« sagte Aijbars in seinem Singsang. »Viel schlimmer diesmal: Die anderen konnten sich ihr Leben nur bewahren, indem jeder einzelne von ihnen öffentlich schwören mußte, nie wieder mit einem anderen aus seinem Volk zu sprechen. Sie dürfen sich nicht ansehen, wenn sie sich irgendwo im römischen Imperium begegnen, sich nicht die Hände schütteln, und selbstverständlich auch nicht mehr miteinander reden oder gar eine Familie gründen.«

»So lassen sie ein ganzes Volk von innen her verhungern und verdursten!« sagte Geiserich und ballte seine Hände zu Fäusten. Der Schamane wiegte seinen Oberkörper langsam hin und her.

»Rom denkt seit tausend Jahren nicht anders, als du es getan hast, Geiserich! Es schlägt die Völker, saugt sie auf und verteilt sie überall im Reich. Doch Stilicho dachte, daß er bei den Westgoten klüger wäre ...«

»Ich hätte Alarich und seine Krieger laufen lassen, um sie als treueste Vasallen zu gewinnen«, warf Attila ein.

»Ja, genau das hat Stilicho auch gedacht. Er mußte auch so handeln, denn gleichzeitig bekam er an vielen Stellen seiner Reichshälfte weitere Schwierigkeiten – am Rhein ebenso wie in Gallien und in den Kornkammern in Africa. Alarich wartete in den zerklüfteten Epidaurus-Bergen nur auf eine passende Gelegenheit, um wieder loszuziehen. Ich kann das gut verstehen, denn enge Täler zwischen wilden, schroffen Bergen eignen sich nun einmal nicht für Menschen aus der Weite und aus dem flachen Land. Bei ihren Thing-Versammlungen in den Nächten beschworen sie sich gegenseitig, endlich die ›*Goten-Not*‹ zu beenden. Doch Alarich war längst kein junger Heißsporn mehr. Er wartete, bis Stilicho nach Pannonien und schließlich in die Provinzen nördlich der Alpen ziehen mußte, um hier Aufsässigkeit und Zerfall zu bekämpfen. Damit begann sein großer Raubzug ...«

»Trotzdem hat Stilicho ihn doch zweimal geschlagen und aus Italien vertrieben«, trumpfte Geiserich auf.

»Und beide Male griff der Römer und Vandale auf uns Hunnen zurück«, bestätigte Aijbars. »Im November des gleichen Jahres bei Asti ebenso wie im folgenden April bei Pollentia und im Sommer bei Verona.«

»An diesen Erfolgen waren nicht nur Hunnen beteiligt«, sagte Geiserich. »Ihr solltet nicht vergessen, daß sich auch Alanen und Vandalen dem römischen Feldherrn angeschlossen hatten.«

»Das war auch nur logisch«, sagte Attila. »Am zehnten Januar hatte Kaiser Arkadios in Ostrom seinen Sohn, Theodosius II., zum Augustus erhoben. Damit stand fest, daß dem etwas blöden und schlappen Arkadios ein Kind folgen würde und Stilicho weiterhin der stärkste Mann im *Imperium Romanum* blieb.«

»Nicht alle Vandalen und Alanen folgten ihm«, sagte Aijbars. »Viele zogen noch jahrelang nördlich der Alpen hin und her und zerstörten alles, was sie vorfanden. Ich habe von Landstrichen gehört, in denen keine Felder mehr bestellt werden, weil die Legionäre und die bewaffneten Grenzsiedler Roms nicht mehr da sind und alle anderen sich in die Siedlungen zurückziehen und sie mit Mauern umgeben.«

»Trotzdem sind die Westgoten die ersten Germanen seit einem halben Jahrtausend, die Rom belagern und die Römer zu Gefangenen in ihren eigenen Mauern machen.«

»Eigentlich wäre das doch eine großartige Chance für uns«, sagte Attila nachdenklich. »Roms Grenzbefestigungen im Norden und Nordosten des Reiches zerfallen und lösen sich langsam auf. Ostrom schmort nur in seinem eigenen Saft, und Westrom ist so gut wie eingenommen. Was hindert uns jetzt noch daran, nördlich der Alpen bis nach Gallien vorzustoßen?«

»Es ist das Recht der Jugend, ungestüm zu sein«, antwortete der Schamane und wiegte seinen Körper weiter. »Das Reich zerfällt, aber es ist ebenso unberechenbar wie ein verletzter und halb blind zuschlagender Bär, eher noch gefährlicher. Deshalb gefällt es uns ja, wenn das Imperium jetzt seine größte Stadt verliert ...«

Er stockte plötzlich, dann öffnete er seine Augen und blickte Attila bewegungslos an.

»Weißt du es?« fragte er. Attila schüttelte den Kopf.

»Was soll ich wissen?«

»Wie unsere Brüder, die bedauernswerten und an ihrer Scham fast erstickenden Hunnen dieses Lagers, noch heute nacht durch die Katakomben kommen?«

»Nein«, antwortete Attila verständnislos. »Woher soll ich das wissen?«

»Du hast den Plan für den Eingang von der Stadt her«, sagte Geiserich. »Mit meinem Teil konnte ich nur den Ausgang finden ...«

»Und Laudarichs Plan?«

»Er hat ihn verloren ... noch in der Altstadt.«

»Du wirst die besten von ihnen führen!« sagte Aijbars. »Nur

ein paar Mann. Bei Dunkelheit bis in die Katakomben und an den Ausgang zur Stadt. Dort wartet ihr, bis die Sonne in ihrer Bahn bis hoch zum Adlerpunkt aufgestiegen ist. Dann brecht ihr los, wie wir es noch besprechen werden ...«

»Das ... das geht nicht«, stotterte Attila. »Ich habe mir bisher nur hölzerne Ringe in Wettkämpfen geholt. Kein Krieger würde mir gehorchen, solange ich noch keine Metallringe habe.«

»Du irrst dich, Sohn meines Bruders Mundschuk! Den ersten Ring aus Eisen hast du dir erworben, als du im Angesicht der Römer vom Pferd gefallen bist. Aetius, unsere Geisel, hat dich so sehr für deine Mutprobe gelobt, daß König Kharaton dich damit ausgezeichnet hat.«

Attila wurde unwillkürlich rot.

»Ist das wahr?« fragte er stockend.

Geiserich und Aijbars lachten und schlugen ihm gemeinsam auf die Schultern.

4. Der Erdkreis bricht zusammen

Die Flammen an der *Porta Salaria* schossen hoch in den gleißenden Mittagshimmel. Die siebente Stunde des 23. August im Jahr 410 nach der Rechnung der Christen begann dadurch noch heißer als an den vorangegangenen Sommertagen.

Doch ganz Rom schlief.

Dicht unter den Flammen innerhalb der nördlichen Stadtmauer huschten verhüllte, kleine, aber stämmig wie junge Bären wirkende Gestalten durch den unwirklich stillen Tag. Sie legten Feuer, überwältigten beinahe lautlos die hilflos um sich schlagenden Wachen an den Toren und Befestigungstürmen, eilten mit katzenartiger Behendigkeit hinauf, um auch dort die Wachen noch länger schlafen zu lassen.

Attila führte den hunnischen Stoßtrupp. Er hatte Ungewöhnliches, noch nie Dagewesenes von ihnen verlangt. Zum ersten Mal seit grauer Vorzeit griff eine Gruppe hunnischer Krieger nicht vom rasenden Pferd herunter, nicht mit Pfeil und Bogen, Wurfseil und Schwert an, sondern zu Fuß und mit Messern. Und plötzlich kam eine uralte Erinnerung wieder in ihnen hoch – an jene wie eine endlose Schlange aus Steinen über die höchsten Berge und durch die tiefsten Täler errichtete Wehrmauer der sechs streitenden südlichen Reiche, die schon vor siebenhundert Jahren auf allen Wegen zur Beute gegen ihre eigenen Ahnen, die Hsiung-nu, errichtet worden war ...

Nur mit einer einzigen, eng abgedeckten Öllampe hatte Attila diesmal den Weg durch die Katakomben in den Moloch der riesigen Stadt gefunden. Nichts hätte eine größere Strafe für die Männer sein können, die bereits alles verloren hatten: ihren Mut, ihre Anführer und ihr Gesicht.

Auch Attila hatte sich nie zuvor unwohler gefühlt. Aber er wußte, daß es richtig war. Als sie aufatmend das Tageslicht erblickten und die ersten der Reiterkrieger die Riegel genau so aufwuchteten, wie Attila und Geiserich es ihnen erklärt hatten, da spürte Attila, daß dieser Tag einen Wendepunkt in seinem Leben bildete. Er war keine Geisel mehr, kein Halbwüchsiger, über den andere bestimmten. Alles, was er hier tat, jeder Schritt, jede mit Blicken und knappen Handbewegungen gegebene Anweisung war seine eigene Entscheidung.

Der letzte der Turmkletterer kam leicht hinkend zurück. Es war Geiserich, der ihn anlachte und dann den Daumen hob. Er hatte von oben mehr gesehen als alle Römer. Attila verstand das Zeichen des Vandalen. Er lief zum Tor. Vier, fünf andere Hunnen folgten ihm. Gemeinsam wuchteten sie die schweren Sperrbalken aus den Toren, warfen sich mit ihren Schultern dagegen und keuchten erleichtert, als sich die Torflügel endlich in den Angelzapfen drehten.

Attila sprang aus dem Schatten der Tormauern in die helle Sonne. Die Via Salaria war vor der Stadt ebenso leer wie hinter den Stadtmauern. Er blinzelte und konnte noch immer nicht fassen, wie einfach alles gewesen war. Er, ein Fünfzehnjähriger, hatte mit einer Handvoll verzagter Steppenreiter ohne Pferde die perfekt organisierte Millionenstadt Rom für die wartenden Germanen geöffnet!

Er warf die Arme hoch. Im gleichen Augenblick hörte er das laute, unverwechselbare Tschilpen von Onkel Aijbars. Ein Pulk von Hunnen auf ihren kleinen, drängenden und seltsam naß wirkenden Pferden brach hinter den Büschen rechts und links der Römerstraße hervor. Sie ritten direkt auf ihn zu. Gleich dahinter tauchten im Staub der vertrockneten Erde die ersten Goten zu Fuß auf, mit roten Gesichtern und mächtigen Bärten. Die Trockenheit war das größte Risiko gewesen. Und nur mit triefend nassen Decken waren die hinter den Büschen wartenden Hunnenpferde stundenlang ruhiggehalten worden, damit nicht die kleinste Staubwolke aufstieg ...

Aber es war gelungen.

Ein paar junge Hunnen aus dem Lager am Rande des Gotenheeres preschten heran. Sie führten, auf den Rücken der Leitpferde stehend, jeweils gleich drei, vier weitere Pferde bis dicht vor das geöffnete Stadttor.

Einige von ihnen kannte Attila bereits. Er hatte ihnen bei den Vorbereitungen zugesehen, nachdem Aijbars knapp hundert Männern den Schwur auf den ersten Kampfbund mit dem Sohn von Fürst Mundschuk abgenommen hatte. Attila verzog sein Gesicht zu einem fröhlichen Grinsen, dann drehte er sich um, nahm Tempo auf, lief zwischen die Pferde und schwang sich auf das erste der reiterlosen, aber mit guten Waffen behängten Pferde. Er ließ sich in den hohen Sattel gleiten, schnalzte mit der Zunge und trieb sofort die Männer zu noch mehr Eile an.

Im gleichen Augenblick sah er Geiserich wieder. Der Vandale stand mit halb angehobenen Händen zwischen den schnaubenden Hunnenpferden. Attila duckte sich. Er ließ seine Stute zur Seite ziehen, griff nach einem gesattelten Rappen und führte ihn Geiserich zu.

»Soviel Zeit muß sein«, rief er lachend. Der Vandale preßte die Lippen zusammen und bestieg mit einer gewaltigen Anstrengung das kleine Pferd. Im gleichen Augenblick ahnte Attila, was in diesem jungen Mann vorging. Geiserich wußte nur zu gut, daß er als hinkender Bastard niemals der Erste seines Volkes sein würde, niemals Anführer im Krieg und niemals König der Vandalen!

Es schmerzte ihn, aber er konnte nichts daran ändern.

Sie wußten, daß sie immer noch ein Stoßtrupp und keine Kampfeinheit waren. Noch waren sie im Besitz der besten Waffen. Aber der Vorteil der Überraschung verlor mehr und mehr von seiner Schärfe. Daran änderten auch die Pferde nichts, denn jetzt kam der schwierigste Teil des schnellen Vorstoßes in die Ewige Stadt.

Erst jetzt erwachte Rom verstört und ungläubig aus dem Mittagsschlaf. Doch nicht einmal als das erste Pferdegetrappel von dem lange verschlossenen Stadttor laut wurde, brach Panik aus.

Eher jammernd und von Selbstmitleid gelähmt, erwarteten die Römer die Eroberer.

»Was geschieht? Wo sind die Männer?« riefen Frauenstimmen.

»Muß Rom jetzt brennen?«

»Gnade dem Erdkreis ... er stürzt zusammen!«

Niemand achtete darauf, daß bisher nur leere Lagerhäuser, Waffenkammern und Pferdeställe, in denen seit Wochen und Monaten kein Tier mehr stand, Opfer der Flammen geworden waren. Mehr noch: Ringsum, wo Panik und Unachtsamkeit der Städter selbst Öllampen verschüttete und Feuer ausbrechen ließ, schrien die unheimlichen Eindringlinge die verwirrten Römer und ihre Sklaven an, die Flammen sofort wieder zu löschen.

Fluchend, aber zum größten Teil dem Befehl ihres Königs gehorchend, folgten Keile von Westgoten und ihre Verbündeten dem berittenen hunnischen Stoßtrupp. Überall brüllten sie die ungewöhnlichsten Anweisungen, die je zum Erobern einer Stadt erteilt worden waren:

»Nicht brennen, nicht morden!«

»Bleibt Christenmenschen!«

»Nur plündern und nehmen!«

»Feuer und Tod sind der Feind von Beute!«

Gleichzeitig bliesen schaurig und laut klingende Trompeten von den Hügeln östlich und südlich der Stadt ihre Signale zum Angriff.

Attilas Reiter erreichten die innere, ältere Stadtmauer an der *Porta Collina* und teilten sich in zwei Gruppen. Eine von ihnen folgte Geiserich und dem jungen Hunnenkrieger Dogan, die andere blieb bei Attila.

»Wir sehen uns wieder zur großen Siegesfeier im Palast des Präfekts!« rief der junge Hunne. »Morgen, zur neunten Stunde ...«

»Laß mir ein paar Sklavinnen übrig!« gab Geiserich zurück.

»Du kannst sie alle haben«, antwortete Attila übermütig. »Ich verschwende mich doch nicht an römische oder germanische Weiber!«

Geiserich lachte. »Wart's ab! Wart's ab!« rief er übermütig. Er saß bereits besser auf seinem Hunnenpferd, obwohl er viel zu groß für das kleine, stämmige Reittier war. Jetzt riß er es herum, dann preschte er vor den ihm Zugeteilten die wenigen Schritte zur *Porta Nomentara* zurück.

Die ersten der Eroberer hatten nur eine einzige Aufgabe gehabt: eindringen, Kämpfe vermeiden und sofort zu weiteren Toren, um sie von innen zu öffnen. Geiserichs Gruppe hatte noch einen zweiten, riskanten Auftrag: Sie sollte die *Porta Nomentara* öffnen, dann zur *Porta Decumana* im Nordosten der Stadt vordringen und gleichzeitig das Prätorianerlager absperren.

Ganz Rom erwartete den großen Angriff von Norden her, von den Hügeln von Arricia, vor denen König Alarich sein Hauptlager aufgeschlagen hatte. So geschah es auch, aber es war nur Rauch und Strohfeuer, ein bißchen Geschrei und ein paar Burschen, die ganz und gar nicht wie glänzend gerüstete Germanenkrieger aussahen. Aijbars hatte Alarich statt dessen davon überzeugt, wie er die Stadt ohne weiteres Aushungern und ohne Straßenkämpfe einnehmen konnte.

»Mach es, wie wir Hunnen es machen«, hatte er ihm gesagt. »Schick den ersten Pfeil genau aus der Richtung, in der dich dein Gegner erwartet. Damit bestätigst du ihn in seinem Denken und machst ihn gleichzeitig blind für alle anderen Möglichkeiten. Die Römer erwarten von Kaisern, Königen, Feldherren und ihren Legionen glänzende Auftritte. Sie bauen ganz auf die großartige Wirkung von Theateraufführungen. Ihre Siege haben ihnen tausend Jahre lang recht gegeben, aber genau das ist jetzt ihr größter Fehler: sie kämpfen für die Legion, für den Ruhm ihrer Feldherren, für Rom oder Byzanz und für den Glanz ihrer Kaiser. Sie schlagen sich für das Imperium, das sie kleidet, ernährt und ihnen Ehre für Treue verspricht. Wir hingegen wollen siegen. Jeder einzelne! Überall! Unerwartet!

Schnell und ohne große Verluste! Deshalb müßt ihr von allen Seiten in die Stadt eindringen und schnell wie Hunnen sein!«

Attila spürte, wie er sich zunehmend sicherer auf seinem kleinen, zähen Pferd fühlte. Gut ein Jahr lang hatte er nicht mehr in einem Hunnensattel gesessen. Er spürte plötzlich wieder, wie wunderbar die Einheit zwischen diesen großartigen Tieren und ihrem Reiter sein konnte.

Er schickte zwei weitere Trupps nach Westen. Einer sollte durch die sallustianischen und lukullischen Gärten, der andere durch die alte *Porta Quirinalis* quer durch die untere Stadt bis zum Tiber vorstoßen.

»Nur ein paar Feuer mit viel Rauch und Lärm vor den Tiberbrücken!« schärfte er ihnen nochmals ein. »Nur damit sie wissen, daß die Belagerer überall in der Stadt sind! Der Rest ist Sache der Sklaven und Hungernden! Glaubt mir, ich weiß, wozu die fähig sind! Laßt euch nicht mit Legionären oder den Wachen ein! Und auf gar keinen Fall mit den Edlen Roms, die bunte Streifen am Rand ihrer Toga haben. Die sind meist Senatoren und haben bis heute nicht begriffen, daß ihre Zeit abgelaufen ist!«

Er lachte laut und schnalzte mit der Zunge, als er die ersten berittenen Westgoten sah. Sie erreichten die *Porta Collina*. Attila winkte sie weiter zu den Thermen des Kaisers Diokletian. Er selbst blieb nordwestlich der gewaltigen Anlage auf dem *Vicus longus*. Diese schnurgerade Straße zwischen den Hügeln Quirinal und Viminal führte direkt in die Altstadt. Hier konnten die hunnischen Reiter verlorene Zeit aufholen.

Ein weiterer Stoßkeil gelangte ohne jeden Widerstand über den auf der anderen Seite des Viminalhügels von Nordosten nach Südwesten verlaufenden *Vicus patricius* bis in die Subura, preschte ohne jede Kampfhandlung durch die gefährliche Altstadt und traf zwischen dem hoch aufragenden Colosseum und dem Tempel-Wirrwarr des Forum Romanum wieder mit Attila zusammen. Damit hatten sie als erste das große Ziel erreicht: die Kaiserforen, das Zentrum der Macht.

Seit sechshundertundneunzehn Jahren hatte kein Feind unter Waffen das Herz des römischen Reiches betreten. Selbst der große Carthager Hannibal hatte in den Jahren, in denen in China der wahnsinnige und geniale Qin Shi huangi als erster Kaiser die Macht über die sechs streitenden Reiche erzwang, vor den Toren der Stadt aufgegeben und war vor der Stärke und Entschlossenheit der Römer zurückgewichen. Doch diesmal lähmten Hunger und Mutlosigkeit die fast wehrlose Stadt. Kein Kaiser und kein Feldherr stellte sich vor die Römer. Allein die Priester der Christen setzten ihre ganze Hoffnung darauf, daß die meisten der Goten getauft waren, und versuchten zu retten, was noch zu retten war.

Dennoch ging der Plan des Schamanen und des westgotischen Königs auf: An vielen Stellen überwältigten in diesen Stunden Sklaven, Gefangene und Verhungernde von innen her die Wachen an den Toren der Stadt. Sie hatten nichts zu verlieren. Es lag noch keine zwei Jahre zurück, da waren schon einmal Belagerte zu den Belagerern geflohen. Nur an den größten Hauptstraßen behaupteten sich die Legionäre. Sie isolierten sich selbst gegen das schreiende, verängstigte Volk. Zum Schluß verbarrikadierten sie sich sowohl an der *Porta Flamina* im Nordwesten als auch an der *Tiburtina* im Osten, an der *Via Appia* im Süden und an den Brücken über den Fluß. Doch nichts davon konnte die Eroberer aufhalten.

Am Spätnachmittag schien es, als könnten die Goten noch immer nicht fassen, was ihnen gelungen war. Bis auf ein paar von König Alarich großmütig genehmigte Delegationen von und nach Ravenna hatte es in den vergangenen Monaten nicht einen einzigen größeren Ausbruchsversuch gegeben. Daran hatte auch der hilflose Befehl des Kaisers, einige Dalmatiner zur Verstärkung der Prätorianer nach Rom zu schicken, nichts geändert, denn nur ein kläglicher Rest von ihnen war mit den drei Geiseln in der Stadt angekommen.

Genau diese Geiseln hatten jetzt mehr dazu beigetragen, die

Stadt einzunehmen, als all die Schwerter und Bogen, die Katapulte und andere in vielen Jahren erbeutete römische Belagerungsmaschinen ...

Attila hatte Geiserich noch nicht wieder gesehen. Dafür war Aijbars in der Kleidung eines einfachen hunnischen Bogenschützen zu Pferd nachgekommen. Er trug ebenso wie Attila und die anderen hunnischen Reiter halbhohe Stiefel mit Riemen über Spann, Sohle und Ferse, mit Kastaniensaft rotbraun gefärbte Leinenhosen, ein sonnengebleichtes, ärmelloses Hemd mit ein paar schmalen, pastellfarbenen Stoffstreifen am Ausschnitt, einen breiten, mit Metallbeschlägen verzierten Ledergürtel, an dem verschiedene frauenfaustgroße Beutel aus Ziegenleder hingen, und einen leichten, halbrunden Lederhelm mit Nackenschutz, Stirnblende und gehämmerten Tamga-Zeichen aus Bronze, Eisen und Gold.

Während um sie herum grölende Goten alles auf die Straßen schleppten, was ihnen wertvoll erschien, berichtete der Schamane, was er inzwischen von anderen Hunnen und Goten über die Lage in der Stadt gehört hatte.

Sie ritten langsam von Tempel zu Tempel durch ein buntes, lautes Menschengewimmel über das Forum Romanum. Stolz und wie siegreiche Feldherren betrachteten sie die vielen vollkommen unterschiedlichen Prachtbauten, Kirchen und Monumente, die schrägen Ebenen über dem Schutt von Jahrhunderten und die vergoldeten Ruhmesstatuen des Imperiums.

»Wie hoch ist unser Anteil?« fragte Attila. Der Schamane ließ die Zügel los und hob beschwichtigend die Hände. »Wir werden soviel nehmen, daß jeder Hunne mit erhobenem Kopf zu seiner Familie nach Pannonien und Moesien zurückkehren kann.«

»Haben sich viele Römer gewehrt?« fragte Attila.

»Insgesamt wird es einige hundert oder auch tausend Tote geben«, antwortete Aijbars. »So wenige wie bei kaum einer anderen Eroberung! Und auch davon gehen nicht alle auf die Rechnung des Gotenkönigs.«

»Da kannst du recht haben«, sagte Attila und lachte trocken. »Ich möchte nicht wissen, wie viele der Sklaven und Hungernden die Gelegenheit genutzt haben! Ich habe sie selbst gesehen, die so lange gequält und verachtet wurden ...«

»Genau so wird es sein«, meinte Aijbars. »Auf den Straßen sind kaum Tote oder Verwundete zu sehen.«

Attila deutete auf eine Gruppe von weißgekleideten Männern mit Halsringen, die gerade dabei waren, ein großes, golden blitzendes Altarkreuz aus der Basilika Aemilia zu schleppen.

»Die kommen nicht weit!« sagte Aijbars verächtlich.

»Die Sklaven wissen, daß die Kirchen und Tempel noch immer vor Gold und kostbaren Gerätschaften bersten.«

»Reiche Beute für den König der Goten!«

»Vorsichtig«, mahnte Aijbars. »Vergiß nicht, daß Alarich Christ ist. Er hat strikt verboten, Kirchen zu plündern.«

»Meinst du, daß die Goten sich eher daran halten als die Sklaven dort? Sie sind doch Krieger und brauchen Beute für sich und ihre Familien.«

»Den ersten dieser Krieger hätte das Recht auf Beute schon fast den Kopf gekostet«, sagte der Schamane. Er berichtete, wie ein Gote in einem geistlichen Haus die kostbarsten Gold- und Silbergefäße entdeckt hatte. »Und dann sagte eine Frau, die Votivgaben bewachte ... eine Frau, hörst du ... ›Tu nur, was du nicht lassen kannst! Gott wird dich dafür strafen. Sie sind dem Apostel Petrus geweiht: Nimm sie, wenn du es wagst!‹«

»Hat ihn das etwa abgehalten?« fragte Attila erstaunt.

»Nein«, gab der Schamane lächelnd zu. »Aber der Dummkopf hat soviel mitgenommen, wie er tragen konnte, ist damit zu seinem König gelaufen und hat ihm alles erzählt.«

»Tatsächlich ein Dummkopf!« sagte Attila und grinste. »Das würde keinem von unseren Männern passieren! Die kämpfen in erster Linie für sich und nicht für ein Königreich!«

»Dann paß auf, was da vorn geschieht!«

Attila hob die Brauen. »Was ist das?« fragte er verwundert.

Ein langer Zug mit singenden, weißgekleideten Priestern und wie Legionäre dicht an dicht gehenden, zum Kampf gerüsteten Kriegern mit Schwertern, Bogen und Lanzen kam vom riesigen Bau des Colosseums und zog langsam auf dem Forum Romanum ein.

Die Senke zwischen Palatin, Capitol und Quirinal war nach wie vor der Nabel des Weltreiches. Hier, wo sich Tempel, Paläste und Basiliken wie in einer Ruhmeshalle unter freiem Himmel nebeneinander aufreihten, hier und nicht in den leerstehenden kaiserlichen Gemächern wollte Alarich seinen grandiosen Sieg feiern. In aller Öffentlichkeit und im Schatten aller Triumphbögen vom ersten römischen Kaiser Augustus an bis zur Senatshalle.

»Sehr geschickt«, sagte der Schamane. »Wirklich sehr geschickt und von großer Klugheit!«

»Was meinst du damit?«

»Der König der Westgoten bringt den geraubten Kirchenschatz zurück, von dem ich dir eben erzählte.«

Attila blickte ihn skeptisch von der Seite her an.

»Das kann nicht sein Ernst sein!«

»Doch, sieh nur, jetzt schließen sich auch Römer dem Zug ihrer Priester und der Eroberer an ...«

Attila sah, wie der oberste der römischen Priester mit seinem Gefolge ihnen entgegenschritt. Er ging direkt an den wartenden Hunnen vorbei. Attila kannte ihn. Er hatte Innozenz, den Bischof von Rom, mehrmals im Palast des Präfekten und Statthalters von Rom gesehen.

Sein seidenes Gewand duftete von wohlriechenden Wässern, sein Haar war von seinem eigenen Barbier kunstvoll mit dem Brenneisen gekräuselt, und indem er mit den goldberingten Fingern sein Kleid geckenhaft raffte, hüpfte er auf zierlichen Füßen über die Straßensteine.

»Das wird Ravenna überhaupt nicht gefallen«, stellte der Schamane nachdenklich fest. Er schob die Unterlippe vor und beobachtete, wie widersinnig Eroberte und Eroberer sich unter den hoch über die Köpfe ragenden vorangetragenen, goldglänzenden Kreuzen vereinten. »Manch einem am Hof des Kaisers wäre es sicher lieber gewesen, wenn schon der wilde Radagis das sündige, respektlose Rom erobert hätte und nicht dieser König, der alles Christliche verschont.«

»Er hat für drei Tage Beute und Plünderung erlaubt.«

»Was sind drei Tage«, seufzte der Schamane. »Am ersten wird zerschlagen und zusammengerafft, gesoffen und gegrölt, getanzt und gehurt. Am zweiten ist der Kopf zugeschüttet, die Kehle rauh, der Bauch dickgefressen und voller Schmerzen, die Beute zu schwer und selbst das nackte Weib an der Seite nur noch weich und lästig, und am dritten Tag bleibt dann höchstens Zeit für ein paar Schmuckstücke und romantischen, aber wertlosen Tand ...«

»Aber woher dann die vielen Scherben, die zerschlagenen Krüge, zertrümmerten Möbel und gestürzten Statuen?« fragte Attila verwundert.

»Das fragst du noch? Du hast doch hier gelebt! Hast du den Haß und die Verzweiflung der Hungernden nicht gesehen? Die Wut des Pöbels, der jetzt die Gelegenheit nutzt, sich an den Reichen und Ausbeutern zu rächen? Dazu die Sklaven, die endlich die Weiber, die sie am meisten gequält und erniedrigt haben, in ihre eigenen Betten werfen können.«

»Meinst du, sie denken alle nur an so etwas?«

»Nein, einige werden schlau genug sein und schnell einschmelzen, was sich einschmelzen läßt.«

»Dann sollten wir ebenfalls eine Goldschmiede suchen und besetzen!« schlug Attila vor.

»Durch wen denn?« fragte Aijbars und lachte. »Sieh dich doch um! Wen siehst du? Kaum noch einen Hunnen und kaum noch junge Gotenkrieger! Die haben inzwischen längst die jungfräulichen Vestalinnen und die blitzblanken Nonnenklöster entdeckt. Ich sage dir doch – die sehen wir erst wieder, wenn sie auf allen vieren kriechen!«

»Dann laß uns zum Kaiserpalast reiten«, sagte Attila, »denn

da gibt es etwas, daß ich viel lieber als goldene Christenkreuze zu meiner Beute machen würde ...«

Der Schamane blickte ihn fragend an.

»Römerin oder Sklavin?«

Attila grinste. »Nein«, sagte er. »Nur ein Pergament ... aber ein verdammt großes!«

»Gut oder schlecht für uns?« fragte der Schamane.

Diesmal lachte Attila laut heraus.

»Du wirst es sehen!« rief er, dann schnalzte er mit der Zunge. Auf seinem kleinen Pferd jagte er so schnell den Capitol-Hügel hinauf, daß Aijbars Mühe hatte, ihm zu folgen.

Während Alarich sich als oberster Feldherr des westlichen Imperiums, Befreier von Rom und Beschützer der Heiligen Stätten feiern ließ, kam es nicht einmal eine halbe Meile entfernt zu gefährlichen Komplikationen.

Noch ehe die Sonne versank, revoltierten im verwaisten Kaiserpalast auf dem Palatin die Hofbeamten. Sie, die ihren Kaiser nur zu Beginn der Konsulatsjahre zu sehen bekamen, lebten wie in einem vergoldeten, nutzlos gewordenen Käfig. Die kaiserlichen Räume und Hallen waren längst ebenso leer wie die großen, kunstvollen Volieren in den weitläufigen Gärten und Innenhöfen.

Der Aufruhr begann, als völlig unerwartet die neunzehnjährige Schwester von Kaiser Honorius in Begleitung des Gotenfürsten Athawulf im Palast eintraf. Keiner der übervorsichtigen Edlen hatte damit gerechnet, daß ausgerechnet die schönste Geisel der Westgoten Alarich bitten würde, noch einmal die Gemächer sehen zu dürfen, in denen nur noch zwei Frauen wohnten: Laeta, die Witwe von Kaiser Gratian, und Pisamena, ihre siebzigjährige Mutter.

Die beiden Frauen hatten sich in den vergangenen Hungerjahren als vorbildliche Römerinnen gezeigt und nicht den geringsten Versuch unternommen, sich wie andere vor Alarich in Sicherheit zu bringen. Und erst jetzt, als die Goten bereits in der Stadt waren, hatten Laeta und Pisamena ihrem gesamten Gefolge, allen Dienern und sämtlichen Beamten des Hofes erlaubt, über geheime, unterirdische Wege die Ewige Stadt zu verlassen und nach Ravenna zu fliehen.

Zu spät!

Seit Monaten war festgelegt und verpackt, was mitgenommen werden sollte. Doch nun, als fast alles geklärt war, hieß es plötzlich, niemand dürfe den Palast verlassen.

Attila, Aijbars und ein halbes Dutzend weiterer Hunnen erreichten den Palast unmittelbar nach einem lärmenden Absitzen von gotischen Eroberern. Seit klar war, daß es kein Gemetzel gab, flohen die Römer auch nicht mehr vor den Hunnenreitern auf ihren kleinen Pferden. Schneller als irgendwelche anderen Besiegten zuvor paßten sich Hunderttausende von Römern und die ebenso eingesperrten Fremden aus allen Provinzen des Reiches der neuen Lage an. Es war, als würden sie sich plötzlich daran erinnern, daß Hunnen schließlich auch in Ravenna zur Palastwache gehörten. So gesehen konnten sie eben auch zu den nützlichen Hilfsvölkern zählen.

Attila, Aijbars und die anderen wußten nichts von derartigen Überlegungen. Sie merkten nur, daß ihnen niemand weiter als ein paar Schritte auswich. Überall drückten sich die unterschiedlichsten Gestalten hinter Säulen, Pfeiler und Mauern. Aber sie waren viel weniger an den Hunnen als an den glitzernden, funkelnden Rüstungen der gotischen Offiziere und ihren germanisch gekleideten Kriegern sowie an der von freigelassenen Sklaven getragenen Sänfte in ihrer Mitte interessiert.

»Siehst du, was ich sehe?« fragte der Schamane. Er ritt dicht neben Attila hinter einen hohen Oleanderstrauch.

»Ich sehe Goten«, sagte Attila. »Dazu ehemals römische Sklaven. Und eine Sänfte.«

»Und den großen Blonden ... erkennst du ihn nicht?«

»Nein, keine Ahnung. Wer ist das?«

»Fürst Athawulf! Alarichs Schwager!«

»Was, dieser Römer ist Athawulf?«

»Immerhin ist er nebenbei auch noch General der Reiterei im weströmischen Heer.«

Attila schüttelte ungläubig den Kopf. Er spürte, wie plötzlich das Blut in seinen Ohren pochte. So also sah ein Germane aus, der keine Skrupel hatte, gleich nach der Niederlage die Uniform der Sieger anzulegen. Attila hatte nichts gegen Feinde, die zuerst Überläufer und dann Verbündete wurden. Aber er empfand nur Zorn und Verachtung für einen Mann, der seine Mitkämpfer sinnlos verheizte, sich selbst hoch erheben ließ, kein Wort für die letzten der Überlebenden hatte und dann erneut gegen die auftrat, die ihn besiegt und dennoch befördert hatten.

»Eine Ehre, die ihm die Schamröte ins Gesicht treiben müßte!« knurrte Attila. »Zuerst vertrödelt er seine Zeit bei Aquincum an der Donau und läßt den König seines Volkes allein Rom belagern. Dann, als er sieht, daß es auch ohne mühsame Kämpfe Beute zu holen gibt, bricht er in aller Hast auf und überredet auch noch tausend Hunnen, mit ihm nach Rom zu ziehen.«

»Er hat sie nicht dazu gezwungen«, wandte der Schamane ein.

»Ich habe auch ›überreden‹ gesagt«, bestätigte Attila. »Aber mußte er unsere Männer und ihre Familien wie ein Schweinehirte ohne Sinn und Verstand den Römern vor die Schwerter treiben?«

»Immerhin hat das Gemetzel ihm persönlich die Ernennung zum römischen General der Reiterei eingebracht«, sagte Aijbars. »Das ist doch ein sehr schöner Lohn für einen eitlen Dummkopf!«

»Sehr schön, ja!« knurrte Attila. Er wunderte sich über die Zurückhaltung des Schamanen. Erst jetzt dachte er daran, daß Aijbars zum ersten Mal in kaiserlichen Hallen und Gärten war. Er erinnerte sich wieder daran, wie er selbst noch vor wenigen Monaten empfunden hatte. Er hatte keine Angst vor den Römern gehabt, aber der ungeheure Glanz und die Größe übertrafen einfach alles, was er sich bisher unter den Begriffen »kaiserlich« und »göttlich« vorstellt hatte. Ebenso mußte es Aijbars jetzt gehen. Er brauchte einfach Zeit, um in all der Pracht und den zu Stein gewordenen Erinnerungen an Macht und Größe wieder zu Atem zu kommen ...

»Die anderen kenne ich«, erklärte Attila. »Diese Hundesöhne gehören alle zum zweiten Hofstaat des Kaisers. Sie gelten noch immer als die feinsten der Feinen und werden kaum gebraucht – nur wenn Honorius in Rom ist, um wieder ein Konsularjahr anzutreten.«

»Sieht so aus, als würden die einen kommen und die anderen gehen!«

»Ich möchte gern näher heran«, sagte Attila.

»Dann müßten wir absteigen.«

»Gut.«

»Nein, ohne mich!« sagte Aijbars und schüttelte sich.

»Schamanen tanzen doch auch ohne Pferde. Los, komm!«

Aijbars tschilpte mit Zunge und Lippen, dann stieg er von seinem Pferd. Er band es zusammen mit Attilas Stute an den Oleanderbusch. Attila stieg ebenfalls ab. Er deutete auf den großen Reflexbogen am Sattel seines Pferdes und nickte den anderen Kriegern zu. Sie zeigten grinsend ihre Zähne. Jeder von ihnen zog sofort einen Pfeil mit der gefürchteten dreieckigen Eisenspitze aus dem Köcher. Attila griff nach einem Wurfspeer. Er deutete auf einen der Hunnen, der ihm bereits an der *Porta Salaria* aufgefallen war. Dogan, der *Falke*, war einer der jungen Kämpfer, die stehend mehrere Pferde gleichzeitig an langen Zügeln führen konnten.

Der scharfäugige junge Hunne hatte ein ovales Gesicht und besonders straffe, hohe Jochbeine. Obwohl er einige Jahre älter als Attila und ihm mit Sicherheit auf dem Pferderücken und an den Waffen überlegen war, nickte er. Attila wunderte sich immer noch darüber, wie der Schamane es geschafft hatte, die fremden Hunnen, deren Sippen und Familien keinerlei Verwandtschaft oder Verträge mit seinem eigenen Stamm verbanden, zur Gefolgschaft und zum Waffenbund mit einem Halbwüchsigen zu verpflichten.

»Mit dieser Rückendeckung könnten wir uns auch nackt in eine Raubtierarena begeben«, meinte Attila. Er hatte nicht vergessen, wie präzise die Reiterschützen mit ihren Wunderbogen sein konnten. Ihm selbst fehlte die Übung.

Sie näherten sich vorsichtig und unter einem hohen, schattigen Säulendach den etwa hundert Menschen, die sich langsam, aber aufgeregt tuschelnd durch die Vorhalle des Palastes bewegten. Wie bei einer Prozession zogen sie bis in die Gärten und gingen an einem langgestreckten, von einer kleinen Marmormauer eingefaßten Wasserbecken entlang. Die dreischaligen Springbrunnen in der Mitte des Beckens und an beiden Enden sprudelten noch immer. Nur an den kaum noch gegossenen, halb verwelkten Pflanzen vor den Mauern wurde deutlich, daß hier seit Wochen niemand mehr für Ordnung gesorgt hatte.

Trotzdem kamen auf einmal Diener und brachten Wein, Wasser zum Verdünnen und Schalen mit kleinen, gelben Aniskuchen. Einige Römer mit Senatorenstreifen an ihren weißen Togen traten in den Garten, gefolgt von ehemaligen Konsuln, Adligen aus den vornehmen Familien der Claudier und Cornelier, dazu Aedilen, die bisher die Aufsicht über die Märkte und Tempel, über die Getreidelieferungen und den Zustand der Straßen innerhalb der Stadt gehabt hatten. Ähnlich mußte es zur gleichen Zeit unten bei König Alarich aussehen, aber all jene, die sich nicht an der christlichen Veranstaltung auf dem Forum Romanum beteiligten, schienen sich hier zu einem gemeinsamen Aufbruch zu treffen. Und plötzlich kam ihm der Gedanke, daß die große Zeremonie im alten Tal zwischen den sieben Hügeln Roms auch ein Ablenkungsmanöver sein konnte – eine christliche Dank- und Siegesfeier für die barbarischen Eroberer und das Volk, damit jene, die schon immer über allen anderen gestanden hatten, unangefochten und unter den Augen der allzu großzügigen Eroberer dem Kaiser in sein Exil folgen konnten ...

Attila sah, mit welchem Widerwillen, ja Entsetzen, sie stehenblieben, als die Goten in den Uniformen römischer Offiziere näherkamen.

Er selbst spürte ebenfalls, wie plötzlich das Blut in seinen Ohren rauschte. Verwirrt sahen die Aufgebrachten, daß der Gotenfürst als frisch ernannter General der Reiterei die leichte Sommeruniform eines *magister equitum* römischer Legionen trug. Er hatte seinen Helm mit den beiden angedeuteten Adlerschwingen an den Seiten abgenommen und trug ihn unter dem linken Arm. Sein mittelblondes Haar war kurzgeschnitten, wie es seit Jahren unter den Edlen Roms Brauch war. Anders als viele der Germanen war er rasiert, und seine Augen glänzten keineswegs so hellblau, wie es die Römer von gefangenen germanischen Edelingen sonst gewohnt waren.

Die Gesichter der vordem mächtigsten Männer der Stadt Rom verzogen sich gequält, als der Gotenfürst mit einer herrischen Handbewegung für Ruhe sorgte. Für eine volle Minute blieb alles still. Nur aus den Niederungen der eroberten Stadt klang Gesang und Geschrei von Männern und Frauen, Goten und Römern, Fremden und Sklaven bis auf den Capitols-Hügel. Und dann endlich stieg die Kaisertochter und Kaiserinschwester Galla Placidia mit hoheitsvoller Grazie aus ihrer Sänfte.

Attila merkte nicht, wie sich sein Mund öffnete. Er hatte die jetzt Neunzehnjährige bereits in Ravenna gesehen, aber die Zeit als Geisel beim König der Westgoten schien ihr ausgezeichnet bekommen zu sein. Attila und alle anderen erblickten eine schlanke, nicht besonders große junge Frau, die sich sehr gerade hielt. Ihr ovales Gesicht mit den großen, dunklen Augen, bogenförmig geschwungenen Brauen, einer geraden, fast griechisch wirkenden Nase und vollen, rotglänzenden Lippen war schon jetzt einer Kaiserin würdig.

Obwohl Attila keine Erfahrungen mit Mädchen und Frauen hatte, erkannte er sofort, daß sie sich verändert hatte. Sie wirkte weiblicher, aber auch stolz und abweisend, und trotz ihrer atemberaubenden Schönheit war ihre Ausstrahlung kalt wie die einer Marmorstatue.

Er verstand nicht, um was es ging, aber er spürte die Spannung zwischen den Eroberern und ihrer Geisel auf der einen und den auf ihren in tausend Jahren gewachsenen Rechten bestehenden Römern auf der anderen Seite. Einer von ihnen, der greise Senator Volusianus, tat so, als hätte sich nichts verändert. Mit stoischem Gleichmut beharrte er auf den Ritualen der Höflichkeit.

»*Ave, Nobilissima!*« rief er mit bebender Stimme und neigte ganz leicht den Kopf. »Wir grüßen die Tochter des großen Theodosius!«

Jeder erwartete ihre selbstverständliche Antwort »*Avete, Senatores!*« Doch statt der Prinzessin des weströmischen Reiches antwortete der Gote, der gerade erst von den Legionären ihres Bruders geschlagen worden war.

»Was soll das alles hier? Kisten und Kästen, Ballen und Körbe? Wollt ihr uns um unsere rechtmäßige Beute betrügen?«

»Es ist weder Gold noch Geschmeide«, antwortete der Senator. »Nur Dokumente aus den Archiven des Reiches ... sie sind ohne Wert für euch ... aber unersetzbar für unsere Geschichtsschreiber ...«

Galla Placidia hob die Schultern, sah Athawulf an und schob fast gelangweilt die Unterlippe vor. Volusianus wandte sich direkt an sie: »Ich bitte dich und appelliere an die Verantwortung deines Gewissens und deines Blutes! Laß uns mit den Pergamenten zu deinem Bruder nach Ravenna gehen ...«

»Wozu?« warf Athawulf ein. »Ihr könnt genausogut hierbleiben! Am vierten Tag ziehen wir weiter nach Süden.«

»Es gibt keine Mauer mehr, die das Imperium noch schützen kann«, sagte Galla Placidia abfällig. »Lernt endlich, daß die *Pax romana* kein Recht auf die Alleinherrschaft mehr ist! Die großen Römer gibt es nur noch auf den Marmorsockeln! Ihr anderen alle seid zu alt und klein im Geist geworden! Und neue Reiche werden *jetzt* geboren!«

Der Gote, der gleichzeitig General Westroms war, lächelte. Galla Placidia hatte so übertrieben wie eine Tragödin im Amphitheater gesprochen, aber offensichtlich gefiel ihm, was die junge Frau an seiner Seite sagte.

Und plötzlich haßte Attila die verführerische Kraft, die von der Sanftheit dieses Mannes ausging. Er war nicht wild – nicht einmal barbarisch. Unter anderen Bedingungen hätte er als Zenturio, Hauptmann der Prätorianer oder Beamter im Palast des Kaisers auftreten können.

Genau darauf mußten die Hunnen von der Donau hereingefallen sein! Auf die Geschmeidigkeit dieses Germanen, der zugleich Gotenfürst und römischer General sein konnte, der regungslos Tausende von Gefallenen verschmerzte und jetzt auch noch mit einer Kaiserschwester im Gefolge auftrumpfte.

Und dann, als sein Blick noch weicher wurde und seine Mundwinkel eine Art Kuß in Richtung Galla Placidia formten, bemerkten die letzten Aufrichtigen Roms, wie sie leicht errötete. Der seltsame Anblick verwirrte sie noch mehr, denn von Athawulf war ihnen bisher nur bekannt, daß er die Schwester von König Alarich geheiratet und sechs Kinder mit ihr gezeugt hatte.

»Sieh an, sieh an«, murmelte der Schamane neben Attila. »Diese Entwicklung habe nicht einmal ich aus den Knochen herausgelesen!«

»Auf welcher Seite stehen wir eigentlich?« knurrte Attila.

»Das weiß der da vorn auch nicht so recht!«

»Ich würde ihm liebend gern in sein glattes Gesicht schlagen! Das ist die Sorte, die ich noch nie leiden konnte!«

»Wir wissen, welchen Respekt wir dir als Tochter des großen Theodosius schuldig sind«, sagte einer der Hofbeamten. »Dennoch muß ich darauf bestehen, daß ihr uns Weg gebt! Du, Athawulf bist General der Reiter des westlichen Imperiums, und dein König und Schwager Alarich ist immer noch der oberste römische General unter dem Befehl von Kaiser Honorius. Ihr seid verpflichtet, für das Reich zu schützen, was ihr jetzt erbeuten wollt.«

»Erspare uns deine Haarspaltereien«, meinte Athawulf verächtlich. Er setzte seinen Helm wieder auf. »Das alles können später einmal eure Rhetoren auseinandernehmen. Jetzt gilt nur, was ich sage, und sonst nichts!«

»Du magst die Schwester des Kaisers von Rom sein«, wandte sich jetzt der Präfekt der eroberten Stadt an Galla Placidia. »Aber er residiert in Ravenna, und wir leben in dieser Stadt. Vergiß nicht, daß es dein Bruder Honorius war, der durch seinen Haß und seinen Unverstand vor zwei Jahren dreißigtausend Germanen aus seinen eigenen Legionen in die Arme der Goten getrieben hat und im vergangenen Jahr auch noch vierzigtausend Sklaven aus unserem Besitz. Allein dadurch sind die Preise für Sklaven so gefallen, daß sie kaum noch etwas wert sind ...«

Galla Placidia errötete erneut, doch diesmal aus Ärger. Alle Umstehenden wußten, daß der Präfekt recht hatte. Athawulf sah sich um und wies mit ausgestrecktem Arm auf die Wasserspiele und die plätschernden Brunnen neben den leeren Vogelvolieren. »Noch hat König Alarich keinen der Aquädukte Roms zerstören lassen. Noch brennt die Stadt nicht, und unsere Männer werden durch seinen Befehl davon zurückgehalten, zu rauben und zu plündern ...«

»Ich habe anderes gehört«, sagte der greise Senator furchtlos. Er drehte sich um und setzte sich demonstrativ auf eine der riesigen, sarkophagartigen Holzkisten. »Du mußt schon dein Schwert benutzen, wenn du mich zwingen willst, dir auch nur einen Pergamentschnipsel vom Geist des tausendjährigen *Imperium Romanum* zu überlassen ...«

»Dann wirst du sterben müssen, alter Narr!«

Im gleichen Augenblick riß Attilas Geduld. Er konnte das, was er hier miterlebte, einfach nicht länger ertragen.

»Warte hier!« sagte er zu Aijbars. Er rannte zurück zu seinem Pferd, band es los und sprang auf.

»Kommt mit!« befahl er den wartenden Reitern. »Und jetzt ... Pfeile einlegen!«

Er sah, daß sie bereit waren, lächelte, holte tief Luft und schnalzte mit der Zunge. Die Männer richteten sich in ihren Sätteln und Steigbügeln auf, feuerten ihre Pferde an, preschten zwischen den hohen Säulen des Kaiserpalastes hindurch, standen jetzt fast im vollen Ritt und zeigten, wie geschickt sie am Rand des großen Wasserbeckens entlangfliegen konnten. Kurz nach der Wende am anderen Ende stand Attila in seinem Sattel auf. Er umfaßte den Speer fest und sicher.

Seit mehr als einem Jahr hatte er keine Waffe mehr in der Hand gehabt, war er nicht mehr zum Kampf geritten. Er wußte nicht einmal, ob er überhaupt noch treffen konnte. Es kam auf den Versuch an, und er hatte nur einen einzigen!

Er sah, wie die Schwester des römischen Kaisers Schutz in den Armen des Goten suchte. Es interessierte Attila nicht, was zwischen den beiden war. Auch seine Toten sollte Athawulf selbst verantworten. Nur für die Hunnen, fast tausend Hunnen, die ihm gefolgt waren und die er ohne Not verraten und in die Schwerter der Legionäre getrieben hatte – für deren Seelen sollte sein eigener Stolz gepeitscht und endlich bestraft werden!

Schon vierzig, fünfzig Meter vor der Gruppe um den Gotenfürst drehte er sich im Sattel, beugte sich weit zurück, wartete einen winzigen Augenblick, um alle Kraft auf einen Punkt zu konzentrieren, dann holte er weit aus, während er seinen Körper gleichzeitig wieder hoch und nach vorn warf. Körper, Arme und Hände schnellten voran, als seien sie gemeinsam ein Geschoß, das mit geballter Energie der Eisenspitze vorn am Speer folgte.

»Tschakkar!« schrie Attila und ließ den Speer aus der Bewegung heraus weiterschnellen. Die Wucht warf ihn beinahe aus dem Sattel. Nicht einen Lidschlag später flog Athawulfs Helm durch die Luft. Attila hatte ihn genau über dem Stirnschild getroffen.

»Tschakkar!«

»Tschakkar!«

Drei, fünf, sieben Pfeile der anderen Steppenreiter warfen

den Helm des Gotenfürsten und römischen Reitergenerals in seinem Flug hin und her, schlugen ihn immer wieder hoch. Er fiel zu Boden und trudelte mit einem häßlich scheppernden Geräusch bis vor die Füße von Volusianus.

Attila ließ sein kleines, gutes Pferd genau vor ihm auf die Hinterhand steigen. Die anderen blieben ein paar Pferdelängen zurück.

»Die Kisten bleiben hier!« rief Attila. »Kein Gold – also auch keine Beute für euch!«

Mitten in all der Aufregung und Verwirrung trat Volusianus, der greise römische Senator, furchtlos einen Schritt nach vorn.

»Ich weiß, wer du bist«, rief der Senator Roms mit klarer, weithin hörbarer Stimme. »Ich danke dir nicht für unser Leben, Sohn von Fürst Mundschuk! Ich danke dir vielmehr dafür, daß ein Hunne mehr im Kopf haben kann als ein vor Eitelkeit übler als die Kloaken riechender germanischer General im Dienst des *Imperium Romanum* ...«

Weiter kam er nicht. Athawulfs kurzes Römerschwert blitzte nur ganz kurz auf. Es traf den alten Mann mit der Breitseite am Hals. Volusianus taumelte, dann fiel er auf die Knie. Mit schmerzverzerrtem und dennoch lächelnd wirkendem Gesicht hob er die Hände. Er wollte reden, aber aus seinem Mund quoll nur noch dunkles Blut.

5. Das Castorius-Pergament

Am nächsten und übernächsten Tag stiegen immer mehr Rauchsäulen über den Dächern Roms auf. In den beiden vergangenen Nächten waren in fast allen Stadtteilen Feuer ausgebrochen. Nach Wochen und Monaten nächtlicher Finsternis und Stille war das Schmerzgebrüll von Geschlagenen und Gequälten und manches grauenhaft gellende Aufschreien von Frauen, die sich verzweifelt wehrten, immer häufiger zu hören.

Seltsamerweise kamen die Schreie zumeist nicht aus den engen Straßen der Subura, aus den Gassen in den Flußvierteln oder von den leergefegten Läden der kleinen Händler, sondern aus den ummauerten Gärten der fast zweitausend Stadtvillen und Paläste. In ihrer Nähe wurden immer mehr zerschundene, zerstochene und erwürgte Römer und Römerinnen an den Straßenrändern entdeckt. Es waren zu viele, um alle sofort wegzubringen. Fast alle trugen eine blutige, aber zuvor vergleichsweise saubere Tunika oder gar Toga. Auffällig viele streckten dicke, blutig gestochene Zungen heraus. Und sie trugen Sklavenketten um den Hals, die vorher anderen gehört haben mußten ...

Gerade jetzt, am dritten Tag nach dem Fall der Stadt und nach dem überall laut verkündeten Versprechen der Goten, noch in der gleichen Nacht die Stadt freizugeben, nahm die Zahl der Erschlagenen, Erdolchten und Erwürgten sprunghaft zu. Gleichzeitig überstieg der Lärm in der Stadt sogar die Zeiten, in denen vergeblich versucht worden war, das Schreien der Händler, das Grölen der Betrunkenen und das Rumpeln der Wagen über die glatten Basaltsteine durch Gesetze zu verbieten.

Trotzdem begann am Nachmittag, zur neunten Stunde nach Tagesanbruch, eine große Versammlung im Herzen des Imperiums. Senatoren und hochgestellte Römer, die während der gesamten Monate der Belagerung keinen einzigen Ausbruch versucht und lieber die Kirchen als ihre eigenen Geldkisten für Zahlungen an den Belagerer geplündert hatten, suchten jetzt den Schutz des Eroberers. Einige kamen sogar mit allen Familienangehörigen, ihren wichtigsten Sklaven und verwirrt wirkenden persönlichen Schutzgarden.

Auch Attila, Geiserich, Laudarich und Aijbars waren von König Alarich geladen. Am ersten Tag hatten die ehemaligen Geiseln jene Stellen der lärmenden, überfüllten Stadt erkundet, die Attila unbedingt noch sehen wollte. Nie zuvor hatte er ein derartiges Gedränge zwischen den Häusern und auf den Plätzen gesehen.

Erst am Abend waren sie Aijbars gefolgt, der gleich nach dem Zwischenfall im Kaiserpalast ins Lager vor der Stadt zurückgeritten war – zusammen mit anderen Hunnen, die unterwegs noch reichlich Beute gemacht hatten. Am zweiten Tag war der Schamane im Lager geblieben und hatte sich trotz aller Freude und allen Lärms um ihn herum in seine Yurte zurückgezogen.

Am späten Vormittag des dritten Tages waren sie erneut in die Stadt geritten. Aijbars mußte eine Menge seiner seltsamen Ingredienzen benutzt haben. Noch als Attila mit ihm, Geiserich, Laudarich und Dogan in der hohen, von Säulen umrahmten großen Halle der Präfektur ankam, verbreitete der Schamane einen fremdartigen Moschusduft, der ihnen schnell Platz zwischen den schwül und blumig riechenden Edlen von Rom verschaffte.

Gotische Anführer erkannten die Hunnen und die beiden anderen. Sie flüsterten Alarich etwas zu. Der suchte sie mit seinem Blick in der Menge, dann entdeckte er sie und nickte ihnen zu. Er winkte sie zu seinem Hofstaat.

Die Männer um den König der Westgoten sahen fast noch bunter und römischer aus als die Römer selbst. Überall blitzten blankpolierte Helme, Brustharnische und Schwertscheiden.

Goldene Ketten und Armbänder, Edelsteine in der Größe von Taubeneiern blinkten von Schultern und nackten Armen. Attila hatte viel von der verborgenen Pracht Roms gesehen, aber noch nie so viele große Karneole und Saphire, Amethyste und Rubine gleichzeitig.

Attila hatte bisher nur Ostgoten kennengelernt. Sie waren ihre Verbündeten, seit sie vor fast fünfundreißig Jahren von Großkönig Balamber am Schwarzen Meer besiegt und unterworfen worden waren. Doch nie zuvor hatte er Goten oder andere Germanen gesehen, die so viel kindlichen Ernst darauf verwandten, noch römischer als die Römer auszusehen.

Dann erschien auch Alarichs Schwager Athawulf mit seiner Gemahlin auf der linken und Galla Placidia auf der rechten Seite. Während das lange blonde Haar der verhärmt und müde aussehenden Westgotin ihr bis auf die Schultern fiel und über der Stirn nur von einem schmalen Goldreif zurückgehalten wurde, hatte die Schwester des Kaisers in Ravenna ihr dunkelbraunes Haar in Dutzende kleiner Zöpfe um ihren Kopf und ihr schmales, ovales Gesicht gelegt.

Jeder, der etwas genauer hinsah, konnte einen harten, zornigen Ausdruck im Gesicht der Germanin bemerken. Einige der Gefolgsleute Alarichs und Athawulfs ließen die gleiche unduldsame Strenge in ihren Gesichtern erkennen, wie sie die Christen manchmal zeigten.

Attila beobachtete sehr genau, was sich vor ihm abspielte. Es war, als könne er riechen, daß es schon bald Zwietracht und Tod unter den Westgoten geben würde. Er warf Aijbars einen kurzen Blick zu, doch der Schamane schloß sofort die Augen. Aber er hatte ganz so gelächelt, als wisse er, was der Sohn seines Bruders empfand.

In diesem Augenblick erkannte Attila, daß er tatsächlich etwas von den geheimen Sinnen der Schamanen besitzen mußte. Er holte tief Luft und wandte sich wieder den beiden Frauen zu.

Athawulfs Gemahlin trug ein vielfach besticktes, bodenlanges, laubgrünes Hemdkleid, das an den Schultern von zwei goldenen, mit rotem Emailfluß verzierten Vogelfibeln gehalten wurde. Sie waren ihr einziger Schmuck bis auf zwei Gürtel aus rotem Leder mit massiven, überladen wirkenden Goldornamenten, an denen zusätzlich kleine Beutel mit ihren persönlichen Utensilien hingen.

Galla Placidia hingegen hatte trotz der drückenden Sommerhitze nicht auf eine Dalmatica über ihrer leichten, weißen Tunika mit dem goldgeflochtenen Gürtel verzichtet. Ihre schlanken, nicht sehr langen Beine waren bis zu den Waden mit den kunstvoll gebundenen Riemchen ihrer Ledersandalen umwickelt. Sie trug eine Halskette mit weißroten Gemmen über mehreren anderen, golden blinkenden Ketten. Zusätzlich hatte sie Armbänder, Ringe und ein Diadem mit vielen hundert winzigen Perlen und kleinen Kreuzen aus Goldblech im Haar. Anders als Athawulfs Gemahlin war sie wie zu einem großen, festlichen Abendessen geschminkt – mit fliederfarbenen Schatten unter den Augen, einem Hauch von Goldpuder auf den Jochbeinen und dunkelrot glänzenden Lippen.

Attila wußte nicht, warum ihn der Gegensatz gerade zwischen diesen beiden Frauen so faszinierte. Eigentlich hatte er sich bisher kaum für Mädchen und Frauen interessiert. Sie waren kompliziert, albern und kichernd, wenn sie in Scharen auftraten, und meist scheuer als Wild, wenn sie ihm allein über den Weg liefen. Er hatte kaum Erinnerungen an seine Mutter. Genau gesagt konnte er nicht einmal sagen, welche der vielen Frauen und Mädchen auf den Wagen seine leibliche Mutter war. Kinder der Hunnen wurden gemeinsam und in Gruppen ernährt, gekleidet, in den Planwagen und Yurten zum Schlafen gelegt und während der Tagesarbeiten beschäftigt.

Attila schrak zusammen, als Aijbars ihm in die Rippen stieß.

»Komm wieder runter aus deinem Himmel«, sagte der Schamane. Attila hob die Brauen.

»Aus welchem Himmel?«

»Die Sterne in deinen Augen können sich wohl nicht einigen,

ob du lieber die eine als sanfte Mutter oder die andere als wilde Gespielin haben möchtest ...«

Attila knurrte. »Wenn du nicht der Bruder meines Vaters wärst ...«

»Was dann?« lachte Aijbars.

»Dann würde ich dir schon zeigen, wie man Sterne sieht!«

Attila sah die noch immer siegestrunkenen Eroberer Roms lange und aufmerksam an. Er kannte die Vereinbarungen nicht, die König Alarich inzwischen getroffen hatte. Er wußte nur, daß kein Wagen und kein Muli mit Beute bisher die kaiserlichen Paläste verlassen hatte.

Niemand redete mehr über den eher unglücklichen Tod des alten Senators. Erst nach einer ganzen Weile entdeckte Athawulfs Gemahlin die Hunnen und musterte Attila mit einem langen, prüfenden Blick. Er hatte den Eindruck, als würde sie sogar ein freundliches Lächeln andeuten. Galla Placidia streifte ihn nur einmal und voller Verachtung mit einem Zornstrahl aus ihren dunklen Augen. Diesmal war er es, der spöttisch lächelte. Auch wenn die Schwester des Kaisers in Ravenna noch immer als Geisel der Weströmer galt, hatte sie doch deutlich zu erkennen gegeben, wie schmachvoll ihr der Zusammenstoß des strahlenden Athawulf mit dem schmucklosen und erst halbwüchsigen Hunnen vorgekommen war. Galla Placidia warf ihren schönen Kopf in den Nacken zurück und ignorierte ihn fortan.

Attila konnte ihre Ablehnung verschmerzen, doch instinktiv nahm er sich vor, auch in Zukunft auf diese Frau zu achten. Sie schien sehr genau zu wissen, was sie wollte. Zusammen mit ihren Reizen und ihrer Herkunft war sie ein Wegzeichen, das andere, nicht Vorgewarnte, leicht in die Irre und ins Verderben leiten konnte ...

Die drei Geiseln Roms wurden von Alarich persönlich und noch vor den Notablen Roms begrüßt. Alarich trug nicht den Königsreif der Westgoten, sondern wie sein Schwager an den Vortagen Helm und glänzenden Brustharnisch mit den Adlerwappen römischer Heerführer. Alle Versammelten wußten, daß es genau das war, was er immer gewollt hatte: endlich der zu sein, der sein großer Gegenspieler Stilicho bis zuletzt gewesen war – nicht Kaiser des Reiches, wie der bedauernswerte Honorius oder sein schwacher Neffe Valentinian II. in Konstantinopel, sondern oberster Feldherr aller Krieger und Legionen, aller Hilfsvölker und Bewaffneten des weströmischen Imperiums.

»Irgendwann«, murmelte einer der schon nicht mehr ganz so kleinlauten Senatoren in Attilas Nähe, »irgendwann holt er sich auch noch Ostrom ...«

»Ich bete und opfere schon lange dafür«, zischelte ein anderer. »Rom wird auch noch in weiteren tausend Jahren alles überstrahlen, wenn Byzanz und Ravenna längst an ihren Eunuchen erstickt sind!«

»Dazu brauchen wir erst wieder einen starken Kaiser ...«

»Meinetwegen auch eine Kaiserin«, seufzte der erste.

Die Umstehenden lachten verhalten.

»Die ist uns leider verlorengegangen und zur Hure der Goten geworden ...«

»Eine Schande ist das! Eine Schmach für ganz Rom!«

»Es heißt, daß Alarich sich zunächst unsere Kornkammern in der Provinz Africa und dann Hispanien und Gallien unterwerfen will«, tuschelte ein anderer.

»Sie haben verlernt, als Bauern zu leben«, meinte der dritte erneut. »Das Volk der Westgoten kann doch überhaupt nicht mehr siedeln! Sie werden weiter auf leichte Beute aus sein – selbst wenn wir ihnen die Felder von halb Africa oder Gallien schenken würden!«

An der längeren Seite der hohen Halle bliesen ohne jede Vorwarnung zwei Dutzend wie Krieger Wotans gekleidete und mit Schaffellen behängte Germanen in große Hörner. Attila verzog unwillkürlich das Gesicht. Der Lärm klang so fürchterlich, als wollten die Goten jeden Augenblick erneut zum Sturm aufbrechen.

Doch dann brachen die Bläser nacheinander ab. Für einen Augenblick war kein Laut mehr in der großen, überfüllten Halle zu hören. Dann stand König Alarich von seiner Onyxbank auf und hob beide Hände wie zu einer Anbetung.

»Das alles hier ...«, rief er mit lauter Stimme, »das alles hier waren für uns über Jahrhunderte hinweg die unerreichbaren Symbole der Tyrannei ...«

Er sah sich nach allen Seiten um und ließ die Arme sinken. Eine merkwürdig angespannte Pause entstand. Attila hatte auf einmal das Gefühl, als sei der König der Westgoten vollkommen erschöpft oder krank. Sah so das Fieber aus, vor dem sich die Goten ebenso fürchteten wie die hunnischen Reiter in der Palastwache von Ravenna? Oben in den Palästen hatte er nichts davon mitbekommen, doch jetzt, als er sich umsah, entdeckte er mehrere Gesichter, die wohl den Winter nicht mehr erleben würden ...

»... Symbole der Knechtschaft und der Verachtung für alle Völker, die sich nicht Bürger Roms nennen durften«, fuhr König Alarich fort. Er betonte Wort für Wort – wie bei den Ansprachen eines Heerführers im Freien, bei denen auch noch die letzten ihn verstehen sollten.

»Wir haben nicht über die Bürger Roms gesiegt, sondern gegen die Macht dieser Symbole! Gegen die Grausamkeit Roms! Gegen die Arroganz! Gegen die Mißachtung aller anderen! Wir mußten Rom bis ins Mark demütigen, wenn wir nicht untergehen wollten ...« Er stockte. »... nicht untergehen wie so viele Völker zuvor, die sich oft nicht einmal gegen die Übermacht des Imperiums gewehrt haben ... und dennoch an Rom verbrannt sind.«

Niemand widersprach, denn in gewisser Weise hatte dieser Barbarenkönig gleich zweifach Wort gehalten: nur wenige Römer, die in einem christlichen Heiligtum angetroffen worden waren, hatten durch Goten, Hunnen, Sarmaten oder Angehörige anderer Hilfsvölker Alarichs ihr Leben verloren – nicht einmal jene Mithras-Anhänger, die im Getümmel und um sich zu schützen nur einen christlichen Namen gerufen hatten. Inzwischen wußten alle, daß die Rache der Sklaven und Hungernden weitaus mehr Opfer gekostet hatte ...

»Alarich hat unseren Verrat an Stilicho, seiner Frau Serena und seinem Sohn Eucherius gerächt«, sagte einer der Senatoren.

»Rom hat seinen Beschützer und Retter, den Vandalen, ermordet, weil wir befürchteten, daß er mit dem Goten zu eng und zu gut verhandelte ...«

»So haben wir durch eigene Dummheit erreicht, was wir verhindern wollten«, seufzte ein anderer.

»Auch wenn die Goten weiterziehen, wird die Welt noch in Jahrtausenden über diese Tage der Schmach und der Niederlage für das *Imperium Romanum* sprechen!«

Alarich sprach noch eine Weile weiter, doch später erinnerte sich kaum noch einer an seine Worte. Für die meisten der Eroberer und der Eroberten zählte nur das, was schließlich unter dem Strich übrigblieb.

Die Goten hatten gesiegt, fast ohne auf Widerstand zu stoßen, und jeder einzelne von ihnen war reich geworden. Mit Tausenden von Gefangenen verließen sie nach und nach die Stadt. Dennoch und trotz aller Schrecken bewunderten viele Römer heimlich den Mann, der die jahrhundertealte Verkrustung aus Dekadenz und Korruption aufgebrochen und vielen Gelegenheit zur Rache an ihren Ausbeutern gegeben hatte. Auf den Straßen der Subura und auf den neu entstehenden Märkten nannten sie ihn bereits *Alaricus* – wie einen der Ihren.

»Warum zieht er so schnell wieder ab?« fragte Attila am Abend des dritten Tages. Sie ritten mit dem gleichen Trupp, der bereits im Kaiserpalast dabeigewesen war, unter den dicht an dicht gedrängten, fünfstöckigen Mietshäusern am Trajans-Forum entlang. Auf den Balkonen lehnten wieder Mütter, und in den Höfen spielten Kinder, als hätte es nie eine Besatzung durch Germanen und Hunnen gegeben.

»Sieh dir doch nur die Enge, den Schmutz und das Elend hier an«, sagte der Schamane. »Das kommt nicht durch uns oder durch die Belagerung. Das muß vielmehr seit Jahrhunderten zu diesen verfluchten Städten des *Imperium Romanum* gehören wie die Fliegen zum Aas!«

»Ja, du hast recht«, sagte Attila. »Sie haben ständig Angst vor dem Ausbruch schlimmster Krankheiten. Sieh doch die Jauche in der *Cloaca maxima* mitten in der Stadt. Und dann die Ufersümpfe draußen vor den Mauern ...«

»Dagegen wären selbst alle Schamanen dieser Welt gemeinsam machtlos.«

»Aber warum zieht der Gote ausgerechnet nach Süden – noch weiter in Hitze und Dürre?«

»Weil dieser Teil des Reiches jetzt vollkommen ungeschützt und offen vor ihm liegt. Alarich muß weiterziehen, wenn er vermeiden will, daß sein Volk hier in Krankheiten und süßem Nichtstun verkommt. Sein Ziel ist die Provinz Africa jenseits des Meeres. Dort liegen die besten Kornkammern des Reiches, reicher noch als in Aegypten und Gallien.«

»Und was macht Westrom, ich meine das Imperium?«

»Nichts«, lachte der Schamane. »Es läßt ihn ziehen, damit er nach zehn unruhigen Jahren endlich weg ist. Rom hat mit sich selbst genug zu tun. Die Senatoren und Priester streiten bereits, ob Rom geplündert wurde, weil es von seinen alten Göttern abgefallen war, weil es noch nicht christlich genug war, oder ob Alarichs Einmarsch sogar eine von Kaiser Honorius gebilligte Züchtigung für die Stadt war.«

»Die alten goldenen Götzenbilder wurden nicht erst in diesen drei Tagen zerstört«, warf Attila ein. »Ich habe gehört, daß sie bereits umgeschmolzen wurden, als Radagis gegen Rom zog, und dann noch einmal, um Alarich bei seiner ersten Belagerung auszuzahlen.«

»Das mag schon sein«, sagte Aijbars. »Außerdem neigen Städter dazu, sich sehr schnell mit dem Neuen abzufinden. Die Brände vorgestern ... die so viel Geschrei verursachten, sie waren lächerlich gegen das, was ich vor zehn Jahren in Konstantinopel gesehen habe ...«

»Rom hat nur zweimal richtig gebrannt«, sagte Attila. Es machte ihm Spaß, mit seinem erlernten Wissen zu prahlen. »Das erste Mal wurde die Stadt dreihundertachtundsiebzig Jahre vor diesem Christus von den Galliern unter ihrem Anführer Brennus derart mit Feuer verheert, daß nur noch der Hügel des Capitols übrigblieb. Beim zweiten Mal soll ihr eigener Kaiser Nero die Stadt angezündet haben, aber so richtig glaube ich das nicht ... «

»Ich sage doch: Dagegen war das, was wir begonnen haben, nicht einmal ein Opferfeuer«, meinte Aijbars und grinste. Sie näherten sich dem gewaltigen Bau des Colosseums.

»Hast du hier eigentlich auch die Wettkämpfe der Reiter und Wagen gesehen, von denen die Römer so oft prahlen?« fragte der Schamane. Attila schüttelte den Kopf. Er nahm die Zügel fester und wich einer Gruppe von Bettlern aus, die sich schon wieder furchtlos und mit viel zuviel rotbrauner Farbe auf Körper und Lumpenkleidung den Fremden näherten.

»Es gibt *die Römer* ebensowenig, wie es *die Hunnen* gibt«, sagte Attila, »aber vergiß nicht, daß in Ravenna immer noch dieser Starrkopf hockt, der mit allem und jedem spielt und darüber die Wirklichkeit vergißt.«

»Ich vergesse niemals etwas«, sagte der Schamane mit einem leicht rügenden Ton in der Stimme. »Außerdem sind wir erst am Anfang. Wir haben noch einen weiten Weg zurück bis zur Donau. Das ist es, was *du* nicht vergessen solltest, Sohn meines Bruders Mundschuk!«

Attila hatte plötzlich das Gefühl, als würde Aijbars ihm etwas Wichtiges verheimlichen. Er wollte ihn fragen, aber da begann der Schamane wieder mit seinem leisen, abwesend und versunken klingenden Singsang, bei dem er den Oberkörper sanft im Kreis bewegte und die Zügel des Pferdes nur noch ganz locker hielt.

Attila sah, daß es Zeit war, zurückzukehren.

Später, als die Zikaden ihr Konzert aufnahmen und der blaue Himmel über den Pinien auf den sieben Hügeln Roms in grüne, türkisfarbene und schließlich rotgelbe Streifen überging, als wieder Küchenlärm und Kindergeplärr die Stille ablöste, ritten der Gotenkönig und sein engeres Gefolge mit klappernden Hufen über die Straßen Roms. Attila und Aijbars schlossen sich an. Sie wollten die Nacht nicht in den Mauern Roms, sondern in ihren Zelten bei den Hügeln verbringen.

Unmittelbar nachdem der Hofstaat des Königs vor Tausenden von schwer bepackten Fußkriegern und Reitern die Mauern der Stadt hinter sich gelassen hatte, hielt König Alarich an. Es war der gleiche Platz, an dem Attila die ersten Hunnenreiter zum geöffneten Tor gerufen hatte.

Alarich führte sein Pferd zur Seite und hob den linken Arm. Der lange, lärmende Zug geriet ins Stocken. Während weiter vorn nur leicht gefesselte Sklaven und Gefangene sauberes Trinkwasser aus den Aquädukten und Zisternen der Stadt über die Steine der *Via Salaria* gossen, wallte von innen noch immer aufgewirbelter Straßenstaub durch das Tor und sogar über die Stadtmauer. Es sah fast wieder so aus, als würde es hinter den Tortürmen brennen, doch es war nur die untergehende Sonne im Westen, die mit ihren letzten Strahlen die eroberte Stadt besänftigte.

Die Nacht kam schnell vor den Toren Roms. Deshalb wurden überall Fackeln entzündet. Die Staubwolken legten sich langsam. Der König der Westgoten führte sein Pferd bis zu einer Gruppe schwer mit Königsbeute bepackter Maultiere. Attila konnte nicht sehen und nicht hören, was geschah. Er sah nur, daß es offensichtlich einen kurzen, heftigen Streit mit Athawulf gab. Dann kehrte Alarich zurück. Er hatte noch immer die Uniform eines römischen Feldherrn an.

»Ich kenne deinen Vater«, sagte er jetzt, als er direkt vor Attila anhielt. »Wir haben mehr als einmal das Schwert gegeneinander erhoben.«

Er lächelte und winkte einem seiner Getreuen. Der weißhaarige Gote von hoher Abstammung ritt mit einem ledernen Kasten von der Länge eines Kurzschwertes neben ihn.

»Fürst Mundschuk, dein Vater, und ich – wir haben zu unterschiedlichen Zeiten zusammen mit dem Vandalen Stilicho gegen die Feinde Roms gekämpft. Leider auch gegeneinander, als ich mich bereits gegen Rom gewandt hatte ...«

Weder Attila noch die anderen auf ihren Pferden wußten, worauf der König der Westgoten hinauswollte.

»Es ist daher eine besondere Ehre für mich und auch für deinen Vater, daß du es warst, der die Tore Roms geöffnet hat!«

Attila wurde unwillkürlich rot. Nur gut, daß es in der Dunkelheit und im Licht der Fackeln niemand bemerkte.

»Sag eurem Großkönig Kharaton, sag deinem Vater, und sag es allen, die erbost und zornig über das Mißgeschick des Gemahls meiner Schwester sind, sag allen, daß kein Westgote jemals wieder das Schwert gegen einen Hunnen, Vandalen oder Gepiden erheben wird. Dieser Schwur gilt für mich ebenso wie für Athawulf. Er soll Reue für Athawulfs Versagen zeigen und auch als Dank für das gelten, was du mit deinen Freunden und Mitkämpfern geleistet hast.«

Er ließ sich den ledernen Kasten reichen und führte sein Pferd dicht neben Attilas.

»Dir selbst will ich etwas von dem schenken, was du in den Kaisergärten gerettet hast. Und eines Tages wirst du merken, daß es besser und wertvoller ist als jede Beute aus Gold und Edelsteinen ...«

Er reichte Attila den Lederkasten und schlug ihm fast freundschaftlich auf den Oberarm.

»Du kannst ja jetzt Latein lesen, oder?« fragte er. Attila nickte. Er ahnte bereits, was in dem ledernen Kasten war. Gleichzeitig fragte er sich, woher der König der Westgoten wußte, daß die Geisel der Hunnen sich sehr dafür interessierte.

»Du hast das Zeug zum Anführer«, sagte Alarich. »Aber ein guter Feldherr braucht gute Marschkarten – *omnium regio-*

num, in quibus bellum geritur – und hier hast du sie ... von allen Regionen, in die Krieg getragen wird ...«

»Die Weltkarte?« fragte Attila atemlos.

»Genau die«, antwortete der König der Westgoten. »Die große Weltkarte des Castorius. Soviel ich weiß, gibt es nur drei vollständige Exemplare – eine in Ravenna, eine in Konstantinopel und diese hier. Ich brauche sie nicht für meinen Weg, aber für dich ist sie ein Schlüssel zu fünfhundert Städten innerhalb des gesamten Imperiums, von Hispania bis zum Heiligen Land ... mit sechshundert Ortsnamen ... dreitausenddreihundert Stationen an allen siebzigtausend Meilen römischer Straßen ... mit genauen Enfernungsangaben von Halt zu Halt ... nicht nur geschrieben, sondern auch gezeichnet.«

»*Non tantum adnotata, sed etiam picta*«, wiederholte Attila in glühender Freude den geheimnisvollsten all der vielen Sätze, die er als Geisel in Rom gehört hatte.

Noch am gleichen Abend saß Attila lange mit den Hunnen von der mittleren Donau zusammen. Sie feierten, aßen und tranken, betrachteten die Schätze ihrer Beute, und einige von ihnen baten darum, mit Attila ziehen zu dürfen.

»Muß ich mich eigentlich in Ravenna bei Kaiser Honorius, bei Großkönig Kharaton oder bei meinem Vater zurückmelden?« fragte Attila schließlich. »Oder soll ich etwa abwarten, bis sich jemand an uns Geiseln erinnert?«

Auch der Schamane wußte keine Antwort darauf.

»Ich denke, wir sollten die Sümpfe Ravennas weiträumig umgehen«, meinte Dogan, der *Falke*. Er war der erste gewesen, der sich für Attila entschieden hatte.

Im gleichen Augenblick raschelte es im Gebüsch weiter unten. Drei, vier Hunnenkrieger sprangen von ihrem Wachfeuer auf, griffen nach ihren Waffen und umstellten einen Reiter, der sich ohne Scheu von der Straße her näherte.

»Ich wollte mich nur noch verabschieden«, rief Geiserich. Er ritt näher und sprang direkt vor dem Zelt des Schamanen aus dem Sattel. Attila stand auf und ging ihm entgegen. Geiserich trug einen hellen Leinenkittel mit einem breiten, halbrunden und bis auf Brust und Schulter reichenden Kragen, eine enge Reithose und die für Vandalen zu Pferd typische Mantilla.

Geiserich bemerkte Attilas verwunderten Blick. »Die muß mal Beute eines römischen Legionärs gewesen sein«, sagte er lachend.

»Du siehst aus, als würdest du ausreiten, um dir eine Prinzessin einzufangen«, meinte Attila.

»Dann schon gleich Galla Placidia«, gab Geiserich ebenfalls lachend zurück. »Ich muß los, denn ich will noch heute nacht den Hafen von Ostia erreichen.«

»Kennst du dein Ziel?« fragte Attila. »Oder hast du noch keins?«

Geiserich lachte. »Und ob ich eins habe«, sagte er. »Ich will zu meinem Volk zurückkehren, ehe es den Westgoten einfällt, daß ich vielleicht auch noch ihre Geisel werden könnte ... In den vergangenen drei Jahren haben wir uns von den Siedlungsgebieten nördlich der Pyrenäen über die Berge vorgekämpft. Aber Kaiser Constantius der Dritte, dieser ehemalige General der Provinz Britannien, ist inzwischen im Süden Galliens und wird dort sogar von Honorius in Ravenna anerkannt.«

»Der gleiche, der die germanischen Eroberer, euch Vandalen und die Sueben, bei ihrem Eroberungszug quer durch Gallien gestoppt hat?«

»Ja, das ist er! Ein wirklich starker Augustus mit Appetit auf mehr! Wir hatten nach unserem Übergang über den vereisten Rhein am letzten Tag des Jahres vierhundertundsechs ja schon fast ganz Gallien in Brand gesteckt, ehe wir mit ihm zusammenstießen«, sagte Geiserich und lachte.

»Dann ist es auch der, der anschließend den Goten Sarus und seine Legionäre ins Messer laufen ließ ... die Truppen Westroms, die noch Stilicho gegen ihn in Marsch gesetzt hatte?«

»Genau der!« bestätigte Geiserich. »Vor zwei Jahren hat sein

Sohn Constans auch noch halb Hispanien erobert. Honorius mußte die Entwicklung im Westen einfach ebenso anerkennen wie die Westgoten vor seiner Ewigen Stadt und euch Schwarze Hunnen in Pannonien ...«

»Hoffentlich findet er noch lange Trost bei seinen Hühnern«, sagte Attila und grinste.

»Und ich will weder Constantius dem Dritten noch seinem Sohn Constans in die Arme laufen«, sagte Geiserich. »Hispanien ruft mich, aber ich verzichte auf den langen Landweg entlang der Küste von Italien und Gallien.«

»Was hast du vor?«

»Ich will versuchen, per Schiff direkt nach Barcino zu kommen. Ich hoffe nur, daß die Kämpfe meiner Leute dort noch nicht ganz beendet sind.«

»Hast du in Rom nicht genug eingesackt?«

»Mehr als genug für die Überfahrt und für zwei, drei Zenturien oder Keile aus den besten Männern, die ich für Gold-Solidos bekommen kann ...«

»Was hast du vor? Willst du nun doch König der Vandalen werden?«

»Vielleicht«, sagte Geiserich und lächelte.

»Schade«, sagte Attila. »Ich hatte mich schon richtig an dein Hinken gewöhnt ...«

»Das bleibt mir, selbst wenn ich jemals die Krone erringen sollte«, sagte der Vandale und lachte. »Und wie geht's deinem Bein?«

»Erstaunlich gut«, antwortete Attila. Geiserich trat einen Schritt vor. Er war wesentlich schlanker und größer als die meisten Hunnen oder Römer.

»Grüß Laudarich von mir, falls du ihn wiedersiehst. Es war eine gute Zeit mit euch beiden!«

»Mit dir auch, Geiserich«, sagte Attila. Sie umarmten sich, und für eine halbe Minute schien *Frieden* das Wort zu sein, auf dem ihre Zukunft aufgebaut war.

»Laß mich wissen, wenn du irgendwann Hilfe brauchst«,

sagte der Vandale. »Ich werde immer für dich da sein – zwar nicht ganz umsonst, aber du weißt ja, wozu Beute gut ist.«

»Das gilt selbstverständlich auch für dich«, antwortete Attila. Geiserich drehte sich um und stieg auf sein glattgestriegeltes Römerpferd aus irgendeinem Senatoren-Landgut. Er hob den linken Zeigefinger zum Gruß, wie sie es bei den Sklaven Roms gesehen hatten, blickte einmal über die Köpfe aller Hunnen, mit denen er drei Tage lang in der Ewigen Stadt gewesen war, preßte die Schenkel leicht gegen sein Pferd, nickte und ritt hochaufgerichtet in die Nacht zurück, aus der er gekommen war.

Am nächsten Tag brachen die Hunnen ihr Lager schon im ersten Morgengrauen ab. Sie verluden Zelte und Yurten, Töpfe und Feuerstangen auf zweirädrige Wagen mit hölzernen, eisenumreiften Holzrädern. Zusätzlich hatten sie einige römische Wagen und Karren für ihre Beute organisiert.

Zur zweiten Stunde nach Rechnung der Römer, als auch die Westgoten mit ihrem Aufbruch nach Süden begannen, setzten sie sich auf der *Via Salaria* in Richtung Norden in Marsch. Es waren über tausend Männer unter Waffen gewesen, die mit Fürst Athawulf in Richtung Rom aufgebrochen waren. Nicht einmal der zehnte Teil von ihnen kehrte zurück. Dafür hatten andere gebeten, mit ihnen ziehen zu dürfen.

Der kleine Treck der Hunnen umfaßte neben ihm und Aijbars neunzig zum größten Teil noch immer betrunkene, heiser vor sich hinsingende Krieger zweiunddreißig Frauen, dazu neun Jungen und Mädchen bis in Attilas Alter, dreiunddreißig Freigelassene, ehemalige Sklaven und Gefangene, fünfzehn Handwerker und Händler aus Odessos am Schwarzen Meer und dem Mündungsdelta der unteren Donau sowie fünf schweigsame Ostgoten, fünf Sarmaten, zwei Perser, den griechischen Rhetor Scottas aus Thessalonike, den Attila aus den Palästen Roms kannte, und einen westgotischen Boten mit fünf eigenen Leuten zum Schutz, der in Alarichs Auftrag auf dem

Landweg nach Konstantinopel reisen und dort so über die Ereignisse berichten sollte, wie sie tatsächlich stattgefunden hatten.

Obwohl niemand so recht wußte, wer den *Zug der Zweihundert* eigentlich anführte, richteten sich alle nach Attila und seinem Onkel. Die beiden ritten langsam auf ihren kleinen Pferden voraus. Dogan und die erste Gruppe jener, die Rom gestürmt hatten, folgten ihnen, eher müde als besonders glücklich aussehend. Eigentlich war es viel zu heiß für einen Ritt über die hart gepflasterte Straße.

Die *Via Salaria* führte schon bald in höhere Hügel und in das Gebiet der früheren Sabiner. Nur wenige sahen lange zurück, als sie Rom verließen. Weder die Mauern der eroberten und geplünderten Stadt noch das glitzernde Band des Tibers konnten die Abwandernden begeistern. Und selbst die kargen Waldflecken aus krummen, hochaufragenden Pinien mit ihren zerzausten Kronen boten keinen Schutz vor der sengenden Sonne. Das Fehlen von Bäumen erinnerte nur daran, wie viele Jahrhunderte hier wie auch in vielen anderen Regionen des Reiches Kahlschlag betrieben worden war – für Holzkohle ebenso wie für Bauten und Schiffe ...

Sie machten keine Rast. Wer essen oder trinken wollte, tat dies unterwegs. Dennoch kamen auch die Reiter nicht schneller voran als die mit Ochsen und Pferden bespannten Wagen. Als besondere Eroberung fuhr im Troß auch ein neuartiges Gefährt mit, das per Schiff aus Gallien nach Rom gekommen war. Es handelte sich um einen schweren, vierrädrigen Wagen für den Transport von Wein. Allerdings wurde der Wein bei diesem Wagen nicht in Amphoren transportiert, sondern in mehreren großen, quergelegten und an beiden Seiten mit hölzernen Deckeln verschlossenen Behältern aus gebogenen Holzleisten, die mit eisernen Ringen zusammengehalten wurden.

Der Wagen war von Dogan im Innenhof einer Mietskaserne am Hang des Palatin entdeckt und sofort zu seiner persönlichen Beute erklärt worden.

»Die hölzernen Kessel heißen Fässer!« hatte er stolz verkündet. »Und wißt ihr, was das Schönste ist? Die komischen Behälter sind alle voll mit allerbestem Wein!«

»Hoffentlich kommt noch etwas davon an der Donau an«, hatte der Schamane bereits beim Aufbruch skeptisch gewarnt.

»Keine Sorge! Ausschank ist nur bei Sonnenuntergang ... dann aber gegen kleine Münze!«

Attila mußte unwillkürlich lachen, als er wieder daran dachte, welch merkwürdige Beute einige der Hunnen gemacht hatten. Dogans fahrbare Weinschenke war nur eine der Besonderheiten bei der Heimkehr der Hunnen. Die meisten hatten genügend Gold-Solidos, Silber-Denare, Schmuck und Edelsteine in ihrem Gepäck, um sorglos mit ihren Familien und Sippen gleich über mehrere Winter zu kommen. Zusätzlich hatten sich mehrere der Männer Römerinnen gesichert – von der freigelassenen, dunkelhäutigen Mauren-Sklavin bis zur jüngsten Tochter eines leibhaftigen Senators. Ein paar wollten länger mit ihrer hübschen Beute zusammenbleiben, andere sahen in ihnen nur vergnüglichen Proviant für die Nächte während des Rückmarschs, der an der Donau wieder verkauft werden konnte.

Zu den seltsamsten Eroberungen gehörten Weinkrüge aus fein ziseliertem Glas, Schminkkästen mit kleinen Tiegeln und winzigen Parfüm-Flakons. Einer hatte sogar eine ganze Geldtruhe mitgenommen und auf einem zweirädrigen Kampfwagen aus dem Colosseum verzurrt. Bisher war es ihm noch nicht gelungen, die Truhe aus Eichenholz, die mit eisernen Nagelverzierungen und Bändern beschlagen war, zu öffnen. Viele hatten auch Würfel aus Elfenbein und Jade, vergoldete Kandelaber, Steinkalender mit eingesteckten Halbedelsteinen oder kleine Terrakotten mit den Abbildungen nackter Figuren mitgenommen, die sich in aller Deutlichkeit und mit kunstvollen Verrenkungen paarten.

Fast alle trugen außerdem die daumennagelgroßen Goldplättchen aus dem ganz zum Schluß noch geplünderten Hinterraum eines Goldschmiedes in der Subura. Auf der Vorderseite der Kettenanhänger war ein Mann mit einer Tunika zu sehen, die so kurz war, daß sein erregter Hengst deutlich hervorragte ...

»Wo wollen wir das erste Lager aufschlagen?« fragte Aijbars, als die Sonne dicht über den Bergen stand, in die sie inzwischen gelangt waren. »Bist du mehr für eine Anhöhe oder für ein Tal?«

»Wir werden nicht an einer Römerstation halten«, sagte Attila. »Auch Hügel und Berge sind nichts für unsere Lasten. Ich denke, ein Nachtlager an einem kleinen Fluß wird das beste sein.«

»Kannst du das aus deiner geheimnisvollen Rollkarte erkennen?« fragte der Schamane neugierig.

»Ich weiß noch nicht«, antwortete Attila. »Das *Itinerar* ist ausgerollt immerhin einen Fuß breit und sieben Schritt lang. Da kann ich so schnell noch nicht alles kennen!«

Er deutete auf ein flaches Tal zwischen den jetzt dichter bewaldeten Bergen. Dogan, der *Falke*, holte von hinten her auf. Er ritt neben ihn.

»Kommen wir dort mit den Wagen hin?« fragte Attila. »Ich kann mich nicht daran erinnern, ob wir bei unserem Marsch nach Rom hier entlanggezogen sind.«

»Mir ist die Gegend auch fremd«, sagte Dogan. Der junge Hunne war einen halben Kopf größer als der Sohn von Fürst Mundschuk. Er erinnerte ihn mit seinen schmalen Lippen und scharfen, dunklen Augen an seinen ältesten Bruder Bleda. Attila wußte inzwischen, daß Dogan nicht nur der beste Reiter unter den Heimkehrenden, sondern auch weitläufig mit Großkönig Kharaton verwandt war.

»Schafft deine mobile Weinschenke den Abhang dort hinunter?« fragte Attila und zeigte auf einen älteren Weg neben der ausgebauten und gepflasterten Römerstraße. Der Weg führte bis zu den Resten des Flusses und bildete direkt im Flußbett eine hell leuchtende Kieselfurt.

»Willst du etwa dort hinüber?«

»Möglich wäre es«, antwortete Attila. »Ich denke nur, daß ich mich von nun an immer nach einer zweiten Möglichkeit umsehen muß. Das gehört auch zu den Geheimnissen meiner Karte: Jeder Weg führt nach Rom ... oder von Rom weg!«

»Was bedeutet das?«

»Daß ich mich mit der Karte des Castorius nie wieder um Himmelsrichtungen kümmern muß. Die meisten der gezackten Linien weisen nach rechts oder links. Deswegen erscheint alles viel langgestreckter als in Wirklichkeit – die Welt zusammengepreßt auf die Breite von meinem Unterarm ...«

»Für mich ist es auch ohne Karte ganz einfach«, sagte Dogan. »Wir ziehen so lange von der Sonne weg, bis es am Alpengebirge nicht mehr weitergeht. Dann wenden wir uns nach rechts und suchen uns einen Übergang zu einem Fluß, der von uns fort und bis zur Donau führt.«

»Da mußt du nicht lange suchen, denn das kann ich bereits aus meiner Karte ablesen. Und sogar ausrechnen, welche Strekke wir jeden Tag schaffen.«

»Du meinst ...«

Attila nickte heftig. »Ja, Dogan, ich meine!« sagte er. »Mit dem Geschenk des Gotenkönigs kann ich dir heute schon sagen, wie viele römische Meilen es zu irgendeinem Ziel sind. Und wie viele Tage du brauchst, um die gesamte Strecke zu schaffen.«

Dogan verzog sein Gesicht. »Du kannst jetzt vielleicht lateinisch schreiben und lesen«, sagte er mißtrauisch. »Aber woher willst du wissen, daß auf deiner Karte keine Zauberrunen versteckt sind, die dich genau dann in die Irre führen, wenn du dich zu sehr darauf verläßt?«

»Wir werden sehen«, sagte Attila. »Vielleicht sollten wir ein Spiel machen, bei dem nur einer von uns beiden gewinnen kann ...«

»Auf den Pferden?«

»Nein, mit der Karte. Du kennst die Gegend hier ebensowenig wie ich. Aber ich sage dir bereits am Morgen, wie viele römische Meilen wir unterwegs sein werden, bis wir am Abend bei einer Station für den Pferdewechsel ankommen, wann wir Raete, Asculum und schließlich Truentum erreichen.«

»Ich kenne diese Orte nicht. Aber wenn es nun nicht so ist?«

»Dann sorge ich dafür, daß du den Befehl über den ganzen Zug erhältst.«

»Ist das dein Ernst?« Dogans Augen begannen zu leuchten. Attila nickte. Er wußte genau, was eine derartige Bewährung wert war. Aber im Gegensatz zu Dogan, der auf dem Hinweg eine furchtbare Metzelei überlebt hatte, war Attila davon überzeugt, daß der Rückweg der Hunnen und ihrer Begleiter nach der Eroberung Roms weder gefährlich noch mit irgendwelchen Risiken verbunden war. Nicht einmal Kaiser Honorius würde es jetzt noch wagen, seine Legionen gegen die heimkehrenden Hunnen zu schicken. Alarich war wie ein lange grummelndes und zum Schluß noch einmal heftig krachendes Gewitter endlich nach Süden abgezogen. Jetzt kam es für den Herrscher in Ravenna darauf an, sich nicht neue, gefährliche Feinde zu machen. Er hatte genug mit abtrünnigen Generalen in Gallien zu tun ...

Die geraden und gut erhaltenen Straßen der Römer durchzogen alle Provinzen des Imperiums noch perfekter als in den Städten. Sie waren in Jahrhunderten von Legionären für Legionäre gebaut, gepflegt und ständig verbessert worden, zumeist auch noch durch Schenkungen jener Männer, die sich dann auf den Meilensteinen am Straßenrand für ihre Großzügigkeit loben ließen.

»Und ... wenn du recht hast?«

»Dann gehört ein Faß von deinem Wein mir.«

»Wann fangen wir an?« fragte Dogan, der *Falke*.

»Du bestimmst den Tag.« Sie nickten beide, aber irgendwann vergaßen sie es wieder.

Fünf Tage später lagerten sie vor der kleinen, von Mauern

umgebenen Stadt Raete, die in den vergangenen Jahren noch nicht geplündert worden war. Weder die Hunnen noch die Legionäre und Wachtruppen der Stadt waren an gewaltsamen Auseinandersetzungen interessiert. Man traf sich vor dem Westtor. Die Edlen und Reichen erklärten sich ohne Umstände bereit, einige Pfund Gold und hübsches Geschmeide an die Hunnen zu übergeben.

Für die Goten, den Troß und die Mitreisenden wurden Schmiedearbeiten an Wagen und Gerät zu geringen Preisen vereinbart. Außerdem erhielt der Zug der Zweihundert einen Wagen voll Korn, fünf Amphoren Olivenöl, vier Ochsen, zehn Hammel, fünf Ziegen, Milch, Käse, fünf kleine, fettwulstige schwarze Schweine sowie geflochtene Körbe mit Gemüse, Zwiebeln und frischem Knoblauch.

Die Goten, die ehemaligen Sklaven und die Frauen nutzten die Gelegenheit, um sich nacheinander in den großen, idyllisch gelegenen Badeanlagen von Raete zu erfrischen. Die Hunnen verzichteten auf diese Belustigung. Sie hatten inzwischen einen der Ochsen geschlachtet, für einen Braten am Stück vorbereitet und auf ein Spießgestell gehoben. Seit einigen Stunden drehte sich der immer verlockender brutzelnde Schmaus über den kleingehaltenen Flammen.

Als es endlich soweit war und die einzelnen Gruppen wieder im Lager zusammenkamen, verzichtete Aijbars auf seinen Anteil vom großen, herrlich duftenden Ochsenbraten. Er hatte sich von den Ostgoten ein Stück Hammelschulter beschafft und nur für sich allein mehrere Stunden in einem viel zu großen Hunnenkessel gekocht.

Er hatte nichts dagegen, daß die anderen Hunnen und auch ein paar der Frauen und Mädchen in ihrem Gefolge ihm zusahen. Sie konnten mit dem, was sie sahen, ohnehin nichts anfangen, solange sie die Zusammensetzung seiner Pulver und Kräuterbüschel nicht kannten. Und die blieben das Geheimnis des Schamanen ...

Spät in der Nacht, als sie übersatt und von Dogans Wein wohlig trunken waren, als immer noch einige Frauen und Mädchen leise sangen, da rutschte eine der kornblonden Ostgotinnen an Attila heran. Sie hatte bereits vorher zusammen mit den anderen vor ihm getanzt und gelacht. Jetzt legte sie ihren Arm um ihn und zeigte ihm, daß es langsam an der Zeit war, auch noch an anderes zu denken als an römische Pergamente, Proviant und zurückgelegte Meilen.

»Störe ich dich?« fragte sie. Er schob sie ein wenig weg, sah sie an und lachte. »Nein, du störst nicht ...«

Noch während er antwortete, begann tief in ihm eine merkwürdige Veränderung. Er spürte es, aber er wußte nicht, was mit ihm geschah. Es war, als würde er diese Mädchenstimme schon lange kennen. Er hatte sie schon einmal gehört!

Auf der anderen Seite des klein gewordenen Lagerfeuers legte Aijbars den weißgekochten und fleischlos gezupften Knochen der Hammelschulter zwischen das verglühende Holz. Dabei verbeugte er sich immer wieder nach Schamanenart und begann dann, leise mit dem Oberkörper wiegend, die alten Lieder und Beschwörungen zu summen.

»Und du siehst hübsch aus«, ergänzte Attila, nachdem er sie ausgiebig und von oben bis unten betrachtet hatte. Sie zog ihn an, doch gleichzeitig sperrte sich in ihm etwas gegen sie.

»Wie alt bist du?« fragte er und räusperte sich leise.

»Sechzehn«, antwortete sie. Ihre Stimme klang tiefer und angenehmer als die von anderen Mädchen in ihrem Alter.

»Älter als ich«, meinte er.

»Ich weiß, aber du bist Attila.«

»Was willst du damit sagen?«

»Ich gehörte zu euch ... zu deinem Vater, Fürst Mundschuk. Mein Großvater ist im Kampf gegen euch umgekommen, aber mein Vater hat mit deinem Vater und Stilicho gegen die wilden Ostgoten von Radagis gekämpft. Später gehörte er zum Hunnenkeil bei Kaiser Honorius in Ravenna und dann wieder zu den Hilfstruppen von General Generidus in den Julischen Alpen.«

»Dann hast du für dein Alter schon ziemlich viel erlebt!« stellte er skeptisch fest. »Und wie bist du nach Rom gekommen?«

»Ich weiß auch nicht mehr, wie es kam. Meine Mutter und meine Geschwister starben vor zwei Jahren am Fieber. Das war nach der ersten Belagerung Ravennas durch König Alarich. Mein Vater schickte mich mit einer Sklavengruppe nach Rom, weil er meinte, das sei sicherer. Irgendwie kam dann ja auch der Befehl, eine schwache Verstärkung Alarichs auf dem Weg nach Rom abzufangen und zu vernichten ...«

Sie stockte, und Attila spürte plötzlich Tränen auf seinem Handrücken.

»Dein Vater ist ...«

»Er hat gegen die Männer hier gekämpft«, sagte sie leise.

»Moment mal«, sagte Attila und nahm sie an den Oberarmen. »Und du? Hast du die ganze Zeit in Rom gelebt? Etwa als Sklavin?«

»Ich trug keinen Sklavenring, wenn du das meinst. Aber mein Herr hieß Pompejanus ...«

»Was? Der Präfekt von Rom?«

»Ja«, antwortete sie, und plötzlich wußte er auch, woher er ihre Stimme kannte. »Ich war bereits in seinem Haushalt, noch ehe du als Geisel bei Pompejanus aufgetaucht bist ...«

Sie schlug die Augen nieder und senkte ihren Kopf.

»Und woher kam die Nachricht, die du mir in der Nacht zugeflüstert hast?«

»Das darf ich dir nicht sagen«, antwortete sie leise. »Noch nicht ... ich habe es geschworen ...«

Mit seinem rechten Daumen drückte er langsam ihr Kinn höher. Der längst müde gewordene Schein des großen Lagerfeuers malte dunkle, rötliche Schatten auf ihr helles Gesicht. Ohne lange darüber nachzudenken, wischte er die Tränen von ihren Wangen. Attila fühlte sich plötzlich sehr wohl. Es war, als sähe er zum ersten Mal die niedliche, blond gekräuselte Stirnlocke des Mädchens.

Er wollte sie wegblasen, aber im gleichen Augenblick sah sie ihn an. Es war auf einmal vollkommen unwichtig, ob ihr Vater mit seinem eigenen Vater gegen Radagis und seine Ostgoten gekämpft hatte, ob er sich für den Kaiser in Ravenna gegen die Westgoten Athawulfs oder die Hunnen geschlagen hatte, die dabei gestorben waren oder überlebt hatten und jetzt nur ein paar Schritte entfernt ihre Weiber und Becher umarmten. Alles war unwichtig – bis auf dieses seltsame, stille Mädchen, das den Mut gehabt hatte, von allein zu ihm zu kommen.

Er nahm sie in beide Arme und zog sie zu sich heran. Obwohl seine Gedanken rasten und seine Empfindungen ihn mehr erregten als jeder wilde Ritt, sprachen sie nichts mehr, sondern genossen die Wärme des Feuers und ihrer Körper.

Irgendwann, als fast alle anderen schliefen, fragte er sie nach ihrem Namen.

»Greka«, antworte sie, aber es klang nicht griechisch, sondern wie ein geheimnisvoller Siegesruf der Germanen.

6. *Das Mädchen Greka*

In den Tagen darauf überquerten sie die Pässe des Appennin und sahen schließlich das Hadriatische Meer. Nur hin und wieder waren bärtige Männer mit nackten Oberkörpern und zerfledderten Tüchern um die Hüften an den Berghängen aufgetaucht, hatten sie eine Weile aus sicherer Entfernung beobachtet und waren wieder verschwunden, wenn sie erkannten, daß es Hunnen waren, die auf ihren kleinen Pferden nach Osten zogen.

»Auch eine Art Schamanen«, hatte Aijbars lachend gesagt, als Attila ihn auf die unvermutet auftauchenden und wieder verschwindenden Beobachter ansprach. »Sie leben als Eremiten in versteckten Höhlen und an unzugänglichen Plätzen und kümmern sich nicht mehr um das, was in dieser Welt geschieht ...«

Attila war mit der Auskunft seines Onkels keineswegs zufrieden. Dennoch begnügte er sich damit. Es gab eben Dinge zwischen Himmel und Erde, die gingen ihn trotz der heroischen Tage von Rom noch nichts an. Er war zwar schon vor drei Jahren in den Kreis der erwachsenen Männer aufgenommen worden, trug den ersten Eisenring eines unteren Anführers an der linken Brustseite seines leichten Reiterhemdes und konnte jederzeit mit einem Mädchen in eine Yurte oder an einen anderen Platz gehen, aber das war noch nicht alles! Er wußte genau, daß noch irgend etwas fehlte. Etwas, das seine älteren Brüder bereits hatten, noch ehe er zur Geisel im Reich von Kaiser Honorius bestimmt worden war ...

Am gleichen Abend veränderte sich etwas im Lager der sonst wahllos aufgestellten Yurten, Zelte, Wagen und Karren. Attila ging an den Feuern entlang, grüßte die Männer und Frauen und sah, daß sie ihn nicht nur freundlich, sondern auch mit Respekt ansahen. Erst als er sich umdrehte und wieder zu seiner eigenen kleinen Yurte zurückgehen wollte, fiel ihm auf, daß die anderen einen großen Ring gebildet hatten. Der Platz, an dem er mit Greka übernachten wollte, war zur Mitte des Lagers geworden. Ein bißchen stolz und auch verlegen schüttelte er den Kopf. Doch als er weiterging, achtete er unwillkürlich darauf, daß er die Schultern nicht hängenließ und den Kopf gerade hielt, wie es von einem perfekt ausgebildeten Hunnenreiter erwartet wurde.

Verstohlen sah er sich nach allen Seiten um. Und plötzlich wußte er, daß jeder seiner Schritte wahrgenommen und beurteilt wurde.

»Wußtet ihr das?« fragte er, als er wieder bei Greka, Dogan, Aijbars und Scottas war.

»Manch einer muß zum Erfolg getragen werden«, grummelte Aijbars.

»Was ist passiert?« fragte Attila ahnungslos. Die anderen lachten.

»Wir haben unterwegs besprochen, daß du nicht nur der Anführer, sondern auch Kriegs- und Friedenskönig für die Zeit des Marsches sein sollst.«

»Und wer fragt mich?«

»Niemand!« antwortete Dogan. »Du kannst nur annehmen, wenn dir eine Gemeinschaft Verantwortung überträgt ... oder du müßtest sie verlassen!«

»Ich habe nicht gesehen, daß irgend jemand mich öffentlich gewählt hat!«

»Auch das ist vollkommen in Ordnung«, sagte Dogan. »Wir Schwarzen Hunnen haben Könige, aber wir kennen keine Diktatur und keine absoluten Kaiser wie die Römer ...«

»Man könnte euch als Militärdemokratie bezeichnen«, meinte Scottas. »Alle waffenfähigen Männer wählen ihre Besten in den Kriegsrat. Und dieser Rat der Starken, Wichtigen und Großen – oder *Logades*, wie die Römer zu diesen Männern bei euch sagen – bestimmt, wer König sein soll.«

»Und Großkönig wird immer einer aus unserer Familie sein«, zwitscherte der Schamane belustigt.

Sie mußten abbrechen, denn überall riefen die Frauen die Männer zu den Kesseln und an die Spießbraten über den Feuern. Greka hatte diesmal für das Abendessen Eier und Schweinespeck bei ein paar Bauern in der Umgebung eingetauscht. Ihr großer Kessel blieb kalt. Dafür zog schon bald auch noch der Geruch von ausgelassenem Speck mit Rühreiern und Knoblauchkraut an den Hängen der Uferberge hoch. Sie aßen ausnahmsweise Brotfladen dazu, wie es die Goten aus Mehl, Wasser und Hefe in kleinen, transportablen Steinöfen buken.

Später am Abend, als sie gegessen hatten und der Duft der Pinien und der Geruch des warmen Meeres über sie zogen, unterhielten sie sich noch einmal über das Königtum. Vollkommen unerwartet gerieten plötzlich Onkel Aijbars und der römische Rhetor in ein Wortgefecht über die richtige Lebensweise:

»Kriegskönig oder Friedenskönig – auf jeden Fall bildet ein Rat von erfahrenen, kämpferischen und doch friedliebenden Männern eine Kraft, die niemand unterschätzen darf«, sagte Aijbars in einer seiner mitteilsamen Stunden. »Denn kein König kann besser sein als die Männer, die ihn gewählt und auserkoren haben.«

»Und dennoch seid ihr kaum besser als jene, die wir als griechische Raubkönige bezeichnen«, meinte Scottas geradezu vorwurfsvoll.

»Was soll schlecht daran sein, wenn ein König von seinem Volk als großer, erfolgreicher Räuber geehrt wird?« fragte der Schamane lachend. »Das – und nichts anderes – ist doch seine Aufgabe!«

»Du vergißt dabei, daß es mehr gibt als fressen und gefressen werden. Schließlich gibt es auch noch Recht, Gesetz und höhere Werte.«

»Natürlich gibt es das! Aber wer sagt dir, daß wir Hunnen

keine Werte außer dem Gold, keinen Glauben an eine höhere Welt und keine Adler hätten?«

»Ihr stapelt Steine als Altäre oder *Obos*, wie ihr sagt, für die Geister und Dämonen auf den Weiden auf, hängt Spiegelscherben und bunte Bänder an bestimmte Büsche ... ihr singt und trommelt euch in Rausch und Trance ...«

»Macht ihr denn irgend etwas anders oder gar besser in euren Tempeln oder Kirchen?« fragte Aijbars ironisch.

»Ihr seid Nomaden«, antwortete Scottas mit einem hilflos klingenden Protest. »Viehtreiber eben, die alles mitnehmen, was sie finden! Was wißt ihr schon von der Idee des Staates ... von Fortschritt, Wissenschaft und Technik ... einfach von unserer Zivilisation ...«

»Wenn das eine Beleidigung gewesen sein sollte, dann ist sie dir mißlungen«, meinte Aijbars und lachte. »Glaubt du denn, daß wir weniger Recht auf Stolz haben als ihr? Es dauert mich nur, wie ihr euch selbst betrügt! Wir sind – ganz nach euren griechischen Idealen – eine Demokratie wehrhafter Männer und Frauen. Bei uns weiß jeder Würdenträger noch, wie heiß und rot das Blut und wie bitter der Schweiß sein kann, wie die Arme schmerzen, wenn sie das Schwert geführt haben, und wie tief der Schlaf nach einer Schlacht der Tränen und der Leichenberge ist. Wir ziehen in den Kampf, weil wir nicht einen Tag darauf verschwenden wollen, wie Sklaven flehend auf das Geschenk zu warten, das uns der Ackerboden bringt, sofern die Geister es erlauben. Wir führen Kriege, weil wir es für Kraftverschwendung halten, behauene Steinquader aufzumauern, nur um einen Sterblichen oder auch das zu rühmen und zu preisen, was in den Herzen doch viel größer bleibt.«

»Ihr habt keine Städte wie wir.«

»Was sollen sie uns bringen? Wir haben Viehherden.«

»Keine Erdkrume und keinen Boden.«

»Auf diese Weise bleiben wir so beweglich wie alles Wasser, der Sternenhimmel und die Wolken«, antwortete Aijbars. »Alles fließt, hat vor Jahrhunderten einmal ein Grieche namens

Heraklit gesagt. Doch was ihr versucht habt, ist genau das Gegenteil: Ihr baut ständig irgendwelche Monumente als sinnlose Bollwerke gegen den Fluß der Zeit.«

»Dieses Meer gehört zu den Ozeanen der Muskelkräfte«, sagte der Schamane am nächsten Morgen, während sie langsam auf der Küstenstraße zwischen Ancona und Arimini voran zogen. »Hier werden Schiffe zumeist gerudert und nicht gesegelt ... kein Vergleich zu den Kräften der Stürme am Schwarzen Meer ...«

Noch war nichts von der weiten, flachen Ebene zu sehen, die bis zu den Alpen hin ganz vom mächtigen Padus beherrscht wurde. Doch anders als in den Bergen zwischen Rom und der Kette der Städte am Nordrand des Appennin wurde hier der Blick wieder frei und erinnerte die Hunnen an die Gebiete, in denen sie vor ihrem Aufbruch nach Westen gelebt hatten – an die Ebenen und Ufer der riesigen Ströme mit weit auseinanderliegenden Ufern, die alle ins Schwarze Meer führten, an die tausendfach verzweigten und verästelten Läufe des Donaudeltas und an das tagelang leere und flache Land zwischen den Bergen Transsylvaniens und den Römercastellen an der mittleren Donau.

»Wir sind viel älter als die Römer«, sagte Aijbars eines Abends, als die Zelte und Yurten aufgebaut und die Tiere versorgt waren und sie selbst auch gegessen und getrunken hatten. »Dreihundert Jahre vor der Geburt ihres neuen Gottessohnes haben wir bereits gegen das Reich der Mitte gekämpft. Wir waren immer Nomaden, aber bereits vor siebenhundert Jahren hat Mao-tun, unser berühmtester König der frühen Jahre, eine Prinzessin des östlichen Imperiums geheiratet.«

»War das etwas Besonderes?« fragte Greka.

»O ja, etwas ganz Besonderes«, lachte der Schamane. »Vor Urzeiten, als viele von uns noch mit den Göttern und Dämonen sprechen konnten, als wir zu ihnen gehörten und selbst die Wölfe und Vögel verstanden, da war alles anders ...«

Er nahm etwas von seinem Pulver aus der Schachtel, führte es an die Nasenlöcher, sog die Luft tief ein und schneuzte sich. »Doch irgendwann wurden einige Menschen zu träge. Sie wollten nicht mehr herumziehen, sondern wie Pflanzen und Bäume sein, Wurzeln schlagen und nur vom dem leben, was die umgebende Natur für sie hervorbrachte. Das unterscheidet uns von ihnen und macht uns überlegen: Wir haben – wie alle in Freiheit geborenen Lebewesen – jede Freiheit, uns die Früchte der Sommer zu pflücken und weiterzuziehen, bis der Winter uns innehalten läßt. Sie aber müssen winzige Stücke der Erde quälen und immer mehr aus ihr herausholen, weil sie – wie die Pflanzen – nur noch in ihr verwurzelt sind ...«

Er machte eine Pause und sang leise vor sich hin.

»Alles, was festgewurzelt ist, muß Blätter und Früchte abschütteln und sich ducken, wenn der Sturm der Freien darüber hinwegfegt. Deshalb sind Seßhafte immer Tributpflichtige der Nomaden.«

»So habe ich das noch nie gesehen«, sagte Attila. »Aber es heißt doch, daß wir nach Westen gezogen sind, weil nichts mehr da war, was sie uns zahlen konnten, und kein Gras für unser Vieh.«

»Das ist richtig. Sie waren nicht in der Lage, weiterzuziehen. Sie errichteten sogar eine gewaltige Mauer von Ost nach West zwischen sich und uns.«

»Sie bestanden doch schon länger als wir«, sagte Dogan.

»Auch das ist richtig«, sagte Aijbars zustimmend. »Aber wir waren viel besser als sie, die nur ihren Acker bestellten. Unsere Organisation und Technik waren ihnen immer überlegen. Wir hatten schon damals den Schuppenpanzer, den Reflexbogen und Kampftechniken aus der Bewegung, denen die Chinesen trotz ihres viel längeren Bestehens niemals etwas Gleichwertiges entgegenzusetzen hatten. Sie haben mit Geld, Gold und Waren für ihre Unbeweglichkeit gezahlt – vor den sechs streitenden Reichen ebenso wie bei Kaiser Qin Shi huangdi und den Nachfolgern des Postmeisters und Bandenchefs Liu Bang, dem Begründer der dann so legendär gewordenen Han-Dynastie ...«

Er schmunzelte und reckte sich.

»Wir waren großartig in unserer Begeisterung ... blitzschnelle Angriffe unserer Krieger, die mit den kleinen Pferden wie verwachsen wirken, und ebenso schnelle Rückzüge – dem waren die Chinesen mit ihren vierrädrigen Kampfwagen nicht gewachsen.«

»Wäre es für die Chinesen nicht ungleich einfacher gewesen, so zu kämpfen wie wir?« fragte Dogan. »Ich meine, statt diese nie wirklich undurchlässige Große Mauer zu bauen ...«

»Sicher«, antwortete Aijbars. »Das haben sie auch getan. Sie haben viel von unserer Taktik und Technik übernommen. Es kam zu furchtbaren Kämpfen, in denen der Sieg mal auf der einen, mal auf der anderen Seite lag. Viele von uns gaben auch auf und liefen zu den Chinesen über. Doch wirklich gewonnen haben erst die langen Winter und die immer grausamere Kälte im Norden.«

»Vielleicht waren es ja die gleichen kalten Jahrzehnte, die uns aus *Scantinavia*, unserer Heimat im Norden, vertrieben haben«, sagte Greka. Aijbars blickte das Gotenmädchen mit einem freundlichen Lächeln an.

»Das ist sehr klug gedacht, Gefährtin vom Sohn meines Bruders!« sagte er. Sie errötete leicht, denn sie verstand das Lob schneller als die jungen Männer. Der Schamane hatte sie akzeptiert – und das war mehr wert als große Hochzeitsfeiern ...

»Vor dreihundert Jahren fanden auch unsere Herden kein Gras mehr ... vor hundert Jahren erfror das Vieh auf allen Weiden im fernen Osten. Wir mußten um alles kämpfen – um jeden Grashalm im starr gefrorenen Boden, um jeden Vogel im Eisnebel, und selbst um erfrorenes Wild mußten wir mit den letzten Raubtieren in der Kälte streiten.«

Er stöhnte gequält auf. Es war, als würde er alles Leid dieser grausamen Zeit erinnern und nacherleben.

»Dies ist der eigentliche Grund für unsere von Krieg und

verzweifelter Gnadenlosigkeit begleitete Flucht nach Westen. Wir kamen aus dem Gebiet zwischen dem tiefsten See der Welt und dem Altaigebirge. Dort stießen andere zu uns, denen es nicht besser ging. Wir konnten nur überleben, wenn wir die Überlebenden und Stärksten unserer Völker und Sippen vermischten. Nur weil wir niemals stehenblieben und dem eisigen Tod an keiner Stelle Gelegenheit gaben, uns festzufrieren, und auch im Sommer nie versuchten, mit dem Boden zu verwurzeln, haben wir all diese furchtbaren Jahrzehnte überlebt.«

»Du meinst also, daß ein Teil von uns aus dem östlichen Steppenraum stammt, der andere aber aus den Gebirgen zwischen dem Altai und dem Kaukasus ...«

»Nein, Dogan. Wir sind kein einheitliches Volk mehr, sondern eine durch Kälte und Hunger und Not ineinander verflochtene und aufeinander angewiesene Gemeinschaft. Sieh uns einfach wie einen dieser großen und unaufhaltsamen Ströme nördlich des Schwarzen Meeres, von denen auch niemand weiß, woher sie wirklich kommen, wie viele Quellen sie speisen, mit welchen anderen sie um ihre Vorherrschaft kämpfen mußten!«

»Aber ich kann mich doch vierundzwanzig Generationen zurückverfolgen«, sagte Attila protestierend. »Auch andere Fürsten und Söhne von *Logades* können das!«

»Zähl sie zusammen, Attila«, sagte der Schamane. »Zähl sie nur zusammen, und du wirst sehen, was ich meine. Oder kennst du auch nur eine Familie oder Sippe bei uns, die größer ist als eine *ala*, ein römischer Reiterflügel? Fünfhundert, tausend Menschen, mehr nicht.«

»Ja, so gesehen ...«

»Die große Not in den kalten Jahrhunderten hat dort, wo wir herkommen, und unterwegs keinen größeren Stamm mehr erlaubt. Auch das unterscheidet uns von den Römern: Wir sind viele kleine Gruppen, ja, fast schon einzelne, denn in der Schlacht kämpft jeder Hunne für sich allein. Er schließt sich mit anderen Einzelkämpfern zusammen, aber er wird niemals die großen Schlachtordnungen der Römer lernen, in denen der einzelne nicht mehr gilt als ein Stein in ihren Mauern ...«

»Wo ist der Unterschied?« fragte Attila. »Auch bei uns ist ein Krieger kaum mehr als ein Tropfen im Strom!«

»Es sieht so aus«, bestätigte Aijbars. »Doch bei uns kämpft jeder Mann zuerst für sich selbst und niemals für ein Imperium.«

»Wir haben uns in Rom immer wieder gefragt, warum ihr nur bis zur Donau und nicht weiter vorgestoßen seid«, warf Scottas ein. Er hatte die ganze Zeit sehr aufmerksam zugehört. »Ihr habt den Tanais, den Danaster und den Danaper ohne Probleme überquert – nur an der Donau ist euer Vorstoß vor fünfunddreißig Jahren fast ohne Kämpfe versandet.«

»Und du weißt den Grund nicht?« fragte Aijbars interessiert.

»Ich ahne ihn«, sagte der Rhetor. »Könnte es vielleicht sein, daß nicht der Fluß selbst, sondern die Grenze, die Castelle und die Mauer des römischen Limes euch aufgehalten haben?«

»Wir hätten jederzeit auch ohne Belagerungsmaschinen weiter in das *Imperium Romanum* eindringen können!«

»An einigen Stellen habt ihr das ja auch getan«, sagte Scottas mit feinem Lächeln. »Aber insgesamt muß euch die andere Mauer noch tief in den Knochen stecken!«

»Du meinst die chinesische?«

Scottas schürzte die Lippen und nickte.

»Pah!« machte der Schamane. »Das ist doch überhaupt kein Vergleich! Gegen die chinesische Mauer ist euer Limes mit seinen hölzernen Palisaden und eingeigelten Castellen nicht mehr als ein Gartenzaun! Bei den Chinesen konnten die Kampfwagen *auf* der Mauer fahren, nicht nur davor oder dahinter!«

»Willst du leugnen, daß ihr vom Limes abgeprallt seid wie von einer viel größeren, unsichtbaren Wand?«

»Das hatte Gründe«, sagte Aijbars. »Sehr gute Gründe sogar!«

»Willst du sie nennen?«

Aijbars zögerte einen Moment.

»Na gut«, sagte er dann. »Von den Germanen, den Händlern und anderen Völkerstämmen wußten wir schon lange, was hinter der Grenzlinie des großen Reiches im Westen, in Europa, lag. Sie erzählten von Straßen und Städten und Dörfern, von ungeheurem Reichtum und von der Macht des *Imperium Romanum.* Und selbstverständlich wurden bei uns Schamanen ebenso wie bei den Alten und Edlen Erinnerungen an die Große Mauer in China wach. Genau deshalb durften wir einfach nicht weiter! Ihr seht doch, was geschieht: Überall trifft man inzwischen auf Hunnen ... auf allen Seiten ... in jedem Heer! Wir brauchen Zeit ... ganz einfach Zeit! Und deshalb stört es uns nicht, wenn zwischendurch andere Völker schon einmal vorangehen ...«

»Wir selbst haben uns niemals Hunnen genannt«, sagte der Schamane, als sie wieder eine Tagesstrecke geschafft hatten und Attila ihnen sagte, daß es nach seinen Karten keine achthundert Meilen mehr bis zum Ordu von Großkönig Kharaton waren. Sie saßen um die Feuer, aßen, tranken und unterhielten sich über die verschiedenen Namen der Völker. Aijbars war der Meinung, daß die Namen ursprünglich gestimmt haben konnten, daß viele von ihnen aber im Lauf der Jahre ganz andere Bedeutungen erhalten hatten.

»Die Chinesen können nun einmal kein ›*r*‹ oder ›*ch*‹ sprechen. Sie haben für diese Laute auch keine Schriftzeichen. Deshalb wird über unsere Vorfahren als *Hung-no* und *Hsiung-nu* berichtet.«

»Unsere Volksbezeichnungen haben ja auch nichts mit den Himmelsrichtungen zu tun«, meinte Greka. »Die Westgoten heißen eigentlich *Visigoten*, und das bedeutet *die Edlen* im Gegensatz zu uns *Ostgoten* oder ›*Greutungen*‹, das sind die Feldleute und Bauern, und den ›*Terwingen*‹, also den Waldleuten, die schon in unserer Heimat Sammler und Jäger gewesen sind.«

»Heimat? Immer wieder dieses Wort«, sagte Attila. »Aber keiner kann mir erklären, was das ist ...«

»Nun, Heimat, das ist ... der Ort des Ursprungs, das Land der Väter«, sagte Scottas, »oder ganz einfach der Ort deiner Geburt.«

Attila sah ihn verständnislos an.

»Meine Väter hatten niemals Land«, sagte er dann. »Und den Ort meiner Geburt habe ich nie gesehen. Ich glaube nicht einmal, daß meine Mutter ihn noch nennen könnte.«

»Du dauerst mich«, seufzte der Grieche. »Wie kann ein Mensch leben ohne Wurzeln in seiner Heimaterde, ohne den sanften Schatten seiner Herkunft, der ihn vor gleißender Sonne schützt und ihm Zuflucht bietet, wenn er verfolgt wird?«

»Das mag für dich gelten, für Griechen und Römer«, sagte Greka. »Meine Heimat ist so hoch im Norden, daß kaum noch jemand dort leben kann. Und geboren bin ich an einem Platz, der einst den Kimmeriern gehörte, dann den Skythen, anschließend den Griechen, schließlich uns Ostgoten, und der heute den Hunnen gehört ...«

»Der Platz gehört uns nicht«, unterbrach sie der Schamane. »Ihr solltet endlich begreifen, daß wir kein Interesse an Plätzen oder Orten haben – weder an Städten noch an Dörfern oder Gehöften von Bauern. Wem nützt eine abgegraste Weide? Eine leergefegte Stadt? Ein Hafen ohne Schiffe? Ein Krieger ohne Kraft? Oder ein Weib, das nicht mehr gebären will?«

»Der Besitz von Land ist der Besitz von Macht!« sagte Scottas ernsthaft.

»Willst du ernsthaft behaupten, daß etwas, das ich nicht mitnehmen darf, wertvoller sein soll als die Herde, die sich jederzeit die fruchtbarsten Weiden suchen kann? Wertvoller als das Pferd unter meinem Sattel, das Schwert in meiner Hand, das Weib in meinen Bettfellen, die Söhne und Töchter in meinem Gefolge und das Gold, mit dem wir uns für alle sichtbar schmücken?«

»Sicher«, gab Scottas zu. »Das alles hört sich schön, wild und frei an, aber es hat keinen Bestand, keine Zukunft. Du ziehst nur herum, ohne Ziel, kannst über Nacht alles verlieren und baust nicht einen Stein auf den anderen ...«

»Warum sollten wir das tun? Um uns einzumauern und gegenseitig aufzufressen, wenn wir belagert sind, weil wir nicht mehr ausweichen und weiterziehen können? Gefesselt an den Boden, auf dem dann enge, stinkende Häuser stehen, bei denen selbst der Blick zum Himmel zugemauert ist, in üblen Straßen, in denen wir alles erdulden müssen, im Abfall, der von Jahr zu Jahr entsetzlicher stinkt, weil es zu viele werden, die sich auch tagsüber im Dunkel der Gassen und Keller, der Hinterhöfe und finsteren Treppenhäuser verkriechen?«

»Rom war nicht immer so, wie du es erlebt hast«, sagte Scottas.

»Und wie soll es wieder werden?« fragte Attila sofort. Der Rhetor hob die Hände. »Ich weiß es nicht«, gab er zu. »Aber ich weiß auch, daß mir ein Haus, eine Ansammlung davon oder eine Stadt doch lieber ist als dieser Treck, der mir nur in die Knochen geht und reichlich mühsam ist.«

»Er wird noch mühsamer, wenn wir zuviel Zeit vertrödeln«, sagte der Schamane. »Von Jahr zu Jahr treibt sich überall in den Provinzen mehr Volk herum, das nie gelernt hat, was ein Nomadenleben heißt! Diese Menschen sind durch Roms Steuereintreiber bis aufs Blut ausgepreßt und haben dabei mehr verloren als durch Kriege und Feuersbrunst. Sie sind rechtlos geworden, verbittert und zu allem fähig ...«

»Wer ist denn nun gefährlicher«, fragte Dogan, der *Falke*. »Die Legionäre Roms? Oder diejenigen, die ihre Heimat verloren haben?«

»Diejenigen, auf die das Schlimmste zutrifft ... die Entwurzelten, deren Dörfer und Städte verbrannt sind, die vielleicht schon einmal im Sold eines römischen Generals gestanden haben, die ihre Hoffnung an das Kreuz gehängt haben und die doch nicht verhungert im Paradies der Christen ankommen wollen, wie die Eremiten in den Berghöhlen hinter uns oder die anderen, die sich sogar auf Säulen zurückziehen und auf ihnen die Erlösung erwarten.«

»Plündernde Räuberbanden ...«

»Mit oder ohne Anführer, ja! Die gibt es im Römischen Reich jetzt zu Hunderten! Zumeist mit wenigen Dutzend Männern, Frauen und Kindern, aber auch gut ausgerüstet, schwer bewaffnet und ohne jeden Skrupel!«

»Bisher machten alle, die wir gesehen haben, eher einen scheuen und harmlosen Eindruck«, sagte Attila. »Da wirken die Goten und Sarmaten in unserem Treck weitaus gefährlicher ...«

»Solange sich niemand an ihrer Beute vergreift, sind sie allesamt eher harmlos«, meinte Dogan.

»Darauf würde ich keinen Giftbecher im Vertrauen auf Schutzdämonen trinken«, widersprach Aijbars. Er wirkte plötzlich besorgt. Erst jetzt erinnerte sich Attila daran, wie der Schamane noch in der Nacht die Schulterknochen des Hammels aus der Asche genommen hatte. Er war viel zu beschäftigt mit Greka gewesen, um darauf zu achten. Aber jetzt erkannte er, daß es nicht gut gewesen sein konnte, was der Schamane in den Rissen und Sprüngen des Knochens gelesen hatte.

Gegen Mittag des zwölften Tages nach ihrem Aufbruch in Rom tauchten auf dem Meer zur Sonne hin und von der Sonne weg gleich drei Segel auf. Die beiden Schiffe näherten sich von Süden her der Küste, blieben aber so weit auf der spiegelglatt und ohne jeden Windhauch vor ihnen liegenden Wasserfläche, daß keine Einzelheiten zu erkennen waren.

»Zwei Griechen und ein Römer«, sagte Attila dennoch sofort.

»Kannst du sie sprechen hören?« fragte Greka erstaunt. Attila lachte. Anders als sonst üblich blieb die junge Ostgotin während des Zuges nicht bei den Wagen, sondern ritt stundenweise auf einem Römerpferd neben ihm. Sie saß quer und nur auf einem leichten Römersattel, weil sie einen Hunnensattel einfach zu unbequem fand. Genau das hatte sie auch Attila und den nicht sehr höflichen Hunnenkriegern gesagt.

»Ich kann auch schon oströmische und weströmische Segler

voneinander unterscheiden«, behauptete Dogan. »Die weströmischen haben ein spitz zulaufendes Segel an einem schrägen Baum, während die Schiffe, die durch die griechischen Inseln kommen, quer hängende rechteckige Segel führen.«

»Dann hast du wohl noch nie Schiffe aus der Nähe gesehen?« fragte Attila lachend.

»Woher weißt du das?«

»Weil all diese Schiffe rechteckige Segel haben. Ich war im Hafen von Ravenna und weiß es. Die Segel werden nur mit langen Seilen von einer der unteren Ecken her aufgerollt, wenn sie gegen den Wind vorwärts fahren.«

»Gegen den Wind! Ja, ja ... und dein Onkel Aijbars kann fliegen!«

»Das nennt man kreuzen!«

»Doch keinem wird bei dieser Windstille ein Segel nützen«, warf der Schamane von der anderen Seite her ein. »Sei es rechtwinklig oder mit aufgerollten Ecken.«

»Deswegen rudern manche auch«, sagte Attila milde. Er legte seine Hand über die Augen und beobachtete die Schiffe. »Es sind keine Galeeren«, sagte er nach einer Weile. »Nur Handelsschiffe mit irgendwelcher Fracht ...«

»Oder Piraten«, warf Greka ein.

»Aber doch nicht hier ... vor den Augen der Flotte in Ravenna!«

»Warum nicht, wenn die ebenso jämmerlich geworden ist wie die Verteidiger von Rom!« meinte Greka beharrlich. Die Männer hoben nur ihre Schultern.

Attila sagte nichts mehr dazu. Er hatte längst gemerkt, daß er in der Achtung der Hunnenkrieger, aber auch bei den Weibern und im Troß einige Punkte verloren hatte. Von Tag zu Tag nahm der Respekt vor ihm, dem fast Sechzehnjährigen ab. Natürlich bewunderten sie ihn noch für das, was er in Rom getan hatte. Heimlich und unausgesprochen waren zumindest die Krieger ihm auch dankbar. Er hatte verhindert, daß sie ohne Gesicht zu ihren Familien und Sippen zurückkehren mußten.

Sie waren wieder stolze Steppenreiter mit sichtbarer Beute, die als heldenmütige Überlebende eines gefährlichen Zuges nach Hause zurückkehrten.

Aber auf der ganzen Strecke hatte es keinerlei Bedrohungen oder gefährliche Situationen gegeben. Der bisherige Zug war für die meisten eher ermüdend als aufregend und unterhaltsam gewesen. Die meisten mochten überhaupt nicht daran denken, wie endlos die Strecke noch war, die sie am Hadriatischen Meer nach Norden, dann über die gesamten Julischen Alpen bis ins Flachland und zu ihren Familien an der Donau zu bewältigen hatten.

Es war deshalb erneut Aijbars, der zu einer uralten Medizin für die Trecks und Züge aller Völker griff.

»Wir sollten die Tage und Abende besser nutzen«, sagte er wie beiläufig, als er zwischen den Brücken über die Flüsse Aspia und Miso, fünf Tage vor Arimini, neben Attila und Greka ritt.

»Du meinst, wir sollten schneller vorankommen?« fragte Attila.

Aijbars schüttelte den Kopf. »Das wird schlecht gehen mit all der Beute.«

»Was meinst du dann?«

»Ich denke daran, daß wir alle voneinander lernen können, so wie du in Rom und Ravenna gelernt hast. Und ich denke daran, jeden Tag andere aus den Gebieten ihrer Herkunft erzählen zu lassen. Wer gut erzählt, soll jeden Abend eine Belohnung aus meiner Beute erhalten.«

»Wann fangen wir an?« fragte Dogan und schnalzte mit der Zunge. Er hatte noch eine andere Wette offen.

»Tschakkar!« mahnte der Schamane leise. »Zuerst sollen die anderen erzählen.«

Es dauerte eine Weile, bis alle verstanden, um was es ging, dann meldete sich der Rhetor aus Thessalonike als erster. Scottas war etwas zu knochig und ging stets wie unter einer unsichtbaren Last; er war Lehrer für römische Bildung, endlose

Reden und Dialektik im heftigen Streitgespräch. Obwohl er noch keine dreißig Jahre alt war, trug er nur noch einen kurzen weißen Haarkranz um seinen vollkommen runden, aber hager wirkenden Schädel. Attila erinnerte sich, daß Scottas noch einen älteren Bruder namens Onegesios hatte, der in Konstantinopel eine eigene Erwachsenenschule betrieb.

Am gleichen Nachmittag begann Scottas mit seinem ersten Vortrag. Und da alle neugierig waren, mußte der Grieche laut sprechen, damit die vielen, die ihn hören wollten, ihn auch verstehen konnten. Trotzdem mußte lange probiert werden, bis endlich eine gute Lösung gefunden war. Sie bestand darin, die Wagen gut hundert Schritt hinter den Reitern und Zuhörern über die Straße rumpeln zu lassen.

»Wißt ihr eigentlich, was Rhetorik ist?« fragte er, noch ehe er auf das Römerpferd stieg, das für ihn ausgewählt worden war. Die anderen schüttelten den Kopf. Nur von den Hunnenkriegern reagierte kein einziger. Ihnen war die ganze Aktion nicht geheuer.

»Es ist die Kunst der Rede«, antwortete der Grieche stolz. »Ich werde euch von Rom erzählen, von seinem Aufstieg und seinem Niedergang. Denn viel von dem, was ihr gesehen habt, ist nicht nur durch das Schwert, sondern vor allem durch große, wahre Worte mächtig geworden und durch falsche Worte von innen her verfault ...«

Attila grinste leise. Auch er war ein Jahr lang durch viele Worte davon abgehalten worden, Sehnen mit einem Pfeil zu spannen und ihn so genau abzuschießen, daß er den Kopf des Vogels noch im Flug traf, ohne die Federn zu verletzen.

»Ich gebe euch zuallererst ein Rätsel«, rief Scottas und blickte sich nach allen Seiten um. »Die Schauspieler im Amphitheater, Redner auf den Tribünen und Könige vor ihrem Volk kennen das Geheimnis. Niemand von ihnen spricht, wenn ihm das Volk nicht auf die Lippen sehen kann! Wie aber soll ich gleichzeitig zu allen sprechen, wenn ich in eurer Mitte reite?«

»Dann reite doch voraus ... wie unser König!« rief Dogan übermütig.

»Genau, mein Sohn!« rief Scottas ernsthaft. »Genau das werde ich auch tun. Komm, hilf mir auf das Pferd!«

Die Hunnen auf den Pferden und die Umstehenden tuschelten und lachten. Dogan wollte dem Griechen mit der viel zu langen Toga helfen, doch Scottas schüttelte den Kopf. Die beiden redeten kurz miteinander, dann hob ihn Dogan hoch und setzte ihn aufs Pferd – verkehrt herum!

»Seht ihr! So werde ich vor euch herreiten. Dann könnt ihr mich alle verstehen und mir gleichzeitig in die Augen und auf die Lippen sehen.«

Obwohl sie immer noch nicht wußten, was das alles bedeuten sollte, amüsierten sich die Hunnen über den Griechen, der jetzt rücklings auf seinem Pferd sitzend zur Spitze ritt. Scottas konnte nicht wissen, daß es einzig und allein das Pferd war, das ihn davor bewahrte, davongejagt zu werden. Denn was auf Pferderücken geschah, konnte verrückt sein, wie es wollte – sie akzeptierten es wie seit Jahrhunderten.

Und so begann im legendären Zug der Zweihundert ein Grieche damit, fast hundert Steppenreitern aus dem Osten das große Reich der Römer zu erklären. Er tat es ganz auf seine Art ...

»Die Größe Roms konnte kein noch so großer Herrscher unter der Sonne von Anfang an voraussehen«, sagte Scottas mit klarer Stimme. »Es war viel eher Glück und Können zum richtigen Zeitpunkt.«

»Du meinst, Wille und Kraft allein reichen nicht aus, um ein Weltreich zu errichten?« fragte Attila. Er merkte nicht, daß er damit bereits unterbrach, was noch nicht einmal richtig angefangen hatte. Greka, die neben ihm ritt, schlug ihm leicht auf den Arm.

»Laß ihn doch reden!«

Er lächelte ihr zu. Sie spitzte ihre Lippen und formte sie zu einem Kuß. Sofort hob er die Brauen und schüttelte den Kopf: »Hast du denn nie genug davon?«

»Nie!« strahlte sie ihn an. Er räusperte sich, dann rief er Scottas zu: »Also gut, antworte!«

»Nein, Attila, Wille und Kraft allein reichen nie aus!«

»Gilt das auch für uns Hunnen?«

Der Grieche lachte leise.

»So leicht bringst du einen Rhetor Roms nicht aus dem Gleichgewicht!« Er ritt weiter und antwortete nicht mehr.

»Was ist? Hast du Angst, daß ich dir den Kopf abschlage, wenn du die falsche Antwort gibst?«

»Nein, nicht bei falschen Antworten«, antwortete der Rhetor wahrheitsgemäß. »Nur bei einer Antwort, die auch die richtige sein könnte.«

»Also bei einer, die du für richtig hältst und die mir nicht gefallen könnte.«

»So könnte man sagen.«

»Und woher willst du wissen, welche Antwort mir vielleicht nicht gefällt?«

»Du bist ein Hunne, Sohn eines Fürsten, Sproß eines Volkes, von dem meine Lehrer und deren Lehrer kaum etwas wußten. Noch heute verwechseln euch viele mit den Skythen, die vor euch viele Jahrhunderte an den riesigen Strömen gelebt haben, die von Norden her in den Pontus Euxinus, das Schwarze Meer, münden.«

»Und nur weil ich als Hunne zu einem Volk gehöre, von dem ihr bis vor vierzig Jahren noch nichts wußtet, glaubst du, daß ich ein kinderfressender Barbar bin ...«

»*Bar-bar* ist in meiner Sprache kein Schimpfwort«, sagte der Rhetor schnell. Er spürte, wie ihm das Gespräch langsam entglitt. »Es heißt nur soviel wie ›*bla-bla*‹ oder ›*lall-lall*‹ – ein Barbar ist also nur jemand, der unsere eigenen Sprachen nicht beherrscht.«

»Also jemand, den ihr nicht zum Abendland, zu Europa oder zum *Imperium Romanum* zählt ...«

»Ja.«

»Ein Fremder.«

»Ja.«

»Ausländer.«

»Was redest du da? Wir haben Hunderte von ganzen Völkerstämmen aufgenommen. Viele von ihnen dürfen sich inzwischen als Bürger Roms bezeichnen. Im Prinzip haben wir überhaupt nichts gegen andere Kulturen ...«

»O ja, ich weiß ... ihr seid nicht gegen Ausländer«, knurrte Attila. »Ihr schätzt die Gallier, die euch als unterdrückte Bauern schon seit Jahrhunderten das Korn für weißes Brot beschaffen und die Weinfässer für euch erfunden haben. Ihr stellt die Goten und Vandalen, die nur nach neuem Acker suchen, als Söldner neben eure Legionäre und laßt sie stellvertretend für die fett und korrupt gewordenen Römer gegen andere Germanen wie Franken, Alamannen und Burgunden kämpfen.«

»Ich bin doch Grieche!« protestierte Scottas. »Eigentlich gar kein Bürger Roms, sondern Byzantiner ...«

»Westrom oder Ostrom – was davon ist schon besser!« unterbrach Attila grimmig. »Nein, Scottas! Schon euer schönes, götterreiches Hellas hat diese böse Saat gelegt ... gegen die Menschen, die eure Sprache nicht beherrschen, die etwas anders aussehen als ihr und die ihr selber nicht versteht ... wie alle aus den Ostländern, Südländern und Drittländern.«

An diesem und am nächsten Tag war nicht mehr viel aus Scottas herauszuholen. Für eine Weile sah es ganz so aus, als würden Attila und der Rhetor keinen Wert mehr auf weitere Dispute legen. Erst Greka brachte Attila wieder dazu, nachsichtig mit dem Mann aus Thessalonike zu sein. Am folgenden Nachmittag blieben die Wagen wieder etwas zurück, während Scottas von Dogan rücklings aufs Pferd gesetzt wurde.

»Diesmal mußt du ihn aber ausreden lassen«, sagte Greka.

»Das habe ich dir doch schon heute nacht versprochen«, antwortete Attila. Sie lächelte ihm zu. Aijbars begann zu pfeifen, brach aber gleich wieder ab, als ihm Attila einen warnenden Blick zuwarf.

»Du halt dich da raus! Was zwischen Greka und mir ist, bleibt ganz allein unsere Sache!«

»Habe ich irgend etwas gesagt?«

»Nein, aber gepfiffen.«

»Am Anfang war das Wort«, rief im gleichen Augenblick der Grieche. Attila schnaubte unwillig. Genau diesen Satz hatten Männer wie er ihm und den anderen Geiseln immer wieder eingebleut, bei vielen anderen sogar mit Rohrstock und mit Weidengerte. Auf diese Weise hatten sie viel leichter recht mit allem, was sie als Schatz des Wissens und der Fähigkeiten Heranwachsenden einpauken sollten.

»Also hört jetzt auf meine Worte, damit ihr versteht, wie das Imperium entstand, in das ihr Ostgoten und Steppenreiter eingedrungen seid ...«

Sowohl die Hunnen als auch die anderen hörten sehr gern Geschichten. Sie wurden jeden Abend am Lagerfeuer erzählt. Aber noch niemals seit dem Bestehen des tausendjährigen Reiches hatte ein griechischer Rhetor rücklings von einem langsam vor einem Treck her gehenden Pferd die Geschichte des Imperiums erzählt. Er berichtete wie über ein menschliches Wesen, das vieles erlebt hatte und schließlich alt geworden war ...

»Am Anfang mußten auch die Römer sehr lange gegen ihre ebenso selbstbewußten Nachbarn, die italischen Stämme, kämpfen. Als sie das geschafft hatten, bauten sie weiter auf ihre Götter und suchten sich neue Grenzen, die sie überwinden konnten. In ihrer wilden Jugend brachten sie den Siegeslorbeer aus allen Ländern über die Berge und Meere mit ...«

Der Grieche unterbrach seinen Bericht. Er nahm einen Schluck Essigwasser aus einem flachen Tonkrug an seinem Gürtel und blickte über die Gesichter seiner Zuhörer. Attila lächelte kaum merklich. Er beugte sich zu Greka und berührte dabei wie zufällig ihre nackten, glatten Schenkel mit seiner

Hand. Sie legte ihre eigene Hand auf seine, und ihre Finger verhakten sich für einen Moment.

»Das gehört dazu«, sagte er. »Er macht absichtlich eine Pause nach den ersten interessanten Sätzen. Laß dich auch nicht dadurch stören, daß er so eigenartig spricht. Das gehört dazu, aber jetzt will er nur überprüfen, ob seine Zuhörer bereits von dem gefesselt sind, was er bisher gesagt hat ...«

»Und wenn es nicht so ist?«

»Dann schiebt er eine neue Ankündigung nach. Paß auf ...«

»Dann aber ...«, rief Scottas, als hätte er nur auf die Aufforderung zum Weiterreden gewartet, »dann aber ... als auch andere genauso stürmisch wurden, wollten sie nicht mehr erobern, sondern nur noch ihre Ruhe haben und ihren Erfolg bewahren. Natürlich siegte Rom noch oft genug, allein durch die Größe seines Namens. Aber die Stadt, die ihren Fuß immer wieder schnell und mit blutiger Härte auf den Nacken der Völker gestellt hatte, begnügte sich schließlich wie eine reiche und weise Mutter damit, die Sorge um den Reichtum ihrer Lieblingssöhne zu tragen ...«

Einige der Hunnen lachten. Im gleichen Augenblick bemerkte der Grieche, daß er einen Fehler gemacht hatte. Ohne lange darüber nachzudenken, hatte er den Hunnen ein Bild vermittelt, das überall in seiner eigenen Welt gültig war – bei den Römern und Griechen ebenso wie bei den Germanen, den Galliern und selbst bei den Ägyptern. Er hatte nicht daran gedacht, daß es das Bild der *weisen Mutter* bei den Steppenreitern einfach nicht gab ...

»Schande, Schande!« rief er schnell. »Fluch über Rom!«

Er sah, wie sie ihn wieder erwartungsvoll anblickten. Mit einem erleichterten Aufatmen berichtete er weiter:

»Ja, der in großen Zeiten erworbene Glanz wurde durch das Benehmen einiger Maßloser entehrt und geschändet. Unbeeindruckt von ihrer eigenen Ehre und der Würde des Reiches gaben sie sich der Zügellosigkeit und dem Laster hin. Sie wetteiferten in kindischer Eitelkeit, gaben sich klingende Titel und immer stolzere Namen, die in den Ohren des einfachen Volkes Furcht und Bewunderung hervorrufen sollte. Aus nacktem Ehrgeiz, der sie bereits nach der Macht der Götter greifen ließ, befahlen sie, Standbilder von sich in Eisen und Marmor zu schlagen. Jeder wollte die meisten und größten und schönsten Statuen von sich auf den Plätzen und in den Palästen stehen sehen. Sie wetteiferten darum, waren erst dann zufrieden, wenn diese Standbilder auch noch mit Goldplatten bedeckt waren ...«

Er hielt inne und griff nach dem Weinkrug, den Dogan ihm reichte.

Das war gut gewesen. Er sah, wie die Hunnen den Kopf schüttelten. Niemand – nicht einmal ihre Großkönige – wäre auf derart unsinnige Gedanken gekommen. Was nützten Standbilder an einem Ort, wenn die Herde im nächsten Frühling ohnehin weiterziehen mußte?

Die Ostgoten schienen besser zu verstehen, was er ihnen erzählte. Schließlich gab es auch bei den Germanen Götter, heilige Säulen und Paläste des Himmels. Scottas wollte die Pause nicht zu lang werden lassen. Es war bereits kurz vor Sonnenuntergang, und er brauchte noch einen Übergang für den nächsten Tag. So konnte er noch nicht aufhören, deshalb fuhr er schnell fort:

»Ich könnte euch tagelang, nächtelang von Kaisern und Heerführern, wilden Orgien und ägyptischen Königinnen erzählen, aber ich will euch zunächst sagen, warum ihr die Ewige Stadt mit eurem Mut und eurer Stärke besiegen konntet ...«

Ein anfeuernder Jubelruf klang auf. Er sah, daß Attila grinste, und lächelte kaum merklich. Er hatte nur das getan, was er selbst lehrte: ein bißchen Rhetorik, mehr nicht.

»Früher, als Rom noch unbesiegbar war«, fuhr er fort, »früher unterschieden sich die Edlen von gewöhnlichen Kriegern nur durch ein, zwei Streifen an ihrer Bekleidung. Heute ... das habt ihr alle gesehen ... heute flattern die langen Gewänder aus Seide und Purpur im Wind, und darunter tragen einige bunte

Tuniken, in die Gestalten von verschiedenen Tieren oder von Tempel-Tänzerinnen eingestickt sind.«

Er wartete, bis die Männer zustimmend gelacht hatten. Vor ihnen wurden bereits die Mauern der Stadt Arimini sichtbar.

»Ihr wißt es vielleicht nicht alle, aber ich habe Rom noch so erlebt, wie es vor der Belagerung brodelte. Bevor Alarich die Stadt belagerte und aushungerte, rasselten Senatoren und reiche Frauen in geschlossenen Wagen durch die engen Straßen, die eigentlich nur für Fußgänger gedacht waren. Wenn Standespersonen in öffentliche Bäder kamen, verlangten sie laut und mit herrischen Gebärden alle Bequemlichkeiten, die eigentlich dem Volk von Rom zustanden. Sobald sie ausgiebig ihr Bad genossen hatten, nahmen sie ihre Ringe und die übrigen Zeichen ihrer Würde wieder auf, wählten die feinsten Stoffe aus einem Vorrat, der ausgereicht hätte, um eine ganze Truppe von orientalischen Tänzern und Tänzerinnen zu bekleiden! Und wißt ihr, wofür?«

»Ja, wofür?« riefen einige mit Lust und Gier in den Augen. »Sag es uns!«

»Sie trafen nicht etwa ihre Gespielinnen ...«

»Sag es uns!«

»Ja, ich sage es euch!« rief der Rhetor. Er spürte deutlich, wie er immer mehr von seinen Zuhörern fesselte. Auch Attila beobachtete ganz genau, auf welche Worte die Hunnen reagierten und wann die anderen sich für das interessierten, was der Grieche ihnen von Rom erzählte.

»Dann hört es jetzt!« stieß Scottas sein Wissen hervor. »Sobald sie auf öffentlichen Plätzen einen von ihren Lustknaben trafen, drückten sie ihre Zuneigung durch zärtliche Umarmungen aus. Männer in wichtigsten Ämtern und von höchstem Rang küßten öffentlich ihre Lustknaben und faßten ihnen dabei zwischen die Beine!«

Niemand reagierte. Sie starrten ihn einfach nur ungläubig an.

»Genau so war es!« rief Scottas. »Und noch viel schlimmer! Aber die gleichen Männer lehnten voller Stolz Begrüßungen ihrer Mitbürger ab, denen sie nicht einmal mehr erlaubten, mehr als ihre Hände und Knie zu küssen. Und wißt ihr, zu welchen Anstrengungen diese feinen Herrschaften fähig waren?«

Er sah sich um, hob die Brauen wie ein Schauspieler im Amphitheater und schlug dann mit großer Geste eine Hand vor die Brust: »Ich sage es euch! O ja, diese Helden Roms wagten sich auch an schwierige Unternehmungen. Dann besuchten sie nämlich mit großem Gefolge ihre Landgüter überall in Italien. Ihre Sklaven verschafften ihnen alle Vergnügungen der Jagd, aber sie standen nicht einmal aus den Polstern ihrer Sänften auf. Und wenn sie an heißen Tagen den Mut hatten, in ihren bemalten Galeeren zu den Villen an der Küste zu segeln, benahmen sie sich, als wäre es keine Vergnügungsfahrt, sondern ein Zug wie von Cäsar nach Gallien oder Alexander nach Persien. Und falls ihr es nicht wißt: diese beiden waren zwei wirklich große Heerführer unserer Vergangenheit ...«

Er machte eine Pause und trank erneut einen Schluck Wein. Jetzt wußte er, daß seine Erzählung die Männer und Frauen so gefangennahm, daß er ihren Abscheu, der gleichzeitig auch heimliche Bewunderung war, lenken konnte, wie er wollte.

Er warf Attila einen kurzen Blick zu. In diesem Augenblick verstand der jüngste Sohn von Fürst Mundschuk, daß Scottas all das nicht für die Zuhörer, sondern für ihn inszenierte.

»Sollte sich aber nur eine Fliege erdreisten, sich auf den Falten ihrer vergoldeten Sonnenschirme niederzulassen, sollte ein noch so feiner Sonnenstrahl durch irgendeine Ritze dringen, dann beschwerten sich die Reichen Roms über angeblich unerträgliche Strapazen und jammerten, sie seien doch nicht in der Finsternis, dem Land der Kimmerier, geboren ...«

Instinktiv spürte Attila, daß der Mann, der zu seinen Lehrern in Rom gehört hatte, ihm erneut etwas mitteilen wollte.

»Und wißt ihr, wo das ist, dieses Land der Kimmerier?«

»Nein! Sag es uns!« riefen die Reiter.

»Es ist das Land, in dem die Skythen und dann die Ostgoten

lebten, ehe ihr kamt. Es ist das Symbol für das Land fern der alten Reiche von Hellas und Makedonien, aus denen ich stamme ... alle unbekannten Gegenden jenseits des *Imperium Romanum*, im Osten, die finstere Kälte. Von dort kam stets nur wildes Unheil und Vernichtung. Dort ist die Heimat böser Geister, der Monster und der schrecklichen Dämonen ...«

»Jaaa – tschakkar!« schrie Attila laut und mit vergnügtem Grimm. »Hüte dich, Rom! Hüte dich vor uns Hunnen! Wir sind die Furchtbarsten ... die schnellsten Reiter ... die wahren Teufel ...«

Er richtete sich hoch in seinem Sattel auf. In seinem jungen Gesicht blitzte Stolz und Zorn zugleich. Es war, als hätte er erst in diesem Augenblick verstanden, daß es niemals Frieden zwischen Hunnen und Römern geben konnte. Sie lebten unter der gleichen Sonne, den gleichen Sternen, aber in vollkommen unterschiedlichen Welten.

7. *Amazonentanz*

Der Zug der Zweihundert erreichte langsam, aber ohne jede Behinderung die *Via Aemilia*. Am Vormittag, kurz nach dem Aufbruch, hatte Aijbars alle zählen lassen, die zu ihnen gehörten. Dogan, der *Falke*, war zweimal hin- und hergeritten, dann hatte er sich ganz vorn hingestellt und noch einmal alle gefragt und gezählt.

Drei Hunnenreiter, eine Frau und ein Kind waren im Dunkel der Nacht ohne Wagen zurückgeblieben oder hatten sich ohne Aufsehen durch eines des kleinen Bachtäler an der Bergseite der *Via Aemilia* entfernt. Sie mußten es hinnehmen, denn zwei der Reiter hatten schon vorher Sumpffieber gehabt. Zusammen mit dem seltsamen Verschwinden von zwei Sarmaten wären es mittlerweile neun Personen weniger gewesen, doch an der letzten Raststätte hatten zwei Händler gefragt, ob sie bis zur Donau mitreisen dürften. Sie waren im Flußhafen von Aquileia mit anderen Händlern verabredet, von denen sie bearbeitetes Elfenbein kaufen und nach Rom zurückbringen wollten. Damit stieg die Personenzahl des Zuges, Scottas noch eingerechnet, wieder auf einhundertdreiundneunzig.

Ständig begegneten ihnen kleine Reisegruppen, denen es zu unsicher geworden war, allein auf den Straßen Roms zu reisen. Zu viele versprengte, kampfunfähige oder von Strafe bedrohte Legionäre, lustlos gewordene Krieger aus den Hilfstruppen, Sklaven, die ihre Herren verloren oder umgebracht hatten, und Familien von Kolonen, denen Haus und Stall abgebrannt war, zogen ziellos umher. Dazu streunende, heimatlos gewordene Jugendliche beiderlei Geschlechts. Viele von ihnen hatten sich zu Gruppen zusammengeschlossen, deren einziger Zweck es war, irgendwie und ohne jeden Skrupel zu überleben in der Unsicherheit zwischen den großen, menschenverachtenden Mächten, zwischen erstarrten Regeln, Gesetzen, die alles forderten und nichts dafür gaben, und einem längst nur noch korrupten System, das wie ein riesiges Spinnennetz das *Imperium Romanum* überspannte.

Im Zug der Zweihundert gingen auch einige mit, von denen niemand wußte, wohin sie gehörten und wohin sie wollten. Sie trugen kein Zeichen auf der Stirn, das ihre wahren Absichten und Gedanken enthüllte, aber sie wurden geduldet, solange sie sich anständig benahmen und die ungeschriebenen Regeln der Zufallsgemeinschaft nicht über Gebühr störten. Natürlich wußten alle, daß nichts so friedfertig war, wie es tagsüber aussah. Fast ohne Unterlaß gab es kleinere Reibereien, Diebstähle und Gehässigkeiten zwischen den einzelnen Gruppen. Trotzdem führte sich der Zug der Zweihundert besser auf als manch anderer Trupp, in dem römische Uniformen für Respekt und Ordnung sorgen sollten ...

Bisher war der Zug kein einziges Mal von Fußgängern, Reitern oder Wagen überholt worden. Nur nachts, wenn sie in deutlicher Entfernung von den fest gemauerten, aber meist verrufenen und auch nicht besonders sicheren *mansiones* mit ihren teuren Nachtlagern, Mahlzeiten und Dirnen lagerten, hörten sie gelegentlich Wagen und Reiter, die sich beeilten, um schnell auf der Straße an den Hunnen und dem Volk vorbeizukommen, das sie begleitete. Das gleiche erlebten sie tagsüber, wenn sie an *mutationes* haltmachten, damit die römischen Pferde ausgetauscht und Futter gekauft werden konnte. Nicht nur die Römer im Reich, sondern auch die Völker außerhalb seiner Grenzen wußten, daß die Gasthöfe und Pferdestationen zu Tausenden an allen Straßen im ganzen *Imperium Romanum* aufgereiht waren. Sie – und nicht die kleinen Ortschaften oder die ummauerten Städte – waren die Knotenpunkte des riesigen Netzes.

Attila erinnerte sich gerade jetzt immer wieder daran, was sein Vater ihm einmal über die eigenartigen und geheimnisvollen Verkehrswege des fremden Imperiums gesagt hatte:

»Auf dem Wasser sind die Römer nur so lange gut, wie sie

möglichst schnell ans Ufer gelangen können. Im Pontus und auf den Flüssen fahren sie mit riesigen Booten, in denen sie dichtgedrängt übereinander hocken und zum Klang einer Pfeife mit langen Rudern gleichzeitig ins Wasser schlagen. Nicht sehr beeindruckend. Doch ihre Straßen sind ebenso genial wie unsere Reflexbogen. Sie sind die aggressivste Erfindung dieses mörderischen, von vornherein auf Eroberung angelegten Reiches. Legionen von Kriegern und Sklaven haben ihr Blut geopfert, aber noch mehr ihren Schweiß, um ein unschlagbares Angriffs-, Verteidigungs- und Herrschaftssystem aus steinernen Wegen in die Erde zu graben.«

Damals hätte er nicht gedacht, daß er die Straßen des großen Reiches jemals für so faszinierend halten könnte, daß er noch nachts und in jeder freien Minute seine Pergamentkarte ein wenig weiter rollte, um immer neue Linien und Tagesabschnitte zu studieren.

Sie lagerten südlich von Arimini. Während die Hunnen ihre Yurten und Zelte nicht weit vom Strand in lockerer Entfernung voneinander errichteten, formten die Goten und die Freigelassenen erstmals Wagenburgen. Nur wenige gingen zum Meer, um dort zu baden. Attila schickte Dogan los, um herauszufinden, woher die plötzliche Ängstlichkeit bei jenen kam, die sich den Eroberern Roms angeschlossen hatten.

»Sie hatten Streit mit den Sarmaten«, sagte Dogan, als er schon wenig später zurückkam.

»Davon habe ich nichts bemerkt«, meinte Attila.

»Ich auch nicht«, sagte Aijbars. Attila beobachtete, wie der Schamane besorgt die Brauen hob. »Um was ging es denn?«

»Vermutlich immer noch der gleiche alte Haß«, sagte Dogan mit einer abwehrenden Handbewegung. »Es kommt eben ständig durch, daß sich Sarmaten und Ostgoten nicht leiden können ...«

»Uns kann auch keiner leiden«, sagte Attila und lachte.

»Ja, aber weder Sarmaten noch Ostgoten fürchten sich voreinander«, warf Aijbars ein. »Und beide Völker behaupten, daß sie die eigentlichen Besitzer des Landes waren, das jetzt zu unseren Weiden zählt.«

»Es könnte ihnen doch egal sein, wem etwas *nicht* gehört«, meinte der Rhetor tiefsinnig. »Sie haben beide nichts davon.«

Aijbars lachte kurz.

»Die meisten Eroberer leben davon, daß sich die Unterworfenen nicht darüber einigen können, wer von ihnen schneller durch den Staub kriecht. Der Starke brüllt nicht einmal, wenn er klug ist, sondern fördert hin und wieder sogar, daß sich Kleinere in seinem Dienst zerfleischen, merkt euch das!«

Attila, Dogan und Greka blickten sich gegenseitig an. Sie wußten längst, daß Schamanenworte manchmal wie Perlen waren, wenn sie ins rechte Licht gehalten wurden.

»Die Sarmaten stammen eigentlich wie die Perser aus dem Iran«, fuhr Aijbars fort, »oder besser vom Tanais. Sie sprechen die alte Sprache der Skythen und waren Nomaden wie ihr. Sie stießen schon vor Jahrhunderten mit den von Norden heranflutenden Goten und fast gleichzeitig mit den Römern zusammen, die sie von Westen her von der unteren Donau verdrängten.«

»Ich denke, die Sarmaten gehören zu unseren Hilfsvölkern«, meinte Dogan, der *Falke*. Aijbars nickte.

»Teils, teils«, sagte er. »Sie sind schon lange ebenso verstreut wie die Skiren. Ursprünglich waren sie einmal vier Stämme: die Iazyken, die königlichen Sarmaten, die Urgi zwischen Danaper und Donau und die Roxolanen noch weiter ostwärts bis zum Tanais. Und wißt ihr, warum die Goten sie verachten und die Römer sie fürchteten?«

Attila schüttelte den Kopf. »Ich weiß nur, daß ihre Herden vor hundert oder mehr Jahren in der pannonischen Tiefebene weideten.«

»Das ist richtig. Sie waren einst ein schnelles und sehr wehrhaftes Volk, bis Roms Kaiser Konstantin dreihunderttausend von ihnen aufnahm und überall auf beiden Seiten des Hadriatischen Meers ansiedelte.«

»Also auch hier«, fragte Attila.

»Darum ging ja der Streit vorhin«, sagte Dogan. »Die Sarmaten sagten, daß sie hier angesiedelt wurden, weil weder Germanen noch Römer sie besiegen konnten. Das muß die bisher so schweigsamen Ostgoten mächtig geärgert haben. Ein Wort gab das andere, dann haben sie behauptet, sarmatische Männer seien schon immer jammernde Feiglinge gewesen, die ihren Weibern gehorchen müßten.«

»Weder das eine noch das andere ist ganz falsch«, sagte Scottas der Rhetor zweideutig. Attila blickte auf, aber er ließ sich nicht mehr von der Sprachkunst des Griechen beeindrucken.

»Wie meinst du das?« fragte er sofort.

»Nun«, antwortete Scottas und strich sich liebevoll über seinen schütteren Haarkranz. »Sarmatische Kampfeinheiten hatten einmal einen phantastischen Ruf. Allerdings – und da muß ich den Goten recht geben – allerdings waren es nicht ihre Männer, die mit besonders wilden Attacken überall Furcht und Schrecken verbreiteten, sondern ihre Frauen.«

»Ihre Frauen?« fragte Greka überrascht.

»Weißt du das nicht?« fragte Scottas. Greka schüttelte den Kopf. »Die Sarmaten lebten im Matriarchat. Bei ihnen bestimmten Frauen über das Schicksal der Sippen und Stämme. Ihre Reiterinnen wurden schon von den Skythen als *männermordend* bezeichnet. Aber so überlegen waren sie auch wieder nicht, denn die Legenden meiner eigenen Vorfahren berichten davon, wie unsere Helden Achilles, Herakles und Theseus nacheinander die Amazonenköniginnen Penthesilea, Hippolyte und Antiope erschlugen, beraubten oder entführten ...«

»Und darauf seid ihr auch noch stolz!« sagte Greka verächtlich. Scottas, Attila und Dogan warfen sich verstohlene Blicke zu und hoben nur die Schultern. Greka merkte, daß sie gegen die Männer nicht ankam, doch Scottas, der Rhetor, rettete sie:

»Die Kämpferinnen der Sarmaten konnten den Speer werfen und auf die Jagd gehen. Doch um den Bogen besser spannen zu können, ließen sich ihre Besten und Gefährlichsten die rechte

Brust abtrennen und ließen dann zur Tarnung ihrer neuen Schießfertigkeiten ihre linke unbedeckt. Deshalb nannten wir Griechen sie *A-mazones*, die Brustlosen ...«

Greka schüttelte empört den Kopf.

»Und diesen Unsinn glaubt ihr Männer tatsächlich?«

»Klingt doch gut, oder?« meinte Attila lachend.

»Es klingt genauso wie die Angstphantasien über euch Hunnen«, schnaubte das Mädchen. »Wie alle Lügenmärchen, mit denen schwache Männer ihre Gegner als Unmenschen und Dämonen verteufeln!«

»Ein bißchen dämonisch waren sie aber doch«, sagte Scottas vorsichtig. »Immerhin benutzen Sarmaten Meerschaumperlen als magische Schwertanhänger ...«

»Das ist doch etwas ganz anderes!« widersprach Greka.

»Moment mal«, sagte Attila. Er hob beide Hände und blieb für einen Augenblick regungslos sitzen. »Meerschaumperlen?« fragte er dann.

»Was ist damit?« fragte der Schamane.

»Ich habe sie gesehen. Vor ein paar Tagen erst ... wenn ich nur wüßte, wo!«

»Vielleicht in Rom?« meine Dogan. Attila schüttelte den Kopf. »Nein«, sagte er, »es war später ...«

Er überlegte nochmals, dann fiel es ihm schlagartig wieder ein. Es war in Raetien gewesen, bei der Verteilung der Tiere! Er sprang auf.

»Wo sind sie?« fragte er schnell.

»Wer? Die Sarmaten?« fragte Dogan, der *Falke*.

»Setz dich wieder hin – die Männer sind weg!« sagte Aijbars mit seiner sanften Stimme, die keinen Widerspruch zuließ.

»Die Männer?« echote Attila dennoch. »Hast du gesagt ›Männer‹?«

Aijbars begann zu summen.

Am gleichen Abend, nachdem sie lange vergeblich nach einer sanften Erhebung aus den gefährlichen Niederungen der Sümpfe und Lagunen gesucht hatten, erzählte der Schamane, wie die Hunnen durch ebensolche Sümpfe nach Westen vorgedrungen waren.

Eigentlich hatte Greka damit angefangen. Sie saß nun schon seit vielen Abenden an den Feuern von Attila und Aijbars. Sie fing ganz einfach eines Abends an und erzählte von ihren eigenen Vorfahren:

»Wir wohnten bereits einige Jahrzehnte im Land der Kimmerier und Skythen«, berichtete sie. »Es ging uns gut, obwohl in manchen Jahren die Steppenwinde unsere Felder verwüsteten. Kälte und Dürre wechselten schneller als in unserer fernen, unbewohnbar gewordenen Heimat an den nördlichen Meeren *Scantinavias*. Wir brachten unsere Überschüsse an Fleisch und Käse, Wolle, Korn zu den Städten der Griechen am Nordufer des Schwarzen Meeres. Diese Griechen waren längst nicht mehr so mutig und ausdauernd wie die Männer und Frauen, von denen ihre Göttersagen erzählen ...«

»Sie haben sich nicht an das rauhe Klima gewöhnt«, warf Scottas ein. »Für uns war der Pontus schon immer ein unheimliches schwarzes Loch. Ihr dürft nicht vergessen, daß wir an dreitausend sonnige Inseln in unseren freundlichen Wassern gewöhnt sind. Sie fehlten uns ganz einfach in diesem großen, dunklen Meer, an dessen Ufern ständig die schwersten Sturmböen Schiffe zum Kentern brachten und sogar Dächer von den Häusern rissen. Schneestürme und winterliches Eis kannten die meisten von uns nicht. Und wenn wir an den Ankerplätzen anlegten, sahen wir vor uns nur einen neuen, furchterregenden Ozean: die grenzenlose Steppe ...«

»Die wiederum unsere Heimat ist«, sagte Aijbars mit einem tiefen Seufzen. »Weißt du, warum?«

Scottas schüttelte den Kopf.

»Weil sie so grenzenlos ist! Ich meine das genau so, wie ihr es jetzt hört. Vielleicht können nur wir Steppenreiter oder die großen Seefahrer verstehen, was Grenzenlosigkeit bedeutet. Nichts engt den Blick ein, kein Baum, kein Berg und keine

Mauern. Das Landmeer ist sehr groß unter den Hufen deines Pferdes, du reitest weiter, immer weiter, so wie die Wolken am großen und hohen Himmel ...«

Er lächelte versonnen und verdrehte seine Augäpfel ein wenig. Mit halb geschlossenen Lidern wiegte er seinen Oberkörper hin und her. Er summte leise, während Greka weitererzählte:

»Ich kam ein Jahr vor dem Tod des Römerkaisers Theodosius vor den zerfallenen Mauern von Chersonesos zur Welt. Viele der alten Städte der Griechen in dieser Gegend sind nur noch armselige Ruinen.«

»Aber inzwischen wagen sich wieder Schiffe mit Händlern bis in den Hafen an der Landzunge«, sagte Scottas. »Ich war selbst einmal dort, und wißt ihr, was mich am Schwarzen Meer am meisten gewundert hat?«

Sie schüttelten den Kopf.

»Das Wasser über den Kieseln vor den niedrigen Klippen ist gar nicht schwarz, sondern klar und grün.«

»Du warst in der Steppe?« fragte Attila verwundert. Scottas schüttelte den Kopf.

»Nein«, sagte er, »ich bin nur in einem Frachtsegler mitgesegelt, der von Kolonie zu Kolonie an der Nordküste des Schwarzen Meeres reiste, um gotische Waffen zu kaufen.«

»Gotische Waffen? Für wen? Und hat das keiner von uns Hunnen verhindert?«

Der Grieche lachte. »Verhindert? Obwohl wir zwei Wochen lang von Hafen zu Hafen gesegelt sind, haben wir Männer und Frauen aus allen nur denkbaren Völkern gesehen, aber nicht einen einzigen Hunnen.«

»Wir sind nicht so sehr für das Meer«, gab Attila zu. Er warf einen kurzen Blick zu Greka hinüber. Sie lächelte ihm zu und formte mit ihren Lippen einen Kuß. »Aber für wen habt ihr Waffen geholt?«

»Für die Hilfstruppen Konstantinopels«, antwortete der Grieche. »Die Ostgoten in den Legionen Ostroms haben viel

Gold, aber nur noch wenige gute Schmiede. Außerdem sind sie in manchen Dingen noch immer abergläubisch. Auch unter dem Zeichen des Kreuzes. Was mit Steppentau geschmiedet ist, bleibt eben länger hart als eine Klinge aus den Provinzen Roms.«

»So gefällst du mir, Rhetor!« lachte Attila. »Mach weiter so, dann wirst du es sein, der meine Briefe an die Kaiser schreibt, wenn sie besonders gut sein sollen ...«

»Das ehrt mich, aber ich denke, ich könnte euch und mir schon viel eher und auf ganz andere Weise nützlich sein.«

Attila blickte ihn fragend an.

»Ravenna«, sagte der Rhetor. »Ich weiß, daß wir um die Stadt herumziehen. Aber es wäre sicherlich nicht schlecht, wenn wir erfahren würden, was dort am kaiserlichen Hof geschieht.«

»Daran denke ich schon die ganze Zeit«, sagte Attila und nickte. »Aber Ravenna weiß doch längst über unseren Zug Bescheid.«

»Meinst du wegen der Beute?« fragte Dogan.

»Das auch.«

»Keine Sorge«, sagte Aijbars schnell. »Niemand am kaiserlichen Hof in Ravenna dürfte an zusätzlichem Ärger interessiert sein. Kaiser Honorius selbst könnt ihr vergessen. Ihn interessieren Gold und Schätze der Senatoren nicht. Im Gegenteil: Wenn er uns einfach ignoriert, zeigt er, wie sehr er Rom verachtet. Sein Haß gilt den Germanen und Alarichs Westgoten. Der große Stilicho und seine Leute leben nicht mehr. Olympius, der Drahtzieher des Verrats, der ihn und seine Anhänger so gnadenlos verfolgte, versteckt sich seit zwei Jahren in Dalmatien.«

»Und Jovinus, der neue starke Mann?« fragte Attila.

»Du sagst es«, antwortete Scottas. »Er ist der neue starke Mann im Inneren Westroms. Er ist dafür bekannt, daß er Stilichos Fehler nicht wiederholen will. Niemand soll ihm nachsagen, er sei zu milde und verhandlungsfreudig mit den Barbarenvölkern.«

»Er hat die Legionäre und die Truppen Roms nicht nur auf

ihren Christengott, sondern auch auf des Kaisers Haupt ewige Treue schwören lassen!« warf Aijbars ein.

»Das war sein größter Fehler«, meinte der Grieche. »Den Eid auf den Christengott hätte Honorius aufheben können, als Alarich zu gefährlich wurde, aber den Eid auf seinen eigenen Kopf wollte er unter keinen Umständen rückgängig machen. Das ließ sein Stolz nicht zu ...«

»Hält er sich denn für mehr als einen Gott?« fragte Greka erstaunt.

»Er wäre nicht der erste«, sagte Scottas und lachte.

»Und für diesen Wahnsinnigen haben sich seine Römer gegenseitig aufgefressen und ihre Stadt verloren!« schnaubte Attila.

»Jovinus ist zu Alarichs Ersatzkaiser Attalus übergelaufen, aber auch dort zog er Verrat vor ...«

»Ein Mann, mit dem man rechnen muß«, sagte der Schamane warnend. »Wer sagt dem Kaiser nach dem Fall von Rom, was er zu unternehmen hat?«

»Ich weiß es nicht«, antwortete Scottas. »Ganz ehrlich, Männer – ich weiß es einfach nicht.«

»Es gibt nur eine Möglichkeit«, sagte Attila nach einer Weile.

»Ja«, antwortete der Schamane augenblicklich. In seinen sonst so friedfertigen Augen blitzte ein Feuer auf. »Du jedenfalls gehst nicht mehr zurück in die Kaiserstadt!«

Noch nie zuvor hatte Attila eine derartige Strenge und Unnachgiebigkeit bei seinem Onkel bemerkt.

»Wir werden direkt unter den Mauerwällen an Ravenna vorbeiziehen«, sagte der Schamane. Er wurde plötzlich so laut, daß ihn sogar die anderen an den Feuern ringsum hören konnten. »Sie werden uns zwar nicht die großen Tore öffnen, aber wir umgehen die Kaiserstadt. Das Gold aus Rom auf unseren Wagen und den Lasttieren wird unbehelligt auf die *Via Popilia* zurückkehren ... an Ravenna und den Lagunen entlang bis hoch nach Aquileia und dann weiter ...«

»Und ich?« fragte Attila verständnislos. »Jeder Legionär

Roms kann mich gefangennehmen. Soll ich den Störchen oder Adlern gleich über die Stadt hinwegfliegen?«

»Du bist *de jure* noch immer eine Geisel Roms!«

»Das ist doch Unsinn!« protestierte Attila. »Ich habe euch das Tor geöffnet, bin mit euch allen und den Goten als erster in die Stadt geritten und habe zwanzig Pfund schieres Gold in meiner Beute ...«

Aijbars spitzte die Lippen und begann mit seinem Oberkörper zu wiegen. Er blickte in die Runde. Dogan hob die Schultern. Ein paar andere hörten mit ihren Beschäftigungen auf und sahen angespannt zu ihnen herüber. Greka legte ihren Arm um Attila, als wollte sie ihn festhalten und nicht mehr loslassen. Endlich bemerkte Scottas, daß er es war, von dem eine Antwort erwartet wurde.

»Nun ja«, sagte der Rhetor. »Das ist wohl alles nicht ganz einfach.« Er wischte sich über die Nase, schürzte die Lippen und schien angestrengt nachzudenken. »Du bist natürlich immer noch Geisel des *Imperium Romanum*«, sagte er dann zu Attila. »Vertrag ist nun mal Vertrag. Auch die Eroberung der Ewigen Stadt hat daran nichts geändert.«

»*Pacta sunt servanda!*« wiederholte Attila mit einem trockenen Lachen.

»Aber nur im Himmel!« warf Greka spöttisch ein. »Bei uns heißt es immer: Die Sassaniden halten ihre Versprechen nur so lange, wie es ihnen nützt, die Heruler fühlen sich an keinerlei Vertrag gebunden, und Mauren kümmern sich nie um Eide!«

»Dann könnt ihr eben mit oder ohne irgendeine Vereinbarung durch die Stadt des Kaisers von Westrom ziehen – ich aber muß durch die Sümpfe um sie herumschwimmen.«

»Meint ihr wirklich, daß hundert bewaffnete und mit großer Beute beladene Hunnenreiter zusammen mit fast hundert weiteren Menschen in ihrem Troß vollkommen ungehindert an Ravenna vorbeiziehen können?«

»Ja«, sagte der Schamane.

»Und ... zu welchem Preis?« platzte es aus Scottas hervor.

»Wir werden sehen«, sagte der Schamane vollkommen ruhig. Im gleichen Augenblick ahnte Attila, daß der Schamane seine geheimen Markierungen und die unsichtbaren Fäden zu den Dämonen des Schicksals längst an den richtigen Stellen angebracht hatte.

»Ich werde allein in die Stadt gehen«, sagte Scottas.

»Eben dies wollte ich gerade vorschlagen«, sagte der Schamane mit einem freundlichen Lächeln. »Wir geben dir zwei Tage Zeit und erwarten dich zurück, ehe wir weiterziehen.«

Am Abend des zweiten Tages war der Grieche noch nicht wieder da. Sie lagerten noch immer zwischen der *Via Aemilia* und der Abzweigung der *Via Popilia*, die über die Kaiserstadt an der Küste entlang nach Norden führte. Es lagen nur drei Raststationen zwischen Arimini und Ravenna – eine Entfernung, die ein schneller Reiter in diesem flachen Land leicht an einem Tag schaffen konnte. Aber sie mußten weiter warten, wenn sie wissen wollten, wie sie über die Flußarme des Padus kommen sollten, ohne die ummauerte Stadt zu berühren. Denn eines war allen klar – niemand wollte lange Umwege über andere Straßen durch die sumpfige Ebene nehmen.

Aijbars, Dogan und sechs weitere Hunnen saßen wie am Ende jeden Tages um die Flammen, in denen ein großer, kupferner Hunnenkessel mit köchelnden Fleischbrocken hing. Einige der Männer massierten sich die Schenkel, andere lagen aufgestützt auf Decken und ausgerollten Fellen: Der Schamane hatte für die nächsten Tage Sommergewitter vorausgesagt. Außerdem gab es an ihrem Lagerplatz zu viele große, rote Ameisen.

»Wie fandet ihr eigentlich Scottas Erzählungen?« fragte Attila. Sie sprachen schon längst nicht mehr über die verschwundenen Sarmaten, von denen sie immer noch nicht wußten, ob es Männer oder Frauen gewesen waren.

»Interessant«, antwortete Dogan und grinste. Er nahm sich mit seinem langen Spießlöffel ein neues Stück Rindfleisch aus dem Kessel und biß vorsichtig ein kleines Stück ab. »Besonders die Sache mit den Knaben.«

»Ach, das waren wohl – wie so oft – nur die Schmuckfedern des ganzen Vogels«, seufzte Aijbars. »Derartige Dinge gibt es überall, aber sie sind nicht die Schwingen, die einen Adler wie Rom in die Lüfte heben.«

Attila sah, wie Greka aus der Wagenburg der Ostgoten und Händler zurückkam. Sie brachte mehrere Beutel und Schalen mit. Attila machte ihr Platz auf seiner Decke. Sie stellte ihre Waren ab, dann beugte sie sich zu ihm hinab und küßte ihn kurz auf die Lippen.

»Wir haben alle überzähligen Yurten zurückgelassen«, meinte Aijbars lächelnd. »Gold und Geschmeide wiegt nun mal sehr viel ...«

»Die Nächte sind noch warm«, sagte Attila. »Da reicht ein Römerzelt und ist viel schneller aufgebaut.«

»Na gut, bis zur Donau in Pannonien habt ihr noch gut einen Monat Zeit.«

»Greka wird weiter als bis zur Donau bei mir bleiben«, sagte Attila. Aijbars hob die Hände. »Wir wissen noch nicht, ob wir zu Großkönig Kharaton an die Theiß oder durch die Schluchten des eisernen Tors der Donau bis in unser Weidegebiet ziehen.«

»Keine der Möglichkeiten ändert etwas an unserem Entschluß«, sagte Attila. »Greka bleibt bei mir!«

Aijbars nickte. Er wußte, daß es keinen Sinn machte, jetzt mit dem Sohn seines Bruders zu streiten. Er hatte ihn in den letzten Tagen nicht mehr als Kind, sondern als jungen Mann kennengelernt. Und das hieß schließlich auch, daß er reif genug war, sich die Gefährtin seines Nachtlagers selbst auszusuchen. Ob allerdings andere aus Familie, Sippe, Stamm und Volk mit seiner eher zufällig getroffenen Wahl einverstanden waren, stand noch nicht auf den Orakelknochen ...

Attila sah Greka zu, wie sie etwas Zunder aus Distelwolle aus einem kleinen Beutel an ihrem Gürtel zupfte und zwischen zwei Steine steckte. Und wieder fiel ihm ein kleiner Unterschied in den Gebräuchen seines eigenen Volkes und denen der Germanen auf. Bei den Hunnen durften nur Schamanen den Zunder feuerhungrig machen, indem sie ihn im Sud von Dornenbüschen kochten und dann in der Sonne trockneten. Greka dagegen hatte den weichen Flaum des Röhrichts einfach mit Felsensalz gewaschen. Jetzt nahm sie den länglichen Schlagring aus Eisen von ihrem Gürtel. Mit ein, zwei leichten Bewegungen gegen ihren Feuerstein trieb sie die Funken in die Zunderwatte. Sie bückte sich, und Attila spürte, wie ihm das Blut in die Schläfen stieg. Die Gotin pustete über die Funkenglut, bis kleine Flammen hochschlugen. Gleichzeitig spannte sich ihr dünner Rock über Hüften und Schenkeln. Attila leckte sich unwillkürlich über die Lippen. Er wußte nicht, warum ihn alles aufregte, was Greka tat – jede Bewegung, jeder Blick und jedes Wort von ihr war wie ein Rauschtrank des Schamanen ...

»Ist Scottas eigentlich zu trauen?« fragte Greka, als sie beim Abendessen um ihren großen Kessel saßen.

»Ich glaube schon«, meinte der Schamane. »Aber man muß ihm Zeit lassen ...« Er schlürfte langsam die heiße Suppe aus der Mulde seines fast armlangen Löffelspießes, mit dessen Spitze sich auch über dem Feuer Fleischbrocken aus dem Kessel holen ließen. »Trotzdem schlage ich vor, daß wir das gesamte Beutegold ab sofort so zusammenpacken, daß es auf Pferden und nicht mehr auf Wagen transportiert wird.«

Die Männer blickten ihn fragend an. Auch Attila wußte nicht, was sein Onkel mit diesem Vorschlag beabsichtigte.

»Hast du böse Träume gehabt?« fragte er. »Oder stand in den Schulterblattknochen deiner Hammel etwas darüber, daß wir uns auf die Möglichkeit einer schnellen Flucht vorbereiten sollten?«

»Wie sollten wir jetzt fliehen können?« fragte Aijbars nicht besonders freundlich. »Wir sind noch Hunderte von römischen Meilen im Kernland des Imperiums. Jeder hier ausgebildete

Legionär kennt die Berge, die Wälder im Süden und die Straßen nach Westen und Norden besser als du mit deiner kostbaren Weltkarte! Nein, Attila – wer uns überfallen oder an unsere Beute will, der hätte es längst tun können!«

»Das meine ich doch!« sagte Attila. »Warum plötzlich die Vorsicht?«

»Weil es so besser ist«, sagte der Schamane abweisend. »Und jetzt möchte ich nicht mehr über dieses Thema sprechen. Es ist mir lästig, wenn du es genau wissen willst!«

Er lächelte und begann erneut zu summen. Attila schnaubte, dann hob er die Schultern und sah zu Greka.

Später, als die Nacht sich über die Feuer gesenkt hatte und niemand mehr Lust auf Lieder und Gesang verspürte, hockten Attila und Greka vor dem kleinen Lederzelt, das längst ihr gemeinsames Heim geworden war. Auch Greka begann damit, ihre wertvollsten Gegenstände zu sortieren und neu zu verpakken.

»Was hast du mitgenommen?« fragte Attila. Sie setzte sich im Schneidersitz hin und breitete ihre Schätze zwischen ihren braungebrannten nackten Beinen aus.

»Hier ist Salz aus den Salinen«, sagte sie und deutete auf kleine Tonkrüge. »Die Händler haben noch mehr, aber an der Donau kostet es gleich wieder das Zehnfache.«

Attila lachte. »Und was noch?«

»Hier, riech mal ...«

Sie hielt ihm ihr linkes Handgelenk unter die Nase. Er wollte es bereits küssen, als ihm eine Duftwolke entgegenschlug, die augenblicklich auf seiner Zungenspitze brannte.

»Verdammt, was ist das?«

»Parfüm aus Gallien«, sagte sie erschrocken. »Was ist mit dir?«

»Mach das nie wieder bei mir!« schimpfte er halb ernsthaft und halb im Spaß. »Es stinkt und sticht wie Brennesseln auf meiner Zunge!«

»Du kennst auch nichts anderes als Fleisch«, gab sie furchtlos zurück. »Nicht einmal Salat und Gemüse willst du!«

»Ich bin ein Mensch und kein Grasfresser!«

»Ach, und deshalb lehnst du wohl auch Brot und Kuchen ab ...«

»Ich bin Hunne und kein Weißbrotfreund wie die Römer oder Gallier!«

»Das ist es ja, was ich an dir mag«, sagte sie und schmiegte sich an ihn. Er legte einen Arm um sie. »Dann kann ich wohl nur deine Geliebte und nie deine Kumpanin sein«, flüsterte sie leise.

»Wie kommst du darauf?« fragte er brummig.

»Kumpane, sagen die Römer, sind die, mit denen man sein Brot bricht und die zu dir gehören ... *cum pane* ... hast du das nicht gewußt?«

»Nein«, sagte er. »So etwas gab es bei uns in Rom nicht.«

»War Geiserich nicht dein Kumpan? Oder Laudarich?«

»Ich weiß nicht«, antwortete Attila nach kurzer Überlegung. »Eigentlich habe ich überhaupt keine Kumpane. Denn erstens mußte ich vor Rom stets mit meinen Brüdern zusammensein, und zweitens bin ich kein großer Freund von Brot, wie du weißt!«

»Ich weiß nur, daß du ein großer Dummkopf bist, Attila«, sagte sie lachend und umschlang ihn mit beiden Armen. »Aber ich fürchte, ich mag dich. Ganz fürchterlich hunnisch und wild sogar ...«

Er schmunzelte und genoß ihre Nähe.

»Was immer das auch heißen mag«, sagte er. »Aber ich habe nichts dagegen, solange wir dabei nicht unseren Weg vergessen ...«

»Keine Sorge«, antwortete sie. »Ich möchte auch nicht hierbleiben, sondern so schnell wie möglich wieder an die Donau. Hier sind mir einfach zu viele Straßen, Städte ...«

»Und Römer!« seufzte Attila. Sie lachte und kniff ihn in den Arm. Gemeinsam sahen sie sich an, was sie sonst noch aus der

Wagenburg der Ostgoten mitgebracht hatte. Besonders die Paste aus Seifenkraut interessierte ihn. Sie roch viel besser als das Parfüm aus Gallien. Er nahm Greka in den linken Arm und fuhr mit seiner rechten Hand unter ihre dünne Hemdbluse. Behutsam streichelte er mit seiner rechten Hand ihre Brüste. Die Spitzen waren hart, und sie schnurrte eher wohlig als wild.

Auch am dritten Abend war nichts von Scottas zu sehen. Der wunderschöne, nahezu wolkenlose Septembertag war wieder heiß gewesen, zu heiß für alle, die eher gewohnt waren, Kälte zu ertragen. Unter den Händlern, den Westgoten und einigen Freigelassenen kam Unmut auf. Sie wollten einfach nicht länger warten. Einige hatten sich am Strand vergnügt, aber die meisten wollten nicht einmal für ein kurzes Bad im Meer ihre Habseligkeiten am Lagerplatz zurücklassen. Auch Attila hatte allmählich das Gefühl, daß sie nur lagerten und daß das Leben nicht weit entfernt, auf der *Via Aemilia*, unbeeindruckt wie seit Jahrhunderten an ihnen vorbeizog, als wäre nichts gewesen.

Später, als sie müde und erschöpft Rast hielten und die Kessel für das Nachtmahl aufhängten, kamen kaum noch Gespräche auf. Trotzdem war es noch zu warm, um früh in die Yurten und Zelte zu gehen.

»Ihr solltet diese schöne Zeit nutzen, Kinder!« sagte Aijbars irgendwann. »Geht meinetwegen schwimmen. Ich passe schon auf euer Zelt und eure Schätze auf.«

Er sah sich um. Die meisten anderen hockten noch mit ihren Weinbechern an den kleingehaltenen Feuern. Der schmale Mond am schwarzblauen Himmel mit seinen funkelnden Sternen stieg gerade erst über den schlanken Zypressenschatten zwischen Lager und Strand höher. Einmal hörten sie ein fremdes Geräusch vom Meer her. Attila hob den Kopf.

»Hört sich an wie ein falscher Kreuzgalopp«, sagte er.

»Ach was«, sagte Greka und lachte. »Das waren Pinienzapfen. Es war sehr trocken in den vergangenen Monaten.« Sie sah ihn mit einem eigenartigen Blick an. »Kommst du?« fragte sie dann.

Er wollte sie fragen, wann sie zum letzten Mal Pinienwälder gesehen hatte, aber dann sagte er nur: »Meinst du nicht, daß es dafür etwas zu spät ist?«

»Komm«, lockte sie, »wann sind wir schon mal ganz allein ...«

Sie schwammen weit in das flache Wasser hinaus zur einer zweiten Sandbank, die sie schon während des Tages gesehen hatten. Schon auf der ersten, nur knöcheltiefen Sandbank hatten sie einander noch enger umarmt und so lange geküßt und geliebt, bis sie eins wurden mit den sanften und warmen, schmeichelnden Wellen des Meeres.

Aus irgendeinem Grund sah er sich um. Er wußte nicht, was er gehört hatte. Es klang wie das Schnauben eines Pferdes, vermischt mit dem leisen Schwappen des Meeres am Strand.

»Attila, da!« rief Greka leise. Jetzt sah er es auch. Sie schwamm neben ihn und legte ihren Arm um seine Schultern. Er umfaßte sie ebenfalls, während er langsam das Wasser trat.

Drei Schatten rannten wie gesichtslose Dämonen aus den Dünen zum Meer. Sie kamen von rechts, von links und von vorn. Sie waren nur noch vierzig, fünfzig Schritte vom Wellensaum entfernt und näherten sich der Stelle, an der er und Greka ihre Kleidungstücke zurückgelassen hatten.

»Zurück zur Sandbank?« fragte Greka schnell. In ihrer Stimme klang keine Furcht mit. Attila schüttelte den Kopf und überlegte. Er bewegte nur die Arme. Seine Füße suchten den Boden im Wasser.

»Wer ist das?« fragte Greka. »Und was können sie wollen?«

»Ich weiß nicht, wer sie sind. Aber sie wollen mehr als ein paar Münzen aus unserer Kleidung.«

»Ich sehe drei ... nein, dahinten sind noch zwei ...«

»Ja, aber sie sind nicht sehr groß. Keine Germanen. Es könnten Römer sein oder ...«

»Oder was? Etwa Hunnen?«

»Das werden wir schnell wissen!«

Attila hörte plötzlich ein Schnauben durch das leise Platschen der Brandung. Er war nackt und hatte keine Waffen. Aber dort, in den Dünen, stand mindestens ein Pferd. Und Pferde waren manchmal noch besser als Schwerter oder Messer.

Für einen Moment fragte er sich, ob er es wirklich riskieren sollte. Doch welche anderen Möglichkeiten blieben ihm? Allein konnte er den Schatten vielleicht entkommen, aber zusammen mit dem Mädchen?

»Lauf zum Lager!« rief er auf hunnisch. »Ich halte sie auf. Aber beeil dich!«

Soviel verstand sie auch. Doch schon bewegten sich zwei der Schatten in Richtung Arimini – noch ehe Greka sich umgedreht hatte. Das konnte nur eins bedeuten: mindestens zwei der Schatten verstanden seine Sprache. Er holte tief Luft, dann rannte er mit langen, platschenden Schritten durch die kaum sichtbare Uferbrandung. Er erreichte den festen, feuchten Sand. Drei der Schatten merkten, was er beabsichtigte. Sie schnitten ihm den Weg zu den Dünen ab. Mit einem sirrenden Geräusch kam eine Wurfschlinge auf ihn zu. Alles – Pfeil und Bogen, Lanzen und Schwerter, Dolche und Messer – alles hätten sie benutzen dürfen! Nur keine Wurfschlinge!

Zu tief saßen der Schock und die Demütigung, die Schmerzen und der Haß auf Bledas Heimtücke noch in ihm.

»Tschakkar!« schrie Attila, obwohl er weder Pfeil noch Bogen besaß. Er fing die Schlinge des Wurfseil allein nach ihrem Fluggeräusch aus der Dunkelheit, riß sie straff und gab im gleichen Augenblick wieder nach. Auch das hatten sie wieder und wieder geübt – schon als sie noch Kinder gewesen waren.

Der erste Schatten flog in den Sand. Attila schlug eine schnelle, kurze Schlinge. Er konnte nicht sehen, wie sie am Seil entlangschoß, aber er spürte den Ruck am Ende. Der zweite Schatten schrie auf. Die Handfessel saß! Attila lachte hart und schlug das Seil zur Seite. Es traf den dritten Schatten wie ein Peitschenhieb.

Ein fast perfekt geworfener Speer schlug mit dem Schaft hart gegen seine nackte Brust. Es klatschte laut, dann wirbelte der Speerschaft um ihn herum und fiel in den Sand. Attila ließ ihn liegen. Für ihn war das Wurfseil jetzt die bessere Waffe. Gerade weil sie am anderen Ende mit dem Körper des ersten Angreifers verbunden war, hatte sie eine noch bessere Wirkung.

Er erwischte den zweiten und riß ihm fast den Hals ab. Der Schatten wandte sich dem Meer zu. Im gleichen Augenblick sah Attila die blonden Haare von Greka. Sie rannte direkt auf ihn zu.

»Nein!« schrie er ihr entgegen. »Nicht hierher!«

Sie hörte nicht auf ihn. Er sah, wie sich der dritte Schatten im Licht der Sterne zurückbog, dann einen Arm hob, einen Speer ...

Er zog das Wurfseil hoch, stolperte, blieb hängen und riß sich wieder los. Mit einem gewaltigen Satz sprang er auf den dritten Schatten zu. Gleichzeitig sah und hörte er, wie der erste Schatten mit beiden Fäusten so kräftig in den Sand hämmerte, daß der ganze Boden bebte.

Er erreichte den dritten Schatten. Seine Faust schlug genau zwischen Nacken und Schulterblätter. Es krachte, aber der Speer flog bereits. Zu spät!

Im gleichen Augenblick erkannte er, daß nicht der gestrauchelte Schatten, sondern ein wild herangaloppierendes Pferd der Grund für die Erschütterungen und Geräusche am Strand war. Es war schneller bei ihm, als er sich selber fangen konnte. Er wollte sich fallenlassen, doch schon schlug etwas breit und hart auf seine Schultern. Er griff über sich, bekam aber nur eine kleine, bröckelnde Perle zu fassen.

Er wußte, daß er zumindest einen der Angreifer getötet hatte. Aber das reichte nicht. Zum dritten Mal in einem Jahr hatte er durch einen Angriff von hinten verloren.

8. *Verfluchte Wasser*

Zuerst taten ihm die Schultern weh, dann die Handgelenke. Sie waren an einen alten, fest im Boden verankerten Steinpoller mit einer doppelt faustgroßen, waagerechten Durchbohrung gefesselt. Es stank nach Fisch.

Er hockte auf der Erde in einem ziemlich großen, gemauerten Raum mit tiefer Balkendecke und einem offenen Herdfeuer an einer Seite. Obwohl vom Feuer und von einer halb geöffneten Tür Tageslicht in den Raum kam, wirkte er dunkel und wenig vertrauenerweckend. In der Mitte des Raumes erkannte Attila einen Bohlentisch mit verschiedenen Werkzeugen und Gerätschaften. Seile, geflochtene Körbe und kleine Fässer stapelten sich an den Wänden, dazu zerbrochene, waagerecht auf Mauerhaken liegende Galeerenruder und ein Sammelsurium aus alten Tonkrügen, Amphoren und großen, hölzernen Seilrollen. In einigen offenen Tonschalen zwischen dem Herdfeuer und den Rudern an der Wand sah er eine zähflüssige Masse, die er scheußlicher fand als alles, was er bisher im *Imperium Romanum* kennengelernt hatte. Es war Fischwürze in verschiedenen Reifestadien.

Irgendwo quietschte eine Türangel, dann platschten weiter entfernt nackte Füße über Holz. Er hörte Stimmen von jungen Frauen, gleich darauf eine Männerstimme. Die Unbekannten sprachen griechisch. Für einen Moment hoffte er, daß die Männerstimme Scottas gehörte, aber dann merkte er, daß sie tiefer und rauher klang als die des Rhetors.

Obwohl er leidlich griechisch verstand, konnte er nicht erkennen, um was es ging. Er hörte nur »*Chrysoskeras* – goldenes Horn«, dann »*Dromon*« und mehrmals das lateinisch klingende »*Classis*«. Letzteres konnte die Flotte oder den Hafen von Ravenna betreffen. Er wußte es nicht.

Ganz plötzlich ahnte er, wo er war. Gleichzeitig schnarrten

quietschende Seile. Dieses Geräusch kannte er. Es gehörte zu den ruderlosen Frachtseglern, die er bereits auf dem Meer und bei seinem kurzen Aufenthalt in Ravenna gesehen hatte.

»So, alles fertig und verzurrt«, rief die Männerstimme auf lateinisch. »Das schnelle Wasser kommt gleich zurück. Also los, macht schon! Bringt ihn jetzt her!«

Jetzt wußte er, wo er war. Er befand sich in irgendeinem Schuppen im Seehafen von Ravenna. Niemand konnte leicht und einfach nach Ravenna eindringen – weder zu Land durch die Sümpfe und unübersichtlichen Verzweigungen des Padus, noch zu Wasser über die gefährlichste aller Hafenzufahrten im *Mare nostrum*, in »unserem Meer«, wie nicht nur die Römer es nannten.

Er wußte nicht, an welcher Stelle der Kais er sich befand. Nach dem Seehafen von Rom und Aquileia am Nordende des Hadriatischen Meeres besaß Ravenna den größten Hafen Italiens. Aber auch den heimtückischsten und unberechenbarsten!

In den wenigen Wochen seines Aufenthaltes in der Kaiserstadt hatte Attila gesehen, wie sogar große Galeeren mit Segeln und mehr als zwanzig Ruderern auf jeder Seite bei der Einfahrt nach Classis vom *verfluchten Wasser* gepackt, meilenweit mitgerissen und dann zum Kentern in die Sümpfe geworfen worden waren. Irgendwie hatten ihn die unheimlichen Havarien an die auf Römerstraßen üblichen Unfälle erinnert. Doch wo an Land nur Karren und Wagen mit vergleichsweise wenigen Gütern in ausgefahrenen Spurrinnen oder an eingesackten Steinplatten ein Rad brachen und umkippten, strandeten bereits in der Hafenzufahrt von Ravenna fast jede Woche große Boote und Schiffe.

Viele der ankommenden Segler und Galeeren warteten deshalb am *Portus Lionis* in sicherer Entfernung von der jeden Mittag wie ein hungriger Meeresdämon aufspringenden und an Ravenna vorbei bis weit ins Land rasenden Strömung. Die Flutwelle war zumeist nur hüfthoch, dafür aber schneller als ein rennender Mann. Und sie fraß alles, was sie nicht hochheben und wegschleudern konnte, mit ihrem tausendfach gurgelnden, schmatzenden Schlund ...

Zwei Schatten tauchten in der Tür auf. Attila sah schon an ihrem Gang, daß die beiden keine Männer waren. Gleichzeitig roch und schmeckte er Grekas Parfüm aus Gallien. Er konnte sich nicht erklären, was geschehen war. Aber auch die beiden brauchten eine Weile, bis sie sich an das Halbdunkel im Inneren des Raumes gewöhnt hatten. Attila konnte es nicht beschwören, aber eine der beiden jungen Frauen kam ihm bekannt vor.

»Sieh an, er ist wach!« sagte sie. Attila verzog das Gesicht. »Gib dir keine Mühe«, sagte die junge Frau und lachte. »Wir duften nur wie dein Goten-Liebchen, aber wir sind es nicht.«

»Wo ... wo ist sie?«

»Keine Ahnung! Wahrscheinlich wieder in eurem Treck ... sie haben auch nach dir gesucht, aber nachdem deine Leute nichts gefunden haben, sind sie weitergezogen.«

»Das kann nicht sein!«

»Was soll's, Kleiner«, sagte die jüngere der beiden eher abfällig. »Ich würde sie an deiner Stelle einfach vergessen ...«

»Sie kann ja Nonne werden«, lachte die andere.

»Sofern die Bischöfe überhaupt eine aufnehmen, die schon bei einem halbwüchsigen Hunnenjungen gelegen hat ...«

Attila spürte, wie ihm das Blut in den Kopf schoß. Sie behandelten ihn herablassend wie einen Sklaven!

»Was habt ihr vor?« preßte er zornig hervor. »Was soll das alles?«

»Was wir vorhaben?« lachte die jüngere der beiden. »Darüber kannst du an Bord nachdenken.«

Sie trug ebenso wie die andere ihr dunkles Haar halblang und mit einem Band um die Stirn festgehalten. Jetzt fiel etwas Licht von der Feuerstelle in ihr Gesicht. »Schön«, dachte Attila im gleichen Augenblick. »Schön und ebenmäßig in den Augen der Männer wie in denen der Frauen zugleich, aber noch kälter als römische Marmorstatuen!«

Die andere sah wie ihre ältere Schwester aus. Auch ihr Gesicht wies eine ganz besondere Ebenmäßigkeit auf, in der sich Härte und Milde, Wildheit und Sanftmut auf eine Art vereinten, wie sie Attila bisher nur bei den Standbildern und Reliefs in Rom gesehen hatte. Kaum jemand hatte wirklich so ausgesehen wie die unzähligen in Stein verewigten Lügen der Künstler.

Im gleichen Moment fiel ihm auf, was falsch an dem gewesen war, was sie erst wenige Tage zuvor über Sarmatenreiter erzählt hatten. Es waren die Meerschaumperlen. Sie trugen die zerbrechlichen Perlen auch an den Stirnbändern und nicht nur an ihren Schwertern.

»Komm jetzt!«

»Wohin bringt ihr mich?«

»Unser Schiff hat Geschenke für den Neffen von Kaiser Honorius geladen. Von ihm selbst gezüchtete Hühner zum Beispiel. Und Schinken aus der Gegend. Du wirst einer von ihnen sein, wenn die Steuerbeamten kommen und die Fracht für Konstantinopel freigeben.«

Attila spürte, wie ihm das Blut ins Gesicht schoß.

»Was soll das?« schnaubte er.

»Du bist ein hübsches Geschenk, Junge«, lachte die jüngere der beiden Frauen. »Aber ein viel zu störrischer Kindskopf.«

»Mach dir nichts draus«, meinte auch die andere. »Es muß auch Jünglinge und Anfänger geben. Du bist interessant, aber noch lange nicht als Mann für eine echte Sarmatin!«

Attila schnappte nach Luft. Er war so verwirrt, daß er nicht mehr wußte, was er sagen sollte. Schon Greka war viel selbstbewußter, als er es von hunnischen Frauen kannte. Diese beiden aber schienen sich einen Spaß daraus zu machen, ihn zu verwirren.

»Was seid ihr?« fragte er trotzig. »Ich habe noch nie von sarmatischen Amazonen in den Palastwachen von Kaiser Honorius gehört. Oder arbeitet ihr für Kaiser Valentinian, den zweiten?«

»Weder das eine noch das andere, Sohn von Fürst Mundschuk«, sagte die Ältere. Sie beugte sich halb über ihn und löste seine Handfesseln vom steinernen Ring im Boden. »Außerdem kannst du dir viele deiner Fragen sparen ...«

»Ihr kennt mich?«

»Wer kennt dich nicht, du kleiner Odysseus von Rom!«

Sie lachten vergnügt. Obwohl er von dem alten Griechen gehört hatte, wußte er im Augenblick nicht, warum sie ihm diesen Namen gaben. Er konnte nicht einmal erkennen, ob es ein Lob oder eine verächtliche Bezeichnung war.

»Wir haben dich seit Rom beobachtet und wissen, daß du wertvoll bist. Der Hühnerfreund hier in Ravenna hat sich ja ebensowenig für dich interessiert wie der König der Westgoten.«

Attila schüttelte ungläubig den Kopf. »Wollt ihr mich ernsthaft nach Byzanz verkaufen?«

»Gar nicht mal schlecht, deine Idee! In Konstantinopel könntest du für uns dein Gewicht in Gold einbringen. Aber sie würden dich zurückgeben, denn du bist noch immer eine Geisel Westroms ...«

»Bin ich nicht! Alarich hat Rom erobert und ...«

»Sind dabei auch die Verträge über dich und Aetius verbrannt? Oder wollte der kleine Fürstensohn etwa auch noch Ravenna belagern und erobern?«

Attila kaute wütend auf seiner Unterlippe. Noch nie zuvor war er von Frauen, Mädchen fast noch, so ausdauernd beleidigt und verächtlich gemacht worden. In ohnmächtigem Zorn riß er an seinen Fesseln. Sie lösten sich nicht, sondern schnitten nur noch schmerzhafter in seine Gelenke. Es hatte keinen Sinn, sich aufzubäumen wie ein Wildpferd. Wie er auch ausschlug, sich wehrte und seinen Stolz durchsetzen wollte – für sie war es nicht mehr als eine leichte Zähmung. Außerdem wußten sie viel zu gut Bescheid! Das waren keine Wegelagerinnen, die ihn zufällig getroffen und mitgenommen hatten!

Attila mußte zugeben, daß er bisher keinen Augenblick lang an all diese Dinge gedacht hatte. Für ihn war selbstverständlich gewesen, daß er Rom verlassen konnte, nachdem er den Goten und den mit Athawulf nachgekommenen Hunnen geholfen hatte, in die ummauerte Stadt zu gelangen.

»Schlag dir alles aus dem Kopf, was mit Ravenna zu tun hat«, sagte die Ältere. »Diese Stadt ist durch nichts und niemanden einnehmbar – ebensowenig wie das Ordu von Großkönig Kharaton in den Sümpfen der Theiß.«

»Woher kennst du das Lager des *Schwarzen Mächtigen*?« fragte Attila und senkte unwillkürlich seine Stimme. Sein Verdacht bestätigte sich immer mehr. Sie wußten ganz genau, wer er war und was sie mit ihm machten!

»Weil wir schon einmal dort waren, vor drei Jahren. Anschließend sind wir im Gefolge von König Alarich hierher gezogen, dann mehrmals mit ihm nach Rom ...«

»Da könnt ihr doch höchstens so alt gewesen sein wie ich jetzt!«

»Wir sind beide achtzehn.«

»Habt ihr auch Namen?«

»Ich bin Svanhild die Vierte«, sagte die Jüngere. Sie zeigte auf ihre Begleiterin, die keine schwarzen, sondern dunkelgrüne Augen hatte: »Und sie ist Svanhild zwei ...«

»Hm, seltsame Namen«, meinte Attila und versuchte es mit Frechheit: »Ich wußte gar nicht, daß sich die Weiber jetzt schon wie Kaiser numerieren dürfen ...«

Er beruhigte sich langsam wieder, verlor seine Anspannung und glaubte zunehmend, daß er mit den beiden jungen Frauen doch noch handelseinig werden könnte. »Sie klingen eher germanisch als sarmatisch. Gibt es auch eine Svanhild eins?«

»Es gab sie«, sagte die Jüngere ohne erkennbare Regung. »Bis gestern abend ... bis du ihr das Genick gebrochen hast.«

Attila brauchte lange, bis er begriff, was das Mädchen gesagt hatte. Er schüttelte den Kopf und erwartete jeden Augenblick ihren Ausbruch von Zorn, Haß und kreischendem Geschrei. Doch nichts dergleichen geschah.

»Was ist, warum starrst du uns so an?«

»Ihr sagt, ich habe sie erschlagen ...«

»Ja, sie ist tot!«

»Und? Wollt ihr mich nicht ...«

»Dich dafür beschimpfen oder bestrafen?« Die Ältere lachte trocken. »Wenn du unsere Schwester nicht gestoppt hättest, wäre ihr Speer deiner Goten-Freundin ins Herz gefahren. So hat er nur die Oberschenkel von Greka gestreift. Die beiden mochten sich von Anfang an nicht. Sie haben schon einmal miteinander gekämpft, als du noch in der Stadt warst.«

»Greka und eure ... eure Schwester kannten sich?« Attila schüttelte ungläubig den Kopf. Er spürte plötzlich, daß es viel zu viele Dinge gab, von denen er nicht die leiseste Ahnung hatte. Schon die Zeit in Ravenna und in der Ewigen Stadt war für ihn eine einzige phantastische Reise durch fremde Sitten und Gebräuche gewesen – bei Tag und Nacht faszinierend und aufregend, aber auch furchterregend und abstoßend zugleich. Auch nach der Erstürmung der riesigen, ummauerten Ansammlung von Menschen hatten sich für ihn immer neue Tore geöffnet und gleichzeitig neue Mauern aus Fragen aufgetürmt.

Warum war Aijbars wirklich ganz allein gekommen? Warum hatten sie zwischen Rom und Ravenna keinen einzigen römischen Legionär gesehen, obwohl sie nur hundert schwer mit Beute Beladene zählten und in den Monaten zuvor in der gleichen Region zweitausend, viertausend und mehr berittene Kämpfer geradewegs in römische Schwerter, Speere und Pfeilspitzen gelaufen waren? Und was steckte wirklich hinter dem nächtlichen Überfall und seiner Gefangennahme?

»Wo ist Greka jetzt?« fragte er schließlich.

Die beiden Sarmatinnen hoben die Schultern. »Greka? Keine Ahnung«, sagte die Jüngere. »Uns interessierst nur du als Beute!«

Sie sagte es so sachlich und gleichzeitig erfreut, als würde sie über einen Gewinn im Spiel reden. Er richtete sich auf und reckte sich. Für einen Augenblick wog er seine Chancen gegen die beiden Sarmatinnen ab. Sie waren nicht größer als er, nur wenig älter, aber sehr bedacht und präzise in ihren Bewegungen.

»Und eure Schwester? Ich meine die ...«

Die Jüngere kam ganz dicht an ihn heran. Jetzt roch er deutlich das Parfüm aus Gallien. Sie mußten etwas von Grekas Kleidungsstücken genommen haben.

»Sie war nicht wirklich unsere Schwester. Trotzdem haben wir sie in den Dünen begraben.«

»Und die anderen? Ich habe mehr als euch drei gesehen.«

»Die beiden anderen sind draußen – auf dem Boot.«

»Wohin bringt ihr mich?« fragte er.

»Sei nicht so neugierig«, sagte die Grünäugige. Die beiden jungen Frauen lachten. »Wir machen nur einen kleinen Umweg über Aquileia«, meinte Svanhild vier. »Vielleicht treffen wir unterwegs auf ein paar Freunde, mit denen wir über dich verhandeln können. Das wird sich alles ergeben ...«

»O ja!« platzte es aus Attila heraus. »Jetzt weiß ich es: Ihr seid Piratinnen! Nichts weiter als Sklavenhändlerinnen!«

Die beiden Mädchen lachten noch vergnügter. »Natürlich! Was hast denn du gedacht?«

Die Wasser fluteten so schnell zurück, wie sie gegen Mittag gekommen waren. Bereits beim ersten leisen Gurgeln warfen mehrere Schiffe die Leinen los. Niemand wollte zu schnell sein, denn schon die kleinste Abweichung vom Hauptstrom konnte das Ende der Ausfahrt bedeuten. Doch auch für jene, die zu lange warteten, war die Fahrt schnell zu Ende.

Attila trug dünne, festsitzende Sehnenfesseln um Hand- und Fußgelenke. Sie ließen ihm keinen Bewegungsraum unter einer fast undurchlässigen Lederplane, und nicht ein halbes Korn Luft blieb zwischen den kunstvollen Knoten. Die vier Sarmatinnen hatten sich sehr viel Mühe mit seiner Fesselung gegeben. Noch im Hafen war sie so fest und bei der kleinsten Bewegung schmerzhaft gewesen, daß er selbst schlimmste Demütigungen über sich ergehen lassen mußte.

Ihm wurde noch immer rot vor den Augen, wenn er daran zurückdachte. Und in diesen Augenblicken, während der Segler langsam aus der Strömung in eine Abendbrise glitt, schwor er sich, alles zu vergessen, was er in all den Monaten in Ravenna und Rom über die sogenannte Zivilisation des *Imperium Romanum* gehört hatte. Zuviel war noch wild und ungeordnet in seinen Erinnerungen. Doch bereits das, was er in diesem Jahr gehört und erlebt hatte, ließ immer mehr Wut und Zorn in ihm aufkommen. Es war nicht allein Rom, nicht nur die falsche Ordnung, in der angeblich Recht und Gesetz geschrieben, gesprochen und garantiert waren.

Nichts davon stimmte – nicht einmal in der Stadt des Kaisers!

Die Steuereintreiber hatten den dreißig Schritt langen, offensichtlich sehr schwer beladenen Dromon-Segler nicht einmal durchsucht. Ihren Reden nach hatten sie nur an einigen Kästen und Schubladen mit nochmals zu versteuerndem arabischem und gallischem Parfüm für Aquileia etwas auszusetzen gehabt. Keine der Sarmatinnen hatte protestiert. Während der ganzen Zeit hatte Attila vergeblich versucht, die Beamten des Kaisers und der Stadt durch irgendwelche Geräusche auf sich aufmerksam zu machen. Dann waren die Hafenbeamten gekommen, und schließlich hatte er auch noch Schreiber mit ihren Griffeln und Wachstafeln und einen Notarius gehört ...

Attila verstand nicht, was die Sarmatinnen mit all den Aufpassern und Kontrolleuren, den bestechlichen Beamten des Hofes und den korrupten Hafenschreibern gemacht hatten. Er selbst hätte jedem von ihnen das Zehnfache von dem zahlen können, was diese Piratinnen möglicherweise als Bestechungssummen aufgebracht hatten.

Obwohl jeder von ihnen leicht entdecken konnte, welche Fracht noch an Bord war, war keiner von der Kaimauer an Bord gekommen. Erst ganz zum Schluß, als alle anderen bereits abgezogen waren, wurden noch einmal Stimmen laut. Jemand zog das Ledertuch über ihm zur Seite. Attila war so vom Sonnenlicht geblendet, daß er nichts erkennen konnte. Dann spürte er, wie sein Knebel gelöst wurde.

»Bist du ein Sohn des Hunnenfürsten Mundschuk?«

»Ja, das bin ich!« stöhnte Attila erleichtert. Gleichzeitig erkannte er zwei der drei Gesichter, die sich über ihn beugten. Sie gehörten besonders gut genährten Eunuchen des Hofes, die ihn bereits bei seiner Ankunft in Ravenna vor über einem Jahr gründlich untersucht hatten. Aber sie waren nicht gekommen, um ihn zu befreien, sondern ganz offensichtlich nur, um ihn nochmals zu sehen. Sie hatten die Muskeln an seinen Oberarmen und Schenkeln befühlt, seine Lippen mit Daumen und Zeigefinger wie bei einem Pferd hochgedrückt und ihm einen halb zerbissenen Holzspatel zwischen die Zähne gerammt. In diesen Augenblicken hatte er auch daran gedacht, einfach so laut zu schreien, daß er im ganzen Hafen von Ravenna gehört würde. Noch ehe er sich dazu entschließen konnte, hörte er andere, laut über das Wasser gellende Hilferufe. Sie gingen unter in vielstimmigem Geschrei und Gelächter.

Nein, an diesen Kais wurde kein Sklave gehört, fand kein Gefangener an Bord irgendeines Seglers eine helfende Hand. Im Hafen der kaiserlichen Paläste, der Kirchen und Klöster hatten die Lachmöwen mit ihrem fordernden, gräßlichen Gekreisch schon immer mehr Rechte genossen als für den Transport festgezurrtes Vieh oder genauso zu wehrlosen Ballen gefesselte Menschen.

Die Sklavenhändler des weströmischen Kaisers hatten kein weiteres Interesse an ihm gehabt. Sie sprachen kein Wort mit ihm und antworteten ihm nicht. Viel wichtiger war es für sie gewesen, daß einige zusammengerollte Wandteppiche und große, in Leinen vernähte Kästen sicher an Bord des Sarmaten-Seglers verstaut wurden.

All das war vor nicht einmal einem halben Tag geschehen – und doch wurde Attila das Gefühl nicht los, als wäre nichts davon reiner Zufall.

Sie glitten mit voll ausgerolltem Segel im lauen Abendwind nach Norden. Die vier Sarmatinnen beherrschten das Frachtschiff ebensogut wie ihre Pferde. Obwohl sie nur sehr langsam vorankamen, zeigten sie weder Ungeduld noch Eile.

Svanhild zwei stand an der rechten hinteren Bordwand. Sie galt inzwischen als Anführerin der Gruppe und hatte ihren rechten Arm über das schräg nach hinten hängende Seitenruder gelegt. Der Abendwind war viel zu schwach, um sie herauszufordern. Als die hellen Lichtpunkte der Sterne nach und nach am dunkelblauen Himmel auftauchten, legte sich der Wind vollständig. Nur ein paar handbreite Wellen schwappten jetzt noch gegen die Planken der Bordwände. Keine der Sarmatinnen sprach. Svanhild drei und vier nickten sich kurz zu, dann kletterten sie über Kisten und Ballen bis fast zur Mitte des Seglers. Ohne besondere Kommandos lösten sie zwei dicke Seile von den Haltedornen und zogen sie gleichzeitig durch ihre hölzernen Rollen. Attila hockte am hochgezogenen Bug des Schiffes. Er beobachtete, wie die Sarmatinnen das große Segeltuch langsam nach oben einrollten. Dann gingen sie zu anderen Seilrollen und ließen den Querbalken am Mast nach unten. Attila kannte die Bezeichnungen der einzelnen Schiffsteile nicht, aber er sah, daß die verschiedenen Verbindungen ebenso sinnvoll angeordnet waren wie beim Zaumzeug von Gespannen.

Nachdem das Segel eingeholt war, entzündete Svanhild fünf mit Feuerstein und Lunte eine kleine, flache Öllampe aus Terrakotta mit einem Docht an jeder Seite und stellte sie neben sich auf die linke Bordkante. Die milde Abendluft war so ruhig, daß die schwarzen Rauchfäden über den Lampenflammen beinahe senkrecht in die Höhe stiegen.

Attila wunderte sich nicht mehr über das seltsame Verhalten der vier jungen Frauen. Nur einmal kam eine von ihnen zu ihm nach vorn. Sie brachte einen Krug mit Essigwasser und ließ ihn trinken.

»Sag, wenn du dich erleichtern mußt«, wies sie ihn an. »Und

falls der junge Hunne sich schämen sollte, drehen wir uns solange um ...«

Die anderen hatten es gehört. Sie lachten kurz, kümmerten sich aber nicht weiter um ihn. Er biß die Zähne zusammen und sah ganz langsam ein, daß er sich fügen mußte, ganz gleich, ob ihm das paßte oder nicht.

Trotzdem fragte er sich, warum sie einfach auf dem spiegelglatten Meer standen und sich nicht weiterbewegten. Sie hätten rudern oder näher an den Lagunen nördlich der Kaiserstadt ankern können. Doch offensichtlich wollten sie die Nacht mitten auf dem Hadriatischen Meer verbringen.

Er dauerte sehr lange, bis die letzten tiefroten Streifen am Himmel über dem fernen, flachen Land verschwanden. Stunde um Stunde verrann. Attila nickte ein paarmal ein. Er schlief jeweils nur sehr kurz, denn jedesmal, wenn sein Körper zur Seite sank, schnitten die Handfesseln wieder in seine Gelenke.

Mitternacht mußte längst vorbei sein, als die Sarmatinnen immer häufiger zu tuscheln begannen. Am Anfang waren sie so leise, daß Attila sie nicht verstand, doch dann hörte er erneut »*Chrysoskeras* – goldenes Horn«, aber nicht mehr »*Classis*«, sondern »*Aquileia*«.

Sie wurden lauter und ungeduldiger. Schließlich achteten sie nicht mehr darauf, ob er sie hören konnte oder nicht. Wenig später begannen sie offen zu streiten. Trotzdem verstand er kaum ein Wort. Er wußte nicht einmal, in welchem Sprachengemisch des Ostens sie sich gegenseitig Vorwürfe machten. Nur ab und zu schien er selbst in der hitzigen Auseinandersetzung vorzukommen. Dann fiel sein Name, der seines Vaters, seiner Onkel Ruga, Oktar und Aijbars und gelegentlich auch die der hunnischen und gotischen Könige.

Und dann nannte Svanhild zwei ganz deutlich den Namen *Bleda*.

Im ersten Augenblick glaubte Attila, nicht richtig gehört zu haben. Woher sollten die Sarmatinnen, Amazonen und Piratinnen im Hadriatischen Meer, einen jungen Hunnen kennen, der nie weiter als bis zur Donau gekommen war?

»Bleda! Bleda! Bleda!« fauchte Svanhild zwei.

Dreimal hintereinander. Und so verärgert, daß es für Attila jetzt keinen Zweifel mehr gab. Sie mußte seinen Bruder kennen oder zumindest wissen, wer er war! Beinahe augenblicklich erhielt er durch einen ganz anderen Namen die Bestätigung:

»Das Schiff wird kommen!« rief die jüngste der Frauen in lateinischer Sprache. »Und Aetius ebenfalls ...«

Attila hielt unwillkürlich die Luft an. Damit hatte er nicht einmal in seinen wildesten Überlegungen gerechnet. Doch dann knüpften sich einige seiner losen Gedanken wie ein sehr fein gehäkeltes Muster zusammen. Jeder Schamane, jeder andere Hunne hätte sich in einer derartigen Situation wie ein Fisch benommen, der aus Stärke und Richtung des strömenden Wassers, aus Farbe und Helligkeit des Lichts in ihm zu *empfinden* versucht hätte, woher eine Erkenntnis kam und auf welche Art er sich ihr entgegenkrümmen sollte.

Doch Attila reagierte nicht weich und empfänglich mit all seinen Sinnesorganen, sondern mit Erregung und Abscheu zugleich. Und so wie der flehmende Hengst beim Duft rossiger Stuten den Kopf steil nach oben streckte, die Zähne zeigte und die Oberlippe so weit nach oben klappte, bis sie die Nüstern verschloß, konnte der Gefangene der Amazonen ein plötzliches Aufschnauben nur mühsam unterdrücken. Aber er wollte sich und seinen inneren Aufschrei nicht verraten! Er mußte sich vielmehr zwingen, so zu denken, wie er es in Rom gelernt hatte – Schritt für Schritt, einen Gedanken dafür, einen Gedanken dagegen – so lange, bis nicht mehr sein Bauch, sondern sein Kopf eine Antwort gab ...

Er verstand es nicht. Wie konnte Aetius, der doch als Geisel im Lager von Großkönig Kharaton war, mit einem Schiff auf das Hadriatische Meer kommen? Und woher sollte Bleda wissen, daß Rom gefallen war? Selbst mit den schnellsten Reiterkurieren römischer Legionen und mehrmaligem Pferdewechsel am Tag wäre die Nachricht von der Eroberung Roms mindestens zwei Wochen unterwegs gewesen. Sicher – er hatte davon gehört, daß Meldungen das *Imperium Romanum* auch in noch kürzerer Zeit durcheilt hatten, aber dann waren nicht nur Reiter, sondern auch Signalfeuer, Semaphoren und Rauchtürme verwendet worden. Nichts davon hatte er in Rom oder auf dem Weg bis Ravenna gesehen!

Daraus ergab sich, daß die Kunde von der Erstürmung der Ewigen Stadt inzwischen auf irgendwelchen Wegen und mit Rauch- oder Feuerzeichen bis zur Donau oder mit einem Segler, der über die Kraft dämonischer Nachtwinde verfügte, auch bis nach Konstantinopel gelangt sein konnte – bis zum *Chrysoskeras* – dem goldenen Horn ...

»Einmal den ganzen Weg, das wäre möglich«, murmelte er leise. »Aber nicht hin und zurück!«

Genau das war es! Nichts und niemand außer der Sonne, den Wolken und den Vögeln am Himmel konnte noch schneller von Rom bis zu den Karpaten und von den Gebirgen Transsylvaniens wieder zurück nach Ravenna gelangen!

»... außer den Vögeln am Himmel!« sagte sein Mund.

Er schüttelte sich unwillkürlich, als ihm klar wurde, was er soeben gedacht und ganz leise ausgesprochen hatte.

Nur die eine einzige Ölschale mit ihrem doppelten Docht brannte in der weiten, endlosen Nacht auf dem Meer. Sie war nur wenig heller als das gewaltige Zelt aus Sternen, die alle vollkommen unterschiedlich blinkten und strahlten. Erst ganz allmählich erkannte Attila, was anders war als in den vergangenen Nächten, vollkommen anders als in den furchtbaren, unheimlichen Nächten in Rom.

Es war die Stille und das leise und gleichmäßige Schwappen sehr kleiner Wellen am Schiffsrumpf, das ihn seltsamerweise nicht müde machte. Verwundert stellte Attila fest, daß er sich weder fürchtete noch zornig auf die Sarmatinnen war. Sie hatten ihn gefangengenommen, gefesselt, verschleppt, aber sie hatten ihm etwas wiedergegeben, das es für ihn bisher nur in den Weiten der Steppe und des flachen Landes an der unteren Donau gegeben hatte.

Der Himmel war sehr hoch. Wenn er sich nach hinten lehnte und kein Schiffstau, keine Mastspitze und keine Bordwand mehr den freien Blick in die Unendlichkeit störte, dann dauerte es nur wenige Atemzüge, bis er wieder aufsteigen konnte, wie sie es schon als kleine Jungen so gern getan hatten – aufsteigen und gleichzeitig den Sternen und den Göttern in ihnen entgegenfallen ...

Die vier Sarmatinnen hatten gegessen. Nacheinander hatten sie sich ausgezogen und waren vom Heck des Seglers ins Meer gesprungen. Voller Bewunderung hatte Attila ihre vollendeten Körper betrachtet. Obwohl er in Greka verliebt und noch immer um sie besorgt war, konnte er nichts gegen die Erregung tun, die ihn erfaßte, sobald die nassen Amazonen wieder an Bord kletterten, ihre Haare schüttelten und sich gegenseitig mit großen Tüchern abtrockneten ...

Jede von ihnen hatte zwei wunderschöne, straffe Brüste.

Irgendwann waren auch sie ruhiger geworden. Attila döste vor sich hin, während er damit begann, die geheimnisvollen Anordnungen und Symbole der Sterne zu ergründen. Wie lange war es her, daß er soviel Zeit und soviel Stille ganz für sich gehabt hatte?

Er hörte, wie sie zu murmeln begannen. Eine Weile versuchte er vergeblich, etwas aus den Gesprächen zu verstehen, dann plötzlich kam er sich vor, als wäre er mitten zwischen ihnen. Svanhild zwei erzählte, und ihre Stimme klang so geheimnisvoll und wissend wie die des Schamanen in tiefer Trance:

»Hört mich an, Schwestern, die ihr herumirrt in fremden Landen. Hört meine Stimme, ihr allerletzten noch freien Menschenfrauen! Hört sie als die unserer großen und über alle Könige und Fürsten der Welt erhabenen Urmutter Gaia, die der Erde Schoß allen Lebens ist! Hört von mir, wie alles verwirrt wurde, weil die Hunnen über uns kamen ...«

Ihre Stimme wurde stark, voller Macht, doch ohne Zorn, als sie weitersprach: »Der lange Winter in seiner tiefsten Dunkelheit zwischen den Jahren dreihundertvierundsiebzig und dreihundertfünfundsiebzig nach der christlichen Zeitrechnung war besonders hart und streng. Bis in den Frühling hinein blieb der Boden gefroren, und die Herden vieler Völker und Stämme fanden keine Nahrung mehr. Neugeborene Tiere gingen zugrunde, und auch die Menschen lebten nur noch, weil sie das vor Hunger gefallene Vieh aßen. Die Kälte wollte und wollte nicht weichen. Und dann, an einem hellen, doch noch immer eisigen Tag in der von Rauhreif und starren Bodenkrumen leblos gewordenen Landschaft kam plötzlich ein Geschrei aus der Ferne heran ... ein Beben des Bodens wie aus der Tiefe, ein Schwirren und Fetzen und dumpfes Trommeln mit blitzenden Schwertern über den Schatten von kleinen Pferden, schneller als Wolken und Donner ... struppig in ihrem Haarkleid ... wilder als alles, was jemals den großen und stillen, jetzt wehrlos zugefrorenen Tanais überquert hatte ...«

»O Schwestern! O Schwestern!« fiel Svanhild drei ein. »Ich sehe Wehklagen und großes Leid ...«

»Blut von verzweifelt kämpfenden Männern«, stieß Svanhild zwei hervor. »Es tränkte den Schnee ... dann auch das Blut von Frauen und Kindern ... Blut von gejagten, im Sieg geschlachteten Tieren, Blut aus den Schößen der ohnmächtig Vergewaltigten. Blut, das sich mit Tränen vermischt und doch nicht dünner wird. Tagelang, wochenlang, und auch noch, als der Frühling kam ...«

Sie summten gemeinsam vor sich hin wie bei einem schon oftmals zelebrierten Ritual. So schrecklich und wahr auch klang, was sie sagten – es war nicht selbst erlebt, sondern wieder und wieder weitergegeben und neu erzählt, bis es so übermächtig in der Kraft seiner Bilder geworden war, daß nichts und niemand mehr daran schnitzen und feilen konnte:

»Den Hunnen, die nur aus einer Kälte in eine andere flohen,

den ausgemergelten und verzweifelten Hunnen war es gleich, ob sie vor Hunger starben oder im Kampf fielen«, berichtete eine der Amazonen weiter. »Schon deshalb machten sie keine Gefangenen. Sie hatten nur diesen einzigen Ausweg. Ihr Stärkster und König hieß Balamber. Mit seinen Kriegern traf er auf die Goten des Amalerkönigs Vinitharius.«

»... der aber kein Sohn Hermanerichs war ...«

»... dessen Reich sie dennoch zerstörten!« sagte Svanhild drei. »Den ganzen Sommer über und bis zum nächsten Winter gab es für die Eroberer kein Halten mehr. Im Rausch ihres Erfolges brachen sie in die Pforte ein, die zwischen Donau und Karpaten den Weg nach Westen öffnet. Sie überwanden den Strom der Donau auch ohne Eis wie auf dem Danaper, dem Danaster und dem Tanais.«

»Tand und brüchiges Menschenwerk nur noch die doppelte römische Befestigung, jene Mauer des Kaisers Caracalla, die von der unteren Donau in nördlicher Richtung bis zu den Südhängen der Karpaten zieht.«

»Nur noch eine Erinnerung war fortan der gerühmte Limes des Kaisers Hadrian an der Ostgrenze des *Imperium Romanum*!«

»So begann der neue Schub, der viele der Völker in diesen Ländern erneut gegen die Grenzen des Römischen Reiches branden ließ ...«

»Und dieser Sturm, der überall Völker und Stämme, Kaiser und Könige, Menschen und Mächte durcheinanderwirbelt, ist noch lange nicht zu Ende!«

»Doch sagt, was ist das Schönste von allem, Schwestern der Erde und des Meeres?«

»Der Schaum auf der Krone der Wellen«, sagten sie alle zugleich und beschwörend. Sie lachten laut und vergnügt. Attila fuhr zusammen. In diesem Augenblick wußte er nicht, ob er das alles wirklich gehört oder nur geträumt hatte.

Die kleine Übungsgaleere näherte sich schnell. Das Frachtschiff der Sarmatinnen lag noch immer bewegungslos in der glatten See. Inzwischen war das Licht gelöscht worden. Statt dessen hatten die Sarmatinnen auf der Backbordseite einen glänzenden, vergoldeten Adler von irgendeiner erbeuteten oder erhandelten Legions-Standarte am Mast bis nach oben gezogen und nach Norden hin ausgerichtet. Zusammen mit einem zweiten metallenen Schild, den sie beweglich in ihrem Schoß hielt, ließ Svanhild drei die Strahlen der aufgehenden Sonne über die beiden goldenen Adler bis zu der Übungsgaleere blitzen.

Fasziniert beobachtete Attila das schnelle, aber bis in die kleinste Bewegung konzentrierte Spiel mit dem Licht der Sonne. Zuerst dachte er, daß die Blitze in ihrer Länge und Reihenfolge nur zufällig aufstrahlten, doch dann sah er, wie die Übungsgaleere antwortete.

Sie wußten es! Sie kannten das uralte Spiegelspiel, das auch die Hunnen in den Weiten der Steppe verwendeten!

Gleichzeitig wurde ihm klar, daß die Besatzungen der beiden Schiffe sich kannten – oder zumindest die gegenseitigen Lichtzeichen verstanden. Es dauerte nicht einmal eine halbe Stunde, bis die Galeere neben dem Frachtschiff der Sarmatinnen längsseits ging. Attila konnte nicht sehen, wie viele Personen sich hinter dem Windschutz aus bunten, mit großen, hellblauen Augen bemalten Lederbahnen befanden. Entlang der Bordwände zählte er knapp zwanzig Ruderer. Sie waren nicht viel älter als er selbst. Auf einen kurzen, kaum hörbaren Paukenschlag hin hörten sie auf zu rudern. Gleich darauf standen sie auf und blieben bewegungslos stehen.

Sie trugen dunkelblaue, bis zu den Hüften reichende Überwürfe über hellblauen Tunika-Hemden. Es sah aus, als hätten die jungen Männer Sommerhemden mit kurzen Ärmeln über Winterhemden mit langen Ärmeln gezogen. Attila konnte sich keinen Reim auf diese Kleiderordnung machen. Ähnliches hatte er weder im Hafen von Ravenna noch am Tiber oder auf den Donau-Schiffen der Römer gesehen.

Svanhild drei und vier kamen zu ihm ins Vorschiff. Für einen Augenblick blieben sie abwartend vor ihm stehen und betrachteten ihn von oben bis unten. Niemand an Bord der beiden ungleichen Schiffe sprach ein Wort. Nur das Wasser des noch immer bleiern wirkenden Meeres schwappte schwer und müde gegen die Bordwände.

»Was ... was ist?« fragte Attila. Nie zuvor hatte er sich vor jungen Frauen so unbehaglich gefühlt. Er wußte einfach nicht, was sie von ihm wollten, fand keinen Zusammenhang, keinen Sinn in den Ereignissen der beiden vergangenen Nächte. Weder Gefühl noch griechisch-römische Logik hatten ihm bisher weitergeholfen. Es gab einfach keinen Ansatzpunkt, keine vernünftige Erklärung dafür, daß die Sarmatinnen ihn nackt am Strand aufgegriffen und fast einen Tag später erst aufs offene Meer hinausgebracht hatten.

»Schade«, sagte Svanhild drei mit einer Mischung aus Spott und Bedauern in ihrer Stimme. Sie griff nach ihrem Messer am Gürtel und zog es ganz langsam aus der hölzernen, mit Goldblech beschlagenen Scheide. Die Sonne blitzte scharf und grell auf der polierten Klinge.

Attila machte sich nichts vor. Eine von ihnen lebte nicht mehr. Auch wenn es bisher so ausgesehen hatte, als hätte der Tod ihrer Gefährtin keine Bedeutung für sie, war Attila mißtrauisch geblieben. Andererseits hätten sie ihn mehr als einmal ohne Zeugen umbringen können – nackt in der Nacht am Meer, dann im düsteren Lagerschuppen und bis zu dieser Stunde auch auf dem offenen Meer ...

Er starrte auf das unregelmäßig im Licht der Morgensonne aufblitzende Messer in der Hand der schönen Sarmatin. Wenn sie schnell und geschickt genug war, würde niemand an Bord der Übungsgaleere einen Laut hören. Aber wollte sie das überhaupt? Wollte sie ihn jetzt töten – nach so vielen ungenutzt verstrichenen Stunden?

Attila holte ganz langsam Luft. Nein. Sie würde ihn nicht töten. Gleichzeitig hämmerten immer wieder zwei Namen durch seinen Kopf. Was hatte Bleda mit all dem zu tun? Und was Aetius? Oder hatte auch noch Onkel Aijbars seine Hände im Spiel? Was wußte er denn? Doch nicht mehr, als ihm der Schamane über das Jahr seiner Abwesenheit erzählt hatte. Und von den Hunnen der Weiden, an denen die Donau von Norden nach Süden floß, war auch kein Hinweis gekommen – nicht einmal ein leise getuscheltes Gerücht ...

Svanhild drei spuckte leicht über ihn hinweg.

Sie beugte sich zu ihm herab und schnitt mit zwei kurzen, schmerzhaften Rucken die Sehnenfessel an seinen Handgelenken durch – einmal, zweimal, dann war er frei.

»Dort hinüber!« befahl sie und hob herrisch ihr Kinn. Es deutete auf die Übungsgaleere, und ihre Augen funkelten.

Im gleichen Augenblick trat ein mittelgroßer, eher schlanker junger Mann in der Uniform eines römischen Unterführers der Reiter hinter dem bunten, ledernen Windschutz hervor. Sein braunes Haar war kurz geschnitten und lag nach neuester Männermode in Rom in Hunderten von kleinen Locken um seinen länglichen, markanten Kopf.

Attila sah eine breite, an den Schläfen leicht kantig wirkende Stirn, eher schmale, sauber gezupfte Brauen, eine starke, gerade Nase und einen scharf konturierten, in den Winkeln ein wenig zu zynisch abfallenden Mund über einem hervorspringenden, mit einer Delle versehenen Kinn.

Attila starrte in das Gesicht dieses jungen Unteroffiziers, über den er mehr nachgedacht hatte als über jeden anderen Römer. Er sah ihm direkt in seine außergewöhnlich hellen, intelligent und zugleich gefährlich wirkenden grauen Augen. Sie standen weiter auseinander, als er es bei den Römern bisher gesehen hatte.

Der junge Mann trug die Abzeichen eines *duplicarius*, was ihn als stellvertretenden Anführer einer aus dreißig Mann bestehenden Reiterabteilung auswies. Er hatte die gleiche blaue Doppelhemdkombination an wie die Ruderer. Zusätzlich trug er den oberen Teil einer römischen Reiterrüstung. Der makellose, bis an die Hüften reichende und seitlich geschlitzte Schuppenpanzer aus hellbraunen Lederzungen, die mit vierkantigen dunkelbraunen Lederriemen überlappend verbunden und mit breiteren Lederstreifen in große, rhombische Muster unterteilt waren, wirkte so neu, daß er bisher noch keine einzige ernsthafte Attacke gesehen haben konnte. Ebenso ungewöhnlich war die runde, handtellergroße und nach vorn gewölbte vergoldete Scheibe auf der linken Brustseite des Schuppenpanzers. Derartige *phalerae* erhielten nur Legionäre, die sich nach langen, verlustreichen Zügen besonders ausgezeichnet hatten. Das Eigenartige an dieser Ordensscheibe war nur, daß es davon wahrscheinlich keine zweite im *Imperium Romanum* gab, denn diese Scheibe zeigte Attilas eigenes Stammeszeichen – die strahlende Sonne und den hoch über ihr fliegenden Adler ...

»Ich grüße dich, Attila«, sagte der Römer.

»Und ich grüße dich, Aetius, wenn du Aetius bist!«

»Ich bin Aetius.«

»Ich habe viel von dir gehört.«

»Und ich sah dich schon tot, als unsere Wege sich vor mehr als einem Jahr zum ersten Mal gekreuzt haben ...«

»Hast du dies alles hier geplant und durchgeführt?«

»Nein«, sagte der Römer. »Haben die Grazien dich zu hart behandelt?«

Attila schüttelte den Kopf. »Eher ich sie«, sagte er und sah sich um. Die vier Sarmatinnen lehnten nachlässig nebeneinander am Mast ihres Frachtschiffes. Sie lächelten so, wie Händler lächeln, wenn sie eine Ware heil abgeliefert haben und nun auf das Klingen der Goldmünzen in ihren Händen warten. Erst jetzt wurde ihm bewußt, das keiner der Männer an den Rudern gepfiffen oder mit der Zunge geschnalzt hatte. Es war, als hätten sie die jungen Frauen mit ihren kurzen Tuniken über sonnengebräunten Oberschenkeln bis zu diesem Augenblick überhaupt nicht zur Kenntnis genommen.

Attila drehte sich wieder zu Aetius um. So unauffällig es ging, massierte er seine schmerzenden Handgelenke.

»Hast du sie geschickt, um mich einzufangen?« fragte er. »Warum? Und welchen Sinn hat dies alles?«

Die Geisel Roms im Lager des *Schwarzen Mächtigen* deutete ein Lächeln an und hob die Schultern. Er trat ein paar Schritte vor. Die Ruderer an der rechten Seite der Galeere zogen ohne jedes besondere Kommando die Riemen ein, bis sie über die Köpfe der Männer auf der anderen Seite reichten. Ohne Wind und ohne jede Ruderbewegung trieben die beiden ungleichen Schiffe aufeinander zu.

Attila sah, wie der Römer ihm die Hand entgegenstreckte.

»Ich bringe dich nach Aquileia«, sagte er und half ihm mit einem Schwung über die Bordwände. Attila stolperte durch die Waffen der Männer an der Innenseite der Galeere.

Ein weiterer Mann trat hinter dem ledernen Windfang hervor. Er war doppelt so alt wie die anderen und trug als einziger an Bord einen Bart wie die Oströmer.

Die Männer auf der rechten Seite der Galeere legten ihre Ruder nach vorn. Als hätten sie das alles dutzendfach geübt, sprangen vier von ihnen auf den Frachtsegler der Sarmatinnen. Vier andere stellten sich in der Galeere in Position. Verwundert sah Attila mit an, wie die Vier auf der einen Seite den Vieren in der Galeere einen Ballen Fracht nach dem anderen zuwarfen. Kästen, Ballen und Säcke, Fässer und schließlich auch noch nach Hunnenart zusammengebundene Lederbeutel wurden ohne den geringsten Befehl und ohne irgendein Wort in Windeseile umgeladen.

Die Männer schnauften leise, als sie wieder auf ihre vorgesehenen Positionen glitten. Jetzt lag die Galeere so tief im Wasser wie zuvor der Segler der Sarmatinnen. Ein leiser Doppelpfiff auf einer Taktpfeife richtete alle Männer auf den Bänken auf. Bewegungslos warteten sie auf die nächsten Schläge.

»He, schöner Römer!« rief Svanhild zwei vom Segler herüber. »Du bist uns ab jetzt verpflichtet!«

»Ich stehe dazu!« rief Aetius klar und deutlich.

»Vergiß es nicht«, rief Svanhild vier. »Uns allen und jeder einzelnen von uns ...«

Zum ersten Mal sah Attila eine Disziplinlosigkeit auf den Gesichtern der jungen römischen Ruderer. Sie grinsten ebenso einheitlich, wie sie die langen Ruder ins Wasser tauchten.

9. Aetius

Sie kamen viel schneller voran, als Attila erwartet hatte. Zum ersten Mal erlebte er, welche Transportgeschwindigkeiten mit einer Galeere möglich waren. Bisher hatte er immer gedacht, daß Schiffe allein von der steten Kraft des Windes oder der Ruderer abhängig waren. Jetzt sah er, daß sich die Wasserfahrzeuge nicht wie die schweren, filzbespannten Wohnwagen der Hunnen verhielten, sondern eher wie Lebewesen, mit denen man reden konnte, die auf geheimnisvolle Weise auch den Wasserdämonen in der Tiefe gehorchten und sich ihrem Herrn und Schamanen willig unterwarfen, wenn er es befahl.

Er hockte bequem auf den zusammengerollten Segeln der Galeere, kaute genüßlich an einem steinharten Stück Trockenfisch und trank hin und wieder einen Schluck mit viel Wasser verdünnten Weißwein. Im Gegensatz zur römischen Würzsoße aus Fischabfällen roch der Trockenfisch eher nach Nüssen. Erst spät war ihm aufgefallen, daß er während der beiden Nächte und des Tages bei den Amazonen nur Essigwasser getrunken, aber nichts gegessen hatte. Trotzdem hatte er das weiße Brot, das sie ihm zusätzlich anboten, nicht genommen. Es erinnerte ihn zu sehr an seine Zeit als Geisel.

Die Legionäre ruderten mit voller Kraft, während der Taktgeber jetzt mit einer Pauke die Schläge vorgab. Jeweils bei sechzig gab es eine fünf Schläge lange Atempause, und ehe die Geschwindigkeit zu sehr absank, ging es weiter. Erst nach sechsmal sechzig Schlägen gönnten sich die Männer einen Sechziger, eine große Pause. Dabei kam die Galeere völlig zum Stehen. Die Ruderer legten ihre heißen Hände zum Gebet zusammen, dann tranken oder aßen sie eine Kleinigkeit, trockneten den Schweiß von Brust und Nacken, standen auf und reckten sich oder stiegen auf ihre Sitzbank und pißten viel zu gelbe Bogen über die Bordwand.

»Verdammt nochmal, ihr müßt mehr trinken!« rief dann der Bärtige mit rauher Stimme, obwohl sie alle das Essigwasser so durstig soffen wie junge Pferde nach dem ersten Einritt.

Die Galeere war nur ein kleines Schiff mit einer Ebene von Ruderern. Attila hatte von Kampfschiffen und Trieren gehört, in denen die Griechen schon zu Beginn des *Imperium Romanum* fast zweihundert Männer in mehreren Reihen nebeneinander und übereinander in die Schlacht geschickt hatten. Derartige Seeungeheuer sollten mit einem einzigen Schwung alle Ruder an einer Seite von feindlichen Schiffen zerbrochen und sie nach einer scharfen Drehung im zweiten Anlauf mit einem Rammstoß versenkt haben.

Die kleine oströmische Galeere war dazu nicht in der Lage. Sie hatte keine Enterbrücken und konnte auch keine Holzblöcke mit Widerhaken auf feindliche Planken schießen. Die Ruderer verfügten nicht einmal über Lanzen mit Sicheln an den Spitzen zum Zerschneiden von Tauwerk. Sie hatten nichts von dem, was Attila in den Arsenalen Roms gesehen hatte, und waren bestenfalls für einen Kampf Mann gegen Mann bewaffnet.

Attila dachte lange darüber nach, warum er immer noch nicht den eigentlichen Unterschied zwischen der römischen und germanischen Kampfweise entdeckt und verstanden hatte. Denn es gab einen Unterschied – es mußte einen geben!

Seltsamerweise hatten auch keine Weströmer, sondern zwei schwarzbärtige Alanen im Dienst von Konstantinopel das Kommando über die Galeere. Beide, der Vater Aspar und sein Sohn Ardabur, waren ziemlich hohe Offiziere der oströmischen Marine. Attila hatte irgendwann sogar schon einmal ihre Namen gehört. Ihre Vorfahren waren von Persien aus bis zum Kaukasus geritten und hatten dort ein eigenes Königreich errichtet. Vor einem halben Jahrhundert waren sie von den Schwarzen Hunnen besiegt und unterworfen worden.

Aetius hatte noch nicht viel mit ihm gesprochen. Nur einmal war er zu ihm gekommen, um ein paar Worte über Aspar, Ardabur und die Galeere zu sagen:

»Du willst wissen, wo du hier bist?« hatte er gefragt. »Nun, betrachte dich als Ehrengast auf einem oströmischen Kriegsschiff!«

»Was hat ein Kriegsschiff aus Byzanz hier im weströmischen *Mare Hadriaticum* zu suchen? Das gehört doch zu Westrom!«

»Ganz recht, aber direkt vor seinem Eingang an der Südostspitze von Italien verläuft die Grenze zwischen den beiden Reichen schnurgerade von Norden nach Süden durch das *Mare Ionicum* und das *Mare Libycum* bis zum Africanischen Kontinent. Dort trennt die gleiche Linie Westrom mit dem *Dux Tripolitanae* und Ostrom mit dem *Dux Libyarum*. Du kennst die Donau als Nordgrenze beider Imperien. Jetzt weißt du auch, wie weit sie im Süden reichen.«

»Ich habe Karten gesehen«, hatte er gesagt, obwohl ihm das alles neu war. Einige Stunden später, nach der Mittagsruhe, auf die auch auf See niemand verzichten wollte, kam Aetius erneut zu ihm. Er brachte einen frisch gefüllten Krug mit unverdünntem Wein.

»Willst du?«

»Was, schon am hellichten Tag?«

»Bist du ein Tier, das seinen Durst vom Sonnenstand bestimmen läßt?«

»Wer hat dir denn den Unsinn über Tiere erzählt?«

»Niemand«, sagte Aetius und lachte. »Ich habe nur gesehen, wie streng sich Hunnen und ihre Tiere auf der Weide daran halten ...«

Attila hob die Schultern. »Das ist mir noch nicht aufgefallen«, sagte er, ein wenig verstimmt. Aetius stupste ihn mit der Hand an der rechten Schulter.

»Was ist los, Kleiner?«

»Nenn mich nie wieder Kleiner!« zischte Attila augenblicklich. »Nie wieder, hörst du? Ich bin kein Sklave von euch, kein Freigelassener, kein Föderat oder sonst ein Verbündeter!«

»He, he!« gab Aetius sofort zurück. »Das war kumpelhaft gemeint, Mann!«

»Ich bin auch nicht dein *Cumpan*! Merk dir das, Aetius! Ich habe lange genug das Brot der Römer essen müssen! Das Jahr in Rom hat mir gereicht – für jetzt und alle Zeiten!«

»Schon gut! Schon gut!« lenkte Aetius weiter ein. »Jetzt weiß ich wenigstens, wovor mich Bleda warnen wollte! Du bist ja noch widerborstiger und aufbrausender, als dein Bruder dich geschildert hat ...«

Attila schoß das Blut ins Gesicht. Er merkte es und ärgerte sich augenblicklich darüber, daß er diese Unmännlichkeit nicht besser beherrschen konnte.

»Ja, ja!« knurrte er, »aber wenn ich jähzornig bin, dann ist er heimtückisch!«

»Das kann ich dir inzwischen auch bestätigen«, sagte Aetius. Attila merkte sofort, daß die Stimme des Römers sich verändert hatte. Das Blut rauschte nicht mehr in seinen Ohren. Er nahm Aetius den Weinbecher aus der Hand und trank einen großen Schluck. Der weiße Wein war so kühl, als hätten sie ihn an einem tief ins Meer hängenden Ankerseil nachgezogen.

»Du trinkst ja doch schon bei Sonnenschein«, sagte Aetius lächelnd.

»Nur wenn ich Durst habe«, antwortete Attila. »Und wenn ich von dem Mann, der mir den Wein gebracht hat, Antworten haben will.«

»Ich habe dich die ganze Zeit beobachtet«, sagte Aetius und nickte. »Du kannst die Neugier und den Wissensdurst in dir besser beherrschen als deine älteren Brüder. Sie haben mich am Anfang fast verrückt gemacht mit ihrer ständigen Fragerei.«

»Ich frage ebenfalls«, stellte Attila klar.

»Ja, aber du fragst nicht, was die Mädchen und die jungen Frauen in den Palästen machen, warum Eunuchen aggressiv und nicht so sanft wie Ochsen sind und ob der Kaiser Westroms seine Stiefschwester öffentlich auf den Mund küßt, ob er mit ihr geschlafen hat, oder ob er statt dessen seine Lust mit Hühnern stillt ...«

»Warum soll ich derartige Fragen stellen?« meinte Attila. »Das alles weiß ich doch.«

»Dann sag mir doch, was deine Fragen sind. Soll ich dir antworten? Zu diesem Schiff? Zu seiner Besatzung? Zu Bleda? Oder zu den Sarmatinnen und mir?«

»Schluck für Schluck«, antwortete Attila. »Sag mir einfach die Wahrheit ... Schluck für Schluck ... so wie ich diesen Wein von dir jetzt trinke ...«

»Was hat das eine mit dem anderen zu tun?« fragte Aetius.

»Ich war in Rom«, antwortete Attila. »Heißt es dort nicht *In vino veritas*?«

»Also gut«, lachte Aetius, der gegenüber Attila bisher mit keinem Wort und keiner Geste ihren Altersunterschied ausgespielt hatte. »Ein paar Antworten sofort, die anderen, sobald wir in Aquileia eingetroffen sind und nicht mehr so viele Ohren im Wind haben ...«

Er deutete über ihn hinweg zum Himmel. Attila drehte sich um. Eine dunkle, tiefhängende Gewitterwand näherte sich schnell von Nordosten her. Noch brachen die Strahlen der Sonne durch große Löcher in den Wolken schräg aufs Wasser. Doch schon wurden düstere schwarze Flächen am Horizont sichtbar. Sie eilten noch schneller über das Meer als die jetzt laut und schnell vorangetriebene Galeere.

Zwei Stunden später mußte Attila zugeben, daß er sich in Aspar und Ardabur gründlich geirrt hatte. Die beiden Alanen verstanden doch mehr von der Seefahrt, als er vermuten konnte.

»Aspar und Ardabur sind mit ihren Männern zu einem Freundschaftsbesuch in Aquileia gewesen«, sagte Aetius. »Die große Fahrt der Galeere dient der Ausbildung der jungen Offiziersanwärter. Gleichzeitig schützt sie vor Seeräubern, die zunehmend oströmische, griechische und syrische Handelssegler im Ionischen und Hadriatischen Meer kapern.«

Obwohl Attila wußte, daß es in Westrom kaum noch Seestreitkräfte gab, fragte er Aetius danach: »Überläßt Kaiser Honorius das ganze Meer etwa den Eunuchen in Byzanz?«

»Überlassen ist gut ... weißt du, was er gesagt hat, als er die Nachricht erhielt, daß *Roma* verloren sei? Er hast fast geweint, weil er dachte, sein Lieblingshuhn sei gestorben ... es hieß auch *Roma*, wie die Ewige Stadt, die ihn nie interessiert hat und der er die Eroberung durch den Westgotenkönig in seinem tiefsten Herzen sogar gegönnt hat ...«

Sie konnten nicht weiter miteinander sprechen, denn das spätsommerliche Unwetter kam immer schneller näher.

Fast alle Ruderer hatten inzwischen ihre Riemen verstaut und sich selbst mit Seilen und Tauwerk festgebunden. Die Galeere schoß mit ihrem einzigen quadratischen, nur leicht an einer Ecke gerefften Segel schräg gegen den Sturm. Sie legte sich weit wiegend gegen die Wellen, während zehn der Männer einschließlich Aetius und Attila sich rücklings über die gegenüberliegende, sehr hochstehende Bordwand beugten. Ihre Körper bildeten ein Gegengewicht zur Kraft des Windes im großen Segel. Die anderen Männer schöpften das Wasser, sobald es über die Bordwand gischtete.

Zuerst war sich Attila nicht sicher, ob er den Gewittersturm auf dem Meer gut finden sollte oder nicht. Peitschenden Regen und wilde Sturmböen auf einem schnellen Pferd zu erleben war etwas anderes als in der Einöde des Wassers, dessen Wellen jetzt von allen Seiten kamen. Sie schlugen über der Galeere zusammen, brachen krachend gegen Sitzbänke und Wanten, ließen die nassen Taue knallen und platschten bereits gegen das große Segel.

Instinktiv erkannte Attila die Gefahr. Er wußte, wie schwer mit Regen und Nässe vollgesogener Filz auf Wagen und Yurten sein konnte. Kein Mast, kein Seil konnte es halten, wenn das riesige Segel ganz aus dem Meer schöpfte.

Der Himmel um sie herum wurde schwarz. Attila wußte, daß er nur ein Gast und ein Niemand im Tosen und Schreien der Alanen und Römer war. Es wetterleuchtete wieder und wieder über den ganzen Himmel. Attila sah, daß die Seile zum Segel in ihren Rollen klemmten. Oberhalb waren sie straff wie die Saiten eines riesigen Musikinstruments, darunter pendelten und schlugen sie wie große Schlingen gegen den Mast. Instinktiv wollte er etwas tun – irgend etwas, um das drohende Kentern der Galeere zu verhindern.

In diesem Augenblick sah er Aetius. Die langjährige Geisel der Westgoten und der westlichen Hunnen stand wie ein Götterheld inmitten der Blitze und schwang sein Schwert. Attila schrie, aber Aetius hörte es nicht.

Sein Schwert prallte von den Seilen ab wie von federnden Bogensehnen. Es schlug zurück. Attila sah, wie Aetius wankte. Ohne zu denken, schleuderte er ein loses Seilstück durch den Sturm. Er hatte Glück. Schon der erste Versuch gelang, sei es durch Zufall oder durch die Götter und Dämonen, die noch nicht wollten, daß das Zusammentreffen der beiden Geiseln auf diese Art zu Ende ging.

Ein gleißender, zuckender Blitz fuhr vom nachtschwarzen Himmel. Das Schwert des Römers wirbelte in hohem Bogen in den Sturm. Es verschwand im Meer – irgendwo zwischen Ravenna und Aquileia. Doch Attilas Seil hielt Aetius, als wollten die Dämonen des Himmels und des Meeres die beiden ungleichen jungen Männer auf eine ungewöhnliche, dramatische, von Sturm und Blitzen besiegelte Art aneinander binden.

Aetius gewann sein Gleichgewicht zurück. Gleichzeitig fuhr ein scharfer und allerletzter Blitz in den Mast der Galeere. Der hölzerne, mehrfach mit Eisen umringte Stamm zerbarst wie morsches Gehölz. Speerspitze Splitter schossen nach allen Seiten. Sie fuhren in schrecklich verzerrte Gesichter, stachen in angstgeweitete Augen und erdolchten Männer, die gerade noch auf ein Überleben gehofft hatten.

Dann war es vorbei.

Mit dem letzten, fast schon sanften Blitzschlag hatte das Unwetter seine Kraft über dem Meer ausgetobt.

Vier der Verletzten starben, noch ehe die Sonne wieder hinter den weiterziehenden Wolken hervorkam. Sie leuchtete warm und mild auf das frisch und nach Blumen duftende Meer. Erst ganz allmählich hörten die Flüche und Klagen, die Anrufungen der Götter und vereinzelt sogar der Mutter des christlichen Gottessohnes auf. Ausnahmslos alle Männer der Besatzung hatten blutige Verletzungen, Knochenbrüche oder schmerzhafte Prellungen davongetragen. Nur Attila und Aetius waren ohne jede Schramme geblieben.

Aus unerfindlichen Gründen hatte der Sturm die Galeere nicht an die gefährlichen, wild zerklüfteten Küsten Dalmatiens im Osten getrieben, sondern bis dicht vor die nördlichen Ufer des Hadriatischen Meeres, ins *Mare Superum*, gebracht. Gradus, die kleine Siedlung in der Lagune von Aquileia, lag weniger als eine Meile westlich von ihnen.

»Also, was ist?« fauchte Aetius die beiden Offiziere aus Ostrom unwirsch und ohne jede Rücksicht auf die Toten und Verletzten an. »Kriechen wir jetzt durch den Schlamm der Ufersümpfe nach Gradus? Oder schaffen diese Jammergestalten noch die paar Ruderschläge die Nartissa flußaufwärts?«

»Du mußt wahnsinnig sein!« stieß Aspar nur mühsam beherrscht hervor. Er trug eine häßliche, noch hellrote Narbe quer über der Stirn.

»Das sind zehn Meilen von hier bis zur Stadt!«

»Dann nehmt eben Sklaven im Hafen von Gradus auf! Hier ist das Gold dafür!« sagte Aetius kalt. Er benahm sich, als sei er der Kommandant der Galeere und nicht der viel ranghöhere Alane. »Außerdem sind es kaum sieben und nicht etwa zehn Meilen flußaufwärts bis zu den Mauern von Aquileia!«

Ohne Aspar und Ardabur weiter zu fragen, warf er ihnen drei Gold-Solidos zu. Es waren noch die großen, die das Bild von Kaiser Theodosius I. zeigten, dem Vater von Honorius, Arkadios und Galla Placidia.

Attila fragte nicht, warum Aetius zornig war. Er wußte auch nicht, warum die Oströmer sich duckten. Andererseits konnte er sich nicht vorstellen, daß die oströmischen Seeleute nichts von dem heranziehenden Unwetter gewußt haben sollten. Selbst wenn es sie überrascht hätte, wäre immer noch Zeit gewesen, mit dem Wind zu rudern und zu segeln, um so die weit ins Meer ragende Halbinsel Istrien im Westen anzusteuern. Sie hatten es nicht einmal versucht ...

Nur notdürftig verbunden und auch sonst mit kaum mehr als Essigwasser und schwarzer Erdpechsalbe versorgt, keuchten die verbliebenen Männer an den Rudern. Es wollte einfach kein gleichmäßiger Schlag gelingen. Aetius und Attila sahen sich an. Sie hoben beide die Schultern und nickten sich zu.

»Warum eigentlich nicht?« sagte Aetius.

»Ja, warum nicht«, sagte Attila zustimmend. Sie stolperten über Männer und Waffen, zerbrochene Sitzbänke, Krüge und Amphoren und durcheinandergeworfene Gerätschaften. Nur die Ballen und Kisten vom Frachtsegler der Sarmatinnen hatten sich in all den Wellen und Erschütterungen so wenig bewegt, als seien sie festgeschmiedet. Zwei der Legionäre machten ihnen Platz. Attila pfiff durch die Zähne, wie er es oftmals bei Onkel Aijbars gesehen hatte, dann griffen sie zwei der langen Ruder und zeigten sich entschlossen ihre zusammengebissenen Zähne.

Zuerst klappte gar nichts. Erst nach und nach gelang es ihnen, einen Rhythmus zu finden, dem auch die anderen folgen konnten. Unendlich langsam setzte sich die schwer angeschlagene und überladene Galeere in Bewegung. Während die Sonne langsam tiefer sank, folgten sie ihrem goldenen Glitzern auf den Wellen, die sanft und friedlich an den Bordwänden entlangschwappten.

Sie erreichten den Leuchtturm von Gradus und den Vorhafen von Aquileia noch vor Sonnenuntergang. Ein paar laute Kommandos sorgten dafür, daß die bereits wartenden Heilkundigen und Totengräber die Opfer des Unwetters bergen konnten. Nach einigen kurzen Erklärungen fand Ardabur unter den neugierig bis an den Kai gekommenen Bürgern und Legionären, Sklaven und Händlern, Fischern und Frauen schnell einige, die bereit waren, für einen guten Solido ein paar kräftige Sklaven über Nacht zu verleihen. Sie vereinbarten, daß die Männer am nächsten Tag mit einem von Aquileia auslaufenden Schiff zurückgeschickt werden sollten.

Gleichzeitig mit der neu bemannten Galeere machten sich auch einige uniformierte Boten und Melder zu Pferd auf. Soweit Attila verstand, sollte einer von ihnen nach Ravenna, der zweite nach Aquileia und der dritte zu einem Legionslager in der Nähe reiten.

Es wurde bereits dunkel im Osten und über den weiten, sauber angelegten Feldern mit Weinstöcken, Gemüse und Olivenbäumen im flachen Land, als die Lichtkuppel der großen, doppelt ummauerten Stadt vor ihnen immer deutlicher heranglitt. Bis ganz zum Schluß hatten sie noch die hellen Gipfel der Alpen im Norden und Osten und die unzähligen, rot wie helles Blut leuchtenden Dächer der Tempel und Kirchen gesehen.

Noch während die ausgeliehenen Sklaven mit guten und kräftigen Ruderschlägen die havarierte Galeere in die östliche Umleitung des Flusses trieben, berichtete Aetius, warum er den umständlichen Weg über das Meer gewählt hatte, um Attila nach Aquileia zu bringen.

»Und ich sage dir, daß es nur gut für dich war«, schloß er seinen Bericht.

»Willst du etwa behaupten, daß du es warst, der mich von den Sarmatinnen gefangennehmen ließ?« wiederholte Attila. »Das mag dir glauben, wer will ... ich nicht!«

»Und doch ist es so«, sagte Aetius vollkommen ruhig. Er lehnte auf einem kleinen Rest Ersatzsegel, das zusammengerollt unter anderen Planen gelegen hatte und nicht einmal naß geworden war. »Ohne mich wärst du jetzt wieder Geisel am kaiserlichen Hof von Ravenna – aber bei Gott und Jesus Christus und seiner Mutter Maria keine sehr beliebte ...«

»Aber warum?« fragte Attila erneut. »Was hätte sich denn

groß geändert, wenn ich tatsächlich nicht über Ravenna hinausgekommen wäre?«

»Es hätte ein zweites Gemetzel gegeben«, sagte Aetius. »Was glaubst du eigentlich, wie weit dein Häuflein von hundert schwer mit Beute beladenen und dadurch erst recht unbeweglichen Überlebenden des ersten Massakers gekommen wäre?«

»Immerhin von Rom bis Ravenna!« stieß Attila hervor.

»Wie weitsichtig!« höhnte Aetius. »Von Rom bis Ravenna! Voll beladen mit Beute aus Rom, die euch die Westgoten übriggelassen haben! Der Sohn von Hunnenfürst Mundschuk und dessen Bruder, ein Schamane, bringen dem Kaiser des weströmischen Imperiums diesen Schatz von mehr als zweitausend Pfund Gold ...«

»Halt! Halt!« protestierte Attila. »Niemand von uns hat auch nur einen Augenblick daran gedacht, die Beute aus Rom an Kaiser Honorius ...«

»... als Morgengabe zu bringen?«

Aetius lachte kalt.

»Nein, daran hat niemand von euch gedacht! Du kannst von Glück reden, daß ihr nicht über die *Via Flaminia* gezogen seid. Dort hätten euch die Legionäre spätestens auf halbem Weg nach Arimini und Ravenna ganz einfach einkassiert.«

»So schlau waren wir ebenfalls!« bestätigte Attila trotzig.

»Ach! Wart ihr das? Hast du etwa ernsthaft gedacht, daß du mit deinen lachhaften Kriegern vollkommen unbehelligt quer durch Italien ziehen kannst? Mit dem Gold, dem Geschmeide und über Generationen vererbtem Schmuck der edelsten Familien Roms?«

Attila hob nur die Schultern. »Was soll ich groß glauben? Wir haben es getan, oder etwa nicht?«

»Bis vor Ravenna!« bestätigte der junge *duplicarius*. »Aber du kannst unbesorgt sein – du wirst deinen Zug schon in zwei, drei Tagen wiedersehen!«

»Woher weißt du das?«

»Ich weiß es einfach!« sagte Aetius. »Das muß dir genügen,

jedenfalls für den Augenblick! Aber bereite dich schon mal darauf vor, daß alles im Leben seinen Preis hat ...«

»Was willst du damit sagen?«

»Das erfährst du, sobald die anderen eintreffen!«

Die Galeere glitt an der südlichen Doppelmauer der großen Stadt unter der eigens für sie hochgezogenen Zugbrücke hindurch. Trotz ihrer Verletzungen lenkten die beiden alanischen Offiziere das Schiff geschickt um die beiden nach links führenden Biegungen des Nartisone. Vater und Sohn steuerten nach der Entfernung der Nachtfackeln, die für derartige Notfälle auf der doppelten Stadtmauer und am rechten Flußufer aufgesteckt waren.

Nach der letzten Biegung des Flusses, als die Galeere wieder nach Norden glitt, tauchten immer mehr Lichter und kleine Feuer aus der Dunkelheit auf. Attila erkannte Dutzende von Schiffen aller Art: Galeeren und Frachtschiffe, kleine Küstenboote und hochseetüchtige Segler. Einige der Bordwände ragten über die zweistufigen Kaimauern hinaus, andere lagen tief und bereits voll beladen im Wasser. Sie würden am Morgen auslaufen.

Der Lärm von der Stadt her schwoll an. Attila spürte, wie ihm zunehmend unwohler wurde. Je näher sie den wuchtigen Stadtmauern am Fluß kamen, um so mehr fühlte er sich an die engen Straßen und Gassen von Rom und Ravenna erinnert. Es war nicht das Gewirr der Masten und Leinen, der eingerollten Segel und der hin- und hereilenden Menschen am mindestens dreihundert Schritt langen Uferkai, das ihn beunruhigte. Die Schatten zwischen den langgestreckten Lagerhäusern auf beiden Seiten des befestigten Flusses störten ihn ebensowenig wie die grölenden Stimmen aus unsichtbaren Tavernen und Weinschenken. Er hörte Frauengesang, Leiern, rhythmisches Trommeln und Flötenklänge. Es waren die Mauern – nur diese so neu und unüberwindlich aussehenden Mauern, die ihn fast krank machten!

»Zweihunderttausend Einwohner!« rief Aetius ihm zu.

»Dazu jede Menge Händler, Seefahrer und Reisende aus allen südlichen und östlichen Provinzen.«

Sie passierten die Zollstation, wurden aber nicht angehalten. Offensichtlich hatten die Nachrichten von der unglücklichen oströmischen Galeere die Offiziellen in der großen Stadt bereits erreicht.

»Und was ist mit meinen anderen Fragen?« fragte Attila, nachdem er sich entschlossen hatte, auf das Versteckspiel des anderen einzugehen. Es hatte keinen Sinn, noch mehr Trotz und Eigensinn zu zeigen.

Er beobachtete, wie die Lichter des Hafens das Gesicht des jungen Römers immer mehr aus der Dunkelheit hervorholten.

»Eure Schamanen sehen die Zukunft«, sagte Aetius mit einem spöttischen Lächeln. »Ich aber plane sie! Wenn du dir diesen einen Satz von mir merkst, werden wir noch viel miteinander zu tun haben – im guten oder auch im bösen ...«

»Soll das etwa eine Drohung sein?«

»Du warst Geisel, und ich ebenfalls«, antwortete Aetius. »Das kann manchmal mehr wert sein als doppelte Purpurstreifen an einer weißen Toga!«

»Kannst du mal aufhören mit diesen Rätseln?«

»Na schön, dann eben speziell für dich ganz direkt: Wer einmal Geisel war, dessen Wort bekommt Gewicht – viel mehr als eine Handvoll Gold!«

»Ich nehme an, du wirst das einem Hunnenjungen auch erklären ...«

»Mann, Attila!!« brummte Aetius, und sein Tonfall wurde verschwörerisch. »Wer einmal Geisel war, braucht keine *torques* mehr als Auszeichnungen und keine Ringe um die Oberarme – und keine Bänder seiner Siege als Fahnenschmuck bei euch ...«

Attila schwieg. Er hatte längst verstanden, was der Römer meinte, aber es schadete der Sache nicht, sie mehrmals ganz genau zu hören.

»Ich möchte nicht wissen, was du allen versprechen mußtest, die dich bei diesem Unternehmen unterstützt haben!«

»Willst du es hören? Es sollen für dich keine Geheimnisse sein: Den Sarmatinnen habe ich freie Fahrt auf allen Meeren des westlichen Imperiums versprochen ...«

»Den Verletzten?«

»Genug für ein sorgenfreies Leben.«

»Den Toten?«

»Ein stolzes Begräbnis.«

»Und den Offizieren Ostroms?«

»Gespräche, falls sie nötig werden ...«

»Und allen anderen hier, in Ravenna und den Städten an den Straßen meines Zuges?«

»Für die alle genügte eine ganz simple Nachricht.«

»Du sagst sie mir?«

»Ja, warum nicht«, sagte der junge Duplicarius. »Alaricus und ebenso Großkönig Kharaton haben ihn freigegeben – Aetius kehrt an den kaiserlichen Hof zurück *und* ...«

Er wartete einen Moment, bis zwei maurische Sklaven mit zwei Anlegeseilen an ihnen vorbeigeklettert waren. Sie riefen den Männern am Kai etwas in ihrer Sprache zu. Die Seile flogen, und gleich darauf schlangen sich die Enden in die Löcher der quadratischen Steinvorsprünge an der oberen Kaimauer. Mit einem kleinen, schabenden Doppelruck legte die Galeere an.

»Kehrt an den kaiserlichen Hof zurück, und ...?«

»Und übernimmt schon bald wichtige Aufgaben«, ergänzte Aetius den Satz. »Komm! Wir gehen an Land!«

In diesem Augenblick kam er Attila fast wie eine der vielen Marmorstatuen vor, die er in Rom gesehen hatte. So sahen Sieger aus. Und Aetius wußte das.

Die Sonne stand bereits hoch am Himmel, als Attila erwachte. Es dauerte einige Augenblicke, bis er sich zurechtfand und wieder wußte, wo er war. Jetzt, da die Anspannung und Ungewißheit der vergangenen Tage und Nächte nachließ, hatte er tiefer geschlafen, als er eigentlich gewollt hatte.

Er sah sich um und sprang sofort von seinem Lager auf, als der Schatten einer Frau durch die offene Tür des weiten, karg möblierten Raumes an der Breitseite eines luftig bepflanzten Atriumhofes fiel.

Der Frauenschatten gehörte zu einem kecken jungen Mädchen mit nackenlangen, einfach gekämmten Haaren und einer schenkellangen hellgrünen Tunika ohne Bordüren. In Rom standen Frauen und Mädchen in derartigen Kleidungsstücken, mit oder ohne dunklem Umhang, besonders häufig in den Straßen der Subura, um auf Männer zu warten. Sie brachte ihm auf einem hölzernen Tablett weißes Brot, Käse, frische Datteln, gesalzene Oliven, Scheiben von Fisch und ein Stück rohes, dunkelrotes Rindfleisch von der Lende.

»Was ist das?«

»Dein Frühstück«, sagte sie und lachte.

»Wieso ... wieso kommt du allein? Bist du etwa eine Freigelassene, die ihren Lebensunterhalt öffentlich mit ihrem Körper verdient?«

Sie sah ihn verdutzt an, dann lachte sie ungeniert los.

»Wer hat dir denn diese vornehme Bezeichnung für eine Hure beigebracht?«

»Ich verstehe nicht. ›*Mulier, qua palam corpore quaestum facit*‹ ist doch die richtige Bezeichnung – jedenfalls in Ravenna und in Rom.«

»Rom, Rom, vergiß doch Rom!« sagte das Mädchen. »Du bist in Aquileia! Das ist eine offene Hafenstadt, kein Beamtensumpf wie Rom! Außerdem bin ich keineswegs allein.«

Sie pfiff kurz. Sofort wurden mehrere schwerbewaffnete Legionäre im Atriumhof sichtbar. Attila sprang instinktiv zur Seite. Zwei der Legionäre sahen wie Ostgoten aus, die drei anderen wie Römer.

»Aetius hat gesagt, du bist vollkommen harmlos, aber ...«

»Was? Was hat Aetius gesagt?«

Attila starrte das Mädchen mißtrauisch an. Sie drehte sich erneut lachend um und huschte durch die Tür nach draußen.

Attila schüttelte den Kopf. Irgendwie paßte es ihm nicht, wie der Römer mit ihm umsprang, wie er über ihn verfügte und wie er dabei alle Zügel in der Hand behielt. Er erinnerte sich wieder an Bleda, und sein Gesicht wurde grimmig. Lustlos brach er ein Stück löchrigen Käse ab und trank dazu ein Glas Wasser.

Er war nicht einmal über das Stück rohes Fleisch beleidigt. Derartige »Freundlichkeiten für den kleinen Hunnen« waren ihm auch in Rom mehrfach zugestoßen. Viele Bürger des Imperiums glaubten eben, daß Hunnen nichts Gekochtes aßen und sich das rohe Fleisch von wilden Tieren unter dem Sattel weichritten.

Er sah sich um und entdeckte einen kleinen Nebenraum mit Wasserkrügen, einer *lavatrina* und einer Abwasserrinne. In Aquileia gab es offenbar keine Aquädukte mit fließendem Wasser wie in Rom. Dafür aber den Luxus eines eigenen kleinen Waschraums neben dem Zimmer. Das hatten nicht einmal *mansiones* oder die Poststationen an den großen Heerstraßen. Vielleicht war er aber auch nur in einer Stadtvilla untergebracht, die keinen Wasseranschluß hatte.

Kurz darauf hatte er sich gewaschen und angezogen. Er ging in den Hof hinaus, blinzelte unter dem Säulengang zum Himmel und sah, daß er wieder wolkenlos war. Dennoch mußte er von jetzt an immer wieder mit plötzlichen Unwettern rechnen ...

Aetius saß mit nackten, übergeschlagenen Beinen auf einer Steinbank vor einem Steintisch fast in der Mitte des Atriumhofes. Er trug keine Uniform, sondern die weiße, in ihrem Überschlag vom linken Arm gehaltene Toga der Freien mit einem blauen Streifen am langen Rand. Er wirkte frisch und ausgeruht. Mit leichten, nachlässigen Gebärden warf er kleine Weißbrotkugeln in ein flaches Wasserbecken, in dem sich silberne, goldene und rote Fische tummelten.

Sie begrüßten sich kurz, dann setzte sich Attila zu ihm. Sie sprachen über viele Belanglosigkeiten. Aetius benahm sich ganz so, als würde er ohne jede Hast auf irgend etwas warten.

Nur ganz vorsichtig näherte sich das Gespräch wieder den Ereignissen, die sie beide beschäftigten. Attila fragte nach den Verwundeten und den Alanen.

»Sie werden nicht mit der gleichen Galeere nach Konstantinopel zurückkehren, sondern ein größeres Schiff nehmen«, sagte Aetius.

»Und wie geht es mit dir und mir weiter?« fragte Attila.

»Wir warten.«

»Worauf?«

»Auf den *Schwarzen Mondpanther*, knapp hundert Hunnenreiter und eine Nachricht aus Ravenna.«

Attila schob die Unterlippe vor. Also auch das hatte der Römer geplant und organisiert. Und plötzlich begriff er, daß es langsam Zeit für ihn wurde, sich auch vor unsichtbaren Wurfseilen in acht zu nehmen – vor Takelagen, die selbst dem Schwert eines Legionärs trotzten, vor den Zügeln der geheimen Mächte, den glatten Schnüren der Intrigen und Verstrickungen und allen Bogensehnen, die einen Pfeil so schnell abschossen, daß er nicht pfeifen und nicht warnen konnte.

Er zwang sich, ganz entspannt zu sitzen. Mit seinem freundlichsten Gesicht hörte er Aetius zu. Das war die nächste Übung, die er in Rom begonnen, aber noch nicht abgeschlossen hatte ...

Aetius legte eine Hand gönnerhaft auf seine Schulter, dann stand er auf und sagte: »Komm, wenn es dir hier zu eng wird, sehen wir uns die Stadt an. Sie wird dir gefallen, denn sie ist weitläufiger und ganz anders als Rom oder Ravenna.«

»Was soll an Römerstädten schon sein, das mir gefallen könnte?« fragte Attila. Gleichzeitig merkte er, daß er noch immer wie ein Fünfzehnjähriger reagierte. Er wollte das nicht mehr! Schließlich wurde er irgendwann in den nächsten Wochen sechzehn Jahre alt. Er wollte weder Aetius noch Römer- oder Sarmatenmädchen und erst recht nicht seinen Brüdern und seinem Vater als zu jung erscheinen.

Er war zum Mann geworden auf diesem Weg!

»Zum Mann! Zum Mann!« preßte er unhörbar zwischen den Zähnen hindurch. Er zwang die Ruhe in sich, die ihn davon abhielt, schneller zu handeln und zu reagieren, als er dachte. Das Gegenteil war richtig. Er mußte vorher denken und Gelassenheit nach innen und nach außen üben. Er wußte längst, wie schwer das war, aber er war entschlossen, diesen Sprung zu schaffen. Genauso, wie er es geschafft hatte, mit einem Wurfseil um den Oberkörper im vollen Lauf vom Pferd zu stürzen!

Wie Müßiggänger, die sonst nichts anderes zu tun hatten, verließen Aetius und Attila das Haus mit dem schönen Atrium.

Die Stadt war war längst nicht so beengend, wie Attila befürchtet hatte. Sie lag am Zusammentreffen mehrerer Flüsse, die aus den nahen Alpen kamen; Aetius erzählte, daß sie an einer Keltensiedlung von Anfang an nach den strengen Maßen und Regeln römischer Legionscastelle angelegt worden war.

Die große Stadt kam Attila auf Anhieb merkwürdig vertraut und zugleich fremd vor. Er sah Menschen aus aller Herren Länder, Männer und Frauen, so unterschiedlich in ihren Gesichtern, Frisuren und Kleidungsstücken, wie er es nie zuvor in Rom und erst recht nicht in Ravenna gesehen hatte. Keiner der vielen Menschen, die zielstrebig, aber ohne jede Hast über Straßen und Plätze gingen, beachtete sie. Obwohl die Stadt zweihunderttausend Bewohner haben sollte, machte sie eher den Eindruck einer weiten, nur zufällig ummauerten Küstensiedlung. Während sie durch die breiten Straßen gingen, hatten sie neben Fahrzeugen, Tragtieren, Reitern und Fußgängern überall genügend Platz.

Sie waren nicht in der Stadtvilla des Präfekts untergebracht, wie Attila zuerst angenommen hatte, sondern in einer Art Gästehaus für wichtige Besucher und durchreisende Missionen. Es befand sich zwischen dem am Westrand der Stadt liegenden, langgestreckten Bau des Circus' und dem rechteckigen Forum der Stadt. Der große, weite Marktplatz wurde von prächtigen

Säulenhallen und davor von haushohen Säulen eingefaßt, auf denen ganz oben die unterschiedlichsten Statuen standen.

Obwohl die große, bis über die Alpen führende Heerstraße der *Via Julia Augusta* genau hier zwischen den Säulen begann, reichte ihre südliche Verlängerung weiter bis zum Hafen von Gradus. Noch während sie über den großen Platz schlenderten, fragte sich Attila, warum Aetius am Abend zuvor nicht auf der Straße von Gradus nach Aquileia geritten oder gefahren war. Das wäre auf jeden Fall schneller gegangen ...

Zum ersten Mal fand Attila in einer Römerstadt genug Luft zum Atmen. Aquileia war flach und nicht so unordentlich zwischen Hügel oder Sümpfe gequetscht wie Rom oder Ravenna. Er mußte zugeben, daß die Grünflächen mit ihren hohen Zypressen, die vielen Wasserbecken und die meist griechisch wirkenden Tempel zusammen mit den pastellbunten Wandanstrichen, den Bodenmosaiken und den leuchtendroten Ziegeldächern fast schon wie ein zu Stein gewordenes hunnisches Wanderlager wirkten. Und mit etwas Phantasie konnte man einige der runden Mithrastempelchen auch als gemauerte Königsyurten sehen ...

Sie wanderten über das Forum in Richtung Amphitheater im Süden der Stadt und wollten dann zur Doppelmauer mit der Zugbrücke, unter der sie mit der Galeere aus dem Hadriatischen Meer gekommen waren. Dabei fielen Attila erneut die großen, seltsam nutzlos wirkenden Bauwerke auf, die ihm inzwischen mehr über das Imperium verrieten als viele Pergamentrollen. Diese Römer liebten Tore. Große, rechteckige Steinwände mit bogenförmigen Öffnungen – so hoch, daß Schiffe mit hohen Masten durch sie hätten hindurchfahren können. Doch darum ging es nicht, soviel wußte er inzwischen.

Die Tore waren steinerne Pergamentrollen mit Lobgesängen auf Herrscher, Heerführer und den Mut der Mächtigen. Und sie verrieten mehr über die geheimsten Schwachstellen der Römer, als diese ahnten ...

Sie verbrachten den ganzen Tag damit, die Stadt zu erkunden. Am Vormittag glaubte Attila noch, daß ihm Aetius wirklich nur die Stadt zeigen wollte. Er lernte die Stadtkohorten, die schnelle Einsatztruppe bei Schlägereien und Straßenunfällen und die jungen Männer von der Feuerwehr kennen. Sie starrten ihn ebenso neugierig an wie er sie. Einige andere Augen, die ihnen ständig folgten, wollte Aetius nicht so gern erklären. Dabei wußte der junge Hunne längst, daß es im *Imperium Romanum* fast noch mehr bezahlte Spitzel, Zuträger und geheime Agenten für alles und gegen jedes gab als Männer, die sich offiziell um die Beobachtung von Meinungen und Stimmungen im Volk und bei den Würdenträgern kümmern sollten.

Am Nachmittag hatte er von der Stadtmauer aus gesehen, wie draußen vor der Stadt lange Baumreihen an beiden Seiten des Flusses neu angepflanzt wurden. Bisher hatte er immer nur von Abholzungen durch die Römer gehört.

Irgendwann fiel ihm auf, wieviel er in den vergangenen Stunden über Aetius und über dessen Leben bei Großkönig Kharaton gehört hatte, und als der Abend kam, glaubte er den jungen Römer bereits besser zu kennen als seine eigenen Brüder.

In diesem Augenblick fragte er sich noch deutlicher als zuvor, was er sagen würde, falls er jemals heil zu denen zurückkehrte, die ihn fortgeschickt, ja verstoßen hatten!

Und irgendwann erkannte er erschrocken, wieviel er Aetius über sich selbst verraten hatte.

10. Die Farbe der Macht

Nach einem langen Tag saßen sie abends am Hafen. Wie viele hundert andere Bewohner und Gäste, Reisende und Seeleute an diesem warmen Septemberabend hatten sie sich einen Bankplatz zwischen den Schiffen an den Hafenkais, den flachen, langgestreckten Lagerhallen und den Plätzen der Stadt gesucht. Hier versperrte keine Stadtmauer den Zugang ins Innere von Aquileia. Mädchen und Jungen mit nackten Beinen bedienten alle, die Wein oder ein paar Kleinigkeiten zum Abendessen haben wollten. Und kaum jemand sprach noch von der Eroberung der Ewigen Stadt durch das Heer des Westgotenkönigs.

Attila hatte inzwischen die ganze Stadt gesehen. Er wußte auch, daß er noch zwei weitere Tage warten mußte, ehe der Zug der Zweihundert auf der *Via Annia* über die Städte Altinum und Concordia Aquileia erreichte.

Sie einigten sich darauf, daß die Hunnen mit ihrem Troß nicht vor der Stadt selbst, sondern an einer Straßengabelung etwas weiter nördlich lagern sollten. Trotzdem hatte Aetius immer noch nicht alle Fragen beantwortet. Deshalb bat Attila ihn, noch genauer von seiner Zeit im Lager des *Schwarzen Mächtigen* zu erzählen.

»Wie ich schon sagte – die ersten Wochen bei euch vergingen ganz anders, als ich mir das vorgestellt hatte«, berichtete Aetius. »Ich habe nicht sehr viel von dem mitbekommen, was mit dir nach deinem Sturz geschehen ist. Allerdings gab es auch keine Totenfeier für dich und keinen Zug auf der Donau flußabwärts oder über die Karpaten zurück auf die östliche Seite, von der ihr mit eurem Vater gekommen wart. Nach und nach wurde ich immer mehr Hunnen vorgestellt, die mich nach meinem Vater, dem magister *militum Gaudentius*, befragten ...«

Er trank einen kleinen Schluck und wischte sich mit dem

Handrücken den Weinrest von den Lippen. »Du weißt ja, meine Familie stammt aus Durostorum in der Provinz *Scythia* beziehungsweise Niedermoesien«, fuhr er vollkommen sachlich fort. »Einige der älteren von euch kannten meinen Vater noch, aber keiner von ihnen hatte durch ihn Verluste in seiner Familie und Sippe zu beklagen.«

»War dein Vater nicht auch mal *comes* der Kornprovinz Africa«, sagte Attila, halb feststellend und halb fragend.

»Ja«, sagte Aetius und nickte. »Aber ich war damals erst zehn, elf Jahre alt, als er die Tempel und Götterbilder in Carthago zerstören ließ.«

»Ging es dabei wirklich nur um die Ausrottung der nichtchristlichen Götter?« fragte Attila mit einem leicht ironischen Zucken um die Mundwinkel. »Oder um das Gold und die Juwelen, die aus ihren Tempeln geraubt wurden?«

»Ich denke, es ging wie immer um beides«, sagte Aetius mit einem leichten Seufzen. Er nahm dem jungen Hunnen den Spott nicht übel.

»Wo ist dein Vater jetzt?« fragte Attila.

»Ich habe eine Weile nichts mehr von ihm gehört, aber ich glaube, er ist zur Zeit mit einigen Legionen in Gallien. Dort steht zur Zeit Sarus, ein tapferer Fürst der Westgoten und alter Feind von Alarich und Athawulf, und braucht Hilfe. Er hat vor vier Jahren mit Stilicho und für Rom gegen Radagis gekämpft. Vor zwei Jahren zog er gegen den Usurpator Constantius ...«

»Ja, das weiß ich«, unterbrach Attila. »Das ist doch der gleiche, der Anfang des Jahres die Verhandlungen von Kaiser Honorius mit Alarich gestört hat.«

»Richtig, aber inzwischen hat er sich mit Kaiser Honorius überworfen und ist mit seinen besten Männern nach Gallien gezogen, um hier Jovinus zu dienen ...«

»Noch so ein selbstgemachter Kaiser?« fragte Attila spöttisch.

»Du darfst diese Entwicklungen niemals unterschätzen«, sagte Aetius ernst. »Wir haben über Jahrzehnte und Jahrhunderte Soldatenkaiser gehabt. Nicht ihre eigenen Söhne, sondern die Besten, die sie adoptieren durften, wurden ihre Nachfolger.«

»Das geht auch bei uns.«

»Ja, aber im Moment hat Rom tausend kleine Probleme und ein großes.«

»Und was ist das große? Wir Hunnen etwa?«

Aetius lächelte auf die unnachahmliche, sehr freundlich wirkende, aber in Wahrheit eiskalt taxierende und abwartende Art der Spieler. Attila hätte es nie erkannt, wenn ihn das Gesicht des jungen Mannes, sein ganzer Kopf, seine demonstrativ abwartende, selbstgefällige und stolze Art nicht an genau die Standbilder in Rom und Ravenna erinnert hätte, die für ihn die ganze Verlogenheit des Systems symbolisierten.

Männer wie dieser Römer edler Herkunft merkten nicht einmal, wie leicht sie gerade dann zu durchschauen waren, wenn sie sich allen anderen meilenweit überlegen fühlten. In diesem Augenblick erkannte Attila die größte Schwäche des anderen: Er wollte wichtig sein, unangreifbar, wesentlich. Er blickte in die ungewöhnlich hellen grauen Augen des jungen Offiziers. In ihnen lag bereits die Unnahbarkeit des Feldherrn oder Cäsaren ...

»Welches Problem, Aetius?« wiederholte Attila. Und dann sah er zum ersten Mal ein winziges, kaum wahrnehmbares Zukken im Gesicht des Römers. Er war nicht aufrichtig.

»Wir haben einfach zu viele Kaiser«, sagte Aetius. »Zu viele schlechte Kaiser. Und sie vermehren sich wie früher einmal die Götter – ganz besonders in Gallien ...«

»Ihr seid sehr seltsame Menschen«, sagte Attila. »Einerseits bestraft ihr eure besten Männer mit dem Tode, wenn sie die alten Götter und nicht den neuen Doppel-Gott aus Palaestina verehren. Andererseits wollen eure Kaiser selbst als Götter angebetet und verehrt werden. Wie kann das eine und das andere zugleich richtig sein?«

»Du sprichst schon wie ein Rhetor«, lachte Aetius. Attila

spürte instinktiv die Warnung, nicht weiter in diesen Mann zu dringen. Er ahnte plötzlich, was manche andere in einem ganzen Leben nie verstanden: Er erkannte, daß Männer wie Aetius unberechenbar und gefährlich werden konnten, wenn sie sich plötzlich durchschaut oder ertappt fühlten. Attila wußte nicht, wie und woher er gerade jetzt auf derartige Gedanken kam. Vielleicht war es das Jahr in Rom gewesen, vielleicht aber auch ein Hauch der Fähigkeiten von Onkel Aijbars in seinem eigenen Blut ...

»Ich habe viel von eurer Provinz Gallien gehört«, sagte er locker. »Dort herrscht ihr ja schon ein halbes Jahrtausend über die Urbewohner. Aber im Augenblick interessiert mich mehr, was du bei uns Hunnen erlebt und gesehen hast. Was hat dich am meisten überrascht oder erstaunt?«

»Nun ja«, sagte Aetius nach kurzer Überlegung. Dann lachte er.

»Zuerst waren gerade die Frauen und deine engsten Verwandten nicht sehr gut auf mich zu sprechen. Ich war der Römer unter euch. Das lebende Symbol des *Imperium Romanum*, das aber niemand anspucken oder beleidigen durfte. Das hat die meisten von euch mehr gekränkt als alles andere. Sie mußten mir mit Achtung und Höflichkeit begegnen, und das mit dem Respekt fiel einigen von euren Steppenreitern ziemlich schwer. Tag für Tag und zuerst auch bei Nacht waren immer einige Neugierige in meiner Nähe, die mich schweigend anstarrten und jede meiner Bewegungen ganz genau beobachteten. Ich glaube, einige wollten mich sogar verhexen. Nur der Befehl des Großkönigs hat mich in den ersten Wochen davor bewahrt, in einem von euren Kochkesseln zu landen ...«

»Das ist nicht dein Ernst!« stieß Attila sofort hervor. Aetius legte beide Hände auf seine Arme. »Nein, natürlich nicht ... das war doch nur ein Scherz!«

»Aber ein ziemlich mieser«, sagte Attila verärgert. Er beruhigte sich nur sehr langsam.

»Die Römer«, schnaubte er dann. »Die Römer mit ihrer

großartigen, tausend Jahre alten Kultur, die sie Zivilisation nennen, genau diese feinen, edlen und hochgebildeten Römer haben zugelassen, daß sich ihre Ärmsten und Kranken gegenseitig auffraßen! Und das waren keine Scherze, Aetius!«

»Entschuldige«, sagte die ehemalige Geisel der Hunnen. »Natürlich wurde ich fast jeden Tag von euren Fürsten und Beratern, von den *Logades* und den Königen und Anführern eurer Vasallenvölker vernommen.«

»Was, die durften dich auch befragen?« wunderte sich Attila.

»Ja, aber erst, als ich den anderen bereits alles gesagt hatte, was sie wissen wollten und was ich selbst wußte. Die Ostgoten und Alanen interessierten sich für fast alles in West- und Ostrom. Dagegen wollten einige kleinere Völker in eurem Gefolge, von denen ich vorher noch nie etwas gehört hatte, nur ganz genau wissen, wie die Befestigungen entlang der Donau vom Schwarzen Meer bis zu den großen Schluchten des Karpatendurchbruchs aussehen.«

»Verständlich«, sagte Attila. »Die Kleinen, die krank, dumm, schwach oder zu feige zum Kämpfen sind, hoffen immer auf Auswege und Schlupflöcher, auf glückliche Zufälle und auf Geschenke des Himmels. Das allein hält sie am Leben.«

»Nanu!« sagte Aetius. »Hast du in Rom am Kelch der Weisheit genippt? Oder stammt das auch von einem Rhetor?«

Attila antwortete nicht. Aetius trank seinen Wein aus, dann stand er auf und nahm seinen dunkelroten Umhang von der Wand. »Auf jeden Fall habe ich eine Menge von euch und über euch gelernt«, sagte er. »Es wird jetzt kühl, aber ich will noch ein paar Schritte bis zum Forum gehen. Kommst du mit?«

Attila blickte auf seinen eigenen, erst halb geleerten Becher. Er schob die Unterlippe vor, dann griff er nach dem kostbaren gläsernen Kelch, setzte ihn an und trank ihn mit zwei, drei großen Schlucken aus.

»Ich komme mit«, sagte er. »Vielleicht höre ich an einem Stadttor etwas von meinem Zug.«

»Das würde ich an deiner Stelle nicht versuchen«, sagte Aetius. »Vergiß nicht, daß Gerüchte und Berichte manchmal noch schneller fliegen als die Brieftauben. Es könnte sein, daß dich hier irgend jemand aus Ravenna oder Rom erkennt. Und das wäre nicht sehr angenehm für dich, wenn ich nicht auf dich aufpasse!«

»Na und?« sagte Attila und lachte trocken. »Du kannst mir doch nicht vortäuschen, daß niemand hier in Aquileia weiß, wer ich wirklich bin! Nein, Aetius – du mußt sehr viel Gold geopfert haben, damit dir alles so gelang, wie du es vorgehabt hast ...«

Der junge Römer sah den Hunnen ohne die geringste Regung im Gesicht an. Als er sprach, bewegten sich nur seine Lippen: »Ich schwöre dir, daß ich von meinem Geld nicht einen einzigen Silber-Denar, nicht mal ein Kupfer-As für dich geopfert habe!«

Attila wunderte sich einen Moment über die auffällig präzise und doch verschlungen wirkende Aussage des Römers. Er wollte nachfragen, tat es aber dann doch nicht. Vielleicht war es die Wirkung des Weins, vielleicht auch das Gefühl, in dieser Stunde schon genug gelernt zu haben.

Ein Mann muß auch mal schweigen können, dachte er und fühlte sich stark und sehr wohl dabei.

»Also gut, gehen wir!« sagte er mit leicht kollernder Stimme. Er lachte und deutete auf ein paar unauffällig gekleidete junge Männer, die überall verteilt saßen. Sie hatten alle den gleichen kurzen Haarschnitt wie Aetius. »Die Männer deiner Einheit warten schon darauf, daß sie uns heute nacht beschützen können. O ja ... wir alle sind schrecklich wild und gefährlich, Seeräuber-Weiber ebenso wie Hunnen ...«

Am späten Nachmittag des dritten Tages ritten Attila und Aetius ungehindert an den Wachen vorbei durch das nördliche Stadttor von Aquileia.

Der Lärm und die Gerüche des großen Stadt blieben schnell hinter ihnen zurück. Jetzt waren nur noch verspätete Wagen,

Pferde und gelegentlich Esel und Mulis zu hören. Attila saß auf einem starken, aber nicht besonders großen Braunen mit einem Sattel, an dem rechts und links große, leere Ledertaschen befestigt waren. Normalerweise wurden derartige Packsättel ohne jeden Reiterhalt und ohne Steigbügel von den kaiserlichen Elite- und Begleiteinheiten zum Mitführen von Ersatzwaffen in schnellen Angriffen benutzt, bei denen Mulis oder Wagen viel zu langsam waren.

Es war noch immer etwas ungewohnt für ihn, da er nur die kleineren Hunnenpferde gewohnt war und ihm zudem die Übung fehlte. Er hatte die Kleidungsstücke an, die ihm sein Onkel im Lager vor Rom beschafft hatte, während Aetius wieder die Rüstung eines *duplicarius* der römischen Reiter trug – samt einem kurzen Kettenhemd mit Abnähern an Schultern und Hüften, einem blinkenden Rundhelm mit roter, buschiger Helmzier, steif herabhängenden Reliefblechen als Wangenschutz, seiner hunnischen Ehrenscheibe auf der Brust und einem Armreif als erster Auszeichnung am linken Oberarm.

Dem römischen Duplicarius und dem auffällig stämmigen Hunnen folgte die gesamte *turma*, die Aetius die ganze Zeit in der Nähe gehabt hatte. Erst vor einer Stunde war Attila auch dem Decurio der dreiunddreißig Reiter starken Truppe vorgestellt worden. Er war nur wenig älter als Aetius, hatte aber anders als dieser keine vier Jahre als Geisel bei den Königen der Westgoten und der Hunnen verloren.

Instinktiv hatte Attila erkannt, daß es zwischen diesen beiden Männern keine Freundschaft gab. Bei allem Selbstbewußtsein, das Aetius ausstrahlte, konnte es zwischen ihm und dem vornehm wirkenden Felix Flavius Constantius nur erbitterte Rivalität geben.

Felix verhehlte nicht, daß er den jungen Hunnen viel lieber in die Sümpfe an der Küste des Hadriatischen Meeres geworfen als auf der großen Heerstraße begleitet hätte. Doch seltsamerweise schien Aetius mehr Trümpfe in der Hand zu haben als sein Vorgesetzter – Trümpfe und eine alles beherrschende

Macht, die Attila immer noch nicht kannte. Sie hatte bei den Sarmatinnen gewirkt, bei den Alanen im Dienste Ostroms und überall dort in Aquileia, wo Augen sahen und Ohren hörten und doch nichts bemerkt und erkannt wurde. Auch das war eine Beobachtung, die Attila bei seiner Rückkehr mitnahm ...

Zusammen mit Aetius ritt er voraus. Der stolze und wortkarge *decurio* folgte ihnen allein in der Mitte vor den fünfzehn Doppelreihen seiner Reiter. Hinter ihnen fuhren drei stabile, schwer beladen wirkende, von jeweils zwei Pferden gezogene Wagen mit vier eisenbeschlagenen Speichenrädern, herabklappbaren Seitenwänden und Abdeckungen aus steifen Lederplanen. Die Römer haßten die robusten und lauten Transportfahrzeuge, die eigentlich aus Gallien stammten und *rheda* genannt wurden. Obwohl er nicht wußte, was in den Wagen transportiert wurde, hatten sie Attila an die Planwagen der Hunnen und Goten erinnert. Den Abschluß bildete ein noch grünschnäbliger *sesquiplicarius*, der nur einen halben Lohn mehr erhielt als die anderen Legionäre und ständig aufgeregt in seinem Sattel hin- und herrutschte. Er hatte sich den Namen Litorius zugelegt und Attila erzählt, daß seine germanischen Vorfahren aus Rugiland am Übergang der Bernsteinstraße über die Donau und eigentlich sogar von der großen Insel namens Rugi im nordöstlichen Meer stammten ... Niemand konnte allein von einem Namen oder einem Ort, nicht einmal vom gegenwärtigen Sitz eines Stammes oder Volkes ableiten, woher jemand kam, wohin er gehörte und noch weniger, für wen er ritt oder marschierte. Goten nannten ihre Söhne nach Hunnen oder Römern, Griechen verwechselten Namen und Titel von Hunnen oder ihren Hilfsvölkern, Römer gaben allen ihre eigenen Endungen, weil für sie ohnehin nur eine einzige Sprache zivilisiert war – nun, notfalls auch noch die griechische ...

Sie passierten die Abzweigung der *Via Annia*, die nach Westen zu den Städten Concordia, Altinum und Padova führte.

Die Abendluft roch wieder nach Land und auch ein wenig nach Meer. Ohne Hast folgten sie der im Hafen von Gradus beginnenden, schnurgerade durch Aquileia führenden *Via Julia Augusta*, die ebenso schnurgerade weiter nach Arguntum im militärischen Ducat *Sequanicum* und von dort über die Alpen bis nach Raetien und Castra Regina an der nördlichen Donaugrenze des Imperiums führte.

Auf der Straße nach Norden herrschte ein ziemlich starker Gegenverkehr. Fußgänger, zweirädrige *cisium*-Karren, große und vornehm wirkende, manchmal sogar von vier Pferden gezogene Reisewagen mit kastenartigen, an ledernen Doppelriemen aufgehängten hölzernen Aufbauten und diagonal gekreuzten Spannriemen aus Leder an den Seiten nahmen oft mehr als die halbe Breite der leicht nach beiden Seiten gewölbten Straße ein. Sie alle strebten laut und mit letzter Tagesanstrengung der quirligen Stadt am Fluß zu, die sie noch vor Sonnenuntergang erreichen wollten.

Trotz aller Mühen hatte Attila in den vergangenen Monaten nie ganz verstanden, nach welchen Regeln die Menschen innerhalb des riesigen Reiches bestimmte Gegenden und Einflußbereiche bezeichneten. Manche hielten sich an die alte Provinzeinteilung, manche an die über hundert neuen Namen, die nach den Reformen des Kaisers Diokletian geschaffen wurden. Aetius dagegen benutzte die militärischen Begriffe aus der Sprache der Legionen. Für ihn gab es nur die elf Regionen des Bewegungsheeres von *Britannia* bis *Oriens*, in ihnen die fünfzehn kleineren Diözesen sowie die zweiunddreißig Ducate vom *Tractus Armoricanus* im äußersten Westen Europas bis nach *Mesopotamia* mit den Flüssen *Euphrates* und *Tigris*.

Attila war entschlossen, in den kommenden Jahren nach und nach sämtliche Bezeichnungen zu lernen – und wenn er es auf dem Rücken eines Pferdes irgendwo in Pannonien oder in der Pontischen Steppe tat. Denn auch das hatte er in Rom gelernt: Die meisten Kämpfe, Schlachten und Kriegszüge wurden bereits vor dem ersten Marschbefehl entschieden. Und schon das

Spannen eines Bogens bestimmte, ob ein Pfeil die Wolken oder genau ins Herz des Feindes traf ...

Kurz darauf bog die *Via Gemina* von der Hauptstraße nach Nordosten in die Julischen Alpen ab.

»Dies ist der Weg, den ihr morgen nehmen müßt!« sagte Aetius.

»Ich weiß«, antwortete Attila, während sie geradeaus nach Norden weiterritten. Gleichzeitig erinnerte er sich wieder an die Bergsilhouetten am Horizont. Es war ein Bild, das er zum ersten Mal vor über einem Jahr gesehen hatte. Damals war er die meiste Zeit in einem nebligen Dämmerzustand nach Westen geritten. Erst als die Berge aufgehört hatten und er inmitten einer kleinen Schutztruppe ins flache Land Oberitaliens gekommen war, hatte er weniger Kräutersaft und weniger von den bunten Pulvern zu sich nehmen müssen, die er als Abschiedsgeschenk seines Onkels mit sich trug ...

Er hatte oft und lange darüber nachgedacht, was sie mit ihm in der Zeit zwischen dem Sturz vom Pferd und seinem ersten Monat im kaiserlichen Palast von Ravenna gemacht hatten. Manchmal war ihm alles nur wie ein langer, böser Traum vorgekommen, aus dem er jetzt erst – von Tag zu Tag ein wenig mehr – erwachte. Aber dann spürte er auch, daß es zwei Träume in ihm gegeben hatte: einen für die Reise in die Stadt des westlichen Kaisers, den anderen für seinen Aufenthalt als Geisel des *Imperium Romanum*.

Weder Aetius noch Aijbars hatten ihm bisher Antworten auf seine ungestellten Fragen gegeben. Inzwischen überlegte Attila sogar, ob es nicht manchmal besser war, gar keine Fragen zu stellen. Die beiden ungleichen jungen Männer waren in dieser kurzen Zeit zwar nicht zu *cumpanes*, aber doch fast zu Freunden geworden, die einander respektierten. Nach wie vor störten Attila sehr viele Eigenschaften und Charakterzüge an diesem ungewöhnlich fähigen, aber auch ehrgeizigen Römer aus Durostorum; dennoch gehörten die Tage mit ihm zu den stärksten Eindrücken, die er von dem Jahr als Geisel an die Donau mitnahm. Er wußte jetzt, auf wen sie in Zukunft im Westen des *Imperium Romanum* achten mußten ...

Nur wenig später erspähte er gut eine Meile von der Straße entfernt das typische Rund hunnischer Yurten und einige zusammengestellte Wagen inmitten von weiten Feldern mit Weinstökken.

»Nur zwei Fragen noch«, sagte Attila. Kurz zuvor war die dritte Straße nach rechts abgebogen. Sie führte, dem Lauf des Nartisone aufwärts folgend, in die Alpen. Und nun teilten sich die Wege zum vierten Mal in kurzer Zeit. Von der *Via Julia Augusta* bog die *Via Postumia* nach Westen ab, die über Verona und von dort nach Mediolanum oder weiter südlich nach Placentia und weiter bis zum Meer auf der anderen Seite der italischen Halbinsel führte.

»Du weißt, daß ich dir nicht alle Fragen beantworten werde.«

»Ja, das hast du gesagt.«

»Gut, dann frag!«

»Was ist mit Bleda, meinem Bruder, während meiner Abwesenheit geschehen?«

»Nicht viel, soweit ich weiß. Aber er hat sich an vielen Übungen und Wettkämpfen beteiligt und auch bei kleineren Zügen bewährt. Sein Ritt war, als ich ihn zuletzt gesehen habe, längst königlich, sein Bogen eine gute Waffe, sein Lanzenstoß zerschmettert leicht die Schulterknochen eines Ochsen, sein Schwert nimmt es mit drei anderen zur gleichen Zeit auf, sein Speer nagelt das Buchenblatt noch im trudelnden Fallen an den Stamm, und sein Wurfseil ...«

»Das kenne ich!« unterbrach Attila. »Das war schon immer seine stärkste Waffe. Ich meinte eigentlich etwas ganz anderes!«

»Dann sag doch, was du wirklich fragen wolltest!«

»Hast du mit ihm oder irgend jemand sonst in der Umgebung des *Schwarzen Mächtigen* besprochen, was du hier tust?«

»Nein, als ich an der Donau losritt, wußte ich nur, daß Rom gefallen war und daß dadurch auch der Vertrag, der mich betraf, nicht länger gültig war.«

»Was hat das eine mit dem anderen zu tun?« fragte Attila verwundert. »Ravenna steht doch noch, und Kaiser Honorius lebt und regiert schon lange nicht mehr in der Ewigen Stadt. Ich war seine Geisel wie du bei unserem Großkönig!«

»Großkönig Kharaton wußte doch längst, daß du nicht mehr in Ravenna bist«, sagte Aetius. »Vielleicht war alles nur ein Zufall, aber nach König Alarichs Triumph gab es dich eigentlich nicht mehr, und ich war dadurch ebenfalls überflüssig.«

»Wie meinst du das?«

»Ich konnte gehen, weil ich dem *Schwarzen Mächtigen* nichts mehr bedeutete.«

»Aber du warst doch eine Geisel ... ein Gefangener!«

»Nein, nur das Gewicht auf einer Seite der unsichtbaren Waage«, sagte Aetius. »Das andere Gewicht warst du, solange die Beteiligten dich und mich noch gegeneinander ausspielen konnten.«

»Ich verstehe es trotzdem nicht«, sagte Attila beharrlich. »Ich an Stelle von Kharaton hätte Gold für dich verlangt ... viel Gold sogar!«

Aetius lachte laut auf.

»Na endlich!« sagte er. »Das hat aber lange gedauert! Aber du mußtest selbst darauf kommen!«

Attila verstand kein Wort. »Worauf sollte ich kommen?« fragte er verwirrt. Und plötzlich hatte er wieder dieses dumme, dumpfe Gefühl wie während der Reise zum Kaiser von Westrom und dann ganz ähnlich in der Subura von Rom, in den Katakomben, am Strand vor Ravenna und in der Weinschenke am Hafen von Aquileia.

»Laß dir das alles von deinem Onkel Aijbars erklären«, sagte Aetius, noch immer lachend. »Dann wirst du viel von deinem Weg von Rom bis zurück zur Donau verstehen ...«

Aetius ließ sein Pferd über den Graben am Rand der breiten Straße setzen. Er führte es auf einen Trampelpfad zwischen Weinstöcken und drehte sich zu den Reitern um. Er öffnete bereits den Mund, doch der *decurio* Felix war ein wenig schneller.

»Alles runter von der Straße!« rief er mit lauter, kräftiger Stimme. »Dann *turma* absitzen und wegtreten zur Pause! Die vier letzten Männer und der *sesquiplicarius* bewachen die Wagen und Pferde!«

Das waren Befehle, die eigentlich Aetius als Stellvertreter des *decurio* der kleinen Reitereinheit hätte geben müssen. Es war, als wollte Felix ihm und allen anderen deutlich zu verstehen geben, daß er Aetius, den Freund der Hunnen, nicht einmal mehr damit betrauen wollte.

Attila sah, wie die Mundwinkel von Aetius kaum spürbar zuckten. Nur einen Augenblick später bildete sich eine kleine, scharfe Falte zwischen den gezupften Augenbrauen des jungen Legionärs.

»Eines Tages ...«, murmelte Aetius scharf und dennoch kaum vernehmbar. »Eines Tages wird es ganz anders aussehen ... und nichts wird mehr so sein, wie es heute noch ist ...«

Nur Aetius begleitete Attila die restlichen Schritte bis zum Lager des Trecks. Attila sah schon von weitem die Drei, die ihnen entgegenkamen. Ganz vorn lief Greka, hinter ihr ritt der Schamane, mit einigem Abstand gefolgt von Dogan. Attila sah kurz nach hinten. Aetius ritt hochaufgerichtet und schweigend hinter ihm her. Die anderen Legionäre waren so weit zurückgeblieben, daß er nur noch ihre Pferde sah.

Attila sah wieder nach vorn. Er konnte sich nicht erklären, was es war, aber urplötzlich kam ihm das laufende, fröhliche Mädchen wie eine Fee der Steppen und Weiten, des Himmels und der Erde vor. Er spürte, wie das Blut in seinen Ohren hämmerte, wie sein Herz immer heftiger schlug und wie seine Lenden sich nicht länger zurückhalten wollten. Er schnalzte mit der Zunge, und das römische Lastpferd verstand.

Es legte die Ohren an, tänzelte einen Moment nervös, dann schoß es vorwärts. Attila nahm die Zügel in die linke Hand, richtete sich auf und stieß einen Freudenschrei aus. Er riß den rechten Arm hoch und galoppierte wild fuchtelnd und schreiend weiter auf sie zu. Weder er noch sie dachten daran, daß er das Pferd nicht kannte, es nicht beherrschte und auch vom schmalen Weg durch die Weinstöcke nichts wußte.

Die Dunkelheit legte sich bereits unter die dichten Blätter, zwischen die vollen Trauben und über die Tiere, die schon auf die Stille des Abends und der Nacht eingestellt waren. Vom unerwarteten Lärm aufgescheucht, flatterten mehrere Fasane auf. Das galoppierende Lastpferd schreckte zusammen. Dennoch gelang es Attila mit einer Hand, das Tempo zu verringern, ehe Greka niedergetreten wurde. Der Braune brach nach links aus und stieg halb in die Höhe.

Jetzt hatte Attila nur noch eine Möglichkeit, wenn er Schlimmeres verhüten wollte. Er beugte sich zur Seite. Der große, glatte Sattel hatte keine Stützhörner; ohne Steigbügel und ohne richtigen Halt mußte er zugreifen. Er schlang seinen rechten Arm um Greka, hob sie mit einem starken Ruck hoch und hielt sie einfach gegen sich und das drehende Pferd gepreßt. Im gleichen Augenblick war er auch schon bei Aijbars. Der Schamane griff zu, aber er reichte nicht bis an Attila und Greka heran. Der Braune stürmte weiter. Erst Dogan schaffte es auf seinem kleinen, struppigen Hunnenpferd, Attila und Greka abzufangen. Sie rutschten gemeinsam zwischen den Weinstöcken zu Boden. Um sie herum lagen überall abgerissene, zerquetschte Weintrauben.

»Mann, Mann, wenn das deine Brüder gesehen hätten!« rief Aijbars ihm zu. »Hast du deine Zeit auf römischen Schafen verbracht?« Attila biß die Zähne zusammen. Er hatte Greka immer noch im Arm. Jetzt drehte er sie so, daß sie vor ihm stand, umschlang sie auch noch mit dem anderen Arm und küßte sie wie wild.

»Das können meinetwegen auch meine Brüder sehen!« stieß

er dann hervor. Greka schnappte mit errötetem Gesicht nach Luft. Sie schmiegte sich an ihn und strahlte. Dogan grinste; der Schamane schüttelte nur den Kopf. Erst jetzt sah Attila, daß Aijbars wie zur Beschwörung der ganz großen Geister vermummt und mit einer Felltrommel vor sich auf seinem Pferd hockte.

»Was ist das, Onkel Aijbars? Bist du jetzt reitender Schamane?«

»Wir wären nicht hier, wenn ich auch nur eine Stunde meine Gewänder abgelegt hätte!« antwortete Aijbars.

»Es ist vorbei!« rief Aetius, der inzwischen auch herangekommen war. Attila blickte fragend von einem zum anderen. Es gefiel ihm nicht, daß er am Boden stand und zu den Älteren aufblicken mußte. In diesem Moment wäre ihm sogar die schreckhafte Mähre lieber gewesen als eine Position, aus der er sich wie ein Untertan der beiden fühlen mußte. Dogan hielt das Packpferd, aber darauf wollte Attila gern verzichten. Aetius ritt neben den Braunen und nahm ihn ohne Schwierigkeiten am Zügel.

»Ich sehe, ihr seid durchgekommen!« sagte er zu Aijbars und schlug ganz leicht beruhigend mit den Zügelschlaufen auf den Hals des Packpferdes. »Gab es irgendwelche Schwierigkeiten?«

»Nur zweimal«, antwortete der Schamane. »Wir haben vor Ravenna einen Tag verloren, und unterwegs gerieten wir an eine *ala quingenaria*. Die Legionäre waren uns Hunnen fünffach überlegen. Aber die Reiter umkreisten uns nur für einen Tag und griffen nicht an ...«

»Wo war das?« fragte Aetius.

»Irgendwo nördlich von Ravenna auf der *Via Popilia*. Wir fühlten uns erst sicherer, als die Straße am Abend wieder durch Sümpfe und Lagunen auf beiden Seiten führte.«

»Habt ihr herausgefunden, welche Einheit es war?«

Aijbars schüttelte den Kopf. »Woher sollen wir die Namen all der vielen Krieger kennen, die kreuz und quer durch das Imperium marschieren. Ihr wißt doch selbst kaum, welches eure eigenen Hilfstruppen sind und welche gegen euch das Schwert ziehen!«

»Nun übertreib nicht, Onkel Aijbars!«

Attila zuckte unwillkürlich zusammen. Er schob Greka ein wenig zur Seite. Wie kam der Römer dazu, den Bruder seines Vaters mit »Onkel« anzureden?

»Wir haben wohl ihren *signifer* gesehen«, fuhr der Schamane fort. »Aber wir waren zu weit entfernt, um das Feldzeichen zu erkennen. Die Schriften auf den Fahnen und Wimpeln der einzelnen *turmae* konnten wir ohnehin nicht erkennen. Einige von uns denken aber, daß sie zu denen gehörten, die sie schon einmal geschlagen haben ...«

»Truppen von General Generidus so dicht vor Ravenna?« meinte Aetius nachdenklich. »Das ist wirklich sehr ungewöhnlich! Und ihr habt wirklich nichts erkannt? Ich dachte immer, ihr Hunnen hättet gute Augen!«

»Wir sind die Sommerhitze nicht gewöhnt«, antwortete der Schamane ausweichend. »Außerdem wirbelt zu viel Staub von euren harten Straßen auf, und weit um eure Raststellen verdirbt der viele Ruß von Öllampen und schlechter Holzkohle die Luft.«

»Seid froh, daß ihr nicht drinnen essen oder schlafen mußtet!« sagte Aetius spöttisch. Attila verstand den Sinn der vielen Worte zwischen Aijbars und dem Römer nicht. Er wurde einfach das Gefühl nicht los, als würden beide sprechen, um etwas nicht oder ganz anders mitzuteilen. Kein Römer fragte einen Hunnen nach dem Weg oder dem Wetter unterwegs! Und hundert Steppenreiter hielten sich nicht im Hintergrund, damit sich ein Schamane, ein junger Krieger und ein Gotenmädchen mit einer ehemaligen Geisel von Großkönig Kharaton mitten in einem Weinfeld ein Abend-Schwätzchen liefern konnten!

»Ich will jetzt endlich wissen, was hier los ist!« rief er den beiden zu. Greka legte augenblicklich eine Hand auf seinen Arm. »Nicht, Attila! Laß sie reden, dann geht alles schneller ...«

»Was soll hier schneller gehen? Ihr seid heil hier angekommen, und morgen ziehen wir mit dem Gold aus Rom weiter zur Donau!«

Er blickte sie an und sah ihre sehr schönen großen Augen. Sie schüttelte ganz leicht den Kopf. »Nein, Attila, es ist ...«

»Was?«

»... es ist alles ganz anders!«

»Was soll das heißen?« Attila stieß sie fort. Er sprang über ausgerissene Weinstöcke bis zu Aijbars und Aetius. Er packte sie mit beiden Händen an ihren Hosen. »Was soll das alles heißen?« schrie er sie erneut an. »Antwortet, oder ich hole euch beide von den Gäulen!«

»Nein!« schrie Greka, als der Duplicarius zu seinem Kurzschwert griff. Sie warf sich von hinten gegen Attila und umklammerte seine Arme. »Hört auf!« rief sie. »Hört doch auf ... alle!«

»Dann sprecht endlich!« schnaubte Attila wütend. »Was willst du von Aetius, Onkel Aijbars?«

»Was ich will? Eigentlich nur tausend Pfund Gold und den freien Zug von Rom bis an die Alpen. Und zwar erneut mit dir, Sohn meines Bruders Mundschuk! Ja, es war dieser Mann ... es war Aetius, der uns den Weg zurück frei gemacht und dich auf einem Umweg über das Meer hierhergebracht hat!«

»Du hast ein Bündnis mit der Geisel Kharatons?«

»Ganz ... richtig«, sagte der Schamane und schlug wie unabsichtlich bei jedem seiner Worte auf die Felltrommel. »Wir ... haben ... miteinander ... einen ... Vertrag ... geschlossen ...«

Er begann schon wieder, mit seinem Oberkörper zu wiegen.

»Und was ... was bekommt er dafür?« Er sah mißtrauisch zu Aetius hinauf. »Als ... Gegenleistung ...«

»Ich habe bereits, was mir zusteht«, antwortete Aetius.

»Wenn mich nicht alles täuscht, habt ihr auch nichts verloren während des Ungewitters auf dem Meer«, meinte der Schamane.

»Nicht einen Solido aus eurer ganzen Beute«, lachte Aetius. »Dort drüben stehen eure neuen Wagen. Sie und die Pferde dazu sind ordentlich bezahlt. Der Rest, das heißt, noch rund die Hälfte ist in den gleichen Ballen und den Kisten, die ich auf See von den Sarmatinnen an Bord genommen habe ...«

Und plötzlich fiel es Attila wie Schuppen von den Augen. Der ganze Überfall, sein unerwartetes Verschwinden und die Begegnung mit der Galeere war von vornherein geplant. Er sah zum Hunnenlager hinüber. Nein, dort stand keiner der Wagen mehr, mit denen sie in Rom den Treck begonnen hatten.

»Warum?« fragte er nur. »Und warum habt ihr mir nichts gesagt?«

»Ganz einfach, Attila«, antwortete sein Onkel. »Wenn du es gewußt hättest, wäre es auch anderen nicht verborgen geblieben, und dann wären wir jetzt alle tot.«

Auch Stunden später wußte Attila immer noch nicht, ob er stolz oder zutiefst entrüstet sein sollte. Er hatte sich ohne große Umstände von Aetius verabschiedet. Während Aijbars und Dogan hinterherritten, war er mit Greka zu Fuß zum Lager gegangen. Sie hatten sich sehr viel Zeit gelassen. Sei es, weil weder Attila noch das Mädchen großen Wert auf neugierige und fragende Blicke im Lager legten, sei es, weil sie sich erst einmal soviel zu erzählen hatten. Sie waren so lange in den Weinfeldern geblieben, bis die Sterne fast wieder so am schwarzblauen Himmel standen wie in der Nacht, in der sie sich fast verloren hätten.

Es war ganz anders gewesen als bei den ersten Malen. Und beide waren sie erstaunt und verwundert darüber, daß es immer neue und wunderbare Umarmungen und erregende Wellen von Gefühlen in ihnen gab. Am liebsten hätten sie überhaupt nicht mehr damit aufgehört ...

Es war Greka gewesen, die ihn daran erinnerte, daß noch nicht alles gesagt war. Langsam und eng umschlungen erreichten sie endlich das Lager mit den Überlebenden des Athawulf-Zuges und den anderen, die sich ihnen angeschlossen hatten.

Keiner der Männer schlief, als sie ankamen. Inzwischen hatten sie die neuen Beutewagen abgeholt und hockten nun in einem weiten Kreis um das einzige Feuer, das noch etwas höher brannte als die anderen. Attila sah Greka fragend von der Seite her an. Ihr Haar war zerzaust, und ihre Lippen glänzten noch immer feucht im Widerschein des Feuers.

Attila spürte ein Unbehagen, als er die Hunnenkrieger von der mittleren Donau sah. Er kannte einige ihrer Namen, aber bis auf Dogan hatte keiner gezeigt, daß er aus innerster Überzeugung dem jungen Fürstensohn folgen wollte. Schon deshalb hatte er sich während des bisherigen Trecks kaum mit ihnen befaßt. Instinktiv versuchte er herauszufinden, wie sie auf sein Erscheinen reagierten. Er verhielt sich vorsichtig und ging Schritt für Schritt weiter, jederzeit darauf gefaßt, daß einige oder auch alle aufspringen und mit wütendem Geheul über ihn herfallen, ihn verprügeln oder erschlagen würden.

Weder die Hunnen noch die in einem zweiten Ring um das Feuer sitzenden Freigelassenen, Händler und Reisenden sahen ihm feindselig entgegen. Im Gegenteil – in einigen Gesichtern der Frauen und Mädchen entdeckte er eine neue Bewunderung und sogar so etwas wie Neid auf Greka.

Attila verstand noch immer nicht, was wirklich hinter all dem steckte. Vergeblich suchte er Ärger oder Mißmut in den Gesichtern der anderen, die einen Teil ihrer Beute eingebüßt und wahrscheinlich jetzt erst erfahren hatten, daß sie noch weitere Schätze an Aijbars und den Großkönig Kharaton abgeben mußten. Außerdem erschienen ihm tausend Pfund Gold als eine horrende Summe für einen jungen Römer, der noch nicht einmal den Rang eines *decurio* in der Armee des *Imperium Romanum* erreicht hatte.

Die anderen machten ihm Platz. Sie sahen erwartungsvoll zu ihm auf. Attila und Greka traten in den helleren Lichtkreis um das Lagerfeuer ein. Es roch nach Fleischsuppe – nach echter, kräftiger Suppe mit Zwiebeln, Knoblauch und großen Fleischbrocken in einem riesigen Hunnenkessel, der an drei gebogenen, über dem Feuer zusammengestellten Pinienästen hing, die von den Reitern bereits während der Belagerung Roms geschlagen worden waren.

»Na endlich!« rief Scottas mit einem tiefen Seufzer. »Muß denn die Weisheit immer auf die Unvernunft der Jugend warten?«

»Du?« fragte Attila verwundert. »Wo warst du denn so lange ... vor Ravenna?«

»Er hat sich etwas länger bei den Weibern in der Kaiserstadt aufgehalten«, rief Dogan.

»Das ist nicht wahr!« protestierte der Grieche. »Ohne meine Verhandlungen hätten euch die Wachen niemals ungeschoren an den Stadtmauern vorbeigelassen!«

»Komm hierher, Attila«, sagte Aijbars. Er hatte sich inzwischen umgezogen und trug eines seiner wertvollen Schamanengewänder, auf dem Zigtausende winziger Flaumfedern von den Nistplätzen am Maiotischen Sumpfmeer, Ketten hell glänzender Zähne von Wüstenspringmäusen und von der drei Schritt langen Waranechse sowie buntschillernde, kreisförmig ausgeschnittene Schuppenhäute von Nattern aufgenäht waren.

Attila zögerte kaum merklich. Er hatte sich nichts vorzuwerfen, doch irgendwie kam es ihm vor, als würde sich seit Rom mehr um ihn drehen, als ihm zustand. Greka löste sich aus seinen Armen. Er hielt sie nicht zurück. Vielleicht war es tatsächlich besser, wenn er zuerst Klarheit in ihre Situation brachte. Er setzte sich neben Aijbars auf einen der hölzernen, vorn und hinten mit Lehnen versehenen Hunnensättel und sah seinen Onkel wortlos von der Seite her an. Fast eine Viertelstunde lang sprach keiner der Hunnen im inneren Ring um das Feuer ein Wort. Alle starrten schweigend und beinahe regungslos in die Flammen. Auch das gehörte dazu.

Die ganze Zeit glänzte das Gesicht des Schamanen unter einer Schicht Hirschtalg wie in höchster Konzentration und Anstrengung. Seine Haare waren zu breiten Strängen geflochten und mit gekräuselt herabhängenden Bändern aus gebleichter und danach mit Pflanzensaft gefärbter Schafswolle verziert.

Auf seinem Hinterkopf saß eine Kappe mit Glassplittern und kleinen Plättchen aus Gold, poliertem Silber und hellbraunem Kupfer. Das Feuer war hell genug, um den Schamanen in seiner vollen Prachtbekleidung zu beleuchten. Und doch sah Attila bereits nach ein paar kurzen, prüfenden Blicken, daß sich sein Onkel keineswegs in jenem Zustand befand, der ihm die Tore in eine der beiden jenseitigen Welten öffnete. Normalerweise trug er das Federgewand für Besuche bei den Göttern und Himmelswesen. Für seine furchtbaren, schäumenden und ihn fast zerreißenden Kämpfe mit den Herrschern der Erdunterwelt und ihren Dämonen hatte er andere Kleidungsstücke und Utensilien.

Erst als der Schamane aufseufzte und dann die Dose mit seinen geheimnisvollen Pulvern aus seinem Gewand zog, wich die Anspannung auch aus den Gesichtern der wartenden Krieger.

»Du hast dich schlecht benommen«, sagte der Schamane ohne jeden Vorwurf in seiner Stimme. Es klang, als habe er lange darüber nachgedacht und wäre erst jetzt zu einer abschließenden Meinung gekommen. Attila zuckte kaum merklich zusammen. So direkt hatte er die Vorwürfe nicht erwartet.

»Wann?« fragte er deshalb mit plötzlich aufwallendem Trotz in der Stimme. »Und wo habe ich mich schlecht benommen? In Rom vielleicht? Unterwegs? Oder als ich eine bewaffnete Frau erschlug, von der ich annehmen mußte, daß sie mich oder Greka töten wollte ...«

Aijbars schob die Lippen wie zu einem Kuß nach vorn. Mit Daumen und Zeigefinger der rechten Hand streute er etwas von seinem Pulver auf die linke Daumenkuhle am Handgelenk. Er hob ganz langsam den Arm und atmete tief durch die Nase ein.

»Wie konntet ihr so miserabel planen!« stieß Attila kopfschüttelnd hervor, nachdem er eine große Portion aus einem Hunnenkessel gegessen hatte. »Die Hälfte unserer schönen Beute nur für Aetius. Das ist mehr, als ein König nach dem vollständigen Sieg in einer großen Feldschlacht verlangen oder bekommen würde!«

»Du mußt bedenken, daß wir alle ziemlich hohe Kosten hatten. Bei einigen konnte Aetius Versprechen für die Zukunft abgeben. Das mag gereicht haben bei den Sarmatinnen, die dich aufs Meer hinaus brachten, ebenso bei den Alanen-Offizieren Ostroms, obwohl ...«

»Was meinst du?«

»Sie werden nachverhandeln wegen ihrer Toten.«

»Aber tausend Pfund Gold, Onkel Aijbars!« stöhnte Attila. »Ihr habt ihm tausend Pfund Gold einfach geschenkt ...«

»Abzüglich jener Münzen, die Kharaton, Oktar, Ruga und dein Vater ihm schon zuvor für seine Arbeit vorgestreckt haben«, korrigierte Aijbars. »Das alles ist eine sehr gute Investition. Gewiß, er brauchte ziemlich viel, denn niemand wußte vorher, wieviel die Goten für uns paar Hunnen in der Ewigen Stadt übriglassen ...«

»Was? Soll das heißen, ihr hattet bereits einberechnet, was wir in Rom erobert haben?«

»Es war sein Plan, seine Idee«, antwortete Aijbars zustimmend. »In seiner Zeit als Geisel hat er eins gelernt: Du kannst nur Herrscher werden, wenn du Macht besitzt! Und Macht hat überall die gleiche Farbe! Nenn sie *Gold*, und dann beschaff sie dir!«

»Dann hat Aetius an der Eroberung von Rom durch die Westgoten mitverdient?«

»Ein wenig er, ein wenig manche Senatoren, vielleicht auch Priester, Sklaven und der Kaiser selbst – dazu noch König Kharaton, ebenso meine Brüder Ruga, Oktar und dein Vater Mundschuk, dazu ein wenig du, ein wenig ich ... du siehst, man braucht schon sehr viel Gold, um Großes zu erreichen!«

Attila starrte den Schamanen nachdenklich an. Er überlegte, dann fand er wie durch einen Lichtblitz die Wahrheit.

»Es stimmt nicht!« sagte er. »Nichts von dem, was du gesagt hast, ist wahr!«

Aijbars schürzte die Lippen und begann zu summen. Es war, als hörte er ihn schon nicht mehr.

»Aetius will überhaupt kein Gold!« stieß Attila erregt hervor. »Wir sind es, denen Gold mehr wert ist als ihm! Ich weiß genau, was dieser Römer will!«

»Dann sag es doch – aber schrei nicht so! Es dröhnt ja schon in allen Lauscherohren ...«

»Er will nach oben!« keuchte Attila. »Ganz nach oben ...«

»Na und? Wer von den Römern will das nicht? Was stört dich denn daran?«

»Und wir – wir helfen ihm dabei! Ist das der Pakt?«

»Das ist der Pakt ... solange er bezahlt!«

»Sehr viel bezahlt?« fragte Attila vorsichtig. Der Schamane pfiff leise vor sich hin.

»Mit allem, was er hat und noch bekommen kann!«

11. Auf der Bernsteinstraße

Sie verließen die flachen Felder von Aquileia, als die Sonne über den nahen Bergen im Osten aufging. Die Julischen Alpen waren kaum zehn Meilen entfernt und erhoben sich wie eine diesige Mauer über den schnurgerade angelegten Feldern der großen, doppelt ummauerten Stadt. Und wie bei der Erfüllung eines Schamanenspruches erhob sich zur gleichen Zeit ein Storchenpaar von den Dächern hinter der Doppelmauer, kreiste einmal über dem Flußhafen und zog dann nach Süden aufs Hadriatische Meer hinaus.

Der Marsch zu den Alpenübergängen der *Via Gemina* war ebenso einfach wie der Weg an der Küste entlang. Sie brauchten nur dem Verlauf der uralten, legendenumwobenen Bernsteinstraße über die Römerstädte Emona und Celeia zu folgen. Die Römerstraße war der bequemste Weg in die nordöstlichen Provinzen des Imperiums. Während die Handelsstraße nach zehn, zwölf Tagesmärschen bei Poetovio nach Norden abbog, bei Carnuntum die Donau überquerte und schließlich weit in den Norden bis zu den Bernsteinstränden des *Mare Suebicum* führte, brauchten sie selbst von der Brücke über die Drau an nur noch der Sonne entgegenzuziehen. Wenn sie sich bis zur Donau nördlich des Flusses hielten und die Sumpfgebiete mieden, konnten sie in zwei bis drei Wochen wieder in den Weidegebieten der westlichen Hunnen und am Ordu des Großkönigs sein.

Sie durchquerten ohne Schwierigkeiten die flachen Kieselbetten mehrerer fast ausgetrockneter Flüsse. Die kümmerlichen Sommer-Rinnsale aus den nördlichen Alpen, die sich zwischen faßgroßen und weißgeschliffenen Felsbrocken hindurchschlängelten, reichten den Pferden und Menschen zum Trinken, aber nicht einmal mehr für ein erfrischendes Bad. Es hatte wenig geregnet in diesem Sommer.

Unmittelbar an der Römerbrücke über den Insonzo, noch

vor dem Eingangstal in die bedrohlich wirkende Bergwelt der Julischen Alpen, schickte Attila Dogan und drei weitere Reiter voraus. Er selbst wäre lieber noch eine Nacht im Flachland geblieben, aber die erfahrenen unter den Steppenreitern meinten, daß sie von jetzt an besser die Feuer klein und geschützt halten sollten. Das hatte auch Aetius Onkel Aijbars geraten. Auch die Hunnenreiter wollten alles vermeiden, um noch einmal mit den schnell und hart zuschlagenden Legionären und Hilfstruppen von General Generidus zusammenzutreffen.

Unterwegs erzählten sich Attila und Greka so viele kleine und für alle anderen uninteressante Geschichten, daß schon bald niemand in ihrer Nähe mehr zuhörte. In ihrer Umgebung hatte man verstanden, daß der Sohn von Fürst Mundschuk und die Ostgotin, die als ehemalige Sklavin in Rom galt, wie verliebte junge Leute die Welt ganz anders sahen als die Erwachsenen.

Erst als Attila von geheimnisvoll glühenden Nächten in der Steppe und davon erzählte, daß seine Vorfahren durch die Kraft von Zauberinnen mit Pferd und Wagen durch das sonst unüberwindliche maiotische Sumpfmeer gezogen waren, lachte Greka laut auf und schlug freundschaftlich auf seinen Arm. Sie ritten dicht nebeneinander.

»Ich habe das aber ganz anders gehört, als ich noch ein kleines Mädchen war«, sagte sie. »Vielleicht sind auch das nur Legenden, aber unsere Frauen zwischen dem Bernsteinmeer im Norden und dem Schwarzen Meer glauben, daß ihr Hunnen Nachkommen von Dämonen seid.«

»Oh«, sagte Attila und lachte. »Das wird Onkel Aijbars freuen!«

»Das ist überhaupt nicht lustig!« protestierte Greka. »Ich habe mich immer vor Hunnen gefürchtet ...«

Sie errötete. Attila nahm ihre Hand. Er achtete darauf, daß der Weg genügend Platz zum Nebeneinanderreiten bot.

»Auch jetzt noch?« fragte er. Sie lächelte und schüttelte den Kopf.

»Erzähl mir die Geschichte«, bat er. Sie schüttelte erneut den Kopf.

»Komm, Greka, erzähl schon!«

»Na gut«, sagte sie. »Aber ich warne dich: Es ist eine bösartige Geschichte über eure Herkunft.«

»Als wenn wir daran nicht längst gewöhnt wären!« sagte er. Sie zögerte noch einen Augenblick, dann nickte sie und erzählte mit ernster Stimme, was sie als Kind über die Hunnen gehört hatte:

»Du weißt ja, daß wir ebenso wie ihr über Jahrhunderte hinweg immer weiter vor der Kälte geflohen sind.« Attila nickte. Sie näherten sich den gewaltig wirkenden östlichen Bergen. In diesem Augenblick kam es ihm fast unmöglich vor, daß es durch all diese himmelwärts ragenden Felsen und Bergketten doch einen Pfad, einen Weg und eine Straße geben sollte. Die Berge waren wie Mauern. Ja, das war es, was er an ihnen nicht mochte – sie waren wie Mauern! Aber sie mußten sie überwinden oder durch ihre schwächsten Stellen ziehen, wenn sie jemals die Yurten und die Familien wiedersehen wollten ...

»He, Attila! Hörst du mir eigentlich zu?«

Er schrak zusammen. »Entschuldige!« sagte er.

»Na gut, ausnahmsweise!« sagte sie und lachte. »Also paß auf: Eines Tages erfuhr unser König Filimer, der Sohn von Gadarich dem Großen und fünfter König des großen Zuges, daß seltsame Weiber aufgetaucht waren. Sie sollten zaubern und Wunder vollbringen können. Er wollte mehr darüber wissen und erfuhr, daß sie sich schon seit geraumer Zeit unter die anderen Frauen an den Waschplätzen an den Rändern der Griechenmärkte gemischt hatten.«

»Wann soll das gewesen sein?«

»Oh, das ist schon einige hundert Jahre her ... als wir noch ziemlich weit entfernt am Meer im Norden lebten und gerade die Rugier und ihre Nachbarn, die Vandalen, besiegt und unterworfen hatten.«

»Was? Wollt ihr damals bereits von uns gehört haben? Das muß doch sehr lange her sein?«

»Ich weiß, aber vielleicht wird ja nur gesagt, daß es König Filimer war, damit viele die Geschichte glauben«, meinte Greka. »Auf jeden Fall gibt es das Wort für die Zauberweiber schon lange in unseren Überlieferungen.«

»Wie heißen sie?« fragte der Schamane plötzlich. Er hatte die ganze Zeit schweigend zugehört.

»Halirurunnen – Alraunenweiber«, antwortete das Gotenmädchen.

»Das dachte ich mir«, sagte Attila und nahm die Zügel etwas straffer.

»Da König Filimer sie für verdächtig hielt, vertrieb er sie«, fuhr Greka fort. »Aber sie kamen immer wieder, während unser Volk weiter nach Süden zog. Ich weiß nicht, wie lange es dauerte, aber schließlich verjagte er die unheimlichen Zauberweiber mit Gewalt und zwang sie, fern von seinem Heer in Einöden herumzuirren und dort ihre Kräuter zu suchen.«

»Und du weißt nicht, woher diese Schamaninnen kamen?«

»Nein, das weiß ich nicht«, antwortete sie. »Ich weiß nur, daß es nicht gut ausging mit den Halirurunnen.«

»Was ist passiert?«

»Irgendwo fern vom Zug unseres Volkes, in der baumlosen Steppe, wurden sie von ihren verbotenen Geliebten, den unreinen Geistern, ohne König, Stamm und Volk erblickt ...«

»Und weiter?« fragte Attila. Er mußte plötzlich lachen über diese einfache, aber offenbar wirksame Geschichte. Ihm war längst klar, welche Zügel der Gotenkönig Filimer oder seine Berater angelegt hatten.

»Sie wurden allesamt eingefangen, umarmt und mit Gewalt begattet. Und so entstand ein neues, aber unreines, wildes und häßliches Geschlecht, das sich zuerst jenseits der mäotischen Sümpfe versteckt hielt, Dämonenbrut und kaum einer menschlichen Sprache mächtig. Diese gräßlichen Kreaturen, Alpträume und Monster – sie kannten keine andere Beschäftigung außer jagen, saufen und fressen. Tiere also, die aber noch furchtbarer wurden, nachdem sie zu einem raubgierigen Volk herangewachsen waren ...«

Allmählich verging Attila das Lachen. Er spürte ein heftiges Glühen in seinen Schläfen. Zuerst die Griechen, dann die Römer, und jetzt auch noch die Germanen! Aber warum? Warum feierten selbst Völker, die sich und andere in gnadenlosen Überfällen bekämpften und erschlugen, sich und ihre Feinde als Helden, während jede Erwähnung der Hunnen sofort mit panischer Angst und dämonischem Schrecken verbunden wurde? Er wußte es nicht.

Ganz sanft und allmählich hatten die Berge sie aufgenommen. Sie folgten dem Lauf der Vipara, die wie ein Mäanderband zwischen Büschen und Weidenbäumen von Südosten her kam. Das Tal war flach und breit genug für die hundertfache Zahl von Kriegern, Pferden und Wagen. Und so, wie der Zug der Zweihundert jetzt in die Bergwelt eintrat, sah er eher klein und verloren aus. Vielleicht gerade deshalb brach Attila plötzlich ab.

»Entschuldige, aber ich muß gerade mal mit Aijbars reden«, sagte er zu Greka.

»Stimmt etwas nicht? Habe ich dich verletzt mit meiner Geschichte?«

»Nein, nein!« sagte Attila schnell. »Es hat nichts damit zu tun. Ich habe nur gerade daran gedacht, in welche Falle wir hier reiten ...«

Die Nacht verlief ruhig. Anders als üblich hatten sich alle in einem kleinen Wäldchen versteckt. Den Goten machte eine derartige Tarnung nichts aus, aber den Hunnen waren dichte Wälder ebenso unheimlich wie Städte und Mauern.

Obwohl nur wenige Wagen und Reisende aus beiden Richtungen über die gut ausgebaute *Via Gemini* zogen, hielt sich der Zug der Zweihundert auf dem uralten Pfad am Ufer des Flüßchens, der schon von den keltischen Ureinwohnern der Gegend begangen worden war. Der Weg war schmal und kürzte die vielen Schleifen der Vipara ab. Trotzdem hatte ihn das alljährlich über die Ufer tretende Wasser inzwischen fast verschwinden lassen. Noch am vergangenen Abend hatten die Weströmer mitgeteilt, daß sie sich vom Zug trennen würden, wenn noch mehr Zeit auf dem alten Weg verlorenginge. Einige andere waren der gleichen Meinung gewesen.

Nur Attila und Aijbars und die Hunnen hatten bisher nicht mit sich handeln lassen. Sie wollten auf jeden Fall einen erneuten Zusammenstoß mit den Römern vermeiden, denn diesmal waren sie mit all ihrer Beute nicht einmal mehr zu einer schnellen Flucht fähig. Aus diesem Grund begann der neue Tag mit einer Verzögerung und einem Spähtrupp ...

»Ich hab's geahnt«, stöhnte Attila, »ein Lager der Grenztruppen, weit entfernt von den Limesgrenzen!«

»Das muß neu sein«, flüsterte der Schamane. »Daran kommen wir niemals ungesehen vorbei!«

»Wahrscheinlich haben ihre Wachen und Spähreiter unseren Zug längst entdeckt!« meinte Dogan, der *Falke*.

»Und was nun?« fragte Greka. Sie war trotz des Einspruchs von Aijbars mit auf Erkundung gegangen.

»Wenn ich das wüßte!« antwortete Attila.

Sie hockten an einem Hang der südlichen Berge, hatten die Äste und Zweige kleiner Haselnußsträucher zur Seite gebogen und blickten in den etwa zwei römische Meilen weiten Talgrund zwischen den steil ansteigenden Berghängen. Das Tal verlief in sanften, sehr weiten Biegungen fast genau von Westen nach Osten.

Auf der gesamten Breite waren die Hänge hier viel grüner und frischer als im staubigen Italien. Einige hohe Bergspitzen auf der anderen Seite trugen bereits den Anflug des nahenden Winters, andere hatten nur deshalb weiße Stellen, weil ihre Flanken aus kalkigem Gestein bestanden, wie Aijbars sagte. Hier jedoch, innerhalb des geschützten Tals, herrschte eine angenehme sommerliche Wärme, die weder mit der stickigen Schwüle Roms noch mit der feuchten Hitze der Padus-Ebene zu vergleichen war.

Der kleine Fluß namens Vipara schlängelte sich kaum sichtbar durch den Wiesengrund, und obwohl die Julischen Alpen noch zum Kernland des *Imperium Romanum* gehörten, schienen hier bereits andere Menschen zu leben. Save und Drau, Donau und Theiß waren noch weit, aber es sah aus, als würde bereits hier das Grenzland mit anderen Häusern und ärmlichen, weit auseinanderliegenden Gehöften beginnen.

Sie blickten zur Nordseite. Die Sonne stand hinter ihnen, und die weite, weiß und kalkig aussehende Fläche des römischen Lagers war auch aus dieser Entfernung deutlich zu erkennen. Sie hatten kein festes Lager gebaut – eher eine Mischung aus einem Marschlager mit Zelten und einer Erweiterung des kleinen Rastplatzes, den Attila und Aijbars unabhängig voneinander bereits auf dem Hinweg gesehen hatten. Doch jetzt hatte das Lager Nachschub bekommen. Mindestens zweitausend bewaffnete Krieger zu Fuß und auf Pferden exerzierten in kleineren Einheiten innerhalb der noch neu wirkenden Wachtürme aus Baumstämmen und gelbroten Ziegeln.

Attila, Aijbars, Dogan und Greka arbeiteten sich zu einem steilen Vorsprung hinunter, vom dem aus sie das Lager wie in einem Amphitheater überblicken konnten.

Greka schob sich neben Attila und schmiegte sich an ihn. Er legte seinen Arm um sie und blickte weiterhin angespannt auf das Lager.

»Es ist schön hier«, sagte sie und atmete tief durch. Er nickte, interessierte sich aber viel mehr für das, was sie sahen. Von unten konnte niemand durch die dichten, mit doppeltem Weidengeflecht verstärkten Palisaden blicken. Hier aber hatten sie einen hervorragenden Blick auf die bunten, glitzernden Figuren, die sich im *campus* wie auf einem riesigen, aber gut getarnten Spielfeld bewegten.

»So etwas habe ich weder in Ravenna noch in all den Monaten in Rom gesehen.«

»Dabei hättest du doch leicht darum bitten können, einmal die *castra praetoria* zu besichtigen«, meinte Aijbars.

»Das habe ich auch«, sagte Attila. »Zum *campus martis* unten am Tiber durften wir nicht, aber ich war dreimal in den großen Kasernen am *campus corbentinum.*«

»Und da hast du nicht beobachtet, wie die Soldaten übten?« fragte Dogan. Attila schüttelte den Kopf.

»Nicht so wie hier«, antwortete er. »Sie haben uns nur den Altarbau mit den vielen Standarten in der Mitte des Lagers gezeigt. Dazu riesige Säle mit endlosen Reihen von Waffen, Rüstungen und Belagerungsmaschinen. Da war einfach alles da – von feinsten Schuppenpanzern der *centurionen* über Kettenhemden, die über einer wollenen Tunika getragen werden, bis zur sogenannten *lorica segmentata* aus Metallstreifen mit Scharnieren.« Er lachte. »Ich glaube, ich kenne inzwischen alle Bogenarten und Pfeilspitzen, die jemals im *Imperium Romanum* verwendet wurden. Dazu Katapulte, Onager und alle Hieb- und Stichwaffen vom zwei Fuß langen *gladius* über die sieben Fuß langen *pilum*-Lanzen bis zum *pugio*-Dolch mit doppelt geschwungenen Schneiden.«

»Angeber!« sagte sein Onkel unbeeindruckt. »Dein ganzes Wissen nützt dir gar nichts, wenn du es nicht richtig anwendest!« Er hockte sich neben Attila und Greka auf die Fersen und begann schon wieder damit, leicht seinen Oberkörper zu wiegen. »Also – was sollen wir tun in dieser Situation?«

»Ich habe nie gesehen, wie sie übten – nur, wie sie einige bekannte Formationen ausführten.«

»So wie das da unten?« fragte Aijbars. Attila sah eine Weile zu, dann schüttelte er den Kopf: »Nein, so etwas habe ich nicht einmal bei den Palastwachen in Ravenna gesehen. Da haben immer nur die Hunnen geübt.«

Sie beobachteten, wie die römischen Reiter mit Helm und umgehängtem Schwert wieder und wieder den schwierigen

Sprung in den Sattel probierten. Andere mußten mit zwei Speeren in der Hand aufsitzen, ohne dabei die Speere fallenzulassen. Wieder andere galoppierten in geschlossener Ordnung los und setzten mit erhobenem Schwert über dicht hintereinander aufgestellte Hecken, Wassergräben und Erdspalten bis zum Nordrand des Exerzierplatzes, kehrten dort in vollem Lauf um und mußten jetzt zusätzlich denen ausweichen, die bereits gestürzt waren und im Weg lagen.

»Ach nein!« sagte Attila plötzlich. »Siehst du dort drüben bei der Tribüne der Anführer auch das, was ich sehe?«

»Die Pferde, die sich fast über die Vorderbeine verbeugen?« lachte der Schamane. Attila lachte nicht.

»Das sind keine Verbeugungen, Aijbars! Denn das gehört auch zu den großen Lügen der Legionen! Sie sagen immer, daß sie nur bis zur Unterwerfung ihrer Gegner kämpfen und dann Gefangene machen! Aber das da ... das da ist die Wahrheit!«

»Sie beugen sich im schnellen Lauf vom Pferd hinab und schlagen mit dem Schwert auf Strohballen.«

»Nicht auf Strohballen, Aijbars!« schnaubte Attila ernst. »Das sind im Zweifelsfall du und ich, verstehst du? Sie lernen, wie gestürzte Gegner noch am Boden erschlagen und zerstükkelt werden können!«

»Aber genau das haben sie uns Hunnen von Anfang an mit einem gewaltigen Aufschrei vorgeworfen!« sagte Aijbars verwundert. »Ich meine, als wir in den ersten Jahren bei unserem Vorstoß auf die Grenzen des Imperiums keine Gefangenen gemacht haben, um schneller voranzukommen ...«

»Und hier lernt das jede *ala*, jede *turma* ...«

»Jede was?« fragte Dogan.

»Ach, das sind nur die Namen für römische Reitereinheiten«, sagte Attila. Für einen Augenblick hatte er vergessen, daß der junge Hunne nicht einmal zu wissen schien, wie die römischen Reiter eingeteilt waren. »Ich denke, ihr habt eure Herden in der Nähe des Militärlagers von Aquincum«, sagte er vorwurfsvoll. Er deutete zum östlichen Rand des Exerzierplatzes: »Also, paßt auf! Dort drüben, die drei Reihen Reiter, genau dreiunddreißig Mann – das ist eine *turma*. Ihr Anführer ist der *decurio*. Er reitet allen voran und bekommt den dreifachen Sold eines einfachen Reiters. Die beiden am Ende sind seine Stellvertreter. Der Linke heißt *duplicarius*, weil er den doppelten Sold bekommt, und den dritten nennen sie *sesquiplicarius*, den Anderthalbfachen ...«

»Was erzählst du mir da?« lachte der Schamane. »Das alles weiß ich längst von Aetius!«

»Sie kämpfen eben doch für Sold und nicht nur für Ruhm und Ehre des Imperiums«, sagte Attila. »Sechzehn von diesen *turmae* ergeben eine *ala*, also rund fünfhundert Mann. Seltsamerweise hat eine *ala milliaria*, also die Tausender-Ala keine tausend Reiter, sondern nur etwa siebenhundertundfünfzig.«

»Hat das irgendeine Bedeutung?« fragte Greka, nicht sonderlich beeindruckt. Attila nickte. »Man kann bei den Römern schon längst nicht mehr nach den ursprünglichen Truppenstärken gehen. Eine Legion, die einmal mehr als sechstausend Männer umfaßte, kann inzwischen weniger als viertausend Mann haben. Die Römer behaupten noch immer, daß sie die alten Regeln und Ordnungen einhalten, aber das stimmt schon lange nicht mehr.«

»Du meinst, eine Legion ist keine Legion?« fragte Dogan.

»Nein«, sagte Attila. »Noch vor hundert Jahren hatte jeder einzelne in den Legionen seinen festen Platz. Sie marschierten überall gleich auf – voran die Wegfinder, dann leichte Schwertkämpfer und Bogenschützen als erste Kampfeinheit. Dahinter die Ingenieure und Straßenbauer. Sie konnten Schäden in den Straßen schon während des Marsches so schnell reparieren, daß die Nachfolgenden nicht aufgehalten wurden. Ihnen folgten die Kommandanten und Anführer mit dem Offiziersgepäck und einer eigenen Leibwache, die alles absicherte. Hinter ihnen ritt die Kavallerie. Danach kamen die Spezialisten, die selbst nicht kämpften, sondern Brücken planten und Katapulte und andere Belagerungsmaschinen bedienen und reparieren konnten. Das alles war sozusagen der erste Teil eines Zuges.«

»Das muß sich aber sehr lang hingezogen haben, wenn alles über Straßen ging.«

»Hat es auch«, sagte Attila bestätigend. »Denn erst dann kam der Kommandant der Legion mit seinen Kohortenführern, gefolgt von den Standartenträgern, den Musikern und schließlich den Manipeln der eigentlichen Legionäre ...«

»Was meinst du mit Kohorten und Manipeln?« fragte Greka verwirrt. Für sie, die niemals eine bewaffnete Einheit der Römer oder ihrer Hilfsvölker im Kampf, auf dem Marsch oder bei ihren Übungen gesehen hatte, war das alles noch viel unübersichtlicher und komplizierter als für die Männer, die bereits mit dem ersten Schluck vergorener Stutenmilch angefangen hatten, die klare Zuordnung der Kämpfenden bei den Hunnen und ihren eigenen Hilfsvölkern zu lernen.

»Bei uns gibt es nur Reiter und Anführer, sonst nichts!« sagte Dogan. Attila mußte unwillkürlich lachen.

»Du vergißt, daß sich die Legionen des Imperiums über tausend Jahre hin immer weiter entwickelt haben. Aber genau das hat auch riesige Nachteile.«

Greka sah ihn fragend an.

»Also gut«, sagte Attila mit einem tiefen Seufzer. »Ich will es euch erklären, obwohl ich nicht weiß, was ihr jemals mit diesem Wissen anfangen wollt! Also, paß auf: Jede Legion war ursprünglich wie ein Webmuster angelegt. Acht Krieger bildeten ein *contubernium*, also ein Zelt voll oder eine Gruppe.«

»Danke«, sagte Greka schnippisch. »Das verstehe sogar ich noch.«

»Gut«, fuhr Attila mit einem leichten Grinsen fort. »Zehn von diesen Gruppen oder Zelten waren eine Zenturie – also mit Unterführern und Offizieren rund hundert Mann.«

»Also ist ein *centurio* eigentlich ein Hundertschaftsführer ...«

»Genau! Das klingt zwar zu umständlich, aber es stimmt.

Jeweils zwei Zenturien sind ein Manipel, und drei Manipel oder sechs Zenturien sind eine Kohorte.«

»Gut, gut!« jammerte der Schamane. »Das schlägt ja selbst die hartnäckigsten Dämonen in die Flucht!«

»Keine Angst, so ist es längst nicht mehr«, gab Attila lachend zurück. »In den heutigen Legionen Roms wirst du vergeblich die vielen seltsamen und ehrenvollen Spezialisten suchen, die früher unbedingt dazugehörten. Natürlich gibt es noch Träger der Manipelstandarten. Auch die einzelnen Reitereinheiten führen selbstverständlich ihre Feldzeichen und Standarten mit. Die Römer beschäftigen in jeder Truppe eine Unmenge von Handwerkern, Schriftkundigen und Verwaltungsbeamten. Aber Landvermesser, Wächter der Uhrzeit und Schamanen für die Bestattungszeremonien gibt es fast gar nicht mehr ...«

Aijbars schnaubte. »Willst du mich auf den Arm nehmen?«

»Nein, Onkel Aijbars, einige Legionen haben auch heute noch Schamanen. Sie werden ›*heidnische Priester*‹ genannt. Sie zelebrieren meistens die *haruspices*, also die Eingeweideschau. Einige werfen auch ebenso wie du die Schulterblätter von Hammeln als Orakelknochen ins Feuer, um anschließend aus den Bruchstellen und Trockenrissen den Verlauf von Kämpfen abzulesen und die Feldherren zu beraten.«

»Bist du sicher?«

»Ich habe es nie mit eigenen Augen gesehen«, gab Attila zu, »aber das alles war in Rom ein offenes Geheimnis.«

Aijbars schob die Unterlippe vor, bewegte seinen Oberkörper hin und her und begann mit einem leisen Singsang.

»Ich muß nachdenken«, summte er. »Ich muß nachdenken, wie wir hier wieder rauskommen ...«

Es dauerte ziemlich lange, bis er ruckartig anhielt und Attila direkt ansah. Die anderen hielten die Luft an, aber die Fragen des Schamanen klangen eher verwirrend.

»Warst du in Rom in einem Amphitheater?«

»Ja«, antwortete Attila, »mehrmals, warum?«

»Mit Leuten, die sich verkleidet hatten ...«

»Ja, Schauspieler.«

»Die etwas aufsagten, was nicht von ihnen stammte ...«

Erst jetzt ahnte Attila, auf was der Schamane hinauswollte.

»Hör auf«, sagte er und machte eine abwehrende Handbewegung. »Auch wir singen Lieder, die vor langer Zeit entstanden sind. Und wenn du meinst, die Römer hätten mir in Rom Theater vorgespielt, dann muß ich dich enttäuschen. Sie waren viel zu sehr mit sich selbst beschäftigt, um einen Barbaren besonders wichtig zu nehmen.«

»Und das Versteckspiel mit den Bewaffneten?«

»Normal«, sagte Attila. »Vergiß nicht, daß in der Stadt bereits Menschenfleisch gehandelt worden ist. Ich werde diesen Geruch niemals vergessen ...«

»Und hier üben sie noch immer, wie man Gegner totschlägt, die schon am Boden liegen.«

»Gut oder schlecht für uns?« fragte Attila.

»Das mögen die Götter entscheiden«, antwortete der Schamane. Danach sagte er nichts mehr. Attila hätte bei allen Geistern und Dämonen schwören können, daß Aijbars etwas gefunden oder in seinen jenseitigen Welten gesehen hatte. Aber der Schmane schwieg und hatte plötzlich keine Lust mehr, weiter über Römer, Legionäre oder einen Ausweg aus der Falle zu sprechen ...

Sie blieben noch bis zum Nachmittag, dann kehrten sie zu ihrem Lager zurück. Sie erreichten die Feuer, als bereits die Fleischsuppen in den Hunnenkesseln brodelten und es an den Bratspießen der anderen Männer im Zug brutzelte. Auch als der Mond aufging, blieb der Schamane schweigsam. Er summte nicht, wiegte seinen Oberkörper nicht und stieg achtlos über seine Felltrommel hinweg.

Das waren allesamt keine guten Zeichen. In dieser Nacht ließen Attila, Aijbars und Dogan noch mehr Wachen aufstellen als in den vorangegangenen.

Seltsamerweise gab es in dieser Nacht keinen einzigen Alarm. Nicht einmal die Annäherung eines Spähers oder fremder Gestalten war beobachtet worden.

Am nächsten Morgen kam der Botschafter König Alarichs, der sich bisher stets im Hintergrund gehalten hatte, zu Attilas Zelt. »Was bisher als Schutz gedient hat, ist seit Aquileia zu einer tödlichen Gefahr geworden«, sagte der ruhige, grauhaarige Mann. »Außerdem wollen wir nicht länger untätig warten. Einige der Freigelassenen, die beiden Perser und ich mit meinen Begleitern werden deshalb allein weiterziehen.«

»Meinst du, daß du dann bessere Aussichten hast?« fragte Aijbars und trat hinter Attilas Zelt hervor. Er hielt einen großen, mindestens fünf Jahre im Baummulch gewachsenen Hirschkäfer zwischen den Fingern: morgendliche Schamanenbeute für seine Pülverchen.

»Wir haben schnelle Pferde«, sagte der Gote. Er zögerte einen Moment. »Und keine Beute, die uns belastet«, fügte er dann hinzu.

»Aber ihr habt die Ewige Stadt gestürmt und damit alle gedemütigt, die bereit sind, für das Imperium zu kämpfen und zu sterben ...«

»Wo sollen derartige Männer sein?« fragte der Bote des Gotenkönigs mit einem kurzen, verächtlichen Lachen.

»Vielleicht nicht mehr viele in Rom, Ravenna oder den Städten Oberitaliens«, sagte der Schamane. »Aber hier in den Bergen, in den harten Grenzgebieten und den Castellen des Limes dürfte es noch genügend Rächer der Schmach geben, die ihr nicht nur Westrom angetan habt ...«

»Ein Schamane der Hunnen als Wahrer der Ehre Roms?« Der Westgote lachte erneut laut auf. »Was wollt ihr denn tun? Abwarten, bis sie euch alle hier einkreisen und niedermetzeln?«

»Nein«, sagte Attila in diesem Augenblick. Er spürte plötzlich, daß der erfahrene Gote aus dem Hofstaat von König Alarich recht hatte. »Hast du etwas dagegen, wenn wir uns deiner

Führung durchs Tal und dann die Berge hoch bis zur Quelle der Vipara anschließen?«

»Ihr braucht keine Führung«, antwortete der Westgote. »Folgt einfach dem Fluß, wie wir es tun werden ...«

»Brauchst du Begleiter von uns?« fragte Attila. Alarichs Bote schüttelte den Kopf. Er sah Attila mit einem Lächeln an, dann nickte er und wendete sein Pferd. In weniger als zehn Minuten waren insgesamt sechzehn Personen aufgebrochen und durch das kleine Lagerwäldchen weiter nach Osten gezogen.

Der Rest des Trecks brach vergleichsweise spät auf. Obwohl jeder von ihnen wußte, in welcher Gefahr sie sich befanden, kamen sie schnell und ungehindert über die jahrhundertealten Wege rechts und links der Vipara weiter.

Sie mußten mehrfach flache, steinige Furten durchqueren, doch auch der Boden an den Ufern war für die schwerbeladenen Wagen tragfähig.

»Zu anderen Jahreszeiten muß es hier viel schwieriger sein«, sagte Greka, die sich mit einigen anderen Frauen und Mädchen kurze Schwerter, Dolche und Speere aus dem Arsenal der Männer beschafft hatte. »Wir sind zwar keine Sarmatinnen oder Amazonen«, hatte sie auf die Proteste der Männer erwidert, »aber wir wissen doch, wo die Schneide und die Spitze eines Messers ist.«

Sie ritten nebeneinander her nach Südosten. Dogan hatte die Nachhut übernommen, und Aijbars ritt irgendwo in der Mitte des Zuges. Er war ein paarmal zurückgefallen und hatte mit Hunnen gesprochen, die denselben Weg schon einmal mit Athawulf gemacht hatten, konnte aber auch keine andere Richtung angeben als die, die von den Westgoten bereits eingeschlagen worden war ...

Erst gegen Mittag, als der Talboden ganz langsam zu steigen begann und die Wagen langsamer vorankamen, lenkte der Schamane sein Pferd neben Attila.

»Ich habe merkwürdige Dinge gehört«, sagte er.

»Von den Römern?«

»Aus dem Lager, ja. Die meisten von denen, die wir gesehen haben, sollen keine Römer, sondern Germanen aus dem Norden gewesen sein. Es heißt, daß sie aus Noricum und Pannonien stammen. Die Garnison soll aber nicht weiter befestigt, sondern noch vor dem Winter an die Donau verlegt werden.«

»In unsere Nähe?«

»Wahrscheinlich. Dort werden inzwischen die alten Befestigungen und Castelle wieder verstärkt. An der ganzen Donau entlang von ihrer Biegung nach Osten, dann durch die Karpaten und bis hinunter ins flache Land des Deltas sollen neue Wachtürme entstehen.«

»Auf ihrer oder auf unserer Seite?«

»Teils, teils«, antwortete Aijbars.

»Ist das der Grund, warum uns hier niemand angreift?«

»Es scheint fast so«, antwortete der Schamane. »Vielleicht wollen sie vermeiden, daß der *Schwarze Mächtige* gereizt wird und den Ausbau ihrer Befestigungen und Stützpunkte unterbricht.«

»Du meinst, wir können unbesorgt weiterziehen?«

»Ich weiß es nicht, Sohn meines Bruders Mundschuk«, antwortete der Schamane. »Immerhin lockt noch viel Gold auf unseren Wagen.«

»Genug für den Befehlshaber über Dalmatien, Istrien, Pannonien und Noricum?«

»Wahrscheinlich nicht«, sagte Aijbars nachdenklich. »Sonst hätten sie das Gold bereits gegen Blut eingetauscht ...«

»Dann also weiter!«

»Ja.«

Am Abend des zweiten Tages im Tal der Vipara erreichte der Treck den schwierigsten Teil des gesamten Weges. Auf beiden Seiten des kleinen Flusses, der ihnen jetzt viel schneller und wilder entgegenkam, schoben sich die Berge immer dichter zusammen. Irgendwo ganz oben, am Ende der steil nach Osten hin aufsteigenden Almwiese, lag die Quelle des Flusses. Die Römerstraße führte am nördlichen Hang immer höher hinauf. Die Hunnen beschlossen, den ungepflasterten Weg zu nehmen, der mehrmals über schmale, steinige Furten von einer Seite des Bergflusses zur anderen und wieder zurück führte.

Noch am Nachmittag wurden Dogan und drei weitere Reiter als Kundschafter ausgeschickt. Sie sollten bis zum Scheitel der Paßwiese den besten Weg suchen und sich auch oben umsehen. Kurz nach Sonnenuntergang kamen sie in schnellem Ritt zurück.

»Schaffen wir das an einem Tag?« fragte Attila.

»Kein Problem«, antwortete Dogan und sprang von seinem Pferd. Er lief zum Fluß, beugte sich zum Wasser und trank in tiefen Schlucken.

Am nächsten Morgen wurden alle Ochsen zusammengetrieben. Die leichteren Wagen bekamen einen doppelten Vorspann, die schweren sogar einen dreifachen.

Und dann schnalzten und schrien Hunnen und Goten, die Freigelassenen und selbst die Handwerker vom Schwarzen Meer und alle anderen wild durcheinander. Die Zugseile spannten sich. Einige der Steppenreiter ließen ihre Wurfseile kreisen und schlangen sie zusätzlich um die Verstrebungen der Wagen. Die schwer mit Beute und Vorräten beladenen Fahrzeuge ruckten an und kamen bergauf sogar noch schneller voran als in den vergangenen Tagen.

Die Zugtiere mußten den Weg dreimal gehen. Es wurde Nacht, bis endlich alle oben waren. Aber sie hatten es geschafft und waren viel höher aufgestiegen als die Störche über Aquileia. Die weißen Bergkuppen erschienen ihnen so nah, als könnten sie auch diese in einem halben Tag ersteigen. Das lange, im Westen gebogene Tal der Vipara lag hinter ihnen.

»Von hier ab können wir wieder der *Via Gemina* folgen«, sagte der Schamane. »Sie bleibt auf der alten Bernsteinstraße und führt in einem weiten Bogen südlich um die Berge dort drüben herum. Morgen abend biegt die Straße wieder nach Nordosten ab. Wir können in zwei Tagen in Emona sein und dort die Save überqueren.«

»Wie wolltest du weiterziehen?« fragte Attila. Er hockte über seinen Karten und zählte die römischen Meilen zwischen den einzelnen *mansiones* und *mutationes*.

»Wenn wir nur zu Pferd wären, würde ich der Save folgen«, sagte Aijbars. »Aber das wird flußabwärts in den Überschwemmungsauen sehr schwierig für die Wagen.«

»Dann bleiben wir auf der Bernsteinstraße und ziehen über Celia bis Poetovio. Dort biegt die Bernsteinstraße nach Norden, und wir könnten uns östlich halten ... also noch einmal drei Tage bis zum Zusammenfluß von Save und Drau und weitere vier Tage bis zur Donau.«

»So einfach ist das nicht«, sagte Aijbars. »Du weißt doch, wie schwer unsere Wagen sind. Wenn wir Pech haben, kommen wir an der Save in Sumpfgebiete und verzweigte Wasserläufe, die schlimmer und unüberwindlicher sind als bei uns an der Theiß.«

»Also doch fast fünfhundert Meilen an der Save entlang ...«

»Die Hammelknochen sagen, daß dies für uns der bessere Weg ist«, sagte der Schamane mit einem kleinen, beinahe bedauernden Seufzen. »Außerdem werden uns einige in Emona verlassen.«

»Ich weiß«, sagte Attila und nickte. »Wie viele bleiben bei uns?«

»Wir müßten sie fragen ...«

Und so geschah es. Es wurde bereits kühl in der Nacht auf der Paßhöhe. Nur wenige Feuer brannten mit kleinen Flammen nahe bei den letzten steil aufragenden Bergen. Dogan schickte ein paar Männer durchs Lager. Als der Mond aufging, kamen sie alle zusammen – Männer, Frauen und Kinder.

»Wir werden bis zum Castell der Römer und bis zur Stadt Emona zusammenbleiben«, sagte Attila, als endlich alle im Kreis um ihn versammelt waren. »Wer will, kann weiter nach

Osten ziehen; einige von euch kennen den Weg bis zur Donau. Wer aber will, kann auch mit mir, Aijbars und Dogan kommen. Wir nehmen den Weg an der Save entlang bis nach Sirmium und Singidunum. Dort können wir uns nochmals teilen. Wer von euch weiterwill, kann von Singidunum über Naissos bis nach Byzanz oder die Donau hinab zum Schwarzen Meer ziehen. Ich selbst werde mit meinem Onkel noch vor Sirmium nach Norden abbiegen, die Donau überqueren und zu Kharaton, dem Großkönig der Schwarzen Hunnen, zurückkehren.«

Er blickte sich um und wartete, bis verschiedene Gruppen zu Ende getuschelt hatten.

»Wer weiter über Celeia und Poetovio zur Donau will, soll jetzt die Hand heben!«

Dogan zählte und kam auf genau fünfzig Personen – dreißig der Reiter, die ihre Familien in der Nähe von Aquincum am großen Donauknie wiedersehen wollten, dazu elf Frauen und fünf Kinder und nochmals zehn Sklaven und Freigelassene. Sie rechneten sich offensichtlich weiter im Norden bessere Chancen aus als an der unteren Donau. Alle anderen wollten weiter mit Attila und seinem Onkel an der Save entlangziehen.

»Dann sind wir ab Emona nur noch der Zug der Hundertzwanzig«, sagte Attila und lachte. Sie gingen früh schlafen, denn auch wenn der Weg auf der Hochstraße jetzt einfacher war als der Anstieg aus dem Tal der Vipara, fühlten sich fast alle doch noch immer vollkommen ausgelaugt und zerschlagen.

Die Tage nach der Teilung des Zuges vergingen ohne größere Zwischenfälle. Sie sahen in Emona kaum Uniformierte, und so blieben sie zwei Nächte vor der kleinen, ummauerten Römerstadt südlich der Save. Hier gab es genügend Zeit, das nachzuholen, was sie in Aquileia versäumt hatten. Händler und Frauen, Freigelassene und auch einige der Hunnen, die mit nach Südosten ziehen wollten, gingen in kleinen Gruppen in die Stadt. Sie handelten, kauften und tauschten, was ihnen aus den nördlichen Provinzen des *Imperium Romanum* noch interessant erschien.

Attila vermied die ummauerte Stadt. Am zweiten Tag ritt er mit Greka und einem kleinen Geleit von fünf verbliebenen Bogenkämpfern über die Römerstraße bis zur Furt an der Save. Dort, an den weißen Ufersteinen, über die der Fluß klares, ganz leicht hellblau schillerndes Wasser aus den Julischen Alpen spielen ließ, lagerten Händler, die im Spätsommer am Meer hoch im Norden Bernstein für die Werkstätten in Aquileia eingekauft hatten.

»Ich dachte, die haben nur rohe Bernsteine«, sagte Greka erstaunt, als sie die Auslagen der Händler unter den halb aufgeschlagenen Planen der Wohnwagen sahen.

»Das war auch lange so«, bestätigte ein vierschrötiger Germane in eigentümlichem Latein. Der Mann konnte nur von der unteren Elbe stammen. Mit seinem krausen roten Bart und nur noch wenig Met in seinem Tonkrug sah der Langobarde viel eher wie ein Krieger Wotans als wie ein Bernsteinhändler aus. »Aber wißt ihr, was diese Italiener, diese Halsabschneider in den Städten ... was die für ihren Schmuck verlangen? Nee, habe ich mir gedacht, das kannst du auch, mein Junge! Also, was sag' ich? Nix wie her damit ... und schon stromauf die Weichsel ... und immer schön fleißig am Schmuck für die Weiber geschnitzt, gefeilt und poliert ...«

Er beugte sich vor, nahm einen von mehreren zusammengebundenen Tuchbeuteln aus einem verschließbaren Holzkasten und wickelte eine schmale Lederschnur ab. »Seht her, hier ist sogar eins der gefährlichsten Ungeheuer im ganzen Tierreich ... im Honigstein für ewig eingeschlossen!«

Greka wich unwillkürlich zurück. Dann beugte sie sich zusammen mit Attila wieder vor.

»Das sieht aber eher wie eine Mücke aus!« protestierte sie, als sie den Einschluß in der größten der wie Vogeleier geschliffenen, polierten und als Doppelkette aufgereihten Bernsteinkugeln sah.

»Ganz recht«, brummte der Langobarde und versuchte vergebens, seinen Schluckauf zu unterdrücken. »Weiß der Teufel, wann sich das Harz um dieses kleine Biest geschlossen hat ... aber genau diese Plagegeister sind es, die auch die Hitze des Todes in uns verbreiten ...«

»Und du meinst, eine solche Kette von dir hilft dagegen?« fragte Greka interessiert. Der etwas langsame Germane stutzte. Er leckte sich über die Lippen, dann dachte er angestrengt und deutlich sichtbar nach. Und plötzlich breitete sich ein strahlendes Lachen über seinem Gesicht aus.

»Ob das gegen *febrisque* – das Fieber aus den Sümpfen hilft?« wiederholte er theatralisch. Er drehte sich um und griff nach dem leeren Beutel, in dem die Kette aufbewahrt gewesen war. Mit geheimnisvoll angespanntem Gesicht nahm er die Kette und rieb sie an der Wolle. Dann näherte er sich mit den großen Bernsteinkugeln dem Gesicht des Mädchens.

Im gleichen Augenblick schrie Greka auf. Es war, als würde das eingeschlossene Insekt noch im Tod seine Gier beweisen: Sämtliche Haare Grekas zuckten mit knisternden Geräuschen auf die Bernsteinkette zu.

»Gekauft!« stieß Attila begeistert hervor. Ein solcher Zauber mußte sogar Onkel Aijbars überzeugen!

Der Händler sah ihnen nach und grinste. Wozu mußte der junge Hunne wissen, daß er kein Langobarde war und daß man Bernstein schmelzen und mit kleinen Mücken darin viel wertvoller machen konnte ...

Reich mit Proviant und Tauschwaren versehen, zogen sie am nächsten Tag weiter. Zehn Meilen nach Emona stürzte einem der Händler aus dem Schwarzmeergebiet ein schwer beladenes Maultier in den Fluß und brach sich ein Bein. Es mußte getötet werden. Da sie noch reichlich Vorräte hatten, bekam der Händler nur ein paar Kupfer-Asse für das Fleisch des schwachen Tragtieres ...

Am zehnten Tag an der Save entdeckten zwei der jüngeren

Frauen, die gleich nach Sonnenaufgang zum Waschen an den bereits breit und sumpfig fließenden Fluß gehen wollten, zwei tote Ostgoten neben einem längst kaltgewordenen Lagerfeuer. Einer von ihnen lag mit dem Oberkörper in der Asche, ohne sich verbrannt zu haben. Beide Toten hatten schmutzige, mit nachgedunkeltem Blut verschmierte Hände und bereits verkrustete Wunden an Hals und Oberkörper. Zwischen ihnen lagen zwei Messer am Boden.

»Sie haben sich gegenseitig umgebracht«, sagte Aijbars, nachdem er mehrmals um die Fundstelle herumgegangen war.

»Und was machen wir damit?« fragte Attila und zeigte auf die überall verstreut herumliegenden Goldmünzen und Schmuckstücke.

»Das kommt zum Anteil für Großkönig Kharaton«, sagte der Schamane. Keiner der Umstehenden protestierte. Sie hoben die Schultern, drehten sich um und gingen wieder zu ihren eigenen Tragtieren und Wagen. Von diesem Tag an nahmen auch die nachlässig gewordenen Feuerwachen ihre Befehle wieder ernst.

»Laß dir das eine Lehre sein, Attila!« sagte Aijbars, nachdem sie mit Verspätung aufgebrochen waren. »Du kannst zehnmal etwas befehlen, und zehnmal wird dagegen verstoßen!«

»Was soll man dagegen machen?«

Aijbars ritt ganz dicht neben seinen Neffen.

»Wenn alles nichts hilft, muß man selbst nachhelfen ...«

»Soll das heißen, die beiden Goten ...«

»Nein«, lachte der Schamane, »ich habe sie nicht erstochen ...«

»Aber?«

Attila kannte seinen Onkel lange genug. Er sah, wie der Schamane einigen schneeweißen Seidenreihern über den trokkenen Schlammbändern des letzten Hochwassers am Ufer nachblickte und dann wieder damit begann, seinen Oberkörper mit leisem Singsang zu schaukeln.

»Aber was?« fragte Aijbars. Er ritt mit geschlossenen Augen

weiter und lauschte dabei den *Küjük*-Rufen eines Schreiadlers. Es waren die gleichen Schreie, die Attila zuletzt in Rom gehört hatte. Er lächelte, als er an Aijbars Lippen sah, wie der Schamane die Schreie nachahmen wollte. Erst jetzt fiel ihm auf, was er ein ganzes Jahr lang auch noch vermißt hatte. Es waren die Tiere der Flußufer, der Sümpfe, der Steppe und der lichten Wälder, von denen keines in den Tiergärten oder den Vogelvolieren der Römer überlebt hätte ...

»Du weißt doch mehr, als du sagst!« sagte Attila schließlich.

»Ich habe gesagt, daß ich sie nicht erstochen habe!«

»Aber ...« Plötzlich verstand Attila. »Aber du hast es auch nicht verhindert!«

»Nein«, antwortete Aijbars. »Habe ich nicht. Denn der Tod gehört nun einmal zum Leben.«

Der Zug der Zweihundert traf auf den Tag genau zwei Monate nach der Erstürmung Roms im Lager des Großkönigs ein. Mit zweihundert Menschen, dazu ausgeruhten Pferden und frischen Mulis, hoch beladenen Wagen und stabil gezimmerten Karren waren sie aufgebrochen – mit weniger als der Hälfte von alledem kamen sie an. Noch am Donauübergang hatte Scottas die letzte Zählung durchgeführt.

An der Donau bei Sirmium begann die Grenzlinie, die Ostrom und Westrom in einer zuerst den Bergtälern folgenden und dann schnurgeraden Linie von Norden nach Süden voneinander trennte. Die Grenze verteilte das *Imperium Romanum* auf Kaiser Honorius in Ravenna und Theodosios II., den unmündigen Sohn seines Bruders Arkadios, in Konstantinopel. Obwohl sich auch auf der anderen Seite des mächtigen Stroms und einige Meilen nach Norden noch kleine befestigte Römerstädte und Castelle befanden, endete das Imperium an dieser Seite der Donau ...

Nach Dogans Aufzeichnungen waren außer Attila und Aijbars noch fünfzig Steppenreiter, zehn Frauen und zwei Kinder bei ihnen. Bis auf fünf besonders mutige Händler hatten alle anderen den Zug in Sirmium verlassen. Das einzige, was von ihnen geblieben war, bildete einen besonderen Schatz, den Scottas mehr aus Zeitvertreib als aus Notwendigkeit angefertigt hatte. Er besaß jetzt von jedem Tagesabschnitt des langen Trecks genaue Notizen zu Straßen und Wegen, Brücken und Stegen, Flüssen, Bächen und Furten. Damit war er neben Attila der einzige Mann, der nicht mit Gold und Geschmeide, sondern mit Zeichen und Linien auf Pergamentrollen zum Großkönig der Hunnen kam.

Nach und nach schlossen sich immer mehr Hunnen und Goten, Alanen und Perser, aber auch Sarmaten und einige Skiren dem heimkehrenden Zug an. Sie drangen zwischen der Donau und der Theiß immer weiter, jetzt wieder nach Norden vor – so lange, bis nur noch im Südosten und Südwesten ein ferner Hauch von Bergen sichtbar war. Vor ihnen lag die pannonische Tiefebene, so groß, daß nicht einmal das Imperium sie in ihrem Besitz hatte halten können.

Einen Tag lang zogen sie durch lichten, aber weglosen Buschwald, einen weiteren durch steppenartiges Gelände, in dem sie mehrmals verwischte Hufspuren von Pferden und Rindern, Schafen und Menschen in der Nähe von Sumpfseen, Weilern und kaum bewegten Wasserläufen sahen. Hier mußten in den vergangenen Tagen heftige Regengüsse gefallen sein. Die ersten Blätter der Büsche und Bäume hatten bereits gelbe, rote und braune Herbsttöne angenommen. Es war die Zeit, die Rinde von Tamarisken und anderen Büschen zu sammeln, mit deren Saft die Felle gegerbt und die Toten einbalsamiert wurden. Der Himmel über ihnen blieb hellblau mit schnellen, weißgezupften Wolken wie in den ersten Frühlingstagen.

Am letzten Tag vor der Ankunft im Lager des *Schwarzen Mächtigen* wurden alle Frachten von den Wagen auf Mulis und Pferde umgeladen. Dann tasteten sich die Pferde durch sumpfige, lebensgefährliche Auen und Flußbrachen. Ohne die Führer, die selbst große Schwierigkeiten hatten, den Morast, die überspülten Bohlenwege und versenkten Steine im Überschwemmungsbereich der Theiß voneinander zu unterscheiden, wäre jeder von ihnen ertrunken oder im schillernden Moor versunken.

Es waren die zumeist unsichtbaren Sümpfe und die unter Schwimmpflanzen und verschilften Ufern verborgenen Gewässer, die einen besseren Schutz für die Schwarzen Hunnen des Großkönigs boten als alle Mauern Roms zusammen.

Und doch war dort, wo Attila das Lager des Großkönigs erwartet hatte, nichts als leeres, so gut wie unberührt wirkendes Grasland, in dem kleine Buchreiser kniehoch sprossen.

»War es nicht hier?« fragte er Aijbars.

»Doch, doch, es war schon hier«, antwortete der Schamane. »Aber wir hatten einen sehr kalten Winter, während du dich in Rom in der Sonne gepflegt hast. Das Lager des *Schwarzen Mächtigen* ist um fünf Ochsentage weiter ins Flachland gewandert.« Er zeigte nach Nordosten. »In diese Richtung dort.«

12. *Der Schwarze Mächtige*

Drei Tage später trafen alle, die sich bereits einen Namen gemacht hatten und sich Logades nennen durften, die Fürsten und Anführer der verschiedensten Stämme und die meisten Edlen der germanischen und alanischen Vasallen des *Schwarzen Mächtigen* am neuen Lagerplatz ein, gemeinsam mit ihren engsten Beratern und Schwertgenossen.

Sie kamen aus den verschiedensten Gründen und mit ganz unterschiedlichen Absichten. Einige hatten Ärger mit benachbarten Stämmen und Völkern, andere wollten wissen, wie sie es mit den Eigenmächtigkeiten bestimmter Anführer halten sollten, und wieder andere boten nach langem Zögern ihre Gefolgschaft an oder baten um Auflassung der vor zehn, zwanzig oder gar dreißig Jahren geschlossenen Verträge.

Kharaton galt als Großkönig der zweiten Generation Schwarzer Hunnen an der Nordostgrenze des *Imperium Romanum*. Es gab bereits Stimmen und starke Strömungen, die sein riesiges Lager, seine geheimnisvoll unstete Ansammlung von Yurten und Wagen, Pferden, Rindern und Schafen zu einem vierten Platz für die großen Entscheidungen machen wollten – zu einem neuen Zentrum, mächtiger noch als Ravenna, Rom und Konstantinopel.

Die meisten der Besucher kamen aber einfach deshalb, weil sie auch bisher in jedem Jahr ein- oder zweimal gekommen waren. Sie wollten ganz einfach wissen, was die vergangenen Monate gebracht hatten und wie es im nächsten Jahr, nach der winterlichen Erstarrung, weiterging. Und nur sehr wenige wußten etwas davon, daß diesmal auch die Rückkehr der ersten Geisel aus der Herrscherfamilie der Schwarzen Hunnen beim Kaiser des immer noch starken und waffenstarrenden Römerreiches im Süden und Westen gefeiert werden sollte ...

Attilas Vater und seine eigenen Brüder waren schon vor einiger Zeit mit einer Großhand berittener Bogenschützen und zweihundert weiteren Männern, Frauen und Kindern in Kharatons Lager eingetroffen. Die ausgewählten Elitereiter des Fürstenschutzes bestanden fast ausschließlich aus Männern, deren Väter sich schon gekannt hatten und die in irgendeiner Weise miteinander verwandt waren. Ihnen waren inzwischen auch seine älteren Brüder, die Fürsten Ruga und Oktar mit ihrer Auswahl von Bewaffneten, Sklaven und Wettkämpfern, Gauklern und Frauen gefolgt. Letztere wurden die ganze Zeit besonders geschützt und versteckt gehalten, da niemand daran interessiert war, sie ohne besonderen Grund vor allen anderen zu zeigen.

Die Angehörigen der Königsfamilie und ihre Gefolge hatten die Yurten zugewiesen bekommen, in denen in der übrigen Zeit des Jahres fünf der fünfhundert Mann zählenden Sturmhände des *Schwarzen Mächtigen* wohnten und schliefen. Die kreisrunden Filzhöhlen waren außen mit Seilen und innen mit Masten, zusammenlegbaren hölzernen Rautengittern und Dachstangen versteift. Viele von ihnen waren groß genug, um die fünfzig Männer einer Großhand aufzunehmen. Die Frauen und Kinder bewohnten kleinere, mit bunten Kordeln umspannte und damit gegen jedes Eindringen, aber auch jede unerwünschte Flucht gesicherte Yurten, wie sie auch für Schamanen und Falkenjäger, die Schmiede der Waffen und die Lagerung von Schätzen und besonders zu schützenden Lebensmitteln verwendet wurden.

Auf persönliche Anordnung des Großkönigs bewohnten Attila, Aijbars und die Großhand Hunnenreiter, die zusammen mit ihnen den langen Weg von der eroberten Ewigen Stadt bis ins Lager des *Schwarzen Mächtigen* zurückgelegt hatte, drei kleine Yurten unmittelbar westlich des Königsbaus. Sie konnten sich frei im gesamten Lager bewegen. Gleichzeitig galt aber der Befehl, daß keiner von ihnen mehr als den üblichen Tagesgruß für vorbeigehende Fremde aussprechen oder erwidern durfte. Kharaton wollte verhindern, daß irgendwelche Halbwahrheiten oder Teile dessen, was geschehen war, von Mund zu Mund weiterflogen und wie so oft in der Vergangenheit ungenau weitergegeben, mißverstanden oder gezielt verfälscht würden.

Vom ersten Augenblick an vermutete Attila noch eine ganz andere Absicht in der Weisheit des Großkönigs. »Du bist kein Kind mehr!« hatte Aijbars warnend gesagt, als die ersten singenden, jubelnden Mädchen am Wegesrand Blüten über sie und ihre Pferde warfen. »Ab jetzt mußt du ganz genau aufpassen, was du tust oder sagst! Als du fortgingst, warst du ein Kind, aber inzwischen trägst du nicht nur die Würde eines erwachsenen Mannes, sondern auch noch die Last des jungen Helden aus einer Familie, die über Tausende von Menschen befiehlt! Du mußt in Zukunft deine Gefühle noch besser beherrschen als dein Schwert, deinen Bogen und deine Pferde! Das gilt übrigens auch gegenüber Bleda!«

Es war diese Warnung und der Befehl des Großkönigs, der die ungleichen Brüder daran hinderte, sofort aufeinander loszugehen. Und als der Augenblick kam, an dem sie sich dennoch begrüßen mußten, sahen sie aneinander vorbei wie Fremde.

Eine Gruppe nach der anderen sammelte sich am Ostrand eines großen und wildreichen, bereits bei den Überflutungsarmen der Theiß beginnenden Auenwaldes aus Weiden, Erlen und Hainbuchen. Genau hier fing der unsichtbare Bannkreis um das Lager des Großkönigs an. Er reichte einen Tagesritt weit nach Norden und Osten in die pannonische Tiefebene hinein.

Noch nie war es irgendeinem menschlichen Wesen gelungen, das Lager des Großkönigs aus einer anderen Himmelsrichtung zu erreichen als von Südwesten her. Jeder Stamm der Germanen oder der vielen anderen kleinen Völker am entfernten Saum der Karpaten, die sich wie ein riesiger natürlicher Wall, wie ein von Riesen und mächtigen Dämonen der tiefen Erde errichteter Bergring um die pannonische Tiefebene herumzogen, kannte das Tabu. Nur einige Sippen, die schon lange im flachen Land der bereits vor dem Auftauchen der Hunnen aufgegebenen römischen Provinz *Dacia* lebten und sich friedlich verhalten hatten, waren von Anfang an geduldet worden. Manchmal schien es so, daß hier drei vollkommen unterschiedliche Gruppen von Menschen die gleiche Gegend für sich beanspruchten. Sie lebten miteinander, indem sie einander auswichen und aneinander vorbeigingen, ohne sich etwas zu tun ...

Sobald die Zeichen der Zeremonienmeister aus dem Inneren des großen Lagers von Reiter zu Reiter bis an den äußeren Rand weitergeleitet wurden, konnte wieder eine neue Gruppe einziehen. Sie taten es jede auf ihre Art. Die meisten passierten unter lauten Begrüßungsrufen, Erkennungsschreien und dazwischen auch Gesang und kurzen, schnell eingelegten Galoppritten die weit vor dem Lager stehenden Wachen auf ihren Pferden.

Sie alle waren bekannt, und meist kündigten fröhliche Lieder, laute Kuhhornsignale oder der Schlag von Schamanentrommeln weithin vernehmbar an, welcher Stamm, welche Familie und welche Sippe sich näherte.

Einige unterschieden sich auch durch die Farben ihrer Kleidung und die Symbole auf ihren Rundschilden voneinander; andere hatten sich extra für die große Zusammenkunft neue Bänder in die Fahnen und an die Spitzen der Speere flechten lassen. Es gab keinen besonderen Grund, keinen neuen Aufruf zu Feldzug und Eroberung, sondern nur den Stand von Sonne und Mond. Und wie beiläufig folgten einige auserwählte Gruppen der Einladung zu einem kleinen Familienfest. Großkönig Kharaton richtete für die Männer, die nach dem Tod seiner eigenen Söhne seine Familie bildeten, die Begrüßungsfeier für ihren mit guter Beute zurückgekehrten jüngsten Anführer aus.

Nach einigen hundert Edlen der Hunnen ritten die Vasallenkönige der Alanen und Ostgoten, der Gepiden und der vielen anderen kleineren Stämme nach, die inzwischen zur größten Gemeinschaft der Völker zwischen der Donau und dem fernen

Kaukasusgebirge im Osten, zwischen dem kalten Meer im Norden und den weißen Hunnen in den Wüsten Persiens gehörten. Sie kamen auf Pferden und Wagen oder zu Fuß. Einige der Germanen, die auch schon mit Legionären gekämpft hatten, bliesen in mächtige Luren, andere benutzten Hunderte von Leiern, Trommeln und Flöten, um mit ihnen mehr Lärm als Musik zu veranstalten.

Das Lager des Großkönigs war nach einem genau festgelegten Plan für die Gäste umgebaut worden. Alle Yurten, Tierkoppeln und Feuerstellen, die sich normalerweise westlich des Königszeltes befanden, waren nach Norden und Osten verlegt worden. Auf diese Weise war eine keilförmige Freifläche entstanden, deren äußerster Rand gut eine römische Meile vom Zelt des Großkönigs entfernt war. Zu beiden Seiten standen Stangen mit langen, wehenden Wimpeln. Einige trugen Stammeszeichen, andere waren einfach nur bunt in den Farben der Freude und der feierlichen Verehrung des hunnischen Königtums gestreift. Während des ganzen Tages stiegen von vielen hundert Feuern überall im Lager kleine, weiße, mit Tüchern und Zweigen geformte und geschlagene Rauchwölkchen auf. Nach der Überlieferung aus den lebensfeindlichen und holzarmen Regionen, die einst die Heimat der Hsiung-no gewesen waren, bedeuteten die kleinen, sauberen Rauchwolken für die heimkehrenden Jäger und Krieger, daß weder Krankheiten noch Feinde Vieh oder Yurten, Frauen und Kinder heimgesucht hatten. Die Zeichen verhießen Harmonie und Frieden am *Tag der weißen Freudenwolken.*

Je näher die Anführer der einzelnen Abordnungen dem großen, nach Westen hin weit aufgeschlagenen Königszelt kamen, um so mehr Männer aus ihrem Gefolge mußten sie zurücklassen.

Zuerst senkten sich die bändergeschmückten Speere der noch jungen Zeremonienreiter vor den Stammeslosen und allen, die irgendwo unterwegs dazugestoßen und mitgezogen waren.

Hier half kein Jammern und Schreien, und alle wußten, daß nach den dreitägigen Beratungen im Zelt des Königs, nach Spielen und Gelagen für das Gefolge noch immer genügend übrigblieb, um all die zu sättigen, die sonst nichts hatten.

Die meisten der Händler, der Sklaven und Knechte, aber auch der Frauen und Kinder blieben in den eigens aufgestellten Lagern aus leichten Yurten und Zelten zurück. Anders als in den ersten Jahren nach dem Eintreffen der Hunnen in der Tiefebene trafen kaum noch verfeindete Gruppen aus Germanen, Alanen und Skythen, Turkvölkern und Sarmaten aufeinander.

Auch die Mischlingsnachkommen der legendären elf römischen Legionen, die einmal den Donaulimes zwischen Vindobona und dem Schwarzen Meer beherrscht hatten, fügten sich ein. Sie erzählten noch immer von ihrer früheren Hauptstadt Sarmizegethusa in den Karpatenbergen und ihrem letzten König Decabalus, der von den Römern auf der Flucht im Wald eingeholt und ermordet worden war.

Auch gegenüber den Schwarzen Hunnen zeigte sich nirgendwo Haß oder dämonische Furcht. Wer zur Vorsicht neigte und stets die Gefahren im Auge behielt, tat dies nicht anders als in den Schluchten der Berge, der Brandung der Meere, der Finsternis in den Wäldern und den idyllischen Wiesen, unter denen der saugende, alles verschlingende Sumpf wartete.

»Wie leben jetzt schon seit fünfunddreißig Jahren hier«, hatte Aijbars zu Attila gesagt. »Das ist für Menschen eine lange Zeit. Wer sie erlebt hat, wird sich erinnern, was gewesen ist, wer aber später geboren wird, dem ist es gleichgültig, ob in den Berichten dreißig oder dreihundert Winter vergangen sind.«

Der zweite Tag begann noch stiller – als wäre das gesamte Lager im Schlaf versunken. Nach einer uralten Überlieferung ließen die Schamanen und Kräuterkundigen bereits bei Sonnenaufgang blutroten Rauch über vielen kleinen Feuern rund um das Königszelt aufsteigen. Sie legten beide Hände an die Augen und folgten dem Rauch so lange mit ihren Blicken, bis auch die letzte Spur im Farbenrausch des ersten Morgenhimmels verweht und von den Unsichtbaren angenommen und getrunken war.

Der *Tag des roten Himmelsrauchs* gehörte schon von aller Frühe an der Übergabe von Geschenken, Beratungen über Verbündete, Verträge, Beute, Anteile und Streitigkeiten. An diesem Tag wurde über Tod und Leben für Beschuldigte entschieden, aber auch über Krieg oder Frieden für alle Speere, alle Pfeile und alle Schwerter, die dem Großkönig der Schwarzen Hunnen unterworfen oder untergeben waren.

Noch ehe sich die Sonne über dem Morgendunst erhoben hatte, übergaben die ersten Edlen der Stämme und der Völker ihre Reittiere den Stallmeistern. Fast alle näherten sich zu Fuß über das ausgestreute Gemisch aus kleinen Zweigen, Gras und Sand der Audienzyurte des Großkönigs. Nur einige sehr hohe Anführer im Rang von Fürsten oder kleinen Königen konnten es sich erlauben, bis an die aufgeschlagene Yurte heranzureiten. Aber auch sie stiegen ab, um sich vor dem *Schwarzen Mächtigen* auf seinem schweren und reichverzierten Thronsessel zu verneigen oder sich auf die leuchtendbunten Teppiche zu werfen.

Mit großen Gesten und lauten Begrüßungsrufen warteten sie, bis ihre Geschenke ebenfalls herangetragen wurden. Es dauerte lange, bis die vielen kleinen Kästen und Krüge, Beutel und Zierwaffen alle gebührend begutachtet, gelobt und auf einem ebenfalls mit Teppichen bedeckten Holzpodest neben einer Doppelreihe tief im Boden steckender Weinamphoren abgelegt worden waren.

Jeder der Gäste bekam Wein in einer goldenen Schale, dazu eine kleinere, ebenfalls goldene Schale mit verschiedenen Nüssen und einer dünnen, kaum daumengroßen, in der Luft steinhart getrockneten Scheibe Schinken von den großen Karpatenbären. Davon wurden winzige Stückchen abgebissen und nebenbei so lange langsam gekaut, bis sich der köstliche Geschmack voll entfaltet hatte und mit einem kleinen Schluck Wein nachgespült werden konnte.

Es dauerte den ganzen Vormittag, bis alle Vorbereitungen und Begrüßungsrituale beendet waren und Großkönig Kharaton von jedem einzelnen erfahren hatte, wie es um Vieh und Weiber, Sklaven und Handwerker, Vorräte und Schätze stand. Wieder und wieder wurde Wein von einem Dutzend der schönsten und vollkommensten Sklavinnen nachgeschenkt, die irgendwann einmal in römischen Castellen gelebt, zu unterlegenen Germanenstämmen gehört oder einfach auf einem Grenzmarkt der unteren Donau gekauft und dann dem Großkönig geschenkt worden waren.

Gegen Abend, als in vielen hundert großen, zylindrischen Kupferkesseln Fleischsuppen mit Zwiebeln und wilden Kräutern kochten, als Hammel und Ochsen gebraten wurden und vergorene Stutenmilch und Krüge mit Wein an den Feuern kreisten, als die Hände der Männer bereits den Takt für die Musikanten und tanzenden Frauen und Mädchen schlugen, da kam auch endlich die Stunde, in der Attila selbst berichten mußte.

»Wir haben durch Aetius viel über das Römische Weltreich gehört«, sagte der Großkönig der Hunnen schließlich, nachdem auf seinen Wink hin alle Weinkrüge erneut gefüllt worden waren und er einen tiefen Schluck genommen hatte. »Er hat uns sehr eindrucksvoll von seiner langen Geschichte, seiner Kraft, seiner Größe und seiner überragenden Kultur berichtet. Deshalb interessiert uns heute, was du als Hunne in Rom und Ravenna gesehen hast, Sohn von Fürst Mundschuk.«

»Ich war nur ein Jahr fort«, antwortete Attila und stand sofort auf. Er räusperte sich und bemühte sich, seine Stimme und seine Hände ruhigzuhalten. Direkt unter den Fackeln an den Zeltstangen hockten seine Brüder auf ihren Sätteln. Sie grinsten ihn an, als hätten sie ein Jahr lang nur darauf gewartet, daß sich der jüngste von ihnen hier und jetzt vor allen Großen als Kind und nicht als Mann erwies.

Wieviel lieber wäre er in diesem verfluchten Augenblick bei Greka gewesen, wieviel lieber mit Laudarich und Geiserich bei der Erkundung Roms, wieviel lieber ohne die ganzen spöttischen und erwartungsvoll auf ihn blickenden Krieger auf seinem Pferd im Zug der Zweihundert. Und wieviel lieber sogar mit Aetius in einer Schenke am Flußhafen von Aquileia.

Er hörte ein leises, kaum wahrnehmbares Pfeifen. Instinktiv suchte er den Schamanen, aber der hatte die Yurte des Königs vor einer Weile verlassen. Er hatte in der vergangenen Nacht stundenlang mit seiner Felltrommel getanzt und den ganzen Vormittag bei den Verhandlungen gesessen. Jetzt mußte er sich für eine weitere Zeremonie umziehen.

Attila riß sich zusammen. Er blickte über die Köpfe der Fürsten und Könige, der Anführer und in vielen Schlachten erfahrenen Krieger hinweg. Viele von ihnen hatten ihre Kampfhelme aufgesetzt – die leichten ledernen der Hunnen, die schweren geschmiedeten der Ostgoten und Gepiden, die haubenartigen und mit Pelzstücken besetzten der Alanen und die aus einzelnen Eisenblechen zusammengesetzten und teilweise sogar vergoldeten der Männer, die bereits Römer besiegt und entwaffnet hatten.

Weit außerhalb der Yurte entdeckte er plötzlich den Haarkranz von Scottas. Er stand mit Greka, Dogan und Aijbars neben mehreren Dutzend schräg in den Boden gerammten Fahnenspeeren. Er wußte nicht, ob sie ihn sehen konnten, aber Greka und Scottas winkten ihm zu. Er holte tief Luft. Gleichzeitig fiel alle Scheu von ihm ab. Er hatte es nicht mehr nötig, sich vor irgend jemand in der Yurte des Großkönigs oder auf dem Platz davor zu fürchten. Selbst jene, die stärker und furchtbarer durch ihre Größe, geübter und schneller mit ihren Waffen, wilder und gnadenloser im Kampf sein mochten, selbst die Mächtigen seines eigenen Volkes und die Könige und Fürsten der anderen konnten nicht mithalten bei dem, was er zu berichten hatte.

»Ich danke euch, daß ich reden darf, und entbiete euch allen meinen Gruß!« rief er laut und deutlich. Die Versammelten lächelten oder nickten und schlugen mit den Fäusten leicht auf Bohlentische, Schilde oder gegen den Schwertschmuck an ihren Gürteln.

»Ich war ein Jahr lang Geisel ... die erste und bisher einzige Geisel der Schwarzen Hunnen bei einem Kaiser der Römer«, fuhr er mutiger fort. Wie oft schon hatte er sich überlegt, was er sagen würde, falls er jemals zu denen zurückkehrte, die ihn fortgeschickt, ja verstoßen hatten. Und jetzt konnte er ohne jede Furcht reden.

»Ich habe den Glanz und das Gold des *Imperium Romanum* gesehen«, rief Attila. »Nicht nur von außen wie schon viele von euch, sondern von innen! Ich weiß, wie ein Kaiser des römischen Reiches seine eigene Schwester öffentlich auf den Mund küßt und wie er sie besteigt! Ich kenne die Intrigen der Eunuchen, die Habgier der Generale und die Korruption der Beamten ...«

Sie hörten ihm zu, ihre Augen leuchteten, und ihre Lippen öffneten sich, so als wollten sie Wort für Wort von ihm aufnehmen und wie Schamanenverse nachsprechen.

»Ich habe die meiste Zeit in geschlossenen Räumen verbracht, zwischen Mauern mit Dächern, durch die kein Himmel zu sehen war. Zwischen Häusern, in denen Menschen in fünf oder sechs Ebenen und in engen Kammern übereinander leben mußten ...«

Er brach ab, ließ sich ein wenig zusammensinken, wie er es einmal bei einer Tragödie in einem Amphitheater Roms gesehen hatte, kam wieder hoch und breitete mit einem Ruck die Arme aus.

»Hier bin ich wieder!« rief er. »Noch nicht einmal sechzehn Jahre alt ...« Er wartete, zählte innerlich vollkommen beherrscht bis drei und rief dann, so laut er konnte: »Und ich, Attila, Sohn von Fürst Mundschuk, habe die Tore der Ewigen Stadt Rom für die Belagerer geöffnet!«

»Er hat's getan! Er hat's getan!« tschilpte draußen auf dem

Platz der Schamane mit seiner hellen, die Vögel nachahmenden Stimme.

Es dauerte lange, bis sich die ausgelassene Stimmung so weit gelegt hatte, daß wieder vernünftige Lautstärken in den Gesprächen möglich waren. Später, als draußen bis vor die Yurtenstadt weitergefeiert, getanzt und getrunken wurde, hockten noch immer mehr als hundert ausgewählte Ehrengäste in der Yurte des *Schwarzen Mächtigen*.

Der Großkönig der Schwarzen Hunnen feierte die Rückkehr Attilas wie den ersten Sieg seines Vorfahren Balamber über Alanen, Ostgoten und die ersten Legionäre Roms. Er hatte Attila einen Platz direkt vor seinen wunderschön geschmückten Frauen und Gespielinnen angeboten. Das allein war in Attilas Augen mehr wert als jede Auszeichnung und jede Beförderung.

Trotzdem trug jetzt auch er die handtellergroße goldene Sonnenscheibe mit dem aufsteigenden Adler, die schon Aetius aus der Hand des *Schwarzen Mächtigen* erhalten hatte. Sie stand eigentlich nur Männern zu, die sich als Fürsten und Anführer einer Sturmhand im schnellen Reiterkampf mit vielen Besiegten oder außergewöhnlich großer Beute bewährt hatten.

Die Weinbecher wurden immer von neuem gefüllt und geleert. Immer wieder traten Gruppen der schönsten Mädchen aus aller Herren Länder auf, verschleiert, halbnackt, in kunstvoll ziselierten Rüstungen aus goldenen Ringen, als Göttinnen des Himmels und des Lichts und Dämoninnen der Nacht und der Tiefe, als mystische Zauberinnen. Viele der Gäste hatten besondere Darbietungen mitgebracht, und so vergingen der Abend und die Nacht zum *Tag des schwarzen Rauches* in einem rauschenden, tausendfach tanzenden, liebenden, trinkenden und glücklichen Fest.

Attila wurde schon sehr früh wieder geweckt und zur Königsyurte gebracht. Kharaton schien wesentlich mehr zu vertragen als seine gesamte männliche Verwandtschaft; man sah ihm die lange Nacht nicht an. Er saß in einem großen Holzbottich und ließ sich seinen massigen, aber ungeheuer muskulösen Körper von einem halben Dutzend noch immer oder schon wieder frisch aussehender, halbnackter Mädchen waschen und massieren. Sie trugen nichts außer verschiedenfarbigen Blumen im Haar und kostbaren seidenen Tüchern um die Hüften, dazu lose, über Kreuz angelegte Gürtelketten mit angehängten Figurinen und Zaubersymbolen aus Gold.

»Du hast doch nicht etwa in derartigen Schachteln und Kästen gewohnt?« fragte der Großkönig und schnaubte wohlig unter den Händen seiner Verwöhnerinnen. »Setz dich!«

»Nein, das nicht«, gab Attila zu. Trotzdem schüttelte er sich, als er an Rom zurückdachte. Er setzte sich auf einen Pferdesattel. Wie der Großkönig auch trank er aus einem goldenen Becher eine Art halbdicke saure Schafsmilch mit Wiesenhonig. Für Römerzungen mußte der strenge, scharfe Geschmack etwas Ähnliches sein wie für ihn ihre Fischsoße, doch Attila konnte sich nichts Köstlicheres vorstellen als diesen königlich-hunnischen Morgentrunk.

»Aetius sprach von Palästen, wie unsere Vorfahren sie bei den chinesischen Kaisern gesehen haben«, meinte Kharaton.

»Ja, es gibt viele Paläste, besonders in Rom. Ravenna ist dagegen nur eine kleine und enge Stadt. Sie wurde lange vor Rom von den Griechen gegründet. Rom ist groß und liegt wie ein in tausend Jahren aus Stein gewachsenes Ungeheuer über sieben Hügeln, aber Ravenna war mir unheimlich, obwohl Honorius ständig neu baut.«

»Was baut er?«

»Alles mögliche«, antwortete Attila. »Kirchen, Paläste, Gärten für seine Tiere und sogar sein eigenes Mausoleum. Nur vor seinem Hafen hat er Angst. Ich weiß nicht, welche Sumpfgeister über den Lagunen schweben, doch jeden Mittag kommt das Meer und verschlingt das Land vom Hafen bis weit hinter die Stadtmauern.«

In diesem Augenblick erschienen die Fürsten Mundschuk,

Ruga und Oktar. Ihre Volksstämme lebten östlich der Karpaten zwischen dem tausendfach in Wasserläufen verschlungenen Donaudelta und den drei großen Flüssen aus dem Norden, die schließlich ins Schwarze Meer mündeten. Attila kannte seine Onkel nicht besonders gut, aber es hieß, daß Ruga einen scharfen und kühlen Verstand besaß, während Oktar nur als der *Brave Starke* mit einem unglaublichen Fassungsvermögen für Getränke aller Art galt.

»Reden wir lieber von den Kriegern Roms«, sagte Kharaton und wechselte das Thema, so als wolle er nicht, daß seine möglichen Nachfolger hörten, an welchen Einzelheiten des römischen Kaiserhofs er interessiert war.

»Ja, wie sind sie gerüstet und ausgebildet?« wollte auch sein Vater wissen. Seit Tagen wartete Attila darauf, daß Fürst Mundschuk ihn beiseite nahm und mit ihm über die Ereignisse sprach, die zu seiner langen Abwesenheit geführt hatten. Doch nichts dergleichen war geschehen. Niemand – weder sein Vater noch irgend jemand sonst – hatte auch nur mit einem Wort seinen Sturz vom Pferd erwähnt. Es schien, als sei alles, was damit und mit der Entscheidung zu tun hatte, ihn und nicht den Ältesten als Geisel nach Rom zu schicken, inzwischen zu einem Tabu geworden.

Attila verstand noch immer nicht, was damals eigentlich geschehen war. Aber er ahnte inzwischen, daß er von den Beteiligten niemals eine Antwort bekommen würde ...

Die Brüder ließen sich Becher mit saurer Honigmilch bringen und setzten sich leise aufstöhnend auf weitere mit Schaffellen bedeckte Sättel. Erneut nahm er einen großen Schluck saure Milch. »Hast du gesehen, was sie üben und wie sie es machen?«

»Ich habe es nur einmal gesehen, aber viel darüber gehört, mein Vater. Römische Fußtruppen üben den Waffengang und den Vorstoß in ganz bestimmten Formationen. Da ist zunächst die *phalanx* ...«

»Darüber sprechen wir später noch«, unterbrach Kharaton. »Was lernen die Fußtruppen noch, außer dem Zweikampf?«

»Sie errichten ihre Lager auf dem Marsch fast noch schneller als wir. Bei einem Alarm können kleine und große Kampfeinheiten unglaublich große Entfernungen in kürzester Zeit zurücklegen. Allerdings müssen die meisten inzwischen selbst dafür sorgen, daß sie auf dem Marsch etwas zu essen bekommen, weil die Verpflegung mit Korn und Fleisch längst nicht mehr so perfekt organisiert ist wie noch vor einer Generation.«

»Warum nicht?« fragte Kharaton. Er stieg aus dem Wasserbottich und ließ sich mit großen, weichen und hell gebleichten Tüchern abtrocknen. »Ihnen wird doch ein fester Sold einschließlich genau festgelegter Rationen garantiert.«

»Ist nicht genau deswegen Generidus zum Kommandierenden für Dalmatien ernannt worden?« warf Attilas Vater ein. »Er sollte sicherstellen, daß die Legionen und die Hilfstruppen das bekommen, was ihnen per Gesetz und Dekret zusteht.«

»Ich möchte gern von deinem Sohn hören, was er uns berichten kann«, sagte der Großkönig mit mildem Vorwurf. Er legte sich auf eine breite Holzpritsche mit hohen Beinen und zu Panthertatzen geschnitzten Füßen. Fürst Mundschuk preßte die Lippen zusammen und nickte. Verwundert stellte Attila fest, daß es ihn nicht kümmerte, ob sein Vater vom *Schwarzen Mächtigen* gerügt wurde.

»Und wenn sie nicht gegen einen Gegner ziehen oder sich Proviant besorgen, bauen sie Straßen«, sagte Attila.

»Straßen!« wiederholte der Großkönig.

»Alle Legionäre Roms bauen Straßen und Brücken. Sie haben es seit Jahrhunderten getan und kennen es nicht anders ...«

»Auch die Reiter?«

»Nein, die nicht«, antwortete Attila. »Jedenfalls habe ich es nicht gesehen. Sie üben eher, wie man in voller Rüstung in den Sattel springt und nicht wieder auf der anderen Seite herunterfällt. Das ist nicht so einfach, denn sie haben ja keine Steigbügel wie wir. Außerdem bleiben sie mit ihren Kettenpanzern und den großen, verzierten Metallscheiben, die sie als Auszeichnungen für jeden erfolgreichen Kampf oder Feldzug auf der Brust tragen, oft an den Sattelschlaufen hängen.«

»Sie haben keine Sitzstützen wie wir«, meinte Mundschuk.

»Einige Einheiten kennen sie doch, die Sattelhörner und Steigbügel«, sagte Attila. Er wußte nicht, was ihn daran reizte, aber es erregte ihn, daß er seinem Vater widersprechen konnte. »Ich habe Reliefs von Reitern auf der Ehrensäule des Kaisers Trajan in Rom gesehen, auf denen sie deutlich zu erkennen sind. Aber sie gelten als weibisch!«

»Nun gut, auch darüber reden wir noch«, sagte Fürst Mundschuk milde. Er hatte nicht einmal bemerkt, was in diesem Augenblick in seinem jüngsten Sohn vorgegangen war. »Was lernen sie noch, außer dem Aufsitzen?«

»Auch Krieger zu Fuß üben mehrmals pro Woche, sehr schnell große Strecken mit schwerem Gepäck zurückzulegen«, antwortete Attila. »Zwanzig römische Meilen an einem Tag gelten als normal. Und abends müssen sie sich noch ihr Lager mit Palisaden und ledernen Zelten bauen. Die üblichen Zelte sind für jeweils acht Mann, also ein *contubernium*, vorgesehen. Zelte und die Stangen dafür werden auf Maultieren transportiert und in jedem Lager Roms seit Jahrhunderten in der gleichen, rechteckigen Anordnung aufgebaut.«

»Also ebenso wie bei uns ...«

»Nein, mein Vater«, widersprach Attila, und es machte ihm wahrhaftig Spaß. »Es ist *nicht* ganz so wie bei uns. Unsere Yurten sind rund, die Zelte der römischen Legionäre dagegen quadratisch oder viereckig.«

»Und was bedeutet das?«

»Es bedeutet, daß auch unsre Lager rund und wie Kreise und immer mehr Kreise um die Yurte des Königs oder Anführers errichtet werden. Zuerst die Yurten der Berater und der willkommenen Gäste, der Schätze und Waffen, dann die der Frauen und Kinder, der Wächter und wertvollsten Pferde. Um diese Kreise dann die Yurten der Krieger, der Vorräte und der Handwerker, die Brunnen, die Koppeln des Milchviehs, die Laufflächen für das Geflügel und dann erst die Behausungen, Hütten und Zelte der Sklaven und Händler, der äußeren Reiterstürme und der vielen Fremden bis hinein in die weite Ebene ...«

Die Männer hörten der jungen Geisel so erstaunt zu, als hätten sie sich nie zuvor Gedanken über das Ordu eines Hunnenkönigs gemacht. Wozu auch? Es gab keinen Plan, keinen Befehl und keine Tradition dafür, wie ein Königslager aussehen mußte. Jedes von ihnen war anders, veränderte sich von Tag zu Tag und war doch niemals eng oder chaotisch.

»Und was ist daran so besonders für dich?« fragte Kharaton milde.

»Daß wir keine Mauern brauchen!« platzte Attila sofort heraus. »Bei den Römern beginnt alles mit einer Art Straßenkreuz und einer Palisade oder Mauer. Jedes Lager wiederholt ebenso wie jedes Castell die geheimste Idee des gesamten Imperiums ...«

Die Umsitzenden verstanden nicht, auf was Attila hinauswollte.

»Alle Straßen führen nach Rom«, sagte Attila und richtete sich auf. Jetzt konnte er zeigen, was er gelernt und von Rom verstanden hatte. »Das *Imperium Romanum* beginnt und endet in der Ewigen Stadt. Und alles andere dient nur dazu, Rom als den Mittelpunkt der Welt zu beweisen!«

»Gut, aber was hat das mit römischen Feldlagern und Castellen zu tun?« fragte Kharaton. Inzwischen salbten und massierten die Mädchen seinen nackten Körper mit duftenden Ölen.

»Es bedeutet, daß jedes Römerlager grundsätzlich mindestens vier schwer gesicherte Ein- und Ausgänge hat«, antwortete Attila. »Wenn ich heute ein römisches Feldlager sehe, weiß ich auf wenige Schritte genau, an welcher Stelle hinter den Palisaden die Pferde stehen, wo das Gepäck gelagert wird, wo sich die Zelte der Hilfstruppen und die Standarten und heiligen Kriegsbanner der Truppe befinden.«

Er wartete einen Moment.

»Das kann ich übrigens auch von den meisten ummauerten Römerlagern und Castellen sagen ...«

»Ich hab's geahnt!« schnaubte der *Schwarze Mächtige*. »Hab' ich nicht von Anfang an gesagt, daß die Römer an ihrer eigenen Ordnung ersticken werden?«

»Das hast du gesagt!« bestätigte Fürst Mundschuk. »Aber was ist noch neu daran? Haben wir das alles nicht längst dutzendfach und schon seit mehr als dreißig Jahren gesehen?«

Attila lächelte kaum merklich. Hier war es, das Geschenk des Himmels, auf das er in vielen langen Nächten, in seinen Alpträumen und immer dann gehofft hatte, wenn er in den vergangenen Monaten allein und verzweifelt gewesen war.

Er konnte niemals das Schwert gegen den Großkönig und seinen eigenen Vater erheben. Aber er konnte sie beide so nackt aussehen lassen, wie es der *Schwarze Mächtige* im Augenblick tatsächlich war, mit seinem hilflosen Grunzen und seiner roten Haut.

»Ja, du hast recht, mein Vater«, sagte er vollkommen ruhig. »Viele haben es gesehen, Balamber ebenso wie König Uldin ...«

»Ach!« stieß Kharaton ärgerlich hervor. »Schmach über ihn, deinen zum Schluß so unvernünftigen Großvater!«

»Schon gut!« versuchte Mundschuk zu besänftigen. »Er ist ja jetzt tot! Viel wichtiger für unsere Züge in den nächsten Jahren ist doch, daß wir mehr über ihre Krieger erfahren.« Er wandte sich an seinen Jüngsten. »Stimmt es, daß sie langsam zu kämpfen verlernen?«

»Nein«, antwortete Attila nach kurzer Überlegung. Es gefiel ihm nicht, daß nichts von Uldins Verdiensten mehr zählen sollte, nur weil er sich ein einziges Mal im Rausch des Erfolges zu sehr auf seine Männer verlassen hatte. Es war der Glanz seiner vielen Siege gewesen, der ihn zum Schluß geblendet und blind gemacht hatte. Nur dadurch hatte er den Verrat seiner eigenen Krieger erst bemerkt, als er von allen verlassen war. Attila hatte sich längst geschworen, daß ihm selbst niemals etwas Ähnliches passieren würde. Er riß sich zusammen und antwortete auf die Frage seines Vaters.

»Es stimmt zwar, daß es immer weniger gebürtige Römer in den Legionen gibt, aber die anderen werden keineswegs geschont ... im Gegenteil!«

Er legte seine Stirn in Falten. Irgendwie hatte er noch nicht richtig erklärt, was er eigentlich sagen wollte.

»Ihr dürft das alles nicht mit der Niederlage Roms verwechseln. Draußen, in den Provinzen, herrscht oft noch der gleiche Kampfgeist wie vor Jahrhunderten. Keiner von uns Hunnen würde die Gewaltmärsche der Legionäre ohne blutige Füße und schmerzhaft nässende Wunden zwischen den Beinen überstehen. Aber auch die Reiterkrieger üben Tag für Tag Angriffe bergauf und die besonders schwierigen bergab ...«

»Wo hast du das gesehen? In Ravenna gibt es doch keine Berge!« warf Ruga ein, der bisher nur aufmerksam zugehört hatte. »Und Rom war von den Goten umzingelt, als du dort warst ...«

»Ich habe es in der Nähe von Aquileia gesehen«, antwortete Attila kühl. »Im Tal der Vipara am Eingang zu den Julischen Alpen.«

»Wo immer das auch ist«, schnaubte sein Onkel Oktar. »Gibt es hier eigentlich keinen Wein?«

»Du wirst noch mal im Suff erschlagen!« knurrte Kharaton unwirsch. »Gebt dem Kerl Wein, damit er ruhig ist!«

»Die Vipara ist der wichtigste Fluß nach Italien, durch die Berge zwischen Osten und Westen«, sagte Attila sachlich. »Hier mündet die Bernsteinstaße, die über Emona und Carnuntum bis zu den großen Wassern des *Mare Suebicum* führt, wieder in freies und schnell zu eroberndes Land ...«

»Gut, gut, sehr gut beobachtet«, unterbrach der *Schwarze Mächtige*. »Dafür haben wir dich schließlich als Geisel nach Rom geschickt! Aber jetzt kein Streit mehr zwischen euch, solange ich hier Großkönig bin! Das gilt für alle ... auch für dich und deinen Bruder, Attila!«

Attila zuckte kaum merklich zusammen. Er preßte die Zähne

aufeinander, dann nickte er. Der *Schwarze Mächtige* lachte und richtete sich wieder auf. Während er sich ankleiden ließ, fragte er noch nach Belanglosigkeiten:

»Hast du gegessen und getrunken, was man in Rom ißt und trinkt?« wollte er wissen.

»Nicht alles. Aber ich habe mir Mühe gegeben, alles zu kosten.«

»Und was war der schlimmste Geschmack für dich?« fragte der Großkönig interessiert.

»*Liquamen*!« stieß Attila hervor und verzog sein Gesicht. »Besonders der braune Würzsaft, den sie *garum* nennen!«

»Was ist das?« fragte Kharaton.

»Verfaulte Fischsoße«, antwortete Attila und zog schaudernd die Schultern hoch. »Sie machen das aus gesalzenen Eingeweiden und ... und Abfällen von Fischen, die wochenlang in der Sonne liegen, bis sie stinken und aufquellen ...«

Er sah, wie die Männer blaß wurden. Oktar würgte sogar. Voller Abscheu gegen den ekelhaften Geschmack nickten sie sich gegenseitig zu und schnalzten mit der Zunge.

»Wie Käse aus Fischresten?« fragte Fürst Mundschuk.

»Das ist überhaupt nicht zu vergleichen!« protestierte Attila.

»Dann vielleicht wie unsere köstlichen, hundert Tage lang schwarz eingelegten Vogeleier?« wollte der Großkönig wissen.

»Das schon eher«, meinte Attila. »Aber Fisch ist und bleibt nun mal Fisch!«

»Nun gut, lassen wir das«, sagte der Großkönig. Er nahm seinem Schwertgürtel und schnallte das schwere Gehänge selbst um. Es sah so aus, als wäre die Befragung der Geisel jetzt zu Ende. Doch dann hob er noch einmal die Hand.

»Noch eine letzte, aber wichtige Frage, Attila.«

»Ja.«

»Wir wissen jetzt, was du alles gesehen und gehört hast. Aber sag selbst – bist du nach diesem Jahr eigentlich noch ein Hunne, oder hast du bereits das Gift der Römerart in deinem Blut und deinem Herzen?«

Es war Oktar, der kurz, aber überdeutlich auflachte.

»Nun, was meinst du selbst?« fragte Kharaton erneut.

Attila preßte die Zähne zusammen. Er blickte zu Boden und dachte fieberhaft darüber nach, was er antworten sollte. Es wäre so einfach gewesen, die richtige Antwort zu geben. Aber welches war die richtige Antwort? Für ihn selbst und für die anderen? Gab es da einen Unterschied? War es so, dann mußte er Kharatons Frage mit »Ja, ich habe das Gift in mir, und es hat mich verdorben« beantworten. Wenn er aber mit klarem Verstand und reinem Herzen davon überzeugt war, daß ihm das Geiseljahr nichts ausgemacht hatte, mußte er wohl sagen: »Ich bin noch Hunne, und ich habe nichts von dem erfühlt und verstanden, was Rom groß und mächtig gemacht hat.«

»Ich ... ich weiß es nicht«, antwortete er.

»Dann nimm dich vor dir selbst in acht«, sagte Kharaton und trat auf ihn zu. Attila sprang instinktiv auf. Der *Schwarze Mächtige* stellte sich vor ihn und legte ihm die Hände schwer auf die Schultern.

»Es war ein langer Weg, und ich bin stolz auf dich, Attila!« sagte er mit einem rauhen Lachen. »Vergiß niemals, was du in diesem grausamen *Imperium Romanum* gesehen und gehört hast! Du warst im Innersten der Macht, die schon seit tausend Jahren Menschen, Völker und selbst die Erde mit allen Mitteln unterjocht und ausbeutet ...«

Er warf den Kopf zurück und blickte zu den drei östlichen Fürsten der Schwarzen Hunnen.

»Nutze die Jahre, damit du lernst, was jene dort bereits können!« sagte er vieldeutig. »Doch jetzt mußt du erst einmal wieder ein Hunne werden!«

Die Weite

13. *Stille Jahre an der Donau*

Fünf Jahre waren vergangen, seit Kharaton, der Großkönig der Schwarzen Hunnen, beide Hände auf die Schultern des fünfzehnjährigen Sohnes von Fürst Mundschuk gelegt hatte. Fünf Jahre nach der Eroberung Roms durch Alarich, den König der Westgoten, nach Attilas Begegnung mit Geiserich, Laudarich, Athawulf, Galla Placidia, Scottas, Aetius – und Greka.

Attila hatte sich längst daran gewöhnt, daß er nach den Pflichten und Arbeiten des Tages abends bei thrakischem Wein und den traditionellen Rauschgetränken der Steppenvölker mit den anderen Männern seines Stammes zusammensaß. Sein bester Mann für die Pferde war inzwischen Dogan, der *Falke*. Scottas war für eine Weile zu seinem Bruder nach Konstantinopel gegangen. Laudarich hatte er mehrmals gesehen. Es hieß, daß der Gepide alles daransetzte, seine Schwestern von den Hunnen fernzuhalten. Attila lachte nur über derartige Geschichten, wie sie an allen Feuern erzählt wurden.

An den Abenden brachten die Frauen und Mädchen die Krüge, hörten eine Weile zu und warteten darauf, daß einer der Männer müde wurde. Obwohl sie wie eh und je heirateten und zusammenlebten, blieben die kleinen Kinder meist bei den Yurten der Frauen. Erst wenn sie fünf oder sechs Jahre alt waren, kamen sie in den Hort, der genauso hoch angesehen war wie der Schatzhort der Könige. Hier wurden sie von angehenden Schamanen ebenso unterrichtet wie von Frauen, Handwerkern der Stämme und Veteranen, die nicht mehr kämpfen konnten.

An den langen Abenden wurde wenig gegessen, viel getrunken und noch mehr erzählt. Auf diese Weise erfuhren alle, was sich an seltsamen, interessanten, erschreckenden und auch kuriosen Dingen im Innern des *Imperium Romanum* und über seine Ränder hinaus ereignet hatte ...

Der erste Winter nach seiner Rückkehr – sein sechzehnter – war noch härter geworden, als der Schamane es vorausgesehen hatte. Beim ersten großen Frühlingstreffen hatte Attila öffentlich gesagt, daß er nicht in die Männeryurten der jungen Krieger und auch nicht in die großen Fürstenyurten seines Vaters ziehen wollte. Er wollte mit Greka zusammenbleiben ...

Wochenlang war sein Wunsch, das Mädchen mit dem königlichen Amelungenblut der Goten zu seiner ersten Frau zu nehmen, an vielen Feuern hin und her besprochen worden. Schließlich hatte sein Vater abgelehnt. Er wollte selbst bestimmen, aus welchem Volk und welcher Sippe die Frau kam, mit der sein Jüngster Söhne zeugen sollte.

Im gleichen Jahr war ihnen zu Ohren gekommen, daß die Burgunden, die fünf Jahre zuvor den Rhein überquert hatten, nun auch noch einen Gallier zum Kaiser des westlichen Imperiums ausgerufen hatten. Zusammen mit Goar, dem König der Alanen, hatte der Burgundenkönig Gundahar einen Mann namens Jovinus überredet, in Mundiacum die Toga mit den kaiserlichen Purpurstreifen zu nehmen. Aber dieser Aufstand gegen den tatenlosen Kaiser in Ravenna war für das innere Reich fast ohne Folgen geblieben. Jovinus und der wilde Haufen seiner Anhänger hatten ganz andere Interessen. Zusammen mit Alanen, Alamannen, Burgunden und Franken war er mordend und plündernd bis Arelate gezogen. Er hatte weite Teile Galliens erobert, bis er im Süden von den Westgoten gestoppt worden war.

Ein weiteres Jahr darauf, im Sommer des Jahres 412 nach der geheimen Zählung der Christen, hatte Greka dem jetzt siebzehnjährigen Attila einen Sohn geboren. Stolz und voller Trotz gegen Fürst Mundschuk nannten sie ihn Ellac, den *Herrscher*. Attilas Ungehorsam gegen das »Nein« seines Vaters war so offenkundig, daß Fürst Mundschuk ihn bestrafen mußte: Er weigerte sich, seinen jüngsten Sohn auf den großen Kriegszug gegen das Riesenreich der Sassaniden jenseits von Ostrom mitzunehmen.

Im gleichen Jahr war eine Friedensdelegation aus Ostrom unter dem Historiker Olympiodoros bei Großkönig Kharaton eingetroffen. Sie waren als Bittsteller gekommen, um sich für die Ermordung Donaths, eines der östlichen Hunnenkönige, zu entschuldigen. Der *Schwarze Mächtige* war hart geblieben. Er hatte klipp und klar gesagt, daß selbst große Geschenke als Sühne nicht mehr ausreichten. Ostrom hatte Donath vollkommene Sicherheit garantiert und ihn trotzdem mit fast all seinen Begleitern umgebracht.

Anders als Kharaton selbst hielten einige seiner Verwandten und Vasallen den von Olympiodoros erreichten Waffenstillstand eher für eine Art Bündnis. Es hieß, daß sogar ein Freundschaftspakt möglich gewesen wäre, doch kurz darauf war der *Schwarze Mächtige* gestorben ...

In den Jahren danach gab es keinen Großkönig. Das fiel nicht weiter ins Gewicht, da ohnehin alle Familien und Sippen ihre Plätze wechselten und sich nach zwei, drei harten Wintern neue Weidegründe suchen mußten. Diese Umzüge gingen nicht ohne Zusammenstöße mit den Römern ab. Einige Stämme setzten auch über die verzweigten Wasser der unteren Donau und stießen südlich des mächtigen Stroms bis zum Schwarzen Meer vor. Ostroms Provinzen *Moesia inferior* und *Scythia* waren in dieser Zeit besonders schlecht gesichert und leicht zu überrennen.

Attila schickte seine Frau nicht in die gemeinsamen Yurten der Weiber. Obwohl ihn Fürst Mundschuk und sämtliche Brüder seines Vaters immer wieder ermahnten und sogar hart zur Rede stellten, beharrte er darauf, daß Greka und sein Sohn in seiner weißen Yurte bleiben sollten.

»Wenn ich schon nicht mit meiner eigenen Großhand oder in Sturmfäusten der Onkel reiten darf, verwende ich die Zeit eben für meine Familie und die Pferdezucht«, sagte er nur.

»Und wie willst du erreichen, daß dir mehr Männer gehorchen als die paar, die du aus Rom mitgebracht hast?« fragte sein Onkel Ruga noch einmal. »Gib diese Frau auf, dann kannst du neben deinen Brüdern reiten!«

»Nein!«

»Du mußt es wissen«, hatte Fürst Ruga aufseufzend gesagt, »aber vergiß nicht: Anführer, Fürsten und Könige wachsen nicht an Weiberbrüsten ...«

»Mehr und mehr von dem, was du tust und sagst, gefällt mir nicht, mein Sohn Attila«, sagte auch Mundschuk eines Tages, als sie nebeneinander an der Spitze einer Großhand zur Donau ritten. Sie wollten sich die neuen römischen Flußschiffe ansehen. »Sag selbst – habe ich dir genügend Zeit gegeben?«

»Ja«, antwortete Attila, ohne zu zögern.

»Seit du aus Rom zurück bist, habe ich dich beobachtet«, fuhr sein Vater fort. »Auch deine Onkel und Brüder waren sehr geduldig mit dir. Wir wissen, daß dein Kopf und dein Herz vom süßen Gift der Glitzerwelt hinter dem Limes verseucht ist! Du hast zuviel nutzloses Wissen der Römer in deinem Schädel ... zu viele Bilder von künstlichen Gärten, von Straßen und Palästen! Den schwülen Duft von falscher Größe und schönen, nur noch seicht tropfenden Reden! Doch jetzt muß endlich Schluß sein! Du mußt den ganzen Dreck wieder aus deinem Kopf spülen ... und wenn's nicht anders geht, dann eben auch mit Blut und Pferdeschweiß!«

»Du hast mich niemals auf einen Zug mitgenommen ...«

»Weil du geredet und vielleicht sogar gepredigt hättest, statt zu reiten und zu kämpfen!«

»Ich bin kein Römer, sondern immer noch ein Hunne!«

»Ach, Sohn, ich weiß es nicht!« knurrte der Fürst. »In manchen Nächten denke ich, daß es besser wäre, wenn dich schon vor Jahren irgendein Pfeil ins Herz getroffen, ein Schwert enthauptet oder ...«

»Oder was?« fragte Attila. Er schluckte unwillkürlich. »Oder eine Wurfschlinge vom Pferd gerissen hätte? Wolltest du das sagen? Weil du bedauerst, daß ich überhaupt zurückgekommen bin? Ein verweichlichter Römer? Eine Schande für dich und deinen prächtigen, wertvollen Erstgeborenen Bleda?«

»Du hast nichts verstanden, Sohn, überhaupt nichts!«

»O doch! Ich habe verstanden! Ich hatte bereits verstanden, als ich in Ravenna wieder zu mir kam.«

»Laß ihn doch endlich in Ruhe!« warf in diesem Moment sein Onkel Oktar ein. Er war neben sie geritten und hatte eine Weile zugehört. Oktar und Aijbars waren die einzigen Männer in Attilas Umgebung, die zu ihm hielten. Obwohl seine älteren Brüder inzwischen ebenfalls Kinder hatten, waren noch keine Söhne dabei, die sie bei wilden Festen oder der Rückkehr nach einem Zug stolz in die Arme nehmen und in die Luft werfen konnten.

Während der Ausritte und der Züge blieben die meisten Frauen und Kinder zurück. Und wenn die Männer nicht zurückkamen, fand manch eine Witwe für ein paar Nächte Trost bei den nächsten männlichen Verwandten. Keine von ihnen mußte hungern, und jede bekam soviel Gold und Beute ab, wie einer Ehefrau zustand. Das galt für junge und alte, hübsche und häßliche, ohne den geringsten Unterschied. Trotzdem konnte kein Bruder, kein Sohn und kein Schwager gezwungen werden, länger und öfter als unbedingt nötig mit Frauen zu schlafen, die ihren Mann verloren hatten ...

Aijbars begann, sich besondere Hammel zu züchten, und als das Futter für die Tiere wieder reichlicher zur Verfügung stand, dachten die Hunnen erneut an die Wahl eines obersten Herrschers. Und diesmal war es Fürst Mundschuk, der *Knauf und Schmuck der Fahne,* der die Schwarzen Hunnen, ihre Verbündeten, die unterworfenen Völker und Stämme sowie die vielen namenlos mitziehenden Sippen und Familien unter seiner Herrschaft vereinen sollte.

Zur gleichen Zeit teilte Attila seine Pferde nach einer neuen Ordnung ein. Die meisten hunnischen Pferde waren Wallache, die im zweiten Jahr kastriert wurden. Keiner der *Logades* oder der besseren Krieger ritt einen Hengst oder eine Stute. Sie waren zu unberechenbar im Angriff, bei dem es auf absolutes Zusammenspiel von Pferd, Reiter und Bogen ankam.

Während zuvor etwa dreißig Stuten, zwanzig Einjährige, zwanzig Zwei- und Dreijährige und zwanzig Wallache auf einen Hengst kamen und eine Herde bildeten, wies Fürst Attila seine Männer an, ein neues Zuchtverfahren zu probieren. Er selbst begann in seinem Lager zwischen den Karpaten und der unteren Donau damit, die Herden zu halbieren. Das einzige Argument, das immer dagegen gesprochen hatte, war die Behauptung, daß gute Hengste mindestens dreißig Stuten brauchten und daß zu viele Hengste eine Herde auseinanderrissen.

Attila erklärte den Männern, diese Erfahrung und Überlieferung sei nur aus der Weite der Steppe und aus der Angst entstanden, daß zu viele Hengste in einer Herde zu Kämpfen untereinander und zum Wegführen von Stuten neigten.

»Versucht es mit fünfzehn Stuten, zehn Einjährigen, zehn Zwei- und Dreijährigen und dafür mehr Wallachen. Ich sage euch auch, warum die neue Zuchtordnung gelten soll: Wir werden mehr kastrierte Pferde brauchen! Tausende von guten und zuverlässigen Pferden, auf die wir jederzeit zurückgreifen können!«

Er blickte in die vielen fragenden Gesichter. Und plötzlich sahen manche einen neuen Sinn darin, daß die beiden ungleichen Brüder seinerzeit ausgetauscht worden waren.

In diesen Jahren interessierte sich Attila nur wenig für die großen Mächte und die Ereignisse in den beiden Hälften des *Imperium Romanum*. Wie jeder andere junge Hunne in seinem Alter lernte auch er die Kunst der Nomaden, wie Herden langfristig ernährt und vermehrt werden konnten, wie sie zu den richtigen Plätzen geführt wurden und welche Vorbereitungen für das Überleben von Mensch und Tier schon lange vor dem ersten Rauhreif an den Zweigen erforderlich waren.

Nur manchmal, wenn er mit Greka und dem inzwischen dreijährigen Ellac am kleinen, wärmenden Feuer in seiner Yurte saß, sprachen sie über die Menschen, von denen in seinen Geiseljahren viel die Rede gewesen war.

»Man hört kaum noch etwas von Aetius oder den Westgoten«, sagte Greka eines Abends, nachdem die Männer sich draußen für den nächsten Morgen zu einer Winterjagd verabredet hatten.

»Es scheint tatsächlich so, als hätte sich der Erdkreis noch nicht von der Eroberung Roms erholt«, spottete Attila. Er nahm ihr eine Schale Kräutertee ab und trank zwei, drei kleine Schlucke gegen die Kälte, die er von draußen mitgebracht hatte. Er hockte auf einem alten Holzsattel, den seine Frau mit bunten Bändern für ihren Sohn geschmückt hatte. Sie war noch schöner und noch weiblicher geworden. Natürlich hatte es immer wieder Ärger gegeben, als er seinem Vater mitteilte, daß er Greka und keine andere heiraten wollte. Man hatte ihm alle erdenklichen Alternativen und Möglichkeiten angeboten – vom verlockenden Kommando über eine Sturmfaust junger Bogenschützen bis zu den schönsten und wildesten jungen Hunninnen von allerbester Abstammung.

Vielleicht hätte er sich gefügt und den alten Gesetzen gehorcht. Aber dann hatte er erfahren, wie seine älteren Brüder beim Wein immer häufiger lauthals und schmutzig über Grekas vergleichsweise kleine Brüste und ihre schmalen Hüften lästerten.

»Er führt das Schwert noch immer wie einen Schreibstichel aus Rom ... wahrscheinlich braucht er deshalb diese Amazone ... die ihm auch noch im Schlaffell zeigt, wo andere die Kraft des Mannes haben ...«

Er hatte das grölende Gelächter noch in den Ohren. Auch dann noch hätte er sich gefügt, wenn Aijbars ihm nicht den Rücken gestärkt hätte. Der nämlich hatte ihm geraten, direkt zum *Schwarzen Mächtigen* zu gehen. Kharaton hatte bestimmt, daß für den jüngeren Sohn Fürst Mundschuks eine Ausnahme gemacht werden sollte. Und Aijbars hatte die sehr schwere Aufgabe erhalten, aus vielen weißen, feuergereinigten Schulterknochen von guten Hammeln herauszulesen, daß Greka eigentlich sogar von den Weißen Hunnen und nicht von Ostgoten oder anderen Germanen abstammte ...

»Hast du mal wieder was gehört?« fragte Greka. Sie putzte

ihrem Sohn die Nase, ehe sie ihn zu seinem Vater laufen ließ. Der kleine, sehr stämmige Bursche war ihr ganzer Stolz. Fürst Mundschuk und seine Brüder hatten ihm nach alter Sitte den Kopf formen wollen, aber Attila hatte abgelehnt. Er nahm Ellac auf die Knie, lachte mit ihm und ließ ihn immer wieder vergnügt nach hinten fallen, ehe er ihn im letzten Moment über dem Boden der Yurte mit kräftigem Griff auffing.

Ellac jubelte und krähte vor Vergnügen. Greka schüttelte den Kopf und lächelte. Sie ging zum Feuer, schichtete die Glut aus getrockneten Kuhfladen zu einem kleinen Kegel, dann zog sie von einem der Stützbäume im inneren Ring der Yurte die Öffnung für Licht und Rauch etwas enger.

»Und was geschah mit ... König Alarich?« fragte Attila seinen kleinen Sohn.

»Alarich ist tooot«, krähte Ellac. Er warf sich in Attilas Armen hoch und wollte wieder nach hinten fallen.

»Ja, König Alarich ist tooot«, wiederholte Attila vergnügt. Er ließ den Dreijährigen fast bis auf den Boden fallen, ehe er ihn wieder auffing.

Ellac prustete vor Freude. »Und wer jetzt?« wollte er wissen. Er blickte seinen Vater mit großen, leuchtenden Augen an: »Uldin? Donath? Oder Kharaton?«

»Was geschah mit König Kharaton ...«

»König Kharaton ist tooot ...«

»Ja, König Kharaton ist toot ...«

»Noch mehr?« fragte Ellac unersättlich.

»Noch eine ganze Menge«, antwortete Attila. »Aber die kennst du noch nicht.«

»Du solltest ihm auch nicht alle römischen Constantine, Generale und Senatoren eintrichtern«, meine Greka mit leisem Vorwurf in der Stimme.

»Mach' ich doch gar nicht«, protestierte Attila.

»Und wer hat ihm schon als Zweijährigem erzählt, wie der König der Westgoten nur bis in den Süden Italiens gekommen und dort am Fieber gestorben ist?«

»Das ist für ihn doch auch nichts anderes als deine Legenden von Halirunen-Weibern, euren wüsten Germanengöttern und endlosen Schlachten mit den toten Kriegern in Walhall!« spottete Attila nur scheinbar entrüstet.

Sie lächelte. »Außerdem finde ich es noch immer sehr verwunderlich, wie die Westgoten ihren König mitsamt seinen Schätzen im Fluß Busento begraben haben sollen ...«

»Ihr vergrabt doch eure Könige auch so, daß man sie niemals wiederfindet ... wie dieser sagenhafte chinesische Kaiser Qin Shi huangdi mit seinen Kriegern aus Ton.«

»Und ihr baut Grabhügel, größer als unsere Königsyurten!«

»Da muß ich dich enttäuschen«, lachte Greka. »Das waren nicht wir, sondern die Skythen. Wir Goten haben niemals Kurgane für Könige und Fürsten errichtet ...«

»Nicht streiten!« krähte Ellac.

»Recht hast du!« sagte Attila und lachte. Sie hatten nicht sehr oft darüber gesprochen, aber hin und wieder fragten sie sich doch, wie es im Westen des Imperium wohl weitergegangen war. Sie selbst lebten am oströmischen Grenzlimes zwischen der unteren Donau mit ihrem fast unpassierbaren Flußdelta und den Karpaten im Norden und Westen. Die Berge bildeten eine zweite, fast undurchdringliche Mauer.

Während Attila mit seiner kleinen Familie ständig im Lager seines Vaters lebte, waren seine älteren Brüder zumeist zu bewaffneten Zügen unterwegs. Diese Aufteilung hatte Vor- und Nachteile. Attila blieb so in ständigem Kontakt mit seinem Vater, aber er konnte weder die für alle Männer des Volkes wichtigen Erfahrungen im kriegerischen Angriff noch Gold und Beute sammeln.

»Von den Alanen und den Sueben gibt es auch nichts Neues«, sagte Greka beiläufig. »Sie haben ja jetzt ihre Reiche in Hispanien gegründet. Und um die Westgoten ist es auch ruhig geworden.«

»Warum sollten sie auch herumziehen«, fragte Attila. »Athawulf hat sie vom Süden Italiens nach Norden und dann bis zu den Pyrenäen geführt. Ich hätte nie gedacht, daß er das Zeug zum König hat ...«

Die Westgoten waren im Winter nach der Eroberung Roms im unteren Italien geblieben. Nur einmal hatten sie vergeblich versucht, mit Schiffen in die reiche Provinz Africa überzusetzen. Die Schiffe waren schon beim ersten Versuch in einem Sturm zerschellt und untergegangen. Als der Boden es zuließ, waren sie im Frühjahr wieder nach Norden gezogen. An Alarichs Stelle war sein Schwager Athawulf von den Westgoten zum König gewählt und ausgerufen worden.

»Athawulf ist ein Schwein!« zischte Greka ernsthaft entrüstet. »Kaum strömte der umgeleitete Fluß wieder über die Stelle, an der Alarich begraben war, verstieß er die Schwester des toten Königs mit ihren sechs Kindern!«

»Wahrscheinlich wollte sie sein Lager nicht mit der Schwester des Kaisers in Ravenna teilen«, sagte Attila grinsend. Die Westgoten hatten Rom noch einmal berührt, waren dann aber aus Furcht vor den Seuchen aus der *Cloaca maxima* und den anderen stinkenden Abwasserkanälen weit vor den Toren der Stadt geblieben. Zu tief saß der Schock über das elende Ende von König Alarich. Aber auch nach ihrer Ankunft in Gallien waren die Ernten trotz der vielgerühmten Landschaft nicht ausreichend für das gesamte Volk gewesen. Deswegen hatten die Goten die Ureinwohner bis über die Pyrenäen vertrieben.

»Ich weiß, was du jetzt denkst!« schnaubte Greka. »Aber das schwöre ich dir bei all meinen Göttern: Ich werde dich niemals freilassen – auch wenn ihr Hunnen nicht das Geringste von Ehe und Treue haltet!«

»Jetzt tu nicht so, als hättest du das nicht vorher gewußt!«

»Doch, habe ich! Aber du wirst mich nicht verstoßen, um eine Augusta und Schwester römischer Kaiser zu heiraten!«

»Du hast ja auch noch keine sechs Kinder!« lachte Attila.

»Liegt das an mir?« fragte sie und reckte sich bis auf die Zehenspitzen. Er stellte Ellac auf den Boden, dann sprang er auf, lief mit zwei, drei Schritten zu ihr und umarmte sie. Sie stöhnte leise und achtete nicht mehr auf das Kind. Ellac quietschte vergnügt. Er kam angelaufen und wollte mit ihnen toben.

»Geh zu Onkel Aijbars!« schnaubte Greka. »Lauf!«

Da wußte auch der Dreijährige, daß sie wirklich allein sein wollten. Es wurde Zeit, daß er Geschwister bekam.

Als der Frühling die ersten Schneeglöckchen als seine Vorboten durch die weiße, noch nicht von Menschen und Vieh aufgewühlte Decke schickte, kamen wieder häufiger kleine Gruppen von Händlern und durchziehenden Reisenden bis vor das Yurtenlager von Fürst Mundschuk.

An den wieder helleren Nachmittagen saßen sie bereits öfter draußen und ließen sich erzählen, was in der Welt und besonders im *Imperium Romanum* passiert war.

Auf diese Weise erfuhren die Hunnen und alle, die mit ihnen lebten, vergleichsweise schnell von den Ereignissen, von denen niemand wußte, ob und wann sie einmal wichtig werden könnten. Sie hielten es wie seit Urzeiten – eine nur einmal berichtete Information blieb eine freundlich benickte Nachricht, nicht viel mehr Aufmerksamkeit wert, als einer Schneeflocke oder dem kleinen Windstoß zukam. Berichtete aber noch ein weiterer Erzähler aus einer anderen Gruppe vom gleichen Ereignis, und klangen seine Worte nicht auswendig gelernt oder wie von den ersten übernommen, dann steigerte sich der Wert der Geschichte, und jedermann versuchte wie bei einem Kinderspiel, das dritte und vierte Steinchen zu finden, um ein Mosaik, ein gesprochenes Abbild der Wirklichkeit entstehen zu lassen.

Die Menschen um Attila hielten nicht viel von aufgeschriebenen Ereignissen. Geschriebenes war zu starr, zu tot und nicht mehr formbar für sie. Wieviel spannender und aufregender waren dagegen die Geschichten und Berichte, die sich von einem Feuer zum nächsten verändern, mit eigenen Bildern verbessern und je nach Stimmung und Zuhörerschaft ausschmücken ließen! Und weil jeder wußte, wo die für jeden Außenstehenden unbegreiflichen Trennungslinien zwischen Phantasie und Tatsachen lagen, konnten alle sehr gut unterscheiden, was nur als schmückendes Beiwerk weitererzählt wurde und worin die heiligen Knochen der Wahrheit bestanden.

Zu diesen Wahrheiten gehörte inzwischen, daß die Alanen im äußersten Westen der Provinz Hispania endlich ihr eigenes Reich gegründet hatten. Den Sueben war das gleiche in Hispania selbst gelungen. Andere berichteten, daß Konsul Constantius dem germanischen Stamm der Burgunden den Status von Föderierten verliehen und ihnen erlaubt hatte, sich in dem Gebiet westlich des Mittellaufs des Rheins niederzulassen. Die Burgunden waren ein eher friedfertiger, handwerklich begabter Zweig der Vandalen. Doch nun hatten sie einen kampferprobten Mann namens Gundahar zum König gewählt und bei einem alten keltischen Platz namens Borbetomagnus am Mittelrhein ein eigenes Reich gegründet.

Den meisten Hunnenfürsten waren die Ereignisse im fernen Gallien oder Hispanien, in Africa und selbst in Italien oder nördlich der Alpen viel zu kompliziert und verworren. Sie wollten nicht wissen, welcher Constans, Constantius oder Constantinus von einzelnen Legionen in irgendeinem Limes-Castell für zwei, drei Jahre zum Kaiser proklamiert worden war. Mochten die einen die eindringenden Germanen geschlagen, die anderen mit ihnen gemeinsam das Land verheert haben – für die Hunnen um Fürst Mundschuk blieben nur zwei Gebiete wichtig und interessant: die beiden römischen Heeresregionen *Tracia* und *Illyricum*, südlich und westlich der Donau ...

Als das Eis auf der Donau in diesem Jahr verschwand, beobachteten die Späher der Hunnen heimliche Bewegungen auf der Südseite der Donau. Sie berichteten von langen Holzverhauen entlang des Flußufers, von hölzernen Türmen und zwischen ihnen gespannten Tüchern, die jeden Blick auf das, was dahinter geschah, unmöglich machten.

Die Späher erhielten den Befehl, weiter zu beobachten, und

schon bald konnten sie melden, daß die Römer dabei waren, ihre Donauflotte wieder in Betrieb zu nehmen.

»Sie rechnen damit, daß wir schon bald wieder einen Großkönig haben«, erzählte Attila abends, als er von seinem Vater zu Greka zurückkam. »Sie reparieren ihre stillgelegten Schiffe und bauen neue.«

»Ist das eine Idee des jungen Kaisers in Konstantinopel?« fragte sie. Attila schüttelte den Kopf.

»Wahrscheinlich nicht«, sagte er. »Er ist jetzt vierzehn Jahre alt, aber ich glaube, daß der Prätorianerpräfekt Anthemios noch immer der eigentliche Herrscher Ostroms ist. Er setzt schon lange alles daran, Mauern gegen uns zu bauen.«

»Dem sitzt wohl der Schock der Belagerung durch deinen Großvater Uldin noch in den Knochen«, sagte Greka und trat hinter ihn. Er saß mit Ellac auf seinem alten Lieblingssattel. Sie legte ihre Arme auf seine Schultern und massierte die Muskeln, die zu seinem Hals führten.

»Die Weströmer bezahlen uns, damit wir mit ihnen und für sie kämpfen«, sagte Attila. »Aber die Oströmer fürchten uns nun einmal wie die leibhaftigen Teufel in ihrem Glauben.«

»Stimmt – darüber habe ich mich auch schon gewundert«, sagte Greka. »Woher kommt diese Furcht?«

»Ganz einfach«, antwortete Attila. »Vor fünfzehn Jahren hat Gaina sie zu Tode erschreckt. Aber uns fürchten sie schon deshalb, weil König Uldin ihnen den Kopf des wilden Mannes brachte. Das ist gerade erst sieben Jahre her, aber sie bauen seither immer verbissener an der Theodosianischen Mauer um ihre Hauptstadt.«

»Wieso wird sie nach einem Kind benannt?«

»Weil Anthemios nun mal sein Vormund ist und weil er verkündet hat, daß sie tausend Jahre halten soll. Da ist der Name eines Kaisers angebrachter als der eines Konsuls.«

»Und was ist so Besonderes an dieser Mauer?«

»Weil Anthemios die Preise für die nötigen Grundstücke nicht zahlen wollte, hat er den reichen Bürgern Konstantinopels, auf deren Land die Mauer errichtet wurde, Immunität vom Gesetz der Zwangseinquartierungen zugesichert. Der obere Teil der Türme ist auch jetzt noch für militärische Zwekke reserviert; der untere aber kann ohne Einschränkungen von den Grundbesitzern benutzt werden.«

»Und warum das alles?« fragte Greka verständnislos.

»Weil nichts auf Dauer teurer wird als Krieger, die nur herumsitzen, saufen und fressen, nach allen Röcken greifen und keine Beute machen dürfen!«

»Auch du darfst nicht zuviel bei deinem Vater und bei Onkel Aijbars herumsitzen«, sagte Greka ein paar Tage später. »Es ist nicht gut, wenn du dich mehr und mehr zu einem Rhetor oder Notarius entwickelst ...«

»Wie kommst du denn darauf?« protestierte er. Er hatte Ellac auf dem Schoß.

»Ich sehe doch, wie sehr du den Wettkämpfen und Reiterspielen der anderen ausweichst. Fast könnte man meinen, es reicht dir, wenn du Sekretär eines Hunnenfürsten oder Schamanenschüler bist.«

»Ich will meine Kräfte nicht mit meinen Brüdern messen!« sagte Attila ungewohnt hart. »Es gibt immer noch eine Rechnung, die beglichen werden muß. Bleda weiß das, und ich weiß es ebenfalls. Aber die Zeit ist noch nicht reif!«

»Ach – und solange überläßt du den anderen die Rücken der Pferde, die Pfeile und Bogen, Schwerter und Wurfseile?«

»Stimmt doch gar nicht!« sagte Attila. Er stellte Ellac auf die Beine, stand auf und umfaßte Grekas Hüften. »Kommt mit!« sagte er dann. Im Vorraum der Yurte nahm er einen der großen, wertvollen Kompositbogen und drei Pfeile aus den ledernen Schlaufen an den Stützstangen.

Er ging mit ihnen hinaus und zeigte ihnen im Sonnenlicht die selbstgemachten Pfeile mit ihren drei zierlichen Federflügeln und der dreieckigen, scharfgeschliffenen Spitze mit ebenfalls drei schräg abstehenden Eisenflügeln.

»Wenn man hartes Eisen nimmt, zerschneidet die Pfeilspitze lederne Rüstungen«, sagte er. »Aber wenn man weiches Kupfer benutzt, verbiegt sich die Spitze beim Auftreffen zu einem Widerhaken und rutscht ... tschakkar ... unter jeden Schuppenpanzer!«

»Dann ist weich ja gefährlicher als hart!« sagte Ellac und legte nachdenklich seinen Kopf schräg. Attila blickte ihn liebevoll an. Seine Söhne sollten nach der Geburt keine Bandagen mit Holzbrettchen tragen, um ihre Köpfe schöner zu formen.

»Ja, mein Sohn«, sagte Attila nach einer ganzen Weile. »Weich ist sogar oft gefährlicher als hart!«

Er nahm die drei Pfeile in die rechte Hand und legte den ersten ein. Ohne besondere Anstrengung spannte er den Reflexbogen, der aus verschiedenen Materialien und Verstärkungen in den Biegungen bestand.

Der erste Pfeil stieg hoch die Luft. Attila legte den zweiten ein und schoß ihn hinterher. Und dann den dritten. Diesmal zielte er genau.

»Tschakkar!« stieß er hervor.

Der dritte Pfeil überholte den zweiten, traf den ersten und fiel mit ihm zusammen zurück. Im gleichen Augenblick traf auch der zweite Pfeil die beiden ersten.

»So macht man das«, lächelte Attila. »Hart und weich zugleich!«

»Das können eben nur die Hunnen«, lächelte Greka.

Als die Blätter mit Macht aus Knospen und Zweigen drängten, traf ein Mann im Lager von Fürst Mundschuk ein, der den Winter bei den westlichen Hunnen an der Theiß verbracht hatte.

Der Händler stammte aus Naissos an der großen Römerstraße von der Donau nach Konstantinopel. Er war im Jahr zuvor von Westen her gekommen, konnte aber nicht weiter nach Konstantinopel, weil von dort aus verschärfte Bestimmungen für den Handel mit allen Hunnen und Germanen nördlich der

Donau erlassen worden waren. Für wagemutige Kaufleute gab es dennoch Mittel und Wege, von ihnen wertvolle Pelze und Felle zu kaufen. Im Gegenzug boten sie den Völkern der Reiter und Viehhirten alles, was auf den kaiserlich gesiegelten Schriftrollen des Imperiums mit strengsten Ausfuhrverboten aufgeführt war.

Bereits am ersten Abend, als sie gemeinsam draußen an vielen Kesseln saßen, wiederholte er die Geschichte, die schon vor über einem Jahr stattgefunden hatte und die doch für die meisten ganz neu war.

Viele hatten gehört, daß der Westgote Athawulf die schöne Kaisertochter und -schwester Galla Placidia geheiratet hatte. Der Mann aus dem Westen konnte genauer erzählen, wie sich alles zugetragen hatte, denn er war einer der Gäste am Hof des germanischen Königs gewesen.

»Ihr sollt erfahren, wie ich als einfacher Händler zu der Ehre kam«, sagte der Mann aus Naissos. »Ich bin mit Constantius am Fluß Margus, gar nicht weit weg von hier, aufgewachsen. Ihr kennt doch Constantius?«

Einige der Zuhörer nickten vorsichtig, aber die meisten schüttelten den Kopf.

»Constantius Flavius!« sagte der Händler beinahe vorwurfsvoll. »Ein großartiger Krieger mit einer breiten Brust, einem zu langen Hals und einem Schädel, auf den kein Römerhelm aus den Manufakturen paßt!«

»Ist sein Kopf etwa geformt worden?« fragte Attila interessiert.

»Nicht eine Stunde lang, das kann ich beschwören!«

»Und was hat Constantius nun mit dir und den Westgoten zu tun?« fragte Fürst Mundschuk ungeduldig. »Du meinst doch diesen *comes* und *magister militum*, oder?«

Attila blickte auf. Seit seinem Aufenthalt bei den Römern hatte sich sein Verhältnis zum Vater immer noch nicht gebessert. Sie sprachen miteinander, aber nur so, wie Fremde es getan hätten, die höflich sein wollten.

»Genau den meine ich«, sagte der Händler aus Naissos. »Den Konsul Westroms im vergangenen Jahr. Ich schätze, daß Constantius im Augenblick der wichtigste und einflußreichste Heerführer im Westen ist. Ihr solltet sehr gut aufpassen auf ihn!«

»Wir haben kaum etwas mit Ravenna oder Rom zu tun«, sagte Fürst Mundschuk abfällig. »Hier ist uns Ostrom mit dem Knabenkaiser, seinem Vormund Anthemios und den verlogenen Eunuchen näher ...«

Der Mann aus Naissos lachte. Er hatte keine Schwierigkeiten, mit allen auszukommen, an deren Feuer er gebeten wurde.

»Und nun fang endlich an!« befahl Fürst Mundschuk nochmals.

»Also, dann hört, wie im ersten Monat des vergangenen Jahres – also am ersten Januar im *Jahr des Herrn* vierhundertundvierzehn – ein Barbarenkönig die Prinzessin des Imperiums heiratete«, sagte der Händler aus Naissos. »Die große, feierliche Zeremonie fand nach altem römischen Brauch in der Stadt Narbo statt. Anschließend war die Tochter des verstorbenen Kaisers Theodosios und Schwester des jetzigen Herrschers des römischen Westreiches die rechtmäßige Ehegattin des Königs der Westgoten. Und um ihr seine ehrlichen Absichten zu beweisen, verstieß er seine Ehefrau, die Schwester Alarichs, und seine sechs Kinder.«

»War denn niemand aus ihrer Familie da, der wenigstens das Recht der Söhne schützte?« fragte Attila.

»Was weißt denn du schon!« schnaubte sein Vater ärgerlich. Wie alle anderen *Logades* der Hunnen hatte er niemals weniger als eine Hand Frauen in seiner Yurte oder in nächster Nähe.

»Nicht daß ich wüßte«, antwortete der Händler. »Auch Prinzessin Placidia muß dem blonden Westgoten verfallen sein, obwohl sie eigentlich die ganze Zeit seine Gefangene gewesen ist. Aber er behandelte sie wie eine besonders wertvolle Beute.

Selbst bei der Hochzeit stand sie rechts von ihm. Damit gab er vor aller Welt zu, daß eine römische Kaisertochter im Rang noch höher stand als ein Germanenkönig.«

»Sag ruhig wieder *Barbarenkönig!*« warf Attila ein.

»Es war die schönste Hochzeit, die je in Gallien zelebriert wurde«, fuhr der Händler aus Naissos fort. »Es begann bereits am frühen Morgen mit Hochrufen in lateinischer und gotischer Sprache. Die Goten hatten für ihren König einen prunkvollen Stadtpalast eines Freundes von mir mieten wollen. Als mein Freund Ingenius ihn nicht herausgeben wollte, erklärten ihm die Abgesandten Athawulfs, daß es die längste Zeit sein Haus gewesen sei. Auf diese Weise habe ich jedenfalls meine Unterkunft und einen Teil meiner Waren eingebüßt. Ich hatte nämlich wertvolle Gewürze für die wohlhabenden gallischen Römerfamilien in ...«

»Gehört das zum Bericht über die Hochzeit?« unterbrach Fürst Mundschuk. Der Mann aus Naissos legte den Kopf schief, spitzte die Lippen und überlegte einen Augenblick.

»Nein«, sagte er dann, »ich kann das übergehen, wenn du willst. Auf jeden Fall war ich dann ebenfalls ein Gast, weil sie gehört hatten, daß ich aus Naissos kam, wie der Mann, dem gerade erst das Konsulat des Westens übertragen worden war.«

»War dieser Constantius etwa auch in Narbo?« fragte Attila.

»Wo denkst du hin! Die Römer kochten doch vor Wut über Athawulfs Frevel! Aber nicht alle, denn aus allen Teilen der westlichen Provinzen kamen Delegationen und überbrachten Glückwünsche für Athawulf und Galla Placidia. Auch der Senator Attalus war dabei – du müßtest ihn noch kennen, Attila ...«

»Senator Attalus? Der, den die Römer zum Gegenkaiser ausgerufen hatten? Und der mit Alarich gegen Ravenna zog?«

»Ja, eben der trat dann beim Festmahl vor und deklamierte eine lange, selbstgedichtete Würdigung des Paares. Die Lobeshymnen interessierten Athawulf nicht sehr. Er wußte selbst, was er erobert hatte. Aber er muß immer noch den Zorn seines Schwagers fürchten!«

»Wer fürchtet schon diesen Kaiser Honorius!« stieß Mundschuk hervor. Die Männer um ihn herum lachten und schlugen sich auf die Schwertgehänge. Nur Attila lachte nicht. Er hatte mitbekommen, wie starrsinnig und hart der Hühnerfreund sein konnte – besonders, wenn es um die Westgoten ging. Er blickte eine Weile schweigend geradeaus. Es war, als wäre er überhaupt nicht mehr anwesend. Ein paarmal zuckten seine Mundwinkel wie zu einem feinen, versonnenen Lächeln, dann nickte er, holte tief Luft und sagte: »Gar nicht so dumm, dieser Athawulf, gar nicht so dumm!«

Noch in der gleichen Nacht erzählte er Greka, was er gehört hatte. Außer dem Kaufmann aus Naissos waren sie beide die einzigen im Lager von Fürst Mundschuk, die Galla Placidia und Athawulf mit eigenen Augen gesehen hatten.

»Es ist ganz anders, als wenn man nur davon hört wie von einer fernen Legende«, sagte Attila, als sie nebeneinander lagen, sich zärtlich umschlungen hielten und leise streichelten.

»Weißt du, woran ich die ganze Zeit denken muß«, hörte er sie im rötlichen Halbdunkel der letzten Feuerglut fragen.

»Sag es mir«, brummte er. Sie rückte noch ein wenig näher.

»Ich dachte gerade an den weiten Weg, den sein Volk von der Insel *Scantinavia* im kalten nördlichen Meer zurücklegen mußte, bis er eine Prinzessin des Imperiums in sein Ehebett legen konnte. Ein wenig ist es ja auch meine eigene Geschichte ...«

»Ich kenne sie«, sagte er und küßte ihr Ohr. »Aber ich mag sie, so oft du sie auch erzählst ...«

»Mit den drei letzten Schiffen sind unsere Ahnen vor der Kälte und dem Hunger nach Süden geflohen. Viele mußten zurückbleiben, und einige kamen tatsächlich noch später nach. Die ersten aber haben sich neues Ackerland an der Vistula genommen. Unser Volk wuchs wieder – zunächst langsam und voller Hoffnung, dann immer schneller und wie eine Lawine, nicht mehr zu bändigen. Die Alten warnten davor, daß zu viele Kinder und Münder der Anfang vom Ende sein würden. Aber die starken und wilden Männer, aus denen Anführer, Richter und Könige wurden, zählten die Macht nicht nach Weisen und Priestern, sondern nach den Köpfen der Krieger. Sie wollten immer noch mehr Söhne sehen. Es war die reine Angst vor dem Untergang, aber sie glaubten, daß sie sich weiter und weiter nach Süden hin ausbreiten konnten. Und ihre Stärksten wollten die ersten sein ...«

»Darüber habe ich mich immer wieder gewundert«, sagte Attila leise. »Bei uns war es nie so. Wir waren eigentlich kein Volk mit irgendeinem Ziel, sondern wie eine langsam westwärts ziehende Herde aus Rindern und Pferden, Schafen und Ziegen, mit vielen kleinen und großen Familien, Sippen und Stämmen. Natürlich gab es auch bei uns über die Jahrhunderte hinweg Streit um Weideland, kleine Kriege um Flüsse und Bergpässe und Rivalitäten, die manchmal über mehrere Generationen anhielten. Aber keine der Gruppen war stark genug, um über alle anderen zu herrschen. Und der Gedanke, zu einem Volk zu werden, kam eigentlich erst auf, als wir gegen euch prallten ... gegen die Völker des Nordens, die im Südosten zum Schwarzen Meer vorstießen und im Südwesten die Schutzmauern des *Imperium Romanum* an der unteren Donau bedrängten.«

»Wir hatten mehr Land erobert, als Rom jemals zwischen Sizilien und Britannien besaß«, sagte Greka. Er spürte, daß sie noch immer stolz darauf war. »Und wir beherrschten es zwischen dem Meer im Norden und dem anderen, das die Griechen *Pontos Euxeinos*, das Schwarze, nannten.«

»Ich habe nie verstanden, warum ihr damit nicht zufrieden wart«, sagte Attila. Er streichelte langsam über ihre Brüste. »Es war doch viel schöner und weiter als die kargen Berge südlich von hier.«

»Ja, es war schön, das weite Land«, sagte sie mit einem tiefen Seufzer. »Zu groß vielleicht für Völkerstämme, die vor sich selbst nicht sicher waren. So ausgedehnt und unendlich weit war das Land, daß wir allmählich die Verbindung untereinander verloren.«

»Ostgoten und Westgoten.«

»Die Namen hatten nie etwas mit den Himmelsrichtungen zu tun«, sagte Greka. »Aber das weißt du doch! Die Austrogoten, die man auch Greutungen nannte, wurden zu Herrschern der Steppenbewohner zwischen den gewaltigen, von Nord nach Süd ins Schwarze Meer fließenden Strömen Danaper und Danaster. Das ist mein eigenes Volk. Athawulf gehört zu den Visigoten – auch als Terwingen bekannt, die sich zwischen Danaster und Donau niedergelassen ...«

»Aijbars hat vor ein paar Tagen die Hammelknochen angesehen«, unterbrach Attila eher beiläufig.

»Und was meint unser weiser Schamane?« fragte sie schnurrend.

»Er meint, die Sache mit Athawulf und Placidia würde auf keinen Fall gut ausgehen ...«

»Und? Stört uns das jetzt?«

Er schob sich noch näher an sie heran, dann fanden seine Lippen ihren Mund. Sie umarmten sich und bäumten sich aneinander auf wie wilde Pferde.

14. Maiotisches Sumpfmeer

Im nächsten Frühling gelangte auch zu den Hunnen die Bestätigung eines Gerüchtes, das bereits seit Monaten in der Luft lag. Die ungewöhnliche Verbindung zwischen einer Prinzessin des Imperiums und einem Barbarenkönig war genauso gescheitert, wie der Schamane es vorausgesagt hatte.

An vielen Abenden hockten die Männer nach der Arbeit des Tages bei den Herden an den Lagerfeuern und musterten die neu angekommenen Reisenden und Händler. Wer nicht erwünscht war, mußte sich dennoch nicht fürchten oder hungrig weiterziehen. Das Gastrecht der Nomaden galt den Hunnen noch immer als heilig. Aber sie machten Unterschiede und blieben oft vollkommen stumm, wenn jemand an ihren Feuern aß und trank, den sie nicht mochten und schnell wieder loswerden wollten.

Aber viel häufiger wurde es in den großen Runden interessant, laut und fröhlich. Es begann zumeist damit, daß die Männer und nicht selten auch Frauen und Kinder gemeinsam die neuesten Geschichten hören wollten. So erfuhren sie auch, daß Gallas Stiefbruder, der weströmische Kaiser Honorius, die Zustimmung zur Ehe seiner Halbschwester Galla Placidia mit dem Westgotenkönig Athawulf endgültig verweigert hatte.

Als alle Drohungen und Ausfuhrverbote in den Süden Galliens erfolglos geblieben waren, hatte er seinen obersten Feldherrn Constantius mit schwerbewaffneten Legionären gegen seinen ungeliebten Barbarenschwager Athawulf gehetzt. Dem König der Westgoten war nur noch die Flucht über die Pyrenäen geblieben. Angeblich war er mit viel zu wenigen Getreuen nach Spanien ausgewichen und dort von einer Einsatztruppe Roms erschlagen worden.

Die Wahrheit wurde wieder einmal durch Händler bekannt. Sie, die fast alle Befehle Roms umgehen konnten und sich weder durch Mauern und Bergketten noch durch bewaffnete Streifen oder Raubgesindel aufhalten ließen, berichteten, wie der schöne Athawulf wirklich umgekommen war.

»Er war einfach zu leichtsinnig ... eitel und größenwahnsinnig, weil es ihm gelungen war, die schönste Blüte des römischen Kaiserhauses in seine Bettfelle zu ziehen«, erzählten sie, als sie an den Feuern der Hunnen zu Gast waren.

»Es waren Männer aus der Familie seines Schwagers«, fuhren sie fort. »Vielleicht ist ja etwas dran an den Gerüchten, daß König Alarich nicht durch das Fieber der Sümpfe umgekommen ist, sondern durch Gift aus der Hand des späteren Paares.«

»Gibt es Anzeichen dafür?« fragte Attila. Die Händler hoben die Schultern und verzogen ihre Gesichter. Sie wußten, daß er beide kannte.

»Alarich hat seinem Schwager schwere Vorwürfe gemacht, der ja Tausende von guten Männern auf dem Weg nach Rom verloren hatte. Auch viele Hunnen, wie ihr wißt!«

Wieder nickte Attila. Er preßte die Lippen zusammen. Er vermißte die Großhand jener Krieger, mit denen er durch Rom geprescht und dann bis zur Donau gezogen war. Auf seinen eigenen Wunsch hin waren sie ohne ihn den Sturmfäusten seines ältesten Bruders Bleda zugeteilt worden. Dogan hatte die Führung übernommen, und Scottas war auf eigenen Wunsch ebenfalls mitgeritten. Sie alle befanden sich jetzt schon seit einem Jahr auf einem Kriegszug im Osten, um über den Kaukasus hinweg und an der Ostgrenze des *Imperium Romanum* gegen das riesige Reich der Sassaniden zu kämpfen.

»Der Streit zwischen den beiden so ungleichen Männern wurde immer heftiger«, erzählten die Händler. »Besonders nachdem Attalus erneut für Ärger und Zwietracht gesorgt hatte. Der frühere Senator, der ja auch Kaiser von Roms und Alarichs Gnaden gewesen war, schwankte ständig zwischen Loyalität und Ehrgefühl hin und her. Er wollte mit einigen Goten über das Meer, um in Africa Korn zu beschaffen. Als ihm auch das mißlang, fiel er bei Alarich so sehr in Ungnade, daß er sich zu Athawulf flüchtete. Es ist daher durchaus denkbar, daß Attalus, Athawulf und Galla Placidia gemeinsame Sache gemacht haben, um König Alarich, den Eroberer Roms, zu beseitigen und selbst die Früchte des Sieges zu genießen.«

»Und ihr meint, Athawulfs Tod war eine Rache der Familie oder gar seiner ersten Frau?« fragte Attila interessiert.

»Es ist erwiesen, daß der schöne König der Westgoten nachts in einem Pferdestall in Barcino ermordet wurde. Und es waren keine Römer ...«

»Und was passiert jetzt mit Galla Placidia?« fragte Attila.

»Sie wird an ihren Bruder ausgeliefert.«

»Was? Einfach gebraucht, nutzlos geworden und zurückgegeben? Die Königin der Westgoten?«

»Die zweite Ehefrau eines toten Königs«, berichtigten die Händler. »Vergiß nicht, daß Athawulf Christ war ... ein abtrünniger Arianer zwar, aber Christ. Und da könnte ein weiteres Motiv für seinen gewaltsamen Tod liegen, denn nach den Vorstellungen der Christen war Athawulf immer noch mit der ebenfalls christlichen Schwester von Alarich verheiratet.«

Attila brummte, dann sagte er: »Trotzdem hätte ich sie an Stelle der Goten nicht einfach laufen lassen ...«

»Das haben sie auch nicht«, lachten die Händler. »Es heißt, sie fordern von Ravenna über fünfzehn Millionen Pfund Getreide für die Prinzessin. Es heißt auch, daß der Kaiser das Korn als Lösegeld bezahlen will. Angeblich will er sie danach damit bestrafen, daß sie seinen verdienten Oberbefehlshaber heiraten muß.«

»Diesen Constantius?«

»Ja, ein Legionär bis auf die Knochen, häßlich dazu, mit einem viel zu langen Hals – aber ein guter und fähiger Mann.«

»Und die Westgoten?«

»Sie wurden durch Constantius in aller Schärfe daran erinnert, daß sie Verbündete des Imperiums sind. Der neunundzwanzigjährige Vallia war gerade zum Nachfolger Athawulfs ernannt geworden. Der tatendurstige König wollte eigentlich die Provinz Africa mit ihren Kornreserven erobern. Doch Ravenna befahl ihm, die Germanen und Alanen in der Provinz Hispania zu schlagen und sich anschließend sofort wieder über die Pyrenäen in die zugewiesenen Landstriche in Aquitanien zurückzuziehen. Er muß gehorchen, wenn er nicht alles aufs Spiel setzen will. Aber das beste Argument gegen das warme, angenehme Leben in Hispanien werden die Getreideschiffe sein.«

»Das denke ich auch«, lachte Attila. »Auf diese Weise bekommen sie wieder Beute, ohne zu pflügen und zu säen ...«

»Und wenn sie sich erst einmal als offiziell anerkannte Föderaten an das Imperium verkauft haben, gibt es das Korn für die Saat sogar regelmäßig!«

Es kam, wie die Händler längst berichtet hatten: Am 1. Januar des Jahres 417 nach der christlichen Zeitrechnung mußte Galla Placidia den häßlichen, nicht mehr jungen Feldherrn Constantius heiraten. Der Überfall der Westgoten markierte gleichzeitig das Ende der Alanen, jenes Reitervolkes im äußersten Westen des Reiches, das vor fast zwei Generationen nördlich des Schwarzen Meeres den ersten Ansturm der Hunnen aufgefangen und sich mit ihnen verbündet hatte, bevor es dann nach Westen weitergezogen war.

Nachdem alle Bedingungen des Imperiums erfüllt waren, erhielt der König der Westgoten sogar die Erlaubnis, das erste selbständige Germanenreich auf römischem Boden zu errichten. Tolosa wurde seine Hauptstadt. »Und dafür haben sie nun ein halbes Jahrtausend gekämpft und gelitten,« sagte Attila an dem Abend, an dem sie in großer Runde im Königszelt davon erfuhren. Die Nachricht kam von einer Gruppe landlos gewordener Gallier, die als Spaßmacher und tanzende Akrobaten mit einem Zwerg von Lager zu Lager zogen.

»Caesar hat uns nur erobert und zu dienstbaren Bäckern des weißen Brotes gemacht«, witzelte der Anführer der Gaukler.

»Wir springen seit einem halben Jahrtausend, als ihre Haussklaven, Gärtner und Dienstboten.«

Der Zwerg reagierte sofort. Er sprang wie ein Ball hoch, zeigte einen komischen Überschlag und sprang breitbeinig zwischen Attila und die Bohlenplatte, an der König Mundschuk mit seinen engsten Beratern trank und tafelte. Doch Attila ließ sich nicht beirren. Er sprach einfach laut weiter. Gleichzeitig erkannte er, daß ihm kaum einer der Anführer und Könige vieler Völker und Stämme zuhörte. Sie wollten nicht wissen, was die frühere Geisel der Römer wie schon so oft zu mahnen hatte:

»Zu Hunderttausenden haben sich die Völker und Stämme der Germanen in unzähligen Kriegen und Schlachten für oder gegen Rom und oft auch untereinander erschlagen, gequält und verstümmelt. Seit den Kimbern und Teutonen hundert Jahre vor der Geburt des christlichen Gottessohnes haben sie sich wieder und wieder blutige Köpfe an den Grenzen des Imperiums geholt. Sie sind grölend für Rom gefallen, haben die Römer nachgeahmt, wo sie nur konnten, und kamen sich wie Helden und Götter vor, wenn sie die Rüstungen der Legionäre tragen oder gar römische Geldeintreiber und Speichellecker am Hof der Kaiser werden durften ...«

»Attila!« unterbrach König Mundschuk laut. »Mach mir den Wein meiner Gäste nicht sauer!«

Attila hob die Hand. Alles in ihm wehrte sich dagegen, immer nur über Pferde und Weiber, Waffen und Gold zu reden. Nie gab es am Hof seines Vaters etwas anderes als brünstiges und rohes Gelächter. Schon junge Männer knurrten sich an wie junge Hunde, fletschten aus schierer Lust am Kampf die Zähne, wenn sie ohne Grund Messer und Schwerter gegeneinander erhoben und auch noch lachten, wann immer sie sich schwere Verletzungen zufügten. Kaum zwei, die aneinander vorbeigehen konnten, ohne mit den Handflächen an ausgestreckten rechten Armen zusammenzuschlagen und sich dabei die Namen von irgendeiner der über hundert römischen

Provinzen zuzurufen. Das Spiel gewann derjenige, der mit drei Namen, die nicht die des anderen sein durften, die größte gemeinsame Fläche nannte. Sie beherrschten das Spiel, obwohl keiner von ihnen jemals eine Tunika und Sandalen getragen hatte.

Der König der östlichen Hunnen wandte sich erneut an Attila.

»Du denkst zuviel an die Römer!« sagte er tadelnd. »Aber wenn du dich als Rhetor fühlst, zieh unsere Gewandung aus und spiel den Narren so wie dieser Zwerg hier!«

Die Stille schlug noch härter zu als jede Peitsche.

Noch nie zuvor hatte sein Vater so deutlich ausgesprochen, wie sehr er seinen jüngsten Sohn verachtete. Er hatte viele Jahre dazu gebraucht, bis er seine ganze Abneigung und allen Abscheu gegen Attilas unhunnisches Benehmen in einen einzigen, sehr bösen Satz legen konnte. Jetzt war es zum ersten Mal geschehen: in aller Öffentlichkeit.

Attila holte tief Luft. Sein Vater lehnte ihn ab! Daß er mit Vandalen wie Geiserich und Gepiden wie Laudarich befreundet gewesen war, kam ebenso dazu wie seine Heirat mit Greka und sein jetzt fünfjähriger Sohn Ellac und der dreijährige Deng Tsik. Die anderen Söhne des Ostkönigs hatten weiterhin nur Töchter gezeugt.

Im gleichen Augenblick kreuzte sich sein Blick mit dem von Onkel Aijbars. Der Schamane spitzte die Lippen und blies Luft hindurch, ohne zu pfeifen. Trotzdem wußte Attila sofort, was Aijbars meinte. Er stand langsam auf, nahm sein Messer vom Tisch, säuberte es und steckte es in die Gürtelscheide.

»Wenn du erlaubst, werde ich dich morgen früh verlassen«, sagte er so beherrscht wie irgend möglich.

»Hört, hört, der Römer will zurück nach Rom!« rief König Mundschuk.

»Nein, nicht nach Rom, mein Vater! Auch nicht nach Ravenna!«

»Und? Darf man hören, wohin die Reise gehen soll? Etwa zu

unseren Ostgoten, die leider, leider zur Zeit keinen König haben?«

»Ja«, antwortete Attila. »Ich ziehe, wenn du erlaubst, in die Gegend von Chersonesos – weit genug, um dich und meine Brüder mit meinem Anblick nicht zu stören ...«

»Oh, nach Chersonesos willst du«, rief sein Vater und lachte rauh. »Ja, du hast recht, dort leben auch noch Goten. Von mir aus kannst du zum Schwarzen Meer reiten! Aber ich warne dich, dort leben keine Römer, sondern Griechen ... und die bellen selbst schon lange für das *Imperium Romanum* ...«

Ein donnerndes Gelächter füllte die große Königsyurte. Doch Attila blieb völlig ruhig. Wie oft in den vergangenen Jahren hatte er den Mund gehalten? Wie oft war er als Jüngster aufgezogen und gedemütigt worden? Wie oft hatten sie sich von ihm abgewandt wie von einem Aussätzigen und Seuchenkranken? Manchmal, wenn er noch wach neben Greka gelegen hatte und nur ihr Atmen und das der Kinder in der Nacht zu hören gewesen war, hatte er sich gefragt, ob es anderen ebenso erging wie ihm – ob Geiserich von seinem Volk verachtet wurde, weil er bei der Eroberung Roms dabeigewesen war ... oder Aetius, der Adelige aus feinem Haus. In Aquileia hatte er gesagt, daß es in Rom gleichgültig sei, aus welcher Provinz jemand stammte. Wichtig war nur, daß er beweisen konnte, ein *civis* – ein Bürger Roms zu sein.

Trotzdem mußte auch an Aetius etwas von seinem Aufenthalt bei den Steppenreitern aus dem Osten hängengeblieben sein. Attila wußte genau, was sein Vater und die anderen meinten. Auch ein Aetius konnte sich tagelang in Thermen baden und seinen Körper mit feinsten Düften oder Ölen salben – er wurde den Geruch des Hunnen niemals wieder los. Die Erinnerungen an die Zeit als Geisel waren bei beiden viel tiefer eingebrannt als alle Stammeszeichen bei den Herden.

Die beiden folgenden Jahre wurden für Attila und seine junge Familie die schönsten ihres Lebens. Sie lebten von dem

Beuteanteil, den Attila aus Rom noch besaß, westlich der alten griechischen Handelsstadt Chersonesos zwischen reisenden Händlern, Kriegern aus aller Herren Länder, Gestrauchelten und den vielen Verlorenen, deren Vorfahren zurückgeblieben waren, als ihre Völker und Stämme nach Westen aufgebrochen waren.

Obwohl er anfänglich nicht wollte, hatte Ostkönig Mundschuk schließlich doch noch zugestimmt, als ihm Attila und der Schamane ihren abenteuerlichen Plan vortrugen. Attila wurde offiziell zum Sonderbeauftragten und Statthalter des Hunnenkönigs an der Nordküste des Schwarzen Meeres erklärt. Mit seinen Vollmachten sollte er kleinere Tribute der Vasallenvölker annehmen, Gold-Solidos und andere Münzen sowie Waffen aus dem Norden und Osten und Luxusgüter einkaufen, die über den Hafen von Chersonesos in das ehemalige Gebiet der Kimmerier, Skythen, Griechen und schließlich Goten, Alanen und Hunnen gelangten.

So stellte er sich auch beim Präfekten der Stadt, bei der Versammlung ansässiger und reisender Kaufleute, auf dem Markt der Händler, im Hafen und beim obersten Priester der christlichen Gemeinde vor. Bischof Asklepiades war es auch, der ihn mehrmals einlud, um mit ihm über seinen Gott und die Welt der Hunnen zu sprechen.

Obwohl Attila sehr vorsichtig blieb, erzählte er dem praktisch veranlagten, weißbärtigen Oberhirten, was er in Rom gesehen hatte. Als Gegenleistung weihte der bestens informierte Asklepiades den jungen Hunnenfürsten in die komplizierten Verbindungen und gegenseitigen Toleranzen ein, die das Zusammenleben von Menschen unterschiedlichster Herkunft, Rasse und Religion überhaupt erst möglich machten.

Chersonesos war der einzige Platz an der Westküste der großen Halbinsel im Norden des Schwarzen Meeres, der noch unter oströmischer Herrschaft stand. Trotz aller Kriege und Streitigkeiten weiter im Westen war hier eine Zone des freien Handels entstanden. Attila liebte diesen Platz vor den Küstenbergen. Tagsüber wehte fast immer steter Wind vom Schwarzen Meer her an der Küste entlang. Und wenn ihm danach war, stieg er einfach aufs Pferd, nahm ein paar Mann mit und erreichte einen Tag später bereits den anderen Ozean – jenen aus Gras, der sich Tausende von Meilen bis zu den Weidegründen seiner Vorfahren hinzog.

Die große Insel, auf der er für zwei Jahre lebte, war nur durch einen natürlichen Damm und einige flache, sandige Landzungen zwischen salzigen Lagunen mit dem riesigen Land verbunden, von dem die Goten noch immer behaupteten, daß es eigentlich ihnen gehörte.

Aber es waren mutige ionische Griechen gewesen, die schon vor Jahrtausenden nach wochenlangen und gefahrvollen Reisen die waldigen Uferhänge erreicht hatten, hier bei den Skythen ihre Stützpunkte errichtet und dann gekauft und verkauft, gebaut und Handel getrieben hatten, bis die Sarmaten aus dem Osten und nach ihnen die Goten von Norden her gekommen waren.

Von allen Völkern, die je über die endlose Weite gezogen waren, interessierten die Skythen Attila am meisten. Sie stammten im weitesten Sinn aus der gleichen östlichen Ferne wie die Hunnen. Sie hatten ebenso wie ihre Nachfolger in kleinen, kampfstarken Reitergruppen gelebt, aber sie hatten nichts dagegen gehabt, auch einmal zu siedeln. Im Gegensatz zu den Sarmaten, die sogar in griechische Familien eingeheiratet hatten, waren sie aber meist außerhalb der Städte geblieben.

Dennoch wurde noch immer von ihren mächtigen Königen erzählt, die noch vor den Goten ein riesiges Reich beherrscht hatten. Zu ihren Kriegslisten hatte es gehört, griechischen Kaufleuten – aber auch ihren eigenen Männern – Geld zu verschaffen, indem sie es einsammeln ließen, den doppelten Wert in die Münzen schlagen ließen und dann nach dem Abzug der Kosten gerecht teilten: Wer gegeben hatte, bekam den gleichen Nennwert und ein paar Prozent mehr zurück. Auf diese einfache, aber wirksame Art war es dazu gekommen, daß die Schatzkisten der legendären frühen Könige überquollen, und niemand hatte daran Anstoß genommen ...

Inzwischen waren mehr als sieben Jahrhunderte seit ihrer Blüte auf der Halbinsel und in den Ebenen nördlich des Schwarzen Meeres vergangen. Und immer noch gab es überall Spuren von ihnen. Manchmal tauchte an den mächtigen Grabhügeln aus längst vergangenen Zeiten über Nacht ein neues, gepfähltes Pferd auf, das schnell zum ausgebleichten, vom Steppenwind weißgeschliffenen Gerippe wurde. Nur wenige wußten, was diese geheimnisvollen Opferzeichen bedeuteten, denn König Rheskuporis IV., der letzte des Reiches, war wenige Jahre vor dem Entschluß der Hunnen, weiter nach Westen zu reiten, gestorben. Von seinen Nachfolgern hatte keiner mehr einen Namen getragen, der einen weitreichenden Klang besaß.

Das Reich der vielen unterschiedlichen Gebräuche und Kulturen, das sich im Lauf seiner Geschichte immer wieder angepaßt, verändert, mit anderen vermischt und nie feste Grenzen gehabt hatte, existierte nicht mehr. Seine letzte, ganz große Leistung war die Aufnahme der kriegerischen und wilden blonden Goten aus *Scantinavia* gewesen. Sie waren aufgesogen, eingeatmet und besänftigt worden, nachdem sie zuerst fürchterlich geplündert und gehaust, die reichen Handelsstädte Olbia und Taneis verbrannt und jeden Mann erschlagen hatten, der etwas Schmuck an seiner Kleidung oder eine andere Frisur als sie selber trug.

Danach war dieses kluge alte Reich nordöstlich des Schwarzen Meeres das erste, das nicht gekämpft, sondern ganz einfach aufgehört und sich selbst aufgegeben hatte, als die neuen, schnellen Reiter aus dem Osten bis zum *Maeotis Palus*, dem Maiotischen Sumpfmeer gekommen waren ...

Attila brauchte nicht lange, um herauszufinden, was nicht einmal die einfachen Schamanen der Gegend wußten. Er begann, selbst Pferdeopfer an den wichtigsten Kurganen zu bringen. Nur ein paar Männer, die schon mit ihm durch die Straßen

Roms geprescht waren, wurden Stück für Stück in seine Pläne eingeweiht.

Es dauerte nicht lange, und der hunnische Königssohn erhielt fast jeden Tag und manchmal auch bei Nacht heimlichen Besuch. Manche der Männer kamen direkt von Bischof Asklepiades – so lange jedenfalls, bis ein Verbot aus Konstantinopel an die Bürger von Chersonesos erging. Der Stil der kaiserlichen Order war hochtrabend und umständlich. Aber den Inhalt verstanden selbst die Goten und Griechen, die als Handwerker seit geraumer Zeit sehr gut für das bezahlt wurden, was andere längst vergessen hatten ...

»Wie kommt der Kaiser Theodosios auf die Idee, daß Goten für dich Schiffe bauen?« fragte Greka einige Abende später. Sie hatte bei den anderen Yurten davon gehört.

»Ich will dich nicht in Sachen ziehen, die dich nur belasten würden«, sagte er ihr. Es war das erste Mal, daß er nicht alles mit ihr beredet und bewertet hatte.

»Was hast du vor?« fragte sie ruhig und ohne Vorwürfe. Sie hatte längst bemerkt, daß er sich in ihrem fast erzwungenen Exil immer mehr in Pläne verbiß, die nur sehr wenig mit seinen offiziellen Aufgaben zu tun hatten. An manchen Abenden hatte ein halbes Dutzend Männer, die sie einfach nicht einschätzen oder zuordnen konnte, mit ihm draußen am Feuer gesessen. Es waren junge, kräftige Männer aus dem Hafen dabeigewesen, dann wieder kahlköpfige griechische Schreiber, aber auch Goten, die nie in einer Stadt gelebt hatten und bei denen die Axt Werkzeug und Waffe zugleich war. Auch Dogan war eines Tages gekommen.

Zu den Dauergästen gehörten schließlich auch ein paar scheue Männer mit weichen, spitzen Filzmützen, breiten Filzstiefeln, umgürteten Hemdkitteln und Bärten, die ihnen wie dem Bischof bis auf die Brust hinabreichten. Greka hatte sie zuerst für Hunnen gehalten, aber dann sah sie, daß die Augen der Männer größer und runder waren als bei Attila und den

Kriegern, die zu ihrem Schutz mit ihnen gezogen waren. Trotzdem erkannte sie schnell, daß es gerade diese Männer waren, zu denen Attila stets höflich und zuvorkommend blieb. Und eines Abends schien sich die wochenlange Mühe gelohnt zu haben.

Er streckte seine geschlossene Hand aus und sagte: »Rate, was ich hier für dich habe!«

»Einen Schlüssel zu deinen vielen Geheimnissen?« fragte sie. Er schüttelte den Kopf und lachte.

»Parfümfläschchen?« riet sie weiter. »Oder einen Solido mit einem Kaiserkopf, den wir noch nicht kennen?«

Er drehte seine Hand um und öffnete sie ganz langsam. Greka sah die goldene Kette und stieß einen überraschten Schrei aus.

»Eine Skythenkette!«

»Ja«, antwortete er. »Die schönste, die ich für dich kaufen konnte!«

Sie nahm den feinstens ziselierten und wie von zaubernden Fingern gearbeiteten Schmuck. Auch Greka wußte, welchen Wert das Armband mit den kleinen Löwenköpfen und winzigen Tannenzapfen an noch zarteren Kettengliedern besaß.

»Wo hast du das her?« fragte sie mit leuchtenden Augen. »Das kann man doch schon lange nicht mehr kaufen!«

Er umarmte und küßte sie. Dann warf er seinen kurzen Reitmantel ab und setzte sich zu ihr ans Feuer vor seiner weißen Yurte.

»Wo sind die Kinder?« fragte er.

»Drüben bei Dogans Frau«, sagte sie und deutete auf eine der anderen Yurten, die alle auf Steinwurfweite voneinander entfernt standen. Auch hier blieben die Hunnen im Gegensatz zu vielen anderen, die rund um die alte Griechenstadt lagerten und lebten, bei ihrem gewohnten Abstand untereinander. Greka wäre gern ein bißchen dichter an andere Yurten, Zelte oder Wagen gezogen, aber sie respektierte die Lebensweise jenes Volkes, zu dem sie jetzt gehörte.

»Wir bekommen alle Pläne«, sagte Attila schließlich. »Nicht

nur für Kriegsschiffe, wie sie heute an allen Küsten fahren, sondern auch für die früheren Galeeren und Trieren!«

Sie reichte ihm einen Becher mit Wein. Er trank, dann rutschte er von seinem Sattel, legte sich auf das Bodenfell und lehnte sich mit dem Rücken gegen den Sattel.

»War es das, was dich die ganzen Wochen beschäftigt hat?« fragte sie. Unwillkürlich sah er sich um. Die nächsten Menschen, die etwas hören konnten, hantierten mehr als hundert Schritt entfernt vor ihren Yurten. Er hörte ihr Gelächter, sah die Rauchfäden ihrer Feuer in den dunkelblauen Abendhimmel steigen und blickte in das grün, hellblau und rot gestreifte Licht des Westhimmels nach einem Sonnenuntergang, wie er nur über einem großen Meer wie diesem zu sehen war.

»Erinnerst du dich noch an die Tage von Ravenna?« fragte er. Sie sah ihn an und lächelte.

»Sie waren wunderschön«, sagte sie leise. »Bis auf die fürchterliche Ungewißheit nach jener Nacht am Strand.«

»Schiffe – sie hatten Schiffe ... die Sarmatinnen, dann Aetius ...«

»Was meinst du damit?«

»Daß wir Hunnen niemals Schiffe hatten.«

»Wozu auch?« fragte sie und lachte. »Ihr lebt wie wir auf Planwagen und Pferderücken. »Na gut, ich gebe zu, daß wir auch Häuser bauen – aber doch keine Schiffe!«

»Genau den Denkfehler habe ich auch sehr lange gemacht«, antwortete Attila. »Ihr seid auf Schiffe gestiegen, als ihr eure Heimat verlassen mußtet. Auf Schiffen kamen sogar die Vandalen und Burgunden zur Insel Burgundarholm, in den Weichselfluß und wahrscheinlich auch die großen Ströme hinauf bis an das Meer hier.«

»Wo denkst du hin!« widersprach sie lachend. »Wie willst du Zigtausende von Menschen in Schiffen über Flüsse oder Meere bringen?«

»Die Angeln, Sachsen und Jüten sind mit Schiffen in Britannien eingefallen. Davor ist Hellas auf Schiffen groß und reich geworden. Und selbst Rom war früher eine Seemacht.«

»Ich weiß mal wieder nicht, was du in deinem hohen Kopf bewegst«, sagte sie lachend. »Aber ich kann mir nun mal keine Steppenreiter und keinen Hunnenfürsten Attila dicht an dicht zusammengepfercht bei Windstille in einem Segelschiff vorstellen ...«

»Wer spricht von Seglern?« grinste Attila.

»Nicht?«

»Nein!« sagte er und richtete sich kraftvoll auf. »Ich habe mir die alten, längst vergessenen Pläne der Trieren wiederbeschafft. Kampfruderer, verstehst du ... drei Großhände von Ruderern und eine Großhand zum Entern fremder Schiffe ... genauso, wie die Griechen schon vor neunhundert Jahren mit dreihundertachtzig Galeeren gegen die dreifache Übermacht von Persiens Großkönig Xerxes triumphiert haben!«

Er sprang auf und ging mit staksenden Schritten auf das Ufer des Meeres zu. »Bis hierher«, rief er dann, blieb stehen und drehte sich um. »Genau sechsunddreißig große Schritte ...« Er stakte sieben Schritte zur Seite, ehe er nochmals mit seinen Schritten stakend zurückging. »Und so breit ... größer waren die Trieren nicht ...«

»Was hat das alles zu bedeuten?« fragte sie kopfschüttelnd. Er setzte sich auf seinen Lieblingssattel.

»Kein Mensch weiß mehr, wie man Trieren baut ... die schnellsten Kampfmaschinen, die es jemals im Wasser der Meere gegeben hat ... sie griffen genauso an wie eine Sturmfaust Hunnen auf ihren Pferden ... zugleich mit schnellster Präzision auf den Feind zu ... dann rammen oder mitten in seine Ruder auf einer Seite ...«

»Was soll daran genauso sein wie bei euch?« fragte Greka. »Ihr schießt doch Pfeilwolken ab ...«

»Ja, aber die Trieren waren genauso wendig wie wir auf den Pferden. Diese Schiffe konnten fast auf der Stelle in weniger als einer Minute drehen ... dann zurück mit aller Kraft ... wieder drehen ... von einer anderen Flanke angreifen ... und zustoßen!«

Greka trat unwillkürlich ein paar Schritte zurück.

»So kenne ich dich überhaupt nicht!«

»Du hast mich bisher auch nur friedlich gesehen!« sagte er mit einem breiten, fast jungenhaften Lachen. »Es dauert lange, bis etwas bei mir reif wird, aber dann um so mehr ...«

Sie lächelte versonnen.

»Und du willst also Galeeren bauen, während sich deine Brüder bei den Sassaniden Gold und reiche Beute holen«, sagte sie schließlich. Attila grinste nur und hob die Schultern.

»Mit ein paar Dutzend Galeeren könnten wir die Imperien nicht nur zu Lande, sondern auch zu Wasser melken!«

»Wie soll das jetzt noch möglich sein«, fragte sie mit einem tiefen, liebevollen Seufzer. »Es heißt doch, Kaiser Theodosios der Zweite hat die Todesstrafe für alle vorgeschrieben, die für dich Schiffe bauen!«

»Bisher hat Gold alle Lecks abgedichtet«, sagte Attila. »Aber jetzt muß Bischof Asklepiades seinen Teil unserer Vereinbarung erfüllen!«

»Du hast mit diesem Bischof einen Pakt geschlossen?« fragte Greka ungläubig. Attila hob die Schultern und lachte.

»Warum denn nicht? Er ist ein Mann, mit dem sich besser reden läßt als mit dem Präfekt und allen Römern oder Griechen hier! Er wollte nicht mal Gold dafür; statt dessen will er alle bei uns, die keine Hunnen sind, nach seinem Glauben taufen!«

»Das hast du ihm erlaubt?«

»Bin ich Kaiser von Rom, der so etwas verbietet?« lachte Attila noch mehr. »Bei uns kann jeder glauben, was er will. Wir töten keinen Menschen, weil seine Götter andere Namen haben als die unseren!«

»Und was tut er dafür? Ich meine diesen Bischof ...«

»Er muß jetzt Briefe an den Kaiser schreiben und solange um Gnade und Vergebung bitten, bis wir alles über den Schiffbau wissen, was wir benötigen und brauchen!«

»Du läßt weiterbauen – auch mit dem Risiko der Todesstrafe für die Männer?«

»Sie sind Verräter!« antwortete Attila. »Aber sie wissen es und nehmen Gold dafür!«

»Und wenn Konstantinopel davon erfährt?«

»Ich finde diese Skythenkette sehr schön an dir«, sagte er verschmitzt.

Die ersten Probefahrten mit einem kleineren Schiff ließ Attila auf der Ostseite der Halbinsel durchführen. Hier, mehr als hundert Meilen nordöstlich von Chersonesos erstreckte sich das sumpfige Nebenmeer des *Pontos Euxeinos*. Wie für alle Hunnen hatte das Maiotische Sumpfmeer auch für Attila eine ganz besondere Bedeutung. Zu lange lebten sie schon weit im Westen zwischen den Karpatenketten und der Donaumündung.

Bevor sie kamen, war der gewaltige Tanais als Zufluß zum Maiotischen Sumpfmeer wie eine natürliche Barriere für sie gewesen. Doch dann, als ihnen nicht einmal gute Geister und das Können der Schamanen noch Pfade durch die Weglosigkeit gewiesen hatten, war eines Tages eine weiße Hirschkuh erschienen und hatte ihnen gezeigt, wie sie mit vorsichtigen Schritten und dann sogar mit ihren Pferden und allen Yurtenwagen durch die sumpfigen Stellen in der Mündung des riesigen Stromes gelangen konnten ...

Auch vier weitere große Ströme und ungezählte kleinere hatten ihren Ritt auf das *Imperium Romanum* dann nicht mehr aufhalten können. Weder *Borysthenes* (oder Danaper, wie die Römer ihn nannten) und *Hypanis*, in deren Mündungsbereich die Stadt Olbia gelegen hatte, noch *Tyras-Danaster* und *Pyretus* oder gar die weitverzweigten Mündungsarme der Donau waren größere Barrieren gewesen als das Sumpfmeer. Aber von hier aus waren die ersten bösartigen Berichte aus den Häfen der einstmals so stolzen Städte über das Meer bis nach Byzanz gelangt.

Händler und Seeleute hatten von neuen Reiterstürmen, neuen Bränden und neuem Blutvergießen erzählt. Jeder Händler beeilte sich, noch größere Verluste zu melden. In den Erzählungen der Seeleute und Legionäre vervielfachte sich die Zahl der Toten, die es beim ersten Hunnensturm gegeben hatte. Und wer selbst nichts gesehen hatte, vermischte einfach alles, was in Jahrhunderten an den Küsten des *Pontus* vorgefallen war. Es war, als hätte keine Wahrheit ausgereicht, um sie in den Palästen von Konstantinopel nicht noch blutiger und grausamer auszumalen.

Als die Herbststürme die Wellen im Schwarzen Meer immer höher auftürmten, wurde die Ausbildung der Seeleute im seichteren Maiotischen Sumpfmeer ebenfalls schwieriger. Attila selbst war beinahe täglich bei den Schiffen. Die Flotte wuchs und umfaßte bereits zehn Galeeren. Inzwischen arbeiteten über tausend Männer und kräftige Jungen auf der Werft des Hunnenfürsten.

Doch dann, an einem kalten, stürmischen Novembertag, schickte der Bischof von Chersonesos dem jüngsten Sohn von Ostkönig Mundschuk einen Boten mit einer kurz gehaltenen Einladung. Attila las den lateinisch geschriebenen Brief selbst. Ganz unten, am Rand des Pergaments entdeckte er ein paar Zeichen, die für viele andere wie Vogelsilhouetten und ihre Spuren ausgesehen hätten. Nicht so für Attila.

Er erkannte die Tamgas sofort. Für einen Augenblick wunderte er sich darüber, daß ein Grieche, ein Oströmer, ein christlicher Bischof die alten magischen Bildzeichen kannte. Sie erinnerten entfernt an chinesische Schriftzeichen, waren aber allesamt Bilder und keine Zeichen. Aijbars hatte ihn gelehrt, die Vogelschrift zu lesen. Obwohl jedermann glaubte, daß die Hunnen keine Schrift besaßen, gab es für Eingeweihte schon immer die *Tamgas, die Sprache der Vögel* ...

Am gleichen Abend, als Attila, nur von einer Handvoll Getreuer begleitet, die fischreiche und gute cena hinter sich hatte, standen die beiden ungleichen Männer auf und gingen in die Privatkapelle des Bischofs.

»Ihr müßt aufhören«, sagte Asklepiades. »Selbst wenn ich wollte, könnte ich nichts mehr für euch tun!«

»Was ist geschehen?«

»Du kennst meine Briefe, die ich nach Konstantinopel geschickt habe«, antwortete der Bischof von Chersonesos. »Ich habe wörtlich darum gebeten, all jenen, die euch die Kunst des Schiffbaus verraten und euch geholfen haben, die Strafe zu erlassen. Ich weiß selbst nicht, warum – aber der Hof in Konstantinopel hat mein Bitten erhört ...«

Attila wirbelte herum.

»Wir können weitermachen?«

»Nein«, sagte der Bischof und hob das kaiserliche Pergament aus Konstantinopel. »Wir verfügen aber – so schließt dieses Edikt –, daß diese Männer oder andere, wenn sie irgend etwas Ähnliches in Zukunft tun sollten, ohne Gnade sind und mit dem Tode bestraft werden.«

»Steht noch mehr in den kaiserlichen Anordnungen?« fragte Attila.

»Ja«, antwortete der Bischof. Er räusperte sich. Zum ersten Mal sah Attila ihn unsicher. »Ab sofort darf kein Schiff, das mit irgendeiner Stadt im östlichen Imperium Handel treiben will, zu den Küsten oder Häfen fahren, die von euch kontrolliert werden ...«

»Völliger Unsinn!« schnaubte Attila sofort. »Erstens kann kein Herrscher der Welt sämtliche Küsten bei Tag und Nacht überwachen lassen. Und zum anderen schneiden sich die kaiserlichen Eunuchen ins eigene Fleisch, wenn sie bei den Händlern und Seefahrern nicht mehr die Hand aufhalten können!«

»Das mag alles richtig sein«, erwiderte der Bischof. »Aber ihr bekommt jetzt keine Waren mehr, die euch inzwischen lieb und teuer geworden sind ...«

»Meinst du wirklich, daß wir uns von irgendwelchen Vorschriften oder Gesetzen Roms abschrecken oder zügeln lassen?«

»Nein«, sagte der Bischof mit einem fast verschwörerischen Grinsen. »Ich weiß es, du weißt es, aber die Römer wissen nicht, daß ihr euch immer holen werdet, was ihr haben wollt – und wenn ihr dabei sämtliche Grenzprovinzen plündern müßtet!«

»Du bist ein kluger Hirte, Bischof!« sagte Attila. »Vielleicht solltest du für Konstantinopel oder Ravenna der Schamane werden!«

Trotz des kaiserlichen Verbots arbeiteten viele Männer aus Chersonesos und den kleineren Häfen an der Nordküste des Schwarzen Meeres weiter für den jungen Hunnenfürsten. Zusammen mit Mutigen, die sich weder vor dem Präfekten der letzten römischen Kolonie in dieser Nordostecke des *Imperium Romanum* noch vor seinen Häschern fürchteten, organisierte Attila einen schwunghaften Handel im Maiotischen Meer und den breiten Tanais hinauf. Seine Segler wurden an den Ausläufern der Kaukasussperre ebenso gesichtet wie in den östlichen Küstenregionen des Schwarzen Meeres. Sogar griechische und römische Händler ließen schließlich viel Gold dafür springen, daß sie von gotischen Ruderern auf den hunnischen Kaperschiffen bis an die Stellen gebracht wurden, von denen sie auf dem Landweg an den Ostgrenzen des Imperiums zu den Quellen von Euphrat und Tigris, nach Armenien und weiter nach Persien ziehen konnten.

Attila war so sehr mit dem Aufbau seiner Flotte beschäftigt, daß er kaum Interesse zeigte, wenn ihm die neuesten Ereignisse aus dem Westen des Imperiums berichtet wurden. So nahm er auch kaum wahr, daß Galla Placidia im fernen Ravenna einen Sohn von Constantius bekommen hatte, der Valentinian III. genannt wurde.

Ein Jahr später, als Attila seinen fünfundzwanzigsten Winter erlebt hatte, hieß es, daß sich irgendwo in der Provinz *Belgica* Germanenstämme unter dem Namen *Franken* oder die *Frechen* zusammengeschlossen hatten. Unter ihrem Anführer Chlodio stießen die Salischen Franken angeblich unaufhaltsam durch Gallien vor.

All das beschäftigte Attila ebensowenig wie die übrigen Hunnen zwischen dem Maiotischen Sumpfmeer und dem Donaulimes. Erst als die Berichte von zwei weiteren Ereignissen die Runde machten, beschloß Attila, seine Schiffe aus den beiden Meeren abzuziehen und bis zur Donaumündung zu schikken. Mitte September erließ Kaiser Theodosios II. ein neues, noch schärferes Seehandelsverbot mit den Hunnen.

Attila bestieg selbst mit seiner Familie einen Lasten-Segler der Dromon-Klasse. Obwohl der Bau seiner Schiffe Unsummen verschlungen hatte, kehrte er mit mehr Gold an die Donau zurück, als er mitgenommen hatte. Trotz aller Verbote aus Konstantinopel hatte der Schiffshandel mit Wolle und Pelzen, Schmuck und fein geschmiedeten Gotenwaffen nur einen Bruchteil der Menschenleben gekostet, die bei jedem Raubzug zu Pferd einkalkuliert werden mußten.

Attila wußte, daß er kein Händler war und niemals einer werden würde. Aber er fand, daß sein zweites Exil ebenso wichtig für ihn selbst gewesen war wie das Jahr in Ravenna und Rom. Nur einen Nachteil hatte die Rückreise über das Meer: erst als sie das weitverzweigte, tückische und unbesiedelte Donaudelta hinter sich gelassen hatten und für die erste Nacht am Nordufer anlegten, erfuhr er, daß seine Onkel und Brüder bereits auf ihren schnellen Pferden an ihnen vorbeigezogen waren.

»Sie haben ungeheuer viel Beute mitgebracht!« hörte er sofort. »In ganz Persien gibt es keine sassanidischen Goldschmiedearbeiten mehr ... auf Packpferden, Mulis und Wagen, die nachkommen, haben sie ihre Ernte aus fünf Jahren Krieg verstaut ... und schon jetzt haben deine Onkel und Brüder Unmengen sassanidischer, kuschanischer, baktrischer und indischer Goldmünzen bei sich ...«

An diesem Tag erkannte Attila, daß der Bau von Schiffen nicht das erfüllte, was er sich erhofft hatte: ausreichend Beute, aber ohne Krieg. »Steckt sie in Brand!« befahl er. »Ich will die Flammen lodern sehen, ehe versinkt, was nur ein Traum gewesen ist!«

Mit versteinertem Gesicht blieb er an Land stehen. Drei Tage lang durfte ihn niemand ansprechen. Es war, als hätte er erst jetzt verstanden, daß er ein Hunne war und für alle Zeiten bleiben würde.

15. Flucht einer Kaiserin

Es sollte weitere fünf Jahre dauern, bis Attila endlich die Gelegenheit erhielt, den Beutetriumph seiner Onkel und Brüder zu überbieten. Aber anders als jene zog er mit sechzigtausend Mann in einen Kampf – und kehrte reichbeladen mit ebenso vielen zurück, ohne daß auch nur ein Pfeil abgeschossen worden war ...

Die Vorgeschichte dieses unglaublichen Erfolges hatte bereits mit der Versenkung von Attilas kleiner Flotte an jener Stelle begonnen, an der die Donau ihre Wasser aus dem halben Kontinent ins Schwarze Meer entließ.

Es war sehr hart für ihn gewesen, ohne die sichtbaren Beweise seiner Arbeit in Chersonesos und am Maiotischen Sumpfmeer ins Lager seines Vaters und seiner Onkel zurückzukehren. Ruga, Oktar und seine Brüder hatten gleich am Donaulimes entlang und dann durch die Karpaten bis in die pannonische Tiefebene weiterziehen wollen.

Es war der plötzliche Tod von Ostkönig Mundschuk, der die aus Persien zurückkehrenden Krieger so lange aufhielt, bis Mundschuk begraben war und die Wagen mit der Sassanidenbeute nachgekommen waren. Eigentlich wäre es einfach gewesen, schon in diesem Jahr einen neuen Ostkönig oder sogar einen Großkönig zu wählen. Dennoch vereinbarten die Krieger, noch zu warten, bis Oktar zum östlichen und Ruga zum westlichen Herrscher der Hunnen ernannt wurde.

Es dauerte zwei Jahre, ehe auch die verstreuten und auf Beutezügen irgendwo im Norden reitenden Stämme und Hilfsvölker befragt und auf die Brüder eingeschworen waren. In der Zwischenzeit nutzten die Kernstämme der Hunnen einen Fehler Ostroms und plünderten ganz Thrakien. Den Anlaß für den Einfall in die oströmischen Provinzen hatte Byzanz selbst geliefert.

Die Berater von Kaiser Theodosios II. hatten geglaubt, leichtes Spiel mit ihren östlichen Feinden zu haben, nachdem die Hunnen das Großreich der Sassaniden verlassen hatten. Ihr Fehler bestand wie so häufig darin, daß sie noch immer nicht verstanden hatten, was die Hunnen eigentlich wollten und wie sie kämpften und Beute machten.

Ostrom dachte in politischen, strategischen und taktischen Kategorien, die tausend Jahre lang Erfolg, Sieg und Ruhm des Imperiums garantiert hatten. Wenn sie von »Eroberung« sprachen, meinten sie Völker, Städte und Menschen. Vorräte, Gold und Juwelen waren ebenfalls wichtig, aber der Sieg zielte auf die Besiegten und nicht zuerst auf ihr Eigentum.

Den Hunnen war es gleichgültig, ob Beutegold aus Kirchen oder Palästen, von Kaisern oder Kaufleuten stammte. Sie waren nicht einmal daran interessiert, ob Mauern brachen, Brücken einstürzten oder Häuser brannten, ob Menschen starben, weil sie ihre gesammelten Werte zu fest an sich preßten, oder überlebten, weil sie sie rechtzeitig aufgaben. Für die Hunnen zählte die Ernte jedes Raubzuges und sonst nichts. Genau das war es auch, was immer noch Furcht, Unverständnis und manchmal sogar Dankbarbeit unter allen Betroffenen auslöste. Wer nichts vom Blitzen in den Augen der Hunnen beim Angriff und von ihrer Freude über jedes schöne Beutestück wußte, konnte sie niemals verstehen.

Zu oft schon war überall im *Imperium Romanum* vergeblich darüber gesprochen worden, warum die Hunnen Zweikämpfe für sinnlos hielten, warum sie vorpreschten und sich sofort wieder zurückzogen, warum sie Männer, Frauen und Kinder verschonten, wenn weiter vorn noch eine Kirche sich hielt, warum sie kaum Gefangene machten und warum sie keinen Anspruch auf Regionen und Provinzen erhoben, die sie erobert und besiegt hatten. Niemand begriff es: Sie brauchten einfach keine Häuser und Mauern, Städte und Straßen. Sie waren nutzlos für sie und nicht mehr wert als die Felsen der Berge oder die Steine am Wegesrand ...

Bereits im Frühling des Jahres 421 nach der christlichen Rechnung, ein Jahr nach der Rückkehr von Attila und seinen Brüdern an die Donau griff Ostrom Persien an. Es ging um Armenien, und diesmal war nicht das Imperium auf eine Unterwerfung aus, sondern eine Frau.

»Langsam geraten die Kaiser beider Roms immer mehr ins Abseits!« sagte Attila eines Abends. Er sprach mit Greka über die beiden Frauen, die sich in Konstantinopel immer deutlicher nach vorn spielten.

»Da ist einmal Pulcheria, die Tochter von Arkadios und Schwester von Theodosios II.«, sagte Attila. »Sie müßte jetzt etwa dreiundzwanzig und längst versorgt sein.«

»Wie sollte sie?« warf Greka ein. »Sie hat doch ebenso wie ihre Schwestern Arkadia und Marina ewige Keuschheit gelobt ...«

»Ja, als sie vierzehn wurde«, lachte Attila. »Da war ich auch noch keusch!«

»Aber nicht mehr lange«, sagte Greka augenzwinkernd. »Außerdem werden Pulcheria inzwischen mindestens sieben Liebhaber nachgesagt.«

»Wie auch immer! Jedenfalls ist die ach so fromme Schwester von Theodosios seit sieben Jahren Augusta, also ebenfalls Kaiserin in Konstantinopel. Aber erst jetzt hat sie auch offiziell in die kaiserlichen Geschäfte eingegriffen ...«

»Indem sie ihrem Bruder eine Frau beschafft hat?«

»Na, überleg doch mal!« sagte Attila »Die neue Kaiserin soll die Tochter eines Rhetoriklehrers aus Athen sein und ursprünglich sogar Athenais geheißen haben.«

»Na und? Nach ihrer Taufe heißt sie jetzt eben Aelia Eudokia.«

»Ja, und sie übernahm sofort die Kontrolle über den weichlichen Theodosios. Das muß besonders bitter für seine Schwester Pulcheria gewesen sein! Überleg doch mal – bereits wenige Monate nach der Hochzeit griff die Ostarmee das persische Armenien an. So schnell hat Ostrom noch nie gehandelt ...«

»Bis auf die Edikte gegen deine Flotte!« sagte sie lächelnd. Er brummte nur. Die Niederlage und die Demütigungen in all den Jahren davor saßen immer noch sehr tief, aber er war inzwischen soweit, daß er darüber lachen konnte ...

Obwohl sie noch keinen neuen obersten Herrscher hatten, konnten die Hunnen einfach nicht anders, als sie hörten, wie viele Legionen und *auxiliae* Konstantinopel auf Eudokias Wunsch aus den Regionen südlich der Donau abgezogen hatte, um sie nach Osten in Marsch zu setzen. Die gerade erst ausgebauten Limescastelle an der Donau bildeten kein ernsthaftes Hindernis. Und – obwohl einige der Männer aus Fürst Bledas erfolggewohnten Sturmfäusten noch immer über die Flotte seines jüngeren Bruders tuschelten und grinsten, mußten sie zugeben, daß es nicht schlecht war, wenn einer ihrer obersten Anführer etwas davon verstand, wie Männer und Pferde, Wagen und Gerät mit viel weniger Problemen als sonst über Flüsse und Seen gesetzt werden konnten.

Fast nirgendwo brauchten sie mehr als eine Sturmfaust, um kleine Städte und Orte, Klöster und Latifundien von Großgrundbesitzern einzunehmen. Sie konnten sich soweit aufteilen, daß sie, ganz anders als die großen Heereseinheiten, bis in entlegene Gegenden Thrakiens vorstoßen konnten. Einige kamen sogar über die Thermopylen bis an die Strände der Ägäis und die Römerstraßen, die über Saloniki am Meer entlang bis nach Konstantinopel führten.

Irgendwann erfuhren Attila und die anderen, daß der weströmische Oberbefehlshaber, Galla Placidias zweiter Ehemann, als Constantius III. Mitkaiser in Ravenna geworden war. Galla Placidia selbst war ebenfalls zur Augusta erhoben worden. Es hieß auch, daß der häßliche, aber aufrechte General aus Naissos sich nie an Kriegsbeute bereichert habe. Und daß dieser im *Imperium Romanum* äußerst selten gewordene Vogel Galla Placidia zuliebe ungeheure Schulden gemacht hatte ...

»Das könnte unser Mann werden!« hatte Oktar sofort angedeutet. Doch Attila schüttelte nur den Kopf.

»Jeder andere – einschließlich Aetius –, aber nicht Constantius! Ein Legionärsroß wie den kann man nicht mehr in eine andere Gangart zwingen!«

Attila sollte recht behalten: Die Kaiser im Osten weigerten sich, die ohne ihre Zustimmung vorgenommene Ernennung anzuerkennen. Das erzürnte Constantius. Aber er hatte nicht die Möglichkeit, sich im Osten Genugtuung zu verschaffen. Er starb bereits im Herbst nach einer Regierungszeit von nur sieben Monaten.

»Wäre er am Leben geblieben, hätte er vielleicht sogar in Ostrom zugeschlagen«, meinte Attila, als sie abends beim Feuer saßen. »Mit Konstantinopel hätte er sich niemals ausgesöhnt.«

»Übrigens«, warf Oktar vergnügt ein. »Bei den Sassaniden gibt es auch einen wichtigen Yurtenwechsel ... Königs Jezdegherd ist nicht mehr. Sie haben seinen zweiten Sohn zum König gemacht.«

»Wie heißt er jetzt?« fragte Attila.

»Bahram der fünfte Gor.«

»Nicht schlecht«, grinste Attila. »Das klingt nach neuer Beute.«

Die Männer um ihn herum lachten. Nur Bleda starrte wortlos auf die Erde.

Am 3. März 422 erließ Theodosios II. ein neues, eigenartiges Edikt, von dem auch eine Abschrift bis zum Großkönig der Schwarzen Hunnen gelangte. Es war Onegesios, der fünf Jahre jüngere Bruder von Scottas, der das Dokument direkt aus dem *officium* von Kaiser Theodosios II. mitbrachte. Zusammen mit einigen ausgesuchten Männern war er als offizieller Beobachter zur Wahl der neuen Hunnenkönige an die Theiß gekommen.

Während der Feiern, die eine ganze Woche dauerten, hatte er sich ebenso zurückgehalten wie alle anderen, die kein Interesse daran hatten, dem neuen Großkönig oder dem Ostkönig gleich am Anfang unangenehm aufzufallen.

Ostkönig Oktar, der seinem Bruder lachend den höheren Rang zugestanden hatte, machte sich einen Spaß daraus, alle Gäste auf ihre Trinkfestigkeit zu prüfen. Er ließ sie immer wieder hochleben, stopfte sie voll mit allen Kostbarkeiten, die seine Männer für die Feiern organisiert hatten, und war nur darin großzügig, daß er die schwer geprüften Römer und Germanen, die Juden, Syrer, Griechen, Sassaniden und alle anderen Gesandten an den Vormittagen schon früh zum Ausritt einlud. Nie zuvor hatten die Hunnen so viele bleiche, vollkommen hilflos und trunken auf den Pferden schwankende Botschafter ihrer Völker, Kaiser und Könige gesehen. Noch Jahre später waren viele der fremden Teilnehmer an der Königsfeier besonders Ruga und seinem Neffen Attila dafür dankbar, daß sie heimlich zwischendurch für ein paar Stunden in ihren Yurten ausruhen durften. Onegesios war einer dieser Glücklichen gewesen.

»Laßt uns nach draußen gehen«, sagte Attila. Scottas und Onegesios zögerten zuerst, dann traten sie mit ihm ins wechselhafte Licht des Mondes. Dünne Wolkenschleier flogen über den hohen Himmel und veränderten das Licht der Götter aus der Finsternis.

»Was ist denn nun?« wandte sich Attila an Scottas, als er sich mit den beiden unbeobachtet fühlte. »Will dein Bruder seinen Kaiser oder uns verraten?«

Scottas hielt für einen Moment die Luft an, dann stieß er sie mit einem scharfen Geräusch aus. »Ich habe gleich gewußt, daß das nicht gutgeht«, sagte er resignierend zu seinem Bruder.

»Also doch!« sagte Attila kalt. »Er sollte als Spion hierbleiben – ist das so?«

»Ja«, sagte Onegesios. »Ich bin im Auftrag vom *magister officiorum* selbst bei euch. Helios ist seit zehn Jahren der Mann hinter dem Kaiser, der alle Fäden in der Hand hält ...«

»Hat er auch das Edikt verfaßt, daß jeden Schiffbauer mit Todesstrafe belegt, der für uns arbeitet?«

»Genau der ist es«, antwortete Onegesios. »Er und Pulcheria, die Schwester unseres Kaisers, bestimmen zusammen mit Ardabur, Aspar und einem kleinen Kreis von Anführern der grünen Circuspartei, welche Politik Kaiser Theodosios als ihr Sprachrohr verkündet.«

Attila hatte den jungen Griechen im Licht der Feuer und Fackeln bereits lange genug beobachtet. Der bescheiden und ernsthaft wirkende junge Mann aus Konstantinopel hatte einen so schmalen, edel wirkenden Kopf, daß alle, die ihn sahen, augenblicklich vermuteten, er könne wie die Söhne hoher Hunnenfürsten ebenfalls bandagiert sein. Doch das war nicht der Fall. Schon seine großen, eher persisch wirkenden Augen deuteten an, daß sich in ihm verschiedene Rassen und Kulturen zu einem besonders seltenen, sehr klug wirkenden Exemplar der Gattung Mensch vermischt hatten.

»Ihr wißt, was ich jetzt tun muß!«

»Ja«, antworteten die Brüder wie aus einem Mund, »du kannst uns töten lassen ...«

»Verrat ist überall das einzige Verbrechen, für das es keine Gnade gibt!« sagte Attila. »Das gilt sogar noch für die Söhne von König Uldin, die sich vor Jahren zum Luxusleben und in die weißen, weichen Weiberarme eurer Hauptstadt locken ließen ...«

Er legte seine Arme auf den Rücken und umkreiste die beiden Griechen mehrmals mit langen, langsamen Schritten.

»Er ist dein Bruder«, sagte er schließlich. »Hast du mir deshalb nicht gesagt, daß er als Ohr und Auge der Eunuchen zu uns geschickt wurde?«

»Ja, Attila«, sagte Scottas bescheiden. »Es ist, wie du es sagst.«

»Dann soll er tun, was er im Auftrag Ostroms hier tun soll ... aber du, Scottas, du bürgst für ihn – mit deinem Kopf!«

Sie gingen schweigend in die große Yurte zurück. Als Attila und Scottas ihn auch den beiden neuen Königen der Hunnen vorgestellt und Scottas ihre Anliegen vorgebracht hatte, waren sie einverstanden, daß beide beim jüngsten Sohn ihres verstorbenen Bruders Mundschuk blieben.

Nachdem die vielen Edlen, Anführer und Gäste wieder abgezogen waren, brachte Onegesios ein besonderes Schriftstück zu einer der letzten Abendrunden mit, die die beiden neuen Könige gemeinsam feierten. Attila sorgte dafür, daß er zu Wort kam, ehe zu viele Becher geleert und wieder nachgefüllt waren.

Die Sonne war noch nicht untergegangen, als der ehemalige Kaiserliche vorlesen durfte, was er abgeschrieben hatte: »Diese Anordnung ist allen verkündet worden, die in Konstantinopel ein Haus oder ein Grundstück an der *Theodosianischen Mauer* besitzen«, sagte er ohne jeden Versuch, den Anführern der Hunnen unterwürfig zu erscheinen.

Fasziniert beobachtete Attila, wie stolz und sicher sich der junge Mann benahm, während er fortfuhr: »Unsere sehr ergebenen Soldaten, die vom Kampf zurückkehren oder in den Krieg ziehen, können ab sofort die Räume des Erdgeschosses jedes Turmes im neuen Wall der kaiserlichen Stadt für sich beanspruchen. Gutsbesitzer sollen nicht deswegen beleidigt sein, daß der hinsichtlich öffentlicher Gebäude erlassene Befehl verletzt wurde.«

»Weiß einer von euch, was das zu bedeuten hat?« fragte Großkönig Ruga, der nicht verstand, warum die Nachricht so wichtig sein sollte.

»Ja, ich weiß es«, antwortete Attila. »Die privaten Hauseigentümer in Konstantinopel müssen normalerweise ein Drittel ihres Raumes für die Unterkunft von Bewaffneten zur Verfügung stellen. Auf diese Weise spart der kaiserliche Hof die Kosten für den Bau und den Unterhalt von Kasernen. Es gab bisher nur eine Ausnahme ... vor neun Jahren ...«

»Nach dem Erdbeben«, warf Aijbars ein.

»Ja«, bestätigte auch Onegesios, »gleich nach dem Erdbeben ist den Gutsbesitzern, auf deren Grund die neue Mauer errichtet worden war, die Freistellung vom Gesetz der Zwangseinquartierungen zugesichert worden. Der obere Teil der Türme wurde für militärische Zwecke reserviert; der untere aber konnte ohne Einschränkung von den Besitzern des Bodens genutzt werden.«

»Ich werde nie verstehen, wie jemand Boden oder Erde, Wälder oder Felder zu seinem eigenen Besitz erklären kann«, seufzte Ruga.

»Aber genau darum geht es in den meisten Kriegen!« sagte Attila. Er sah, wie Onegesios verstohlen lächelte.

»Solange sie nicht sagen, daß Sonne, Mond und Sterne jetzt ebenfalls zu Rom gehören, soll uns das alles nicht in Wallung bringen«, meinte der Schamane. Es klang wie eine Mahnung und Abgrenzung zugleich.

»Über Wolken, Wind und Himmel wird keine Macht jemals die Zügel legen«, sagte Attila.

»Höchstens die Christen«, sagte Onegesios leise. Nur Attila und Aijbars hatten es gehört.

»Also noch einmal«, rief Ostkönig Oktar, nachdem er einen mächtigen Schluck aus seinem Weinkelch getrunken hatte. In dieser Kampfdisziplin war er der ungeschlagene Meister. »Was galt da nicht mehr? Und was geht uns das an?«

»Wir kennen so etwas nicht«, sagte Attila erklärend, »aber ihr müßt bedenken, wie schwer und verhaßt die Zwangseinquartierung von Soldaten für die Städter ist. Sie leben eben anders als wir, und die Menschen in den Städten glauben, daß sie nur gute Mauern brauchen, schon viel zu hohe Steuern zahlen und daß sie ohne alle Krieger und Legionen auskommen.«

»Das ist doch Unsinn!«

»Natürlich ist das Unsinn!« sagte Attila. »Aber derartige Anordnungen sind für uns aufschlußreicher als alle Berichte von Spähern, Überläufern und Händlern.«

»Wie sollen wir das verstehen?« fragte jetzt auch Großkönig Ruga. Die beiden Brüder seines Vaters hatten sich nach dem Tod von Großkönig Mundschuk auch in ihrem Verhalten ihm gegenüber verändert. Seit sie wußten, daß sie die neuen Herrscher sein würden, zeigten sich beide wohlwollend und verachteten ihn nicht mehr als Hunnenjungen, der zuviel Römerflausen im Kopf oder im Herzen hatte.

»Aus dieser Anordnung geht eindeutig hervor, daß Kaiser Theodosios gewaltige Probleme hat«, sagte Onegesios. »Ihr seid inzwischen derartig stark und mächtig, daß der Kaiser jetzt sogar die Reichen in der Hauptstadt verärgern muß, wenn er sie schützen will!«

»Hat er etwa daran gezweifelt, daß wir die besten und die stärksten sind?« rief Oktar. Er lachte laut und ließ sich seinen Becher füllen.

»Er zweifelt nicht mehr daran«, antwortete Onegesios beschwichtigend. »In der Sprache unserer Präfekten, Richter und Offiziere bedeutet der Erlaß des Kaisers, daß die Hauptstadt Konstantinopel und alle Garnisonen ab sofort in dauernder Alarmbereitschaft gegen euch stehen sollen!«

»Siehst du, Onkel Oktar«, sagte Attila. »Es lohnt sich doch, wenn man zuerst ergründet, was die Gegner vorhaben ...«

»Ach, sauft doch lieber, ihr verfluchten Römer!«

Eines Nachts, als sie sich innig wie schon lange nicht mehr umarmt und geliebt hatten, fragte Greka, ob sie nicht auch in die Tiefebene auf der Nordwestseite der Karpaten ziehen könnten. Attila wunderte sich über diesen Wunsch, denn seine Familie gehörte zu den östlichen Hunnen an der unteren Donau. Sie sprachen eine Weile darüber, dann sagte sie ihm, daß sie gern näher bei den Stämmen der Ostgoten an Save und Drau wäre.

»Glaubst du etwa, daß ich dich allein lasse?« fragte er in das Halbdunkel ihrer gemeinsamen Yurte hinein. Das Feuer in der Mitte war erloschen. Nur eine kleine Öllampe brannte am Altar auf der Nordseite.

»Nein, Attila«, antwortete sie und legte ihren Arm um ihn. »Aber mit jedem Jahr wirst du mich länger allein lassen. Du wirst in Kriege ziehen und bei so vielen Weibern liegen, daß ich nicht mehr so wichtig bin. Außerdem erwarten alle mehr Söhne von dir, als ich dir schenken kann ...«

Attila wollte protestieren, aber sie rutschte schnell noch näher und küßte ihn auf die Lippen. Er wurde sanft und lächelte. Sie streichelten sich lange und schliefen schließlich glücklich ein.

In den folgenden Tagen besprach sich Attila mit allen, die dazu etwas zu sagen hatten. Sie wurden sich schnell einig. Als dann der Sommer kam und die Flüsse aus den Bergen weniger Wasser führten, machte sich der lange Treck unter Großkönig Ruga zum alten Ordu von Großkönig Kharaton auf. Die *Logades* hatten dazu geraten, daß bis auf Attila und seine Getreuen alle Männer und Familien, die zu Großkönig Mundschuk gehört hatten, östlich der Karpatenberge bei König Oktar bleiben sollten. Sie hielten Ostrom noch immer für interessanter und reicher als die Gebiete an der mittleren Donau ...

Als die anderen unter der Führung von Großkönig Ruga endlich aufgebrochen waren, stießen bereits im Flachland vor dem Donaudurchbruch am Eisernen Tor immer wieder Händler, Reisende und Delegationen aus den verschiedensten Richtungen zu ihnen. Am Anfang glaubten auch die Späher Konstantinopels an einen neuen, großen Zug gegen die Stadt am Bosporus.

Theodosios II. schloß Frieden mit den Sassaniden, aber auch jetzt wäre er nicht in der Lage gewesen, seine abgegrasten Provinzen südlich der Donau vor den Hunnen zu schützen. Als seine junge Frau ihm die Tochter Eudoxia gebar, wurde er noch friedlicher und ließ sie umgehend zur Augusta erheben.

Aber der Zug der Hunnen war diesmal keine Gefahr für Ostrom. Sie vermieden den südlichen Weg durch die Grenzregionen des Imperiums und die gut gesicherten Häfen mit den neu erbauten Kriegsschiffen. Wenn ihre Informationen zutrafen, dann waren in den vergangenen zehn Jahren über hundert *naves lusoriae* als leichte Flußkampfschiffe neu gebaut worden, dazu Jahr für Jahr zehn *naves agrigienses* als Verbindungsfahrzeuge und vier *naves ludicuariae* als Wachschiffe.

Rugas Hunnen entschlossen sich zu einer gefahrlosen Umgehung des steilen Donautales. Für Fußgänger, einzelne Reiter, Ruderer oder getreidelte Frachtschiffe gab es seit Jahrhunderten ausgeschlagene Steinwege und hölzerne Stege an den oftmals fast senkrecht aus dem Flußwasser ragenden Felswänden. Aber bei jedem Frühjahrs- oder Herbsthochwasser rissen die Fluten die leichten Stege mit und zermalmten sie an den Stromschnellen. Dagegen waren auch Generationen römischer Legionäre machtlos, die am Donaudurchbruch durch die Karpaten keine steinernen Castelle, sondern immer wieder neue Felsstege und dreistöckige hölzerne Beobachtungstürme bauen mußten ...

Sie passierten die Reste der alten Trajansbrücke, von der nur noch die zwanzig über hundertfünfzig Fuß hohen Steinpfeiler im Strom standen. Von der gewaltigen hölzernen Konstruktion, deren Abbild Attila auf der Trajanssäule in Rom gesehen hatte, war nichts mehr vorhanden. Es hieß, daß in den vergangenen Jahrhunderten und Jahrzehnten immer wieder Hilfsbrücken über die Pfeiler gelegt worden waren. Doch jetzt, in diesem Frühjahr, hingen nicht einmal Seile für Treibfähren von den Überresten.

Kurz darauf bogen die Hunnen an einem kleinen Fluß nach Norden ab und drangen immer tiefer in die Karpaten ein. Großkönig Ruga und sein großer Zug mit Vorräten, Beute, Frauen und Kindern hätte auch einige Wochen später und viel weiter nördlich Wege durch die Karpaten in der längst aufgegebenen römischen Provinz Dakien finden können. So aber hatten die Hunnen bis auf ein steiles Wegstück vor der Quelle des Flusses *Tibisia* einen vergleichsweise leichten Marsch. Sie folgten dem Fluß fast eine Woche lang nach Norden durch die Berge. Auch später konnte niemand mehr sagen, wie oft sie dabei die Ufer gewechselt, wie viele kleine Brücken die Männer der Hilfsvölker gebaut hatten und wie viele Wagenräder auf diesem

Treck zerbrochen waren. Aber sie erreichten die große pannonische Tiefebene, ohne daß auch nur ein Römer sie in den Bergen der stolzen Daker erspäht hätte, die einst von Kaiser Trajan für das Imperium blutig erobert und geschlagen worden waren ...

Dafür gab es im westlichen Teil des Imperiums ziemlich lauten, bis an alle Grenzen dröhnenden Familienstreit. Verwundert und verständnislos hörten auch Rugas Hunnen, was ihre Stammesbrüder ihnen gleich bei ihrer Ankunft berichteten. Sie schlugen ihre Yurten zwischen der nach Süden zur Donau abbiegenden *Tibisia* und der ebenfalls nach Süden fließenden *Tisia* auf und genossen die ersten lauten und johlenden Sturmritte über das weite, nur wenig bewaldete Land.

Es war abends schon warm und trocken genug, um draußen an den Feuern der großen Kessel zu sitzen und immer wieder neu in allen Einzelheiten zu beraten, was in der Zwischenzeit in der Welt geschehen war und in welcher Himmelsrichtung die lohnendste Beute zu finden war.

Es hieß, daß Hühnerfreund Honorius in Ravenna allmählich die Kontrolle über sich und seine Neigungen verlor. Das hielt ihn aber nicht davon ab, seine zweimal verwitwete Schwester wieder öffentlich zu umarmen, sie an sich zu pressen und sie so lange auf den Mund zu küssen, bis sie sich schreiend losriß. Doch genau das reizte den Kaiser immer mehr. Der Mann, der die beiden Töchter seines besten Generals geheiratet und niemals angerührt hatte, lief jetzt wie ein Faun hinter seiner Schwester her. Es hieß sogar, daß er sie nachts vergewaltigt hätte ...

Noch während im Imperium immer mehr Chaos enstand, begann Attila damit, seine erste Großhand zu einer perfekten Sturmfaust auszuweiten. Er sammelte die besten Krieger, die er finden konnte, und bot ihnen an, ihm als ihrem Anführer nur den Teil von jeder Beute abzugeben, den sie ihm freiwillig und aus eigener Großmut zum Geschenk machen wollten.

Niemals in all den Jahrhunderten seit dem Aufbruch aus der

Kälte des Ostens war irgendein gewählter Anführer ein absoluter Herrscher gewesen. Das unterschied die Hunnen von vielen der westlichen Völker und Stämme. Ein Legionär kämpfte und starb in erster Linie für den Sieg und den Ruhm des Imperiums, ein Krieger der römischen Hilfsvölker und Vasallen ebenfalls. Und das Imperium – das waren in Wirklichkeit nicht nur die Kaiser und ihr Hofstaat, sondern eine gewaltige Pyramide aus nehmenden Händen, die von oben nach unten immer breiter, korrupter und raffgieriger wurde.

Welcher Hunne kannte sie nicht, diese unglaublichen Berichte von Legionären, die samt ihren germanischen Kampfgenossen ermattet vom mörderischen und schließlich siegreichen Schwertgang mit großem Landgewinn und Beute für das Reich, noch blutüberströmt und voller Schmerzen kleine Sicheln aus ihrem Gepäck holten, um am Rand des Schlachtfeldes ein paar Ähren Korn zu schneiden, sie mit tragbaren Mahlsteinen zu Mehl zu reiben und sich daraus Brotfladen zu backen, die sie noch heiß gierig verschlangen, ehe sie vor Erschöpfung umfielen.

Die Hunnen mußten sich nie um derartige Zustände sorgen. Bei ihnen gehörte jedem Mann, jeder Hand und jedem größeren Reitertrupp auf Denar und Solido genau das, was sie sich selbst erkämpft und erobert hatten. Und es war selbstverständlich, daß die schnellen Bogenschützen mit allen anderen teilten, die ebenfalls Anteil an Sieg und Beute hatten – mit den Anführern ebenso wie mit den Alten und Schamanen, die einen Angriff und einen Zug erdacht hatten, den Schmieden und Wagenbauern, den Frauen und sogar den Hilfsvölkern. Nicht einmal Gefangene und Sklaven blieben ohne Lohn für ihren Einsatz.

Sie teilten, wie sie bereits die wenigen Samen und Wurzeln der Steppe, die Früchte und Beeren der Sträucher, das erlegte Wild und die warmen Suppen in grimmigster Kälte miteinander geteilt hatten.

Um so fröhlicher und vergnügter benahmen sich alle, wenn

keine Not herrschte, die Herden gut im Fleisch standen und die Waffen nur durch Ungeschick beim täglichen Wettkampf blutig wurden.

Das ganze Jahr über kamen immer neue Meldungen aus dem großen Reich, an dessen nordöstlicher Flanke sie lagerten und lebten. Die meisten Berichte waren so konfus und unglaubwürdig, daß sich die Hunnen einfach nicht darum kümmerten. Händler, Reisende und selbst eigene Kundschafter, alle erzählten etwas anderes.

Auch im folgenden Jahr blieben die beiden Könige der Hunnen eher zurückhaltend. Obwohl viele der Krieger drängten, hielten sie es für wichtiger, sich zunächst mit möglichst vielen Angehörigen, Sippen und Stämmen ihres eigenen Volkes zu verständigen. Gleichzeitig ordneten sie die Abgaben und die sonstigen Verpflichtungen ihrer Verbündeten, der Hilfsvölker und der namenlos Mitziehenden. Es war Ruga, der ohne große Gesetzesschriften mit Hilfe von Attila, Onegesios, Scottas und einigen anderen Beratern versuchte, aus den immer noch vergleichsweise frei und ungebunden umherziehenden Gruppen eine größere Gemeinschaft zu formen.

Besonders Scottas gab sich große Mühe, eine Art Oberpriester und Logiklehrer für Attila zu werden. Kaum einer der Reiter verstand etwas von dem, was er ihnen immer wieder von den großen Männern und Rednern seines eigenen Volkes erzählen wollte. Die meisten lachten auch über seinen seltsamen Eifer, mit dem er Jahre, Monate und Tage der verschiedensten Zählweisen miteinander verglich. Meist hörte sich das Endergebnis seines Nachdenkens viel eher arianisch oder christlich an als hunnisch oder jüdisch, germanisch oder römisch.

Nur Attila fand Scottas' Einteilungen wesentlich praktischer als die verwirrenden Methoden des *Imperium Romanum*.

»Ich habe mich nie an die öffentlich aufgestellten Kalendersteine in Rom gewöhnen können«, sagte er, als er einmal mit Scottas und Greka vor seiner Yurte saß. Er hatte wie so häufig das rechte Bein vor der hölzernen Eingangsschwelle ausgestreckt, damit keine Geister unter dem nach oben gerollten Türvorhang in die Yurte eindringen konnten.

»Wieso«, meinte sie lachend, »das war doch ganz einfach mit den *Kalenden, Iden* und *Nonen* – das sind Tagesgruppen wie die Wochen.«

»Ja, aber dann muß manchmal vorwärts und manchmal rückwärts gezählt werden ...«

»Wo ist das Problem?« fragte Scottas. »Ihr berechnet doch den Lauf der Zeit genauso wie die ersten Römer, nämlich nach Mondphasen.«

»Aber auch nach der Tageslänge und den Tagen der längsten Trächtigkeit unserer Tiere«, sagte Attila.

»Das habe ich noch nie gehört«, wunderte sich Scottas.

»Nimm beide Hände hoch«, sagte Greka und lachte. »Wie viele Finger siehst du?

»Na, zehn, denke ich doch.«

»Also ... du hast zehn Finger an zwei Händen! Dann kannst du auch das hunnische Züchterrätsel lösen! Einfach die Fingerzahlen mit der Zahl der Beine und der Zahl des Tieres malnehmen ...«

»Es ist kein Rätsel, sondern eher ein Abzählvers«, korrigierte Attila. Greka schlug ihm auf den Arm, dann sang sie:

»Zwei Züchterhände merken sich
für Tiere mit vier Beinen:
Bei drei kriegst du ein Schwein von mir,
ein Schaf braucht da schon vier,
bei sechs kannst du ein Kälbchen sehn,
ein Fohlen, das will zehn.«

Der Sommer verging mit vielen Treffen, Ausritten und kleineren Aktionen gegen allzu störrische *Logades*, die sich ihre alten Privilegien ohne Einschränkungen bewahren wollten. Einer von ihnen war Eskam, Rugas engster Freund. Sein Vater hatte vom großen König Balamber als Lohn für seine Tapferkeit ein Stück Land zum Geschenk erhalten – »so groß wie ein sonniger Tag«.

Obwohl der besonnen wirkende Mann niemals ein Pergament über die Schenkung gesehen hatte, respektierten die Hunnen und alle anderen an der unteren Donau das Wort Balambers. Eskam galt deshalb als der einzige Hunne mit einem Landbesitz, der noch über die Größe mancher Latifundien reicher römischer Senatoren hinausging.

»Niemand bestreitet dir deine Weiderechte«, sagte der Großkönig. »Aber du wirst dich daran gewöhnen müssen, daß Oktar oder auch ich in Zukunft Männer, Pferde oder Rinder von dir fordern!«

»Du weißt genau, daß wir bei jedem Zug dabei waren.«

»Ja, das warst du«, bestätigte Ruga. »Weil du selbst ein Interesse an Beute hattest. Aber es kann geschehen, daß wir auch aus anderen Gründen zu den Waffen greifen. Ich will dir und allen Hohen und Edlen unserer Völker nur sagen, daß wir nur noch gemeinsam, aber nicht mehr jeder in einer anderen Interessengruppe überleben können.«

»Dann muß du viel von unserer alten Ordnung aufgeben und Schreiber in die Königsyurte holen, Beamte einführen wie die Verwalter des Imperiums!« sagte Eskam.

»Wir sind Schamanen, aber keine Traumtänzer!« warf Onkel Aijbars ein.

»Vollkommen richtig!« sagte der neue Großkönig ruhig. Obwohl Aijbars der oberste aller Schamanen war, besaßen viele Anführer das Vorrecht, kleine Rituale, Tänze und Beschwörungen selbständig durchzuführen. Eskam gehörte zu den wenigen, die sogar ganz ohne Aijbars heilen und beschwören durften ...

Nur wenige verstanden bereits in diesem Augenblick, wie tiefgreifend die Veränderungen waren, die Ruga hier beinahe beiläufig erwähnte. Dazu gehörte auch, daß er jetzt wissen wollte, welche Sippe sich irgendwo an den Rändern des

Imperium Romanum aufhielt, welche Stammesführer mit ihren Kampfreitern in fremden Diensten standen und wo sich Hunnen sonst noch aufhielten.

»Wir sind keine wilden Reiter mehr!« hatte Ruga erst am vergangenen Abend zu Aijbars und Attila gesagt. »Wir können die beiden Roms angreifen, so oft wir wollen – aber gewisse Große und Landbesitzer begreifen manchmal nicht, daß es noch andere Mächtige in dieser Gegend gibt!«

»Was ... was willst du damit sagen?« fragte Eskam unbehaglich. Ruga sah zuerst ihn und dann Attila an.

»Wir könnten zwei Dinge miteinander verbinden, die uns schon lange sinnvoll erscheinen ...«

Attila fuhr unwillkürlich zusammen. Viel schneller als alle anderen hatte er verstanden. Entsetzt starrte er den Großkönig an. Doch Ruga schnalzte nur mit seinen vollen Lippen.

»Du bist reich, Eskam«, sagte Ruga, »und ich bin mächtig! Du hast schöne Töchter und ich einen störrischen Neffen! Also, wie regeln wir das?«

Weder Eskam noch Attila hatten irgendeine Chance. Der Großkönig der Schwarzen Hunnen befahl den Ehevertrag, und es war klüger, sich zu fügen.

»Söhne«, sagte er anschließend zu Attila. »Ich will Söhne sehen, verstehst du mich! Aber du brauchst dich nicht um sie zu sorgen – wenn du sie mit ihr schaffst und sie sind gut geraten, will ich mich um sie kümmern!«

Die Hochzeit fand noch im Spätherbst statt. Bis auf Attila, Greka und die für ihn ausgesuchte, schwarzhaarige, rundum dralle Braut feierten alle mit großer Freude und endlosem Gesang und Lärm. Großkönig Ruga selbst richtete die Hochzeit in seinem Ordu an der Theiß aus. Tausende von Hunnen, Gepiden und Goten aßen und tranken und hielten die festlichen Tage für eine zweite Krönungsfeier.

Sogar aus Konstantinopel war eine kleine Gesandtschaft gekommen, um einige goldene Schalen, seidene Tücher für die

Braut und einen kostbaren Dolch mit einem Topas am Griffende für den Neffen des Großkönigs zu überreichen. Attila sah sehr wohl, daß Onegesios und Scottas mehrmals mit den Abgesandten aus Konstantinopel sprachen. Jeder andere wäre auf der Stelle mißtrauisch geworden. Doch Attila sah keinen Grund dazu, denn beide kamen anschließend zu ihm und berichteten, daß Galla Placidia geflohen sei ...

Attila blieb an der Theiß. Im frühen Winter war es in der Tiefebene immer noch trocken und erträglich. Obwohl Männer und Frauen nicht mit Frost und Schnee rechneten, hatte Aijbars vorausgesagt, es werde einen späten, aber harten Winter geben. Attila nutzte die Zeit. Er war oft tagelang mit seinen Reitern unterwegs. Inzwischen konnten die besten der ersten Sturmhand bereits einen fliegenden Vogel aus vollem Ritt mit Pfeil und Bogen treffen.

Attila war so mit seinen Ausritten und den doppelten ehelichen Pflichten beschäftigt, daß er überhaupt nicht mitbekam, wie sich zum Jahresende eine Gesandtschaft aus Ravenna angemeldet hatte. Eher desinteressiert hörte er, daß Römer aus Ravenna im Ordu von Großkönig Ruga eingetroffen waren. Er verspürte keine Lust, mit irgendeinem Träger glänzender Rüstungen und lächerlicher Federbüsche auf dem Helm oder einem nach gallischen Duftölen riechenden, eitlen Senator zu reden.

»Du sollst dazukommen!« sagte Scottas, als er ihn endlich gefunden hatte. Attila war in Begleitung von zwei Händen junger Reiter aus den bevorzugten Wachmannschaften von Großkönig Ruga in die Weite der Ebene hinausgeritten.

»Wozu?« fragte er unwillig. Er war genauso verschwitzt wie alle anderen auf ihren schnellen, aber kaum keuchenden Pferden. »Ich bereite die beste Sturmfaust aller Zeiten auf ihren ersten großen Angriff vor – und da kann ich mir keine Unterbrechung leisten!«

»Versteh doch, Attila«, sagte Scottas mit einem eigentümlichen Grinsen. »Großkönig Ruga möchte dich nicht nur aus

Höflichkeit dir gegenüber dabeihaben, wenn er mit den Römern verhandelt.«

»Ich habe keine Lust!« antwortete Attila unwirsch. Erst vor wenigen Stunden hatte er erfahren, daß seine zweite Frau schwanger war.

»Und wenn jemand die Gesandtschaft anführt, der dich ausdrücklich sehen möchte?«

»Mich sehen?« Attila lachte. »Wer aus Rom oder Ravenna erinnert sich noch an den Hunnenjungen? Das ist doch dreizehn Jahre her!«

»Du mußt mir nichts erzählen«, sagte Scottas. Sein Grinsen wurde immer breiter. »Deswegen sage ich ja, daß dich jemand sehr gern sehen würde ... *wiedersehen*, Attila!«

»Mich wiedersehen? Wieso? Kenne ich denn jemanden aus der Gesandtschaft?«

»Ich glaube schon«, lachte Scottas. »Oder willst du dir den Mann entgehen lassen, mit dem du übers Meer gefahren und in Aquileia herumgesoffen hast?«

»Ich ... sag bloß ... Aetius!«

Scottas nickte heftig und schnalzte mit der Zunge.

»Er ist der Anführer der Männer aus Ravenna!«

»Ihr wißt natürlich, daß Kaiserin Galla Placidia bereits Anfang vorigen Jahres aus Ravenna nach Konstantinopel geflohen ist«, begann der blendend aussehende Aetius. Er und seine zwanzig ausgesuchten, hochrangigen Begleiter waren bereits vor zwei Tagen in Großkönig Rugas Yurtenstadt eingetroffen. Aetius zeigte sich im Rang eines *comes domesticarum*. Die neue Würde des gräflichen Hofmeisters und Kommandanten der Palastwache stand ihm ausgezeichnet.

Die Gesandtschaft aus Ravenna wurde von einer *turma* leichtbewaffneter Palastwachen und einer zweiten *turma* aus dem Donaucastell Aquincum kurz unterhalb des großen Donauknies begleitet.

»Es wäre gut, wenn du ein wenig Ordnung in die Flut von

Nachrichten, Meldungen und Gerüchten bringen könntest, die schon seit langem über die Donaugrenze zu uns schwappen«, sagte Großkönig Ruga, nachdem sie sich einige Zeit lang nur mit kleinen, freundlichen und nichtssagenden Vorreden aufgehalten hatten.

Obwohl es ungewöhnlich für die Jahreszeit war, hatte Ruga seine Gäste nicht in seiner Versammlungsyurte, sondern auf einem Platz ein wenig abseits empfangen. Der flache, knapp mannshohe Hügel reichte aus, um ihm und allen hundert Teilnehmern an der Beratung mit den Römern genügend Platz in einem großen Rund zu bieten. Die einundzwanzig Römer und ebenso viele Männer der Hunnen und ihrer Hilfsvölker bildeten den inneren Kreis um das große Lagerfeuer. Zu Ehren der Gäste waren Tischplatten mit schweren dunkelgrün gefärbten Leinentüchern in einem weiten Kreis um das Feuer so aufgestellt worden, daß alle zur Mitte blicken und sich gegenseitig ansehen konnten. Hinter dem ersten Kreis war eine zweite Tischreihe aufgebaut, an der die übrigen Teilnehmer der Versammlung saßen. Speisen und Getränke kamen aus einer Yurte mit hochgerollten Seitenwänden und aus zwei rechteckigen Römerzelten, an denen jeweils eine Seite halb aufgeschlagen war.

In der Yurte und den Zelten wetteiferten kochkundige Männer und ihre Gehilfen darum, den jeweils anderen das aufzutischen, was Reichtum und Genuß verkörperte. Während für die Römer über zwei Stunden hinweg kräutergedämpfte Flußkrebse und Räucherfisch, frischer Ziegenquark, Zwiebelfleischsuppe, hauchdünn geschabtes Rindfleisch, in Buchenspänen geräucherter Bärenschinken und schwerer Wein aus den letzten thrakischen Beutezügen auf goldenen Platten aufgetragen wurde, kosteten die Hunnen mutig, aber mit spitzen Fingern oder Messerspitzen fast alle Delikatessen der Römer.

Sie ließen sich den Wein aus Gallien munden, die Knoblauch-Eselswurst der Dalmatiner, kauten sogar sauer eingelegte Oliven und wehrten erst ab, als die römischen Köche weißes, süßes Brot brachten und Fischsoße zum Würzen anboten. Im Gegenzug wagten es die Römer, köstlich und zart aussehende, duftend gebratene Fleischstücke abzulehnen, von denen sie gehört hatten, daß sie unter den Sätteln der Hunnen weichgeritten wurden.

»Und nun berichte!« rief Großkönig Ruga nochmals.

»Tatsache ist, daß Galla Placidia vor nun beinahe zwei Jahren mit ihrem vierjährigen Sohn Valentinian und ihrer fünfjährigen Tochter Honoria nach Konstantinopel geflohen ist – zu Kaiser Theodosios, dem Sohn ihres Halbbruders Arkadios ...«

Attila wunderte sich über die Sorgfalt, mit der Aetius den Hunnen die Verwandtschaft innerhalb des Kaiserhauses erklärte. Er schien nicht mehr zu wissen, daß Hunnen, Germanen und viele andere Völker an den Grenzen des Imperiums oft besser über die Römer und ihre Herrscherfamilien Bescheid wußten als über benachbarte Stämme zwei oder drei Tagesmärsche entfernt.

»Du meinst, sie ist zu ihrem Neffen gereist«, bemerkte Großkönig Ruga.

»Nein«, entgegnete Aetius. »Ich sagte *geflohen*, und so meine ich es auch.«

»Die Schwester des Kaisers von Westrom flieht zum Kaiser von Ostrom?« fragte Ruga noch einmal. »Wie ist das möglich?«

Aetius seufzte. »Honorius war schon lange ein kranker Mann«, sagte er. »Er behauptete, Galla Placidia, die ja bereits vor drei Jahren auch zur Augusta erhoben wurde, habe gegen ihn intrigiert. In Wahrheit war sie ihm wohl nur lästig, nachdem ihr sehr fähiger und von vielen geschätzter Gemahl, Patricius Constantius der Dritte, vor ebenfalls drei Jahren verstorben ist.«

»Dann hat die merkwürdige Flucht also doch etwas mit dem Tod von Kaiser Honorius zu tun«, warf Attila ein. Aetius sah ihn an, lächelte und schüttelte den Kopf.

»Nein«, sagte er. »Honorius starb am fünfzehnten August letzten Jahres an Wassersucht. Das eine hat mit dem anderen nichts zu tun!«

Attila unterdrückte ein noch breiteres Lächeln.

»Du bist ein hohes Tier geworden, mein Freund aus Durostorum. Aber du willst uns doch nicht weismachen, daß nur Dummköpfe in Ravenna oder Rom sitzen!«

»Ich weiß nicht, was du meinst.«

Attila lächelte immer noch. Sie sprachen mit den Augen, und sie verstanden sich. Auch nach so vielen Jahren erkannten sie, daß sie sich gegenseitig nichts vormachen konnten.

»Ich will dir sagen, was ich denke«, meinte Attila schließlich. »Galla Placidia ist eine schöne, aber auch gefährliche Kaiserin. Als sie der Intrige angeklagt wurde und nach Konstantinopel floh, könnte das doch für die Legionen und vielleicht sogar für den Senat in Rom ein Signal gewesen sein.«

»Ich verstehe nicht«, sagte Großkönig Ruga stirnrunzelnd. »Ein Signal – wofür?«

»Dafür, daß die Zeit gekommen war, die Herrschaft des Hauses Theodosius zu beenden«, antwortete Attila. »Seht euch doch an, was sich innerhalb des Reiches entwickelt. Ostrom wird immer stärker, während das eigentliche Rom verkommt!«

»Das sehe ich ganz anders!« protestierte Aetius.

»Dann sag uns geradeheraus, warum du hier bist!«

»Also hört zu«, sagte Aetius beherrscht und konzentriert. »Am dreiundzwanzigsten Oktober wurde Valentinian der Dritte in Thessalonike vom oströmischen *magister officiorum* zum Caesar – also zum Mitkaiser – proklamiert und mit der zweijährigen Licinia Eudoxia, der Tochter seines Vetters, verlobt.«

»Damit ging Westrom praktisch in den Besitz von Ostrom über«, sagte Attila.

»Im Gegenteil«, widersprach Aetius.

»Klärt das doch später!« unterbrach Großkönig Ruga. »Was gibt es sonst noch?«

»Dann sagt mir, ob ihr bereits die Berichte über die allerneuesten Ereignisse erhalten habt«, meinte Aetius.

»Wir haben scharfe Augen und Ohren«, grinste Attila. »Auch in Ravenna, wenn du das meinst ...«

»Ja, ich muß zugeben, auch ihr habt eure Methoden verfeinert«, sagte Aetius mit einem anerkennenden Lächeln. »Dann wißt ihr, daß der vornehme Senator Johannes am zwanzigsten November vorigen Jahres zum Kaiser Westroms ausgerufen wurde?«

»Wir sehen mit Freude, daß du wieder einmal auf der Siegerseite stehst«, sagte Ruga diplomatisch. Attila nickte ihm bewundernd zu. Kein König und kein Fürst der Hunnen hatte derartige Feinheiten bisher für sinnvoll oder wichtig gehalten. Aber Ruga hatte schnell gezeigt, daß er ein kluger Mann war. Was Aijbars vom uralten Wissen ihrer Familienahnen in sich hatte, entwickelte der neue Großkönig auch im Umgang mit den Stämmen, die zwei Jahre zwischen Donau, Theiß und den westlichen Karpaten gelebt hatten. Kein einziger der Hunnen hatte sich gegen Ruga ausgesprochen ...

»Einige Anhänger der bisherigen Herrscherfamilie halten Kaiser Johannes für einen Usurpator – für einen Thronräuber, der gegen jedes Recht die Staatsgewalt an sich gerissen hat ...«

»Ist er einer?« unterbrach Attila.

»Ein Thronräuber?« fragte Aetius. »Keineswegs – sonst würde ich bestimmt nicht auf seiner Seite stehen! Außerdem stehen alle Legionen Italiens und ihr Oberbefehlshaber Castinus hinter ihm. Ebenso das Heer in Gallien.«

»Ich möchte dazu etwas sagen«, meinte Onegesios. Ruga nickte ihm zu. »Wir wissen, daß ihr inzwischen Probleme mit Bonifatius in der Provinz Africa habt«, sagte der Mann, der bei den Hunnen am meisten über die inneren Verhältnisse des Imperiums wußte. »Er ist ein glühender Anhänger von Galla Placidia und wird versuchen, ihr wieder zu ihrem Recht zu verhelfen. Die meisten von euren Legionen sollten sich daher auf ihn konzentrieren.«

»Da hörst du es«, sagte Attila. »Es steht nicht gut um euch!«

»Darf ich noch etwas sagen?« fragte Onegesios. Ruga nickte

erneut, doch dann hob er die Hand, ließ Onegesios warten und überlegte. Langsam erstarben die Gespräche ringsum. Immer mehr Männer ließen Becher und Bratenmesser sinken. Die singenden Mädchen an der Südseite des Feuers verstummten. Es wurde still im großen Rund. Und plötzlich wußte Attila, warum Großkönig Ruga den Fluß der Zusammenkunft unterbrochen hatte. Es war, als hätte auch er, ebenso wie Aijbars und Attila, etwas vom Instinkt und der Witterung der Schamanen – von jener Ahnung, die den Berg noch im Stein erkennt, im Samen Blüten und Früchte sieht, im zarten Flügelschlag des Schmetterlings den Sturm vorwegnimmt und schon die Toten betrauert, noch ehe ein Feind sich zeigt.

Attila sah, daß sein Onkel und die meisten anderen sich unwohl fühlten. Sie mochten diese Art von Gesprächen nicht. Nur Schamanen hatten das Recht, so lange zu reden, bis Schmerzen geheilt, Wunden und Tränen getrocknet und lautlose Hilfeschreie zu Gesang geworden waren.

Die Hunnen rund um das Feuer waren die alten Rituale, die klare und knappe Sprache vom Rücken der Pferde, die lauten Feiern und den Zuruf von Beute und Frauennamen, Loblieder auf die Anführer und Kampfgesänge gegen alle Feinde gewohnt.

Nicht einmal zwei Generationen waren vergangen, seit ihre Großväter und Väter erstmals nach vielen Jahrhunderten bei den Nachkommen von Skythen, griechischen Kolonisten und bei den Goten auf feste Hütten und Häuser, auf Ställe, Mauern und Märkte gestoßen waren. Sie hatten nichts davon mehr gekannt, und nur in den Legenden lebten noch Bilder von den Städten chinesischer Reiche und von der riesigen Mauer, die einstmals gegen sie erbaut worden war.

Innerhalb weniger Jahre hatten sie gelernt, daß runde Goldstücke mit Bildern darauf wertvoller waren und sich viel leichter mitnehmen ließen als schwere Vorräte, große Herden oder der ganze Zierrat, der noch die ersten nach Westen vordringenden Steppenreiter begeistert und angefeuert hatte.

Und jetzt klang eine erneute Veränderung an. Es schien, als würden nicht mehr Waren und Goldmünzen auf den Tisch gelegt und ausgetauscht, sondern nur noch Worte. Und die waren trügerischer und mit noch größerer Vorsicht zu behandeln als die kleinen Scheiben aus glänzendem Metall ...

»Jetzt kannst du sprechen«, sagte Großkönig Ruga nach einer Ewigkeit zu Onegesios.

»Ich habe nur eine einzige Frage«, sagte der Grieche. »Was wird Ostrom unternehmen?«

Attila blickte auf. Insgeheim bewunderte er den Mut von Onegesios, sich derart unwissend zu stellen. Von allen Anwesenden war er derjenige, der ganz genau wußte, wie am Hof von Konstantinopel geplant, geurteilt und entschieden wurde. Er war auch derjenige, der regelmäßig Nachrichten und streng geheime Botschaften gegen Gold und durch Händler über Singidunum an den oströmischen *magister officiorum* schickte. Botschaften allerdings, die er zuvor Wort für Wort mit Attila und Scottas abstimmte. Und wenn sie selbst sich dabei nicht einigten, gingen sie auch zu Greka, um von ihr zu hören, wie die Frauen am kaiserlichen Hof Konstantinopels denken und empfinden könnten ...

»Es gibt bisher nur Vermutungen«, sagte Aetius ausweichend. Im gleichen Augenblick erkannte Attila, daß der Römer log. Der neu ernannte Kommandant der kaiserlichen Wachen in Ravenna kam nicht zu einem Höflichkeitsbesuch zu ihnen. Er wußte mehr, als er sagte.

Und er brauchte mehr!

Attila fragte sich unwillkürlich, welche anderen Möglichkeiten und Auswege der neue Kaiser in Ravenna mit seinen Beratern bereits vergeblich durchgespielt hatte. Wo konnte er Hilfe und Unterstützung finden? Bei den Westgoten? Den Alamannen, den Burgunden oder den fernen Franken? Oder gar bei den Vandalen?

Attila dachte daran, was Aetius dem neuen Kaiser alles erzählt haben mochte – von seinen Erfahrungen mit den Westgoten unter König Alarich, von seinem Geiseljahr bei den Hunnen oder vielleicht von dem Fürstensohn, den er besser zu kennen vorgab als jeder andere Römer.

»Du bietest uns den Frieden an, ist es das?« fragte Großkönig Ruga.

»Ich glaube, Aetius bietet noch mehr«, sagte Attila lächelnd. »Viel mehr sogar! Aber er bittet auch ...«

16. Der Usurpator

Der späte Wintereinbruch im Christenjahr 425 kam für alle unerwartet – nur für Aijbars, Attila und Großkönig Ruga nicht. Sie hatten schon lange mit einem harten, kalten Januar und einem noch schlimmeren, schneereichen Februar gerechnet. Auch Aetius blieb wie viele andere ein Gefangener des Winters. Es gab einfach keinen freien Weg zurück nach Westen. Hoch oben in den Julischen Alpen kamen selbst die Bergbewohner nicht mehr über die Pässe. Das galt auch für die anderen Alpenübergänge im Norden des Imperiums. Die einzigen Möglichkeiten wären ein Ritt durch die oströmischen Provinzen oder eine winterliche Schiffsreise über das Schwarze Meer durch den Bosporus gewesen, doch darauf wollten sich die Weströmer nicht einlassen.

Viele der Flüsse waren zugefroren, aber die Eisschollen lagen so unregelmäßig übereinander, daß sie nicht von Wagen oder Pferden überquert werden konnten. Dennoch war Aetius mit wechselnden Begleitern manchmal tagelang unterwegs. Die Hunnen wußten, daß er die Zeit nutzte, um die Offiziere in den Limes-Castellen und Garnisonen entlang der Donau und der westlichen Flüsse für den neuen Kaiser zu gewinnen. Viele von ihnen kannten ihn – oder zumindest seinen Vater Gaudentius. Trotzdem kam er nach jedem Verhandlungsversuch ernster und verschlossener in das Yurtenlager von Großkönig Ruga zurück.

Attila konnte nicht immer dabeisein. Er hatte sich für die Wintermonate zusammen mit einigen seiner Unterführer ein besonderes Ausbildungsprogramm ausgedacht: Ein Teil der Hunnen sollte bei Scheinangriffen kämpfen wie die Römer und die Germanen im Dienste des Imperiums. Und da nicht sehr viel anderes zu tun war, übten schließlich fast hunderttausend Reiter in der gesamten Tiefebene zwischen der Donau und dem weiten Halbrund der Karpatenberge. Aber er wollte nicht, daß Aetius irgend etwas davon erfuhr.

Mitte Februar saßen sie wieder mit Aetius zusammen in der privaten Yurte von Großkönig Ruga. Aijbars, Eskam, Onegesios und Scottas waren ebenfalls anwesend.

»Ich weiß noch immer nicht, woher die Hunnen stammten, die mit eurem Oberbefehlshaber Castinus nach Africa geschickt wurden«, sagte der Großkönig. Wie alle anderen hatte er viel von seiner Winterkleidung abgelegt, um sich in der wohligen Wärme am Feuerofen nicht zu überhitzen. Auch Aetius und ein paar seiner Offiziere hatten ihre Brustharnische abgelegt. Sie saßen in ihren einfarbigen Unterkleidern mit langen Ärmeln, langen Wollhosen und umgeschnallten Schwertgurten auf großen Kissen auf den Teppichen.

»Wir hatten im vergangenen Jahr einfach keine Zeit, um Verstärkung aus den anderen Provinzen zu holen«, sagte Aetius. »Die Hunnen, die mit Magister Castinus nach Süden zogen, sind schon lange Teil unseres Heeres. Seit dem tapferen Kontingent der *Hunnigarde* in Britannien konnten wir uns auf eure Reiter stets verlassen. Sie sind viel schneller einsetzbar als unsere eigenen Männer.«

»Sie schleppen ja auch keine Mahlsteine für Mehl und überflüssiges Gepäck mit wie die Legionäre«, sagte Attila. Er trank keinen heißen Wein wie die anderen, sondern den scharfen Sud, den Onkel Aijbars regelmäßig in seinem kleinen, tragbaren Öfchen mit angeschmiedetem Topf aus seinen besten Kräutern kochte ...

»Ihr wollt also, daß wir euch gegen die rechtmäßige Herrscher-Dynastie des *Imperium Romanum* helfen«, sagte der Großkönig der Hunnen nach vielen Tagen, Nächten und Gelagen, in denen über alles und eigentlich doch über nichts gesprochen worden war. »Dagegen, daß die Nachfahren von Theodosius die Aufrührer wieder aus Ravenna verjagen ...«

»Das hast du jetzt gesagt«, antwortete Aetius zurückhaltend.

»Weißt du, was mich an eurem verdammten, riesigen Imperium am meisten erzürnt?« fragte der König der Hunnen. »Es sind die vielen Lügen von Leuten, die nicht richtig lügen können!«

»Wir haben uns schon früher darüber gestritten«, sagte Aetius. »Aber wo ist die Lüge, wenn ich nur handeln will? Ich biete dir ...«

»Du bietest einen Haufen vollgeschmierter Pergamente ...«

»Ja«, antwortete Aetius geduldig. »*Vollgeschmiert* mit genauen Angaben darüber, wo die verschiedenen Legionen, Flügeleinheiten, Kohorten und Reiterkeile stationiert sind – einschließlich der Flottenstützpunkte an den Küsten der Meere und an den Ufern von Flüssen. Wer eine Abschrift dieses Werkes besitzt, kennt die Bewaffnung und die militärischen Schwächen des Imperiums. Samt seiner Macht und allen Aufstellungen über die römischen Befehlshaber und die Bewaffnung.«

Der Römer nahm einen Ballen purpurroten Wollstoff aus den Händen seines Nachgeordneten. *»Notitia dignitatum«*, sagte er und wickelte das erste Pergament aus. »Die besten Geometer und Beamten haben gut fünfunddreißig Jahre lang an dieser Sammlung aller Daten der römischen Verwaltung und Armeen gearbeitet.«

»Es klingt sehr gut, was du da sprichst«, sagte der Großkönig. »Aber wir kennen dich, Aetius! Wer sagt mir, daß diese Aufzeichnungen nicht allesamt gefälscht sind?«

Sein Blick suchte nach Scottas. Der Grieche erhob sich aus dem Hintergrund. Ruga nickte ihm zu.

»Welches Jahr schreiben wir nach der Rechnung eurer Christen?« wollte der Großkönig wissen. »Nach der Zählung der Geburtstage für euren Gottessohn ...«

»Meinst du, ich soll vor allen hier ...«

»Welches Jahr, Scottas?«

»Vierhundertfünfundzwanzig!«

»Und wann haben wir die Westgoten bei Durostorum – der Stadt deiner Geburt, Flavius Aetius – über die Donau in das Imperium gedrängt?«

»Es begann im Jahr dreihundertfünfundsiebzig!«

»Vor fünfzig Jahren, Aetius! Ich rede nicht einmal von uns, aber schon damals hat das *Imperium Romanum* die Westgoten belogen und betrogen! Ihr habt kein Heer geschlagen, sondern ein ganzes Volk, dem ihr Zuflucht und Nahrung zugesichert hattet, planmäßig ausgehungert! Seit dieser Zeit wissen auch wir, wie sich Rom herausredet.«

Er spuckte trocken aus und schüttelte den Kopf.

»Fünfzig Jahre lang hattet ihr Zeit, seit ihr zum ersten Mal einen von uns gesehen habt! Genügend Zeit, um euch ein völlig neues, völlig falsches *Imperium Romanum* mit schwarzen Zeichen auf Pergamenten auszudenken.«

Aetius schnappte unwillkürlich nach Luft. Mit einem derartigen Vorwurf hatte er nicht gerechnet. Aber die anderen Männer scharrten mit den Füßen, zischten und murrten zustimmend.

»Gib es doch zu, Aetius!« sagte Attila versöhnlich. »Du würdest uns nicht einmal sagen, wie viele Kochtöpfe in irgendeinem römischen Castell am Limes lagern!«

»Aber ihr *müßt* mir glauben!« rief Aetius erregt. »Sämtliche Angaben in diesen Dokumenten sind offiziell und echt! Alle Angaben über Legionen, Reitereinheiten, Fußtruppen und sogar über die *auxiliae* ...«

»Wenn das stimmt, bist du ein Verräter!« sagte Onegesios, und seine Augen blieben kalt. Attila sah ganz genau, was sich zwischen den beiden Männern abspielte. Sie würden sich niemals mehr vertrauen als unbedingt erforderlich ...

»Weiß ich, welche geheimen Informationen du aus dem *officium* von *magister* Helios mitgebracht hast?« fragte Aetius drohend zurück.

»Oder dorthin schickst«, ergänzte der Großkönig und lachte.

»Ich habe noch nie *geheime* Informationen nach Konstantinopel geschickt!« sagte Onegesios beleidigt. »Nie ein einziges *geheimes* Wort! Ich schwöre es ...«

Attila sah Onegesios nachdenklich an. Nein, dachte er, er hat nicht einmal gelogen! Zu keinem Zeitpunkt war behauptet worden, daß irgend etwas aus der Königsyurte geheim bleiben sollte. Nur das und nichts anderes hatte er gesagt.

»Wir schenken euch diese Abschrift unseres wertvollsten Staatshandbuches als Beweis für unsere Aufrichtigkeit«, sagte Aetius.

»Warum müßt ihr uns etwas Derartiges beweisen?« fragte Attila sofort.

»Weil wir gezwungen sind, uns ganz in eure Hand zu geben!«

»Ich verstehe nicht ...«, brummte Ruga.

»Aber ich«, sagte plötzlich Onegesios. »Jetzt werden mir auch einige Gerüchte klar, die schon im letzten Herbst vernehmbar waren.«

»Welche Gerüchte?« fragte der Großkönig.

»Krieg!« antwortete der Grieche. »Es wird Krieg geben! Zum ersten Mal offenen Krieg zwischen Ostrom und Westrom – zwischen Konstantinopel und Ravenna ...«

»Ja, er hat recht!« unterbrach Aetius feierlich. »Wir brauchen eure Hilfe, weil wir allein zu schwach gegen Bonifatius, den *comes* in Africa, und gegen Ardabur und seinen Sohn Aspar sind. Sobald das Wetter es erlaubt, werden sie alle Westrom und Italien angreifen ...«

»Ach«, sagte Attila und lachte. »Die beiden bärtigen Alanen sind also auch dabei! Eigentlich sollten sie genug haben vom *Mare Hadriaticum*!«

»Sie sind die Oberbefehlshaber Ostroms und seiner Flotte!«

»Und wir Hunnen sollen verhindern, daß dein Johannes durch unsere alten Freunde von seinem eben erst eroberten Kaiserthron gefegt wird!« stellte Attila fest.

»Mit sechzigtausend Mann, für deren Einsatz ihr sehr viel Gold bekommt! Und dieses Exemplar der *Notitia dignitatum* ...«

Großkönig Ruga besprach sich mit seinem Bruder Aijbars,

hörte auch Attila und Eskam, der zunehmend seine weiteren Töchter erwähnte. Nach langen Überlegungen entschloß sich Ruga, das Angebot des Römers anzunehmen. Dann befahl er Onegesios, einen Vertrag mit Ostrom auszuarbeiten. Er garantierte Frieden, sofern Konstantinopel jährlich Tribute an ihn zahlte.

»Sagen wir tausend Pfund im Jahr«, meinte Ruga während des Abendessens. Onegesios schüttelte den Kopf.

»Das ist zuviel – das kann Theodosios nicht zahlen.«

»Tausend Pfund Gold im Jahr sollen zuviel für einen Frieden sein?« fragte Attila. »Da haben wir in Rom das Doppelte in nur drei Tagen eingesammelt ...«

»Verwechselt Westrom niemals mit Ostrom«, sagte der Grieche. »Konstantinopel ist viel verschlossener als die Ewige Stadt. Dort kämpfen nicht die Senatoren und ihr Anhang gegeneinander, sondern die vier Parteien, die sich im Circus für die Rennen mit Pferden und Wagen bilden. Der Kaiser wird von der grünen Circuspartei unterstützt. Diese Männer sind im Grunde feige und bequem. Sie wollen lieber handeln und ihren neuen Reichtum ausgiebig genießen. Die blaue Partei hat ebenfalls viel Geld. Aber sie schätzt noch die alten Werte aus der Zeit der Griechen, aus der Erhebung zur ersten, vornehmsten Stadt des gesamten Imperiums durch Konstantin den Großen. Ihr Stolz und ihre Ehre als Bürger des Imperiums gelten ihnen mehr als alles andere.«

»Und was bedeutet das?« fragte Großkönig Ruga.

»Daß ihr so denken müßt wie ein geübter Rhetor«, warf Scottas ungefragt ein. »Sagt ihr *Tribut*, so heißt das Unterwerfung, nennt ihr die Zahlung Steuer, werden die Blauen protestieren. Aber ihr könnt Gold bekommen, wenn ihr in den Verträgen schreibt, daß sie es öffentlich *Beitrag zur Völkerfreundschaft* nennen können ...«

»Tausend Pfund Gold aus dem kaiserlichen Etat für kulturelle Aufwendungen sind trotzdem viel zuviel«, sagte Onegesios. »Ich kenne Helios lange genug. Er wird dem Kaiser ohne vorangegangenen Krieg niemals empfehlen, eine derartige Summe zu zahlen.«

»Dann schreibt meinetwegen nur die Hälfte in die Verträge«, gab der Großkönig nach.

»Ich würde sogar vorschlagen, daß wir mit dreihundertundfünfzig Pfund beginnen«, sagte Attila. »Es geht doch gar nicht um die Menge, sondern in erster Linie darum, daß Kaiser Theodosios der Zweite ohne große öffentliche Diskussion für den Frieden mit uns zahlt!«

»Den wir auch brauchen, wenn unsere besten Männer mit Aetius ziehen«, sagte der Großkönig und nickte. »Wie viele Gold-Solidos bekommen wir, wenn alles glattgeht?«

»Fünfundzwanzigtausendzweihundert«, sagte Onegesios.

»Nicht schlecht«, schmunzelte der Großkönig. »Dann macht die Pergamente fertig und schickt sie an den Kaiser!«

»Einen Vorschlag hätte ich noch«, sagte Attila. Ruga hob die Brauen und sah ihn fragend an.

»Wir könnten schreiben, daß wir die Unterstützung schon im vergangenen Jahr verdient haben.«

»Meinst du, weil wir nicht in die Provinzen Ostroms eingefallen sind?« fragte Eskam bedächtig. Ruga sah ihn an und überlegte. Der Mann, der über so viel Weideland verfügte, wie ein Hunne mit scharfen Augen an einem sonnigen Tag aus einem Sattel sehen konnte, wurde ihm mehr und mehr zum wichtigsten Berater.

»Gold vom Kaiser für Frieden in den Hütten!« murmelte Scottas. »Darüber sollte ich eigentlich einen Gesang schreiben ...«

Attila selbst übernahm im Auftrag von Großkönig Ruga die Aufgabe, den Entwurf des Friedensvertrages als Stafettenreiter nach Konstantinopel zu bringen. Sicherheitshalber nahm er Eskam mit, der die Strecke kannte. Dazu drei versiegelte Botschaften von Onegesios – eine als Freibrief für die Kommandanten der Castelle und Legionäre, die ihm unterwegs begegnen könnten, eine an die Führer der grünen Circuspartei und eine an den *magister officiorum* im Palast des Kaisers.

»Du wirst die beiden ersten Dokumente überhaupt nicht brauchen«, sagte Onegesios zum Abschied. Er sah zu Aetius hinüber, der neben den Pferden stand. »Konstantinopel weiß doch längst, daß er hier ist.«

»Etwa durch dich?«

»Nein«, gab Onegesios giftig zurück. Er wandte sich an Attila. »Denn das hätte ich gesagt. Aber Konstantinopel hat im Augenblick ganz besonders empfindliche und große Ohren. Außerdem schwirren die wildesten Gerüchte in allen Städten und *mansiones* an den großen Straßen durch die Gegend. Das wird noch schlimmer, wenn der Winter es erlaubt. Und sobald Aetius mit oder ohne Hunnen aufbricht, blasen überall die Hörner!«

»Dann nutzt die Zeit, und sorgt für Marschbereitschaft, während ich unterwegs bin«, sagte Attila. »Ich werde euch sofort benachrichtigen, wenn ich irgendwo bei den Legionären Vorbereitungen für einen großen Marsch nach Westen sehe.«

»Wenn es so ist, dann aber nicht gegen die Hunnen«, sagte Onegesios. Attila nickte.

»Ostrom braucht jetzt nichts dringender als unseren Friedensvertrag. Nur dann können sie wagen, ihre Truppen gegen Johannes in Marsch zu setzen.«

»Sie werden alles tun, um den Usurpator zu vertreiben!« sagte Onegesios. «Und wenn der ganze Osten des Imperiums gegen den Westen Krieg führt! Pulcheria und Eudoxia wollen unbedingt den Thron für die theodosianische Familie zurückerobern!«

»Dafür wird schon Galla Placidia sorgen!«

»Niemand sollte diese drei kaiserlichen Weiber unterschätzen! Weder jetzt noch in der Zukunft!«

In aller Frühe des nächsten Tages zog eine Großhand der besten Reiter mit schnellen, scharfen Rufen bis vor die Königsyurten. Ihr Anführer war der blonde Hüne Edekon. Er trug einen hunnischen Namen, obwohl er Vasallenkönig der ostgotischen Skiren aus dem Geschlecht der Turklinge war. Ruga hatte den jungen Germanen erst vor wenigen Tagen zum Kommandanten seiner Leibwache ernannt.

Edekon und seine unruhigen, vor Tatendrang rotgesichtigen Skiren erhielten den Auftrag, sofort nach Singidunum an der Donau zu reiten. Dort sollten sie den ranghöchsten oströmischen Offizier, den sie in der Garnison antreffen würden, auffordern, umgehend eine Militärstafette mit der Ankündigung einer wichtigen Gesandtschaft an den kaiserlichen Hof in Konstantinopel zu schicken.

Edekon nahm Empfehlungen von Eskam für die ersten Stationen an der Römerstraße mit. Gleichzeitig sollte er für die Bereitstellung von jeweils zehn ausgezeichneten, aber möglichst kleinen und schnellen römischen oder sogar hunnischen Pferden an jedem Rasthaus und an jeder Pferdestation zwischen der Donau und dem Goldenen Horn sorgen. Nur ein paar Eingeweihte erfuhren, daß Aetius noch in der gleichen Nacht die Goldsolidos für die Vorbereitung jenes Vertrages der Hunnen an Ruga übergab, der ihnen den Rücken freihielt, wenn sie mit ihm den neuen Kaiser gegen die rechtmäßige Herrscherfamilie in Konstantinopel verteidigten ...

Trotz aller Eile ließ es sich Attila nicht nehmen, noch eine Nacht bei Greka zu bleiben. Am nächsten Morgen verabschiedete er sich von seinen Söhnen. Und als er sie von seinem Pferd hinunter ansah, fiel ihm auf, wie groß sie geworden waren. Noch ein Jahr, und Ellac würde so alt sein wie er selbst, als er nach Ravenna und Rom ging.

»Paßt gut auf eure Mutter auf«, rief er ihnen zu. Ellac hob den kleinen, achtjährigen Deng Tsik zum Sattel hinauf. Attila tätschelte die Wangen seines Sohnes, dann zwitscherte er die Vogellaute, die er von Onkel Aijbars gelernt hatte. Die Männer in seiner Begleitung schnalzten mit den Zungen, dann stieß Attila einen lauten, weithin hörbaren Schrei aus und schlug die Fersen leicht in die Flanken seines Pferdes.

Sie brauchten nicht einmal einen Tag bis nach Singidunum an der unteren Donau. Wie mit Edekon vereinbart, lagen bereits Boote für sie und die Pferde am Nordufer des riesigen Stromes. Da die Sonne bereits unterging, beschlossen sie, erst am nächsten Morgen überzusetzen. Sie hatten weder am anderen Ufer noch vor den Mauern der Stadt irgendwelche Schwierigkeiten. Von hier aus lagen genau sechshundertsiebzig Meilen bis zur östlichen Hauptstadt des *Imperium Romanum* vor ihnen. Für normale Reisende, Händler und die Kuriere Konstantinopels lagen einunddreißig *mansiones* mit Übernachtungsmöglichkeiten und dreiundvierzig *mutationes* für den Pferdetausch an der Heerstraße. Aus der Anzahl der Raststellen war ersichtlich, daß für den Weg von der Donau zum Bosporus genau ein Monat Zeit erforderlich war – zuviel für Attila, Großkönig Ruga, Aetius und die sechzigtausend Männer, die ihre Pferde jederzeit für den schnellen Ritt nach Ravenna satteln konnten. Sie mußten den Weg in vierzehn Tagen schaffen – hin und zurück!

Edekon war mit seiner Großhand noch ein Stück weiter nach Süden geritten. Attila und seine Begleiter bogen an der Einmündung des Margus in die Donau nach Süden ab. Sie blieben außerhalb der Hafenstadt Viminacium mit dem wichtigsten Donauübergang zu den Karpaten, aus denen die Römer lange Zeit Eisen, Kupfer und Gold geholt hatten. Sie folgten dem in vielen Windungen zur Donau fließenden Fluß nach Süden, bis die Römerstraße aus dem Tal zur Berghöhe aufstieg.

Mittags trafen sie auf eine Gruppe von Edekons Hunnen, die sie mit neuen Pferden versorgten. Sie blieben direkt neben der Römerstraße über die Berge und ließen die befestigte Stadt Margus hinter sich zurück. Zu jedem anderen Zeitpunkt und mit einer Sturmfaust schneller Reiter hätten sie *Horreum Margi*, den »Speicher am Margus« ohne Schwierigkeiten einnehmen können.

Hier befand sich eine Manufaktur neben der anderen. Die

Waffenschmiede von der Größe einer Stadt produzierte Tag für Tag Unmengen von Pfeilen und Bogen, Schwertern und Messern, Speeren und Spießen – aber auch Harnische und Helme, Pferdegeschirr, Zaumzeug, Kandaren und Sättel in vielen Varianten. Obwohl der Anblick der vielen Werkstätten sehr verlokkend war, hatten Attila und seine Männer keine Zeit für ein leichtes Ausräumen der sichtbar reich gefüllten Arsenale und Magazine. So merkten sie sich nur, was sie im schnellen Vorüberritt an der über hundertfünfzig Schritt langen Brücke über die große Westschleife des Margus und im Castell Bodonia gesehen und gehört hatten ...

Noch am gleichen Tag galoppierten sie auf der Straße durch das Gebirge bis vor die Mauern der Stadt Naissos. Hier teilte sich die Römerstraße. Eine Gabelung führte weiter nach Thessalonike am Meer der ägäischen Inseln, die andere bog nach Osten in Richtung Konstantinopel ab.

Obwohl die Straße von hier aus leichter wurde, machte die alte Thrakerstadt Naissos den Eindruck einer gegen alle Feinde befestigten Garnison. Die steilen Gebirgszüge zu beiden Seiten der Straße sahen aus, als hätte die Natur schon vorausgeahnt, wie oft gerade hier die Völker zusammenstoßen würden. Ein kleiner Fluß führte südlich der Stadt weiter in den Margus. Und auch hier sahen die Hunnen auf beiden Seiten einer steinernen Bogenbrücke endlose Reihen von Werkstätten mit flachen, rot eingedeckten Häusern.

Hier trafen sie auf Edekon und seine Männer. Attila bedankte sich für die gute Arbeit. Sie saßen eine Stunde zusammen, dann verabschiedeten sie sich für die Nacht.

Bereits früh am nächsten Morgen ging es weiter. Während Edekon und seine Männer zurückritten, folgte Attila der Römerstraße in Richtung Serdica. Das Gold aus Westrom überzeugte auch die Feinde des neuen Kaisers in Ravenna. Keiner der Wirte in den *mansiones* und der Pferdehändler in den *mutationes* zwischen Naissos und Konstantinopel ließ sich den guten Preis für neue Pferde entgehen.

Attila und seine Begleiter kamen sehr schnell voran. Hinter der Stadt Serdica preschten sie neben der steinernen Straße durch eine weite Ebene. Hinter der Station Radices am Fuß der Berge wurde der Weg wieder etwas schwieriger. Hier begann ein tief ins Gebirge eingeschnittenes Flußtal. Die Straße begleitete den Fluß auf der Südseite, ehe sie durch dichte Wälder bis zu einem Paß führte, der Attila viel höher vorkam als die Pässe der Bernsteinstraße in den Julischen Alpen. Hier, an der Pferdewechselstation Latina, gab es den ersten unangenehmen Zwischenfall.

»Er will nicht«, rief der Krieger, der als erster in vollem Galopp die Ställe erreicht hatte.

»Was will er nicht?« rief Attila erhitzt. Er brachte sein nasses Pferd neben dem anderen zum Stehen. Obwohl die Tiere am ganzen Leib bebten, stiegen die Hunnen nicht aus den Sätteln.

»Ich habe keine Pferde mehr«, beteuerte der uniformierte Verwalter der Station.

»Hast du keine, oder willst du keine Goldmünzen mit dem Bild deines Kaisers?« rief Attila ihm barsch zu.

»Ich weiß ... ich weiß, daß ich Pferde für euch ... haben sollte«, stotterte der zu Tode verängstigte Mann. »Aber sie sind nicht aus Turres gekommen ... der Station hinter dem Sumpfwald ... dort in der Bergsenke ... dort unten ...«

Er deutete auf einen dichten, undurchdringlich wirkenden Wald, in dem auch der kleine Fluß nicht mehr zu sehen war. Attilas Männer hatten ohne langes Zögern zweimal die Station umkreist.

»Keine Spuren auf dem Boden ... auch nicht von den Ställen zur Straße ...«

»Was ist geschehen?« fragte Attila knapp.

»Es heißt, daß Aetius bei euch ist«, sagte der Mann, dem Attila nie zugetraut hätte, daß er je diesen Namen gehört hatte.

»Was soll das?« fragte er sofort. »Was ist mit diesem Aetius?«

»Die Boten zum Kaiser ... sie haben davon berichtet«, sagte der verängstigte Stallmeister. Im gleichen Augenblick erkannte

Attila, daß sie alle einen schweren Fehler begangen hatten! Er pfiff durch die Zähne.

»Weiter!« rief er. Ohne sich noch einmal umzudrehen, jagte er seinen Männern voran. Jetzt kam es nur noch darauf an, schneller zu sein als die Kuriere des oströmischen Heeres. Und noch lagen viele Pässe und Ebenen, Berge und Sümpfe vor ihnen, dazu der reißende Oescus zwischen den Städten Serdica und Philippopolis.

Aber sie schafften es trotz der Verzögerung. Nach dem Fluß überwanden sie den Paß von Succi an der Grenze, die Dakien von Thrakien trennte. Auch an den beiden Römer-Castellen mit dem Trajanstor wurden sie nicht aufgehalten.

»Die Kuriere zum Kaiser waren erst gestern hier«, hörten sie. Attila brauchte seine Männer nicht anzutreiben. Im nun folgenden Gewaltritt gingen alle bis an die Grenzen der Kraft – der eigenen und der aller Pferde. Sie mußten sich fluchend damit abfinden, daß die geliehenen größeren Römerpferde längst nicht so schnell und ausdauernd waren wie ihre eigenen. Abgesehen von ein paar zusätzlichen Pferdewechseln zwischen der Stadt, die nach dem berühmten Alexander benannt worden war, und Hadrianopel konnten sie nichts daran ändern.

Trotz der für andere fast unglaublichen Tagesleistung, die sie auf den Rücken ihrer Pferde vollbrachten, war der schnelle Ritt keine blinde, verbissene Quälerei. Jeder von ihnen wußte, was er sich zumuten konnte. Das größte Risiko bildeten die fremden Pferde. Dennoch fanden sie immer noch Zeit, ausführlich über den langen Weg, seine Besonderheiten und die schnell wechselnde Landschaft zu sprechen.

Attila wußte, daß keiner der Männer jemals einen Hügel, einen Taleinschnitt oder eine sanft ansteigende Ebene vergaß. Sie konnten weiter und schärfer sehen als jeder Römer oder Germane. Und sie speicherten in ihrer Erinnerung selbst so unbedeutend erscheinende Kleinigkeiten wie die Farbe des Bodens auf unbestellten Feldern, den Glanz der Felsen in engen

Schluchten und die Richtungen, in denen Tiere verschwanden, wenn sie die Hufe der Pferde oder die Stimmen der Männer hörten.

In einer der kurzen Pausen, in denen sie Schritt ritten, erzählte Attila den Männern, was er von Greka über den größten König der Goten gehört hatte. Sie lachten laut über die Legende von dem Hundertjährigen, der in diesem Alter noch durch das Feuer in seinen Lenden umgekommen sein sollte ...

»Es ist nicht so, daß die Geschichtsschreiber in Rom und Konstantinopel stets nur die Unwahrheit sagen«, erklärte Attila. »Aber sie lügen, wenn sie behaupten, daß wir es waren, die vor fünfzig Jahren ein so großes Reich wie das *Imperium Romanum* durcheinandergebracht haben.«

»Sie sagen alle, daß sie in Ruhe und Frieden lebten, ehe wir aufgetaucht sind!« meinte einer der Männer. Er war bereits mit Dogan vor Rom gewesen. Attila lachte trocken.

»Glaubt diesen Unsinn nicht!« meinte der Sohn eines *Logades*. »Mein Vater hat erzählt, daß die Germanen schon seit fünfhundert Jahren auf der Flucht vor der Kälte und den Schlangen in ihrem Weltenbaum Yggdrasil sind ...«

»Ebensolange wie wir«, bestätigte Attila. »Die Unruhen der Völker in dieser Gegend der Welt begannen lange, bevor sie uns auch nur dem Namen nach kannten! Und schon vor sechshundert Wintern haben die Legionen Roms Hunderttausende von Kimbern und Teutonen abgeschlachtet ...«

»Kimbern und Teutonen – waren das auch Germanen?«

»Die ersten, die vor Hunger in das Imperium eindrangen. Wer überlebte, konnte von Glück reden, wenn er noch Sklave oder Gladiator werden durfte. Sämtliche Fürsten stürzten sich damals in ihre eigenen Schwerter. Als letzte ließen dreihundert Weiber dieser stolzen Germanen in ihrer Wagenburg lieber die eigenen Messer und Schwerter in sich eindringen als die mehlfarbenen Vorderschwänze der römischen Eroberer.«

»Welche Verschwendung«, klagten einige der Männer lachend. »Dreihundert Weiber der Germanen ... die könnten uns jetzt leicht aus dem Sattel bringen!«

»Ob das so angenehm gewesen wäre, weiß ich nicht«, sagte Attila. »Gerade Germanenfrauen können ziemlich angriffslustig sein!«

»Die Amazonen«, sagte einer.

»Ja, die auch«, stimmte Attila zu. Er dachte plötzlich an eine ganz bestimmte Nacht vor fünfzehn Jahren ... an eine Nacht, die mit Greka begonnen und mit einem erschlagenen Sarmatenmädchen geendet hatte.

»Es gibt überall Weiber, bei denen ich alle Schutzgeister rufen würde«, sagte er nur. Er schwieg eine ganze Weile, in der nur das gleichmäßige Aufsetzen der Hufe zu hören war, dann sagte er: »Aber hört euch jetzt weiter an, wie wir nach Westen vorgedrungen sind. Wir haben also das Gebiet der Alanen, der Grenznachbarn der Ostgoten, durchzogen. Wenn ich das mit anderen Schlachten und Eroberungen vergleiche, von denen ich in Rom und in den letzten Wochen von Aetius gehört habe, dann waren unsere eigenen Kämpfe viel kürzer. Sicher, wir haben eine ganze Anzahl von ihnen niedergemacht.«

»Ich habe Händler gehört, die mit Grausen davon sprachen, daß wir damals keine Gefangenen und Sklaven gemacht haben.«

»Vollkommen richtig«, sagte Attila. »Wir hatten einfach keine Möglichkeit, den Besiegten Ketten anzulegen und sie als unsere Gefangenen mitzuschleppen. Außerdem hätten wir sie kleiden und verpflegen müssen ... wovon, frage ich euch, wo wir doch selbst kaum etwas hatten!«

»Ach – deshalb also wurden die Alanen und die anderen Besiegten keine Sklaven, sondern Verbündete.«

»So ist es«, sagte Attila. »Wir hatten keine andere Wahl – sie aber auch nicht! Entweder tot oder Kämpfer an unserer Seite!« Er ließ seine Worte noch ein wenig einwirken. Dann richtete er sich auf und sagte: »Mit ihrem Beistand brachen wir dann um so gewaltiger und überraschender in die weiten, offenen Gaue Ermanerichs ein ...«

»Dieses so hoch verehrten, edlen Gotenkönigs ...«

»Ach nein, der Ärmste!« sagte Attila ironisch. »Heißt es nicht auch, daß dieser Ermanerich ›durch zahlreiche tapfere Taten den benachbarten Völkerschaften furchtbar geworden war‹?«

»Ja, du hast recht, so heißt es«, antwortete ein anderer an Attilas Seite. Sie ritten wieder schneller, ließen traben und vermieden die steinerne Straße. Anders als an der Donau war es in der vor ihnen liegenden Landschaft schon seit einigen Tagen trokken.

»Wißt ihr, wie sie vom Ende ihres Königs erzählen?« fragte Attila. Er genoß den freien Ritt mit einer Handvoll guter Männer. Vielleicht war dies auch der Grund dafür, daß er sich so bereitwillig gezeigt hatte, die Strapaze des langen Weges auf sich zu nehmen.

Die Männer machten noch etwas mehr Tempo. Trotzdem hörten sie ganz genau zu, als Attila weitersprach.

»In Rom hieß es, daß sich die Ostgoten unter König Ermanerich vom *Mare Suebicum* im Norden bis zum Schwarzen Meer ausgebreitet hatten. Als wir gegen ihre Weidegebiete drängten, blieb ein Teil des Volkes zwischen Westen und Osten zurück – andere hielten sich, durch die Berge der Halbinsel ins Schwarze Meer und das Meer selbst geschützt, gegen uns. Ein anderer Zweig zog unter dem frommen Bischof Ulfila vor fünfundsiebzig Jahren nach Moesien und lebt dort vom friedlichen Ackerbau ...«

Sie wurden immer schneller. Attila mußte lauter sprechen, wenn er von allen gehört werden wollte: »Ermanerich war Amelungen-König in der zehnten Generation ... ein Despot und Tyrann ... viel schlimmer als jeder König bei uns.«

»Das sagt Rom?« rief einer der Männer.

»So steht es in Schriften und Berichten, die ich selbst in Rom gesehen habe!« rief Attila zurück. Sie flogen fast über den guten

Boden. Jetzt war keine Zeit mehr zum Reden. Ohne Verabredung holten sie alles aus ihren Pferden, was in ihnen steckte. Am Horizont tauchte die nächste Station auf. Sie hatte ein anderes Dach als die vorangegangene. Schon von weitem sahen die schnellen Reiter, daß sie allmählich den westlichen Teil des Imperiums verließen und immer tiefer in den Herrschaftsbereich Konstantinopels eindrangen.

Obwohl es nicht ihre eigenen Pferde waren, hatten sie doch soviel Respekt vor der Kreatur, daß sie bis an die Grenzen ihrer Leistungsfähigkeit, doch keinen Schritt darüber hinausgingen.

Attila wechselte ein paar schnelle Worte mit dem Stationsmeister, warf ihm Gold-Solidos für Pferde und Proviant zu. Sie sprangen zu den schon bereitstehenden Pferden. Mit allen Schnallen und Riemenverbindungen an ihren Sätteln und Gepäcksäcken brauchten sie weniger als eine Minute. Gleich darauf zwangen sie die neuen Pferde erneut zu einem scharfen Galopp.

Fast zwei Stunden vergingen in stetem Wechsel zwischen schnellen und langsamen Gangarten. Erst dann stieg die Straße so steil an, daß sie im Schritt reiten mußten.

»Ermanerich muß ein gnadenloser Germanenkönig gewesen sein«, nahm Attila seinen Bericht wieder auf. »Ein König, der sich nur mit den grausamsten Mitteln an der Macht halten konnte. Zu den Blutzeichen auf den Schilden seiner Krieger gehören siebzehn unterworfene Völker ... Heruler und Skiren zum Beispiel, aber auch Perser und Slawen. Das ist die Wahrheit und nichts anderes ...«

»Und doch war er zu feige, als er in uns ernsthafte Gegner erkannte«, lachte einer. Attila nickte.

»Er sah uns und entschied sich für ein ›Ende mit Schrecken‹«, stimmte ein anderer zu, der bisher noch nichts gesagt hatte.

»Er wollte durch seinen rituellen Selbstmord ein Zeichen setzen«, sagte Attila. »Natürlich hat Ermanerich versucht, dem vereinten Ansturm von unseren Leuten und den Alanen standzuhalten. Die Goten erzählen die Legende ungefähr so: Erschüttert von der Gewalt des plötzlich hereinbrechenden Unwetters machte er, da das vorauseilende Gerücht das Grausige der kommenden Verhängnisse noch vergrößerte, durch einen freiwilligen Tod der Furcht vor dem drohenden Unheil ein Ende.«

»Klingt ziemlich geschwollen!« warf der jüngste der Reiter ein.

»Es stimmt auch nicht«, sagte Attila und lachte. »Ermanerich wurde mit Gewalt entmannt und ist daran jämmerlich verendet.«

Die Hunnenreiter johlten vor Begeisterung.

»Entmannt? Einfach die Eier abgeschnitten, oder wie?« wollten sie alle zugleich und durcheinander wissen. »Der größte König, den die Goten je vor Alarich gehabt haben? Wie das? Und warum?«

»Weil er sich nicht nur ganze Völker unterworfen hat, sondern auch die schönsten Weiber seiner Verbündeten und königlichen Heerführer. Lange Zeit wagte niemand Gegenwehr. Aber dann, als wir ihn fast auf Brandpfeilweite hatten, kam auch für andere die Stunde der Abrechnung.«

»Hat da nicht auch ein tolles Weib mitgespielt?«

»Genau so ist es«, lachte Attila. »Sie hieß Svanhild und war die Frau des Abgesandten des kleinen Rosomonenvolkes beim übermächtigen und tyrannischen Gotenkönig. Und wie so geile Greise eben sind, brauchte er immer junges Fleisch. Und das Nacht für Nacht, und nicht nur einmal ...«

Die jungen Hunnen jaulten erneut, halb aus Widerwillen, halb aus Bewunderung und Anerkennung. Attila ließ wieder etwas schneller reiten. Er wußte genau, daß er sie mit solcherlei Geschichten nicht nur unterhalten, sondern auch anfeuern und wilder machen konnte.

»Wissen die Geister langer Nächte, was sie mit ihm angestellt hat – auf jeden Fall fragte sie ihn in seinen Armen gründlich aus. Tagsüber rächte sie sich und berichtete alles, was sie erfuhr, an ihre Brüder, und einen guten Teil davon auch an uns ...«

»Dann kannte König Balamber die Goten ja schon?«

Attila stieß seinen Lieblingsschrei aus. Die Pferde gingen erneut in Galopp über. Diesmal aber nur kurz, denn gleich darauf kam hinter einer der seltenen schärferen Straßenbiegung eine neue Steigung. Die Schlucht wurde so eng, daß sie gezwungen waren, auf den glatten Steinen mit einigen tiefen, für die Pferde sehr gefährlichen Spurrillen zu reiten.

»Die Rosomonen waren ja nicht die einzigen, die sich gegen die grausame Herrschaft Ermanerichs erheben wollten«, berichtete Attila weiter. »Wir brauchten doch nur nachzubohren! Was glaubt ihr wohl, wie schnell ganze Herrscherfamilien untergehen, wenn sie nicht merken, daß die Hand, die stets nur straft, schlägt und würgt, irgendwann auch mal gebissen werden kann!«

»Wir hätten die Goten doch auf jeden Fall angegriffen.«

»Richtig«, sagte Attila. »Wir brauchten dringend neue Weideflächen. Aber die Unterjochten haben uns gesagt, wo sie zu finden waren!«

»Dann sind wir überhaupt nicht unerwartet über die Völker vor den Grenzen des Imperiums hergefallen, wie es immer heißt.«

»So sehen es sehr gern die Römer und die Goten«, sagte Attila. »Aber es gibt auch Zeugen, die es ganz anders aufgeschrieben haben.«

»Römer? Griechen?«

»Ammianus Marcellinus ist einer von ihnen. Er war römischer Offizier und hat sehr gut beobachtet. Aber auch er mußte verfälschen, um seine Bildung nachzuweisen. Denn das Imperium duldet nur offizielle Meinungen und keine Abweichung davon!«

»Dann war die geile Lust und Gier dieses Germanenkönigs der Grund für unseren Vorsturm?«

»Nein, nicht der Grund – nur der letzte Anstoß«, sagte Attila. »Schon seit Jahrhunderten haben Hellas und Rom nur rücksichtslos Weiden und Metallgruben, Wälder und Völker ausgebeutet. Irgendwo mußte es passieren. Aber ich sage euch – wir waren weder die Ursache noch der Anlaß.«

»Und warum wurde König Ermanerich kastriert?« fragte der jüngste von allen.

»Das möchtest du gern wissen, was? Na gut, ich sage es euch: Weil Svanhild von einer Hauptfrau des alten Gotenkönigs verraten wurde. Zur Strafe wurde sie vor der königlichen Sippe und allen Speichelleckern nackt ausgezogen und zwischen vier Hengste gespannt und zerrissen ...«

»Es ist doch überall dasselbe«, seufzte einer der jüngeren Reiter. »Auf Pferd und Bogen kann man sich verlassen, aber wenn irgendwelche Weiber mitspielen, hat selbst ein König nichts zu sagen ...«

»Was heißt hier König«, sagte Attila und grinste. »Ich jedenfalls möchte nicht in der feinen Toga mit den Purpurstreifen römischer Kaiser stecken! Was da an Weibern mitspielt, wäre bei uns undenkbar!«

»Hoffentlich bleiben sie bei uns auch in den nächsten Jahren in ihren Frauenyurten!« stöhnte der Jüngste. »Sie sind ja angenehm – aber nicht jeden Tag!«

»Die Geschichte geht aber noch weiter, als die Goten sie zur Abschreckung erzählen«, fuhr Attila fort. »Svanhilds Brüder rächten sie nämlich. Sie und eine Großhand ausgewählter Krieger der Rosomonen ergriffen Ermanerich an einem Abend kurz vor unserem Angriff vor allen Heerführern, rissen ihm Schmuck, Waffen und Kleidung ab und trennten ihm einzeln Vorderschwanz und Eier ab.«

»Das kann für den Kampfeswillen des Gotenvolks nicht gut gewesen sein!«

»Es war verheerend!« bestätigte Attila. Er dachte wieder an die Vorwürfe, die Großkönig Ruga Aetius gemacht hatte. »Sie haben nicht einmal versucht, gegen uns zu kämpfen! Ermanerichs Nachfolger – der Knabe Viderich – hat zusammen mit Alatheus und dem Alanen Safrax weinerlich Einlaß in das Imperium erfleht. Aber Schluß jetzt, Männer! Wir müssen Zeit aufholen!«

»Nur eine Frage noch!«

»Na schnell!«

»Sind sie nun eingelassen worden oder nicht – es gab doch Krieg zwischen ihnen und dem Imperium ...«

»Es gelang ihnen«, antwortete Attila und wurde so schnell, daß die anderen Mühe hatten, ihm zu folgen. »Davon erzähle ich euch später mehr ...«

Sie warteten bis in die folgende Nacht. Kurz bevor sie auf dem Rücken der Pferde minutenweise schliefen, hörten sie von Fürst Attila noch, wie es mit dem riesigen Gotenreich zu Ende gegangen war:

»Sie kamen nicht durch uns um«, sagte er. »Aber sie haben genau hier, in dieser Gegend, vor fast fünfzig Jahren, im Sommer des Christenjahres dreihundertachtundsiebzig die römischen Legionen furchtbar geschlagen und besiegt!«

Die Reiter sahen plötzlich Berge und Bäume, Waldstücke und Flußläufe mit ganz anderem Respekt an.

»Vergeßt das nie, Männer«, sagte er. »Auch Römer und ihre Kaiser sind ganz normale Sterbliche! Vierzigtausend von ihnen hat Kaiser Valens verloren, weil er nicht warten wollte, bis die Verstärkung aus Gallien hier eintraf ... vierzigtausend perfekt geschliffene Legionäre und das Leben des Kaisers waren der Preis, den das Imperium dafür zahlen mußte, daß es die hungernden Westgoten betrogen, belogen und ihren Mut unterschätzt hatte! Aber auch den Goten hat der Sieg nicht viel genutzt.«

»Haben sie keine Beute gemacht?«

»Schlimmer – sie wollten keine Beute, sie wollten stets nur Land zum Siedeln! Das ist die Tragik dieses Volkes! Schließlich mußte auch der große Athanarich in die Karpaten fliehen. Später ging er mit dem Rest seines Gefolges bis nach Konstantinopel ... um sich demütig bei Valens' Nachfolger Theodosios dem Ersten persönlich zu unterwerfen. Das war es dann ... das Ende dieses Riesenreiches!«

Sie erreichten die Stelle, an der sich die lange Heerstraße mit der von Westen kommenden *Via Egnatia* vereinte. Von hier aus waren es normalerweise noch drei Tage bis nach Konstantinopel. Doch Attila ließ nicht anhalten. Er mußte schneller sein als die Boten, die nur deshalb zur Hauptstadt des oströmischen Reiches eilten, weil niemand im Kreis um Großkönig Ruga richtig nachgedacht hatte ...

Nach und nach blieben seine erschöpften Begleiter zurück. Attila preschte allein mit vier Ersatzpferden weiter. Zum Schluß hatte er nur noch zwei. Sie blieben ungesattelt. Attila versuchte gar nicht erst, sie abwechselnd zu satteln. Er hatte nur Bogen und Pfeile, Schwert, Wurfseil und den Köcher mit den Verträgen bei sich. Alles andere blieb nach und nach auf der leergefegt wirkenden Römerstraße zurück. Die anderen würden aufsammeln, was der junge Fürst abwarf. Er ritt die Nacht hindurch, schlief für Momente, wenn seine Pferde in leichten Trab fielen, und ließ sie dem Morgenstern folgen. Und dann sah er die *Senke der Räuber* vor sich. Hier sammelten sich wie seit Jahrhunderten Kaufleute und Reisende, ehe sie durch die Lagunen bis zu den neuen, stolz aufragenden Mauern nördlich von Konstantinopel zogen.

Die Eunuchen des Kaisers und seine Generale gingen kein Risiko ein. Natürlich wollten sie verhindern, daß der Hunnenfürst die Stadt von innen sah. Sie wußten schließlich, was mit Rom geschehen war, als der junge Hunne vor fünfzehn Jahren Geisel in der Ewigen Stadt gewesen war. Außerdem hatten einige gelernt, daß Prunksucht und öffentliche Prahlerei in diesen Zeiten ziemlich teuer werden konnten.

Aber es war zu spät: die Hunnen wußten längst, wie gigantisch die Bauten in der Stadt des römischen Kaisers Konstantin aussahen. Aus den Erzählungen von Scottas und anderen kannte Attila die Paläste, die Kirchen und das Hippodrom. Er wäre gern einmal zu Pferd in die berühmte Rennbahn eingeritten. Mit ihrem Platz für sechzigtausend Zuschauer hätte sie auch ein ganzes Heer aufnehmen können ... unter der Loge für den Kaiser auf der Seite der Vornehmen, die sich die *Blauen* nannten, und vor den *Grünen*, die sich mit der linken Seite der Arena begnügen mußten.

Attila lächelte bei dem Gedanken, wie er mit einer riesigen schnellen Armee von Reitern aus dem Hippodrom heraus in die Stadt einfallen würde ... an den Thermen vorbei hinauf zum Senat ... oder gleich zu den Schätzen im Kaiserpalast ...

Er hatte Ravenna, Aquileia und Rom gesehen – und er konnte sehr genau einschätzen, was Übertreibung war, wo der wahre Reichtum steckte und wie wenig hundert oder tausend Pfund Gold für den Kaiser, den Staat und diese Stadt bedeuteten ...

Doch schon Meilen vor den gewaltigen Palastanlagen mit ihren Mauern ragte die *Theodosianische Mauer* mit ihren quadratischen Zinnentürmen und roten Querstreifen hoch in den Himmel. Diese Mauer war für Hunnenreiter ebenso unüberwindlich wie die eiserne Kettensperre über das Wasser zwischen der Landspitze des Goldenen Horns und den Galatabergen, die jeder Art von Schiffen die Einfahrt verwehrte.

Sie schickten ihren besten Mann vor die Mauern der Stadt. Er kam mit einem kleinen Geleit und trug einen vergoldeten Helm mit rotem Busch, die Reiseuniform eines Generals mit allen Auszeichnungsscheiben und den quadratischen Sommermantel der Legionäre über den Schultern.

Attila stieg wieder auf sein Pferd. Der General kam ohne Umschweife auf ihn zu und grüßte ihn. Die beiden vollkommen unterschiedlichen Männer musterten sich als Wesen aus zwei Welten, die nicht zusammenpaßten.

»Salve, nobilissimus!« sagte Attila dann. Die Anrede, die eigentlich nur amtierenden Senatoren oder Männern kaiserlichen Blutes zustand, überraschte den General.

»Du weißt, wer ich bin?«

»Nein.«

»Ich bin Plinthas, Ostgote und *magister militum*, Konsul des oströmischen Reiches im Jahr vierhundertneunzehn, arianischer Christ und Schwiegervater von Aspar, den du ja kennst ...«

Im gleichen Augenblick wußte Attila, daß er mit diesem Mann reden konnte. Aber er wußte auch, daß er vermutlich schon zu spät gekommen war ...

17. *Retter des Imperiums*

Sie sammelten sich östlich von Donau und Theiß zwischen kleinen, schützenden Waldstücken in den einsamen, nahezu menschenleeren Weiten der Pannonischen Tiefebene. Nach Norden, Osten und Süden hin boten bis in den späten Frühling hinein die mit Eis und Schnee bedeckten Bergketten der Karpaten Schutz. Dennoch rechnete keiner der hunnischen Anführer um Großkönig Ruga ernsthaft damit, daß nicht gesehen und beobachtet würde, was sich in ihrem Aufmarschgebiet zusammenbraute.

Bei Attilas Rückkehr waren Hunnen, Ostgoten, Alanen und andere Hilfsvölker marschbereit. Trotzdem ließ es sich Großkönig Ruga nicht nehmen, ihn mit einem der größten Feste zu empfangen, die jemals bei den Völkern der Hunnen gefeiert worden waren. Drei Tage und drei Nächte lang vertilgten die Männer Unmengen von gekochtem und gebratenem Fleisch. Überall flossen Kamon und Medoss, thrakischer Wein und anderer Rauschtrank in Strömen.

Sie wußten, daß ihnen bis Ravenna viele Tage auf den Rücken der Pferde, mit schnellen und harten Ritten, bevorstanden. Nur wenige wollten daher Frauen und Kinder mitnehmen. Alle anderen genossen noch einmal so ausgiebig wie irgend möglich den Gesang der Weiber, ihre Liebkosungen und ihre wilde Lust in einem langen Abschied. Attila ging mehrmals zu Greka, die nach dem Abzug der Krieger ebenso wie viele andere in die Frauenyurten umziehen wollte.

Es waren drei großartige, unvergeßliche Tage und Nächte – wie eine große, siegreiche Schlacht mit vielen tausend schnellen Angriffen, jubelnden Eroberungen und so viel satter Beute, wie jeder ächzend und stöhnend im stundenlangen Ringen mit beiden Armen umfassen konnte ...

Von Großkönig Ruga kamen vierzigtausend Mann, die sich

freiwillig und ohne jeden Zwang für den Zug ins Innere des westlichen Imperiums gemeldet hatten, von Ostkönig Oktar weitere zwanzigtausend. Attilas ältere Brüder waren nicht dabei. Greka war erneut schwanger. Attila umarmte und küßte sie vom Pferd hinab und nahm auch seine Söhne noch einmal einzeln auf, ehe er die linke Hand hob und an die Spitze der besten Sturmhände aller Völker ritt, über die Großkönig Ruga herrschte.

Rugas Einflußbereich konnte sich längst mit dem früheren Reich der Goten, mit beiden Roms und dem Imperium der Sassaniden messen. Die Hunnen hatten keine Städte gebaut, keine Felsenburgen wie die Griechen und keine Mauern wie Römer und Chinesen. Aber sie beherrschten inzwischen die grenzenlose Weite vom Kaukasus bis an die Donau und vom kalten Norden bis zu den Ufern des Schwarzen Meeres.

Attila setzte sich langsam, Schritt für Schritt in Bewegung. Unmittelbar hinter ihm ritten die Anführer der einzelnen Kampfkontingente, begleitet von jungen, kaum zu haltenden Kriegern, die ihre Wimpel und Fahnen, Banner und Kriegszeichen an Speeren, Stangen oder kunstvoll geschmiedeten, vielfach vergoldeten Eisen tragen durften. Sämtliche Tiere der Wälder und Steppen waren auf unverwechselbare Weise aus Holz, Knochen, bunten Tüchern, Bändern und ledernen Riemen nachgebildet. Sie schwankten über den Köpfen der Reiter wie ein zweites, unheimliches Heer aus Totems und Tabus.

Die Bläser und Paukenschläger hatten bereits drei Tage und drei Nächte lang immer wieder laut und anfeuernd gelärmt. Das war die reine Freude über den goldenen Tributvertrag mit Konstantinopel gewesen, aber auch die Ungeduld, mit der alle anderen jetzt auch endlich zu großer Beute aufbrechen wollten.

Zum ersten Mal, seit die Hunnen gegen die Mauern des *Imperium Romanum* geprallt waren, waren zwei Türme eingestürzt, die noch vor wenigen Wochen als unzerstörbar gegolten hatten: Das östliche Riesenreich zahlte Tribut an einen Hunnenkönig, und das westliche bat gleichzeitig um Krieger zur Verteidigung des westlichen Kaisers.

»So schön haben unsere verehrten Ahnen nicht einmal mit den sechs streitenden Reichen in China gespielt«, hatte sogar Onkel Aijbars mitten in seinem Singsang gelacht.

»Dort wurden Mauern gegen uns gebaut«, hatte Ruga ergänzt, »und hier werden sie für uns geöffnet – und gleich für beide kaiserlichen Paläste.«

»Es fehlen tatsächlich nur noch rote Teppiche!« hatte selbst Aetius lachend gesagt. Jetzt stand er direkt neben Großkönig Ruga und dem obersten Schamanen der Herrscherfamilie auf einem kleinen Erdhügel, von dem für diesen Zweck Röhricht, Binsen und frühlingsgrüne Weidenbüsche entfernt worden waren. Die Pflanzen auf dem Ehrenhügel des Großkönigs waren sorgsam von Aijbars besprochen worden, ehe sie geschnitten werden durften.

Rechts und links neben ihnen standen alle *Logades*, die bei diesem Zug nicht mitritten. In einigen Gesichtern erkannte Attila bereits Bedauern und sogar heimlichen Neid, denn selten war ein großer Feldzug so sicher und gefahrlos gewesen. Keiner der Krieger nahm die Legionen der Oströmer ernst – auch wenn sich der neue Kaiser so sehr vor ihnen fürchtete, daß er die hunnischen Eroberer bat, ihn für Gold gegen seine eigenen Generale und gegen die Truppen Ostroms zu schützen und zu verteidigen.

Attila ritt bis auf fünf Pferdelängen an sie heran, dann hielt er und öffnete den Harnisch aus kleinen Lederplatten und kostbaren Vogelfedern. Er drehte sich nach allen Seiten und zeigte den Männern, die unter seiner Führung in den Krieg zogen, seine nackte Brust. Sie jubelten und schrien vor Zustimmung und Begeisterung.

Und dann begann der Vorbeiritt der sechzigtausend besten Männer auf ihren kleinen, schnellen Pferden. Er begann langsam, in einer Ordnung, die sich erst finden mußte. Obwohl alle im voraus eingeteilt waren, wollten viele zu den ersten gehören, die unter den magischen Beschwörungen des Schamanen hindurchritten. Stunde um Stunde ging der Gesang von Onkel Aijbars im Lärm der Pferde, der Musikinstumente und der vom Jubel ins Jammern fallenden Weiber unter. Er sah wie ein riesiger Totenkopfvogel aus, geschmückt mit bunten Bändern und immer wieder in neuen roten, weißen und schwarzen Duftrauch eingehüllt.

Jeder der Männer – auch die der Hilfsvölker – erhielt von den Frauen und Mädchen der Hunnen ein kleines Stück der abgeschnittenen Weidenzweige. Sie sollten Glück und eine gesunde Heimkehr bringen. Es dauerte den ganzen Tag, bis schließlich alle aufgebrochen und über die eigens angefertigten Schwimmbrücken an den kaum kniehohen Ufern der Theiß gezogen waren. Bereits zu diesem Zeitpunkt wurde deutlich, daß die Kämpfer keine Lust hatten, lange auf die Lastpferde, Mulis und Troßwagen zu warten. Sie drängten weiter und wollten so schnell wie möglich die Kaiserstadt erreichen.

Attila wartete bis zum letzten Mann und so lange, bis der Schamane den Weihezug beendete.

»Viel Glück!« rief Aijbars und ließ endlich die schmerzenden Arme sinken. Ein halbes Dutzend seiner jungen Schüler fing ihn auf und legte ihn auf eine vorbereitete Trage. Auch Deng Tsik wäre liebend gern mitgeritten, aber diese Erlaubnis hatte nur der dreizehnjährige Ellac erhalten. Er durfte sich während des Zuges bei den Waffenmeistern der Goten aufhalten. Er sollte lernen, warum das Erz der Erde zuerst geschmolzen werden mußte, bevor es Schlag um Schlag zu Schwerterklingen geschmiedet werden konnte.

Attila lächelte Großkönig Ruga, seinen Beratern und zum Schluß noch einmal seinen Söhnen und Greka zu. Er hatte versprochen, ihr eine Brieftaube zu schicken, sobald er beim Kaiser des Westreiches eingetroffen war.

Anders als bei seinen ersten Ritten ins Kernland des *Imperium Romanum* ließ Attila diesmal gleich nach der Überquerung der

Donau Richtung Norden abbiegen. Die Straße an der Save entlang würde noch bis in den Sommer hinein unpassierbar bleiben, so schwer hatten die Schmelzwasser und Überschwemmungen das südliche Pannonien und die Provinz Savia getroffen.

Sie waren der gut ausgebauten römischen Heerstraße nach Aquincum bis zur Mündung der Drau gefolgt und dann nach Nordwesten abgebogen. Die Uferniederungen des Flusses und die sumpfigen Wiesen waren immer noch schwer passierbar, aber mit den Pferden kamen sie hier schneller voran als im Überschwemmungsgebiet der Save. Die Spitzen der weit auseinandergezogenen hunnischen Reiterei hatten bereits Poetovio erreicht. Dort warteten Legionäre aus Aquincum, die im Zeichen des Gottes Mithras mit ihnen marschieren wollten. Einige der hunnischen und gotischen Anführer in Attilas Heer wunderten sich darüber, daß bei diesen Römern Christen und Heiden gemeinsame Sache machten. Während die Germanen ihre christlich-arianischen Gottesdienste feierten, zelebrierten die Römer in den geheimen Kellertempeln von Poetovio die Anbetung des gnadenlosen persischen Sonnengottes. Noch vor wenigen Jahren wären sie dafür mit dem Tode bestraft worden ...

Die Nachrichten vom schlechten Zustand der nördlichen Wege mußten auch bis nach Konstantinopel gedrungen sein. Längst hatten Königsaugen gemeldet, daß die Heere von Kaiser Theodosios II. aufgebrochen waren, um den Thron von Ravenna für die eigene Familie zurückzuholen. So leicht ließen sich die drei Frauen nichts wegnehmen, was auf ihre Söhne und Töchter verteilt werden konnte!

»Wenn die Meldungen zutreffen und ich das, was ich in den vergangenen Wochen gehört habe, damit verbinde, dann ergeben sich zwei Marschsäulen der Oströmer«, sagte Attila am dritten Abend nach dem Aufbruch. Sie hatten inzwischen ebenfalls die Bernsteinstraße erreicht. »Eine zieht unter dem Kommando von Aspar in Eilmärschen an der ägäischen Küste entlang bis Thessalonike und dann über die geheimnisvolle *Via Egnatia* durch Makedonien und Epirus. Die andere schifft sich unter Ardabur ein und nimmt den Seeweg.«

»Das sieht schlecht für uns aus«, meinte Aetius besorgt. »Ich weiß, wie stark und schlagkräftig die Oströmer sind.«

»Davon haben wir in den letzten Jahren nicht sehr viel gemerkt«, lachte Attila.

»Vergiß nicht, daß Galla Placidia auch Anhänger in Rom und Ravenna hat«, sagte Aetius. »Das Heer von Verwaltungsbeamten, geheimen Steuereintreibern und Paladinen findest du nie auf dem Schlachtfeld, aber es ist schon oft siegreicher gewesen als die besten Legionen! In der Kürze der Zeit war es unmöglich, alle auszutauschen!«

»Davon verstehe ich nichts!« sagte Attila abfällig.

»Ich habe auch nur laut nachgedacht«, seufzte der Römer. »Mir macht dieses dritte Heer der Unbewaffneten und Speichellecker, der Lehrer und Beamten fast noch mehr Sorgen als die beiden Heere Ostroms. Sie hängen tief in ihrem Herzen noch immer an den alten Herrschern ...«

»Sollen wir etwa unsere Pfeile gegen fromme Kirchgänger und Schreiberlinge abschießen?« fragte Attila und lachte.

Aetius holte tief Luft, dann schüttelte er den Kopf. »Vermutlich werden die beiden oströmischen Heere gleichzeitig mit uns das Hadriatische Meer erreichen ...«

»Ja, aber so weit südlich, daß sie lange an der Felsenküste entlangstolpern müssen!«

»Woher kennst du die Küste?«

»Ich kenne sie nicht«, sagte Attila und grinste. »Aber ich kenne Männer, die schon einmal dort waren. Außerdem habe ich immer noch die Pergamente des Castorius. An den kurzen Zacken der Wege und den Meilenangaben in diesen Gebirgen kannst du leicht ablesen, wie gering die Strecken sind, die ein Heer dort an einem Tag zurücklegen kann!«

»Ich hoffe nur, daß du recht hast«, sagte Aetius besorgt. »Wenn die Anhänger des alten Kaiserhauses in Rom oder an den Küsten des Hadriatischen Meeres genügend Schiffsraum zur Verfügung stellen, dann ... ja, dann kann es schwierig für uns werden!«

»Du siehst viel zu schwarz!« sagte Attila.

»Ich wäre gern ein paar Tage früher aufgebrochen.«

»Mach dir keine Gedanken – wir kommen ab jetzt schnell voran!«

Am nächsten Abend erreichten die Spitzen des hunnischen Entsatzheeres Emona. Hier überschlugen sich die Nachrichten aus Ravenna, aus der südlichen Bergwildnis und von den Küsten des Hadriatischen Meeres.

Attila, Aetius, Aijbars, Onegesios, Scottas und ihre besten Anführer versammelten sich mehrmals im Legionslager an der Bernsteinstraße.

»Beratung oder Besprechung?« fragte Attila, als Aetius ziemlich aufgeregt von einem schnellen Rundritt zu den römischen Kampfeinheiten und den in ihnen Dienst tuenden Germanen zurückkam.

»Ich weiß, ich weiß«, antwortete Aetius mit einem gequälten Lachen. »Ihr wollt immer eine Beratung, aber bei uns heißt das nun einmal Besprechung.«

»Weil an den kaiserlichen Höfen schon immer viel zuviel besprochen und zu wenig beraten wurde«, kicherte Aijbars.

»Leider ist eingetroffen, was ich die ganze Zeit befürchtet habe«, sagte der Römer. »Oströmische Truppen haben bereits im Winter Salona in Dalmatien erobert. Das schlechte Wetter hat sie ebenso wie uns lange festgehalten, aber inzwischen stößt ein Teil des Heeres unter Aspar auf dem Landweg über die Julischen Alpen nach Italien vor.«

»Und die anderen?«

»Sie warten ebenfalls auf besseres Wetter. Sie haben nicht genügend Schiffe, um all ihre Truppen nach Italien zu bringen.«

»Na dann los!« rief Attila und rieb sich die Hände. »Wir sind in weniger als zwei Tagen vor Aquileia, und in nochmal drei Tagen bei den beiden Kaisern!«

Aetius schüttelte den Kopf.

»Nein!« sagte er vollkommen unerwartet.

»Was heißt hier *nein*?« fragte Attila verdutzt.

»Der Plan von Kaiser Johannes und mir sieht keine Verteidigung Ravennas vor ...«

»Das verstehe ich nicht«, sagte Onegesios. »Was denn dann?«

»Die völlige Vernichtung der oströmischen Heeres!«

Für einen Augenblick blieb alles totenstill. Nur von draußen klang das laute, wilde Treiben der angeheizten Reiterkrieger bis ins alte Castell. Sie waren tagelang scharf und ausdauernd geritten. Trotzdem hatten viele von ihnen noch immer nicht genug. Sie tranken Wein aus den Kellern von Emona, handelten und tauschten – von Bernstein bis zu Spielwürfeln und Seidentüchern. Jeder der Krieger hatte irgendeine kleine Geldreserve, und wenn es nur ein paar Denare oder Kupfermünzen waren. Nicht Gewicht und Prägung bestimmten an diesem wilden Tag den Wert der Münzen, sondern einzig und allein der Wunsch der Einwohner, diesen seltsamen, fröhlichen und doch bis an die Zähne bewaffneten Heerhaufen so schnell wie möglich wieder loszuwerden.

»Kann es sein, verehrter Freund der Hunnen«, sagte Attila schließlich, »kann es sein, daß du gar nicht unglücklich über den langen Winter und die Verzögerungen durch das Wetter gewesen bist?«

»Was meinst du damit?«

»Ich meine damit, daß du uns von Anfang an nicht die Wahrheit gesagt hast!«

»Halt, Attila!« wehrte der Kommandant der kaiserlichen Palastwache ab. »Ich habe euch keinen Augenblick belogen! Ihr folgt mir für das Gold, das euch Kaiser Johannes zugesagt hat! Aber es gibt keinerlei Vereinbarungen zwischen Großkönig Ruga und mir über die Strategie, wie wir euch einsetzen ...«

»Dann laß uns endlich wissen, wie deine Strategie aussieht!« schnaubte Attila. »Schließlich sind wir es, die für euch den Kopf hinhalten sollen!«

»Nicht für uns – das wäre euch so gleichgültig wie das Adlerküken, das vom Giftzahn einer Natter umgebracht wird ...«

»Wobei das Adlerküken dieser neue Kaiser sein soll, nehme ich an«, sagte Attila. Aetius blickte verdutzt auf. Er hatte sich noch immer nicht daran gewöhnt, daß der jüngste Sohn von Großkönig Mundschuk keine fünfzehn mehr war und eine gute Schule der Rhetorik bei Onegesios und seinem Bruder Scottas absolviert hatte.

»Also gut – es ist ohnehin kein Geheimnis mehr«, sagte Aetius. Er warf seinen kurzen, quadratischen Kampfmantel zur Seite, ließ sich in einen hölzernen Klappstuhl fallen und streckte seine Beine aus.

Die anderen nahmen ebenfalls Platz. Es wurde Wein gebracht; nur Attila und Aijbars blieben bei ihrem Kräutersud.

»Unser Plan hat sehr einfache Motive«, sagte der Kommandant der kaiserlichen Palastwache. »Es kostet ein Vermögen und benötigt eine starke Hand, ein Heer wie dieses hier monatelang zu verpflegen und von Plünderungen abzuhalten. Ein solches Risiko wollte Kaiser Johannes nicht eingehen.«

»Das verstehen sogar Hunnen«, sagte Attila sarkastisch. »Ihr habt also befürchtet, daß es kein gutes Bild auf den neuen Kaiser des westlichen Imperiums wirft, wenn er als erste große Tat sechzigtausend Hunnen einlädt, die wochen- oder gar monatelang Gelage feiern, alles auffressen und aussaufen und dabei sämtliche Weiber des Palastes und der umliegenden Städte schänden ...«

»Das hast du gesagt, Attila!«

»Und ihr habt es befürchtet! Also – wo ist der Knochen und die Wahrheit?«

»Wir wollen Ardabur und Aspar mit ihren schwerbewaffneten Legionen in den Sümpfen vor Ravenna stellen. Und dazu ist es nötig, daß wir so lange hier bleiben, bis Ardaburs Schiffe vor Ravenna angelegt haben und Aspar an Tergeste und Aquileia vorbeigezogen ist.«

»Wir sollen also beiden Heeressäulen in den Rücken fallen, sobald Johannes mit seinen Kriegern die Zange schließt und in seinen Sümpfen jeden Anspruch auf den Thron zunichte macht, den die Augusta Galla Placidia mit ihren Kindern eigentlich zu Recht erhebt!«

Aetius antwortete nicht. Er hing in seinem Klappstuhl, lächelte kaum merklich und umfaßte mit beiden Händen die glatten, kunstvoll geschnitzten Adlerköpfe an den Armlehnen.

»Ja!« sagte er dann. »Genau so ist es!«

»Und wann?« fragte Attila. »Du hattest es doch eilig ...«

»Wir werden Sturm bekommen«, sagte Aetius, und seine kalten, grauen Augen schienen in weite Ferne zu blicken. »Es ist zwar noch nicht Herbst, aber auch jetzt, im Frühling, kann das Meer furchtbar sein, wenn es die Himmel wollen!«

»Ich wußte doch, daß mir etwas in meinen Gliedern zwackt«, zwitscherte der Schamane. »Es ist schon lange her, seit ich die Wetter hier im Westen lernte und verstand.«

»Wie weit reiten wir?« fragte Attila nüchtern.

»Bis ins Tal der Vipara.«

»Und wenn es nicht klappt?«

»Wie viele Meilen schaffen Hunnenreiter in der Ebene? Viel weniger als du mit deinem Gewaltritt bis Konstantinopel?«

»Sie tragen viel mehr Pfeile und Waffen, als ich mitnehmen mußte.«

»Trotzdem – wenn nur ein Drittel in drei Tagen von Aquileia bis Ravenna durchprescht ...«

»In zwei Tagen und zwei Nächten«, unterbrach Attila. »Und wenn es sein muß, entleeren wir sogar den Leib im schnellen Ritt!«

»Das mußt du mir nicht sagen«, grinste der Römer. »Das kann ich auch noch – sogar bei Gegenwind!«

Drei Tage später lagerten sie genau dort, wo fünfzehn Jahre zuvor Attila, Greka und der Schamane ein neues Lager der Legionen entdeckt hatten. Das frühere Übungsfeld war zu einem verwahrlosten Acker verkommen. Nur noch überwucherte Reste von Häusern und Mauern zeugten davon, daß damals zwar die Ewige Stadt, nicht aber Kaiser Honorius in seiner Fluchtburg in den Sümpfen von Ravenna besiegt oder erobert worden war.

Das Wetter war sehr schlecht. Seit sie Emona in der Paßhöhe über die Julischen Alpen verlassen hatten, ritten sie durch kalte Regenschauer. Wie zum Hohn leuchteten immer wieder die schneebedeckten Gipfel der Berge nur wenige Pfeilschußweiten über ihnen durch die Wolken.

Und dann, mitten in der Nacht, traf unerwartet eine Gruppe vollkommen durchnäßter und erschöpfter Reiter im Heerlager der Hunnen ein. Attila war sofort wach. Gleich darauf erschienen auch Aetius, Aijbars und einige andere Anführer in der Yurte der Kommandeure.

»Wo kommt ihr her?« rief Aetius überrascht und gleichzeitig besorgt. »Was ist geschehen?«

Nur einige der Hunnen und Germanen in der Yurte erkannten in den zwölf Ankömmlingen junge Unterführer der Palastwache. Sie scharten sich um einen jugendlichen, germanisch aussehenden Offizier, den Attila auf Anhieb wiedererkannte.

»Meine Männer«, erklärte Aetius mit Stolz und Sorge in seiner Stimme. Attila sah nur auf den anderen, der vor vielen Jahren in Aquileia noch *sesquiplicarius* in einer kleinen *turma* gewesen war.

»Mein Stellvertreter Litorius«, stellte Aetius vor, als er bemerkte, wen Attila so genau ansah. Die beiden Männer grüßten sich.

»Der Mann aus Rugiland«, lächelte Attila. »Willkommen bei uns.«

»Gebt ihnen doch erst einmal einen Schluck heißen Wein«, sagte der Schamane und fing selbst an, in der Kühle der Nacht zu bibbern.

Noch ehe Wein gebracht werden konnte, nahm Aetius seinen Stellvertreter zur Seite. Er legte einen Arm um ihn, neigte den Kopf und hörte ihm mehrere Minuten wortlos zu.

Die anderen knurrten und brummten. Einige wollten bereits aufbegehren, doch Attila hob beide Hände. Im gleichen Augenblick ahnte er, daß irgend etwas ganz furchtbar schiefgegangen sein mußte ...

Die Bestätigung kam gleich darauf. Aetius drehte sich ganz langsam um. Noch niemals hatte Attila so viel Verwirrung und Fassungslosigkeit in einem römischen Gesicht gesehen. Für einen endlosen Moment kam ihm dieses Gesicht vor wie die Maske eines in tiefstem Schmerz erstarrten Dämons – wie die Bilder, die in Klöstern und in Kirchen von dem Gekreuzigten zu sehen waren.

»Der Kaiser ist gestürzt und liegt in Ketten!«

Mehr konnte er nicht sagen.

Sie redeten und beratschlagten die ganze Nacht. Im ersten Aufwallen wollte Aetius sofort Alarm geben und losmarschieren lassen. Es kostete große Mühe, ihn von unbedachten, halsbrecherischen Aktionen abzuhalten.

»Sechzigtausend!« schrie er einmal. »Wozu zahlen wir für sechzigtausend Hunnen, wenn ich jetzt allein im Regen stehenbleibe?«

Erst ganz allmählich zeigte sich, was wirklich in den letzten Tagen in und vor Ravenna geschehen war. Ein Sturm hatte die oströmische Flotte unter Ardabur gepackt, durcheinandergewirbelt und im Mündungsdelta des Padus fast vollkommen zerstört. Die wenigen Schiffe, die sich bis in den Hafenbereich von Ravenna gerettet hatten, waren von den rennenden Wassern immer wieder angehoben und in der Mitte zerbrochen worden.

Nach und nach erfuhren die versammelten Heerführer, Stammesfürsten und Vasallenkönige der Hunnen, wie Ardabur als einer der wenigen Überlebenden gerettet und gefangengenommen worden war. Kaum einer der Männer in der oströmischen Marine hatte schwimmen gelernt.

»Die meisten waren ja keine Seeleute, sondern Fußtruppen, die eigens für diese Mission der Flotte ausgesucht und trainiert worden waren«, berichtete der Anführer der kleinen Truppe aus dem kaiserlichen Palast in Ravenna. Es war derselbe, der vor vielen Jahren als letzter in der *turma* mitgezogen war, die Attila und Aetius von Aquileia zum Zug der Zweihundert gebracht hatte. »Überall wurden ihre Leichen am Strand gefunden ... Syrer und Ägypter, Ägäer und Thraker und sogar Korsen und Sarden von den großen westlichen Inseln. Sie alle hatten sich freiwillig gemeldet, um Galla Placidia und ihre Kinder wieder auf den Thron des Imperiums zu bringen ...«

»Trotzdem verstehe ich diesen Kaiser nicht!« sagte Attila kopfschüttelnd. »Es ist immer klug, einen mächtigen Gegner respektvoll zu behandeln, aber es ist noch klüger, ihn sofort zu vernichten, wenn die Gelegenheit da ist!«

»Es heißt, daß Johannes von einer friedlichen Einigung mit Galla Placidia sprach«, sagte der zweite Anführer der Palastwache. «Ihr Sohn Valentinian ist ja bisher erst zum Caesar und Mitkaiser und noch nicht zum Augustus ernannt worden!«

»War General Ardabur deshalb weniger gefährlich und entschlossen?« fragte Attila verständnislos. Aetius schüttelte den Kopf.

»Der neue Kaiser mußte doch wissen, wie Verschwörer denken!« sagte Attila vorwurfsvoll. »Gerade er hätte es wissen müssen! Und daß Ardabur alles versuchen würde, um die Männer am Hof bei ihrer Ehre und ihrem ersten Treueeid zu pakken!«

»Und so haben die gestrandeten Eroberer doch noch gesiegt«, sagte Aetius bitter. »Dieser verdammte Kerl hat sogar meine Männer gegen Johannes aufgehetzt ... meine Männer, Attila! Die besten, die es je gab!«

»Mit ihren Schwertern vielleicht«, sagte Aijbars. »Aber nicht in ihren Köpfen und Herzen!«

»Ach was!« stieß Aetius wütend hervor. »Mit Gold wurden sie gekauft ...«

»Was ist daran auszusetzen?« fragte Attila. Einige der Germanenanführer grinsten. Sie flüsterten sich zu, daß die Männer draußen bereits die Pferde sattelten.

»Ja, ja, ich weiß!« knurrte Aetius. »Mich macht nur wild, daß sie Viehtreiber bestochen haben, Aspar und Galla Placidia mit ihren Kindern durch die Sümpfe zu führen.«

»Auch Viehtreiber können manchmal nützlich sein!«

Diesmal war es der Schamane, der seinen Kommentar nicht für sich behalten konnte. Erst jetzt merkte Aetius, wie sinnlos es war, mit den Hunnen und ihren Gefolgsleuten über das zu reden, was ihn am meisten schmerzte. Denn nicht die Niederlage kränkte ihn, sondern die Art, wie er alles verloren hatte.

Obwohl viele der Hunnen durch die veränderte Lage zunächst verwirrt waren, zeigten sie dennoch, was sie konnten. Sie brachen aus den Julischen Alpen und fegten wie ein neuer Sturm aus Pferden und Bogenschützen an Aquileia vorbei. Nichts hielt sie auf, und niemand stellte sich ihnen in den Weg, als sie von der *Via Annia* aus an Concordia und Altinum vorbei nach Südwesten abbogen. Sie preschten zwischen den Lagunen des Hadriatischen Meeres und den Feldern hindurch. Einige der Anführer aus den hunnischen Sturmhänden kannten den Weg bereits. Sie waren ihn mit Fürst Athawulf geritten, und sie waren geschlagen, aber gleichwohl mit reicher Beute mit dem Zug der Zweihundert zurückgekehrt ...

Am zweiten Abend, als sie erstmals nach dem Ausbruch aus den Bergen auf einer kaum wahrnehmbaren, sanften Erhöhung zwischen den vielen Ufern lagerten, kam wieder eine kleine Gruppe dem großen Heer entgegen. Die Anführer hatten sich soeben zur Beratung über die besten Angriffskeile versammelt, als die Ankunft der jungen Männer gemeldet wurde.

Attila war gerade von seinem Pferd abgestiegen und wollte eigentlich als erster mit ihnen sprechen, aber Aetius kam ihm zuvor und lief mit eiligen Schritten auf den jüngsten der Ankömmlinge zu.

»Carpilius! Du solltest doch nicht ... was ist geschehen!«

Der zarte Junge, der kaum älter als fünfzehn sein konnte, fiel vom Rücken des Pferdes in seine Arme. Schmutzig und verschwitzt, wie sie waren, umarmten sich die beiden, dann stellte Aetius ihn auf den Boden. Er hielt seinen Sohn an den Oberarmen, musterte ihn besorgt im gelben Lichtschein der Außenfackeln zwischen Zelten und Yurten und begrüßte erst dann die anderen Männer.

»Er ist tot!« stieß der Junge hervor. »Sie haben Kaiser Johannes verhöhnt, gequält und hingerichtet!«

Andere drängten heran. Mehr und immer mehr. Schließlich waren es Hunderte, die ohne Unterschied in Herkunft oder Rang einen dichten Ring um Aetius, Attila und die jungen Männer aus Ravenna bildeten. Die hinteren wollten wissen, was los was, aber niemand verstand etwas, bis Attila scharf und schneidend pfiff. Sofort verstummten alle außer Aetius und seinem Sohn.

»Ja, er ist tot«, bestätigte Carpilius mit stockender Stimme. Die Männer sahen, wie er plötzlich schlucken mußte.

»Lauter!« riefen einige von hinten.

»Ich war dabei, als er hingerichtet wurde ... und viele tausend andere ... wie einem Dieb haben ihm die Soldaten die rechte Hand abgehackt und ihn rückwärts auf einen Esel gesetzt ... auch deine Männer, Vater ... und alle, ganz Ravenna ... hat gejohlt und geschrien, als er durch den Circus getrieben wurde ... es war furchtbar für ihn und für alle, die zu lange zu ihm gehalten haben ...«

»Und nun?« fragte Attila, als der Morgen bereits graute. Sie hatten keine Eile mehr, denn nichts und niemand konnte die drei Tage zurückbringen, die sie zu spät gekommen waren.

»Weiter!« antwortete Aetius mit versteinert wirkendem Gesicht.

»Was willst du noch?« fragte Attila. »Kaiser Johannes ist tot!«

»Ich will Vergeltung!« stieß Aetius hervor, blind vor Haß und Wut. »Und wenn es nur wegen dieser Schmach ist!«

Die Männer unter Attilas Führung zogen sich zu verschiedenen Beratungen zurück. Jeder Stamm, jedes Kontingent und jede Sturmfaust sollte allein entscheiden, ob sie unter den neuen Bedingungen gegen das geballte Waffenarsenal Ravennas, gegen die rechtmäßige Kaiserin und ihren Sohn und gegen Heere aus beiden Teilen des Imperiums reiten und kämpfen wollten. Es war eine ganz andere Sache, Angreifer von hinten in die Zange zu nehmen, wenn auf der anderen Seite die Macht des Kaiserreiches stand, als jetzt ohne diese Verbündeten allein die Hauptstadt des Imperiums anzugreifen oder zu belagern ...

Hinzu kam bei den Hunnen noch eine ganz einfache Frage: Aetius hatte keinen Zugriff mehr auf die Truhen und Schatullen des kaiserlichen Hofs in Ravenna. Wo aber sollte der vereinbarte und garantierte Sold herkommen? Und ohne Beute wollte und konnte keiner der schnellen Reiter an die Donau oder gar über die Karpaten zurückkehren!

Attila erkannte das Problem schneller als alle anderen. Mit einer derartigen Wendung hatte weder er noch irgend jemand sonst im Kreis seiner Berater und Anführer gerechnet. Für ihn ging es jetzt allein darum, wie er sechzigtausend ehrgeizige, perfekt geübte und ganz allein auf Kampf und Beute ausgerichtete Krieger aufhalten sollte.

Er war klug genug, nicht einfach zur Umkehr blasen zu lassen. Nicht umsonst hatte er in den vergangenen Jahren alles über das Geheimnis von Befehl und Gehorsam gelernt. Wieder und wieder hatte ihm auch der Schamane gesagt, daß es unmöglich war, einen Sturm aufzuhalten, wenn er erst einmal losgebrochen war.

»Du kannst fünfhundert oder fünftausend Männer nicht aufpeitschen und dann einfach mit einem Wort von dir anhalten«, hatte Aijbars gesagt. »Nein, Attila – wer reiten oder gar führen will, muß überzeugen und darf nie versuchen, lebenden

Wesen seinen eigenen Willen aufzuzwingen! Und wenn das doch einmal nötig werden sollte, dann darfst du nur befehlen oder androhen, was du im Ernstfall tatsächlich mit Gewalt durchsetzen willst und kannst! Und wenn der Sturm so stark wird, daß er dich ebenfalls mitreißen will, dann sattle dich noch fester auf ihn ... zeig, daß du seine Wucht erkennst, sie sogar noch verstärken willst! Nur so kannst du den Sturm, die wilden Rosse und die heißen Reiter zügeln: peitsch sie noch weiter, damit sie dir in deine Richtung folgen!«

Drei Stunden nach Sonnenaufgang wurde ihnen die Antwort aus der Hand genommen. Die Instrumente der Germanen in ihren Reihen bliesen laut Alarm. Zuerst war nichts zu sehen im dichten Frühnebel über den Wiesen und Uferniederungen. Das flache Land lag wie unter einer weißen Decke, nicht höher als ein aufgesessener Reiter. Die Baumkronen schienen auf der weißen Nebelschicht zu schwimmen.

Und dann tauchten aus dem Nebel zwischen dem Meer, den Sümpfen und den vielfach verästelten Flußläufen und Überschwemmungskanälen blitzende Adlerzeichen der Legionen, bunte Wimpel der schnellen Reitereinheiten und sogar Stangen mit lang herabhängenden roten Flaggenbändern der oströmischen Marine auf. Die Verteidiger der theodosianischen Dynastie warfen sich ohne lange Verhandlungen dem Mann entgegen, der gerade noch im Auftrag eines anderen Kaisers die Hunnen ins Kernland des Imperiums geholt hatte. Aetius erkannte schnell die Zeichen und Standarten.

»Es ist nicht zu fassen!« schnaufte er empört. »Aspar und Ardabur als die Verteidiger der vertriebenen und nur durch Ostrom zurückgekehrten Galla Placidia! Als hätte es nie eine Teilung des *Imperium Romanum* und der Streitkräfte gegeben ...«

»Kein Wetter könnte schlechter für uns sein als dieser Nebel!« knurrte Attila unwillig. »Trotzdem – auf die Pferde! Befehl an alle! Und dann abwarten!«

»Und das in diesem angeblich so sonnigen Italien!« warf Onegesios ein. Carpilius fühlte sich augenblicklich angegriffen.

»Hier gibt es das ganze Jahr hindurch Morgennebel«, sagte er. Beinahe gleichzeitig bestiegen die Männer um Attila ihre längst bereitstehenden Pferde. Sofort wurde der Überblick besser.

»Ich habe auch schon hier gelebt, Sohn von Graf Aetius!«

Carpilius musterte den Mann, von dem ihm sein Vater so viel erzählt hatte, mit seinen großen, weich wirkenden Augen. Attila lächelte, als er ihn mit seinen eigenen Söhnen verglich. Nein, dieser Junge würde nie ein Meister des Bogens oder Schwertes werden. Aber er machte einen ernsthaften und klugen Eindruck, der ihm bei seinen eigenen Raufbolden manchmal fehlte.

»Ich werde Aspar und Ardabur als erster entgegenreiten!« sagte Aetius. Attila schüttelte den Kopf, dann hob er die Schultern.

»Das ist kein Mut, der dich in ihre Arme treibt«, stellte er eher abfällig fest. »Könnte es vielleicht sein, daß du vor seinen Augen absichtlich den Tod suchst?«

Er deutete auf Carpilius. Gleichzeitig sah er, wie sehr Aetius ihn in diesem Augenblick haßte. Es war, als würde er zum ersten Mal die eigentliche Rüstung dieses Mannes mit seinem Blick durchstoßen. Die beiden ungleichen Männer starrten sich an, und keiner zuckte auch nur mit den Wimpern. Aber die Zeit war noch nicht reif ...

Keiner der Umstehenden konnte später sagen, was eigentlich verhindert hatte, daß sie sich aufeinanderstürzten. Einige meinten, es sei Carpilius' sanftmütiger Blick gewesen. Andere sagten, daß im gleichen Moment der Lärm von Tubabläsern tief und dröhnend durch den Nebel drang. Aijbars dagegen behauptete noch jahrelang, daß er den Nebeln aufgetragen hatte, zu verschwinden und auf das Meer hinauszuziehen, ehe sich Attila und Aetius vor aller Augen umbrachten ...

Die Reiter der Legionen und der Hunnen prallten an zwei Stellen zugleich aufeinander. Mit brüllendem Geschrei rannten

Germanenkrieger aus Ravenna auf sie zu. Sie sahen ziemlich lächerlich aus mit ihren nackten Beinen, geschlitzten Lederrökken, kurzen Römerschwertern und Schilden, auf denen sie in grellen Farben und mit unbeholfen breiten Pinselstrichen ihre sonst üblichen Köpfe von Ebern, Bären, Hirschen oder Drachen übermalt hatten. Was die Hunnen jetzt sahen, wirkte viel eher wie ein Frauengesicht mit geschwungenen Brauen, an den Kopf geflochtenen Haaren, Perlen an den Ohren und um den Hals, und einem großen, vollen, knallrot lockenden Mund.

Die ersten Pfeilwolken senkten sich wie Schwärme todbringender Vögel über die stürmenden Römer. Die anfängliche Überraschung ging in Verwirrung über.

»Was soll das denn!« fauchte Attila Aetius an. »Sind jetzt die Römer die Barbaren?«

»Tut mir leid!« rief Aetius durch den Lärm zurück. »Ich weiß auch nicht, wo diese Generale oder auch Admirale ihre Heerführung gelernt haben ...«

»Das ist doch Wahnsinn!« schrie Attila wütend. Er schwang herum und wandte sich an die Könige und Anführer der Männer, die losgestürmt waren, noch ehe irgend jemand den Befehl dazu gegeben hatte.

»Wer ist das? Wer sind diese Verrückten?«

»Die aus dem Osten ... Sturmfäuste, die schon mit Fürst Bleda in Persien waren!«

»Hier gibt es keinen Bleda!« wütete Attila. »Hier haben sie sich an meine Befehle zu halten ... oder ich werde sie einzeln ans Kreuz hängen lassen!«

Er riß sein Pferd herum. »Los, alle Anführer hinter mir her! Und wenn wir diese tollwütigen Hunde einzeln am Nacken packen und aus dem Sattel zerren müssen!«

Er blickte auf Aetius und dessen Sohn hinab. »Sorgt dafür, daß der Unsinn sofort aufhört! Es bringt nichts, wenn wir uns hier zu Tausenden abschlachten! Davon wird Kaiser Johannes auch nicht wieder lebendig!«

Er sah, daß Aetius noch immer zögerte.

»Wach endlich auf, Aetius!« brüllte er ihn an. »Such dir Aspar und verhandle mit ihm! Du bist dein Kommando in den Palästen Ravennas ohnehin los!«

Tatsächlich schien Aetius erst jetzt zu begreifen, daß es ausschließlich an ihm lag, ob sich der Morgentau auf den Wiesen und das Wasser der Flüsse rot vom Blut färbten oder nicht.

18. Zeit der Hirten

Es dauerte bis zur Mittagsstunde, bis auch die letzten Einheiten und Gruppen voneinander ließen. Eine Weile jagten sie sich noch gegenseitig. Zu lange war auf beiden Seiten Haß und Vernichtung gepredigt worden. Zu sehr hatten beide Seiten den Stolz gepflegt, daß sie allein für den rechtmäßigen Thronanspruch in den Kampf zogen.

Auf Bitten von Galla Placidia blieb das Heer der Hunnen im Lager auf der flachen Anhöhe einige Meilen nördlich der Stadt. Attila nahm Onegesios und Aijbars mit, als er zusammen mit Aetius und seinem kleinen Gefolge in die Kaiserstadt ritt, um Galla Placidia im »neuen Palast« zu treffen, den noch ihr Bruder Honorius gebaut und über unterirdische Gänge mit den Kasernen der Hunnenwache verbunden hatte.

Es wurde ein seltsames Nachtmahl. Auf der einen Seite der flachen Tische lagerte liegend die alte und neue Kaiserin mit ihrem sechsjährigen Sohn Valentinian und seiner siebenjährigen Schwester Honoria, dazu die oströmischen Heerführer ihres Stiefneffen Theodosios III. Auf der anderen Seite nahmen Aetius, Attila, Aijbars und Onegesios die vorgeschriebenen und dennoch nicht ganz dem Brauch entsprechenden Plätze ein. Es waren zu viele Personen für ein vornehmes, privates Essen und zu wenige für eine feierliche Staatsversammlung.

Die Atmosphäre blieb die ganze Zeit über so gespannt, daß Attila mehrmals aufstehen und gehen wollte. Jeder andere Anführer der Hunnen oder Goten hätte es wohl auch getan. Doch Attila begriff, daß es in all den Diskussionen nicht um die eigentlichen Dinge ging, sondern einzig und allein darum, wer die Argumente im Fordern und Nachgeben griffiger und verständlicher zu formulieren vermochte.

»Eigentlich ist alles ganz einfach«, sagte er, als ihm die endlo-

sen Finessen von Galla Placidia, aber auch von Aetius und Onegesios endgültig zuviel wurden.

»Ich erinnere mich noch gut an deine direkte Art«, sagte die Kaiserin. Niemand konnte sagen, ob sie das als Lob oder als süffisante Bemerkung meinte. Attila war es inzwischen gleichgültig, wer in der Runde mehr Gesicht verlor oder behielt. Er war für sechzigtausend Männer verantwortlich, die darauf warteten, welches Ergebnis er noch in dieser Nacht zurückbrachte.

»Fangen wir bei dir an, Aetius«, sagte er, als Galla Placidia ihm zunickte. Sie war inzwischen bei süß gefüllten, grellbunt überzogenen Kuchen angelangt. »Du hast gespielt und verloren. Normalerweise müßten dir ebenfalls die Hände abgeschlagen werden ...«

Er stützte sich weiter mit dem linken Arm auf der unbequemen Liege ab und hob nur die Rechte, um den verkniffen wirkenden Römer zu beschwichtigen. Niemand hatte bisher daran Anstoß genommen, daß Aetius noch immer die Uniform des Kommandeurs der Palastwachen trug. Genau an diesem Punkt wollte Attila ansetzen.

»Aber du bist zu wertvoll und zu nützlich für das Imperium«, fuhr Attila lächelnd fort. »Du könntest zum Beispiel ein Truppenkommando übernehmen und dich dabei bewähren ...«

»Das ist eine interessante Idee«, sagte die Kaiserin. Sie achtete nicht auf die beiden Oströmer, die wild mit den Köpfen schüttelten. »Wir haben in Konstantinopel gehört, daß die Vandalen aus der Provinz Africa die Balearen-Inseln erobern wollen. Du könntest dort das Kommando übernehmen.«

»Ich bin kein Fisch!« wehrte Aetius ab. »Wenn ich schon in die Verbannung geschickt werde, dann bestenfalls dorthin, wo mein Vater vor fünf Jahren erschlagen wurde!«

»Ja, ich erinnere mich«, sagte Galla Placidia mit kaum verstecktem Vorwurf in der Stimme. »Unser vorbildlicher und getreuer General Gaudentius starb im Kampf mit den Westgoten.« Sie stockte, seufzte leise und sagte mit einer Stimme, die viel spröder klang als eben noch: »Aber es stimmt – sie werden immer unverschämter! Es fehlt nicht viel, und sie greifen unter ihrem jungen König Arelate an und dringen bis zur Küste unseres Meeres vor!«

»Allerdings dürfte es nach draußen nicht wie eine Verbannung aussehen«, erhöhte Aetius den Preis für sein Einverständnis. Insgeheim bewunderte Attila den Mann, der eben noch unter dem Richtschwert gekniet hatte und nun bereits befördert werden wollte.

»Wäre dir der Rang eines Oberbefehlshabers und Militärkommandanten ausreichend?« fragte die Kaiserin vollkommen beherrscht. Im gleichen Augenblick hatte Attila eine weitere Idee.

»Nicht schlecht«, sagte er an Stelle von Aetius. »Und bestimmt erfolgreich mit einer schlagkräftigen, schnellen Truppe, auf die du dich verlassen kannst!«

Aetius lachte trocken. »Und wo soll ich meine Wunschlegionen herzaubern?«

»Für Zauberei bin ich zuständig«, sagte der Schamane. Er war der einzige, der seit Stunden die immer neuen Köstlichkeiten der kaiserlichen Tafel genoß. Er hatte bereits so viel in sich hineingestopft wie sonst in zwei Wochen nicht. Er blickte kurz zu Attila. »Wie wär's, wenn wir dir einige der besten und kampfwilligsten Hunnenstürme an deine Seite zauberten?«

Für einen Augenblick schwiegen alle.

»Hunnen!« platze Ardabur dann heraus. »In Gallien! Gegen die Westgoten! Das sind doch Kuckuckseier, *Nobilissima*!«

Aetius zuckte kaum merklich zusammen. Der Oströmer hätte sie mit *Augusta* ansprechen müssen! Sie war keine edle Geflohene mehr, sondern erneut die Kaiserin von Westrom! Doch Galla Placidia ließ sich nichts anmerken.

»Wir hatten immer Hunnen hier am Hof«, gab sie unbeeindruckt zurück. »Wenn sie pünktlich das bekommen, was vereinbart ist, sind sie zuverlässiger als jeder Legionär!«

»Eine derartige Vereinbarung hätte mehrere Vorteile«, sagte Attila. »Aetius bekommt ein Heer ... wir belohnen die wildesten der Männer und lassen sie nach Westen mitziehen ... und der von Aetius und Kaiser Johannes versprochene Sold muß nicht mehr für alle sechzigtausend gezahlt werden.«

»Einen Moment mal!« protestierte Galla Placidia. Bis eben hatte sie sich noch als Siegerin gefühlt. Sie starrte Attila mit ihren schönen, dunklen Augen an. Für einen Augenblick hatte er das Gefühl, als würde sie ganz tief in ihrem Inneren mit dem Gedanken spielen, zum zweiten Mal in ihrem Leben einen Barbarenfürsten von Weib und Kindern wegzulocken, um ihre eigenen Ansprüche und Wünsche durchzusetzen. Er sah genau, daß sie nicht die geringsten Skrupel hatte. Und er sah, daß ihr Bett nicht durch goldene oder kaiserliche Gitter für andere versperrt war. Auch ihre siebenjährige Tochter hing mit halb geöffnetem Mund an den Lippen des Hunnenfürsten. Er war so anders als die alten, ehrwürdigen Offiziere und die Eunuchen, die sie sonst in den Palästen zu sehen bekam.

»Meint ihr etwa, daß ich ...«

Sie schüttelte den Kopf und lachte so hell, wie es sonst nur Onkel Aijbars konnte.

»Wie komme ich dazu, euch zu bezahlen? Und wofür überhaupt?«

»Du müßtest sehr viel zahlen für das, woran ich denke«, sagte Attila vollkommen ruhig. Fast gleichzeitig erkannte er, wie ihr gerade erst aufflammendes Interesse wieder in Abscheu und Verachtung und zusätzlich in Empörung umschlug. Aber nur Aijbars bekam mit, woher die Hitzewelle kam, die plötzlich das Gesicht der Kaiserin mit einem roten Hauch verschönte.

Diesmal war es Aetius, der seiner Kaiserin erklärte, daß auch die Hunnen ihr Gesicht verlieren würden, wenn sie ohne Lohn und Beute zu ihren Frauen und den anderen zurückkehrten. Galla Placidia begriff schnell. Sie sah ein, daß sie nicht die geringste Wahl hatte. Während die Oströmer weiter ablehnen und protestieren wollten, war es für sie eine Frage der Waagschalen, von denen keine nach der einen oder anderen Seite sinken durfte.

»Also gut«, sagte sie. »Ein gutes Kontingent Hunnen mit Aetius nach Gallien, die anderen ziehen ohne Plünderung friedlich zurück. Und der vereinbarte Sold wird in Gold gezahlt, sobald ihr alle östlich von Aquileia seid. Könnt ihr das einhalten und für eure Krieger garantieren?«

Attila lächelte.

»Ja, ich erkenne hiermit an, daß dir unsere Hilfsbereitschaft ebensoviel wert ist wie dem unglücklichen Johannes.«

»Dann sind wir uns jetzt einig?«

»Vollkommen einig«, sagte Attila und stand langsam auf. Vom langen Liegen auf der Seite fühlte er sich schlimmer zerschlagen als nach einem ausdauernden Ritt. Onegesios und der Schamane sahen irgendwie enttäuscht aus.

»Allerdings muß ich Großkönig Ruga und allen anderen noch einen Ausgleich mitbringen«, sagte Attila wie beiläufig.

»Ausgleich? Den hast du eben erst von mir erpreßt!«

»Ach das! Das war doch nur für unsere Krieger! Uns fehlt noch eine Art Vertrag, wie ihn Kaiser Johannes sicherlich gern unterzeichnet hätte ...«

Attila sah, wie Onegesios und der Schamane plötzlich grinsten. Sie mußten sich ganz offensichtlich große Mühe geben, um nicht laut loszuprusten. Attila verschränkte die Arme auf dem Rücken, wie er es immer tat, wenn er nicht stolz und abweisend, sondern verbindlich wirken wollte.

»Ich weiß nicht einmal, von wem der Vorschlag kam«, sagte er freundlich. »Aetius? Nein, ich glaube nicht! Aber er hätte gut von ihm stammen können, weil er ja weiß, daß Grenzen und Provinzen etwas ganz anderes für uns bedeuten als für euch Römer und Germanen. Wir bauen keine Städte, keine festen Häuser. Uns interessiert daher nur Weideland und gutes Wasser ... und wir zerschneiden lieber unsere eigene Haut als die der Mutter Erde ...«

»Was soll das alles«, fragte Galla Placidia, nur noch mühsam beherrscht. Es war, als ahnte sie bereits, daß sie für den zurückgewonnenen Kaiserthron doch noch mehr bluten mußte, als sie vor Volk und Senat vertreten konnte.

»Ich mache dir nur einen Vorschlag«, sagte Attila. Seine Stimme klang sehr sanft, aber alle wußten, daß er es absolut ernst meinte. »Ich könnte mir gut vorstellen, daß Großkönig Ruga damit einverstanden wäre und sich in Zukunft mehr nach Ostrom als nach Westen orientiert, wenn unser Hunger wieder einmal groß wird.«

»Warum sprichst du nicht endlich ganz direkt und ...«

»Und so brutal wie ein Barbar?« fragte Attila und lächelte. »Vergiß nicht, daß ich schon einmal in Rom war. Ich habe viel gelernt von den Rhetoren.«

»Das ist mir jetzt egal«, zürnte die Kaiserin. »Was willst du?«

»Ich sage dir, was wir begrüßen würden.«

»Ja, ja, als neue Forderung! Ich habe schon verstanden!«

»Aber wo denkst du hin!« widersprach Attila. »Sicherlich wäre es sehr günstig, wenn die Regierung Westroms die Bewohner und die Verwaltung der Provinz *Valeria* in die neuorganisierte Provinz *Valeria Media* östlich der Julischen Alpen übersiedeln würde. *Valeria Ripensis* wäre dann sozusagen Niemandsland und könnte von uns als Weideland benutzt werden ...«

Die dunklen Augen der Augusta blitzten.

»Und du glaubst ernsthaft, daß ich auf eine derartige Erpressung eingehe?«

»Ja«, sagte Attila und schmunzelte vergnügt. Normalerweise machten ihm die Wortklaubereien der Rhetoren nicht so viel Spaß. Aber diesmal genoß er es, die stolze Schöne dafür zahlen zu lassen, daß sie ihn in Rom nur verächtlich und wie ein wildes, stinkendes Tier behandelt hatte. »Du brauchst uns für die kommenden Jahre friedlich und wohlgesonnen«, sagte er und deutete auf ihre Kinder, die viel zu müde waren, um irgend etwas zu verstehen, »zumindest aber so lange, bis der Kaiserthron Westroms für diese beiden da nicht mehr zu groß ist und sie mit dir regieren können!«

Er sah in ihren Augen, wie viele Argumente und Gefühle in ihr stritten. Doch dann siegte ihr Machtinstinkt, den Attila in ihr gefördert und bestärkt hatte.

»Frieden mit Valentinian und Honoria!«

»Frieden für sie beide.«

Keiner der Beteilgten ahnte in diesen Tagen, daß auf diese Weise die Nachkommen der ersten Reiter aus der Steppe für mehrere Jahre zur schnellsten Hilfstruppe des *Imperium Romanum* wurden, vor der sogar die wildesten Germanen höllischen Respekt hatten.

Zugleich hatte der Mann, der eigentlich der Anführer des Umsturzversuchs gegen die theodosianische Dynastie gewesen war, zum Schluß doch noch gewonnen. Er hatte einfach einen neuen Eid geschworen.

Hunnen, Ostgoten und alle anderen Völker im Karpatenraum sprachen noch lange an den Feuern über die großartige Beute, die Fürst Attila für alle ausgehandelt hatte. Es war, als ahnten sie bereits, wie wichtig das Land zwischen Save und Donau mit den Städten Sirmium und Singidunum werden konnte. Hier saßen sie an der großen Wasserstraße, kontrollierten die bedeutendsten Märkte zwischen dem Südosten und dem Westen des Imperiums. Und doch gab es *Logades* und Anführer, die sämtliche Erfolge Attilas als Dämonenwerk verachteten. »Nur mit Geschwätz erworben und nicht mit Pfeil und Bogen!« ließen die ältesten Söhne von Großkönig Mundschuk nach und nach verbreiten.

Um sich die Verbindung und die Sympathie der Hunnen zu sichern, hatte Aetius ihnen seinen Sohn Carpilius als Geisel mitgegeben. Auch hierzu hieß es östlich der Karpaten: »Ein römischer Spion mehr, der uns eines Tages in die Suppenkessel spuckt!«

»Allein das beweist, wie unersetzlich – aber für uns auch gefährlich gut – dieser Römer von der Donau ist«, urteilte dagegen Großkönig Ruga vor den versammelten Anführern der hunnischen Hilfsvölker.

»Mein Vater ist so weit vom Kaiserhof entfernt, daß er dort im Augenblick keine Gefahr darstellt«, beteuerte Carpilius.

»Bedauerst du etwa, daß du nicht dabei bist, wenn er den Westgoten endlich auf die Finger schlägt?« fragte Ruga.

»Ich glaube nicht, daß man sie auf Dauer zähmen kann«, sagte der junge Römer. »Sie werden nie vergessen, daß sie Rom vor fünfzehn Jahren schon einmal erobert haben.«

»Das mag schon sein«, sagte Attila, »aber sie wissen auch, daß aus Galliens Erde mehr als einmal Kaiser gewachsen sind, die für sie oder für Rom gefährlich wurden. Dein Vater mag nach außen hin Frieden mit Galla Placidia und ihren Beratern geschlossen haben ...«

»Er könnte niemals Augustus werden.«

»Nein«, sagte Attila. »Aber das wollte nicht einmal Alarich, der Eroberer der Ewigen Stadt! Es gibt andere Positionen, die für ihn interessanter und für Galla Placidia viel gefährlicher sind!«

»Außerdem wissen Rom und Ravenna jetzt, daß er auf uns zählen kann!« meinte Großkönig Ruga.

»Solange die Solidos schön glänzen«, zwitscherte Aijbars vergnügt. Und alle lachten.

Einige Wochen später erfuhren sie, daß Theodosios II. aufgebrochen war, um seinen kleinen Stiefvetter Valentinian zum Augustus zu erheben. Dann berichteten Händler, der östliche Kaiser sei auf der Reise erkrankt und nach Konstantinopel zurückgekehrt. An seiner Stelle vollzog der zum *Patricius* ernannte Helios die Erhebung Valentinians III. zum Augustus.

»Eine weitsichtige Mutter«, sagte Attila zu Greka, als sie beieinander lagen. »Sie sorgt rechtzeitig für saubere Verhältnisse.«

Die Ereignisse von Ravenna hatten noch eine ganz andere Folge. In seinem Stolz beschloß Großkönig Ruga, nun ebenfalls eine Art Mittelpunkt für alle Hunnenstämme und ihre Hilfsvölker zu schaffen. Er besprach sich mit vielen Männern seiner eigenen Völker und Stämme – aber auch mit den Königen und Anführern der Goten und der anderen, die dazugehörten. Sie schwärmten tagelang durch die Tiefebene zwischen den Flüssen Theiß, Köros und Maros, dann fanden sie einen schönen Platz mit ein paar Teichen und einem über eine Strecke von zweitausend Schritt ganz sanft ansteigenden Gelände.

Auf der weiten Fläche konnten beliebig viele Menschen ihre Yurten aufstellen – zehntausend, fünfzigtausend oder mehr Familien. Das mit Baumgruppen, kleinen Wäldchen und Buschflächen gespickte Weideland reichte im Südosten einen Tagesritt weit bis zu den Bergen, nach allen anderen Seiten mindestens zwei Tagesritte.

Der Großkönig stieß sein Schwert in den Boden. Der Untergrund war schwarz und dicht, aber weich genug für die Herden. Er befahl, das königliche Lager genau auf der Bodenerhebung aufzubauen, die schon von weither sichtbar war.

»Nur eines will ich nicht«, sagte er am Ende der Feierlichkeiten. »Ich will nicht von Mauern umgeben sein und keine Wachtürme sehen – ganz gleich, wieviel dafür sprechen mag!«

Und noch eine Veränderung folgte für die kommenden Jahre. Er befahl, daß nun Fürst Bleda als älterer Sohn seines Bruders mit all seinen Kriegern und Familien in seine Nähe ziehen sollte.

»Ihm fehlt noch ein wenig Erfahrung im Umgang mit Westrom«, sagte er zur Begründung. »Dafür kann im Osten sehr von Nutzen sein, was Attila über Plinthas, Aspar, Ardabur und Galla Placidia weiß ...«

Es geschah, wie er gesagt hatte. Ruga wollte, daß Onegesios, Scottas und Carpilius bei ihm blieben. Dafür erhielt Aijbars die Erlaubnis, ebenfalls zu Ostkönig Oktar auf die andere Seite der Berge zu wechseln. »Ich brauche auch mal wieder den freien Blick nach Osten ... über das Delta der Donau hinweg ... über das Meer ... hin in die Weite der Steppe, aus der wir gekommen sind ...«

Es wurden friedliche Jahre für Attila. Er vergaß nicht, wozu Schwert, Pfeil und Bogen, Messer und Wurfschlingen dienten, aber er kümmerte sich täglich um seine Söhne, um die größer gewordenen Herden, die Auswahl von Wallachen und um manch eine der jungen Frauen, die in ihm mehr und mehr einen Mann sahen, vor dem sie nicht die Augen niederschlagen mußten. Und eine dieser Gelegenheiten ergab sich wie selbstverständlich ...

Er war mit ihr, ein paar Kindern und ihren Müttern für einige Tage bis zu den klaren Bergen hinausgeritten. Greka war nicht mitgekommen. Sie war schwanger.

Sie stiegen von den Pferden und warteten, bis auch die letzten der Kinder den wildromantischen Wiesenplatz unter großen Rotbuchen erreicht hatten. Ein kleiner, kaum zwei Schritt breiter Bach teilte das Hochtal mit steilen, dicht bewachsenen und an der Nordseite düster und drohend wirkenden Felshängen.

Als alle da waren, wollten die Kinder Beeren und Nüsse sammeln. Sie kreischten vergnügt und fanden es ganz normal, daß einige von ihnen dunkle Haare und schmale, ernste Augen, andere aber helle Haare, lange Nasen und große Kulleraugen hatten. Besonders ein kleines, burschikoses Mädchen fiel Attila auf. Sie hieß Sani und war mit seinem Ältesten befreundet.

»Da drüben!« sagte Attila zu Ellac. »Siehst du das Murmeltier?«

Die Kinder in der Nähe hörten auf zu sprechen.

»Laß mich! Laß mich zuerst!« drängelte der Junge. Attila wußte, daß er die Sehne eines doppelt geschweiften Hunnenbogens schon fast eine Handbreit nach hinten ziehen konnte. Er ging zu seinem Pferd und nahm den Bogen, der ebenso groß war wie die Kinder.

»Hier, nimm den kleinsten Pfeil«, sagte er und zeigte seinem Sohn eine Auswahl.

»Warum den kleinsten? Mit den großen, schweren würde ich viel besser treffen!«

»Das hast du doch schon hundertmal gehört«, lachte Attila.

»Dann sag's nochmal für die anderen!« forderte Ellac stolz.

»Ja, warum mit dem kleinsten Pfeil?« rief Sani.

»Besonders scheue und sehr schnell zur Flucht bereite Tiere darfst du nur angreifen, wenn du dir sicher bist, daß du sie mit dem kleinsten deiner Pfeile triffst«, antwortete Attila geduldig. »Die Völker, die vor uns hier und in den östlichen Steppenweiten lebten, benutzten Pfeile aus weichem Kupfer mit fürchterlichen Widerhaken«, erklärte Attila. »Wir haben Eisenpfeile für unsere Feinde, aber die wären viel zu grob für kleine Tiere oder Vögel.«

»Ich weiß«, sagte Ellac, »da darfst du nur Pfeile mit Knochenspitzen nehmen.«

»Ganz richtig«, sagte Attila, »und warum?«

»Weil Knochenspitzen auch von Tieren sind?« fragte Sani schnell. »Weil sie dann weniger Schmerz empfinden als bei hartem, bösem Eisen?«

»Ja«, sagte Attila. Er freute sich über das aufgeweckte Mädchen. »Und jetzt hört zu! Ich sage euch, warum ein Knochenpfeil für Murmeltiere besser ist! Weil die feinen Knochenspitzen Tierfelle eher zerschneiden als zerreißen. Merkt euch das: Kein Knochenpfeil zerreißt Fell und kostbares Gefieder!«

Er gab Ellac seinen Bogen. Er war viel zu schwer für den Halbwüchsigen. Sani schüttelte mißbilligend den Kopf. Ellac legte an, zielte viel zu lange, stieß einen Ächzlaut aus ... und traf!

Attila stutzte. Er wußte nicht, wie Ellac das gemacht hatte.

»Ich hab' den Pfeil mit meiner Stimme abgeschossen und nicht mit meinen Armen!«

Attila lächelte, als er sah, wie Sani sich vor ihn stellte, die kleinen Fäuste in die Seiten stemmte und gegen seinen herrischen Ton protestierte.

»Ach was, das war nur Glück!« fauchte sie furchtlos. »Du bist hier nicht der Großkönig! Sieh doch an, was du bisher gesammelt hast! Keine einzige Beere, keine Nuß. Nichts ... überhaupt keine Beute!«

»Und das Murmeltier? Ist das etwa nichts? Mit den Pfeilen und dem Bogen von meinem Vater!«

»Na und?« fragte sie verstimmt über seinen Erfolg. »Du hast ja ... du hast ja nicht einmal die hohe Stirn von ihm ...«

»Komm, laß das, Sani«, mischte sich in diesem Moment ihre Mutter ein. »Niemand wird mit der Fürstenstirn geboren ... das dürfen nur *Logades* binden, wenn die Säuglinge noch klein sind ... für die Familien einfacher Krieger ist das nichts ...«

Attila hörte die Stimme und empfand im gleichen Augenblick ein völlig ungewohntes, eigenartiges Kribbeln auf der Haut. Er hatte plötzlich das Gefühl, als ob die junge, fast wie eine Bogenkämpferin der Sarmaten aussehende Frau mehr mit ihm als mit den Kindern sprach. Im gleichen Augenblick erkannte er sie.

»Svanhild drei?«

»Das hat ja ziemlich lange gedauert! Ja, ich bin eine der Amazonen!«

»Was machst du hier? Was ist mit euch geschehen? Und wo sind die anderen?«

Aus dem Augenwinkel sah er, wie Sani sie beide ganz groß ansah. Ellac hatte nichts bemerkt, doch Sani schien schon in diesem Moment zu wissen, daß ihre Mutter und Fürst Attila in dieser Nacht das Lager teilen würden ...

Es wurden wunderbare, herrliche Nächte mit Svanhild der Dritten. Tagsüber sonderten sie sich ab, soweit es ging, rollten lachend und eng umschlungen Grashänge hinab, bis sie von irgendeinem Gebüsch aufgehalten wurden und sich fast zerquetschten.

Als sie zurückkehrten, wußte Attila, wie die anderen Svanhilds umgekommen waren. Sie waren in Ravenna festgesetzt und nach Rom gebracht worden. Svanhild zwei war an ein Hurenhaus verkauft worden, Svanhild vier hatte sich im Circus bei einem Wagenrennen das Genick gebrochen, und Svanhild fünf war geköpft worden, nachdem sie die perversen Rituale einer

Gruppe Mithrasjünger nicht ertragen und in ihrem Kellertempel drei Zenturios erstochen hatte.

Greka war anfänglich nicht sehr begeistert von der neuen Entwicklung. Sie hatten nie darüber gesprochen, was er in den Nächten tat, wenn er mit seinen Kriegern unterwegs war, aber sie war klug genug, um ihm nicht die Fußsehnen zu zerschneiden, wie es die Rugier an den östlichen Ausläufern der Alpen mit ihren Gefangenen und Sklaven taten. Sie legte ihm auch keine Fußfesseln aus Lederriemen an, mit denen bei den Goten ebenso wie bei den Hunnen besonders wertvolle, aber zu wilde Hengste an ihre Stuten und die Herden gebunden wurden.

Drei Monate später bekam Greka eine Tochter. Sie wurde bereits nach den ersten Tagen in die Obhut der Milchfrauen gegeben. Eine Weile spielte Attila mit dem Gedanken, den arianischen Christen in seinem Gefolge einen Gefallen zu tun und sie Maria zu nennen. Aber Greka war ganz und gar nicht damit einverstanden. Attila beriet sich in dieser subtilen Frage mehrmals mit Aijbars und mit den Großen seines Stammes. Erst als Onegesios für einige Tage mit den üblichen Anweisungen des Großkönigs in ihr Ordu kam, fanden sie eine Lösung. Der Grieche schlug vor, das blonde Mädchen nach einer alten germanischen Göttin zu nennen. Sie einigten sich auf Freyja, die geheimnisvolle Zauberin der Asen.

Svanhild drei überlebte die Geburt ihres zweiten Kindes nicht. Attila sprach mit Greka. Sie war der Meinung, daß er an den Sarmatinnen noch etwas gutzumachen hätte.

»Vergiß nicht, daß du eine von ihnen wegen mir erschlagen hast!« sagte sie.

»Was hat das eine mit dem anderen zu tun?«

»Vielleicht nicht viel«, antwortete sie, »aber ich habe nie vergessen, was in jener Nacht am Strand geschah. Deshalb würde ich den Sohn von dir und Svanhild drei gern *Starker Held* oder in deiner Sprache *Ernak* nennen.«

Darüber mußte Attila nicht lange nachdenken. Und so wurde Ernak zum dritten Sohn in der Yurte von Attila und der hohen Fürstin Greka ...

In den beiden folgenden Jahren hörten Attila und seine Leute nicht sehr viel von dem, was im *Imperium Romanum* geschah. Die Männer um Ostkönig Oktar interessierten sich ohnehin nicht sonderlich dafür und hatten anderes zu tun. In ihrer unmittelbaren Nähe bewegte sich hin und wieder etwas. Wegen der Umgruppierung der hunnischen Hauptkräfte war Ostrom gezwungen, neue Sicherheitsvorkehrungen zu treffen. Das war normal und in diesen Jahren ohne größere Bedeutung.

Nur gelegentlich besprach Attila mit einigen Vertrauten, was bis zu ihnen vorgedrungen war: In Gallien stießen die Heere Roms und ihre schnellen hunnischen Reiter immer wieder mit den Westgoten zusammen. Sie hatten Arelate besetzt und waren nicht bereit, sich vor den Römern zurückzuziehen. Es dauerte lange, bis es Aetius gelang, mit seinen in der Belagerung ungeübten Steppenreitern die besetzte Stadt zu erobern.

Das Jahr darauf brachte eine weitaus interessantere Wendung im inneren Kampf um die Macht im westlichen Imperium. Attila erfuhr direkt von einigen Römern, mit denen sie Handel trieben, wie geschickt Aetius inzwischen auf allen Instrumenten der Verleumdung spielte.

Niemand konnte genau sagen, was geschehen war, aber im Ergebnis hatten neue Palastintrigen in Ravenna falsche Gerüchte bis nach Africa geschleust. Das Imperium war nach wie vor und besonders wegen der unfreundlichen Westgoten in Gallien auf Getreidelieferungen aus dem Norden des africanischen Kontinents angewiesen. Hier herrschte als oberster Statthalter ein Mann, den viele einflußreiche Römer viel lieber an der Spitze des westlichen Imperiums gesehen hätten.

Der *comes* Bonifatius war seit fast zehn Jahren Befehlshaber der Provinz Africa. Er hatte nie für Kaiser Johannes gestimmt und galt als Anhänger von Galla Placidia. Besonders gut Informierte erzählten hinter vorgehaltener Hand, daß die Kaiserin sogar ein Kind von Bonifatius geboren hatte, das aber schnell umgebracht worden war.

General Bonifatius machte den Fehler, nur auf Aetius zu achten. Er unterschätzte dabei einen weiteren Rivalen, nämlich den nach der Abschiebung von Aetius durch die Augusta zum Oberbefehlshaber ernannten Flavius Constantius Felix. Im dritten Jahr nach der Rückkehr von Kaiserin Galla Placidia hatte Felix sein erstes Konsulat angetreten. Für Aetius bedeutete das ein weiteres Jahr der Verbannung irgendwo bei den aufständischen gallischen Bauern im äußersten Nordwesten des Reiches oder bei den frech gewordenen Franken am unteren Rhein, den ebenfalls mutigen und rebellischen Burgunden, den schon immer widerspenstigen Alamannen oder irgendeinem anderen aufsässigen Germanenstamm.

Der *magister utriusque militiae* und neue Reichsverweser war ein Heerführer und kein Diplomat. Für ihn gab es nur die große Idee des *Imperium Romanum*.

Aus diesen Gründen verabscheute der oberste Soldat Westroms Aetius ebensosehr wie Bonifatius, den *dux* von Africa, von dem es hieß, daß er die Tochter eines gotischen Fürsten geheiratet habe, die noch immer dem verbotenen arianischen Glauben anhängen sollte. Schon deshalb gab es genügend Bischöfe, die über verschiedene Kanäle nicht nur die Kaiserhäuser in Ravenna und Konstantinopel, sondern auch die Senatoren in Rom und den einflußreichen Bischof Augustinus in Hippo Regio aufhetzten.

Aetius erfuhr beinahe zufällig davon, daß Bonifatius nach Ravenna zurückgerufen werden sollte, um über seine Verbindungen zu Ketzern, Vandalen und maurischen Tänzerinnen und über die kabylischen Eingeborenen seines Befehlsbereichs Rechenschaft abzulegen. Er erkannte sofort die günstige Gelegenheit, einen Rivalen auszuschalten, und stimmte zu. Aber der *dux* von Africa weigerte sich und rief offen zur Rebellion gegen Galla Placidia und ihren Oberbefehlshaber Flavius Felix auf. Er konnte nicht ahnen, daß Felix genau das beabsichtigt hatte. Er ließ umgehend drei zuverlässige Generale mit schnellen Flotteneinheiten in See stechen. Zusätzlich schickte er einen Vertrauten nach Tolosa, um von den Westgoten Hilfstruppen gegen den Vandalenfreund Bonifatius zu fordern.

Doch eben dieser Mann war mit der Kaiserin noch vertrauter als mit dem stärksten Mann des westlichen Imperiums. In ihrem Geheimauftrag täuschte er alle anderen und eilte nach Carthago. Bonifatius hatte bereits mit denen, die ihn bestrafen sollten, kurzen Prozeß gemacht. Auf diese Weise wurde schnell klar, daß Felix und Aetius diejenigen gewesen waren, die Bonifatius verleumdet und ihm mit Hilfe der Bischöfe und von bestochenen Beamten immer wieder Fallen gestellt hatten.

Die Kaiserin konnte auf keinen der drei Rivalen verzichten – weder auf den einfältigen, aber beim Adel bevorzugten Flavius Felix, noch auf den verschlagenen Flavius Aetius oder auf den langsam alternden Bonifatius. Doch vorerst war nur eine Patt-Situation erreicht. Die großen Würfel waren noch lange nicht gefallen ...

Comes Bonifatius fühlte sich von Rom bedroht und im Stich gelassen. Doch dann erinnerte er sich an ein Kriegervolk, das vor einigen Jahrzehnten von den Hunnen gelernt hatte, jetzt aber viel näher wohnte als die Steppenreiter an der unteren Donau.

Er rief die Vandalen in den spanischen Provinzen *Raetica* und *Carthaginiensis* zu Hilfe. Doch arrogant wie viele hohe Offiziere Roms vergaß er jene, denen er sogar die Schiffe für das Übersetzen von mehr als hunderttausend Menschen von Hispanien nach Mauretanien gestellt hatte, anschließend wieder. Daraufhin waren sie ihm in Carthago, der zweitgrößten Stadt des westlichen Imperiums, so gefährlich nahe gerückt, daß er Legionäre gegen sie schicken mußte.

Für Attila klangen die oftmals farbig ausgeschmückten Berichte noch zu verworren. Er hielt sich lieber an das, was ihn und den Ostkönig unmittelbar betraf. Während Westrom

Mühe hatte, die verbliebenen Restgebiete einstiger Größe im mittleren Gallien, in Italien und in den Alpenprovinzen zu erhalten, zahlte Konstantinopel hohe Tribute in Gold für den Frieden.

Und dann gelangten in kurzer Folge neue Nachrichten bis an die mittlere und untere Donau. Wäre Aetius in Ravenna geblieben, hätte das Bündnis mit den Hunnen vielleicht noch jahrelang bestanden. So aber verlangte der weströmische Oberbefehlshaber Felix von den Hunnen plötzlich das nordöstliche Pannonien zurück. Gleichzeitig ließ er die Limesbefestigungen erneuern und weiter ausbauen und organisierte die kaiserliche Militärverwaltung in der Provinz Valeria viel straffer als bisher.

Attila verstand nicht, warum er erst spät und nur in Bruchstücken davon erfuhr.

»Warum haben sie nicht bereits den Anfängen gewehrt?« fragte er immer wieder, während er vor Aijbars und einigen anderen in seiner Yurte auf und ab lief. »Warum war der Großkönig so passiv? Warum haben meine Brüder nichts verhindert? Ich wäre sofort nach Ravenna geritten ...«

»Und zu wem wärst du geritten«, fragte der Schamane beschwichtigend. »Zu Felix, den du kaum kennst? Zu Bonifatius, zu den Vandalen? Zu Aetius irgendwo in Gallien? Oder vielleicht direkt bis ins Bett der Kaiserin?«

Attila wußte längst, daß der Schamane damals sehr wohl mitbekommen hatte, wie nah eine neue und ungewöhnliche Konstellation im Palast der Kaiserin gewesen war.

»Du hast recht«, sagte Attila schließlich. Trotzdem beunruhigte ihn, was er nach und nach erfuhr. Ganz langsam gewann er die Überzeugung, daß er sich viel zu lange unbeteiligt und ruhig verhalten hatte.

»Sieh dir doch an, was um uns herum passiert«, schnaubte er schon kurze Zeit später im Ordu von Onkel Oktar. Aber auch der Ostkönig winkte nur ab.

»Laß Ostrom doch Mauern bauen!« meinte er bei einem der

vielen Krüge Wein, die er Tag für Tag leerte. »Solange wir ihr Gold bekommen, sollen sie machen, was sie wollen.«

»Wißt ihr, was sie sich auch gerade geleistet haben?« fragte ein junger Ostgote aus dem Geschlecht der Amelungen oder auch Amaler. Er war gerade von einem kleinen Erkundungszug aus dem Gebiet der Savemündung zurückgekehrt. Die anderen schüttelten den Kopf.

»Sie sind auf weströmisches Gebiet vorgedrungen ...«

»Wer?« fragte Attila verständnislos.

»Die lieben Verwandten aus Konstantinopel«, antwortete der junge Ostgote. »Sie haben ohne jede Vorwarnung oder Ankündigung einfach die westliche Provinz *Pannonia secunda* besetzt ...«

»Du meinst, daß einige ihrer Truppen dort durchgezogen sind ... daß sie in den Castellen Westroms übernachtet haben ...«

»Übernachtet und dort geblieben«, sagte der Amelunge. »Die anderen mußten packen und gehen! Auch die Verbündeten von Rom und Ravenna ... sogar Hunnen der Stämme, die sich an der Savemündung in der Gegend von Sirmium aufhielten.«

»Wenn das wahr ist, haben wir alle geschlafen!« stieß Attila hervor.

»Was suchen unsere Reiter auch in der Stadt Sirmium«, lachte der Ostkönig. »Nur Wein und Weiber, sage ich ... nur Wein und Weiber!«

»Wir können Sirmium nicht erobern«, sagte Attila. »Auch Großkönig Ruga hat nicht das schwere Gerät für eine Belagerung!«

»Dann verbieten wir diesen Oströmern wenigstens, daß sie neue Befestigungen und Stützpunkte in der geschluckten Provinz errichten.«

»Das ist nicht unser Bereich«, sagte der Schamane. »Ich denke vielmehr, daß Ostrom nur Theater spielt, denn viele Gegenden dort sind fast menschenleer und sogar von uns aufgegeben!«

»Ist das der Grund, warum wir nichts von Krieg gehört haben?« fragte Attila.

»Sie lernen sehr schön voneinander«, lachte der Ostkönig. »Ihr wißt es nicht, aber ich weiß es – mein schlauer Bruder Ruga hat sie einfach ins Leere laufen lassen ... nicht einmal einen Schafhirten haben sie angetroffen in den Gebieten, von denen sie großmäulig und genau wie Westrom behaupten, daß sie erobert, befreit und befriedet sind!«

»Das stimmt«, sagte der junge Amelunge. »Ich habe auch gehört, daß sie dichte Wälder hinzuzählen, sumpfige Flußauen, karges Land mit hartem Gras und felsige Bergtäler, in denen weder Getreide noch Viehfutter wächst.«

»Sagen sie sonst noch etwas?« fragte Attila.

»Ostrom nicht«, antwortete der Gote. »Aber aus Westrom heißt es, daß Felix siegreich gegen euch kämpft.«

»Gegen uns kämpft?« echote Attila. »Mit Geisterlegionen gegen Geisterreiter? Wo war hier Kampf und Krieg in den beiden vergangenen Jahren?«

»Offiziell heißt es überall: Pannonien, das fünfzig Jahre lang von den Hunnen besetzt gewesen ist, wurde von den Römern zurückgewonnen.«

Attila schüttelte ungläubig den Kopf.

»Verstehst du das, Onkel Aijbars?«

»Nun ja«, wand sich der Schamane. »Vielleicht prahlen sie so, weil sie inzwischen ganz genau wissen, daß sich kein Hirte bei uns um römische Provinzgrenzen und Landkarten kümmert. Die meisten interessiert doch nicht einmal, ob unsere Tiere in der west- oder oströmischen Reichshälfte weiden ...«

»Also ist alles wieder nur Propaganda und Mittel zum Zweck!« stellte Attila grimmig fest.

»Aber zu welchem?« fragte Ostkönig Oktar in einem klaren Augenblick. Er hatte seinen Becher ausgetrunken und wartete darauf, daß die Weinmädchen nachschenkten.

»Großkönig Ruga hat im Moment genug damit zu tun, all unsere Stämme und Hilfsvölker zu einem neuen Großreich zusammenzufassen«, sagte der Schamane. »Zu unserem Imperium, Attila! Und genau das nutzen die anderen aus.«

»Hoffentlich ist es nur das und nicht mehr«, sagte Attila. Er war ganz und gar nicht einverstanden mit der abwartenden Haltung der eigenen Fürsten, *Logades* und Könige.

Sie waren so sehr auf die immer gleichen Nachrichten, Gerüchte und Meldungen eingestellt, daß er zuerst gar nicht glauben konnte, wie ein ganz anderer Germane den Weg bis zum Ordu von Ostkönig Oktar gefunden haben sollte.

Seltsamerweise achtete der Bote der Vandalen überhaupt nicht auf den friedlich knurrenden Ostkönig, sondern fiel sogleich mit tränenüberströmten Gesicht vor Attila auf die Knie. Er jammerte, krümmte sich immer mehr zusammen und war zum Schluß nur noch ein Bündel Elend.

»Steh auf!« sagte Attila unfreundlich. »Ich weiß bereits, daß euer König Gunderich gestorben ist.«

»Verzeih mir«, stieß der Bote hervor. »Verzeih mir tausendmal, doch nicht der Tod unseres Herrschers läßt mich trauern, sondern die Schmach danach ...«

Attila lehnte sich zurück.

»Schmach? Welche Schmach? Was meinst du damit?«

»Keiner der legitimen Söhne von König Gunderich wurde auf den Schild gehoben, sondern Geiserich.«

Schlagartig war alles still im großen Rund der Yurte. Für eine kleine Ewigkeit wagte kaum einer der Männer zu atmen, denn niemand wußte, wie Attila jetzt reagieren würde.

»Geiserich«, sagte er noch einmal, und plötzlich glitt ein breites, zufriedenes Grinsen über sein Gesicht.

»Sieh einer an«, sagte er anerkennend. »Hat er es also doch noch geschafft Und das als Halbbruder und bloßer Mitregent.«

»Der Sohn einer Sklavin ...«

»Doch offensichtlich der beste Mann.«

Erst jetzt merkte der Bote der Vandalenfürsten, daß seine Sonne untergegangen war.

Wieder ein anderer kam aus der tristen Kälte der Provinz Belgien. Er stammte aus der Familie der Hunnenkönige und hatte als Anführer einer Sturmfaust im Heer von Aetius seinen linken Arm verloren. Jetzt war er zurückgekehrt wie auch andere; ihre Zahl wuchs.

»Steht es so schlecht um die Kampfkraft des Römers?« fragte Attila, als sie im großen Kreis zwischen den Yurten beim Abendfeuer saßen.

»Ohne uns Hunnen und Goten könnte er keinen Monat in diesen schrecklichen Provinzen überstehen«, berichtete der Veteran. »Westlich des Rheins geht fast alles drunter und drüber. Ganz oben im Norden beginnen die Franken, sich als Nachfolger der Kelten zu fühlen. Sie plündern bereits römische Stützpunkte, überfallen Kuriere und Gesandtschaften und kümmern sich einen Dreck um Treueschwüre und Gelöbnisse für das *Imperium Romanum*.«

Sie redeten lange über die neuen Völker weit entfernt im Norden und Westen. »Manch ein frierender römischer Legionär in diesen Gauen kriecht lieber zu einer drallen Fränkin ins Strohbett, als mit seinem kurzen Schwert gegen die schrecklich schreiend stürmenden, riesigen Franken für das Imperium zu kämpfen.«

»Und unsere Reiter?«

»Oh, die sind gut«, lachte der Veteran. »Wie berittene Schäferhunde kreisen sie die Franken ein, spannen die Bogen und machen immer wieder mit ein paar perfekt gelegten Pfeilsalven dem ganzen Germanenspuk ein Ende.«

»Dann fürchten die Kerle uns also!« sagte Attila.

»Du kennst ihren Spitznamen?« fragte der Veteran überrascht. »Ich habe selbst einmal gehört, wie ihre Frauen und Mädchen über uns Hunnen redeten, aber ich habe nur ein paar Brocken verstanden. Ein paar von den fränkischen Legionären haben mir übersetzt, was die Weiber sprachen.

»Und wovon redeten sie?«

»Sie sagten: ›Die Hunnen kommen wie bunte, in Leder und Eisen gehüllte Gespenster von allen Seiten. Die Pfeile der vordersten schwirren heran wie Hornissen. Ehe man sich's versieht, schaut man zur falschen Seite und wird getroffen.‹ ... ›Mein Kerl ist hin‹, rief daraufhin eine andere, ›mein starker Kerl!‹ Dann eine dritte: ›Mir ist mein Mann, mein Ehemann nach Walhall aufgestiegen ...‹ Und dann die letzte von den Fränkinnen, ein stilles, schönes Mädchen, kaum fünfzehn Jahre vielleicht. ›Es waren nicht die Hunnen, die angefangen haben‹, sagte sie so traurig, wie ich es nie zuvor gehört habe. Eigentlich durfte sie gar nicht sprechen ...«

»Warum nicht?« fragte Attila

»Sämtliche Männer verachteten sie und spuckten vor ihr aus; aber die Frauen wußten, daß Kinder von Eroberern bereits in vielen Leibern herangewachsen waren ...«

Der Veteran erzählte noch viele Abende weiter. Der Winter kam, und sie hörten, wie Westroms Feldherr Aetius mit seinen Hunnenreitern sämtliche Gruppen der ripuarischen Franken unterworfen hatte. Sie waren viel zu leichtsinnig aus ihren Siedlungsgebieten zwischen Rhein, Maas und Mosel nach Westen vorgedrungen.

Stamm um Stamm, Familie um Familie wurde zum neuen Treueeid für Rom gezwungen. »Schwört oder flieht nackt und ohne alles, was euch eigen ist, auf das andere Ufer des Rheins«, lautete der Befehl, den schon bald jeder Reiter der Hunnen in der altfränkischen Sprache nachsprechen konnte.

»Eigentlich mochten und respektierten wir uns«, erzählte der Veteran viele Tage später. »Wir waren für sie die schnellen Reiterkämpfer aus dem jahrtausendealten Osten Asiens und sie für uns die jungen Wilden, die gerade erst erwachten und sehr schnell wachsen wollten, um aus Familien und Sippen die ersten starken Stämme für die Krone eines neues Volks zu bilden.«

Attila stand auf, ging zu dem alt gewordenen Krieger und legte ihm die rechte Hand auf die Schulter.

»Wir danken dir!« sagte er. »Ruh dich jetzt aus! Wir werden dich noch sehr viel fragen müssen ...«

19. Heimtücke der Burgunden

Scottas ließ es sich auch diesmal nicht nehmen, mit viel Geschrei herumzulaufen und den Beginn des Jahres 429 nach der Geburt des christlichen Gottessohnes zu verkünden. Die Arianer unter den Ostgoten, Gepiden und anderen Hilfsvölkern der Schwarzen Hunnen fanden sich überall zwischen Zelten und Yurten an der unteren Donau zusammen und sangen Lieder, die sich gar nicht mehr germanisch anhörten.

Der Winter verging, und in dem steten Reigen aus Werden und Vergehen, aus Sommerglut und Todeskälte schmolz das Eis erneut, als Mensch und Tier die kalte Dunkelheit nicht mehr ertragen wollten. Als die Sonne kräftiger wurde, kam Carpilius zusammen mit Onegesios über die Karpaten in den Ordu von Ostkönig Oktar. Fürst Attila freute sich über die Abwechslung und ritt mit Aijbars und einigen seiner Anführer zum Gelage, das Oktar für den Sohn von Aetius veranstaltete. Es wurde ein schönes und lautes Fest. Schon bald waren sie alle beschwingter Stimmung. Die Weinkrüge kreisten, die Mädchen lachten, wenn fröhliche Männerhände nach ihnen griffen, und Oktar begann als erster zu singen.

Als es vor der Königsyurte immer lauter wurde und die Männer zu zweit und zu dritt und dann jeweils mit einem halb fröhlich, halb ängstlich kreischenden Mädchen an der Hand über die aufgehängten Kessel und durch die Feuer sprangen, da nahm Attila Carpilius beiseite. Sie gingen ein paar Schritte, dann ließ Attila ihre Pferde satteln. Sie stiegen auf und ritten ein wenig in die Nacht hinaus, bis sie den Fluß erreichten, der nach Südosten zur Donau führte.

»Hast du neue Nachrichten von deinem Vater?« fragte Attila, nachdem sie sich eine Weile über die Unterschiede zwischen dem Lager von Ostkönig Oktar und dem neuen Ordu von Großkönig Ruga unterhalten hatten.

»Die offizielle Politik in Ravenna hat sich nicht groß verändert«, berichtete Carpilius. »Wo früher nach den guten alten Grundsätzen von Gaius Julius Caesar für Ordnung an den Grenzen gesorgt wurde, läßt man heute ängstlich zu, daß sich die Barbaren ... entschuldige, ich meine die Germanen ... untereinander abkühlen. Mein Vater kann nicht überall zugleich sein – auch nicht mit Hunnenhilfe ...«

»Ärger mit diesen Franken?« fragte Attila.

»Ja, auch mit denen, obwohl sie eigentlich noch gar kein Volk sind, sondern nur aufsässige Haufen von wilden Hunden!«

»Sei auf der Hut, Carpilius!« mahnte Attila lachend. »Ihr Römer habt viel zu oft die Kraft der Menschen unterschätzt, die ihr als unkultiviert und roh verachtet!«

»Damit kommen wir zum eigentlichen Grund unseres Besuches«, sagte Carpilius. Er konnte in der Dunkelheit nicht sehen, daß Fürst Attila zufrieden lächelte. Er hatte gleich geahnt, daß er und Onegesios den langen Weg über die Berge nicht nur zum Feiern auf sich genommen hatten.

»Mein Vater will bestimmten Völkern eine harte Lektion erteilen«, sagte Carpilius.

»Also doch ein Schlag, der die Franken zurückpfeift ...«

»Nein, nicht die Franken, sondern die Burgunden!«

»Die sind doch völlig harmlos«, sagte Attila. »Wir meinen doch die gleichen ... die auf der rechten Seite am oberen Rhein?«

»Ja«, sagte Carpilius. »Ostgermanen ... hochgewachsene Nordleute und wahrscheinlich früher einmal ein Zweig der Vandalen. Vor ungefähr sechshundert Jahren kamen sie über die Insel Burgundarholm aus Scantinavia. Ein Teil von ihnen zog bis zum Pontus, andere blieben an den nördlichen Flüssen und wurden von den Gepiden schwer geschlagen. Der Hauptstamm ist vor etwa hundertfünfzig Jahren mit den harten Alamannen aneinandergeraten. Sie kamen trotzdem bis zum Rhein, wo sie dann aber der Limes viele Jahre aufhielt.«

»Sind sie nicht beim großen Durchbruch über den vereisten Rhein dabeigewesen?«

»Ja, genau dies sind sie, die ich meine! Sie nutzten den Vandalenzug und waren damit auf der Westseite. Natürlich suchten sie wie alle anderen nur Land.«

»Sie haben damals doch Land von euch bekommen«, sagte Attila. »Und den Vertrag, der sie zu euren Föderaten machte ...«

»Ja, auch das trifft zu. Aber dann wollten sie auf einmal ebenso sein wie andere. Sie wurden arianische Christen und ersetzten ihr System der Volksältesten durch einen Heerkönig aus dem Geschlecht der Gibichungen. Und im Moment ist es Gundahar, der gegen Rom auftrumpft, als wäre er ein wilder Franke!«

»Was hat dein Vater vor?«

»Sie sind hervorragende Kunsthandwerker und bestimmt nicht arm«, sagte Carpilius.

»Ich verstehe«, sagte Attila. »Der Goldschatz der Burgunden, damit nicht noch mehr Blut an euren Schwertern klebt.«

»Bis du etwa unter die Priester gegangen?«

»Nein, aber ich habe keine Lust mehr, wieder einmal für ein paar Goldstücke euer Imperium zu stärken! Jeder von uns ist nun mal Hirte seiner Herde und muß selbst aufpassen, daß ihm nichts auseinanderläuft!«

»Vielleicht hat euer Großkönig deshalb bei dieser Strafaktion eher an seinen Bruder als an dich gedacht, Fürst Attila!«

»Da hat er gut gedacht«, gab Attila zurück. »Der Dicke braucht tatsächlich wieder mal Bewegung! Wann soll er aufbrechen?«

»Möglichst schon nächste Woche.«

»Mit wieviel Mann?«

»Soviel er braucht gegen dreitausend von denen.«

»Was? Mehr Krieger haben die Burgunden nicht?«

Der junge Römer lachte.

»Schon euer Lagerplatz zwischen den Flüssen jenseits der Karpaten ist größer als das ganze Königreich dieser Burgunden bei Borbetomagnum ...«

Nachdem Ostkönig Oktar mit einem kleinen, lärmenden Haufen von sieben, acht eher zufällig aus allen nur denkbaren Stämmen und Sippen der Gegend zusammengetrommelten Sturmfäusten in die Provinzen nördlich der Alpen aufgebrochen war, erkannte Attila, daß es so einfach nicht weitergehen konnte.

Nahezu alle, mit denen er darüber sprach, entschuldigten die zunehmende Verwahrlosung und das Desinteresse an allen größeren Gedanken und Ideen damit, daß sie genug zu essen und zu trinken hätten und daß im *Imperium Romanum* auch keine wesentlichen oder gefährlichen Ereignisse mehr passierten.

Bei seinem Abschied hatte Oktar, der *Brave Starke*, noch einmal ein großes Fest gegeben. Es war sehr mühsam für ihn gewesen, genügend Männer zu finden, die an einem so langen und beschwerlichen Zug durch verwahrloste Landstriche und vorbei an längst verlassenen Römerstädten im Norden teilnehmen wollten, noch dazu, wenn der Gegner ein winziges Volk war, dem eigentlich niemand einen lohnenden Beuteschatz zutraute.

Zum Schluß waren es nur zwei Argumente gewesen, die doch noch zu einem Unterstützungszug für das Imperium geführt hatten: der Wunsch des Großkönigs und Attilas entschlossener Einsatz für Aetius. Großkönig Ruga brauchte das Wohlwollen und die Freundschaft dieses Römers. Und Flavius Aetius war darauf angewiesen, daß die Hunnen sofort kamen, wenn er sie gegen aufständische Germanen rief und gut dafür bezahlte.

»Wenn wir dem Vater von Carpilius jetzt nicht helfen, wird er niemals der Oberbefehlshaber im Westen des Imperiums«, hatte er vom Pferd herab den lustlosen Männern erklärt. »Carpilius' Vater war Geisel bei uns ... er ist unser Freund ... er allein kann uns auch in Zukunft die Länder und Provinzen schenken, die wir für unsre Herden brauchen!«

Bereits zum Ende des vorangegangenen Jahres war Aetius jedoch durch die am weströmischen Hof wütenden inneren

Machtkämpfe von seinen Kriegsschauplätzen entfernt, nach Italien befohlen und unerwartet befördert worden. Er nannte sich jetzt *magister militum et utriusque militae dux* und war Oberbefehlshaber sämtlicher weströmischen Fußtruppen und der Reiterei. Damit war er Felix gleichrangig, aber noch nicht gleichgestellt, denn Flavius Felix war immer noch der Dienstältere in der Hierarchie der Römer. Obwohl auch Felix mehrmals hörte, wie Aetius weiterhin Verschwörungsgerüchte über ihn verbreiten ließ, unternahm er nichts gegen seinen Rivalen, bis es zu spät war.

Am letzten Tag im Mai 430 wurden er und seine Frau nach dem Kirchgang durch Vertraute von Aetius abgedrängt und kurzerhand erschlagen. Hunderte sahen den Mord auf offener Straße, doch niemand hielt die Männer von Aetius auf. Sie konnten frei und ungehindert zu ihren Kampfeinheiten zurückkehren.

»Damit hat er ja endlich, was er immer wollte«, sagte Attila nur, als er davon erfuhr. Auch er verlor kein Wort über die Art, wie sich Aetius zum obersten Feldherren und jetzt auch zum mächtigsten Mann im westlichen Imperium aufgeschwungen hatte. Sogar die Kaiserin sollte vorab mit dieser Wendung einverstanden gewesen sei. Ihre einzige Bedingung: Aetius mußte sofort wieder hinaus. Sie wollte ihn einfach nicht in ihrer Nähe wissen. Schon einmal hatte ein General die Schutztruppen innerhalb des Palastes zur Revolte aufgestachelt.

Den größeren Schock für alle Hunnen überbrachte Onegesios in den Ordu von Attila. Er kam als griechisch-syrischer Händler verkleidet und in so geheimer Mission, daß nicht einmal sein Bruder Scottas vorzeitig irgend etwas von seiner Ankunft erfuhr.

Zum ersten Mal seit langer Zeit schloß Attila sämtliche Männer aus. Er befahl sogar jenen, die ihn bei Tag und Nacht zu schützen hatten, zu gehen. Während der Abwesenheit von

Oktar galt er praktisch als ungewählter Ostkönig oder zumindest als der erste unter den *Logades*, der wie bei den Zugvögeln für eine Zeit die Spitze übernahm.

Wie schon früher nahm Attila Onegesios zur Seite, nachdem er ihn in seiner bunten, für die Händler typischen Verkleidung doch erkannt hatte. Sie stiegen auf die Pferde und ritten hinaus zu der Yurte, in der die Ostkönige ihre beste Beute für alle sichtbar lagerten. Auch das gehörte überall dazu. Nur wer nach allen Seiten zeigte, wie groß die Schätze waren, die er durch seiner Väter Leistung oder eigene Kraft erworben hatte, galt etwas bei den Hunnen, ebenso wie bei den Germanenvölkern, die einen König hatten.

Nur wenige achteten auf Attila und den syrischen Händler. Sie blieben auf ihren Pferden, während sie unter den hochgerollten Seitenfilzen der königlichen Schatzyurte von Oktar die vielen Schmuckstücke betrachteten.

»Ist doch nicht schlecht für einen, der sehr viel ausgibt für Gelage, Wein und Weiber«, sagte Attila lächelnd und deutete auf die Unmenge von Kisten und goldenem Zierat.

Onegesios schüttelte den Kopf.

»Er hat nichts mehr davon«, sagte er leise und sah sich vorsichtig nach allen Seiten um. Attila hob die Brauen.

»Ist das der Grund für deine eigenartige Verkleidung?«

»Großkönig Ruga möchte nicht, daß alles so bekannt wird, wie es war ...«

»Du sprichst in Rätseln! Was soll nicht bekannt werden?«

»Hör zu«, sagte Onegesios wie ein Verschwörer. »Du ganz allein von allen hier sollst wissen, was geschehen ist ... Oktar ist tot ... er hat nicht einmal richtig angegriffen ... es war nur eine kurze, wilde Rauferei, bei der nicht einmal silberne Denare von den Burgunden eingesammelt wurden ... trotzdem ließ Oktar feiern ... Tag und Nacht ... über ein Woche lang ...«

»Ich verstehe nicht ganz ...«

»Hör zu, es geht noch weiter! Es heißt, daß Gundahar, der neue König der Burgunden, mit einem Bischof einen Pakt geschlossen hat. Sein ganzes Volk ließ sich in einer Woche taufen.«

»Was hat das eine mit dem anderen zu tun?« fragte Attila.

»Oktar hat sich irgendwann totgesoffen. Er ist erstickt, vor Überanstrengung von einem Weib gefallen, was weiß ich ... Tatsache ist aber, daß fast alle, die mit ihm waren, zur Totenklage ihre Waffen abgelegt haben ...«

»O nein!« stieß Attila entsetzt hervor. »Welcher Narr hat denn diesen uralten Brauch der Steppen und Wüsten wieder ausgegraben?«

»Es heißt, daß Oktars Männer die alten Rituale, die alte, wilde Lebensform und den Edelmut und Kampfgeist von König Balamber, Uldin und Kharaton wiedererwecken wollten ...«

»Mit vollgefressenen Leibern und tagelangen Saufgelagen?«

»Vielleicht gehört das zusammen«, sagte Onegesios nüchtern. »Auch bei den Legionären Roms hat der geheime Mithraskult viel von einem Gelage.«

»Du hast mir noch nicht alles gesagt.«

»Oktars gesamtes Heer wurde erschlagen! Nur eine Handvoll Männer, die gerade den Wein, den sie zuviel getrunken hatten, am Rand des Lagers auskotzten, haben Oktars Zug gegen die Burgunden überlebt. Sie stehen jetzt im Ordu von König Ruga unter Bewachung. Er will schon bald entscheiden, ob er sie als die letzten Zeugen ebenfalls töten läßt ...«

»Wie viele waren es – alles in allem?«

»Genau wird das niemand erfahren. Die Burgunden werden ihren Siegestag bis in den Himmel steigern. Wir wissen nur, daß bereits auf ihrem langen Weg flußaufwärts rechts und links der Donau Männer zurückgeblieben sind. Manche zogen zum Plündern in die armseligen Dörfer, andere schlugen sich mit den zahnlosen Veteranen Roms, die als Wehrbauern an der Limesgrenze angesiedelt wurden.«

»Sie schlugen sich wohl mehr um Weiber und um Töchter!« knurrte Attila. Dann blickte er über das weite Land hinweg in Richtung Donau.

»Wissen meine Brüder davon?« fragte er.

»Ja«, antwortete Onegesios. »Bleda hat sofort angeboten, hier Oktars Ordu und seine Völker zu übernehmen.«

»Und?« fragte Attila sofort. Onegesios schüttelte den Kopf.

»Es bleibt alles, wie es ist ... offiziell wird kein Wort über die Verschollenen gesprochen!«

»Wie lange nicht?«

»Bis ihre Schmach vergessen ist ...«

»Das wird Jahrzehnte dauern!«

»Nein«, sagte der Grieche. »Nur bis zum Tag der Rache!«

Wäre der eher lustlos geführte Feldzug gelungen, hätte Aetius mit weiterer Hilfe der Hunnen in wenigen Jahren Nordgallien von jenen germanischen Heerscharen befreit, die sich weigerten, die Oberherrschaft Roms anzuerkennen. Wahrscheinlich hätten sich dann auch die Franken keine Legenden und Heldengeschichten an ihren Herdfeuern erzählen können.

»Da können die besten Krieger ganzer Völker Jahr um Jahr Siege und Triumphe feiern«, knurrte Attila Tage später und noch immer zornig auf seinen gescheiterten Onkel. »Und in einer einzigen Nacht verspielt der Saufkopf alles, was in einem halben Jahrhundert aufgebaut wurde! Wer soll jetzt noch Respekt vor uns haben? Wer soll uns fürchten?«

»Die meisten haben doch nie zuvor etwas von Oktar gehört«, versuchte Scottas ihn zu beruhigen. Er war vor einigen Woche wieder zu Attila gekommen.

»Es geht doch nicht um meinen Onkel«, sagte Attila. »Ganz gleich, wer er war und wie er ... im ganzen *Imperium Romanum* und darüber hinaus wird es jetzt heißen, daß ein König der Hunnen mit all seinen Kriegern in einer einzigen Nacht erschlagen wurde ... von Bauern und Zimmerleuten ... nicht einmal Kriegern!«

Erst ganz allmählich begriffen auch andere, was Attila so erzürnte. Es waren immer die stärksten und schwächsten Tiere einer Herde, die ihren Wert bestimmten. Attila wußte, was sein Onkel Ruga wollte. Der Großkönig der Hunnen war wild entschlossen, eine große und starke Gemeinschaft zu schmieden. In seinem Königreich sollten alle die gleichen Rechte und Pflichten haben – alle Familien, Sippen und Stämme unterschiedlichster Herkunft, die Rassen mit weißen und roten, braunen und gelben Gesichtern, alle Gruppen von großen und kleinen, dicken und dünnen Männern, Frauen und Kindern, die zudem alle ein wenig unterschiedlich sprachen, verschieden gekleidet waren, andere Dämonen fürchteten und andere Erd- und Wassergeister verehrten als der Kern der Schwarzen Hunnen.

Sie hatten oft darüber gesprochen, wie aus Eroberern und Besiegten, aus Hirten und Bauern, Nomaden und ehemaligen Sklaven ein neues Volk entstehen könnte. Und sie waren sich einig, daß er es nicht so machen sollte wie die Römer, bei denen die Kaiser und obersten Führer nur noch die Glänzendsten, aber schon längst nicht mehr die Besten waren ...

In dieser seltsamen Zeit des nahen Umbruchs, die wie eine sommerlich schwere Stille vor großen Ernten und Herbstgewittern erschien, drangen trotz aller Nabelschau auch wieder Nachrichten aus entfernten Gegenden ins Bewußtsein.

In den folgenden Monaten achtete Attila verstärkt auf die Ereignisse außerhalb seines Ordus. Er hatte einige der Händler an den Märkten und in den Siedlungen entlang der Limesgrenze für sich gewonnen. Für gutes Geld sammelten sie nur allzugern Informationen und Berichte, die sie regelmäßig an ihn weitergaben.

Auf diese Weise erfuhr er oftmals schneller als Ravenna oder Konstantinopel, wo sich General Aetius gerade aufhielt. Am Anfang kämpfte er im Nordwesten Galliens gegen die Bagauden. Es hieß, sie seien eine unerfahrene und ungeordnete Bande von Bauern – einer regulären Armee nicht ebenbürtig. Dennoch wunderte sich Attila darüber, daß diese Aufständischen an der Loire und in Armorica so zähen Widerstand leisten konnten. Es hieß, daß der organisierte und geheime Widerstand gegen die römischen Besatzer schon mehr als ein Jahrhundert schwelte. Aber erst vor einigen Jahren war er unter den neuen Anführern Eudo und Tibatto zu einem ernsten Ärgernis und einer Gefahr für die Römer im Nordwesten Galliens geworden.

Aetius blieb in ständiger Bewegung. Gleich nach den Strafaktionen gegen die Bagauden eilten seine Truppen wieder nach Osten. Nördlich der Alpen mußten sie eindringende germanisch-alamannische Juthungen aufhalten und mit dem Schwert aus den Provinzen Rätien und Noricum vertreiben.

Aetius zog wieder wie eine Mischung aus Hütehund und Racheengel kreuz und quer durch die Provinz Gallien. Da Oktar sich in seinem Auftrag um die Burgunden kümmern sollte, wollte er sich auf die Vandalen konzentrieren.

Ein aus west- und oströmischen Verbänden bestehendes Heer stellte sich den Vandalen entgegen, versagte aber kläglich. Aetius sah sich gezwungen, mit Geiserich Frieden zu schließen. In einem schnell verfaßten Friedensvertrag wurden den Vandalen die Provinzen Mauretanien und Numidien überlassen. Sicherheitshalber erhielten sie auch noch den Status von Föderierten und waren dadurch Rom verpflichtet.

Im Sommer hatte Attila endlich Oktars Angelegenheiten so weit im Griff, daß er zumindest wußte, welche Völker und Stämme im Osten zu ihnen gehörten. Er beschloß, die letzten der überlebenden Daker in den Karpaten zu besuchen und mit ihnen über eine engere Zusammenarbeit zu sprechen. Er plante eine Art kleinen Jagdausflug in die Berge und nahm auch seine Söhne, ihre Freunde und seine erste Großhand mit.

Alle Bewaffneten in seinem Einflußbereich waren in ihrer Reihenfolge inzwischen wie römische Legionen organisiert. Der ersten Hand von Beratern folgte die zweite, die dritte, die vierte und die fünfte. Doch nicht er selbst suchte die jeweils folgenden Männer aus, sondern diejenigen, die sein Vertrauen und seine Erwartungen mit ihren eigenen Vorstellungen weitergaben. Jede Gruppe war für sich selbst verantwortlich – und für diejenigen, die sie selbst auswählten und die nach ihnen kamen.

Ebenso wie ein *centurio* in einer römischen Legion durch Glück und Leistung im Lauf seiner Dienstzeit über ein Vierteljahrhundert von der letzten Kohorte bis zur ersten aufrücken konnte, erkämpften sich auch Attilas Männer Aufstieg und Ehre von einer Großhand in die nächste und von einer Sturmfaust in die höhere. Allerdings hatten sie kein Recht darauf, einen einmal erreichten Rang zu behalten. Mit jedem Sturmangriff, jedem Zug und jedem Krieg mußten sie neu beweisen, für welchen Platz in der Gemeinschaft sie würdig waren. Auf diese Weise wurde bei allen Hunnen und ihren Hilfsvölkern das Glück und die Gunst der Stunde sofort belohnt. Doch erst das wahre Können sicherte auf Dauer die Macht der Anführer und *Logades*.

Attilas erste Großhand war fast immer um ihn. Sie gehörte zu seinem Alltag wie seine zehnfach größere Sturmfaust, sobald die Germanenhörner bliesen und die Hunnenkessel wie große Glocken zum Krieg geschlagen wurden.

Aber in diesem Jahr gab es keinen Krieg. Schon deshalb mußten sie sich andere Aufgaben suchen, wenn sie das Jahr nicht auf den Weiden bei Zucht und Pflege zubringen wollten …

Insgesamt wurden sie über hundert Berittene, die sich bereits bei Sonnenaufgang ihre Pferde von den Weidewächtern bringen ließen, selbst aufsattelten und in bester Stimmung mit lautem Rufen und Lachen Oktars Ordu in Richtung Norden verließen. Sie wollten nicht länger als eine Woche wegbleiben.

Am Anfang folgten sie dem Fluß stromaufwärts. Das liebliche grüne Tal stieg ganz langsam in nördlicher Richtung an und ließ die gelegentlichen Siedlungen und Höfe der Goten immer spärlicher und kleiner werden.

Attila ritt zwischen seinen Söhnen. Ellac war inzwischen achtzehn Jahre alt. Er hatte ein edel wirkendes, straffes Gesicht mit ausgeprägten Jochbeinen und schmalen, katzenartigen Augen und lachte mit gefletschten Zähnen, sobald er angesprochen wurde. Aber das war nur seine Art der Tarnung. Er war weder gröber noch duldsamer als andere junge Krieger, sondern glaubte wie sie, daß nur er selbst auf seinem schnellen Pferd und sonst nichts auf der Welt irgendwie wichtig war.

Ellac galt längst als einer der besten Reiter und Bogenschützen der Schwarzen Hunnen. Er trug inzwischen den Titel eines Fürsten der Akatzieren von Chersonesos. Das kleine Reitervolk hatte weder Ruga noch Oktar anerkannt. Erst als Attila mit ihren Abgesandten vereinbarte, daß sein Ältester offiziell als ihr Anführer im Verband der hunnischen Hilfsvölker gelten sollte, waren sie einverstanden gewesen.

Attilas zweiter Sohn Deng Tsik, *Der dem Meer und dem Himmel ähnlich ist*, hatte mittlerweile auch schon vierzehn Winter gesehen. Er entwickelte sich so, als hätten seine Eltern bereits bei seiner Geburt geahnt, daß er seinem Vater einmal besonders gleichen würde. Deng Tsik sonderte sich meist von anderen ab, redete gern mit Mädchen, die er für seine Schwestern hielt, hatte inzwischen schreiben und lesen gelernt und wollte unbedingt Rom, Aquileia und Konstantinopel sehen. Er konnte sanft und still sein, aber auch wild und aufbrausend. Und bereits jetzt gab es ständig Streit über die Fragen des Vortritts. Er wußte, daß er nicht der erste Sohn von Fürst Attila war, aber er antwortete schneller und klüger als die anderen.

In der ersten Nacht lagerten sie in der Nähe einer kleinen, verschreckten Gotensippe. Attila beruhigte sie und erklärte, daß sie nicht gekommen waren, um Abgaben zu fordern. Zum Dank erwähnte der Familienälteste, daß seit einigen Wochen Fremde in den Bergen gesehen würden. Er meinte sogar, daß es sich um Vandalen aus den Stämmen der Hasdinge oder Lakringen handeln könne ...

Attila bedankte sich für den Hinweis, sah darin aber keinen Grund zur Besorgnis. Schließlich hatten die Vandalen auch in den Karpaten gelebt. Ihre besten Krieger hatten hier als *Ala VIII. Vandalorum* für die Römer gekämpft. Trotzdem nahm er sich vor, den Hinweisen sofort nachzugehen, wenn sie zurück waren. Vandalen in Dakien – im Rücken der Hunnen – das warf ein neues Licht auf verschiedene Planungen ...

Nach dem Nachtmahl bat Deng Tsik seinen Vater, von den Ahnen zu erzählen. Er kannte sie alle, die Geschichten der langen Winterabende, aber wie jeder Hunne hörte er sie immer wieder gern. Attila ließ sich überreden.

»Also gut«, sagte er, streckte die Beine in Richtung Lagerfeuer und lehnte sich bequem mit dem Rücken an seinen abgenommenen Sattel. »Einer der ersten Herrscher, die wir Hunnen hatten, hieß Tumun. Er lebte vor sechseinhalb Jahrhunderten ... in jener Zeit, als die ängstlichen Herrscher Chinas Grenzfestungen miteinander verbanden und damit begannen, die größte Mauer aller Zeiten zu bauen. Sie sagten, sie sei gegen uns, aber sie bauten diese Mauer nur gegen ihre eigene Feigheit und Angst! Nur deshalb ist sie so groß und lang geworden.«

»Weil ihre Angst nicht geringer wurde?« fragte Deng Tsik dazwischen. Attila nickte. Wie schon oft rückten immer mehr der sonst so rauhen Männer näher.

»Niemand kann Mauern gegen sich selbst und seine Angst errichten«, fuhr er fort. »Selbst wenn ihr Mauern so hoch wie die Berge baut und Türme bis in den Himmel mit fünfmal fünfhundert Schlössern an fünfmal fünfzig Toren, würde euch das nichts nützen! Denn die Angst ist ein einsamer Vogel, der nicht selber fliegen kann, sondern Tag und Nacht nur daran denken kann, daß endlich eintritt, was er die ganze Zeit befürchtet ...«

»Wie die Römer?« fragte Deng Tsik.

»Besonders die in Ravenna und Konstantinopel!« warf Ellac verächtlich ein und spuckte ins Feuer. Attila beachtete ihn nicht.

»Die Schriften der Chinesen gaben Tumun den Ehrentitel *Shan-yu*«, fuhr er fort. »Das heißt Herrscher und König. Und noch im hohen Alter nahm er sich eine junge Frau, die er mehr liebte als alle Weiber zuvor. Sie bekam einen Sohn, aber nach altem Recht konnte der Spätgeborene nicht der Thronfolger werden. Deshalb entfernte Tumun seinen Ältesten Motun, den rechtmäßigen Erben.«

»Aber er ließ ihn nicht töten, nicht bei der Jagd umkommen und nicht beim Gelage vergiften«, sagte Deng Tsik, denn das war seine Lieblingsstelle.

»Nein«, sagte Attila und lachte. »All das tat er nicht.«

»Er ließ ihm auch keine sorgfältig ausgewählten Jungfrauen oder geübte Huren zukommen, um ihn durch Lust und Freude abzulenken«, meinte Ellac, weil dieser Satz sein Teil am Spiel mit verteilten Rollen war.

»Nein, das alles wäre zu wenig gewesen«, stimmte Attila zu. »Tumun wollte keinen Mord und keine Bestechung. Sein Plan sollte auf diese oder auch jene Art Beute bringen. Also schickte er Motun zum Stamm der rivalisierenden Goa Tsi. Doch nicht als Botschafter, sondern als Geisel. Vielleicht dachte Tumun, daß die Goa Tsi seinen Erstgeborenen umbringen würden, um damit dem Jüngsten den Weg freizumachen. Vielleicht dachte er auch, daß eine unerwartete Schonung Motuns zumindest so wertvoll sein würde wie ein Spion ...«

»Und um sehr schnell Klarheit zu schaffen, griff Tumun die Goa Tsi gleich nach dem Eintreffen seines ältesten Sohnes an«, sagte Ellac ein wenig säuerlich.

»Das war sein Todesurteil«, ergänzte Deng Tsik.

»Nein«, sagte Attila und seufzte wie immer an dieser Stelle. »Ihr habt wieder nichts verstanden. Nichts von dem, was die uralten Überlieferungen lehren. Allmählich müßtet ihr wissen, warum wir die gleichen Geschichten immer wieder erzählen.«

»Und was ist dann mit unserem verehrten Ahnen Motun geschehen?« fragte Deng Tsik. Attila lächelte ihm zu.

»Er nahm das schnellste Pferd und floh ...«

»Nicht sehr mutig, aber vernünftig«, sagte Ellac und nickte. »Das wäre für uns auch immer die beste Methode!«

»Er floh zu den Yurten seines Vaters«, sagte Attila. »Und so einen hervorragenden und mutigen Sohn konnte der Vater einfach nicht töten!«

Ellac war beleidigt. Er kannte die Geschichte, aber an dieser Stelle ging er immer wieder in die Falle.

»Alles, was wir heute über die Kunst des perfekten Pfeils wissen, haben wir von Motun. Er war es auch, der die pfeifenden Pfeile erfunden hat, mit denen wir die Reiter bei einem schnellen Angriff lenken.«

»Wer weiß denn, was wirklich wahr ist?« sagte sein Ältester wie auswendig gelernt. »Und wer will beschwören, ob eine Reiterschar bei irgendeinem Zusammentreffen von links oder rechts gekommen ist? Ob ihre Männer nach hundert oder zweihundert Pferdelängen im Pfeilhagel zu Boden stürzten oder die feindlichen Körper mit ihren Schwertern zu schreienden Blutquellen machten ... ob Würmer die Leichen der Toten auf dem Feld fraßen oder zugleich die Aasvögel.«

»Ihr dürft niemals alles glauben, was berichtet wird«, mahnte Attila. »Und wenn irgendein Ereignis schon sehr lange vergangen ist, dürft ihr euch nicht an irgendeiner Zahl, einem Namen oder dem eigentlichen Ereignis festbeißen!«

»Der Sinn des Ganzen ist entscheidend«, sagte Ellac nüchtern, »und nicht der Streit über die eine oder andere Abweichung!«

Attila nickte zufrieden. Er neigte den Kopf zu Deng Tsik.

»Und was sagst du?«

»Wenn der Tod und das Ende von etwas, das dich mit seinen Augen ansieht und dich mit seinen roten Lippen anfleht, nichts zählt, wenn du zu einem Menschen ›*stirb!*‹ sagst und es bedeutet dir nicht mehr als ein gestochenes Kalb, ein geköpfter Hammel, ein zartes Lamm, das du an seinen hinteren Beinen packst und herumschleuderst, bis das Leben blutig aus Maul, Nase und Augen tritt ... wenn das nicht zählt ...«

»Ja, was zählt dann?« fragte der Vater seine Söhne. Er wiegte seinen Körper plötzlich wie Onkel Aijbars, beugte ihn vor und zurück. Er spitzte die Lippen wie zu einem fröhlichen Pfeifen, sah steil nach oben und sagte dann: »Denkt darüber nach! Und macht niemals den Fehler, etwas nur danach zu bewerten, wie es sich zählen, rechnen und beweisen läßt. Denn ohne die Intrigen seines Vaters wäre Motun niemals zum großen Ahnen aufgestiegen!«

Am nächsten Morgen brachen sie etwas später auf. Sie ließen die Siedlungsplätze der Goten hinter sich und drangen immer tiefer in das Gebirge ein.

»Zu wem gehört das alles hier?« fragte Deng Tsik, als sie immer höher kamen und die Spitzen der dicht bewaldeten Berge nicht mehr so entfernt aussahen wie an der Stelle, an der sie morgens aufgebrochen waren.

»Ganz früher lebten hier Daker oder Geten«, erklärte Attila seinen Söhnen. »Ihr dürft sie nicht mit unseren Goten verwechseln.«

»Ich denke, es sollen die tapfersten und gerechtesten Thraker und nicht Daker gewesen sein«, sagte Ellac. »Das jedenfalls hat Scottas mal erzählt.«

Attila lachte. »Die Namen von Ländern und Völkern sind oft nur kurze Zeit miteinander verbunden. Viele klingen auch verwirrend ähnlich. Deswegen haben die griechischen Geschichtsschreiber uns Schwarze Hunnen am Anfang immer wieder mit den Weißen Hunnen in Persien oder mit Skythen und Kimmeriern verwechselt, die vor Jahrhunderten am Schwarzen Meer gelebt haben, als wir noch gegen die Chinesenreiche kämpften. Nicht einmal in Rom wissen alle Togaträger, wen sie eigentlich meinen, wenn sie uns beschimpfen ...«

Er wischte sich mit dem Handrücken über die juckende Nase und nahm sich einen Lederbecher mit schwerem Medoss. »Auf jeden Fall müssen die Daker oder auch Geten und meinetwegen teilweise auch Skythen besonders furchterregende Völker gewesen sein«, fuhr er dann fort. »Sie stellten sich dem großen Perserkönig Darius entgegen und haben sogar Alexander den Großen angegriffen ...«

»Graben sie auch heute noch nach Gold und Silber in ihren Bergen?« fragte Deng Tsik. Attila lächelte erfreut und nickte.

»Ja, das tun sie – und auch nach Kupfer und Eisen für unsere Schwerter und Rüstungen.«

»Aber sie sind auch nicht mehr das, was sie einmal waren«, sagte Ellac abfällig. »Ihre Festungen sind nur noch Ruinen, und heute haben sie keine zweihunderttausend Mann mehr, um die Kelten von hier bis nach Gallien zu verjagen!«

»So wie wir die Westgoten verjagt haben?« fragte der jüngere der Söhne. Attila schob anerkennend die Lippen vor und lachte erneut.

»Ein bißchen ähnlich war das schon«, sagte er dann. »Die Kelten kamen hier vor fünfhundert Jahren von allen Seiten unter Druck. Von Osten die Geten, von Norden die Germanen und von Süden die römischen Legionen. Aber zum Schluß wurden sie doch noch in schweren Schlachten besiegt ...«

»Von den Römern unter Trajan«, sagte Deng Tsik. Attila nickte. »Vor vierhundert Jahren ... ungefähr zur gleichen Zeit, in der wir uns nach Westen hin auf den langen Ritt machten.«

Sie erreichten das zentrale Hochland. An einigen Stellen sahen sie verfallene Mauern und römische Festungsreste. Hier hatte sich seit mindestens hundert Jahren kein Legionär mehr die nackten Waden am Ginster zerkratzt. Sie kamen zu einer verlassenen Siedlung an einem Bergbach.

»Sie wußten doch, daß wir kommen«, sagte Ellac enttäuscht. Er hätte die Bergbewohner gern ein wenig gescheucht. So aber mußten sie sich mit dem zufriedengeben, was in den verlassenen Hütten noch vorhanden war. Sie ritten an den kleinen Blockhäusern unter den riesigen Tannen vorbei. Einige der Männer sprangen vom Pferd, stießen die Bohlentüren der Blockhütten auf und verschwanden mit gezückten Schwertern im Inneren der kargen Behausungen. Sie kamen schnell kopfschüttelnd wieder.

»Nichts«, sagten sie. »Nur unbrauchbarer Kram ... morsche Möbel und Gerätschaften mit verrotteten Eisenteilen.«

»Überhaupt nichts Brauchbares?« fragte Attila ungläubig. Ellac war mit einigen seiner ständigen Begleiter ein paar Schritte weiter geritten. Und plötzlich hörten die Zurückgebliebenen freudige Aufschreie aus einem halben Dutzend junger Kehlen. Sofort stürmte der Großteil der Reiter hinter ihnen her.

Attila folgte mit seinem jüngeren Sohn nur langsam nach. Er sah lächelnd zu, wie Deng Tsik sich geschickt halb aus dem Sattel fallen ließ. Er blieb jedesmal wie ein Akrobat im Circus an seinem Pferd hängen, ehe er mit einem kleinen Schrei wieder hochkam und seinem Vater triumphierend eine Handvoll seltener Kräuter von Felsbrocken und aus den Bergspalten zeigte. Attila wußte nicht, was der Junge für sich selbst oder den Schamanen pflückte, aber es sah alles ganz anders aus als die Pflanzen und Kräuter, die sie im Flachland und in den Flußniederungen fanden ...

Die anderen Jungen und Männer hatten inzwischen ein Vorratslager der geflohenen Bergbewohner entdeckt. Mit großer Freude zeigten sie die Köstlichkeiten, die sie gefunden hatten. Die Beute reichte von Bärenschinken und geräucherten Fischen bis zu Steinkrügen mit Honig und würzigem, schwarzrotem Mus aus Brombeeren.

Deng Tsik entdeckte Stiegen mit Käse, der viel härter und länger gelagert aussah als der Weißkäse, den sie selbst herstellten. Dieser Käse hatte eine fast schwarze, bröckelnde und sehr salzige Kruste.

Während Ellac die Wachen einteilen sollte, ritt ein halbes Dutzend der Männer bis zum Ende des sehr hochgelegenen Tals weiter. Die anderen bereiteten inzwischen ein Feuer für die abendliche Runde vor. Sie hatten keine Yurten oder Zelte mitgenommen. Es würde kalt werden in der Nacht, aber das störte sie nicht.

Sobald die Sterne und der Mond irgendwann in der Nacht heller als der Rest des Feuers waren, würden sie aufstehen, sich in die hölzernen Sättel ihrer Pferde setzen und bis in die Mitte des Hochtals reiten. Dort, wo kein Pfeil von irgendeiner der steilen Felswände ringsum sie erreichen konnte, würden sie sich in ihre kurzen Reiterumhänge einwickeln und augenblicklich tief und fest einschlafen.

Die Abendsuppe kochte noch nicht, und auch Ellac hatte die Wachen noch nicht überall postiert, als die anderen bereits wieder zurückkamen. Sie saßen ab und berichteten von einem kleinen Goldbergwerk am Ende des Tales, aus dem es keinen weiteren Ausgang gab. Ellac wollte sofort wieder aufsitzen, aber sein Bruder winkte ab.

»Dort ist nichts mehr zu holen«, sagte er. »Dies hier war der Rest ...«

Er reichte seinem Vater die Hälfte eines Prägestocks mit ein paar Spuren von Goldstaub und einen kleinen, kaum faustgroßen Gießbecher aus schwarz verbranntem Steingut.

»Solidos mit dem Bild von Kaiser Theodosios dem Zweiten?« fragte Attila verwundert. »Hier oben in den Bergen?«

»Und das war auch noch da ...«

Er reichte seinem Vater ein zusammengerolltes, mit Pechschnur zusammengebundenes und sehr alt aussehendes Stück Pergament. Attila nahm es, betrachtete es von allen Seiten und schnürte es ganz langsam auf.

»Nein, nicht!« rief im gleichen Augenblick eine Stimme aus dem Dunkel. Die Männer waren schneller an den Waffen, als irgend jemand denken konnte. Sie fielen wie Wölfe über den Schatten her, der es gewagt hatte, sich ohne Ankündigung dem Lager zu nähern.

Attila mußte sehr scharf und gellend pfeifen, um sie davon abzuhalten, den Mann zu erschlagen. Gehorsam, doch noch immer widerwillig und mit gelegentlichen Rippenstößen brachten sie den Fremden bis ans Feuer, hielten ihn fest und zogen seinen Kopf so an den Haaren zurück, daß Attila in sein Gesicht sehen konnte.

Attila war für einen Augenblick ernsthaft verärgert, aber nicht über den Fremden, sondern über seinen Sohn Ellac.

»Nennst du das *Wachen aufstellen*?« fragte er scharf.

»Wir haben ihn sofort gefaßt!«

»Er hat sich selbst gemeldet!« Attila spuckte trocken in Ellacs Richtung, schüttelte den Kopf und musterte den Fremden.

»Was bist du?« fragte er, »Suebe, Gote, Daker oder Westgote?«

»Ich bin Vandale«, sagte der kräftige, etwa achtzehn Jahre alte und dunkelblonde Mann.

»Ein Vandale?« fragte Attila mißtrauisch. »Wie heißt du? Und was treibt dich hierher?«

»Ich heiße Hunerich«, antwortete der junge Mann.

»Hunerich?« fragte Attila überrascht. »Kennst du zufällig einen Vandalen namens Geiserich, den nicht so ganz legitimen Sohn von König Godegisel?«

»Ich zog drei Jahre lang mit meinem Vater mehr als tausend Meilen durch die Hitze Iberiens«, antwortete Hunerich. »In all der Sonnenglut, im Staub und in der Dürre der *Estrema Dura* träumten wir nur noch vom paradiesischen Reichtum der Provinz Africa ...«

»König Geiserich ist ... dein Vater?«

»Vollkommen legitim diesmal!«

Während die anderen noch mit geöffneten Mündern herumstanden, glaubte ihm Fürst Attila. Er bedeutete dem jungen Mann mit einer Handbewegung, sich zu setzen. Die Wachen verschwanden wieder in der Dunkelheit, die anderen setzten sich ebenfalls in einem weiten Kreis um das Feuer.

»Sprich weiter von euch!« befahl Attila. Deng Tsik brachte dem Vandalen ein Tuch, mit dem er sich das Blut von seinen Verletzungen abwischen konnte, und ein paar feuchte Kräutersäckchen gegen den Schmerz.

»Welche Geschichten hatten wir gehört«, seufzte Geiserichs Sohn, »... welche Geschichten! Von Africas Größe und von Carthagos Macht. Von beiden punischen Kriegen, vom langen Weg Hannibals mit seinen Elefanten über die Alpen bis vor die

Tore Roms. Und von seiner unverdienten – ich sage unverdienten – Niederlage ... wir aber wollten das alte Paradies, die Kornkammer Roms in der Provinz Africa finden. Stellt euch das nur einmal vor ... ein ganzes Volk, gut achtzigtausend Männer, Frauen und Kinder zogen Tag um Tag weiter zwischen Völkern und Stämmen hindurch, von denen einige so schwarz und glänzend waren, daß sie die Römer schon mit weißhäutigen Germaninnen gepaart haben, um sich Sklaven heranzuzüchten, die wie gefleckte Rinder aussehen ...«

»Du machst Scherze, Sohn von Geiserich!«

»Es ist die Wahrheit, Fürst Attila! Und es ist ihnen auch nicht gelungen.«

»Na gut!« knurrte er. »Aber ihr wußtet wenigstens, wo ihr ankommen wolltet! Als wir vor Jahrhunderten aufbrachen, hatten wir nur die Nacht jenseits des Sonnenuntergangs vor uns.«

»Vielleicht sind die Nacht und das Nichts als Ziel weniger grausam als helle Träume, die sich in Ekel, Abscheu und Verzweiflung auflösen.«

»Wie meinst du das?«

»Achtzigtausend Vandalen setzten wochenlang über das Wasser zwischen diesem Kontinent und jenem, dem die Provinz Africa den Namen gab. Wir waren wohl das erste Volk aus dem Norden, das mit Kind und Kegel eine neue Heimat in einem Paradies gesucht hat, von dem wir wußten, daß dort eigentlich nur schwarzhäutige Menschen leben konnten.«

»Und? Fandet ihr das Paradies?«

»Wir fanden alles andere als das. Eher das Gegenteil breitete sich vor unseren entsetzten, immer stiller werdenden Männern und Frauen aus. Wir sahen die einstmals blühenden Ebenen verwüstet. Nahezu alle Berghänge, die doch herrliche Wälder tragen sollten, waren unter den Jahrhunderten römischer Herrschaft zu häßlichen, nackten Felsen verkommen. Nein, das war nicht die einst so reiche Provinz Africa! Wir jedenfalls trafen nur auf die gräßlichen Folgen von Hunger und Elend, Armut und Ausbeutung ...«

Er stockte und nahm dankbar den Becher mit süßem Medoss, den Ellac ihm geholt hatte.

»Nein«, sagte er nach einem tiefen Schluck, »das war auch nicht mehr die goldene Kornkammer des Reiches, sondern die dunkle Kehrseite des Imperiums! Wer es noch konnte, lebte ganz offen von Korruption und Bestechung. Wir haben nie verstanden, warum wir uns all diese Mißstände, mit denen selbst das große Rom nicht fertig wurde, blutig erobern sollten ...«

Der Vandale weinte fast, während er vom Unglück im Zielland seines Volkes erzählte. Nur mühsam faßte er sich wieder. »Und als wir das alles gesehen hatten«, sagte er leise, »da wußten wir, daß wir verloren hatten und verhungern würden, weil wir auf die Versprechungen von Bonifatius – dem ersten Mann Roms in der Provinz Africa – hereingefallen waren ...«

Attila preßte die ganze Zeit die Lippen zusammen. »Ihr hättet gleich nach Rom gehen sollen«, sagte er schließlich. »Wie Alarich in jenem Jahr, als ich noch Geisel in der Ewigen Stadt war.«

»Meinst du, es wäre wieder reich genug, um auch noch unser Volk zu ernähren?«

»Zumindest hättet ihr dabei erfahren, daß ihr euch den Zug in die armselige Provinz Africa ersparen könntet. Ich habe mich schon oft gefragt, wie Völker überleben können, wenn sie in Städten so dicht unter der Sonne leben. Ich hasse die Tageshitze in den Städten, wenn sie sich in den Steinmauern verkrallt und als fette Atemluft zwischen den Häusern hängt. Doch eine Frage mußt du noch beantworten!«

»Ich weiß«, antwortete Hunerich. »Du willst wissen, was ich hier suche.«

Attila zog die Brauen zusammen und schob die Lippen vor. Der junge Mann war nicht so harmlos und verachtet, wie er sich selbst darstellte.

»Erlaubst du, daß ich es nur dir allein sage?« fragte er. Attila überlegte kurz, dann antwortete er mit einer anderen Frage: »Würde dein Vater ebenfalls darum bitten?«

Zum ersten Mal lächelte der Vandale. Dann nickte er. Attila stand auf. Er reckte sich kurz, warf die Ellenbogen zurück und ging er mit Hunerich einige Schritte auf die Felshänge zu.

»Also? Was machst du hier? Hat es mit Gold zu tun?«

»Ja«, antwortete der Vandale. »Wir sind sehr arm, wie du gehört hast. Deshalb graben fünfzig Mann von uns im Auftrag meines Vaters in diesen Bergen hier nach Gold. Wir schlagen echte Solidos, mit denen wir bestimmte Männer am kaiserlichen Hof und in der Flotte Ostroms davon abhalten wollen, sich mit Ravenna zu verbünden, wenn wir soweit sind, daß wir auf die Schiffe gehen ...«

»Also doch!« brummte Attila. Es wurde Zeit, Botschaften zu Geiserich zu schicken.

»Wo sind die anderen?«

»Versteckt im Bergwerk«, antworte Hunerich. »Sie haben in der Eile die Pläne dieses Berges und der anderen vergessen.«

»Die Pergamentrolle?«

Hunerich nickte. Attila musterte das Gesicht des Mannes im diffusen Schein aus Mondlicht und Feuerflammen.

»Sag deinem Vater, daß ich sie dir zurückgegeben habe, ohne sie anzusehen!«

»Das willst du wirklich tun?« fragte der Vandale vollkommen überrascht. »Aber du verschenkst damit einen Goldschatz!«

»Ich denke, daß ich dadurch mehr gewinne«, sagte Attila und lächelte. »Aber eins muß ich schon sagen: Wenn ich hier König wäre, würde ich jeden töten lassen, der unerlaubt in meinem Reich nach Gold gräbt!«

20. *Intrigen und Wetterleuchten*

Ich habe langsam den Eindruck, daß wir hier seßhaft werden, während die Weströmer nicht mehr vom Pferd kommen«, sagte Attila, als die ersten Knospen des neuen Frühlings die weite Ebene mit einem grüngelben Schimmer überzogen. Er saß vor seiner Yurte auf scinem Lieblingssattel und beobachtete, wie sich ein Haufen Jungen damit vergnügte, gegenseitig ihre abgeschossenen Pfeile zu treffen.

An diesem Morgen war Onkel Aijbars zu ihnen gekommen. Er schätzte, wie er sagte, nichts mehr als den cremigen weichen Schafskäse nach der Art, wie Greka ihn mit wildem Majoran, Kerbel, Estragon und einer Prise Salz aus den Salinen am Schwarzen Meer zubereitete.

Die langen Abende und Nächte des vergangenen Winters waren sehr friedlich gewesen. Sie hatten reichlich Vorräte, die Tiere standen immer noch verhältnismäßig gut im Fleisch und die alten, nicht mehr genießbaren Hammel hatten wieder sehr viel dichte, gute Wolle abgegeben.

»Hast du mal wieder etwas von deinem Freund Aetius gehört?« fragte der Schamane, während er immer wieder den Mittelfinger seiner rechten Hand in den Holznapf mit Quark aus Schafsmilch tauchte und genüßlich ableckte.

»Ich weiß nur, daß er nach Norden aufgebrochen ist«, antwortete Attila. Er kaute auf einem schmalen Streifen steinhart getrocknetem Bärenschinken.

»Wollt ihr etwas hiervon?« fragte Greka. Sie war an ihrem tönernen Backofen gewesen und kam mit einem in Wolltücher eingewickelten Stück schwarzem Brot zurück. »Hier, nach der Art, wie die Goten im Norden Brot gebacken haben ...«

Attila schüttelte den Kopf, aber der Schamane bekam leuchtende Augen. »Wenn es mir nur nicht immer so schwer im Leib festliegen würde«, seufzte er.

»Hast du keinen Kräutersud dagegen?« fragte Attila.

»Nicht gerade ein Vergnügen, um diese Jahreszeit über die Alpenpässe zu ziehen«, sagte der Schamane, ohne auf den Einwand zu reagieren. Er begann, an einem Stück schwarzem Brot zu kauen.

»Es gibt ein halbes Dutzend Pässe, über die geübte Legionäre auch im Winter ihren Weg finden«, sagte Attila. »Der *Mons Jupiter* im Westen mit der Straße zum Rhein, in den Nordwesten Galliens und nach *Augusta Rauracorum* gehört ebenso dazu wie die Pässe am *Septimer* nach Raetien oder Noricum.«

»Was will er denn in dieser Kälte?« fragte der Schamane. »Die Provinzen nördlich der Alpen haben doch für das Imperium kaum noch einen Wert.«

»Aber sie gehören immer noch zum großen weströmischen Reich. Und genau darauf will Aetius die von Norden her eingedrungenen Juthungen und Nori mit der Nase stoßen!«

»Ein bißchen blutig, nehme ich an.«

»Haben eindringende Germanenvölker am Oberlauf von Rhein und Donau je eine andere Sprache verstanden als die der harten Faust?«

»Ich sehe schon, du willst ihn wieder mal verteidigen.«

»Ich sage nur, was auch für uns in anderen Zusammenhängen gilt.«

»Hauptsache, er wird nicht übermütig und verlangt eines Tages unsere neuen Weidegebiete an der mittleren Donau zurück«, meinte Aijbars und strich sich wohlig über den Bauch.

»Darauf ist eher Konstantinopel scharf«, sagte Attila lachend. »Übrigens wird dort der Kaiser inzwischen schon mit Eiern und mit Steinen beworfen, wenn er sich öffentlich zeigt ...«

»Wegen uns?«

»Das Volk hat Hunger«, sagte Attila. Aijbars hob nur die Schultern. »Und in den Palästen liegt mehr Gold herum, als sie für Schiffe voller Korn benötigen.«

Am ersten Januar des Jahres 432 trat der inzwischen einundvierzigjährige Graf Flavius Aetius, ehemals Geisel der Westgoten und Hunnen, General in Gallien, Bezähmer der Germanen nördlich der Alpen und Oberkommandierender sämtlicher weströmischer Fuß- und Reitertruppen seinen ersten Konsulat an. Damit war er neben der kaiserlichen Familie auch im gesamten zivilen Bereich der oberste Befehlshaber.

Gleichzeitig überspannte er damit den Geduldsfaden von Kaiserin Galla Placidia. Für einige Monate wogten die Intrigen in Ravenna und Rom unentschieden hin und her. In dieser Situation schob sich einer seiner gefährlichsten Neider unaufhaltsam an ihm vorbei: Im Zenit seiner Macht entband Kaiserin Galla Placidia den viel zu fähigen Hunnenfreund Aetius von allen Ämtern. Gleichzeitig ernannte sie *comes* Bonifatius zum *Patricius* und berief ihn nach Rom.

Manch einer im großen Reich des Westens wunderte sich, daß ausgerechnet Bonifatius der neue Stern in der Krone der Kaiserin war. Schließlich hatte er nicht sehr weitsichtig gehandelt, als er die Vandalen ins Land gerufen hatte und von seinen enttäuschten Gästen auch noch im Kampf aus Carthago vertrieben worden war.

Für die Eingeweihten war die Entwicklung aber nicht überraschend. Denn der besiegte und gedemütigte Oberbefehlshaber der Provinz Africa war nach Hippo Regio geflohen. In dieser Stadt lebte Bischof Augustinus – der gleiche Christenbischof, der gnadenlos und unablässig die giftigsten und wildesten Pamphlete gegen alle Völker und Rassen verfaßte, die aus dem Osten gegen das *Imperium Romanum* drängten. Für Augustinus, der niemals selbst einen Hunnen gesehen hatte, waren sie gleichbedeutend mit wilden Tieren und Teufeln. Es war die Fürsprache des unversöhnlichsten aller Hunnenhasser, die Flavius Aetius zum Sturz brachte und dafür Bonifatius auf dem glatten Feld der inneren Machtkämpfe bis nach Rom und Ravenna vorschob ...

Aber so einfach gab der Mann aus Durostorum an der unteren Donau nicht auf. Er hatte schon ganz andere Schlappen überstanden. Mit Eilstafetten bat er die Hunnen erneut um Hilfe. Und diesmal kamen die schnellen Reiter gerade rechtzeitig.

Eine Sturmfaust westlicher Hunnen – diesmal mit Fürst Bleda als Anführer – sollte für Aetius die Spitze des Imperiums zurückerobern. Die fünfhundert schnellen Bogenreiter sollten nördlich von Ravenna eine Einweisung in die komplizierte und verworrene Aufstellung der römischen Rivalen erhalten.

Bleda wischte den Wunsch von Aetius kurzerhand zur Seite. Er wollte sich nicht sagen lassen, wie seine Reiter anzugreifen hatten. Sie hielten sich nicht lange mit Vorreden und Drohgebärden auf. Sie kamen aus dem Dunst des Morgens, als an der Straße bei Arimini bereits römische Legionäre und Fußtruppen aus den verschiedensten Provinzen aufeinander einschlugen.

Wer hier nicht eingeweiht war, konnte nur sehr schwer feststellen, wer von den Franken, den Mauren, Sueben, Hunnen und Vandalen, den Alamannen und vielen anderen Schwert- und Spießkämpfern zu Aetius oder Bonifatius gehörte. Galla Placidia hatte sogar von den Westgoten Kontingente gegen Aetius erhalten. In ihren Augen war er der Hauptschuldige, der sie mit seinen Hunnen wieder und wieder in ihre Schranken verwies ...

Die Hunnen schlugen einfach zu. Von ihren schnellen Pferden schickten sie Pfeilwolken über das Getümmel, das ohne sie begonnen hatte. Goten, Franken, Mauren und Vandalen stürzten ohne Unterschied zu Boden. Sie ließen Schilde, Schwerter, Bogen und Wurfspieße fallen, klammerten sich mit beiden Händen an die tödlichen Pfeile in Brust oder Hals, Kopf oder Unterleib. Nichts – kein Schild, keine Rüstung, nicht einmal wie wild geschwungene Schwerter schützten sie vor dem sirrenden Tod ...

Zu spät bemerkten Bledas Hunnen, daß sie die falschen Truppen besiegten. Noch einmal versuchten sie, alles herumzureißen, aber da hatte sich Flavius Aetius bereits am fünften

Meilenstein südlich von Arimini seinem verhaßten Rivalen ergeben ...

Bledas Männer blieben nach ihrer Rückkehr für einige Monate ziemlich schweigsam. Diesmal hatten sie keinen Lohn erhalten. Nach und nach erfuhren auch die anderen, was bei Arimini fehlgeschlagen war. Sie hörten auch, daß Aetius praktisch unter Arrest stand. In der Zwischenzeit hatten die Vandalen die Gunst der Stunde genutzt und westlich der römischen Kornprovinz Africa ihr eigenes Reich gegründet.

Der entmachtete, geschlagene und verbannte Aetius lebte eine Zeitlang auf seinem Landgut in der Toskana, bis einige seiner Feinde ihn dort überraschend ergreifen wollten. Ihr Anführer war Sebastianus, der Schwiegersohn von Bonifatius, der ebenfalls eine Stufe nach oben gerückt war.

Für ein paar Monate hieß es, Aetius habe in Rom Hilfe erhalten, doch dann kündigten eines Tages die Hornsignale der Späher im Lager von Großkönig Ruga die Ankunft von mindestens dreihundert uniformierten oder vornehm gekleideten Römern, einem wild zusammengewürfelten Troß und einem Haufen von Kriegern jeder nur denkbaren Herkunft an. Sogar Hunnen sollten bereits gesichtet worden sein.

Nur wenige Stunden später sahen sich die erstaunten Hunnen gezwungen, dem Mann Asyl zu gewähren, der noch vor kurzem der Oberbefehlshaber des westlichen Römischen Reiches gewesen war. Er kam mit all seinen Getreuen, seiner gesamten Familie und seinem ältesten Sohn Carpilius.

Im Jahr darauf schickte Großkönig Ruga seinen Berater Esla nach Konstantinopel. Esla war ein kluger, sehr beherrschter und etwa vierzig Jahre alter Mann mit einem dichten Bart. Sie nannten ihn *»der große Alte«*. Einige sagten, er stamme aus Antiochia, andere behaupteten, daß man vor Zeiten bereits in Tyros und Jerusalem von ihm gehört habe. Niemand wußte Genaues über ihn, aber er hätte aufgrund seiner überragenden

Kenntnisse genausogut griechischer Rhetor, jüdischer Rabbiner oder verstoßener christlicher Bischof sein können. Er war schon mehrmals im Auftrag der Hunnen als Vermittler tätig gewesen. Doch diesmal hatte ihm Großkönig Ruga befohlen, hart und unnachgiebig zu sein.

»Du mußt ihnen drohen und nicht schmeicheln!« hatte er gesagt. »Sie müssen endlich begreifen, daß ich die bestehenden Verträge aufhebe, wenn sie nicht augenblicklich alle Deserteure und Flüchtlinge ausliefern!«

Monatelang warteten Ruga, Bleda, Attila und die versammelten Könige und Fürsten der verschiedensten Völker und Stämme vergeblich. Konstantinopel blieb stumm. Erst gegen Ende des Jahres kündigte Theodosios II. die Abordnung einer hochrangigen Gesandtschaft an.

Im folgenden Frühling bewegten sich die Dinge wieder etwas schneller. Die Hunnen hatten sich inzwischen daran gewöhnt, daß im *Imperium Romanum* seltsame, unergründliche Regeln von Neid und Freundschaft, Haß und Zusammenarbeit galten. Während der Westen immer germanischer wurde, duldete der Osten keine Aufweichung der kaiserlichen Gesetze und der Lebensart, wie sie in einem Jahrtausend voller Blut und Schweiß und einer Sturzflut immer neuer Gesetze und Verordnungen, Verträge und Dekrete gewachsen und erkämpft worden war.

Westrom und Ostrom waren Rivalen, Gegner und sogar Feinde bis aufs Messer, wenn es um die Macht ging, aber die Gekrönten beider Reiche stammten von dem General in Hispanien ab, der inzwischen *Theodosius der Große* genannt wurde – dem gleichen Mann, der die Olympischen Spiele als unchristlichen Kult endgültig verboten und das Wohl des *Imperium Romanum* wie ein Familienerbe unter seinen Söhnen aufgeteilt hatte ...

Die Hunnen begleiteten Aetius nach Ravenna. Es gab nicht die geringsten Schwierigkeiten. Mit ihrer Unterstützung wurde er wieder in alle Ämter eingesetzt, und so, als wäre nie etwas zwischen ihm und der Augusta Galla Placidia gewesen, wurde er erneut Oberbefehlshaber.

Während zwischen Westrom und den Hunnen die Sonne strahlender und freundlicher schien als je zuvor, zogen im Osten erneut dunkle Wolken auf. Fast ein Jahrzehnt lang hatte sich Großkönig Ruga den Frieden an den Grenzen und in den Provinzen südlich der Donau für Gold abkaufen lassen. Doch gerade diejenigen, die stets alle Worte der Verträge und Vereinbarungen auf Pergament schreiben ließen, um sie in den hohen Rang von Gesetzen zu erheben, verrieten ihre angeblich heiligste Spielregel viel öfter als diejenigen, die nie auf einen Kaiser oder Gott geschworen hatten.

»Pacta sunt servanda – Verträge müssen eingehalten werden!« hatten sie wieder und wieder mit feierlichen Mienen verkündet. Doch langsam begriffen auch die Hunnen, daß sie einen kleinen, aber entscheidenden Unterschied machten: Die Heiligkeit der Verträge galt für alle – nur nicht für das Imperium selbst!

»Sie pochen auf die Pergamente mit den vielen schönen und geheimnisvollen Zeichen«, sagte Großkönig Ruga eines Abends. »Aber kaum denken sie, daß wir sie nicht mehr sehen, verhandeln sie bereits mit unseren eigenen Verbündeten – wie gerade jetzt wieder mit den Stämmen der Amilzur, Itimar, Tonsur und Boisk ...«

»Ich dachte, die sind auf römisches Gebiet geflüchtet und haben Ostrom ihre Dienste angeboten«, sagte Fürst Bleda verwundert.

»Vielleicht, weil du sie behandelt hast wie Schweine oder Sklaven!« sagte Ruga.

»Ich behandle meine Sklaven ebensogut wie meine Weiber und Pferde!« behauptete Bleda.

»Ich kenne diese Vorfälle«, sagte Attila. »Die Flüchtigen haben Gold von Byzanz bekommen – ›für jeden Erwachsenenkopf einen goldenen Kaiserkopf‹ haben die Abgesandten Konstantinopels überall im Grenzgebiet geflüstert, ›und für jedes Weib noch einmal ein Drittel‹ ...«

»Dann sind diese Menschen Ostrom weniger als ein Pferd oder eine Milchkuh wert!«

»Ist das wichtig für Menschen, die nie zuvor einen goldenen Solido mit dem Bild des Kaisers in den Fingern gehalten haben?« fragte Attila.

»Gold, das bei uns viel besser aufgehoben wäre!« schnaubte der Großkönig. »Diese da tauschen ihre Münzen doch nur gegen Tand bei den betrügerischen Händlern ein. Wir werden protestieren! Und zwar sehr scharf diesmal!«

»Was willst du tun?« fragte Attila. Der Großkönig wälzte sich schwerfälliger als sonst auf seinem Audienzbett hin und her. Er atmete so schwer, als bekäme er nicht mehr genügend Luft.

»Erinnerst du dich noch an unseren Freund, den alten *magister militium* Plinthas?« fragte er Attila.

»Sehr gut sogar. Er hat immer Wert darauf gelegt, daß wir direkt mit ihm und keinem anderen verhandeln.«

»Plinthas ist in Ostrom so etwas Ähnliches wie Aetius im Westen«, sagte der Großkönig der Hunnen.

»Ja, und als Exkonsul weiß er natürlich, wie er seine Verbindungen zu uns im Palast von Kaiser Theodosios sinnvoll gegen alle jüngeren Rivalen ausspielen kann.«

»Ich werde Esla mit einem Ultimatum an den Kaiser zu ihm schicken! Und er soll nur mit Plinthas und keinesfalls mit seinem Schwiegersohn Aspar verhandeln.«

»Mit welchem Auftrag?« fragte Attila.

»Daß ich kraft meiner Macht als Großkönig der Hunnen die Auslieferung aller Flüchtlinge und Überläufer der vergangenen Jahre fordere – gleichgültig ob sie mit Gold gekauft, im Kampf übergelaufen oder von süßen Schmeichelworten angelockt wurden.«

»Und falls die Römer wie so oft alles versprechen und nichts halten?« fragte Attila.

»Dann ...«, Ruga schob die Lippen vor. Noch ehe er über diese Frage nachdenken konnte, gab Bleda die lange erwartete Antwort: »Dann gibt es Krieg!«

»Ja, du hast recht, ältester Sohn meines Bruders Mundschuk! Aber wir werden zeigen, daß wir diesmal keine umständlichen Verhandlungen nach Eunuchenart mehr wollen!«

»Was hast du vor?«

»Ruft eure wildesten Reiter zusammen«, antwortete der Großkönig der Hunnen. »Wir gehen Beute sammeln ... jeder setzt dort über die Donau, wo es für ihn am günstigsten aussieht! Wir treffen uns heute in einem Mondumlauf an der zerstörten Trajansbrücke. Von dort aus geht es südwärts bis nach Thrakien!«

»Und wenn Ostrom doch noch einlenkt?« fragte Attila.

»Dann sagen wir, daß wir ihnen nur entgegenkommen wollten.«

Die Männer rund um das Audienzlager des Großkönigs stutzten, dann lachten sie so rauh und herzhaft, wie sie es lange Zeit vermißt hatten.

Schnelle, bewegliche Großhände und Sturmhände der Hunnen aus den verschiedensten Weidegebieten östlich und westlich der Karpaten, Verbände der Alanen und Goten und ganze Stämme kleinerer Völkerschaften setzten nach und nach über die Donau. Es war kein richtiger großer Krieg, kein Feldzug und kein Vorwärtspreschen gegen einen Feind, das sie in Bewegung setzte. Sie umgingen Limes und Castelle, ließen Hafenbefestigungen und Römerstraßen links liegen und zogen unaufhaltsam weiter nach Süden.

Ende des Sommers war die Provinz Moesien abgeweidet. Anders als früher hatte es verhältnismäßig wenige Kämpfe und Tote gegeben. Dafür brannten die Dörfer, nachdem die Ställe und Scheunen ausgeräumt worden waren. Züge mit Weidetieren und Wagen mit leicht erbeuteten Vorräten an Korn, Tierfellen und Wolle zogen unablässig in Richtung Norden. Andere trugen Metallgeräte und Keramiktöpfe, Werkzeuge aus Holz und Eisen und gelegentlich auch eingesammelte und abgegebene Waffen. Hier war nicht sehr viel Brauchbares zu holen gewesen.

Als dann die ersten schlechten Tage kamen und der Herbst früher als sonst begann, setzten sich die Anführer der weit verstreut herumziehenden Reitereinheiten und Hilfsvölker zusammen, um zu beraten, ob sie in diesem Jahr noch bis zum Schwarzen Meer oder zur Straße von der Donau bis nach Konstantinopel weiterziehen wollten.

Doch dann brachen an mehreren Stellen zugleich kleinere Seuchen unter den erbeuteten Tieren aus. Normalerweise war das kein Grund zur Panik, denn schon seit Urzeiten versuchten Unterworfene immer wieder, die Beute unbrauchbar zu machen und Tiere zu vergiften, ehe sie hergegeben wurden. Aber in diesem Jahr erfaßte Übelkeit und Fieber auch die *Logades* und einige der Anführer. Sie wußten nicht, woher die schlechte Luft kam, aber niemand zweifelte daran, daß es mit den Schamanen jener Kleinvölker und Stämme zusammenhängen mußte, die nicht einmal in den Schreibstuben von Byzanz richtig geordnet und verzeichnet waren. Zu viele Völker, Sippen und Familien zogen ziellos überall herum, seit das *Imperium Romanum* und die Kältewellen im Norden und im fernen Osten angefangen hatten, die Menschen zu vertreiben.

Nur im inneren Kreis um den Großkönig tauchte ein ganz anderer Verdacht auf.

»Wir sollten nicht nur auf die Männer mit dem Schwert achten«, sagte Onkel Aijbars, als sie am Ende eines langen, wenig ergiebigen Tages zusammensaßen. Die Männer waren durch kleinere Siedlungen in den Bachtälern der Berge gestürmt, hatten es aber nicht einmal für wert gefunden, irgend etwas anzuzünden.

»Hier gibt es keine Schwerter mehr«, knurrte Bleda, der immer häufiger darauf drängte, weiter nach Süden vorzustoßen.

»Ich meine auch nicht diese ärmlichen Provinzen, sondern

die Städte, in denen die Priester mit dem Kreuz mehr und mehr an Macht gewinnen ...«

»Du meinst die christlichen Schamanen?« fragte Ruga. »Diese Bischöfe?«

»Genau die meine ich«, sagte Aijbars bedächtig. »Früher einmal wurden sie auch vom Volk gewählt, aber inzwischen sind sie oft schon die heimlichen Präfekten – von den Vornehmen und Reichen vorgeschlagen und vom Kaiser genehmigt ...«

»Und was soll daran so verdächtig sein?« fragte Fürst Bleda. Attila lächelte kaum merklich. Sein ältester Bruder war schon lange nicht mehr der widerliche Egoist, der er vor zehn, zwanzig Jahren gewesen war. Er hatte sich arrangiert mit Attila – aber er liebte ihn deshalb noch lange nicht! Und er schätzte nach wie vor den Klang klappernder Hufe, das Schnauben der Pferde und das Sirren der Pfeile und Sehnen weit mehr als das Knistern von Pergament.

»Ich will euch erzählen, was ich weiß und erfahren habe«, sagte der oberste Schamane der Schwarzen Hunnen. »Aber ihr müßt euch jetzt Zeit nehmen, um zu verstehen, was ich sage! Also hört mir zu, und entscheidet dann, was ihr von alledem halten wollt.«

»Worum geht es eigentlich?« fragte Bleda, der keine Lust hatte, erneut von komplizierten Verflechtungen und unlösbaren Knoten im kranken, morschen Geflecht des *Imperium Romanum* zu hören.

»Du mußt endlich lernen, was deine Freunde und Feinde bewegt«, sagte der Großkönig ächzend. »Wie willst du herrschen, wenn ich einmal nicht mehr bin, wenn du nicht einmal erkennst, wohin deine Pfeile fliegen sollen?«

Bleda winkte respektlos ab. Noch vor vier, fünf Jahren hätte er eine derart abfällige Geste nicht gewagt. Doch seit er mit Ostkönig Oktar zusammengewesen war, waren sich die beiden immer ähnlicher geworden – laut, wild und grob, aber sanft zu den Tieren und *Cumpane* für alle, die bei ihren Gelagen mithalten konnten.

»Ich will euch von einem Ereignis berichten, das bereits drei Jahre zurückliegt«, begann Aijbars mit seiner sanften, manchmal zu hohen Stimme. Im Augenblick klang sie weich und angenehm. »Damals, im Christenjahr vierhunderteinunddreißig, fand eine Versammlung vieler Bischöfe in einer kleinen Stadt südlich des Schwarzen Meeres statt. Diese Versammlung – sie nannten es das dritte Konzil zu Ephesus – war nichts anderes als eine haßerfüllte Verschwörung von oben gegen die Anhänger von Nestorius, den Patriarch von Konstantinopel. Dieser Mann, der es gewagt hatte, in Christus ein göttliches und gleichzeitig ein menschliches Wesen zu sehen – dieser Mann mußte weg!«

»Was geht uns das alles an?« fragte Großkönig Ruga und rülpste.

»Ich hatte auch dich, mein verehrter königlicher Bruder, gebeten, für einen Augenblick deinen dummen und trunksüchtigen Mund zu halten«, sagte der Schamane mit dem allerfreundlichsten Gesichtsausdruck.

»Die versammelten Richter des Imperiums über Gut und Böse, Recht und Moral, Sünde und Seelenheil erklärten, daß alles zweifältig oder dreifältig zugleich sein könnte«, fuhr der oberste Schamane der Schwarzen Hunnen fort. »Vater, Sohn und Heiliger Geist ... Gottvater und Menschensohn gemeinsam ...«

»Bist du sicher, daß dieser Unsinn von den Römern stammt und nicht von dir?« fragte Großkönig Ruga mit einem leidenden Gesichtsausdruck.

»Ich bin sicher«, antwortete Aijbars. »Denn auch der Patriarch von Konstantinopel war der Meinung, daß nichts nützlich ist, was Kreis, Quadrat und Dreischenkel gleichzeitig sein will.«

»Ja und?« fragte Ruga. »Was kümmert uns dann die ganze Geschichte?«

Aijbars verzog sein Gesicht. Er sprang von seinem Sitz, lief zu Ruga, zu Bleda und dann zu Attila. Mit schräg vorgebeugtem Oberkörper näherte er sich schnell jedem einzelnen der *Logades*, Anführer und Vasallenkönige.

»Nein? Ihr wißt es nicht? Und ihr denkt, daß diese Männer unwichtig sind? Bischöfe nur? Aufseher über ihre jammernden, betenden Gläubigen?«

Er lachte gackernd.

»Dann will ich euch sagen, wogegen wir ab sofort ebenfalls gewappnet sein müssen! Ja, gegen die Bischöfe als neue Eliteheerführer Roms! Und warum? Weil sie den einzigen unter ihnen, der klar und nüchtern denken konnte, verdammt haben. Als Person und mitsamt seiner Lehre!«

»Das mag ja alles sein«, sagte Bleda kalt. »Aber ich frage nochmals: was geht uns das an?«

»Weil sie seitdem etwas haben, das eine viel größere Macht über die Menschen des Imperiums und sogar bei unseren eigenen Hilfsvölkern haben wird als der ganze Glanz der Ewigen Stadt, der gewaltigen Paläste und der goldenen Rüstungen ihrer Generale! Sie haben ihre Religion der dreifachen Gottheit durchgesetzt und dazu noch ein Weib auf den höchsten Thron gehoben!«

»Wer ist es?« fragte Attila sofort. »Eudoxia, Pulcheria oder etwa Galla Placidia?«

»Nein, Sohn meines Bruders Mundschuk! Es ist Maria, die Mutter ihres Erlösers Jesus Christus!«

Die meisten der Männer hatten diesen Namen noch nie gehört. Nur die arianischen Goten zuckten zusammen.

»Ja, es stimmt!« bestätigte der Schamane. »In schweren Zeiten können die Wunder und Symbole gar nicht wild und phantastisch genug sein! Denn wie zur eigenen Läuterung erfanden sie auch noch den unbefleckten, von keinem Samen, keinem Tropfen Blut befleckten Leib der Mutter ihres Gottessohnes ...«

»Als wenn die Römer und Griechen nicht schon genug Göttinnen hätten!« schnaufte der Großkönig.

»Sie ist keine Göttin, verehrter Bruder. Sie ist die Mutter von allem, der heilige Leib des Himmels und der Erde ... Myriam, die Gebenedeite. Und damit siegen die Bischöfe sogar über Mithras, den unbesiegbaren Sonnengott!«

»Und über uns etwa auch?« lachte Bleda.

»Ich habe nur gesagt, daß wir von jetzt an auf diese Priester mit dem Kreuz noch mehr aufpassen müssen!« antwortete der Schamane beinahe beleidigt. »Nur das und nicht mehr!«

»Aber du weißt doch mehr!« sagte Attila. Aijbars zögerte einen Moment, dann nickte er.

»Ja, ich weiß mehr«, gab er zu. »Ich habe gehört, daß Kaiser Theodosios der Zweite sich in Gebeten dieser Maria anvertraut hat. Er war schon immer ein sehr frommer Christ, doch jetzt hat er sogar darum gebetet, daß seine Feinde vom Pferd stürzen und zwischen ihnen Blitz und Tod vom Himmel fallen und sie erschlagen werden ...«

Großkönig Ruga lachte nicht über die seltsamen Geschichten. Er war niemals durch die Tore von Ravenna, Rom oder Konstantinopel geritten. Er trug niemals römische Kleidungsstükke und schätzte es nicht, wenn zu Empfängen, Gelagen und Gastmahlen zu viele Getränke, Speisen und Gewürze verwendet wurden, die aussahen wie von den Tafeln der Paläste geraubt.

Wie alle Hunnen glaubte er an Stimmen und Ahnungen, an die verborgenen Wahrheiten und die Zeichen in den gebrannten Schulterknochen von Hammeln und Lämmern. Mehrmals hatte er zu seinen Vertrauten gesagt, daß er das Jahresende wohl nicht mehr erleben würde. Sein Bruder Aijbars hielt ihn nicht davon ab, im späten Herbst noch einmal die Einladung zu einer Versammlung der Fürsten und Könige in alle Himmelsrichtungen zu schicken. Es dauerte lange, bis alle da waren, aber dann fanden sie sich südlich der alten Trajansbrücke auf einem weiten, flachen und kaum bewaldeten Feld zwischen der Donau im Norden und den Bergen vor Margus und Naissos im Südwesten zusammen.

Nach dem Morgen, an dem die ersten Tautropfen wie Perlenketten an den Spinnweben des Altweibersommers glitzerten, versammelten sich die Könige und Fürsten, die Edlen und Bewährten, um anzuhören, was er zu sagen hatte. Es war ein schöner, kühler Tag, so flammendrot und braun in allen Tönen auf herbstlich feuchten Blättern, daß sich der hohe, blaue Himmel nur hinter Scharen kleiner Wölkchen zeigte.

Ruga saß wie eh und je auf seinem Pferd, fest angewachsen in seinem Königsstolz, etwas zu sehr nach hinten gebogen und völlig starr in seinem Ausdruck. Nach vielen monotonen Gesängen zum Schlag der Zimbeln und Pauken kam der Augenblick, an dem der Großkönig der Hunnen sein Reich auf seine drei Neffen aufteilte. Sie jubelten ihm zu, aber selbst an den Feuern und bei den wilden Gelagen wollte diesmal keine Freude aufkommen ...

Nicht einmal eine Woche später zogen die ersten Herbstunwetter an der Donau von Westen her heran. Großkönig Ruga beschloß, noch vor den großen Stürmen an die Theiß zurückzukehren. Da keine besonderen Gründe gegen einen schnellen Vorausritt sprachen, wollte er nur seine persönliche Sturmfaust, seine engsten Berater und Fürst Bleda mit seinem Gefolge mitnehmen. Die anderen sollten gemächlich nachkommen.

Für Attila und die östlichen Hunnen bedeutete dies ebenfalls Abschied. Sie wollten noch einmal am Südufer der Donau entlangreiten und erst bei Durostorum, dem Geburtsort von Aetius, über den Fluß setzen. Doch dann zogen mitten im Aufbruch immer schwärzere Gewitterwolken über das halb abgebrochene Lager hinweg.

Überall standen bereits die Speere der Goten mit eisernen Spitzen und Führungseisen am Schaft zusammen, dazu Wagen mit hoch aufragenden Feldzeichen, Spießen, Waffen und Kesseln, Hausrat und Pferdegeschirr, geraubten Schmucktruhen und abgebrochenen Kirchenkreuzen. Ohne schützende Planen wurde überall noch gepackt und verstaut, nochmals auseinandergerissen und erneut übereinandergestapelt. Doch jetzt hielten alle inne und schickten ängstliche, fragende Blikke nach oben. Viele der Goten bekreuzigten sich. Andere murmelten Gebete, von denen sie nur die Hälfte verstanden, oder dachten ganz fest an die alten, die kämpfenden Götter. Auch bei den Hunnen duckte sich manch einer der furchtlosen Reiter tiefer.

Der Großkönig und sein engstes Gefolge ritten durch die unheimliche Stille zu einer kleinen, kaum yurtengroßen Anhöhe. Sie wollten nur noch einmal überblicken, wie weit der Abmarsch gediehen war. Sturmböen rissen an ihrer Kleidung. Die meisten hatten die eisernen Helme seit Tagen nicht mehr aufgesetzt. Sie trugen bereits wieder die weichen Mützen aus Wolle oder Filz, die ärmellosen Umhänge über aufgepluderten Hemdblusen und die gefütterten Reitstiefel.

Nur Großkönig Ruga, Fürst Bleda und Fürst Attila standen in voller Kriegsausrüstung mit drei, vier Pferdelängen Abstand voneinander auf dem Hügel. Der Sturm riß immer stärker an den noch unverschnürten Wagenplanen. An mehreren Stellen kippten bereits Aufbauten. Über den steilen Karpatentälern am Donaudurchbruch stieg ein flackerndes Wetterleuchten auf.

Sie wußten, wie sie ihre innere Unruhe durch Mut und Stärke bezwingen konnten, denn oft genug in den letzten Jahrhunderten hatten sie Stürme aus Eis und Schnee, schmerzhaftem Wüstensand und peitschendem Steppendorn miterlebt und überstanden.

Doch dann, noch ehe das Wetterleuchten sie überhaupt erreicht hatte, brach ein einzelner, vielfach gezackter Blitz aus der Schwärze der stürmenden Wolken, suchte den Weg gegen Konstantinopel, zuckte zurück zu den Bergen im Westen, wollte hinauf zu den Karpaten und schien im gleichen Augenblick die Herrscher der Hunnen auf der flachen, windzerzausten Erhebung zu erkennen. Das weiße Himmelsfeuer krachte mit einem infernalischen Schlag durch den Helm von Großkönig Ruga, zerschmolz die eiserne Spitze, zerfetzte die halbrunden Goldeinlagen mit ihren Gravuren und stieß mit einer grauenhaft schwarzen Spur aus Feuer und Asche das Leben des Großkönigs in die Erde zurück.

Bleda und Attila wurden von ihren Pferden geschleudert. Sie überschlugen sich und rollten weit in die Büsche hinein.

Eher um vorzubeugen, wurde der zweitjüngste von Rugas Neffen noch in der gleichen Nacht getötet. Nicht einmal sein Name durfte mehr ausgesprochen werden. Denn nie zuvor hatte das Volk der Hunnen drei Herrschern gehört. Allein die Zweizahl war es, die allen Sitten und Gebräuchen recht gab. Es entsprach einer alten Tradition, zwei Herrscher zu haben.

»Das Imperium hat zwei Kaiser, und jeder Konsul hat noch einen zweiten neben sich«, erklärte Aijbars den Anführern, als an Stelle einer Begräbnisfeier nur Hölzer und Kräuter für bunten Rauch verbrannt wurden. Er hatte sein kostbarstes Kostüm aus winzigen bunten Vogelfedern angelegt und sich das Gesicht mit fröhlichen Farbkreisen verziert.

»Zwei Könige kennen auch die Germanen, und selbst am Himmel teilen sich Sonne und Mond den Tag und die Nacht«, teilte er mit. »Freut euch daher, daß ich euren Bruder mit dem süßen Schlaf getötet habe, ehe es zu Streit und bösen Worten unter euch kommen konnte. Und nun schießt euch ein auf das größte und mächtigste Königtum neben dem *Imperium Romanum*!«

Bleda und Attila nahmen beide ihre besten Bogen auf. Attila spürte die Kraft des gespannten Holzes in seiner linken Hand. Er hörte die Härte der langen, mit ledernen Bändern gewickelten Knochenspäne an den Verstärkungen und sah, wie die straff geflochtene Sehne bereits vibrierte, wenn er nur ganz leicht Atem holte.

»Ostkönig an Westkönig!« rief Aijbars. Sämtliche Männer in der Umgebung blieben absolut bewegungslos. Bledas Augen blickten nach links, dann nach rechts. Unendlich langsam und konzentriert hob er den Bogen, bis er fast senkrecht nach oben zeigte. Er lehnte sich weit in seinem Sattel zurück, zielte und gab das Zeichen mit seinen Nasenflügeln.

Der schnelle, gefiederte und gelochte Pfeil mit der Spitze aus Adlerknochen schoß pfeifend der Sonne entgegen. Doch gleichzeitig folgte ihm ein anderer, der aus den Armen und Händen, aus dem ganzen Körper des Jüngeren seine Schnelligkeit bekommen hatte.

Die beiden Pfeile trafen sich hoch über den Köpfen der Männer. Bledas Pfeil wurde getroffen und kippte zur Seite. Der Stoß von unten hatte ihn noch vor seinem höchsten Flugpunkt erreicht.

Die Begeisterung der vielen tausend Zuschauer ging in ein großes Geschrei mit Schwerterschlägen und Schildgetrommel über.

Erst als der Schamane seine Arme wie mächtige Federflügel hob, kehrte wieder Ruhe ein.

»Westkönig an Ostkönig!« rief er dann. Wieder konzentrierten sich die beiden ungleichen Brüder auf den innersten Kern ihrer Kraft und ihres Könnens. Diesmal mußte Bleda Attilas Knochenpfeil treffen. Es gelang ihm, als würde er Tag für Tag nichts anderes tun.

»Und nun der Königsschuß!«

Bleda und Attila sahen sich mit starrem Blick an. Für eine endlose Minute bewegte sich keiner von ihnen. Eine Entscheidung wie diese war seit Jahrhunderten nicht mehr zelebriert worden. Nahezu alle Zuschauer glaubten, daß der Schamane nur eine weitere symbolische Leistung von den beiden Brüdern verlangte. Aber drei Menschen innerhalb des weiten Rundes wußten, daß es nicht so war.

Diese Drei nahmen ganz bewußt in Kauf, daß es zum Schluß doch nur einen König geben würde. Dann schnalzte der Schamane mit der Zunge. Als hätten beide Pferde nur darauf gewartet, machten sie ohne sichtbare Zügelführung auf der Hinterhand kehrt und legten jeweils fünfundsiebzig Schritt zurück. Sie ritten genau bis zu den Marken, die mit frischem Lämmerblut auf den Boden gezeichnet waren. Der Abstand zwischen den verbliebenen Erben des geteilten Hunnenthrons betrug genau den zehnten Teil einer römischen Meile.

Noch nie zuvor war ein Königsschuß auf eine so große Distanz angeordnet worden. Meisterschützen unter den Hunnen trafen einen goldenen Solido auf die halbe Entfernung. Bleda, Attila und die besten in ihren Sturmhänden schafften das gleiche Ergebnis manchmal sogar aus vollem Ritt. Doch dann mußten alle Bedingungen besonders günstig sein – der Boden und das Pferd, der Stand der Sonne und die Wolken, die Feuchtigkeit der Luft in den Tagen und Nächten zuvor und die Launen der Geister und Dämonen tief in der Erde und in der Luft.

Aijbars stieß einen schrillen, zwitschernden Pfiff aus.

Die Pferde schossen aufeinander zu, gleichzeitig holten die Brüder mit einer weiten, von unten kommenden Bewegung ihre Bogen nach oben, spannten dabei und lehnten sich weit zurück.

Wieder ein schriller Pfiff.

Die beiden Pfeile mit den dreieckigen eisernen Spitzen schnellten aufeinander zu. Beide Brüder hatten auf die Stirn des anderen gezielt.

Und nun geschah etwas Unvorstellbares:

Die Funken aus beiden Pfeilspitzen waren überall deutlich zu sehen. Es knallte kurz, dann fielen beide Pfeile wie tote Vögel zu Boden. Sie blieben so dicht nebeneinander in der Erde stecken, daß ihre Führungsfedern sich gerade noch berührten ...

»Auch diese Funken waren Feuer, das vom Himmel fiel«, sagte der Schamane düster, als er ihnen beiden von seinem Pferd aus den goldenen Königsschmuck umhängte. Bleda als der Ältere erhielt die schweren Ketten von Ruga, Attila die leichteren des Ostkönigs. Doch niemand hatte Lust zu großen

Feiern. Überall war die Seuche wieder ausgebrochen. Menschen und Tiere starben qualvoll und unter großen Schmerzen.

»Wir dürfen nicht mehr länger so dicht zusammenbleiben«, sagte Aijbars, der plötzlich wieder mehr als Heiler und nicht mehr als der Seher und Zeremonienmeister tätig war. »Das Feuer in den Eingeweiden wird nur gelöscht, wenn wir nach Norden über den Donaufluß zurückkehren ...«

»Ist dies der Zauber der Maria?« fragte Attila, nachdem Bleda mit dem größten Teil der Krieger abgezogen war.

»Ich weiß es nicht«, antwortete der Schamane.

Später im Jahr, als draußen schon die Blätter fielen und Nebel von den Flüssen über die Wiesen zog, wurde eines Tages ein Hirte angemeldet. Er kam aus keinem Stamm oder Lager mit einem großen Namen. Eigentlich hatte Attila keine Lust mehr, irgendwelche Streitigkeiten um Weiden oder Tiere anzuhören. »Sagt ihm, daß ich ihn nur anhöre, wenn seine Pferde oder Schafe Kaltnasen geworden sind oder die Rinder oder Ziegen seiner Herden warme Nasen haben.«

»Er ist zwar Rinderhirt, aber es geht ihm nicht um kranke Tiere«, sagte einer von Attilas Leibwächtern. Der Ostkönig hob die Schulter. Die Frauen auf der Ostseite der Königsyurte konnten ihre Neugierde nur schwer verbergen. Attila sah die Männer an, die auf der Westseite hockten.

»Was sagt ihr? Wollen wir den Hirten hören?«

»Er hat etwas, das uns den Glauben an die Götter und die Kraft der guten Geister wiederbringt«, sagte Aijbars vom Altar an der Nordseite der großen Yurte. Jetzt endlich verstand Attila. Er nickte. Gleich darauf zogen die Türwärter ihre gegen die Dämonen ausgestreckten Beine zurück und ließen einen Mann ein, der weder jung noch alt zu nennen war.

»Ich wünsche euch den Weg zum Glück«, sagte er in einer alten, lange nicht gehörten Sprachform. Die Männer blickten auf. Der Hirte trug einen länglichen Gegenstand, der sorgfältig in ein Wolltuch eingewickelt war. Verlegen grüßte er nach allen Seiten, dann trat er bis zu den Gestellen vor dem kleinen Feuer und legte das, was er gebracht hatte, vorsichtig ab. Mit spitzen Fingern wickelte er das Tuch auf und drückte es an seine Brust. Attila reagierte sofort:

»Wie kommst du, ein Rinderhirt, zu diesem Schwert?«

Der Angesprochene neigte den Kopf. Er zog seine Schultern zusammen und hob verängstigt und hilflos die Hände mit dem Tuch.

»Ich ... ich sah eine Färse aus meiner Herde hinken«, berichtete er unbeholfen. »Das Kalb ... die Kälbin war noch jung und hinkte zu mir heran. Zunächst verstand ich nicht, was ihr geschehen war, doch dann sah ich die Blutspur von der rechten vorderen Afterklaue bis hoch zum Hakenbein ...«

»Du kennst dich aus mit Kühen?«

»Ja, Herr, und auch mit Schafen und Ziegen.«

»Gut, sprich weiter!«

»Ich nahm Gras, wickelte es zusammen und verband die Wunde der Färse. Dabei dachte ich, woher wohl eine so seltsame Schnittwunde gekommen sein könnte ... eine, die unten nur wie ein kleiner Schnitt aussieht und weiter oben den halben Mittelfuß geteilt hat. Kein Dorn kann das, und keine Steinkante kann einen derartigen Schnitt verursachen.«

»Du wolltest von dem Schwert erzählen.«

»Aber das tue ich doch, Herr«, antwortete der Hirte verwirrt. Er war es nicht gewohnt, irgend etwas auszulassen, wenn er berichtete. Denn alles konnte wichtig sein – der Stand der Sonne ebenso wie das Flüstern des Windes, die Feuchtigkeit des Bodens oder die Farbe des Himmels samt seinen Wolken. »Nachdem die Wunde also verbunden war, habe ich mir das Gras noch einmal angesehen. Ich entdeckte eine Blutspur und verfolgte sie ganz langsam ... Schritt für Schritt zurück. Dabei gelangte ich zu einer moorigen, ein wenig faulig riechenden Senke. Und dort sah ich plötzlich die Spitze jenes Schwertes, das ich dir hier und heute bringe.«

»Woher wußtest du, daß die Spitze zu einem Schwert gehört?«

»Ich habe einen Bruder, der Krieger ist und mir schon oft die Waffen zeigte.«

»Gut, und wie hast du das Schwert ausgegraben?«

»Mit meinem Hirtenstock und meinem Messer.«

Die Umsitzenden nickten anerkennend. Nur Attila war noch nicht zufrieden. »Wer hat dir gesagt, daß du dieses Schwert mir und nicht zuerst deinem Bruder zeigen sollst, der doch von Waffen etwas versteht ...«

Die Mundwinkel des Viehhirten zuckten. Die Blicke aus seinen kleinen, schwarzen Augen irrten unstet hin und her. Dann senkte er den Kopf.

»Ja, Herr«, sagte er leise. »Ich habe nicht die ganze Wahrheit gesagt. Mein Bruder war es, den ich zuerst befragt habe. Und er hat mir gesagt, daß jenes Schwert dort vor sehr langer Zeit einmal dem Kriegsgott Mars oder auch Ares geweiht gewesen ist.«

»Und du meinst, daß dieses Schwert, wenn es wirklich dem Kriegsgott Mars geweiht ist, jetzt mir gehören sollte?«

»Das meint nicht nur mein Bruder, sondern alle, die mich auf dem Weg zu dir mit dem Schwert des Kriegsgottes gesehen haben. Denn niemand sonst hätte die Kraft und Macht und Würde dafür.«

»Auch nicht mein Bruder Bleda? Er ist der Großkönig der Schwarzen Hunnen und aller Völker hier ...«

»Mein Bruder sagt, wer dieses Schwert hat, ist der wahre König!«

Für einen Augenblick war nur das Knacken in der Glut zu hören. Sogar der Rauch des Feuers blieb wie von unsichtbarer Hand gehalten stehen.

»Wo ist dein Bruder jetzt«, fragte Attila beinahe tonlos.

»Er starb noch in der gleichen Nacht ... nachdem er sich geschnitten hatte, als er das Schwert berührte ...«

21. *Die Rache am Rhein*

Obwohl sich sofort überall herumgesprochen hatte, daß Attila das Schwert der Götter besaß, hatte Bleda beim ersten großen Frühjahrstreffen der beiden neuen Könige seine Trümpfe ausgespielt. Er hatte weniger als ein Jahr benötigt, um die Verbindungen aus vielen Zügen, an denen Attila nicht teilgenommen hatte, wieder zu beleben.

Sie waren inzwischen beide über vierzig Jahre alt, aber Bleda war der Großkönig und Gastgeber, Attila nur Ostkönig. Nach außen hin zeigte sich Bleda als großzügiger und liebevoller Bruder, aber in Wahrheit ließ er keine Gelegenheit aus, um klarzustellen, daß ihm die östlichen Hunnen weniger bedeuteten als die Gesandtschaften aus Rom und Konstantinopel. Das fing bei der Zuweisung des Lagerplatzes in feuchten Uferwiesen am Rand des Ordu an und gipfelte in der Zeiteinteilung für den Empfang der Gesandtschaft aus dem Osten lange nach der ersten offiziellen Abendmahlzeit, die ganz als großes Gastmahl für die Römer aus Ravenna ausgerichtet worden war. Bleda scheute nicht einmal davor zurück, Liegen aufzustellen, damit die Römer speisen konnten, wie sie es gewohnt waren.

Aetius war nicht selbst erschienen. Er hatte seinen Sohn Carpilius zum Leiter dieser Frühjahrsabordnung des Jahres 435 bestimmt. Carpilius kannte sich ebensogut wie sein Vater bei den Hunnen aus, trotzdem fand es Attila beschämend, wie klein sein Bruder sich vor den Gesandten des Imperiums machte. Das war nicht die Art von Frieden und Zusammenarbeit, die in Ravenna, Rom oder Konstantinopel Eindruck machte. Im Gegenteil! Derartige Fehler waren Wasser auf die Mühlen der Paladine, die niemals aufgehört hatten, Hunnen, Goten und alle anderen als kulturlose Barbaren und eitle Nachäffer der römischen Kultur zu schmähen.

Carpilius mußte nicht lange warten, bis das Gastmahl so laut wurde, daß kaum noch irgendein Gespräch möglich war. Aber Bleda ließ ihn einfach nicht von seiner Seite. Er hatte sich als Großkönig mit den wertvollsten und kostbarsten Waffen gegürtet. Schwere Goldketten mit feinen Schmiedearbeiten von Skythen und Goten hingen über seine Brust. Zusätzlich hatte er Armbänder angelegt und Ringe mit sehr großen Edelsteinen aufgesteckt. Während der ersten Stunde trug er außerdem einen feinen Pelzmantel aus den Fellen kleiner Nager und eine Krone, die mit dem weißen Brustfell von Nordfüchsen gepolstert war.

Bleda strahlte über das ganze Gesicht, während ihm, den Römern und den Königen und Fürsten der Vasallenvölker immer neue Trinksprüche gewidmet wurden. Er konnte nicht genug von den rhythmischen Lobessätzen der *Logades* hören, die ihn als höchsten Stern des Himmels in der Welt der Hunnen priesen. Sogar die Goten standen nicht zurück und münzten Verse aus ihren alten Götterdichtungen auf Großkönig Bleda um.

Irgendwann im lärmenden Getöse fing Attila einen kurzen Blick von Carpilius auf. Vielleicht hatten sie den gleichen Gedanken, vielleicht stand auch auf Carpilius' Stirn geschrieben, was er die ganze Zeit dachte. Auf jeden Fall kam ihnen beiden Oktar wieder in den Sinn. Attila und der Sohn des Aetius nickten sich zu. Noch war die Tafel des Großkönigs nicht aufgehoben, aber sie standen auf und wankten schwer rudernd zur Seite, als wollten sie den vielen Wein auspissen, ehe sie zum Gelage zurückkehrten. Ellac blickte fragend auf, aber Attila schüttelte kaum merklich den Kopf. Er wollte allein mit dem Römer sprechen.

»Schlimm«, sagte Carpilius ohne jeden Respekt, während sie nur hundert Schritt entfernt nebeneinander an einer der Gruben standen, wie sie bei derartigen Anlässen extra ausgehoben und am nächsten Tag mit Kalk vom Donaudurchbruch am *Eisernen Tor* zugeschüttet wurden.

»Daran werdet ihr euch gewöhnen müssen«, sagte Attila und schlug Carpilius freundschaftlich auf die Schulter. Der Sohn des weströmischen Oberbefehlshabers stürzte beinahe in die schon jetzt übelriechende Grube. Attila entschuldigte sich sofort. Er hatte vergessen, wie wenig standfest römische Offiziere waren.

»Mein Vater hat inzwischen einen Waffenstillstand mit den Vandalen geschlossen«, keuchte Carpilius. Er nahm die Arme zurück und versuchte ächzend, sich von Attilas Stups zu erholen. »Das war notwendig, um ihm etwas Luft für die Aufgaben in Gallien zu verschaffen.«

»Ihr habt doch immer noch Männer von uns ...«

»Ja«, rief Carpilius, um den Lärm zu übertönen. Sie gingen nebeneinander her, blieben aber in einem gewissen Abstand vom hellen Feuerschein der Gastmahlsrunde. Da Carpilius genau wußte, wie ein Hunnenlager aussah, hatte der Ostkönig keine Bedenken, mit ihm durch Bledas Ordu zu gehen. Hier brannten kleinere Feuer unter den länglich über ihnen hängenden Suppenkesseln. Es mußten inzwischen Hunderte, wenn nicht gar tausend sein, die Abend für Abend entzündet wurden, um alle zu speisen, die in Großkönig Bledas Ordu und den anderen Lagern in weitem Kreis um das Königszelt lebten.

Einige der Frauen und älteren Männer, die nur als Zuschauer an der Feierlichkeit teilnahmen, grüßten nicht nur Attila, sondern auch seinen Begleiter mit Namen.

Sie wanderten durch die Reihen der runden Filzhäuser. Wer nicht genau hinsah, hätte meinen können, daß die Yurten inzwischen fest im Boden verankert waren. Tatsächlich waren nur noch an wenigen Stellen die Halteseile und äußeren Stützmasten zu sehen. An einigen Stellen entdeckte er sogar schon kleine, mit Schafsknochen, Stöcken und Schnüren abgesteckte Beete mit jungen Kräuterpflanzen. Attila wußte, was das bedeutete: Die Hunnen um Großkönig Bleda begannen zu siedeln ...

»Mein Vater hat inzwischen alle Vollmachten, die er sich wünschen kann«, berichtete Carpilius. Sie hatten sich jetzt so weit vom wilden Lärm des Festes entfernt, daß sie nicht mehr laut sprechen mußten. »Aber was nützt es ihm, wenn die Burgunden, die über den Rhein in unser Gebiet vorgedrungen sind, sich immer aufsässiger aufführen. Inzwischen haben sie alle Verträge für null und nichtig erklärt. Sie plündern und verwüsten so erfolgreich die Provinz Belgien, daß sich auch andere den Burgunden anschließen und sich gegen uns erheben!«

»Wer?«

»Zum Beispiel die Alanen ...«

»Ich dachte, die wären längst im Süden Galliens ... bei den Westgoten von König Theoderich ...«

»Teils, teils«, antwortete Carpilius. »Einige leben am *Liger* ... ich meine an der Loire bei Orleans, andere sorgen aber immer noch am Zufluß des Mains in den Rhein für Aufregung. Zu allem Übel nutzen in Gallien auch noch die Bagauden ... diese verbohrten Bauern ... die Nachrichten aus dem Norden und Osten zu immer neuen Aufständen und Mordanschlägen.«

»Ich habe schon davon gehört«, nickte Attila. »Ihr Anführer Tibatto muß ja ein wahrer Volkstribun sein!«

»Er hetzt alle bis nach Hispanien gegen Rom und uns Römer auf!«

»Vielleicht wollten die ausgesaugten und ausgebeuteten Söhne des Landes nur ein erträgliches Leben ohne ständige Angst, ohne Hunger und mit ein paar Rechten«, sagte Attila eher amüsiert.

»Ach was!« schnaubte Carpilius. »Sie träumen davon, daß wir mit sämtlichen Legionen und Hilfstruppen abziehen, alle Kasernen und Garnisonen, unsere Städte und Viadukte, Straßen und Häfen aufgeben und auch noch einverstanden sind, daß irgendein Germanenkönig all das übernimmt!«

»Ist das verwunderlich nach fünfhundert Jahren Ausbeutung und Unterdrückung durch euer großartiges Imperium?«

Carpilius stutzte und blieb stehen. Es war, als hätte er jetzt erst bemerkt, daß er sich nicht bei einem römischen Purpurträger, sondern bei einem Barbarenkönig über die Probleme des Reiches beschwerte.

»Kann es sein, daß du mit dem Germanenkönig den Westgoten Theoderich gemeint hast?«

»Wen denn sonst!« schnaubte Carpilius.

»Und wir sollen deinem Vater gegen ihn helfen?«

»Nein, gegen ihn doch nicht!« wehrte Carpilius ab. »Wir brauchen euch nicht gegen die Westgoten oder die Bagauden. Das kriegen wir in den Griff ... vorausgesetzt, daß ihr für uns ...«

Er stockte und sah Attila ins Gesicht.

»Nun?«

»Ich habt doch auch noch eine Rechnung offen ...«

»Die Burgunden?«

»Ja«, antwortete Carpilius. »Genau darum bittet dich mein Vater, der Oberbefehlshaber des westlichen Reiches! Bereits Caesar, der Eroberer Galliens, hat schon vor fast fünfhundert Jahren gesagt, daß derartige Entwicklungen sofort mit aller Härte unterbunden werden müssen.«

»Wem sagst du das?« fragte Attila lächelnd. »Ich sehe selbst, daß Unordnung, einmal begonnen, sehr schnell in Chaos münden kann!«

»Das Dumme ist nur, daß mein Vater nicht mehr über Caesars Legionen verfügen kann. Das Reich ist wie ein abgeerntetes Kornfeld – geteilt, verheert, und überall lodern Aufstände wie Feuer, die sich sehr leicht zum letzten großen Flächenbrand ausweiten können ...«

»Heißt das, dein Vater fürchtet den Untergang des *Imperium Romanum*?«

»Ohne euch Hunnen wäre der Westen längst nicht mehr!« sagte Carpilius vollkommen offen. »Deshalb möchte mein Vater auch, daß ihr in unserem Auftrag die Burgunden so hart bestraft wie irgend möglich!«

»Hm«, machte Attila nachdenklich. Er kaute eine Weile auf seiner Unterlippe. »Und du weißt, was du sagst?«

»Ich weiß genau, was ich sage!«

Die lange vorbereiteten Friedensverhandlungen zwischen den Hunnen und Ostrom begannen auf neutralem Gebiet. Obwohl es nur wie eine Kleinigkeit aussah, hatte Großkönig Bleda durchgesetzt, daß sie nicht an der Römerfestung Castra Constantia auf dem Nordufer der Donau, sondern auf einem Feld bei Margus zusammentrafen.

Damit von Anfang an feststand, wer fordern und wer nachgeben mußte, bestimmte Attila die Form der Verhandlungen. Er verzichtete auf den feierlichen Rahmen, den Bleda inzwischen so schätzte, und ließ einen flachen Hügel am Flußufer von Gebüsch freischlagen.

»Ich will, daß sie uns sehen!« sagte er. »Die Noblen Ostroms ebenso wie die Legionäre aus den Castellen, die Besatzungen und Händler auf den Schiffen und selbst die Tagelöhner und Kolonen auf den Feldern!«

Und dann war es soweit. Die Oströmer kamen mit großer Besetzung. Rund fünfzig extra Ausgewählte näherten sich dem Hügel. Attila hatte durchgesetzt, daß die Delegation der Hunnen nur aus Großkönig Bleda, ihm selbst und einigen engen Beratern wie Ellac und Deng Tsik, Onegesios, Scottas, Aijbars und zwei Söhnen von Bleda bestand.

Die Römer kamen bis auf vier Pferdelängen heran. Verwirrt suchten sie nach einer Yurte, einem Zelt oder wenigstens Tischen und Sitzgelegenheiten. Während Großkönig Bleda immer breiter zu grinsen begann, zuckte in Attilas Gesicht nicht ein einziger Muskel. Und dann begriff Plinthas, der strahlend in Gold und Farben gekleidete *magister militum per orientem*, auf welche Art von Verhandlungen er sich eingelassen hatte. Er war schon halb abgestiegen, als er sah, daß die Hunnen sich nicht rührten. Blitzartig erkannte er, daß es nicht gut für ihn war, wenn er unten stand und sie auf dem Rücken ihrer Pferde blieben. Er nickte seinem zweiten Mann Epigenes zu. Wenn sie jetzt ihr Ansehen bewahren wollten, mußten sie ebenfalls in der ungewöhnlichen Position sitzen bleiben ...

Es war Plinthas, der das übliche Theater der Verhandlungen

abkürzte. Der alte Heerführer hatte noch Kharaton, Uldin und ihren Vater gekannt und war bei den Verhandlungen mit ihnen dabeigewesen. Attila bemerkte, daß Plinthas alle Reden, die nur nichtssagend waren, an Bleda richtete, aber immer dann, wenn es um Zahlen ging, ihn ansah.

»Machen wir's kurz«, sagte er schließlich. »Nennt euren Preis für einen guten Frieden!«

Bleda hob beide Arme und wollte aufzählen, was ihm an Purpur, Seide und Gewürzen, an Schmuck und Edelsteinen, Zierdolchen für seine besten Anführer, Duftwässern für seine eigenen und der Fürsten Frauen und sonstigen Begehrlichkeiten aufgetragen worden war.

Doch Attila sah nur Onkel Aijbars an. Der Schamane hatte sein buntes Vogelfederkleid angelegt. Er hockte mit halb angezogenen Beinen im ebenfalls federgeschmückten Sattel und nestelte an seiner Pulverdose. Bei jeder neuen Forderung des Großkönigs kicherte er leise. Und endlich verstand Attila. Je mehr unsinnigen Tand und Luxus Bleda forderte, um so kleiner und erbärmlicher wurde ihr Sieg über die Legionen des Imperiums. Attila holte ganz langsam Luft.

»Genug!« sagte er scharf. »Wir können das auch abkürzen!«

Mehrere der Männer auf der flachen Anhöhe fuhren zusammen.

»Wir verdoppeln den Tribut von dreihundertfünfzig auf siebenhundert Pfund Gold pro Jahr«, sagte Attila. »Außerdem fordern wir eine Verpflichtung des Reiches, ab sofort kein Bündnis mehr mit Sippen, Stämmen oder Völkern abzuschließen, die uns ablehnen oder sogar feindlich gegenüberstehen!«

»Einverstanden!«

Plinthas' Antwort kam selbst für Attila überraschend schnell und klar.

»Mit beiden Forderungen?«

»Mit beiden Forderungen!«

»Gut, der Vertrag soll gelten!« sagte Attila, ohne Bleda überhaupt anzusehen. »Zusätzlich fordern wir ab sofort für jeden entkommenen oder auszulösenden Gefangenen acht Solidos ...«

»Ebenfalls das Doppelte der bisher üblichen Summe! Auch das erscheint mir machbar ...«

Erst jetzt warf Attila seinem Bruder einen kurzen Blick zu. Bleda neigte kaum sichtbar den Kopf. Erstaunt und gleichzeitig verwirrt verfolgte er, wie Attila ohne zu handeln forderte.

»Ihr verpflichtet euch weiterhin, einen Markt zuzulassen«, sagte Attila fast so sachlich und unbeteiligt wie ein Notarius der Römer, »einen Markt, den jedermann besuchen kann, ganz gleich, ob er Waren anbieten oder kaufen will.«

»Das geht nicht!« unterbrach Epigenes entsetzt. Er schien erst jetzt zu merken, daß die wesentlichen Teile der Verhandlungen bereits beendet waren. »Wer sollte ein derartiges Experiment sichern, wer die Anreise von Händlern oder die Abreise von Käufern in dieser unsicheren Gegend schützen?«

»Nun, doch wohl jene, von denen die Macht oder auch die Bedrohung ausgeht«, sagte Attila lächelnd. »Wir also ... und ihr – in gleichem Maße!«

»Aber bedenkt doch, wir sind nicht in der Lage ...«

»Wir sind auch damit einverstanden!« unterbrach Plinthas.

Damit war auch der letzte Punkt der Verhandlungsrunde geklärt. Selbst viele hundert Jahre danach konnte das Geschick der Hunnen und ihr Augenmaß als wahrhaft königliche Leistung gelten. Jedes Weniger wäre Schwäche gewesen, jedes Mehr hätte unweigerlich zu einem neuen Krieg geführt.

Am gleichen Abend, als beide mit ihrem engeren Gefolge bei einem Becher Wein am Flußufer zusammensaßen, besprachen sie noch einmal ihr geplantes Vorgehen und die erreichten Ergebnisse.

»Was meinst du ... wird Konstantinopel die Vereinbarungen einhalten?«

»Darauf kannst du eine ganze Amphore Fischsoße trinken!«

»Ekelhaft!«

»Nicht für die Römer!!« grinste Attila. »Und deshalb haben wir bei dieser Verhandlung freie Hand gewonnen. Wir können sofort mit den Stämmen abrechnen, die sich im Dunkel der Nacht mit Ostrom verbündet haben. Und was noch wichtiger ist – wir haben ab sofort den Rücken frei, wenn wir im Norden entlang der Bernsteinstraße bis zum *Mare Suebicum* und zwischen Donau und Alpen bis zum Rhein preschen!«

»Aber das lohnt sich doch alles nicht mehr!« sagte Bleda. »Was soll in diesen Gegenden schon groß zu holen sein?« Er legte den linken Zeigefinger an die Nase und dachte angestrengt nach. »Das hat Uldin bereits gewußt, der schon weit im Norden war, als du noch in die Hosen gemacht hast ...«

Attila zuckte kaum merklich zusammen. Da war sie wieder, diese mitleidige Verachtung des Erstgeborenen für den kleinen Bruder. Ohne Onkel Aijbars hätte er nicht einmal Ostkönig werden können. Und beide wußten das. Doch diesmal würde auch Bleda merken, wer Forderungen stellte und seinen Anspruch durchsetzte!

»Wir haben einen Freibrief Ostroms für die Erweiterung unserer Gebiete«, sagte Attila. »Gleichzeitig ruft Westrom um Hilfe. Für welchen Ritt entscheidest du dich?«

»Am liebsten für den ruhigen!« seufzte Bleda. Genau das hatte Attila erwartet. Schon jetzt war klar, daß Bledas Krieger überhaupt nicht mit der Entscheidung ihres Großkönigs einverstanden sein würden. Denn alle hatten schon einmal von dem Schatz gehört, den die Burgunden angeblich besaßen. Den hatte Bleda – ohne es zu merken – soeben leichtfertig verschenkt ...

Am nächsten Tag forderte Attila nochmals die Übergabe von König Uldins Söhnen Mama und Atakam. Plinthas zögerte noch immer, doch Attila gab nicht um die Breite eines Barthaars nach.

»Es liegt an euch, wie ihr entscheiden wollt«, sagte er mit einem kalten Lächeln. »Doch wie ich das Imperium kenne, würde es sogar seine eigenen Kinder den Muränen zum Fraß vorwerfen, wenn sich dadurch ein perverses Fischgericht erzielen ließe.«

»Du weißt, daß dies auch nur Gerüchte sind«, gab der alte General beherrscht zurück.

»Willst du auch bestreiten, daß ihr Römer Kriegsgefangene an eure Zuchtmuränen verfüttert habt?«

»Zwischen Kriegsgefangenen und den eigenen Kindern gibt es gewisse Unterschiede«, sagte Plinthas ungerührt. Sie wußten beide, daß sie nicht über längst vergangene Auswüchse in der Ewigen Stadt sprachen, sondern über Blutsverwandte der beiden Hunnenkönige.

»Sie haben sich und uns verraten!« sagte Attila.

»Aber vor langer Zeit«, wagte Plinthas noch einen letzten Versuch. »Was habt ihr wirklich davon, wenn ihr sie bestraft?«

»Das fragst ausgerechnet du? Der oberste Befehlshaber des Orients? Die Fürsten Atakam und Mama sind unsere ranghöchsten Überläufer. Wenn sie zurückgegeben werden, dringt die Nachricht davon sehr schnell bis in die letzte Yurte!«

»Aber sie leben schon so lange in Konstantinopel, daß sie sich längst als Römer fühlen.«

»Gut, Plinthas, dann sollst du entscheiden!« Attilas Augen wurden sehr schmal, und nur in seinen Mundwinkeln zeigte sich noch ein Rest des Lächelns. »Sind diese beiden für dich als Befehlshaber ... *magister militum per orientem* ... sind diese beiden für dich Hunnen oder Römer?«

Attila kannte längst die Antwort. Er hatte Plinthas eine Brücke gebaut, über die dieser gehen konnte, ohne sein Gesicht vor allen anderen zu verlieren. Jetzt konnten weder die Eunuchen noch der Kaiser selbst mehr irgend etwas für die Überläufer tun.

Zwei Wochen später war es soweit. Sie kamen in ihrer prächtigsten Kleidung auf Pferden, die deutlich sichtbar ein Vermögen wert waren. Die Eskorte aus Offizieren der Orient-Legionen hatte bisher nur wenig mit den Hunnen zu tun gehabt. Ihre Hauptgegner in den vergangenen Jahrzehnten waren das Perserreich und die Sassaniden gewesen.

Nachdem die Kundschafter im Lager des Ostkönigs die beiden Fürsten und ihre Bewacher angekündigt hatten, trafen sie am Stromübergang in der Nähe von Attilas Ordu zusammen.

Attilas Männer machten keine großen Umstände. Später hieß es bei den Geschichtsschreibern: »Sie nahmen die geflohenen Adeligen ihres eigenen Volkes in Empfang, spuckten sie an, rissen ihnen die feinen oströmischen Kleidungsstücke von den zitternden, bebenden Körpern und führten sie zur einzigen kleinen Erhebung am nördlichen Flußufer. Langsam und so bedächtig, daß die römischen Legionäre in ihrem Höhencastell auf der anderen Seite alles beobachten konnten, banden sie die beiden vollkommen nackten Männer an Kreuze. Als Adlige konnten sie nicht ohne weiteres gepfählt oder enthauptet werden, denn welcher der Krieger hätte dies tun sollen? So also übernahm das göttliche Tagesgestirn die Vollstreckung.«

Tatsächlich sprach sich schnell herum, daß es Attila war, der mehr und mehr die Zügel straffzog. Je mehr sein Bruder Bleda in die Fußstapfen des unseligen Oktar trat, um so härter und unnachgiebiger wurde der Ostkönig.

»Was willst du eigentlich?« fragte Greka ihn eines Nachts. »Den Lauf der Sonne und des Mondes anhalten? Die alten Blutgesetze der Steppe wieder ausgraben?«

»Vielleicht«, antwortete Attila. Er hielt sie fest in seinen Armen, aber sie spürte, daß er ganz woanders war. Sie war nach wie vor seine erste und oberste Frau. Aber sie wußte auch, daß ein so vor Kraft und Energie strotzender Mann wie Attila niemals nur Kräuter sammeln, am Feuer rauhe Lieder singen oder verletzten Tieren helfen konnte.

»Nimm einmal an, du wärst der Großkönig?« sagte sie leise. »Was würdest du dann tun?«

»Ich würde weiterziehen!«

Es war nicht Greka, die geplaudert hatte, aber irgendwie

sprach sich in den nächsten Wochen herum, wie unruhig Attila wirkte. In den darauffolgenden Monaten setzte sich eine ganze Reihe wohlhabend gewordener Hunnen nach Ostrom ab – aber nicht aus Attilas Ordu, sondern aus dem Umfeld seines Bruders Bleda. Es schien, als fühlten sie sich gerade dort vor Attilas zunehmender Härte nicht mehr sicher ...

Obwohl Aetius immer wieder drängte, begann die Strafaktion gegen die aufständischen Burgunden erst im darauffolgenden Jahr. Zu diesem Zeitpunkt waren bereits mehrere Sturmfäuste des Großkönigs weit nach Nordosten gezogen. Dabei handelte es sich aber nicht um schnelle Kampfeinheiten, sondern um komplette Stämme, die alles mitführten, was zu ihnen gehörte.

Attilas Hunnen und ihre ostgermanischen Hilfsvölker kamen von der unteren Donau. Sie machten einen südlichen Bogen um die Berge und engeren Täler des Eisernen Tors, passierten Viminacium und stießen bei Margus und Constantia auf der anderen Flußseite wieder auf die große Römerstraße von Konstantinopel bis Singidunum an der Mündung der Save. Attila schickte eine kleine Delegation zum Ordu des Großkönigs, um ihm zu berichten, mit wieviel Mann er aufgebrochen war. Anders als die Züge der westlichen Hunnen war der Ostkönig ohne einen einzigen Wagen losgezogen.

Von hier ab folgten sie der Straße der Legionen am rechten, westlichen Flußufer bis nach Aquincum. Attilas sechs Sturmfäuste wurden durch germanische Fürsten und durch Römer verstärkt, die jeden Stein am Wegrand kannten. Da er im Auftrag Ravennas gegen die Burgunden zog, erhielt Attila jede Unterstützung, auf die auch die Legionäre Roms ein Jahrtausend lang hatten bauen können. Er hatte alle seine Söhne mitgenommen. In der sechsten Sturmfaust ritten erstmals auch drei seiner jüngeren Söhne, die von verschiedenen anderen Müttern stammten.

»Wenn ich nicht wüßte, daß ich Ostkönig der Hunnen bin, käme ich mir fast wie ein römischer Reitergeneral oder ein *ma-*

gister equitum vor«, lachte er, als sie am Abend in ungewohnt ordentlicher Formation zuerst durch die verfallen wirkende südliche Wohnstadt ritten und dann die Tore des quadratischen Militärlagers an der Donau passierten.

Der große Fluß hatte hier mehrere Arme mit Inseln geformt. Obwohl Attila die Stadt aus vielen Berichten kannte, sah er den römischen Militärstützpunkt zum ersten Mal. Das seltsam verlassen wirkende Castell lag unmittelbar zwischen dem Ufer und den nach Westen hin ansteigenden Bergen. Auf der anderen Flußseite begann die große Ebene, die bis zu den Karpaten weit im Osten reichte.

Attila sah, daß die *Castra Legionis* von Aquincum einmal wie jedes andere römische Castell angelegt worden war: Die beiden Hauptstraßen kreuzten sich in der Mitte und teilten den ummauerten Bereich in vier kleinere Felder mit langgestreckten Quartieren für Männer und Pferde unter flachen roten Dächern. Sie ritten an auffällig vielen Mithräen vorbei. Es gab auch Kirchen, aber die Tempel des Mithras waren bei den Legionären offensichtlich beliebter als die der Christen ...

Noch am gleichen Abend wurden Attila die Spezialisten vorgestellt, die ihn bis zum Rhein begleiten sollten. Und wie zum Hohn zeigte das Imperium, wozu es einmal fähig gewesen war.

In einer endlosen Zeremonie im Prätorium, dem großen Haus des Kommandanten, erklärte Carpilius den erstaunten Hunnen, wer alles mit ihnen ziehen sollte. Neben Spähern und Kartenkundigen mit einem geradezu magischen Gedächtnis sollten die Hunnen Astronomen und Brückenbauer mitnehmen, dazu *signifer* und *aquilifer*, die für die römischen Standarten und Adlerzeichen in seinem Troß verantwortlich waren.

»Ein, zwei *alae* mit jungen germanischen Legionären wären mir lieber als diese ganzen Dekorationen«, schnaubte Attila, als sie wieder allein waren.

»Genau die hat Aetius aber nicht«, meinte Deng Tsik.

»Dafür schickt er uns Figuren wie aus dem Circus«, brummte auch Ellac unwirsch. »Die halten uns doch nur auf!«

»Ich bin sowieso nur an blonden Burgundenmädchen und einem Anteil von ihrem sagenhaften Goldschatz interessiert«, sagte Deng Tsik.

»Na klar, die sehnen sich auch nachts nach nichts anderem als nach einem gerade neunzehn Jahre alt gewordenen Hunnen!« meinte Ellac.

Die nächsten Tage vergingen in einer Mischung aus Gewaltritten und ausschwärmenden Erkundungen rechts und links der Donau. Sie kreuzten die Bernsteinstraße bei Carnuntum und wechselten ab Vindobona ständig zwischen den Ufern der Donau hin und her. Hier häuften sich die Spuren der Römer, während das Gelände langsam anstieg. Anders als in den eher menschenleeren Weiten der Provinzen südlich und östlich der Karpaten sahen sie hier immer häufiger verlassene Gehöfte und Ruinen von aufgegebenen Castellen, Siedlungen und Befestigungen.

Einige Male sahen sie Rauchsignale und nächtliche Feuerzeichen zwischen kleineren römischen Stützpunkten und wie Burgen ummauerten Häusergruppen auf Anhöhen und Hügeln. Sie brauchten sich nicht lange mit Plünderungen aufzuhalten. Alles, was von Attila und seinen gut dreitausend Hunnenreitern benötigt wurde, lag allabendlich an vorher festgelegten Übergabepunkten bereit.

»Sie wollen nicht, daß wir uns lange aufhalten«, grinste Ellac immer wieder. Noch nie zuvor war ein Herr der Hunnen so gastfreundlich behandelt worden wie diesmal zwischen den Alpen und der oberen Donau. Was immer sie auch wünschten – es wurde umgehend erfüllt. Und langsam fanden auch die letzten die Fürsorge der Römer und ihr Organisationstalent bequem und angenehm.

»Wir sollten uns das alles merken«, sagte auch Attila. Von Lauriacum an blieben sie wieder an der großen Überlandstraße auf der Südseite des Stroms. Die letzte vollständige Legionseinheit hatten sie in Lentia gesehen. In Boiodurum und gleich darauf auch in Patava am Zusammenstrom der drei Flüsse und den folgenden Standorten am Donaulimes war jeweils nur noch eine *ala* stationiert. In Quintana und Sorviodurum sollten ebenfalls jeweils fünfhundert Reiter ihr Quartier finden, aber sie sahen erst in Castra Regina am nördlichsten Punkt des Donaustroms wieder ein paar Pferde.

Irgendwann gaben sie es auf, die offiziellen Zahlen mit der traurigen Wirklichkeit zu vergleichen. Sie legten keinen Wert darauf, die zweite Kaiserstadt Germaniens kennenzulernen. Augusta Vindelicum änderte auch nichts an dem Weltbild, daß sie sich inzwischen von den idyllischen, aber verwahrlosten Provinzen Noricum und Raetien gemacht hatten.

Den meisten Reitern aus der Steppe war vollkommen egal, wo sie sich gerade befanden, wem die Städte und Dörfer gehörten und wer sie wie ein besonders fähiger Schamane Tag für Tag auf wundersame Art mit reichlich Futter, Wein, Verpflegung und Kästen voller Münzen satt und bei Laune hielt. Mit der Armut nördlich der Alpen hatte das alles nichts zu tun ...

Noch ehe sie den Rhein erreichten, kamen ihnen plötzlich Boten der Belgier entgegen.

»Ihr solltet lieber uns schützen als das Imperium jenseits der Alpen«, sagte ein junger Franke furchtlos. Er wurde von schweigsamen, rotgesichtigen Männern mit stämmigen Nakken begleitet, die in den Wäldern zwischen Rhein und Weser wohnten.

»Wir haben auch schon einmal über römische Legionen triumphiert«, sagte einer dieser hünenhaften Männer. »Damals sah der Quintilius Varus überhaupt nicht gut aus ...«

Der junge Franke unterbrach ihn mit einer knappen Handbewegung, dann versuchte er zu erklären, was er eigentlich wollte:

»Kehrt um, denn wir sind es, die noch eine Rache gegen die Burgunden offenhaben. Ihr könnt dorthin zurückziehen, wo ihr hergekommen seid. Außerdem gibt es keinen Goldschatz der Burgunden.«

Attila verstand das mangelhafte Latein der Männer nur sehr schlecht. Er ließ nach Franken in seinem Gefolge rufen und befahl den Männern, solange zu warten. Er wußte nicht, woher die Abgesandten wirklich kamen und was sie bezweckten.

»Laß mich das machen«, sagte Ellac schließlich. Doch da trafen die Franken ein. Sie hörten, was man von ihnen wollte, und begannen zu übersetzen. Es dauerte eine Weile, dann drehte sich der erste um und suchte nach den richtigen Worten, um auf Latein zu sagen, was er gehört hatte:

»Er sagt, daß der Burgundenkönig Gundahar bereits vor Aetius im Staub liegt und um Frieden winselt. Und er sagt auch, daß es den kaiserlichen Römern allemal lieber ist, wenn sich die Wut der Germanenvölker gegen euch Hunnen und nicht erneut gegen Rom richtet.«

»Woher will er das wissen?«

Der Franke fragte und übersetzte erneut.

»Weil die Franken und die *Hünen*, wie sich die Friesen auch noch nennen, die Burgunden bei ihrem nächsten Vorstoß rheinabwärts endgültig vernichten wollen ...«

»Ich glaube diesen Männern kein Wort«, sagte Onegesios.

»Sie wollen nur verhindern, daß wir uns unsern Lohn in Gold bei den Burgunden holen«, stimmte Deng Tsik zu.

»Vielleicht sind sie ja selbst Burgunden«, kicherte der Schamane aus dem Hintergrund.

»Boten an Aetius!« befahl Attila. »Bei allen stinkenden Dämonen! Ich will jetzt wissen, was wir hier wieder auszuwetzen haben!«

Die Hunnenpferde kamen von Westen. Sie eilten einen Hügel hinauf, auf dessen südöstlicher Seite die Weinberge der Burgunden begannen. Sie hatten einen großen Bogen gemacht, um nicht gesehen zu werden. Die Pferde bewegten sich wie eine Herde, die sich vor Felsen und vor Bäumen teilte und in kleinen Mulden wieder zusammenfand. Der schnelle Ritt fand ohne jedes Wort statt. Nur manche Pferde schnaubten, manchmal klirrten die Waffen, und von den Rüstungen klangen metallische Geräusche auf.

Und plötzlich sahen sie das weite Rheintal jenseits der Hügelkuppe, dann die Dachspitzen der Häuser zwischen Berghängen und Fluß und schließlich die römische *Civitas Vangionum* selbst. Nah, viel zu nah, sogar für einen schnellen Überraschungsangriff.

Der Stamm der keltischen Vangionen war längst nach Westen weitergezogen. Hier warteten inzwischen die Burgunden. Sie hatten sich nicht verschanzt, sondern zum Kampf aufgestellt. Attila wußte, daß er dem Haufen der Burgundenkrieger an Disziplin, an Taktik und Erfahrung überlegen war. Der junge König führte nur eine Hundemeute an, die ihrem Herrn Flavius Aetius in die Hand gebissen hatte.

Dennoch beging Attila nicht den gleichen Fehler wie sein Onkel Oktar. Er unterschätzte die Germanen nicht, die es gewagt hatten, ein hunnisches Heer heimtückisch niederzumetzeln, das zur Trauer um seinen König die Waffen abgelegt hatte. Hier hatte man ein Volk vor sich, das auf Verträge mit dem *Imperium Romanum* spuckte und jetzt auch noch gegen die früheren Steppenreiter die Muskeln spielen ließ.

Nein, er wollte keine Schlacht gewinnen! Er wollte die Gegner so besiegen, daß sie verschwanden und Rom und Aetius statt dessen ihn selbst ernstnehmen mußten – endgültig und über den Tag hinaus ...

Die Germanen hatten ihre eigene Reiterei flußabwärts am linken Ufer des Rheins versammelt. Zwischen den Flußauen und *Vangionum* standen nur noch ein paar Dutzend eingestreute Ausschwärmer und leichtbewaffnetes Fußvolk. Die Hauptmacht der Germanen erwartete die Hunnen dort, wo Gräben und Hohlwege am Fuß der Weinberge zu Fallen für bergab stürmende Pferde wurden und so den Angriff der hunnischen Reiter am besten aufhalten konnten.

Die Streitmacht der Burgunden wurde von den Besten des Volkes angeführt. Am linken Flügel, an dem das größte Gemetzel erwartet wurde, ritt der hünenhafte, mit mächtigen Armmuskeln bepackte und im Glanz seiner Waffen strahlende König Gundahar. Er hatte ein feuerfarbenes Band in sein blondes Haar gebunden und trug einen eisernen, gezackten Wurfspieß von ungeheurer Länge. Vor dem rechten Flügel seines Volkes ritt ein anderer Sohn von König Gibich.

Anders als die Römer sah Attila die Burgunden nicht als Barbaren an, sondern als Menschen, denen der Stolz und die alten Sitten und Bräuche den Hals abschnürten. Dieses Volk, das nicht mehr als ein großer Stamm war, hatte vergessen, daß es nicht mehr in Wäldern lebte, sondern inzwischen den Gesetzen Roms unterlag.

Attila hob die Hand und ritt allein nach vorn. Er wollte diesem strahlenden, überheblichen Germanen wenigstens einmal in die Augen sehen, ehe er ihn im Auftrag des *Imperium Romanum* und aus eigenem Zorn vor seinem Pferd niederknien ließ und ihm den Fuß hart in den Nacken setzte.

Im gleichen Augenblick klang der dröhnende Baritus der Burgundenkrieger durch die Weinberge. Eine Tuba nach der anderen begann zu blasen. Die Burgunden schlugen noch mehr Lärm, als zum Vertreiben diebischer Vögel an allen Trauben nötig war.

»Dann eben nicht!« knurrte Attila grimmig. Er wußte jetzt, daß sie nicht mit sich reden ließen. Gundahar hob seinen Wurfspieß, als wolle er ihn in den Himmel stoßen. Er preßte die nackten Schenkel zusammen, erhob sich aus seinem Sattel, drehte sich halb zu seinen Männern um und stieß einen lauten, furchtlosen Schrei aus.

Schritt für Schritt setzten sich Tausende von Burgunden, unterstützt von hastig angerückten Main-Alanen, in Bewegung. Die Fußkrieger marschierten auf den Weinberg zu. Auch von den Wiesen am Flußufer brachen die Reiter auf.

Doch dann – ein Halt. Unruhe überall, Verwirrung am rechten Flügel. Attila entdeckte auf der östlichen Seite des Flusses winzig wirkende Reiter mit Wimpeln – zu weit entfernt, um sie zu erkennen, doch ihre Rüstungen blinkten ein paarmal im Sonnenlicht. Offensichtlich hatten auch die Burgunden dieses Blinken gesehen. Doch gleich darauf ging es weiter.

Noch einmal preschten Unterführer der Burgunden auf leichten Pferden auf und ab.

»Seid mutig, Männer«, brüllten sie, so laut sie konnten. »Es geht um alles oder nichts!«

Mit wildem Schlachtgesang rissen die Burgunden ihre Speere, Rundschilde und Schwerter hoch, dann stürmten sie vor. Attila durfte sie nicht bis zum Fuß des Weinbergs kommen lassen. Er schnaubte durch die Nase, das war für seine Krieger Zeichen genug.

Die Hunnen preschten den Weinberg hinab. Sie setzten mit ihren kleinen Pferden mühelos über die Hohlwege, sprangen über die Gräben und waren gleich darauf in den Weiden, die sanft zum verästelten Fluß abfielen. Sie schlossen sich in hartem Ritt zusammen, preßten die Flanken ihrer Pferde gegeneinander, standen in den Steigbügeln auf, drehten die Oberkörper, spannten die Bogen, lehnten sich weit zurück und ließen die erste Pfeilwolke gegen die Germanen steigen.

Attila selbst ritt ganz vorn gegen die Reiter der Burgunden. Er umkreiste das Fußvolk. Das Drängen nahm immer mehr zu, Schwärme von Pfeilen sirrten wie das Zähnefletschen geifernder Tiere durch die Luft, dann wallte Staub auf und verhüllte den Männermord. Waffe dröhnte an Waffe, Leib prallte gegen Leib. Mit beidhändig schräg gehaltenen Schwertern fuhren die Burgunden dicht über dem Erdboden ihren Feinden entgegen. Die Hunnen ritten über sie hinweg.

Da kam die zweite Welle vom Rhein herauf. Wütend stürmten sie vorwärts. Unaufhörlich flogen die Wurfspeere und die gestählten Rohre der Pfeile. Messer und Schwerter schlugen zusammen, Pfeile mit eisernen Spitzen von beiden Seiten stürzten auf Männer, Pferde und Schilde herab. Die Rüstungspanzer zersprangen unter hitzigen Schwerthieben.

Wer verwundet wurde und strauchelte, erhob sich noch einmal vom Boden, bis das Leben mit seinem Blut verrann. Es war ein gleichgewichtiger Kampf. Höher und breitbrüstig ragten die Burgunden aus dem Getümmel. Die Hunnen dagegen waren mit ihren Pferden verwachsen. Wild wie heulender Sturmwind schlugen die Germanen zu, schnell und kaltblütig die Hunnen.

Die Burgunden kämpften gleich Wettrennern, ihr Leben aufopfernd. Nur wenige dachten daran, sich zu schützen. Sie wollten nichts anderes, als die rasende Mauer aus Pferdeleibern aufhalten.

Vor den Germanen türmten sich die Haufen ihrer Toten. Sie sprangen auf die Leiber der Gefallenen, aber das Ächzen der Liegenden erregte selbst in ihnen Grauen. Nicht der Tod, sondern das Stöhnen der Verwundeten ließ ihren Mut schwinden. Die Kämpfer wurden zusehends matter. Sie hatten zu schnell zu viel Kraft verbraucht.

Die Überlebenden suchten den Rückweg durch die Weinberge, jetzt nur noch auf Rettung bedacht. Hier aber war kein Durchkommen. Die Hunnen zerschnitten die Rücken der Flüchtenden, bis ihre Schwerter sich bogen. Nicht einer wurde geschont, denn noch war die Zahl der Hunnen nicht erreicht, die einst in Trauer und Rausch waffenlos ihr Leben verloren hatten. Immer mehr Burgunden rangen mit dem Tod. Halbtote suchten mit brechenden Augen den letzten Rest des Sonnenlichts, und unter den Haufen der Toten erstickten auch Lebende, die bisher noch verschont geblieben waren.

Glänzende Helme rollten um sie herum. Sogar die Flucht der Burgunden wurde durch Leichenberge gehemmt. Die Geschlagenen stürzten zurück zum tückischen, schlammigen Ufer des Rheinstroms. Sie wollten eher in seinen Fluten ertrinken, als Gefangene der Rächer werden. Schwache und Verletzte rissen noch Starke in ihren Rüstungen mit in die Tiefe. Und wer versuchte, den Kampf gegen den Strom doch noch zu gewinnen, zog sofort einen schwirrenden Schwall von Pfeilen auf sich.

Nur wenige schafften es, mit Hilfe der gurgelnden Strömung unter den Pfeilwolken aus hunnischen Bogen hinwegzutauchen ...

Später, als alles vorbei war, wurde Gundahar verwundet im sumpfigen Unterholz eines toten Rheinarmes entdeckt. Der König der Burgunden ergab sich, als er erkannte, daß jedes Versteckspiel sinnlos geworden war. Mit ihm boten sich sämtliche Burgunden als Gefangene für Lösegeld oder Sklaven an. Doch Attila lehnte ab. Sollte doch das Imperium zusehen, was mit dem Rest dieses Volkes geschah. Er hatte seinen Onkel und die Opfer der Heimtücke gerächt, weiter nichts!

Erst als die Schatten der Nacht in die Rheinaue sanken, rief der Hörnerklang das Ende des Kampfes aus.

Über die Brücke von *Vangionum* kamen fröhlich wirkende Römer auf edlen Pferden näher. Sie gaben sich als Beobachter von Aetius aus. Und dann erklärten sie, daß sie den ganzen Kampf wie in einem Amphitheater beobachtet hatten. Am gleichen Abend erfuhr Attila, daß sich Gundahar schon einige Wochen zuvor wieder dem Oberbefehlshaber Westroms unterworfen hatte.

22. *Die Vandalen kommen*

In den folgenden Jahren blieben Attila und Bleda in ihren Ordus. Sie hatten viel damit zu tun, ihre eigenen Stämme zu organisieren und im Durcheinander verschiedenster Vasallenvölker und angeschlossener Stämme Ordnung zu schaffen.

Trotzdem ärgerten Attila die Meldungen, die ihn immer wieder aus dem Westen des Imperiums erreichten. Monat für Monat trafen Hunnen aus Familien ein, die er kannte und die noch unter seinem Vater mit ihnen gelebt hatten. Sie waren vor mehr als zehn Jahren mit Aetius nach Gallien gezogen, hatten sich dort ein Weib genommen und Familien gegründet. Jetzt wollten die oft verwundet oder verstümmelt zurückkehrenden Männer ihre letzten Jahre zwischen den Bergen und dem Donaudelta verbringen. Die meisten besaßen soviel Gold, daß sie sich genügend Schafe und Ziegen, Rinder oder Pferde kaufen konnten.

Attila nahm die Veteranen ohne Ausnahme auf. Er wies auch jenen Weideland zu, die kein Glück gehabt hatten, unterwegs überfallen worden waren oder ihre jahrelang gehüteten Denare und Solidos beim Spiel verloren hatten. Wer kämpfte und Beute machte, tat das zuerst für sich selbst. Aber seitdem die Beute größer geworden war als der Bedarf an Schmuck für die Weiber und das Zaumzeug der Pferde, erhielten Anführer, Fürsten und Könige der Hunnen einen stets wechselnden, doch niemals versiegenden Strom von Gold und anderen Münzen, der durch Geschenke der Delegationen und Gesandtschaften noch vergrößert wurde. Sowohl der Großkönig als auch Ostkönig Attila konnten es sich leisten, großzügig zu jenen zu sein, die für fremde Standarten und Feldzeichen gekämpft und geblutet hatten. Die meisten der Rückkehrer waren ohnehin Söldner Westroms gewesen: die schnellsten Reiter der gallischen Legionen von Aetius ...

Wie eh und je berichteten sie an den Abenden bei thrakischem Wein und Rauschtränken aus gegorener Milch der Tiere und des Mohns. Nur Onkel Aijbars wußte, auf welch geheimnisvolle Weise der Mohn zubereitet und behandelt werden mußte, damit er dem flüssigen *Laudanum* in Knoten von Leinentüchern sehr nahekam, mit dem die Römer ihre schreienden Säuglinge ruhigstellten.

Attila trank nie mehr, als er vertragen konnte. Gelegentlich kam es vor, daß er sich mit einem Weib oder einem neu angekommenen Mädchen für die Nacht in die Dunkelheit oder in eine Yurte zurückzog. Er blieb freundlich dabei, vergaß nie die Morgengabe, aber es gab so gut wie nie ein zweites Mal mit dem gleichen Weib, und es berührte ihn nicht mehr als ein leichter, vergänglicher Rauch. Derartige Dinge hatten nichts mit den Freuden zu tun, die er bei Greka noch immer empfand.

Um so mehr interessierte er sich für die Geschichten, die von den Veteranen erzählt wurden. Immer wieder hörte er von unfähigen Männern. Deren Fehler beschäftigten ihn viel mehr als die meist übertriebenen Berichte von herrlichen Kämpfen und glorreichen Siegen. Das galt ganz besonders für alles, was mit Flavius Aetius zu tun hatte. Nach und nach erfuhren er und seine Gefährten und Berater, was in der Zwischenzeit im Westen und besonders in Gallien geschehen war ...

»Als ihr für Rom die Burgunden am Rhein gezüchtigt habt, schlugen wir uns in Gallien unter Aetius' Stellvertreter Litorius zumeist mit rebellischen Westgoten und Partisanen von der Loire«, berichtete einer der Veteranen. Er hieß Adamos und war ein Sohn von Ostkönig Oktar und einer Griechin aus einem Dorf in der Nähe von Odessos am Schwarzen Meer. Er und seine anderen Halbbrüder hatten nie den Versuch unternommen, Attilas Rang und Platz anzufechten. Von Anfang an war klar gewesen, daß Mundschuks Söhne die Nachfolger der Könige werden sollten. Trotzdem hatte Attila mehr für den

Mann getan, der seinen linken Arm durch einen westgotischen Schwerthieb verloren hatte. Er war auf Wunsch der Königin zu ihrem ersten Verwalter und obersten Wächter der Frauenyurten ernannt worden.

»Wir hatten viel mit den Bagauden zu tun«, berichtete Adamos. Obwohl er jünger war als Attila, sah sein Gesicht faltig und braun wie ein ausgetrockneter Apfel aus. »Das kommt von diesem Mistelsud, den uns die Bagauden immer wieder an den Rand des Lagers gestellt haben. Wir dachten, daß es Rauschtrank ist, aber sie wollten uns und unsere Gedärme ganz langsam vergiften. Zuerst sind unsere Gesichter gelb geworden, dann lief die Krankheit uns wie bei den Toten aus den Körperöffnungen. Schließlich wurde unsere Haut zu Leder, und die Schmerzen ließen nicht mehr nach.«

»Habt ihr sie nie geschlagen?« fragte Scottas, der nach wie vor zum engsten Kreis um den Ostkönig gehörte. Adamos lachte. »Ob wir sie nie geschlagen haben? Natürlich haben wir das! Tag für Tag, und immer wenn die Nacht kam, verschwanden sie in ihren Eichenwäldern und tauchten dann bei Morgengrauen an ganz anderen Stellen wieder auf.«

»Wie das fließende Metall, das nicht zu fassen ist«, kicherte der Schamane und kostete von winzigen schwarzen Kügelchen aus getrockneter Mohnmilch.

»Nein, so wie wir, wenn wir im schnellen Sturm angreifen und sofort wieder zurückreiten«, sagte Attila.

»Für mich sind die Bagauden die besten Kämpfer ihres Landes«, fuhr Adamos fort. »Sie sagen, daß sie die Armee des tausendfachen Widerstandes gegen die römischen Besatzer sind. Es gibt inzwischen Hunderte von geheimen Pfaden durch die Wälder Galliens, unsichtbare Furten durch die Flüsse und Straßen durch die Berge, die nur Eingeweihte kennen.«

»Es wäre gut, mit diesen Männern in Kontakt zu treten«, meinte Attila. Einige der anderen sahen ihn an. Er lächelte und trank zur Ablenkung einen Schluck Airag, vergorene Stutenmilch ...

An einem anderen Abend berichtete Adamos, wie er seinen linken Arm verloren hatte:

»Ihr dürft nicht glauben, daß nur der *Tractus Armoricanus* im Nordwesten der Provinz Gallien die Römer ständig ärgert. Krieg oder Kämpfe gehören dort wie hier zum Alltag. Im Norden rebellieren die Franken und andere Stämme, im Süden saßen römische Legionäre viele Monate in der Stadt Narbo in der Falle. Sie waren eingekreist und wurden wie vor vielen Jahren in Rom monatelang von den Westgoten belagert – nur daß der König diesmal Theoderich hieß ...«

»Stimmt es, daß sich die Römer schon ergeben hatten«, hakte Attila nach. Adamos nickte.

»Sie waren ausgehungert wie Vieh nach einem langen Winter. Aber dann kamen wir auf unseren schnellen Pferden!« Sein verrunzeltes Gesicht begann zu leuchten. Er leckte sich über die Lippen, und seine Augen strahlten, als er fortfuhr: »Da war sie weg, die Dörrekrankheit, der Arm war stark, der Köcher voller Pfeile, und General Litorius ließ uns den ersten Sturm gegen die Goten reiten!«

Er lachte, als er sich daran erinnerte. »Wir schickten schwarze Wolken aus vielen tausend Pfeilen über ihre Zelte«, erzählte er. »Sie waren dumm genug, zu glauben, daß sie in ihren lächerlichen bunten Zelten Schutz vor uns finden könnten. Die Pfeile schlugen sofort durch den Stoff! Wir mußten nicht einmal den Brandpfeil nehmen oder zu unsren Schwertern greifen, so schnell erreichten wir quer durch die Gotenlager die Tore von Narbo.«

»Nur eins verstehe ich nicht«, sagte Attila. »Wie konntest du den Arm verlieren, wenn alles doch so einfach war?«

»Das kam von den *haruspices* ...«

»Ach, diese unfähigen römischen Eingeweidebeschauer!« erregte sich Aijbars sofort.« Die können doch nichts!«

Adamos holte tief Luft und seufzte.

»Also gut, ich habe meinen Arm nicht im Kampf verloren«, gab er zu. »Es passierte, als ich Litorius vor seinen eigenen Legionären schützen wollte.«

»Was ist das?« fragte Attila verwirrt. »Warum weiß ich nichts davon?«

»Vielleicht hätte dir Flavius Aetius davon noch erzählt«, antwortete der neuernannte Verwalter der Ostkönigin. Er hob den rechten Arm, biß in den Ärmelstoff und zog ihn mit den Zähnen bis zum Oberarm hoch. Zwei beinahe fingerdikke, goldglänzende, nicht geschlossene Armreifen mit Kugeln an den Enden saßen stramm um seine deutlich sichtbaren Muskeln.

»Das habe ich als Dank und Auszeichnung von Aetius' Stellvertreter Litorius erhalten. »Zwei *armillae* für das Leben eines *magister militum*, dabei hätte ich glatt eine Brustscheibe oder gar den Goldkranz der *corona aurea* verdient ...«

»Bist du nun Hunne oder eitler Legionär?« fragte Attila und lachte.

»Das wußte ich manchmal auch nicht mehr«, antwortete Adamos mit einem tiefen Seufzer. »Jedenfalls war der General ein kluger und erfahrener Heerführer. Jeden Abend ließ er verschiedene Zeremonien an den lodernden Lagerfeuern ineinander verschmelzen. Er glaubte an die Götter der Germanen – an Wotan ... oder Odin ... an Thor und an das große Heer der toten Helden, die jede Schlacht als Geister der Verstorbenen begleiten ...«

»Und dein Arm?« fragte Aijbars ernsthaft. »Hat dir den etwa ein Geisterreiter abgeschlagen?«

»Mir scheint noch immer, als wäre ebendies geschehen!« sagte der Veteran. »Wie ich schon sagte – bei General Litorius durften alle Gruppen den Göttern huldigen, die sie am stärksten machten. Die Arianer-Christen unter den Ostgoten holten sich Mut mit Sprechgesängen. Es störte sie nicht, wenn unsere Schamanen gleichzeitig tanzten und ihre Trommeln schlugen. Viele Legionäre beteten abends, und einige lasen sich auch gegenseitig mit lauten Stimmen Trostgedichte von Horaz, Vergil und Tacitus vor ... jedenfalls nannten sie diese Dichter des Imperiums ...« Er griff nach seinem goldenen Becher, trank die säuerliche Stutenmilch bis auf den letzten Tropfen aus und rülpste wohlig.

»Es ist ein hartes Los, Germanen aller Art zu zähmen!« sagte er dann. »Irgendwie schafften sie es, Litorius zu entführen. Ich war in seiner Nähe und schlug als einziger von allen mit meinem Schwert an seiner Seite um mich. Mich kostete der Kampf nur einen Arm – ihn aber eine Kopfwunde, von der er sich nicht mehr erholte. Ich höre noch, wie er vergeblich die Befehle schrie – höre das Triumphgeheul der Goten, als sie ihn wegrissen ... blutüberströmt auf einen zweirädrigen Karren warfen ... ein Pferd davor spannten und in Richtung Tolosa, ihrer Hauptstadt, jagten ...«

»Und warum hat euch niemand unterstützt?« fragte Scottas.

»Er hatte keine Warnungen in den Eingeweiden von Opfertieren gesehen. Litorius glaubte eben an die Antworten der *haruspices* mehr als an die Warnungen, mit denen seine Offiziere fortwährend zu Wachsamkeit und Vorsicht bei den Westgoten mahnten!«

»Dann starb er also an dieser Wunde«, sagte Attila. »Das wußten wir bisher noch nicht.«

»Trotzdem verstehe ich das Ganze nicht«, sagte Onkel Aijbars plötzlich. »Ein fähiger Schamane erkennt aus Eingeweiden ebensoviel wie aus gebrannten Schulterknochen von Hammeln und von Schafen.«

»Vielleicht war mehr im Spiel als Eingeweide oder Knochen«, sagte der Veteran. Sie wußten alle, an welches glänzende Metall er dachte.

Attila interessierte sich mehr und mehr für die Donau, die das Reich der Hunnen im Süden beinahe ebenso einschloß wie die Karpatenberge das Tiefland von Pannonien. Er ritt häufig an den nördlichen Ufern entlang, denn nicht das Schwarze Meer bildete die Ostgrenze für ihre weiten Züge, sondern der große Fluß davor, der hier wieder nach Norden strömte.

Es war, als wären um die Kerngebiete von beiden Königreichen der Schwarzen Hunnen zwei große Halbkreise geschlungen. Der nördliche, aus hohen Bergen bestehende, zog sich vom Donauübergang der Bernsteinstraße in einem weiten Bogen nach Südosten, wandte sich wieder nach Westen und berührte dort erneut die Donau, wo der Fluß, die Römerstraßen, Westrom und Ostrom und die beiden Königreiche der Schwarzen Hunnen zusammenstießen. Hier, zwischen der Einmündung der Theiß in die Donau und dem schroffen Beginn des Donaudurchbruchs durch die Karpaten, kam es immer wieder zu Zusammenstößen kämpfender Reiche, Völker und Interessen.

Der große, südlich gebogene Halbkreis des Flusses begann nur wenig östlich der Bernsteinstraße. Mit einem scharfen Knick wandte sich die Donau kurz vor Aquincum nach Süden, nahm Drau und Save auf, bog sanft nach Osten ab und bahnte sich nach ein paar majestätischen, aber zögernden Schleifen in steilen, engen Schluchten endgültig den Weg nach Osten durch die Berge. Dann, wieder frei in seinem Lauf, wollte der Fluß erneut nach Süden, aber er mußte ostwärts stoßen, und so, als würde er von den römischen Provinzen einfach nicht eingelassen, weigerte er sich, direkt ins Schwarze Meer zu fließen, und nahm den Weg zurück nach Norden. Doch bereits wenig später füllten ihn neue Zuflüsse aus der Richtung, in die er sich jetzt fortbewegte. Sie zwangen ihn erneut zu einer scharfen Richtungsänderung – diesmal direkt nach Osten, aber nicht mehr als großer, stolzer Strom, sondern in viele Kinder aufgefächert, die einzeln ihren Weg bis in das Meer suchten, auf dem nicht einmal die Griechen heimisch geworden waren.

Attila kümmerte sich gern um die Stämme und Völker, deren König er war. Er antwortete vom Pferd hinab, wenn er gefragt wurde, und hörte zu, wenn ihm vorgetragen wurde, wo es mit Römern oder auch den eigenen Leuten Ärger und Schwierigkeiten gab.

Gelegentlich setzten sie auch über den Fluß auf das Territorium Ostroms über. Dann saßen sie abends beim Wein mit den

Bewohnern der Grenzdörfer zusammen, denen es gleich war, ob Hunnen oder Römer ihnen die Rinder von den Weiden trieben. Auch wenn kein Ruf von Krieg und Rache in der Luft lag, waren die Hunnen lauter und wilder als die Römer. Aber sie wollten meist nur Fleisch und Gold und Nächte mit den Weibern. Und wenn sie Spaß daran gehabt hatten, ließen sie ihnen Korn und Trockenfutter für ihre Tiere, Öl, Fischwürze und manchmal auch Geschenke da.

Bei derartigen Gelegenheiten traf Attila regelmäßig mit römischen Veteranen zusammen, die nach fünfundzwanzig Jahren unter Waffen nun das Stück Land beackerten, das sie als Lohn für ihre Dienstzeit mit Diplomen aus letzten Auszeichnungen erhalten hatten. Viele der Grenzsiedler waren gebürtige Germanen. Sie hatten sich mit Blut und Schweiß das Recht erkämpft, zu Bürgern des Imperiums zu werden.

Von einem dieser Männer, der lange Jahre mit Ardabur, Aspar und General Markianos als Taktpfeifer für die Ruderer unterwegs gewesen war, erfuhr Attila Einzelheiten über Ereignisse in Konstantinopel, die er offiziell noch nicht gehört hatte.

»Valentinian der Dritte hat ja inzwischen Eudoxia Licinia, die Tochter seines Großvetters und Kaisers von Ostrom geheiratet«, sagte der gotische Römer.

»Dann bleibt ja trotz Streit und Machtkämpfen alles in der Familie«, lachte Attila.

»Als Brautpreis hat der westliche Kaiser des *Imperium Romanum* dem östlichen verziehen, daß er Sirmium erobert und ihm weggenommen hat.«

»Das sieht nach einer neuen Freundschaft in der Kaiserfamilie aus!«

»Ja, ganz so ist es«, bestätigte der ehemalige Taktpfeifer. »Und dieser Geiserich muß höllisch aufpassen, daß ihn Aspars Flotte nicht auf den Grund des Meeres schickt!«

»Bald kommt das Christenjahr vierhundertvierzig«, verkündete Scottas überall. Als dann die Nächte am längsten waren, kam mit einigen besonders kältefesten Händlern auch ein Mann im oströmischen Donauhafen von Durostorum an Land, der sich schon am nächsten Tag auf die Nordseite des Flusses bringen ließ, dort ohne Sprachschwierigkeiten ein Pferd kaufte, sofort aufsaß und allein auf die Berge im Nordwesten zuritt.

Er schien sich sehr gut auszukennen. Noch vor Einbruch der Dunkelheit am späten Nachmittag erreichte er die vorgeschobenen Reiterposten des Ostkönigs. Ohne Umschweife verlangte er, Attila zu sprechen. Er wies sich mit einem Schreiben aus, das keiner der vermummten Postenreiter lesen oder deuten konnte. Sie ritten dicht an ihn heran, faßten an seinen Pelz und seine Satteltaschen, musterten auch seine Hosen und seine Stiefel und strichen ihm über seinen kurz gestutzten, rötlich schimmernden Bart.

»Gote?« fragte schließlich einer der Reiter.

»Visigote«, antwortete der Mann. »Oder Westgote, wie ihr uns immer fälschlicherweise nennt ... Alarich ... Athawulf ... Theoderich ...«

Die Orduwächter schnalzten mit den Zungen. Das hörte sich wichtig genug an, um den Fremden mitzunehmen und ihn schonend zu behandeln. Gut eine Stunde flußaufwärts erreichten sie das Lager. Die Männer reichten den fremden Reiter an andere Wachen weiter, diese begleiteten ihn bis in das weite Rund vor der Königsyurte. Hier war die erste Sturmhand zuständig. Der Fremde mußte sich weiter nach seiner Herkunft und seinen Absichten befragen lassen. Endlich trat Scottas in die Kälte hinaus, dann auch noch Deng Tsik.

»Das gibt's doch nicht!« rief er, als er im Schein der Fackeln den fremden Reiter auf seinem Pferd erkannte. Der Fremde legte sofort seinen Finger an die Lippen. Deng Tsik half ihm beim Absteigen. Der Fremde nahm seine Satteltaschen, dann gingen beide in die helle, warme Königsyurte.

Hunerich war kein Westgote. Trotzdem hatte seine Tarnung den weiten Weg problemlos überstanden. Attila freute sich wie lange nicht mehr über den Besucher aus der fernen Provinz Africa.

»Wie geht es deinem Vater? Was macht sein Bein?«

»Seltsam – das gleiche sollte ich dich auch fragen«, schmunzelte Hunerich. »Wie geht es deinem Bein?«

»Wie kommst du darauf?«

»Hattest du dir nicht dein Bein verletzt ... bei der Flucht durch die Katakomben?«

Attila stutzte, dann lachte er laut los. »Das war doch überhaupt nichts! Aber ich finde es bemerkenswert, daß der König der Vandalen sich an einen Hunnenjungen erinnert, der vor über dreißig Jahren mal gestolpert ist.«

»Er spricht sehr oft von dir«, sagte Hunerich. Er wärmte sich an dem Holzkohlenfeuer, das in einem Eisengestell zwischen den mittleren Stützpfeilern der großen Yurte glühte. Gut zwanzig Männer und ein Dutzend Frauen befaßten sich in kleinen Gruppen mit den unterschiedlichsten Tätigkeiten. Einige sortierten Karten und Pergamentrollen, andere begutachteten neue Pfeilspitzen, die ihnen von Abgesandten gotischer Schmiede gezeigt wurden, und wiederum andere saßen auf Kissen und Sätteln zusammen, um über die Dinge zu beraten, die auch im Winter organisiert und entschieden werden mußten.

»Es ist schon fast drei Monate her, aber mir kommt es wie gestern vor, seit mein Vater Carthago, die Stadt Hannibals, eingenommen hat«, berichtete Hunerich leise der kleinen Gruppe um König Attila, die hören durfte, wer er wirklich war. Er schloß für einen Moment die Augen und zog die Brauen wie unter großen Schmerzen zusammen.

»Hat er die römischen Schiffe dort versenkt?« fragte Deng Tsik. Hunerich schüttelte sich, öffnete die Augen und kehrte langsam in die Gegenwart zurück.

»Im Gegenteil – er hat fast alle Schiffsbesatzungen übernommen«, sagte er mit einem Anflug von Stolz. »Die meisten Männer stammen ohnehin aus irgendwelchen römischen Provinzen.«

»Was hat dein Vater wirklich mit der Flotte vor?« wollte Attila wissen. Hunerich lächelte und beugte sich so weit vor, daß nur der Ostkönig ihn verstehen konnte.

»Sizilien«, flüsterte er leise. »Dann Korsika und Rom natürlich!«

»Das kann das Ende Westroms sein!« sagte Attila nachdenklich. »Carthago war nach Rom die wichtigste Stadt des Westens.«

»Und jetzt ist sie die wichtigste meines Volkes!« meinte Hunerich stolz.

»Und – gebt ihr Rom oder Ravenna noch eine letzte Chance?«

»Genau so ist es«, antwortete der Sohn Geiserichs. »Wenn das *Imperium Romanum* klug ist, rückt es eine kaiserliche Prinzessin dafür raus! Das allein würde uns milder stimmen!«

Attila blicke den jungen Vandalen verdutzt an.

»Bist du denn nicht verheiratet?«

»Doch, doch! Mit einer Tochter von König Theoderich in Tolosa.«

»Ich gratuliere!« sagte Attila anerkennend. »Das nenne ich doch wieder gelungene Heiratspolitik ...«

»Leider kennst du sie nicht!« stieß Hunerich hervor und schüttelte sich. »Eine Nase wie ein Schiffsbug und Ohren wie die Segel dazu!«

Attila stutzte. Und dann lachte er, wie er schon lange nicht mehr gelacht hatte. Die anderen begannen ebenfalls, zögernd erst, dann immer heftiger. Schließlich erfüllte brausendes, donnerndes Gelächter die große Yurte. Die Männer schlugen sich mit den Fäusten auf Schenkel, Brust und Schwertgehänge.

»Und ihr glaubt ...«, prustete Attila, »... ihr glaubt wirklich, eine Galla Placidia würde dir dieses königlich-westgotische Schlachtschiff gegen eine kaiserliche Lustyacht eintauschen?«

»Alles im Leben ist nur Handel«, antwortete Hunerich, aber er war nicht beleidigt, sondern lachte jetzt ebenfalls, »selbst wenn Heiraten oder Kriege daraus werden!«

»Da hast du auch wieder recht«, gab Attila vergnügt zurück. »Bei manchen Weibern ganz gewiß!«

In dieser Nacht ging Attila zu Greka. Sie liebten sich wie in den Jahren, als sie noch beide jung und unbefangen gewesen waren und als es noch nicht all die anderen Mädchen und Frauen der vielen Stämme, Könige und Anführer gegeben hatte, die ihm als Gastgeschenk angeboten wurden, wenn die Beratungen zu Ende waren.

Anschließend schlief sie in seinen Armen ein. Er selbst dachte noch lange über Geiserich und die Herrscher des Imperiums nach. Galla Placidia war jetzt Mitte Vierzig – ebenso wie er selbst. Sie konnte sicherlich noch viele ihrer Untertanen oder Offiziere in ihr kaiserliches Bett ziehen, aber bei einem Mann wie Geiserich war das kaum noch möglich.

Hier konnte nur noch eine der Prinzessinnen einspringen – entweder ihre zweiundzwanzigjährige Tochter Honoria oder – noch interessanter für die Vandalen – ihre gerade erst geborene Enkelin Eudokia, die Tochter von Kaiser Valentinian III. und Theodosios' Tochter Eudoxia. Ein halbes Dutzend von Gallas Kindern hatte die Hofintrigen in Ravenna nicht lange überlebt. Ihr schwacher Sohn aus ihrer zweiten Ehe war auch nicht besser als Honorius, ihr Bruder und Geliebter. Vielleicht würde sie gerade deshalb ihre Enkelin schon als Kind einem starken Mann wie dem Barbaren Geiserich versprechen ...

In dieser Nacht, als er noch neben Greka wach lag, beschloß er, sehr genau auf das zu achten, was sich zwischen Westrom und seiner Mitgeisel aus jungen Jahren weiterhin entwickelte. Wenn er dabeisein wollte, mußte er Geiserich zum Freund und nicht zum Feind haben. Als die ersten Tiere wieder wach wurden, wußte er, was zu tun war: Er mußte König Geiserich den Rücken frei halten und möglichst viele Truppen in den Provinzen Ostroms binden. Mit diesem Angebot und ohne Gegenforderung schickte er Hunerich nach Africa zurück.

Die ersten Hinweise im Frühjahr 440 bestätigten Attilas Vermutungen. Ravenna hatte ohne großes Aufsehen Geiserichs wichtigste Verträge erneuert. Er durfte die zuletzt eroberten Gebiete behalten und sollte nur Mauretanien und Numidien an Westrom zurückgeben. Aber Geiserich wäre nicht Kriegskönig der Vandalen gewesen, wenn er sich daran gehalten hätte.

Zum Jahresende war auch der Krieg in Südgallien mit einem Bündnis zwischen Goten und Römern beendet worden. Die Hunnen selbst hatten in diesen Jahren nur gegen den Osten einige kleine Angriffe geführt und sich die kaiserlichen Siegel unter ein paar neue, günstige Verträge geholt. Und wieder war es Adamos, der durch seine ausgezeichneten Verbindungen als erster hörte, was sich im Westteil des Imperiums zusammenbraute.

Diesmal berichtete er sofort und ohne Umschweife: »Ganz Westrom ist in Aufregung«, sagte er knapp. »Es heißt, daß eine riesige Flotte der Vandalen den Hafen von Carthago verlassen hat.«

»Mit welchem Ziel?« fragte Attila sofort alarmiert.

»Das eben wissen bisher nur die Vandalen. Es heißt, daß sie Hispanien oder Sardinien, Sizilien oder Aegypten oder sogar Rom oder Konstantinopel erreichen könnten.«

»Soweit ich weiß, hat Aetius nur ein paar kleine Kriegsschiffe und keine Flotte wie Konstantinopel.«

»Genau das schürt die Angst vor den Vandalen überall im *Imperium Romanum*!«

»Dann wird es Zeit zum Handeln«, sagte Attila. Er ließ Ellac rufen und trug ihm auf, mit zwei Händen guter Männer zum Großkönig zu reiten. Der zwölfjährige Ernak wurde beauftragt, sich in den nächsten Monaten ausschließlich um die Pferde zu kümmern, und Deng Tsik wurde Edekon, dem König der Skiren, zugeteilt, damit er alles über die neuesten Waffen und Kriegsgeräte lernte. Er erhielt zwölf Einheiten gefangener Griechen, Syrer, Perser und Römer, die ihm dabei helfen sollten, Aufstellungen über alles anzufertigen, was bei den Hunnen an der unteren Donau und ihren Hilfsvölkern zum Kampf eingesetzt werden konnte. Gleichzeitig sollte Deng Tsik sich im Auftrag seines Vaters umsehen und die Männer zählen, die notfalls auch noch mit einem Kurzschwert oder einer Wurfschlinge auf ein Pferd gesetzt werden konnten, ohne daß sie sich beim ersten Ruf der Kriegshörner in die Hosen machten oder aus dem Sattel fielen ...

Im Lauf des Sommers hörten sie, daß die seit der Zeit von Alarich nicht mehr gepflegten Mauern Roms in aller Eile repariert wurden. In einer Rede an das Volk von Rom versicherte Kaiser Valentinian III., die Armee des »unbesiegbaren Theodosios« werde bald kommen, um am Kampf gegen die Vandalen teilzunehmen. Er behauptete sogar, daß noch im gleichen Jahr starke Legionen nach Sizilien übersetzen und von dort aus gegen die Vandalen kämpfen würden.

Attila schüttelte nur den Kopf, als er davon hörte. »Es geht doch gar nicht allein darum, in aller Eile Kriegsschiffe und Transporter zu bauen. Ich weiß, wie schwer das ist, aber noch unmöglicher ist die Ausbildung von Männern, die Segel setzen, gleichzeitig die Ruder eintauchen und auch noch an Land gehen und kämpfen sollen ... von Seegefechten ganz zu schweigen! Um das zu können, muß man viele Jahre üben! Und nicht mit Sklaven oder aufgegriffenen Plebejern aus den Städten, wie die Römer gerne lügen, sondern mit jungen, starken Männern, die den Stier an seinen Hörnern halten können!«

Aus Konstantinopel war nur zu hören, daß die Häfen Schutzmauern erhielten. Aber der Kaiser in Ravenna hatte übersehen, daß der Osten dem Westen nicht zu Hilfe kommen konnte, weil er selbst an zwei Seiten auf seine Nachbarn achten mußte.

Kurz darauf kam Ellac auf der Flußroute zurück. Er hätte auch die vierhundert Meilen durch die Karpatenberge reiten können, aber es war ihm wichtiger gewesen, gleich noch die Donauübergänge bei Castra Constantia am Nordufer und Margus auf der Südseite zu besichtigen. Attila interessierte sich hauptsächlich für Nachrichten über die Vandalen.

»Sie sind tatsächlich in Sizilien gelandet und haben sofort

Bruttium geplündert«, berichtete der junge Fürst. »Dann haben sie Lilybaeum an der Westküste der Insel erobert, viele der hilflosen Städte und Dörfer abgebrannt und die Christenpriester vertrieben. Auf die ist Geiserich wohl nicht besonders gut zu sprechen!«

Ellac lachte, als er daran dachte, was er im Ordu seines Onkels noch alles über die Vandalen gehört hatte. Er verstand inzwischen die Sympathie, die sein Vater für ihren König Geiserich empfand. »Teile von ihnen haben sogar schon die Meeresstraße von Messina überquert. Ich weiß nicht, ob der König der Vandalen sich lange auf der Insel aufhält ...«

Das Frühlingstreffen des Jahres 441 versammelte die Völker und Stämme im Ordu des Großkönigs. Diesmal verlief das große Treffen besonders laut und aufgeregt. Zwei Wochen lang kamen alle zu Wort, die Beschwerden oder Vorschläge vorbringen wollten. Zumeist konnten die Streitigkeiten schon von Bledas Beratern geschlichtet werden.

Große und kleine Gelage wechselten einander ab. Der Großkönig zeigte, was sich inzwischen verändert hatte und wie nahe er bereits den Vergnügungen kam, von denen er aus den großen Zeiten im *Imperium Romanum* gehört hatte.

Neben Tänzerinnen und Akrobaten, Dressuren und dem Wettbewerb von Priestern und Schamanen führte Bleda einen Zwerg vor, der auf den Namen Zerko hörte und von den kleinwüchsigen, zipfelmützigen Bergleuten der alten Daker abstammen sollte.

Attila mochte die groben Scherze nicht, die sich sein Bruder und die Männer mit dem ebenso widerwärtig redenden Zwerg erlaubten. Er unterhielt sich lieber mit anderen Gästen und erfuhr, daß Geiserich bereits vor Wintereinbruch nach Carthago zurückgesegelt war. Aber nicht Aspar hatte die oströmische Flotte kommandiert, sondern Areobindos. Die Ostarmee war erst in Sizilien angekommen, als die Vandalen die Insel bereits verlassen hatten.

Von Adamos erfuhr Attila außerdem, daß auch die oströmischen Truppen größtenteils aus Germanen bestanden hatten.

»Sie haben in Sizilien schlimmer gehaust als die Vandalen!« sagte der noch immer ausgetrocknet wirkende Veteran. »Nicht *wie* die Vandalen, sondern *schlimmer* als sie – und das will etwas heißen!«

Die wirklich wichtigen Dinge entschieden Bleda oder Attila nicht allein, sondern ließen sich von den Anführern der Stämme, den Königen der Vasallenvölker oder den vom Volk gewählten oder bestätigten Richtern beraten, die bei den Germanen oft auch die gleichen Aufgaben hatten wie die früheren Druiden oder die Stammes- und Familienschamanen bei den Hunnen.

Bleda und Attila erfuhren dennoch von jedem einzelnen Vorgang. Sie nahmen sich die Zeit, unlösbare Streitfälle anzuhören, selbst wenn es nur um die Bartlängen von Ziegen oder um gestohlene Murmeltiere ging. Trotzdem konnten weder Bleda noch Attila sagen, wie viele Menschen inzwischen zu ihnen gehörten oder von ihnen abhängig waren.

Bei den Römern waren die Zuordnungen einfacher. Die Hunnen wußten, daß in Rom eine Million und noch einmal zweihunderttausend Menschen aller Völker und Rassen lebten. Städte wie Aquileia hatten immerhin auch schon zweihunderttausend Einwohner – etwa die Hälfte dessen, was das *Imperium Romanum* an ausgebildeten Legionären und festen Hilfstruppen einsetzen konnte. Dennoch gab es in ganz Gallien mit Frauen, Kindern und Sklaven nach den römischen Zählungen nicht mehr als zwanzig Millionen Menschen.

Dagegen waren die umherziehenden Völker wesentlich kleiner. Das gesamte Volk der Vandalen war mit insgesamt achtzigtausend Köpfen von Hispanien nach Africa übergesetzt. Sueben und Alanen konnten nicht einmal diese Volksstärke aufweisen.

Für den Großkönig der Schwarzen Hunnen und den Ostkönig war es noch schwieriger, den eigenen Einflußbereich in Menschen, Tieren und Gebieten zu erfassen.

»Wie soll man das auch zählen?« hatte schon Onkel Aijbars ablehnend gefragt. »Nimmst du alle Männer zwischen zwölf und sechzig, die auf einem Pferd sitzen können, bekommst du andere Zahlen als bei jenen, die dann auch noch mit einem Pfeil einen Ochsen treffen. Nimmst du von jenen noch diejenigen, die im Steigbügel aufstehen und aus vollem Ritt auf hundert Schritt noch einen Legionär vom Pferd holen, kommen wir vielleicht auf hundert Sturmfäuste ...«

»Und manch ein Gote kann das inzwischen genausogut wie wir«, warf Bleda schon fast bedauernd ein.

»Das gäbe nochmals fünfzigtausend Reiter«, sagte Attila.

»Ja, aber die meisten von ihnen sind weit verstreut – ebenso wie die Hunnen, die sich als schnelle Reiterschützen von Ravenna oder anderen bezahlen lassen.«

»Gut, aber wenn wir alle kampffähigen Männer zusammenzählen, haben wir auch mehr als eine halbe Million.«

»Zusammenzählen ist doch keine Kunst«, sagte Bleda. »Aber man muß sie gleichzeitig zusammenrufen – und das wird keinem Großkönig gelingen ...«

»Hast du es irgendwann schon mal versucht?« fragte Attila spöttisch. Sein Bruder warf ihm einen schon fast angewiderten Blick zu.

»Ja, du weißt immer alles besser!«

»Gut, wenn du willst: Kannst du mir sagen, wie wir bei einer Frage entscheiden sollen, die gerade erst in Westrom endgültig festgelegt wurde?«

»Um welche Frage geht es?«

»Darum, ob Frauen, die in irrtümlicher Annahme des Todes oder der Gefangenschaft ihrer Männer in einem Krieg neu geheiratet haben, nach der Rückkehr zu ihren ersten Ehemännern zurücksollen, falls diese doch wieder heimkehren, oder nicht ...«

»Eine irrsinnige Frage!« stieß der Großkönig hervor. »Und wie hat Rom entschieden?«

»Rom und Ravenna halten sich da raus! Aber Leo, der neue, harte Bischof von Rom, hat bestimmt, daß Ehefrauen zu ihren ersten Ehemännern zurückmüssen.«

»Dann werden wir genau umgekehrt entscheiden!«

»Siehst du, mein Bruder, du wirst langsam römischer als ich!« sagte Attila spöttisch. »Was scheren uns die Bischöfe von Rom, selbst wenn sich dieser auch noch *Papa* nennen und Bücherrollen anderer Religionen öffentlich verbrennen läßt! Ich sage, wenn zwei Männer Anspruch auf die gleiche Frau haben, dann soll sie beide nehmen!«

Aber es gab auch Unruheherde in der Nähe der Hunnen. Neuerdings kam es auch wieder zu Zusammenstößen, Übergriffen von beiden Seiten und kleineren Kämpfen an den Grenzen. Der ungeheuerlichste Zwischenfall von allen hatte sich in einer Gegend an den Ufern der Donau ereignet, wo es immer wieder zu Reibereien kam.

Attila und die anderen Edlen wollten zuerst nicht glauben, was ihnen über einen Mann berichtet wurde, der zu den geschätzten Schamanen der anderen gehörte. Nicht irgend jemand, sondern der Bischof von Margus hatte mit einer Horde Bewaffneter nachts den Fluß überquert und versucht, aus den Gräbern ostgotischer und hunnischer *Logades* Gold und andere Schätze zu rauben.

Der Bericht über den Bruch der Tabus erzürnte nicht nur den Großkönig der Hunnen. Der Schrei nach Rache wurde so laut, daß Attila zustimmte. Er war ohnehin seit Wochen darüber verärgert, daß die Römer entgegen allen Abmachungen wiederum vielen hunnischen Flüchtlingen Zuflucht gewährt hatten.

»Wenn sie jetzt einlenken, bleibt ihnen viel Blutvergießen erspart!« zürnte Attila. »Es gibt genügend Zeugen, aber nein – sie versteifen sich auf sinnloses Leugnen und Abstreiten, bemühen Rhetoren und drehen wie immer die Worte um! Ich bin es leid, immer nur diese Wolken von Worten zu hören, die sie Politik,

Diplomatie und kluge Berechnung nennen und die doch nur Lügen sind!«

»Willst du dich etwa mit kleinen Strafaktionen verzetteln?« fragte Onegesios, der die ganze Zeit neben ihm saß.

»Was nützen uns Erfolge bei den Burgunden oder in Gallien, wenn wir nicht einmal in den Grenzgebieten beweisen können, daß wir es sind, die hier Recht und Ordnung bewahren!«

»Also?«

»Die zweite und zehnte Sturmfaust!«

»Tausend Reiter.«

»Und zweitausend Goten zu Fuß!«

»Wann?«

»Im späten Sommer, wenn Zeit für den Jahresmarkt ist! Damit es alle sehen und berichten!«

»Hör zu, mein Bruder!« rief er dann. »Wir übernehmen im September die Sache mit Margus!«

Einige der anderen wollten protestieren. Die Städte, Festungen und Übergänge an diesem Teil der Donau gehörten nicht zum Gebiet des Ostkönigs. Trotzdem war Bleda froh, daß Attila ihm die Entscheidung abgenommen hatte.

Unabhängig von der geplanten Strafaktion wollte Attila nach seiner Rückkehr an die untere Donau erneut mit Ostrom in Verhandlungen eintreten. Er diktierte sie dem Gesandten Anatolios, der sich für ein paar Tage in seinem Ordu aufhielt.

»Schreib deinem König Theodosios dem Zweiten«, befahl Attila, »schreib ihm, daß ich mein Heer nur unter großen Mühen noch länger zurückhalten kann.« Er ging mit kurzen, wie Stempel auf den teppichbedeckten Boden gesetzten Schritten einmal quer durch die Yurte und zurück. »Und schreib ihm, daß mir jedes Verständnis für seinen Vertragsbruch fehlt. Er kann nicht einfach auf die Zahlung des vereinbarten Tributes verzichten, nur weil er Krieg mit meinem Bruder führt.«

»Er soll also zahlen ... als Ultimatum formuliert?«

»Selbstverständlich«, antwortete Attila unwirsch. »Und nicht nur die vereinbarte Summe, sondern als Strafe für den Betrugsversuch auch gleich noch eine Erhöhung!«

»Ist das dann alles?«

Attila wollte aufbrausen, doch dann bezwang er sich und machte mit beiden Händen eine dämpfende Bewegung. »Geduld, Geduld!« mahnte er milde. »Ihr Römer seid viel zu nervös. Das hier war erst die Vorrede. Was interessieren mich einige tausend Solidos mehr oder weniger? Gold ist nicht alles in dieser Welt ... nein, ich will mehr! Ich will all jene von uns zurückhaben, die sich im Dienst Ostroms befinden: die Reiter und Bogenschützen, aber noch wichtiger die Edlen und Vornehmen, die wahrscheinlich längst vergessen haben, wie lustig die vergorene Stutenmilch mich und sie machen kann!«

»Ich glaube nicht, daß jene, die bereits den Wein des Kaisers tranken, noch einmal mit dir zechen möchten«, sagte Anatolios vorsichtig.

Bereits neun Wochen später ließ sich der Gesandte Konstantinopels erneut bei Attila melden. Nach den üblichen Vorreden über die Gesundheit der kaiserlichen Familie, die Streitigkeiten der blauen und grünen Circuspartei über die Reihenfolge der Spiele und die Ernennung von Offizieren sowie der fremden Schiffe in den Häfen am Bosporus kam Anatolios endlich zum Thema.

»Es tut mir leid, aber du wirst bereits gehört haben, daß ich mit leeren Händen komme: Kaiser Theodosios der Zweite lehnt deine Forderungen ohne jedes weitere Angebot ab. Er ist nicht bereit, hunnische Flüchtlinge auszuliefern.«

Attila schnippte mit den Fingern.

»Wein oder gegorene Stutenmilch?« fragte er den Gesandten.

»Mit dir trinke ich Stutenmilch, wenn du erlaubst.«

Attila grinste. Er schien nicht einmal verstimmt über die Weigerung des Kaisers. »Laß uns trinken und fröhlich sein«, sagte er, als mehrere Bedienstete Speisen und Getränke brachten. »Dann betrachten wir unsere Verhandlungen eben als gescheitert ...«

»Das würde ich so nicht sagen«, meinte der oströmische Gesandte. »Wir waren doch in anderen Punkten sehr schnell einer Meinung.«

»Entweder alles oder nichts!« antwortete Attila und hob seinen Becher mit dem weißen, dicklichen und scharf riechenden Getränk. »Was nützt dem Jäger schönes Wild, wenn es nur angeschossen ist und dann in die Sümpfe flüchtet?«

Der Markt von Margus fand nicht an der Mündung des südlichen Flusses, sondern auf der Nordseite der Donau unweit des alten Römerlagers *Castra Constantia* statt. Zu Tausenden wurden hierfür aus allen Himmelsrichtungen Händler und Käufer erwartet. Der Markt am Flußübergang war seit Urzeiten das größte Ereignis und die wichtigste Menschenansammlung, die nicht durch Krieg oder Fluchtbewegungen entstand.

Die Strafaktion der Hunnen aus dem Osten konzentrierte sich auf Römer. Sie waren überall leicht zu erkennen. Mit wilden, trillernden Schreien stürmten die Hunnen auf ihren Pferden mitten in die lagerartige Ansammlung. Sie hatten Pfeile und Bogen zurückgelassen und schlugen nur mit ihren kurzen Schwertern zu. Überall versuchten Händler und Käufer zu fliehen. Doch wer es nicht bis zum Fluß schaffte, hatte keine Chance. Planen und Zelte flogen zerfetzt durch die Luft, Händlertische kippten um, Pferdehufe trampelten über Früchte und Krüge und gestürzte Menschenleiber.

»Memento mori!« schrien sie wie zum Gespött auf Latein, »*gedenket der Toten* ... hier kommt die Rache ihrer Geister!«

Die Reiter verschwanden so schnell, wie sie gekommen waren. Doch ehe die schreienden, jammernden und umherirrenden Opfer des Angriffs sich sammeln konnten, fielen die gotischen Fußtruppen über sie her.

»Hier kommt der Zorn Attilas für Christen und Grabschänder im Gewand des Bischofs!« schrien sie, ehe sie zuschlugen und sofort wieder verschwanden.

Der Kaiser in Konstantinopel protestierte scharf bei beiden Hunnenkönigen. Er bestand darauf, daß der Vertrag eingehalten werden sollte, nach dem die Märkte mit gleichen Rechten und ohne Gefahr für beide Seiten abgehalten werden müßten.

»Was soll das?« antwortete Attila, als Onegesios ihm den Protest vorlas. »Schreib zurück, daß wir nur das schwere Unrecht gerächt haben, das uns zugefügt wurde! Schreib diesem frommen Mann auch etwas aus seinem heiligen Buch ... *Auge um Auge, Zahn um Zahn*, oder wie das heißt!«

Er ging ein wenig hin und her und merkte, daß ihm das alles noch nicht genügte. Wenn Markianos ihn schon mißachtete, selbst die Verträge brach und nichts gegen Bischöfe als Grabschänder unternahm, dann mußte er ihm eben etwas härter auf die Finger schlagen!

Er sagte Onegesios, was geschehen sollte. Er wollte, daß sein Zweitgeborener das Kontingent anführte, mit dem er Bleda endlich zum Handeln zwingen wollte. Der inzwischen sechsunddreißig Jahre alte Deng Tsik war seinem Vater am ähnlichsten, aber Ernak war sein Lieblingssohn geworden. Der von ihm und Greka angenommene Sohn der letzten Svanhild wirkte trotz seiner Jahre eher jünger und verträumter als andere Jungen in seinem Alter. Er war oft bei Großonkel Aijbars und verstand sich auf die Pflege und Heilung von Vögeln und kleinen Tieren. Er war ein begeisterter Sammler von seltenen Pflanzen und Kräutern. Kaum ein Tag, an dem er dem Schamanen nicht irgendein neues Blütenblatt, eine Samenfrucht oder ein Stück Wurzel brachte. Aber er war kein Thronerbe. Das hatte Attila schon längst erkannt ...

Zwei Monate nach der ersten Strafaktion Attilas überquerten mehrere vereinte hunnische und gotische Sturmfäuste sowie Fußtruppen bei Constantia die Donau. In ihrem Gefolge befanden sich auch eilig übergelaufene Hilfseinheiten Ostroms, die sich auf die Bedienung von Onagern, Katapulten und Belagerungsmaschinen verstanden.

Der erste Angriff galt Viminacium am Südufer der Donau. Mauern, Hafenanlagen und das Militärlager verwandelten sich so schnell in Trümmer, daß nicht einmal fünfzig Bewaffnete fliehen konnten. Der Rest wurde ebenso gefangengenommen wie alle Schmiede und Wagenbauer, Töpfer und Seiler, Schiffszimmerleute und Barbiere, Sattler und Schuhmacher.

Die Stadt Margus lag in Sichtweite vor ihnen, aber noch ehe sie sich wenden konnten, tauchte ein zitternder Bote des Bischofs auf. Der Priester drängte sich vor, suchte für einen Moment nach Attila und fiel dann vor Deng Tsik auf die Knie.

»Der fromme Hirte von Margus bietet euch die ganze Stadt an ...«, stieß er jammernd hervor. »Vollkommen kampflos, wenn ihr ihn selbst verschont ...«

Deng Tsik nahm ihn am Haarschopf und hob ihn mit ausgestrecktem Arm hoch. »Hier ist der Bote des Grabschänders!« rief er seinen Männern zu. »Der Bischof hat Angst, daß ihn der Kaiser fallenläßt ... genauso, wie ich jetzt einen der Christenpriester fallenlasse ...«

Er öffnete die Hand. Der Priester stürzte zu Boden.

»Nun gut, mein Bruder soll entscheiden! Wer reitet zu ihm?«

Fünf junge Krieger warfen sich auf ihre Pferde. Kaum hatte Deng Tsik genickt, preschten sie schreiend los. Sie kehrten noch in der gleichen Nacht zurück.

»Großkönig Bleda sagt, die Schmach sei nun gerächt ...«, keuchte der erste.

»Die Geister der Toten betten sich angenehm auf Gold ...«

»Du sollst die Stadt als Beute nehmen!« rief der dritte.

»Schmuck und Gold sind mehr wert als ein Oberpriester ...«

»Und er sagt, wir könnten anschließend zurückreiten. Er würde jetzt allein für Ordnung sorgen ...«

Denk Tsik neigte den Kopf. Er lächelte, denn jetzt wußte er, wozu er seinem Vater raten wollte.

Noch im Winter hörte Attila, daß der um Harmonie bemühte Kaiser in Konstantinopel zunächst die Lage an den östlichen Grenzen seines Reiches sichern wollte. Obwohl einige seiner

Berater glaubten, daß die Gelegenheit günstig sei, winkte Attila ab.

Er sollte recht behalten. Der Konflikt zwischen den Persern und Ostrom blieb ein kurzes Aufflammen, das nicht einmal in Rom besondere Aufmerksamkeit erregte. Die Perser griffen das Gebiet von Theodosiopolis und Satala an. Theodosios II. zeigte keinerlei Härte, sondern bemühte sich um eine schnelle Verständigung über Armenien ...

Kurz darauf griff Großkönig Bleda erneut den Westen an. Seine Reiter eroberten ohne Probleme Sirmium. Aufsässige Bewohner wurden erschlagen, aufgehängt oder ertränkt. Nützliche Handwerker bekamen erst einmal Fußketten. Wer nach Lösegeld roch, wurde zuvorkommend behandelt. Und wer Röcke trug, wurde unter Schmerzensschreien vergewaltigt oder verlor das Bewußtsein vor Angst und Entsetzen und überstand vielleicht auf diese Weise, was die Eroberer zu allen Zeiten als ihren ersten Lohn des Sieges sahen.

So war schon in Singidunum verfahren worden, und so würde es bei allen Städten bleiben, die in die Hand der Hunnen und ihrer Hilfsvölker fielen. In Sirmium geriet ein Baumeister in die Gefangenschaft. Er behauptete, daß er sogar griechisch-römische Bäder bauen könnte. Sofort legte Onegesios die Hand auf seine Schulter. Er bekam ihn als Beute.

Nur kurze Zeit später, als reitende Boten die Nachricht von der Eroberung Sirmiums durch Bleda in den osthunnischen Ordu brachten, entschloß sich Attila, doch noch einzugreifen.

Er ließ die Hörner blasen und die Schamanentrommeln schlagen. Eine Nacht lang tanzten Aijbars und die besten seiner Schüler, flehten die guten Geister an und erschreckten die Dämonen mit schrillen Schreien.

Zwei Tage später setzte Attila mit seiner Streitmacht über die untere Donau. Sie nahmen einige halbverlassene Grenzfestungen ein und holten sich die Belagerungsmaschinen mitsamt den Elfergruppen, die jedes Katapult benötigte. Die von Flüchtlingen verstopfte Stadt Ratiaria, die als Schlüssel für die untere Donaugegend galt, leistete gegen die Pfeilwolken der Hunnenreiter und den Gesteinshagel aus den Katapulten der gefangenen Römer kaum noch Widerstand.

Kurz darauf vereinigten sich die beiden großen Heere. Sie führten immer mehr Onager und Katapulte, Belagerungstürme und Enterleitern von den Römerschiffen mit sich. In mehreren unterschiedlich schnellen Wellen folgten sie dem Lauf der großen Römerstraße. Naissos wurde eingenommen, Serdica gestürmt. Sie drangen tief nach Thrakien ein und eroberten Philippopolis, Arcadiopolis und sogar die Festung Athyras.

Nur Hadrianopolis und das an der Küste des Marmarameeres gelegene Heraclea wiesen die Angriffe ab. Der Erfolg war so groß, daß die hunnischen Streitkräfte in unterschiedlichen Gruppierungen das Schwarze Meer, Konstantinopel und die Propontis bei Callipolis und Sestus gleichzeitig erreichten. So schnell waren nicht einmal die römischen Legionen in den besten Zeiten des Imperiums gewesen.

Anatolios, der frühere *magister militum per Orientem* und Befehlshaber der Abwehrkräfte, und seine Generale Areobindos und Agargisklos mußten sich geschlagen geben. Sie durften nicht einmal den Waffenstillstand schließen. Das war die undankbare Aufgabe von Exkonsul und *comes* Aspar, dem General und Admiral, der schon an den Vandalen gescheitert war. Auch gegen sie hatte der weichliche Kaiser Theodosios II. aufgeben und Frieden schließen müssen.

»Wer hat nun wem den Rücken freigehalten?« war die erste Frage von Aspar. Aber der schwarzbärtige oströmische Feldherr ahnte wohl, daß er darauf nie eine Antwort erhalten würde.

23. Brudermord

Für die Friedensverhandlungen schickte Konstantinopel den ehemaligen Konsul, Senator und nun *magister militum praesentalis* Anatolios. Attila war zufrieden mit dieser Wahl; einen besseren Mann kannte er nicht.

Er entschloß sich sogar, ihm mit seinen drei legitimen Söhnen und den angesehensten Männern entgegenzureiten, die er inzwischen in seinem Ordu versammelt hatte. Scottas und Onegesios gehörten ebenso dazu wie Esla und Aijbars.

Die Römer kamen bei Asimus über die Donau. Sie hatten erneut die Hälfte des Weges bis Odessos per Schiff zurückgelegt, waren dann an der Westküste des Schwarzen Meeres entlang bis nach Marcianopolis und dann die kaum hundert Meilen bis zum Flußübergang geritten. Die Hunnen hatten die Stelle in eher unangenehmer Erinnerung. Hier hatten Männer und Frauen lange Widerstand geleistet und sich weder von Hunnenpferden noch von den Wunderwaffen ihrer Reiter schrekken lassen ...

Attila begrüßte Anatolios freundlich und ritt den ganzen Weg in Richtung Karpaten einen halben Schritt hinter seinem Gast. Anatolios war kein so altes, erfahrenes Schlachtroß wie Plinthas. Aber er zeigte, daß er die Aufmerksamkeiten des Ostkönigs sehr wohl bemerkte.

»Es scheint zu stimmen, was unsere Gesandtschaften über dich erzählen«, sagte er mit einem offenherzigen Lachen, als sie am Eingang des großen Lagers von weißgekleideten Mädchen begrüßt wurden. Der breite Weg zur Königsyurte und den vielen kleineren Behausungen um sie herum war säuberlich gefegt und mit feuchtem Ufersand vom Fluß bestreut. An diesem Abend wurde kein Wort über die Dinge gesprochen, die zwischen ihnen im Raum standen. Sie aßen und tranken, hörten Musik und den Gesang von Männern und Mädchen. Dazwischen traten Feuerspeier und Schwertschlucker auf, später noch Ringkämpfer und Akrobaten, die Anatolios bereits im Osten gesehen hatte.

Am nächsten Morgen schliefen die Gäste lange. Nur Anatolios selbst verschmähte die hölzernen Bottiche, die für sie mit heißem Wasser gefüllt wurden. Er ging allein aus dem Lager bis zum Ufer des Flusses. Das klare Wasser war noch immer kalt von den Bergen. Anatolios zog sich ohne Scheu aus, zeigte den verstohlen hinter den Büschen zuschauenden Jugendlichen, daß er schwimmen konnte, und kehrte nach einer halben Stunde ins Ordu zurück.

Er verzichtete auf ein Morgenmahl und nickte, als er gefragt wurde, ob er gleich zu Verhandlungen bereit sei. Trotzdem nahm er sich die Zeit, seine seidene Toga anzulegen. Anders als in den Palästen und auf den Straßen Konstantinopels ließ er sich von seinen Bediensteten die Stoffbahn des Schulterwurfs kurz umlegen und über dem rechten Schlüsselbein mit einer handtellergroßen, senkrecht auf der Schulter stehenden Goldfibel befestigen. Dazu legte er einen persischen Waffengurt um. Er hängte ein erbeutetes fürstlich-sassanidisches Schmuckschwert ein, dessen Griff und Scheide abwechselnd mit rund und eckig eingefaßten Tigeraugen, Rubinen, Saphiren und Turmalinen verziert war. Zu Schluß ließ er sich das fingerlange, dunkelbraune Kopf- und Barthaar mit parfümiertem Hirschfett in gleichmäßige Locken legen. Und endlich nahm er auch noch einen zeremoniellen Wurfspeer so in die rechte Hand, daß die vergoldete Spitze bis über seinen Kopf reichte. Mit der Linken griff er einen ovalen Schild aus Holz, Leder, Leinenbändern und goldenen Reliefs auf der Vorderseite. Der Schild reichte ihm fast bis zur Brust. Er war so schwer, daß er ihn bestenfalls mit beiden Händen bis zum Kopf heben konnte. Doch darum ging es nicht bei dem, was der Gesandte Ostroms zeigen und verkörpern sollte ...

Die Prozedur dauerte länger, als Attila erwartet hatte. So wurde es später Vormittag, ehe sie endlich in der halb an den

Seiten aufgeschlagenen Königsyurte anfangen konnten. Sie saßen rund um das erhöhte Lager Attilas – ganz vorn die Gesandtschaft aus Konstantinopel, rechts von ihm seine Söhne und Berater, links die Fürsten und Anführer der mit ihnen lebenden Völker. Zum ersten Mal nach langer Zeit waren auch die beiden Gepidenkönige Ardarich und Laudarich zu einer Verhandlung mit den Römern gekommen.

Für Attila, der Laudarich seit Jahren nicht mehr gesehen hatte, war es deshalb ein ganz besonderer Tag. Vielleicht aber fühlte er sich davon angetan, daß die beiden Gepidenkönige ihre schönste Schwester als Gastgeschenk mitgebracht hatten. Die rotblonde, nicht mehr ganz junge Germanin gefiel ihm so gut, daß er sie noch in der gleichen Nacht mit in seine Yurte nahm. Aber zuvor versprach er Ardarich und Laudarich, daß er sie offiziell zum Weibe nehmen würde, sobald die Zeit es ihm erlaubte.

»Es ist nicht wichtig«, sagte Laudarich. »Es ehrt uns schon, daß dich ihr Anblick freut.«

Darüber wurden die beiden Völker noch enger miteinander verbunden.

»Und nun zu dir«, wandte sich Attila gutgelaunt an den Gesandten Ostroms. »Du weißt, wie euer geschätzter General Plinthas und ich verhandelt haben.«

Der General hatte alles mit angehört und stutzte. Für einen Augenblick wußte er nicht, ob der Hunnenkönig tatsächlich höflich oder nur sarkastisch war.

»Ich kenne jedes Wort«, antwortete Anatolios. »Euer Gespräch wurde wie alle anderen Verhandlungen aufgeschrieben und vervielfältigt.«

»Natürlich mit den ganzen Fälschungen und Verdrehungen, wie es jeder Notarius bei euch für seine höchste Kunst hält«, sagte der Ostkönig der Hunnen anzüglich.

»Man darf auch dem, was schwarz auf weiß geschrieben steht, nicht mehr glauben als dem eigenen Verstand«, sagte

Anatolios. »Auch Dokumente und Verträge gelten nur so lange, wie man sich verträgt.«

»Gut«, sagte Attila. »Dann nimm zu Protokoll: Der Krieg ist durch das Verschulden von euch Römern ausgebrochen! Aus diesem Grund erhöhe ich den jährlichen Tribut auf das Dreifache der bisherigen Summe ... also auf zweitausendeinhundert Pfund Gold!« Er stockte, sah Anatolios an, der wie seine eigene Marmorstatue vor ihm saß und lachte. »Aber wir wollen großzügig sein ... statt sechstausenddreihundert Pfund Gold, die uns für die vergangenen drei Jahre zustehen, verlangen wir ... nun, sagen wir ... nur sechstausend. Ich schenke euch also dreihundert Pfund Gold! Wie findest du das? Dafür hat sich deine feierliche Verkleidung doch gelohnt, oder nicht?«

»Ihr werdet sechstausend Pfund Gold erhalten«, antwortete Anatolios stolz und ohne mit der Wimper zu zucken. »Und zwar umgehend!«

Attila lächelte kaum merklich.

»Du bist ein guter Mann, Anatolios, denn du verstehst es, aufrecht zu stehen, wo andere sich krümmen würden wie die Würmer. Ich bin mal gespannt, wie lange du das aushältst ...«

Er lehnte sich zurück und schob die Lippen vor. »Sechstausend Pfund Gold an Stelle eines viel größeren Verlustes von Menschen, Pferden, Waffen und Gerät ist doch ein kluger Tausch für dich«, sagte er dann. »Denn all das ist sehr wertvoll, wie du weißt. Ist es nicht so?«

Der Oberbefehlshaber der oströmischen Armeen ahnte bereits, worauf Attila hinauswollte. Trotzdem deutete er ein zustimmendes Nicken an.

»Da wir so gut miteinander verhandeln können und alles immer teurer wird, mache ich dir noch einen Vorschlag: Was hältst du davon, wenn wir ab sofort den Preis für jeden Kriegsgefangenen etwas erhöhen – sagen wir mal auf ... zwölf Solidos? Ihr müßt nicht zahlen, wenn euch das zuviel ist ...«

»Ich verstehe nicht ganz ...«

»Wenn euch das lieber ist, könnt ihr Gefangene oder zu euch

Geflohene auch zurückschicken. Für die Zurückgesandten müßtet ihr natürlich nichts mehr zahlen!«

»Auch damit kann ich einverstanden sein«, sagte Anatolios.

»Und wie entscheidest du? Zahlen oder zurückschicken?«

»Du bekommst jeden Mann, auf den du Anspruch hast!«

»Sehr gut«, sagte Attila. »Dann kannst du dich zum Abschluß auch verpflichten, in Zukunft kein Asyl mehr zu gewähren.«

»Ja«, antwortete Anatolios knapp. »Auch dieser Forderung stimmen wir zu.«

Attila hob die Brauen. Das war ihm doch zu glatt und reibungslos gegangen. Er überlegte, welche der Forderungen die Byzantiner am härtesten getroffen hatte. Jeder andere an seiner Stelle hätte vermutet, daß es das Gold war, doch Attila kannte die Römer beider Reiche besser. Er wußte, was ein Senator jährlich aus seinen Latifundien, aus Handel und Verträgen, aus Korruption und Postenschacher einnehmen konnte. Und vom Hof in Konstantinopel wurde Jahr für Jahr ein Vielfaches jener Summe verpraßt, die er heute als Tribut festgelegt hatte!

Nein – für das Gold konnte Anatolios sehr wohl bürgen. Wesentlich ungewisser war die Zusage, Überläufer wieder zurückzugeben, denn einige von ihnen konnten für Rom wertvoller sein als Gold.

»Dann komme ich zum letzten Teil unseres Vertrages«, sagte Attila, nun schon viel milder gestimmt als zu Beginn der Verhandlungen. Zum ersten Mal wagte Anatolios Widerspruch. Er wußte ganz genau, wie riskant das war, aber er hatte in diesen wenigen Minuten gelernt, wieviel Freude der Hunnenkönig an der Wortwörtlichkeit der römischen Notare und zugleich an der Doppeldeutigkeit der Rede von griechischen Rhetoren hatte. »Ich dachte, das sei schon der letzte Punkt gewesen«, sagte er.

»Ja, dachtest du?« Attila lachte. »Ich könnte noch hundert weitere Forderungen in unseren Vertrag aufnehmen. Denn ich bin es, der heute sagt, wie schmerzhaft meine Schnitte für euch werden. Aber ich will dich schonen, weil du mir gefällst. Also nur eine Kleinigkeit noch ...«

»Und die wäre?«

»Sorge dafür, daß die Widerspenstigen von Asimus bestraft werden«, sagte Attila, und seine Stimme hatte wieder neue Schärfe.

»Von Asimus? Dieser unwichtigen kleinen Stadt am Flüßchen Osima?«

»Ich glaube dir nicht, daß du jetzt verwundert bist«, sagte Attila. »Du weißt genau, daß sie die besten deines Volkes sind. Ich schätze ihren Mut, mit dem sie jeden Angriff abgeschlagen haben. Ich billige sogar die Kühnheit ihrer jüngsten Krieger, die in den Nächten mehrfach aus der Stadt geschlichen sind, um ihre Freunde zu befreien. Aber sie hätten es dabei belassen sollen! Es war nicht klug von ihnen, auch Hunnenkrieger in den Armen ihrer Weiber aus dem Schlaf zu reißen und einfach mitzunehmen.«

»Mag sein, daß es nicht klug von ihnen war«, gab Anatolios zu. »Willst du, daß ich sie dafür kreuzige?«

»Im Gegenteil«, antwortete Attila vollkommen ernsthaft. »Nicht kreuzigen, sondern so hart bestrafen, daß sie es überall berichten werden! Sie sollen alle hunnischen Gefangenen ausliefern. Zusätzlich sollen sie für jeden Mann bezahlen, den wir gefangen hatten und den sie uns gestohlen haben ...«

»Was heißt ›gestohlen‹ ...«

»Willst du, daß wir heute den Vertrag schließen ... ja oder nein?«

Der Oberbefehlshaber der oströmischen Armeen biß die Zähne aufeinander. »Du hast doch bereits Lösegeld für alle unsere Gefangenen!«

»Das kommt aus den Schatullen, in denen ihr geraubtes Gold verwahrt«, antwortete Attila. »Ich aber will, daß jeder Einwohner von Asimus am eignen Leib erfährt, wieviel ein Hunne wert ist ... und das in Gold, wenn du mich jetzt verstanden hast!«

»Ich werde selbst nach Asimus gehen ...«

»Ja, nimm dir auch Theodolos mit, deinen Befehlshaber von Thrakien«, knurrte Attila. »Uniformen wirken eindeutiger als seidene Gewänder! Und achte darauf, daß diese Burschen euch nicht selbst als Geiseln nehmen und euch vom Kaiser höchstpersönlich gegen Gold auslösen lassen!«

Plötzlich lachte Attila. Er lachte immer lauter. Schließlich fielen auch die umstehenden Hunnen ein. Und dann lachte das ganze große Zelt bei der Vorstellung, wie ein römischer Kaiser mitsamt seinem Hofstaat aus Eunuchen und Palastbeamten, hohen Offizieren und Gefolgschaft an den Mauern einer kleinen, fast namenlosen Stadt um Gnade für den Oberbefehlshaber der oströmischen Armeen flehte.

Seltsamerweise kam es dann tatsächlich so, wie es sich keiner der Männer um Attila hatte vorstellen können. Jene, die Attila getrotzt hatten, erschraken auch vor Anatolios nicht. Ihre Antwort lautete, daß sich die befreiten römischen Gefangenen schon längst in alle Winde verstreut hätten, die hunnischen hingegen nicht mehr am Leben seien. Nur zwei hätten ihre Angst vor den Stadtmauern überlebt. Und diese zwei könne man zurückgeben – im Austausch gegen zwei junge Asimuter, die bei dem nächtlichen Überfall den Rückweg nicht so schnell gefunden hatten.

Verärgert ließ Attila nach den beiden Eindringlingen suchen – ohne Ergebnis. Allmählich sah er ein, daß er gegen die störrischen Bewohner von Asimus nichts ausrichten konnte. Er mußte sich damit begnügen, daß sie die zwei hunnischen Gefangenen großmütig freiließen. Wie alle Hunnen konnte er jederzeit nachgeben – aber niemals vergessen ...

Kaum jemand hatte damit gerechnet, daß die Oströmer mehr von den Verträgen erfüllen würden, als sie unbedingt mußten. Und wie der Hydra aus den alten griechischen Legenden ließen die Befehlshaber in Konstantinopel dem zerstörten Grenzwall an der Donau überall neue Köpfe wachsen.

Bereits im Herbst des gleichen Jahres trafen bei den Königen der Hunnen immer neue alarmierende Nachrichten ein. Bleda und Attila erhielten unabhängig voneinander Berichte ihrer Königsaugen. Sie erfuhren schnell, wo und in welchem Umfang die zerstörten Werften und Hellinge repariert wurden. Die Römer begannen bereits wieder mit dem Bau von neuen Schiffen für ihre Donauflotte. Nach und nach wurden auch die Lager am früheren Limes wiederhergestellt und die Garnisonen mit neuen Truppen aufgefüllt. Besonders schwierig wurde die Lage, als Attila und seine Berater bemerkten, daß sich die Nachrichten aus den verschiedenen Teilen des *Imperium Romanum* immer krasser widersprachen.

»Was stimmt denn nun in diesem ganzen Durcheinander?« schimpfte Attila, als er bei Einbruch des Winters hörte, daß in den beiden Teilen des Imperiums die Steuern erhöht wurden, dann wieder von Steuersenkungen berichtet wurde.

»Die Nachrichten von Steuererhöhungen sind wahrscheinlich für euch«, sagte Onegesios und grinste. »Und die von Steuersenkungen für die eigene Bevölkerung.«

»Damit wir denken, die Römer brechen unter den Tributen zusammen?« fragte Attila.

»Ja, aber das eigene Volk soll natürlich an Siege und Erfolge glauben ... so große Erfolge der kaiserlichen Familie, daß sogar die Steuern gesenkt werden können!«

»Bin ich froh, daß die Geister meiner Ahnen mich davor bewahrt haben, als Kaiser von China, Rom oder Konstantinopel leben zu müssen!« stöhnte Attila und lachte. »Kommt, darauf trinken wir einen!«

Er nahm seine beiden ältesten Söhne bei den Armen und führte sie gutgelaunt zum Platz der *Logades* zwischen der Königsyurte und den vielen kleineren Filzhäusern, in denen bei den Empfängen die Speisen vorbereitet und auf goldene Platten und Schalen gelegt wurden. Sie ließen sich Wein in hölzerne Becher füllen und standen eine Weile neben einer buntgemischten Gruppe von Männern, die nur leicht bewaffnet und ohne Rüstungen ihr Tagwerk beendeten. Alte und Junge, Hunnen und

Goten, aber auch Sarmaten und Akatzieren, Boisker und einige gerade erst aus Persien eingetroffene Weiße Hunnen standen nahezu ohne Rangunterschiede beieinander. Attila ging zu den Hephtaliten und begrüßte sie.

»Woher kommt ihr?« fragte er. »Werdet ihr gut versorgt?«

»Alles vom Feinsten«, sagte der Älteste der Männer, denen man ansah, daß sie wochenlang kaum vom Pferd gekommen waren.

»Wie steht es mit den Weibern?«

»Auch bestens geregelt! Wir wollen uns heute nacht mit ein paar blonden Gotinnen belohnen.«

»Das laßt nicht meine Frau hören«, grinste Attila. »Sie zürnt mir nicht, weil ich schon wieder einen Sohn bekommen habe, den ich Gheism nenne und der bei den Gepidenkönigen aufwächst. Aber sie hält nicht mehr soviel davon, wenn wir nur aus reiner Lust zu Weibern gehen ...«

»Das ist der schlechte Einfluß dieser Christenpriester«, brummte einer der Männer und spuckte trocken. »Was ist ein Hunne ohne Pferd?«

»Ein römischer Fußlatscher!« antworteten die anderen im Chor und lachten.

»Und was ein Hunne ohne Weiber?«

»Huhu ... huhu ...«, heulten sie wie die Klageweiber, duckten sich, hüpften von einem Bein aufs andere und schlugen sich die Hände vors Gesicht.

Attila lachte. Wie lange hatte er das alte Spiel nicht mehr gesehen!

»Hört zu, Männer!« sagte er. »Ich gebe euch noch einen guten Rat für die Steigerung christlicher Gotenlust ...«

Sie hoben die Brauen, wischten sich mit den Handrücken über die Nasen und kamen mit erwartungsvollen Gesichtern näher.

»Ihr seid doch mutig, oder?« fragte Attila. Ein zustimmendes Grunzen kam aus den Kehlen der Männer.

»Ihr solltet hier ausnahmsweise einmal besonders mutig sein

und die Wassergeister beleidigen! So etwas schätzen diese Weiber noch viel mehr als goldene Armreifen zur Morgengabe ...«

»Du meinst, wir sollten ...«

»Euch waschen, warum nicht?« lachte Attila. »Aber ihr könnt auch bekleidet in den Fluß springen, wenn ihr Angst habt, daß euch die Wassergeister etwas abbeißen ...«

Die Weißen Hunnen steckten die Köpfe zusammen. Man sah ihnen an, wie mißtrauisch sie über den Rat des Ostkönigs waren. In ihren Augen schien er bereits ein eitler, verweichlichter, den Thermen entstiegener und gesalbter Römer zu sein.

»Ihr könnt natürlich auch nach wilden Reitern stinken!« gab Attila zu. »Aber dann erfahrt ihr nie etwas vom köstlichen Duft, den der Schoß eines frisch gebadeten Weibes für den Genießer bereithält!«

Er sah in ihre verdutzten, ungläubigen Gesichter und lachte laut los.

»Kommt«, sagte er zu seinen Begleitern. »Wir wollen überlegen, wie wir meinen Bruder, den Großkönig, beraten können.«

»Willst du ihm ebenfalls zum Baden raten?« fragte der Schamane entsetzt.

»Im Gegenteil, Onkel Aijbars!« knurrte Attila, plötzlich wieder ernst. »Ganz im Gegenteil! Bleda vergißt immer mehr, wie Schweiß, Blut und Pferde riechen!«

Das Jahr verging mit vielen alltäglichen Beschäftigungen bei den Herden und noch mehr *Bar-Bar* und Geschichten von guter Beute und großen Ahnen an den Feuern und auf den langen Jagdritten. Im Herbst gebar Attilas zweite Frau Zwillinge. Die beiden Söhne erhielten die Namen Emendzar und Uzendur und waren damit von Anfang an als Anführer bezeichnet.

Da sich Bleda als Großkönig nicht an die Anordnungen seines Vorgängers gebunden fühlte und Attila ebenfalls einverstanden war, entschied Eskam, daß seine Tochter mit ihren Enkeln bei ihm leben sollte. Bei der Gelegenheit zeigte er Attila noch eine weitere Tochter. Sie war ebenfalls schwarzhaarig, aber nur halb so stämmig.

»Für mich?« fragte Attila und grinste.

»Ich wäre glücklich, wenn sie mir auch diese Söhne von dir schenkt.«

Der Ostkönig ließ nicht nur Besucher zu sich kommen, sondern ritt selbst zu den Stämmen und Völkern, für die bereits ihre Väter und Großväter Vereinbarungen mit den Hunnen beschworen hatten.

Überall spürte er eine Unruhe, die sich nicht gegen ihn, sondern mehr und mehr gegen den obersten König der Hunnen richtete. Er hörte keinen einzigen Vorwurf, aber bestimmte Formeln und alltägliche Huldigungen klangen nicht so, wie Attila es erwarten konnte. Männer und Frauen lobten den Großkönig, sie respektierten ihn, aber sie fürchteten ihn nicht.

Attila warnte seinen Bruder.

»Bleda muß handeln!« sagte er immer wieder. Er lebte dichter an Konstantinopel und erfuhr mehr über die tatsächlichen Rüstungs-Anstrengungen Ostroms, über heimliche Mobilmachungen und Verträge mit den Völkern überall im Hinterland der Grenzen.

»Wenn wir das alles zulassen, platzen uns spätestens im nächsten Jahr alle Verträge«, ließ Attila seinem Bruder mitteilen. Doch Bleda war inzwischen zu einem genußsüchtigen Herrscher geworden, der an blutigen Kriegen mit oder gegen Rom nicht mehr interessiert war. Jedermann wußte, wie groß seine Verdienste bei der Einigung der vielen verschiedenen Völker und Stämme zwischen den Alpen und dem Schwarzen Meer waren. Er war der Meinung, daß die Weiden an Save und Drau, Donau und Theiß, Danaper und Danaster groß genug für alle Herden war. Ihm reichte auch das Gold, das er bereits besaß.

Es war, als würde Bleda mehr und mehr vergessen, wozu er gewählt und zum Großkönig der Hunnen ausgerufen worden war ...

»Soll ich ihn denn an den Armen in die Luft werfen, damit er endlich wieder wie ein Königsadler fliegt?« schnaubte Attila, als er nach einer der allmorgendlichen Besprechungen für einige Momente mit seinem ersten Berater Onegesios und mit Aijbars allein war. »Oder soll ich ihm den Hals umdrehen wie einem Vogel, der keine Eier legen will?«

»Du kannst nur abwarten!« antwortete Aijbars. »Wir wissen alle, daß dein Bruder König, aber kein Königsadler ist ...«

»Ein echter Adler muß der Herr der Sonne sein!« stieß Attila so ungeduldig und erregt hervor, daß selbst sein Onkel unwillkürlich zurückwich. »Er muß der Herr des Feuers sein ... der Herr des Feuers und der Wärme!«

Attila richtete sich auf. Mit einer stolzen Geste riß er die rechte Schulter und seinen Kopf wie zum Bogenschuß zurück.

»Sein Blick ist es, der selbst die schlimmste Winterkälte überwindet! Der Frühling für die Völker unter seinem Himmel bringt! Der Eis und Schnee zerschmelzen läßt! Und der es seinem Weib erlaubt, in kalten Zeiten selbst den Wolf zu schlagen!«

Er zischte scharf, packte mit beiden Händen nach unsichtbaren Zügeln und zog die Fäuste ruckartig bis vor die Brust. »Nur wenn der König auch ein großer Adler ist, fürchten die Menschen sich nicht vor ihrem Tod! Denn nur dann können sie im Tod ebenfalls zu Vögeln werden, die zu ihm und den Adlerahnen aufsteigen!«

»Noch rechnet niemand in Konstantinopel mit einem neuen Krieg«, sagte Onegesios am nächsten Morgen. Attila und Onkel Aijbars hatten sich in seinen Thermen eingefunden und pflegten sich im heißen Dampf, während unsichtbar hinter einem weißen Seidenvorhang einige Mädchenstimmen leise sangen. »Sie sind viel eher vergnügungssüchtig und haben gerade erst die sogenannten Thermen des Achilles feierlich eröffnet.«

»Es scheint, daß sie tatsächlich Frieden wollen«, stimmte Attila zu. »Inzwischen lassen sie keinen Edlen ungeschoren, für den sie Solidos bezahlen müßten. Und sie erschlagen Hunnen aus unseren besten Sippen und Familien ...«

»Nein, Attila«, berichtigte der Schamane. »Sie suchen und erschlagen alle Hunnen, die sie finden können – nicht weil sie Gold für sie an dich und deinen Bruder zahlen müßten, wenn ihr davon erfahrt, sondern weil sie uns Hunnen hassen, fürchten und für Teufel halten!«

»Ich werde Ostrom mit Gesandtschaften in Trab halten!« sagte er entschlossen. »Sie sollen bloß nicht denken, daß wir blind und satt geworden sind! Scottas muß als nächster zum kaiserlichen Hof!«

»Die Auswahl der Gesandtschaften ist eigentlich Bledas Aufgabe.«

»Soll ich denn warten, bis er den Hintern aus den Kissen seiner Yurte hebt?« schnaubte Attila. »Er merkt doch überhaupt nicht, wie lächerlich sein friedliches Getue gegenüber Ostrom ist!«

»Lächerlichkeit ist nicht verboten!« sagte der Schamane.

»Sie ist lebensgefährlich und kann im Ernstfall viele tausend Mann kosten!«

»Man kann auch Männer gewinnen, die ein anderer verliert«, orakelte Aijbars, und seine Stimme hatte wieder diesen eigenartigen Klang zwischen Singsang und Vogelzwitschern. »Sieh dir bei der nächsten Frühjahrsversammlung im Ordu deines Bruders auch mal seine engsten Bewaffneten an.«

»Seine schweren Reiter, die er jetzt schon wie Römer panzern und mit Gesichtsschutz reiten läßt?«

»Ich meine seine engsten Bewaffneten, die roten und blonden ...«

»Meinst du etwa die Skiren?«

»Es war einmal ein König, der wollte nicht mehr Knecht und Herr zugleich sein ...«, sang der Schamane, »doch seinen Namen kenn' ich nicht!«

»Edekon!«

Der Schamane hob die Schulter, verzog bedauernd das Gesicht und begann leise zu pfeifen.

Das Jahr 444 nach der Rechnung der Christen wurde von vielen als etwas Besonderes angesehen. Obwohl ihr Glaube und ihre Priester alles Heidnische verdammten, freuten sich die Getauften über den »Vierer-Dreier«, der auch beim Würfeln stets Gewinn bedeutete.

Das Gras schoß bereits früh frisch und grün aus dem Boden. Das Osterfest fiel genau in die eine, schönste Woche des ganzen Jahres, in der überall die Natur über den Winter triumphierte, Sträucher und Büsche in einen farbenprächtigen Wettstreit um die ersten Blüten gingen und die Mädchen mehr von der Winterkleidung fallen ließen als nötig.

Auch der Sommer verging so schön wie selten einer zuvor. Das Vieh gedieh prächtig. Die Händler brachten gute Waren zu Preisen, die erträglich waren. Die Völker, die sich weniger mit Viehzucht als mit Ackerbau befaßten, lobten den Stand der Kornähren und freuten sich, daß selbst die Halme für ihre Sicheln nicht zu hart und nicht zu biegsam waren.

Als sich dann die Blätter für einen schönen, reichen Herbst langsam färbten, kamen erneut widersprüchliche Nachrichten aus beiden Teilen des Imperiums.

»Eigentlich müßte uns das alles gar nichts angehen«, sagte Laudarich. Der Zweitkönig der Gepiden war jetzt häufiger im Yurtenlager des Ostkönigs. Das lag weniger an den ausgesucht schönen Gotinnen, den stolzen Töchtern der Sarmaten oder den sanften, mandeläugigen Hunnenmädchen, sondern daran, daß die Gepiden mehr und mehr zu den wichtigsten Verbündeten der Hunnen geworden waren. Laudarich war schlank und sehnig geblieben und auf den ersten Blick noch genauso sanft wie damals, als sie noch Geiseln in der Ewigen Stadt gewesen waren.

Er war kein großer Bogenschütze, kein Schwertkämpfer und kein Mann, der mit dem Wurfseil zaubern konnte. Aber er besiegte jeden in der schnellen Kampfart, die er bei früheren Zügen gegen die Sassaniden gelernt hatte. Auch die Weißen Hunnen beherrschten die Methode, einen zu Fuß kämpfenden Angreifer durch dessen eigene Kraft zu Fall zu bringen.

»Habt ihr gehört, was sich Roms Gesetzgeber jetzt wieder ausgedacht haben?« fragte er im Anschluß an die nun fast täglichen Morgenbesprechungen. Sie hockten in der noch von Oktar in Auftrag gegebenen Königsyurte. Anders als Ruga und Bleda im Ordu an der Theiß hatte er sie mit alten und neu geknüpften Teppichen geschmückt, auf denen Reiterszenen aus der Frühzeit ihrer Familie nördlich der chinesischen Reiche und aus der Zeit der langen Wanderung nach Westen zu sehen waren. Die Mitglieder des engsten Kreises sahen auf.

»Meinst du die *siliqua* – das Vierundzwanzigstel?«

»Nein«, lachte Laudarich, »diese neue Steuer meine ich nicht, obwohl es schon ziemlich schwachsinnig ist, eine Steuer darauf zu erheben, was Käufer und Verkäufer als Preis aushandeln ...«

»Das ist es nicht«, warf Attila ein. »Die Steuer gilt nicht für den Handel, sondern auf den Umsatz!«

»Also eine Umsatz-Steuer!« sagte Laudarich. »Speziell wegen dir ausgedacht und verkündet, Attila!«

»Das gilt bestimmt nicht für Tribute«, sagte der Großkönig. »Aber es sieht tatsächlich nicht besonders gut aus mit den kaiserlichen Steuern!«

»Ja, zuviel versickert unterwegs«, meinte Aijbars sinnend. »Viel zuviel – doch alles, was versickert, tränkt irgendwo auch irgendwas und tut auch dadurch Gutes!«

Die Männer aus der Morgenrunde grinsten. Aijbars war eben immer für eine kleine Weisheit und ein Orakel gut.

»War es das?« fragte Attila. Er hatte plötzlich den unbändigen Wunsch, wieder auf einem Pferd zu sitzen und einfach loszureiten. Mit einer Großhand guter Männer ... bis zu den Römerstädten ... den Klöstern ... ins freie Land hinaus ...

»Ich meinte, daß die Vornehmen und Reichen des Imperiums

ein Privileg verloren haben«, sagte Laudarich. »Dreißig Jahre lang konnten sie sich vom Kriegsdienst freikaufen ...«

»Jetzt nicht mehr?« fragte Attila überrascht.

»Doch, aber jetzt gibt es ein neues Gesetz mit der umständlichen Begründung *›wegen der Notwendigkeit unmittelbar bevorstehender Ausgaben‹* ...«

»Aha!« sagte der Großkönig. »Nennt man Aufrüstung neuerdings so in Rom oder Ravenna? Was bedeutet das Gesetz?«

»Zusammengefaßt nur, daß jetzt alle zahlen müssen – die vornehmen *illustres* wie zum Beispiel Senatoren und Präfekten neunzig Solidos für drei Legionäre, Tribunen, ehemalige Provinzstatthalter und mittlere Beamte jeweils etwas weniger.«

»Und das hat keinen Sturm gegeben bei den Bürokraten?«

»Und wie!« versicherte Laudarich. »Aber die Regierung von Kaiser Valentinian ist sonst nicht mehr in der Lage, die Armee zu verköstigen und zu bekleiden ...«

»Dann sollen eben weniger Römer und Germanen unter Waffen stehen.«

»Das geht eben nicht«, sagte Laudarich. »Gerade weil es schwierige Zeiten sind, müsse eine starke Armee her, soll Kaiser Valentinian verkündet haben, nur sie wäre die Grundlage für die volle Sicherheit aller.«

»Kann mir mal jemand sagen, durch wen sich dieser Hühnerfreund bedroht fühlt?« fragte Attila. Die Männer stutzten, dann lachten sie aus vollem Hals los.

»Wahrscheinlich wäre ihm auch wohler, wenn er wie sein Neffe in Konstantinopel einfach die Steuern senken könnte«, sagte Onegesios.

»Oh – tut er das?« fragte Attila hellwach.

»Jedenfalls sollen die rückständigen Steuern für die großen Landgüter gestrichen werden. Wenn meine Informationen stimmen, wird das kaiserliche Edikt Ende November erlassen.«

»Gut, das zu wissen!« grinste Attila.

»Vielleicht auch nur eine Versöhnungsgeste durch die angeschlagene kaiserliche Familie«, meinte Onegesios. »Schließlich sieht es nicht gut aus, wenn die Kaiserin Eudokia Athenais in ein Kloster nach Jerusalem fliehen muß ...«

Ostrom wurde zunehmend geschickter in den Methoden, den Großkönig der Schwarzen Hunnen mit Geschenken und wichtig aussehenden Gesandten zu hofieren. Obwohl er sich an das endlose Heer von Gesandten niemals gewöhnen konnte, schickte schließlich sogar Attila seinen Vertrauten Scottas nach Konstantinopel, um vertraulich über die Auslieferung der Geflohenen verhandeln zu lassen.

Es war fast zwei Jahre her, seit Aijbars Attila kurz auf einen Mann hingewiesen hatte, den er sich genauer ansehen sollte. Im vergangenen Jahr war er nicht dazu gekommen, aber jetzt, bei der großen Frühjahrszusammenkunft im Lager des Großkönigs, ergab sich plötzlich eine günstige Gelegenheit.

Die beiden Männer standen sich bereits am frühen Morgen und wie zufällig allein bei den Pferden gegenüber, die für die Wettkämpfe der nächsten Tage ausgesucht worden waren. Edekon, der König der germanischen Skiren, betrachtete allein eine Gruppe von Holzpfählen, auf die bereits Rinderhörner und Hirschgeweihe, ausgestopfte Murmeltiere und Vögel, bunte Kränze aus Birkenzweigen mit bunten Bändern und Stege für herabhängende Teppiche mit dünnen Lederschnüren befestigt waren. Es sah aus, als wollte er die Stammeszeichen und hölzernen Standarten nur noch einmal überprüfen. Attila wußte, daß die Skiren niemals ihre Zugehörigkeit zu den Germanen verleugneten. Aber sie hatten auch zu den ersten gehört, die bereits seit König Balamber auf der Seite der Hunnen kämpften.

Attila beobachtete ihn eine Weile aus dem Morgenschatten einer Yurte, in der Käse hergestellt wurde, ehe er Kontakt mit ihm aufnahm. Edekon war ein inzwischen dreißigjähriger, nicht sehr großer Mann mit rötlichen Haaren und einem gestutzten Vollbart. Anders als die Hunnen hatte er viele kleine und scharfe Wetterfalten um die Augenwinkel. Er hätte ebensogut Zenturio einer römischen Reitereinheit sein können.

Wahrscheinlich war das der Grund, aus dem ihn sein Bruder zum Kommandanten seiner Leibwache gemacht hatte, dachte Attila. Er wollte ihn nicht direkt zu sich rufen. Gerade jetzt öffneten sich im Lager zu viele Augen, von denen er nicht wußte, in welche Richtung sie blicken würden! Er wußte nicht, ob Bledas Vasallenkönig das Angebot annehmen würde, das er ihm einige Wochen zuvor gemacht hatte ...

»Du hättest mich auch verraten können«, sagte Attila leise zu ihm, als sie wie zufällig nebeneinander standen. »In germanischer Königstreue ...«

»Dein Bruder ist kein Germane!«

»Aber du hast ihm Treue geschworen!«

»Ich habe ihm niemals irgend etwas geschworen! Er bezahlt mich und mein Volk für meine Dienste ... allerdings schlechter, als du es jetzt angeboten hast!«

»Und du hast keine Ehre, König der Skiren? Läßt dich von uns bezahlen?«

»Meine Ehre besteht darin, daß mein Volk satt wird und nicht für das *Imperium Romanum* andere Völker vernichten oder versklaven muß!«

»Ich hoffe, daß du mich wissen läßt, wenn dir irgend jemand irgendwann einmal mehr Gold für deine Dienste anbietet, als ich es tue«, sagte Attila vollkommen ernsthaft. »Geh davon aus, daß ich dir immer einen Theodosios oder Valentinian mehr biete als alle anderen!«

»Das ist ein Wort!« sagte der König der Skiren freundlich, aber ohne jede Regung in seinem Gesicht. »Ich nehme an!«

»Fast so gut wie ein Eid?« fragte Attila mit einem leisen Lächeln.

»Es ist ein Handel«, sagte Edekon. »Und wir betrügen nicht!«

Der Putsch gegen Bleda, den hunnischen Großkönig in seinem Ordu an der Theiß, begann wie eine eher zufällige Versammlung von Männern, die bereits kurz nach Mitternacht einzeln und Mann für Mann geweckt worden waren, um eine Übung abzuhalten.

Der Befehl hieß *»Stille«*. Und wie schon mehrmals zuvor umwickelten die skirischen Reiterkrieger die Pferdehufe und die vergoldeten Knebel an den eisernen Trensen mit wollenen Lappen. Kaum ein halbes, geflüstertes Wort fiel in dieser Nacht. Und weder Frösche noch Zikaden, weder die Uhus noch Fledermäuse oder die schmatzend durchs Unterholz streifenden Igel wurden erschreckt.

Kaum eine halbe Stunde später konnte Edekon seine Männer samt ihren Waffen und Pferden mustern. Er ritt sehr langsam von Krieger zu Krieger. Gelegentlich ließ er sein blankgezogenes Schwert gegen die Schmucksteine der Schwertscheiden klingen. Die Töne, die dabei entstanden, waren nicht lauter als ferner Lerchenschlag.

Er kehrte zu seinem Ausgangspunkt zurück, noch ehe im Osten ein Streifen hellerer Nacht sichtbar wurde.

»Gold«, sagte er dann, und nur die Anführer in seiner Nähe konnten ihn hören. »Gold ist das Öl, mit dem wir uns nach dieser Nacht salben werden. Ihr wißt, worum es geht! Und ihr wißt ebenfalls, daß wir allesamt geköpft, verbrannt oder gepfählt werden, wenn nicht gelingt, was uns aufgetragen wurde ...«

Er wartete, bis sich das zustimmende Gemurmel seiner Unterführer gelegt hatte.

»Wir werden nichts tun, was gegen unseren Auftrag für Großkönig Bleda verstößt«, sagte er dann. »Im Gegenteil – wir werden überhaupt nicht vorhanden sein ... verschwunden, nicht mehr da ... ganz einfach ausgeritten zu einer Übung in der Nacht ...«

»Sollen das Nachtlager des Königs und alle Yurten um ihn herum etwa schutzlos bleiben?« fragte einer der Anführer leise.

»Ich habe nichts gehört«, antwortete Edekon. »Nichts von einer Gefahr, nichts von den Römern und nichts von Barbaren, die unseren Großkönig bedrohen könnten ...«

»Aber wir wissen doch ...«

»Stille! Das Wort für diese Übung in der Nacht heißt *Stille*!«

»Ist das der Befehl?«

»Das ist er.«

Mit einem leichten Schenkeldruck wendete er sein Pferd nach Norden. Er ritt einfach in jene Richtung, aus der wie vereinbart in dieser Nacht keine Gepiden über das taufeuchte Grasland kommen würden.

Und so geschah es. König Ardarich kam mit weniger als zweitausend Reitern von den westlichen Ausläufern der Karpaten. Die vorderste Welle bestand aus Männern, von denen jeder einzelne ohne Not ein halbes Dutzend Römer abgewehrt hätte. Als die ersten Alarmrufe und Hornstöße aus Großkönig Bledas Ordu durch die Flußniederung der Theiß gellten, waren die Gepidenkrieger bereits so nah, daß keine wirksame Abwehr mehr möglich war.

Doch dann geschah etwas, das niemand im Inneren der hölzernen Königsstadt verstand. Die wilde Streitmacht von König Ardarich zügelte nach einem letzten, scharfen Ritt die Rösser bereits drei, vier Pfeilweiten vor dem äußersten Kranz kleiner, schmuckloser Yurten. Hier wurden normalerweise weniger wertvolle Vorräte an Schildholz und Roheisen, ungegerbten Fellen und Knochen aufbewahrt. Ein großer Teil der Krieger wendete sogar und ritt nicht mehr auf König Bledas Yurte zu, sondern diagonal über den Platz.

»Was soll das?« fragten die verwirrten Anführer der äußeren Wachen und die halbverhüllten, aber ohne Angst aus ihren Yurten blinzelnden Frauen. Waffengeklirr wurde laut, dazu plärrende Kinderstimmen, schließlich kurze Befehle.

Vollkommen unvermutet preschten von Norden her Edekons Skiren heran. Der dröhnende Hufschlag ihrer Pferde ließ den Boden erzittern. Ardarichs Gepidenreiter machten ihnen bereitwillig Platz, bildeten Gassen und füllten gleich darauf die Lücken im Ring wie Belagerer und Angreifer.

Und dann, als alles immer verwirrender wurde, tauchte die dritte Gruppe auf, allen voran König Attila mit seinen Getreuen. Ohne auf seinen eigenen Schutz zu achten, ohne Rüstung und sogar ohne Schwert oder Bogen ritt er in den Ordu des hunnischen Großkönigs ein.

Die ersten, die ihm begegneten, waren ihm seit vielen Jahren bekannt. Attila ritt an Bledas Vertrauten vorbei. Sie alle neigten kaum merklich den Kopf und grüßten ihn.

Nur wenige Augenblicke später sah Attila seinen Bruder. Der Großkönig der Hunnen schien schon zu ahnen, daß dieser Morgen keinen guten Tag einleitete. Mehr noch – es war, als würde Bleda sich ganz bewußt dem Schicksal stellen, das ihm beschieden war. Er protestierte nicht gegen die ungeheuerliche Anmaßung seines jüngeren Bruders, wehrte sich nicht, gab keinerlei Befehle.

Als dann auch noch sein Schwiegervater Eskam, der Freund von Ruga und größter Landbesitzer an der unteren Donau, den Kopf vor Attila neigte, war klar, was jetzt geschehen mußte.

»Du hast gewonnen«, sagte der Großkönig der Hunnen. Attila ging auf ihn zu, umarmte ihn lange und drückte langsam, dem Weinen nahe, aber mit unwiderstehbarer Kraft Bledas Schultern zurück.

»Ich habe viele Jahre auf diesen Augenblick gewartet«, sagte der Ältere vollkommen ruhig, »und mich gewundert, daß du so lange ausgehalten hast!«

»Du warst am Anfang sogar ein sehr guter Großkönig«, sagte Attila. Bledas Mundwinkel zuckten, dann nickte er. Er sah auf einmal viel zu alt und müde für einen Hunnenkönig aus. »Töte mich«, bat er leise. »Ich will nicht mehr am Leben bleiben, nachdem du mir alles genommen hast!«

»Ja, du hast recht! Ich will dein Reich!« antwortete Attila ebenso leise. »Aber wie sollte ich dich töten? Wir sind doch Brüder ...«

»Und eben deshalb mußt du es tun, wenn du dein und mein

Gesicht wahren willst! Hast du auch schon vergessen, wer wir sind und woher wir kommen? Willst du wie diese Römer und Germanen die Körner erst einsammeln, wenn sie vor Überreife schon zu Boden fallen?«

Für eine lange Sekunde hielten nicht nur Attila und sein Bruder, sondern Hunderte von Zuschauern den Atem an. Es wurden immer mehr. Selbst die Pferde kamen herbei, um zu sehen, was an diesem Morgen auf dem großen Versammlungsplatz vor der Königsyurte geschah.

»Traust du dir noch einmal einen Schlingenwurf zu?« fragte Attila so leise, daß kaum jemand außer Bleda ihn verstehen konnte. Der Großkönig der Hunnen preßte die Zähne zusammen. Er wußte ganz genau, daß dies der Augenblick höchster Genugtuung für seinen jüngeren Bruder war.

»Ich bin kein wilder junger Reiter mehr!«

»Du bist der König ... das Vorbild und der erste Mann für Hunderttausende von Hunnen, Goten und vielen anderen Völkerschaften!«

»Du weißt genau, daß alles anders geworden ist! Wir leben nicht mehr in der Steppe, wo morgens tot war, wer am Abend nicht den Bogen für die Nacht gespannt hatte!«

»Oder zur rechten Zeit die Schlinge über den Rivalen warf!« sagte Attila. »Nur eine Frage an dich, Bleda ...!«

Sie wußten beide, was jetzt kam.

»Warum hast du mich damals schon gehaßt?«

Großkönig Bleda lachte leise. »Weil ich genau gewußt habe, daß ein Moment wie dieser kommt! Du warst der Liebling des Schamanen! Mußte ich mehr von deiner Zukunft wissen? Und von meiner?«

»Also die Wurfschlinge auch für dich ... jetzt und heute!«

»Nein!« stieß der Großkönig angstvoll hervor. »Ich will nicht stürzen ... sogar noch überleben vielleicht ... verkrüppelt und entehrt! Gib mir das kalte Eisen, damit ich stehend sterben kann ... vor allen, die mich hier mit dir zusammen sehen!«

»Du willst, daß ich dich umbringe!«

»Triff mich wie der beste Jäger! Mitten ins Herz!«

»Ich hatte eigentlich etwas ganz anders vor!« sagte Attila. Er hob den rechten Arm. In seiner Hand lag das längste Messer, das ein Hunnenreiter bei sich tragen konnte. Attila holte tief Luft, während alle anderen den Atem anhielten. Und dann stieß er den Kampfruf hervor, der jedem Pfeil und jedem Messer die Kraft der Geister und Dämonen schenkte. So laut er konnte, schrie er:

»Tschakkar!«

Der Stich mit dem Dolch in das Herz des Großkönigs war weder heftig noch gewalttätig. Erst Attilas Faust am Messergriff, die gegen seine Brust schlug, ließ den Großkönig taumeln. Bleda stand noch eine Weile wie sein eigenes Standbild vor Attila, dann wurden seine Augen groß, und über sein Gesicht lief ein letzter Schatten von Gefühlen. Er war tot, noch ehe er seinem Bruder in die Arme fiel.

Die Entscheidung zerriß den Königsmantel der Pflicht und der gemeinsamen Verantwortung, der die beiden Brüder so lange zusammengehalten hatte. »Wie sieht es aus?« fragte Attila am Abend, bevor sie die Donau überquerten. Seine Späher wußten bereits, wie die Stimmung im Lager seines Bruders war.

»Der größte Teil schwenkt zu dir über«, berichtete Scottas. »Ein paar sträuben sich noch, aber das ist nur Theater. Die jüngeren und aktiven *Logades* von Bledas Hof werden vor den Versammelten öffentlich protestieren ...«

»Wogegen protestieren?« fragte Attila. Er wirkte ein wenig abwesend. »Daß mein Bruder tot ist?«

»Nein«, sagte Scottas, »das mögen einige bedauern und andere gutheißen – es geht nur darum, daß einige denken, es sei Brudermord gewesen!«

»Die so reden, haben recht«, sagte Attila lakonisch. »Ich habe meinen Bruder, der sich nicht einmal wehrte, eigenhändig getötet. Und das ist in den Augen der meisten Menschen nun einmal Mord!«

»Aber viele wissen, warum du es getan hast und warum er sich nicht gewehrt hat ...«

»Wäre es anders gewesen, wenn wir zehn Schritte auseinandergegangen wären und dann mit Pfeilen aufeinander geschossen hätten – er absichtlich daneben und ich in sein Herz?«

»Das hätte zumindest den Schein gewahrt«, sagte Scottas. Attila schüttelte den Kopf.

»Über Jahrtausende hinweg war jede Schlacht ein Zweikampf auf Leben oder Tod. Wer als Verlierer dennoch überlebte, wurde zum Sklaven und zur Sache – weniger als ein Tier! Sollte ich zulassen, daß dies mit meinem eigenen Bruder geschieht?«

»Es wundert mich, daß du so sprichst«, sagte Scottas. »Ihr seid es doch, die immer aus der Ferne treffen. Ihr steht nicht Mann vor Mann, sondern reißt eure Pferde herum, sobald die Pfeile abgeschossen sind.«

»Weil wir sehr viel von einem langen Leben und steter Beute halten«, antwortete Attila.

»Also Vernunft ohne Moral!« sagte der Rhetor.

»Schon als wir aufbrachen, war uns der Weg das Ziel«, sagte Attila. »Wir kennen keinen Anfang und kein Ende, denn alles fließt, wie eure Großen früher sagten. Deshalb können wir niemals Christen werden ...«

Scottas hob beide Brauen und sah ihn fragend an.

»Ein Hunne sündigt nicht!« sagte Attila. »Er kann auch nicht vergeben!«

Damit war der Vorfall für ihn erledigt. Trotzdem schmeichelte es ihm, wie viele der Männer aus dem Lager seines Bruders schließlich für ihn stimmten. Viele davon dachten keinen Augenblick nach, sondern wechselten einfach die Meinung. Einige der Besten begrüßten ihn aus ganzem Herzen als neue Hoffnung. Ihnen schlossen sich auch Römer an, die Bleda als Schriftkundige und Sekretäre gedient hatten.

Zu ihnen gehörte Bledas Schatzmeister Berichos, ein Grieche, der viel von der Herkunft der Edelsteine, von Münzen und von Metallen verstand. Zu ihnen gehörte aber auch der Zwerg Zerko, dessen Kunststücke und Grimassen Attila noch nie gemocht hatte. Bleda hatte dem Zwerg eine Hunnin als Eheweib verspochen. Attila sagte nein und blieb dabei.

»Soll ihn doch die nächste Gesandtschaft nach Ravenna mitnehmen«, ordnete er an. »Meinetwegen als Geschenk für Aetius. Oder als Wächter von Galla Placidias neuem Mausoleum, das gerade groß genug für Zwerge sein soll ...«

Etwa dreihundert von Bledas getreuesten Familien flohen, noch ehe Attila mit seinen Begleitern und den Großhänden aus den letzten Kämpfen das Ordu des toten Großkönigs erreicht hatte. Er zuckte darüber nur mit den Schultern, bis er erfuhr, daß sie auch frischgeprägte Goldmünzen mit dem Bild von Theodosios II. mitgenommen hatten.

»Wieviel fehlt?« fragte er einige Tage später.

»Genau tausendvierhundertundvierzig Gold-Solidos im Gewicht von zwanzig Pfund«, antwortete Berichos. Er wachte nach wie vor über die Schätze. Der neue Großkönig nickte.

»Das reicht nicht einmal für ein ordentliches Gelage in Byzanz!« lachte er, doch er war nicht bereit, selbst diese lächerlich geringe Summe aufzugeben. Eines Tages würde er sie zurückfordern ...

24. Das Erdbeben von Konstantinopel

Die Gelegenheit, Zerko loszuwerden, kam schneller, als er erwartet hatte. Aetius schickte Cassiodorus, der schon einmal in einer Gesandtschaft seines Sohnes Carpilius mitgereist war und einen soliden und gebildeten Eindruck machte. Attila verhandelte unter vier Augen mit ihm. Sie saßen in der überfüllt wirkenden Königsyurte. Attila hatte noch keine Zeit gefunden, sie für seine Bedürfnisse umzugestalten. Greka meinte, daß sie ihm dabei nicht helfen könne.

Der tote Großkönig hatte die wertvollsten Stücke nicht in der Schatzyurte, sondern dort ausgestellt und aufgehängt, wo er die meiste Zeit seiner Tage verbrachte. Attila kam sich von Anfang an mit all dem Schmuck, den riesigen Goldplatten, edelsteindurchbrochenen Goldkelchen und seidenen Wandteppichen wie in einem Mausoleum vor. Doch noch wollte er nichts davon entfernen, denn viele der Könige und Stammesfürsten ihrer Hilfsvölker bestaunten jedes einzelne Stück wie Kinder. Sie sagten, daß sie jedesmal an den eigenen Feuern berichten mußten, was sie an neuem und unbezahlbarem Glanz des *Imperium Romanum* in der Yurte des Großkönigs gesehen hatten.

Attila kam gleich zur Sache.

»Mir mißfällt, wie beide Roms uns derzeit mißachten«, sagte er, während er dem Gesandten eigenhändig heißen Kräutersud in einen winzigen Goldbecher goß. »Ihr müßt euch daran gewöhnen, daß ich Attila und nicht wie mein Bruder Bleda bin!«

»Und was bedeutet das?« fragte Cassidorus vorsichtig.

»Ganz einfach: Ich meine, was ich sage! Und mir mißfällt, daß ihr die Flüchtlinge nicht ausgeliefert, Zahlungsverträge mutwillig verschleppt und hinter unserem Rücken Völker oder Stämme abwerbt, die zu uns gehören!«

Ein leises, kaum sichtbares Zucken spielte um die Mundwinkel des Gesandten. Fast sah es aus, als wolle er noch widersprechen. Doch dann hob er den Kopf. Attilas Blick traf ihn so gnadenlos, daß er sofort aufgab.

»O ja«, sagte er schnell und unterwürfig. »Ich weiß ja, daß du recht hast!« Es war, als suche er verzweifelt nach irgendeinem Strohhalm. Dann fand er ihn und spielte seine Argumente sofort aus: »Ja, es beschämt mich sehr, aber bedenke, wie anstrengend und aufwendig es wäre, wenn ihr in die westlichen Provinzen, in Gallien oder sogar Italien reiten würdet ... ein Krieg nach zwei oder drei Seiten ist immer ein großes Risiko!«

»Wieso nach drei Seiten?« fragte Attila sofort. »Welche dritte Seite meinst du?«

Zum ersten Mal, seit er in Attilas Ordu war, lächelte der Gesandte Westroms. »Es heißt, daß Kurdarich, König der Akatzieren und Freund der Hunnen, um Hilfe gegen ungenannte Feinde bittet ...«

»Genau das sage ich doch!« schnaubte Attila. »Ihr bestecht meine Verbündeten mit Gold, das ihr mir vorenthaltet!«

»Ich gebe zu, es stimmt, was über dich gesagt wird«, meinte Cassiodorus verschlungen. »Du bist tatsächlich ein Mann mit großer Weitsicht!«

Attila lachte verächtlich.

»Schmeichle mir nur! Dann sage ich dir jetzt, was ich tun werde: Nennen wir es ebenfalls Stellvertreterkrieg, denn ich werde König Kurdarich mit einem großen Heer aushelfen. Aber ich selbst bleibe hier. Mein Stellvertreter wird mein ältester Sohn Ellac sein, der in diesen Tagen zum Ostkönig gewählt wird.«

Und so geschah es. Kein diplomatisches Geschick von Cassiodorus und keine zusätzlichen Solidos konnten Attila von seiner einmal getroffenen Entscheidung abbringen. Auch das war neu für die Römer, denn seit sie aufgetaucht waren, hatten sich die Hunnen stets als Meister einer Taktik gezeigt, die nur der als genial erkannte, der mit schwerfälligen, überladenen Legionären in die Schlacht ziehen mußte. Der schnelle Angriff war keine Heimtücke, sondern Strategie, der schnelle Rückzug beim geringsten Widerstand nichts anderes als Taktik.

»Kein Hunne kämpft, um irgend etwas zu beweisen«, sagte Attila milde zu Cassiodorus. »Wir müssen weder uns noch anderen Mut und Tapferkeit zeigen ... nicht Ruhm, nicht Ehre, nicht einmal hehre Ziele wie die Größe eines Imperiums zählen für mich und meine Reiter! Ich weiß, das ist sehr schwer verständlich für euch. Aber genau das ist die Freiheit jedes einzelnen bei uns, von der ihr nie etwas verstanden habt!«

»Es klingt zu gut«, antwortete Cassiodorus. »Aber bist du nicht König, hast du nicht Unterkönige und Fürsten, Heerführer, Stammeshäuptlinge und viele andere, die letztlich doch das tun müssen, was du als Herrscher aller Hunnen befiehlst und anordnest?«

»Du irrst!« sagte der Großkönig der Hunnen. »Ihr irrt euch alle! Niemand würde mir folgen, und kein Gesetz könnte mir den Thron erhalten, wenn ich erfolglos wäre.«

»Sämtliche Könige kommen auch bei euch aus einer einzigen Familie.«

»Wir sind die fähigsten und besten«, sagte Attila. »Aber nur so lange, bis bessere auftauchen!«

»Und jene, die ihr immer wieder zurückverlangt? Die Flüchtlinge und Deserteure?«

Zum ersten Mal schmunzelte Attila. »Familienangelegenheiten«, sagte er. »Aber bei aller Freiheit sind Verrat und Diebstahl auch bei uns Verbrechen, die bestraft werden.«

Unmittelbar nach dem Gespräch mit Cassiodorus ließ Attila für einen extremen Dreitageritt durch die Karpaten satteln. Er nahm Edekon, den König der Skiren, und eine ausgesuchte Großhand aus Germanen und Hunnen mit. In den ersten Stunden, noch während der Zusammenstellung, wollten beide Gruppen protestieren: die einen, weil sie keinem fremden König gehorchen und die anderen, weil sie nicht in der harten, fest mit den Pferden verwachsenen Art reiten wollten, die für jeden Hunnen selbstverständlich war.

Die Römer mußten nicht erfahren, daß er selbst zum Ordu des Ostkönigs reiten wollte. Noch war der dreiunddreißigjährige Ellac erst Fürst. Attila mußte daher schnell handeln, wenn er die Zügel in der Hand behalten wollte. Noch vor dem Ritt den Marisus flußaufwärts nach Osten ritt Attila an den versammelten Männern entlang, die von jetzt an seine eigene Leibwache sein sollten.

»Ich heiße Attila und nicht Bleda!« rief er ihnen zu. »Und damit das ein für allemal klar ist: Niemand muß mit mir reiten! Jeder von euch kann in diesem Moment noch fortreiten, und ich werde ihn nicht fragen, wohin und warum! Nur zu den Römern dürft ihr euch nicht verabschieden! Jeder Germane, den ich von dort zurückhole oder mit sehr viel Gold zurückkaufe, kommt genau dort, wo sein Stamm oder seine Familie lebt, ans Kreuz! Sichtbar für alle als Verräter, Feigling und Deserteur! Und nicht als Märtyrer, denn bei mir gibt es keine Dornenkrone und keinen Schwamm mit Essigwasser!«

Er wandte sein Pferd um und ritt noch einmal an den Männern vorbei.

»Und für die Hunnen unter euch sage ich nur, daß ich jeden Überläufer mit meinem eigenen Gold zurückkaufe. Doch nicht als Sklaven, sondern als Eunuchen! Ich selber hänge jeden eigenhändig an den Eiern auf ... ist das jetzt für alle klar?«

Die Männer stießen einen vielstimmigen, trillernden Schrei aus. Attila schob die Lippen vor und nickte. So wollte er sie haben! Er ließ sie schreien, dann hob er die linke Hand. Sofort war wieder Ruhe.

»Wir haben einen harten, steinigen Weg vor uns«, sagte er, diesmal nicht ganz so scharf. »Wenn wir dem Adler auf einem geraden Flug nach Osten über die Karpatenberge folgen könnten, wären es dreihundert römische Meilen, die ich in drei Tagen schaffen will. Wir werden die Pferde wechseln können, aber wir müssen durch steinige Gebirgsbäche und über Felsenpfade reiten! Ist euch jetzt klar, warum ich keinen Streit zwischen Hunnen und Skiren brauchen kann?«

Wieder stimmten die Männer mit einem Trillerschrei zu. Attila nickte nochmals, dann drehte er sich um, hob die rechte Hand, senkte sie der aufgehenden Sonne entgegen und ritt voraus.

Bereits eine Woche später brachen die ersten Sturmfäuste in Richtung Osten auf. Sie folgten dem Lauf der Donau auf der Nordseite bis zum verzweigten Delta, setzten über mehrere andere Flüsse und stürmten weiter ostwärts zu den Akatzieren.

Doch was so schnell entschlossen begonnen hatte, wollte und wollte nicht enden. Das erste Jahr verging mit schweren Kämpfen. Mehrmals bat Ellac dringend um Verstärkung. Attila mußte zähneknirschend auch noch wichtige Kampfeinheiten aus seinem eigenen Bereich donauabwärts schicken. Erst spät im zweiten Winter kehrte Ellac schließlich zurück. Er brachte Gold und für sich selbst den Titel eines Akatzierenkönigs mit ...

Draußen stürmten die eisigen Winde über die Yurten und Zelte hinweg. Fast alle hatten ihre Wagen nach Art der Germanen zusammengestellt und mit zusätzlichen Tüchern und Lederbahnen gegen die schneidende Kälte gesichert. Nur die Feuer brannten wie eh und je unter den Hunnenkesseln, in denen die wichtigste Tagesmahlzeit kochte.

Am zehnten März, gegen Nachmittag, als die Kälte wieder besonders schneidend wurde, ließ der Großkönig der Hunnen einen Mann vor, der nicht für derartiges Wetter geschaffen war. Er war einer von gut zwanzig Juden, die sich von Konstantinopel bis zu den Hunnen in Pannonien durchgeschlagen hatten. Jetzt hatte er sich bis zur Nasenspitze in Pelze eingehüllt. Trotzdem bibberte er wie ein fieberndes Kind.

Attila ließ ihm heißen germanischen Met einflößen, dazu ein paar widerwärtig schmeckende Schlucke aus den grünlichen Glaskrügen, die Onkel Aijbars ihm für die kalte Zeit zubereitet hatte. Nachdem der Fremde sich einigermaßen beruhigt hatte, setzte sich Attila ihm gegenüber in die Polster und streckte die Beine aus. Ein Dutzend weiterer Zuhörer in der großen Yurte wartete ebenso gespannt wie er selbst auf den Bericht des Flüchtlings aus Konstantinopel.

»Ich will keine Märchen hören!« sagte Attila streng. »Aber du sollst nicht nur die Dinge berichten, die man nacherzählen kann, sondern auch das, was du selbst gefühlt und erlebt hast. Verstehst du, was ich sage?«

»Ich kann eure Sprachen nicht«, sagte der Fremde entschuldigend. »Darf ich Latein oder Griechisch verwenden?«

»Latein«, sagte Attila knapp.

»Ich danke euch vielmals für diese Güte«, sagte der Mann, dessen Alter und Herkunft unbestimmt geblieben wären, hätte er sich nicht als vierzigjähriger jüdischer Händler aus Antiochia beim Großkönig der Hunnen angemeldet.

»Also gut, hört dann, wie ich es erlebt habe! Der siebenundzwanzigste Januar des Jahres vierhundertsiebenundvierzig nach der christlichen Zeitrechnung sollte eigentlich ein guter Montag für mich werden. Ich wollte früh aufstehen und mit dem Boot hinüber zu einem Schmuckhändler, den ich am Goldenen Horn kenne ...«

Aijbars wollte schon unterbrechen, aber es war genau diese weitschweifige Erzählweise, die Attila jetzt hören wollte. Er hob die Hand und ließ den Flüchtling weiterreden.

»Genau zwei Stunden nach Mitternacht hat mich mein Weib geweckt«, berichtete der Händler. »Gleichzeitig schlug die Wasseruhr im Palast, an deren harten Glockenklang ich mich nie gewöhnen werde. Aber zuerst glaubte ich, mein Weib hätte noch nicht genug von mir für diese Nacht. Erst als die Bettstatt unter uns zerbrach, ohne daß ich sie auch nur berührt hatte, wurde mir klar, daß irgend etwas mit den Mauern von Byzanz nicht stimmte ...«

Er seufzte tief und schüttelte in nachträglichem Schrecken seinen Kopf. »Stellt euch das vor ... aus tiefster Stille in der Nacht, die nur durch Dunkelheit genährt wurde ... als kaum noch jemand an den letzten Feuern wachte, da brach auf einmal die Erde unter uns zusammen ... samt allen Mauern, allen Säulen und selbst den Quadersteinen auf den Straßen ...«

Er jammerte ein wenig und sagte mehrmals ganz schwach: »Oh, oh, oh!« Dann riß er sich wieder zusammen.

»Erspart mir alle Schrecken und Gefühle dieser furchtbaren Minuten«, bat er den Hunnenkönig. »All diese schrecklichen Schreie von Frauen und Kindern, die vor Entsetzen brüllenden und wild durcheinander befehlenden Männer, dazu die Tiere in ihrer Not ... ja, die Tiere, die waren sehr schlimm! Ich weiß nicht mehr, wie ich mit meinem Weib das Haus verlassen konnte, denn alle anderen in dem Gebäude lagen erschlagen unter Mauertrümmern.«

Er berichtete noch lange weiter. Und als der Tag zu Ende ging, wußte der König der Hunnen durch immer neue, geduldige und behutsame Nachfragen fast mehr als der direkt betroffene Kaiser Ostroms:

Das vollkommen unerwartete Erdbeben hatte im Zentrum von Konstantinopel schwerste Schäden angerichtet. Und nur wegen der Nachtstunde, in der viele Feuer bereits verloschen waren, war es nicht zu den sonst üblichen Bränden gekommen. Dennoch mußten die Zerstörungen so groß gewesen sein, daß den Überlebenden sofort klar wurde, in welch zusätzliche Gefahr sie jetzt geraten waren.

Nach Auskunft des jüdischen Händlers war die *Theodosianische Mauer* über weite Strecken eingestürzt. Er berichtete te, daß Konstantin der Große die erste der neuen Stadtmauern erbaut hatte. Während der letzten Regierungsjahre von Arkadios und auch noch der ersten seines minderjährigen Nachfolgers Theodosios II. hatte der Prätorianerpräfekt Anthemios so gewaltige Landbefestigungen bauen lassen, als wolle er die Stadt am Goldenen Horn gegen einen gleichzeitigen Angriff von Germanen, Hunnen und Persern sichern.

»Siebenundfünfzig der Türme liegen in Trümmern«, zählte er immer wieder auf, »darunter auch solche, die als Getreidelager gedient haben. Der gesamte Bezirk, der zwischen der *Portiens Troadensis*, in der Nähe des Goldenen Tores, und dem *Tetrapylon* lag, ist nur noch ein schwelender Haufen aus Balken und Steinen. Es war grauenhaft, denn es gab nicht genügend Überlebende, um die Verwundeten schnell zu bergen und die getöteten Menschen und Tiere ebenso schnell aus den Trümmern der Stadt zu schaffen. Verzeiht mir, wenn ich nicht mehr gesehen habe, aber ich konnte das alles einfach nicht mehr ertragen ...«

In den folgenden Tagen erreichten immer neue Schreckensmeldungen den Königshof der Hunnen. In den Berichten über die Naturkatastrophe war jetzt auch von Gestank, Krankheiten und Epidemien die Rede.

»Wir liefen mit Essigtüchern vor dem Gesicht durch die von Trümmern verstopften Straßen«, erzählte der ältere von zwei dunkelhäutigen Männern aus der westlichen Provinz Africa. »Wir wollten zum Hafen, aber dann sahen wir andere, die schon nicht mehr nach Lebenden oder Toten suchten, sondern nur noch nach irgend etwas Eßbarem, ganz gleich, was es war. Da floh ich mit meinem Bruder lieber gleich nach Norden ... so schnell und weit wir laufen konnten ...«

Überall in der Zone des Grauens, in der das Erdbeben gewütet hatte, erlitten auch andere Städte Ostroms das gleiche Schicksal. Und dann trafen – wie schon bei früheren Ereignissen – wieder diese unwirklich klingenden, nur auf sich selbst gezielten Berichte ein, die immer etwas mit dem vielfältigen Gott der Christen und ihren verfeindeten Schamanen zu tun hatten. Und wie so oft, hatte Attila auch diesmal das Gefühl, als würde es dabei überhaupt nicht um das gehen, was geschehen war, sondern nur darum, wie es im Sinne der Mönche und Bischöfe erzählt werden konnte ...

Dennoch hörte er sich einige Male die gleiche Geschichte an. Sie handelte ebenfalls vom Erdbeben in Konstantinopel. Doch nicht wie bei dem Juden aus Antiochia, der ihm aus seinem eigenen Erleben den ersten Eindruck vermittelt hatte, sondern so, wie es die Bischöfe weitererzählen ließen.

Danach war der Kaiser durch das Erdbeben von Gott aufgerüttelt worden, um die Hunnen und ihre Hilfsvölker ernsthaft zu bekämpfen. Bereits am Morgen nach der großen Zerstörung sollten Zehntausende alles stehen- und liegengelassen haben, um barfuß, mit dem Kaiser an ihrer Spitze, zum Feld des *Hebdomon* zu ziehen. Dort angekommen, habe der Patriarch einen Dank-Gottesdienst für die Überlebenden abgehalten.

»Der Kaiser in Ostrom war vollkommen verwirrt, und niemand von seinen Beratern und Hofeunuchen wußte, was er tun sollte«, erzählte einer, der das Fischsymbol der Christen an einem Lederband um den Hals hängen hatte. »Da befahl der Bischof von Konstantinopel dem Kaiser, aus Balken seines Palastes ein Kreuz zusammenzufügen.« Der Jude aus Antiochia bestätigte die Aussage: »Obwohl der Kaiser zuerst zögerte, zimmerte er mit seinen eigenen Händen das Kreuz aus Holz und schickte es gegen die Barbaren ...«

»Hier ist kein Holzkreuz aus Balken des kaiserlichen Palastes angekommen!« unterbrach Onegesios. »Bist du sicher, daß ihr gesehen habt, was ihr uns hier erzählt?«

»Ich schwöre es bei der Mutter Gottes!«

Die Hunnen sahen sich an. Attila schob die Unterlippe vor und hob die Schultern. »Vielleicht eine von ihren Schamaninnen ...«

»Seit wann haben Juden eine Mutter Gottes?« fragte Onegesios mißtrauisch.

»Wir nicht«, antwortete der Jude schnell, »wir nicht, aber du bist doch Christ, Onegesios, Arianer zwar, aber ...«

»Schwörst du immer auf etwas, das du nicht kennst und nicht achtest?«

»Nein, aber ich wollte doch nur ...«

»Sprich weiter!« befahl Attila.

»Es gibt inzwischen viele Kreuze in den Trümmern der Stadt. Eines stellte der Kaiser im Palast auf, und wieder ein anderes auf dem Forum in der Mitte der Stadt, daß es von jedermann gesehen würde. Gerade dieses Kreuz soll das wirkungsvollste gewesen sein, denn viele fromme Überlebende schwören, daß die fremden Teufel sofort in panischer Flucht geflohen seien, als sie das Kreuz in der Mitte des Forums sahen.«

»Die fremden Teufel sehen nicht zufällig so ähnlich aus wie einige Männer hier in der Runde?« fragte Attila. Der Flüchtling aus Konstantinopel schnappte nach Luft. Er würgte vor Angst und wußte nicht mehr, was er sagen sollte.

»Was wißt ihr noch?« drängte Onegesios. »Was ist mit dem Kaiser?«

»Der Kaiser selbst war zuerst ebenfalls zur Flucht bereit«, antwortete der Mann mit dem Christenzeichen am Hals. »Aber dann hat er wegen der weglaufenden Teufel neues Vertrauen in Gott gefunden und ist geblieben. Und ebenso haben die schon sehr geschwächten gottesfürchtigen Kräfte der Stadt durch das Unglück an neuer Stärke gewonnen ...«

»Du sagst also, es waren Hunnen und vielleicht auch Goten und Angehörige anderer Völkerstämme aus dem Norden und Osten in der Stadt, als es geschah?«

»O ja, und nicht wenige! All diese Barbaren flohen in großer Verwirrung ...«

»Weil sie verfolgt wurden?«

»Nein, Herr, niemand verfolgte sie. Es war der Anblick der Kreuze, der sie erschaudern ließ und den sie mehr fürchteten als die bebende Erde und die einstürzenden Mauern ...«

Attila brummte kurz. Er kaute auf seiner Unterlippe, schüttelte mehrmals den Kopf, aber er lachte den Christen aus Konstantinopel nicht aus.

»Das war ein guter Zauber!« sagte er schließlich voller Respekt. »Der beste, von dem ich bisher gehört habe. Und ich sage euch, manchmal ist ein Glaube oder ein gut behauptetes Wunder wesentlich mehr wert als alle Zahlen und tausend Augenzeugen, die alles ganz anders gesehen haben!«

»Und wenn nichts davon stimmt? Wenn alles erfunden ist?«

Attila legte den Kopf etwas zur Seite und sah Onegesios mitleidig an. »Du bist ein guter Mann, und ich schätze an dir deinen scharfen Verstand. Aber von dem, was die Menschen bewegt und was sie glauben wollen, hast du nicht die geringste Ahnung!«

»Belohnt sie«, sagte Attila nach drei Tagen intensiver Verhöre knapp. Dann rief er seine engsten Berater zu sich und eröffnete ihnen, was er in der Zeit seines Zuhörens und Schweigens geplant und beschlossen hatte:

»Diese Gelegenheit kommt niemals wieder«, sagte er mit einem kaum wahrnehmbaren Beben in seiner Stimme. Nur wer ihn ganz genau kannte, spürte, wie mühsam er die Erregung in seinem Inneren zurückhalten mußte. »Ich habe deshalb beschlossen, daß wir Krieg führen ... Krieg gegen Ostrom, das am Boden liegt und seine Wunden leckt, die ihm die Fügung geschlagen hat. Und ich will grausam sein, wie es die Mächte aus dem Inneren der Erde waren!«

Für einen langen Augenblick wagte keiner der Anwesenden, mit irgendeinem Wort oder seinem Mienenspiel die Absicht Attilas zu kommentieren. Weder die Gotenkönige noch die Heerführer der Hunnen oder der vielen anderen Hilfsvölker hatten den Mut, zu protestieren. Nur Onegesios machte ein nachdenkliches Gesicht. Kaum merklich schüttelte er den Kopf.

»Was hast du einzuwenden?« fragte Attila, dem auch diesmal nichts entging. Onegesios räusperte sich leise. Er wußte sehr genau, wie vorsichtig er sein mußte.

»Ich dachte nur an all die Stunden, die wir für die Verhandlungen mit Ostrom aufgewendet haben.«

»Na und?«

»Wir halten bereits einen Friedensvertrag in den Händen.«

»Hast du ihn zufälligerweise hier?«

»Nein, nicht zufällig ... ich habe ihn mit Absicht mitgebracht.«

»Gut, mein gescheiter Freund, dann gib ihn mir!«

Onegesios blickte für eine Sekunde zu Boden. Zwei von des Königs Dienern gingen ganz langsam auf ihn zu. Onegesios erkannte augenblicklich die Gefahr. Er sprang auf. Diesmal mußte er schneller sein als alle Rituale am Hof des Hunnenkönigs. Und die kannte er.

»Hier ist der Vertrag«, sagte er, als er den Platz des Königs erreichte. »Willst du ihn zerreißen ... oder soll ich es für dich tun?«

»Du weißt doch selbst genau, was ich an dir schätze«, antwortete Attila. »Du bist kein Reiter und kein Krieger, kein Sänger und nicht einmal so kräftig wie ein Zehnjähriger aus meinem Volk. Aber wer ist das schon bei euch ...«

Noch während Attila sprach, sahen alle, wie Onegesios das mühsam ausgearbeitete Pergament ausrollte, mit dem der Frieden zwischen Ostrom und den Hunnen ausgehandelt und fast besiegelt war. Onegesios benutzte den Saphir in seinem Ring, um die Kalbshaut an der Seite einzuschneiden. Dennoch reichte seine Kraft kaum aus, um den nutzlos gewordenen Vertrag schräg durchzureißen. Attila streckte die linke Hand aus.

»Gib her«, sagte er und lächelte. »Es ehrt auch einen Griechen, wenn er bereit ist, die Früchte seiner Arbeit nicht zu ernten, sondern als Samen für das Größere zu spenden.«

Attila ließ überall den Befehl zur Kriegsversammlung verbreiten. Er wußte genau, was er tat, denn noch war seine Herrschaft weder gesichert noch umfassend.

Er wußte, daß es überall noch Anhänger von Bleda gab. Einige kämpften auf eigene Faust und so, als gäbe es ihn überhaupt nicht.

Attila lehnte jede Verantwortung für »Bledas Narren« ab. Aber er ließ seine Anführer und auch die Römer wissen, daß er möglicherweise Verständnis für die Männer zeigen könnte, die bereits plündernd oströmisches Gebiet durchzogen. Und dann gab es auch in seinen eigenen Reihen rauhe Sippen, Familien und ganze Stämme, die erst in den vergangenen Jahren aus den Kaukasusbergen und den Steppen nördlich des Schwarzen Meeres nachgerückt waren.

Bei denen, die schon seit mehr als einer Generation kämpften und stritten, hießen die Neuen ohne jedes Beutegold am Geschirr ihrer Pferde und am Hals ihrer Frauen abfällig »skythische Massen«. Attila unterschätzte keinen Augenblick lang die ungeduldigen, unzufrieden und durch viele Geschichten begierig gewordenen Männer der großen Weite. Er wußte, daß er sich gerade auf sie verlassen konnte, wenn sie das Gold bekamen, von dem sie träumten und das ihnen nach ihrer Meinung zustand. Und genau das teilte er allen Anführern und anschließend den vielen tausend Kriegern der Heeresversammlung mit ...

Noch ehe die Zusammenkunft beendet war, befahl er, einen Brief an den Kaiser von Ostrom zu schreiben. »Schreibt so, wie es in ihren Kreisen üblich ist«, ordnete er an, »aber schreibt auch so, daß er keine Knochenrisse oder andere verborgenen Hinweise oder Zeichen zwischen den Zeilen auf dem Pergament entdeckt. Er soll genau erkennen und verstehen, was ich meine! Denn ich verlange erstens alle Flüchtlinge zurück. Zweitens ist endlich der Tribut fällig, der bisher unter allen möglichen Ausreden nicht gezahlt wurde. Schreibt ihm zum Dritten, daß ich Gesandte zu ihm schicken werde, die den Tribut persönlich abholen. Und – falls ihm die Kastrierten wieder irgendeine Ausflucht einreden oder heimlich mobilmachen, dann bin ich diesmal nicht mehr in der Lage, den Kampfeswillen unserer Krieger zu besänftigen. Schreibt ihm das alles, und dann fügt hinzu, daß ich in großer Sorge um den Frieden bin.«

Bei seinen letzten Worten hatte er die Hände ineinander gefaltet, wie er es bei den Bischöfen und Christen im Rom so oft gesehen hatte. Es war eine der sonderbarsten Gebärden, die er kannte. Denn für ihn machte es keinen großen Unterschied, ob man sich vergnügt die Hände rieb oder sie in Unschuld faltete.

Bereits nach vier Wochen erfuhr Attila durch seine Königsohren am Kaiserhof von Byzanz, wie sein Brief an Theodosios II. aufgenommen worden war. Er hatte die Eunuchen vollkommen richtig eingeschätzt. Die kaiserlichen Staatsbeamten setzten sich hochmütig über Attilas ernstgemeinte Warnung hinweg. Sie hatten sich nach allen Seiten aufgeplustert und jedem, der es hören wollte, sofort gesagt, daß Flüchtlinge nicht ausgeliefert werden dürften und daß es besser sei, mit ihnen auf den Ausbruch des Krieges zu warten. Um Attila hinzuhalten, sollten aber Gesandte ausgeschickt werden.

Als Attila das hörte, verwandelte sich sein anfängliches Schmunzeln in echten Ärger. »Sie wollen also auf Krieg hinaus!« fauchte er. »Dann werden wir ihnen den Gefallen tun und sie nicht lange warten lassen!«

Er stürmte los, wandte sich aber noch einmal um. »Zeigt ihnen, was wir von ihren Festungen halten! Wir werden diesmal eine scharfe Linie ziehen – wie mit dem Schwert durch ihren Kartentisch geschlagen ... und wenn es sein muß, sogar über volkreiche Städte wie Ratiaria hinweg bis nach Konstantinopel!«

Zuverlässige Beobachter berichteten in den folgenden Wochen dann doch ganz anders vom Wiederaufbau Konstantinopels. Nach ihrem Zeugnis war es nicht der fromme Kaiser, sondern Konstantinos gewesen, der sofort erkannt hatte, wie verwundbar die Hauptstadt des oströmischen Reiches durch das Erdbeben geworden war.

»Ihr könnt euch nicht vorstellen, wie schnell die Mauern von Konstantinopel wieder aufgebaut werden«, erzählten reisende Händler, die mit wertvollen Gewürzen aus Indien und dem Orient über Aquincum in die Provinzen nördlich der Alpen zurückkehren wollten.

»Hat Theodosios etwa seine Goldtruhen über dem Volk ausgeschüttet?« fragte Attila ironisch.

»Nein, nein, eher im Gegenteil! Der Kaiser hat nicht ein einziges Goldstück durch das Erdbeben verloren ... es war der *praefector praetorio orientis*, der auf eine grandiose Idee gekommen ist ...«

»Und die wäre?«

»Er setzt auf einen Wettbewerb, der in dieser Form nur in Byzanz möglich ist. Er mobilisierte ganz einfach die schärfstens rivalisierenden Circusparteien. Den Blauen teilte er die Strecke vom Blachernenpalast bis zur *Porta Myriandri* zu und den Grünen den Abschnitt von der *Porta Myriandri* bis zum Marmarameer. Jetzt geht es nicht mehr um den Wiederaufbau, sondern darum, welche Partei schneller, besser und bedeutsamer für die gesamte Stadt und das Herz des Kaiserreiches arbeitet. Kein Gold der Welt und kein kaiserlicher Befehl könnten die Männer mehr anfeuern ...«

»Ja, das verstehe ich«, sagte Attila zustimmend. »Das ist dann keine Fron- und Pflichtarbeit mehr, sondern ein Ringen um Ehre.«

»Genau das ist der Plan von Konstantinos. Alle in Konstantinopel wissen es, aber es stört sie nicht. Im Gegenteil, sie wetteifern darum, wer mehr Schutt aus den Wallgräben räumt, mehr Mauern mit Mauern verbindet und schneller neue Türme und Tore errichtet.«

»Wie weit ist der Wiederaufbau der Stadt?« fragte Attila und griff nach seinem Castorius-Pergament. Er rollte es bis zu der Stelle auf, an der die zweite Hauptstadt des *Imperium Romanum* durch eine Säule und eine östlich davon thronende Herrscherfigur sichtbar wurde. Seltsamerweise endeten die römischen Straßen auf der Marschkarte schon weit vor dem Symbol für die Stadt. Die Linien mit den Zacken für die einzelnen Tagesabschnitte zwischen den *mansiones* und Poststationen endeten in den Gebieten *Ceresonos* und *Byzantini*.

»Bereits Ende März stand der Landwall besser und stärker als vorher«, berichteten die Händler. Man sah ihnen noch jetzt ihre Verwunderung an. »Nicht einmal Pallas Athene hätte ihn besser und schneller bauen können ...«

Attila entließ sie, nachdem sie ihren Gastgeschenken noch einige Beutel mit Pfeffer, Myrrhe und ein sorgsam zugepfropftes Fläschchen mit Schneckenpurpur hinzugefügt hatten.

Er wartete, bis sie sich weit genug von der Königsyurte entfernt hatten, dann sagte er: »Die Arbeiten sind mir viel zu früh fertig geworden! Aber jetzt kommt uns zugute, was ich in Rom gesehen habe: Noch kann der Mörtel nicht trocken sein. Ich hoffe auch, daß der Zement noch nicht überall abgebunden hat. Und diese Schwäche der neuen Mauern sollen unsere schnellsten Reiter nutzen!«

»Willst du die neuen Mauern mit Pfeilen und mit Speeren daran hindern, fest zu werden?« fragte Onegesios.

»Nein«, sagte Attila. Er wirkte plötzlich amüsiert. »Aber wir wollen überall verbreiten und sie auch glauben machen, daß wir Konstantinopel angreifen, *ehe der Mörtel in den neuen Mauern trocken ist*!«

Anfang Mai, als die Eunuchen in den noch immer furchtbar aussehenden Palästen schon wieder Feste und Gelage feierten, erreichte die erste Sturmfaust der Hunnen den Bosporus. Sie wurden von Fürst Ellac, dem ältesten Sohn des Großkönigs, geführt. Und sie verhielten sich genau so, wie es Vater und Sohn in einer langen Nacht besprochen hatten.

Die fünfhundert Steppenreiter näherten sich der Stadt mit der vier Meilen langen doppelten Landmauer von Norden her. Sie blieben ruhig – ganz so, als wollten sie nur erkunden, wie stark die Stadt wirklich war, seit Kaiser Konstantin sie vor genau hunderteinundzwanzig Jahren zur offiziellen Hauptstadt des *Imperium Romanum* erhoben hatte.

Und dann geschah etwas sehr Merkwürdiges. Dort, wo sich normalerweise gut gerüstete Bogenschützen und kampferprobte Legionäre hinter den Mauerzinnen versammelten, tauchten plötzlich laut grölende und mit nackten Armen fuchtelnde Männer auf.

Ellac ließ an einem Gebüsch aus Oleander und Tamarisken halten. Mit der Großhand seiner fürstlichen Leibwache ritt er auf die Mauer zu. Vor der großen Heerstraße nach Sirmium und zur Donau bog er nach Westen ab. Die zehnmal fünf Reiter sahen die neuen Mauern an den Toren. Gleichzeitig entdeckten sie, daß hier die jubelnden und grölenden Männer auf den neuen Mauern anders gekleidet waren als die ersten.

»Die Blauen und die Grünen!« sagte einer von Ellacs Begleitern. »Will diese Stadt sich etwa durch das Jubelvolk aus dem Circus verteidigen?«

»Immerhin haben die Anhänger der blauen und der grünen Reiterparteien bei den Pferdewettkämpfen die Mauern schneller wieder aufgebaut, als uns lieb sein kann.«

»Und was ist das da?« fragte einer von Ellacs jüngeren Begleitern.

Sie starrten auf einen Pulk von Männern, die sich unter seltsamen Verrenkungen und noch ungewöhnlicheren Schreien um die Zinnen neben dem Haupttor zu prügeln schienen. Ellac schnalzte mit der Zunge, dann verkürzten sie mit einem kurzen, schnellen Ritt den Abstand zwischen sich und den Mauern. Sie waren bereits fast auf Pfeilweite heran, als sich ein großer Steinquader von der Mauerzinne löste. Er fiel direkt in den Graben darunter.

»Er behält recht!« stieß Ellac hervor. »Bei allen Geistern und Dämonen – er behält recht mit diesen Mauern! Sie sind zu schnell und nachlässig gebaut ...«

»Weil jeder nur den äußeren Erfolg gesehen hat«, sagte einer der Männer. »Genauso schlecht wären unsere Pfeile, wenn wir grünes Holz verwenden würden!«

»Dann wollen wir ein bißchen Wind machen und sie von ihren Mauern blasen!« rief Ellac seinen Männern zu. »Los, zurück zu den anderen, und dann alles, was fliegt, hinüber zu den Mauern!«

Die Hunnen sammelten sich innerhalb weniger Minuten. Und dann beschossen sie die ungezählten Männer auf den neuen Mauern. Es kümmerte keinen der Steppenreiter, ob er traf oder nicht. Die Blauen und die Grünen fielen auch so wie reifes

Obst in die gerade erst gesäuberten und neu ausgehobenen Gräben. Gleichzeitig brachen immer mehr Mauerteile ein.

Es war wie schon beim ersten Erdbeben. Die Schreie der Verletzten und das Poltern und Krachen einbrechender Mauern, Türme und der anschließenden Gebäude breiteten sich nach allen Seiten aus.

»Ja!« riefen einige. »Jetzt wird sie reif zum Sturm, die schöne, stolze Stadt der Harems und der goldstrotzenden Eunuchen!«

»Haaaalt!« rief Ellac in diesem Augenblick weithin hörbar. »Alles zurück! Sofort zurück! Befehl des Königs ... Befehl von Aaat-ti-laaah ...«

Nicht ein einziger Hunnenreiter war mit den Toten und Verletzten Konstantinopels in Berührung gekommen.

»Ich muß dich loben für den Gehorsam deiner Männer«, sagte Attila, als Ellac ihm nur wenige Tage später berichtete, was vorgefallen war. »Die Seuche ist erneut in Konstantinopel ausgebrochen. Sie haben ihren Eifer, die Mauern schnellstens wieder aufzurichten, teuer bezahlen müssen. Denn niemand hat sich in den kalten Wochen um die toten Tiere in der Stadt gekümmert. Solange sie gefroren waren, ist das nicht weiter aufgefallen. Jetzt aber hat die Frühlingssonne zusammen mit den Regen die schlafenden Dämonen des Todes und der Krankheiten alle zugleich aufgeweckt!«

»Du wußtest, daß die Stadt auf diese Art heimtückisch und gefährlich ist?« fragte Ellac voller Bewunderung. Attila nickte. »Bedanken wir uns alle dafür bei einem alten Mann, der mehr als ein Schamane ist!«

»Gebt mir lieber einen Becher Milch«, grantelte Aijbars, der in diesem Augenblick die Yurte betrat. »Meine Ziege ist gestorben ...«

In den folgenden Tagen erhob der Großkönig der Hunnen die wichtigsten Könige der Vasallenvölker in den Rang von Verbündeten. Damit waren nicht mehr Schwäche und Furcht die

Motive für die Gefolgschaft der Germanenvölker, sondern Stolz, Ruhm und Ehre.

Attila wußte genau, was er tat. Aber er war sich auch darüber klar, daß er durch die neue Ordnung auf einen seiner stärksten Trümpfe verzichtete: Seit einem Menschenalter hatten die Hunnenheere nur deshalb ihre unglaublichen Siege errungen, weil sie nicht schwerfällig in vorgeschriebenen Gefechtsordnungen wie römische Legionen in den Kampf zogen. Sie griffen blitzschnell und in kleinen Formationen an, schlugen zu und verschwanden wieder, um gleich darauf von einer anderen Seite wiederzukommen. Sie kämpften rund, nicht quadratisch, rechteckig oder als Keil und Schere. Ihr Vorbild war die weiche Kraft des Bogens und der Flug des Pfeils. Ihre Angriffstechnik wirkte wie ein wildes, umeinander wirbelndes Chaos – aber die Eingeweihten erkannten darin auch die Harmonie des Yin und Yang ...

Mit verbündeten Stämmen, die nicht nur aus Hilfstruppen bestanden, konnte kein schneller Krieg nach Art der vorangegangenen Hunnenkönige mehr geführt werden.

Das merkten auch jene, die sich in aller Eile am Fluß Utus in der Provinz Moesien den ungewohnt langsam heranrückenden Eroberern entgegenstellten.

Sie warteten und warteten, doch keiner der gefürchteten Reitertrupps erschien. Und dann begriffen die Römer, welche unverhoffte Chance ihnen die Großzügigkeit des Hunnenkönigs bot.

»Ich kann es kaum fassen«, sagte Arnegiskulos, der Oberbefehlshaber der römischen Streitmacht. »Er bietet uns förmlich an, wieder so zu kämpfen, wie wir es seit Jahrhunderten geübt haben.«

»Ich wäre da nicht so sicher«, meinte einer seiner Berater mißtrauisch. »Attila hat bisher stets das Gegenteil von dem getan, was er zuvor vermuten ließ.«

»Schon möglich«, sagte der *magister militiae*. »Doch wenn er weiß, daß wir das wissen, könnte er auf den Gedanken kommen, uns wiederum in die Irre zu locken ...«

Die Römer diskutierten viele Nächte lang, wie sie das ungewöhnliche Verhalten des neuen Königs deuten sollten. Und dann entschied Arnegiskulos, nicht länger zu taktieren, sondern die Heere Attilas samt seinen germanischen Gefolgsleuten so zu empfangen, wie es Roms würdig war. Und dies war auch die Nachricht, die zwei unscheinbare Sarmaten-Sklaven aus dem Pferdetroß der Römer als Königsohren bis an Attilas Berater weitergaben.

25. Die Verschwörung der Eunuchen

Attilas erste große Feldschlacht als Großkönig der Schwarzen Hunnen begann dennoch so schwerfällig wie ein Kampf zwischen Schildkröten.

Schwerbewaffnete Oströmer, bei denen sogar einige schnelle Reiterkontingente von desertierten Hunnenkriegern kämpften, stießen auf riesenhafte, barbarisch schreiende Germanen. Irgendwann zurückgebliebene Westgoten aus den Provinzen, dazu Ostgoten, Gepiden und Vandalen, wollten beweisen, was sie als neu ernannte Verbündete des Hunnenkönigs wert waren. Attila überließ es ihren eigenen Anführern, die ersten Angriffswellen durchzuführen.

Die Heere stießen aufeinander, verbissen sich in schwerfälliges und mörderisches Ringen, bei dem nicht weichen wollte, wer keine Möglichkeit zum Sieg mehr hatte, und auch der das Schwert nicht senkte, der seinen Gegner längst in Blut gebadet sah. Das Durcheinander war so groß, daß selbst Befehle Attilas keine Wende mehr bringen konnten. Die Hunnenkrieger konnten nicht schnell genug anreiten, um sich wie im Vorbeiflug umzudrehen und aus gewohnter Position ihre spezielle Pfeilkampfkunst einzusetzen.

Nur mühsam schafften es die Hunnen samt ihren Verbündeten, die Römer schließlich in die Flucht zu schlagen. Die Überlebenden der doch noch fast Besiegten erreichten das Quadrat der Festung *Scythia minor* zwischen der Donau und der Schwarzmeerküste. Um weiter nach Konstantinopel vorzurücken, war Attila gezwungen, über Serdica auszuweichen. Und auch danach bedrohte die ummauerte oströmische Streitmacht noch lange das weiterziehende Heer Attilas von hinten und von der Flanke her.

Attila fauchte und tobte. Er war ausgesprochen wütend über

die ständigen Verhandlungen mit den Heerführern der Germanen, die er selbst zu Verbündeten ernannt hatte. Nach einem dieser endlosen Gespräche, bei dem niemand ihm widersprochen und doch alle irgend etwas anderes zu bedenken gegeben hatten, schrie er die Versammelten so gewaltig an, daß das Blut aus seiner Nase schoß.

Nur wenig später kam Greka und nahm ihn mit in ihre Königinnenyurte. Sie schickte ihre hübschen und ebenso wie sie selbst geschmückten und gewandeten Gespielinnen hinaus. In dieser Nacht sollte der König ihr allein gehören.

»Ich kenne deine Sorgen«, sagte Greka. Sie saß ihm gegenüber in den Kissen – darauf bedacht, lieblich wie ein noch junges Mädchen auszusehen, und dabei mit dem Stolz der Nachsicht einer gereiften Frau versehen, die ihrem Gatten königliche Söhne geschenkt hatte.

»Du hast dich nie für derartige Dinge interessiert«, meinte Attila.

»Ich weiß nichts von den Regeln und Problemen, mit denen du als Großkönig zu kämpfen hast«, sagte sie zustimmend. »Aber in unserem Volk haben seit jeher ganz besondere Eigenheiten über Leben und Tod bestimmt.«

»Kannst du sie nennen?« fragte Attila.

»Natürlich kann ich das«, gab sie mit einem feinen Lächeln zurück. »Jeder von uns weiß doch, woher wir unsere Kraft beziehen ... es ist die Freiheit und die Weite, die uns in allem, was wir denken, tun und fühlen, sehr nah zusammenrücken läßt. Wir sind dann wie ein einziges, sehr großes Lebewesen, bei dem auch die entfernten Glieder mitempfinden, wenn irgendeins der anderen Freude und Leid empfindet.«

»Und was bedeutet das jetzt?«

»Daß jeder von uns mit dir leidet ...«

Attila schnaubte. »Ich leide nicht!« stieß er hervor, und sein Gesicht wirkte plötzlich noch finsterer als sonst. Greka ließ sich nicht beeindrucken. Sie kannte ihn lange genug.

»Du bereust doch längst, daß du die Könige und Fürsten der

unterworfenen Germanenvölker zu Gleichberechtigten an deinem Hof ernannt hast«, sagte sie furchtlos. »Du ärgerst dich über deine Entscheidungen bei der Schlacht am Utus. Und du bist ungeduldiger als je zuvor, weil du befürchtest, daß jeder Tag, den wir nur langsam vorankommen, den Einwohnern von Konstantinopel ein weiteres Stück Mauer, ein paar Fußbreit zusätzlichen Wassergraben und vielleicht sogar eine dritte Mauer vor den zerstörten inneren Befestigungen schenkt ...«

»Sind das die Lieder, die in der Yurte der Königin gesungen werden?« fragte Attila unwirsch. »Wie kommst du darauf, daß ich derartige Gedanken hätte?«

»Du hast sie«, antwortete Greka schlicht. »Denn wenn du sie nicht hättest, müßte ich unseren Söhnen sagen, daß du der erste Großkönig der Hunnen bist, der ein schon fast geschlagenes Heer in eine sichere Festung entkommen läßt ...«

»Habe ich das getan?«

»Und der so rücksichtsvoll zu seinen Paladinen und Vasallen ist, daß er erst dann in der Hauptstadt seiner Feinde ankommt, wenn diese wieder eine Festung ist!«

»Greka, Weib, was redest du!« sagte Attila und lachte trokken. »Seit dem Erdbeben sind erst ein paar Monate vergangen. Kein Römer und kein Grieche, nicht einmal die Ägypter, Perser oder Chinesen könnten in so kurzer Zeit Schäden beseitigen, wie sie von der Stadt bezeugt sind!«

Greka senkte den Kopf.

»Ich kenne dich doch«, sagte sie leise, »und deshalb fürchte ich, daß dein Zorn furchtbar wird, wenn du erkennen mußt, daß du dein Ziel nicht mehr erreichen kannst ...«

»Konstantinopel wird mir gehören!« preßte Attila mühsam beherrscht hervor. »Wir sind die Stärkeren, haben viel mehr erprobte Krieger, schnellere Reiter, bessere Bogenschützen, größeren Mut!«

»Ja«, sagte Greka nur. »Und sie haben nur Angst ... und neue Mauern ...«

Sie fühlte, daß es nicht gut war, wenn sie noch länger aussprach, was er im Grunde seines Herzens längst wußte. Er liebte ihre Wahrheit nicht, aber er brauchte sie. Genau deswegen hatte er sie und niemand sonst zu sich gerufen.

Nur wenige Tage später wünschte er, es hätte niemals ein Gespräch zwischen ihm und Greka über jene äußeren Belange stattgefunden. Natürlich hatte Greka recht. Und gerade das ärgerte ihn immer mehr. Er ritt mit seinen engeren Beratern Tag um Tag vor den Mauern Konstantinopels auf und ab – ohnmächtig, weil er von weitem schon gesehen hatte, daß die Kampfkraft seiner Krieger niemals ausreichen konnte, um in die vor Jahrhunderten gebauten Mauern oder die hastig neu errichteten Steinwälle Breschen zu schlagen, die groß genug waren, aus der Hauptstadt Ostroms ein Opferfeld zu machen.

Attilas Heere schreckten vor der neu entstandenen Abwehrkraft Konstantinopels zurück. Attila dachte an den Abend, an dem er seine schlimmsten, abergläubischsten Befürchtungen bei Greka wie in einem Spiegel bestätigt gesehen hatte. Damals hatte er es noch nicht wahrhaben wollen. Nun mußte er bekennen, daß er das Zentrum Ostroms nicht erobern und zerschlagen konnte. Und er begriff, daß er umgehend für einen Ausgleich sorgen mußte. Er durfte keinen Tag verlieren ... keine Stunde ...

»Alle Germanenkönige zu mir!« befahl er. »Dazu alle Heerführer und sämtliche Gesandten und die Berichterstatter der ost- und weströmischen Provinzen!«

Nach einem abgekürzten Ritual gegenseitiger Ehrerbietung teilte er mit kurzen, wie Eisenpfeile aus straff gespannten Reflexbögen abgeschossenen Sätzen mit, wie er in den folgenden Tagen und Wochen vorgehen wollte:

»Eine Belagerung Konstantinopels würde uns viele Wochen, vielleicht sogar ein Jahr aufhalten«, erklärte er. »Das ist zu lange für Germanenblut. Ich weiß, daß eure Völkerstämme viel weniger Geduld haben als wir. Ihr braucht Erfolge nötiger als ich.«

Er sah sich abfällig lächelnd um, und seine dunklen Augen funkelten wie schwarze Perlen.

»Was wollt ihr?« rief er dann. »Konstantinopel und Beute, die ihr mit Ozeanen von Blut eurer eigenen Männer zahlen müßt? Oder den Heeresgang über die Römerstädte, in denen ihr die Früchte ernten könnt, die euch das Erdbeben bereits gepflückt und aufgebrochen hat?«

Onegesios sah den König der Hunnen beinahe ungläubig an. »Fragst du das wirklich?«

»Ja«, antwortete Attila. »Hier geht es nicht um den Beweis von Tapferkeit und Heldentum, sondern um Vor- und Nachteile. Und so, wie ich die Könige und Fürsten meiner Verbündeten inzwischen kenne, sollten sie ähnlich denken ...«

Es dauerte nur wenige Minuten, bis er recht bekam. Einer nach dem anderen entschied sich gegen die Belagerung Konstantinopels und für den Beutezug durch den Erdbebengürtel ...

Attilas Sturmfäuste kamen nicht wie römische Legionen in gestaffelten Reihen, in *phalanx* oder Keilen. Sie brachen vielmehr wie gewaltige Sandstürme über das Land herein, jagten wie Lawinen von den Berghängen oder griffen mit ihren heulenden Pfeilschwärmen von allen Seiten zugleich an. Mit ihren Hufen zermalmten sie die Äcker, mit ihren Schwertern zerschlugen sie selbst den geringsten Widerstand. Sie ritten schweigend, begleitet nur vom Schnauben, Stampfen und Wiehern ihrer Pferde, vom Knarren ihren Rüstungen, vom Geklirr der Waffen und von den Schreien ihrer Opfer.

Stadt um Stadt fiel, drei zuerst, fünf, dann sieben. Und schließlich sieben mal sieben. Und noch viel mehr. Klöster, die von den schnellen hunnischen Reitertruppen noch niemals angegriffen oder erobert worden waren, fielen dem Ersatzkrieg der hunnisch-germanischen Völker ebenso zum Opfer wie Mönche, Nonnen, Heiligengräber und Krypten.

Nach und nach erkannten auch die Germanenheere, daß in

den Klöstern außer heiligen Knochen und wertlosen Ikonen nichts zu holen war. Jahrhundertelang und schon bevor sie aus der Kälte ihrer kargen nördlichen Heimat geflohen waren, hatten sie in größerer Armut gelebt als jene Orte, die sie jetzt überfielen. Inzwischen hatten viele von ihnen Bekanntschaft mit dem Glanz des riesigen und unsagbar reichen Doppelimperiums gemacht. Hier, wo bereits die Sonne freundlicher zu den Menschen war als in *Scantinavia*, wo niemand gleichzeitig frieren und schwitzen mußte und wo es Wein und Unmengen süßer Früchte gab, hier brach noch ein anderer Hunger als der des Leibes durch.

Es war der Hunger nach einer neuen, lebenswerten Heimat, die alle Menschen zu haben schienen – nur sie selbst und die Hunnen nicht. Die große, unbestimmte Sehnsucht hatte sie immer weiter getrieben. Plötzlich paarte sie sich mit Mißgunst, Neid und der Enttäuschung über Attilas Befehl, Konstantinopel zu verschonen. Sie suchten einfach einen Ausgleich für all die Jahre ohne ein Ziel, das andere Germanenvölker schon gefunden hatten. Es war der Fluch der Heimatlosigkeit, der sie verrohen ließ.

Attila wäre niemals auf die Idee gekommen, ausufernde Massaker bei seinen Kriegern durch eine Königsorder zu beenden. Diesmal, bei den Germanen, mußte er es tun. Aber es war bereits zu spät!

Der Großkönig der Hunnen erkannte, auf welchen Widerstand er stoßen würde. Er konnte die Verbündeten jetzt nicht mehr zum Gehorsam zwingen. Um das zu tun, hätte er den gesamten Beutezug anhalten und seinen alten, aufgegebenen Herrschaftsanspruch durchsetzen müssen. Instinktiv spürte er, daß er dafür bei aller Fülle seiner Macht doch noch nicht stark genug war.

Er hatte sich geschworen, niemals zu vergessen, wie es Uldin ergangen war. Der *Oftmals Glückliche* hatte den höchsten Ruhm erworben und war dann doch kläglich gescheitert, weil er ein einziges Mal zu sehr auf die Kraft seiner Worte vertraut hatte ...

»Versprich niemals, was du vielleicht erfüllen mußt! Und gib keinen Befehl, von dem du nicht ganz sicher bist, daß du ihn auch durchsetzen kannst – auf welchem Weg auch immer!«

Attila lächelte, als er gerade jetzt an die so oft gehörten Mahnungen von Aijbars dachte. Von allem, was sein Onkel ihn gelehrt hatte, waren diese Sätze mit das wichtigste.

»Unglaublich, wie voll und reif die Früchte hier an den Bäumen hängen«, sagte Onegesios eines Abends. Sie hatten sich bereits daran gewöhnt, alle zwei, drei Tage den »Tschakkar!«-Schrei zu hören, mit dem eine hunnische Sturmfaust wieder eine neue Kleinstadt mit einem absichtlich hoch über die Mauern gezielten Pfeilschwarm angriff, um sie anschließend den Verbündeten mit ihrem schweren Gerät, den Mauerbrechern, Rammböcken und Schwertkämpfern zu überlassen.

»Der Zug durch Thrakien ist schon jetzt ausgesprochen erfolgreich«, sagte Onegesios. »Wir haben mehr als hundert Städte erobert, und in Konstantinopel hat eine gewaltige Flucht eingesetzt.«

»Sogar die Mönche und die Christenpriester haben inzwischen diese Provinz verlassen«, fügte Edekon lachend hinzu. »Sie fliehen nach Jerusalem.«

»Aber die Griechen des Imperiums wissen sich auch zu wehren«, sagte Attila.

»Ja, du hast recht«, sagte Edekon zustimmend. »Kaum eine Stadt, die sich freiwillig ergibt. Das ist ein ziemliches Blutvergießen überall ...«

»Wie viele könnten überleben«, sagte Attila kopfschüttelnd, »wenn sie sich nur nicht so verbissen an ihren lächerlichen Schmuck und ihre goldenen Kruzifixe klammern würden!«

»Immerhin gibt es auch Männer, die freiwillig zu dir kommen«, sagte Edekon und sah zu Orestes hinüber. Der junge Römer saß an einem Klapptisch und zeichnete mit ernstem Eifer die Orte, an denen sie bereits gewesen waren, in eine große Rollkarte aus Pergament ein. Er war ein Sohn von Tatulus, einem bekannten Landbesitzer von der Save, der sich öffentlich über die Korruption in Rom, Konstantinopel und in den Provinzverwaltungen beschwert hatte. Orestes war Wagenlenker im Circus von Konstantinopel gewesen und hatte eine Ausbildung als Schreiber im *officium* von Kaiser Theodosios II. erhalten. Nach der Belagerung von Konstantinopel waren er und sein Vater eine Weile im Troß des Heeres mitgezogen. Bei einem der Gelage hatte er sich ein Herz gefaßt und Attila gefragt, ob er nicht einen weiteren Sekretär gebrauchen könne.

»Kannst du auch Karten lesen?« hatte ihn Attila durch allen Lärm hindurch gefragt. Als der junge, gutaussehende Mann bejahte, hatte der Großkönig der Hunnen das Pergament des Castorius holen lassen.

»Du hast genau eine Stunde Zeit«, sagte er ihm. »Wenn du mir danach auf die Meile genau sagen kannst, wie weit es von Singidunum bis zur Donauquelle ist und in welchen Tagesabschnitten eine römische Legion diese Strecke bei gutem Wetter schaffen würde, dann kannst du bei mir bleiben! Aber wenn nicht, dann schuldet ihr mir jährlich fünfzig Pferde! Dein Vater, du und dann auch noch dein Sohn, sofern du jemals einen hast, der mehr kann als mit Ochsengalle schreiben!«

Orestes hatte zugestimmt, nachdem auch sein Vater mit dem riskanten Handel einverstanden gewesen war. Und bereits eine halbe Stunde später hatte der Großkönig der Schwarzen Hunnen noch einen Römer als Sekretär ...

Der immer weiter zwischen schroffen Bergen und über endlos gewundene Täler weiterziehende Heerwurm der Reiternomaden und ihrer Verbündeten bekam allmählich mit, daß außer Vieh und Naturalien in den Kleinstädten und Bergdörfern kaum etwas zu holen war. Sie richteten ihr Interesse deshalb immer mehr auf die Lager griechischer Kaufleute an Flußübergängen und Marktflecken und auf die Latifundien der oströmischen Senatoren. Am liebsten plünderten sie ohne große Kampfhandlungen Kirchen und Klöster. Bis auf kleine Schlägereien mit besonders uneinsichtigen Mönchen und Verletzungen durch den allzu leichtfertigen Umgang mit wehrhaften Nonnen gab es dabei kaum Zwischenfälle.

»Habt ihr gehört, welche Narretei wieder in Rom ausgebrochen ist?« fragte Attila eines Abends. Die anderen schüttelten den Kopf. »Dann will ich es euch sagen: Jetzt fordert dieser sogenannte Papst Leo schon die Hinrichtung von Feinden seiner Kirche! Nehmt nur einmal an, ich würde Ähnliches für all jene verlangen, die nicht an das glauben, was uns heilig ist ...«

Attila hielt inne, dann sagte er: »Seltsamerweise meint dieser Bischof von Rom nicht einmal uns damit, sondern Germanen, Römer, Offiziere und sogar Senatoren!«

»Es gibt sehr viel, was ich niemals verstehen werde«, seufzte Ellac.

»Nicht nur du, mein Sohn«, sagte der Großkönig. »Bei allen Geistern und Dämonen – nicht nur du!«

In den folgenden Wochen trieben sie so ungeplant und dennoch zielstrebig weiter wie eine riesige Viehherde auf der Suche nach immer neuen Weideflächen. Sie verwüsteten die Kirche des heiligen Alexander und nahmen aus ihr alle Schätze und ererbten Stiftungen mit. So etwas war noch nie zuvor geschehen, obwohl die Hunnen schon einige Male in die Nähe des Heiligtums gelangt waren ...

Attila kam bis zu den Thermopylen, dem berühmtesten Bergpaß der Antike. Hier, am Nordfuß des Kalidromongebirges, befand sich der einzige für Truppenwegungen brauchbare Übergang ins mittlere Griechenland. Die Bilanz am Ende des Sommers sah blendend für die Hunnen und ihre Verbündeten und schrecklich für die oströmischen Provinzen zwischen Philippopolis und dem Bosporus aus.

»Thrakien ist so gründlich verheert, daß es lange brauchen wird, um wieder zu seiner einstigen Blüte zurückzukehren«, sagte Attilas Sekretär Orestes, nachdem er alle Unterlagen und Berichte der vergangenen Monate zusammengefaßt hatte. »Vielleicht auch nie mehr ...«

»Was willst du?« gab Attila zurück. »Für die meisten Männer ging es doch nur um leichte und reiche Beute! Ich aber habe gezeigt, wozu wir in der Lage sind! Oder haben wir nicht unglaublich schnell die gesamte Südostspitze Europas erobert? Und das, obwohl uns die schwierigen Berglandschaften überhaupt nicht zusagen! Wir haben an mehreren Stellen das *Mare Internum* und das Marmarameer erreicht. Und kein einziger Legionär Ostroms hat uns daran gehindert, daß unsere Pferde auf ihre Küstenstraße von Heraklea nach Arkadianopolis pißten!«

»Ja, bis auf die kleine Schlacht auf der Chersonessos haben sich die Legionen Konstantinopels nicht sehr mutig gezeigt.«

Attila lachte. Er erinnerte sich noch gern an das Geschrei, als die ersten Großhände der Reiter das Meer bei Gallipolis und Sestus erreicht und schon im ersten Überschwang Athyras besetzt hatten.

Trotzdem war Attila stark geblieben und hatte Konstantinopel gemieden. Aber weder vereinzelt auftretende Seuchen noch irgendein christlicher Fluch hatte ihn aufgehalten. Es waren vielmehr die Mahnungen des Schamanen.

Mit den ersten Herbstnebeln endeten auch die letzten kleinen Nachgefechte um vereinzelte, bisher ausgelassene Ortschaften. Attilas erster großer Kriegszug hatte mit einzelnen, eher unkoordinierten Angriffen hunnischer Sturmfäuste begonnen. Er endete mit dem größten Sieg, den die Hunnen je davontrugen.

»Du bist jetzt Herrscher einer Großmacht«, sagte Onegesios, als sie im Kreis der Besten im großen Königszelt zusammensaßen und einen Hirsch verspeisten, den Ellac am Vormittag mit einem einzigen Pfeilschuß erlegt hatte.

»Was war ich denn vorher?« fragte Attila und schnitt ein kleines Stück Lende aus dem Wildbraten, der vorzerlegt auf silbernen und goldenen Platten auf dreiviertel rund gestellten Tischen lag. Seine eigene Eßplatte war wie stets aus Holz, mit einer Rinne vor dem Rand.

»Als der Krieg ausbrach, war Attilas Ansehen groß«, sagte Onegesios. »Aber jetzt hat es sich Tag für Tag mehr gefestigt, denn alle Siege dieses Sommers sind auch deine Siege!«

»Ich sehe ebenfalls einen großen und starken König«, sagte Aijbars mit ruhiger, fast schon zu leiser Stimme. »Den größten und mächtigsten vielleicht, den wir Hunnen je hatten! Dein Hunnenreich erstreckt sich inzwischen vom Meer der Bernsteine bis zum Kaukasus, und ich weiß, Sohn meines Bruders Mundschuk, daß es von jetzt an immer schwerer wird, all das zu überwachen und zu kontrollieren! Doch ich bin ebenso sicher, daß kein Widerspruch, kein Zweifel an deinen Worten und Befehlen möglich ist. Und so wie alle anderen werde ich dir gehorchen ... als meinem König, dem Oberbefehlshaber aller bewaffneten Männer und obersten Richter der vereinigten Völker ... bis in den Tod ...«

Er beendete seine Rede mit einem kleinen, respektvollen Vogelzwitschern. Im gleichen Moment brandete Jubel und Beifall auf. Die Könige der vereinten Völker, alle versammelten Fürsten und Anführer, Attilas Berater und seine Söhne – alle stießen Fleischplatten und Weinkelche zurück, sprangen von ihren Bänken auf und schlugen mit den Klingen ihrer Messer und Dolche begeistert gegen Glas und Gold.

Bereits am übernächsten Tag fanden neue und wichtige Verhandlungen mit der schon länger wartenden Delegation aus Konstantinopel statt. Attila hatte die Gespräche absichtlich verzögert. Er wollte auf keinen Fall den Eindruck erwecken, als hätte er ein besonderes Interesse an gegenseitigen Vereinbarungen.

Schon längst war ihm klar, daß die Hunnen dringend wieder einen Marktplatz brauchten. Nur an einem von allen Seiten als neutral und sicher angesehenen Ort konnten die Dinge beschafft werden, die inzwischen auch für die nomadisierenden Völker selbstverständlich geworden waren. Sie benötigten Getreide und Wein, günstige Waren aller Art aus den Manufakturen des Imperiums und exotische Luxusartikel, die sie zwar nicht unbedingt brauchten, die aber manches viel angenehmer machten. Sie selbst boten ihr Vieh, tierische Produkte und ihre Sklaven feil.

Der Großkönig der Hunnen akzeptierte als Verhandlungspartner erneut Anatolios, den er bereits kannte und der inzwischen *magister militum praesentalis* für die Osthälfte des *Imperium Romanum* geworden war. Er wurde von Theodulos begleitet, dem mürrischen und verbitterten Befehlshaber jener Streitkräfte in Thrakien, die in den vergangenen Monaten zu einer Schande für den Ruf römischer Legionäre und ihrer Hilfstruppen geworden waren. Der Gote Vigila wurde von beiden Seiten als offizieller Dolmetscher gebilligt, und die Einzelheiten notierte Attilas junger Römersekretär Orestes.

Obwohl sich Anatolios äußerst geschickt und klug verhielt, gelang es ihm nicht, irgend etwas abzulehnen, was der Hunnenkönig forderte. Die Tributrückstände mußten auf einmal bezahlt werden: Sie beliefen sich auf sechstausend Pfund Gold. Und so blieb es auch, als am nächsten Tag in der Königsyurte die Urkunden aufgesetzt wurden.

»Also fasse ich die Ergebnisse unserer Verhandlungen noch einmal zusammen«, sagte Orestes. »Ab sofort zahlt Ostrom zweitausendundeinhundert Pfund Gold pro Jahr an uns. Das ist, wie jedermann versteht, eine etwas höhere Summe als jene, auf die wir uns beim Vertrag von Margus geeinigt haben.«

»Es ist das Doppelte, wenn du erlaubst«, sagte Theodulos grimmig. Anatolios hob sofort die Hand und lächelte. »Es kommt nicht aus deiner Tasche.«

»Solange ich noch ein Schwert trage, ärgert mich jeder einzelne Solido, der dem Imperium verlorengeht.«

»Was willst du«, sagte Onegesios. »Der größte Teil davon kommt doch sehr schnell zu euch zurück ...«

»Doch nur so viel, wie ihr nicht einschmelzt!«

»Die Hunnen mögen nun mal keine Münzen, auf denen fremde Kaiser aufgeprägt sind!« sagte Orestes mutig.

»Außerdem werden wir deinen Kaiser wissen lassen, daß du nur unter Protest zugestimmt hast«, versprach Onegesios spöttisch. »Und da wir gerade bei Protesten sind, kannst du dir deinen jetzt ersparen ... wir legen jetzt nämlich die Nachzahlung für die vergangenen Jahre fest. Hier sind uns leider die Hände gebunden, denn Attila besteht darauf, die jetzt gefundene Jahreszahlung auch für die Rückstände anzusetzen.«

»Aber das geht doch nicht – selbst wenn die Forderung von Rückständen berechtigt wäre – die Summen wären viel geringer ...«

»Willst du, unterlegener Heerführer von Thrakien, dem Großkönig der Hunnen vorschreiben, welche Forderung ein Sieger stellen kann?«

»Natürlich nicht! Aber das ist doch ...«

»Eine maßvolle Forderung, die wir selbstverständlich anerkennen«, sagte Anatolios. »Alles in allem gehören euch jetzt achttausend Pfund Gold aus oströmischen Schatztruhen. Sag eurem König, daß es sehr weise von ihm ist, auf Eroberungen zu verzichten, wenn er das Gold viel leichter durch Verhandlungen bekommen kann.«

»Es wird mir eine Freude sein, Attila ebendies zu sagen.«

Und während Theodulos noch schnaubte, sahen die Gesprächsführer der Verhandlung sich an. Sie wußten beide, warum sie nicht über eine Blockade vom Wasser her gesprochen hatten. Sie wäre für das Heer der Hunnen einfach nicht möglich gewesen. Andererseits wußten sie auch, daß es bei diesem Vertrag nicht bleiben würde. Während der eine an noch mehr dachte, spielte der andere bereits mit dem Gedanken, wie Ostrom alles wieder zurückholen könnte.

»Manchmal muß man auf eine Summe Geld verzichten, um eine größere zu bekommen«, sagte der Mann aus Byzanz. Die Unterhändler ihrer Herrscher sahen sich lange wortlos an. Es war kein Haß in ihren Blicken, nur Anerkennung und Respekt vor den Fähigkeiten und dem Geschick des anderen.

Der riskanteste Teil der Verhandlungen kam aber erst, nachdem über Gold und Tribute Einigkeit erzielt war. In den folgenden Zusammenkünften verlangte Attila von Ostrom die Räumung eines weiten Gebietes südlich der Donau, eines Streifens, »fünf Tagesreisen breit, von Pannonien bis Novae«.

»Ihr könnt damit nichts anfangen«, sagte Attila. »Die meisten Städte innerhalb dieses Grenzlandes und viele südlich und östlich davon sind nur noch Steinhügel, auf denen schon bald Gras wächst. Nimm Naissos – es ist verlassen; nimm Serdica – es ist zerstört.«

»Ich weiß, ihr mögt die Städte nicht«, antwortete Anatolios geschickt. »Aber ihr irrt euch, wenn ihr annehmt, daß Städte eine römische Erfindung sind. Gewiß, viele entstanden rund um Festungen und Garnisonen, aber es ist unmöglich, eine Stadt durch Menschenhand auszulöschen oder zu vernichten. Sie wird stets wiederkehren wie das Gras, solange wie sich Wege bei ihr kreuzen und Menschen existieren, die einmal dort gewohnt haben.«

»Du meinst, sie hängen eher mit dem Herzen an irgendeinem Trümmerhaufen, als daß sie weiterziehen und sich etwas Neues suchen?«

»Genau das meine ich«, antwortete Anatolios. »Das Volk, das jetzt geflohen ist, beginnt zurückzukommen. Bauern sind keine Weideleute so wie ihr. Sie kleben fest an ihrem Land, wie es nun einmal Bauern überall und zu allen Zeiten tun. Sie fliehen, wenn ihr sie vertreibt, nehmen noch soviel mit, wie sie tragen können, verstecken sich in Wäldern und kehren schnell zurück, kaum daß der Sturm vorüber ist. Dir mag das fremd sein und auch euren Völkern, die vor Jahrhunderten ihr Land verlassen mußten und noch kein neues fanden. Aber du änderst nichts daran.«

»Es wird im Grenzland, das ich jetzt beanspruche, keinen Bauern und noch nicht mal einen Schäfer Roms geben!«

»Wir werden sehen«, sagte Anatolios. Er wußte genau, daß Attila nichts gegen Bauern oder Schafhirten in dem von ihm beanspruchten Gebiet hatte. Es ging auch nicht um kleine Städte, Dörfer, Marktflecken, Bergkuppen oder Flußfurten. Die Hunnen benötigten das Grenzland nicht für ihre Herden. Nur gelegentlich ging Attila dort zur Jagd, aber es gab in seinem Königreich viel reichere Reviere. Der eigentliche Grund für seine Forderung war ein ganz anderer. Er wollte einen Streifen Niemandsland so dicht an Konstantinopel, daß die östliche Hauptstadt des Imperiums nahezu ungeschützt und jederzeit erreichbar vor ihm lag. Und das Wort, das nicht ein einziges Mal in all den Verhandlungstagen fiel, hieß *Limes*.

Er war diese Linie, die Attila nicht durch Krieg, sondern durch Verhandlungen einfach auslöschen wollte. Der Donaulimes war nicht undurchdringlich, aber ärgerlich. Im Winter konnten die Boote auf dem Fluß nicht eingesetzt werden, die zum Großteil nichtrömische Besatzung in den Befestigungen war nicht sehr verläßlich, und selbst wenn sie es war, konnte man sie überwältigen. Aber es kostete die Hunnen jedesmal viel Blut, die Grenzverteidigungsanlagen zu durchbrechen. Attila wußte ganz genau, daß die jahrhundertealte Machtlinie des *Imperium Romanum* entlang der Donau trotz aller Schwächen immer noch unvergleichlich stärker war als alles, was Ostrom in einer Generation ganz neu und weiter südlich aufbauen konnte.

Fast schien es so, als hätte Attila gegen seine eigene Überzeugung und gegen die Mahnungen von Aijbars verstoßen. »Natürlich sind meine Forderungen unannehmbar«, flüsterte er mit einem leisen Glucksen in der Stimme Orestes zu, als die Oströmer sich zu einer Pause und Beratung zurückgezogen hatten.

»Und ich dachte schon, du begibst dich auf glatten Boden ...«

»Bin ich Uldin?« konterte Attila und lachte vergnügt. »Nein, ich will nur wissen, wie sich der Kaiser in Konstantinopel aus dieser Schlinge zieht ... vielleicht brauche ich dich auch noch dafür ...«

Orestes blickte ihn fragend an, doch Attila winkte ab.

»Später«, sagte er nur.

Die Generale Ostroms waren noch keine Woche weg, als Attila schon wieder ungeduldig wurde. Er schickte ihnen Gesandte nach, um die Auslieferung von Flüchtlingen zu fordern. Sie kehrten schon nach acht Wochen zurück. Die Byzantiner hatten sie freundlich empfangen und reich beschenkt. Gleichzeitig hatten sie versichert, daß sich keine Überläufer mehr bei ihnen befänden.

Attila wußte es besser und schickte eine zweite Gesandtschaft auf den Weg. Sie kam ebenso schnell zurück, nicht weniger reich beschenkt. Attila fand Gefallen an dieser Art von Freigebigkeit, denn jeder wußte, daß die Römer im Osten nur deshalb so großzügig waren, weil sie befürchteten, anderenfalls wegen eines Verstoßes gegen den Friedensvertrag bestraft zu werden.

Die Hunnen ersannen immer neue Anlässe und Vorwände für Gesandtschaften. Es wurde ein beliebtes Spiel unter den *Logades* am Hofe Attilas, sich selbst Gründe für Forderungsreisen nach Konstantinopel auszudenken. Es folgten eine dritte, eine vierte und weitere Gesandtschaft, bis in den letzten Monat des Jahres hinein. Die Römer nahmen alle Wünsche der Hunnen wie Befehle rechtmäßiger Herrscher an und gehorchten aufs Wort.

Gleichzeitig berichteten Königsaugen, Königsohren und durchreisende Händler, daß die Parther gegen Byzanz zum Krieg rüsteten, daß die Vandalen nicht nur Küsten in Sizilien, sondern auch in einigen oströmischen Provinzen am *Mare internum* unsicher machten. Von den Ostgoten erfuhr er, daß das Bergvolk der Isaurier in Südanatolien wieder Raubzüge unternahm, und über die alten griechischen Häfen kamen Berichte, daß Sarazenen immer häufiger in die Ostgebiete des Imperiums einfielen. Obendrein standen im Süden die äthiopischen Stämme zum Krieg gerüstet.

All das klang gar nicht schlecht in den Ohren Attilas, denn solange der Kaiser in Konstantinopel noch keinen Ersatz für seine gefallenen Heerführer hatte, wollten seine Berater und

Eunuchen sich offensichtlich Attilas Frieden erkaufen. Und Attila spielte das Spiel um Frieden gegen Geschenke mit – solange jedenfalls, bis ihm eine alte Forderung wieder wichtig wurde.

»So, jetzt bist du dran«, sagte er zu Orestes, als es draußen wieder kühler wurde. »Du gehst nach Konstantinopel – offiziell als Begleiter von Edekon, dem König der Skiren.«

»König der Skiren – wie sich das wieder anhört!« protestierte Orestes. Attila wußte sehr genau, daß sich die beiden Männer nicht mochten und so weit wie irgend möglich aus dem Weg gingen. Genau deshalb hatte er sie für eine gemeinsame Delegation ausgewählt.

»Nun gut, er ist nur der Kommandeur der hunnischen Königsgarde«, sagte Attila amüsiert, »aber für Ostrom hat Edekon nun einmal einen höheren Rang als du und vielleicht sogar ich! Vergiß nicht – die Skiren sind schließlich Ostgermanen! Und sie wissen nicht, daß er eigentlich Hunne ist ...«

Sie sprachen noch lange darüber, wie Orestes sich in Konstantinopel und gegenüber Edekon verhalten sollte.

»Du mußt für mich wie mit meinen eigenen Augen oder Ohren soviel wie möglich sehen und hören!« sagte Attila schließlich. »Aber vergiß nie, daß ich Edekon vertraue! Eure offizielle Mission ist die Forderung, daß Byzanz alle Gefangenen und Überläufer an uns ausliefern muß, wenn es weiterhin Wert auf Frieden legt. Wichtiger ist mir aber, daß mir jeder von euch beiden nach eurer Rückkehr einen ganz genauen Bericht gibt. Du für deinen Bereich und Edekon für seinen. Ich will einfach alles wissen, verstanden?«

Orestes sah dem Großkönig der Hunnen lange in die Augen. Als er ging, wußte Attila, daß er auch ihm vertrauen konnte.

Mit einer neuen Gesandtschaft reiste Edekon in Begleitung von Orestes nach Konstantinopel. Sofort nach ihrer Ankunft bat der König der Skiren um eine Audienz beim Kaiser von Ostrom. Sie richteten sich auf eine Woche Wartezeit ein, erhielten aber bereits am Nachmittag ihrer Ankunft den Bescheid, daß sie am nächsten Tag zur gleichen Stunde vorgelassen werden sollten.

Edekon überreichte bei seiner Ankunft am Kaiserhof einen Brief, in dem sich Attila wegen der Überläufer beschwerte. Er drohte mit einem erneuten Krieg, wenn sie nicht endlich ausgeliefert würden. Das gleiche galt auch für den Vertragsverstoß, mit dem Oströmer Land bebauten, das von den Hunnen erobert worden war. Erneut ging es um den Landstreifen von fünf Tagereisen Breite. Außerdem wünschte Attila, daß der große Jahresmarkt für Illyrien nicht mehr am Donauufer, sondern in Naissos abgehalten werden sollte.

Die von Attila eroberte und zerstörte Stadt lag südlich der Donau. Im jüngsten Vertrag war sie als neue Grenzstadt zwischen dem hunnischen und oströmischen Herrschaftsbereich festgelegt worden. Außerdem forderte Attila, daß ihm Gesandte zur Erörterung schwebender Streitfragen geschickt wurden. Er verlangte, daß es nicht die ersten besten sein sollten, sondern Männer von konsularischer Würde. Im Gegenzug erklärte er sich bereit, ihnen bis Serdica entgegenzukommen, da bis dorthin eine gut ausgebaute Straße führte.

Nachdem der Kaiser Attilas Brief gelesen hatte, zog sich Edekon mit Vigilas zurück, der zuvor wörtlich übersetzt hatte, was der Skirenkönig an mündlichen Ergänzungen vorbrachte.

Nach der Audienz beim Kaiser von Ostrom bat der kaiserliche Schildträger Chrysaphios sie in einen anderen Teil des Palastes. Sie sahen die Einladung als gutes Zeichen an, denn der Eunuch galt als der mächtigste Mann am Hof. Unterwegs bestaunten die Männer, die eine derartige Pracht nicht kannten, die verschwenderische Einrichtung des kaiserlichen Palastes. Nirgendwo waren noch Spuren des schweren Erdbebens zu sehen, und wo dies doch der Fall gewesen wäre, verdeckten riesige, von den Decken herabhängende Seidenvorhänge und schwere Wandteppiche die zerstörten und nicht wieder restaurierten Stellen.

Der Obereunuch empfing sie in einem kühlen, schattigen Raum am Rand eines ummauerten und mit schmalen Säulen geschmückten Gartens. Er hatte Wein und kleine süße Kuchen vorbereiten lassen. Als hätte er alle Zeit der Welt, ließ er halbverschleierte Mädchen den Wein eingießen, Obst in goldenen Schalen reichen und Musikanten in einem Winkel des prächtigen Raumes leise spielen.

Als dann der Hunne mit Chrysaphios ins Gespräch kam, übersetzte Vigilas diesem die Ausdrücke von Edekons Bewunderung und sein Staunen über den Bau und seine kostbare Einrichtung.

»Ich dachte, ihr Hunnen legt keinen Wert auf feste Gebäude«, meinte der Eunuch mit einem feinen, aber unverkennbar sehr angespannten Lächeln. Edekon bemerkte es, hielt es aber für eines der vielen dekadenten Rituale in den Gesprächen reicher Städter.

»Es gefällt dir also hier, wie ich sehe«, meinte Chrysaphios vorsichtig. Edekon hob die Brauen und nickte heftig.

»Ja, es gefällt mir sehr gut hier. Eine derartige Pracht habe ich noch nie zuvor gesehen.«

»Würdest du denn gern über einen derartigen Palast verfügen?« fragte der Mann nächst dem Kaiser von Ostrom. Es klang scherzend wie bei einem guten Freund.

»Welch eine Frage!« erwiderte Edekon lachend. »Wenn du mir das nötige Gold dafür schenkst, will ich mir gern auch einen derart prächtigen Palast erbauen.«

»Einen Palast und ein Vermögen für ein Leben in Wonne und Luxus dazu«, sagte der Eunuch. »Du kannst beides haben ...«

Er beugte sich vor, nahm einen Kuchen und lächelte mild. Edekon hielt mitten in der Bewegung inne, dann schüttelte er den Kopf und lachte rauh.

»Du weißt so gut wie ich, daß ich das niemals haben kann!«

»O doch, Edekon!« sagte Chrysaphios. »Wenn du die Hunnen verläßt und zu uns kommst!«

»Das sind schlechte Scherze«, wehrte Edekon ab. »Du weißt

ganz genau, daß kein Hunne mit einem Rang, wie ich ihn bekleide, ohne Erlaubnis des Königs bei euch leben darf. Ich bin schließlich nicht irgendwer, sondern Berater und ein Vertrauter des mächtigsten Mannes der Welt.«

»Oh, das weiß ich sehr wohl«, sagte Chrysaphios und zeigte erneut sein schmallippiges Lächeln. »Ich nehme an, du hast sogar ungehinderten Zutritt zu König Attila.«

»So ist es«, bestätigte Edekon. »Ich gehöre sogar zu den Auserwählten, die gemeinsam mit einigen anderen Edlen in einer von Tag zu Tag neu festgelegten Ordnung über den Großkönig und seine Familie wachen. Aber warum in aller Welt willst du das wissen?«

»Weil ich dir etwas ganz im Vertrauen sagen möchte«, antwortete der Schildträger des Kaisers von Ostrom. »Ich habe dir einen Vorschlag zu machen, der für uns alle überaus wichtig und für dich auch noch sehr günstig ist.«

»Worauf wartest du? Was ist das für ein Vorschlag?«

»Nein, nein, nein«, wehrte Chrysaphios beinahe entsetzt ab. »So schnell geht das nicht! Was ich dir als Gesandtem des hunnischen Großkönigs anvertrauen will, kann nicht bei einem kleinen Glas Wein besprochen werden. Dazu müssen wir beide uns zunächst des vollen Vertrauens versichern. Wärst du ...« Er lächelte ganz zart. »Wärst du zu einem derartigen geheimen Vorgehen bereit?«

»Wenn es – wie du sagst – so wichtig ist ...«

»Was ich mit dir besprechen will, kann das Schicksal deines und meines Volkes entscheidend verbessern!«

»Dann will ich es hören!«

»Und du schwörst, so lange zu schweigen, bis du alles weißt?«

»Ich schwöre.«

»Und selbst dann nicht über diese Gespräche zu reden, wenn du meinen Vorschlag nicht annehmen wirst?«

»Auch das schwöre ich.«

»Gut, kluger Freund. Ich hoffte, daß ich in dir einen Mann

finden würde, der weiter zu denken vermag als die meisten der anderen Gesandten.«

Edekon lächelte geschmeichelt. Er hatte sehr wohl bemerkt, wie der Eunuch mit allen möglichen Verlockungen immer nähergekommen war. Doch gerade deshalb wollte er mehr wissen.

»Wir wollen in Ruhe darüber sprechen«, sagte Chrysaphios schließlich. »Was hältst du von einem kleinen, erlesenen Mahl mit dem besten Wein, den ich in meinem Keller habe?«

»Das hört sich ganz vorzüglich an«, antwortete Edekon.

»Dann komm heute abend zu mir. Aber komm allein, ohne Orestes und die übrigen Mitglieder deiner Gesandtschaft.«

»Das wird nur schwer möglich sein. Wie sollte ich das erklären?«

»Sag ihnen einfach, daß ich dir ein paar geheime Ratschläge geben will, wie ihr noch mehr Gold von uns erhalten könnt. Und sag ihnen, daß ich schließlich ein verschlagener Eunuch bin. Das ist die Wahrheit, aber es wird sie belustigen und zufriedenstellen.«

Die beiden Männer lachten.

»Das klingt tatsächlich verschwörerisch«, meinte Edekon.

»Ist es doch auch, oder? Aber ich kann dir versichern, daß mein Vorschlag keineswegs gefährlich, sondern sehr vorteilhaft und einträglich für dich sein wird.«

Sie standen beide zugleich auf. Und dann geschah etwas sehr Ungewöhnliches: Die beiden ungleichen Männer gaben sich die Hand – nicht wie die Männer in Rom sie auf ihre Unterarme legten, sondern wie Ringer, ehe sie sich aufeinanderstürzen ...

Am Abend des gleichen Tages, nach einem vorzüglichen Mahl mit erlesenen Spezereien, wie sie Edekon nie zuvor gekostet hatte, nach süßem Wein, von dem jeder Tropfen köstlich durch alle Glieder fuhr, in weichen Kissen liegend und von zarten Mädchenhänden rechts und links liebkost, an diesem Abend fühlte sich der Gesandte des Hunnenkönigs so wohl, daß er den Eunuchen des Kaisers einfach reden ließ. Vigilas übersetzte.

»Die Mädchen verstehen weder deine noch meine Sprache«, sagte Chrysaphios schließlich. »Sie sind Sklavinnen aus dem Reich der Parther. Doch sag mir, wenn du noch irgendeinen Wunsch hast ...«

Edekon lächelte nur.

»Ich bin wunschlos zufrieden.«

»Dann sage ich dir nun, wie du diese Freuden Tag für Tag genießen kannst.«

»Ich brenne darauf, dein Geheimnis zu hören.«

»Es ist ganz einfach, und ich vermute, du ahnst bereits, was ich von dir will.«

»Du willst, daß ich den Großkönig der vereinten Hunnenvölker hinterrücks ermorde.«

»Du sagst das nicht sehr fein!«

»Und danach winkt mir hier ein Leben wie im Paradies der Christen.«

»Das kann ich dir versprechen. Dazu den Frieden zwischen unseren Völkern. Wir werden alle Verträge achten, die für beide Seiten gerecht und nützlich sind ...« Edekon beugte sich langsam vor, nahm einen frisch gefüllten Weinkelch und führte ihn an seine Lippen. In diesem Augenblick huschte ein kaum wahrnehmbares Lächeln um die Mundwinkel des Eunuchen. Der Hunne war nicht aufgesprungen, hatte ihn nicht angefallen, um ihn auf der Stelle zu erwürgen ...

»Ich werde Gold brauchen, um Helfer zu kaufen«, sagte Edekon schließlich. »Nicht viel für einen Mann wie dich, aber mindestens fünfzig Pfund Gold.«

»Es gehört dir, denn damit hatte ich auch gerechnet. Du kannst es sofort mitnehmen.«

»Bei allen Göttern und Dämonen in der Nacht! Wo denkst du hin, Chrysaphios! Ich werde selbstverständlich ohne einen einzigen versteckten Solido zurückreisen! Eine derartige Menge Gold könnte ich unmöglich verstecken. Außerdem will Attila immer ganz genau wissen, welche Geschenke, Gold oder Geld seine Gesandtschaften erhalten haben. Es ist unmöglich, ihn zu belügen!«

»Was schlägst du vor?«

»Gib uns deinen Dolmetscher Vigilas mit. Durch ihn werde ich dir sagen lassen, auf welchem sicheren Weg du das Gold an mich schicken kannst.«

Der Eunuch überlegte eine Weile, dann signalisierte auch Vigilas sein Einverständnis. Die Männer verabschiedeten sich. Noch in der gleichen Nacht eilte der Eunuch zum Kaiser Ostroms und berichtete ihm, daß ein Attentat auf den Großkönig der Hunnen in greifbare Nähe gerückt war. Die beiden ungleichen Männer beschlossen, den Kreis der Eingeweihten so klein wie möglich zu halten. Außer dem Dolmetscher Vigilas sollte nur noch der oberste aller Berater, der *magister officiorum*, vom Erfolg des Eunuchen erfahren. Auch er wurde noch in der gleichen Nacht hinzugezogen.

Nach eingehender Beratung einigten sich die drei Verschwörer darauf, daß auch der Dolmetscher überwacht werden sollte, während gleichzeitig ein Gesandter mit dem geforderten hohen Rang einen Brief des Kaisers an Attila überbringen sollte. Die Wahl fiel auf Maximinos, der aus einer vornehmen Familie stammte, Zugang zum Kaiser hatte und somit den Anforderungen Attilas entsprach.

»Allerdings darf Maximinos nichts von dem erfahren, was wir heute nacht besprochen haben«, verlangte der Kaiser. »Ich kann ihn nicht in die Pläne einbeziehen, denn dieser Mann hat zuviel Angst vor Gott, dem Herrn, und würde ablehnen.«

26. *Geliebter Attila*

Einmal in Schwung, wollten viele der Anführer und ihre Männer im nächsten Frühling gleich weiter nach Norden oder Westen ziehen. Attila ließ sich sehr viel Zeit. Während der kalten und dunklen Monate hörte er sich alle Vorschläge und Forderungen an, die über seine Berater oder auch direkt an ihn herangetragen wurden.

»Sobald der Frost verschwunden und der Boden abgetrocknet ist, wollen viele den Erfolg in den Provinzen nördlich der Alpen fortsetzen«, berichtete Ellac, nachdem er sich unter den Verbündeten und ihren Kriegern umgehört hatte.

»Die meisten wissen doch gar nicht, wovon sie reden«, sagte Attila abweisend. »Noricum und Raetien mögen vor hundert oder auch noch vor fünfzig Wintern interessant gewesen sein. Inzwischen ist das alles verwildertes Land mit verkommenen Städten.« Er machte eine Pause und schien versonnen in sich hineinzusehen. »Bereits als ich Geisel in Rom war«, fuhr er dann fort, »bereits damals kamen die Siedler in Scharen nach Süden zurück. Und jeder Prätor irgendeiner Siedlung hat vollkommen abgeräumt.«

»Das mag schon sein«, antwortete sein Sohn, »aber die Männer meinen, daß dort, wo Römer waren, immer noch mehr zu holen ist als in den von allen guten Geistern verlassenen Bergen Dalmatiens. Die Monate dort haben ihnen nicht so gut gefallen wie die Eroberung der Städte und Klöster in Thrakien.«

»Das will ich meinen!« sagte Attila und lachte trocken. »Welcher Hunne klettert auf seinem Pferd gern über Bergpässe, wenn er das Gold auch in wildem Ritt bekommen kann ...«

»Da ist aber noch etwas«, meinte Ellac. Attila blickte auf. Er sah sofort, daß sein Sohn ungern über eine Angelegenheit sprechen wollte, von der er selbst längst schon gehört hatte.

»Du meinst Aetius?«

»Ja, aber woher weißt du?«

»Ein guter Herrscher muß überall sehr viele Augen und Ohren haben«, antwortete der Großkönig der Hunnen mit einem spöttischen Lächeln. Seine scharfen Augen blitzten vergnügt. »Sobald er das vergißt, werden die Worte und Taten seiner Berater zu einem schleichenden Gift, gegen das sich selbst der mächtigste Kaiser und König nicht wehren kann!«

Ellac nickte, obwohl er eigentlich der Meinung war, daß ein Großkönig ganz allein urteilen und entscheiden mußte. Sie hatten schon öfter darüber gestritten.

»Denkst du ebenfalls, daß ich die Provinzen Westroms wegen unserer Freundschaft mit Aetius schone und vermeide?«

»Das denken alle, die einen Bogen und Schwerter führen.«

»Mag sein, daß sie recht haben«, gab Attila zu, »obwohl Aetius nur für den ein Freund ist, der ihm ganz persönlich irgendwann einmal nutzen kann. Viel wichtiger ist die Tatsache, daß der Westen uns ebenso wie der Osten Tribute zahlt und Geschenke liefert. Das muß zwar nicht jeder wissen, aber es ist mehr, als es nördlich der Alpen zu holen gibt! Glaub mir, Ellac, ein Zug nach Norden lohnt sich vielleicht für eine einzelne Sturmfaust, aber die Heere und Völker, die wir bewegen, würden verhungern, wenn sie ohne Vorbereitung in die Nordprovinzen des *Imperium Romanum* einfallen! Wenn schon ein großer Zug, dann müßte er bis nach Gallien führen!«

Aus ebendieser großen, fruchtbaren und seit einem halben Jahrtausend von den Römern beherrschten und ausgebeuteten Provinz traf an einem besonders kalten, frostklirrenden Wintertag ein Flüchtling mit drei Dutzend Begleitern, Frauen und Kindern in der Yurtenstadt des Hunnenkönigs ein. Zu dieser Jahreszeit nahmen alle Nomaden gern Fremde und Gäste auf. Sie teilten mit ihnen, was sie hatten, und ließen sich dafür die langen Nachmittage und Abende durch Geschichten verkürzen.

Eudo oder Eudoxius, wie er unter seinem Verbrechernamen von den Römern gesucht wurde, stellte sich als Heilkundiger in der fünften Generation und als Anführer jener Rebellen vor, die nach Jahrhunderten römischer Herrschaft und zuletzt nur noch Mißwirtschaft versucht hatten, der Ohnmacht der Geknechteten eine Stimme zu geben. Er berichtete von einem erneuten Aufstand der Bauern im Nordwesten Galliens. Nach und nach erfuhr auch der Kreis um Attila, daß die Rebellion der gallischen Bagauden bereits seit anderthalb Jahrhunderten eine blutige Tradition hatte.

»Dann wird Aetius sicherlich eure Auslieferung fordern«, meinte Attila eines Abends.

»Wir haben kein Gold, mit dem wir dagegen bieten könnten«, sagte Eudo. Attila winkte nur ab.

»Ihr seid nicht die ersten und nicht die einzigen, die bei uns Asyl erhalten haben!«

Die meisten von ihnen waren mehr wert gewesen, als die Römer für ihre Auslieferung geboten hatten. Aber auch diejenigen, für die nicht einmal ein Solido geboten wurde, konnten zumeist bleiben. Sie waren es, die weitere wertvolle Flüchtlinge anlockten.

»Eudos Gegner beschimpfen ihn als bösen Mann«, berichtete Orestes nach einigen Tagen. »Es heißt aber, daß er gebildet und in den Wissenschaften überaus bewandert ist.«

Attila blickte interessiert auf.

»Was weißt du noch über die Bagauden?« fragte er später seinen Sekretär.

»Nun, das ist eine lange und für Westrom nicht sehr ruhmreiche Geschichte«, gab Orestes zurück.

»Trotzdem will ich wissen, wie diese Gallier von der Loire zu Rom und zu ihrem Unterdrücker Aetius stehen ...«

»Wie sie zu Rom und zu Aetius stehen?« wiederholte Orestes. Er lachte kurz, dann sagte er: »Es klingt sehr widersprüchlich. Die Bagauden wehren sich nicht gegen die römische Oberhoheit, sondern gegen ihren Mißbrauch durch unfähige, korrupte und oft auch grausamen Beamte. Dabei beklagen sie besonders eine immer gleiche Methode ...«

»Und die wäre?«

»Nun, irgendein Richter spricht einem Gallier die römischen Freiheitsrechte ab. Damit könnte wohl jeder leben, denn es gibt weder Gold noch Wein dafür, wie Eudo sagt. Das Hinterhältige daran ist nur, daß der Beschuldigte – bis auf gesuchte Verbrecher übrigens – nach einem derartigen Richtspruch das Recht zum Tragen eines römisch klingenden Namens verliert. Und ohne einen solchen Namen geht auch das Recht auf römische Ehre verloren ...«

»Halt, nicht so schnell«, unterbrach Attila. »Was ist nun wichtiger? Das Freiheitsrecht? Der Name? Oder die Ehre?«

»Nichts davon«, antwortete Orestes nach kurzer Überlegung. »Laß mich erklären, was ich meine: Stell dir einfach einen Schemel vor, wie manche bei uns ihn zum Melken nehmen. Ich meine nicht die einbeinigen, sondern die mit drei Beinen ...«

»Ja, und was ist damit?«

»Wenn du auf einem solchen Dreibein sitzt und ein Bein wird davon abgeschlagen, dann ist es gleichgültig, welches es ist: Du landest im Dreck.«

»Ja, ich verstehe«, sagte Attila und lächelte ganz kurz. »Ein gutes Bild! Und weiter!«

»Im Prinzip ist es gleichgültig, ob du verurteilt wirst oder nicht. Selbst wenn du deinen römischen Namen behalten darfst, könntest du anschließend ja als gesuchter Verbrecher gelten!«

»Und dafür horten sie in ihren Bibliotheken Unmengen Pergamente mit Rechten und Gesetzen!«

»Du hast sie ja gesehen«, sagte Orestes und nickte. »Rom rechnet den Bagauden ihr eigenes Unglück als Sünde an. Zuerst werden sie mit willkürlichen Steuern belegt oder für irgendein erfundenes Verbrechen angeklagt. Dann werden sie, weil zur Verhöhnung jedes Rechts hier nicht die Schuld, sondern die

Unschuld bewiesen werden muß, verurteilt und entehrt, dann namenlos gemacht und enteignet. Sie können nur noch in den Untergrund ... und das wird dann als Bestätigung dafür genommen, daß das Vorangegangene vorausschauend und gerecht gewesen ist.«

»Derartiges geschieht in einer römischen Provinz?« fragte der Großkönig der Hunnen voller Verwunderung.

»Ja, und es geschieht noch mehr! Viele sind inzwischen gezwungen, zu den Bagauden zu gehen, um ihr nacktes Leben zu retten. Die Armen werden von den dekadenten Römern und ihren Helfershelfern ausgeplündert, die Witwen jammern, und die Waisen werden unterdrückt. So sehr, daß viele und keineswegs nur jene niederer Herkunft fliehen.«

»Aetius, Aetius, eure Fehler werden immer größer!« seufzte Attila.

»Ja, das werden sie tatsächlich«, sagte Orestes zustimmend. »Die Vertreter Roms in den Provinzen halten die Bagauden für Verräter. Seit über hundert Jahren behauptet das Imperium steif und fest, daß es im besetzten Gallien keine Unterdrückten gibt und daß dort alle frei sind ...«

»Sind sie das?«

»Keineswegs«, sagte Orestes. »Es gab immer Angehörige höherer Klassen, die mit den Bagauden sympathisierten. Eudo hat stets gesagt, daß es nur dann ein gültiges und auch persönliches Recht geben kann, wenn es die Herrschenden und die Untergebenen in gleichem Maße verpflichtet.«

»Ein kluger Mann«, sagte Attila. »Paß auf ihn auf – wir können ihn noch brauchen!«

»Ich werde mich persönlich um die Bagauden kümmern.«

Im gleichen Augenblick steckte Aijbars seinen Kopf durch die Vorhänge an der Türöffnung und deutete auf seine Altarecke an der Nordseite der Yurte.

»Störe ich?« fragte er und verzog sein Gesicht zu einem Grinsen. Attila schüttelte den Kopf, stand auf und ging ein paar Schritte auf und ab. Orestes zog sich zurück. Als hätte er nur darauf gewartet, kam Onegesios in die Yurte. Attila sprach ihn sofort an:

»Es scheint, als würden sich die Dinge langsam wenden«, sagte er. »Nichts ist mehr, wie es war, als ich damals als Geisel zu den Römern kam. Inzwischen sind die Römer die Barbaren ... damals waren wir Hunnen noch Räuberbanden für sie – Tiere, sprachlose Monster, zu keiner Menschenregung fähig. Inzwischen haben wir eindeutig die stärksten Heere. Sie schikken uns Geschenke. Sie schmeicheln uns. Sie bitten uns, Flüchtlinge aus ihren eigenen und weit von Rom entfernten Dörfern an sie zurückzugeben ...«

»So gesehen haben ihre Schamanen-Bischöfe wie Nestorius sogar ganz recht, wenn sie behaupten, daß es nur das Vergehen wider den wahren Gottesglauben war, das es den Hunnen möglich machte, sich unter dir als starkem Herrscher zu vereinen.«

»Aber wir sind nicht nur deshalb mächtiger, weil die Römer immer schwächer werden«, sagte Attila.

»Ganz richtig! Die Ostarmee hat keinen Krieger weniger als vor zehn oder fünfzehn Jahren. Die Befestigungen am *Limes* mit Garnisonen sind sogar besser ausgestattet als vor deiner Zeit. Sagst du nicht selbst immer wieder, daß die römischen Truppen keineswegs von unfähigen Generalen kommandiert werden?«

»Alles, was du jetzt sagst, ist richtig«, antwortete der Großkönig. »Wir haben in den vergangenen sechs Jahren genau zwanzigtausendsiebenhundert Pfund Gold durch Verträge eingehandelt.«

»Na bitte! Sind das keine Erfolge?«

»Es ist nichts, Onegesios! Überhaupt nichts! Mit zwei lächerlich schwachen Großhänden habe ich vor fast vierzig Jahren in drei Tagen den zehnten Teil davon aus Rom geholt. Ohne ein gewaltiges Heer mit Dutzenden von Fürsten, Königen und anderen Anführern. Und wenn wir ehrlich sind, dann haben wir die schon von meinem unglücklichen Bruder festgelegten Tribute bis heute um kein einziges Pfund erhöht!«

»Aber dein Reich ist viel, viel ...«

»Behalt dein Wort, Grieche!« sagte Attila hart, aber nachsichtig. »Du solltest weder mich noch dich selbst belügen! Wir haben keine einzige Meile zum Quadrat mehr erobert als Bleda! Nichts ist größer geworden unter mir oder auch reicher ...«

»Nur mächtiger!« stellte Onegesios fest. »Du bist der stärkste und berühmteste von allen Hunnenkönigen!«

»Ja«, sagte Attila und lachte trocken. »Deswegen wird man alles, was je ein Hunne tat, wohl immer mir zuschreiben! Aber auch du hast mir gute Dienste erwiesen, seit du bei mir bist.«

»Ich bin nicht schlecht dabei gefahren!«

»Und auch nicht schlecht geritten!« grinste Attila. »Oder denkst du, ich weiß nicht, wer in deinen Thermen badet?«

»Wie meinst du das ... ich meine ...«

Attila griff nach einem Weinbecher und prostete dem Griechen zu.

»Wenn du schon meine Tochter Freyja zu deinen Lieblingsweibern zählst, dann solltest du sie heiraten ...«

»Gute Idee!« kicherte der Schamane aus seiner Altarecke. »Dann kann ich wieder einmal soviel tanzen, wie ich will!«

Im Frühjahr, als das Wetter milder wurde, trafen wie in allen Jahren um diese Zeit wieder mehr kleine und größere Gruppen von Reisenden, Botschaften und Delegierten aller nur denkbaren Herrscher im Lager des Hunnenkönigs ein.

Einige berichteten, daß die ehemalige römische Provinz Britannien zielstrebig von Angeln, Sachsen und Jüten besetzt wurde. Es hieß, daß sie gnadenlos alles niedermachten, was sich den wilden Männern nach ihrer Landung in den Weg stellte. Nicht nur Attila schüttelte immer wieder den Kopf über die scheinheilige Entrüstung, mit der über alle anderen berichtet wurde – nicht aber über das, was sich das *Imperium Romanum* in tausend Jahren Schwert- und Blutpolitik geleistet hatte.

Für die Hunnen waren derartige Begegnungen seit Urzeiten mit dem Gesetz der Gastfreundschaft gebunden. Wer nicht von

Mauern umgeben ist, kennt auch keine verschlossenen Türen. Vielleicht gerade deshalb entstand die gefährliche Unruhe unter den Vasallenvölkern. Einige Stämme der Ostgoten sprachen an den Feuern darüber, ob es nicht besser wäre, den Männern mit dem gleichen Blut nach Britannien zu folgen. Für die Besonnenen unter ihnen war es ein hartes Stück Arbeit, die aufbrausenden Jungen zu besänftigen.

»Es liegen schon Jahrhunderte zwischen ihnen und euch!« beschwor Laudarich seine Gepiden. »Ihr habt mit Jüten, Angeln und Sachsen längst viel weniger gemein als mit den Burgunden oder den Herminonen. Ja, Langobarden, Markomannen, Quaden oder Sueben ... die könnt ihr zur Not Brüder nennen, aber nicht mehr die Eroberer Britanniens!«

Für Attila war der ferne Lärm blutiger Schwerter oder gar Keulen ohne jede Bedeutung. Ihn interessierte kaum, wie sich die Friesen, Franken oder Dutzende von anderen Germanenvölkern weit im Norden oder Westen zusammenrauften. Nur mit Ostrom war die Lage immer noch gespannter, als es ihm lieb war. Er ließ daher den Kaiser in Konstantinopel wissen, daß er bereit sei, Gesandte für Verhandlungen zu treffen. Man könne über alles sprechen, vorausgesetzt, es wären keine unterwürfigen Boten, sondern Männer von allerhöchstem Rang mit der Befugnis, ja oder nein zu sagen.

Doch da geschah etwas, womit niemand – weder die Kaiser beider Roms noch ihre Berater und erst recht nicht Attila jemals hatte rechnen können.

»Ich fasse es nicht!« brüllte der Großkönig der Hunnen in einer berstenden Mischung aus Erstaunen, Überraschung und einem Lachanfall, wie sie noch nie jemand an ihm miterlebt hatte. »Bei allen Geistern und Dämonen ... ich fasse es einfach nicht!«

Keiner seiner Berater hatte die kleine Delegation aus Konstantinopel ernstgenommen. Da sie weder mit wiegbaren Goldmengen noch mit Empfehlungen der richtigen Männer gekommen waren, waren die schüchtern und verlegen auftretenden Oströmer nur mit Rücksicht auf das Gastrecht vorgelassen worden. Und dann dieser vollkommen unerwartete, das gesamte *Imperium Romanum* erschütternde Donnerschlag ...

Attila hatte schon einige Gerüchte gehört, aber jetzt, mit diesem eben überbrachten Schreiben, das er selbst gelesen hatte, stand urplötzlich eine zweite Sonne am Himmel aller Hunnenvölker.

»Wißt ihr, was das hier ist?« schrie er mit einem neuen ungeheuren Lachanfall seine Männer an. Allmählich fragten sie sich, ob er plötzlich den Verstand verloren hatte. Er hielt einen kleinen, blitzenden Ring hoch, der weder große Rubine noch Saphire oder andere Edelsteine zur Verzierung trug. »Soll ich euch Mauseköpfen sagen, was das ist?«

Er drehte sich, lachte weiter und stieß die Hand mit dem Ring zwischen Daumen und Zeigefinger nach allen Seiten.

»Nein? Nicht? Errät es keiner von euch?« lockte er. Er ging von einem zum anderen, blieb überall stehen. Zuletzt kam er zu den Männern, die ihn schon viele Jahre begleitet hatten und inzwischen zu seinen engsten Beratern oder sogar Freunden geworden waren.

»Du, Esla? Weißt du, wer mir diesen Ring geschickt hat?«

Esla blickte dem König furchtlos in die Augen.

»Ja, mein König, ich weiß es.«

»Gut«, sagte Attila, und sein Gesicht wurde wieder ernst. »Du wußtest es also und hast mir zuvor nichts gesagt. Kein einziges Wort!«

Er ging zwei Schritte weiter bis zu Scottas.

»Und du? Weißt du auch, welche liebreizende, großartige, und reiche Fee mit diesen Zauberring schickt? Diesen Ring, durch den all meine Wünsche wahr werden können?«

»Ja, Attila«, antwortete Onegesios. »Dies ist der Lieblingsring von Honoria Justa Grata ...«

Ein ungläubiges Aufstöhnen ging durch die Reihen der Männer.

»Und wer, mein treuer Freund ... wer ist Honoria Justa Grata, die mir hier ihren schönsten Ring schickt?«

Kein Tag verging, dann wußten es alle im Ordu des Großkönigs: die römische Kaiserintochter und Augusta bat um die Hand des Großkönigs der Schwarzen Hunnen und ihrer verbündeten Völker, Stämme und Familien.

Noch flogen die Einzelheiten ungeordnet von Mund zu Mund – einige wußten mehr, andere vergaßen in der Aufregung die Hälfte. Tatsache blieb, daß die einunddreißigjährige Honoria Justa Grata, römische Prinzessin, Tochter von Kaiser Constantius und Galla Placidia, bereits Jahre zuvor ein Keuschheitsgelübde abgelegt hatte. Der Grund war auch sofort allen klar: Auf diese Weise sollte verhindert werden, daß sie die Erbrechte ihres Bruders, des Kaisers Valentinian III., durch eigene Nachkommen gefährdete. Beinahe hämisch erzählten sich die Männer und Frauen an den Feuern und in den Yurten, was trotzdem geschehen war: Die Widerborstige hatte sich nicht nehmen lassen, was sie als ihr Recht ansah. Sie kümmerte sich nicht um die angedrohten Strafen. Ihre Mutter hatte sich auch stets ins Bett geholt, wen sie brauchte oder haben wollte.

Honorias letzter Liebhaber hatte Pech gehabt, wie Onegesios wußte. »Er hieß Eugenius und war der Verwalter ihres Schmucks und ihrer Ländereien ...«

»Land, das ihr selbst oder dem Thron gehörte?« fragte Attila sofort.

»Das weiß man nicht genau«, sagte Onegesios nach kurzem Nachdenken. »Jedenfalls war es so, daß einer kam und einer ging ...«

Attila hob die Brauen und sah ihn fragend an.

»Sie wurde schwanger, und er verlor den Kopf«, sagte Onegesios.

»Dann meint sie es tatsächlich ernst«, sagte Attila nachdenklich. Er dachte lange nach, dann nickte er und teilte seine Überlegung mit: »Ich bin der einzige Mann, den ihre eigene Familie fürchten muß!«

Er sprang auf, legte die Hände auf den Rücken und ging mit harten Schritten hin und her. »Wir müssen das jetzt ganz korrekt behandeln ... mit einem Notarius ... oder gleich allen, die wir haben! Schreibt alles so auf, daß es nach den Gesetzen Roms Bestand hat ...«

Er blieb stehen und lachte leise: »Ich nehme hiermit die Botschaft deines Herzens an, kaiserliche *nobilissima* ... gleichzeitig bitte ich formal um deine Hand und denke, daß dir als Mitgift mindestens die Provinz Gallien zusteht ... aber das kann ja noch verhandelt werden ...«

Er blieb wochenlang in allerbester Stimmung. Als Greka ihn ganz vorsichtig daran erinnerte, daß er inzwischen auch schon vierundfünfzig war, zeigte er ihr, was noch an Energie und Kraft für eine ganze Nacht in seinen Lenden steckte. Es war mehr, als sie lange Zeit erlebt hatte ...

Es war nicht Attilas Gewohnheit, ohne Heer oder zumindest eine gute Sturmfaust in das Gebiet des Imperiums zu reiten, doch diesmal ließ er Konstantinopel mitteilen, daß er den nächsten Gesandten bis nach Serdica entgegenreiten wollte. Es drängte ihn ganz einfach, mehr über seine kaiserliche Verlobte zu erfahren. Bewußt hatte er die inzwischen Einunddreißigjährige nur als kleines Mädchen in Ravenna gesehen.

Trotzdem wurde es Sommer, bis der Kaiser in Konstantinopel mit seinem Vetter in Ravenna Botschaften ausgetauscht hatte. Erst gegen Ende des Sommers brachen die oströmischen Unterhändler unter der Leitung von Maximinos auf. Dem *comes* und *magister scriniorum* eilte ein hervorragender Ruf voraus. Obwohl die Hunnen keine eigene Schrift wie die Römer kannten und nichts von umfangreichen Gesetzbüchern hielten, wußte Attila den Mann zu schätzen, der an den weithin gerühmten Gesetzessammlungen von Kaiser Theodosios II. mitgewirkt hatte. Maximinos wurde von einem jungen Mann als

Berichterstatter und Chronist begleitet, den die Königsohren ebenfalls als ungewöhnlich fähig schilderten. Außerdem wurde bekannt, daß sie eine so große Menge Goldes vom Kaiser als Geschenk für Onegesios bei sich hatten, daß bereits an Bestechung zu denken war.

All diese Meldungen brachten den Großkönig der Hunnen dazu, diese Delegation aus Konstantinopel ganz anders zu behandeln als vorangegangene. Von Anfang an sorgte er dafür, das die Männer um Maximinos und Priskos keinen Augenblick unbeobachtet blieben. Und zweimal täglich trafen Königsaugen und Königsohren auf schnellen Pferden bei ihm ein, um alles, was sie gesehen und gehört hatten, so genau wie irgend möglich zu berichten ...

Die Teilnehmer an der Gesandtschaft von Maximinos und Priskos bemerkten schnell, daß sie von Anfang an beobachtet wurden. Einige ihrer ungebetenen Begleiter wagten sich bis an das abendliche Feuer. Sie boten Wein, Obst und Wildbret aus der Umgebung an, machten sich bei den Pferden nützlich und erzählten auf Gotisch, Latein oder Griechisch alles, was am Weg vom Bosporus zur Donau interessant war.

In Naissos angekommen, fanden sie die Stadt verlassen vor. Sie war bei den letzten Kämpfen fast völlig zerstört worden. Nur in den Hospitalen, die von den Christen unterhalten wurden, lagen noch einige Kranke und Verwundete. Ein Stück flußaufwärts stoppte der Zug erneut. Überall am Ufer des Flusses lagen bereits ausgebleichte menschliche Knochen herum.

»Sie sehen wie auf gleiche Länge zugeschnittene Zweige von Platanen aus«, sagte Priskos, als er die vielen weißen Knochenstücke sah. »Aber die gibt es hier in dieser Gegend nicht.«

Tags darauf trafen sie unweit von Naissos den Befehlshaber der in Illyrien stehenden Streitkräfte. Auch er war zu Attila unterwegs. Maximinos übermittelte ihm den Befehl des Kaisers in Konstantinopel. Die Weströmer zögerten eine Weile, aber dann übergaben sie fünf von siebzehn Kriegsgefangenen, die den

Forderungen Attilas entsprachen, zur Rückführung an Maximinos.

In Serdica warteten die beiden Gesandtschaften einen Tag lang vergeblich auf den Großkönig der Hunnen. Herbststürme fegten über die dichtbewaldeten Berge und wirbelten Zweige und Äste bis über die steinerne Römerstraße. Am nächsten Tag flaute der Sturm wieder ab. Die Römer glaubten, daß bereits alles vorbei war, und schlugen ihre kostbaren, nicht für derartige Unwetter geeigneten Seidenzelte am Ufer eines Sees auf.

Einige der stets mit ihnen ziehenden Beobachter des Hunnenkönigs warnten die Städter. Sie sprachen von den Dämonen der Wälder, den furchtbaren Geistern der Wolken und Winde und den bereits unter die Erde verdammten Wasserwesen, die einmal hoch im Himmel gewohnt hatten und wieder aufsteigen wollten, wenn nur genügend Hilfe von oben kam. Die Männer aus Konstantinopel hörten höflich zu, dachten aber zu keiner Minute daran, sich abschrecken zu lassen ...

Die Sturmwolken kamen mit voller Wucht mitten in der Nacht zurück. Es war, als hätten sich tatsächlich alle Geister und Dämonen des Himmels und der Erde gegen diejenigen verschworen, die selbst aus Erdbeben nichts lernen wollten. Jaulende Winde rissen die Zelte in die Dunkelheit und schleuderten Vorratskarren, Waffen und viele kostbare Gerätschaften und Geschenke für Attila in den See.

Die Männer aus Konstantinopel irrten hilflos und ohne Fakkeln durch die sturmgepeitschte Finsternis. Selbst ihre Hilferufe wurden vom Brausen und Jaulen der Winde verschlungen. Erst viel später erfuhren sie, daß es die Frauen von Bleda gewesen waren, die sie fanden und zu ihrem Yurtenlager geleiteten. Sie alle hatten ihren Rang und ihre Ehre auch nach seinem Tod behalten. Der sumpfartige See aber, in dem große Werte aus Byzanz versunken waren, hieß noch tausend Jahre lang *»Tränen der Königswitwen«*.

Zwei Tage später traf ein Bote im Dorf der Witwen ein, der sie aufforderte, Attila in seinem Lager zu treffen. Dort angekommen, wurde den Byzantinern ein Platz zugewiesen, von dem aus sie keinen Überblick über das Geschehen in der riesigen Stadt aus Zelten und Yurten hatten. Darüber hinaus wurden die Ankömmlinge erst einmal vertröstet. Man teilte ihnen mit, daß Attila im Augenblick zu beschäftigt für eine ausführliche Audienz sei. Es hieß, er würde gerade einen neuen Kriegszug vorbereiten, um die Oströmer endlich zur Rückgabe aller Gefangenen zu zwingen.

Vigilas, der einzige in das geplante Komplott eingeweihte Byzantiner, befürchtete, unverrichteter Dinge und ohne die entsprechenden Informationen von Edekon für den obersten der Eunuchen im kaiserlichen Palast wieder abreisen zu müssen. In erster Linie wollte er wissen, wie der Anschlag gegen Attila ausgeführt werden könnte und wie das Gold für die erste Stufe des Plans herbeigeschafft werden sollte.

»Könnte ich mit Attila sprechen, so wäre es mir sicherlich möglich, ihn von einem neuen Krieg gegen Ostrom abzubringen«, sagte der Mann, der eigentlich nur ein Übersetzer war. Maximinos war angewidert von der Großspurigkeit und der Arroganz des Goten. Vigilas war für ihn nicht mehr als ein Speichellecker von Chrysaphios. Doch gerade das machte den grauhaarigen *magister scriniorum* Maximinos nur noch mißtrauischer, denn irgend etwas stimmte nicht mit diesem Mann! Er besprach sich mit Priskos und hatte auch nichts dagegen, daß Attilas Königsohren mehrmals von seinem Mißtrauen erfuhren.

»Der Großkönig kennt mich noch von einer früheren Gesandtschaft mit Anatolios«, behauptete der Gote immer wieder. »Wir kamen gut miteinander aus ...« Und als das noch nicht reichte, erzählte er allen Männern, daß auch Edekon, der König der Skiren und Kommandant von Attilas Palastwache, ihm wohlgesonnen sei.

Er ahnte nicht, wie sehr er sich irrte. Gleich nach seinem Eintreffen hatte Edekon Attila haarklein jede Einzelheit der kaiserlichen Verschwörung gegen ihn berichtet. Aus diesem Grund wußte Attila auch über die geplante Goldsendung Bescheid. Bis zu diesem Zeitpunkt blieb unklar, ob Edekon bereits in Konstantinopel nur zum Schein auf die Intrige des Eunuchen eingegangen war oder ob es Orestes' Mißtrauen war, das ihn erst unterwegs bewog, Attila alles zu berichten.

Es waren die Berichte der Königsohren über Vigilas, die Attila schließlich davon überzeugten, daß Edekon von Anfang an nur zum Schein auf die Vorschläge des kaiserlichen Hofes eingegangen war. Einen weiteren Nachweis für seine Treue und Aufrichtigkeit konnte der König der Skiren durch seinen Vorschlag über den unnötig riskanten Transport des Bestechungsgoldes erbringen. Er erklärte Attila, wie er die eine Intrige durch einen anderen Plan erfüllte und gleichzeitig zerstörte: Nur so war es möglich, zwei Fliegen mit einer Klappe zu schlagen – sich selbst vom Gold aus Byzanz entfernt zu halten und dennoch für Konstantinopel zu beweisen, daß es ankommen würde.

Als Priskos am nächsten Morgen mit den Geschenke schleppenden Dienern das Haus von Onegesios erreichte, waren die Tore noch verschlossen. Priskos wartete darauf, daß jemand herauskam und ihn anmeldete. Er ging eine Weile an Palisaden aus geglätteten Baumstämmen auf und ab, hüstelte und versuchte, auf irgendeine Weise die Aufmerksamkeit der Bewohner zu wecken. Er spürte, wie er zunehmend ärgerlicher und beschämter wurde. Was dachten sich diese geschichtslosen Barbaren eigentlich? Wer gab ihnen das Recht, sich mit ihren häßlichen Gesichtern, ihren unförmig breiten Körpern und ihren kurzen Beinen wie Menschen zu fühlen? Keiner von ihnen wäre es wert gewesen, aus dem Marmor Italiens nachgebildet und auf einer Säule am Forum Romanum, an der Agora von Athen oder an der Zufahrt zum Circus in Konstantinopel aufgestellt zu werden.

Priskos steigerte seinen Zorn von Minute zu Minute. Wenn er allein und nicht Begleiter des *Patricius* Maximinos gewesen wäre, hätte er in diesen Augenblicken alles hingeworfen, um mit erhobenem Haupt und ohne weitere Demütigungen durch diese hergelaufenen Wilden in die Hauptstadt des oströmischen Reiches und damit in die Zivilisation zurückzukehren.

In diesem Augenblick bewegte sich etwas hinter den Palisaden. Ein Durchlaß in der Pfahlmauer öffnete sich, dann trat ein schmaler Mann in skytischer Kleidung und mit auf hunnische Art geschorenem Haar einen Schritt auf den Weg hinaus.

»Chaire!« sagte der Mann und hob die Hand zum Gruß. Priskos zuckte unwillkürlich zusammen.

»Chaire!« antwortete er, ohne zu denken. Er wußte selbst nicht genau, was er erwartet hatte, aber auf keinen Fall eine auf Griechisch ausgesprochene Begrüßung mit dem *»Salve«* Westroms oder dem Wort für *»Heil dir«*.

»Wieso sprichst du griechisch?« fragte er dann. »Du siehst überhaupt nicht wie ein griechischer Kriegsgefangener aus ...«

»Du meinst, weil ich keine zerfetzten Kleider und kein fettiges Haar habe, wie es bei euch in Konstantinopel berichtet wird, könnte ich kein Grieche sein?«

»Ja«, antwortete Priskos. »Das habe ich tatsächlich gedacht. Wie bist du hierher gekommen? Und warum lebst du hier?«

»Warum willst du das wissen?«

»Dein unerwartet hellenischer Gruß hat mich neugierig gemacht.«

Der andere lachte. Er legte seinen Arm um Priskos und führte ihn zwischen den schützenden Palisaden und den mit Geschenken wartenden Dienern um sein Haus.

»Ich bin tatsächlich Grieche, geboren auf den Inseln des Lichts und aufgewachsen mit den Relikten einer Vergangenheit, die größer ist als die von beiden Roms. Ich lernte den Beruf des Kaufmanns, und irgendwann kam ich nach Moesien in die Stadt Viminacium an der Donau. Ich hatte großes Glück und konnte sehr reich heiraten.«

»Aber das erklärt noch nicht, warum du hier am Hof des Hunnenkönigs lebst.«

»Gemach, mein junger Freund«, antwortete der Grieche lächelnd. »Als meine Stadt, in der ich sehr zufrieden lebte, von den Hunnen unter Großkönig Bleda erobert wurde, verlor ich mein Weib und die von ihr auf mich übertragenen Reichtümer. Ich selbst wurde der Beute von Onegesios zugeteilt, der damals einer der Anführer war und der inzwischen zum wichtigsten Berater Großkönig Attilas aufgestiegen ist.«

»Was ich hier sehe, entspricht nicht ganz dem Lebensstil eines Versklavten oder Gefangenen.«

Der Grieche lachte. »Natürlich nicht«, sagte er. »Ich habe eine Reihe von harten, aber auch guten Jahren hinter mir. Ich mußte gegen Westrom und die Akatzieren kämpfen. Ich war erfolgreich und übergab meinem Herrn die Beute, die ich für ihn erringen konnte. Onegesios zeigte sich als großmütiger Herr und schenkte mir dafür die Freiheit.«

»Du hast die Freiheit wiederbekommen und bist noch hier?«

»Ja, warum nicht? Ich habe noch einmal geheiratet und liebe meine hier geborene Frau und meine Kinder. Ich bin Gast am Tisch meines früheren Herrn, und dieses Leben gefällt mir besser als jeder Frieden in den römischen Provinzen.«

»Grieche, versündige dich nicht an deiner Herkunft!« stieß Priskos hervor. Der ehemalige Kaufmann aus Viminacium lachte. »Was willst du?« fragte er. »Die Schrecken des Krieges sind überall gleich. Was zählt, ist nur der Frieden und seine Konditionen. Hier bei den Hunnen ist das Leben zu Friedenszeiten leicht und sorglos. Doch bei euch Römern herrschen auch im Frieden Tyrannen, die euch das Tragen einer Waffe zur Selbstverteidigung verbieten, euch mit den fürchterlichsten Steuern strafen und Recht nur dem gewähren, der seine Häscher oder Richter mit einer guten Summe Geldes schmiert!«

»Das ist nicht wahr!« protestierte Priskos. Er dachte offensichtlich daran, was er und Maximinos im Gepäck mitführten. »Unsere Gesetze sind für jedermann verbindlich, und selbst die

Kaiser müssen sie befolgen. Wer Sklaven hat, ist wie ein Lehrmeister und Vater für sie verantwortlich.«

»Mag sein, mag sein«, antwortete der Grieche. »Mag sein, daß eure Staatsordnung und eure römischen Gesetze einstmals von hohem Wert gewesen sind. Aber wer kümmert sich heute noch darum, daß sie auch eingehalten werden? Nein, Sekretär römischer Gesandtschaften ... du mußt mir nichts mehr über Recht und Gerechtigkeit erzählen! Ihr wißt schon lange nicht mehr, was das eigentlich ist!«

Er ging an Priskos vorbei bis zu den Männern, die immer noch die Packpferde am Zügel hielten. Mit flacher Hand schlug er auf die vielfach verschnürten und mit ungefärbten Leinenbändern gegürteten Traglasten.

»Wozu dient all dies, was hier verborgen und versteckt ist? Gold für Onegesios? Kelche, Pokale, Münzen und Edelsteine? Wofür, frage ich ... wofür und für welchen Verrat soll dies der Lohn sein?«

»Wir wollen nur um die Gunst eines Gesprächs mit Onegesios bitten, ehe wir mit König Attila verhandeln. Kannst du ein derartiges Gespräch vermitteln?«

»Meinetwegen«, antwortete der ehemalige griechische Kaufmann. »Welches der Tragpferde mit seiner Last bleibt dann bei mir?«

»Eigentlich waren alle für Onegesios gedacht«, antwortete Priskos zögernd. Für einen Augenblick war er drauf und dran, seinen ganzen Ärger über die unwürdige Behandlung herauszustoßen. Doch dann beherrschte er sich und sagte: »Aber ich glaube, daß weder Maximinos noch der Kaiser Ostroms etwas dagegen haben, wenn du für deine Bemühungen einen besonderen Lohn erhältst ...«

»Ich nehme das erste Pferd«, sagte der Grieche ebenso höflich. »Du kannst die anderen gleich durch diese Pforte führen lassen.«

Er trat einen Schritt zur Seite und machte den Blick auf einen Hof mit eingefaßten Blumenbeeten und einem kleinen Brunnen frei. Priskos bezwang seine Neugierde und winkte den Pferdeführern. Nacheinander traten sie mit ihrem Goldgepäck durch die Palisadenpforte.

Nur wenige Stunden später besuchte Onegesios den Abgesandten Ostroms in seinem Zelt auf dem für derartige Anlässe reservierten Platz außerhalb des Königslagers. Er spürte sofort, wie sehnsüchtig er erwartet worden war. Nachdem er sich für die ungewöhnlich reichhaltigen Geschenke bedankt hatte, lehnte er sich zurück und fragte ganz direkt: »Was wollt ihr von mir?«

Maximinos antwortete ebenso unverblümt: »Deine Hilfe.«

»Und worin könnte diese Hilfe bestehen?«

»Darin, daß du mit uns kommst und durch deine Weisheit dem Kaiser Ostroms erklärst, wie wir gemeinsam in all den strittigen Fragen Ordnung schaffen.«

»Ewiger Frieden zwischen den Römern und den Hunnen?«

»Wer wäre besser für eine derartige Vermittlung geeignet als du?«

»Und du meinst, daß ihr mich mit einer Handvoll Gold kaufen könnt?«

»War es nur eine Handvoll, die wir dir bereits schenken konnten?«

»Es war sehr viel«, gab Onegesios zu. »Zuviel für meinen Geschmack.«

»Wenn dir das Gold nicht wichtig ist, solltest du überlegen, ob dich der Nachruhm für die Ewigkeit ebenso unbeteiligt läßt! Ein guter und für uns bezahlbarer Frieden zwischen den Hunnen und Ostrom würde dir nicht nur jetzt Nutzen und ungezählte Wohltaten einbringen, sondern auch deine Kinder samt ihren Kindeskindern würden für alle Zeiten die Freundschaft unseres Kaisers und seiner Familie gewinnen.«

»Du schmeichelst mir, mein guter Maximinos«, gab Onegesios lächelnd zurück. »Warum läßt du mich jetzt nicht wissen, wofür ihr mich bezahlen wollt?«

»Wir wollen Frieden.«

»Ohne Tributzahlung, wie ich annehme.«

»Ja.«

»Und was bietet ihr dafür, daß ich zum Verräter an dem König werde, dem ich Treue versprochen habe?«

»Willst du es ganz direkt wissen?«

»Soll ich dir sagen, daß ich förmlich darum bitte?«

»Ein Prozent«, sagte der Gesandte Ostroms. »Ein Prozent des Tributes, den wir bisher an König Attila zahlen müssen.«

»Ihr versteht überhaupt nichts«, sagte Onegesios ohne jeden Ärger. Er lehnte sich zurück und lächelte zufrieden. »Ihr habt euch sehr weit vorgewagt und wißt, daß ich euch augenblicklich pfählen lassen könnte. Aber ich tue es nicht, und auch das wißt ihr. Ich habe sehr viel an dem auszusetzen, was mein König tut. Ich leide jedesmal, wenn er in seinem Zorn die ganze Welt zerschlagen will. Aber ich lebe glücklich im Lichtglanz seiner Macht. Ich mag ihn sehr, selbst wenn das niemand von euch verstehen kann.«

Er stand auf und ging ein paar Schritte durch den nach Hunnenart mit Teppichen belegten Raum. »Glaubt ihr denn wirklich«, fragte er. »Glaubt ihr denn wirklich, daß ein paar goldene Geschenke mich dazu bringen könnten, die besten Jahre meines Lebens am Königshof der Hunnen zu vergessen?«

»Dann gibt es nichts, was das *Imperium Romanum* dir bieten könnte?«

»Nichts, Maximinos, absolut nichts mehr!«

Am Nachmittag des gleichen Tages kam Attila zurück. Ein halbes Dutzend Großhände und ausgewählte Anführer aus den Völkern der Verbündeten waren mit ihm auf einer Jagd gewesen. Bereits am Eingang der weiten Yurtenstadt wurde der Großkönig von jungen Mädchen begrüßt. Sie sangen ein ganz altes Lied, das von der Heimkehr Mao-tuns handelte und sonst nur bei großen Feuerfesten vorgetragen wurde. Jetzt galt das Lied vom großen König der Legenden auch schon für Attila.

Die jungen Mädchen kamen ihm in mehreren Reihen unter flatternden weißen Leinendraperien entgegen. Unter jedem Schleier wiegten sich sieben oder acht von ihnen mit leicht getanzten Schritten.

Als sie am Haus von Onegesios vorbeikamen, trat dessen Frau mit einer Anzahl von Dienern heraus und ließ Wein und Speisen bis an sein Pferd tragen. Er zügelte sein Pferd, während seine Begleiter fröhlich lachten und mit den Waffen Beifall schlugen.

Freyja begrüßte ihren Vater und bat ihn, etwas von ihren Gaben anzunehmen. Attila neigte dankend den Kopf. Er erwies dem Eheweib seines besten Freundes die höchste Ehre, die er als König der Hunnen zu vergeben hatte. Er kostete ihren Wein, wartete, bis seine Diener ihm ein Silbertablett reichten, und nahm eine kleine, goldbraun mit Honig und seltenen Kräutern gebratene, köstlich duftende Keule, die von einem jungen Kapaun stammte.

Am nächsten Tag wurde Onegesios zum ersten Mal beim ausgiebigen heißen Morgenbad in seiner Therme gestört. Er hatte sich inzwischen angewöhnt, schon vor dem Treffen mit dem Großkönig einige Briefe zu diktieren. Doch diesmal kam Orestes, der Sekretär und Schreiber, eine halbe Stunde vor der üblichen Zeit.

Onegesios hatte noch immer seine Morgenschmerzen in den Gelenken. Prustend und ächzend fragte er den Sohn eines Großbauern aus den östlichen Alpen, was geschehen war.

»Sie packen!« antwortete der junge Mann, der vor einiger Zeit auch noch seinen Vater Tatulus und seine Verlobte Barberina, die Tochter des römischen *dux* von Noricum, nachgeholt hatte. »Die Gesandten packen alles ein und wollen abziehen!«

»Dann sollen sie wieder auspacken!« stöhnte Onegesios. »Geh hin, und sag es ihnen!«

»Das wird nicht reichen!«

»Dann schick deinen Vater zu ihnen und laß sie auch im Namen des weströmischen Befehlshabers an der oberen Donau zur Audienz beim Großkönig der Hunnen einladen ...«

»Soll er das wirklich sagen?« fragte Orestes. Er war ein guter Mann mit allerbesten Aussichten, nur manchmal etwas eng in seinem Horizont. Onegesios scheuchte ihn mit einer Handbewegung fort ...

Die Lasttiere der Oströmer waren bereits gepackt, als Tatulus bei Maximinos und Priskos erschien.

»Der Großkönig der Hunnen wäre erfreut, wenn du, Maximinos, und du, Priskos, ihm morgen beim Mittagsmahl zur neunten Stunde Gesellschaft leisten würdest.«

»Ihr speist sehr spät ... zum halben Nachmittag«, sagte Priskos.

»Wie es bei Edlen auch in Rom die Sitte ist«, antwortete Tatulus. »Die Hunnen kannten lange genug Tage, an denen sie nur Leder gekaut haben ... nehmt ihr die Einladung des Königs an?«

»Natürlich, selbstverständlich!«

Tatulus verzog kaum sichtbar seine Mundwinkel. Er war kein Mann, der sich durch Gesandte Ostroms in irgendeiner Weise aufhalten oder beeindrucken ließ. Kurz darauf schafften die Hunnen einen Schlachtochsen ins Lager der Oströmer und brachten frische Flußfische als Geschenk des Hunnenkönigs.

Die Delegation blieb also, versorgte sich und bettete sich spät in der Nacht zur Ruhe – ganz in der Hoffnung, endlich auf einen milder gestimmten Attila zu treffen.

27. Hunnisches Gastmahl

Graf Maximinos, *magister scriniorum* und Mitverfasser der Gesetzessammlung seines Kaisers, kam mit vierundzwanzig ausgesuchten Adligen im Gefolge pünktlich zur vorgesehenen Zeit. Sie wurden bereits vor dem Palastsaal des Hunnenkönigs empfangen, als seien sie selbst Angehörige der kaiserlichen Familie.

An der Schwelle des großen Eingangstores stand ein Dutzend Mundschenke mit eng anliegenden ledernen Hosen, geplusterten farbigen Überwürfen, weichen, goldbestickten Stiefeln, neu von den Helmmachern und Goldschmieden entworfenen Kopfbedeckungen und Zierdolchen an breiten Schmuckgürteln. Sie hielten Weinkrüge und flache Schalen mit goldenen Kelchen.

Jeder der Römer erhielt nach Art der Hunnen einen Begrüßungstrunk. Die Leibwächter erschienen ihnen noch unheimlicher, als sie es gehört hatten. Vorsichtig und gefaßt gingen sie weiter. Als sie eintraten, erkannten sie den Herrscher der Hunnen auf einem hölzernen, reich verzierten Thronsessel. Anschließend wurden Maximinos und Priskos mit ihren Begleitern bis vor Attila geführt. So wie es Brauch war, begrüßten sie mit ihren weingefüllten Kelchen den König aller Hunnen.

Attila hob seinen goldenen Kelch, neigte aber nicht den Kopf. Die Oströmer blieben in respektvollem Abstand vor dem Mann stehen, der inzwischen oft schon als *»Größter der Götter«* bezeichnet wurde.

Attila saß an der Stirnseite seines Thronsaales auf einem breiten, weichgepolsterten seidenen Diwan mit golddurchwirkten Verzierungen. Im Gegensatz zu den anderen Hunnen waren weder das Schwert an seiner Seite noch sein Gürtel oder die Schnallen seiner Stiefel mit Gold oder Edelsteinen verziert. Hinter ihm und ein paar Stufen höher befand sich ein zweiter

Polsterplatz, eine Art Bett, bedeckt mit weißem Leinentuch und reich geschmückt mit bunten Vorhängen, wie es auch bei den Griechen und den Römern bei ihren Braut- und Ehebetten üblich war.

Erst jetzt, als er das Erstaunen und die Verwirrung der Männer aus Konstantinopel über soviel Prunk und Pracht sah, lächelte Attila kaum wahrnehmbar. Sie mußten nicht wissen, daß extra für diesen Zweck sehr viele Gegenstände aus den Schatzräumen in den Königssaal gebracht worden waren ...

Er trank nur einen kleinen Schluck, ehe er seinen Becher weiterreichte. Er wartete, bis sich die Römer zu den Stühlen an der Langseite des großen Saales begeben hatten, die ihnen schon im voraus zugewiesen worden waren.

Die Plätze rechts von Attila waren die vornehmeren, aber die Oströmer mußten sich mit der alten Ordnung begnügen, bei der die linke Seite als angesehen, edel und bevorzugt galt. Zur rechten Seite des Hunnenkönigs saß Onegesios in einem Armsessel, daneben Attilas ältester Sohn und Berichos als Zeremonienmeister.

Als alle Platz genommen hatten, trat ein Mundschenk zu Attila und reichte ihm einen gefüllten Holzbecher. Attila nahm ihn und trank seinem ranghöchsten Nachbarn zu. Der so Geehrte stand auf und wartete, bis der König seinen Becher zurückgegeben hatte. Erst dann durfte er sich wieder setzen. Nach jeder neuen Begrüßung reichte ihm der Mundschenk einen neuen Becher. Jeder einzelne Gast hatte seinen eigenen Mundschenk, der immer dann vortrat, wenn Attilas Mundschenk sich zurückzog. Erst nach der ausführlichen Begrüßung verließen die Mundschenke ihre Plätze.

Von Attilas Tisch beginnend, reihten sich im Saal Tische für drei, vier oder mehr Personen aneinander. Von den Tischen konnte jedermann sich ruhig bedienen, ohne die Sitzordnung zu stören. Noch während die übrigen Diener Brot und sonstige Speisen auf silbernen und goldenen Schalen auf den Tisch stellten, trat als erster ein Diener mit einer hölzernen Fleischschüssel vor Attila. Auch wenn seine Gäste aus silbernen und goldenen Pokalen tranken, blieb Attila bescheiden bei seinen Holzbechern.

Als die ersten Schüsseln leer waren, erhoben sich alle und brachten Trinksprüche auf den König aus. In der Zwischenzeit wurde der zweite Gang aufgetragen. Und so verging der Nachmittag mit Trinksprüchen und immer neu aufgetragenen Speisen. Beim Einbruch der Dunkelheit wurden Fackeln gebracht, um den großen Saal zu erhellen.

Zwei Hunnen traten vor Attila und trugen selbstkomponierte Lieder über die Siege und Heldentaten des Königs vor. Die meisten der Anwesenden erinnerten sich noch genau an die Einzelheiten. Und wieder wurde lebendig, was den einen mit Freude und schönen Erinnerungen, andere aber mit Trauer darüber erfüllte, wie viele Jahre inzwischen vergangen waren, in denen die frühere Kraft und Stärke, die Jugend und das Ungestüm nach und nach verschwunden waren. Manch einer der einst so harten Krieger konnte nicht verhindern, daß ihm Tränen der Wehmut über die Wangen rannen.

Nach den Bänkelsängern tobte laut schreiend und gackernd ein Zwerg an den Tischen vorbei. Er redete in drei, vier Sprachen durcheinander, verhöhnte jeden einzelnen mit einem kleinen, schnellen Spruch und wich geschickt den nach ihm geworfenen Knochen aus. Das Vergnügen der Männer nahm immer mehr zu. Nur Attila lachte nicht. Er verriet seine Empfindungen weder mit Worten noch mit Gesten. Erst als sein Sohn Ernak kam, milderten sich seine Züge. Er streichelte dem jungen Mann über die Wangen. Ernak wunderte sich ebenso wie alle anderen über die plötzliche Sanftmut seines Vaters.

»Es hat mit einer Weissagung zu tun«, sagte einer der Goten am Nachbartisch von Maximinos und Priskos auf Latein. »Die Schamanen haben Attila vorausgesagt, daß sein Geschlecht vernichtet und nur in diesem Sohn fortbestehen wird ...«

Bei jedem neuen Schluck Wein blickte er über den Becherrand hinweg zu seinen oströmischen Gästen. Es war, als würde er nur auf den Zeitpunkt warten, an dem sie nicht mehr konnten und aufgeben mußten. Er spürte sehr genau, wie beeindruckt die Gesandten aus Konstantinopel waren, aber er wollte herausfinden, was ihnen fremdartig und neu erschien.

Die Fülle der Speisen konnte es nicht sein. Als Römer waren sie ganz andere Orgien gewöhnt. Und weder Wein noch Fleisch, weder die goldenen Kelche noch die Platten aus schierem Gold und Silber, noch die hölzernen Schalen mit Schmuckbeschlägen aus Elektron schienen sie zu verwirren. Es mußte etwas anderes sein!

Und wieder erkannte der Großkönig der Hunnen, worin die Stärke seines eigenen Hofstaates und die Schwäche von Ost- und Westrom lag: Es war die Zucht, die Strenge, die unantastbare Würde- und Werteordnung. Ruga hatte sie einst vernachlässigt, ebenso Bleda. Kein König hatte das Recht, nachlässig zu sein, denn was ihn über die anderen erhob, war zuallererst Strenge gegen sich selbst.

Die Pflicht zur unnachgiebigen, durch nichts verrückbaren Etikette war keine Erfindung Attilas. Schon die Könige der Assyrer, der Perser und der Sassaniden hatten sich dadurch ausgezeichnet, daß selbst die einfachsten Gelage wie strenge Gottesdienste zelebriert wurden. Auch Römer hatten diesen Brauch gekannt, aber inzwischen längst verloren und vergessen.

Attila merkte, daß die Byzantiner nicht mehr mithalten konnten. Er sah, wie sie sich fürchteten, wie ihre Unterkiefer blöd und trunken herabhingen, wie sie aufstießen und wie sie sich mit langen, fahrigen Bewegungen an den Tischplatten festhielten. Er schnalzte kurz mit Daumen und Mittelfinger der rechten Hand. Sofort beugte sich der oberste Mundschenk von hinten her über ihn.

»Kein Wein mehr für die Römer«, sagte Attila nicht besonders leise. Er wußte jetzt, wo die Grenzen der Gesandtschaft lagen. Das war der Zeitpunkt, an dem sie endlich ihre Botschaft von Kaiser Theodosios II. an den Großkönig der Hunnen vortragen durften.

Ganz plötzlich, für einen kurzen, klaren Augenblick, schienen Maximinos und Priskos zu ahnen, daß alles Absicht gewesen war – das lange Festmahl, die starren Riten und selbst die demonstrative Zurückhaltung und Schlichtheit von König Attila. Er hatte genau das getan, was ihm in all den Jahren immer wieder nachgesagt worden war: »Er zeigt oft das Gegenteil von dem, was er beabsichtigt.«

»Und nun zum heimtückischen Teil«, sagte der Großkönig der Hunnen. »Wann und wie wollt ihr mich umbringen?«

Maximinos war lange genug einer der höchsten Offiziere und Feldherren des *Imperium Romanum.* Er erhob sich unendlich langsam, aber er schwankte nicht. Er ließ mit keinem Zucken sehen, was er jetzt dachte, sondern ballte die rechte Hand zur Faust, schlug sie leicht auf seine linke Brust und begrüßte so zum zweiten Mal den Großkönig der Hunnen. Mit seiner Linken überreichte er die Siegelrolle mit dem Schreiben des Kaisers.

»Ich bringe dir die Grüße des göttlichen Imperators!« sagte er rauh, aber ohne jede Schwankung in seiner Stimme.

Attila zögerte einen Augenblick. Es schien, als ob er versucht war, den kaiserlichen Brief selbst zu lesen. Doch dann dankte er Maximinos und gab das Schreiben an Onegesios weiter. Gleichzeitig blickte Attila an Maximinos und Priskos vorbei zum Goten Vigilas, der schon im vergangenen Jahr den Senator Anatolios als Dolmetscher begleitet hatte. Obwohl schon viele Stunden vergangen waren, tat er so, als würde er ihn jetzt erst sehen. Seine Augen wurden gefährlich schmal, als sich seine Blicke mit denen des oströmischen Agenten kreuzten. Gleichzeitig bewunderte er den Mut des Mannes, der es wagte, erneut bei ihm vorzusprechen.

Attila hätte jede Möglichkeit gehabt, den verräterischen Goten mit einem Fingerschnippen zu beseitigen. Aber er tat es nicht.

»Du bist doch Vigilas, oder?« fragte er den Mann neben Priskos. Der Gote wurde bleich, dann senkte er den Kopf und nickte. Maximinos blickte verwirrt von einem zum anderen. Aber auch Priskos konnte nicht helfen. Er verstand selbst nicht, was geschah. Attila sah die beiden überhaupt nicht an.

»Ich müßte dich schamloses Tier nennen«, sagte Attila scharf zu Vigilas. »Müßte dich fragen, warum du hergekommen bist, denn gerade du solltest die Verträge kennen, die ich mit Anatolios abgeschlossen habe ... kennst du sie oder nicht?«

»Ich kenne sie«, antwortete Vigilas fast ohne Stimme.

»Und? Was sagen die Vereinbarungen über den Austausch von Gesandtschaften?«

»Daß du niemanden aus Konstantinopel empfängst, solange nicht sämtliche Deserteure ausgeliefert sind.«

»Sehr gut, sehr gut«, sagte der Hunnenkönig. »Und? Warum wagt ihr euch dennoch zu mir?«

»Nun, es ist doch ein wenig schwieriger, der Sonne Lauf von ihrem Aufgang als vom Untergang her zu bestimmen«, antwortete Vigilas umständlich. »Du weißt wahrscheinlich nicht, wie schwerfällig jeder Gang der Dinge in einer Stadt wie Konstantinopel ist ...«

»Was soll das, Gote?« stieß der König der Hunnen hervor. »Willst du mich jetzt mit weichen Worten blenden, ablenken oder irre machen?«

»Nein, Herr, ich wollte nur erklären ...«

»Erklären?« brüllte Attila. »Nennst du erklären, was verdunkeln soll? Du lügst, wie du schon letztes Jahr gelogen hast!«

»Nein, bitte ...«

»Schweig, oder ich lasse dich noch heute pfählen und deinen Stinkeleib den Raubvögeln vorwerfen!«

»Ich verstehe nicht!« warf *comes* Maximinos ein. »Eben noch saßen wir viele Stunden in großer Harmonie ...«

»Nennst du das Harmonie, wenn du den Mann hierherbringst, der mich im Auftrag deines Kaisers heimtückisch ermorden soll?«

Maximinos schüttelte nur den Kopf .

»Ich schwöre dir bei meinem eigenen Leben ... wir haben nie ... auch nicht mit einem Wort ... über Derartiges gesprochen!«

Attila lachte plötzlich laut und dröhnend.

»Du bist viel komischer als der Zwerg Zerko, den ich nicht loswerde!« stieß er hervor. »Ich habe den Zwerg an Aetius verschenkt, der hat ihn Aspar übergeben ... und wer hockt dort mit seinem grinsenden Gesicht? Zerko, der komisch Furchtbare! Und weißt du auch, warum du furchtbar komisch bist?«

Maximinos rang verzweifelt nach Luft.

»Ich glaube dir, guter Mann! Ich glaube dir tatsächlich, daß du nichts von dem Komplott weißt, das du mit deiner Botschaft tarnen sollst! Du bist der ehrenwerte Deckmantel für einen käuflichen und hinterhältigen Kerl, der davon lebt, daß er mit vielen Zungen reden kann ...«

In diesem Augenblick stolperte Priskos heran, breitete seine Arme aus und stellte sich vor Vigilas. Er schwankte deutlich sichtbar und erschrak vor seinem eigenen Mut.

»Ich ... ich bitte dich um Milde, Großkönig Attila. Vergiß nicht, welche Rechte alle Angehörigen einer Gesandtschaft haben!«

»Ja, ja, ich weiß!« sagte Attila schon fast wieder lustlos. Er hatte keine Freude mehr daran, das geplante Attentat wie eine griechische Tragödie vor vielen Zuschauern zu inszenieren. Irgendwie sträubte er sich dagegen, daß eine hunnische Königsyurte zuerst zum hölzernen Palast wurde und dann zu einem Amphitheater für hunnisch-römische Tragödien und Belustigungen verkam.

»Er hat den Tod verdient«, sagte er nur. »Qualvoll. Schmerzhaft. Und öffentlich – vor aller Augen!«

»Und wenn wir selbst ... nach unseren Gesetzen ... dir volle, gnadenlose Aufklärung geloben?« fragte Maximinos bittend. Er ahnte, was es hieß, wenn eine offizielle kaiserliche Gesandtschaft tatsächlich einen Mordauftrag in den Satteltaschen trug.

»Nun, dann ...«, sagte der Großkönig vollkommen unerwartet. »Du bist gesetzeskundiger als viele andere, sagt man von dir! Dann nimm ihn mit und laß die Völker sehen, was römisches Gesetz noch wert ist!«

Erst jetzt bemerkten Maximinos und Priskos, daß sie in eine lange vorbereitete Falle gegangen waren. Sie hatten geahnt und sogar gewußt, daß Attila taktierte und die Entscheidung über Krieg und Frieden von der Erfüllung unmöglicher Forderungen abhängig machen wollte. Sie waren Zeugen eines wohlgezielten Wutausbruchs gewesen, der ihn wieder einmal zum Gewinner machte.

Am nächsten Tag erfuhren sie vom Befehl Attilas, daß weder Vigilas noch die anderen Oströmer Pferde oder irgend etwas anderes außer der unbedingt notwendigen Nahrung kaufen dürften. Niemand aus der Gesandtschaft Ostroms sollte Gelegenheit erhalten, Gold zurückzulassen ...

Wenige Wochen später wurde Vigilas des Attentatsplans öffentlich überführt. Attila schüttelte nur den Kopf, als ihm berichtet wurde, wie ungeschickt der Hof in Konstantinopel erneut gehandelt hatte. Das Ganze war ein Schauspiel, eine geheuchelte Entrüstung, aber eine so widersprüchliche, daß sowohl Attilas Untertanen als auch seine Freunde verwirrt wurden.

Erbost ließ der Großkönig an Theodosios II. schreiben. Er verlangte die Auslieferung von Chrysaphios. Natürlich wußte er, daß Ostrom niemals seinen obersten Minister an den König der Hunnen ausliefern konnte. Trotzdem hatte ihm die ganze Angelegenheit sehr gut gefallen.

»Die intriganten Eunuchenknechte haben sich voll und ganz von uns Barbaren reinlegen lassen«, sagte er immer wieder lachend, wenn sie zusammensaßen.

»Da war nichts mehr übrig von dem vielgepriesenen Geschick der Unterhändler aus Byzanz«, tadelte Onegesios.

»Sehe ich etwa unzufrieden aus?« fragte Attila und lachte.

»Auf jeden Fall haben wir für eine Weile ein wunderbares Druckmittel ...«

»Und weil sie uns ihren Obereunuchen Chrysaphios nicht geben können, bleibt uns das Recht auf eine Reihe anderer hochgestellter Geiseln!« sagte Onegesios.

»Und sogar noch ein Beutelchen mit Gold, das uns rechtmäßig zusteht.«

Attila hatte allen Grund, zufrieden zu sein. Da Chrysaphios, um ganz sicher zu gehen, das Doppelte der vereinbarten Summe geschickt hatte, wußte Attila ganz genau, daß ihm unter dem Strich nicht »ein Beutelchen«, wie er gescherzt hatte, sondern der gesamte Mordlohn in hundert Pfund glänzenden Edelmetalls blieb. So leicht war ihm noch nie etwas in den Schoß gefallen. Zusätzlich konnte er noch mit den fünfzig Pfund für Vigilas rechnen.

»Trotz alledem!« schnaubte er am Ende dieses langen Abends, als er sich vor allen anderen Männer erhob. Er stand für eine Weile sehr beherrscht. Fast schien es so, als hätte er alles um sich herum vergessen. »Der Lohn der Meuchelmörder darf uns nicht blind machen. Tatsache ist, daß Ostrom den Waffenstillstand und die Verträge eindeutig verletzt hat. Außerdem muß ich mich noch gekränkt zeigen. Und was sagt uns das?«

Er wandte sich an seinen Ältesten.

»Daß sie dafür noch sehr tief vor uns kriechen müssen«, sagte Ellac, und seine dunklen Augen leuchteten. Attila schob die Unterlippe vor und rülpste. Er haßte längst diese mühsamen Saufereien, die langsam schwerer wogen als das Gold der Römer.

Im Frühjahr, als die Straßen wieder frei und die Pfade wieder passierbar wurden, meldeten Königsaugen die Ankunft einer Delegation aus Ravenna. Attila hob kaum den Kopf, als ihm die Nachricht im alltäglichen Durcheinander vieler anderer Berichte, Fragen und Beschwerden mitgeteilt wurde.

»Wer ist es?« fragte er wie beiläufig. Die Meldung war nur ein Ritual – eigentlich überflüssig, denn er wußte zumeist lange im voraus, wer sich der Königsstadt näherte.

»Carpilius, der Sohn des Aetius ...«

Attila hob die Brauen. Ein freundliches, schon fast väterliches Lächeln huschte über sein Gesicht. Vor vielen Jahren, als sich Carpilius einige Monate bei den Hunnen aufgehalten hatte, hatte Attila den jungen Mann liebgewonnen. Carpilius war nicht besonders kräftig oder kampfgewandt, war nicht für Schwertkämpfe oder wilde Jagden auf dem Pferderücken geeignet. Aber er war anstellig, belesen und zu Aetius' Kummer ohne den Ehrgeiz seines Vaters.

»Er soll in meiner Nähe ein Quartier bekommen«, ordnete Attila an. »Wann werden sie hier sein?«

»Frühestens morgen nachmittag.«

»Gut, am Tag der Ankunft sollen sie ausruhen. Übermorgen will ich sie an meinem Tisch begrüßen. Ich bin gespannt, welche Nachrichten er von seinem Vater für mich hat. Aber inzwischen wollen wir Ostrom nicht vergessen ... und meine Braut Honoria ...«

Er lachte laut und vergnügt, dann ließ er sich einen Kelch thrakischen Wein einschenken und trank einen kräftigen Schluck.

»Ihr wißt, daß ich eigentlich nicht sonderlich an dieser römischen Prinzessin interessiert bin«, sagte er, «aber ich werde nicht zulassen, daß man Honoria respektlos behandelt! Schreib das an beide Kaiser, Onegesios! Nein, zunächst nur an Theodosios in Konstantinopel! Ich will warten, was Carpilius aus Ravenna berichtet. Und schreib, daß ich sie rächen werde, wenn man es wagen sollte, sie von der Herrschaft über das westliche römische Reich auszuschließen. Zugleich sollen Unterhändler in Konstantinopel die vereinbarten Tribute einfordern. Es wird Zeit, daß wir wieder aufräumen!«

Mit dieser schönen Vorstellung wollte er Carpilius erwarten.

Am nächsten Tag waren keine besonderen Audienzen vorgesehen. Attila war guter Laune. Er scherzte mit den Frauen und Mädchen und begab sich vormittags zu einer Herde wilder Tarpane. Die herrlichen Tiere waren von zwei Hand junger Hunnen eingefangen worden. Attila ritt um die grazil wirkenden, graufalben Steppenpferde herum, musterte ihre dunklen Gliedmaßen, beobachtete, wie sein eigenes Pferd beinahe vor ihnen scheute, und schnalzte anerkennend mit den Lippen.

»Ein paar von denen haben Hengste von uns und den Goten getötet und gute Stuten entführt«, rief Ellac ihm zu. Attila nickte. Er kannte derartige Geschichten schon seit langer Zeit. Solche Verluste kamen immer wieder vor, seit sie das frühere Land der Skythen, Alanen und Goten durchquert hatten. Und auch sonst war es nicht das erste Mal, daß auch die Tiere der Hunnen auf natürliche Gegner trafen. Die Tarpane waren größer als Hunnenpferde und auch ohne Reiter ziemlich aggressiv. Attila bewunderte ihre sehr groß wirkenden Köpfe.

»Wenn ich die Köpfe sehe, müßten sie eigentlich alle von mir gezeugt sein«, meinte er lachend.

»Und du meinst, du könntest diese Stuten in deinem Alter noch bespringen?« fragte sein Sohn mit leisem Spott. Attila hob die Hand, als wolle er zuschlagen.

»Unterschätz mich nicht, mein Sohn Ellac! Wenn ich will, lege ich mir auch noch das wildeste Germanenweib ins Schlaffell!«

Die Männer auf den anderen Pferden lachten. Sie klopften starken Beifall auf ihren Schwertgehängen.

»Ihr jungen Kerle glaubt immer, daß nackte Härte schon den Sieg bedeutet«, rief Attila. »Doch ihr vergeßt zu leicht, daß wir nie eine Schlacht mit brachialer Kraft wie Römer und Germanen für uns entschieden haben ...«

»Was haben diese Pferde, Germanenweiber und die Härte eines guten Hengstes miteinander gemein?« fragte Ellac.

»Das wirst du wissen, wenn das erste Weib dir sagt, daß sie schon rasend wird, ehe sie weiß, was du zu bieten hast. Und wenn du Römer gesehen hast, die nicht fassen können, wie wir von allen Seiten kommen, sie mit dem Blick und den Pfeilen in die Herzen treffen, hautnah an ihre Flanken reiten, sie unser Keuchen, unser Schnauben hören lassen, schnell ihre weichen Stellen finden, eindringen, unsere Pferde hochreißen, drehen, uns der Umklammerung entwinden, verschwunden sind, ehe sie schreien können, und gleich darauf aus einer anderen, hitzigen Richtung wieder angreifen ...«

Noch während sie zurückritten, sprachen sie fröhlich über die verschiedenen Möglichkeiten, in eine Schlacht oder zu einem Weib zu gehen.

Am späten Nachmittag kamen doch noch unerwartete Neuigkeiten im Lager des Großkönigs an. Eine der Gesandschaften Attilas kehrte aus Konstantinopel zurück. Sie waren erst für den übernächsten Tag gemeldet worden. Attila hob nur die Brauen, als er von der eher panikartigen Ankunft hörte.

»Sind sie die letzte Strecke scharf geritten?« fragte er nur.

»Ja, in zwei Tagen durch schweres Gelände ... von der Donau ... von Singidunum bis hierher ...«

»Das ist selbst ohne Gepäck sehr scharf«, stellte Attila fest. Selbst seine engsten Berater wunderten sich, warum der Großkönig der Hunnen anscheinend grundlos wortkarg wurde. Sie sollten es sehr bald erfahren.

Schon am gleichen Abend während des gemeinsamen kleinen Gelages hob Attila die rechte Hand. Er wedelte einmal mit den Fingern, wie er es bei Roms Kaiser Honorius gesehen hatte. Sofort verschwanden alle, die nicht zu seinen Vertrauten oder den Anführern der Verbündeten gehörten.

Attila wartete. Er wirkte ruhig und gelassen. Nur wer ihn sehr genau kannte, entdeckte, daß keine Spur der Fröhlichkeit vom Vormittag mehr in ihm war.

»Ihr wißt, daß wieder zwei Gesandschaften unterwegs waren«, sagte er ruhig und beherrscht, »eine nach Westen und eine in den Osten des Imperiums.« Er wartete, bis alle nickten. »Die *Logades*, die ich nach Konstantinopel geschickt hatte, berichten, was ich ohnehin schon wußte ...«

Trotz der beherrschten Ruhe in seiner Stimme huschte ein winziges Lächeln um seine Mundwinkel. »Unser Freund Theodosios der Zweite hat sich entschlossen, seinen besten Berater in die Wüste zu schicken ...«

Nur einen Augenblick blieb es vollkommen still im Thronsaal, dann brandete johlender Beifall auf. Nahezu alle Männer schlugen triumphierend gegen ihre Schwertgehänge. Attila ließ sie gewähren, ehe er die Hand hob, um weiterzusprechen: »Der Kaiser Ostroms läßt verbreiten, daß er sich von seinem mächtigsten Eunuchen arglistig getäuscht fühlt. Aber die Wüste für Chrysaphios wird eine der hübschen, kleinen griechischen Inseln sein, und die Täuschung soll wohl mir und uns Barbaren gelten ...«

Ein scharfes Zischen aus vielen Mündern unterbrach ihn. Attila lächelte. »Natürlich hat Theodosios genau gewußt, wie das Attentat auf mich geplant war. Aber ...« Er hob erneut die Hand. »Wahrscheinlich braucht er diese Schutzbehauptung, weil er nicht nochmals sein Gesicht verlieren will ... er hat ja sonst nichts mehr, seit er sich vor zwanzig Jahren zur Enthaltsamkeit bei seiner Frau Eudokia verpflichtete ...«

Donnerndes Gelächter füllte den großen Saal. Jedermann wußte, wie locker die Sitten bei den angeblich so strengen Byzantinern wirklich waren. Dennoch brachte der weitere Verlauf des Abends eine große Überraschung.

»Er ist einverstanden«, sagte der Edle, der die letzte Verhandlung in Konstantinopel geleitet hatte. Er wandte sich an Attila: »Er sagt, er hätte sich in all den Jahren an deine unmöglichen Friedensbedingungen gewöhnt. Und um den Frieden mit uns zu erhalten, der immer teuer, aber doch noch günstig war, hat er neue Männer nach Ravenna segeln lassen ...«

Die Männer in der weiten Runde des Thronsaals blickten den Gesandten ungläubig an. Selbst Attila konnte kaum fassen, was er da hörte.

»Soll das etwa heißen, daß Kaiser Theodosios als Vetter von Westroms Kaiserin Galla Placidia und Onkel von Honoria mit einer Heirat zwischen mir und ihr einverstanden ist?«

»›Warum eigentlich nicht, wenn Honoria dies wünscht‹, soll er gesagt haben. Und außerdem sei sie selbst eine Augusta, deren Wunsch man zumindest zu respektieren habe ...«

Attila saß eine ganze Weile ebenso starr wie alle anderen. Dann schlug er unvermittelt mit der flachen Hand so hart auf die Tischplatte, daß alle im Saal zusammenschraken.

»Das war sein letzter Täuschungsversuch!« brüllte Attila wütend. »Ich werde Krieg über ihn schütten, Krieg und Vernichtung seiner ganzen verlogenen, heuchlerischen Eunuchenbrut! Ich will ein Erdbeben für ihn und Ostrom sein, wie er es noch nie zuvor grausamer erlebt hat! Wer ist dieser Wahnsinnige, der mir nicht einmal eine eigene Tochter anbieten kann, um mich zu besänftigen? Ja – Gallien wäre gut als Morgengabe für die Braut und mich, läßt er in Rom bestellen! Aber es ist nicht seine Provinz, nicht sein Kind, das er mir ... ja, mir ... dem Großkönig der Schwarzen Hunnen und *Barbaren* opfern will!«

Das kleine Gastmahl für den Sohn des weströmischen Oberbefehlshabers am nächsten Tag verlief sehr angenehm – zumindest in den ersten Stunden. Der Großkönig der Hunnen ließ mit keinem Wort erkennen, wie sehr ihn alles interessierte, was westlich der Berge lag. Sie aßen, tranken, applaudierten Tänzerinnen und Sängern, ertrugen auch die platten Späße des Zwerges Zerko und kamen erst sehr spät zum eigentlichen Auftrag von Carpilius.

Jedermann wußte inzwischen, daß Attila sich bereit erklärt hatte, auf Honorias Erbteil an Ravenna oder Rom zu verzichten. Er hatte eine Weile darüber nachgedacht, welchen Wert die oberitalischen Provinzen *Aemilia, Venetia et Histria, Liguria* und *Flaminia* für ihn haben könnten. Der größte Teil der Tiefebene mit dem Padus sah nicht viel anders aus als die Weite, in der sich seine Völker jetzt befanden. Allerdings gab es zwischen Apennin und Alpen eine Unzahl römischer Städte mit Mauern und mächtigen Toren, Palästen und verkommenen Altstädten, in denen es ebenso ekelerregend zuging wie in der Subura von Rom.

Er wußte, daß es reiche Städte in diesen Provinzen gab. Berühmte Städte, von denen viele trotz aller Belagerungen und Verheerungen noch immer über mehr Gold verfügten als alle Limessiedlungen an der Donau zusammen. Sie lockten ihn, diese ummauerten Schatzkisten des Imperiums. Sie ließen jeden, der davon sprach, lüstern mit der Zunge über die Lippen fahren. Aber sie waren auch wie Flecken von Dekadenz und Fäulnis auf einem Land, das nach jeder Überschwemmung der Flüsse im Frühling in wilder Schönheit erblühte.

Nachdem er einige Nächte unschlüssig geblieben war, entschied er sich gegen einen Anspruch auf die oberitalischen Provinzen. Attila wollte kein Land erobern, um es zu besitzen. Er wollte nur das Nutzungsrecht, wie es die Kanzleieunuchen in Konstantinopel oder die Schreiber in Rom genannt hätten. Das Wort für Mitgift hieß daher Gallien – nicht mehr, aber auch nicht weniger!

Ravenna kannte seine Forderung. Er hatte ausdrücklich gesagt, daß er nicht das halbe Reich, sondern nur den Westteil bis zum großen Ozean benötigte. Außerdem hatte er zugesichert, daß er sich diese Provinz Westroms nach fünfhundertjähriger römischer Besatzung jetzt sogar als etwas vorstellen konnte, was es unter den Hunnen ebensolange nicht mehr gegeben hatte: Er wollte Gallien zu einer neuen Heimat für die Hunnen und ihre Verbündeten erklären, um dort als guter Freund von Rom zu herrschen und zu leben. Nur Eingeweihte wußten, daß es Eudo und seine Bagauden gewesen waren, die ihm in langen Nächten von den endlosen flachen Weiten im Norden Galliens vorgeschwärmt hatten.

»Du kannst genauso wie in dieser Tiefebene tagelang durch die *Campania* reiten – nur blauen Himmel über dir«, hatte Eudo gesagt. »Und selbst die Römerstraßen zwischen den viel mehr als einen Tag auseinanderliegenden Städten wie Orleans und Troyes, Metz oder Reims sind so gerade bis zum Horizont, als hätte sie ein Riese mit seinem Schwert über das weite Land gezogen.«

Attila und seine Gäste hatten schon einige Becher guten Wein genossen. Weder der Großkönig der Hunnen noch die Könige und Anführer der verbündeten Stämme und Völker erwarteten noch irgendwelche Überraschungen, als Carpilius sich plötzlich mit hochrotem, fleckigem Gesicht erhob und ungeschickt gegen sein Schwertgehänge schlug. Zuerst dachten die anderen, er hätte etwas gesagt, wofür er jetzt Beifall einforderte. Ohne groß nachzudenken, schlugen sie ebenfalls auf ihre Schwertgehänge. Es war sehr laut im großen Königssaal. Erst als Attila den Arm hob, brachen die lauten Unterhaltungen ab.

Der Großkönig der Hunnen wartete, als wäre er sein eigener Zeremonienmeister. Erst als nicht einmal mehr ein Schmatzen, Rülpsen oder Schnauben zu hören war, nickte er dem Sohn von Aetius zu.

»Bitte – du wolltest etwas sagen!«

Carpilius räusperte sich mehrmals. Obwohl ihm nichts passieren konnte, sah jeder ihm an, wie unwohl er sich fühlte. »Ich weiß nicht, was ihr bereits darüber gehört habt«, sagte er. Attila machte ein freundliches Gesicht und nickte ihm zu. Er ahnte nicht, was der junge Mann sagen wollte oder bereits gesagt hatte.

»Also ...«, stotterte Carpilius und schluckte, »ich wollte nur sagen, daß die Gerüchte stimmen ...«

»Welche Gerüchte, Sohn der großen Feldherrn Aetius?« fragte Attila sanft.

»Nun ja, ihr wißt es doch schon ... es sollte bis zum letzten Augenblick streng geheimgehalten werden, weil Galla Palacidia sich mit aller Gewalt dagegen wehrte ...«

»Ach, das meinst du!« stieß Ellac laut hervor. Er hob seinen Becher und rülpste. »Wen interessiert schon, in welcher Stadt diese Göttlichen prassen?«

»Schweig!« befahl Attila. Es war schon lange her, daß er seinen Ältesten vor allen anderen zurechtgewiesen hatte. Er beugte sich vor, stützte seinen rechten Ellenbogen auf den Tisch und lockte Carpilius mit einem Winken der rechten Hand. »Sprich weiter, Carpilius!«

»Sie sind umgezogen«, stammelte der junge Mann. »Der gesamte kaiserliche Hof ist nach achtundvierzig Jahren in der Diaspora im Februar in die Ewige Stadt zurückgekehrt!«

Niemand bewegte sich. Denn kaum jemand erfaßte, was das bedeutete. Nicht einmal Attila oder seine engsten Berater wußten in diesem Augenblick, wie sie reagieren und welches Gesicht sie machen sollten.

Man erfuhr es genau vierundundzwanzig Stunden später. Der Großkönig der Hunnen hatte vollkommen anders reagiert, als es die meisten seiner hochgestellten Gäste getan hätten. In diesem Augenblick hatte sich erwiesen, welchen unschätzbaren Vorteil seine eiserne Regel hatte, niemals auch nur einen winzigen Schluck zuviel zu trinken.

Während der gesamte Saal noch schwankte, ob er jubeln oder aufbrüllen sollte, hatte Attila mit äußerster Konzentration reagiert und nur leicht den Kopf geneigt. »Euer Reich heißt *Imperium Romanum*!«

Das war alles gewesen, was er zu dem Schock gesagt hatte. Gleich darauf hatte er befohlen, Carpilius in einem seiner gesicherten Privaträume unterzubringen. Seine Begleiter wollten protestieren, aber Attila blieb hart. Niemand – nicht einmal seine Adjutanten – durften für den Rest der Nacht und am Tag darauf mit ihm reden ...

Die zweite Runde fand nicht im großen Königssaal, sondern in den Räumen des hölzernen Palastes statt, die Attila benutzte, wenn er mit Freunden und Frauen allein sein wollte. Er achtete darauf, dem Sohn des Aetius nur soviel Wein einzuschenken, daß seine Zunge leicht wurde, ohne den Kopf schwer zu machen. Dennoch dauerte es sehr lange, ehe Carpilius mit der Wahrheit über eine ganz andere Frage herausrückte.

Mehrere Stunden lang hatte er hartnäckig behauptet, nichts von Honoria zu wissen. Aber er log so ungeschickt, daß Aijbars immer wieder die Augen verdrehte und leidend zur geschnitzten Balkendecke des Speiseraumes hinaufsah. Er deutete bereits auf einige von seinen Pülverchen, die er umständlich aus seinen Lederbeuteln vor sich auf dem Tisch ausbreitete. Attila winkte jedesmal ab. Carpilius sollte nichts erfahren, was er in Rom negativ darstellen konnte ...

Und endlich war es soweit.

»Valentinian der Dritte will auf keinen Fall, daß du seine Schwester zur Frau bekommst«, sagte Carpilius. »Ich weiß nicht, ob Honoria schon unterwegs ist, aber sie soll so schnell wie möglich mit einem Schiff durch die Inseln der Aegaeis nach Rom oder Ravenna gebracht werden.«

»Hat er Angst, daß die Eunuchen in Konstantinopel sie gegen günstige Verträge an mich ausliefern?« fragte Attila lachend. »Ob nun nach Konstantinopel geflohen oder zurück nach Ravenna entführt – was ändert das an ihren und meinen Wünschen?«

»Ja, aber es heißt unter den Beratern des Kaisers, du könntest Honoria nicht mehr zur Frau nehmen, wenn sie bereits mit einem anderen Mann verheiratet sei. Außerdem heißt es, daß ihr kein Anteil am Reichsvermögen zusteht, da das *Imperium Romanum* nur die männliche Erbfolge kennt.«

»Lieber Carpilius«, sagte Attila, noch immer amüsiert. »Du magst als Sohn des Aetius mit allen Wassern gewaschen sein, aber ich habe schon als Fünfzehnjähriger einem römischen Notarius ein Dokument für die Eroberung der Ewigen Stadt abgekauft. Was soll also irgendein Pergamentwisch ... eine gekaufte Heiratsurkunde ...«

Er schüttelte mitleidig den Kopf.

»Glaubt der Kaiserhof in Ravenna oder meinetwegen jetzt wieder in Rom denn ernsthaft, daß ich mich auf einen *Rechtsstreit* mit euch einlasse? Ihr scheint vollkommen zu vergessen, wer ich bin! Und selbst wenn ich volltrunken darauf eingehen würde – ich kann Dutzende von Beweisen aus euren eigenen Gesetzen beschaffen, die euch zum Gespött der ganzen Welt machen ...«

Er schlug mit der zur Faust geballten Rechten in die linke Hand. »Wollt ihr einen Aufstand des Volkes, der Patrizier, des Senats riskieren, indem ihr behauptet, schon Theodosios der Große, wie ihr ihn nennt, habe gegen geltendes römisches Recht verstoßen, als er das *Imperium Romanum* unter seinen Söhnen Honorius und Arkadios aufteilte?«

Er sah, wie Carpilius sich wand. »Nein, hat er nicht? Dann kann eine nochmalige Teilung unter zwei weiteren Geschwistern, dem Augustus Valentinian und der Augusta Honoria, doch genausowenig ein Verbrechen sein, oder?

»Sie werden sagen, daß du das ganz anders sehen mußt«, antwortete Carpilius mit einem unerwarteten Anflug von Mut. »Sie werden sagen, daß das Imperium keine beliebig teilbare Latifundie ist, daß hinter allem ein Sinn und ein großer Auftrag steht ...«

»Ihr verbreitet seit tausend Jahren die schlimmste Seuche. Sie nennt sich vermessen Kultur und Zivilisation. Ihr beutet Menschen aus, versklavt sie, werft sie zur Belustigung wilden Tieren vor. Und wenn ich noch so sehr die Wahrheit spreche, werdet ihr sie so lange zurechtbiegen, bis ihr wieder eine Lüge daraus gemacht habt, die ihr dann *eure* Wahrheit nennt!«

Er schüttelte sich angewidert.

»Ihr seid alle Heuchler, ihr Europäer! Und lügt euch selbst was vor, während ihr scheinheilig und unter dem Segen von Gesetz und Kirche die größten Räuber und Diebe aller Zeiten seid.«

Attila merkte, wie er sich immer mehr in Wut redete. Das war das Schlimmste an diesen bleichen, mit jedem Wort glitschigen und nicht zu fassenden Römern und allen, die ihr Lied sangen.

»Geh!« schnaubte er schließlich und schloß die Augen. »Ich will keinen von euch mehr sehen! Mir ist ganz übel von eurem ganzen *Bar-bar-bar* ...«

28. Stürzende Adler

Attila tobte. In den folgenden Tagen und Wochen wurde er immer grantiger. Er drohte Westrom täglich mindestens zehnmal mit Krieg und forderte immer heftiger, die kaiserlichen Rechte seiner Braut in Ehren zu halten. Valentinian III. lehnte alle Forderungen des Hunnenkönigs entschieden ab. Doch Attila gab nicht auf.

»Was soll diese Unverschämtheit?« rief er erbost. »Wie können diese Hundesöhne behaupten, daß Honoria kein Herrschaftsanspruch zusteht, wo doch ihre eigene Mutter die eigentliche Kaiserin Westroms ist?«

Kopfschüttelnd und zutiefst fassungslos marschierte er fast jeden Abend mit stampfenden Schritten im hölzernen Palast auf und ab. Dann hatte er die Arme auf dem Rücken verschränkt und den Kopf wie einen Rammbock nach vorn geschoben. »Heuchler und Lügner sind sie alle!« stieß er hervor. »Was glauben denn diese weißhäutigen Wichte, wer ich bin? Ein Schlappschwanz wie ihre Purpurkaiser? Ein geldgieriger Eunuch? Oder ein armseliger Ziegenhirte, den sie wie einen Sklaven herumstoßen können?«

Und immer wieder blieb er stehen, schüttelte sich vor Abscheu und zischte: »Sie sind Heuchler, diese Europäer!«

Doch dann geschah auf der anderen Seite des Hunnenreiches etwas, womit ebenfalls niemand gerechnet hatte. Die Nachricht platzte in die sommerliche Hitze und wirbelte sie auf wie ein wolkenschwellendes, krachendes Gewitter. Sie verbreitete sich in Windeseile mit Brieftauben, schnellen Seglern, römischen Postreitern und Fackeltürmen nach allen Seiten.

»Theodosios ist tot!« brüllte Ellac durch den hölzernen Palast. Er war mit einer Großhand seiner Getreuen ein paar Tage bis zur Mündung der Theiß in die Donau gestreift und kam in vollem Galopp zurück. »Der Kaiser von Ostrom ist vom Pferd gefallen ... er starb gerade jetzt erst ... am achtundzwanzigsten Juli ...«

Attila unterbrach eine Besprechung mit Onegesios, Scottas und Orestes. »Vom Pferd gefallen?« fragte er. »Einfach so, oder ...«

»Einfach so ...«, verkündete Ellac außer Atem. »Ich habe es von einem Zenturio, der weiter nach Aquileia rast ... du weißt schon – jede Stunde ein neues Pferd ...«

»Wie ist es passiert?«

»Bei der Jagd – mehr wußte er auch nicht. Soll ich ihn aufhalten und herbringen lassen?«

Der Großkönig der Hunnen überlegte kurz, dann schüttelte er den Kopf. »Wieder ein Adler weniger«, sagte er. Keiner der Anwesenden verstand, was er damit meinte.

Schon wenige Wochen später saß der Nachfolger von Theodosios II. auf dem Thron in Konstantinopel. Aber auch er war nur ein Angeheirateter in der theodosianischen Herrscherdynastie.

»Es ist Flavius Julius Valerius Markianos«, meldete Onegesios.

»Sieh an, sieh an«, sagte Attila nicht sonderlich überrascht. »Hat er es also auch geschafft, der stramme Soldat und sture Durchpeitscher der alten Schlachtordnungen, Markianos!«

»Er dürfte ebenso alt sein wie du«, sagte Onegesios.

»Ja, ich kenne ihn«, antwortete der Großkönig der Hunnen. »Er kam als Sohn eines Legionärs aus Thrakien nach Konstantinopel.«

»Es heißt, er wollte dort mit zweihundert geliehenen Gold-Solidos sein Glück machen ...«

»Das hat er ja auch«, brummte Attila halb unwillig und halb bewundernd. »Wenn ich mich recht erinnere, kämpfte Markianos mit Ardabur und Aspar in Africa gegen König Geiserich.«

»Das ist richtig. Er wurde sogar Adjutant von Aspar und geriet beim Krieg Ostroms gegen Persien in Gefangenschaft. Später war er Kandidat der blauen Circus-Partei, *magister domesticus* und wurde sogar zum Patricius befördert. Als Gegenleistung für seine Erhebung mußte er Theodosios' Schwester Pulcheria heiraten, allerdings unter der Bedingung, von seinen ehelichen Rechten niemals Gebrauch zu machen ...«

»Ist die nicht auch schon fünfzig?« fragte Attila.

»Zweiundfünfzig«, grinste Onegesios, »und seit sechsunddreißig Jahren Augusta!«

»Der arme Kerl«, sagte Attila und seufzte. »Das wird nicht leicht für ihn!«

»Er wird beweisen wollen, daß er in seinem Alter noch ein starker Mann ist«, grummelte Aijbars, »und wenn er es in ihrem Bett nicht darf, kann er für uns gefährlich werden ...«

Attila sah den Alten fragend an, doch der Schamane hob nur die leise zitternden Hände, kaute ein paarmal mit seinem zahnlos gewordenen Mund und summte mit geschlossenen Augen.

»Vielleicht meint er die unangenehme Tatsache, daß der neue Mann als Kandidat der blauen Circus-Partei Kaiser von Ostrom geworden ist!«

»Ja, ich weiß«, nickte Attila. »Bei den letzten Friedensverträgen fehlen eigentlich die kaiserlichen Siegel, aber daraus wird wohl jetzt nichts mehr! Die Blauen sind gegen uns. Ihre Adligen und Senatoren haben schon öfter den Mund reichlich voll genommen. Sie lehnen es ab, auch nur eine einzige Goldmünze für den Frieden mit uns zu zahlen.«

»Also wird diese Haltung jetzt die offizielle Politik des Ostens!«

»Ja, aber nur, wenn Markianos durchhält ...«

»Im Augenblick deutet alles darauf hin«, sagte Onegesios. »Auf jeden Fall hat er als erste kaiserliche Handlung die Hinrichtung jenes Mannes befohlen, dessen Auslieferung noch vor wenigen Monaten eine deiner Hauptbedingungen für einen Frieden war.«

»Mit welcher Begründung?«

»Der Eunuch und oberste Minister von Theodosios dem

Zweiten büßte für die Bereitschaft der grünen Circus-Partei, mit der sie ein Vierteljahrhundert lang Tribut an uns gezahlt hat.«

»Er geht auf einmal alles sehr schnell in diesem Reich, das sich in einem halben Jahrhundert kaum bewegt hat«, sagte Attila. »Holt mir die Abgesandten noch einmal herein!«

Er wartete, bis die Männer aus Konstantinopel wieder im Saal waren. Attila blieb kühl, aber höflich, und bot ihnen Platz an. Er betrachtete sie eine Weile, bis er spürte, daß sie sich unwohl fühlten.

»Nur eine Frage noch«, sagte er. »Seid ihr freiwillig und mit dem Wunsch zu sterben hierher gekommen?«

»Wir verstehen nicht ganz«, sagte der Senator, der die Gesandtschaft aus Konstantinopel anführte. »Aber es stimmt – wir kamen freiwillig und ohne Zwang. Wir sind Vertreter der stärksten Macht unter der Sonne, und wir teilen dir offiziell mit, daß unsere Legionen und Befestigungsanlagen in diesen Wochen unter größtem Einsatz kriegstüchtig gemacht werden. Und niemand von uns hat den Wunsch zu sterben.«

»Kann es sein, daß ihr noch nie von mir gehört habt?«

»Im Gegenteil, wir haben schon sehr viel von dir gehört.«

»Ach«, sagte der Großkönig der Hunnen leise, beinahe lapidar. Er schob die Unterlippe ein wenig vor, lächelte den Edlen Ostroms zu, holte ganz langsam Luft, und dann brüllte er los:

»Wie könnt ihr wagen, mich derart maßlos, unverschämt und hinterhältig zu beleidigen! Keinen Tribut mehr! Also keinen Frieden! Ja, Römer, Griechen und Eunuchen! Versucht es nur! Reizt mich zum Zorn, aber vergeßt nicht, daß ich ... daß *ich* der Großkönig der Hunnen und Barbaren bin! Ich, Attila, Sohn von Fürst Mundschuk! Keinen Tribut mehr, sagt ihr? Gut – keinen Frieden! Das ist meine Antwort! Jetzt, hier und ab sofort! Warum also ... warum soll ich euch dann ziehen lassen?«

Er lachte laut und strich sich mit der flach ausgestreckten Hand waagerecht über die Kehle.

»Also? Was bietet ihr für euer eigenes Leben? Als ersten Tribut, den ich unter der Herrschaft des neuen Kaisers wohlwollend annehme ...«

Der Anführer der Gesandtschaft aus Konstantinopel räusperte sich. Er hatte seinen anfänglichen Stolz wieder verloren. Es war, als ahnte er, daß schon ein falsches Wort, eine winzige falsche Bewegung und ein allzu ängstlich vorgebrachtes Argument sein letztes sein konnte.

»Ich bitte dich, edelster Großkönig der Hunnen«, flehte der Mann, »es geht doch nur um eine kleine, lächerliche Formalität. Die grüne Circus-Partei hat jahrzehntelang alle verflucht, die an euch Hunnen zahlten, aber wir wissen doch, wie gnädig ihr Konstantinopel verschont habt ... wenn wir euch anderweitig entgegenkamen ...«

»Und? Ist es euch lieber, wenn wir uns aus den Städten und Klöstern holen, was uns der neue Kaiser vorenthält?

»Nein, ganz gewiß nicht! Es geht nur um das Wort *Tribut*. Wenn ihr Hunnen und eure Hilfsvölker Frieden haltet, könnten wir an gelegentliche Geschenke denken. Freiwillige Zahlungen sozusagen und nicht mehr die beschämende Verpflichtung durch Verträge ...«

»Aha!« sagte Attila. Er war tatsächlich so überrascht, daß er sich suchend nach Scottas oder irgendeinem Wortverdreher umsah.

»Und wenn wir auf Verträge statt auf milde Gaben pochen?«

Der Anführer der Gesandtschaft aus Konstantinopel hob die Hände und zog gleichzeitig die Schultern zusammen. »Wenn ihr nicht dazu bereit seid, dann müßt ihr eben Krieg gegen uns führen ...«

»Krieg! Krieg! Krieg!« stieß der Großkönig der Hunnen am gleichen Abend immer wieder hervor. »Als wenn das so einfach wäre!«

Mit vorgeneigtem Oberkörper, auf dem Rücken verschränkten Armen und kurzen, schnellen Schritten stampfte er kreuz und quer durch den Thronsaal des hölzernen Palastes. Er hatte bereits mehrmals abgewinkt, als seine engsten Berater sofort auf die Veränderungen reagieren wollten.

»Du mußt den Anfängen wehren!« sagte Scottas.

»Warum soll ich mich wie ein scheues Rebhuhn aufscheuchen lassen?« fragte er zurück. »Habe ich nicht immer noch den Ring der Honoria? Und kann ich nicht jederzeit die kaiserliche Prinzessin an meine Seite ziehen?«

»Du meinst also, daß das alles nur leeres Stroh ist?«

»Nein, ich meine schon, daß Markianos mit harter Hand durchgreifen möchte. Aber ich bezweifle, ob er es auch kann. Mit ein paar neuen Steuergesetzen beendet er keine Korruption. Glaubt doch nicht, daß ein Kaiser wie er die Macht hat, den Ämterkauf, die Dekadenz und die innere Verrottung dieses halben Imperiums ernsthaft aufzuhalten ...«

»Was dann? Was hast du vor?« fragte Onegesios.

»Zeit! Zeit! Zeit! Wir müssen Zeit gewinnen! Diese verfluchten blauen Circus-Eunuchen wissen ganz genau, daß wir keine Belagerer sind! Wir könnten Monate vor den Mauern Konstantinopels lagern ... sie würden lachen, weil sie wissen, daß kein noch so großes Hunnenheer die neuen Mauern stürmen kann! Wir haben nicht einmal die Schiffe, um sie vom Wasser her von der Versorgung abzuschneiden ...«

»Dann bleibt nur noch der Westen«, sagte Onegesios.

»Ein großer Feldzug gegen Westrom ist nicht mehr möglich wie zu Uldins, Radagis' oder Alarichs Zeiten! Wir müssen die Verbündeten an uns binden. Die Germanen schlagen sich dorthin, wo sie die beste Beute finden, und beide Roms werden nur frecher, wenn wir nichts unternehmen ...«

»Was willst du tun?« fragte Onegesios besorgt. Attila lachte trocken.

»Mir fehlt Zeit – und mir fehlt Geld«, knurrte er. »Mir fehlen einfach die Solidos aus beiden Teilen den Imperiums. Und was macht man in Zeiten solchen Mangels?«

»Du meinst, wir sollten uns andere Quellen neu erschließen?«

»Nein, ganz im Gegenteil! Uns fehlen Goldstücke mit den Visagen ihrer Kaiser? Na schön, dann machen wir uns welche ... und zeigen damit, daß wir reich genug sind, um alle Forderungen der Vasallenfürsten und der Germanenkönige aus einem unerschöpflich großen Hunnenkessel zu begleichen ...«

»... drohst du uns aber mit Krieg, Groß-König der Hunnen«, schrieb Kaiser Markianos, »dann werden wir bereit und auch in der Lage sein, dich mit den stärkeren Streitkräften und sämtlichen Goldreserven vom Schwarzen Meer bis nach Arabien und Aegypten zu bekämpfen.«

Mit soviel Frechheit und Aufstand war vor wenigen Monaten noch nicht zu rechnen gewesen. Doch plötzlich wurde Attila vollkommen ruhig. Noch konnte er sich entscheiden, ob er nach Osten oder nach Westen Krieg führen wollte.

»Vor dreißig Jahren wäre ich nur meinem Zorn gefolgt«, schnaubte er mühsam beherrscht. »Ich hätte – koste es, was es wolle – alle Beleidigungen gerächt und Tausende von Männern nur für die Beute und den Königsruhm geopfert.«

»Und heute?«

»Heute werde ich mich für den Westen entscheiden. Dort gibt es reichere Beute, als ihr euch überhaupt vorstellen könnt. Und genau dieses Gold verspreche ich euch!«

»Koste es, was es wolle?«

Attila schob die Unterlippe nach vorn. »Das soll jedes der Völker, die mit mir ziehen wollen, frei und für sich entscheiden. Ich biete Gefolgschaft an – aber ich befehle sie nicht!«

Und so geschah es. Attila ließ goldene Kelche und Pokale, Becher, Schalen und Leuchter einschmelzen. Gold, immer mehr Gold gelangte zu den Männern, die daraus neue Solidos nach Art der Münzen mit dem Abbild von Kaiser Theodosios II. schlugen. Gefälschtes Geld – und mancher Händler an den Handelsfurten der unteren Donau und den Märkten wunderte sich in den folgenden Monaten über die neue Moral des *Imperium Romanum*.

»Zum ersten Mal stimmt die Bezeichnung *Solidos* für die Goldmünzen des Imperiums mit der ursprünglichen Bedeutung von *gediegen*, *stark* und *sicher* überein«, sagte Attila gutgelaunt, als er mit beiden Händen in den schweren Eichenkasten mit der neuesten Zehntageproduktion griff.

»Genau das macht das neue Geld ja so verdächtig!« grummelte der Schamane. Attila ließ sich nicht beirren. Im Schein des Yurtenfeuers glänzten die Münzen noch viel wertvoller als bei Tageslicht. Es gab einen wunderbaren Klang, als er die Solidos Stück für Stück durch seine Finger gleiten und wieder zu den anderen Goldstücken fallen ließ.

Es kam sehr selten vor, daß Onkel Aijbars sich irrte. Diesmal jedoch schwiegen die Händler über den plötzlich viel zu großzügigen Goldwert, und nicht ein einziger vermutete Attila hinter den erstaunlich richtigen alten Münzgewichten.

Konstantinopel nutzte die mehrfachen Wendungen und ließ mitteilen, daß den Wünschen des Hunnenkönigs entsprochen würde. Der neue Kaiser schickte den inzwischen zum *Patricius* erhobenen Anatolios sowie den einstigen Wirtschaftsminister, Exkonsul und *Patricius* Nomos zu Attila. Von Nomos wußten die Hunnen, daß er in heiklen politischen Fällen lieber mit dem Gold des Staates als mit Blut bezahlte.

Kaum hatten sie die Donau überquert, begegneten sie auch schon Attila, der ihnen bis zum Fluß Drekon entgegengereist war, um ihnen zu zeigen, daß er diese Delegation wesentlich höher einschätzte als die von Maximinos und Priskos.

Die oströmischen Gesandten erhielten alles, was sie wollten. Attila verzichtete in einem feierlichen Friedensvertrag auf seine territorialen Ansprüche. Er gab sein Versprechen, den Kaiser von Byzanz nicht mehr wegen der hunnischen Flüchtlinge zu behelligen. Für die lächerliche Summe von fünfzig Pfund Gold gab er sogar Vigilas frei. Zusätzlich entließ er römische Gefangene ohne weiteres Lösegeld. Er überhäufte Anatolios und Nomos mit Geschenken, Pferden und wertvollen Pelzen.

»Es ist unglaublich«, berichteten beide später. »Er hat sogar darauf verzichtet, den jährlichen Tribut zu erhöhen.«

Doch das war nicht so. »Sollen sie glauben, was sie wollen«, erklärte der Großkönig seinen engsten Beratern. »Wichtig ist nur, daß die beiden Hälften des römischen Reiches zu unterschiedlich sind, als daß wir uns mit beiden einlassen könnten. Nichts ist gefährlicher als ein Krieg nach Osten und nach Westen zur gleichen Zeit. Im Osten müssen wir sehr behutsam sein, denn dort gibt es noch unerschöpfliche Reserven. Was dagegen der Westen hat, kennen wir bis zum letzten Mann und zum letzten Solido. Trotzdem will ich im Augenblick auch nicht nach Italien.«

»Du meinst, wegen der Seuchen?«

»Ja«, sagte Attila und nickte. »Ich weiß nicht genau, wie zuverlässig die Berichte aus dem Westen sind. Die große Hungersnot, die in Italien wüten soll, kann natürlich auch eines von diesen geschickt gestreuten Gerüchten sein. Mangel und Seuchen sind nun einmal zuverlässigere Abschreckungen als Mauern und schwerbewaffnete Legionäre. In dieses Risiko kann nur ein Narr gehen, denn gegen derartige Feinde sind auch die schnellsten unserer Reiter machtlos ...«

»Ich habe keine andere Wahl mehr«, sagte Attila kurz darauf, obwohl es für einen großen Zug in diesem Jahr bereits zu spät war.

»Ja«, sagte Onegesios, »aber gerade weil alle wissen, daß du Ernst machen mußt, ist dies die beste Ausgangslage für Verhandlungen ...«

»Wozu Verhandlungen?« schnaubte der Großkönig. »Soll ich mich weiterhin vertrösten lassen? Soll ich mich lächerlich machen? Soll ich zu meinen Kriegern sagen ›Kommt, *Cumpane*, wir essen ab sofort nur weiches Brot der Römer ...‹ kein Fleisch mehr in den Kesseln, kein Gold im nächsten Jahr – weder Tribute noch Beute? Nein, Grieche! Hier ist keine Zeit mehr für Verhandlungen! Hier warten Tausende von Männern auf den Kriegsruf! Familien, Sippen, Völker, die nicht geeignet sind, Körner in Dreck zu stecken. Ja, auch wir mögen Beeren, Früchte des Südens und süßen Wein! Aber wir sind keine Bauern, keine Wald- und Feldleute wie die Goten und die anderen Germanen. Wir reiten, Onegesios, und treiben unser Vieh, wohin es uns gefällt!«

»Und wenn du tagelang so weiter wütest«, beharrte Onegesios auf seiner Meinung. »Bereite du den großen Zug vor... aber laß mich die anderen Fäden spinnen! Vergiß doch nicht, daß auch noch andere über das Spielfeld ziehen... sehr viele andere sogar.«

»Was willst du damit sagen?«

»Ich weiß noch nicht, wie die Gestirne morgen stehen«, antwortete Onegesios eher orakelnd. »Aber da sind die Perser und die Vandalen des Königs Geiserich. Wir müssen wissen, was sich am Nordwestrand des Imperiums tut, ehe wir selbst in diese Richtung ziehen. Britannien ist für Rom verloren. Die Franken streiten ebenfalls. Sie drängen hart nach Gallien. Gundebaud, dem der Thron dieses Germanenvolkes rechtmäßig zusteht, hat mit seiner Mutter bei uns Asyl gefunden. Aber sein jüngerer Bruder stützt sich auf Aetius, der ihn sogar adoptiert hat! Das ist viel mehr als eine Laune unseres eigenwilligen Freundes!«

»Ich weiß«, sagte Attila, »die Thronfolge der ripuarischen Franken ist bereits ein ernster Streitpunkt zwischen uns und den Römern!«

»Sie überhäufen ihren Günstling und die fränkischen Verräter mit Geschenken und lassen sogar zu, daß ihm das Volk zujubelt«, bestätigte auch Laudarich.

»Aber gemeint sind wir!« sagte Attila grimmig. »Es ist ein Würfelspiel, in das uns Westrom hier gelockt hat ... wir würfeln mit den Thronfolgern um die Germanenvölker ...«

»Leider wird uns das bei den Westgoten nicht gelingen«, sagte Onegesios. »Nördlich der Pyrenäen bahnt sich ebenfalls ein Herrscherwechsel an.«

»Hat denn Theoderich nur einen Sohn?«

»Nein, aber Thorismund, sein Ältester, hat sich bisher als wilder Draufgänger gezeigt. Das schreckt die anderen verläßlich ab.«

»Da kann man auch ganz anderer Meinung sein«, sagte Attila und lächelte plötzlich. »Wir sollten uns den jungen Mann genauer ansehen!«

»Ja, du hast recht«, sagte Onegesios. »Viele der jungen Völker hassen und verachten Westrom viel mehr als uns. Die Zeit ist reif für neue Bündnisse!«

»Dann sollten wir auch größer denken ... noch mehr in die Weite!«

»Richte den Blick bis an die Grenzen dieser Welt!« sagte der Grieche. »Vergiß die kleine römische Provinz namens Europa westlich von Konstantinopel. Europa, wie es morgen aussieht – das ist mehr, mein König ... das kann ein Hunnenreich sein, vor dem selbst China seine Mauern einreißt ...«

Attila lachte leise. Seine Wut war verraucht. Vielleicht gefiel ihm auch der Gedanke, daß er es sein würde, der nach so vielen Jahren die gegen seine Vorfahren gebauten Mauern schleifen könnte.

»Wir könnten mit dem Donaulimes des *Imperium Romanum* anfangen«, sagte er. »Ja, der Gedanke könnte mir tatsächlich schmecken!«

Sofort begann eine rege diplomatische Tätigkeit. Sowohl Westrom als auch die Hunnen bemühten sich um eine Spaltung der fränkischen Kräfte in der Provinz Gallien und um eine Irreführung der Westgoten.

In dieser Situation wurde für Attila jener Mann immer wichtiger, der vor gut zwei Jahren aus Gallien geflohen war und seither geduldig darauf gewartet hatte, sein Wissen und seine Erfahrung an den König der Hunnen weiterzugeben.

»Deine Bemühungen werden nicht viel Erfolg haben«, sagte der ehemalige Anführer der aufständischen gallischen Bauern.

»Die germanischen Könige und Stammesfürsten im weströmischen Reich sprechen schon lange darüber, welche Absichten du haben könntest. Sie sind nicht dumm ... höchstens bestechlich. Und dabei zählt nur das Kalkül ...«

»Was meinst du damit?« fragte Attila und runzelte die Stirn. Er beugte sich ein wenig vor und fixierte mit seinem Blick den Bagaudenführer. Eudo neigte den Kopf mit angeblicher Unterwürfigkeit, wie er es stets bei den Römern in Gallien getan hatte, dann sagte er: »Die Rechtlosen, die Massen, die Bauern und die Völker kennen weder Verbündete noch Freunde! Du kannst sie kaufen für den Tag, an dem du sie erschreckst oder am Leben läßt. Aber bei Nacht werden sie wie das Wasser in den Ozeanen oder die Wechselhaftigkeit des Himmels zurückfluten in die Bedingungen, die sie seit jeher kennen.«

»Kannst du nicht deutlicher und klarer werden?«

»Ich kann es«, sagte Eudo furchtlos. »Aber es würde mich aller Wahrscheinlichkeit nach den Kopf kosten.«

»Meinetwegen kannst du ihn behalten – vorausgesetzt, du sprichst!«

»Es ist die Art, wie deine Verbündeten mit den Besiegten umgehen«, sagte Eudo. »Diese Art wird alle, die noch wankelmütig sind, zu den Westgoten und den Römern treiben.«

Drei Wochen später, als sie nach einem mehrtägigen Ausritt mit schnaubenden Pferden in den Ordu zurückkehrten, lagen einige interessante Informationen für ihn vor. Der Großkönig war mit einer Sturmfaust dem ganzen Bogen der Karpaten um die Tiefebene im Süden, Osten und Norden gefolgt. Am großen Donauknie waren sie wieder nach Süden abgebogen, hatten das Römerlager Aquincum auf dem westlichen Ufer liegenlassen und waren in weniger als einem Tag zwischen Donau und Theiß ins Lager zurückgestürmt.

»Du wirst es nicht für möglich halten«, begrüßte ihn Ellac, kaum daß er den Reitpelz abgelegt hatte. »Jetzt kommt uns Gallien sogar schon entgegen ...«

»Noch mehr Bagauden?« fragte Attila und ließ sich den Schwertgürtel abnehmen. Ein Sklave brachte eine Schale mit scharfem Kräuterwasser. Attila tauchte seine Hände hinein, rieb sich ein wenig den Schmutz ab und trocknete seine Hände mit einem wollenen Tuch.

»Nein«, antwortete Ellac, »keine Bagauden. Aber erinnerst du dich noch an Sangiban, den König der Alanen?«

»Sangiban?« rief Attila überrascht. »Und ob ich mich an diesen aufrechten Nachfolger von König Goar erinnere! Ich habe stets bedauert, daß die Alanen uns vor einigen Jahrzehnten verlassen haben. Aber sie wollten weiter nach Westen, und ich war damals noch nicht über meine Zeit als Geisel Roms hinweg. Heute würde ich alles tun, um die Alanen erneut für uns zu gewinnen.«

»Offenbar hast du sie bereits gewonnen«, sagte Ellac und grinste. »Der Bote von König Sangiban tut sehr geheimnisvoll ... ich habe schon daran gedacht, ob ich es aus ihm herauspeitsche. Aber er wollte nur dir sagen, wofür er wochenlang unterwegs war ...«

»Ich kenne Sangiban nur als kleinen Jungen«, meinte Attila versonnen. Er hob den Kopf und lächelte. »Ja, das ist lange her ... sehr lange schon! Wir haben damals gemeinsam auf unseren Schafen reiten gelernt. Das waren diese wunderbaren Frühlingstage am westlichen Ufer des Schwarzen Meeres. Ich kann mich noch genau daran erinnern, wie wir den Hammeln Schleifen um ihre Schwänze gebunden haben ...« Er lachte leise, dann setzte er sich an seinen Lieblingsplatz. »Die Alanen hatten rosa Schweine ... keine schwarzen, wißt ihr, sondern rosa Schweine ... Bleda war auch da ... er und die Älteren haben sich in jenen Tagen damit vergnügt, daß sie kleine Küken in den Mund gesteckt und ihnen die Köpfe abgebissen haben ... das kommt davon, wenn man zu eng mit Tieren aufwächst, würde Aetius jetzt sagen ... wo ist der Bote?«

»Dafür haben die Römer lebende Haselmäuse in Honigsaft getunkt und dann geschluckt!« kicherte Onkel Aijbars.

Ellac winkte kurz. Sie brauchten nur einen Moment zu warten, dann trat ein schwarzhaariger, schwarz gekleideter und verwegen aussehender Alanenkrieger mit einem doppelten, über Brust und Rücken gekreuzten Schwertgurt in Attilas kleinen Audienzraum.

»Du bist Alane?« fragte der Großkönig der Hunnen, noch ehe der andere etwas sagen konnte. »Du siehst eher wie ein Perser aus ... ein Sassanide ...«

Der Schwarze blieb einen Moment bewegungslos stehen. Während alle darauf warteten, daß er sich vor dem Großkönig der Hunnen zu Boden warf, blickten sich die beiden ungleichen Männer direkt in die Augen. Dann, als Attila bereits verzeihend lächeln wollte, neigte der andere doch noch Kopf und Oberkörper. Er sah verwegen aus, aber sein Gesicht war schon zu hell geworden vom langen Leben in der gallischen Provinz Westroms. Ein wenig später, und Attila hätte kein Wort mehr sagen müssen ...

»Ich grüße dich, Herrscher der Weite, Großkönig der Hunnen, Sohn von Fürst Mundschuk und Enkel von König Uldin, für den unsere Vorväter kämpften und starben!« Es war sehr lange her, daß der Name Uldins von einem Fremden in Attilas Palast genannt worden war.

»Willst du uns sagen, was dich zu uns führt?«

»Ich habe den Auftrag, nur dir selbst und ganz allein dir etwas von König Sangiban mitzuteilen.«

Der Mann hatte Mut. Für eine Weile wußte niemand, ob er am Ende des Tages ein reich belohnter Mann oder Fraß für die Winterwölfe sein würde. Die Antwort ließ auf sich warten, doch Sangibans Botschafter schien keine Furcht zu kennen. Er bestand die Probe, wie es sich für einen Reiterkrieger der Alanen gehörte. Attila schickte alle anderen hinaus.

»Willst du hier reden, oder sollen wir beide allein einen Spaziergang machen?«

»Ich habe dir nur einen einzigen Satz zu sagen.«

»Dann komm!« sagte Attila. Er verzichtete auf seinen Reitpelz und stülpte sich nur eine von seinen schwarzen Schaffellmützen über den Kopf. Sie verließen den kleinen Audienzraum, passierten mehrere andere Räume und Hallen. Überall hielten sich Männer, Frauen und Kinder auf. Sie sprangen auf und grüßten, während Attila nur mit den Händen antwortete. Endlich erreichten sie einen der Hinterausgänge des Holzpalastes.

»Laß uns zu meinen Pferden gehen«, sagte der Großkönig. »Ich habe immer eine Großhand der besten Tiere in meiner Nähe. Wenigstens einmal am Tag will ich sie sehen und im Sattel sitzen, damit ich nicht vergesse, wo der wahre Thron jedes Hunnenkönigs ist.«

»Das geht nicht allein euch so«, sagte der Alane und lachte.

»Du gefällst mir«, sagte Attila, nachdem sie einige Schritte gegangen waren. »Was ist den weiten Weg von Gallien hierher bei dieser Kälte wert?«

»Hand und Herz von König Sangiban«, antwortete der Alane. »Im Westen ist der Kaiser in die Schlingen der Edlen und Mächtigen Roms zurückgekehrt. Es kann zu neuen Strafaktionen in der gallischen Provinz kommen. Mein König macht sich Sorgen, weil er nicht weiß, ob er dann ein Verbündeter der Westgoten oder der Römer sein soll ...«

»Was willst du?« fragte Attila. Seine gute Laune war plötzlich wie in der Kälte abgestorben. »Warum erzählst du mir das alles?«

»Weil auch wir mitdenken können«, sagte der Alane ohne Furcht. »Du brauchst jetzt mehr Freunde, als du bisher auf deiner Seite hast. Sicherlich könntest du Ostrom und Konstantinopel erneut angreifen und vielleicht auch erobern und verheeren.«

»Was spricht aus eurer Sicht dagegen?«

»Nichts«, antwortete der Vertraute des Alanenkönigs. »Nichts außer der Himmelsrichtung ...«

Attila stutzte, dann lachte er überrascht. »Meint ihr etwa, daß ein Großkönig der Hunnen nur in der gleichen Richtung reiten darf? Daß wir dazu verdammt sind, wie seit Jahrhunderten immer nur westwärts zu reiten?«

»Trotz allem, was ihr bereits von Rom angenommen habt ... ihr seid Nomaden und werdet stets Nomaden bleiben!«

»Ihr denkt also, daß ich nach Westen aufbreche?«

»Ja. König Sangiban denkt so ... aber auch die Westgoten, die Franken, die Burgunden, Alamannen und ...«

»Und wer noch?«

Der Alane lächelte kaum merklich. »Wir haben nicht vergessen, daß du mit König Geiserich Geisel in Rom warst ...«

Attila stieß einen leisen Pfiff aus.

»Die Wurfschlinge«, sagte er nachdenklich und lächelte dabei. »Ihr werft die große Wurfschlinge, um mich zu holen ... gegen wen? Gegen den Westgotenkönig Theoderich? Oder gegen den König der Vandalen in Africa?«

»Sagen wir einfach so: Es würde Geiserich gefallen, wenn du nördlich der Alpen nach Gallien ziehst. Das regt Rom nicht besonders auf und lenkt die Westgoten in Aquitanien und die Sueben in Hispania sicherlich davon ab, wenn er in Schiffe steigt und nach Sizilien und Italien übersetzen sollte.«

»Sieh an, der Geiserich!« sagte Attila lächelnd. Gleichzeitig beschloß er, Geiserich zu schreiben – den Süden von Italien mit der von Millionen überfüllten Ewigen Stadt Rom und Hispanien für die Vandalen, den Norden und ganz Gallien für die Hunnen und ihre Verbündeten – das war ein Ziel, für das es sich zu planen und zu kämpfen lohnte!

Attila spürte plötzlich eine seltsame Erregung. Zum ersten Mal entstand ein großes, neues Bild in ihm – ein Bild von einem Ende aller Kämpfe und einem Schlußpunkt hinter ihrem langen Weg vom Osten in den Westen, der Weite und den endlosen Beutekämpfen seiner Völker. Sie würden reiten, Herden über Weiden ohne Grenzen oder Mauern treiben und glücklich in den Yurten leben – nicht in der kargen Kälte, an Wüsten oder Sümpfen, sondern im grünen Gallien, das für alle Platz hatte.

Er seufzte kurz und nahm sich zusammen. Der Alane wartete.

»Aber ihr selbst – seid ihr nicht Vasallen der Westgoten?« fragte Attila.

»Wo denkst du hin!« protestierte der Bote von König Sangiban. »Wir sind ein freies Volk, seit wir nicht mehr mit euch gemeinsam kämpfen!«

»Du meinst, die Westgoten erlauben euch, daß Sangiban Statthalter in Orleans ist.«

»Deswegen lag mir so sehr daran, allein mit dir zu sprechen«, sagte der Botschafter Sangibans. »Nur so – unter vier Augen – kann ich dir zustimmen. Aber wir mußten uns an die Westgoten anlehnen. Wie viele andere Völker haben auch wir keine Lust mehr, dafür zu sterben, daß irgendwelche eitlen Römer neue Siegessäulen und Triumphbögen erhalten!«

»Gut«, sagte Attila. »Daß du dein Gesicht nicht verlieren willst, ist der eine Grund, um mich allein zu sprechen. Gibt es noch einen?«

»Ja«, antwortete der Alane, ohne zu zögern. »König Sangiban meint, daß es vielleicht günstig wäre, wenn du vor einem Zug nach Gallien einen Brief an Theoderich schreiben würdest. Du könntest ihm ein Bündnis anbieten oder einen Tribut dafür, daß er still bleibt, wenn du Gallien einnimmst.«

»Ein Bündnis? Oder einen Tribut? Nachdem die Westgoten von Anfang an vor uns zurückgewichen sind?«

»Vielleicht solltest du den Westgoten zwei Tatsachen ins Gedächtnis zurückrufen«, sagte er schwarze Alane. »Zum einen die Tatsache, daß du es warst, der ihrem legendären König Alarich die Tore Roms geöffnet hat ...«

»Und zum zweiten?«

»Daß Rom und Aetius gerade erst durch ihren General Litorius Krieg gegen die Westgoten geführt haben.«

»Ach ja, davon haben wir auch gehört«, sagte Attila nachdenklich.

»Ich bin bereit, den Brief an König Theoderich persönlich abzuliefern«, sagte der furchtlose Alane. »Als kleine Gegenleistung bietet dir mein eigener König die Stadt Orleans als sichere Beute und ein Waffenbündnis mit uns Alanen nördlich der Loire ...«

»Also für das gesamte flache Gallien bis nach Armorica und zu den Franken an der Mündung des Rheins.«

»Genau so ist es«, sagte der Alane.

»Nur eine Frage noch«, sagte Attila. Der Abgesandte von König Sangiban in Orleans nickte und hob erwartungsvoll die Brauen.

»Wissen eigentlich auch die Bagauden, daß ihr uns Römerland anbietet, in dem sie selbst seit hundert Jahren gegen die Besatzer kämpfen?«

Im gleichen Jahr wurde in Konstantinopel der Bericht von Priskos über seine Reise zum Hof des Hunnenkönigs Attila veröffentlicht. Als die Hunnen mehr über seinen Wortlaut erfuhren, schüttelten sie den Kopf oder lachten über das Machwerk. Nicht nur sie wußten, aus welcher gekränkten Eitelkeit das weinerliche Protokoll über die mißglückte Reise von Maximinos und Priskos entstanden war.

Wäre es allein nach ihm gegangen, so hätte der Schreiberling die Hunnen wahrscheinlich auch noch für Wind und Regen, Mücken und Ameisen und laute Käuzchenrufe bei Nacht verantwortlich gemacht. Nicht einmal Attila oder große Schamanen wie Aijbars konnten ahnen, daß es genau dieser Bericht für den neuen Kaiser und die grüne Circus-Partei in Konstantinopel war, der noch in fernster Zukunft die Grundlage für alle Meinungen und Urteile über das Reich der Hunnen und ihre Könige bilden sollte.

Und noch ein anderer hörte haarklein alle Einzelheiten aus dem Lager von Großkönig Attila und seinem eigenen Bruder: Noch im gleichen Jahr traf Priskos in Rom auf Merowech. Der jüngere Frankenfürst war inzwischen ganz offiziell von Aetius, dem Oberbefehlshaber aller Streitkräfte des westlichen *Imperium Romanum,* als Sohn adoptiert worden.

Gegen Ende des Jahres bestätigte sich die Nachricht, daß der kaiserliche Hof von Ravenna erneut nach Rom umgezogen war. Galla Placidia, die von den Römern noch immer als Geisel Alarichs, williges Liebchen seines Schwagers Athawulf und Verräterin geächtet wurde, hatte den Umzug nicht überlebt und war in Rom und nicht in ihrem geliebten kleinen Mausoleum in Ravenna bestattet worden.

»Die großen Adler stürzen weiter!« stellte Attila in der längsten Nacht des Jahres fest. »Das war ein schlechtes Jahr für uns alle!«

»Das schlechteste, seit ich nicht mehr beißen kann«, bestätigte auch Aijbars mit einem tiefen Seufzer. Attila sah zu Onegesios und Scottas.

»Das müßte euch beiden doch wie süßer Honig schmecken«, sagte er sarkastisch. »Oder gab es das auch schon in euren vielgerühmten griechischen Tragödien? Wie wollen wir das Stück nennen? Das Jahr der Thronfolger vielleicht? Nein, ich sage es euch: Wir nennen es *Stürzende Adler!* Und wißt ihr warum? Weil alle Beteiligten den gleichen Vogel als den höchsten von allen verehren und in ihren Wappen tragen – die Römer ebenso wie die Germanen und wir ...«

Er lachte trocken, dann faßte er für sie und sich in einem langen, absichtlich theatralischen Monolog zusammen, was sie alle seit vielen Wochen schon bewegte: »Die großen Intriganten des *Imperium Romanum* glauben wahrscheinlich, daß sie jetzt gewonnen haben! Zuerst zwingen sie ihren Kaiser Valentinian den Dritten, Ravenna nach einem halben Jahrhundert wieder aufzugeben und in die Ewige Stadt zurückzukehren. Dort stirbt umgehend – aber wohl mehr aus Scham, nicht aus Gram – seine und Honorias Mutter Galla Placidia. Damit verliere ich ... ja, ich, Attila, Großkönig der Hunnen und der mit ihnen freundschaftlich verbündeten Völker und Stämme, die wertvollste aller möglichen Schwiegermütter! Weint um dieses Weib, Männer! Ich weine auch um sie, obwohl ich weiß, daß sie mich hassen und verachten mußte, seit sie zum ersten Mal mein

Tschakkar hörte! Dennoch hat diese ungewöhnlichste von allen Frauen des Imperiums zeitlebens zugelassen, daß wir Barbaren immer mächtiger geworden sind! Ihr Tod ist auch das Ende einer Ära! Und gleichzeitig mit ihr verläßt ihr Neffe Theodosios der Zweite – des anderen Kaisers Vetter und gleichzeitig sein Schwiegervater, Kaiser im Osten, seit ich denken kann – das römische Amphitheater. Er tut es eindrucksvoll und stürzt vom Pferd. Was ist die Folge derartiger Tragödien? Ich weiß es – und ihr wißt es ebenfalls: Pulcheria, die fanatisch christliche Tochter von Galla Placidias Bruder Arkadios, Schwester von Theodosios dem Zweiten und bereits Augusta, als mein Vater, Fürst Mundschuk, Großkönig der Hunnen wurde, heiratet den *magister domesticus* Markianos, der aber immerhin auch Tribun war und augenblicklich zum Kaiser ausgerufen wird. Sie läßt ihn nicht in ihr Ehebett, aber sie gibt ihm dafür freie Hand gegen uns alle, Männer! Jetzt wird auch Westrom mutig, will nicht mehr an uns zahlen und zwingt zu allem Hohn auch noch Honoria, die sich in meine Arme flüchten wollte, zu einer schnellen Ehe mit irgendeinem Hänfling namens Hercules Bassus! Und ich muß mich jetzt fragen, wo ich zuerst zuschlagen soll – oder weiß irgendeiner von euch bereits die Antwort?«

Er hielt inne und sah sie nacheinander an. Keiner der Könige seiner Verbündeten, keiner seiner klugen Berater sagte ein Wort.

Aber sie wußten es! Jeder einzelne von ihnen!

Denn alle lächelten zufrieden.

Das Ziel

29. *De Bello Gallico*

Am ersten Februartag des Jahres 451 stieg der Großkönig der Schwarzen Hunnen und ihrer verbündeten Völker bereits im ersten Morgenrot auf seinen glänzend gestriegelten schwarzen Wallach, das schönste und edelste Pferd, das jemals seinen reich verzierten Holzsattel getragen hatte. Der glänzende Schmuck an Zaumzeug, Bauchgurt und Steigbügeln wurde durch handtellergroße, mit Adlerprägungen verzierte goldene Scheiben über den Riemeneinigungen ergänzt.

Tausende von Männern, Frauen und Kindern warteten bereits seit den Nachtstunden auf den großen Tag des Aufbruchs in den Westen. Nahezu alle Familien mußten zurückbleiben. Diesmal durften nur wenige ausgesuchte Frauen und Mädchen der verschiedensten Völker und Stämme mitreiten. Attila wollte keinen langsamen und schwerfälligen Zug mit allen Wagen, Yurten und Gerätschaften. Sein Befehl lautete, nur mitzunehmen, was sie nicht ebensogut unterwegs beschaffen konnten.

Er selbst trug ein gebleichtes wollenes Hemd unter einer einfachen, schwarz gefärbten Hemdbluse mit offenem Kragen und langen Ärmeln gegen die trockene Winterkälte. Er hatte zwei Paar Leinenhosen an, dazu gefütterte braune Lederstiefel mit Goldschmuck an den Riemenzungen über Spann und Ferse. An seinem schweren, vielfach mit goldenen Figuren und kleinen Schmuckplatten aus Gold und Edelsteinen besetzten Doppelgürtel hingen ein kleines Messer und ein goldverzierter Dolch mit einem großen grünen Saphir am Ende des gebogenen Griffstücks. Ähnlich wie die Heerführer römischer Legionen hatte er einen kurzen, rechteckigen Wollmantel über die Schultern gelegt, der von einer Goldkette mit zwei Adlerfibeln vor der Brust gehalten wurde. Er trug den neuen Helm, den ihm die besten Gotenschmiede in mühevoller Arbeit angefertigt hatten. Er war nicht gleichmäßig halbrund wie bei anderen Anführern der Hunnen und Germanen, sondern umschloß seinen gestreckten Schädel wie eine zweite Haarpracht, golden leuchtend und mit blanken, senkrechten Eisenstreifen verziert.

Attila trug keinen Bogen, keine Pfeile und nur das leichte Schmuckschwert, das König Oktar einst von König Uldin übernommen und in seinem Schatz zurückgelassen hatte. Auch seine engsten Begleiter wollten ihre Einsatzwaffen nicht ohne Grund der Kälte und Nässe aussetzen. Die meisten Schwerter und andere Gerätschaften, sämtliche Kettenhemden, Unmengen von Pfeilspitzen und Messerklingen waren in ölgetränkte Decken eingehüllt und wurden auf den Wagen transportiert, die sich über Jahrhunderte in Nebelkälte und Steppenstürmen stets bewährt hatten.

Jetzt warteten über hunderttausend Menschen nur noch darauf, daß der Großkönig die rechte Hand hob und das Zeichen zum Abmarsch gab. Doch Attila wollte den Beginn des größten Zuges seit ihrem Eindringen in den Einflußbereich des *Imperium Romanum* nicht wie von selbst beginnen lassen. Er wußte längst, wie wichtig Zeichen und Symbole waren, und hatte bis zu diesem Augenblick geheimgehalten, wie er aufbrechen wollte.

Ein paar junge Männer aus der Schule von Onkel Aijbars pfiffen leise. Der uralte, inzwischen schon halb blind und lahm gewordene Schamane zwitscherte durch seine letzten Zähne. Gleich darauf schossen an dreißig, vierzig Stellen zugleich brennende Pfeile in den Morgenhimmel. Sie zogen farbigen Rauch hinter sich her und fielen in weiten Bögen über die Köpfe der Versammelten hinweg ins Wasser des Teiches, der auch im Winter bis auf eine große, kreisrunde Scholle in seiner Mitte eisfrei gehalten wurde. Die Eisscholle hieß »Die Stille des Schamanen«, weil auf der stets neu zufrierenden Fläche die Opfer für die Wintergeister und die Dämonen der Kälte abgelegt wurden.

Der Großkönig wartete noch einen Augenblick, dann stieß er den uralten Ruf aus, mit dem bereits die Hiung-nu gegen die Mauern der sechs streitenden Reiche im alten China angerannt waren:

»Urraaaa!«

Und dann so laut und gellend, daß es auch die letzten Reiter hörten:

»Tschakkar!«

Zigtausend Pfeile zugleich schossen in den kalten, rötlich gefärbten Winterhimmel hinauf. Sie legten sich noch im Flug gegeneinander und stiegen wie ein einziger riesiger Adler. Für einen herrlichen, endlosen Augenblick blieb das gewaltige Bündel aus Pfeilen bewegungslos in der Winterluft stehen, dann fielen sie zurück, drehten sich im Flug und vereinten sich zu kleinen Schwärmen, die wie abgezählt und mit unterschiedlichen Geschwindigkeiten wieder nach unten stürzten.

Jeder Hunne, jeder Gote und alle anderen erkannten die Bedeutung des einmalig schönen Schauspiels. Und wer es noch immer nicht wußte, der hörte jetzt, wie die Pfeilgruppen nacheinander und doch gleichzeitig auf die heile Eisfläche prasselten und sie so fein zerschlugen, daß kaum ein Stück größer als ein gefrorenes Schafsauge blieb.

Erst jetzt hob der Großkönig der Hunnen den rechten Arm. Im gleichen Augenblick brach ein ungeheurer Jubel und Freudenlärm los. Zehntausende von Kehlen brüllten, johlten und schrien. Selbst Pferde und Kühe, Schafe und wilde Tiere in weitem Umkreis sprangen wild umher. Metall schlug auf Metall, Holz auf Holz ... und dann setzte sich der dicht zusammengerückte riesige Heerhaufen aus Menschen, Tieren und Wagen ganz langsam in Bewegung. Ihr Marsch führte über die Theiß an der Drau entlang bis zum Rhein. Und ihr Ziel war das seit einem halben Jahrtausend von Römern besetzte Gallien.

Großkönig Attila führte eine bisher noch niemals dagewesene

Zahl von Völkern, Kriegern und Hilfstruppen gegen Westrom an. Die schlagkräftigste Truppe unter den Verbündeten waren die Gepiden unter Ardarich. Auf sie konnte sich Attila so blind verlassen, daß er sie bald als Vorhut und bald als Nachhut reiten ließ.

Nach ihnen kamen die Ostgoten unter König Valamir. Ihnen folgten die Skiren unter dem Hunnenfürsten Edekon, dazu die Rugier, die Heruler, die Quaden, einige Sueben und am äußersten rechten Flügel die Thüringer. Später stießen auch noch die ripuarischen östlichen Frankenstämme zu ihnen, deren Thronanwärter Attila mit diesem Krieg unterstützen wollte.

Der Klang der Sprachen, Dialekte und Namen ungezählter Völkerstämme erinnerte so manch einen der Christen unter den Kriegern an die Geschichten aus dem Alten Testament – an Babylon und den Aufbruch des Volkes Israel, an den Todesmut der Juden von Massada und an den Lärm, für den sich selbst himmlische Heerscharen niemals geschämt hatten. An allen Lagerfeuern und selbst bei den Frauen, Mädchen und Kindern kam das Fragespiel auf, wer wohl die meisten Stämme oder gar Sippen richtig den Völkern zuordnen und bestimmen konnte.

Und doch hatte Attila kein gutes Gefühl bei seinem größten Feldzug. »Mir fehlen meine besten Krieger«, sagte er immer wieder. »Die Männer, denen alle Könige der Hunnen bedingungslos vertrauen können. Mir fehlen die erfahrenen schnellen, reitenden Bogenschützen, Krieger, die nichts und niemand aufhalten oder abwehren konnte. Aber ich *mußte* sie den Armeniern zur Verstärkung schicken, die gegen das Joch der Perser rebellieren.«

»Es war noch niemals gut, nach zwei Seiten zu sehen«, sagte Aijbars vorwurfsvoll.

»Erspar mir diese Ammenweisheit«, antwortete Attila unwirsch. »Natürlich hast du recht, aber wenn ich mich nur einer Seite zuwende, geht die andere mit Sicherheit verloren – ganz gleich, welche es auch ist.«

»Aber du weißt so gut wie ich, daß bisher noch jeder, der nach zwei Seiten zugleich siegen wollte, zum Schluß beide verloren hat«, sagte der Schamane nochmals. Attila starrte vor sich hin. »Ich habe nicht mehr viel Zeit. Vergiß nicht, Onkel – es ist bereits mein sechsundfünfzigster Winter ...«

»Ich weiß«, antwortete Aijbars. »Und du fängst an, dein eigenes Alter wie deine Feinde zu bekämpfen. Du willst beweisen, daß du immer noch stärker bist, aber du hörst nicht mehr auf mich und meine Zeichen aus den anderen Welten ...«

»Du bist wahrscheinlich sogar der einzige Mensch, auf den ich zeit meines Leben immer gehört habe.«

»Und dennoch bist du aufgebrochen?«

»Ich kann nicht anders«, antwortete der Großkönig der Hunnen. »Die Alamannen stehen zwischen den Fronten und behaupten, jetzt neutral zu sein. Aber was ist das, diese angebliche Neutralität? Je mehr Völker oder Stämme auf der einen oder anderen Seite stehen, um so klarer werden die Zusammenhänge und Fronten ...«

»Und um so notwendiger wird es, nicht den ersten Schritt zu tun, ohne dabei bereits an den letzten zu denken!« sagte der Alte.

»Nicht wir, sondern das *Imperium Romanum* führt Kriege, um zu herrschen«, sagte Attila. »Unsere Kriege erobern auch und sind auf Beute ausgerichtet, aber sie sind kein Mittel einer Politik, die irgendwann die ganze Welt beherrschen will!«

»Das schaffen sie ganz sicher nicht mehr«, sagte der Schamane. »Das Gegenteil ist eher richtig: Hast du schon mal daran gedacht, wo Westrom heute wäre, wenn es uns Hunnen nicht gegeben hätte?«

Attila sah sehr schnell, daß auch die vereinten Hunnen und Gepiden den Sperriegel am oberen Rhein nicht aufbrechen konnten. Die schwarzen Bergwälder erwiesen sich als uneinnehmbar. Obwohl er noch immer damit rechnen mußte, daß Aetius mit seinen Legionen oder andere römische Kampftruppen aus dem Norden gegen ihn vorrückten, befahl er, den Heereszug zu teilen.

Die schnellen Gepiden schwenkten nach Süden aus und gingen bei Augusta Raurica über den Rhein. Von der einst großen und wichtigen Römerstadt, die sogar den Kaiser Konstantin gesehen hatte, war nur noch eine armselige Grenzfestung übrig. Sie ritten weiter nach Westen, erreichten Gallien und bogen in der Provinz Maxima Sequanorum nach Norden ab, um wieder zur Hauptmacht durchzustoßen. Der Großkönig war bereits vor dem Schwarzwald nach Norden gezogen, hatte den Rhein erreicht und vom Raum Koblenz aus jeden verfügbaren Rheinübergang benutzt. Das dichtbewaldete Moseltal war nichts für die Steppenreiter. Deshalb wurden nur erbeutete römische Belagerungsmaschinen, Katapulte und Ersatzteile mit viel Geschrei und unzähligen Unfällen auf flache Flußschiffe verladen und stromaufwärts gezogen.

Die übrigen Krieger und Völker marschierten auf den beiden römischen Heerstraßen weiter, von denen die eine von Andernach und die andere von Bingen aus nach Trier führte.

Während die Alamannen von den Bergen gerettet wurden, wurden ganz ähnliche Berge für die Trierer zu einer tödlichen Falle. Von der einst stolzen nördlichsten Kaiserstadt des *Imperium Romanum* standen noch Monumente, Tore und Wälle. Bereits in der ersten Hälfte des Jahrhunderts war Trier mindestens zweimal von den Hilfstruppen der Römer und Germanen schwer geschlagen worden.

Als der Zug der Hunnen und ihrer Verbündeten die Römerbrücke erreichte, lebten hier nicht einmal mehr fünftausend Menschen. Alle anderen waren bereits früher weggezogen oder im letzten Augenblick geflohen. Trotzdem quoll die Stadt über von Flüchtlingen aus den umliegenden Dörfern und Gehöften. Attila war nicht Alarich. Er hatte keine Scheu vor den Tempeln der Bischöfe. Es dauerte nur wenige Stunden, dann brannten die Kirchen in Augusta Treverorum.

Der Großkönig ließ den Befehl zum Sammeln an alle Völker

und Stämme überbringen, die sich sehr weit verteilt hatten. Er wollte sie zusammenhalten, wenn er selbst über die große römische Heerstraße nach Gallien einritt.

Auch die Thüringer mußten zurück. Sie waren rheinaufwärts geritten und hatte bereits die Provinz Belgica I erreicht. Die Männer glaubten sich schon am Ziel. Ungeduldig und hungrig nach den häßlichen, nassen Wochen des Anmarschs wollten sie endlich Beute sehen. Während die Hunnen selbst nicht bis nach Belgien schwärmten, hausten die Thüringer als ihre nördlichsten Verbündeten schlimmer als alles, was die Bewohner der ungeschützten Dörfer und Siedlungen je zuvor erlebt hatten. Die Einwohner von Tongern und Umgebung versuchten alles, um die unaufhaltsam heranrückenden Eroberer milde zu stimmen. Sie wußten nicht, daß sich keine Hunnen bei den Thüringern befanden. Sie brachten ihnen Speisen und erboten sich, Geiseln als Sicherheit dafür zu stellen, daß sie Frieden halten und die Krieger weiterhin verpflegen würden.

Aber die Thüringer gingen auf keines der Angebote ein. Keiner von ihnen verstand die Sprache der anderen. Obwohl Eroberer und Besiegte zu den Germanen gehörten, waren die Thüringer fest davon überzeugt, daß sie als Hilfsvolk der Hunnen keine Gefangenen machen dürften. Sie brachten die freiwillig gekommenen Geiseln ohne zu fragen kurzerhand um. Halbwüchsige hängten sie an den Sehnen ihrer Beine an die Bäume, und mehr als zweihundert junge Mädchen mußten einen besonders grausamen Tod sterben, wie ihn die Goten nur bei schwerem Verrat als Strafe verhängten: Sie banden ihre Opfer mit den Armen an Pferdehälsen fest und gaben dann diesen mit lautem Johlen die Peitsche. Wieder andere wurden ebenso sinnlos und grausam getötet: Die Thüringer legten sie in die ausgefahrenen Spuren der alten Römerstraße, zurrten sie mit Seilen und Pflöcken fest und ließen ihre Wagen über die Leiber hinwegrollen, bis das Brechen der Knochen noch lauter war als das Schnauben der Pferde und das Quietschen der großen Räder.

Großkönig Attila hörte erst spät von derartigen Auswüchsen. Zum ersten Mal während des großen Zuges war er wirklich zornig. Jetzt ließ er den Befehl verbreiten, daß die Besiegten geschont werden sollten, wenn sie in späteren Jahren nützlich sein konnten.

»Wir sind keine Bauern und Waldmenschen wie die Goten«, sagte er am Lagerfeuer. »Aber wir brauchen die Einwohner dieser Gebiete für unser eigenes Vordringen. Unser Heer ist groß. Es darf sich nicht mutwillig die Hände und Beine wegschlagen, die für die eigene Versorgung wichtig werden.«

Er überlegte eine Weile, dann sagte er: »Außerdem kommen wir durcheinander, wenn wir die alten und die neuen römischen Namen für die Städte benutzen, die in den nächsten Wochen vor uns liegen. Wir werden deshalb bis zur Loire die Namen verwenden, wie wir sie von den Franken und Bagauden kennen. Nur wo das nicht möglich ist, benutzen wir die lateinischen Bezeichnungen. Ab Orleans nehmen wir dann die westgotischen Namen für Städte, Berge oder Flüsse!«

Obwohl nur wenige verstanden, warum er gerade diese Anordnung gegeben hatte, war er sich mit den Brüdern Onegesios und Scottas und mit dem Schamanen einig, daß sie im besetzten Gallien Vorteile hatten, wenn sie nicht wie die Römer auftraten.

Anschließend rief er zum ersten Mal während des Zuges die beiden Großhände des Kriegsrates ein. Für eine Weile hatte er überlegt, ob er die Versammlung der Könige und Fürsten, der Stammesführer und befehlshabenden Richter der kleineren germanischen Völker und aller anderen Anführer mit ihren unterschiedlichen Funktionen, Ehrentiteln und Bezeichnungen nicht einfach *Rat der Hundert* oder *Hand der Hände* nennen sollte. Aber dann hatte er sich an das Schwert erinnert, daß ihm vor Jahren der Hirte gebracht hatte. War diesem Schwert nicht der Name der fremden Kriegsgötter Ares und Mars gegeben worden? Also hatte er entschieden, gleich *Großer Kriegsrat* zu sagen. Anders als bei den friedlichen Versammlungen der Großen galten auf diesem Zug aber neue und härtere Regeln. Er wollte alles ausschalten, was ihn bei früheren Versammlungen unter seinen Vorgängern als langatmig und überflüssig ebenso gestört hatte wie am gesalbten Redefluß römischer Senatoren und Rhetoren. Deshalb hatte der Großkönig zusammen mit seinen ständigen Beratern die härtesten Bedingungen beschlossen, die je für einen Kriegsrat aufgestellt worden waren: Jeder der gut hundert abgesandten Männer durfte vor der Entscheidung Attilas nur ein einziges Mal vor allen anderen zu Wort kommen. Wer wollte, konnte in seiner eigenen Sprache reden, und keiner durfte länger als einen einzigen Atemzug lang sprechen.

Was auf den ersten Blick wie Diktatur, Schikane und die Beschneidung alter Rechte und Verträge aussah, war in Wirklichkeit ein perfektes Herrschaftsinstrument, das gleich eine ganze Handvoll organisatorischer Vorteile besaß.

Alles in allem zählten die vereinigten Heeresgruppen inzwischen mehr als hunderttausend Bewaffnete. Hinzu kamen Unmengen von Handwerkern, als Sklaven zum Bau von Brücken und Lagern mitgeschleppte Gefangene und immer mehr Frauen und Kinder.

Während die eigentlichen Kampfgruppen an einem Tag fünfzig Meilen und im Notfall sogar noch mehr zurücklegen konnten und sich mit weiten Ausfällen nach allen Seiten entlang der Hauptmarschlinien bewegten, schaffte der immer größer werdende Troß an manchen Tagen nicht einmal mehr zehn Meilen. Bei schlechtem Wetter, feuchten Wiesen an Uferrändern, in engen Hohlwegen oder über die steinigen Flußbetten dauerte es manchmal tagelang, bis alle hindurch waren.

Während der ganzen Zeit wurden jeden Tag Unmengen von Wildtieren gefangen, Rinder, Schafe und anderes Vieh aus Ställen geholt und von den Weiden gezerrt. Überall mußte unablässig geschlachtet, gebraten und gekocht werden. Bei Tag und Nacht brachen Streitigkeiten und Händel aus, erschlugen oder erdolchten sich Männer gegenseitig, wurden Kinder gezeugt und geboren. Und nur wer ein derartiges Leben seit Generationen gewohnt war, konnte in dieser ständigen Bewegung eine alle umfassende Ruhe und Sicherheit erkennen.

Für die meisten der Männer und Frauen war nicht einmal wichtig, woher sie gekommen waren und wohin sie gingen. Ihr Zuhause war immer dort, wo sie gingen und ritten, aßen und tranken oder sich abends ein Lager bereiteten. Und selbst wenn sie auf Artefakte stießen – auf Formen aus Stein oder Holz an einem Fluß oder auch mitten in der Landschaft, die nicht von der Natur, sondern von Menschenhand gestapelt und zusammengefügt waren, ließen sie sich dadurch nicht stören. So wie sie die Kuh auf der Weide nahmen, um sie zu schlachten und aufzuessen, so schlugen sie auch Dörfer und Städte so lange, bis sie Nahrung und Beute herausgaben.

Am 7. April des Jahres 451 lag die alte Römerstadt Metz als schönes Hindernis im Weg der Hunnen. Die Mauern und Häuser versprachen die erste satte Beute seit ihrem Aufbruch. In den verwahrlosten Provinzen zwischen den nördlichen Alpen und dem Donaulimes war kaum etwas zu holen gewesen.

Großkönig Attila gab die Stadt zur Eroberung frei, obwohl einige der arianischen Goten irgend etwas von Tagen der Schonung murmelten. Es interessierte die hungrigen Mägen der Hunnen nicht, ob der Gott aus der römischen Provinz Palaestina in wenigen Stunden auferstehen sollte oder nicht.

Mitten am Ostersamstag brachen die beiden ersten Sturmfäuste der Schwarzen Hunnen ohne Reflexbögen und Pfeilköcher mit lautem Geschrei in die Stadt ein. Die ersten fünfhundert Reiter preschten johlend durch die Straßen und schlugen mit den Spitzen ihrer geölten und blankpolierten Schwerter alles beiseite, was sich ihnen in den Weg stellen wollte. Die zweiten fünfhundert drangen in die Häuser ein und räumten alles auf die Straßen, was ihnen wertvoll erschien.

Sie mußten sich beeilen, denn schon kam die dritte Welle und warf von den Rücken der Pferde aus lodernde Fackeln auf die Dächer. Kein Haus blieb verschont, kein Stall und keine Kirche.

Die Eroberer unterschieden nicht zwischen Goldstücken mit den Köpfen römischer Kaiser oder goldenen Leuchtern, Monstranzen und Reliquiaren mit irgendwelchen Knochenstückchen. Sie hatten andere Amulette.

»Diese hier taugen nichts«, riefen sie den Christen unter den Goten zu, »oder haben sie irgend etwas aufgehalten oder verhindert?«

Nur an einer Stelle setzten sich die Goten durch. Es war Laudarich, der Attila daran erinnerte, daß sogar Alarich in Rom Ausnahmen zugelassen hatte. Doch da war nicht mehr viel zu retten. Der Befehl des Hunnenkönigs konnte gerade noch das Bethaus des heiligen Stephanus vor den Flammen bewahren, des Mannes, der in der Geschichte der christlichen Apostel als erster Blutzeuge und Diakon genannt wurde.

»Vielleicht war das Zufall«, sagte Ardarich am Abend. »Aber ich weiß, daß viele Bischöfe, Senatoren und wichtige Männer in Rom und Byzanz gar nicht böse sind, wenn wir hier zuschlagen!«

»Denkt das Volk etwa, daß wir im Auftrag von Aetius kommen?« fragte Attila und grinste amüsiert. Er hatte wie jeden Tag alle Berichte der Anführer gehört und war zum ersten Mal seit ihrem Aufbruch mit einem Tag zufrieden.

»Von Aetius spricht hier kaum jemand. Die meisten denken, daß wir uns mit den Westgoten im Süden Galliens verbünden wollen. Seltsamerweise werden auch wir nicht verdammt. Die Menschen hier glauben, daß wir das Strafgericht sind, das dem gallischen Volk wegen seiner angeblichen Sünden schon oft angedroht wurde.«

»Als wären feiste Römer in ihren Latifundien nicht Strafgericht genug!« lachte Attila verächtlich. »Sie sind es doch, die seit einem Jahrtausend in ihren Kolonien, die sie vornehm Provinzen nennen, die Menschen wie Trauben auspressen!«

Sie sprachen noch lange über die weitere Marschrichtung.

»Wenn wir schon vom Volk und den Bischöfen als Strafgericht erwartet werden, sollten wir sie nicht enttäuschen«, meinte Onegesios an Ende des Tages von Metz. Attila hob den Kopf und sah ihn fragend an.

»Wir müßten nur genügend Christen in unsere Voraustrupps stecken. Am besten gotische Priester. Auch wenn sie verhaßte Arianer sind, könnten sie die richtigen Worte für die Bischöfe in den Städten finden.«

»Und wozu soll das gut sein?« fragte Scottas.

»Ganz einfach«, erklärte Onegesios. »Eroberungen werden leichter, wenn die Angreifer die Organisation der Verteidiger übernehmen ... ich meine damit, daß wir sie von innen heraus aufweichen könnten, noch ehe Pfeile und Schwerter die Beute teilen.«

»Gesandtschaften an jeden Bischof auf unserem Marschweg?« fragte Attila knapp. Onegesios nickte. Jetzt verstand auch sein Bruder.

Hinter der zerstörten Stadt begann flaches Land, das nur noch durch einige mittlere Bergrücken unterbrochen wurde, ehe es in die weite Ebene überging, von der die Bagauden so oft gesprochen hatten, wenn sie an den Feuern der Hunnen von Gallien schwärmten.

Sie kamen schnell und direkt nach Westen voran, und schon bald lag bis Reims und Paris nur noch die *Campania* vor ihnen, jene weite, strenge Hochebene, deren langgestreckte Bodenwellen erst dann als weiche Hügel und Senken erkennbar wurden, wenn man direkt auf sie zuritt. Doch die Bagauden hatten rechtzeitig vor allzu schnellen Ritten gewarnt. Genau diese Weite unter einem auffällig niedrigen Himmel konnte sehr leicht zu Täuschungen führen.

Tatsächlich entwickelten sich auch die Stellen, die flach und leicht zu nehmen aussahen, zu endlosen, lähmenden Anstiegen. Fußtruppen, Troß und Wagen benötigten für die oft auch mit dichtem Buschwerk versetzten Wiesenhänge nicht selten einen halben Tag und mehr. Und was flach wie das riesige Becken zwischen Donau, Theiß und Karpaten aussah, versteckte selbst vor den Vorreitern Bodeneinschnitte mit kleinen, durch Buschwerk getarnten Bächen.

Den nächsten Aufenthalt gab es, als sie die schnurgerade Römerstraße von den westlichen Alpen nach Reims und weiter nach Nordwesten passiert hatten und in das flache Marnetal sehen konnten. Die Voraustrupps und Spähreiter hatten bereits berichtet, daß sich in der Stadt am vielfach geteilten Fluß, der vor Paris in die Seine mündete, immer mehr Menschen versammelten.

Aber die ersten Annahmen zerschlugen sich. Hier trieb nicht Aetius ein neues Heer zusammen, sondern die Furcht vor den schnell und unaufhaltsam näher rückenden Hunnen und ihren Verbündeten.

Überall zwischen der Stadt, den Hafenanlagen am Fluß und den westlichen Flußauen der Marne lagerten Familien und ganze Dorfgemeinschaften mit ihrer notwendigsten Habe. In der Stadt selbst hatten die Kundschafter nicht einen einzigen Römer oder höhergestellten Bürger gesehen.

Mehrere Fußtrupps der Hilfsvölker begannen bereits damit, die Tore der Stadt aufzubrechen. Andere brachten Katapulte und Belagerungsmaschinen in Stellung, die in Metz nicht mehr zum Einsatz gekommen waren. Es gab genügend Goten und Hunnen, die bereits in römischen Diensten gestanden hatten und daher wußten, wie man mit den Ungetümen aus Balken und Seilen, ledernen Schlaufen und schweren Spannhebeln umging.

Andere Einheiten erhielten vom Großkönig die Erlaubnis, noch zehn, zwanzig Meilen weiter nach Westen vorzudringen – bis zu den Bergen kurz vor der Stadt Reims. Attilas ältester Sohn ritt mit zwei, drei schnellen Sturmhänden sofort weiter. Sie hatten den Auftrag, jene Festung zu stürmen, in die sich viele der reicheren Bürger der Stadt, die Bauern und viele der Frauen aus der näheren Umgebung geflüchtet haben sollten.

In dieser Situation bat der Bischof der belagerten Stadt um

eine Audienz beim Großkönig der Hunnen. Alpin wurde vorgelassen, weil er es gewesen sein sollte, der die Flucht der Christen auf den Mons Aime rechtzeitig organisiert hatte.

Der hünenhafte, rotgesichtige Mann machte nicht die üblichen Fehler der Priester. Er hatte sich nicht einmal die festlichen weißen Gewänder angelegt, mit denen schon andere vergeblich versucht hatten, das riesige Heer aufzuhalten. Bischof Alpin kam wie ein Landbesitzer gekleidet – wie einer jener legendären Kelten, die vor Jahrhunderten vergeblich gegen die Eroberung ihres Landes durch Roms Legionen gekämpft hatten. Außerdem stand Alpin in dem Ruf, besonders gut im Beten und Fürsprechen zu sein. Attila schätzte Männer, die auch ohne Schwert Mut und Größe zeigten.

»Du bist kein Römer«, sagte Attila, als der Mann vor der bereits aufgestellten Königsyurte zu ihm geführt wurde. Er saß auf seinem Lieblingssattel neben einem niedrigen Bohlentisch. Zwei Dutzend seiner wichtigsten Anführer waren ebenfalls um ihn versammelt. Sie blieben lieber draußen als unter dem Sonnenschutz des Yurtendaches. Nur Onkel Aijbars hockte leise vor sich hin summend an seinem Lieblingsplatz neben dem großen Fellager des Königs.

In einem weiteren Kreis war nochmals eine Großhand von ausgesuchten Männern aus allen wichtigen Stämmen und Völkern laut und geschäftig mit der täglichen Organisation und Planung des mächtigen Zuges befaßt. Attilas Elitereiter, die Großhände seiner Söhne und die Abgeordneten der anderen Könige verteilten sich auf einem sanft vom Fluß aus nach Norden ansteigenden, nahezu baumlosen Feld.

»Ich bin Kelte aus einer Familie, die ihre Ahnen bis in die Vorzeit zurückverfolgen kann«, sagte der Bischof des *Vetus catalaunum*, »und ich bin stolz darauf, daß ich von einem der vier Völker abstamme, die von den Griechen und Römern abfällig Barbaren genannt wurden ...«

»Vier Völker nur?« fragte Attila und schmunzelte. »Ich dachte immer, daß alle Nichtrömer Barbaren sind!«

»Wir waren die ersten«, sagte der Bischof stolz. »Die Libyer in Africa, die Perser im Orient, die Skythen am Pontos Euxinos und nicht zuletzt wir *Keltoi*, wie die Griechen sagten!«

Attila musterte den grobknochigen Mann. Unwillkürlich versuchte er, sich vorzustellen, wie dieser Bischof nackt und nur mit einem Flügelhelm, einem eisernen Halsband und einem Gürtel um die Taille gegen römische Legionäre kämpfte.

»Unterschätzt uns nicht«, sagte der Bischof. »Wir waren auch ein Volk von Reitern. Wir hatten schon vor tausend Jahren Streitwagen; unsere Kampfhelme trugen Metallvögel, und unsere Festungen lagen auf Hügelkuppen oder im starken Rund aufgeschütteter Erdwälle. Wir haben sogar gegen Rom große Siege errungen!«

»Trotzdem hat Caesar euch mit den Legionen überrannt und zu Sklaven gemacht!«

»Wir Kelten haben auch als Gallier immer Widerstand geleistet«, sagte der Bischof selbstbewußt. »Ich will nicht einmal von den Helden Ambiorix und Vercingetorix sprechen ...«

»De bello gallico«, sagte der Großkönig der Hunnen. Er ignorierte das Erstaunen im Gesicht des Bischofs. »Erspare uns die Einzelheiten, wenn du kannst! Du hast noch fünf Minuten, um zu sagen, was du wirklich willst!«

Der Oberhirte aller Christen im *Vetus catalaunum* blickte Attila furchtlos in die Augen. In diesem Augenblick mochten sich die beiden Männer. »Ich kann es kürzer machen!« sagte Alpin. »Gib den Befehl, die Stadt zu schonen!«

»Und warum sollte ich das tun?«

»Ich kaufe sie dir ab!«

Attila hielt unwillkürlich die Luft an. Er wußte nicht, ob er laut loslachen oder zornig werden sollte.

»Und womit willst du eine ganze Stadt und Tausende von Menschen auslösen?« fragte er gespannt. Der Bischof lachte nicht. Vollkommen ruhig, aber spürbar angespannt redete er weiter:

»Die Stadt hat nicht viel Gold. Noch sind die Scheunen leer, die Tiere in den Ställen und auf den Weiden mager. Was ihr gewinnen könntet, sind doch nur Leichenberge und verkohlte Trümmer. Ich biete dir statt dessen eine Fluchtburg, in der du Beute lagern, eure Kranken pflegen und auch die Weiber zurücklassen kannst, wenn ihr zu schnellen Vorstößen ausbrecht.«

»Das alles sollen wir in dieser Stadt tun? Es mag enttäuschend für dich sein, aber wir Hunnen halten nichts von Toren und Mauern!«

»Auch nicht von einem Lager, das noch von meinen Ahnen stammt und fast so sicher ist wie euer Ordu in Pannonien?«

Attila hob die Brauen.

»Gib mir zwei Stunden und entscheide dann«, sagte der Kelte. »Falls ich dich nicht überzeugen kann, bekommt du alle Schlüssel dieser Stadt und meinen Kopf als Zugabe ...«

»Du spielst um einen hohen Einsatz, Bischof! Läßt dir dein Gott die Freiheit dafür?«

»Ich habe ihm gesagt, was ich beabsichtige!«

»Und? Was hat er geantwortet?«

»Er hat nicht widersprochen.«

Attila lächelte. Er wußte sehr wohl, was er von Antworten wie diesen halten konnte, denn auch er hatte Rhetoren unter seinen Beratern.

Am späten Nachmittag ritten Attila, Alpin, Laudarich und eine Hand Gepiden auf Pferden aus der Gegend nach Norden. Die Tiere waren größer als die Pferde, die Hunnen oder Römer normalerweise verwendeten, aber weitaus langsamer.

Die acht Männer waren wie ältere Unterführer der Hilfsvölker gekleidet. Attila selbst hatte einen erbeuteten Römerhelm mit langem Wangenschutz und Lederfransen über der Stirn aufgesetzt. Alpin hatte empfohlen, nur als kleine Gruppe in einem weiten Bogen und wie zufällig an der Stelle vorbeizureiten, die er Attila zeigen wollte. Ziemlich schnell erreichten sie ein eigenartig aussehendes Wäldchen. Es lag an einem zehn Schritt breiten Bach in der Nähe der alten Römerstraße nach Reims, der von Osten nach Westen floß. Nördlich des Wäldchens reichte ein sanft nach Westen abfallender, beinahe baumloser Hügelrücken mindestens sieben Meilen nach Norden. Jenseits der Senke im Westen stieg das Gelände erneut ein wenig an.

»Hier ist es«, sagte der Bischof, während sie ein Stück flußaufwärts ritten. »Der Fluß hier ... oder besser Bach ... heißt seit Urzeiten *›der Edelbach‹*, weil er schon oft sehr vielen Menschen Wasser und Leben schenkte.«

Sie lenkten die Pferde durch den Bach und gelangten unter die eng zusammenstehenden Bäume. Obwohl diese Art von Wald ihm nicht behagte, setzte sich Attila an die Spitze der kleinen Trupps. Nur wenige Schritte weiter scheute das Pferd, das ständig ausbrechen wollte.

Attila blickte in einen etwa sieben Schritt tiefen und dreißig Schritt breiten Graben. Büsche, umgestürzte Baumstämme und Dornengestrüpp versperrten den Weg. Auf der anderen Seite stieg ein glatter Wall schräg an und ging oben in eine sanfte Rundung über.

»Was ist das?« fragte der Großkönig der Hunnen.

»Die Fluchtburg meiner Ahnen«, antwortete der Bischof. Er mußte hinter ihm bleiben, weil die Bäume zu dicht standen.

»Gibt es auch einen Zugang?«

»Ja, insgesamt vier ... der erste ist dort vorn!«

Mit leisem Nasenschnauben und einem leichten Schenkeldruck zeigte Attila dem fremden Pferd die Richtung, in die er reiten wollte. Das Pferd gehorchte sofort. Schritt um Schritt ritten sie langsam am Rand des Grabens entlang. Dann öffnete sich ein kaum sichtbarer Pfad nach unten. Das Pferd folgte unaufgefordert dem Weg und blieb an der tiefsten Stelle stehen. Attila blickte den schrägen Wall hinauf. Von hier aus erreichte er die Höhe von mindestens zwei Yurten übereinander. Keines der kleinen Römerpferde konnte einen derartigen Wall von der

Höhe eines mehrstöckigen Hauses in der Subura im Sturmlauf nehmen.

Attila versuchte einen schrägen Aufstieg, aber das Gallierpferd verweigerte. Auch als Attila langsam mit festem Schenkelschluß in den Steigbügeln aufstand und seinen Oberkörper ganz über die Vorhand neigte, bewegte sich das fremde Pferd nicht eine Handbreit. Erst als er sich noch weiter vorbeugte und mit beiden Armen um den Hals des Tieres griff, begann ein ruckartiger, unsicherer Aufstieg.

Attila lächelte, während er höher ritt. Mit dieser Probe hatte sich Bischof Alpin seinen eigenen Hals gerettet, denn keines der kleinen Römerpferde mit einem schwerbewaffneten Legionär konnte in dieser Haltung den Hang hinaufgetrieben werden ...

Oben angekommen, blickte der Großkönig der Hunnen überrascht in ein weites, flaches Rund, das ringsum mit Büschen und kleinen Bäumen bestanden war. Der große Ringwall um die freie Fläche in der Mitte hatte die Form eines weichen Fünfecks, beinahe einer Ellipse mit mehreren Eingängen und Vorrichtungen wie zum Befluten der Gräben. Attila sah sofort, daß er hier notfalls sogar sein gesamtes Heer unterbringen konnte.

Alpin und die anderen kamen durch den südlichen Durchbruch des Walls ins Innere geritten.

»Hier haben sich sogar schon christliche Legionäre der thebaischen Legion unter Mauritius verschanzt«, rief der Bischof, stolz auf sein Geheimnis, »... als sie von den Häschern Diokletians wegen ihres Glaubens gejagt und umgebracht werden sollten!«

»Sie sind trotzdem vernichtet worden«, warf der König der Gepiden ein. Attila hörte es, sagte aber nichts dazu.

»Auch die Germanen haben auf dem Zug nach Hispania vor einem halben Jahrhundert an diesem Platz Schutz vor den Legionären Roms gefunden! Nun? Was hältst du davon?«

Attila folgte mit seinem Blick ganz langsam dem weiten

Rund des Walles. Er begann im Westen an einer kleinen Ausbuchtung nach innen. Hier warfen Wall und Bäume bereits lange Schatten. Im Norden malte die Abendsonne bunte Farben in die Baumkronen, und im Osten leuchtete der Wall bis zum diesseitigen Durchbruch.

Endlich nickte der Großkönig der Hunnen. Er ritt über die Innenschräge des großen Walls bis zu den anderen. Gemeinsam maßen sie in einem schnellen Ritt einmal um den Platz die Größe aus.

»Wasser?« rief Attila dabei.

»Der Bach und gute Brunnen ...«, gab der Bischof sofort zurück.

»Abflüsse?«

»Nach Westen hin in die Senke zwischen den Hügelketten ...«

Holz hatte Attila gesehen. Der Wald rund um den Ring würde sehr schnell verbraucht sein, wenn hier tatsächlich einmal viele Feuer brennen und Zimmerleute die Äxte für Wagen, Bogenholz, Schilde und neue Sättel schwingen sollten.

»Ich will noch einmal außen herum reiten«, sagte Attila. Sie brauchten dafür nur wenige Minuten. Nach allen Seiten war der Himmel nah und der Horizont sehr weit entfernt. Attila sprang zweimal vom Rücken seines Pferdes und ließ alle still sein. Dann schlug er mehrmals und mit großen Abständen mit der Faust, der flachen Hand und dann noch mit dem Hacken auf den Boden und lauschte. Auch zwischen weißen Kalksteinen stieg kaum Staub auf.

»Der beste Reiterboden seit der Steppe«, sagte er schließlich. Er wandte sich an Bischof Alpin: »Wir nehmen diesen Platz als Auffang- und Versorgungslager für unser Heer in Gallien!«

Ostkönig Ellacs Hunnen kamen am nächsten Abend von den Bergen kurz vor Reims zurück. Sie waren laut und aufgekratzt und hatten offensichtlich besonders gute Beute gemacht.

»Wir mußten unsere Festung erst noch suchen«, berichtete

Ellac am Abend. »Ein Teil der Römerbrücken über den Fluß ist vor fünfundvierzig Jahren von den Germanenhorden zerstört und dann nicht wieder repariert worden. Für die Bauern hier reichen die Übergänge, aber wir sollten nördlich der Marne bleiben, wenn wir nach Paris vorstoßen.«

»Heißt das, Reims lohnt sich nicht?« fragte Attila.

»Die Stadt liegt ebenfalls auf dieser Seite«, sagte Ellac. Attila warf ihm einen mahnenden Blick zu. Er wußte selbst, wo die Stadt Reims lag. Ellac hüstelte, dann überbrückte er die Situation und berichtete schnell, wie sie die Festung auf dem Mons Aime eingenommen hatten.

»Das war schon etwas anderes als diese jämmerlichen Gestalten unten am Fluß!« erzählte er und wischte sich immer wieder Wein aus seinem über die Mundwinkel hängenden Schnurrbart. »Städter von überall, Händler ... Handwerker aller Art und jede Menge Weiber!«

»Und ihr?«

»Wir haben die erschlagen, mit denen nicht zu reden war! Nur ein paar hundert. Doch Tausende sind uns noch Lösegeld wert ... zusätzlich zum Fluchtgold, das wir ihnen bereits abgenommen haben!«

Er schnippte mit den Fingern und stieß einen lauten Ruf aus. Als hätten sie bereits darauf gewartet, schleppten ein paar von seinen stärksten Kriegern schwere, eisenbelegte und mit zusätzlichen Schlössern versehene Truhen heran.

Ein paar andere öffneten die erbeuteten Schatzkisten. Der Glanz von goldenen Münzen, Unmengen Schmuck und Edelsteinen ließ sogar Attilas Augen groß werden.

»Das ist der Teil, der dir gehört!« sagte sein Ältester voller Stolz. Der Großkönig fing sich sehr schnell und nickte.

»Hat jeder Mann genug erhalten?«

»Es reicht«, antwortete Ellac lachend. »Jedenfalls für den Anfang. Die meisten waren ohnehin eher auf Weiber scharf!«

Attila lächelte. Auch das war nichts Besonderes. Solange jedenfalls, bis Alpin sich am nächsten Morgen erneut meldete.

»Nimm uns, König der Hunnen, als Hilfsvolk auf deiner Seite an«, begann er, kaum daß der Großkönig der Hunnen ihn begrüßt hatte. »Gewiß, wir sind keine Krieger, aber wir Bürger dieser Stadt können dir ebenso nützlich sein, indem wir dein Lager beschützen, die Frauen und die Beute. Wir schütten neue Wälle auf, sorgen für die Verwundeten, für frisches Wasser, Brennholz und Verpflegung. Sieh uns ganz einfach als Angehörige des Heeres, die nicht einmal Lohn oder Beute wollen.«

»Nicht einmal das?« fragte Attila halb ungläubig und halb belustigt. So hatte Alpin am Vortag nicht gesprochen. »Und welches Wunder, welche Falle versteckst du hinter deinen Worten?«

»Nichts dergleichen«, antwortete der Bischof. »Nur eine kleine Bitte, wenn du erlaubst ...«

»Also doch, was ich gleich vermutete! Aber sprich!«

»Wir könnten dir noch weitaus nützlicher sein, wenn wir jene zurückbekämen, die viel vom Vieh für euch und vom Vorbereiten der Nahrung verstehen ... gib uns, König der Hunnen, die Weiber und Töchter unserer Bürger und Bauern wieder, die ihr am Mons Aime gefangen habt.«

»Die Gefangenen vom Mons Aime?« fragte Attila erstaunt. »Wo denkst du hin? Sie sind doch längst in irgendwelchen Zelten oder Yurten! Wer weiß, wie sie inzwischen aussehen? Wie willst du sie von anderen Weibern unterscheiden? Nein, schlauer Priester und Schamane, ich werde doch kein Weib von einem Krieger zurückfordern! Soll ich die Männer etwa um die verdiente Beute bringen? Soll ich das Wohl deiner Gläubigen höher setzen als das von denen, für die ich König des Himmels und der Erde bin? Nein, Alpin, das war nicht klug von dir, und du kannst froh sein, wenn ich meinen Ärger zähme!«

Alpin erkannte, daß er zu weit gegangen war. Aber er durfte sich noch einmal ungestraft entfernen. Attila wollte nach einer zweiten Nacht zum Feiern und einem Tag zum Ruhen am übernächsten wieder aufbrechen, aber bereits am frühen Morgen kamen in den verschiedensten Teilen des Lagers beunruhigende

Meldungen auf. Eine Krankheit des Leibes war urplötzlich aufgetaucht. Im ersten Moment dachten viele an eine Vergiftung der Nahrungsmittel, dann an den Ausbruch einer Seuche. Doch erst als bekannt wurde, wer von der ungefährlichen, aber unangenehmen Krankheit befallen wurde, bekreuzigten sich die christlichen Goten in Attilas Heer, und für die Hunnen hatte der bischöfliche Magier ein Wunder mehr vollbracht ...

Sämtliche Opfer des Durchfalls waren Krieger, denen die Beuteweiber vom Mons Aime ein paar geweihte Kräuter in den Wein gegeben hatten. Die Kräuter selbst hatte der Bischof überall verteilen lassen.

»Damit sie besser können«, hatten seine Helfer hinter der vorgehaltenen Hand geflüstert. Attila lachte laut und lange, als er davon erfuhr. Er hätte ihn auch köpfen oder ans Kreuz hängen lassen können. Doch dafür war ihm dieser Mann zu schade. Er brauchte ihn noch für den Ausbau seines Lagers. Außerdem ging das Gerücht um, daß der Schamane ziemlich viel von seinen Trockenkräutern an den Bischof ausgeliehen haben sollte ...

30. *Die Brücke von Orleans*

Wieder und wieder ließen sich Attila und der Königsrat von Gefangenen ganz genau erzählen, wie sich das Land in der *Campania* gliederte und worauf sie achten mußten. Sie wollten alles wissen und bekräftigen lassen, was sie bereits durch Eudo und andere Männer wußten, die in Gallien gelebt hatten. Mit aller Sorgfalt fanden sie bestätigt, daß das westliche Hügelland für eine große Schlacht ebenso ungeeignet war wie die feuchte Region im Osten. Auch das weiter südlich gelegene Gebiet um Troyes war einfach von zu vielen Wasserläufen, Seen, Teichen und Waldstücken durchsetzt. Es blieb also nur der dünn besiedelte und verstreut bevölkerte Landstreifen dazwischen oder ein anderer Platz, den sie finden mußten.

An Stelle des Großen Kriegsrates fanden sich täglich alle engeren Berater und Gefährten Attilas vor seiner Königsyurte ein. Alle drei Tage änderte sich der Kreis. Dann versammelten sich die Männer, die nicht nur beraten, sondern mitentscheiden konnten. Ardarich, der König der Gepiden, gehörte ebenso dazu wie sein Bruder Laudarich, der Gotenkönig Valamir, Skirenkönig Edekon, Gundebaud für die Franken, Orestes, Scottas, Onegesios, Adamos und selbstverständlich Onkel Aijbars, wenn ihm danach war.

Um sicherzugehen, beschloß der Königsrat, zwanzig Sturmfäuste unter der Führung von Fürst Deng Tsik bis an den Nordrand der gallischen Mittelgebirge zu schicken. Den zehntausend schnellen Reitern sollten gotische Fußtruppen und zwischen Patavia und dem Rhein eingesammelte Germanen folgen, die als römische Legionäre gelernt hatten, wie Katapulte und anderes schweres Gerät bedient wurden.

»Seht zu, daß alle Gallier, die ihr unterwegs trefft, Rinder, Schafe und andere Tiere möglichst gutgenährt und lebend bis hierher bringen«, sagte Attila zu seinem Sohn. »Sag ihnen, daß sie ihr Leben behalten, wenn sie hier mit Vorräten ankommen – aber nur dann, damit das überall klar ist!«

»Kein sehr reizvoller Ritt«, meinte Deng Tsik ohne Begeisterung.

»Ich weiß«, antwortete Attila, »sieh zu, was du daraus machst! Das Land ist flach und gut für Sturmritte geeignet ... laß sie Scheinangriffe üben ... gib ihnen Wein am Abend, nehmt euch die Stadt Troyes vor ...«

»Wissen wir etwas über die Stadt?« fragte sein Sohn.

»Ja«, antwortete Eudo sofort. »Das ummauerte alte Augustobonum der keltischen Tricasser ist rund sechzehn Hektar groß und hat ungefähr dreitausend Einwohner. Die Römer nennen diesen Teil auch *castrum* ...«

»Das tun sie doch fast überall«, winkte Attila ab. »Was sonst?«

»Wasser kommt von Süden aus Seen zwischen den Hügeln«, fuhr der Bagaude fort. »Es umfließt die Mauern im Osten, Norden und Westen. In der Stadt steht eine Kapelle ... das sind die Kirchen, die nach der *capa* – dem Mantel des Missionars Martin von Tours – benannt werden. Diese hier wurde von Bischof Ursus erbaut. Seit fünfundzwanzig Jahren predigt dort als sein Nachfolger ein gewisser Bischof Lupus ...«

»Schon wieder ein Bischof?« knurrte Deng Tsik.

»Ja, schon wieder einer«, grinste der rundliche Bagaude. »Dieser aber ist ein besonders umtriebiger und guter Mann! Er war ziemlich reich und sogar verheiratet, ehe er berufen wurde. Inzwischen hat er immer wieder Konzile für das Ideal der Keuschheit veranstaltet ...«

»Da käme er bei uns doch gerade recht!« lachte Attila.

»Ja, er ist dafür sogar bis nach Britannien gereist«, fuhr Eudo ebenfalls lachend fort. »Er unterhält ein Kloster östlich der Stadt und eine Schule, in der Grammatik, Musik und Theologie gelehrt werden.«

»Ist das eigentlich wichtig für uns?« fragte Deng Tsik ungeduldig.

»An diese Art von Männern werden wir uns immer mehr gewöhnen müssen«, sagte Attila und lachte nicht mehr. Anders als seine Söhne und Berater hatte er selbst erlebt, wie einflußreich und mächtig die christlichen Bischöfe waren. Sie befehligten weder Sturmfäuste noch römische Legionen, aber sie hatten eine ungeheure Macht, wenn sie die Hände hoben, um zu segnen oder zu verdammen.

Er war dabeigewesen, als der König der Westgoten die Tempel dieser eigenartigen Schamanen in Rom geschont hatte, und er wußte, daß Kaisern, Konsuln und Präfekten die Bischöfe viel mehr bedeuteten als bloße Hirten ihrer Glaubensgemeinschaften. Auch wenn sie es nicht gern zugaben, beanspruchten sie nicht nur die Hirtenmacht als Aufseher der Schafe, sondern auch die väterliche Gewalt über alle Gläubigen. Was diese harmlos klingende Besonderheit wirklich bedeutete, war Attila schon seit Jahren klar. Nach den Gesetzen Roms stand die Position des Vaters über allen anderen Rängen, Titeln oder Rechten. Und nicht umsonst nannten die Christen ihre höchste Gottheit »himmlischer Vater«.

»Ich weiß, es ist allein eure Sache«, meinte der Bagaude zögernd. »Aber vielleicht solltet ihr versuchen, auch mit dem Bischof dieser Stadt zu reden! Lupus ist kein Mann des Widerstandes, aber auch kein Freund der Römer. Er stammt nicht aus Pannonien wie Martin von Tours und kämpfte auch nicht so wie er als Offizier in den Legionen. Lupus ist auch kein Arzt des Volkes wie Martin und ich selbst. Aber er weiß mehr und kennt mehr als viele von uns, die jetzt mit euch gegen die römischen Besatzer und die Westgoten ziehen ...«

Attila winkte seinen Zweitgeborenen zu sich heran.

»Versuch es wenigstens«, flüsterte er ihm zu. »Nachschub für alle ist im Moment wichtiger als Beute und Verwüstung! Du kannst Onegesios als Dolmetscher mitnehmen ...«

Nachdem Fürst Deng Tsik mit viel Lärm und insgesamt fast fünfundzwanzigtausend Mann nach Süden abgezogen war, ließ

Attila Adamos mit weiteren zehntausend hunnischen und gotischen Handwerkern in Châlons zurück. Unter ihnen befanden sich viele, die schon in Chersonesos und auf seinen ersten Zügen in oströmisches Gebiet bei ihm gewesen waren – Männer, die nicht mehr den hochgeworfenen Goldsolido aus vollem Ritt mit einem Pfeil trafen, die aber ganz genau wußten, was ein Heer auf seinem Zug benötigte, wie es beschafft, transportiert und bei jedem Wetter gelagert werden mußte.

Von jedem Volk und jedem Stamm wurden Adamos mehrere fähige Männer zugeteilt, die ihre Ansprüche und Rechte Tag für Tag anmelden und in die großen Pläne für die Verteilung einbringen sollten.

Nur wenige erfuhren, was Attila zusätzlich dem Mann auftrug, der eigentlich für den Haushalt der Königin zuständig war.

»Geh davon aus, daß du mehr einsammeln und lagern mußt als zu fünf Frühjahrsversammlungen gleichzeitig«, trug er dem Einarmigen auf. »Und mach es so, als würdest du alles auf ein einziges Schiff bringen ... ohne die Möglichkeit, auch nur eine Pfeilspitze oder einen Sack Kalk gegen Gestank und Seuchen nachholen zu können!«

»Ich glaube, ich habe dich verstanden«, sagte der alte Kämpfer. »Ich war bei vielen Belagerungen der Römer dabei ...«

Die Hauptmasse der vereinigten Stämme und Völker zog nördlich der Marne auf Reims zu. Die Stadt hinter den steil aus der Ebene aufragenden Bergen mit der gestürmten Fluchtburg war die letzte große Perle vor der Inselfestung Lutetia in der Seine – oder *Civitas Parisorum*, wie Paris bei den Römern inzwischen hieß ...

Je näher sie dem plötzlich aufragenden Bergmassiv von Durocortorum kamen, um so deutlicher waren die Weinstöcke an den Stufenhängen zu erkennen.

»Wir müssen uns diese Stadt merken«, sagte Orestes, nachdem er lange in seinen Aufzeichnungen nachgesehen hatte. »Hier sind die Christen ganz besonders stark.«

»Dann bin ich mal gespannt, was uns der Bischof anzubieten hat«, meinte Attila, als sie sich wie ein riesenhafter Wurm mit weitverzweigten Gliedern aus Menschen, Tieren, Wagen und Belagerungsmaschinen wieder in Bewegung setzten. Sie kamen nicht wie Römer auf ihren geraden Straßen voran, sondern wie das Wasser, das sich nie den geraden, sondern den richtigen Weg suchte, auch wenn es quirlig und verworren aussah.

»Hier sind bereits Vandalen durchgezogen«, sagte Orestes am ersten Abend der Belagerung. Der große Zug war so weit auseinandergezogen, daß die Königsyurte vor der Stadt bereits stand, als die letzten Gepidenreiter aus der Nachhut Châlons endgültig verließen.

»Die Mauern sehen ziemlich neu aus«, meinte Attila. Sie waren einmal nördlich und südlich der Stadt entlanggeritten. Attila wollte keine Umwege, sondern dort in die Stadt reiten, wo auch die Römerstraße aus den Alpen durch das Haupttor führte.

»Reims ist schwer zerstört und wieder aufgebaut worden«, sagte einer der Priester, die Attila in Metz und Châlons mitgenommen hatte. Die Schamanen der Christen erwiesen sich zunehmend als kundigste Berater. Einige hatten gleichzeitig Verbindungen zu Römern und Bagauden, andere waren nicht nur Bewahrer der Reliquien, sondern beeinflußten alle wichtigen Entscheidungen – von der Höhe der Steuern bis zur Auswahl der Verteidiger in den Städten.

Attila wartete zwei Tage, bis sich alle rund um die Stadt versammelt hatten. In der Zwischenzeit ließ er sich von Eudo, anderen Bagauden und den Priestern Einzelheiten über die Stadt nennen. Dann schickte er zweimal Boten bis zum monumentalen, reich mit Reliefs geschmückten römischen Marstor in der nordwestlichen Stadtmauer. Der erste sollte dem *decurio* die Forderung nach reichlichem Tribut überbringen, der andere den Bischof zur Zusammenarbeit auffordern.

Die Hunnen wußten, daß sich kaum noch Menschen in Reims aufhielten. Selbst die Bewaffneten an den Mauern und der große Rauch, den römische Hilfstruppen und Milizen an vielen Ecken aufsteigen ließen, konnte sie nicht täuschen.

Am dritten Tag der Belagerung kündeten Hornsignale von Bewegung an der Triumphpforte. Ein kleiner Durchlaß öffnete sich, dann klang Gesang auf. Attila zog den Waffengurt fest, setzte sich seinen Königshelm auf und trat in den schon früh am Morgen heißen Sommertag hinaus. Er wählte eines der Pferde und stieg auf. Zehn, zwanzig Männer aus seinem engsten Kreis, Dogan, der *Falke*, mit zwei Händen seiner besten Kämpfer und der Bagaude Eudo folgten seinem Beispiel. Attila hob die linke Hand. Sehr schnell und wortlos wie in alten Zeiten ritten sie quer durch das Yurtenlager. Sie galoppierten über gelbe, nur kniehoch abgeerntete Kornfelder auf das riesige steinerne Tor zu. Die Bauern vor der Stadt hatten in ihrer Angst vor dem großen Zug das erste, grüne Korn schon eingefahren, ehe es sich über den Nagel brechen ließ, und nicht einmal das Stroh gesammelt.

Und dann sahen sie den Bischof. Der hochgewachsene, ein wenig zu steif schreitende Priester kam mit einer hübschen Frau an seiner Seite singend und mit den Armen voller heiliger Gefäße auf sie zu.

»Das Weib des Bischofs?« rief Attila den Galliern zu.

»Nein, seine überfromme Schwester Eutropia!« rief der rundliche Bagaude begeistert. Er war sehr stolz darauf, daß er jetzt zeigen konnte, wie wertvoll seine Hilfe und sein Wissen waren.

Die Pferde schnaubten, als der singende Bischof mit seiner jungen und schönen Schwester und in vollem Ornat immer näher kam.

»Was will er?« fragte Attila unwillig. »Uns Angebote machen oder uns bekehren?«

Eudo rief dem Bischof ein paar keltisch klingende Befehle zu. Dann ging in ein ebenfalls singendes Latein über.

»Er singt, daß du der Teufel bist ...«, rief Eudo unruhig. »Oder ein böser Geist aus seinen Viehställen!«

Dogan blickte zu Attila. Er konnte seine Männer kaum noch halten. Und dann besprengte der Bischof das Pferd des Hunnenkönigs mit geweihtem Wasser. Gleichzeitig stürzte seine Schwester im weißen Prozessionsgewand auf die Reiter zu. Eudo, der Bagaude, wollte sie beruhigen und beugte sich vor, doch Eutropia machte keinen Unterschied mehr zwischen Hunnen und Galliern, zwischen Freunden und denen, die ihr wie teuflische Dämonen der Hölle erschienen.

Sie streckte die starren Finger aus und stieß sie schreiend in die Augen des Bagauden. Eudo brüllte vor Schmerz, schlug die Hände vor sein Gesicht und stürzte vom Pferd.

Der Bischof sang nicht mehr, sondern warf ihnen, noch lauter als Eudo brüllend, die Psalmen Davids entgegen. Den Hunnen stieg das Blut ins Gesicht. Keiner wollte sich von den unheimlichen, weißgekleideten Schamanen mit ihren goldenen, edelsteinbesetzten Zaubergeräten zum Christen machen lassen! Dogan, der *Falke*, konnte sich nicht mehr zurückhalten. Er riß sein Schwert hoch, schlug sehr kurz zu und köpfte mit einem einzigen Schlag den Bischof von Reims.

Attila schnalzte nur mit der Zunge. Er stieß einen Triller aus und jagte allen voran auf das Stadttor zu. Es öffnete sich wie von Geisterhand. Mit klappernden Hufen ritten sie schnell über das Straßenpflaster der völlig leeren Stadt. Doch dort, wo die Bewohner längst geflohen waren, waren die Geister und Dämonen unerkannt in Häusern, dunklen Straßenecken und schwarzen Kellerlöchern zurückgeblieben, aus denen es wie saurer Wein und Essig stank.

Einige von Dogans Männern erreichten die Basilika. Kaum waren sie in den hohen, saalartigen Raum eingedrungen, als über ihnen ein laut hallender Schlag ertönte. Sie duckten sich, doch da kam bereits der nächste Schlag, der dritte, der vierte ...

Die geisterhaften Schläge auf die hochhängenden Bronzekessel waren für die Männer noch erschreckender und unangenehmer als die Bekehrungsrufe des geköpften Bischofs. Sie drängten sich zusammen und ritten mit laut anfeuerndem Geschrei wieder nach draußen.

Attila winkte mit dem rechten Arm. Sie sammelten sich, ritten laut rufend durch den dröhnenden Lärm und verzichteten darauf, die Stadt als erste nach Beute zu durchsuchen. Sie ritten bis zum völlig leeren Forum. Hier war mehr Platz, aber die Glocken klangen um so härter.

»Zurück!« rief Attila. Sie machten auf der Hinterhand kehrt und preschten über die Pflastersteine bis zum Marstor und durch die Kornfelder zurück zum Lager.

»Ich mag die Städte nicht!« schnaubte Attila, als er sein Pferd vor der Königsyurte zügelte. Mit keinem Worte erwähnte er Dogans Schwertschlag gegen den Bischof, der nicht erkannt hatte, was die Hunnen wollten.

Sie sammelten in aller Ruhe ein, was die Bewohner von Reims und die zuvor bis hier geflüchteten Gallier und Römer zurückgelassen hatten. Obwohl die Stadt viel reicher war als Metz, fanden sie bis auf die großen, schweren Kirchenschätze kaum irgend etwas, das sich als Beute lohnte.

Ein paar junge Gotenkrieger, die sich nicht vor den engen Straßen, der Dunkelheit der Häuser mit ihrem weißen Mauerwerk zwischen eckigen, braungebeizt stehenden Wandbalken fürchteten, entdeckten plötzlich Höhlen und Gänge noch unterhalb der Keller. Erst als sie lauthals singend und johlend untergehakt riesige Fässer und Amphoren bis auf die Straßen schleppten, erkannten auch die anderen, woraus die wahren Schätze der verlassenen Stadt bestanden.

Attila stimmte zu, die großen Vorräte aus den Kavernen unter der Stadt zu teilen. Eine Hälfte sollte als Reserve nach Châlons gebracht werden, die andere wurde als gemeinsame Verpflegungsbeute dem Troß des Zuges übergeben ...

Attila hatte nichts dagegen, daß auf dem gemächlichen Zug in Richtung Seine viel mehr als sonst getrunken und gefeiert wurde. Auf diese Weise dachte kaum noch jemand an die verhinderte Eroberung von Châlons und die unerwartet dürftige Beute von Reims.

Paris lag ebenfalls an einem Fluß, war aber weder mit Reims, noch mit Châlons oder gar Trier zu vergleichen. Als Attila und seine Berater über die letzte Hügelkuppe ritten, sahen sie weit voraus den großen Bogen der Seine, die sich in der Mitte teilte, um die wie eine Inselfestung angelegte Stadt zu umarmen. Nur ein paar Häuser und die Mauern einer verlassen wirkenden römischen Garnison befanden sich noch am östlichen Hang zum Fluß hinab.

»Das sieht fast aus wie die Donauinseln von Aquincum«, meinte Ernak, der schon eine ganze Weile dicht neben seinem Vater ritt. Sie hatten inzwischen vereinbart, daß der Lieblingssohn des Großkönigs mit dem blind und wortlos gewordenen Eudo und einem kleinen Teilheer bis zu den rebellischen Bagauden zum *Tractus Armoricanus* im Nordwesten Galliens und zum *Oceanus Atlanticus* weiterreiten sollte.

»Wahrscheinlich lohnt es sich nicht einmal, Paris zu belagern«, sagte Ernak.

»Vergeßt mir Aetius nicht!« mahnte Attila seine Berater. »Alles, was wir nicht mitnehmen, kann unser eigenes Blut kosten! Denkt immer daran, daß wir schon morgen bitter brauchen könnten, was wir heute noch verschmähen! Und jedes Rind, das wir heute nicht mitnehmen, nährt morgen unsere Feinde!«

Während des ganzen Zuges hatten sie Römer nur als zurückgelassene, verschreckte und um ihr Leben flehende Besatzungen baufälliger Castelle erlebt. Niemand verstand, warum Rom nicht einmal zur Ehrenrettung ein paar Legionäre bis nach Gallien geschickt hatte. Sie blieben fort, als hätten Attila und die Schamanen einen großen Schutzzauber über den ganzen Zug gelegt ...

In den folgenden Tagen beobachteten sie, wie die Bevölkerung von Paris nach Westen floh. Attila schickte mehrere

Gruppen mit Kundschaftern über die Marne und ein paar andere Zuflüsse der Seine. Die meisten kamen schon gegen Abend zurück und berichteten, daß nur wenige Bewohner die Stadt verließen. Es waren nicht so viele, wie eigentlich zu erwarten war. Attila besprach im Königsrat, ob sie weiter lagern oder nach Süden schwenken sollten.

Schließlich schickte er Laudarich und einen Trupp Franken los. Der Zweitkönig der Gepiden wurde längst von Gundebauds Franken als tapferer und edler Anführer für diesen Zug anerkannt. Nicht als sein Nachfolger zwar, aber als ein Mann, der sie so lange führen sollte, bis sie wieder am Rhein waren ...

Laudarichs Spähtrupp kam erst am nächsten Tag wieder. Laudarich übergab sein Pferd fränkischen Helfern und eilte sofort in die Königsyurte.

»Ah, da bist du!« rief Attila. Die anderen, die gerade mit ihm sprachen, traten zurück und ließen den Mann vor, mit dem der Großkönig der Hunnen vor Jahrzehnten Geisel in Rom gewesen war.

»Warst du in Paris? Was hast du herausgefunden?«

Laudarich ließ sich Wein reichen und setzte sich auf eine breite, mit schweren Kissen belegte Bank an der Beraterseite von Attilas Thronlager.

»Sie fliehen nicht!« berichtete er dann. »Sie hatten bereits angefangen, Frauen, Kinder und ihre wertvollste Habe für andere Orte zu verladen, aber dann passierte etwas sehr Merkwürdiges ...«

»Wieder ein weißgewandeter Bischof?« fragte Attila spöttisch. Die Männer um ihn herum lachten.

»Ich würde ebenfalls darüber lachen, wenn ich es nicht mit eigenen Augen gesehen und mit eigenen Ohren gehört hätte«, sagte Laudarich. »Ihr werdet es nicht glauben, aber die Bewohner von Paris werden nicht vor uns fliehen!«

»Wollen sie die Stadt etwa kampflos übergeben?«

»Nein!« antwortete Laudarich. »Die Heilige von Paris hat blonde Haare, volle Brüste und einen wunderschönen Arsch.

Sie heißt Genoveva und hetzt die Frauen gegen die Furcht und Feigheit der Männer von Paris. Sie läuft herum und predigt, daß alle Frauen in der Stunde der Gefahr und wenn sie etwas erreichen wollen, zuerst gut kochen und anschließend die Schenkel spreizen sollen. Durch diese magische Formel würden die Männer nicht weglaufen, und Gottes Hilfe sei auch nicht fern!«

Attila schob die Lippen vor und nickte anerkennend.

»Nicht schlecht, das Weib! Von der Art hätte ich gern mehrere!«

»Hat sie oder hat sie nicht?« fragte Ellac den Zweitkönig der Gepiden. Laudarich grinste breit zurück.

»Sie kochen ganz phantastisch in Paris ...«

Die Stadt auf der Seineinsel blieb unerobert. Während Ernak mit seinem Kontingent von zehn Sturmhänden und Galliern, die nach jahrelangem Exil endlich nach Hause wollten, die Seine nördlich der Stadt überquerte, wandte sich der Großkönig nach Süden. Ihr nächstes Ziel war das Tal der Loire und das germanische Reich der Westgoten im Süden der römischen Provinz Gallien.

Obwohl das Land flach und der Boden nicht zu feucht und nicht zu trocken war, kamen die berittenen Kräfte wesentlich schneller voran als Fußtruppen, Wagen und die Männer mit dem Belagerungsgerät. Letztere konnten auf gutem Boden acht bis zehn Meilen am Tag schaffen. Diesmal benutzten sie die Römerstraßen und kamen dadurch fast auf die doppelte Leistung.

Attilas letzte Sturmfäuste brauchten keine drei Tage von der Mündung der Marne in die Seine bis an die Loire. Der Großkönig selbst ritt direkt nach Süden und überquerte die Seine am Zusammenfluß mit der Yonne. Dabei ließ er die Berge auf dem Westufer mit mehreren Dutzend erfahrener Spähtrupps erkunden. Nach Osten hin schickte er ebenfalls rund fünfhundert Männer los. Die einzelnen Gruppen bestanden aus ortskundigen Bagauden, Kelten, gefangenen römischen Geometern und

Landvermessern, Verwaltungsbeamten aus den Städten, Spezialisten für den Bau von Straßen und Brücken und Schreibern, die jeden Tag Kuriere mit ihren Berichten an ihn zurückschikken sollten.

Einige der nach Osten ausgeschickten Erkundungsmannschaften erhielten den Auftag, jede Furt und jede Möglichkeit für einen schnellen Brückenbau über die Seine mit ihren Hunderten von Nebenarmen herauszufinden.

Attila wußte genau, daß er sich jetzt in eine sehr gefährliche Situation begab. Von nun an konnte er nicht mehr frei bestimmen, welche Richtung seine riesige Streitmacht nahm. Steile Hügelketten und die fast unüberwindlichen Auenlandschaften der Flüsse zwangen ihn, über den Tag hinaus und noch viel weiter zu planen und zu handeln.

Auch wenn noch immer nichts von den Römern zu sehen war – irgendwann würden sie auftauchen, und dann durften nicht sie es sein, die Ort und Zeitpunkt für die große Schlacht bestimmten!

Allein aus diesem Grund bewegten sich die Heeresteile langsam und vorsichtig nach Süden – immer nach Plätzen suchend, die weit und flach genug waren, dem harten Kern der Angriffsreiter in ihren Sturmhänden genügend Raum zu geben ...

Attila wollte sich nicht in eine Falle locken lassen. Andererseits brauchten sie immer wieder Ziele, für die es sich zu reiten lohnte. Nur aus diesem Grund ließ Attila zu, daß sie auf ihrem Weg nach Orleans noch einmal östlich abbogen und von Westen her über die Uferhügel auf die Yonne zustürmten. Er gab den besten Männern die Gelegenheit, in die *Civitas Senorum*, das frühere Agedincum am rechten Ufer der Yonne, einzureiten. Sens, wie die Franken die Stadt nannten, sah eher wie ein ummauertes Ei aus, das von den beiden Hauptstraßen wie fast alle von den alten Römern angelegten Legionsstädte geviertelt wurde.

Attila selbst blieb auf dem Hügelkamm westlich der Stadt.

Wie die Donau bei Aquincum und die Seine bei Paris hatte auch hier der Fluß eine Insel gebildet, die durch zwei Brücken mit den anderen Ufern verbunden war.

»Eigentlich kann man sich überhaupt nicht mehr vorstellen, daß von hier aus schon einmal Rom erobert wurde«, sagte Attila kopfschüttelnd.

»Ja«, meinte Scottas, nachdem er eine Weile angestrengt nachgedacht hatte. »Brennus stammte von hier, der Keltenfürst und Senone, der den Römern seinen stolzen Satz ›*Vae victis – wehe den Besiegten!*‹ entgegengerufen hat.«

Onkel Aijbars kicherte leise auf seinem Pferd, auf dem er tagelang wie eine mit bunten Decken verhüllte und federngeschmückte Puppe sitzen konnte.

»Ja, er hat recht«, meinte Orestes. »Das ist Schnee von gestern und auch schon fast achthundertfünfzig Jahre her.«

»Achthunderteinundvierzig«, sagte Scottas in seiner belehrenden Art. Attila lächelte kaum merklich. Die beiden Brüder würden sich nie mehr einig werden. Jedenfalls so lange nicht, wie der eine bis zur Haarspalterei genau sein und der andere lieber den Sinn erfassen und verständlich sein wollte.

»Also?« fragte König Ardarich, der inzwischen auch herangekommen war.

»Das hier ist die Keimzelle der Christen in ganz Gallien«, meinte Orestes. »Die Metropole sozusagen. Sens beherrscht sämtliche Bistümer einschließlich Paris, Troyes und Orleans ...«

»Dann werden wir nach Orleans, also in das alte *Genabum* von Julius Caesar, weiterziehen!« entschied Attila. »Holt euch an Gold, Vorräten und Weibern, was euch gefällt, aber bringt nicht alle Christen Galliens gegen uns auf! Vielleicht brauchen wir sie noch!«

Während die ersten Sturmfäuste der Hunnen, aber auch Goten, Gepiden, Franken und viele andere zu Tausenden die Stadt und ihre alten römischen Villen plünderten, bauten andere Männer und Frauen in ihrer Begleitung erneut ihre Lager auf. Die Goten richteten sich flußabwärts ein, und die Gepiden hatten sich das gegenüberliegende Ufer für ihre Zelte ausgesucht. Für ein paar Tage bildete die Stadt im Tal die große Mutter, die aus vielen Brüsten alle säugte, die sie erobert hatten und nun nach Nahrung schrien.

Kaum jemand war an den bunten Mosaiken auf den Fußböden und an den Wänden der Römerhäuser interessiert. Auch die Grabstellen und die Reliefgesichter an den Mauern stellten keinen Wert dar und ließen sich nicht mitnehmen. Wichtiger als Darstellungen von Trankopfern waren die Keller selbst, in denen sie endlich auch den Wein fanden, von dem schon vorher viel erzählt worden war.

Die Franken erfreuten sich in den Thermen, andere sahen zum ersten Mal Badewannen mit Feuerstellen für die Heißluft. Sie alle fanden Unmengen von hübschen, wertvoll geschmückten Kämmen, Krüge mit Münzen, silberne Schmucknadeln und goldene Armbänder. Die Stadt war offensichtlich nicht nur eine Metropole des christlichen Glaubens, sondern auch der Kunstschmiede und Schmuckhersteller. Nur schieres Gold und geprägte Solidos gab es nicht so reichlich, wie sie es eigentlich erwartet hatten ...

Den meisten Männern gefiel die Umgebung der Stadt trotzdem. Attila ließ das Heer noch eine Weile weiter Beute sammeln. Ohne großes Aufheben brach er sein eigenes Lager ab und ritt mit seinen engsten Vertrauten zu der Stadt, die ihm ohne Kampf geöffnet und übergeben werden sollte. Obwohl ihm mehr nach Nörgeln zumute war, wollte auch der Schamane von Anfang an dabei sein.

»Wir reiten langsam«, sagte Attila. »Bis zur *Genabum, Civitas Aureliani* oder Orleans, wie unsere Franken sagen, sind es nur achtzig Meilen.«

»Ich werde nie begreifen, warum einzelne Städte so viele unterschiedliche Namen tragen müssen!« murrte Aijbars im Hintergrund.

»Sie hat sogar noch mehr, wenn wir dazuzählen, wie die Alanen Orleans jetzt nennen«, meinte Scottas. Er ritt mit Laudarich schräg hinter Attila.

»Tja, die Alanen!« lachte Attila kurz. »Vor zwei Generationen waren sie am Schwarzen Meer noch unsere Feinde, dann unsere Verbündeten. Jetzt sichern sie im Auftrag der Westgoten den Grenzfluß Loire nach Norden hin ...«

»Und bieten uns zugleich den Schlüssel für die Brückentore von Orleans an!« ergänzte Laudarich.

»Manche von solchen Freunden sollte man gleich umarmen!« meinte der Schamane vieldeutig.

»Bist du verrückt?« rief Laudarich. »Wieso denn gleich umarmen?«

»Das ist die beste Art, Verräter zu erwürgen«, lächelte Attila versonnen.

Zwei Tage später und zehn Meilen östlich der Stadt trafen sie auf die Sturmfäuste, die direkt von Paris nach Süden geritten waren. Attila ließ für sich nur ein vorläufiges Lager am flachen Ufer der Loire errichten. Er ritt ohne großen Begleitschutz mit ein paar Skiren und Beratern, Gepidenkönig Ardarich, Scottas und Orestes fünf Meilen zwischen den Uferwiesen und den hellen, trockenen Kieselsteinen auf die ummauerte Stadt zu. Überall im breiten, flach wirkenden Fluß erhoben sich kniehohe Inselchen mit Kieselrändern und dichtem, dunkelgrünem Buschwerk.

Die Loire hatte den sommerlichen Wasserstand. Trotzdem war sie auch hier, an ihrem nördlichsten Bogen, immer noch viel zu breit und tief für den sicheren Übergang eines ganzen Heeres. Attila blickte auf die wenige Meilen entfernte Stadtsilhouette. Bereits von hier konnte er die steinerne Römerbrücke erkennen. Sie war die einzige, die in weitem Umkreis von Orleans über den Fluß führte, der hier schon keine Furten mehr kannte.

Attila führte seinen Wallach vom Flußufer weg zu den nördlichen Wiesen. Schweigend und von seinen Beratern unbelästigt ritt er zurück. Seit Metz hatten sie jetzt mehr als dreihundert römische Meilen plündernd zurückgelegt. Er hatte Städte in Besitz genommen, Festungen erobert, Flüsse überquert – und das mit einer Armee, die zu Beginn schon mehr als hunderttausend Mann zählte.

Inzwischen waren immer neue Völkerstämme zu ihnen vorgestoßen, hatten sich angeschlossen und suchten mit den Hunnen die römischen Legionen. Das Heer der vielen Völker war bereit, endlich zu beenden, was vor rund tausend Jahren irgendwo in Rom begonnen hatte. Die Zeit war reif für einen Wechsel, für junge Völker und ganz neue, von den Germanen kommende Ideen.

Attila machte sich nichts vor. Er wußte ganz genau, daß sie nicht mit ihm zogen, weil sie ihn liebten. Aber sie waren überwiegend keine Schmeißfliegen, die sich vom Kot und Abfall des großen Königs nährten, sondern Verbündete mit starken Rechten und dem Willen, mit ihm zu kämpfen und zu siegen.

Die Tage des riesigen Heeres verliefen so unterschiedlich wie der Zug der Wolken am Himmel. Mal waren die einen, mal die anderen vorn, mal zogen sie weit auseinandergezogen in kleinen Gruppen dahin, mal klumpten sich Reiter und Wagen in Tälern zusammen, mal eilten die einen an den anderen vorbei, dann wieder öffnete sich der Zug wie ein atmendes Tier, dann zog er sich wieder um den Kern der Hunnen zusammen wie die Schar der Küken, die bei Gewitter im Gefieder der Glucke Schutz sucht.

Und über allem hing ständig die Frage, warum sie überhaupt so weit gekommen waren, warum die Römer ihre größte Provinz nicht verteidigten und wie sich die Westgoten verhalten würden, wenn Attila die Loire überquerte. Die erste Junihälfte war bereits vergangen, aber noch immer gab es nicht das geringste Anzeichen von Aetius.

Die nächsten Tage verbrachte Attila mit langen Ausritten. Er kümmerte sich um jede Einzelheit und ließ die Hauptlager schließlich so verlegen, daß sie in mehr als fünfzig kleineren Lagern westlich und östlich der ummauerten Stadt an der Nordseite des Flusses blieben. Das war praktischer und verhinderte, daß sich Männer und Troß gegenseitig über den Haufen ritten.

Bisher hatten die Kundschafter noch keine geeignete Furt und keine weitere Brücke gefunden als die, deren massive Steinbögen direkt aus den südlichen Stadtmauern zu kommen schienen, um in ständiger Wiederholung bis weit über das südliche Ufer des Flusses hinauszuschwingen.

Die Brücke von Orleans hielt keinen Vergleich mit den gewaltigen Pfeilern der Trajansbrücke über die untere Donau aus. Doch anders als jene war diese noch immer benutzbar. Sie wirkte nicht wie ein Fremdkörper, sondern gehörte zur Stadt und zum Fluß, als wären alle gemeinsam entstanden.

Tag für Tag trafen die Boten seiner Kundschafter und Spähtrupps ein. Sie berichteten von einem idealen Schlachtfeld wenige Meilen westlich von Troyes, aber auch davon, daß die fast baumlose Hochebene zu einer bösen Falle werden konnte, denn sie war nach Norden und nach Osten von einem doppelten Ring aus Wasserläufen und Morastwiesen der Seine und der Aube eingeschlossen. Der einzig sichere Ausweg befand sich bei der Stadt Troyes. Und dort saß Deng Tsik.

Drei Wochen später kam Fürst Deng Tsik mit einem Teil seiner Truppen nach Orleans. Er hatte Troyes und den weiteren Umkreis mit allen Latifundien, winzigen *villae* und Kolonenhöfen rund um die Stadt abgegrast. Sein Vater empfing ihn und hörte sich seinen Bericht genau an. Anschließend berichtete Deng Tsik dem Königsrat von den dichten, dunklen Wäldern an halb ausgetrockneten Seen. Hinter den Hügeln am Südrand der feuchten *Campania* hatte er verwirrende Bachläufe gesehen, aus denen allmählich die Seine entstand.

»Wir haben Troyes bis ins letzte Versteck hinein durchsucht und umgekrempelt«, berichtete Deng Tsik knapp. »Sechs Tage lang. Ich habe eine Rückmeldung, daß die gesamte Beute sicher im Lager bei Châlons angekommen ist.«

»Warum seid ihr nicht eher hierher gekommen?« fragte Attila. »Weil ich wie du gedacht habe«, antwortete Deng Tsik. »Ich wollte wissen, wie das Land südlich von Tricassum aussieht.«

»Sag lieber Troyes«, meinte Attila ohne Vorwurf. »Wir wollen Flüsse und Ortschaften so nennen wie die Einheimischen und nicht wie die Römer. Das hatten wir vereinbart.«

»In der Stadt von Bischof Lupus sind noch immer Römer«, antwortete Deng Tsik. Sogar Orestes und Scottas blickten plötzlich interessiert auf. Sie spürten deutlich den verborgenen Widerstand, den Deng Tsik seinem Vater entgegensetzte. Der mittlerweile Fünfunddreißigjährige wurde seinem Vater immer ähnlicher. Anders als Ostkönig Ellac, der eher draufgängerisch wie sein Vorfahr Uldin handelte, und ganz anders als der sanfte, eher zum Schamanen geborene Ernak, verbreitete Fürst Deng Tsik wie Attila eine Aura, in der sich Kraft und Klugheit meist die Waage hielten. Nur in einem Punkt unterschieden sich Vater und Sohn immer deutlicher. Während Attila bereits in Rom die Scheu davor verloren hatte, frei und manchmal auch blumig wie ein Rhetor zu reden, beschränkte Deng Tsik sich mehr und mehr auf das Wesentliche.

»Hast du das Fußvolk mit den Beutewagen zurückgeschickt?«

»Sie waren mir zu langsam«, antwortete der Fürst.

»Und? Wie sieht es südlich von Troyes und Sens aus?«

Deng Tsik schüttelte den Kopf. »Auch in südlicher Richtung wurden die Wälder einfach zu dicht für uns, deshalb haben wir uns südlich der ersten Hügelketten wieder nach Westen gewandt. Hat aber auch nicht viel gebracht. Nur Wälder bis zur Yonne, und erst danach sechzig, siebzig Meilen flaches Land bis an die Loire und hierher ...«

Später erst, als sie allein waren, erfuhr Attila von seinem Sohn, daß Troyes eine Goldgrube gewesen war. »Die Stadt war reich durch Handel und viele gute Manufakturen«, sagte Deng Tsik.

»Ist sie zerstört?«

»Nur wo es sein mußte.«

»Der Bischof?«

»Er hat sich schon mit Onegesios angefreundet und ihn zu seinem nächsten Keuschheitskonzil eingeladen ...«

»Warum auch nicht«, lachte der Großkönig. »Auch das kann sinnvoll sein!«

»Ich habe nicht vor, keusch oder Christ zu werden!« sagte Deng Tsik und verzog das Gesicht.

Erneut drei Wochen später wurde mit großem Lärm die Rückkehr eines anderen Sohnes angekündigt:

»Ernak ist aus dem *Tractus Armoricanus* zurück!«

»Ich habe ihn gesehen«, rief er sofort seinem Vater zu. »Ich habe diesen ungeheuer großen Ozean am Westrand von Gallien gesehen!«

Attila freute sich über die Rückkehr seines Lieblingssohnes. Er ließ für ihn und die Anführer seiner Sturmhände ein kleines Fest mit gallischen und hunnischen Gesängen, viel Wein, Spießbraten, Wettspielen und der Verlosung ganzer Straßen in der Stadt Orleans ausrichten. Auch das gehörte zu den Vergnügungen in den beiden großen Heerlagern.

Sie hatten nicht sehr viel zu tun. Weiden und Wälder bis weit nach Westen waren abgejagt und leer. Nicht anders als die Legionäre Roms und ihre Hilfstruppen pflegten die Männer Waffen und Tiere, doch meistens spielten sie und wetteten mit großem Eifer um alles, was sie hatten – und meist um noch viel mehr.

Während die Sonne langsam über der Römerbrücke von Orleans unterging und überall gesungen und getanzt wurde, berichtete Ernak vom großen Meer, das völlig anders war als der dunkle Pontus oder das kleine, friedliche hadriatische Randmeer bei Ravenna oder Aquileia.

»Selbst Männer, die schon mal das Meer hoch im Norden gesehen hatten, flohen, als sich riesige Wellen krachend an den Stränden brachen«, berichtete er. »Aber die Bagauden ... oder besser diese Kelten unter den Galliern ... sie haben eigenartige Bräuche, wie wir sie nie gesehen haben ...«

Und dann erzählte er von Fürstengräbern, die fast noch größer waren als die Grabhügel der Skythen nördlich des Schwarzen Meeres. »Allein von ihrer Größe her müßten sie ganze Königswagen mit Pferden, Weibern und getöteten Beratern in sich bergen«, sagte er. Sie tranken alle etwas mehr, als in der warmen Sommernacht gesund war, aber das lange Warten vor der Stadt ließ Anführer und Krieger besonders laut und fröhlich werden.

»Hast du den Wunsch, noch einmal hinzureiten?« fragte Attila. Der Großkönig lehnte an seinem Lieblingssattel und hatte nur ein Kissen in den Rücken gestopft. Ein paar blonde und dunkelhaarige Mädchen von den Kolonenhöfen in der Nähe sangen speziell für ihn und seine Freunde. Einige zeigten ihren lange Zeit bedeckten, noch immer weißen Busen, andere ließen ihre nackten, herrlich braungebrannten Beine sehen.

»Ich glaube nicht, daß wir im Gebiet der letzten echten Kelten auf große Beute treffen«, meinte Ernak schließlich. Links und rechts hielt er junge Mädchen, die einfach weitersangen, als hätten sie schon immer in den Armen eines Hunnenfürsten gelegen. Vielleicht war es auch nur der freundliche Blick von Ernak, der sie in dieser Nacht so sanft und gefügig machte.

Attila lächelte bei allem, was ihm an seinem jüngsten Sohn gefiel. Und das war mehr, als seine Brüder ahnten.

»Das Land im Westen ist verzaubert«, sagte Ernak. Auch er lächelte die ganze Zeit. »Das Meer ist voll von wildem, grünem Wasser ... so voll, daß es sich aufwölbt, dort wo sein Rand bis an die Himmelyurte reicht ...«

Attila versuchte, sich das vorzustellen, was ihm sein Sohn beschrieb. Das Meer war für ihn immer schon geheimnisvoll und faszinierend gewesen. Anders als in den grauen Weiten der großen Steppenmeere, von denen noch sein Vater geschwärmt hatte, gab es im Ozean die scharfe Trennlinie zwischen Himmel und Wasser. Und nur ganz selten floß auch dort zusammen, was in den Augen aller Hunnen immer eins war.

»Aber es ist nicht nur das Meer«, sagte Ernak. Er hatte plötzlich wieder große Kinderaugen. »Ich habe Wälder dort gesehen ... aus Steinen, die nach oben wachsen ... könnt ihr euch das vorstellen? Ein Riesenfeld ... groß wie von hier bis an den Fluß dort hinten ... und dann in vier, fünf oder noch mehr Reihen Steine, breit wie drei Männer und hoch wie unsere Yurten ...«

»Sie sind die Wächter!« sagte der Schamane plötzlich. Niemand von ihnen hatte bemerkt, woher Aijbars gekommen war. Er trug sein Öfchen vor sich her und suchte sich schlurfend einen Platz am Feuer. »Die Wächter an den Eingängen zur anderen Welt ...«

»Dann muß es im Nordwesten Galliens sehr viele Wege zu den Göttern und den Geistern geben«, sagte Ernak. »Ich hab' nämlich nicht nur große Felder mit den Steinriesen gesehen, sondern auch Kreise, Ringe ... wie die Reste riesiger Yurtenpfähle unserer großen Ahnen ...«

Er rülpste leise, dann fiel sein Kopf erst auf die Brust des einen und dann auf die des anderen Mädchens. Es war, als könne er sich einfach nicht entscheiden.

Attila blickte zu Onkel Aijbars und sah, daß er wach war. »Siehst du das alles als gutes oder schlechtes Omen?« fragte er. »Du hast seit Wochen nicht gesagt, wann wir die Stadt und ihre Brücke einnehmen sollen!«

»Laß einen Hammel schlachten und wirf die Schulterknochen in das Feuer dort bei Ernak«, antwortete der Schamane. »Ich mußte warten, bis ich Gewißheit hatte.«

»Gewißheit? Heißt das, wir können angreifen?«

»Man sagt, daß viele Sterbliche den Weg zur anderen Welt erkennen. Wer Obos oder Steinzeichen für Geister und die hohen Wesenheiten aufstellt, der kennt auch das Geheimnis vom großen Weltenbaum ...«

Attila blickte ihn fragend an.

»Es geht um Brücken«, kicherte der Schamane.

»Um die von Orleans?«

»Nur gute Brücken haben Wächter.«

31. *Drohgebärden*

Der Aufmarsch des riesigen Heeres mit den römischen Katapulten und Belagerungsmaschinen und der jeden Morgen neue furchtbare Lärm wie bei einem echten Angriff machte die Verteidiger des quadratischen *castrum* von Orleans mürbe. Trotzdem kamen von Süden her aus schier unerschöpflichen Quellen Tag für Tag schwerbeladene Wagen über die steinerne Römerbrücke in die quadratisch angelegte alte Römerfestung und verschwanden im großen Bauch der Stadt. Zwischendurch gelangten auch verhängte Wagen in die Stadt auf der Nordseite des Flusses. Die Männer um Attila hoben nur die Schultern.

Attila wartete lange – so lange, bis er der Meinung war, daß die Stadt prallvoll und reif war. Erst dann ließ er dem Mann, der ihm schon lange vor dem Beginn des Gallienzuges die Schlüssel der Stadt versprochen hatte, sein Zeichen zukommen.

Seltsamerweise zögerte der König der Alanen. Kein Tor öffnete sich. Statt dessen tauchten auf den Mauerzinnen immer mehr Männer, Frauen und Kinder auf.

»Was soll das?« frage Attila zornig. Im gleichen Augenblick begannen mehr als tausend Bewohner von Orleans laut zu singen und zu beten. Attila sah sich die Mauerprozession nur wenige Minuten lang an. Für ihn war sofort klar, daß Orleans plötzlich auf Widerstand und Verteidigung aus war. Beinahe gleichzeitig erfuhr er, daß der fast neunzigjährige Bischof der Stadt schon vor Monaten eine fast unmögliche Reise nach Süden unternommen hatte. Der Mann namens Anianus sollte es tatsächlich geschafft haben, bis zu Aetius in Arelate vorzudringen und ihn um Beistand zu bitten.

Attila senkte den Daumen, wie er es von den Kaisern Roms gehört hatte, wenn keine Gnade mehr möglich war. Doch nicht der Kraftakt des greisen Bischofs war ausschlaggebend für seinen Befehl, die Stadt zu stürmen, sondern der Verrat von Sangiban. Der König der Alanen, die noch vor zwei Generationen Verbündete der Hunnen gewesen waren, war der nördlichste Vorposten des Westgotenreichs. Hier an der großen Nordschleife der Loire befand sich das Einfallstor für die Brücke, das jetzt verschlossen bleiben sollte.

»Sturm auf die Stadt!« befahl Attila laut und klar. Aber die Gläubigen um Bischof Anianus sangen weiter. Sie sangen, während die Sturmböcke gegen die Tore rammten, die Katapulte mächtige Steinbrocken über ihre Köpfe hinwegschleuderten und Gefechtstürme langsam als Feuerpfeile speiende Ungeheure gegen die Umwallungen und Gräben um die Mauern rollten.

Niemand bei den Hunnen war für die Eroberung ummauerter Städte besonders geeignet. Aber sie hatten genügend Hilfseinheiten und gefangene Römer für derartige Aufgaben. Dann brachen die ersten Tore, und die Hunnenreiter stürmten in die Stadt, wie sie es auch in anderen Städten getan hatten.

Attila ritt als einer der ersten in die Stadt ein, die ihm versprochen und dann verweigert worden war. Keiner von ihnen kümmerte sich um die singenden, betenden Menschen hoch auf den Mauern. Sie suchten die Alanenkrieger und ihren König, um ihn zu kreuzigen oder zu pfählen. Doch Sangiban war nicht mehr in der Stadt. Er war zu jenen geflohen, die er verraten wollte.

Attila sah, daß überall in der Stadt Mauern verstärkt und Türme von innen neu gemauert waren. Besonders auffällig waren die neuen Befestigungen am größten Bollwerk der Stadt, das die Bewohner der Stadt und der Umgebung den »weißen Turm« nannten. Attila ritt mit kleiner Begleitung durch die engen, zum Fluß hin abfallenden Straßen und Gassen. Sie waren teilweise so eng, daß nicht mehr als drei Pferde langsam und bestenfalls zwei Pferde schnell zwischen den schrägen Hauswänden und stinkenden Gossen laufen konnten. Attila erreichte den buchenumstandenen Platz vor der Kirche des Bischofs. Sie war nur einen kleinen Pfeilschuß von der Loire entfernt.

»Wo ist er?« rief er in den Gesang auf den Mauern hinein. Er fragte mit mächtiger Stimme und auf Latein. Der alte Bischof saß in einem Lehnsessel zwischen seiner Kirche und dem *Weißen Turm* auf der Stadtmauer. Er ließ sich hochheben und zum König der Hunnen umdrehen. Im gleichen Augenblick verstummte der Gesang. Und dann versuchte der Bischof, Attila und seine Männer mit seiner zittrigen Stimme und beiden Händen zu segnen oder zu bekehren.

Gleichzeitig ratterten die ersten voll mit Beute beladenen Wagen durch die Straßen der inneren Stadt. Dutzende, Hunderte von Wagen folgten. Aber der Bischof ließ sich nicht beirren. Aus der Schräge des Kirchenvorplatzes konnte Attila über die abfallende Straße und die Mauer am Flußufer und auf den Wald auf der anderen Seite sehen. Und mitten in all dem gewaltigen Rumoren und Schreien, beim Gesang der Verzweifelten und mit dem Segen oder auch Fluch des Oberpriesters von Orleans sah Attila eine Erscheinung.

Sie stieg wie leichter Rauch über dem Wald am Südufer der Loire auf. Attila starrte auf den Bischof, dann verengten sich seine Augen wieder, und sein Blick ging in die Weite. Das war kein Rauch!

Und plötzlich erkannten auch die singenden, flehenden Menschen auf den Mauern der Stadt, was der Großkönig der Hunnen zuerst bemerkt hatte.

»Das ist die Hilfe, die dort naht!« schrien und sangen sie zugleich. Und Attila wußte, daß sie recht hatten. Die Wolke jenseits des Flusses war kein Rauch. Sie war der Staub, wie ihn Tausende von Römern, Westgoten und Pferden an einem heißen Sommertag aufwirbelten ...

Einen endlosen Atemzug lang blieb Attila vollkommen starr. Das war er also – der Augenblick, auf den er so lange gewartet hatte!

Nichts konnte für einen Belagerer und Eroberer gefährlicher sein als ein unvermutet auftauchendes Entsatzheer. Gleichzeitig erkannte er, daß sein Heer zu schwer mit Beute beladen war. Jedes zusätzliche Pfund Gold konnte sie nur noch mehr behindern. Es gab schon jetzt kaum noch Möglichkeiten für das bewährte Wechselspiel aus schnellen Angriffen mit tödlichen Pfeilwolken und ebenso schnellen Rückzügen zum Nachfassen von Pfeilen oder zum Wechsel von Pferden und Männern.

Die Beute hing ihnen wie Mühlsteine um den Hals, und sie hatten sich in der Stadt verkeilt wie in einer Falle. Attila dachte schneller und scharf nach. Er hatte jetzt drei Möglichkeiten: er konnte aufgeben und kampflos die Beute in Sicherheit bringen. Er konnte den Schein wahren und zum Ruhm seines Namens harte und sinnlose Abwehrkämpfe führen. Und er konnte den Heerwurm des Imperiums genau dorthin locken, wo er ihn haben wollte ...

Es fiel ihm leicht, sich für die dritte und härteste Möglichkeit zu entscheiden. Nur so bestand noch eine Chance des großes Sieges. Ging diese Schlacht verloren, dann war sein Zug bis Orleans noch immer einer der besten von allen!

»Sofort alles abbrechen und zum Lager zurückkehren!« rief er seinen Begleitern zu. Sie sahen, wie es in seinen Augen blitzte. Hier brach erneut der wilde Mut durch, der ihn zu ihrem Großkönig gemacht hatte.

Nur Deng Tsik fragte: »Keine Beute mehr?«

Attila lachte kalt.

»Nehmt, was ihr tragen könnt, und dann raus aus der Stadt! Und kein roter Hahn auf den Dächern der Häuser! Das hält nur auf!«

Sie verschwanden schneller, als sie in die engen Straßen eingeritten waren. In großer Hast flohen auch jene Gallier, die sich inzwischen gegen den Bischof entschieden hatten. Sie trauten seinen Versprechen und Gebeten nicht und nahmen lieber die Angst bei den Hunnen in Kauf.

Am nächsten Vormittag sahen auch andere, warum der Großkönig die Plünderung von Orleans so schnell beendet hatte: Zwischen dem aufbrechenden Lager der Hunnen und ihren Hilfsvölkern und den durch sanfte Täler bis zum Horizont reichenden Wäldern leuchteten auf einmal einzelne, dann immer mehr bunte Wimpel und blitzende Speerspitzen, polierte Schilde und prächtige Rüstungen auf. Die Armee von Flavius Aetius war kaum noch zehn Meilen entfernt. Mit ihm im Bunde näherten sich auch Westgotenkönig Theoderich und sein Sohn Thorismund mit ihrem Heer.

Auf diese Weise stand Attila jetzt einem aus vielen Volksstämmen angeworbenen Entsatzheer gegenüber. Die Westgoten stellten die größten Kontingente gegen den Hunnenkönig. Nach und nach erkannten die Kundschafter auch noch die Krieger und den Troß der anderen Völker und Stämme.

»Kaum zu glauben, was er da alles für sich eingesammelt hat!« knurrte Fürst Deng Tsik. Zusammen mit Scottas, Onegesios und Orestes stellten sie lange Listen mit den jeweiligen Reitern, Fußtruppen und ihren Zeichen auf Wimpeln, Banden oder Schilden auf.

»Das wird nicht einfach, wenn wir aufeinandertreffen«, stöhnte Ernak immer wieder. »Wer soll denn auseinanderhalten, welche nun unsere Franken und welche ihre sind? Sie tragen beide hüfthohe weiße Rundschilde.«

»Dann müssen die sich eben gegenseitig als Freund oder Feind erkennen«, sagte Attila.

»Und wonach sollen unsere Bogenschützen Alanen, Burgunden, Westgoten unterscheiden?« fragte Laudarich, der bisher geschwiegen hatte. »Das können doch nicht einmal mehr die Geister und Dämonen auseinanderhalten ...«

»Die wissen schon, wer übel für sie riecht!« meckerte Aijbars von seinem Pferd.

»Alle Barbaren Galliens rotten sich zusammen, würde ein echter Römer sagen!« meinte Orestes und schüttelte sich leicht.

»Noch schlimmer«, sagte Attila und sah ihn an, als wolle er ihn auf der Stelle in den Circus schicken. Er deutete auf die große Liste der bisher festgestellten Zugehörigkeiten auf Aetius' Seite. »Hier tauchen auch noch andere Hilfskontingente auf ... Krieger sarmatischer Stammesdörfer, dazu Sachsen und *laeti* ...«

»*Laeti?*« fragte Aijbars verständnislos. »Sagt mir, was ich vergessen habe?«

»Wir sollten diese Krieger nicht unterschätzen!« sagte Attila »Sie sind zwar schon alt und entlassen und dürfen an den Römerstraßen und in den Wäldern siedeln, aber sie haben den jahrzehntelangen Kriegsdienst für das *Imperium Romanum* mit Auszeichnungen überlebt und wissen, wie man kämpft!«

Kein Tag und kaum eine Stunde vergingen ohne stets neue Beratungen mit Abgesandten und geheimen Boten von allen Seiten. Überall kamen Geflüchtete von den Hügeln und aus den Wäldern, um sich unter den blitzenden römischen Feldzeichen zu sammeln, die schon ein halbes Jahrtausend lang Zeichen der Unterdrücker und Besatzer waren.

»Ich verstehe diese Gallier einfach nicht!« sagte Attila mehrmals. Selbst die Bagauden, die seit langem bei ihm waren, hatten eines Morgens nur leere Zelte an ihrem Lagerplatz zurückgelassen. »Gerade die Bagauden waren die schärfsten Feinde von Aetius.«

»Jetzt sagen sie, daß die Römer korrupte Ausbeuter sind, daß sie aber trotzdem mehr Angst vor unseren Verheerungen haben«, sagte Ernak leise.

»Was soll das?« fauchte Attila. »Wie können Sie Angst vor Verheerung haben, wenn wir ihnen anbieten, mit uns zu kämpfen und zu siegen?«

»Sie glauben nicht an eine echte Waffenbrüderschaft mit Völkerstämmen, die sie Barbaren nennen«, antwortete Ernak. Für einen langen Augenblick wagte keiner der Umstehenden zu atmen.

»Barbaren!«

Attila peitschte das Wort zurück, nicht abfällig, sondern viel eher wie ein Zauberwort des Feindes. Kein gruseliger Schauder, kein rituelles Kreuzeszeichen schwang bei ihm mit, sondern der Stolz des Königs, der sich mit seinen Mächten des Oben und des Unten einig fühlen konnte.

»Barbaren!« sagte er noch einmal. »Das ist ihr schlimmster Ausdruck der Verachtung. Damit machen sie zu bösen Geistern, was für sie fremd ist und was sie deshalb sofort unterwerfen oder töten wollen! Das gilt auch für die Christen, die von Nächstenliebe predigen und doch vernichten, was nicht den Nacken beugt!«

Seine Augen wurden sehr schmal. Es war, als würde er lieber in sich hinein als nach außen sehen. »Ihr seid so kalt in eurer Weisheit, so arrogant, und selbst Gefühle sind bei euch Berechnung. Dann will ich lieber ein Tier sein als Römer, Grieche oder Germane!«

Die Fragen wurden nicht im Großen Kriegsrat, sondern von Attilas engsten Beratern und den Gepidenkönigen gestellt.

»Warum kam Aetius so spät?« wollte Onegesios wissen.

»Warum hat er den ganzen Norden an uns preisgegeben?« fragte auch sein Bruder Scottas.

»Er hätte uns doch schon viel früher abfangen können«, sagte Ardarich, »nördlich der Alpen oder spätestens nach Ostern in seiner gallischen *Campania* ...«

»Uns haben ja bereits die Alamannen umgeleitet«, bestätigte auch Laudarich.

»Wißt ihr es wirklich nicht?« fragte der Großkönig schon fast beleidigt. »Hat nicht ein einziger von allen Brüdern hier so viel Verstand wie dieser Römer?«

»Mag sein, daß er nicht im Frühjahr über die vereisten Alpenpässe wollte«, sagte Fürst Deng Tsik versuchsweise.

»Er hat mit Sicherheit bereits im Februar-März gewußt, mit wieviel Mann wir aufgebrochen sind«, sagte Attila. »Vergeßt nicht, daß die römischen Stafetten und Brieftauben ebenso schnell sind wie ein Hunnenreiter!«

»Von Rom bis in den Norden Galliens ist es ein weiter Weg«, meinte Scottas und rechnete an seinen Fingern nach. »Schon für die Wildgänse in ihrem Flug über Berge und Täler wären es siebenhundert Meilen von Rom bis Reims!«

»Das allein kann es nicht sein«, meinte Ernak. »Ich glaube eher, der Römer hatte keine günstigen Orakel. Hätte es sonst sein können, daß er am Meer im Süden wartet, bis ich das Meer im Westen gesehen hatte?«

Attila lächelte kaum merklich. Er mochte Ernak und hielt viel von Menhirkreisen und Zeichen in gebrannten Knochen. Nur war ihm jetzt ein bißchen zu weit hergeholt, was Ernak offensichtlich glaubte.

»Dann sage ich euch, was ihn zögern ließ!« sagte er abschließend. Und dann verriet der Großkönig zum ersten Mal, was er mit den Vandalen abgesprochen hatte. »Zusätzlich mußte er warten, bis sich die Westgoten entschieden hatten! Vergeßt nicht, daß die Römer König Theoderich schon hart gezüchtigt haben!«

»Da muß noch etwas sein«, meinte Onegesios nach einer Weile. Attila sah ihn an und schüttelte ganz leicht den Kopf. Er wußte ganz genau, was Onegesios sagen wollte. Es hatte weniger mit ihnen als mit den Träumen von Aetius zu tun. Sein Vater und er selbst waren oft genug in Gallien gewesen. Aber schon einmal hatte er auf der falschen Seite gestanden. Ein zweites Mal durfte er sich nur dann den Griff nach dem höchsten Lorbeer leisten, wenn er so überzeugend siegte, daß er Valentinian II. in den Circus oder wie seine unglückliche Schwester Honoria ins Kloster schicken konnte. Und dann war da noch immer der Generals-Kaiser im Osten. Aetius konnte keinen Augenblick darauf vertrauen, daß dieser Mann ihn als gleichberechtigt anerkennen würde ...

»Er spielt mit den Dämonen seines Schicksals um einen hohen Einsatz«, meldete sich unerwartet auch Onkel Aijbars aus seiner Ecke am Altar. »Er mußte warten, bis wir den Westgoten so schmerzhaft werden, daß sie sich zu ihm schlagen.«

»Sie hassen ihn!« sagte Orestes.
»Aber uns fürchten sie«, kicherte Aijbars.

Und noch etwas Seltsames meldeten die Vorreiter dem König der Hunnen: Irgend jemand mußte bereits vor langer Zeit die Yonne, dieses ungebändigte Kind der Seine, verhext haben. Der Fluß erreichte an manchen Stellen eine recht beachtliche Breite.

»Überall an den Ufern und in der Nähe der Schlupfwinkel von Wild und Fischen sind behauene Feuersteine aufgestellt«, berichtete Ernak aufgeregt. Seit er bei den Menhiren und den Dolmen von Carnac gewesen war, sah er in jeder Felsritzung Zeichen der Geister und Dämonen. »Angeblich sollen die Jagdmarken noch aus der Zeit stammen, in der die Ureinwohner dieser Gegend aufgebrochen sind, um Rom zu erobern.«

»Gibt es sonst noch etwas Erfreuliches«, fragte Attila lächelnd.

»Käse, Geflügel und Honig, mit dem sie auch Kuchen bakken.«

Attila verzog das Gesicht.

»Dazu sehr gutes Obst und Gemüse und Kräuter in den Tälern ...«

»Ernak, komm zu dir!« mahnte sein Vater. »Dafür steigt kein Hunne von seinem Pferd!«

»Ich schon«, sagte Ernak und schmollte einige Augenblicke. Doch dann blitzten seine Augen wieder. »Und dann haben wir noch eine ganz besondere Form von Gold gefunden ...«

»Heißt das, Sens hätte Solidos, die wir noch nicht kennen?«

»Das auch, aber die Menschen hier haben ganz besondere Schätze gesammelt, kleine Kügelchen aus reinem Gold. Sie sind so groß wie Kirschkerne, wiegen so viel wie anderthalb kaiserliche Münzen und tragen auf einer Seite zwei gekreuzte Linien.«

»Ein Kreuz? Etwa geheimes Geld der Christen?«

»Wohl kaum, denn die Goldkügelchen mit dem Kreuz gab es

in dieser Gegend schon lange bevor Caesar mit seinen Legionen und dann die Christen kamen.«

Und dann zeigte er seinem Vater und den anderen seine ungewöhnliche Entdeckung. Attila nahm sich vor, Ernak in Zukunft etwas ernster zu nehmen.

Sie suchten unablässig nach einem geeigneten Gelände für die große, alles entscheidende Schlacht. Attila wollte, daß alle seine Männer aus Zorn die Kraft für eine neue, große Kampfeswut entwickelten. Deshalb schickte er ausgewählte Frauen und Männer aus, die in den unterschiedlichsten Sprachen und Dialekten sprechen konnten und die diese Wut noch schüren sollten.

Sie mischten sich völlig natürlich unter die Menschen an den Feuern, fragten sehr höflich, ob sie für eine Weile in der Nähe bleiben durften und ließen anklingen, daß sie kürzlich gehört hatten, worüber der Großkönig der Hunnen mit dem einen oder anderen der Vasallenkönige oder der Anführer und Fürsten geredet hatte.

Viele der Krieger waren immer noch verärgert, weil sie in Orleans auf die bereits verladene Beute hatten verzichten müssen. Jetzt sorgten die fähigsten und besten Königszungen überall dafür, daß niemand sich zu schnell und leicht beruhigte und daß der Grimm an allen Feuern weiter schwelte und langsam weiter wuchs.

Schon zuvor war ein ungewöhnlicher Befehl des Großkönigs an alle Reitereinheiten ergangen: »Ab sofort verbiete ich bei Strafe, in großen Schwärmen innerhalb des Zuges oder in seiner Nähe zu reiten. Jeder Fürst und Anführer muß die zu ihm gehörenden Sturmfäuste in Großhände aufteilen! Keine Reitergruppe abseits der Beutewagen, der Familien und der Handwerker darf größer als fünf Hände sein!«

Zuerst verstand niemand den eigenartigen Befehl, doch dann sahen die Reiterkrieger selbst den Vorteil: Dadurch, daß sie nur noch in kleinsten Gruppen ritten, gab es plötzlich nirgendwo mehr Stauungen und Wartezeiten an den Bächen und Flußufern, den buschbestandenen Hohlwegen und den schwierigen Passagen durch dichte Waldstücke und über flach ansteigende und abfallende Hügel hinweg, die oft von Felshängen eingeengt waren.

Gleichzeitig erweiterte sich der schützende Ring um den Hauptzug und wurde praktisch unangreifbar. Es gab auf einmal einfach keine großen Ziele mehr für einen Angriff aus dem Hinterhalt.

»Kein Jäger trifft den Vogel, der in einem Schwarm aufsteigt«, kommentierte Attila zufrieden, »denn wer es nur auf irgendeine von vielen Möglichkeiten anlegt, der steht zum Schluß mit leeren Händen da! Auch wenn du hundert Pfeile fleißig in die Luft schießt, wird der Schwarm weiterziehen, ohne dich überhaupt zu sehen!«

Die neue Taktik hatte nur einen kleinen, aber ärgerlichen Nachteil. Wer nicht so wie die Hunnen von Kindesbeinen an geübt hatte, in eigener Verantwortung mit seinem Pferd nach vorn zu preschen, schnell seine Pfeile in das Herz der Feinde abzuschießen und ohne große Siegesgesten wieder zu verschwinden, dem fehlte jetzt die unsichtbare Fessel, die große Gruppen aneinander bindet.

Das erste Opfer dieses Unvermögens wurde Gundebaud, der junge Fürst der ripuarischen Franken, der beim Großkönig der Hunnen Schutz und Hilfe für seinen eigenen Königsanspruch gesucht hatte. Gewohnt, immer mit dem ganzen Haufen, dem Stamm, dem Volk zugleich durch dick und dünn zu gehen, kamen die Schwertkämpfer und Bogenschützen, die Lanzenträger und ihre Edlen auf den Pferden um Gundebaud mit Attilas Befehl nicht zurecht. Die ripuarischen Franken von der linken Seite des Rheins waren darin nicht viel anders als römische Legionäre, die sich bei Gefahr ebenso dicht aneinander drängten und ihre Langschilde wie Schildkrötenpanzer zur *tortuga* über ihre Köpfe hielten ...

Die von allen schon lange erwartete Entscheidungsschlacht

zwischen den Hunnen mit ihren Hilfsvölkern und den vereinten Heeren des *Imperium Romanum* begann zwischen zwei Einheiten, deren Männer sich größtenteils kannten und die eher verwandt als verfeindet waren. Und wieder wurde ein großer, furchtbarer Kampf um die Vorherrschaft nicht zwischen Völkern, sondern unter Brüdern und jenen ausgetragen, die bis zum Tod zu dem einen oder zum anderen hielten ...

Westlich von Troyes, auf einer mindestens zehn Meilen weit flach und bis auf ein paar Buschgruppen wie leergefegt wirkenden Hochebene, entdeckten die salischen Franken, die Gundebaud mit der ripuarischen Gruppe nicht entkommen lassen wollten, die Möglichkeit zur Abrechnung. Hier sollte der Streit um die Nachfolge ausgetragen werden, noch während Attila mit seiner Hauptstreitmacht rund um Troyes zum großen Feldlager anhalten ließ.

Nur wenige der allerengsten Berater wußten, was Attila wirklich plante. Er hatte vor, bis zum *Campus Mauriacus* vorzustoßen, das ihm der Bischof von Châlons gezeigt hatte. Ein Lager mit der Beute, dem Troß, mit Wall und Graben, das in seinem Vorfeld die weiten Ebenen der *Campania* hatte und entscheidende Vorteile für die schnellen hunnischen Krieger bot: freie Bahn für die Reiterei – und ein geschützter Troß.

Seit dem Rückzug über 125 römische Meilen waren inzwischen mehr als zwei Wochen vergangen. Auf ihrem Weg von Orleans nach Troyes waren die Hunnen zunächst in östlicher Richtung ohne nennenswerte Behelligung marschiert. Bis auf ein paar kurze, heftige Zusammenstöße an den Rändern des Zuges war kaum etwas geschehen. Es war, als würden weit über hunderttausend Römer und ihre Hilfstruppen ebenfalls mehr als hunderttausend Hunnen und ihre Verbündeten nur freundschaftlich bei ihrem Zug durch Gallien begleiten. Überall, wo durch die eine oder andere Partei Reibungen entstanden, traten auf der Stelle Elitereiter dazwischen, um die Händel und aufflakkernden Feuer sofort wieder zu löschen.

Doch gleichzeitig wurde die Armee der Römer immer größer. Die Kunde von dem, was sich in Orleans ereignet hatte, ermunterte auch diejenigen, die bisher nicht gewußt hatten, vor wem sie fliehen und wem sie folgen sollten. Bisher hatten die Römer noch keine Schlacht gewonnen. Dagegen waren Wagen und Karren im Zug der Hunnen schwerbepackt mit Beute, Vorräten, Waffen und Gerät. Es war so viel, daß Attila bereits an Abkürzungen für den Weg nach Châlons dachte. Aber bisher war gerade das durch die Flußauen im Norden nicht durchführbar gewesen ...

Alle Wahrsager und Schamanen warfen Nacht für Nacht die Schulterblätter von verendeten oder geschlachteten Schafen und Rindern, Pferden und Eseln in die Glut der verlöschenden Feuer. Inzwischen wußten sie durch ihre Königsaugen und viele Überläufer, die jede Nacht für Gold die Seiten wechselten, daß auch die Römer *haruspices* durchführten, während die Christen unablässig zu ihrem Gottvater, seinem seltsamen Sohn und dessen Mutter beteten.

»Es sieht nicht gut aus«, sagten sie, sobald Attila hinter einen von ihnen trat, sie eine Weile beobachtete und dann in die Flammen spuckte, um sie zu einer Äußerung zu zwingen.

»Nicht gut? Was heißt das?«

Die Seher deuteten auf die vom Fleisch befreiten Schafsknochen. Unter den klärenden Flammen waren deutliche Sprünge und Krakelüren zu erkennen.

»Kein Sieg, nur Niederlagen ...«

»Für wen?« wollte Attila wissen.

»Für dich ... und für einen hohen Anführer deiner Feinde ...«

Attila blieb regungslos wie eine Statue vor dem Feuer der Schamanen stehen. Nicht der kleinste Muskel in seinem Gesicht bewegte sich. Kein Lächeln, kein Stirnrunzeln, nicht einmal ein Zucken der Mundwinkel. Und doch wußte jeder, der ihn kannte und so sah, was er dachte.

»Aetius wird siegen und dabei umkommen!«

»Das habe ich nicht gesagt«, meinte Onkel Aijbars warnend.

»Nein, du legst dich nie genau fest, damit du stets deinen Kopf behältst. Aber wir werden vorsichtig sein und erst in der neunten Stunde nach Sonnenaufgang mit der Schlacht beginnen.«

»Warum so spät erst? Um diese Zeit beginnen die Römer mit dem großen Fressen ...«

»Es ist dann immer noch lange genug Tag, um hart und schnell zuzuschlagen. Römische Feldordnungen brauchen Zeit, und bis Aetius seine Kohorten, Manipeln und Legionen auch nur ein zweites und drittes Mal geordnet hat, ist es Nacht und Neumond. Und dann ...«

Er schob die Unterlippe vor. Mit seinem weit nach hinten ausladenden Kopf sah er jetzt aus wie eine Statue.

»Und dann?« fragte der Schamane kaum hörbar.

»Dann soll die Nacht entscheiden: Entweder werden die Siegesfeuer bis zu den Sternen hinauflodern, oder der Großkönig der Hunnen gibt dem obersten Feldherrn des Römischen Reiches die lang ersehnte Chance, sich mit Caesaren- und Augustusruhm zu schmücken.«

Am 7. September des Jahres 451 nach der Geburt des christlichen Gottesohnes und auf den Tag genau fünf Monate nach der Eroberung von Metz kam es am fünften Meilenstein nordwestlich von Troyes direkt an einem kleinen Seine-Übergang zu einem ärgerlichen Zwischenfall.

Unter normalen Bedingungen wäre nichts passiert, aber inzwischen wurden auch die kampferprobten, furchtlosen Gepiden unruhig. Sie waren nochmals südlich des großen Seinebogens entlanggeritten, um doch noch andere Übergänge als den bei Troyes zu finden. Am Abend schlugen sie ihr Quartier an einem kleinen Bauernhof mit ein paar zusätzlichen Fischerhäusern auf. Der Platz hieß Brolium und hatte keine größere Bedeutung. Interessant wurde er für Franken und Gepiden allein dadurch, daß er sich an der Nordostseite der großen Hochebene befand, die viele bereits für das Feld hielten, an dem die Hunderttausende zusammentreffen würden.

Während Laudarich im Lager Attilas westlich von Troyes blieb, beschlossen Ardarich und Gundebaud, ihr gemeinsames Hauptlager am kleinen, schmalen Übergang über die Seinearme aufzuschlagen.

Der nächste Morgen begann ruhig. Die Sonne war noch hinter leichten Wolken verborgen, aber der Sommertag versprach erneut, schön und heiß zu werden. Die Männer waren bereits bei der Pflege ihrer Waffen, als eine Abordnung aus Troyes gemeldet wurde.

»Seht mal nach, wer das ist«, rief Ardarich ein paar jungen Kriegern zu. Sie freuten sich über den Auftrag, stiegen auf ihre eben erst gesattelten Pferde und preschten los. Niemand dachte in diesem Augenblick daran, daß keiner von den jungen Männern Latein sprach oder sich in irgendeiner anderen Sprache Galliens verständigen konnte. Der König der Gepiden hatte schon vergessen, daß er die jungen Krieger losgeschickt hatte, als ihn plötzlich laute Schreie aus Richtung Troyes aufblicken ließen. Er trat vor sein Zelt, legte die Hand über die Augen und blinzelte in die inzwischen hell am Himmel stehende Morgensonne.

Gleich darauf kamen zwei der jungen Krieger mit aufgeregten Rufen ins Lager zurück.

»Sie wollten uns verhexen!« schrie der erste, noch während er sein wild schnaubendes Pferd zu zügeln versuchte. »Ihre Geisterschwerter haben Blitze gegen uns geworfen!«

»Sie sind tot ... alle sechs tot ... nur einer konnte im Fluß entkommen!« rief der andere aufgeregt. Jetzt kamen auch die anderen blutverschmiert und mit bleichen Gesichtern zurück. Zwei von ihnen fielen fast aus dem Sattel. Noch vom Pferd herunter erbrachen sie sich vor Ardarich und Gundarich.

Nie zuvor hatte der König der Gepiden so viel Angst und Schrecken in den Gesichtern junger Krieger gesehen. Keiner von ihnen fürchtete Kampf oder Tod. Doch das, was diesen Männern kurz vor dem Lager passiert sein mußte, saß ihnen noch immer so tief in den Knochen, daß sie keinen klaren Satz herausbrachten.

Andere Männer eilten herbei, ein paar Weiber holten Wasser und scharfe Nasenpaste gegen Ohnmacht und Schwindel. Wieder andere schlugen den Jungen hart ins Gesicht. Obwohl sie alle voller Blut waren, hatte keiner von ihnen irgendwelche Verletzungen. Es dauerte sehr lange, bis Ardarich und Gundebaud herausbekamen, was geschehen war. Doch dann erkannten sie, daß der Vorfall zu ernst war, um ihn dem Großkönig und dem Königsrat zu verschweigen ...

»Die jungen Krieger haben immer wieder mitbekommen, welche Macht diese weißgekleideten Männer haben«, berichtete Ardarich einige Stunden später vor der Königsyurte. »Sie fürchteten sich einfach vor den sieben Männern, die ihnen mit ihren heiligen, goldblitzenden Geräten entgegenkamen.«

»Bischof Lupus wollte nur darum bitten, seine Stadt zu schonen«, sagte Attila sachlich. Er kannte bereits über Onegesios die Darstellung der anderen Seite. »Er hatte seinen Stellvertreter Maximianus und einige Begleiter zu euch und nicht zu mir geschickt. Diesen Fehler haben sechs seiner Priester mit dem Leben bezahlt. Das ist ihr eigenes Risiko, wenn sie vor simplen Viehhirten wie Zauberer und Magier mit goldenen Kreuzen und prachtvoll blitzenden Geräten hin und her wedeln!«

»Ja, du hast recht«, sagte Ardarich. Er war spürbar erleichtert, daß Attila den Zwischenfall so nüchtern sah. »Nur so läßt sich die Panik bei unseren jungen Männern erklären. Sie sagen übereinstimmend, daß sie verzaubert werden sollten ...«

»Der Überlebende aus dem Fluß hat ausgesagt, daß es die Sonne war, die sich wohl unglücklich in den Monstranzen spiegelte und sie zum Blitzen brachte«, sagte Attila.

»So habe ich es auch gehört«, sagte der König der Gepiden, »Aber es waren nicht die Männer, die zuerst erschraken, sondern ihre Pferde ...«

»Ich weiß«, sagte Attila nachdenklich. »Wahrscheinlich haben sich die Männer in diesem Augenblick daran erinnert, daß auch ein Großkönig der Hunnen durch einen Blitz auf seinem Pferd erschlagen wurde.«

»Mehr noch«, sagte Laudarich, der bisher schweigend zugehört hatte. »Dabei war ebenfalls dieser seltsame Glaube im Spiel ... Christenmagie ... von Ostroms Kaiser selbst herbeigebetet!«

»Ich kann nur sagen, daß meine Männer weder feige noch besonders schreckhaft sind«, sagte Ardarich abschließend. »Sie sind gewohnt, schnell und – anders als bei den Römern – ohne Befehl zu handeln ...«

»Sechs tote Priester, die nur um Frieden bitten wollten, sind kein gutes Omen für uns«, sagte Attila schließlich. Die anderen schwiegen betreten.

»Aber der siebente rettete sich mit einem Sprung durch eine Dornenhecke in den Fluß«, bemerkte Onkel Aijbars aus dem Inneren der Königsyurte. Man wußte nie, wann der Schamane zuhörte.

Am nächsten Abend war es Attila, der eine Warnung an seinen Königsrat ausgab.

»Verachtet das vereinte Gesindel unterschiedlicher Herkunft!« sagte Attila abfällig. »Es ist doch nur ein Zeichen seiner Angst, wenn sich jemand selbst zurückhält und sich von seinen Verbündeten verteidigen läßt! Aber es gibt auch Ausnahmen ...«

Die Umstehenden wußten nicht, worauf er hinauswollte. Erst als der legitime Nachfolger des fränkischen Königs vortrat, sahen sie, daß sich hier eine neue Situation anbahnte. Es gab eine ganze Reihe von ostgermanischen Anführern, die den bescheidenen, aber zielstrebigen jungen Königssohn vom Niederrhein ins Herz geschlossen hatten.

»Es fällt mir schwer, mich gerade in diesen Tagen und gegen die Verbündeten des Imperiums zurückzuhalten«, fuhr Attila fort. »Aber ich sehe ein, daß ich als Großkönig auch jenen eine Chance geben muß, die sich aus eigener Kraft mit ihrem eigenen starken Willen den Platz auf dem Thron ihres Volkes erkämpfen wollen, der ihnen nach Recht und Gesetz zusteht.«

Nur wer Attila ganz genau kannte, ahnte, warum er so lange und feierlich sprach. Was jetzt kommen sollte, gefiel ihm nicht! Alles in ihm widerstrebte der Erlaubnis, die er in diesen Augenblicken gab. Aber er tat es, weil die Hunnen oft genug Pferde, Gold und Weiber ihrer Hilfsvölker für sich beansprucht hatten, aber niemals die Überzeugung oder die Lüge der Treue, niemals den Eid auf einen Herrscher und nie die Unterwerfung unter die eigenen Götter und heiligen Werte.

»Du hast gebeten, daß wir uns zurückhalten, wenn du dein Recht von deinem verräterischen Bruder forderst«, sagte Attila zu Gundebaud. »Ich will deiner Bitte entsprechen, aber bist du sicher, daß auch dein jüngerer Bruder den gleichen Maßstab an seine Ehre anlegt?«

»Nein«, gab der junge Franke zu. »Er ist längst Römer geworden!«

»Dann gilt für ihn ein anderes Recht als für dich!«

»Ich kämpfe als Franke und will als Freier sterben, wenn er sich als der Stärkere erweist.«

»Aber du weißt, daß du damit die Zukunft deines ganzen Volkes aufs Spiel setzt«, sagte Attila eindringlich.

»Es ist wie die Gabelung eines Weges«, sagte Gundebaud. »Du kannst dich in einer solchen Lage immer nur für eine Richtung entscheiden ...«

Attila blickte den jungen Franken lange an.

»Gut«, sagte er dann. »Wir Hunnen greifen nicht ein! Aber ich werde euch ein paar erfahrene Sturmfäuste als Schutz mitgeben. Germanen, die schon Erfahrung mit den Römern und ihren Hilfstruppen haben ...«

Gundebaud wurde unwillkürlich rot.

»Ihr seid mir zu wenig aufeinander eingespielt«, sagte Attila. »Woher willst du wissen, was dein Bruder in den vergangenen Monaten gelernt hat? Vergiß nicht, daß er inzwischen der Adoptivsohn des großen Feldherrn Aetius ist!«

»Das macht ihn nicht weniger feige und verräterisch!«

»Franke, Franke, du bist viel zu jung und wild!«

»Ich kämpfe für Gerechtigkeit ... und mit dem Recht, das meine Väter schufen!«

»Du kämpfst bisher nur mit dem Mund«, sagte Attila lächelnd. »Und deine großen, edlen Worte vermögen nichts gegen den anderen, der dir sein eigenes Recht eiskalt in deine Brust stößt, wenn du dein Herz zu sehr entblößt!«

Attila ging zu ihm und legte eine Hand auf seine Schulter.

»Du warst mir fast ein Sohn, Gundebaud«, sagte er, als hätte er noch immer alle Zeit der Welt. »Aber ich kann dich nicht an Sohnes Statt annehmen, wie es Aetius mit deinem Bruder getan hat. Bei uns zählt nur das wahre Blut und nicht das Pergament von irgendeinem schmierigen Notarius!«

»Ich danke dir, Großkönig!« sagte Gundebaud in ungewohnter Einsicht. »Vielleicht soll damit auch entschieden werden, aus welchen Lenden das Königtum der Franken auf den Ruinen des *Imperium Romanum* sprießen soll ...«

Attila lachte laut und herzhaft.

»Du bist und bleibst ein Kindskopf, Gundebaud! Ich bin es, der dem Imperium das große Ringen um die Gunst der Götter bietet! Selbst wenn es hier die letzte Schlacht für alle wird, kann sich Rom niemals mehr davon erholen ...«

Dann überließ der Großkönig die Stämme der rheinischen Germanen, die sich selbst *die Freien* nannten, ihrer Ungeduld. Einerseits wollte er seine eigenen Pläne nicht durch Einflüsse von außen bestimmen lassen, andererseits kam ihm der Haß der Franken gegeneinander gerade recht. Sicherheitshalber vereinbarte er mit Laudarich, daß die Gepiden mit einigen tausend Mann den rechtmäßigen Thronfolger der Franken schlagkräftiger machen sollten.

32. Kampf um den Frankenthron

Bereits am nächsten Tag trafen Franken auf Franken. Genau fünfzehn römische Meilen westlich der Kapelle von Troyes fielen sie wie Wölfe übereinander her – die salischen Franken kamen von Westen über die Hochebene südlich der Sperre von Seine und Aube, die ripuarischen mit Gundebaud an der Spitze vom Weg an dem kleinen, sumpfigen Fluß entlang, der Sens mit Troyes verband.

Während der große Zug der Hunnen und ihrer Vasallenvölker sich langsam in Richtung auf die ummauerte Stadt nach Osten bewegte, hielten sich Ardarichs und Laudarichs Gepiden wie vereinbart zurück. Sie warteten angriffsbereit an den südlichen Hängen der Hochebene. Nach und nach wurde ihnen immer unwohler, denn alle, die zwischen dem sumpfigen Fluß und ihnen vorbeizogen, riefen ihnen Spottworte oder anzügliche Anfeuerungen zu.

»He, ihr!« riefen Ostgoten. »Habt ihr eure Bräute verloren, oder zittert ihr vor Angst vor den Franken mit ihren Kinderkriegern?«

Zuerst murrten nur einige, dann drängten mehr und mehr der fast zwanzigtausend Gepiden an den Hängen höher. Ihre Könige und Anführer hatten Mühe, sie davon abzuhalten, über die Kuppen der Hänge zu kommen, denn noch konnte keiner der Spähreiter zuverlässig die Stärke der salischen Franken auf der Hochebene melden.

»Offensichtlich sind es doch mehr, als wir angenommen haben«, sagte Attila nachdenklich. Er ritt an der Spitze seines Hofstaates in der kleinen Gruppe seiner engsten Berater. »Was sagen unsere eigenen Königsaugen?«

»Insgesamt wurden bisher dreißigtausend gezählt«, antwortete Onegesios sofort. Er sah auf seine Pergamente mit den ständig verbesserten Aufzeichnungen.

»Dreißigtausend Franken? Das sind viel mehr, als ich ihnen zugetraut habe.«

»Einschließlich der Franken, die ohnehin im Dienst von Aetius' Legionen stehen«, korrigierte Scottas sofort. »Aber es sind auch neue Kämpfer unter ihnen, die direkt aus Belgien und den beiden germanischen Dukaten am unteren Rhein kommen. Dazu Burgunden ...«

»Die eigentlich nie Freunde der Römer waren«, warf Attila ein.

»Die Westgoten eigentlich auch nicht«, sagte Onegesios. »Die Burgunden kämpfen auch nicht neben den Legionen von Aetius. Unsere Königsaugen und Königsohren berichten, daß sie auf der Seite des jungen Westgotenprinzen Thorismund gegen uns ziehen ...«

»Er holt weit aus, um uns zu treffen!« sagte Attila. Er schob die Unterlippe vor und nickte. »Ja, das ist er, der Aetius, den ich kenne! Vor wenigen Wochen noch war er in Arles oder gar bei den Westgoten im Süden Galliens, dann hat er beinahe unbemerkt die schwere Strecke durch Aquitanien bis zur Loire geschafft ...« Er stockte für einen Moment und blickte auf das halb ausgerollte, an einigen Stellen von der hundertfachen Benutzung bereits abgegriffene alte Pergament des Castorius. Er starrte die Marschkarte plötzlich an, als wären Dämonen in ihr eingerollt.

»Was hast du?« fragte Scottas. Attila hob die Hand.

»Still, ich muß nachdenken!«

Für eine Ewigkeit war nur das Lärmen des Zuges zu hören. Der Treck der schwer mit Beute und Vorräten beladenen Wagen zog seit vielen Stunden auf die einzige Stelle im Osten zu, an der sie problemlos über die Seinearme setzen konnten. Gleichzeitig fiel den Pfeilen und Speeren der Männer alles zum Opfer, was sich irgendwie in den Büschen und im Grün der Wiesen bewegte. Sie erlegten Wildschweine, Hirsche und Rehe ebenso wie Hasen und Reiher, Fasanen und Rebhühner.

»Es war ein König der Westgoten, der mir diese Karte

schenkte«, sagte Attila schließlich. »Und gegen einen König der Westgoten werden wir jetzt härter zu kämpfen haben als gegen den Römer mit seinen Legionen und *auxilii* ...«

»Du solltest nicht so denken«, sagte Orestes, dem der Lärm und der Staub wie stets zu schaffen machten. »Es gibt nicht die geringsten Beweise für eine derartige Annahme!«

»Und das hier?« schnaubte Attila und deutete auf die Pergamentrolle. »Ist das kein Orakel? Keine Weissagung, die ich seit über vierzig Jahren Tag und Nacht in meiner Nähe habe? Nichts, Orestes – nicht einmal du oder Greka – ist mir aus meiner Geiselzeit all die Jahre wertvoller gewesen als dieses Pergament. Es war dieser Plan des *Imperium Romanum*, der mich mein ganzes Leben begleitet hat!«

Er ging zur Karte und strich so behutsam über ihre Rundungen, als wäre sie ein fremdartiges und für ihn immer geheimnisvoll gebliebenes weibliches Wesen.

»Du hast mich mehr begleitet als alle meine Frauen und Söhne!« sagte er so leise, daß niemand ihn hören konnte. Zum ersten Mal in seinem Leben fühlte er sich in diesem Augenblick nicht wie ein König und Anführer von Kriegern, sondern wie ein Schamane, dem nicht das Sirren der Pfeile und der harte Klang der Schwerter Lust bereitete, sondern das kaum wahrnehmbare Singen des Windes in Gräsern und Steinhöhlen. Nur die Steppe bringt die Freiheit, dachte er, nur die Steppe bringt das Glück! Denn wer vom Waffenlärm taub wird, kann nicht mehr zuhören, wie sich der Wind dreht und wie die Pflanzen wachsen.

Obwohl er niemals jene endlosen Steppen östlich des Maiotischen Sumpfmeeres gesehen hatte, spürte er auf einmal eine tiefe Sehnsucht nach den Erzählungen der Alten. Danach, wie sie den Wermut und Wacholder rochen und der großen Stille ihre Sprechgesänge schenkten.

»Rot ist der Horizont im Winter«, wiederholte er leise einen alten Vers, *»rot sind die Wangen liebender Weiber, rot auch Blüte und Rinde der schönen Tamariske ...«*

Er schloß für einen Moment die Augen, ballte die Hände zu Fäusten, atmete tief ein und stieß die Luft scharf wieder aus. Gleichzeitig lief ein Schauer über seinen Rücken und bis über seine Schenkel hinab zu den Füßen.

»Nein«, sagte er fest. »Ich zerbreche nicht daran ... nicht an einem Zauber der Römer oder Germanen! Mögen sie weiter ihre Geheimnisse aufschreiben und zeichnen ... er bleibt ohne Wirkung bei einem Sohn der Weite ...«

Als er sich umdrehte, lächelte er wieder.

»Wir müssen unsere Völker und Stämme auf schwere Verluste vorbereiten«, sagte er. »Möglicherweise wird auch Unerwartetes geschehen!«

»Was befiehlst du?«

»Ich sagte doch – man muß sie alle vorbereiten ...« Er lachte leise. »Damit uns nicht nach so vielen Jahren das Gleiche passiert wie König Uldin, dem oftmals, aber zum Schluß ganz und gar nicht Glücklichen ...«

Er griff nach seinem Schwertgürtel und zog ihn enger. »Kommt, ich will sehen, wie gut oder schlecht sich die beiden Frankenbrüder schlagen.«

Aber er wußte längst, daß es um mehr ging.

Der Kampf auf der Hochebene westlich von Troyes war in vollem Gange, als der Großkönig der Hunnen mit kleiner Begleitung vom Flüßchen Vanne her den Hang heraufkam.

Attila und seine Männer kniffen die Augen zusammen, um im Flirren des heißen Sommertages noch weiter sehen zu können. Mehrere Staubwolken erhoben sich über der Hochebene. Gleichzeitig glitzerten, funkelten und blitzten Tausende von Waffen, Rüstungen und Zierteilen am Geschirr der Pferde. Dagegen glich der Schlachtenlärm und das schnelle Stampfen der Pferde eher dem Tosen eines weit entfernten Wasserfalls.

Es mußten gut dreißigtausend sein, die sich in ein bis zwei Meilen Entfernung in mehreren Klumpen aufeinander gestürzt hatten und nun verbissen um Sieg oder Niederlage kämpften. Attila sah sofort, welchen Fehler Gundebaud gemacht hatte. Er wußte nicht mehr, wie oft er dem jungen Königssohn eingeschärft hatte, niemals alle seine Kräfte auf einen einzigen Punkt zu konzentrieren. Das galt in waldigem und hügeligem Gelände und noch viel mehr auf dieser weiten, an die Steppen Asiens erinnernden Grasebene. Zusätzlich sah es so aus, als würden die ripuarischen Franken und die Gepiden ohne jede Überraschungsreserve eine Frontalschlacht römischer Legionäre nachspielen.

»Er ist verrückt!« stieß Attila kopfschüttelnd hervor. Obwohl die Gepiden bereits eingegriffen hatten, verfügten die salischen Franken über mehr Pferde und Reiter. »Wie will Gundebaud das gewinnen?«

Trotzdem griff der Großkönig der Hunnen nicht ein. Zusammen mit seinen besten Vasallenkönigen, Fürsten und Anführern beobachtete er den Kampf der fränkischen Königssöhne und der Männer, die mit der Eifersucht der beiden Edelinge eigentlich nichts zu tun hatten.

Sie sahen, wie auf beiden Seiten ein Vorgeschmack für das aufkam, was sich jetzt auch für Attila und Aetius unausweichlich anbahnte ...

Die gewaltige Wut der Burgunden traf aber nicht die Hunnen, sondern die Gepiden. Doch die antworteten ebenso hart und gnadenlos. Erstaunt sah Attila, daß es die Germanen waren, die hier noch härter kämpften als alle Hunnen oder römischen Legionen. Zum ersten Mal sah er die Glut unversöhnlichen Hasses bei den Franken und Burgunden. Er hatte schon mehrmals davon gehört, daß sich Germanen auch ohne Aussicht auf Beute oder eigene Vorteile gegenseitig erschlugen. Obwohl er viele der unterschiedlichsten Völker, Stämme, Sippen und Familien der Germanen kannte, hatte er nie verstanden, aus welchen Gründen und mit welchen Zielen der unheimliche Haß gegeneinander immer wieder durch all ihre Völker und Stämme und sogar durch die Familien brannte ...

Laudarich kam erst am Spätnachmittag erschöpft und blutverschmiert mit einem Haufen von einigen hundert Kriegern zurück. Attila ließ ihn sofort zu sich führen und von den bereitstehenden Heilkundigen und Schamanen untersuchen.

»Bist du sehr schwer verwundet? Was ist dort oben geschehen?«

»Ich hätte mich ja auch zurückhalten können«, ächzte der Zweitkönig der Gepiden. »Aber nein, ich wollte mich ja mit Westgoten, Franken und Burgunden zugleich schlagen.«

»Du konntest ja nicht ahnen, daß sie so fanatisch sein würden.«

»Nie zuvor habe ich solch einen Haß gesehen!«

»Dann war dieses Gemetzel bereits der Beginn der ganz großen Auseinandersetzung ...«

»Es war mehr, Attila! Es war auch mehr als ein Kampf um die Nachfolge unter den fränkischen Königssöhnen! Ich hatte keinen Augenblick Zeit zum Überlegen, aber wenn du mich jetzt fragst, dann beginnt hier etwas, das dem *Imperium Romanum* den Todesstoß versetzen kann ...«

»Das haben die Römer schon vor sechsundsiebzig Jahren befürchtet, als wir die Goten über die Grenzen an der Donau trieben!«

»Ja, aber hier treten junge, ganz andere Völker auf, als du und ich sie aus dem Osten kennen!«

»Du meinst ...«

Laudarich lehnte sich zurück, ließ seine Hieb- und Stichwunden mit Kräutersalben und leinenen Tüchern versorgen und trank zwei Pokale Wein, für die Aijbars eine Spur seiner kostbarsten Pülverchen geopfert hatte.

Erst am nächsten Tag wurde klar, wie groß die Katastrophe war, die alle zunächst nur als Hahnenkampf zweier Jünglinge gesehen hatten.

»Ich zögere, die Zahlen aller Toten auf Pergament zu schreiben«, sagte Onegesios, noch immer erschüttert. »Allein bei unseren Gepiden und den Franken sind es mindestens fünfzehntausend.«

»Schade um Gundebaud«, sagte der Großkönig der Hunnen. »Damit geht also die Linie der neuen Frankenherrscher mit seinem jüngeren Bruder Merowech weiter ...«

»Ja«, antwortete Onegesios und hob bedauernd die Hände. »Der rechtmäßige Nachfolger des Frankenkönigs hat das Ende der Schlacht nicht überlebt. Aber vielleicht sollten wir diese Merowinger auch auf unsere Seite holen.«

»Gibt es eine Gelegenheit dafür?«

»Ich denke da an einen Sperrkeil vom Rhein her gegen die Westgoten in Aquitanien ...«

»Mit dem Adoptivsohn von Aetius als König?« fragte Attila und lachte. »Nein, Onegesios, eher wird Aetius Kaiser in Rom!«

»Ich will einen genauen Bericht über jede Bewegung und ihren zeitlichen Ablauf«, befahl er dann. »Und dann finden wir heraus, was die anderen Franken besser gemacht haben als unsere!«

Er drehte sich zu Onegesios um.

»Haben wir dieses Lehrbuch mit?«

»Du meinst die *Notitia dignitatum*? Die Aufstellung aller Legionen und Festungen Roms?«

»Nein«, sagte Attila ungeduldig. »Davon stimmt längst nichts mehr! Ich meine eines der Lehrbücher für römische Offiziere ... die sechsundzwanzig Gefechtsarten ...«

»Ach, den Vegetius«, antwortete Orestes an Stelle von Onegesios, »davon haben wir sogar mehrere Kopien auf Pergament!«

»Gut, dann soll der Große Kriegsrat morgen zur Mittagsstunde unten am Fluß zusammentreten. Vorher, am Vormittag soll festgelegt werden, was jeder vorzubringen hat. Außerdem will ich, daß in den nächsten Tagen jeder Mann bis hinunter zu den Anführern der Großhände noch einmal hört, wie die Legionen Roms kämpfen! Wir müssen besser vorbereitet sein ...«

Er unterbrach sich, sah einen Augenblick starr geradeaus und sagte dann: »Das, was hier passiert ist, darf sich im Großen nicht wiederholen!«

Anschließend ließ er Edekon rufen. Der auch schon alt gewordene Skirenkönig war offiziell immer noch Kommandant von Attilas Leibwache. Aber intern sorgten längst andere Männer dafür, daß der Großkönig der Schwarzen Hunnen und ihrer Verbündeten den Schutz bekam, den er bei Tag und Nacht benötigte. Zum ersten Mal war auch ein junger Mann dabei, der seine ersten Lektionen bei den Legionen Westroms absolviert hatte – zwar nicht als Geisel, aber als Schützling von Carpilius.

Der hochgewachsene, gut ausgebildete und gerade achtzehn Jahre alte Germane hieß Odoaker. Er besaß alle Fähigkeiten, die ein guter Anführer benötigte. Schon deshalb hatte Attila ihn ohne Zögern aufgenommen, als der Skire mit einem Schreiben von Carpilius vor Jahresfrist bei ihm erschienen war. Einige hatten ihn gewarnt, und Attila war auch mißtrauisch geblieben. Trotzdem gab es bisher nicht die geringsten Anzeichen dafür, daß Odoaker eher den Römern als den Hunnen diente.

Attila nahm die beiden Skiren zur Seite und besprach mit ihnen ein besonderes Verfahren, das er bei diesem Treffen der Großen einsetzen wollte. Sie stimmten zu, und Edekon verbürgte sich dafür, daß sein Sohn erneut beweisen würde, wie fähig er im Umgang mit den Männern war.

Die Versammlung des Großen Kriegsrates begann mit den notwendigen Fragen und Meldungen, die keinen Aufschub duldeten. Hohe Bäume an beiden Ufern der schmalen Aube spendeten Schatten in der sommerlichen Hitze.

Sie saßen am nördlichen Wiesenufer nicht wie sonst üblich auf dem Boden oder auf ihren abgenommenen Sätteln, sondern in einem großen Quadrat aus Bänken und Bohlentischen, die Onegesios von Lupus, dem Bischof von Troyes-Tricassum, beschafft hatte.

Die Männer trugen ihre besten Gewänder und Rüstungen, aber die meisten hatten wegen der Hitze die schwersten Panzer und ihre Helme und Kopfbedeckungen an Knechte und Handlanger übergeben, die sofort wieder in den Hintergrund getreten waren. Auf den Bohlentischen standen nur erbeutete goldene Kelche, Kannen mit Wein und Tonkrüge mit kaltem Flußwasser, dazu frische Früchte, Käse und Brot für die Goten und alle anderen, Trockenfleisch für die Hunnen.

Jeder der gut hundert Männer kam wie vorgesehen nur ein einziges Mal vor allen anderen zu Wort. Und jeder durfte nur einen einzigen Atemzug lang sprechen. Obwohl es erst die zweite derartige Zusammenkunft war, tanzte keiner der Könige, Fürsten, Anführer und gewählten Richter aus der Reihe.

»Gut«, sagte Attila nach weniger als einer Stunde. Jeder der Anwesenden hatte sehr schnell gemerkt, wie wunderbar und schon fast magisch das neue Redesystem wirkte. Statt endloser Wiederholungen, Verschachtelungen und theatralisch vorgebrachter Nichtigkeiten, bei denen oft die Zahl der Worte wichtiger wurde als ihr Sinn, hatte die Atemlosigkeit zu einer ungewohnten, schnellen Redeschlacht geführt.

Seltsamerweise sahen sich alle irgendwie als Gewinner. Bereits am Vormittag war über Dutzende von kleineren und großen Vereinbarungen über Lagerplätze und Reihenfolgen im Zug verhandelt worden, weniger über Streitigkeiten und Intrigen untereinander, die Behandlung von Weibern und Reliquien oder das zulässige Maß von Rauschtränken.

Dann kam die Stunde, in der sich Attilas Rolle von der des Zuhörers, Richters und Großkönigs in die des Lehrers und Strategen verwandelte. Er erklärte ihnen noch einmal, warum die kommende große Entscheidungsschlacht etwas ganz anderes war als der Zusammenprall der jungen Frankenhunde.

»Wir dürfen nie vergessen, daß der Oberbefehlshaber des westlichen Imperiums jahrelang Geisel bei den Westgoten und bei uns Hunnen war«, sagte er in die Nachmittagsstille hinein. Auch in den Lagern ringsum war Ruhe eingekehrt, nur weit entfernt bellten ein paar Hunde, und von der alten Keltenstadt Troyes her waren einzelne Glockenschläge zu hören.

»Flavius Aetius weiß also, wie ihr Hunnen, Austrogoten und ihr anderen alle kämpft. Er hat Burgunden und Visigoten an seiner Seite. Um es mit einem Atemzug zu sagen: Er hat genau die gleichen Möglichkeiten und Schwierigkeiten wie wir auch!«

Er ließ die Worte eine Weile wirken, trank einen Schluck mit Wasser verdünnten Wein und winkte Onegesios zu sich heran. Sein Blick glitt ruhig über die Besten der Völker und Stämme, die mit ihm nach Gallien gezogen waren. Einige hatten gehalten, was er sich von ihnen versprochen hatte, andere nicht. Und wieder andere hatten sich erst unterwegs hervorgetan oder besonders bewährt. Sein Gesicht war freundlich, als er zu den wildmähnigen Anführern der Alcidzuren und Itamaren vom Maiotischen Sumpfmeer, den Burgundionen, Boiskern, der sarmatischen Roxolanen und den Rosomonen blickte, den früheren Verbündeten der Ostgoten. Einer war dabei, der niemals Anführer, sondern Sklave in Rom gewesen war. Er vertrat die suebischen Markomannen in der pannonischen Tiefebene, die sich nicht mehr auf einen König geeinigt hatten. Andere aus dem gotischen Königsgeschlecht der Amaler oder auch Amelungen waren von kleineren Stämmen stellvertretend in den Kriegsrat berufen worden, so auch ein Nachkomme des legendären Gotenkönigs Ermanerich. Er vertrat das kleine Volk der Rosomonen, das den alten Tyrannen entmannt hatte.

All diese Männer und ihre Gefolgsleute befolgten seine Befehle, als seien sie selber Hunnen. Zusätzlich lächelten ihm Ardarich für die Gepiden und Laudarich für die kopflos gewordenen ripuarischen Franken zu. Dogan der *Falke* war da, Deng Tsik und Ernak. Nur Ellac fehlte. Er kämpfte im Osten gegen den Kaiser von Konstantinopel.

Onegesios brachte ein Pergament. Damit war die kleine Pause beendet. Attila richtete sich auf, dann erklärte er ihnen, wie der Oberbefehlshaber der vereinten römischen Streitkräfte die klassischen Kampfweisen anwenden konnte.

»Wenn du ein tapferes und großes Heer hast, kannst du in der ersten Anordnung im Viereck kämpfen. Wenn du aber denkst, daß du deinem Feind unterlegen bist, mußt du versuchen, in der zweiten Anordnung mit deinem rechten Flügel den linken Flügel deines Feindes zu überwinden. Diese Bewegung widerspricht dem Lauf der Sonne und der Gestirne. Sie wird daher bei jedem sportlichen Wettkampf und auch im Krieg als unnatürlich und besonders schwer empfunden. Nun weiß auch ein guter Feldherr des Feindes von diesen Dingen und könnte sich darauf vorbereiten.«

Attila ließ das Pergament sinken. »Habt ihr bemerkt, was von Anfang an zu den römischen Taktiken gehört? Hier steht es wie in der Urkunde eines Gesetzes: Flavius Aetius hat jederzeit die Möglichkeit, so zu taktieren, daß seine besten Männer nicht rechts, sondern links angreifen ...«

Er wartete, bis alle verstanden hatten, was er damit sagen wollte. *»Die vierte Möglichkeit«*, fuhr er dann fort, *»die vierte Möglichkeit besteht darin, die besten Krieger auf beiden Seiten zu konzentrieren und beide Flügel zugleich anzugreifen. Auch diese Möglichkeit ist bekannt. Daher könnte die fünfte Variante Erfolg bringen, indem du ein leichtes Korps aus fähigen und todesmutigen Männern genau in die Mitte stoßen läßt ...«*

Attila lachte.

»Habt ihr das gehört? Hier steht: *›Sie werden umkommen, aber du hast die Schlacht gewonnen!‹* Genau darauf müssen wir uns einrichten! In dem Moment, in dem wir sehen, daß Aetius seine wertvollen Legionäre nicht in die Mitte stellt, sondern dort Hilfstruppen, zum Tode verurteilte Hilfstruppen, in den Kampf schickt, werden wir wissen, welchen Plan er verfolgt!«

Er trank einen großen Schluck Wasserwein, ehe er fortfuhr.

»Wenn du trotz allem Genie feststellen mußt, daß du dem

Gegner nicht gewachsen bist, darfst du kein unnötiges Blut verschwenden, denn Ruhm und Ehre werden dir nur dann zuteil, wenn kein Wehgeschrei aufkommt. Nimm einmal an, daß du nach gründlicher Prüfung der Stärken und Schwächen beider Seiten zum ehrlichen Schluß kommst, daß du verlieren wirst. Was wirst du tun? Dein Schwert weglegen und kampflos aufgeben?«

Er sah auf und blickte spöttisch in die Gesichter der Männer.

»Glaubt auch nur einer von euch, daß ein Flavius Aetius aus Durostorum an der unteren Donau so handeln würde? Glaubt das auch nur einer von euch?«

Attila schüttelte den Kopf.

»Nein, denn hier steht die Antwort schon vorgeschrieben: *Wenn du diesen Tag überstehst, hast du mehr als dein Leben verloren. Du wirst getilgt sein bis zurück zu den Vätern ...«*

Er hob das Pergament und sah, wie die Augen der Männer zu leuchten begannen. Immer mehr von ihnen verstanden allmählich, was der Großkönig der Hunnen beabsichtigte, wenn er sie mit römischen Kampfanweisungen auf die große Schlacht vorbereitete. Derartiges hatte es nie zuvor in einem Kampf oder Krieg, wie sie ihn kannten, gegeben.

»Hört zu!« rief Attila. »Ich bin noch nicht am Ende, denn Aetius hat noch weitere Möglichkeiten! Zum Beispiel diese: *Greife statt dessen, wenn du zu kämpfen gezwungen bist, mit deinem rechten Flügel den linken des Feindes an, und stelle den übrigen Teil deines Heeres zur Abwehr in Form eines Spießes auf. Du hast als siebente Variante noch eine andere Möglichkeit, wenn du rechtzeitig erkennst, daß du zu schwach bist: Such dir für deinen schwächsten Flügel einen schützenden Berg, einen Fluß oder die Mauer einer Stadt. Es gibt auch noch andere Wege, die schwächste Flanke zu schützen, zum Beispiel durch eine schnelle Reiterei. Wenn du sie hast, auch wenn sie schwach ist, gib ihr soviel flachen Raum wie irgend möglich, denn nur so können schnelle Pfeile noch schneller fliegen ...«*

An dieser Stelle brach der Großkönig der Hunnen ab. Ganz

langsam wanderte sein Blick über die Gesichter der oftmals einfachen, hart oder auch wild und laut wirkenden Männer. Kaum einer von ihnen hatte je zuvor von derartigen Dingen gehört. Und nur wenige ahnten, daß der Großkönig der Hunnen sie in der Denkweise der Römer auf die große Schlacht vorbereiten wollte ...

»Warum erfahrt ihr dies alles von mir?« rief er ihnen zu. »Ich will es euch sagen, und ich will, daß ihr genau das an eure Männer weitergebt! Ihr wißt alle, daß jeder Krieg, jeder Kampf an den entscheidenden Stellen ein Zweikampf Mann gegen Mann ist. Der beste Mann kann dreimal den stärksten Gegner erschlagen und beim vierten, einem schwächeren, über den Stein am Boden stolpern. So war es immer, und so wird es immer bei allen Fußkämpfern und Reitern sein, ganz gleich ob sie Lang- oder Kurzschwert, Speer oder Lanze, Axt oder Wurfseil, Netz oder Harpune als Waffe benutzen!«

Er nickte Dogan zu. Der wiederum neigte kaum merklich den Kopf und blickte auf die andere Seite des kleinen Flusses. Die Sonne stand bereits halb im Westen, und in den Wellen spiegelte sich ihr Licht mit hellem Funkeln.

»Wir werden siegen!« rief Attila mit voller Stimme. »Wir werden siegen, gegen jede Streitmacht der Römer! Aber nur dann, wenn wir wie sie aufmarschieren und dann ... wie aus dem Nichts ... mit unserer schärfsten Waffe zuschlagen, die keinen Zweikampf kennt.«

Er wartete nur einen winzigen Augenblick, damit alle ruhig saßen. Dann schrie er: »Tschakkar!«

Hundertfach sirrten die Pfeile von Dogans besten Bogenschützen durch die Luft. Hundertfach schlugen die eisernen Spitzen vor den versammelten Großen der Völker und des vereinten Heeres in die Klostertische. Nicht ein einziger verließ die Reihe, die auf allen vier Seiten schnurgerade Linien bildete.

»So will ich es!« rief König Attila und richtete sich auf. »So pfeilgenau und meisterhaft will ich sein Heer wie ein großes, wildes Tier zerlegen! Ich will ihm in vollem Lauf die Schwerthände abschlagen, die Augen zerstechen und das Herz herausschneiden!«

Er hielt inne, lächelte hart und schob das Kinn vor. »Denn wenn wir das wildeste Tier des *Imperium Romanum* mit seinen hunderttausend Medusenköpfen nicht so zerlegen, wie ich es sage, dann fällt es über uns her, frißt und verschlingt uns, Mann für Mann! Und die schon erkämpfte Beute dazu ...«

Das riesige Heer zog an Troyes vorbei. Gleichzeitig sorgte Attila dafür, daß es nicht noch einmal so wütete wie beim ersten Durchzug. Bischof Lupus erwartete den Großkönig der Hunnen vor der westlichen Stadtmauer. Auch dieser Gallier, der schon einmal verheiratet gewesen und jetzt seit einem Vierteljahrhundert Bischof des früheren Augustobona und der jetzigen *Civitas* Troyes war, konnte nicht verleugnen, daß er vom starken Stamm der keltischen Tricasser abstammte.

»Ich gehe als Geisel mit euch!« sagte der Bischof.

»Du bist ein tapferer Mann«, sagte Attila anerkennend. »Und mich erstaunt, daß du nicht einmal Gold für deinen schwersten Gang verlangst!«

»Ich habe Schätze, von denen ihr nichts ahnt«, antwortete der Bischof. Er lächelte und hob die Hände, als er das Glitzern in den Augen der Könige und Fürsten der vielen Völker sah. »Aber mein Reichtum ist nur für jene da, die unserem Herrn und Gott demütig folgen ...«

Attila überlegte einen Moment, dann zuckte er mit den Schultern. Er kannte die Versprechungen der Christenpriester. Sie hatten nie bewiesen, daß es tatsächlich irgend etwas von dem gab, was sie versprachen und behaupteten. Einige Bischöfe waren sehr gute Priester und Schamanen. Sie konnten Wunder bewirken und Menschen überzeugen, aber sie waren weder gute Weissager noch unverletzbar gegen Pfeil und Schwertschläge. Jeder wußte, daß Bischof Lupus das erste Opfer des von allen ersehnten Partisanenkampfes in der *Campania* sein konnte. Attilas Krieger hatten das Überraschungsmoment nicht mehr auf ihrer Seite. Doch noch war die Furcht der Menschen vor dem gewaltigen Heer größer als der Wille zum Widerstand.

Gemeinsam mit dem kräftigen Gottesmann, wie er selbst sechsundfünfzig Jahre alt, ritt Attila durch die weit geöffneten Tore in die Stadt ein. Die erste Großhand der Hunnen unter Dogan begleitete sie fast so geordnet wie die römischen Legionäre, die ihr *castrum* schon lange nicht mehr gesehen hatten. Sie nahmen an, was ihnen an den Plätzen zugesteckt wurde. Trotzdem durchquerten sie Troyes auf der *Via Agrippa*, ohne daß auch nur ein Hühnchen Halsschmerzen bekam.

Am Osttor nahm Bischof Lupus Abschied von seiner Ehefrau Pimeniol, die dort vor seinem Kloster wartete. Attila und seine Leute sahen, daß sie noch immer eine schöne Frau war. Sie konnten nicht verstehen, warum sie und ihr starker Mann sich entschlossen hatten, nach sieben Jahren Ehe auf einmal nur noch keusch zu leben.

»Schon wieder eine Josefsehe«, lachte Scottas, als er zum ersten Mal davon erfuhr.

»Es gibt schon merkwürdige Bräuche unter den römischen Christen«, meinte Attila. »Sogar der alte Kämpfer Markianos durfte erst Kaiser im Osten werden, als er sein Mannestum feierlich aufgab!«

Kurz darauf bogen sie wieder nach Norden ab und stießen zum Heer, das sich ohne Hast durch die flache *Campania* wälzte.

Der Flankenangriff der Burgunden, Franken und Westgoten hatte sie von der Marne abdrängen und bereits westlich von Troyes stellen sollen. Nicht nur Attila wußte inzwischen, daß die mehr als zehn Meilen fast baumloser, nur von einigen kleinen Buschflecken unterbrochener Hochebene ideal für eine ganz große Feldschlacht nach römischen Vorbild geeignet gewesen wären. Hier hätten römische *alae* und *turmae* in voller Geschwindigkeit gegen die Sturmfäuste der Hunnen und Goten anrennen können. Aber der Plan des großen Strategen Aetius war durch den Haß zweier fränkischer Brüder vereitelt worden. Sie hatten nicht abwarten können, bis die Vorbereitungen auch bei den Größeren beendet waren.

Tags darauf versuchte Attila, die gewaltigen Bewegungen von Menschen und Tieren einmal so zu sehen, wie es seine Vorfahren getan hätten. Er wußte, daß er im Grunde viel zu römisch und germanisch dachte, daß er zuviel in jede einzelne Begegnung hineinlegte und dabei in der steten Gefahr war, das eigentliche Ziel jedes Hunnenzuges aus den Augen zu verlieren.

Sie wollten Beute und sonst nichts. Und das mit so wenig Arbeit oder Kampf wie irgend möglich. So gesehen empfand er die Feindschaft der Wandervölker als nicht größer oder geringer als die von wilden Hunden, die sich umschnüffelten, bereit zu spielen oder sich ohne irgendein Vorzeichen urplötzlich an der Kehle zu packen.

»Wir sind wie Herden von Gleichen und dennoch Ungleichen«, sagte Attila am Vorabend des Tages, den alle gleichermaßen fürchteten und herbeisehnten. Seit gut einer Woche gehörten Berichte und Meldungen über kleine Zusammenstöße und Überfälle, harte und schnelle Kämpfe, von über Nacht ausgetragenen Fehden verwandter Stämme zum Alltag.

»Mindestens zwei burgundische Parteien stehen gegeneinander«, fuhr Attila nachdenklich fort. Seine Berater erkannten den besorgten Ton in seiner Stimme. »Die Franken, wo sie auch sind, werden gegeneinander kämpfen, um ein neues Königsgeschlecht aus Blut und Tod zu gebären.«

»Du meinst, die Merowinger könnten die Oberhand gewinnen?« fragte Scottas.

Attila nickte. »Sie sind brutal und skrupellos genug – nach allem, was ich gehört habe.«

»Und unsere Goten?«

»Es gibt kein einiges Volk der Goten mehr«, antwortete der Hunnenkönig. »Sie träumen doch nur von ihrer Herkunft und der gemeinsamen Vergangenheit. Wenn sich Germanen in Parteien teilen, werden sie sich zum ärgsten Feind.«

»Können wir nutzen, was wir wissen?« fragte Scottas.

Attila lachte trocken.

»Aetius ist es, der mir das größte Rätsel aufgibt«, sagte er dann. »Denn er beherrscht das Spiel! Er weiß genau, wozu ich in der Lage bin. Und ich verstehe ihn viel besser als einen Bruder oder Sohn.«

»Heißt das, du weißt, wie er jetzt handeln wird?«

»Ja ... wie ein Hunne.«

»Und du?«

»Wie er als Römer.«

»Vertauschte Rollen?«

Attila antwortete nicht. Bewegungslos und wie ein Adler mit schlafend schräggestellten Augenschlitzen atmete er langsam aus und ein. Mit jedem Luftstoß aus seinen Nasenlöchern starb eine Sippe, die es wagte, sich gegen ihn zu stellen. Mit jedem Knurren tief aus seiner Brust stolperte ein Volk in die Bedeutungslosigkeit. Er hörte Schwerter, die schon schreiend klangen, wenn sie nur aufeinander und nicht in Knochen oder das weiche Fleisch von Menschen oder Pferden schlugen.

Er sah sie fallen, kräftige Männer mit breiten Schultern und Muskeln, schwer wie Kornsäcke, aber auch Halbwüchsige, die kaum den Schild zu tragen wußten, dreckige Mitläufer aus irgendwelchen abgebrannten und zerstörten Dörfern, die auch mit verzerrten Mündern kaum ihre gefundenen oder gestohlenen Waffen anheben konnten und die stets nur dem eigenen Geschrei und dem Lärmen irgendwelcher Heere nachtaumelten.

Nein, niemand konnte Wellen, Strudel und aufgewühlten Schlamm voneinander trennen, sobald ein Unwetter vom Himmel brach, die Flüsse aufwühlte und noch aus kleinsten Tümpeln brodelnde Kessel machte ...

Die Hauptarmee hatte die Marnebrücken erreicht und überschritt sie nach Norden. Attila wollte Zeit gewinnen, um aus der Bedrängnis herauszukommen. Er ließ die Brücken hinter den Letzten zerstören.

Der Plan ging auf. Aetius und seine Verbündeten mußten ausweichen und zogen wie ein gestauter Wasserstrom so lange am südlichen Flußufer westwärts, bis sie zwischen Châlons und den Bergen von Reims einige Übergänge fanden. Aus dieser Position wandten sie sich erneut nach Osten. Schon bald sichteten sie erneut die Westflanke der Hunnen.

»Das ist sehr ungünstig«, sagte Attila, der die neue Situation auf mehreren unterschiedlichen Karten darstellen ließ.

»Ja«, antwortete Laudarich besorgt. »Auf diese Weise bekommen die Heeressäulen des Imperiums aus den Städten wie Reims Unterstützung. Zusätzlich werden sie dafür sorgen, daß auf ihren schnellen Römerstraßen direkt aus Paris und aus anderen Teilen Galliens Unmengen von Nachschub und Waffen heranrollen.«

»Du hast recht«, sagte Dogan. »Das sieht nicht gut für uns aus.«

Onegesios stimmte ebenfalls zu. »Genaugenommen haben wir noch eine Himmelsrichtung offen!«

»Rückzug nach Osten!« sagte Attila. Er preßte die Lippen zusammen und stand bewegungslos zwischen den anderen. »Wenn ich jetzt Kharaton, Ruga oder Bleda wäre, würde ich genau diesen Befehl geben!«

»Ja«, sagte Deng Tsik, »schnell hin und schnell weg! Das war von jeher unsere beste Taktik! Mit dieser Kunst haben wir den ganzen Osten Europas und das halbe weströmische Reich erobert!«

»Unsere Sturmfäuste eignen sich nicht für Schlachtordnungen nach Art der Griechen oder Römer«, warnte auch der König der Skiren.

»Und was den wilden Haufen der anderen Verbündeten passiert, haben wir bei den Franken gesehen«, sagte Laudarich.

»Und wenn du Balamber wärst?« fragte auf einmal derjenige

mit zittriger Stimme, den Attila zeit seines Lebens als seinen ersten und obersten Berater angesehen hatte, »... der erste, der den Angriff gegen Alanen, Goten und das *Imperium Romanum* wagte?«

Der Großkönig der Hunnen drehte sich um. Onkel Aijbars hockte in den Kissen, die über einen alten hölzernen Sattel gelegt waren. Der alte Schamane sah längst wie sein eigener Totemvogel aus. Trotz der Hitze klammerten sich seine krallenartigen Hände wärmesuchend um einen Tonbecher mit heißem Kräutersud. Jedesmal, wenn seine Arme langsam herabsanken, wenn ihm der Becher aus den Händen fiel und sein Kopf sich schräg legte, wirkte er wie ein bestohlenes Adlerweibchen, das nicht verstehen wollte, weshalb es nur über Steinen brütete.

»Ich weiß, was du meinst«, sagte Attila. »Aber als Balamber zum ersten Mal über die großen Ströme setzte, hatte er hungernde und ausgemergelte Steppenreiter um sich und keinen riesigen Zug mit Beute, die so groß und reich ist, daß die Tragpferde zusammenbrechen und Wagen neben den Straßen einsinken!«

Er blickte wieder auf das Pergament des Castorius. Obwohl das Bild des Landes nicht mit der Karte übereinstimmte, gaben die Meilenzeichen an den Straßenlinien auf dem Pergament die besten Argumente ab.

»Wir stellen uns den Heeren des Imperiums! Und zwar hier!«

Der knappe Satz des Großkönigs riß alle aus ihrer nachdenklichen Versunkenheit. Es war, als hätte urplötzlich ein Blitz in der Königsyurte eingeschlagen. Es wurde hell, und wie aus unsichtbaren und geheimen Quellen schoß neue Kraft in die Köpfe und Herzen der Versammelten.

»Hier an der alten Römerstraße von Reims nach Toul und Basel ist der Schutzwall, den die Germanen bei ihrem wilden Marsch durch Gallien vor einem halben Jahrtausend angelegt haben.«

Er zeigte auf einen anderen Plan, die Kopie von frühen Straßenbauern des Imperiums. »An diesem langen, flachen Hügelkamm richten wir unsre Front nach Art der Römer auf. Mit dem linken, südlichen Flügel stützen wir unsere nach Westnordwest gerichtete Front auf den Ringwall. Hier sollen alle Wagen, der Nachschub, die Frauen und die Schmiede einziehen. Auf dem rechten Flügel werden noch heute Erdbefestigungen aufgeworfen. Die Ausgangslinie, von der wir angreifen, wird sechs Meilen lang sein und im Norden bis zu diesem Bach reichen ...«

Er zeigte auf eine kleine, mäanderartig gewundene Linie nördlich des Ringwalls.

»Für die Männer und das Lager fließt hier unten ein kleiner Fluß. Er führt genügend Wasser. Stellt fest, ob Bischof Anianus zusätzliche Brunnen graben ließ! Berichos – von dir kommt ein Bericht über den Zustand sämtlicher Waffen! Adamos – du überprüfst mit deinen Männern alle Vorräte! Ich sage ›alle Vorräte‹ und nicht nur Holz und Fleisch, Brotmehl für unsere Vasallenvölker, Gemüsesorten, Trockenfisch, Butter, und Käse! Wir brauchen die gesamte Holzkohle aus den umliegenden Höfen und Siedlungen ... alles, was an Waffen, Schilden und Sätteln aufgetrieben werden kann, dazu Eisen und Kupfer, Lederbahnen, Seile und Salz.«

»Aetius ist da!« rief in diesem Augenblick Odoaker, der Sohn des Skirenkönigs Edekon. Attila hatte ihn an der Römerstraße entlang nach Westen reiten lassen, um die Lage auszukundschaften.

»Komm her!« sagte Attila sofort. Odoaker sprang von seinem Pferd und trat an die Stellwand mit den herabhängenden, mit vielen bunten Linien verzierten Kalbshäuten.

»Die Römerfront beginnt etwa drei Meilen westlich von hier am gleichen Bach, an dem wir lagern. Im Augenblick verteilen sich die Völker langsam nach Norden ... hier, durch den sogenannten Hurenwald ... zuerst die Weströmer ... nördlich davon die Burgunden ...«

»Erstaunlich, daß auch sie mit dem Imperium kämpfen!« unterbrach König Ardarich.

»Wir haben ebenfalls einige Burgunden auf unserer Seite«, sagte Ernak. Attila winkte ab.

»Genau hier ... quer über die Römerstraße, sind die Alanen zwischen Westgoten und Burgunden eingezwängt«, fuhr Odoaker fort. »Weiter nördlich postiert Aetius römische Legionäre zu Fuß, und ganz im Norden seine salischen Franken ...«

»Die Reiterei?«

»Steht weiter westlich hinter der ersten Frontlinie. Ich denke, daß die Römer als Phalanx aufmarschieren und auf der ganzen Front in die Senke vorrücken.«

»Nur wenn es Flavius Aetius gelingt, die Zügel festzuhalten«, sagte der Großkönig der Hunnen. »Und das ist fast unmöglich bei hunderttausend aufgeputschten Kriegern in völlig unterschiedlichen Kampfeinheiten!«

33. *Katalaunische Felder*

Vier Tage lang blieben die beiden riesigen Heere auf Distanz. Ununterbrochen marschierten und ritten Dutzende von kleineren Gruppen auf beiden Seiten der nie festgelegten, aber von beiden Seiten angenommenen Trennlinie entlang. Sie entsprach einem alten keltischen Jägerpfad, der eine Verlängerung der Straße von Troyes war und von Châlons an der Marne schnurgerade nach Nordosten weiterführte. Das eigentliche Aufmarschgebiet begann dort, wo der Weg den Edelbach mit einem hölzernen Steg überquerte. Es endete sieben Meilen nordwestlich an einem zweiten Bach, der von den Bewohnern des Landes *Suillus* oder *Bach bei den Schweinen* genannt wurde.

Westlich des Keltenweges in der flachen Senke zwischen den beiden Bächen verteilten sich mehrere Waldflecken, die den Römern und ihren Truppen gute Verstecke boten. Das südlichste dieser Waldstücke wurde von den beiden Bischöfen *Hurenwald* genannt. Orestes war eher der Meinung, daß es sich hier um einen der Plätze zwischen den Städten und Rasthäusern der Römerstraßen handelte, an denen Pärchen Rast machten, wenn sie nicht beobachtet werden wollten.

Vom Keltenweg aus stieg das Gelände auf der ganzen Breite zwischen den beiden Bächen nach Osten hin leicht an. Die Anhöhe war kein Berg und kein Hügel, sondern eher eine sehr lange, von Süden nach Norden reichende und fast baumlose Bodenwelle mit spärlich bewachsenem Kalkboden, aus dem wiederum einzelne flache Erhebungen hervorgingen. Die höchste Stelle trug zwei Namen. Für die einen hieß sie *Fuß des Berges*, andere hatten von einem geheimnisvollen mythischen keltischen Namen gehört, der *Eschen und Perlen* bedeuten sollte. Die Bodenwellen waren so weit und sanft geschwungen, daß ein Hunne auf seinem Pferd selbst auf der höchsten Linie nicht mehr als fünf Yurtenhöhen über der achthundert bis tausend Schritt entfernten Senke des Keltenweges stand ...

Vier Tage und Nächte lang arbeiteten beide Heere hart und verbissen an der Verbesserung ihrer Stellungen. Zu jeder Tagesstunde marschierten und ritten auf beiden Seiten des Keltenweges Dutzende von kleinen Gruppen hin und her. Sie blieben vorsichtig und weit auseinander in der Furcht, daß ein schneller Pfeil sie treffen oder ein lospreschender Reiter sie abfangen könnte. Trotzdem wurden auf beiden Seiten häufig Schmerzensschreie laut, verschwanden Bauleute und manchmal auch Spähtrupps und halbe Großhände von Berittenen.

Die Tage und Nächte der kleinen Überfälle waren auf beiden Seiten mit harten Befragungen, Schlägen und Folter für die Gefangenen und immer neuen Veränderungen in den Plänen verbunden.

Attilas Kampftruppen und die Versorgungseinheiten waren inzwischen ebenso gestaffelt und geordnet wie bei den Römern und ihren Hilfsvölkern.

Die große Schlacht begann mit dem eher kleinlichen Streit um die unbedeutende, kaum wahrnehmbare Hügelkuppe am *Fuß der Berge*. Den südlichen, rechten Flügel hielt Theoderich mit seinen Westgoten, den linken Aetius mit seinen Truppen. Zwischen beiden hatte Aetius den nicht sehr verläßlichen Sangiban plaziert. Römer und Goten umgaben ihn mit zuverlässigen Hilfseinheiten. Auf diese Weise konnten die Alanen nicht fliehen und mußten notgedrungen ebenfalls kämpfen.

Als Attila erfuhr, daß die Mitte der Römer zu ihrer schwächsten Stelle werden sollte, lächelte er kalt.

»Genau so, wie ich es mir gedacht habe!« preßte er schon fast genüßlich zwischen den Zähnen hervor. »Er verheizt den Verräter Sangiban und seine Alanen, indem er sie zur klassischen Keilformation der Legionen und zum ersten Vorstoß gegen uns zwingt!«

»Dann sollten wir unsere Front öffnen, sie ins Leere laufen

lassen und hinter ihnen von beiden Seiten einen Riegel gegen die nächste Angriffswelle vorschieben«, sagte Fürst Deng Tsik sofort.

»Das ist klug und nach Hunnenart gedacht, mein Sohn!« lobte Attila. »Aber genau diese Antwort erwartet der Fuchs, der ein Wolf und ein Habicht zugleich ist!«

Die anderen blickten ihn fragend an. Sie waren ungeübt in der Kunst der mehrfachen Wahrheit und der Verdrehung von offensichtlich richtigen Fakten.

»Wenn er denkt, daß ich denke!« kicherte der alte Schamane.

»Aetius will, daß wir in diese Falle gehen!« sagte Attila. »Denn wann sind wir gefährlich? Wann muß er uns fürchten? Ich sage es euch! Immer dann, wenn wir uns nicht wie die Römer seit tausend Jahren aufstellen, wenn wir unerwartet von irgendeiner Seite kommen, unsere Pfeilwolken abschießen und wieder verschwinden, um an einer anderen Stelle zuzuschlagen ...«

»Ich verstehe nicht ganz«, sagte Orestes. »Auf dem Feld draußen kannst du zehn Meilen weit sehen.«

»Ja«, wandte auch König Ardarich ein. »Wie sollen wir aus dem Verborgenen kommen, wenn in der ganzen Ebene nur ein paar Senken und Hügel sind?«

»Wir brauchen hundert Schritt, ehe sie sich nur um eine einzige Reiterhöhe gesenkt haben«, warf auch Laudarich ein. »Bis auf ein paar Büsche und kleine Waldflecken gibt es bis zum Horizont kein Versteck ...«

Attila holte tief durch die Nase Luft. Er schloß für einen Moment die Augen und lächelte. Eine fast unheimliche, magische Ruhe ging plötzlich von ihm aus.

»Es ist gut, wenn nicht einmal ihr durchschaut, was ich plane!«

Bereits einen Tag später, am 10. September des Jahres 451 nach der christlichen Zeitrechnung, schoben sich schon von der ersten Stunde des Tages an immer mehr Reitergruppen und Fußkrieger aufeinander zu. Die Sonne erreichte ihren höchsten Stand, aber noch immer machte keine der beiden Seiten Anstalten für eine endgültige Aufstellung zum Kampf.

An manchen Stellen standen sich die Gegner so nah gegenüber, daß sie sich mit einzelnen Schmährufen in der Sprache der anderen beschimpfen konnten. Attila ließ von Onegesios und Scottas noch einmal alle Zahlen zusammentragen, die sie bisher kannten.

»Also«, sagte er bei der Mittagsbesprechung im Großen Kriegsrat. Sie hatten sich nicht in Yurten oder Zelten, nicht in der umwallten Fluchtburg und nicht im Schatten der Waldflekken am Edelbach versammelt, sondern dort, wo sie alle den besten Überblick hatten. Die höchste Stelle des langen Hügels reichte gerade aus, um den berittenen hundert Königen, Anführern und Richtern der vereinten Völker und Stämme, den Schwertträgern und ersten Speeren Platz zu bieten.

»Wir selbst haben jetzt drei Kampflinien hintereinander«, rief er den Männern des Großen Kriegsrates zu. »Die erste Linie wird mit einer Tiefe von acht bis zehn Kriegern zu Fuß aufgestellt! Sie soll sieben Meilen vom Edelbach im Süden bis zum Bach der Schweine im Norden reichen.«

»Das dauert einen halben Tag, bis alle stehen!« wandte Valamir, der König der Ostgoten ein. Er war mit seinen beiden Brüdern und seinem jungen, rothaarigen Neffen Andagis zur Versammlung gekommen. Attila schätzte den von ihm ernannten König der Ostgoten. Valamir zeichnete sich durch Verschwiegenheit, Gewandtheit und Scharfsinn aus. Doch diesmal war er ihm zu zögerlich.

»Es dauert nicht einmal zwei Stunden, wenn ihr Männer und keine Klageweiber seid! Die zweite Linie beginnt östlich der Fluchtburg und reicht ebenfalls bis zum Schweinebach. Achtet genau darauf, daß zwischen den einzelnen Blöcken hundert Schritt Platz für die Reiter und die Steinwerfer bleiben.«

Er deutete mit einer weiten Bewegung über die langgestreckte Senke mit dem Keltenweg und auf die Waldflecken auf der westlichen Seite. »Dort ... südlich der Römerstraße ... steht Thorismund mit vierundvierzigtausend Westgoten. Zehntausend von ihnen haben Pferde! An der Straße – ihr könnt sie dort am Hurenwald erkennen – der Verräter Sangiban mit vierzehntausend Alanenreitern! Danach kommen die Burgunden ... hier wissen wir noch nicht, wie stark sie sind. Dann, genau gegenüber von uns, dort drüben Flavius Aetius mit seinen römischen Legionen ... seht genau hin! Er hat seine dreiundfünfzigtausend Männer wie seit Jahrhunderten im Quadrat aufgestellt! Aber er hat nur siebentausend Berittene ... die anderen zusammen weitere sechstausend ...«

Er schwieg einen Moment und ließ die Zahlen wirken.

»Alles in allem haben unsere Kundschafter neunzehntausend Pferde in Alarichs Heer gezählt!« meldete Scottas ungefragt.

Attila hätte ihn für seine Geschwätzigkeit erwürgen können!

»Niemand erfährt, wieviel wir selbst haben!« befahl er sofort. Um ein Haar hätte Scottas ihre eigene Stärke verraten. Große Ohren gab es überall, und genau deshalb hatte Attila die Zahlen so zusammengestellt, wie er sie haben wollte, und nicht, wie sie den wirklichen Zählungen entsprachen.

Aetius sollte erfahren, wo ihn der Großkönig der Hunnen angeblich überschätzte oder für zu schwach hielt. Aber er mußte nicht wissen, daß die ripuarischen Franken immer noch achtundzwanzigtausend Krieger zu Fuß umfaßten, daß er zehntausend Mann in Châlons hatte, fünfundzwanzigtausend als eiserne Reserve in der Fluchtburg bleiben sollten und daß sie leicht mit der doppelten Zahl von Pferden angreifen konnten.

Nach der Versammlung des Königsrats suchte sich Attila wie zur Probe mit seinen besten Reitern das Zentrum der Aufstellung. Die Verbündeten gruppierten sich ohne Hast an den Flügeln. Als besonders gut geübt galten inzwischen die Ostgoten von König Valamir und seinen Brüdern Theodomir und Vidimir aus dem Königsgeschlecht der Amelungen.

Zu den früheren Mächtigen dieser Familie hatten der große

König Ermanerich und sein Sohn Hunimund gehört. Und eine Schöne der Amelungen war sogar eine Ehefrau des Hunnenkönigs Balamber geworden. Dennoch standen die drei Brüder für viele Ostgoten noch immer höher als der Großkönig der Hunnen, in dessen Heer sie als Verbündete marschierten und ritten.

Ebenso wie auf Valamir konnte sich Attila auf Ardarich verlassen. Der König der Gepiden war ein kluger und zuverlässiger Ratgeber. Unter seiner Führung würden seine Ostgoten ohne zu zögern gegen die Westgoten kämpfen. Doch auch alle anderen wußten, daß sie nur dann gegen die feindliche Streitmacht eine Chance hatten, wenn sie dem Großkönig der Hunnen folgten ...

Aller Erfahrung nach war es an diesem Tag bereits zu spät für einen Waffengang. Deshalb stellten sich die meisten der Männer auf einen baldigen Rückzug auf beiden Seiten und einen frühen Beginn der Schlacht am nächsten Morgen ein.

Sie beschlossen, ihre besten Reiter nicht im südlichen Teil des Aufmarschfeldes einzusetzen, sondern im etwas flacheren Norden. Hier konnten sie gegen die geschwächten salischen Franken und zugleich gegen die Legionen Roms vorstoßen. Theodomir wurde dem rechten Flügel der vereinten Reiterstürme zugeteilt, Valamir dem linken. Gepidenkönig Ardarich und der jüngere Ostgotenfürst Vidimir sollten den Großkönig der Schwarzen Hunnen im starken Mittelfeld gegenüber den Römern zusätzlich unterstützen.

Doch dann, als die Sonne bereits im Südwesten stand, entwickelte sich ein kleiner, mutiger Vorstoß von Westgoten zu einem Flächenbrand, der nicht wieder ausgetreten werden konnte. Der Kampf entbrannte ohne großartige Aufstellungen, Drohungen oder Kraftgebärden zunächst nur um die günstige *Eschen- und Perlenhöhe*.

Attila befahl seinen schnellsten Reitern, die Hügelkuppe vom *Fuß des Berges* her zu stürmen. Einige der hitzigen jungen Skiren um Edekons Sohn Odoaker sahen, in welche Richtung sich die Bewegung entwickelte. Vorschnell und übereifrig stolperten sie dem westgotischen Sturmtrupp in den Weg. Gleichzeitig versuchten sie, sich in der römischen Ordnung zu formieren.

Ganz anders die Krieger von Aetius. Der römische Feldherr hatte – erstmals in der tausendjährigen Geschichte der Legionen – nur zum Schein die bekannten Kampfordnungen von Vegetius aufgestellt. Jetzt, als er bemerkte, daß Attila die Hügelkuppe halten wollte, ließ er die Phalanx öffnen, und aus der Mitte bewährter römischer Krieger brach der junge Westgotenprinz Thorismund mit einem Haufen von Reitern hervor, die sich ganz so nach vorn stürzten, als seien sie Hunnen.

Für einen kurzen, schrecklichen Augenblick herrschte Verwirrung unter Attilas germanischen Hilfstruppen. Sie reagierten einfach nicht auf den unerwarteten, tollkühnen Vorstoß der jungen Westgoten. Sei es, daß sie sich schon so an die Kampftechnik der schnellen Reiter gewöhnt hatten, sei es, daß sie von ihren Gegnern aus dem Westen keine derartig wilden Ausfälle erwartet hatten – sie nahmen einfach nicht ernst, was sie sahen und verständnislos beobachteten!

Die westgotischen Hitzköpfe wußten auch nicht viel mehr von Disziplin und römischer Ordnung als die Hunnen und ihre Hilfsvölker. Aber durch ihren übermütigen Wettritt auf einen flachen, unbedeutenden Hügel irgendwo im Norden der römischen Provinz Gallien gelang es ihnen, ein wenig schneller zu sein als ihre Gegner. Nicht mehr – aber auch nicht weniger ...

Und so, als wären sie selbst wie wilde Hunde im Spiel und Angriff über ihren Erfolg erschrocken, hielten sie inne. Thorismund spürte, daß er sich zu weit vorgewagt hatte. Er sah, daß die Verbindung zu seinem Vater und zu den schützenden Legionen von Aetius abgerissen war. Gleichzeitig sah er, daß links und rechts von ihm die Welle weiterlief.

Sie begann, aus der römischen Formation der Schere eine weitausholende Klammer zu bilden, deren Arme sich spielerisch und wie zufällig um die Kampftruppen der Gepiden legten.

Mochten Thorismund und seine schreienden, vom Sturmritt erhitzten Krieger glauben, sie hätten bereits alles gewonnen – mochten sogar die verwirrten Gepiden für einige Minuten hin- und herirren – die Männer um Attila ließen sich nicht so leicht täuschen.

Zum ersten Mal in seinem Leben mußte der Großkönig der Hunnen nicht aus dem Stand oder dem sicheren Hinterhalt heraus handeln, sondern mit einem Schlachtplan für den nächsten Tag, der schlagartig falsch geworden war – eine Katastrophe, wenn sich auch nur einer der anderen Heerführer daran hielt!

Aber auch Aetius konnte nicht mehr planen und führen. Noch ehe er oder Attila den Befehl zum Angriff gegeben hatte, wurden beiden obersten Heerführern die Zügel brutal aus der Hand gerissen. Das, was sie monatelang gedacht und geträumt, geplant und vorbereitet hatten, war plötzlich nicht einmal mehr soviel wert wie Zunder im Sturm. Doch dieser Zunder versprühte Tod, Blut und Feuer über dem Schlachtfeld.

Attila erkannte als erster, wie gelähmt sie beide waren. Er kannte die römischen Schlachtordnungen, und fast wäre er genau in diese Falle gelaufen, hätte versucht, Flavius Aetius auf die angeblich feinere römische Art zu besiegen. Jetzt aber beherrschte Chaos den *Campus Mauriacus*. Und darin waren die Hunnen jedem römischen Feldherrn überlegen!

Um sich mit ihrem zu schnell vorgepreschten Thorismund auf der Mitte des Hügels zu vereinen, hätten beide Flügel der Römer, die Westgoten, Burgunden und Franken die Senken und die riesige Streitmacht unter dem Befehl Attilas überfliegen müssen. Zwischen beiden Heeren lag nach Norden und Süden noch immer die Senke des Keltenweges. Nur in der Mitte hatten die Todesmutigen um den Westgotenprinzen den *Fuß der Berge*, die *Eschen- und Perlenhöhe* besetzt.

Attila war erfahren genug, um nicht mit allen Kräften gegen

die Schwachstelle anzurennen. Er schnalzte nur mit der Zunge, hob den linken Arm und wies auf die Alanen.

»Tschakkar!« brüllte er mit aller Kraft. Und nochmals:

»Tschakkar!«

Sofort wendeten alle, die den Zielruf des Großkönigs hörten, ihre Pferde. Schneller als die Hornsignale der Römer und ihrer Germanenstämme gelang es seinen besten Reitern, die entscheidende Stelle zwischen den Westgoten und den Legionären Roms zu treffen.

»Urraah!« schrien sie und jagten in die Senke hinab.

Sofort trennten sich die Westgoten von den Alanen, die das Ziel des Angriffs bildeten, und griffen die Hunnen an. Attilas Reiter verschafften sich mit dichten Wolken von Pfeilen freie Bahn. Sturmfaust um Sturmfaust stach tiefer in die Umklammerung, mit der die Alanen von Westgoten und Burgunden gefangen waren. Sie schnitten die Westgoten ab wie einen gewaltigen Arm von seinem Kopf und Rumpf.

Das volle Gewicht aber legte Attila auf die andere Seite des Hügels. Hier war keine Zeit mehr für große Reden, kein Raum für aufflammende Begeisterung, kein Weg mehr, die Kampfeswut anzustacheln.

Zu groß und mächtig entwickelte sich die Schlacht wie von selbst. Über dem gesamten Feld vermischte und verklammerte sich das anfeuernde Gebrüll der Befehle mit den Todes- und Schmerzensschreien der Männer, die schneller als das Korn unter Dreschflegeln aus ihren Sätteln fielen. Wer stürzte, war schon verloren. Noch ehe er den Boden erreicht hatte, wurde er bereits weitergerissen und zwischen Waffen und Rüstungen, Schwerthieben, Pfeilen und Pferdehufen zermalmt.

In dem Inferno aus Blut und Tod, Schmerz und Geschrei konnte niemand gewinnen. Attila erkannte als erster, wie sinnlos das Gemetzel war. Er hatte ein feineres Gefühl für Angriff und Rückzug, Verdichtung und Raumgewinn als der Oberbefehlshaber der vereinigten römischen Streitkräfte. Und nicht einer von mehr als hunderttausend Kämpfern auf seiner Seite sah eine Spur von Flavius Aetius. Sie sahen nur, wie die Burgunden aufgaben und flohen. Auch die Alanen warfen sich nicht mehr in die Schlacht. Viele von ihnen versuchten, an den Hunnen vorbei nach Osten zu fliehen.

In diesem Augenblick höchster Gefahr ließ Attila seine besten Kräfte ins Hauptquartier zurückreiten. Er schickte sie hinter die Wagenburgen und die Verschanzungen. Denn das, was am Hügel geschah, hatte nichts mehr mit einer Feldschlacht zu tun. Es war nur noch ein Schlachtfest, und dafür waren Attila die Männer zu wertvoll.

Wie richtig seine Entscheidung war, zeigte sich augenblicklich. Obwohl sie gegen die sinkende Sonne kämpfen mußten, trafen die hunnischen Bogenschützen die wild und siegestrunken nachsetzenden westgotischen Reiter wie auf einer Übungswiese. Sie wurden niedergemäht, als stürzten sie sich freiwillig über Felsenkanten. Und Wolke auf Wolke zogen die Pfeile der Hunnen gen Sonnenuntergang über den blutroten Himmel.

Obwohl die Lage für die Hunnen bedrohlich war, ließ Attila sich überall sehen. Begleitet von König Ardarich, von Orestes und seinem Sohn Ernak preschte er an kämpfenden Männern vorbei, setzte über immer mehr Leichen von Kriegern und Kadaver von Pferden und rief zusammen, was gemeinsam stärker war.

Kein Kampf, kein Gemetzel, das gleichzusetzen war. Der Bach im Süden, der zwischen den niedrigen Uferbänken dahinfloß, war rot. Wer seinen Durst stillen wollte, schöpfte Blut statt Wasser.

Pfeile und Speere flogen hin und her. Doch ihre Gegner, die Franken und Thüringer, dachten nicht an Sicherheit und Taktik. Sie sahen nur den Kampf, die Todesnähe und den Traum des Sieges. Mit wildem Schlachtgesang rissen die Germanen ihr Schwert nach oben und stürmten vor.

Belgier der siebzehnten und Kelten der sechsten Legion marschierten dicht an dicht los. Die Pauken schlugen Schritt um

Schritt. »Für Rom! Für Rom!« stampften die Sprechchöre der Legionäre. Schritt für Schritt marschierten sie den Hang hinab. Wie eine langsame Lawine schob sich das Fußvolk abwärts.

Schwärme von Gepiden schlossen sich in hartem Ritt zusammen, deckten sich hinter Schilden, warfen die Speere und zogen ganz zum Schluß das Schwert. Fußvolk rannte gegen Fußvolk. Die Legionäre dicht an dicht mit ihren langen Schilden. Die Westgoten offen – wie Diebe, die jedes offene Versäumnis ahnen und nutzen müssen, ohne darüber nachzudenken. Körper und Waffen prallten gegeneinander, verkeilten und verbogen sich und wurden nutzlos unter grellen Schreien, dumpfem Stöhnen und klirrendem Metall. Weiße Staubwolken wallten auf. Die Schlacht bewegte sich bald zur einen, dann wieder zur anderen Seite. Die schlagenden, verschmutzten, blutenden Haufen wälzten sich schreiend einmal zum Grund der Senke, einmal von ihm weg.

Cornuten und Brachiaten folgten als erste. Diese Germanen in römischem Sold waren kriegsharte Männer. Sie wußten, wie sie sich selbst und die Brüder im Kampf rechts und links anfeuern und in den heiligen Rausch versetzen mußten: Sie erhoben ihren starken, furchtbaren Baritus, der in der Glut des Kampfes mit leisem Gemurmel begann, allmählich anschwoll, von den Innenseiten der Schilde verstärkt wurde und endlich dröhnte wie Sturmbrandung an Meeresklippen. Gewaltig wurde der Chor aus Kehlen von Kriegern, die keinen Tod fürchten mußten, weil ihnen Kampf und Schmerz nur Vorstufen waren zum Eingang in das Walhall ihrer Ahnen.

Erprobte Schlachtengänger der Germanen im Heer der Hunnen ließen sich auf die Knie fallen. Sie stemmten sich mit den Beinen in der Erde fest, rammten Schwert oder Speer vor sich und deckten sich mit ihren Schildplatten nach oben zu. Umsonst! Der weiße Kreidestaub wurde zu schmierigrotem Matsch. Die große Schlacht der Waffen und der Leiber wogte hügelaufwärts. Haufen wühlten sich ineinander, verkrallten sich und wichen wie junge Hunde wimmernd nach allen Seiten auseinander. Die Himmelswölbung dröhnte vom Geschrei der Jubelnden und Jammernden.

Dann drang der linke Flügel der Hunnen weiter vor. Aber gegen die gepanzerten Reiter des rechten Flügels stürzten die Fußkrieger der Burgunden. Sie tauchten nieder auf den Boden, und sie erstachen von unten her die Rosse, bohrten dem fallenden Reiter das Messer in die Fugen der Rüstung. Versprengte Reiter suchten Schutz hinter ihren Kohorten ...

Aetius und seine Heerführer saßen auf ihren Pferden und blickten starr nach Osten. Sie sahen, was geschah, doch jetzt war es zu spät, um noch einmal anzufangen, alles ganz anders zu gruppieren, den Befehl zum Angriff so zu geben, wie es dem Recht des Oberbefehlshabers entsprach.

An den Langspeeren um ihn herum hing die Purpurseide des kaiserlichen Drachen in völliger Windstille kraftlos herab. Jedermann kannte das kaiserliche Banner mit dem aufgesperrten Maul und dem lang herabhängenden Schweif des geschlängelten Drachen. Aber er fauchte nicht, sondern sah nur zu, wie sich andere für das *Imperium Romanum* schlagen und schlachten ließen.

Neue Kohorten eilten im Schnellauf zu Hilfe – germanische Franken gegen ihre eigenen Stammesgenossen, daneben die bisher noch nicht gesehenen Alamannen, die erst als Reserve der Römer in die Schlacht eingreifen sollten.

Wieder schmetterten wild die Trompeten, von neuem brach der Kampf aus. Höher wuchs die Kampfeswut von Attilas Austrogoten gegen ihr westliches Brudervolk der Visigoten. Rasend vor Wut stürmten sie vorwärts. Aber auch die Römer schickten jetzt ihre besten und erfahrensten Einheiten in den Kampf. Kaltblütig lauernd deckten sich ihre Krieger gegen den Angriff, geschickt wie Gladiatoren im Circus bohrten sie dem Angreifer das Schwert in die Seite, sobald er sich achtlos eine Blöße gab.

Durchstochen oder vom Schwert zerschnitten, rangen Zigtausende auf beiden Seiten der Senke mit dem Tod. Sterbende suchten mit brechenden Augen den letzten Rest des Sonnenlichts. Köpfe, durch schwere Schläge abgerissen, hingen noch an der Gurgel.

Die letzte Meldung, die allen wie heißes Öl über den Rücken lief, feuerte Attilas Männer zu Jubelschreien an und verlieh ihnen neue Kraft. Für ihre Feinde war sie ein böses Zeichen und der Fluch Gottes.

»Theoderich ist tot!« rief es überall. »Der König der Westgoten ist tot!«

Einige Hunnen hatten gesehen, was geschehen war. Sie berichteten Attila sofort: »Der greise König der Westgoten ... er stürzte vom Pferd, als er seinem Sohn nacheifern wollte ... und wurde von seinen eigenen Getreuen zertrampelt ...«

»Sie suchten und fanden ihn nicht!« berichtete ein anderer atemlos. »Auch zu Aetius und seinen Römern haben die Westgoten keine Verbindung mehr.«

»Er mußte sich gegen seine eigenen fliehenden Männer stellen«, sagte der dritte. »Sie haben ihn einfach niedergeritten und zertreten!«

»Nein«, stieß in diesem Moment Andagis aus der königlichen Sippe der ostgotischen Amelungen hervor. »König Theoderich ist nicht durch seine eigenen Männer gestorben!«

Attila hob die Brauen und sah den jungen, rothaarigen Ostgoten fragend an.

»Ich hatte keinen anderen Auftrag von König Valamir als diesen«, sagte Andagis. »Es war mein Wurfspeer, der eine Prophezeiung zu erfüllen hatte.«

Attila zog die Brauen zusammen. Für einen Augenblick wußte er nicht, wovon der junge Gotenadlige sprach. Doch plötzlich verstand er und dachte an die Voraussage des Schamanen. Zu sehr hatte er an Aetius gedacht, zu sehr daran geglaubt, daß er derjenige sein würde, der sein Leben geben mußte, während der Hunnenkönig eine Schlacht verlor. Jetzt aber sah alles ganz anders aus! *Ein Anführer* hatte sein Leben gelassen – aber nicht der Oberbefehlshaber der römischen Armeen, wie er stets geglaubt hatte, sondern ein König – der oberste der Westgoten!

Aber der zweite Teil der Prophezeiung war noch immer offen ...

Nach und nach hörten auch die letzten kraftlos auf. Es war, als ob ein riesiges, mehrere Meilen großes Tier, aus zigtausend Wunden blutend, über dem kalkigen, mit Blutschlamm bedeckten Boden zusammengebrochen war und langsam verendete, während die Reste des Lebens langsam nach allen Seiten entwichen.

Die Römer hingen auf ihren Pferden oder schleppten sich zu Fuß nach Südwesten in ihre Zeltstädte zurück. Auch am großen Erdwall östlich des Schlachtfeldes wurde das Gedränge der Hunnen und ihrer Kampfgefährten immer dichter. Kaum ein Fleck auf den meilenlangen Hängen war jetzt noch unbedeckt. Zigtausende von Toten, jammernden Verwundeten, nutzlos gewordenen Waffen und zerschlagenen Rüstungen lagen überall herum. Doch immer noch irrten Männer, Tiere und sogar Frauen über das Schlachtfeld ... viele von ihnen heulten und weinten und waren nicht mehr bei Sinnen. Einmal, so hieß es später, sei sogar der herumirrende Thorismund versehentlich bis an die westliche Umwallung des Hunnenlagers gestolpert.

Die hereinbrechende Dunkelheit bedeckte das sichtbare Grauen, aber es schürte die jetzt allgegenwärtige Furcht vor Feinden und Totengeistern, vor den Dämonen und Göttern um so mehr.

»Errichtet aus Sätteln einen Scheiterhaufen, der die Nacht erhellen soll«, befahl der Großkönig laut genug, um gehört zu werden. Er ritt erst in den Ringwall ein, als draußen bereits die Sterne am tiefblauen, fast drohend wirkenden Nachthimmel auffunkelten. Attila war Stunde um Stunde mit draußen gewesen. Auch er blutete aus mehreren Wunden, die Pfeile der Römer gerissen hatten. Mit einem schnellen, entschlossenen Ritt preschte er bis auf den südwestlichen Ringwall. Mitten zwischen drängenden Männern, die denen draußen zuriefen, wie sie sich zum nächsten Walldurchbruch schleppen sollten, rief er nach Fackeln. Die fliegenden Flammen kamen sofort. Keine Minute später war Attila auf seinem Wallach in einen weithin sichtbaren Lichtschein gehüllt. Männer und Frauen im großen Lager sahen ihn ebenso wie die Legionäre Roms und Flavius Aetius auf der Westseite der Senke, deren Flanken nur Opfer und keine Sieger gesehen hatten.

Attila hob langsam beide Arme. Er wartete, bis um ihn herum das Stöhnen und Lärmen erträglicher geworden war. Doch erst als auch auf der anderen Seite des Lagers und im Umkreis einer halben Meile für einige Augenblicke fast schon Ruhe herrschte, hob er die Stimme und rief seine Worte einzeln über die Köpfe von vielen Tausenden hinweg.

»Ihr Völker ... und Hunnen ... ihr habt gekämpft ... wie Männer und Helden! Und ich sage ... kein Sieg für Rom!«

Für einen Augenblick blieb alles still. Doch dann erhob sich aus der Dunkelheit der Nacht ein ungeheurer Jubel. Attila winkte den Fackelträgern zu. Schritt für Schritt setzten sie sich in Bewegung. Attila drehte sein Pferd um und ritt auf der Krone des Keltenwalls in Richtung Norden. Er nahm den Helm ab, streckte ihn zur Seite und ehrte so die Toten und Verwundeten draußen in der Dunkelheit. Die Fackelträger liefen schneller. Sie übergaben eine Flamme nach der anderen neuen Läufern. Inmitten ihres Lichtscheins umrundete der Großkönig einmal das gesamte Lager. Wieder am Ausgangspunkt angekommen, hielt er an und wartete, bis sich der erneute Jubel gelegt hatte.

»Kündet von Mund zu Mund weiter, was ihr jetzt von mir hört«, rief er. »Falls unsere Feinde wagen sollten ... in dieses Lager einzudringen ... will ich mich selbst für alle opfern ... kein Römer soll sich rühmen ... daß Attila ... durch seine Hand getötet ... oder gefangen wurde ...«

Zum Glück hatten die Heerführer im Dienst des Imperiums

ähnliche Gedanken. Die Westgoten fürchteten sich nicht vor den Ostgoten und Attilas anderen Germanenkriegern, sondern einzig und allein vor dem hunnischen Pfeilhagel. Doch während Attila die Nacht bei seinen Männern verbrachte, wagte sich Aetius in der Dunkelheit nicht mehr in die Legionslager zurück. Der Oberbefehlshaber der römischen Heere blieb mit einer kleinen Handvoll römischer Offiziere im Lager des toten Westgotenkönigs ...

Am nächsten Morgen erkannten die beiden Heere das ganze Entsetzen der Schlacht vom Vortag. Bereits im Morgengrauen saß Attila mit allen Männern aus dem kleinen Kriegsrat auf. Sie erklommen den Erdwall und ritten so weit nach Westen, daß sie den Blutfluß und die Lager der Römer auf der anderen Seite der Senke sehen konnten. Nach Süden hin stiegen über der Stadt Châlons dunkle Rauchwolken auf.

»Aus dieser Richtung werden wir keinen Nachschub mehr bekommen«, sagte Attila nüchtern. Die anderen Männer schwiegen. Das Schlachtfeld sah ganz anders aus als noch am Vorabend. Über den grau gewordenen Himmel zogen schnelle Wolken in dichten Staffeln von West nach Ost. Es war, als hätten sie auf Befehl gütiger Wetterdämonen ein schneeweißes Tuch über die vielen tausend Toten am *Campus Mauriacus* gedeckt.

Noch in der Nacht hatten sie erfahren, daß auch Laudarich schwer verwundet vom Pferd gestürzt war und nicht überlebt hatte.

»Sollen sie doch denken, daß sie uns geschlagen haben«, rief Attila den anderen auf ihren Pferden zu. »Also gebt weiter, daß wir alle so still wie möglich bleiben! Sie dürfen nicht erfahren, wie viele von uns sich ins Innere des Erdwalls retten konnten!«

Allmählich wachte auch das Lager auf. Der Großkönig hatte noch immer nicht verwunden, daß die von ihm eingesetzte römische Ordnung und Disziplin versagt hatte gegen das wilde und ungezügelte Draufgängertum von Aetius' junger Westgotengarde.

Die Hunnen verhielten sich auf Befehl des Großkönigs so ruhig wie irgend möglich. Gleichzeitig wurde das riesige Heer neu geordnet, gepflegt und vorbereitet.

»Aetius weiß ganz genau, daß ich nicht geflohen bin. Er weiß auch, daß der Sieg des einen die Niederlage des anderen voraussetzt. Wir haben uns nur in die Befestigungswälle zurückgezogen, wie es seit Jahrhunderten alle tun, die in umwallten Städten hausen. Niemand wirft ihnen Flucht vor, wenn sie die Brücken hochziehen und abwarten, bis die Belagerer aufgeben.«

»Und wenn sie nicht aufgeben?«

»Dann sieh dich um! Hier stehen mehr Krieger, als Aetius je umbringen könnte. Und der Hund weiß das! Doch noch lockt ihn etwas ganz anderes als unser Tod und all die Beute, die wir hier zusammengetragen haben. Er träumt nur einen einzigen Traum – und der wird in Rom und Ravenna entschieden, nicht hier auf dem Schlachtfeld! Er will den Lorbeer und die Würde eines Kaisers – und beides erhält er nie, wenn wir uns weigern, gegen ihn zu kämpfen! Aber ich will die Männer fragen! Kommt, es geht wieder auf den Wall!«

Bei allem Durcheinander erinnerte sich der Großkönig wieder an das, was ihm Aetius vor vielen, vielen Jahren an stillen Abenden in Aquileia erzählt hatte. Ganz langsam wurde ihm klar, welchen Schatz aus seinem Inneren ihm die Erinnerung gerade jetzt wieder schenkte.

»Hatte ich euch nicht von Vegetius berichtet?« fragte er in die Runde. Verschwitzte, dreckige, blutende Gesichter unter zerbeulten Helmen oder wirren Haaren blickten ihn verständnislos und fragend an.

»Und ist es nicht genau so gekommen?« ergänzte Onegesios neben ihm. Auch er war staubverkrustet, aber unverwundet. Attila legte seinen rechten Arm um die Schultern des Mannes, der ihm schon so lange nahestand wie ein Bruder oder Sohn.

»Es wird Zeit für das vierte Buch«, sagte der Großkönig.

»Das vierte Buch sollte jeder kennen, der wissen will, wie es nach Feldschlachten aussieht«, antwortete Onegesios. Attila nickte ihm zu.

»Dann sprich, wenn du es weißt ...«

»*... wenn du jemals in die Gefahr kommst, um dich selbst und dein Lager, deine Befestigung und dein Herz kämpfen zu müssen, vergiß nicht, daß es die kleinen Dinge sind, die Reiche vergehen lassen. Denn nicht der Kampf und der Sturm löschen das Feuer aus, sondern die Nachlässigkeit* ... ist es das, was du meinst?«

»Lies vor, was Vegetius rät!« befahl Attila. Er stand vollkommen ruhig und schon fast selbst wie ein Schamane im tausendfachen Klagen, Wimmern und Geschrei nach der ungeheuren Schlacht. »Denn genau das wird auch Aetius bei der Entscheidung leiten, ob er uns belagert oder nicht!«

Onegesios warf dem Großkönig der Hunnen einen Blick zu, von dem Attila nicht wußte, ob er Bewunderung und Respekt oder Fluch und Verdammung bedeutete.

»Wer führt, muß weiter denken!« stieß Attila hervor. »Die Schlacht da draußen ist zu Ende! Jetzt kommt Belagerung und Tod ... oder die Einsicht deiner Feinde, daß du für sie zu stark und klug bist!«

Onegesios schluckte mehrmals. Sein Gesicht sah ebenso kreidig aus wie der Boden des langgestreckten Schlachtfeldes, als es noch nicht mit Blut getränkt und mit den Leichen vieler tausend Männer dicht an dicht bedeckt gewesen war ...

»Also?« fragte Attila scharf. Er ließ einfach nicht locker.

»Ich ... ich kann es nicht!« brach es aus Onegesios, dem stets Getreuen hervor. »Ich kann nichts anderes mehr denken als nur an Tod und furchtbar viele ... sinnlose Opfer ...«

Attila bewegte sich nicht. In all dem lärmenden Entsetzen stand er ohne zu wanken und diktierte seine Anweisungen, indem er aus dem Pergament zitierte, nach dem Aetius ihn doch noch bezwingen wollte.

»Denke!« rief er den Männern, die seine Worte und Befehle in Handlungen und Taten übersetzten, mit harter, lauter Stim-

me zu. »*Denke, wenn du belagerst wirst, nicht nur an die Befestigungen, Mauern, Gräben, Fallgitter an den Toren ... denke auch daran, daß deine Türme so rund sind, daß sie Beweglichkeit für die Verteidiger ermöglichen! Denke daran, daß dir die Toten nicht vor den Füßen liegen. Mach den Weg für Nachschub und die nächsten Kämpfer so kurz wie möglich. Mach es mit Geist, damit nirgendwo tote Ecken entstehen und du beweglich wie auf einem Schlachtfeld bleibst!* Habt ihr gehört und auch verstanden?«

Er spuckte aus, griff einen Holzbecher mit schaumgeschlagener, säuerlicher Stutenmilch und trank ihn mit einem Zug leer.

»Weiter!« rief er. »Und merkt euch Wort für Wort! Nur eins vergessen, und wir sind alle tot!«

Er wartete nicht ab, bis die letzten seiner Anführer zu zittern aufgehört hatten. Mochten sie heulen über das Entsetzen – hier ging es jetzt um mehr! »*Wenn du belagert wirst, kannst du nur mit dem kämpfen, was du besitzt! Die anderen können wieder und wieder nachholen, was ihnen mangelt ...*«

Er spuckte nochmals aus und wischte sich über den Mund.

»Also hört zu, was der kluge Römer Vegetius allen Belagerten rät!« Er überlegte einen Moment, dann bewies er erneut, daß sein Gedächtnis ebenso gut war wie das von Scottas oder den Geschichtenerzählern: »Punkt eins ist der Proviant ... sagt jedenfalls Vegetius! Wir haben reichlich Korn und Früchte, Salz, Pökelfleisch, Öl, Wein und Essig. Wir haben auch – und das wird meist vergessen – das Futter für die Tiere. Dazu das Wasser in den Brunnen und Zisternen. Laßt aber Planen aufspannen, sobald es regnet, denn jeder Tropfen kann so wichtig werden wie der letzte Pfeil. Denkt auch an Sehnen für die Bogen, an Seile für die eigenen Katapulte, denkt an Horn und Pferdehaar, an Eisen, Holz und Kohle, um Schwerter und Pfeilspitzen zu schmieden, denkt an das Leder als Gelenke für die zerstörten Rüstungen, denkt an den Schwefel, Pech und Öl, damit ihr Belagerungstürme, gefüllt mit Kriegern, abbrennen könnt. Habt ihr das endlich alles?«

Und plötzlich merkten sie, daß er den Spieß nur umgedreht hatte. Er hatten ihnen nicht gesagt, was sie beschaffen sollten, sondern ihnen vor Augen geführt, was rundum lange vorbereitet und in großen Mengen angehäuft war.

»Reinste Rhetorik«, grummelte Scottas. Attila achtete nicht auf ihn. Er wußte, was die Männer brauchten und von ihm erwarteten. Er sah und fühlte, wie sie in diesen Augenblicken wieder zu ihrer alten Kraft und ihrem wilden Mut zurückfanden. Einen Augenblick wartete er, dann ballte er die Hände zu Fäusten und riß die Arme hoch.

»Wollt ihr kämpfen?« brüllte der Hunnenkönig, so laut er konnte. Ein großes gewaltiges »Jaaa« aus Tausenden von Kriegerkehlen brach aus dem Lager über die Wälle und Wassergräben hinweg. Der ungeheure Schrei der vereinten Hunnen und Germanen kam wie Gewitter und Donner, wie Erdbeben und Sturmbrandung zugleich über die verwirrten Römer, die ihren König beklagenden Westgoten und die verunsicherten Alanen, Burgunden und salischen Franken.

Es dauerte lange, bis Attila weitersprechen konnte.

»Seht euch um, Männer«, rief er. »Habt ihr soviel Beute wie nie?«

»Jaaa, Attila!«

»Und? Wollt ihr behalten, was jetzt euch gehört?«

»Jaaaa ...«

»Auch wenn die Römer sagen ... sie hätten über euch ... gesiegt?«

»Jaaaa ...«

»Dann soll es so sein! Macht Lärm! Schlagt die Pauken! Blast die Tuba! Hier der Befehl an meine Waffenbrüder der Germanenvölker: Ich will den Baritus von euch allen hören, den Schildgesang, wie er noch nie gegrölt wurde!«

34. *Kaiser, Könige und Generale*

Vor der Königsyurte trafen pausenlos Männer mit neuen Nachrichten und Meldungen ein. Sie kamen aus allen Richtungen, waren bereits zwei- oder dreimal draußen gewesen und nach kleinen, aber gefährlichen Zusammenstößen zurückgekehrt. Jede Gruppe von Kundschaftern wurde von den Wachen an den Zugängen überprüft und mußte nochmals durch ein Spalier schwerbewaffneter Steppenreiter laufen, unter denen sich Anführer und *Logades* aller Stämme und Völker im Verband des Hunnenheeres befanden.

Nur denjenigen der oftmals keuchend und taumelnd weiterstolpernden Männer, die trotz Blut, Schweiß und dem kalkigen Dreck des Schlachtfeldes erkannt wurden, wurde ein essiggetränktes Wolltuch zugeworfen, mit dem sie sich schnell das Gesicht reinigen konnten, ehe sie in die Yurte eintraten. Zugleich wurden die Männer ermahnt, kurz, knapp und ohne jede Furcht auszusprechen, was sie vorbringen wollten.

Sämtliche Filzbahnen waren heruntergelassen und von außen kreuz und quer mit starken Seilen und kunstvoll geflochtenen Schlingen verschnürt. Wer aber die wachenden und wartenden Männer unter dem Vordach passiert hatte, mußte durch einen weiteren Vorraum, ehe er in das nur von oben erhellte Rund eintrat. Im Inneren der Yurte zogen leichte, weißblaue Rauchschwaden bis hinauf zur Mittelöffnung. Die seidenen Hängetücher an den Seiten wehten leise bei jedem neu Eintretenden.

Attila saß wie eine göttliche Statue auf seinem großen, erhöhten Lager. Etwa dreißig bis vierzig Personen gingen den verschiedensten Beschäftigungen nach – ganz so, als würden sie noch immer eine große, alles entscheidende Schlacht vorbereiten.

Attila zuckte mit keiner Wimper, während er immer neue, heiser und keuchend oder stockend und verwirrt vorgebrachte

Berichte entgegennahm. Er verschwendete keine Zeit mit der Annahme von Ehrenbezeugungen und Reden voller Lob auf ihn und den Großen Kriegsrat. Statt dessen behandelte er jeden Mann mit der gleichen beruhigenden Aufmerksamkeit – ohne Rücksicht darauf, ob es sich um einen Thüringer oder Gepiden, Hunnen oder Ostgoten handelte.

Auf diese Weise erfuhr er wesentlich mehr als andere Anführer in ähnlichen Situationen. Nach und nach kristallisierte sich auch heraus, was bei den Westgoten geschehen war.

Während sich die Belagerung in die Länge zog, hatte das Volk der Westgoten damit begonnen, unter den Bergen von Toten nach seinem König zu suchen.

»Sie wunderten sich, daß sie ihn nicht finden konnten«, sagte einer der noch immer verdreckten Männer. »Sie konnten es nicht fassen, weil sie doch dachten, daß sie gewonnen hätten ...«

»Nach längerem Suchen fanden sie ihn bisher unerkannt in einem dichten Haufen von Leichen«, sagte ein anderer, und mehrere bestätigten die Aussage. Anschließend erfuhr der Großkönig der Hunnen, wie die Westgoten ihren König fortgetragen hatten. Diejenigen, die mit hoffnungsvollen Lobliedern auf ihren Sieg die Suche nach ihrem König begonnen hatten, kehrten mit seinem klein wirkenden Leichnam und klagenden Gesängen zu den anderen zurück.

»Hat einer von euch das alles gesehen?« fragte Attila. Er nickte, als sich zehn der Männer meldeten. Es waren Alanen und Ostgoten.

»Wir haben es anders gesehen«, meinte eine Gruppe von hunnischen Reitern. Attila kannte die meisten von ihnen. »Wir waren dabei, als er vom Pferd stürzte. Es stimmt, daß einige Westgoten zuerst ein Freudengeheul verbreiteten, als wir uns schnell zurückzogen, um von einer anderen, besseren Richtung zu kommen. Gleich darauf haben wir Scharen von Goten gesehen, die mit klagenden Stimmen durcheinanderriefen. Sie wollten dem toten König die letzte Ehre erweisen ... aber die Schlacht um sie herum ging weiter!«

»Und wir haben weinende Männer gesehen ...«

»Aber erst später«, warfen die Ostgoten ein. »Viele Tränen wurden vergossen, echte Männertränen.«

»Einige von uns Hunnen verharrten sogar mitten im Kampf, als sie sahen, wie der Leichnam eines so großen, ehrenvollen Königs an ihnen vorbeigetragen wurde«, sagten die anderen.

»Möglicherweise habt ihr verschiedene Gruppen in der Trauer um Theoderich gesehen«, sagte Attila nachdenklich. Niemand der Männer, die ihm berichteten, konnte wissen, welches Orakel mit dieser Feststellung erfüllt war. »Wichtig ist nur, daß die Goten ihren König verloren haben.«

Später, als nur noch der engere Kreis bei ihm saß, erklärte Attila ihnen, warum er selbst ebenfalls den Tod des Westgotenkönigs bedauerte.

»Er war kein Feind von uns«, sagte er, »und ich gönne ihm, daß er in der Schlacht mit erhobenem Schwert und nicht bei der Jagd wie dieser Kaiser in Konstantinopel vom Pferd gestürzt ist. Ich hatte ihm geschrieben, aber er konnte meine Hand wohl nicht annehmen ...«

»Hast du jemals daran geglaubt?« fragte Aijbars mit zittriger Stimme aus dem Hintergrund. Noch ehe Attila antworten konnte, flüchtete sich der alte Schamane wieder in seinen leisen Vogelsingsang. Trotzdem sagte Attila, was er meinte:

»Mit dem Tod des Westgotenkönigs haben unsere Gegner ihr zweites Haupt verloren. Theoderich muß längst gewußt haben, was Aetius wirklich will! Der Römer hat uns zu Feinden der Westgoten gemacht ... dabei wäre ihr König der einzige gewesen, der die Kraft und die Möglichkeit gehabt hätte, sich ohne großen Schaden gegen das Imperium zu stellen!«

Er stand von seinem Königslager auf und ging zum langen Tisch an der Nordseite der Yurte, auf dem goldene Schalen mit verschiedenen Speisen und Krüge mit Getränken standen. Mit dem kleinsten Messer aus seinem Gürtel schnitt er sich ein Stück mageres Ochsenfleisch ab. Hammel wäre ihm lieber gewesen, aber die Gallier konnten nur guten Käse aus Schafsmilch machen. Von der Zucht schmackhafter Hammel verstanden sie nichts.

»Ich werde euch sagen, was geschieht«, sagte er, nachdem er eine Weile auf dem trockenen Ochsenfleisch herumgekaut hatte: »Die Alanen und Burgunden kann Aetius vergessen. Das wäre nicht weiter tragisch für ihn, aber ohne die Westgoten muß er aufgeben ...«

Er ging ein paar Schritte hin und her. Erst jetzt begannen seine Berater zu verstehen, warum er trotz der furchtbaren Stunden auf dem *Campus Mauriacus* oder auch »katalaunischen Feldern« nördlich der alten Römerstadt Durocortorum Catalaunum so erstaunlich beherrscht und ruhig blieb.

»Theoderichs Söhne werden keiner Fortsetzung der Schlacht zustimmen, sondern so schnell wie möglich in ihre Hauptstadt zurückkehren, um dort ihre Ansprüche zu sichern ...«

»Sie müssen zurück, wenn sie ihre eigene Herrschaft sichern wollen«, sagte Onegesios zustimmend. »Hinzu kommt, daß ja auch der Thronfolger Thorismund schwer angeschlagen ist.«

»Ja, ich weiß«, sagte Attila. »Die Wunde an seinem Kopf hätte ich jetzt, wenn Andagis nicht gewesen wäre ...«

»Wie bei den Franken«, sagte Onegesios mit einem tiefen Seufzer. »Denn eigentlich waren sie doch beide Goten!«

Nachdem Attila und seine Berater genug vom plötzlichen Abzug der Westgoten gehört hatten, glaubten einige an eine neue List von Aetius.

»Unterschätzt mir diesen Römer nicht!« sagte Attila. »Er kennt mich viel zu gut, um mir ein so einfaches und leichtes Spiel anzubieten! Nein, dafür ist er viel zu ausgekocht!«

»Was glaubst du selbst?« fragte Scottas. Attila sah ihn vorwurfsvoll an.

»Bist du der Rhetor, oder ich?«

»Er könnte wollen, daß wir glauben, der Abzug der Westgoten sei nur eine List ...«

»Nicht schlecht«, sagte Attila und schmunzelte kaum wahrnehmbar. »Und was tun wir, wenn wir dies annehmen?«

»Wir verhalten uns still, um nicht in eine gestellte Falle zu gehen.«

»Auch gut! Aber warum ... warum sollen wir uns still verhalten und nicht versuchen, aus unserem geschützten Lager in offenes Land zu kommen?«

»Vielleicht, weil wir dann etwas nicht sehen würden«, sagte Scottas umständlich. Trotzdem nickte der Großkönig der Hunnen.

»Du bist ein guter Rhetor. Aetius beherrscht die Kunst ebenfalls, und ich habe auch davon gehört. Also – warum sieht er uns gegen jede Logik lieber in unserer sicheren Befestigungsanlage als draußen?«

»Es gibt nur eine Antwort«, sagte Scottas noch sicherer.

»Und die wäre?«

»Es gibt draußen zu wenige, die wir noch fürchten müßten!«

»Genau das ist es!« sagte Attila und zeigte mit ausgestrecktem Zeigefinger auf Scottas Brust. »Es ist zu ruhig draußen. Deshalb läßt Aetius verbreiten, das alles sei nur eine List. Und warum tut er das? Weil wir sonst merken könnten, daß wir gar nicht verloren haben! Verstehst du, Scottas? Sie sind weg! Geflohen ... abgerückt ... verschwunden!«

Als alles ruhig blieb, begannen immer mehr Menschen innerhalb des großen Ringwalls zu begreifen, daß sie möglicherweise doch nicht verloren waren, daß der Einkesselung keine Belagerung, kein Aushungern, keine Versklavung und kein Abschlachten nach der Art früherer Siege des *Imperium Romanum* folgte. Und plötzlich war es nicht nur die Hoffnung auf Freiheit und Leben, die sie weckte und immer fröhlicher machte, sondern auch die Tatsache, daß sie die ganze Beute aus ihrem Zug durch Gallien immer noch bei sich hatten ...

Rund zehntausend Hunnen und eine ebenso große Zahl von Kriegern der anderen Völker mit ihrem Anhang aus dem Troß blieben zurück – mit ausreichend Waffen und Beute ausgestattet. Sie zogen drei Meilen auf der alten Römerstraße nach Südosten, bogen dann nach Süden ab und errichteten entlang des kleinen Flüßchens Kurtisu das längste Dorf Galliens, über dreieinhalb Meilen hinweg, denn sie konnten nicht so dicht zusammenhocken wie die Galloromanen, sondern brauchten die Weite des Landes, um frei zu atmen. Und sie fürchteten sich weder vor Galliern noch vor Römern und Germanen.

Vorsichtig zog sich Attila zurück. Lupus, der Bischof von Troyes, zeigte ihm geschützte Wege zurück zum Rhein, die auf keiner Römerkarte verzeichnet waren.

Attila sollte recht behalten. Das Riesenheer der Römer unter Flavius Aetius zerstreute sich wie Spreu im Sommerwind. Mit seinen klein gewordenen Legionen zog er sich an der Rhône entlang zum Meer zurück. Er hätte Attila jetzt nicht mehr schlagen können. Trotzdem blieb der Großkönig der Hunnen äußerst vorsichtig. Er hatte erleben müssen, wie im fast menschenleeren Flachland der gallischen *Campania* urplötzlich gewaltige Heere aus dem Boden wuchsen. Etwas Derartiges durfte Aetius nicht zum zweiten Mal gelingen!

Nur einmal gelang es römischen Kundschaftern, den König der Hunnen unter all den ostwärts ziehenden Völkern aufzuspüren. Sie wurden sofort gefangengenommen und berichteten, daß Aetius weiterhin nach Attila suchte – nicht, um gegen ihn zu kämpfen, sondern um ihn erneut als Freund zu gewinnen. »Das ist ihm wichtiger, weil er nur so die machthungrigen Westgoten zähmen kann.«

»Geht zu ihm zurück«, sagte Attila vollkommen kalt. »Sagt ihm, daß es vorbei ist! Er hat sich bei uns eingeschlichen wie eine böse Krankheit! Aber der Glanz des Goldes aus seiner Hand ist fahl geworden! Das alte Bündnis ist in Blut ertrunken!« Er schloß die Augen, und eine steile Falte bildete sich auf seiner Stirn. »Ich will ihn nicht mehr sehen!« stieß er hervor. »Nie mehr – selbst wenn er doch noch Kaiser des Imperiums werden sollte! Sagt ihm, daß er nicht mehr auf Attila und die Hunnen zählen kann! Nie mehr – auch nicht, wenn die Vandalen kommen und Rom brennen sollte!«

Sie hatten den Rhein schon fast erreicht, als sie von König Ardarich und einigen tausend Gepiden eingeholt wurden. Das tapfere Volk hatte seine Toten in der Nähe des *Campus Mauriacus* begraben, die Verwundeten mit einem reichen Beuteanteil einige Meilen südlich der Römerstraße zurückgelassen und den gefallenen Helden Laudarich tagelang mit sich geführt. Erst in der Nähe von Troyes hatten sie ihn mit seinem gesamten Schmuck, seinen Waffen und seinen kostbarsten Ausrüstungsstücken in ein Grab am Ufer der Aube gelegt. Niemand von ihnen konnte ahnen, daß dieses Grab anderthalb Jahrtausende lang unberührt bleiben und auch dann noch lange Zeit für das von König Theoderich gehalten werden sollte ...

Als König Ardarich zum Hauptheer der Hunnen zurückkehrte, überbrachte er Attila den Wunsch seines Volkes.

»Es heißt, daß ihr auch mit Aetius verhandelt habt«, sagte der Großkönig der Hunnen, nachdem er Ardarich schweigend umarmt hatte. Er und seine Fürsten versuchten nicht, irgend etwas zu verschweigen oder zu beschönigen.

»Es ist richtig, daß wir mit vielen gesprochen haben, die von unseren Kämpfen, dem Mut und der Treue unseres Volkes gehört haben«, sagte Ardarich. »Diese Schlacht hat auch unsere Männer sehr verändert. Aber wir haben nur geredet und nicht verhandelt!«

Attila sah den Mann, der ihm das Leben gerettet hatte, sehr lange an. Es dauerte eine Weile, bis er erkennen ließ, was er dachte. Anders als nach vielen anderen Kämpfen und Schlachten kam die Erinnerung an den furchtbaren, in seinen Augen immer noch sinnlosen und überflüssigen Zusammenstoß der Völker immer wieder in ihm hoch. Für ihn war es allein der Stolz und der Hochmut des unfähigen Kaisers in Rom gewesen, der nicht zugelassen hatte, daß ein Mann, der leicht ein General des *Imperium Romanum* hätte werden können, seine

Schwester zur Frau nahm – nur weil er ein Barbar und kein Römer oder Germane war ...

»Die Römer haben uns Land um Orleans im Westen oder in Hispania angeboten, aber zu dicht an anderen Völkern, die sie sich untertan gemacht haben. Die Franken waren ebenfalls interessiert an uns. Wir haben mit den Burgunden gesprochen und mit den Alamannen ...«

»Und all diese edlen germanischen Völker haben euch nicht überzeugen können?« fragte Attila. Zum ersten Mal seit der Schlacht auf dem *Campus Mauriacus* lag wieder etwas Fröhlichkeit in seiner Stimme.

»Sie wollten allesamt unsere Schwerter«, sagte der König der Gepiden. »Aber die einen verlangten, daß wir Christen werden müßten, die anderen, daß wir den Namen unseres Volkes nicht mehr führen dürften, und die dritten wollten sogar, daß wir einen Goldobolus für all diejenigen zahlten, die durch uns in der Schlacht oder schon davor getötet worden waren ...«

»Einen Gold-Obolus?« fragte Attila verwundert. Er hatte das Wort noch nie gehört.

»Ja, so nennen sie neuerdings die Summen für Sühne, Strafe oder Tribut, die dem Gebenden hoch und dem Nehmenden gering erscheinen.«

Attila lächelte, dann nickte er amüsiert. Der Gedanke gefiel ihm.

»Ich freue mich, wenn ihr weiter bei uns bleiben wollt«, sagte er schließlich. »Schon weil ich Laudarich als eurem Besten sehr viel verdanke!«

Sie sprachen noch eine Weile über die verschiedenen Möglichkeiten, weiter im Völkerverband der Hunnen mitzuziehen. Nachdem die wichtigsten Vereinbarungen über Waffendienst und Beuteanteil geklärt waren, ließ sich Attila berichten, wie Aetius mit den Westgoten umgegangen war.

»Du sollst ganz genau wiederholen, was zwischen Aetius und dem jungen Thronfolger gesprochen wurde. Berichte von jedem Wort und jeder Geste, an die du dich erinnerst!«

Attila mußte noch immer damit rechnen, der stärksten Armee Westroms gegenüberzustehen. Hatten sie nicht alle mit eigenen Augen gesehen, wie überlegen die Schwerter und Schilde, die Speere und anderen Waffen der westlichen Germanen waren? Und war Aetius nicht trotz aller eigenen Späher wie unter einem Schleier der Unsichtbarkeit vorgerückt?

Er ließ guten Wein für den König der Gepiden und seine Berater bringen. Die Männer wirkten froh und erleichtert. Sie tranken, und dann gaben sie dem Großkönig einen Bericht, der so genau war, als wäre er selbst dabeigewesen.

Als alles vorbei gewesen war, hatte Thorismund den *Patricius* Aetius, noch vom Schmerz über den Tod seines Vaters bewegt, gefragt, wie es nun weitergehen solle. Er hatte den Tod seines Vaters rächen wollen, doch Aetius hatte ihm einen ganz anderen Ratschlag erteilt:

»Vergiß deinen Zorn in einem Augenblick wie diesem. Es ehrt dich, daß du um deinen Vater trauerst, aber du kannst ihn nicht rächen, so wie die Dinge im Augenblick stehen.«

»Soll das ... soll das etwa heißen, daß wir aufgeben?«

»Was nützen dem jungen Adler Kampf und Beute, wenn er, ermattet vom langen und möglicherweise siegreichen Flug, seinen Horst von anderen, die weniger ruhmreich sind, längst besetzt vorfindet?«

Thorismund wollte aufbegehren. Das Blut schoß in seine Wangen. Es fiel ihm sichtlich schwer, sich vor dem Älteren zurückzuhalten.

»Glaub mir, Thorismund«, sagte Aetius beinahe fürsorglich. »Es ist das beste für euch, wenn du so schnell wie möglich in dein Land zurückkehrst. Du mußt bezeugen, was hier geschehen ist, und deinen Anspruch auf dein rechtmäßiges Erbe anmelden.«

»Wer ... wer sollte wagen, gegen mich ...«

»Bist du dir deiner Brüder und ihrer engsten Berater so

sicher? Warum sind sie dann nicht hier? Ich rate dir, geh, Thorismund! Geh nach Hause, solange noch Zeit ist!«

»Aber wie kann ich das? Wie soll ich meinen Männern erklären, daß wir dich und alle anderen vor der entscheidenden Schlacht gegen die Hunnen allein lassen?«

»Die große Schlacht wird nicht stattfinden«, sagte Aetius. »Ich habe jetzt alle Zügel in der Hand. Und ich werde genau dann zuschlagen, wenn es für uns am besten ist ...«

Thorismund sah das Grinsen nicht, das kurz wie ein Wetterleuchten über das Gesicht des Patricius huschte. Es waren die Sieger, die jetzt vom Schlachtfeld entfernt und an weiteren Taten gehindert werden mußten.

»Ich habe Zeit und kann Verstärkung und Nachschub aus ganz Gallien herbeiführen«, drängte Aetius. »Deshalb entlasse ich auch alle anderen Veteranen dieser Schlacht.«

Für einen kurzen Augenblick wich das Erstaunen in Thorismunds Augen einem Anflug von Mißtrauen. War ihm dieser Aetius nicht doch zu glatt und beschwichtigend? Er zögerte noch immer, doch dann gab er nach und verzichtete damit auf den Kranz, den ihm die Geschichte geflochten hätte, wenn er sich endgültig auf den König der Hunnen gestürzt und ihn getötet hätte ...

Der Bericht der Gepiden bestärkte Attila in seinem Entschluß, an die Donau zurückzukehren. Aetius würde jede nur denkbare Lage immer für sich selbst nutzen. Dabei waren nicht die Schwerter seiner Verbündeten sein größter Vorteil, sondern die Macht, die er allein dadurch erhielt, daß er jede beliebige Nachricht und jedes noch so erlogene Gerücht schnell an jeden Punkt des Imperiums schicken konnte.

Keiner wußte besser, was das bedeutete, als der Großkönig der Steppenreiter, die niemals eine Straße gebaut, einen Grenzwall errichtet oder schriftliche Befehle an ihre Vasallen erteilt hatten.

Attila machte sich nichts vor Er wußte ganz genau, wie

Aetius die neue Lage für sich ausnutzen würde. In allen Foren, auf allen Marktplätzen und in jedem Rasthaus beider Teilreiche würde es ab sofort heißen, daß ganz allein der weströmische Feldherr Aetius den Großkönig der Hunnen und die mit ihm verbündeten Völker in der gallischen *Campania* mit einem glorreichen Sieg bezwungen hätte.

Aber in einem Punkt sollte er sich irren! Weder Aetius noch sonst jemand in Rom oder Ravenna durfte jetzt noch damit rechnen, daß Hunnen weiterhin zu Tausenden gekauft und als Mittel eigener Politik mißbraucht werden konnten. Das war nach dieser Schlacht endgültig vorbei!

War es das wirklich? Hatten nicht sogar die Burgunden, einst seine erbittertsten Gegner, mit Aetius und Rom gegen Attila gekämpft? War es wirklich so undenkbar, daß Aetius eines Tages sehr viel Gold anbot, um Attila als Verbündeten gegen Westgoten, Vandalen, Franken oder sogar den großmäuligen General Markianos auf dem Kaiserthron im Osten des Imperiums zu gewinnen?

Attila mußte sich eingestehen, daß er zwar Aetius kannte, dieser aber auch ihn selbst. Wenn er sich nun keine Siegessäule errichtete und keinen steinernen Triumphbogen erbauen ließ? Wenn er sich nur sehr zurückhaltend feiern ließ und vielleicht sogar dafür sorgte, daß Attila sein Gesicht behielt, dann konnte seine Strategie der weit geworfenen Schlinge am Ende noch aufgehen, obwohl er doch erst als Geisel bei den Hunnen das Seil zu werfen gelernt hatte.

Obwohl tatsächlich niemand gewonnen hatte, reichte die Zahl der Toten an die hunderttausend heran – mehr als die großen Städte der Zeit an Einwohnern aufwiesen. Soweit sie noch marschfähig und kampftüchtig waren, führten Attila die Hunnen und Valamir, Edekon und Ardarich die Germanen über den Rhein und weiter nach Osten zurück. Unterwegs zerstreuten sich immer mehr Völker und Stämme. Sie wurden vom Großkönig der Hunnen mitsamt ihren Beuteanteilen entlassen.

Je länger die Hunnen und ihre engsten Verbündeten donauabwärts zogen, um so öfter hörten sie weitere Berichte aus den Städten des Imperiums.

»Aetius hat versagt!« zeterten die einen. »Er hat für das Imperium den größten aller Siege leichtfertig verschenkt!«

»Aetius soll der Augustus des *Imperium Romanum* werden!« forderten lautstark seine Anhänger.

»Wo ist er denn? Wo hat er sich verkrochen? Und wo ist seine Beute?« wollten andere wissen.

»Einen Triumphbogen in jeder Stadt für den Retter Roms ...«

Auch im römischen Senat wurde vom Sieg der großen griechisch-römischen Ideale über die Horden der schlitzäugigen Barbaren aus dem Osten jubiliert. Und viele Schreiber feierten den angeblichen Triumph der Zivilisation über die anderen, die keine Schrift und kein heiliges Buch besaßen, als schlagenden Beweis der Gottesallmacht und der Kraft des Christentums.

Nur langsam setzten sich die realistischer denkenden Beamten und Berater durch. Während überall im Reich, in den Tavernen, auf den Plätzen und in den Auditorien die eigentliche Schlacht und ihr Verlauf mehr und mehr ausgeschmückt wurden, bemühten sie sich, das Ereignis auf einen nicht sehr glücklichen, aber doch noch vertretbaren Zusammenstoß in der langen Reihe der Schlachten und der Kriege Roms abzumildern. In Konstantinopel einigte sich der kaiserliche General Markianos mit seinen Beratern darauf, das unselige Gemetzel in den Annalen Ostroms nur am Rande zu erwähnen. »Das war kein Ruhmesblatt für das Imperium!« sagten auch sie. Trotzdem wurde im Westen aus der großen Katastrophe in den folgenden Wochen und Monaten doch noch ein Sieg der Römer und der Germanen.

Die Nächte waren bereits lang und kalt, als Aetius über die Küstenstraße von Massilia ins Kernland des Imperiums zurückkehrte. Auf dem Weg nach Rom wurde er mit seinen Offizieren immer wieder zu ausgedehnten Abendessen eingeladen. Gerade die Präfekten kleiner Städte wollten aus erster Hand erfahren, was wirklich vorgefallen und wie es um die Goten und Hunnen und um die Größe Roms bestellt war.

Auf den Straßen dagegen wurden die heimkehrenden Legionäre meist nur mit Hohn und Schadenfreude überschüttet. Es war, als ob die Sterne nicht mehr leuchteten und alle Adler des Imperiums diesmal zu viele Federn gelassen hatten. Und sie hatten doch schon alles erlebt: Siege, Niederlagen, Triumph und Schmach.

Diesmal war keine Diözese, keine Provinz und nicht einmal die Beute eigener Legionen verloren. Trotzdem ging eine gänzlich neue Angst im westlichen Imperium um – nicht vor den Hunnen, nicht vor den Germanen und nicht vor neuen oder alten Göttern. Es war die Angst am Ende eines Weges, an dem der Abgrund und das Nichts bereits so deutlich werden, daß jeder Schritt und jeder neue Tag nur noch die Qual verlängert.

»Was soll geschehen, wenn das *Imperium Romanum* fällt? Was wird aus uns? Wer soll uns führen? Wem werden wir gehören?«

Attila blieb bei all den Fragen realistisch. Er hatte eine große Schlacht bestanden, sie nicht gewonnen, aber auch nicht verloren. Unter dem Strich blieb trotz der großen Opfer aus dem Gallienfeldzug eine sagenhafte Beute übrig, wie sie niemals zuvor von irgendeinem König diesseits oder jenseits der Alpen eingefahren worden war. Das allein war es, was für die meisten seiner Männer zählte ...

Dennoch besprach der Großkönig der Hunnen noch gründlicher als nach vorangegangenen Schlachten die eigenen Fehler und die der anderen. Während des Rückmarsches durch die Nordprovinzen des Imperiums kam er viele Abende lang und sogar manche kalte Nacht mit den Beratern und den engsten der Getreuen in seinem großen Königszelt zusammen. Wenn überall nur noch die Wachen an den kleinen Feuern saßen, dann war für ihn der Tag noch lange nicht beendet.

»Warum?« fragte er ein übers andere Mal. »Warum hat Aetius nicht versucht, mit mir zu handeln, mir einen Teil von Gallien anzubieten, dessen Verlust auch sein Gesicht gewahrt hätte? Ich kenne ihn doch und wäre sicherlich nicht so hart geblieben wie bei Byzanz ...«

»Es war nicht möglich«, antwortete Onegesios.

»Warum soll das nicht möglich gewesen sein?« schnaubte Attila. Er war viel mehr über die Unvernunft des Römers aufgebracht als über seine eigenen Verluste.

»Aetius hat im Grunde nicht gegen dich gekämpft«, sagte Onegesios nachdenklich.

»Sondern?«

»Sondern gegen sich selbst und seinen eigenen Kaiser.«

»Wie meinst du das?« fragte Attila vorsichtig. Gleichzeitig begann er zu begreifen.

»Sehr einfach«, gab Onegesios zurück. »Ein einziges Gespräch mit dir – möglicherweise ganz allein und ohne alle seine Generale und Berater – und Aetius hätte Zehntausende von seinen Männern aufgeben müssen. Sie wären ihm wie Wasser durch die Hände geflossen. Du warst das Eisenband, das sie zusammenschmiedete! Der Feind, den es zu fürchten galt! Das Ungeheuer, das rohes Fleisch von wilden Tieren so lange reitet, bis es weich ist! Der Hunne, der das Blut von Neugeborenen aus seinem Becher schlürft und der niemals Gefangene macht! Er brauchte dich, damit er möglichst viele unter seinem Namen sammeln konnte ... denn du darfst nicht vergessen, daß wir in Zeiten leben, in der sich die Völker noch schneller wenden als ein Blatt im Herbststurm.«

»Onegesios hat recht«, sagte Scottas. »Die Völker ziehen umher wie noch nie zuvor. Aber sie suchen weder den Kampf noch die Eroberung. Sie sind schon lange müde, und tief in ihren Herzen sehnen sie sich alle nach Frieden und Sicherheit.«

Attila schnalzte mit der Zunge.

»Germanen vielleicht!« sagte er abfällig. »Ihr lauft der Sonne nach, weil ihr die Kälte nicht ertragen könnt. Ihr schafft euch Götter, Himmel, Paradiese, weil ihr nicht einseht, daß ihr sterblich seid. Es geht um Macht, um Stärke und Erfolg in diesem Leben, um Ruhm und Ehre und um sonst gar nichts! Wo findest du die Augenblicke höchsten Glücks? Ich sag' es dir – auf einem Pferd, das dich in vollem Ritt dem Tod oder dem Sieg entgegenträgt ... bei Gesang und Tanz im Rausch des Weines und der Schamanentrommel und an der weichen Seite eines Weibes, mit dem du dich bis in den Schlaf umschlingen kannst, in das du eindringst ... unsagbar sanft, wenn ihr es möchtet, oder so hart und schreiend, daß euch kein Schlachtenlärm mehr kümmert ...«

Onegesios lächelte. »Hat mein Großkönig irgend etwas davon zu wenig?«

»Wovon?«

»Macht, Erfolg, Ehre ...«

»Was soll das? Was willst du damit sagen?«

»Die schnellsten Pferde«, fuhr Onegesios unbeirrt fort, »die rauschendsten Gelage, die schönsten Frauen ...«

»Und? Worauf willst du hinaus?«

»Daß du noch General Ostroms werden, noch mehr Gold fordern und nochmals heiraten könntest ...«

»Onegesios, Onegesios«, lachte Attila. »Warum hatte ich nie dich zum Bruder?«

»Ich bin dein Freund.«

»Deine Macht und dein Ruhm wären bei einem Sieg in Gallien ins Unermeßliche gewachsen«, meinte Onegesios später.

»Na und? Was hätte ich damit beginnen sollen?« fragte Attila zurück. Er war augenblicklich wieder ernst. »Das ist der zweite Fehler in eurem Denken. Germanen, Römer, Griechen und wie ihr alle heißt – ihr wollt besitzen, was euch doch niemals ganz gehören kann: Erde, in die ihr Pflöcke stoßen, auf der ihr Häuser bauen und die ihr Eigentum – möglichst mit einem Wisch von irgendeinem schmierigen Notarius – nennen könnt. Wozu das alles? Nichts ist vergänglicher als dieser Anspruch auf die

Natur, die uns hervorbringt und nach einem kurzen Leben wieder zu Staub und Asche macht!«

Die Männer um ihn herum wurden plötzlich sehr still. Nein, dieser König gab sich nie verloren. Und irgendwann begriffen sie, daß Attila mit seinem ganzen Heer nichts anderes getan hatte als jede hunnische Sturmfaust, wenn sie auf schnellen Pferden angriff, Pfeilwolken in den Himmel schoß, sich blitzartig zurückzog und sich dann, wenn andere schon glaubten, daß sie die Gegner in die Flucht geschlagen hatten, an irgendeiner Flanke mit neuem Sturmgeschrei genau das holte, was sie immer wollte.

Ein ganz anderes Unternehmen ärgerte Attila viel mehr. Als ihm berichtet wurde, wie kläglich seine besten Reiter gegen Ostrom versagt hatten, kam ihm das wie die Strafe dafür vor, daß er nicht auf die Weissagungen und Warnungen der Schamanen gehört hatte. Jedermann wußte, daß auch gegen Ostrom kein schneller Zug wie früher einmal geführt werden konnte. Trotzdem hatte er sich von Ellac überreden lassen und ihm zwanzig Sturmfäuste mit jungen, tatendurstigen, aber schlecht vorbereiteten Reitern überlassen.

Genau diese Reiter hätten die Entscheidung auf dem *Campus Mauriacus* bringen können. Sie waren schnell und furchtlos und wären in der Ebene gegen Alanen, Franken, Westgoten und Burgunden unschlagbar gewesen. Aber sie waren verloren, wenn sie ohne Plan mit Pfeil und Bogen gegen die Phalanx römischer Schilde, gegen Katapulte und schwere Reiterei losprеschten.

Es waren nicht einmal die Verluste an Männern, Pferden und Material, die Attila mit den Zähnen knirschen ließen. Es kam nur selten vor, daß die Steppenreiter einem ihrer Anführer Vorwürfe machten. Erst wenn einer der *Logades* oder gar ein König wie Uldin nicht mehr sehen wollte, daß jeder Kampf auch verlorengehen konnte, wandten sie sich ab. Attila ärgerte sich, weil er wider besseres Wissen und gegen seine innerste Überzeugung dem Zug gegen Markianos zugestimmt hatte. Er hatte nicht auf Sieg gesetzt, sondern auf die Besänftigung der Ungestümen unter seinen Völkern.

Sie waren zur gleichen Zeit mit dem östlichen Heer zusammengestoßen wie er mit dem Westen. Zwei Kaiserreiche – zwei Fronten, doch zwischen beiden lagen Welten ...

Einige Wochen später, als sie nördlich der Alpen entlanggezogen waren und die verwahrlost, leer und arm wirkenden Provinzen Raetien und Noricum auf der Südseite der Donau bereits hinter sich gelassen hatten, teilte Attila auch den anderen mit, was er die ganze Zeit geplant und überlegt hatte.

»In den germanischen Teilen von Westrom ist nichts mehr zu holen«, sagte er mit einem Blick auf das ausgerollte Pergament des Castorius. »Die Legionslager und Castelle mögen noch einige Vorräte für den Winter haben, aber wo soll noch mehr herkommen? Habt ihr irgendwo Bauern und bestellte oder auch nur abgeerntete Felder gesehen?«

»Du meinst, die Föderaten und Römer haben aus Angst vor unserer Rückkehr das offene Land verlassen?« fragte Onegesios. Attila schüttelte den Kopf, dann lachte er trocken.

»Möglich ist alles, vielleicht sogar, daß die römischen Legendenschreiber auch noch auf diese Auslegung kommen! Nein – in den Gebieten nördlich der Alpen ist seit Jahrzehnten nichts mehr getan worden. Weder von Römern noch von den Einheimischen oder den Hilfskräften, die einmal hier angesiedelt wurden. Habt ihr nicht gehört, wie viele längst in ihre ursprüngliche Heimat zurückgekehrt sind und wie viele Legionäre im Ruhestand die Sonne des Südens dem ungemütlichen Wetter im Norden vorgezogen haben?«

»Was hast du vor?« fragte Onegesios. »Du sagst das alles doch nicht, weil du dir Sorgen um den Zerfall des römischen Reiches machst ...«

»Soll ich mir keine Sorgen machen, wenn ich mit eigenen Augen sehen muß, wie die unendlich ergiebige Kuh, die wir seit zwei Generationen melken, langsam an Altersschwäche eingeht?«

»Du fürchtest um das *Imperium Romanum*?«

»Ja«, antwortete der Großkönig der Hunnen. »In diesem Teil des Reiches sind nur noch die Städte Oberitaliens interessant – alles andere lohnt sich nicht mehr ...«

»Und was willst du tun? Warten, bis Westrom wieder stark ist?«

»Vielleicht sollte ich mich gegen Ostrom wenden«, sagte er vollkommen ruhig. »Entweder, bekomme ich von dort wieder meinen früheren Tribut, oder ich werde Krieg führen!« Er knurrte leise und nickte mehrmals. »Ja, schreibt das an diesen neuen Kaiser in Konstantinopel. Krieg ist ein Wort, das dieser General wahrscheinlich besser versteht als alle Verhandlungen und Verträge!«

35. Die Störche von Aquileia

Um Zeit zu gewinnen, schickte Ostrom eine Gesandtschaft unter Leitung des Kommandierenden Generals Apollonios über die Donau. Doch Attila ließ sie nicht vor.

Die meisten der Kampfgefährten waren in ihre Wintersiedlungen in Pannonien, in der Tiefebene östlich von Donau und Theiß, über die Karpaten und bis zum Schwarzen Meer zurückgekehrt. Attila wollte die Wintermonate in seinem hölzernen Palast verbringen, mit seinen Frauen und Kindern plaudern und gelegentlich mit Onkel Aijbars' Adlerweibchen auf Wolfsjagd gehen. Der alte Schamane war nicht mehr kräftig genug, um den Königsadler bei einem wilden Ritt gegen die jaulenden Wolfsrudel zu halten ...

»Wenn ihr Kaiser etwas von mir will, muß er mich zuerst mit Geschenken gesprächsbereit machen! Und wenn er das nicht will, werden viele sterben.«

Schon einen Tag später kam die Antwort der oströmischen Gesandten: »Wir können über Geschenke reden, aber zunächst müssen wir über die offiziellen und wichtigeren Streitpunkte verhandeln.«

»Nein«, sagte Attila, als er die Forderung hörte. Doch er ließ die Gesandten ohne Drohung ziehen ...

»Was ist los mit dir?« fragte Orestes ein paar Tage später.

»Wir brauchen Gold«, antwortete der Großkönig der Hunnen weitsichtig. »Wir brauchen viel mehr Gold, wenn wir gegen die Mauern von Byzanz oder auch Ostrom reiten wollen! Wir brauchen dafür alles Gold, das wir bekommen können!«

»Reicht denn nicht aus, was wir in Gallien geholt haben?«

»Nein!« sagte Attila knapp. »Für einen Beutezug und einen Krieg ist allemal genug da. Aber es reicht auf keinen Fall, um diesen Generalskaiser und seine grüne Circus-Partei von Konstantinopel in die Knie zu zwingen!«

»Denkst du an einen neuen Beutezug?«

»Hast du eine bessere Idee?« fragte Attila zurück.

»Nein ... aber wohin willst du gehen?«

Attila schürzte die Lippen. Er brummte ein paarmal, dann sagte er: »Nördlich der Alpen waren wir gerade. Das lohnt sich bestenfalls für kleine Raubzüge. Direkt nach Norden können wir auch nicht, weil dort die Stämme sitzen, die uns mit Kriegern unterstützen. Und im Südosten sind wir schon mehrfach mit dem Kopf gegen die Mauern von Konstantinopel gerannt. Was also bleibt uns noch, mein kluger Freund?«

»Westrom, würde ich sagen ... über Pannonien und die nur wenig geschützten Julischen Alpen bis in die Padus-Ebene in Norditalien.«

»Nicht schlecht«, meinte der Hunnenkönig anerkennend. »Genau dieser Gedanke beschäftigt mich seit Wochen. Ein guter Zug bei warmem Wetter, ohne Dunst, Nebel und Frost, und jeden dritten Tag eine nur schlecht ummauerte Kleinstadt mit Truhen voller Gold und Silber ... das wäre es, damit könnten wir alle milder stimmen ...«

Er ging zu einer Truhe an der Seite der Königsyurte und nahm sich einen Schnipsel trockenen Bärenschinken, auf dem er stundenlang zu kauen hatte.

»Aijbars soll kommen ... wenn ihm danach ist! Er soll voraussagen, wie heiß der nächste Sommer in Italien wird ...«

Und so verging schließlich auch dieser Winter, der noch bis zu den Osterfeiern der christlichen Hilfsvölker sehr kalt und grausam für Menschen und für Tiere blieb.

Sie ließen sich viel Zeit. Für ein paar Tage kam in Attilas Umgebung der Gedanke auf, nicht allzu weit nach Westen, sondern an jener Grenzlinie entlang bis zum Ausgang des Hadriatischen Meeres zu ziehen, die wie ein mehrfach abgewinkelter Messerschnitt über die Landkarte beide römischen Reiche voneinander trennte. Doch Attila hatte bereits ein ganz besonderes Ziel für seinen großen Angriff auf das Kernland des *Imperium Romanum* ausgesucht ...

Erst im Spätfrühling des Jahres 452 zog der Großkönig mit seinem Hofstaat und den vereinten Heeren seiner Fürsten, der Verbündeten und der Vasallenstämme über die Donau hinweg westwärts. Sie lagerten einige Tage am großen, flachen See zwischen der Donau und den westlichen Bergen und warteten auf die Ankunft weiterer Kontingente. Hunnen und Hilfsvölker nutzten die angenehme Unterbrechung. Sie badeten im kühlen Wasser des kaum mannstiefen *Pelso Lacus* und fingen um die Wette mit bloßen Händen die nur hier vorkommenden und unvergleichlich wohlschmeckenden zanderartigen Fische.

Der Weg über die Berge im Westen war viel einfacher, als manche befürchtet hatten.

»Ich will nicht Ravenna oder Rom, sondern Aquileia«, sagte Attila, als sie mit dem Abstieg von den Julischen Alpen begannen. »Sie ist die schönste und wertvollste von allen Perlen – und die einzige Stadt des Imperiums, die mir jemals gefallen hat ...«

Drei Monate lang, bis in den Hochsommer hinein, belagerte Attila Aquileia. Die neuntgrößte Stadt des gesamten römischen Reiches wurde durch das Meer und durch Flüsse und Sümpfe geschützt. Trotz der langen, ungewöhnlichen Hitze kamen in diesem Sommer immer wieder furchtbare Gewitter auf. Attila wußte, wozu die Unwetter in dieser Gegend imstande waren. Er hatte nie vergessen, was geschehen war, als er zum ersten und einzigen Mal in seinem Leben auf einer oströmischen Kriegsgaleere über das *Mare Hadriaticum* gerudert worden war. Trotz aller Schlachten, all der ungezählten Toten, die er in den zweiundvierzig Jahren seit jenem Unwetter gesehen hatte, stand ihm noch immer das Bild vor Augen, wie die jungen Legionäre an den Rudern der Galeere von scharfen Mastsplittern in Augen, Hals und Brust getroffen worden waren ...

Bereits in den ersten Wochen brachen die Sommergewitter so

heftig über die nahe Stadt und die Belagerer herein, daß mehrmals die Flüsse anschwollen und die Zelte und Yurten unter Wasser standen. Überall mußten Hunderte von kleinen Erdhügeln aufgeschüttet werden, um trockene Inseln für die nächste Überschwemmung zu schaffen. Aus dieser Notwendigkeit entstand auch die einzige Erhebung nördlich von Aquileia, die sich schon fast Königshügel nennen konnte.

Während die Männer immer unruhiger wurden und der Troß allmählich immer mehr an Disziplin verlor, ritt der König zusammen mit einer Großhand seiner besten Bogenschützen Tag für Tag um die Stadt herum. Sie brauchten nicht sehr lange, bis sie die Tore an allen vier Seiten der doppelt ummauerten Stadt, die Hafenanlagen und die Brücken über den Nartissone und seine Nebenflüsse umrundet hatten. Bis auf die Wasserverbindung zum Meer bei Gradus war die Stadt nur von Weiden, sumpfigem, mückenverseuchtem Brachland und flachen Feldern umgeben, die in diesem Jahr nicht bearbeitet worden waren.

Am Anfang hatte Attila noch Schiffe in die Stadt gelassen. Er hatte angenommen, daß die Bürger von Aquileia und besonders die Händler und Seefahrer aus fernen Ländern und Provinzen sehr schnell mit einem Tausch »Gold gegen Leben« einverstanden sein würden.

Aber er täuschte sich. Er täuschte sich jeden Tag um so mehr, als er doch selbst schon einmal in der durch eine Doppelmauer geschützten Stadt gewesen war. Er hatte überall große Katapulte auffahren lassen. Sie standen rund um Aquileia wie riesige Skorpione, die nur auf einen Pfiff, ein leises Zischen warteten. Noch waren sie gefesselt, doch die elf Männer an jedem Katapult holten Tag für Tag Krüge mit Wasser aus den Flüssen, um Holz und Seile feuchtzuhalten.

»Wir sind gespannt!« riefen sie sich gegenseitig den Scherz zu.

»Wir auch ... wie schon seit Wochen!«

Doch Attila ritt weiter um die große Stadt, ohne sie anzugreifen.

Neunzehnmal fünf Tage und Nächte blieb Aquileia ohne jede Zufuhr von Korn, Fleisch und Wein. Kühe und Rinder auf den Weiden vor der Stadt waren längst in den großen Hunnenkesseln und in den Mägen von vielen tausend Hungrigen verschwunden. Allmählich gab es keine Schweine, keine Schafe und keine Ziegen mehr. Viele der germanischen Hilfsvölker ernährten sich bereits von dem, was die unablässig arbeitenden Fischer von Gradus bis nach Tergeste auf schweren Fahrten aus dem Meer holten.

Der ganze Sommer verging mit Tagen voll Hitze und Trokkenheit, an denen das Land und die Kehlen verdorrten, und gelegentlichen Unwettern ...

Als die Tage langsam wieder kürzer wurden, mußte der Nachschub für das Heer der Belagerer bereits von entfernten Latifundien über die aus Ost und Nord kommenden Römerstraßen herangeschafft werden. Noch gab es Händler, die sehr gern Geschäfte mit den Hunnen machten. Aber selbst jene, die mit Denaren oder gar Solidos bisher stets freigebig gewesen waren, wollten inzwischen für den Schlag Rindvieh oder die ganze Herde nur noch den halben Preis bezahlen, wo eigentlich der doppelte gerecht gewesen wäre.

Das launische Wetter sorgte für ein weiteres seltsames Ritual. Auf Befehl des Königs versammelten sich nach nächtlichen Gewittern alle Männer aus den Vasallenvölkern, die keine Pferde besaßen, südlich der Stadtmauern von Aquileia am Nartissone. Dort lagen inzwischen nahezu alle Boote aus Gradus und aus der Stadt, die keine Masten und keine Segel hatten. Mit langen Stangen mußten die Männer durch die kleinen Flüßchen und Kanäle staken und sämtliche Frösche einfangen, die sie finden konnten.

Keiner der Männer wußte, warum der Großkönig der Hunnen einen derartigen Befehl gegeben hatte. Aber sie nahmen ihn ernst, nachdem die ersten, die sich darüber mokierten oder die Durchführung des Befehls zu lax gehandhabt hatten, öffentlich die Peitsche der eigens ernannten Froschmeister zu spüren bekommen hatten. Gleichzeitig gab der Großkönig die Baumreihen dicht am Ufer des Nartissone und des Nasonzo zwischen Aquileia und der Lagune von Gradus zum Abholzen frei. Die Erlaubnis war jedoch mit der Bedingung verknüpft, daß besonders hohe, lange Stämme zu einem pinienumstandenen Platz östlich des Hafens gebracht werden sollten, der von den Stadtmauern nicht eingesehen werden konnte. Außerdem durfte kein einzelner Baum oder Baumstumpf stehen bleiben, der höher als ein abgenommener Sattel vom Boden aufragte. Die meisten Reiterkrieger und die Menschen im Troß des Zuges dachten nicht lange über die eigenartige Anordnung nach, andere grinsten nur und nahmen an, daß hier wieder einmal Attilas Hang zur Perfektion bis ins Detail durchschlug ...

»Die Römer, die Römer! Es heißt, sie kommen geradewegs aus Ravenna!«

»Wieso aus Ravenna?« fragte Attila, als ein Bote ihm die Nachricht von den gesichteten Legionären überbrachte. »Aetius müßte doch in Rom sein, wenn alles stimmt ...«

»Nein, diese kommen aus Richtung Ravenna.«

»Aus der längst verlassenen Festung des Kaisers?« Attila spitzte die Lippen und pfiff leise. »Und es sind wirklich römische Legionäre?«

Der Bote beschwor es. »Sogar die beste Schwadron aus der Garde ...«

Knapp eine Stunde später hatten immer mehr widersprüchliche Nachrichten Attila erreicht. Und dann trafen sechs Hand Reiter in seinem Hauptlager vor den Mauern der belagerten Stadt ein. Wer nicht genau hinsah, konnte sie tatsächlich für prächtig gekleidete Legionäre aus der kaiserlichen Palastwache halten. Doch dann, auf den zweiten Blick, wurde sichtbar, daß es sich bei den dreiunddreißig Reitern um eine *ala* handelte, die ausschließlich aus Hunnen bestand. Niemand hatte die Männer zuvor gesehen, und keiner wußte, warum sie römische Rüstungen trugen.

»Was soll das bedeuten, wo kommt ihr her?«

»Wir kommen aus Ravenna«, rief der Anführer der kleinen Reitertruppe, »und wir haben eine Nachricht für euren Großkönig.«

Attila hatte sie gehört und unterbrach mit einer kurzen Handbewegung den üblichen Ablauf, in dem sonst Anliegen vorgetragen und die wahren Absichten erforscht wurden: »Die Anführer sollen herkommen – zu Fuß und nicht im Sattel!«

Er sah durch einen Spalt in der halb aufgeschlagenen Wand der Königsyurte, wie drei nicht mehr sehr junge, aber gut geübte Männer von ihren wertvollen Pferden sprangen. Sie bewegten sich in einer Reihe hintereinander auf den Eingang der Yurte zu. Obwohl sie ihre Helme und Waffen nicht abgelegt hatten, trat der Großkönig ihnen barhäuptig entgegen. Er sah ihnen einem nach dem anderen lange ins Gesicht, betrachtete ihre Rüstungen, ihre *torques* und die nur leicht staubig gewordenen Römerhelme und die Ringe an ihren Oberarmen.

»Ich sehe, ihr seid alle ausgezeichnete *bracciati*«, sagte er und deutete auf ihre Armringe, »also Männer, die sich bewährt haben. Wie werdet ihr von Rom bezahlt?«

»Aus dem Privatvermögen von Kaiser Valentinian dem Dritten«, antwortete der *decurio* der römischen Reitereinheit ohne zu zögern. »Ich bin seit dreißig Jahren im Dienst der weströmischen Kaiser.«

»Seit dem Jahr also, in dem Ruga Großkönig der Hunnen wurde«, stellte Attila ungewohnt milde fest. »Und ein Jahr später ist dann Honorius gestorben. Kanntest du ihn noch? Und wie ist dein Name?«

»Ich bin Iligar, Enkel von Basich, der vor fünfzig Jahren mit König Uldin gekämpft hat. Und zu deiner zweiten Frage: Ja, ich kannte König Honorius noch, und ich habe auch dich gesehen, als du in Ravenna warst ...«

»Du willst mich gesehen haben? Ich war erst vierzehn, fünfzehn ...«

»Und ich war sieben.«

»Dann stand dein Vater ebenfalls im Dienst des Kaisers?«

»Ja, mit der Erlaubnis von König Uldin.«

Attila schüttelte ungläubig den Kopf. Er schnippte mit den Fingern und ließ für die drei Offiziere und für die Männer draußen vor dem Zelt Wein herbeischaffen. Iligar stellte ihm seine beiden Stellvertreter vor und schickte sie dann zu den anderen.

»Und nun berichte«, sagte Attila gutgelaunt. Doch Iligar zögerte und sah ihm in die Augen. Es war, als suche er Verständnis, auch wenn er gleichzeitig fürchten mußte, als Verräter seines Volkes wie schon so viele Deserteure und Überläufer erschlagen, gekreuzigt oder gepfählt zu werden.

»Ich weiß, es ist vermessen, aber ich wage es, dir eine Bitte vorzutragen!«

»Du weißt, was ich mit euch allen machen könnte?« fragte der Großkönig. Der Offizier der Palastwache nickte. »Wir wissen alle, daß die Vereinbarungen der Römer mit unseren Vätern nicht mehr gelten. Du, Attila, bist nach Balamber, Kharaton und Ruga der erste wirkliche Großkönig aller Hunnen ...«

»Deshalb erlaube ich auch nicht mehr, daß Hunnen irgendwo Geiseln sind, daß sie germanische, römische oder vandalische Rüstungen tragen und daß sie sich für eine Handvoll Silberlinge zu Knechten derjenigen machen, die sie verachten!«

»Ich bin in Ravenna aufgewachsen, und meine Kinder sind im kaiserlichen Palast geboren ... wir lebten besser als die Sklaven und die Diener dort ...«

»Aber für die Römer bist und bleibst du ein Barbar, Iligar!«

»Das weiß ich nicht erst, seit ich eine Rüstung trage«, antwortete der *decurio* der kaiserlichen Palastwache, »aber in mir fließt immer noch das Blut der Hunnen ...«

»Nach vierzig Jahren?« Attila lachte spöttisch. »Du scheinst ein schweres, kaltes Blut zu haben!«

»Nein, Sohn von Mundschuk, aber wir konnten einfach nicht mehr hören, nicht mehr ertragen, was alles über dich und dein Versagen auf dem *Campus Mauriacus* laut behauptet wird.«

»Das stört euch jetzt auf einmal? Du stehst doch auf der Seite meiner Feinde. Du dienst dem Kaiser des Imperiums, dein oberster Feldherr ist Aetius – der Mann, der mich angeblich geschlagen hat!«

»Aetius war nur kurze Zeit der Mann, dem ich gehorchen mußte«, widersprach der *decurio.* »Nur damals ... als er Kommandant der Wache wurde. Als Feldherr Roms hat er uns nichts zu sagen. Deshalb konnte er uns auch nicht befehlen, Valentinian nach Rom zu folgen.«

»Aber dein Kaiser konnte das!«

»Er hat es nicht getan.«

»Und warum nicht?«

»Weil wir nicht mehr seinen Palast, sondern das Mausoleum schützen, das seine Mutter Galla Placidia für sich erbaut hat.«

»Sie starb in Rom.«

»Ja, aber die Erinnerung an sie liegt für uns alle in Ravenna.«

Attila nahm einen kleinen Schluck Wein. Er sah den Offizier der Garde immer noch prüfend an. Sie wußten beide, daß noch nicht alles ausgesprochen war. Mit einer kaum wahrnehmbaren Bewegung seines linken kleinen Fingers bewirkte Attila, daß sich seine Berater langsam und unauffällig immer mehr zurückzogen.

»Was bringst du mit?« fragte der König nach einer langen Pause. Der aufrichtige Hunne sah sich verstohlen um.

»Hast du dich nie gewundert, daß niemand dir entgegentrat, seit du vor Aquileia liegst?«

»Doch, mein *decurio*, das habe ich! Ich habe mich sogar viel mehr gewundert, als du ahnst. Kommst du deshalb zu mir?«

»Ja«, antwortete Iligar. »Ravenna ist verlassen, ein leeres Nest, in dem kein Adler mehr wohnt, aber die Alten ... die nicht mehr gebraucht werden und die nicht mit nach Rom durften, die hören mehr, als manche ahnen ...«

»Habt ihr geglaubt, daß ich Ravenna angreife?«

»Nicht einen Augenblick.«

»Was dann?«

»Aetius, der Kaiser und die Bischöfe haben für jeden Tag, den du hier lagerst, gebetet und ein Kreuz geschlagen!«

»Aetius soll gebetet haben?« Attila lacht laut auf. »Und warum haben sie sich bekreuzigt? Etwa aus Mitleid mit den Bürgern, die uns ihr Gold, ihr Haus oder ihr Leben geben mußten?«

»Nein«, antwortete der *decurio*. »Eher aus Dankbarkeit.«

»Aus Dankbarkeit?« wiederholte Attila verblüfft.

»Ja, denn mit jedem Tag, der dich hier festhält, wächst unbemerkt von euch ein Heer, in dem sie alles aufbringen, was beide Roms zu bieten haben!«

Attila hielt unwillkürlich die Luft an. Dann nickte er und lächelte kaum merklich. So also war das! Er blickte auf den Mann, dessen Großvater noch mit »Tschakkar!« und »Uraah!« gegen die Völker vor den Grenzwällen des *Imperium Romanum* geritten und sie darüber weggetrieben hatte.

»Er zieht also ein neues Heer zusammen?« fragte er schließlich.

»Ja, schon seit Monaten«, antwortete Iligar. »Der andere General ... Kaiser in Konstantinopel hat ihm die besten Truppen zugesagt, die er entbehren kann.«

»Das können nicht sehr viele sein«, lachte Attila. »Denn zwei von meinen Söhnen setzen ihm im Osten schwer zu.«

»Da wäre ich an deiner Stelle nicht so sicher, Sohn von Mundschuk!« sagte der *decurio* mutig. »Denn wie wir hörten, haben sie schwere Verluste ...«

Attila zog die Brauen zusammen. War es schon so weit gekommen? Mußte er von einem Leibwächter römischer Kaiser hören, was ihm die eigenen Berater nicht mehr zu sagen wagten?

»Die ersten Sondereinheiten werden schon in wenigen Wochen an der unteren Donau eintreffen«, sagte der Hunnenlegionär. »Aber sie sollen nicht in Pannonien zuschlagen, sondern euch abfangen, wenn ihr erneut durch zuviel Beute unbeweglich werdet!«

»Aetius! Aetius!« sagte Attila leise. »Ich hätte dich doch besser kennen sollen!«

»Und das ist leider noch nicht alles«, fuhr Iligar furchtlos fort. »Seit einer Woche treffen Schiffe mit Kämpfern aller Waffengattungen aus Konstantinopel und den östlichen Provinzen in Ravenna ein. Dort ist genügend Platz, ein zweites Heer zu sammeln ...«

»Aetius!« sagte Attila nur. »Du wirst noch einmal an dir selbst ersticken!« Er sah den straff und diszipliniert vor ihm wartenden Hunnen lange an.

»Was willst du als Gegenleistung für deine Meldungen?«

»Meine Männer und ich ...«, sagte der *decurio*. Zum ersten Mal schien er zu zögern. Attila nickte ihm freundlich zu. »Wir haben schon seit Jahren einen großen Traum ... nur einen einzigen Wunsch ...«

»Sprich ihn aus, wenn ich ihn erfüllen kann!«

»Wir würden uns zerteilen lassen, um einmal nicht in dieser Rüstung, sondern für dich in einem Sturm zu reiten!«

»Mit Pfeil und Bogen?«

»Ja, mit eurem Kompositreflexbogen – der besten Waffe, die es gibt!«

»Könnt ihr die denn bedienen?«

»Das ist es ja, woran die Träume zerplatzen ...«

Attila sah ihn an und schnalzte mit der Zunge. Onegesios erschien.

»Ist Dogan in der Nähe?«

»Er steht vor der Yurte.«

»Dann schick ihn mir herein!«

Wenige Augenblicke später stand Dogan neben dem *decurio*.

»Du hast gesehen, wer mit diesem hunnischen *decurio* namens Iligar zu uns gekommen ist?«

»Ich habe sie gesehen und mit ihnen gesprochen.«

»Was hältst du von ihnen ... aus deiner Sicht als Krieger?«

»Sie sind nicht mehr die jüngsten«, gab Dogan zögernd zurück.

»Würdest du dir zutrauen, perfekte Bogenschützen aus ihnen zu machen? Die noch aus vollem Ritt einen goldenen Solido treffen?«

»Ich denke schon«, grinste Dogan, der *Falke*. »Denn gute Männer können immer lernen – egal wie alt sie sind! Jedoch ...«

Attila hob fragend die Brauen.

»... ob sie schon in zwei Wochen auch die *tremisse* treffen, kann ich freilich nicht garantieren ...«

Am hundertsten Tag der Belagerung beobachtete der Großkönig der Hunnen, wie Störche, die auf den Dächern der Stadt nisteten, ganz gegen ihre sonstige Gewohnheit ihre Jungen von der Stadt aus landeinwärts trugen.

»Seht ihr das!« rief Attila vom Rücken seines Pferdes und deutete nach oben. Mit ausgestrecktem Zeigefinger folgte er triumphierend dem Flug der großen Vögel. »Sie tragen ihre Jungen nicht zu den Lagunen. Dort sind zu viele Fischmeister mit Goten und Sarmaten, die ihnen die letzten Fische und die Frösche stehlen ...«

Er ließ sein Schwert sinken und steckte es zurück. Dann zügelte er sein Pferd kürzer und schnalzte mit der Zunge. »Noch einmal rund um die ganze Stadt!« rief er seinen Begleitern zu. Sie preschten schneller und mit viel mehr Energie los als in den Kraft und Mut verzehrenden vergangenen drei Monaten. Und einige begriffen sogar, warum man wochenlang alle Frösche rund um die belagerte Stadt eingesammelt hatte. Solange Störche auch innerhalb der Mauern genügend Nahrung bekamen, waren sie den Priestern der Christen und der anderen Götter ein Beweis dafür gewesen, daß noch genügend Nahrung in der Stadt war. Jetzt aber verließen die Storchenpaare Aquileia. Am gleichen Tag traf Greka ein.

»Sagt allen, daß wir morgen um die Mittagsstunde diese Stadt erstürmen!« rief Attila mitten im Ritt um die südliche Stadtmauer. Er hatte nie vergessen, wie der Fluß um die südliche und die halbe westliche Doppelmauer herumgeführt worden war. Sie blieben auf dem Uferweg, bis sie den Hafen an der Ostseite der Stadt erkennen konnten. Hier war die schwächste Stelle im ausgefeilten Verteidigungsring.

»Fünfhundert der Männer ohne eigenes Pferd sollen noch heute nacht jedes Schiff heranholen, das sie bekommen können.«

»Keiner von denen kann segeln oder rudern!« rief Orestes besorgt von seinem Pferd herab. »Und zu den Fröschen mußten sie nur in flachen Gräben staken ...«

»Dann sollen sie die Boote und Schiffe ziehen ... der Fluß ist flach genug! Und was die Römer seit Jahrhunderten selbst an den steilsten Donauufern schaffen, das können wir doch wohl hier schon lange! Außerdem behindert nirgendwo ein Baum das Treideln ...«

Er lachte laut und triumphierend. Das war wieder der Attila, den sie alle kannten. Sie hatten Mühe, ihrem Großkönig durch die kümmerlichen Weinfelder zu folgen. Erst am groß angelegten Leiterlager kamen sie wieder zum Stillstand. Die Pferde schnaubten, aber Attila achtete kaum darauf.

»Paßt jetzt genau auf, wie ich die Eroberung geplant habe!« sagte er, nachdem alle dicht genug herangekommen waren. »Hier sind die Leiterbalken, die aus den besten Bäumen geschlagen und gezimmert wurden. Die Hälfte davon wird bis Mitternacht zu allen vier Ausfallstraßen der Stadt gebracht. Die andere, bessere Hälfte bleibt genau dort, wo sie jetzt liegt ...«

Er ritt ein paar Schritte nach Westen und zeigte auf den Flußhafen von Aquileia, die langgestreckten Lagerhallen auf der anderen Seite des Flusses und die dort nicht besonders massiv wirkende Stadtmauer.

»Genau da greifen wir an, sobald die Seilmannschaften die Boote aus Gradus bis in den Hafen gezogen haben ...«

»Wie soll das funktionieren?« fragte Orestes. »Sie können nur auf dieser Seite ziehen.«

»Alles, was schwimmt und hierher gezogen wird, soll eine Besatzung mit Schutzschilden und langen Stangen an Stelle von Schwertern, Bogen oder Speeren bekommen. Damit stoßen die Schwimmenden sich vom Flußgrund und vom Ufer ab, während die anderen weiterziehen!«

Erst jetzt begriffen die meisten seiner Berater und Reiterkrieger den Plan des Großkönigs.

»Die Hörner, Luren und der Baritus unserer Germanen werden zum Angriff rufen. Genau drei Stunden nach Sonnenaufgang will ich das große Kriegsgeschrei aus allen Kehlen hören. Gleichzeitig soll der erste Brocken aus den Katapulten gegen die Mauern im Norden und im Westen fliegen! Auf dieser Seite der Stadt werden die Sturmmannschaften lautlos arbeiten. Sie werden sich die Leitern packen und damit bis zum Fluß laufen. Dort darf bis zu diesem Zeitpunkt kein Boot, kein Schiff mehr zu sehen sein. Jedes der Fahrzeuge muß bis auf den Grund gesunken sein! Bis auf den Grund ...«

Er lachte trocken und amüsierte sich über die verdutzten Gesichter der Männer um ihn herum.

»...versteht ihr jetzt endlich, warum ich so lange gewartet habe, bis gerade dieser Fluß fast ausgetrocknet ist?«

»Aijbars ist alt geworden«, kommentierte Onegesios mit leichtem Vorwurf in der Stimme, »sonst hätte er uns nicht nur die heißen Tage, sondern auch das ständig neue Wasser durch die Gewitter vorausgesagt!«

Die Sonne stieg schon morgens heiß über den Bergen im Westen in den wolkenlosen Himmel auf. In die beginnende Hitze der flimmernden Sommertage begannen Tausende von Belagerern nördlich und westlich der Stadt damit, Kriegsgerät aufzustellen. Sie lagerten Speere und Pfeile rechts und links der Römerstraßen.

Attila hatte seine wertvollste Kampfrüstung angelegt. Er war schon früh auf sein Pferd gestiegen, blieb aber auf dem künstlichen Hügel, wo auch die Königsyurte errichtet worden war. Von hier aus hatte er einen hervorragenden Überblick über alle Zelte und Yurten des Lagers, über die Plätze und Feuerstellen, die Wagenburgen der Goten und die nur noch spärlich gefüllten Viehkoppeln.

Er wurde Zeit, das Gold aus Aquileia zu holen und zu reicheren Weiden im Westen zu ziehen!

Pünktlich zur dritten Stunde des Tages brach ein Lärm los, der wie alle Unwetter der vergangenen Monate zusammen gellte, krachte und dröhnte. Die Germanen bliesen wie die Stürme des kalten Nordens in ihre großen Luren. Pauken und Trommeln ließen die Erde erzittern, und aus tausend Kehlen zugleich mischte sich der Baritus der Germanen mit dem schrillen Kampfgeschrei der Hunnen, Sarmaten und der anderen Stämme aus der endlosen Steppe.

Viele von ihnen schrien sich die Trauer um den Verlust ihrer Gefährten auf dem *Campus Mauriacus* aus dem Leib. Für sie bildete der Angriff auf die belagerte Stadt mehr als die Gelegenheit, endlich die ersehnte Beute zu erkämpfen. Der Fall der ummauerten Schönen wurde zur Rache der Enttäuschten ...

Im Norden und Westen ballten sich immer mehr Krieger zusammen. Die Katapulte rückten Schritt um Schritt vor. Sie standen präziser und klarer ausgerichtet vor den Mauern der Stadt, als es römische Legionäre in ihren besten Zeiten jemals geschafft hätten.

Mit unbewegtem Gesicht saß der Großkönig vor der Königsyurte auf seinem Pferd. Er war weithin sichtbar, und sein Blick reichte ebenfalls weit nach Süden und Osten. Ganz langsam nahm die steigende Sonne das sanfte Morgenrot von seiner imponierenden Gestalt und kleidete ihn mit der Härte des wahren und hellen Glanzes.

Hinter der Stadt, von Süden her, näherten sich dicht an dicht die Boote. Der Großkönig konnte nicht sehen, wie viele es waren und wie viele Männer sie auf beiden Seiten des Nartissone zogen. Er sah nur, daß sie gut vorankamen. Auf den Zinnen der Mauern von Aquileia waren nur hin und wieder einzelne Oberkörper zu sehen. Attila beobachtete genau und winkte selbst dann ab, wenn einer seiner Fürsten und Berater ihm etwas sagen wollte. Und dann sah er, wie ein Boot nach dem anderen an den Südmauern der Stadt nach Osten abbog und in Richtung der Berge fuhr.

Das war das Zeichen für die Männer im Pinienwald. Während nördlich und westlich der Stadt immer mehr Lärm gemacht wurde, tauchten im Osten rennende Unbewaffnete mit nacktem

Oberkörper auf. Jeweils fünf auf einer Seite schleppten einen astlosen Baumstamm mit eingekerbten Stufen zum Flußhafen.

Ehe sie im toten Winkel hinter den Mauern verschwanden, griff Attila sein Schwert, hob es hoch und drehte es ruckartig hin und her, wie er es vor vielen, vielen Jahren auf dem Meer am Mast einer Galeere gesehen hatte. Für alle sichtbar schickte das Schwert des Großkönigs blitzende Strahlen über die Ebene.

Mit einem leichten Schenkeldruck ließ er sein Pferd nach vorn springen. Es flog den Wall des flachen Zelthügels hinab, faßte sofort Tritt und jagte auf die Stelle zu, an der die *Via Gemina* nördlich des Flußhafens die große Stadt verließ. Ein Dutzend seiner engsten Begleiter folgte ihm so dicht wie möglich, ebenso seine beste Königs-Sturmfaust, aus der einige bereits vor mehr als vierzig Jahren an der gleichen Stelle mit ihm geritten waren.

Die Männer mit den Sturmbäumen, die Boote und die Königsreiter kamen beinahe gleichzeitig im Hafen an. Attila preschte um einige inzwischen leerstehende Häuser und Gebäude auf dem Ostufer des Flußhafens. In einem wilden, furchtbaren Durcheinander versanken die mit Schwertern und mit Äxten leckgeschlagenen und mit großen Steinen beschwerten Boote im Fluß. Gleichzeitig stürmten die ersten halbnackten Männer mit ihren Baumstämmen und Balken auf die teilweise ächzenden und brechenden Planken und Bordwände. Immer mehr Wurfseile flogen durch die Luft. Sie zurrten sich fast wie von selbst um Balken und versunkene Schiffsteile.

In weniger Zeit als zwischen zwei Sechzigern einer Galeere stand die breite, stabile Holzbrücke über den Nartissone. Attila griff nicht dort an, wo der Fluß schmal und die Doppelmauern hoch waren, sondern dort, wo keiner seinen Hunnen einen schnellen Übergang zugetraut hätte.

Er nickte seinen Bläsern zu. Und wieder stieg ein fast unerträglich lautes, röhrendes Gebrüll in den Himmel. Hunderte von Goten sprangen über die neue Hafenbrücke. Sie wuchteten die Baumstämme hoch und ließen sie schräg gegen die Mauern fallen. Anders als herkömmliche Leitern, wie sie die Legionäre seit

Jahrhunderten benutzten, waren die Stämme viel zu schwer, um sie von oben, von den Mauern, wieder zurückzustoßen.

Augenblicklich stiegen die kräftigsten der Krieger aus dem Heer des Großkönigs bis zu den Mauerkronen der belagerten Stadt. Mit ihren Schwertern und schweren Hämmern aus Holz und Eisen brachen sie die ersten Quader aus dem Mauerwerk. Doch dann, als sie gerade zum ersten Mal Luft holen wollten, erkannten sie, daß sie diesen Befehl nicht ausführen mußten.

Sie konnten hochsteigen, ohne daß mehr als ein paar zögerliche Pfeile durch die Luft schwirrten. Wo sie Hunderte von wild entschlossenen, bis an die Zähne bewaffneten Verteidigern erwartet hatten, standen Händler aus aller Herren Länder mit ondulierten Haaren und gelockten Bärten, mit kahlen Schädeln oder mit bunten Kappen auf den Köpfen in ihren saubersten, feinsten Gewändern. Sie trugen große Schalen mit Geld, Geschmeide, Perlenketten, Pfefferbeuteln, und Phiolen mit der teuersten Farbe aus ungezählten Purpurschnecken.

Die Eroberer auf den Baumstämmen und Mauerzinnen konnten es kaum glauben: Nicht ein einziger von denen, die sie hier oben in Empfang nahmen, trug eine Waffe. Und dann, als einige über die zweite Mauer stiegen und nach unten blickten, sahen sie ein Bild, das niemand von ihnen in seinen kühnsten Träumen vorausgesehen hätte.

Halb Aquileia stand bewegungslos und schweigend mit Geschenken für das Heer der Hunnen, von den Forumssäulen bis zum östlichen Stadttor auf der *Via Gemina*. Und nicht ein einziger Einwohner von Aquileia war bewaffnet.

»Nun?« fragte der König der Hunnen am Abend der Stadteroberung. »Habt ihr Gold und andere Schätze finden können?«

Die Männer im Ratssaal lachten. »Eigentlich mehr als erwartet«, rief einer.

»Viel zu wenig!« protestierte ein anderer. »Der Esel, den ich fand, hat nur ganz leicht unter der Last meiner Beute gekeucht. Er ist nicht auf den Marmorplatten und den Mosaiken der Patrizierhäuser ausgerutscht und hat nicht einmal laut gefurzt!«

»Das muß sehr hart für dich sein«, gab Attila zu. »Möchtest du als Entschädigung einen neuen Esel oder lieber einen Furz von mir?« Das Gelächter der Versammelten schallte hoch bis in die Giebelbalken des Saales. Und der Mann, der sich über zu wenig Beute beklagt hatte, stolperte tatsächlich wie ein Esel hinaus.

Dennoch war die Eroberung von Aquileia unter dem Strich kein reiner Freudenzug. Wie schon in Rom vor über vierzig Jahren hatte die lange Belagerung die Stadtbewohner nicht zusammengeschmiedet, sondern nachlässig, selbstsüchtig und pflichtvergessen gemacht. Viele der Einwohner hatten sich auch in dieser schweren Zeit vorbildlich verhalten. Doch andere hatten gezeigt, daß ihnen Pflicht, Gesetz und das Gemeinwohl nichts mehr bedeuteten, sobald sie sich eingekesselt und ohne Hoffnung fühlten.

Auch wenn die Stadt noch ihre alten Ordnungshüter hatte – sie konnten nichts mehr durchsetzen, weil sie die Macht längst an die Steppenreiter vor den Toren ihrer Stadt verloren hatten. Überall in der Stadt lagen die Toten unbegraben. Niemand hatte gewagt, sie in den Fluß zu werfen, denn darauf stand nach wie vor die Todesstrafe. So wurden Leichen, um die sich keiner in der Stadt mehr kümmerte, in der Gluthitze des langen Sommers von Fliegen und anderem Getier zernagt, ehe sie verdorrten. Spielende Kinder hatten den bösen, schleichenden Sommertod von einem Haus zum anderen getragen.

Attila erkannte, welche Gefahr auch in der Beute steckte. Doch da war es bereits zu spät. Die Krankheit hatte sich verteilt, und viele Krieger, besonders unter den Germanen, hatten sich mit dem Gold auch gleich den Tod der Sümpfe aus der sterbenden Stadt geholt.

Als sie bemerkten, daß die so lange Zeit belagerte und dann doch noch eroberte Stadt sie mit der heimtückischsten aller Waffen besiegte, als Mann für Mann durch unsichtbare, tödliche Schläge der »Aquileia-Krankheit« fiel, da ging ein Aufschrei durch das Hunnenlager.

In Windeseile flog ein Gerücht über die Yurten und die Zelte. Hatten nicht alle Eroberer die Zauberbilder auf den Mosaik-Fußböden der Basilika gesehen? Kröten, die mit Hähnen sprachen ... gesattelte Ziegenböcke, Drachenschlangen, die sogar nackte Menschen aus dem Rachen spien?

Noch in der gleichen Nacht wurde die Stadt zum zweiten Mal erobert. Zweihunderttausend Menschen schraken hoch, als sie erneut den Kampflärm vernahmen. Sie konnten nur noch schnell zusammenraffen, was sich tragen ließ, dann flohen sie vor den ersten Steinkugeln, die krachend durch die Dächer von Häusern, Kirchen und Palästen schlugen.

Die ganze Nacht zerbrach die Stadt unter dem Hagel großer Steinbrocken, fing Feuer durch die Flammenpfeile und loderte vor Sonnenaufgang in Tausenden, hoch in den Himmel stiebenden und schnell von Haus zu Haus springenden Feuersäulen.

Attila sah sich den Untergang von Aquileia lange an. Aber er empfand nicht die geringste Freude oder Genugtuung. Zu lange war er an einem Ort geblieben – zu lange für ihn selbst und viel zu lange für die anderen, die krank an die Theiß zurückkehrten – oder gar nicht wiederkamen.

»Die fünf letzten Sturmfäuste sollen aufsatteln und mit den Kranken über die Alpen nach Pannonien zurückkehren!«

»Die fünf letzten?« fragte Ernak verständnislos. »Aber das sind die, die bisher von allen die geringste Beute abbekamen!«

»Eben deshalb!« antwortete Attila. »Ich gebe ihnen die Möglichkeit, sich ihre Satteltaschen im Kampf gegen die Oströmer zu füllen, statt hier zu warten, bis sie krank werden ...«

»Wir brauchen sie als Verstärkung an der Donau«, flüsterte Onegesios.

»Schickt auch die kaiserliche Leibwache mit ihren römischen Waffen und Rüstungen mit!« befahl der Großkönig. »Auch Ostrom soll jetzt sehen, daß die Hunnen nicht mehr für das *Imperium Romanum* kämpfen!«

36. *Das Wunder am Mincio*

Attilas Heer setzte seinen Siegeszug von Aquileia aus nach Westen hin fort. Es war das erste Mal in der Geschichte der Hunnen, daß ein König sich noch während eines Eroberungszuges von so vielen Bewaffneten und den glänzenden Beweisen seines Erfolges getrennt hatte.

»Wir werden uns noch viel mehr holen!« rief er mit weithin schallender Stimme, als er hochaufgerichtet vom Pferd aus nach Westen zeigte. »Dort überall zittern die Pfeffersäcke und Togaträger mit ihren ondulierten Haaren bereits vor uns! Also los, Männer, stürmt die Städte des Reiches, ehe sie ihr Gold in die Flüsse werfen oder mit ihren raffgierigen Händen vergraben!«

Das zweite Angriffsziel nach Aquileia war Concordia. Die ersten Hunnenreiter schafften die dreißig Meilen durch flaches Land und durch die Kiesbetten von kleinen, trockenen Flüssen in weniger als zwei Stunden. Aber es dauerte zwei Tage, bis auch der letzte Zeltkarren der Ostgoten über die *Via Annia* nachgekommen war.

Auch in den folgenden Wochen blieb es bei der langgezogenen Anordnung des Zuges. Er selbst und viele der Könige und Fürsten seiner Verbündeten hatten sich entschlossen, ihre Frauen nachzuholen. Die weite Ebene Oberitaliens erinnerte sie an Pannonien, war aber angenehmer und nicht so dicht bewaldet. Anders als nördlich der Alpen mußten hier auch Frauen und Kinder, Unbewaffnete und Nachzügler nicht mit Überfällen rechnen.

Nicht eine einzige römische Legion, nicht einmal eine *turma* schneller Reiterkrieger stellte sich Attila entgegen. Es war, als gäbe es keinen Kaiser von Rom mehr, der über Hunderttausende von Bewaffneten befehlen konnte, als gäbe es die schnellen Heerstraßen nicht mehr, als hätte sich Aetius, der angeblich so große Sieger vom *Campus Mauriacus*, einfach in Luft und Wohlgefallen aufgelöst ...

Die kleine Stadt Concordia unternahm nicht einmal den Versuch, sich einzuschließen oder zu verteidigen. Schon als die ersten Spähreiter auf die Stadt zu und dann an ihr vorbei, um sie herum und wieder zurückjagten, drängten Tausende von ausgemergelten, schmutzig und zerlumpt wirkenden Gestalten durch die weit geöffneten Stadttore. Selbst die ältesten unter ihnen nannten sich gegenseitig alle »Junge« oder »Kleiner«. Die Hunnen brauchten nicht lange, bis sie auch ohne die schwer verständlichen und in fremden Sprachen herausgeschrienen Worten erkannten, daß die Stadt ein Sklavenlager war ...

Der friedlich klingende Name tarnte eine der wichtigsten Waffenfabriken Oberitaliens, denn unter Eingeweihten und Legionären hatte die kleine Stadt den ehrenvollen Doppelnamen *Concordia Saggitaria* – Eintracht der Bogenschützen.

Als die Hunnenreiter von der Bedeutung dieses Namens hörten, schüttelten die meisten ungläubig den Kopf. Sie konnten einfach nicht verstehen, daß die Legionäre, Männer, die angeblich so viel vom Kriegshandwerk verstanden, ihr Leben Waffen anvertrauten, die als Massenware angefertigt wurden. Wie sollte denn ein Pfeil, den nie des Schützen Hand gestreichelt und geglättet hatte, die rechte Ausgewogenheit und Kraft erhalten, die schon beim Spannen einer Bogensehne auf ihn überging? Wie sollte man mit Pfeilen reden, die lieblos verarbeitet wurden und zu Tausenden von verachteten, ausgepeitschten Sklaven stammten?

»Nicht mehr als totes Holz mit roh gegossenen und nicht mal nachgeschmiedeten oder polierten Eisenspitzen«, stellte Dogan abfällig fest. Trotzdem waren die Gießereien und Schmieden, die Vorräte an Holzkohle, Eisen und Pfeilrohlingen ein willkommenes Geschenk für die Anführer der Nachschub- und Beschaffungsmannschaften. Ohne Zögern nahmen sie einige hundert Spezialisten aus allen denkbaren Provinzen und aus den Grenzländern in ihre Reihen auf. Sie garantierten ihnen

Lohn, Verpflegung und bei Bewährung so viel Anteil aus der Beute, daß jeder, der es wollte, noch vor dem Winter in sein Heimatland zurückkehren konnte.

Nachdem die Schamanen festgestellt hatten, daß hier die Wiesen trocken und die Bäche unverseucht waren, lagerte das Heer vier Tage lang unter den Stadtmauern von Concordia. Bis auf einige Opfer von Raufereien wurde niemand aus der Stadt erschlagen. Auch die Belästigungen von Mädchen oder Frauen aus der Stadt hielten sich in Grenzen. Kaum jemand mußte um tote Männer, Söhne oder Väter klagen. Deshalb war auch kein Haß in den Gesichtern der Frauen von Concordia. Und aus der Furcht vor den stämmigen, wettergegerbten Fremden entwikkelte sich erstaunlich oft Neugier und die Bereitschaft, den Ehemann für eine Nacht gegen die wilden Reiter einzutauschen ...

Nach der fröhlichen Unterbrechung setzte sich das Hunnenheer ohne große Eile erneut in Marsch. Der Großkönig ließ die einzelnen Völker und Stämme ebenso gewähren wie die nach vorn drängenden Sturmfäuste und die Gruppen der Jüngeren, die wie wilde Pferde kreuz und quer durch die Marschsäulen tobten.

»Sollen wir ihren Anführern die Sättel abnehmen oder sie durch erfahrene Reiter mit dem Wurfseil zu Boden reißen, damit sie zur Vernunft kommen?« fragte Dogan.

»Jeder, der ohne Not oder im Kampf einen anderen mit dem Seil zu Boden reißt, kann sofort seine Sachen packen und zurückreiten!« gab Attila unerwartet barsch zurück.

»Aber das ist doch alles nur Wettbewerb und Spiel ...«, warf Orestes ein. »Sie messen ihre Kraft und ihre Schnelligkeit wie junge Bären oder Wölfe!«

»Genau!« sagte Dogan und nickte. »Wenn es zu wild wird, packen die Anführer sie sogar in vollem Ritt am Nacken und reißen sie in ihren Sätteln hoch ...«

Attila nahm einen Glaskelch mit reichen, kostbaren Verzierungen. Sofort goß ihm eines der vielen Mädchen in der

Königsyurte halbsüßen, perlenden Wein ein. Er trank nur einen kleinen Schluck, dann starrte er gedankenverloren vor sich hin. Zum ersten Mal seit den Tagen und Nächten auf dem *Campus Mauriacus* stand ein Zweifel in seinem Gesicht. Er wirkte noch unnahbarer als sonst. Die leichten Kreise im Weinglas zitterten kaum merklich.

Wie gebannt starrte der Großkönig der Schwarzen Hunnen darauf. Es war, als würden sie direkt aus dem Wein auf seinen Körper übergehen. Sein Oberkörper nahm die hypnotisierende Bewegung auf. Er drehte sich ganz langsam und begann zu kreisen. Der Wein im Kelch wirkte auf ihn plötzlich wie ein schon lange überall gesuchtes und doch nie zuvor entdecktes Tor in eine andere Welt. Nicht was ihn selbst und andere fröhlich und trunken machte, nahm ihn in diesem Augenblick gefangen. Es war vielmehr der Blick nach innen, wie ihn nur die Schamanen kannten, der ihn über die Mädchen mit dem Wein, über Männer, Reiter und Römer, die Mütter und die Ungeborenen, die Vögel und die Wolken wie der rote Rauch des zweiten Tages einer Völkerversammlung aufsteigen ließ. Er löste sich von seinem Gürtel, seinem Schwert und seinem Schmuck. Seine Gewänder glitten wie durch Zauberhand berührt von seinem Körper. Er sah die weißen Felsen an den hohen Flanken der Alpen, riesige weiße Wunden im flachen, eben noch grünen Norden Galliens, Schemen, die sich zu Eremiten, Priestern und dann zu Männern mit dem Kreuz verwandelten.

Attila stöhnte auf.

Nein! Er wollte kein Schamane werden ... keine Gesichte und Halluzinationen haben! Nicht in den Nebelwirbeln untergehen, die sich dämonisch und verlockend wie Arme eines Weibes um seine Kraft und Stärke schlangen.

Er war der König! Der größte König, den die Stämme und Sippen aller Hunnen je gesehen hatten! Sein Reich erstreckte sich vom *Mare Suebicum* im Norden bis an die Grenzen des *Imperium Romanum*. Sein Wort galt mehr als das Gesetz der Römer! Und schon ein Lidschlag über seinen schwarzen Augen entschied über Beförderung und Leben oder Schmach und Tod.

Er hatte Frauen ohne Zahl gehabt, Töchter, von denen er kaum wußte, und Söhne, die nicht einen einzigen von allen anderen zu fürchten hatten. Und doch war plötzlich Galle überall in seinem Leib. Er hörte, wie sie in den Ohren rauschte, wie sie ihm den Blick trübte, wie sie die Glieder heiß und schwer machte und bitter auf der Zunge schmeckte.

Er lachte heiser, kippte den Wein aus und warf den Glaskelch achtlos gegen einen Stützpfahl. Nein, kein Schamane, dachte er. Nur ein Mann, der alles haben konnte, was er sich wünschte! Er war reich und mächtig, geachtet und gefürchtet zugleich. Was wollte er noch? Ein paar tausend Pfund Gold aus den Städten, die vor ihnen lagen? Eine riesige Provinz wie Gallien, Hispanien oder Africa?

Westrom?

Ostrom?

Oder das ganze Imperium?

Er hob die rechte Hand und wischte sich mit dem Handrükken über die Nasenlöcher. Aus irgendeinem Grund hatte er wieder Nasenbluten – nicht sichtbar für die anderen, aber unangenehm. Es störte ihn, daß ihn sein Körper manchmal im Stich ließ, ohne daß er irgend etwas dagegen unternehmen konnte.

Er holte vorsichtig durch die Nase Luft. Alles, was Aijbars ihm bisher gegen die plötzlichen, unangenehmen Blutungen gegeben hatte, wirkte bei ihm nicht. Auch Grekas Kräutersud und vorsichtige Massagen der Nasenflügel während der Zeit, in der er bei ihr lag, konnten das Übel nicht beseitigen. Nein, dachte er, wenn es wieder einmal soweit war, nicht einmal das ganze *Imperium Romanum* konnte ihn dann noch reizen ...

In diesen Stunden hatte er keine Lust mehr, in irgendeinem riesigen Palast aus Holz oder mit Marmorsäulen Tag um Tag Menschenmassen zu empfangen. Selbst jetzt kam ihm der riesige Rundbau aus vergoldeten, kostbar verzierten und mit bunten Seidenbändern geschmückten Hölzern immer mehr wie ein goldener Vogelkäfig vor.

Wozu die ganze Größe, wenn er nicht einmal wußte, wie viele Weiber in all den Räumen wohnten. Manchmal hatten sie ihm Neugeborene gezeigt und ihre Namen genannt. Er hatte sich über die Söhne ebenso gefreut wie über die Töchter. Bis auf seine drei Ältesten waren ihm nur noch Gheism, Emendzar und Uzendur wichtig gewesen. Sie alle nahmen mittlerweile den Platz ein, der ihnen zustand. Und unter diesen war Gheism, den er mit der Schwester der Gepidenkönige Ardarich und Laudarich gezeugt hatte, inzwischen sein Gesandter in Konstantinopel.

Dennoch war er immer häufiger unzufrieden mit seinen möglichen Nachfolgern. Sie waren fähig, stark und gute Söhne, doch irgend etwas fehlte ...

Er dachte plötzlich an Balamber und Uldin, an Kharaton, Ruga und Oktar, an seinen Vater und seinen Bruder Bleda. Von allen Großen seiner Familie lebte außer ihm nur noch Aijbars. Der Schamane hatte nie auf einem Thron gesessen und niemals riesige Heere in die Schlacht und zu Sieg oder Tod geführt. Hatte er mehr gewonnen oder verloren? Oder gab es vielleicht noch eine ganz andere Art von Beute? Irgend etwas, das nur Eingeweihte sehen konnten – nur die Schamanen, die Priester der vielen Götter oder diejenigen, die sich Christen nannten? Er knurrte unwillig und schüttelte den Kopf.

»Ist dir nicht gut?« fragte Dogan besorgt.

»Nein, mir ist ganz und gar nicht gut!« brummte Attila. »Aber was geht euch das an?«

Die dritte Stadt, auf die das Heer der Hunnen und ihrer Vasallenvölker zuzog, war das weitere dreißig römische Meilen entfernte Altinum. Attila wartete nicht, bis seine Yurte abgebaut und vor ihm wieder errichtet worden war. Am Tag der Ankunft ließ er die Stadt einkreisen und die Zufahrtswege blockieren. Dreißig sehr leichte Boote, die auf Karren mitgeführt wurden, glitten vom Mittag an ins seichte Lagunenwasser vor dem Hafen der Stadt. In jedem Boot paßten zwanzig der besten Bogenschützen auf, daß kein Blockadebrecher die Stadt anlief oder verließ.

Er selbst schlief zwei Nächte im kleineren Seidenzelt von Greka. Aber keine der Wachen hörte in den warmen Nächten irgendeinen Laut aus der kostbaren, luftigen Behausung der Gotin.

Am dritten Tag ließ sich Attila nur kurz berichten, welche Besonderheiten in der belagerten Stadt zu erwarten waren. Eine halbe Stunde später wußte er genug, um den Vasallenkönigen, seinen eigenen Fürsten und den Anführern der Sturmfäuste zuzunicken.

Hier, in der Hafenstadt an den nordwestlichen Lagunen des *Mare Hadriaticum*, begann der erste große Zubringer für die *Via Claudia Augusta* über die Alpen. Von hier aus wurden die Meilen gezählt, die auf allen Steinen bis zur Donau eingeschlagen waren. Der gesamte Nordteil der Lagune gehörte zu Altinum, der größere Süden mit seinen Landzungen, Sandbänken und Inseln zu Patavia. Die amphibische Landschaft bot schon seit der Zeit der Griechen interessante Handelsplätze und Schutz vor Seeräubern. Die Stadt ging bis auf die illyrischen Veneter zurück. Hier hatten bereits Etrusker und Griechen, Phönizier und Ägypter mit ihren Schiffen angelegt. Und Bernstein, der nicht in Aquileia verkauft worden war, fand hier, am eigentlichen Endpunkt der Bernsteinstraße, noch immer gut zahlende Abnehmer.

Für Attila, das große Heer und den Troß stellte das ganze Gebiet eine höchst gefährliche Mutprobe dar. Überall lauerten zehn und mehr Schritt breite Gräben und künstlich angelegte Kanäle zum Padus wie wassergefüllte Risse und Schnitte in der ausgetrockneten und von der Sommerglut verdorrten Landschaft. Jeder, der die verwirrenden Wassersperren überwinden wollte, mußte sich an bereits ausgetretene Pfade, an schmale, steinerne Brücken und an brüchige Holzstege halten.

Zu einer anderen Zeit und unter anderen Bedingungen wäre die ganze Gegend eine ideale Falle für ein angreifendes Heer gewesen. So aber lagerten die Reiterkrieger aus den Steppen des Ostens nur kurz vor der schlecht geschützten Stadt.

»Also los dann«, sagte er, nachdem die letzten Einzelheiten gemeinsam besprochen worden waren.

Sie trafen nicht einmal auf Widerstand, als sie im frühen Morgenrot laut schreiend bis in die Gärten der luxuriösen Villen von reichen Überseehändlern ritten und dort Gold, Schmuck und wertvolle Kleidungsstücke forderten. Keiner der Angreifer verlor Zeit.

Sie preschten, viel härter und rücksichtsloser als in Concordia, in mehreren Wellen über den gesamten Ring der feineren Vorstädte. Hier war viel mehr zu holen als in den Häusern der inneren Stadt, die – viel zu eng für Reiter – auf Baumstämmen standen, die über Jahrhunderte hinweg mit unendlich viel Schweiß und Sklaventränen einzeln in den morastigen Boden getrieben worden waren. Denn hier lebten auch die Reichen, die über die Sommermonate aus dem mückenverseuchten Ravenna und aus vielen anderen Städten ans Meer geflohen waren oder zumindest ihre Frauen und Kinder mitsamt ihrem besten Schmuck an die Frische des Hadriatischen Meeres geschickt hatten.

Der Lärm der Eroberung, das Klirren der Waffen und Kettenrammen, das Geschrei der Frauen und das Johlen der übermütigen Männer breitete sich schnell nach allen Seiten hin aus. Es wurde so laut, daß selbst die Vögel in den Büschen aufflogen und das Getier davonstob.

Das war das Zeichen für die endgültige Eroberung der Stadt. Die Hauptmacht spaltete sich in zwei Teile. Die eine Hälfte mit viermal fünfhundert Reitern preschte durch das schnell aufgestoßene *Maioribus*-Tor, die andere umging die Stadt zum Meer hin und rannte gegen das *Boreana*-Tor an. Der kleinere Zugang zur Stadt erwies sich als der härtere. Während drinnen bereits die Eroberer der ersten Gruppe johlten und jeden Widerstand niederschlugen, mußten die anderen warten, bis Rammböcke, Onager und Sturmleitern herangeschafft waren.

Es dauerte nur wenige Minuten, bis das Tor brach. Mit lautem Siegesgeschrei drängten die Reiter in die enge Stadt. Sie stauten sich vor einer Kirche aus grauroten Ziegeln und mit einem hohen Dach. Ihr Zorn verdoppelte sich, als von den Mauern und vom Dach der Kirche kochendes Öl auf Reiter und Pferde gegossen wurde. Sie selbst hätten den heißen Angriff der Verteidiger noch mit einem Zähneknirschen ertragen, aber die Schmerzensschreie ihrer Pferde zerrissen ihnen das Herz.

Mit wütendem Kampfgeheul brachen die nächsten vier Sturmfäuste auf schreienden, laut wiehernden Pferden in Altinum ein. Mit ihren Wurfseilen rissen sie die Ölkessel von den überall in den Straßen lodernden Feuern. Sie spießten brennende Holzscheite auf und schleuderten sie auf die Dächer. Kein Gedanke an Gold und Beute! Nur Strafe und Züchtigung für eine Stadt, die sich erdreistete, Schmerzen und Qualen aus ihren Tempeln und Gotteshäusern über die Hunnen zu gießen ...

Bereits nach drei Tagen befand sich nichts mehr in der Stadt, was irgendeinen Wert für Attilas Krieger besaß. Wie bereits in Aquileia und Concordia blieben nur noch die Schmelzöfen der Gold- und Silberschmiede bis zum Schluß unzerstört. Keiner der Männer hatte irgendein Interesse daran, mehr Menschen zu erschlagen als jene, die sich in ihrer Dummheit vor ihr eigenes Gold oder das ihrer Herren stellten. Die meisten hatten längst gehört, daß es das Gold war, was die Hunnen und ihre Verbündeten wollten – nur das Gold, nicht die irgendwann daraus geschmiedeten und geformten Kunstwerke, denn die wollten sie sich selber gießen und schlagen lassen: für ihre Gürtel und Waffen, für das Zaumzeug der Pferde und für Frauen und Kinder ...

Von Altinum aus zogen die vereinten Heere in gerader Linie weiter nach Südwesten. Obwohl es eine ganze Reihe seiner Anführer in den Fingern juckte, nach Süden abzubiegen, winkte Attila entschieden ab.

»Eine Belagerung von Ravenna ist sinnlos!« sagte er. »Das haben schon Alarich und Radagis vergeblich versucht ...«

»Können wir sie nicht ebenso aushungern wie Aquileia?« fragte Orestes.

»Nein«, antwortete Attila. »Was glaubt ihr, warum Kaiser Honorius vor fünfzig Jahren beim ersten Gotensturm von Mediolanum nach Ravenna geflohen ist? Wegen der Mücken hier! Ihr schüttelt den Kopf, aber ich sage, daß es doch so war! Denn diese Plagegeister haben die Dämonen des heißen Todes in sich, vor denen sich schon Alarich und die Westgoten fürchteten, als sie vor Rom am Tiber lagerten.«

Er preßte die Lippen zusammen und stapfte kreuz und quer durch die große Königsyurte. »Die Sümpfe, die tückischen Wasser des Padus und dann die neuen, verstärkten Mauern – das ist einfach nichts für Männer, die auf dem Rücken der Pferde kämpfen und siegen! Außerdem sind alle, die es sich leisten können, sich ihren Reichtum nachtragen zu lassen, längst wieder mit dem Kaiser in Rom!«

»Wohin also dann?« fragte Onegesios.

»Bis Patavia sind es wieder nur dreißig Meilen. Und wenn bis dort kein Gegenangriff aus Rom in Sicht ist, werden wir uns teilen. Ein paar Sturmfäuste können zu den Alpen vorstoßen. Wenn sie genug haben, treffen wir alle in Mediolanum zusammen.«

»Und welchen Weg willst du nehmen?«

»Den südlichen«, sagte Attila und blieb stehen. »Entlang der Kette goldener Handelstädte an der *Via Aemilia*.«

»Zerstörung oder Beute?« fragte Onegesios und lächelte.

»Das hängt ganz von den Bewohnern ab. Wenn sie uns freigebig und mit Geschenken empfangen, werden wir uns deutlich milder zeigen als manche Legionäre bei ihren eigenen Leuten.«

»Und wenn sie auf die Götter und ihre guten Mauern setzen?«

»Dann geben wir ihnen zwei Möglichkeiten. Bei der ersten bestrafen wir sie, indem wir ihnen Gold und Weiber abnehmen,

Geiseln für Lösegeldzahlungen einfangen, die besten Handwerker zu Sklaven machen und dann die Stadt anzünden.«

»Und bei der zweiten?«

»Bei der zweiten Möglichkeit nehmen wir ebenfalls Gold, Weiber, Handwerker und Geiseln, aber wir verschonen die öffentlichen Bauten, die Häuser und Hütten ...«

»Und die restlichen Bewohner?«

Attila blieb dicht vor Onegesios stehen. Er blickte auf ihn hinab. Sein linker Mundwinkel zuckte leicht, dann fragte er: »Welche restlichen Bewohner?«

Mehrmals befahl der Großkönig, daß ein Teil der immer neuen Beute zusammen mit den Kranken und Verwundeten auf stabilen vierrädrigen Wagen mit einem Begleitschutz von mindestens zwei Sturmfäusten zur Donau zurückkehren sollte. Sie nahmen gefangene Handwerker, Familien, für die Lösegeld zu erwarten war, und so viele junge Weiber mit, wie sie als Sklavinnen oder für ihre eigenen Lager gebrauchen konnten.

Neben Tagen und Nächten voll von Eroberung, Geschrei, Beute und Vergewaltigung gab es um Attila auch Stunden, in denen es so schien, als wirkten nicht nur die Seuchen aus den Sümpfen, sondern auch die Jahresringe der Erfahrung von zehn Jahrhunderten *Imperium Romanum* ansteckend auf die Eroberer. Nur so war zu erklären, daß Attila sogar im Kriegsrat über Dinge sprechen ließ, die nichts mit Angriff und Belagerung, sondern viel mehr mit Recht, Gesetz und mit den Bräuchen Roms zu tun hatten.

»Angenommen, es gäbe ein Gesetz, wonach eine geschändete Frau die Wahl hätte, ihren Vergewaltiger zum Tode verurteilen zu lassen oder ihn zu heiraten«, sagte Attila, nachdem ihm aufgefallen war, wie ernst und bleich Scottas den ganzen Zug begleitete. Er wollte ihn auf andere Gedanken bringen. »Was würde Recht in Rom sein, wenn ein Mann in einer Nacht zwei Frauen schändet, von denen die eine seinen Tod fordert und die andere ihn heiraten will?«

Scottas sah ihn traurig an.

»Das ist doch die gleiche unsäglich dumme Geschichte wie die von den beiden Elternpaaren, die beide ein Kind für sich beanspruchen«, antwortete er lustlos.

»Steht es bereits so schlimm um dich?« fragte Attila. »Ich würde ihn verheiraten und danach töten lassen. Dann haben beide ihren Willen!«

»Du kannst mich nicht mehr aufheitern«, sagte der Grieche leidend. »Ich bin für soviel Blut nun einmal nicht geboren ...«

Attila sah ihn lange an.

»Du warst viele Jahre lang ein treuer Freund«, sagte er.

»Es ist die Zeit, die auch den Stärksten irgendwann besiegt!«

In dieser Nacht ging Attila zu Greka. Vor allen anderen war sie noch immer seine beste Gefährtin und Vertraute. Scottas selbst überlebte die Nacht nicht. Er starb wie über hundert andere zwischen Sonnenuntergang und Morgen.

Der Großkönig der Hunnen beteiligte sich nicht mehr an den wilden Ritten, dem Geschrei der Eroberer und dem Auszählen der Beute. Immer mehr Goten wurden krank. Sie waren nie besonders widerstandsfähig gewesen. Manchmal dachte er, daß ihnen die Jahrhunderte der kargen, kalten Steppe fehlten.

Wo die Ebene des Padus im Westen langsam anstieg, konnten sie an den kühleren Herbsttagen das gesamte Halbrund der Alpenberge um den Westen Oberitaliens sehen. Die letzte Stadt auf diesem Zug sollte Ticinum sein. Der Knotenpunkt mehrerer Straßen an der *Via Aemilia* lag am Ostufer des Flusses Ticinus und war den Padus hinab bis zum *Mare Hadriaticum* und somit bis Ravenna schiffbar. Er befahl, die Stadt zu schonen. Er wollte sehen, wie die Herrscher der Römer in der Residenz gelebt hatten.

Doch schon beim Einritt spürte er, daß hier bereits ein anderer mächtiger Herrscher zugeschlagen hatte. Die Stille und die großzügige Schönheit der bunten Fresken an den Mauern konnten ihn nicht täuschen. Es war, als würde diese Stadt nur darauf warten, sie alle mit einer Todeshand zu streicheln ...

»Zurück!« brüllte der Großkönig. Schneller als alle anderen erkannte er die unsichtbare Gefahr. »Zurück, und laßt alle durch Kalk laufen!«

Es war die Seuche!

Sie flohen schon fast, als sie nach Norden abbogen. Dennoch graste der Zug der Völker unter seiner Führung wie ein großes Tier aus Reitern und bewaffneten Fußkriegern über eine Weide nach der anderen. Für ihre Mägen brauchten Menschen und Tiere jeden Tag ungeheure Mengen Fleisch und Korn, Grünzeug und alles, was irgendwie trinkbar war. Und für die großen, schweren Wagen sammelten sie alle Gegenstände ein, die ihnen wertvoll waren oder den Glanz von Gold besaßen ...

Auch Mediolanum fiel in hunnische Hand. Als die ersten Reiter die Stadtmauern erreichten, standen die Tore überall weit offen – aber nicht, um Attila und seine Reiter freundlich zu empfangen, sondern weil niemand von den Geflohenen sie hinter sich noch hätte schließen können ...

Als Attila in die frühere Kaiserstadt einritt, kam er sich fast vor wie vor Jahresfrist in Reims. Niemand säumte die Straßenränder, und niemand lag unterwürfig jammernd auf den Steinplatten des Forums. Nur ein paar Männer, Frauen und Kinder, die zu alt, zu jung oder zu einfältig für Angstgefühle waren, blickten ihnen entgegen. Ein paar der Allerärmsten folgten ihnen sogar mit hüpfenden Bewegungen und schief grinsenden Gesichtern, die Hände unablässig zu Bettelkrallen ausgestreckt.

Sie wurden niedergehauen, bis Attila mit einer kleinen Handbewegung alle weiteren Metzeleien untersagte. Mit laut hallendem Hufgeklapper erreichten sie den ersten großen Innenhof des kaiserlichen Palastes. Er wirkte weiträumiger als die Bauten, wie er sie noch von Ravenna in Erinnerung hatte. Sie ritten einige Male um den Hof. Ein paar von ihnen ließen ihre Pferde auch laut über die Stufen der Freitreppen klettern und in die Palasträume eindringen.

Erst als Attila absaß, kamen sie zurück. Der Großkönig zog

seinen Schwertgurt enger und ließ zu, daß ihm trotz der Hitze einer von seinen leichteren, nur an den Rändern pelzverzierten Königsmänteln umgelegt wurde.

Im Pulk seiner Berater und obersten Heerführer durchschritt er den Palast. Er zeigte nicht, wie sehr ihm seine Söhne Ellac und Deng Tsik sowie Laudarich und Scottas fehlten. Es war, als würden alle anderen die Plätze für sie in der Begleitung des Großkönigs freilassen. Überall hingen große, wertvoll aussehende Wandteppiche und Gemälde. Attila ging fast gleichgültig an ihnen vorbei. Nur vor einem sehr großen Gemälde blieb er abrupt stehen. Er schüttelte abfällig den Kopf.

»So sind sie, die Römer«, sagte er zu seinen Begleitern. »Die Kaiser von Ostrom und Westrom auf einem Thron, und wir Barbaren zu ihren Füßen ...«

Er wartete, bis sich die empörten Ausrufe seiner Begleiter gelegt hatten. »Laßt dieses Bild ummalen!« sagte er. »Die gleichen Künstler, die diese Lügen für das Imperium gemalt haben, sollen endlich die Wahrheit darstellen! Sie sollen mich als Großkönig auf einem Thron zeigen, wie die Kaiser beider Roms Goldsäcke als Tribut zu meinen Füßen ausleeren ...«

Sofort schlugen seine Begleiter Beifall auf ihren Schwertgehängen.

Sie lachten laut und sahen sich auch noch die anderen hohen Säle des Palastes an. So laut und fröhlich war es hier schon lange nicht mehr zugegangen.

Am gleichen Abend, bei einer Siegesfeier im großen Garten des römischen Palastes, besprach der Großkönig die Pläne für ihr weiteres Vorgehen mit seinen Beratern. Wie so oft verzichtete er auf Suppen und Gemüse und begnügte sich mit einigen Bratenstücken.

»Nur Rom kann mein nächstes Ziel sein«, stellte Attila fest.

»Willst du Geiserich zuvorkommen?« fragte Orestes lächelnd, »die Stadt könnte sich ebensowenig gegen deine Macht wehren wie die bisherigen. Aber ich gebe zu bedenken, wie es König Alarich ergangen ist. Er konnte Rom erobern, doch der

Fluch des Verderbens, der über dieser Stadt liegt, hat ihn auf grausame Weise eingeholt!«

Attila schürzte die Lippen. Er konnte es nicht leiden, wenn Orestes feiner sprechen wollte als die Römer. Auch er sprach und benahm sich anders als die Steppenkönige der Hunnen. Trotzdem war und blieb er einer von ihnen.

»Ich glaube diese mysteriöse Geschichte über den Tod des Westgotenkönigs nicht«, sagte er zum ersten Mal nach all den Jahren. »Wenn ihr mich fragt, dann hat sein Schwager Athawulf ihn umgebracht. Vielleicht mit Gift, das er von dieser kaiserlichen Hure Galla Placidia bekommen hat!«

»Du klingst verbittert und nicht mehr erfreut über deine Erfolge!« sagte Orestes.

»Ich denke nur daran, was dieser Sumpf Italien anrichtet«, knurrte der Großkönig. »Und ich frage mich seit Jahren, warum ein Volk mit ganz anderen Problemen einen Fluß anstauen sollte – nur um den Ort unkenntlich zu machen, an dem ein toter König begraben wird? Das paßt weder zu den Begräbnisriten noch zu übrigen Bräuchen der Germanen.«

»Es ist bezeugt«, sagte der Mann an seiner Seite.

»Ich fürchte eher, daß der tote König nicht gesehen und nie gefunden werden sollte, um seine Mörder nicht zu überführen ...«

Attila wollte eine Woche in der Gegend von Mediolanum bleiben, um dann direkt am Fuß der Alpen entlang in östlicher Richtung über Bergamum, Brexia, Verona und Vicentia zu ziehen. Er hatte bereits gehört, daß eine Gesandtschaft aus Rom zu ihm unterwegs sei, aber auch diesmal widersprachen sich die Meldungen. Er maß der Angelegenheit kein großes Gewicht zu: Wenn Aetius oder der Kaiser etwas von ihm wollten, konnten sich ihre Gesandten jederzeit bis zu ihm durchfragen ...

Trotzdem überbrachten ihm Boten eine offizielle Einladung an einen neutralen Ort, den er noch nicht kannte.

»Es scheint, als hätten sie gelernt, daß ich nicht zu Verhandlungen in ihre Städte gehe«, schmunzelte Attila, nachdem er gehört hatte, wer mit ihm verhandeln wollte und wo die Zusammenkunft geplant war.

»Also gut«, sagte er dann. »Wir reiten zu diesem Fluß Mincio am Gardasee voraus! Aber die Hauptströme des Heeres sollen wie geplant Bergamum und Brexia einnehmen!«

Bereits drei Tage später trafen die Hunnen und Angehörige des Königsrates auf den Mann, der zwei Jahre zuvor Konsul des weströmischen Reiches und damit für genau ein Jahr oberster Römer nach dem Kaiser gewesen war.

Gennadius Avienus wußte, was die Hunnen schätzten, und begrüßte sie auf einem reich und vornehm geschmückten Pferd. Er überbrachte die Grüße des Kaisers und stellte als Verhandlungsführer Trigetius vor, den nervös und ängstlich wirkenden ehemaligen Präfekt der Ewigen Stadt. Attila vermutete sofort, daß dieser Mann zuviel von ihm gehört haben mußte – zuviel Verteufelung und blinden Haß.

Als dritter Würdenträger war Bischof Leo mitgekommen. Attila grüßte die anderen, sprach aber dann sofort mit dem Mann, von dem es hieß, er lege als erster nach fünfundvierzig Bischöfen in der Ewigen Stadt Wert darauf, daß man ihn Papa – Vater nannte.

Für Attila gab es inzwischen nur noch zwei Sorten von christlichen Oberpriestern: die frommen Blinden und die nach außen hin nicht ganz so frommen, aber Klügeren. Wenn alles stimmte, was über Leo gesprochen wurde, dann war dieser Mann mit Abstand der klügste von allen lebenden Bischöfen im *Imperium Romanum.*

Aber auch der gefährlichste!

Alle Beteiligten spürten instinktiv, welch große Bedeutung diese Begegnung hatte. Die vornehme und glänzende Gesandtschaft Roms ließ den ganzen großen Pomp und Glanz des tausendjährigen Reiches am Fluß Mincio aufblühen. Nichts davon erinnerte noch an die Hungerjahre, die Attila in Rom selbst miterlebt hatte.

Überall zwischen prachtvoll und bunt leuchtenden Seidenzelten waren hochgewachsene, kräftige Germanen als *signifer* mit Adler-Standarten und goldenen Feldzeichen postiert, dazu Offiziere mit Ehrenuniformen und kostbaren Rüstungen und Priester in weißen Prozessionsgewändern. Attila hatte plötzlich den Verdacht, als wären für das Treffen sogar Schauspieler mitgebracht und in beeindruckende Kostüme gesteckt worden. Überall im Hintergrund bewegten sich Bewaffnete, Musikanten und Unmengen von leicht bekleideten Sklaven für die Zubereitung von Speisen und den Ausschank von Getränken.

»Ehe wir überhaupt anfangen, muß eine Bedingung geklärt sein«, sagt der Großkönig der Hunnen. Trigetius ließ sein Gesicht zucken, als sei er geschlagen worden, doch Gennadius Avienus und Leo nickten.

»Ich akzeptiere nicht, daß Sklaven oder Gefangene Roms mich bedienen!«

Die drei Gesandten zeigten sich einen Moment verwirrt, dann ließ Trigetius mit einem verhaltenen Aufstöhnen seine Finger schnippen. Eine halbes Dutzend von seinen Helfern und Beamten stürzte heran. Er tuschelte aufgeregt mit ihnen und scheuchte sie mit wedelnden Händen wieder weg.

Inzwischen hatten sie an einer riesigen Tafel aus glattpolierten weißen Marmorplatten unter einer grün und orangefarben leuchtenden Pergola Platz genommen. Großartige Wachsdekorationen mit Delphinen, Tieren des Waldes, Pfauen und Fasanen ragten zwischen Blumengestecken auf. Schalen und Platten mit Früchten, Salzgebäck und süßem Naschwerk standen vor jedem Platz. Attila schob alles vor sich zur Seite. Er sah sofort, daß es nur der prahlerischen Selbstdarstellung diente. Sie wollten ihn, den lästigen Barbaren, der wohl sein Fleisch noch unterm Sattel weichritt, mit ihrer Eßkultur beeindrucken.

»Für ein *triclinium* sind wir leider schon zu viele«, sagte Attila spöttisch. Damit hatte er klargestellt, daß er keinen Respekt vor ihrer Inszenierung hatte. Selbst wenn sie die berühmten drei Liegesofas um drei Seiten eines Tisches gestellt hätten, war die oberste Personenzahl für ein so intimes Bankett bereits überschritten. Er antwortete ihnen deshalb auf seine Weise, öffnete seinen Waffengurt, zog sein über und über mit rotem Emailfluß, riesigen Edelsteinen und feinen Gravierungen geschmücktes Schwert und legte es quer vor sich hin.

»Und nun fangt an!« befahl er.

Der Bischof war der erste, der begriff.

»Du wirst im ganzen Abendland Vater genannt – Väterchen, wie die Goten schon fast liebevoll zu dir sagen«, sagte er freundlich. Attila machte eine abwehrende Handbewegung.

»Ach, das war nur ein Wort«, meinte er, »eine Verhöhnung, die mich als Geisel damals ziemlich gekränkt hat.«

»Du bist berühmt geworden mit dieser Kränkung ... Vater der Hunnenheere, der Goten, der Gepiden und vieler Völker östlich der Donau.«

»Du sagst das sicherlich nicht ohne Grund ...«

»Für einen römischen Feldherren gilt als höchste Ehre die Bezeichnung *Patricius Romanorum – ein Vater der Römer*. Aber es gibt noch mehr, denn unser höchstes Wesen heißt König aller Könige, Herrscher des Himmels und der Erde und Gottvater zugleich. Ich selbst bin als sein erster Diener der Vater aller Gläubigen. Und du, Großkönig Attila, bist ebenfalls *Papa* und *Patricius* deiner Völker. Ein Vater, der für alle seine Kinder die Verantwortung zu tragen hat – für Schuld und Sühne, Gold und Geld, Schutz und Strafe, Lieder und Lagerfeuer.«

»Sie machen ziemlich oft nur, was sie gerade wollen«, sagte Attila. »Ich mag vielleicht ein Gott für viele sein, aber ich bin kein Kaiser! Bereits der Anführer einer Großhand von Reitern hat bei uns mehr zu sagen als bei euch ein *magister militum*!«

»Auch das unterscheidet uns«, sagte der Bischof.

»Spielst du auf das an, was meine Männer tun?«

»Erlaube mir, daß ich dir etwas erkläre«, meinte der Bischof ruhig. Die beiden Männer wußten längst, daß sie über völlig andere Dinge sprachen, als ihre Worte sagten. »Ich glaube nicht, daß ein Großkönig der Hunnen weniger Macht oder kleinere Rechte hat als ein Bischof. Bei uns gehorchen Söhne immer ihren Vätern!«

»Ich ahne schon, was du jetzt sagen wirst«, antwortete Attila und lächelte. »Du willst mir von dem Fünfzigjährigen mit einem großen Haus, Frau und Kindern erzählen, der aber nicht ein einziges Geschäft aus eigener Vollmacht schließen darf, falls sein Vater dagegen ist.«

»Du kennst unsere Gesetze ...«

»Ich weiß sogar, daß sich nach diesen römischen Gesetzen nicht einmal ein Konsul ohne väterliche Erlaubnis Geld leihen dürfte ...« Er lehnte sich etwas zurück und lächelte, doch seine Augen blieben hart. »Hört zu, ihr Römer, denen ihre Väter möglicherweise auch das Amt gekauft haben ... auch wenn ihr das jetzt für barbarisch haltet ... die Männer und Frauen, die mir aus freien Stücken folgen, sind aus der väterlichen Gewalt entlassen ...«

Er brach ab und sah die Römer nacheinander schon beinahe mitleidig an: »*Emancipare* nennt man das wohl bei euch!«

Erst jetzt schien Bischof Leo zu begreifen, daß Attila ganz anders war, als er vermutet hatte. Er wußte auch, daß sie nie zu einem guten Ende kommen würden, wenn sie weiter miteinander umgingen wie Rhetoren.

»Ist es vermessen, wenn ich dich bitte, einmal allein mit mir zu sprechen?« fragte der Bischof rauh.

»Was gibt es, was andere nicht hören oder sehen sollen?«

Im gleichen Augenblick stand Leo auf, trat einige Schritte zurück und öffnete sein Gewand. Attila sah, daß Leos Knie blutunterlaufen und schwarz verkrustet waren. Der Bischof faltete die Hände, begann einen Psalm zu murmeln und ließ sich vor dem Hunnenkönig fallen, ohne sich abzustützen.

Attila preßte die Lippen zusammen. Er mochte derartige Vermischungen von Argumenten und Schamanenzauber nicht.

»Steh auf!« befahl er hart und ohne Widerspruch zu dulden. Leo erkannte augenblicklich, daß er nur noch zwei Möglichkeiten hatte. Würde er weiter in devoter Haltung den Boden küssen und dabei auf das Messer eines voreiligen Hunnen in seinem Rücken warten, konnte er Märtyrer und vielleicht Heiliger der jungen Kirche werden.

Die andere Möglichkeit war härter, denn dazu mußte er aufstehen und von Angesicht zu Angesicht vor einem Mann bestehen, der schon viel Größere beschämt hatte.

Leo entschied sich für den mutigen Weg. Er stand auf, gürtete sich und sah dem Großkönig der Hunnen direkt in die Augen. Sekunde um Sekunde verrann, Minute um Minute. Die beiden ungleichen Männer kämpften mit ihren Blicken, die härter und schärfer waren als jedes Schwert und jeder Zauber. Je unnachgiebiger sie wurden, um so mehr Lust, Gefallen und Befriedigung fanden der Großkönig der Hunnen und das Oberhaupt der Christen an ihrer gegenseitigen Zerfleischung, bei der kein Tropfen Blut floß und keine Klinge splitterte. Die Schreie, die sie ausstießen, blieben für alle anderen unhörbar.

Zum ersten Mal in seinem Leben traf Attila auf einen gleichwertigen, fast liebenswerten Gegner. Nicht Ruga, Bleda oder Aetius waren seine wahren Herausforderer gewesen, sondern der Mann, der von sich behauptete, er sei der Stellvertreter eines geheimnisvollen, überirdischen Dämonenreiches. Mit einem Gott, der stärker sein sollte als alle anderen. Und seinem Sohn, der sich nackt und ohne jede Gegenwehr vor seine Häscher gestellt hatte. Samt einem konzentrierten Sud sämtlicher Geisterwesen, aus denen nur noch eines, Heiliger Geist genannt, emporstieg.

»Nun?« fragte Attila. Leo aus Rom bewegte keinen einzigen Muskel seines Gesichtes. Nur weit entfernt, am Daumen seiner herabhängenden linken Hand, zuckte es leicht. Der Großkönig der Hunnen sah und verstand.

»Und wenn ich weiterziehe?«

Wieder der Daumen, diesmal stärker. Attila legte den Kopf zur Seite. »Du fühlst dich ziemlich sicher, oder?«

»Töte mich, wenn du willst!«

»Was hätte ich davon?«

»Deswegen wage ich das Angebot.«

»Und was ... was willst du wirklich?«

»Ich will, daß du noch heute den Befehl zur Umkehr deines Heeres einschließlich aller Hunnen, Goten und Gepiden, mit allen Sklaven, Hilfsvölkern, Mann und Maus und dem gesamten Troß befiehlst.«

»Du willst das.«

»Ja, ich will ...«

»Du forderst?«

»Nein ...« Sie sahen sich erneut in die Augen. Und dann, nach einer ewigen Sekunde, gab Leo nach, um zu gewinnen: »Ich bitte dich darum ... im Namen Jesu Christi, meines Herrn!«

Die weiteren Verhandlungen waren kurz und sachlich. Attila verzichtete darauf, in Richtung Süden und nach Rom zu ziehen. Als Gegenleistung boten ihm der Papst, der Konsul des Imperiums und der Präfekt von Rom Oberitalien an.

»Du kannst alle Städte einnehmen und plündern, wie es dir gefällt«, erklärte Tregetius theatralisch.

»Sämtliches Gold und alles Vieh für uns?«

»Alles für euch!«

»Kirchen und Klöster ...«

»Ich bete für sie«, sagte der Papst. Der Großkönig der Hunnen sah den obersten Priester der Christen im *Imperium Romanum* und darüber hinaus nachdenklich an. Was unterschied diesen Mann von den Kaisern Roms, von ihren einflußreichen Eunuchen und den militärischen Oberbefehlshabern des Reiches? Was hatte er, der gleichzeitig sanft und hart, unnachgiebig und großzügig sein konnte? Und der das halbe Kernland des Imperiums ohne Bedenken opferte, nur um sein Rom zu retten?

»Nur eine Frage noch«, sagte Attila schließlich. »Warum ist Flavius Aetius nicht mitgekommen?«

Papa Leone lächelte nachsichtig.

»Wer wüßte das wohl besser als du selbst«, antwortete er schon fast freundschaftlich. »Weil seine Zeit um ist!«

Attila nickte. Nur er selbst und der Mann aus Rom wußten, daß damit auch noch mehr gemeint sein konnte. Er überließ die Festlegung weiterer Einzelheiten seinen Beratern. Nach zwei Tagen waren alle Verträge geschlossen. Die Gesandtschaft der Großen Roms zog zufrieden ab. Gleichzeitig befahl der Großkönig der Hunnen die totale Verheerung des von Rom freigegebenen Landes.

Sie mußten sich beeilen, wenn sie noch rechtzeitig mit ihrer Beute aus dem preisgegebenen Land herauskommen wollten. Das Wetter wurde zunehmend schlechter, und die bei der Belagerung von Aquileia ausgebrochene Seuche zog immer weitere Kreise.

Die Bürger in den Städten starben, noch ehe die Hunnen kamen. Bauern ernteten nicht mehr. Kühe wurden nicht mehr gemolken und verendeten mit grausigem Geschrei. Kinder suchten vergeblich, ihre in Kot und Nässe liegenden Eltern aufzuwecken. Über dem ganzen Land zwischen den Alpen im Norden und im Westen, den Weinhügeln im Süden und dem Hadriatischen Meer hing ein ekelhafter Gestank in jedem Dorf, über den trägen Bächen und den mit braunblasigem Entenflott bedeckten, modernden Teichen und Seen ...

Noch während der Verwüstung Oberitaliens setzten oströmische Truppen über die Donau und besiegten das hunnische Grenzheer in Attilas eigenem Land. Anders als die Weströmer in den vergangenen Jahrzehnten entlastete Kaiser Markianos die andere Hälfte des Reiches. Er fiel nicht nur Attila in den Rücken, sondern schickte seinen jüngsten und mutigsten General gegen ihn. Und wie zum Hohn hieß der Mann, der das oströmische Heer anführte, ebenfalls Aetius.

Jetzt war genau die Situation eingetreten, vor der Attila stets gewarnt hatte. Die Hunnen befanden sich in einem Zweifrontenkrieg, für den sie nicht mehr genügend Reserven besaßen. Sogar das Kernland an der Theiß war bedroht.

Attila war verbittert. Er spürte instinktiv, wie schwer er angeschlagen war. Er bestand deshalb auf den theodosianischen Tributzahlungen. Doch auch Kaiser Markianos blieb hart.

»Dann mußt du Krieg gegen uns führen!«

Sie wagten nicht mehr, am Seuchenherd Aquileia vorbei nach Osten zu ziehen, und schickten nur noch Freiwillige mit den Beutewagen über die Julischen Alpen. Die schnellen Reiter bogen nach Norden ab. Gerade noch rechtzeitig vor Einbruch des Winters kämpften sie sich über die ungewohnten Pässe nach Norden. In der Provinz Noricum bot sich noch einmal die Möglichkeit für kleine Beute. Doch auch Augusta Treviorum, die einstmals größte und reichste Stadt im Norden, war nicht einmal mehr den Winterweg wert.

Später, als Attila wieder in der hölzernen Stadt war und die Nordwinde durch die Tiefebene jagten, zählten sie alles zusammen. Trotz aller Verluste durch die Seuche und trotz der Kämpfe mit dem Osten des Imperiums war auch dieses Jahr reich an Gold und Beute gewesen.

Es war das Jahr, in dem der erste Papst, der später einmal die ehrenvolle Bezeichnung *der Große* tragen würde, die Hunnen überredete, nicht gegen Rom vorzurücken und statt dessen lieber Oberitalien zu plündern. Das gleiche Jahr, in dem die Flüchtlinge aus Aquileia und Concordia, Altinum und sogar Patavia einen Platz vor der Küste im Hadriatischen Meer fanden, der sie vor weiteren Angriffen schützen konnte. Er hatte keine Bergmauern und keine Schluchten, sondern nur Wasser und schmale Landstreifen zwischen den Lagunen.

Sie nannten ihre neue Zuflucht »*Veni etiam* – auch ich hab' es bis hierher geschafft.«

37. Hochzeitsnacht

Sobald der Winter es erlaubte, bekam Deng Tsik den Befehl, nochmals nach Gallien zu ziehen. Hier gab es statt der Seuchen Bischöfe, mit denen angenehmer zu verhandeln und einfacher zu reden war als mit den Oberpriestern der Christen im Donauraum und in Italien.

Auch nachdem er aufgebrochen war, besprachen Attila und der gesamte Königsrat mehrmals die Gründe für den unbefriedigenden Abbruch des großen Gallienzuges.

»Es war falsch, daß ich Fürst Deng Tsik nicht mitgenommen sondern gegen Kaiser Markianos geschickt habe«, sagte er inmitten seiner Kissen im Königssaal des hölzernen Palastes. »Wenn ich ihn und seine Reiter mitgenommen hätte, wären wir eindeutig besser gewesen als Aetius mit seinen Verbündeten. Wahrscheinlich hätte Deng Tsik auch gleich kurzen Prozeß mit dem wilden Thorismund gemacht.«

»Vergiß nicht, was dann hier geschehen wäre!« sagte Orestes mahnend. Attila schüttelte den Kopf. Orestes hatte manchmal einen Ton, der ihm nicht gefiel. Außerdem trug er wieder die Senatoren-Toga, die ihm eigentlich nicht zustand.

»Ich habe nicht vergessen, daß wir Fürst Deng Tsik wichtige Aufgaben in Moesien übertragen hatten! Trotzdem ist doch wohl die Feststellung erlaubt, daß er uns gefehlt hat!«

Orestes wurde rot, senkte den Kopf und schwieg.

»Zum zweiten hätten wir nicht soviel Zeit vor Orleans vertrödeln dürfen!« sagte der Großkönig.

»Südlich der Loire hätte es kaum ein so günstiges Gelände gegeben, wie wir es dann gefunden haben«, meinte Onegesios. Sein Gesicht zuckte plötzlich. Nach dem Tod seines Bruders Scottas verhielt er sich noch sachlicher als sonst. Er zeigte nicht, welche Gefühle und Stimmungen ihn bewegten, und verbrachte jede freie Minute in den warmen Bädern seiner Thermen. Es hieß, daß ihn schon länger Schmerzen in den Gelenken quälten. »Es war schon richtig, daß wir im Flachland geblieben sind!«

»Der dritte Fehler war der Alanenkönig!« brummte Attila.

»Wir hätten ihn sofort erschlagen oder zwischen uns stellen sollen!« sagte Onegesios.

»Damit er dann bei uns die weiche Stelle wird?« Attila schüttelte den Kopf. »Nein, ich bin froh, daß wir Sangiban nicht bei uns, sondern gegen uns hatten. Aber wir hätten ihn schon vorher ... in Orleans ... nicht auf die Seite der Römer lassen dürfen!«

Bereits nach zwei Monaten war Deng Tsik mit seinen schnellen Reitern wieder zurück. Sie brachten nur das Gold mit, das sie den Alanen abgenommen hatten. Es war so viel, daß jetzt auch die wilden Krieger von Fürst Deng Tsik anfingen, von Galliens Weite und seinen Reichtümern zu schwärmen.

»Die Westgoten zogen sich zurück, um nach dem Tod von König Theoderich schnell wieder in Tolosa zu sein«, berichtete Deng Tsik. »Aber das allein war es nicht! Sie hatten das Vertrauen in die Legionen und das Genie von Aetius verloren! Es war nicht gut, daß sich der oberste Heerführer Westroms in die Zelte seiner Verbündeten geflüchtet hat!«

»So etwas sieht nie besonders gut aus«, lachte Attila.

»Sie wollten schneller sein als wir«, lachte Deng Tsik in einer fröhlichen Abendrunde mit fast allen Beratern des Großkönigs. Auch ihm fiel auf, daß sein Vater irgendein Zauberpulver von Onkel Aijbars bekommen haben mußte, denn er benahm sich immer öfter aufgekratzt wie ein junger Krieger nach seinem ersten Sturmritt. »Als wir durch Italien zogen, haben sie sich bereits Sangiban geholt, um ihn für Feigheit und Verrat zu strafen ...«

»Was stört dich daran«, fragte sein Vater grinsend. »Sie haben dir doch das Alanengold gelassen!«

»Das schon«, sagte Deng Tsik rauh. »Aber es wiegt kaum etwas ... zu leicht und ohne Kampf gewonnen!«

Onkel Aijbars seufzte verhalten.

»Stur wie Uldin der *Oftmals Glückliche*! Derjenige von unseren Königen, der den Kopf eines Goten bis zum Kaiser nach Konstantinopel getragen hat ...«

Er umgab sich inzwischen lieber mit Männern wie Onegesios, Berichos, König Ardarich, Orestes und anderen, mit denen er über Aufstieg und Untergang der Völker sprechen konnte. Niemand in seinem Einflußbereich zweifelte noch daran, daß der Großkönig der Hunnen inzwischen nicht nur gleichwertig mit den Kaisern in Rom und Ravenna, sondern ihnen in jeder Weise überlegen war.

Mochten sich jene Kaiser und Gott nennen – er war es, dem die Adler und die Dämonen gehorchten!

»Ägypter, Griechen und das Volk der Perser hatten Größe«, sagte er bei einem der langen winterlichen Gespräche. Er hatte das ganze Jahr über in Yurten gelebt, deswegen freute es ihn, wenn er sich auch in den kalten Monaten nicht im zugigen Holzpalast, sondern in der wohligen Wärme der Filzbehausung aufhalten konnte. Während der uralte Schamane auch tagsüber am Altar im Königssaal schlief, ließ sich Attila bei jedem seiner Besuche etwas von seinem Kräutersud bringen. Er war stets leicht mit *Laudanum* veredelt.

Attila ließ sich auf das Audienzlager sinken, zog die Beine an, lehnte sich halb in die Kissen und nippte an dem heißen Trunk.

»Diejenigen, die sich am Goldenen Horn großmäulig als die Erben der hellenischen Kultur gebärden, vergeuden ihre Tage im verschnörkelten Zeremoniell«, meinte er sinnend, doch ohne Tadel.

»O ja, ich kenne sie auch«, seufzte Onegesios und ächzte leise. »Prachtvoll schreiten die hohen Gestalten im seidenen Gewand mit reichem Goldschmuck einher. Sie freuen sich über die Melodien des griechischen Saitenspiels, über Tänzer und Mimen und nehmen Partei für die grünen oder die blauen Lenker der Pferde und Wagen. Und längst sind Bestechung, Zauberei und Beschwörungen Werkzeuge der Hinterhältigkeit.«

Attila wußte nur zu gut, daß auch sein Hofstaat Riten und Zeremonien entwickelt hatte, die kaum noch mit den Traditionen der Steppenvölker in Verbindung standen. Vielleicht empfand er deshalb zunehmend das Bedürfnis, mit einer möglichst kleinen Schar von Begleitern so weit hinauszureiten, bis nur noch die Spuren von Bären und Wölfen, Hirschen und Hasen im Schnee zu sehen waren?

Er wünschte sich, öfter mit seinen Enkeln zu spielen, ihnen zu zeigen, wie hoch der Königsadler steigen konnte, ehe er den Fuchs und das Reh im steilen Sturz schlug. Er lächelte, als er daran dachte, wie faszinierend das Spiel war, mit dem die Meute der Wölfe die jüngsten vorausschickte und sie zurücknahm, um frische Kräfte einzusetzen – so lange, bis das Opfer ermattet aufgab, während das Rudel sich nicht einmal angestrengt hatte. Genau so waren die Schwarzen Hunnen über die Völker am Rande des *Imperium Romanum* gekommen und hatten die Legionen samt ihren Hilfsvölkern geschlagen.

Wie lange schon? Und wie würden die Söhne und Enkel, die nächsten in der langen Reihe der Edlen und Starken ihre Pferde und Adler führen? Oder war es auch mit ihnen schon so weit wie mit den beiden Kaiserreichen?

Der Westen dämmerte nur noch dahin, auch wenn der Kaiser nach einem halben Jahrhundert der Feigheit und Flucht hinter die Sümpfe wie zu einem letzten und tragischen Aufglühen nach Rom zurückgekehrt war. Germanen würden im Westen den Lorbeer tragen. Das Schwert hielten sie ohnehin schon.

Doch was war mit Konstantinopel? Mit dem östlichen Teil des Imperiums, der ihnen in all den Jahrzehnten gleichzeitig näher und doch viel verschlossener geblieben war.

»In ihrer Sucht nach Titeln ist die Verwaltung Ostroms ohne jede Scham«, sagte er sinnend und mehr zu sich selbst. »Dort beutet jeder jeden aus ... und jeder weiß es!«

Onegesios lagerte auf anderen Kissen. Auch er sah aus, als sei er müde geworden. Er trank einen Schluck heißen Kräutersud, dann sagte er: »Wenn du den Westen wie einen alten, kraftlos gewordenen Legionär betrachtest, dann ist der Osten eitel wie die Eunuchen oder wie ein sehr dummes Weib ...«

»Kaiser Markianos ist alles andere als ein Weib!«

»Ich wollte sagen, daß die Beamten Konstantinopels sich allmächtig fühlen in ihrer greisenhaften Eitelkeit«, erwiderte Onegesios. »Gleichzeitig sind sie furchtsam und weibisch weich, unkriegerisch, stets leicht gekränkt, nachtragend, rachsüchtig, und das alles unter einem Deckmantel von literarischen Zitaten.«

»Ich kenne andere, die hinter ihrem Lächeln so unterwürfig sind, daß sie schon stinken wie die Würmer in Kadavern«, knurrte Attila. »Was meinst du, sollen wir uns nach Osten wenden und die ganze Brut im Schwarzen Meer versenken?«

»Wenn schon, dann gleich im Bosporus«, antwortete Onegesios und lachte. »Wozu erst noch der steile Weg zum Pontus?«

Attila nickte. »Wir sollten darüber nachdenken«, sagte er. »Außerdem ist mir auch sonst nach etwas Neuem.«

»Meinst du etwas Bestimmtes?« fragte Onegesios.

»Ich will noch einmal heiraten!«

»Hildiko?«

»Ja«, sagte Attila. »Aber kein Wort darüber, bis ich es sage!«

In den folgenden Wochen kümmerte sich Attila immer weniger um die Belange der Könige und Anführer aus dem Großen Kriegsrat. Er ließ in weitem Umkreis um den hölzernen Palast die Yurten abbauen, die Jahr um Jahr dichter an ihn herangerückt waren.

»Ich will nicht, daß mein Lager immer mehr zur Stadt wird«, sagte er eher ironisch als verärgert. Er wollte einen Platz vor dem Palast, der mindestens so groß war, daß kein noch so großer Bogenschütze seinen Pfeil von der Mitte aus bis an den Rand schießen konnte.

»Dein Ordu wird doch längst *die Waldstadt Transsilvaniens* genannt«, meinte Ernak.

»Einige sagen auch *das Rom aus Holz*«, sagte Greka. Sie tauchte in der letzten Zeit wieder häufiger in der Nähe ihres Mannes auf. Gerüchte wollten wissen, daß sie es war, die wieder in die Yurten wollte.

Attila antwortete nicht auf Fragen, die in diese Richtung gingen.

Gleichzeitig wurde eine ganz neue, wahrhaft königliche Yurte angefertigt. Hunderte von Filzschlägern, Seilern, Kordeldrehern und Zimmermännern arbeiteten von Sonnenaufgang bis Sonnenuntergang an der Umwandung für den neuen Wind- und Sonnenschutz. In den Yurten der Weiber wurden neue Decken und Kissen, hängende Teppiche und seidene Fahnen bestickt. Wertvolle Stoffe, Seide und Farben kamen aus allen Teilen des *Imperium Romanum* – aus dem Orient ebenso wie aus Hispanien.

Nach und nach trafen auch Ruderer und *dromone* ein, die durch den Bosporus und das Schwarze Meer die Donau und dann die flache Theiß hinaufgefahren waren. Sie brachten Wein und Gewürze, goldene Platten, kunstvolle Glaskelche und verzierte Keramikkrüge, Parfüm aus Gallien, Myrrhe und Weihrauch aus Arabien, Elfenbein von Elefanten, Leder von Krokodilen und anderen exotischen Tieren und bunte Federn von Vögeln aller Art.

Ganz langsam wurde deutlich, daß Großkönig Attila ein Fest vorbereitete. Gleichzeitig winkte er ab, wenn ihm die Fragen seiner Berater zu schwierig und umständlich erschienen. Nachdem ihm Deng Tsik auch noch erzählt hatte, daß der tapfere Thorismund von seinen neidverseuchten Brüdern ermordet worden war, wollte er nichts mehr über die Westgoten wissen. Auch daß inzwischen Theoderich II. seinen Lateinlehrer zu seinem wichtigsten Berater gemacht hatte, bewies ihm nur, daß er mit den Westgoten nicht mehr zu rechnen brauchte. Sie waren für ein Bündnis ebenso verloren wie die Alanen, Merowechs Franken und die Burgunden ...

Attila ritt noch immer gern aus, aber er sprach fast nur noch von seinem großen Ziel, endlich Ostrom mit ganzer Kraft anzugreifen und die Mauern Konstantinopels zu zertrümmern. Als er erfuhr, daß Kaiserin Pulcheria gestorben war, erzählte man sich grinsend wieder die Geschichten, die über die angeblich so keusche Augusta überall im Umlauf waren.

»Die Sache mit dem Apfel hätte uns auch passieren können«, meinte der Großkönig grinsend. »Da schenkt ein Bauer seinem Kaiser einen besonders schönen Apfel. Er schenkt ihn weiter an das Weib, das er nicht einmal mit dem kleinen Finger anrühren darf ... und was passiert? Er kriegt den Apfel nochmals ... diesmal von Paulinus, seinem *magister officiorum*. Was tut der Kaiser Ostroms daraufhin?«

Seine Söhne und alle, die die Geschichte bereits kannten, lachten.

»Er ißt den Apfel auf?« fragte Orestes. Attila sah die jungen, geradlinig denkenden Germanen an und nickte leicht.

»Das wäre eine praktische und sicher auch sehr weise Handlung von Markianos gewesen«, sagte er. »Aber er tat es nicht. Noch jemand einen Vorschlag?«

Die anderen schüttelten der Reihe nach, wie Attila sie ansah, den Kopf. »Ja, ihr habt recht«, sagte der Großkönig der Hunnen. »Mit diesem Kaiser kann man nur schwer reden. Er hat ihn hingerichtet! Den Mann, dem er mehr vertrauen mußte – hingerichtet für einen schönen Apfel!«

»Ach ... dann hat Pulcheria mit Paulinus ...«

Die anderen brüllten vor Lachen. Zum ersten Mal verlor Orestes, der wohlerzogene junge Mann aus Savia, öffentlich die Beherrschung. »Ja, lacht nur!« stieß er hervor. »Ich bin die groben Scherze leid!«

»Was ist denn grob an einem schönen Apfel?« fragte Attila halb spöttisch und schon halb versöhnlich. »Sah ich nicht neulich auch ein Weib in deinen Armen mit zwei sehr schönen Äpfelchen?«

Zu seinem eigenen Ärger wurde Orestes nun auch noch rot.

»Wenn ich nicht irre, heißt deine Schöne Barberina«, sagte

der Großkönig der Hunnen. »Hildiko hat mir viel vorgeschwärmt von ihr.«

Nur wer Attila ganz genau kannte, wußte, daß in diesem Augenblick eine Entscheidung gefallen war. Er hatte nicht ohne Grund den Namen dieser beiden blonden Germaninnen erwähnt. Barberina gehörte ebenso wie Orestes zu den Edlen seines Stammes. Und Hildiko war das Mädchen, daß er nicht nur auf seinem Lager, sondern als Ehefrau neben sich haben wollte ...

Und dann erfuhren alle, daß der jetzt Achtundfünfzigjährige ein Hochzeitsfest vorbereitete – nicht für einen seiner Söhne, sondern vergnügt und fröhlich für sich selbst.

Greka war einverstanden. Sie mochte Hildiko, obwohl ihr Attila noch immer nicht gesagt hatte, woher sie kam und wie er sie getroffen hatte. Für eine Weile hatte sie angenommen, daß sie irgend etwas mit den Burgunden zu tun haben könnte. Doch das hielt sie inzwischen für ziemlich unwahrscheinlich. Kein Mädchen der Burgunden hätte den König geheiratet, der ihr Volk im Auftrag Roms so hart bestraft hatte. Denn die Burgunden waren anders als die Alanen und Sarmaten, die Goten und die vielen anderen Völker, die ihre schönsten Mädchen gern Attila und seinen Söhnen vorstellten.

Attila hatte viele von ihnen im Arm gehabt und seine Lust in wilden Nächten ausgetobt. Doch zumeist konnte er schon ein paar Tage später nicht einmal mehr die Namen dieser Mädchen nennen, die für ihn und alle anderen ebenso angenehm und selbstverständlich waren wie ein guter Braten oder ein lauter Abend, nach dem sie alle fürchterlich besoffen waren und tagelang nach Knoblauch stanken.

Das stille, sanfte Mädchen, in daß er sich trotz aller Nächte, die vorausgegangen waren, doch noch verliebt hatte, war völlig anders als die wilden oder nur schüchternen, die spröden oder vor Erregung kichernden.

»Sie ist ein wenig so, wie ich gewesen wäre«, sagte Greka einmal, nachdem sie sich sehr lange mit ihr unterhalten hatte,

»wenn ich das grauenhafte Rom niemals gesehen hätte, sondern in einer Spinnstube von edlen Franken aufgewachsen wäre ...«

Er hatte nur gelacht und sie umarmt. Natürlich wußte sie, daß sie selbst mit ihren kleinen Ausflügen in die Rhetorik ihn nicht dazu verleiten konnte, mehr über Hildiko zu sagen, als er wollte.

»Sie ist sehr jung«, sagte er. »Germanin aus sehr gutem Haus, Jungfrau und hat noch nie im Leben gallisches Parfüm benutzt oder die Lippen angemalt ...«

Sie lachte schallend und fand es wieder einmal treffend, wie sehr er sich verriet. »Alle Legenden über diese Germanenfrauen auf einmal!« sagte sie spöttisch. »Dann wird es Zeit, daß wir sie lehren, zur Hochzeit mit dir nicht nur wie eine Göttin aus dem Norden, sondern wie eine Braut für unseren größten König auszusehen!«

Der große Altersunterschied war für sie eher eine kleine Liebesgeste an den Mann, den sie bereits als Jungen vor den Toren Roms kennengelernt hatte. Nur ein einziges Mal in all den Jahren hatte Greka gezürnt, gefaucht und Nacht für Nacht an Messer, Gift und ewige Verdammnis für Attila gedacht. Das war in jener Zeit gewesen, als er Svanhild und ihre Tochter Sani wieder getroffen hatte. Erst als alle anderen in Sanis Hochzeit mit Ernak eingewilligt hatten, glaubte sie endlich, daß dieses Mädchen nicht Attilas Tochter war.

Ganz anders war es bei der Hochzeit mit der Schwester des Gepidenkönigs Ardarich gewesen. Bei ihr hatten zwar auch blonde Haare und helle Haut eine Rolle gespielt, aber viel wichtiger war die Geburt des gemeinsamen Sohnes Gheism gewesen. Der Sohn des Hunnenkönigs und der Gepidin war wie ein zusätzlicher Vertrag unter Verbündeten und Kampfgenossen gewesen.

Gheism wuchs wie üblich bei seiner Mutter auf. Sie hatte nur kurz in Attilas Yurtenstadt gelebt – nicht einmal lange genug, um ihr einen Palast aus Holz zu bauen ...

Die Nächte vor dem großen Fest waren noch kühl. Nur manchmal blies bereits ein lauer Frühlingswind um alle Yurten und die Zelte der Männer, die nach und nach im Ordu eintrafen. Zuerst kamen nur Neugierige, die irgend etwas gehört hatten. Dann fanden sich die ersten Stämme und Familien ein, die jedes Jahr zum großen Treffen kamen. Sie waren schon zufrieden, wenn sie nicht fortgescheucht oder weit in die Ebene verbannt wurden.

Nach langer Zeit ging der Großkönig wieder einmal zu Fuß durch sein großes Lager mit den hölzernen Palästen in der Mitte – seinem eigenen sehr großen und den kleineren, die wie bunte Küken um eine schöne Glucke errichtet worden waren. Er hatte sich mit dem Schamanen vor den Koppeln mit den Königspferden verabredet. Der alte Aijbars wollte ihm zeigen, daß sich sein Adlerweibchen noch immer für die Jagd verwenden ließ ...

Nur eine Hand junger, gut bewaffneter Krieger folgte ihm beim Gang durch seine Stadt. Sie war kein brodelnder Moloch wie Rom, keine Eunuchenfestung wie Konstantinopel, sondern erinnerte ihn eher an Aquileia. Hier in der Ebene legten keine Schiffe an. Und doch empfand er dieses Yurtenlager wie einen großen Hafen, in dem wichtige Gesandtschaften anlegten und majestätisch wieder abreisten. Dazwischen brachten Wagengespanne wie schwere Lastkähne gemächlich, aber zuverlässig Waren und Güter zu ihnen. Tiere und Menschen bewegten sich wie Fische, nur viel lärmender, hin und her. Dazwischen ließen Reiter durch laute Rufe ihre Pferde wie schnelle Segelboote an den Feuern und Lagerplätzen vorbeikreuzen.

Attila genoß das Leben innerhalb des Lagers. Er hatte es schon lange nicht mehr mit soviel Freude in sich aufgenommen. Fast kam es ihm vor, als sei er jetzt erst reif dafür, ein guter Großkönig der Hunnen und ihrer Verbündeten zu werden. Er wollte noch einmal heiraten, obwohl er wußte, daß er kein junger Mann mehr war. Seine beste Zeit war vorbei, aber er wollte es noch ein wenig vor sich herschieben, das zuzugeben.

Während er geradewegs, aber freundlich blickend an den Yurten vorbeiging, dachte er daran, wie selbstverständlich doch ihr Leben war. Er dachte an die beiden Männer, mit denen er damals vor Rom aufgebrochen war. Laudarich war wie ein großer Kämpfer gestorben. Hatte der Zweitkönig der Gepiden mehr von seinem Tod im Kampf gehabt als Scottas, der harmlose Schwätzer, der durch die Krankheit der Dämonen umgekommen war?

Attila fragte sich, ob ihm jetzt etwas fehlte. Ostrom stand gegen ihn, aber er wollte in diesem Frühling lieber heiraten als kämpfen. Er wußte nicht, warum er plötzlich so seltsame Gedanken hatte. Vielleicht ließ er sie nur zu, weil er sich stark genug fühlte und gerade jetzt großzügig zu sich selbst sein wollte ...

Er dachte daran, daß er eigentlich zufrieden sein konnte. Er war alt geworden, aber es störte ihn nicht. Auch seine Hochzeit mit der Germanin Hildiko sollte kein Fluchtversuch und kein Beweis dafür sein, daß seine Lenden noch voller Leben steckten. Es machte ihm ganz einfach Freude, an sie zu denken und daran, wie er sie in die Arme schließen und ihre Brüste streicheln würde. Schon der Gedanke daran erfreute ihn mehr als jeder Jagdritt durch die Ebene ...

Zwischen Krieg und Beutezügen verging die Zeit im alltäglichen Einerlei. Die Herden mußten regelmäßig ihre Weiden wechseln. Krankheiten brachen unter Menschen und Tieren aus. Unwetter, Dürre oder zuviel Regen machten jeden Tag und jedes Jahr zu einem neuen Abenteuer.

Die großen Bahnen von Sonne, Mond und Sternen blieben im wesentlichen gleich. Die Jahreszeiten wiederholten sich wie Geburt und Tod, Haß und Liebe, Freundschaft und Streit. Nichts war für die Menschen, die mit Pflanzen und Tieren, Himmel und Erde im Einklang lebten, wirklich eine Überraschung. Sie wußten, wann es warm wurde, wann die Krokusse im Schnee blühten, die Murmeltiere wiederkamen und wann die ersten Bienen summten.

Sie kannten Blitz und Donner, Überschwemmungen und Ungezieferplagen. Mal war es dieses und mal jenes. Mal brach sich ein gutes Pferd ein Bein, mal fraßen Kühe feuchtes, warmes Gras und konnten nur durch schnelle Schnitte in den Leib vor zuviel schlechter Luft gerettet werden. Dann wieder wurden Kinder geboren, die trotz bester Pflege einfach nicht gedeihen wollten. Gesunde Frauen starben so unerwartet bei der Geburt, daß Väter weinten und Männer sich mit wilden Schreien auf ihre Pferde warfen, um tagelang nicht wieder zu erscheinen.

All das war nichts Besonderes.

In jeder Yurte, jedem Lager wiederholte sich, was schon vor Jahrhunderten, sehr weit entfernt, zum Leben der Hirten und Nomaden gehört hatte. Sie wußten nicht, daß sie es waren, die die Welt veränderten. Sie gingen weiter, wenn die Steppe kalt, daß letzte bißchen Gras zu hart und der Himmel grau geworden war. Sie blieben dort, wo sie zu trinken und zu essen fanden.

Sie fragten nicht, auf welchen Pergamenten kleine Zeichen standen, die nicht mehr zuließen, daß ihre Tiere fraßen, die Kinder frisches Wasser tranken und Feuer vor den Yurten brannten. Sie wußten sehr wohl, daß sie sich die Weiden teilen mußten, wenn sie zu viele wurden und zu dicht zusammenlebten. Aber sie konnten nicht verstehen, daß Gras verdorren und wilde Tiere ungejagt vorbeiziehen sollten.

Wer ihnen Weideland und Jagd verbot, wer unsichtbare Linien zog und dann entlang dieser Grenzen Mauern, Wachtürme und Castelle baute, der nahm ihnen nicht nur die Weiden und die Tiere weg, sondern die Freiheit, einfach weiterzuziehen, wann sie wollten.

Sie hatten längst gelernt, daß sie sich holen mußten, was ihnen niemand schenkte. Aber auch dann noch sahen sie keinen Unterschied zwischen der Jagd und einem Beutezug. Jedes Tier, jeder Mensch mußte Beute machen, um zu überleben. Die Pflanzen holten sich die Kraft zum Leben unmittelbar aus dem

Boden. Sie brauchten Wurzeln für das Wasser, mit dem sie Nahrung tranken – und Blätter für das Licht der Sonne.

Menschen hingegen mußten wie Tiere immer etwas von anderem Leben fortnehmen – sie mußten sich die Kraft der Sonne und der Erde von jenen Geistern rauben, die sich im Grashalm, in der Frucht, sogar in Kräutern oder Wurzeln, im Frischgemolkenen oder im Blut der Tiere aufhielten und versteckten.

Steingeister, Wassergeister, Luftgeister und die Dämonen waren ganz anders als die guten Geister, von denen Tod und Leben kam. Tiere und Menschen mußten nicht nur rauben, sie mußten ständig töten, wenn sie selbst leben wollten ...

Schon wer das Blatt abbrach, den Zweig umknickte oder das Gras heruntertrat, tötete tausendfach. Wer erntete, tötete allein für Beute. Wer jagte, ebenfalls. Und wer dem unbekannten Reichen etwas wegnahm und ihn auch noch erschlug, der holte nicht nur Beute, sondern beschützte auch das andere Leben, das schon zuviel gegeben hatte ...

Er schrak zusammen, als er plötzlich direkt vor Aijbars stand. Wie lange hatte er nicht mehr soviel Zeit gehabt, um über diese Dinge nachzudenken? Er wunderte sich nur, daß es ausgerechnet jetzt geschah, wo er doch eigentlich nur zärtlichen Gesang und Sehnsucht nach der zarten Haut eines jungen Mädchens mit den langen goldenen Locken in sich tragen sollte ...

Attila fragte sich, welcher der beiden Vögel auf der Stute kläglicher aussah – der so sehr alt und sehr zerbrechlich wirkende Schamane oder der Königsadler, mit dem sich Aijbars in den letzten Jahren angefreundet hatte. Das Adlerweibchen trug eine Lederkappe über dem Kopf. Sie verdeckte beide Augen und ließ nur den Hakenschnabel frei.

»Du solltest deiner Henne mehr zu fressen geben«, tadelte Attila. Er sah sich schräg von unten Krallen, Gefieder und den Schnabel des Jagdadlers an.

»Sie muß doch hungrig sein«, kicherte der Alte, »nicht nur die fetten alten Hähne werden faul ...«

»Hältst du mich etwa für fett?« fragte Attila entrüstet.

»Wie kann ein halb Erblindeter so etwas noch beurteilen? Komm, nimm ihr mal die Lederkappe ab ... sie ist ja ganz verschüchtert.«

»Du solltest nicht mit dem einen Weibchen auf einem anderen reiten«, grinste Attila. »Die Stute fürchtet sich vor deinem Vogel ... der Vogel vor dem Pferd ...«

»Ich weiß nicht, was du damit sagen willst«, nörgelte Aijbars. »Meine Tierchen sind schließlich beide alt!«

Attila packte mit der linken Hand die Greifer, mit der rechten löste er den kleinen Riemen der Kopfkappe. Doch irgend etwas schien mit dem Greifvogel nicht mehr zu stimmen. Erst jetzt sah er die beiden winzigen Blutstropfen an seinen Nasenlöchern. »Ist das denn gut?« fragte er. »Blut an den Nasenlöchern?«

»Ach was!« lachte der Schamane. »Sieh nicht in jeder Kleinigkeit irgendein Vorzeichen! Das ist mein Vorrecht und nicht deins!«

Er wirkte plötzlich so verärgert, als hätte Attila ihn bei irgend etwas Verbotenem ertappt. Attila hob die Hände.

»Wir machen's später einmal!« sagte er. Er hatte es plötzlich sehr eilig, wieder in seinen Ordu zu gelangen.

Das große Fest war eine Hochzeit, ein Frühlingstreffen, ein Wiedersehen der Völker und Stämme und ein tagelanges Kräftemessen – in ihren Kampfsportarten ebenso wie bei allen möglichen Sauf- und Freßmeisterschaften.

Überall rund um das Hauptlager der Hunnen waren Plätze eingerichtet, auf denen jung und alt die Schlingen werfen und mit Pfeil und Bogen auf Münzen oder die Augen von frischgeschlachteten Schafsköpfen schießen konnten. Vom ersten Sonnenstrahl an tobten die wilden Pferderennen und Wettkämpfe, bei denen sie versuchten, von Pferderücken aus ohne

Sättel mit ihren Speeren, die an den Spitzen alte Sattelknäufe trugen, einen harten Lederball durch zwei am Rand des Feldes aufgesteckte Speere zu schlagen.

Fast noch beliebter waren Fünfmänner-Ringkämpfe, bei denen keiner wußte, wer gerade gegen wen ankämpfte. *Verbündete* nannten sie das wilde Ringen, bei dem es einfach darum ging, herauszufinden, welcher der anderen in einem wilden Haufen Freund oder Gegner war. Es war ein Spiel, das Hunderte und Tausende der Festgäste begeisterte. Besonders interessant wurde es, wenn fünf, fünfundzwanzig oder gar fünfzig Fünfergruppen aufeinanderstießen. Das Spiel konnte Stunden dauern – und innerhalb einer Minute zu Ende sein, wenn irgendeiner Fünfergruppe der letzte, alles entscheidende Zusammenschluß gelang, der Übermacht und letztlich Sieg bedeutete.

Der Großkönig und seine junge, schöne Frau, die wie eine Wesenheit aus dem Reich der Geister wirkte, nahmen stundenlang Huldigungen und Geschenke entgegen. Eine Abordnung nach der anderen trat bis an die neue Königsyurte, trug kleine, lobende Gedichte vor, versicherte ewige Freundschaft bis über den Tod hinaus und vergaß die Wünsche nach noch mehr starken, klugen Söhnen nicht.

Nur noch im Kampf mit seinen Sturmfäusten fühlte sich Attila in gleicher Weise wie ein Großkönig. Er wußte, daß die nächsten Jahre nicht mehr so leicht und wild sein konnten. Aber er wollte diese Hochzeit nicht nur als Fruchtbarkeitsgelage sehen.

Und plötzlich dachte er an Oktar.

Sollten sie alle feiern, toben und sich mit wilden Hochrufen auf ihn und Hildiko müde und heiser schreien – sollten sie Kamon, Medos und den süßen Wein der Thraker saufen ... er würde wachsam bleiben und nicht übertreiben – selbst in der Hochzeitsnacht!

Das große Fest wurde noch lauter, stampfender von Trommeln, Hörnern und Gesang. Im ganzen Lager tanzten Hunnen und Germanen, Sarmaten und Alanen, hellhäutige und dunkle Männer und Weiber, Burschen mit erstem Bartflaum und Mädchen, denen gerade erst die Knospen ihrer Brüste sprossen.

Viele, sehr viele würden in dieser Nacht beieinander liegen. Die meisten trunken und erschöpft, andere wild oder sanft, keuchend oder so liebevoll, wie sie es sonst nur zu den Pferden waren ...

Ein Jubel voller Hochrufe und begeistertem Geschrei begleitete Attila und seine schöne blonde Braut auf ihren ersten Weg in die Schlafgemächer des hölzernen Palastes. So liebten alle ihren Großkönig, der dem gesamten *Imperium Romanum* gezeigt hatte, wie mächtig er und seine schnellen Reiter wirklich waren. Er hatte sich und ihnen mehr Gold und Edelsteine aus Gallien und aus Italien geholt als je ein anderer Eroberer. Und wenn sie ihm die Schwester ihres Kaisers nicht gegeben hatten, waren sie auch nichts wert! Er hatte sich statt dessen eine Germanin ausgewählt – für viele auch ein Zeichen dafür, wo er die stärksten Erben des verrotteten Imperiums sah ...

Hunderte von Botschaften und Abgesandten aus allen Teilen des römischen Reiches, von den entferntesten Herrschern aus allen Himmelsrichtungen bis zu den gerade erst entstehenden Völkern schickten dem Großkönig der Hunnen mit lauten Rufen ihre Glückwünsche nach. Sie alle jubelten und wünschten ihm ein langes Leben.

Der nächste Morgen blieb sehr lange stumm. Wo sonst die lauten Amseln und die nicht minder kecken, schrillen Meisen das erste Grau des Tages angesungen hatten, blieb diesmal alles still. Kein Vogel sang, kein brauner Grashalm auf den Wiesen, kein rares Blatt an Büschen und Bäumen regte sich. Und selbst am Himmel zeigte sich nicht die geringste Wolke.

Das fahle Licht des neuen Tages konnte die Schatten dieser Nacht sehr lange nicht verdrängen. Es hatte einfach keine Kraft. Kein Pferd, das schnaubte, kein Kind, das aufwachte und schreiend nach der Milch in seiner Mutter Brust verlangte. Es war, als hätte sich ein schwarzer Fluch über die Stadt aus Holz, den Königshof der Hunnen und die Zelte aller Völker ausgebreitet.

Ohne daß irgendeine Aufforderung ergangen war, begannen Krieger, Knechte und Vasallen schweigend, wortlos ihr Tagewerk. Sie blickten sich nicht an, und wenn sich ihre Blicke wie versehentlich doch streiften, dann taten sie, als hätten sie sich nie zuvor gesehen. Sogar die Weiber, die sonst den Vögeln gleich dort weiterschwatzten, wo sie am Abend zuvor aufgehört hatten, wagten an diesem Morgen nicht einmal den Gruß an ihre Kinder.

Die ersten Stunden vergingen, aber nur mühsam fand das gewohnte Treiben seinen Lauf. In einem weiten Kreis um den Palast des Großkönigs entstand aus Furcht, Respekt und Zweifel eine Atmosphäre, die immer dichter und unheimlicher wurde. Selbst Onegesios, der als erster der Großen an der Spitze seiner Leute in den Bannkreis trat, zögerte unwillkürlich. Er hob die Hände, trat noch einen Schritt vor und lauschte dann mit vorgeneigtem Kopf zum hölzernen Palast hin. Er hatte plötzlich das Gefühl, vollständig taub zu sein. Eine derartig dichte Stille hatte er bestenfalls unmittelbar vor großen Schlachten erlebt. Sein Blick glitt an den fugenlosen Holzplanken der äußeren Palastwände entlang. Kein Schatten irgendeines Knechtes zeigte sich. Kein Rauch stieg auf, und nicht das leiseste Geräusch von Kochgerätschaften oder den anderen Alltäglichkeiten war zu hören.

Nach einer Ewigkeit, in der alle Männer nur verharrend lauschten, drehte Onegesios sich zur Seite. »Es kann nicht sein«, sagte er halblaut, »spürt ihr sie auch, diese furchtbare ... diese furchtbare Stille?«

Die anderen nickten, schluckten und traten von einem Fuß auf den anderen.

»Es ist nicht seine erste Hochzeitsnacht«, flüsterte Dogan, doch niemand lachte. »Mit achtundfünfzig hat auch ein König Anspruch darauf, auszuschlafen ...«

Onegesios zog die Brauen zusammen. Mit einer kurzen

Handbewegung brachte er Dogan zum Schweigen. »Ihr wartet hier«, sagte er. »Ich gehe allein hinein.«

Die anderen sahen, wie er tief Luft holte. Selbst als Vertrauter Attilas konnte es zu mutig sein, was er jetzt tat. Seit die Hunnen vor genau achtundsiebzig Jahren in die Gebiete der Germanen nördlich des Schwarzen Meeres eingedrungen waren, hatten sich Hunderttausende von Menschen nur deshalb umgebracht, weil sie die anderen nach ihren eigenen Gesetzen und Gebräuchen für Störenfriede hielten – nach Vorstellungen, die für die einen richtig und für die anderen ganz falsch gewesen waren. Onegesios wußte ganz genau, daß die Würfel jederzeit auch gegen ihn fallen konnten. Er wußte das, seit er im Dienst der Hunnen stand.

Trotzdem hatte er plötzlich Angst – mehr Angst als je zuvor am Hof der Hunnenkönige. Sein Schritt wurde bedächtiger und langsam. Wäre er jetzt allein gewesen, nie hätte er die Kraft gefunden, weiterzugehen. Er spürte vor sich diese unerklärlich dichte Wand aus Schweigen und hinter sich die Blicke jener, die ihn zu stützen schienen, ihn aber doch nur wie mit stumpfen Lanzenstangen weiterstießen.

Niemand bewachte das große Doppeltor des Eingangs. Wo sonst mindestens ein Dutzend schwer bewaffneter Krieger eher den eigenen Tod als einen unerwünschten Gast hereingelassen hätten, blakten noch immer müde einige Fackeln aus der Nacht.

Onegesios schüttelte ungläubig und verstört den Kopf. »Was ist geschehen?« murmelte er leise. »Wo sind die Krieger? Wo die Frauen?«

Er stemmte sich gegen den linken Torflügel. Mit einem lauten Knarren gab er nach. Onegesios erschrak. Bisher war ihm nie aufgefallen, wie mühsam sich das Tor öffnen ließ. Er wartete einen Moment, dann ging er weiter. Überall lagen halbverdorrte Blumengebinde, Reste von kostbaren Seidenschleiern, im Rausch der Hochzeitsfeier zerfetzte Kissen und umgestürzte Weinkrüge, in denen kurz zuvor noch süßer Wein aus Thrakien für ungezählte Kehlen geschwappt hatte.

Er ging zum inneren Palast und wunderte sich, warum noch niemand aufgeräumt hatte. Noch immer lag der schwere Rauchgeruch von mit Kräutern aufgefüllten Feuern, von kalter Asche, scharf gebratenem Fleisch mit Knoblauch und Zwiebeln, von Schweiß und Blumenölen ferner Länder wie eine Nebelwolke über dem Palast.

Onegesios zitterte immer stärker. Er spürte, wie Ekel in ihm aufstieg, der ihn an seine allerersten kindlichen Begegnungen mit jenem Volk erinnerte, das anders war als alle anderen.

Und plötzlich hörte er ein eigentümliches Geräusch. Er kannte es. Es klang wie ein ungeheuer großes, doch gedämpftes Konzert von vielen hundert Tieren: wie Wölfe, die den Mond anheulen, wie Froschgequake und Vogelkreischen, wenn Räuber Nester plündern, wie das Todespfeifen kleiner Mäuse, Ratten, Marder, wie jämmerliches Schafsgeblök und Ziegenmekkern auf dem Schlachtklotz – alles zusammen, alles gleichzeitig und alles hilflos durcheinander.

Urplötzlich schossen Onegesios die Tränen in die Augen.

»Nein!« keuchte er, »nein, Attila! Um Jesu Christi und aller Götter willen!«

Taumelnd stürzte er nach vorn. Er brach durch zwei, drei Türen, riß Vorhänge zur Seite und stolperte schließlich ins Schlafgemach des Großkönigs. Und was er sah, entsetzte ihn mehr als jedes Mordgetümmel auf den Schlachtfeldern, mehr als der alltägliche Tod, selbst wenn er grausam war.

»Blut!« keuchte er fassungslos. »Überall Blut aus Mund und Nase!«

Aber schon lange nicht mehr rot. Schwarz auf dem weißen Linnen und auf den Seidenkissen der Hochzeitslagerstatt. Verschmiert nach allen Seiten, auch auf das fast durchsichtige seidene Nachtgewand der Braut, auf ihre schönen Brüste, den Leib, in ihr Gesicht und ihre blonde, strähnig zerzauste Haarpracht.

Der unheimliche Gesang wurde so drängend wie das Summen im Innern eines Bienenschwarms.

»Nein!« schrie Onegesios verzweifelt. Er wollte nicht zulassen, nicht wahrhaben, was er sah. Er riß den Dolch aus seinem Gürtel. Viel lieber noch hätte er jetzt ein Schwert in seiner Hand gehabt, mit dem er grausam Rache nehmen konnte. Er war kein Krieger, kein Reiter und kein Bogenschütze. Aber ein Weib, das den feierlich versprochenen Gemahl noch in der gleichen Nacht ermordet, konnte kein Recht auf irgendeinen Schutz durch Sitte, Brauchtum und Gesetz beanspruchen.

Er stürzte auf sie zu. Der Dolch in seiner Rechten blitzte. Er sah nicht einmal Angst in ihren Augen, nur Trauer und Ergebenheit in jedes zugedachte Schicksal.

»Halt! Sie ist unschuldig!«

Jemand ergriff seinen Arm. Der Dolch flog klirrend gegen einen noch gut gefüllten Weinkessel. Onegesios riß sich los. Er starrte in das Gesicht eines uralten Mannes. Der Schlitzäugige fixierte ihn mit einer Kraft, die größer war als seine eigene Ohnmacht und Wut.

»Wir trauern hier um das, was zu beklagen ist«, sagte Aijbars feierlich. »Nicht mehr, nicht weniger. Gewiß, Großkönig Attila ist in den Armen seines neuen Weibes den letzten Weg gegangen. Aber er starb nicht durch ihre Hand, sondern den schönsten Tod, den sich ein Mann außer dem Ende im Kampf auf dem Rücken des Pferdes wünschen kann.«

»Das Blut ... all das Blut ...«

Onegesios konnte die Tränen nicht mehr zurückhalten. Der Alte faßte ihn an den Armen. Er war sehr alt geworden und klein wie ein Halirunenweiblein. Aber er hatte die Kraft und die Gelassenheit des Wissenden.

»Ich kann dich verstehen, Onegesios«, sagte Aijbars und fiel wieder in die Rolle des obersten hunnischen Schamanen. »Hör diese Stimmen«, rief er in den erneut lauter werdenden Gesang hinein. »Sie sind wie Sonne und Sterne, Himmel und Erde, Wolken und Flüsse, Pflanzen und Tiere, Lachen und Weinen, Leben und Tod.«

38. Die Söhne

Die Hunnen feierten den Tod ihres Großkönigs, wie es schon ihre Vorfahren getan hatten. Sie trauerten, aber sie freuten sich auch, daß es Attila vergönnt gewesen war, in der Mitte der Freuden die Brücke in jene andere, bessere Welt zu beschreiten.

Römer und Griechen, Germanen und viele andere im Ordu des Großkönigs konnten lange Zeit nicht verstehen, warum die Hunnen so fröhlich waren. Sie waren gewohnt, in ihren Königen Helden zu sehen, die nur dann mit Sicherheit in Walhall eingehen konnten, wenn sie auf möglichst unmenschliche, grausame Art im Kampf ihr Leben verloren.

Die Hunnen sahen das ganz anders.

Am ersten Tag ließen sie alles, wie es war. Aijbars hatte nach einer kurzen Beschwörung den Rat erteilt, daß jedermann jetzt gehen sollte. Anschließend ließ er sich von seinen Schülern seinen besten Hammel bringen. Er gehörte zu den Tieren, die er selbst mit in diese Welt geholt hatte und die für ihn in einer mehrfach gesicherten Koppel gehalten wurden. Er ließ das Blut des Tieres so lange in eine Schale laufen, bis kein Tropfen mehr kam. Er sang und trommelte so lange, bis ihn die Geister hörten.

Anschließend nahm er selbstgesammeltes Holz, schlug selbst den Funken mit einem neuen Feuerstein in Federflaum aus einem Adlernest und blies den Funken Flammenleben ein. Dann löste er die Schulterknochen des Hammels mit einem Messer, das schon seit Jahrhunderten nur für diesen Zweck benutzt wurde, und reinigte ihn, bis auch die Flammen rein waren und ihre erste, ungestüme Hitze verloren hatten. Er sang weiter, legte die beiden Schulterknochen so in das Opferfeuer, daß jeweils eine Knochenspitze herausragte, und streute Wurzelpulver von Mandragorapflanzen, den eingekochten bröckeligen

Sud von Eibenspitzen und Mehl von Fliegenpilzen über die Stellen im Feuer.

Er atmete den Rauch tief ein und sang die ganze Zeit weiter. Es dauerte sehr lange, bis nur noch Glut und nicht die kleinste Flamme mehr unter den Knochen flackerte. Erst dann nahm er einen Stock, der an der Spitze fein zerfasert war, und wedelte die Asche von den Schulterknochen. Er betrachtete lange und gründlich die Sprünge, die sich in der Hitze des Feuers herausgebildet hatten. Ganz langsam sah und erkannte er, an welchem Platz der tote Großkönig seine letzte Ruhe finden sollte. Sehr spät am Abend sagte er dem auch schon alt gewordenen König der Skiren, wo seine besten Krieger und einige gefangene Bauleute aus Konstantinopel einen Monat lang das Grab für Attila vorbereiten sollten.

Gleichzeitig zogen die Frauen aus ihren hölzernen Palästen wieder in Yurten um. Noch in den Nächten wurden die Bauwerke Stück für Stück abgetragen und am Rand der Yurtenstadt gestapelt. Die besten Teile verschwanden noch in den folgenden Nächten. Nur Attilas großer Holzpalast und der von Onegesios blieben stehen. In sie sollten der neue Großkönig der Hunnen und sein erster Berater einziehen. Noch wußte niemand, wer es sein würde, aber der Platz für ihre eigenen Frauen, für neue Yurten oder hölzerne Paläste gehörte dazu.

Am dritten Tag hatten mehr als hundert der besten gotischen und hunnischen Handwerker den dreifachen Sarg für den toten Großkönig fertiggestellt.

Vor Attilas Palast war eine neue Königsyurte aus Filzbahnen und bunten Seidentüchern errichtet worden. Daneben standen große, runde Zeltdächer mit hochgerollten Seiten, wie sie zum Schutz der Vorräte und bei Versammlungen in den Sommermonaten verwendet wurden.

Die Königsyurte blieb nach Norden zum Holzpalast hin geschlossen. Alle anderen Seiten waren so weit geöffnet, daß das blumengeschmückte Podest in der Mitte von vielen Menschen auf dem wieder groß und weit gewordenen Platz in der Mitte des Lagers gesehen werden konnte.

Der Körper des toten Großkönigs der Schwarzen Hunnen wurde von Aijbars selbst geöffnet und gereinigt. Es dauerte drei Wochen, bis er ihn balsamiert und mit Kräuterkissen ausgestopft hatte. Erst dann wurde der Leichnam auf ein Kissen aus tiefroten Tamariskenzweigen gebettet und von fünf zum Angriff gerüsteten Kriegern in den ersten, den goldenen Sarg gelegt, den ein zweiter, fein gearbeiteter Sarg aus Holz umgab.

Zum Singsang des alten Schamanen mit seiner Trommel, der klagenden Weiber im Hintergrund, der singenden Mädchen und der ernst und dumpf murmelnden Krieger zog eine Woche lang ein endloser Strom von Männern quer durch die große Yurte an ihrem toten Großkönig vorbei. Jeder von ihnen murmelte seinen Namen am Sarg des Königs. Manch einer dachte daran, wie viele Namen fehlten – Namen von Kriegern, die noch beim Auszug nach Gallien dabeigewesen waren oder beim letzten Zug durch Italien. Für diese Namen würde kein Erdhügel in der Ebene aufgeschüttet, kein Kreuz aus Stein errichtet und kein Ehrenplatz im Walhall der Germanen freigehalten. Es waren Namen, die auf den toten König warten würden, wenn er über die unsichtbare Brücke in die andere Welt eintrat ...

Am späten Nachmittag des letzten Trauertages traten Mitglieder der Familien und ausgesuchte *Logades* der Schwarzen Hunnen an Attilas Sarg. Einige starrten nur auf das friedlich wirkende Gesicht des Mannes, der in wenigen Jahren Herr über ein riesiges Reich geworden war. Sein Vermächtnis reichte im Norden bis an das Meer vor *Scantinavia*, im Südosten an den *Pontus Euxinus*, im Osten über das Maiotische Sumpfmeer hinaus und im Süden und Westen bis in beide Teile des tausendjährigen *Imperium Romanum* hinein.

Viele der Männer, die sich jetzt zu einem letzten Gruß dem toten Großkönig näherten, hatten sich die Haare und Bärte so kurz wie möglich über der Haut abgeschnitten. Wer diesen uralten Brauch der Steppenreiter nicht kannte, konnte glauben, daß sie sich mutwillig die Haut auf den Köpfen und in den Gesichtern zerschnitten hätten, damit das Blut ihre Tränen der Trauer überdeckte. In Wahrheit waren die Haare das allerpersönlichste Geschenk, das ein Mann seinem König mit auf den Weg in die andere Welt geben konnte – fast so wertvoll wie das eigene Leben ...

Wer keine Haare mehr zu schenken hatte, brachte die Brustfedern von Adlerweibchen, winzige bunte Seidenflecken mit magischen Zeichen, manch getrocknetes und von Schamanen besprochenes Kügelchen aus Tamariskensaft oder dem weißen Blut des Mohns. Sie stellten Töpfe mit wertvollen Heilsalben rund um den Sarg, lederne Beutel mit geschlagener und vergorener Stutenmilch, dazu Ringe und Armbänder, Messer und Dolche, Schmuck für das Geschirr der Pferde und goldene Solidos mit den Bildern der Kaiser, gegen die er gekämpft und gesiegt hatte.

Adamos gab einen seiner kostbaren Armringe, Constantius die Gänsefeder, mit der er die letzten von Attila diktierten lateinischen Buchstaben gemalt hatte. Berichos, der Herr über viele Dörfer, legte das Brandzeichen vor den Sarg, mit dem er so lange seine Viehherden gezeichnet hatte. Nach und nach sammelten sich immer mehr große und kleine Geschenke und Gaben an.

Als die Nacht der Gaben vorüber war und das erste Rot im Osten den neuen Tag ankündigte, ließ der Schamane die Feuer für den vielfarbigen Rauch anzünden. Weiße, schwarze und rote Rauchfinger stiegen am Rand des großen Lagers fast senkrecht in den Himmel auf. Sie zeigten allen, wie groß und weiträumig Attilas Ordu bis zu diesem Tag geworden war.

Die Sonne schickte ihre ersten Strahlen wie Kundschafter hoch über die fernen Karpatenberge. Im gleichen Augenblick stieß der Schamane einen langen, kreischenden Schrei aus. Dann nahm er seine Trommel, begann hüpfend zu tanzen und bemerkte nicht mehr, wie auch andere sich anschlossen. Er sang, was er noch viele hundertmal singen sollte:

Attila, du weiser Vater der Hunnen
und ihr vor allen vornehmster König,
jüngster der Söhne von Mundschuk
und großer Herr tapferster Völker,
der du zuvor mit ungeheurer Macht
allein die höchsten Königswürden
von Hunnen und Germanen besessen,
der du das doppelte römische Weltreich
durch den stets furchtlosen Siegesritt
auch in ummauerten Städten erschrecktest,
der du mit Strenge niemals geduldet,
daß Beute zurückblieb oder verlorenging,
der du, durch das Flehen der Besiegten milde,
alljährlich Tribut von ihnen annahmst,
der du das Glück dieser Höhen gekostet,
nicht durch des Feindes Wunde starbst,
nicht durch der Deinen Lug oder Hinterlist,
sondern in deines Mannes Blüte
und mit den Freunden schwelgend,
schmerzlos gingst du dahin in der Liebe.
Was für ein Tod, Attila, was für ein Tod,
für den niemand Rache fordern kann!

In der folgenden Nacht war kein Mond am Himmel zu sehen. Als das letzte Stück der Sonnenscheibe über den Bergen fern im Westen versunken war, wurde der zweifache Sarg in einen dritten aus Eisen gelegt. Dann brachen die Auserwählten auf, die den Großkönig mit all seinen Waffen, seinen besten Beutestücken und den Geschenken der *Logades* zu seiner Grabstätte begleiten sollten. Edekon, der König der Skiren, sprach mit seinem Sohn Odoaker wie beim Abschied zu einem langen Zug.

Direkt vor dem dreifachen Sargwagen schritten hundert Jungfrauen aus allen Stämmen der Hunnen. Sie waren mit grellen Farben geschminkt, hatten frisches Adlerblut auf ihren langen weißen Umhängen und trugen Fackeln aus Werg und frischer Butter. Der dreifache Sarg wurde auf einem schweren, vierrädrigen Leiterwagen in der Bauart des römischen *plaustrum* von zweimal fünf schwarzen Wallachen gezogen. Ihnen folgte die lange Reihe der Wagen mit den Beigaben für das Königsgrab und die Dämonen der Dunkelheit. Auf den gleichen Wagen hatten sie ihre Beute aus dem Gallienzug und aus Italien zurückgebracht.

Rechts und links des Sarges folgte die erste Großhand der besten Schwertkämpfer und Bogenschützen. Danach kamen die engsten Freunde und Berater, die keinem neuen Großkönig mehr dienen konnten.

Attilas Frauen und Kinder durften nicht mitziehen. Onkel Aijbars, der alte Schamane, war der einzige aus der Familie, der nicht stören würde, wenn die Geister den Leib und die irdische Beute des Verstorbenen begutachteten. Alle anderen von seinem Blut hätten sie nur durch Neid, Gier und lüsterne Gedanken verwirrt.

Der Zug entfernte sich schweigend immer weiter. Nach jeweils fünfzig Schritten trat eine der weißen Jungfrauen mit ihrer Fackel aus der Reihe und ging ohne zurückzublicken in die Dunkelheit. Sie alle wechselten weiterhin alle fünfmal fünfzig Schritte die Richtung. Schon bald bewegten sich die Lichter der Fackeln wie Geisterwesen durch die Nacht über der Tiefebene.

Lange nach Mitternacht verließ die letzte der Fackel-Jungfrauen den Zug. Männer und Pferde bewegten sich unter den Sternen an der großen Himmelsyurte weiter und bogen mehrmals in irgendeine Richtung ab. Sie brauchten keine Karten und keinen Meilenstein, der ihnen den Weg weisen mußte.

Und dann blieben die vordersten Pferde stehen. Aijbars wurde vorsichtig von seinem Pferd gehoben. Er war schon so schwach, daß er kaum noch auf eigenen Füßen stehen konnte. Gestützt durch zwei junge Krieger aus Edekons bester Großhand ließ er sich auf den Platz führen. Der halbblinde Schamane ging einige Male hin und her, als suche er irgend etwas, was auch mit guten Augen nicht zu entdecken war. Urplötzlich blieb er stehen und witterte wie ein Tier.

»Hier!« krächzte er. Seine Begleiter bückten sich. Sie fanden einen Stab im Gras, hoben ihn auf und rammten ihn in den Grasboden. Das eigenartige Geräusch klang unheimlich durch die nur von funkelnden Sternen erhellte Nacht. Aijbars nestelte ein dunkles Band hervor. Mit zitternden Fingern schlang er es um den Stab. Er zwitscherte leise. Seine Begleiter führten ihn solange weiter, bis das Band in den Händen des Schamanen zu Ende war.

»Den Beutel!« sagte Aijbars. Sie hängten ihm einen Futterbeutel vor die Brust, wie ihn die Pferde während eines Zuges bekamen. Aijbars nahm sein Messer, mit dem er sonst Fleischreste von den Orakelknochen schabte, und stach ein Loch in den Beutel. Langsam, Schritt für Schritt setzte er einen Fuß vor den anderen.

Das Zauberpulver rann, und der Schamane wanderte. Die ganze Zeit hielt er sich an seinem dunklen Band fest. Ganz langsam entstand ein vollkommener Kreis auf dem Wiesenboden. Aijbars zog sich an seinem Band wieder zum Stab in der Mitte des Kreises zurück. Als er ihn fast erreicht hatte, ging er noch einmal um ihn herum und ließ das letzte Zauberpulver auf die Wiese rinnen.

Für eine Weile war nur das leise Schnauben der Pferde zu hören. Und dann begann der uralte Schamane mit einer Stimme zu sprechen, die nicht seine eigene war. Nach jedem der fein und wie von einem Kind gesprochenen Sätze murmelten die Männer mit ihren tiefen Stimmen eine Bestätigung wie bei einem Gebet der Christen.

»Wir ehren das Gesetz des Lebens«, trug der uralte Schamane mit seiner klein gewordenen Singsangstimme vor, »denn es heißt wachsen, um zu sterben ... niemals ist irgend etwas von Bestand ... und keine Mauer, kein Palast .... kein noch so großes Denkmal kann einen Wall zwischen Anfang und Ende errichten ... denn es gibt keinen Anfang und kein Ende ... deshalb geben wir dem Toten mit, was er auf seinem Weg in jener anderen Welt oder zu einem neuen Anfang braucht ... solange aber schützen wir dein Grab, Attila, durch Schweigen und Vergessen ...«

Das war das Zeichen für die fünf Hände, die dabei mithelfen durften, den toten König in sein Grab zu tragen. Die Männer aus dem Kontingent von König Edekon traten in einem Halbkreis vor. Die in der Mitte bückten sich, sie griffen in das Gras, hoben es vorsichtig an und beugten sich nach vorn. Die nächsten griffen zu, dann wieder die nächsten. So leicht, als würden sie einem großen, unsichtbar in der Erde stehenden Pferd eine Decke vom Rücken nehmen, rollten und zogen sie das Gras mitsamt dem Erdreich auf.

Darunter wurden große, vollkommen in goldenes Blech eingeschlagene Balken sichtbar. Der Schamane wartete, bis der ganze Kreis offen unter den Sternen lag. Er war so groß wie die Königsyurte. Die Männer ließen die große Rolle der ersten Abdeckung los und traten an den Rand des Kreises. Die anderen fünfundzwanzig traten mit ihren Pferden bis an die Kreislinie heran. Gleichzeitig gingen die ersten zur Mitte. Erst als sich ihre Schultern berührten und einen engen Innenkreis bildeten, drehten sie sich wieder um. Sie standen jetzt Schulter an Schulter und blickten auf die Reiter am Rand des großen Kreises. Auf ein Kieksen des Schamanen hin bückten sie sich und griffen in Eisenringe, die umgeklappt in Einkerbungen der Bohlen lagen. Durch jeden Eisenring war ein Wurfseil gezogen.

Die Männer griffen mit beiden Händen zu. Auf diese Weise waren sie erneut eine Großhand, die jetzt die Wurfseile nach außen zog. Gleichzeitig übergaben sie die Knoten an den Enden der Wurfseile jeweils in beide Hände der Reiter, schlüpften zwischen den Pferden hindurch, gingen sternförmig weiter, um einen neuen, noch größeren Kreis zu bilden.

Keiner der Männer, die mit dem Sarg des Großkönigs gekommen waren, hatte je zuvor eine derartige Konstruktion gesehen. Sie kannten Grabhügel der Skythen und Kimmerier nördlich des Schwarzen Meeres, hatten steinerne Gruften mit Marmorsäulen darüber gesehen und Totenstädte, in denen die Verstorbenen wie in Mauerfächern abgelegt wurden. Einige von ihnen hatten in Ravenna sogar ein Mausoleum mit großen, leeren Sarkophagen und einem Sternenhimmel aus Mosaiksteinchen gesehen.

Aijbars schlug noch einmal auf seine Trommel. Ganz langsam und gleichzeitig gingen die Pferde der Skiren nach allen Seiten auseinander. Jedes von ihnen zog den fünfzigsten Teil der großen Bohlenabdeckung über dem unterirdischen Königsgrab ein wenig auf. Das Innere des großen Raumes glitzerte im Licht der Sterne. Es war das Gold, mit dem die Bohlen rundum verkleidet waren.

Sie ließen den schweren, dreifachen Sarg über Balken ins Innere der Grube gleiten, die sich wie eine umgekehrte Königsyurte am Boden aufgetan hatte. Anschließend wurden die Gaben und Geschenke, die Waffen und der Proviant mitsamt den Wagen in die Grabgrube gerollt. Jedem einzelnen Zugpferd wurde Geschirr und Zaumzeug abgenommen. Und dann stiegen alle Männer, die bei ihrem König bleiben wollten, wortlos in das riesige Grab. Onegesios ging mit, dann Berichos, Adamos und Edekon, der König der Skiren. Den Abschluß bildete Aijbars. Er hob die Arme zu einer letzten Beschwörung gegen den Himmel, ehe er in der Tiefe des Grabes verschwand.

Die Pferde der Skirenreiter stemmten sich nicht mehr gegen den Druck der Bohlenplatten. Schritt um Schritt gingen sie rückwärts – so lange, bis die große Grabgrube wieder vollständig bedeckt war. Schnell und ohne ein Wort lösten die anderen Männer die Wurfseile, rollten den Wiesengrund über die Balken und glätteten den Rand des großen Kreises. Sie saßen auf und überprüften, daß nichts zurückgeblieben war.

Dann jagten sie die Lastpferde mit ein paar Schnalzlauten in alle Richtungen davon. Die Männer klatschten in die Hände, um den Schmutz und den weißen Staub vom Boden und von den Wurfseilen abzuschütteln. Sie sollten nicht zusammenbleiben. Ihr Befehl lautete, so schnell und weit nach allen Seiten auseinanderzureiten, wie es bis zum Sonnenaufgang möglich war.

Keiner von ihnen wußte, daß das weiße Pulver des Schamanen schon längst durch Mund und Nase in ihre Körper eingedrungen war. Es würde wirken, sobald es ihre Eingeweide erreicht hatte ...

In der gleichen Nacht trafen Ellac, Deng Tsik und Ernak zusammen. Sie setzten sich auf Kissen neben das leere Podest, auf dem der Sarg gestanden hatte, und ließen sich Wein, süßes Gebäck und kaltes Fleisch auf einer großen Goldplatte bringen. Sie kosteten von allem etwas und warteten, bis alle Bediensteten und Begleiter verschwunden waren. Von draußen kam ein kurzer leiser Pfiff. Wachen von Ellac und Deng Tsik sorgten dafür, daß die Söhne des toten Königs nicht gestört wurden.

»Ich bin der Älteste«, begann der einundvierzigjährige Ostkönig der Schwarzen Hunnen die Verhandlungen um das Erbe. »Also bin ich auch der nächste Großkönig.«

»Ich bin der beste und härteste von allen Söhnen unseres Vaters!« behauptete Deng Tsik dagegen. »Von den legitimen ebenso wie von den Söhnen der Zweitfrauen oder der Weiber, die irgendwann bei ihm lagen!«

»Ja, du hast recht«, sagte Ernak eher sanft. »Du bist ihm immer am ähnlichsten gewesen.«

»Soll das heißen, du stimmst für ihn?« fauchte Ellac seinen Bruder an. Ernak zog die Schultern hoch und schüttelte abwehrend den Kopf. Er scheute sich davor, direkt gegen seine Brüder zu sprechen. »Wie könnte ich für Deng Tsik stimmen«, sagte er leise. »Ich bin es doch, der stets als Lieblingssohn unseres Vaters galt!«

»Das wird so nichts!« knurrte Deng Tsik. Er hatte keine Lust, lange zu streiten. »Wir werden alle abstimmen lassen, die von unserem Vater abstammen ... Söhne und Töchter ... legitim oder nicht! Wenn auch das nichts bringt, verlosen wir das Erbe!«

»Denkst du, daß unsere Verbündeten sich das gefallen lassen?« fragte Ernak. »Sie sind nur so lange auf unserer Seite, wie wir groß und erfolgreich sind. Von einem dreigeteilten Reich der Schwarzen Hunnen geht weniger Anreiz oder Gefahr aus als von den Franken oder Gepiden!«

»Macht, was ihr wollt!« schnaubte Ellac. »Ich bin bereits König der Hunnen, und ich werde es bleiben!«

Er griff an sein Schwert, besann sich noch einmal und stürmte aus der Königsyurte, in der sie sich unbelauscht geglaubt hatten. Aber sie waren es nicht, denn bereits wenige Tage später zogen die Ostgoten ab. Als sie weit genug entfernt waren, schickten sie einen Boten zurück. Er teilte den drei Söhnen Attilas mit, daß die Ostgoten in Zukunft weder ihre Vasallen noch Verbündeten sein wollten.

»Wir müssen Hildiko befragen!« fauchte Ellac immer wieder, während er wütend durch alle Räume des hölzernen Palastes lief. »Wir müssen wissen, wer hinter dem Verrat der Ostgoten steckt! Waren sie es, die ihr ein Gift gaben? Oder waren es die Eunuchen in Konstantinopel?« Keiner seiner Brüder war bereit, der jungen Germanin die Schuld an dem Tod ihres Vaters zu geben. Sie weigerten sich einfach, so zu denken, wie es die Goten beim Tod ihres Königs Ermanerich getan hatten.

»Hildiko ist keine Svanhild!« sagte Greka den Männern. »Niemand wird sie für Attilas Blutsturz bestrafen, zwischen vier Pferde spannen und vor aller Augen auseinanderreißen lassen!«

Deng Tsik verstand als erster. »Ich werde mich um das letzte Weib unseres Vaters kümmern!«

»Und du kannst bei mir bleiben, wenn du möchtest«, sagte Ellac zu Greka. Sie dankte ihm mit einem feinen Lächeln.

Wenige Tage später kam Andagis in den Ordu zurück. Bis zu Attilas Tod hätte niemand gewagt, den Helden vom *Campus Mauriacus* zu schmähen. Doch über Nacht sah alles ganz anders aus. Der Mann, dessen Wurf den König der Westgoten vom Pferd geholt hatte, galt plötzlich nicht mehr als der erste Speer des hunnischen Großkönigs, sondern als Schande für das gotische Königsgeschlecht der Amelungen. Sie hatten ihn zurückgelassen wie einen leeren und nutzlos gewordenen Balg.

Der von Attila zum König über die Ostgoten erhobene Valamir erkannte die Chance für sein eigenes Volk. Mußte der Großkönig der Hunnen durch ein Unglück, einen Unfall gestorben sein? War es nicht günstiger für die Vasallenvölker, wenn er behauptete, daß der Großkönig Opfer einer Verschwörung geworden war? Kam diese Version der Schwäche und des Versagens seiner besten Krieger nicht auch Konstantinopel und Rom entgegen?

»Mord in der Hochzeitsnacht« hieß es schon bald im *Imperium Romanum*, »die Rache der Burgunden« bei den Völkern am Rhein. Keine der beiden Legenden war richtig, aber sie prägten sich in das Gedächtnis vieler Völker bald unauslöschlich ein.

Attilas Söhne gingen im Streit auseinander. Ernak wollte mehr denn je zeigen, daß er der Friedfertige war, und begab sich unter den Schutz des oströmischen Reiches. Die Eunuchen des Kaisers empfahlen, den Sanftesten der Wilden wie alle Barbaren zu behandeln, die aufgesaugt und dadurch vernichtet werden konnten. Nichts konnte dem Kaiser und seinen Eunuchen lieber sein als eine Teilung der hunnischen Macht.

Ernak merkte nicht einmal, daß dies der letzte Tribut war,

den das Imperium an die Hunnen zahlte: Er erhielt einen Siedlervertrag für das fruchtbare, durch ihre jahrzehntelangen Einfälle nahezu menschenleer gewordene Land zwischen den südlichen Karpaten und der Donau, zwischen den Pfeilern der Trajansbrücke und den sieben Mündungsarmen der Donau ins Schwarze Meer.

Damit war Ernak der erste und einzige Herrscher der Hunnen geworden, der sich Gast und Verbündeter des *Imperium Romanum* nennen durfte. Als Gegenleistung verpflichtete er sich, nicht mehr umherzuziehen, sondern zu siedeln und die Grenzen des Reiches mit seinem Leben und dem seines Volkes zu verteidigen – ebenso wie die Germanen und alle anderen Völker und Stämme, die seit Jahrhunderten unter die wärmende Decke und in die fesselnden Arme von Rom und Konstantinopel gekrochen waren. Mit Ernak zog auch ein großer Teil der Alanen in das blutgetränkte, aber fruchtbare Gebiet ...

Auch für Flavius Aetius, Patricius der Römer, vierfacher Konsul und Oberbefehlshaber sämtlicher weströmischer Armeen, wurde Attilas unerwarteter Tod zum Verhängnis. Es war der Sohn des Vandalenkönigs Geiserich, der den Hunnen von seinem Ende berichtete. Im Jahr 454 kam Hunerich über das Hadriatische Meer, Aquileia, die Bernsteinstraße und die Julischen Alpen in die pannonische Tiefebene. Er sollte, wie er sagte, im Auftrag seines greisen Vaters Grüße an Attilas Söhne, die neuen Fürsten und Könige überbringen.

Zu seiner Verwunderung mußte er feststellen, daß die Erbfolge noch immer nicht geklärt war. Ellac behandelte ihn kalt und schickte ihn weiter zu Ernak an der unteren Donau. Noch während Hunerich unterwegs war, entschied sich Ellac anders. Er ließ auch Deng Tsik benachrichtigen. Fast gleichzeitig mit Hunerich trafen die beiden bei ihrem jüngsten Bruder ein. Der Vandale registrierte sehr genau, was er mit Attilas Söhnen erlebte. Er zögerte lange, doch dann erzählte er, was soeben in

Rom geschehen war. Die Hunnen hatten bereits verschiedene Gerüchte aus den römischen Garnisonen und Stützpunkten gehört. Anders als zu Lebzeiten Attilas war ihnen aber nicht mehr so wichtig, was im Westen geschah.

»Immerhin kommt es nicht häufig vor, daß ein Kaiser eigenhändig seinen obersten General ersticht«, sagte Hunerich.

»Wirklich eigenhändig?« fragte Ellac und stocherte sich mit einem goldverzierten Messer aus irgendeiner Beute seines toten Vaters zwischen den Zähnen.

»So wahr ich hier sitze«, bestätigte der Vandale. »Aber der General Heraclius hat ihm den Dolch dazu gereicht. Er war es auch, der immer wieder den angeblichen Sieg auf den katalaunischen Feldern am *Campus Mauriacus* angezweifelt und lächerlich gemacht hat. Besonders nachdem Leo, der Papst, von der wahren Stärke eures Vaters in Rom berichtet hatte ...«

»Was hat das eine mit dem anderen zu tun?« fragte Ellac unwillig.

»Ganz einfach«, antwortete sein Bruder Ernak an Stelle des Vandalen. »Wenn unser Vater so vollkommen besiegt gewesen wäre, wie Aetius verbreiten ließ, hätte er wohl kaum schon ein knappes Jahr später in Oberitalien abräumen können!«

»Ach so, das meint er«, sagte Ellac und nickte.

»Dann hat Attila ihn ja doch noch besiegt!« grinste Deng Tsik.

»In gewisser Weise stimmt das sogar«, sagte Hunerich zustimmend. »Der Tod eures Vaters entzog Aetius seine stärkste Rückendeckung. Er, der euch jahrzehntelang immer für seine eigenen Pläne benutzt hatte, war plötzlich zu einem Nichts geworden! Kein starker Großkönig der Hunnen als Geheimwaffe im Hintergrund – kein Flavius Aetius mehr als mächtigster Mann im Staat und *letzter Römer*!«

»Ich habe es immer geahnt«, sagte Ernak versonnen. »Die beiden schlugen sich so oft wie möglich und gingen sich trotzdem nie tödlich an die Kehle ...«

»Sie brauchten sich – ebenso, wie wir euch diesmal brauchen«, sagte Hunerich mit einem feinen Lächeln. Er wußte jetzt, welchem der drei Söhne Attilas er einen Gedanken seines eigenen Königs mitteilen konnte ...

Sie sprachen noch eine Weile über verschiedene Völker. Nach langen Wortgefechten und reichlich Wein wurden sie sich einig, daß es die Franken und nicht die Westgoten sein würden, denen einmal ganz Gallien gehören würde. Obwohl ihn sein Adoptivvater Aetius nicht mehr unterstützen konnte, würde aller Voraussicht nach Merowech, der Anführer der salischen Franken mit dem schulterlangen Goldhaar, Stammvater eines großen Herrschergeschlechtes werden.

»Sie nennen ihn heute schon ... schon seit dem Gemetzel von Troyes ... den Merowinger«, sagte Hunerich. »Aus dem geschlagenen Stamm seines Bruders Gundebaud zwischen Maas, Rhein und Mosel können höchstens noch Hausmeier kommen ...«

Es war nur eine einzige, sehr kurze Botschaft, die Ernak, aus eigener Entscheidung und ohne seine Brüder zu fragen, dem Vandalen mitgab. Sie hatten nur kurz unter vier Augen miteinander sprechen können. Da aber keine weiteren Aussichten auf die Wahl eines neuen Großkönigs der Hunnen bestanden, reiste Hunerich noch vor dem Winter über die Julischen Alpen nach Italien zurück.

Erst im Herbst des folgenden Jahres erfuhren Attilas Söhne Einzelheiten über die Ereignisse im Westreich. Und wieder war es Hunerich, der den drei Söhnen Attilas Grüße von Geiserich überbrachte. Erst jetzt fing Ernak an zu zweifeln. »Du bist doch nicht nur Bote deines Königs«, sagte er Hunerich auf den Kopf zu, »sondern auch Auge, Ohr und Zunge ...«

»Stört es dich, Sohn Attilas, wenn sich ein guter Freund gelegentlich davon überzeugt, ob ihr Hunnen vielleicht erneut nach Rom schielt?«

Ernak schüttelte den Kopf. Nur ihm erzählte Hunerich anschließend bei einem Becher Wein aus Thrakien, was in der Zwischenzeit in Rom geschehen war:

»Im März des Jahres vierhundertfünfundfünfzig, zwei Jahre nach dem Tod von Großkönig Attila und ein halbes Jahr nach dem Tod von Flavius Aetius, trat der weströmische Kaiser Valentinian der Dritte vor die Front seiner besten Soldaten. Er hatte sie zum Aufmarsch und Befehlsempfang für die Sommermonate auf das Marsfeld am linken Tiberufer Roms befohlen und wollte anschließend selbst einmal mit den berühmten Hunnenbögen schießen. Zu denen, die es ihm zeigen sollten, gehörten auch Hunnen aus dem Stamm, der die Könige Balamber und Kharaton, Uldin und Mundschuk, Oktar und Ruga, Attila und Bleda, Ellac und euch drei Erben hervorgebracht hatte.«

Ernak füllte eigenhändig den Becher des Vandalen nach.

»Jeder der Männer vor dem Kaiser hatte zu den Eliteeinheiten von Flavius Aetius gehört«, fuhr Hunerich fort. »Einem von ihnen mit Namen Optila habe ich von der Freundschaft eures Vaters mit Aetius erzählt. Ein anderer namens Traustila gehörte bereits als Leibwächter von Aetius zu den Vertrauten des sechzigjährigen Petronius Maximus, der auch als dreimaliger Präfekt von Italien vergeblich versucht hatte, Nachfolger des Ermordeten zu werden ...«

»Wir kennen diese ganzen Namen kaum«, sagte Ernak. »Und ich möchte sie auch nicht mehr lernen!«

»Nur ein paar noch«, beschwichtige der Vandale. »Ich denke, ihr solltet immer wissen, wer in Rom die Zügel in der Hand hält! Doch laß mich weiter berichten: In dem Augenblick, in dem der sonst so weinerliche Kaiser damit begann, über die verräterische Zusammenarbeit zwischen Aetius und den Königen der Hunnen zu reden, traten die beiden im Dienst für Rom grau gewordenen Zenturios nach vorn. Beide trugen die wertvollen Reflexbögen, um sie Valentinian zu zeigen. Statt zu erklären, woher die Wunderkraft der Hunnenwaffe kam, zogen sie ihre römischen Kurzschwerter. Gemeinsam und ohne ein

Wort köpften sie vor mehr als zweitausend Legionären und Elitekämpfern des Imperiums zuerst Heraclius und dann den Kaiser von Rom.«

»Was regen sich die Römer auf«, fragte Ernak verständnislos. »Warum sollte Maximus nicht Eudoxia, die Kaiserwitwe, heiraten? Bei uns ist jeder Mann für die Frauen und Schwestern von Getöteten verantwortlich!«

»Muß eine Kaiserwitwe den Mörder ihres Mannes in ihr Bett lassen? Und dazu auch noch seinen Sohn mit der Tochter des Ermordeten verheiraten?«

»Verschone mich mit derartigen Spitzfindigkeiten, wie sie mein Vater und seine Griechen liebten!«

»Nun gut – Eudoxia fügte sich, aber sie rief meinen Vater gegen ihren Mann! Geiserich ist Mitte Juni vor Rom an Land gegangen. Maximus floh und wurde von seinen eigenen Wachen eingeholt, erstochen und dann vom Volk zerfleischt. Papst Leo trat Geiserich entgegen, aber wir nahmen, was wir kriegen konnten ...«

Er lachte leise vor sich hin.

»Sogar die Bronzeplatten vom Dach des Kapitols ...«

»Warum das?«

»Als Hunne müßtest du das verstehen – sie waren doch vergoldet, Ernak!«

Die Ostgoten setzten sich in Pannonien fest. Valamir, Theodemir und Vidimir besaßen eigene Gebiete, aber sie vermieden eine offene, harte Teilung, wie sie die Söhne Attilas vergeblich versucht hatten. Obwohl sie noch immer im Streit miteinander lagen, gelang es Deng Tsik, Ellac und Ernak gegen die abtrünnigen Goten auf seine Seite zu ziehen.

»Diese verräterischen Germanen sind unsere Vasallen und müssen es auch bleiben!« schnaubte Deng Tsik bei der zweiten Frühlingsversammlung. Das Großreich der Schwarzen Hunnen war wie Schnee in der Sonne zusammengeschmolzen. Nördlich der Donauschlucht durch die Karpaten umfaßte es nicht einmal mehr die ganze pannonische Tiefebene, südlich davon und bis zum Schwarzen Meer das Land zwischen den Bergen und dem großen Fluß. Das Westufer der Donau und die Gebiete an Drau und Save wurden inzwischen vollständig von den Ostgoten beherrscht.

»Wir müssen besser zusammenhalten!« stieß Deng Tsik auf seinem Pferd sitzend hervor. »Ob es euch nun paßt oder nicht!«

Sie hatten die Feuer im alten Lager von Großkönig Attila hinter sich gelassen und waren allein und ohne schützende Begleiter ein Stück nach Norden geritten. Keiner von ihnen hatte etwas zu den vielen verlassenen Wohnplätzen gesagt, an denen noch vor zwei Jahren unzählige Yurten und Zelte gestanden hatten. Die Einzäunungen der großen Viehkoppeln waren verfallen, und nicht einmal alle Überreste waren von jenen wiederverwendet worden, die jahrhundertlang jedes Stück Holz, Leder oder Wolle als wertvolle Schätze geachtet hatten.

Selbst als sie an einem Obo am schilfigen Zusammenfluß zweier Wiesenbäche ankamen, sahen sie Zeichen des Verfalls: Vom kleinen Berg der Götter waren nur noch einzelne Steine übrig. Sie sahen keine Münzen und keine Schmuckgeschenke für die Geister mehr. Nur ein paar verbleichte Stoffetzen klebten noch an den Steinen.

»Also, was ist?« fragte Ellac ungeduldig. Er wartete noch immer auf die Antwort seiner Brüder.

»In beiden Roms ist im Moment nichts zu holen«, sagte Ernak. »Ich lebe im Frieden mit Konstantinopel, und wie es aussieht, ist Rom für uns verloren, solange die Vandalen schnelle Schiffe haben.«

»Woher weißt du das?« stieß Deng Tsik hervor.

»Genügt es nicht, *daß* ich es weiß?«

Deng Tsik winkte nur ab. Er mochte seinen jüngeren Bruder, aber er hielt ihn eher für einen weibischen Schamanen als für einen würdigen Sohn Attilas.

»Also gut«, meinte Ernak schließlich. »Obwohl ich kein gutes Gefühl dabei habe!«

»Das bekommst du schon noch, wenn der Klang der Waffen dir wieder heiße Schauer über den Rücken jagt!«

Es war, wie Deng Tsik vorausgesagt hatte. So wie in Gallien tobten erneut die härtesten Kämpfe zwischen den besten Kriegern des Jahrhunderts.

»Es war ein grandioses Schauspiel«, erzählte Deng Tsik noch viele Jahre später gern, »diese wütenden Goten, wie sie das Schwert in der Faust hielten ... unsere Pfeile schnellenden Hunnen auf den besten Pferden der Welt ... die zu Fuß streitenden Sueben, die wie die behenden Heruler ihr leichtes Fußvolk ordnen ... die Gepiden, die in den Wunden die Pfeile abbrachen, die sie durchdrangen ... und natürlich die Alanen, die ihre schwergerüsteten Massen wieder und wieder in eine neue Schlachtordnung stellten.«

Deng Tsik wußte genau wie Ernak, daß die Kämpfe ganz anders ausgegangen waren. Nur im ersten Ansturm hatte es ausgesehen, als würde ihre gefürchtete Schnelligkeit wieder erwachen, dann aber hatten sie sich wie die Glieder eines Körpers, dem der Kopf abgeschlagen war, ohne Sinn und Verstand gehauen und erschlagen – Goten, Gepiden, Rugier und Sueben mit früheren Vandalen, Quaden und Markomannen gegen Hunnen, Alanen, Rugier und Stämme der Sarmaten.

Die Gepiden warfen sich gegen die Pferde der Hunnen, hängten sich ihnen an die Hälse und brachten sie zum Straucheln. Eines der Pferde, das unter der doppelten Last zusammenbrach, trug Ellac. Der Mann, der bis dahin wie ein wahrer König der Hunnen gekämpft hatte, fühlte sich wie von einer unsichtbaren Wurfschlinge gefangen, flog aus dem sicheren Sattel und versuchte sich abzurollen. Er schaffte es nicht und starb vor den Augen seiner Brüder.

Deng Tsik und Ernak sahen keinen Sinn mehr in einem weiteren Gemetzel. Und so schnell, wie sie gekommen waren, zogen sie wieder ab. Sie flohen aus der pannonischen Tiefebene fort nach Südosten und überließen die Weite des Landes in der Umarmung der Karpatenberge und der mittleren Donau den Germanen. Gut dreißigtausend Männer von beiden Seiten blieben leblos zurück ...

Die Ostgoten schickten Gesandtschaften zu beiden Kaisern. Sie fühlten sich als die neuen Herren über ganz Pannonien von Sirmium bis nach Aquincum, an den Übergang der Bernsteinstraße über die Donau und nach Vindobona. Die Skiren und Reste der Alanen wurden in Niedermoesien angesiedelt. Rugier und einige andere Völker durften in der Gegend von Arkadiopolis siedeln. Ardarich, König der Gepiden, übernahm Attilas Ordu und das verlassene Lager und ließ sein Volk im Osten bis in die Karpatenberge ziehen. Nach und nach verfielen die prächtigen Yurten. Mit ihnen verging auch die Erinnerung an die tapferen Steppenreiter. Nicht einmal hundert Jahre waren seit ihrem plötzlichen, kraftvollen Einbrechen in das *Imperium Romanum* vergangen.

Doch dann – nicht einmal ein Jahrzehnt nach dem Tod des Großkönigs – mußten die friedlichen Siedler unter Ernak erleben, was es wirklich hieß, an ein Stück Land und bebaute Felder gefesselt zu sein. Die Waffen und Mauern der neuen Bauern reichten nicht aus, um die wieder stolz und stark gewordenen Ostgoten abzuwehren. Obwohl diese Frieden mit Ostrom geschlossen hatten, brodelte noch immer die kämpferische Unrast in ihnen, die aus den Jahren mit den Hunnen stammte. Sie bekamen Tribut vom Kaiser, aber das war zu leichtes Gold in ihren Augen.

Im Sommer 462 brachen die Goten in das Land ein, in dem Attila geboren und aufgewachsen war. Ernak wäre verloren gewesen, wenn in dieser Stunde nicht der dem Vater ähnliche Bruder zum Beschützer des jüngeren gesattelt hätte. Sein Feld war inzwischen wieder die Steppe, bis weit nach Osten hin. Einige Anführer der Völker und Stämme, die mit ihm gezogen waren, hatten sich an den Grenzen Ostroms bis zum »See zwischen den Bergen« durch das Reich der Sassaniden bis nach Indien gewagt. Erst Indiens Herrscher Skandapgupta hatte sie abwehren können.

Deng Tsik hörte die Hilferufe des Bruders.

Er kam aus der Weite des Ostens und jagte den bereits siegestrunkenen Ostgoten die Beute wieder ab. Erneut schien sich fortzusetzen, was seit dem ersten Einmarsch römischer Legionen die Ufer an der unteren Donau in Sturm und Leid geworfen hatte.

»Sie haben viel von uns gelernt«, sagte Deng Tsik, als er Ernak und seinen Siedlern das Ackerland zurückgab.

»Und du? Findest du keinen Frieden?«

»Wie sollen Männer wie wir oder die Goten Mut, Tapferkeit und ihre Fähigkeiten beweisen, wenn wir nicht mehr kämpfen dürfen?« fragte Deng Tsik, nachdem er seinem Bruder mit leuchtenden Augen von den Abenteuern im Osten und Süden erzählt hatte.

»Wir haben nie die gleichen Geister verehrt und die gleichen Dämonen gefürchtet«, seufzte Ernak. »Deshalb wirst du stets behaupten, daß kein Hunne von Ackerbau und Viehzucht leben kann ...«

»Ich würde lieber sterben als zum Körnerfresser werden«, lachte Deng Tsik. »Nein, Sohn von Großkönig Attila, du belügst dich selbst! Auch du bleibst Hunne wie unsere Väter und Vorväter!«

»Verlangst du etwa, daß ich erneut den Kampfbogen und die dreispitzigen Pfeile nehme?«

»Ja, mein Bruder!« sagte Deng Tsik hart. »Genau das verlange ich von dir! Die Goten greifen nach allem, was unserem Vater gehört hat. Sie haben bereits halb Pannonien westlich der Donau besetzt. Wenn wir den Anfängen nicht wehren, verbrennen sie morgen endgültig deine Hütten und Felder! Und so etwas ähnliches hat schon dieser Caesar gesagt, der vor einem halben Jahrhundert Gallien eroberte!«

Es war die längste Rede im Zustand der Nüchternheit, die Attilas Zweitgeborener jemals gehalten hatte. Ernak zögerte lange. Er wußte, daß er nicht den Mut und die Härte des Großkönigs geerbt hatte. Zum ersten Mal seit vielen Jahren wachte er morgens schon vor dem ersten Sonnenstrahl auf, um vor seine steinerne Hütte zu treten, die ihm viel sicherer vorkam als jede Yurte.

Er liebte den Morgentau auf den Feldern, das Sprießen des ersten Grüns auf den fruchtbaren Böden, das Wachsen und Gedeihen der Pflanzen und Tiere und die große Freude nach einer Ernte, die der Lohn von Schweiß und der Hände Arbeit war. Sollte er all das wieder aufgeben, um auf dem Rücken der Pferde zu kämpfen, zu schlafen und zu sterben? Oder sollte er sich weiterhin verstecken und davon träumen, daß er bereits in jener anderen Welt hinter den Brücken der großen Geister und Dämonen lebte, in der es keinen Krieg, keine Machtkämpfe und keinen Tod mehr gab?

Er blickte seinen Bruder mit seinen sanften, traurigen Augen an.

»Ich kämpfe mit dir«, sagte er dann. »Es muß wohl sein, wie es von Anfang an war und bis ans Ende der Tage bleiben wird ...«

Die Goten und die Gepiden lachten nur, als sie von einem neuen Heer der Hunnen hörten. Sie weigerten sich sogar, die Namen der Hunnenreste und der winzigen Völker und Stämme auszusprechen, mit denen Deng Tsik und sein kleiner, sanfter Bruder gegen sie zogen. Die Brüder kamen über die Donau.

Sie hatten Pannonien kaum erreicht, als die Germanen die Tuba dröhnen ließen, in ihre Hörner bliesen, Pauken und Trommeln schlugen und mit lautem Baritus über sie herfielen. Sie trieben die letzten Hunnenkrieger so furchtbar und ruhmlos vor sich her, daß noch Jahrhunderte später nur mit Schrekken vom Haß der Amelungenkönige und ihrer Grausamkeit gegen die Hunnen berichtet wurde ...

Ernak und seine Männer verloren ihre Äcker und verschwanden im Dunkel der Steppe.

Deng Tsik ritt mit ihm, überlebte und ritt so lange nach Osten, bis er die Steppen der Ahnen wiederfand. Er und die Reste seines Volkes trieben auf ihren Pferden wieder Rinder und Schafe durch die karge Weite – bis hin zu den Plätzen nördlich des Schwarzen Meeres, an denen die Schwarzen Hunnen einst unter König Balamber aufgebrochen waren. Schon nach zwei Jahren kehrte er zurück. Doch Konstantinopel duldete keine Raubzüge und Überfälle in seinen Grenzgebieten mehr. Deng Tsik zog weiter kreuz und quer und mit immer weniger Reitern durch die Provinzen Ostroms, siegte und hungerte, plünderte, raubte und geriet in Fallen des oströmischen Heeres.

Er hob den Hunnenbogen bis zum letzten Pfeil, den er im Jahr des Herrn 469 gegen Anagustos, den General des Kaisers, abschoß. Er verfehlte ihn und verlor sein Leben durch einen einzigen Schwerthieb.

Sein Haupt wurde nach Konstantinopel gebracht, genauso, wie König Uldin es zwei Generationen zuvor mit dem des Gotenrebellen Gaina getan hatte. Deng Tsiks Kopf wurde ebenso in einer Freudenprozession durch die Straßen der Stadt getragen und auf einer Stange im Circus aufgestellt, damit jeder Bürger und jeder Sklave vor dem letzten Fürsten der Schwarzen Hunnen erschaudern konnte.

Andere Überlebende verdingten sich, wie es die Hunnen von Anfang an bis zu Attila getan hatten, gegen Gold als Hilfstruppen Roms. Einige von ihnen stiegen steil auf im Reich der Frommen und Eunuchen. Sie wurden Befehlshaber, Würdenträger und Gouverneure. Und nicht nur diese Hunnen ließen die Augen der Weiber in der wahren Hauptstadt des *Imperium Romanum* am Goldenen Horn aufleuchten.

Der Osten des *Imperium Romanum* bestand bis zur Eroberung durch die Türken im Jahr 1453 weiter, noch genau tausend Jahre nach Attilas Tod.

Westrom ging gleichzeitig mit dem Hunnenreich unter. Sechs von neun Nachfolgern Valentinians III. aus den verschiedensten Familien Roms wurden ermordet. Bei den Oberbefehlshabern setzten sich die Germanen durch. Nachfolger von Stilicho, Felix, Bonifatius und Aetius wurde Attilas Sekretär Orestes. Aber er griff zu hoch, als er seinen Sohn nach dem Gründer und ersten König Roms *Romulus* nannte und den Fünfzehnjährigen Ende Oktober 475 in Ravenna zum Kaiser erhob. Konstantinopel erkannte diesen Kaiser nicht an. Odoaker, der Sohn des Skirenkönigs Edekon, setzte ihn nur ein Jahr später ab und schickte ihn in die Verbannung.

Wiederum ein Jahr später wurde Orestes, der letzte Gefährte des Hunnenkönigs Attila und danach Oberbefehlshaber der weströmischen Armeen, von germanischen Legionären in Placentia erschlagen. Das Heer rief Odoaker zum König von Italien aus. Das war das Ende des weströmischen Reiches.

Und die Hunnen? Ihr Weg, ihr Ziel?

Genau hundert Jahre zuvor hatte Balamber, der erste Großkönig der Hunnen, den langen Ritt, die »Ost-West-Passage« von den Rändern des Kaukasus vorbei an den Karpaten und Alpen, fast beendet. Attila, der letzte und größte von allen, ließ seinen Lieblingssohn schließlich noch zum westlichen Ufer des riesigen Doppelkontinents Asien und Europa vordringen. Er selbst brauchte diesen Ritt nicht mehr. Statt dessen verstrickte er sich in ein schreckliches und eher unverständliches Kräftemessen mit dem letzten Aufgebot Westroms, bei dem es keine Sieger, sondern nur noch Verlierer gab. Möglicherweise hatte er schon da verstanden, daß er und die Hunnen ans Ende der Welt und ihres Weges oder – noch schlimmer – der Vorstellung davon gestoßen waren. Was danach kam, war nur noch Ausklang.

Aber noch immer klingen die Lieder durch die Steppe, mit denen der große König der Hunnen gepriesen wird und die nur hören kann, wer auch den Kinderreim versteht, den Attila als ersten lernte:

Glückselig ist die Yurte,
die mit dir weiterzieht,
in der die Geister froh sind
und vor der Pferde weiden.

ANHANG

Nachwort

Ich weigere mich, die Hunnen als Barbaren zu sehen, nur weil sie Fremde sind.

Wer kennt sie nicht, die Klischees vom Hunnensturm – mit seinen blitzschnell und auf kleinen Pferden aus den endlosen Weiten des Ostens in germanisches Gebiet einfallenden, grausam metzelnden, schändenden und verheerenden Reiterhorden, flankiert von plündernden Vandalen, Slawen und Turkvölkern.

Wieviel näher und heimeliger klingen dagegen Begriffe wie Westgoten, Ostgoten, Gallier, Burgunden und Alamannen. Wir hören von den Recht und Gesetz verteidigenden Legionen des Imperium Romanum und ordentlich aufgereihten Limes-Kastellen an der oberen Donau über Wien und Budapest bis ins heutige Serbien und Rumänien, als Schutz gegen die sogenannte Barbarenflut, die Fremden, die anderen.

Vorstellungen und Erinnerungen in unseren Köpfen, die sich bewußt oder unbewußt bis zum heutigen Tag erhalten haben.

Sie sind so einseitig wie vieles in der Geschichte, die ihre Wahrheiten stets nur nach Zeitpunkt und Absicht definiert. Wir haben gelernt, daß Moral und Recht, Gesetz und Jahreszahlen absolute Werte sein sollen. Sie sind es niemals gewesen.

Attila und seine Hunnen waren nicht einen Deut mörderischer, grausamer oder barbarischer als Römer und Germanen, Burgunden oder Goten – nur etwas fremder, etwas »ausländischer« vielleicht. Sie sahen anders aus als die idealisierenden Marmorstatuen, mit denen sich die Griechen und Römer selbst verherrlichten. Und sie verdienen Besseres als die konstante Fälschung der Geschichte, die ihnen den Beginn und die Auslösung der germanischen Völkerwanderungen zuschreibt – zwar keine Heiligsprechung, aber doch einen zumindest fairen, wenn nicht gar ehrenvollen Platz unter den Völkern, die an der Geburt Europas und den Jahrtausenden des Ringens bis in unsere Tage, zumeist sehr leidvoll, beteiligt und schicksalhaft verbunden sind.

In der verständlichen neueren Geschichtsschreibung, von Felix Dahn und Gustav Freytag über C.D. Gordon, Franz Altheim, Luise Homeyer und Otto Menchen-Helfen bis zu Heinrich Pleticha und Hermann Schreiber, herrscht Übereinstimmung: Kein Zeitalter hat die Völker schneller verbraucht als das der (germanischen) Völkerwanderung, dieser mörderische Kampf aller gegen alle. Und keines der Völker – nicht einmal die Vandalen – ist bis heute in Schule und Erziehung, Medien und Öffentlichkeit ungerechter behandelt worden als die Hunnen.

Die Männer, die sich wie Geiserich, Theoderich und Attila mit Intelligenz, Kraft und Mut aus diesem Getümmel erheben, kommen nicht wie die Usurpatoren späterer Zeiten aus dem Dunkel der Anonymität, sagt Hermann Schreiber, sondern stammen – anders als die vielen hochwohlgeborenen und unfähigen Kretins – vom Vater her aus berufenen Geschlechtern und mütterlicherseits von zumeist namenlosen, aber schönen, energischen und klugen Sklavinnen, Nebenfrauen und Geliebten.

Schon 500 Jahre zuvor hatten Roms stolze Legionen gezeigt, daß es für über 100 000 hungernde Kimbern und Teutonen aus dem Norden Europas im *Imperium Romanum* nur Tod oder Sklaverei gab. Ein halbes Jahrtausend mußte vergehen, bis das Reich in zwei Teile zerfiel, zum Spielplatz von korrupten Cliquen und einer dekadenten Kaiser-Dynastie wurde und sich nur durch schnell wechselnde, rivalisierende germanische Heerführer im Osten und Westen halten konnte.

Es war die Zeit, in der römische Kaiser geköpft wurden oder eigenhändig ihre Oberbefehlshaber umbrachten.

Die unsicheren und instabilen Verhältnisse führten zu einer

bunten, unsteten Vielzahl von Kampfbündnissen, Interessengemeinschaften, Verträgen und Vertragsbrüchen – weit verwirrender als der Dreißigjährige Krieg, die Flüchtlingsströme zum Ende des Zweiten Weltkrieges oder die Wirren im Balkan heute, am Ende des zwanzigsten Jahrhunderts.

Genau hier – an der bei Belgrad am Donaulimes beginnenden Trennungslinie zwischen Ost- und Westrom – haben jahrzehntelang die Auseinandersetzungen mit den zum Schluß nördlich der Donau lagernden Hunnen getobt. Aber die Reiternomaden aus der Steppe paßten sich schnell den Gesetzen und Gebräuchen Roms und den ungezählten Völkerstämmen innerhalb und außerhalb des *Imperium Romanum* an.

Während das höchste Ziel der Westgoten, Ostgoten, Vandalen und Burgunden Siedlungsland im Inneren des seit tausend Jahren bestehenden römischen Reiches war, legten die Hunnen keinen Wert auf Grundbesitz. Sie fürchteten und haßten gleichermaßen Häuser, Städte, Mauern und alles, was ihre Freiheit einschränkte. Sie jagten, zogen mit ihrem Vieh, Wagen und Yurten von einem Weideplatz zum anderen und nahmen sich als Beute, was sie in den wenigen Städten oder entlang der von Legionären gebauten römischen Überlandstraßen finden konnten.

Als sie erkannten, daß andere für ihre überlegenen kämpferischen Fähigkeiten sogar mit Gold bezahlten, ritten sie zu Tausenden mit den Legionen Westroms überall dorthin, wo Aufstände und Rebellion losbrachen oder neue Völker wie die Franken am Niederrhein entstanden. Ohne die Hunnen wäre das Ende Westroms schon eine oder zwei Generationen früher gekommen.

Und Attila, dieser immer wieder mit leichtem Schauder als »Geißel Gottes« angeführte Name?

Der Mann, der von den Goten »Väterchen« genannt wurde, hat nicht ein Pfund mehr Tribut von den beiden Roms erhalten als schon sein älterer Bruder Bleda. Er hat kein Land hinzugewonnen, er hat die vielzitierte Schlacht auf den Katalaunischen

Feldern nicht verloren. Aber er ist mit dem gesamten Heer umgekehrt, nachdem der Bischof von Rom, der sich Papst, »Vater«, nannte, am Gardasee mit ihm verhandelt hatte.

Sehr viele Steine fehlen im großen Puzzle der frühen europäischen Asyl- und Heimatsuche. Hier geht es daher nicht um eine neue Anordnung mehr oder weniger wissenschaftlicher Fakten, sondern um das Erkunden und Erläutern eines Zeitgeschehens, aus dem auch noch nach anderthalb Jahrtausenden Helden- und Teufelsmythen bestehen – entweder pechschwarz oder reinweiß gefärbt.

Nahezu alle Quellen und auch die heutigen wissenschaftlichen Bearbeitungen widersprechen sich, teilweise sogar erbittert, wenn es um die genaue zeitliche Zuordnung bestimmter Ereignisse und um Begründungen geht. Wer sich mit Attila und seiner Zeit befaßt, muß sich ständig zur einen oder anderen Seite hin entscheiden. Hier ist die Sprache oft verräterischer, aber auch hilfreicher als manche Zahlen. Zum Beispiel, wenn noch heute in der Geschichtsschreibung ein vergleichbares Handeln bei den Römern als »trefflicher Vorwand« und bei den Hunnen als »verschlagene List« bezeichnet wird.

»Geschichte, das sind meist Legenden«, sagt Pater Basilius Streithofen, »denn niemand weiß, was sie damals wirklich gesagt haben.«

Aber müssen es stets Legenden auf Kosten der anderen sein?

Berlin, im Sommer 1998
Thomas R. P. Mielke

Zeittafel

Ab 3000 vor unserer Zeitrechnung

2637	Erste bekannte Niederlage der Hunnen gegen China.
1055, 822, 791, 771	Vorstöße der Hunnen nach China; Baubeginn der Chinesischen Mauer.
190	Hunnenkönig Mao-Tun (209-170 v. Chr.) siegt über die Nachbarvölker im Osten und gewinnt die Ost-Mongolei.
176	Vorstoß der Hunnen zum Tarim-Becken unter Mao-Tun, Gewinn Ost-Turkestans.
120	Erste europäische »Völkerwanderung« mit Kimbern und Teutonen aus Jütland, die nach Oberitalien ziehen; 103 v. Chr. bei Aix-en-Provence und 101 bei Vercellae in Oberitalien von den Römern vernichtet.

Zeitenwende

73-91	Im chinesischen Hunnenkrieg gelingt es dem Heerführer Pantschao, die Hunnen bis in den Raum des Kaspischen Meeres abzudrängen.

2. Jahrhundert

Das Imperium Romanum erreicht mit 100 Millionen Menschen den Höhepunkt seiner Entwicklung. Aber der Niedergang beginnt bereits durch die Einbrüche der Fremdvölker über die Donau und den Euphrat, den Mangel an Geldmitteln für das Heer, Revolten von Gegenkaisern und den Konflikt mit den Christen. Der Limes verfällt.

284-316 Diokletian reformiert das Imperium und beginnt mit einer gnadenlosen Christenverfolgung.

3. Jahrhundert

Die Krise verschärft sich durch die Vorherrschaft der Provinzen, die Umschichtung des gesellschaftlichen Gefüges, die Inflation, den Bevölkerungsrückgang. Entgegen allen Vorhersagen über einen baldigen Zusammenbruch kann das Reich durch tiefgreifende Reformen noch einmal gerettet werden.

259/60 Durch den Zusammenschluß kleinerer Germanenstämme entsteht zwischen Rhein und oberer Donau das Volk der Alamannen. Sie erschüttern die Sicherheit des Reiches mit Streifzügen bis nach Rom, so daß Kaiser Aurelian eine 19 km lange Mauer um Rom bauen läßt. In Raetien werden immer mehr

römische Gutshöfe aufgegeben und verlassen.
Diokletian legalisiert die Herrschaft mehrerer Kaiser in verschiedenen Reichsteilen. Rom bleibt Ehrenhauptstadt.

4. Jahrhundert

Ein Drittel der spätrömischen Gesetze wendet sich gegen die Korruption der Beamten. Die Länder zwischen Donau und Ostalpen, d. h. die Provinzen Raetien und Noricum, bekommen als erste zu spüren, daß sich im nichtrömischen Mittel-, Ost- und Nordeuropa bedeutende Veränderungen vollziehen und die germanische Welt in Bewegung gerät.

306-337 Konstantin der Große, Befriedung des Reiches, Anerkennung der Christen, Byzanz wird Hauptstadt.

364-375 Valentinian stellt Donau- und Rheingrenze wieder her und wirft Schotten und Pikten nach Norden zurück.

305-370 Ermanarich König der Ostgoten.

306-337 Konstantin römischer Kaiser.

350-404 Balamber erster »europäischer« König der Hunnen.

352-345 Alanenkrieg

364-375 Kaiser Valentinian I. läßt erstmals auch an der norischen Donau alte Militärlager erneuern und neue errichten.

371 Unterwerfung der Ostgoten durch die Hunnen.

375 Valentinian bereitet Gegenoffensive an der Donau vor, stirbt aber in Brigetio (17. Nov.). Sein jüngerer Sohn, Valentinian II. wird in Aquincum vom Heer zum Augustus ausgerufen. Gratian wird Kaiser des Reichswestens mit Vormundschaft über Valentinian II. Das Reitervolk der Hunnen drängt von Osten her nach Europa.

376 Aufnahme der fliehenden Westgoten unter Frithigern in das noch nicht geteilte römische Reich (Thrakien).

380 Friedensschluß Gratians mit den Ostgoten.

381 Aufnahme und Einzug des Westgotenkönigs Athanarich und seines Gefolges in Konstantinopel.

382 Friedensschluß von Theodosius mit den Westgoten, die als Foederaten in Moesia secunda angesiedelt werden.

391 Theodosius I. verbietet heidnische Kulte; das Christentum wird Staatsreligion.

393 Theodosius I. erhebt seinen Sohn Honorius

zum Augustus. – Vertrag zwischen Rom und den ripuarischen Franken. – Stilicho setzt die Kämpfe gegen die Barbaren in Thrakien fort.

394 Theodosius wird Kaiser des Gesamtreiches mit Honorius und Arkadios als Regenten in West und Ost. – Einfälle von Völkern an der Donaulinie von Wien bis zum Schwarzen Meer (darunter erneut Westgotenkönig Alarich in Thrakien).

395 Der vandalischstämmige Stilicho übt als Reichsverweser für Honorius im Westen die Herrschaft aus. Die Sueben werden in den Provinzen Pannonia I und Valeria angesiedelt.

Die Hunnen nutzen die Gelegenheit, dringen über die zugefrorene Donau nach Moesien vor und streifen bis zu den Alpen. – Im Osten überqueren sie den Kaukasus und fallen in Kleinasien und Syrien ein.

Die unter Kaiser Diokletian 293 erstmals vorgenommene Teilung der Verwaltung wird zur endgültigen Reichsteilung in Westrom und Ostrom mit den Hauptstädten Rom (danach Mediolanum, ab 403 Ravenna) und Konstantinopel. Honorius wird Kaiser des Weströmischen Reiches (bis 423), sein Bruder Arkadios Kaiser des Oströmischen Reiches (bis 408).

401 Hunnenkönig Uldin schickt den Kopf des gotischen Gaina als Neujahrsgeschenk am 3. Januar 401 nach Konstantinopel. Zum ersten Mal gibt es ein Bündnis zwischen den Hunnen und dem Imperium Romanum.

Westgotenkönig Alarich dringt am 18. November 401 in Italien ein. Im November wird er bei seinem ersten Einfall nach Italien vom eilig zurückgekehrten Stilicho bei Asti geschlagen.

402 Arkadios erhebt seinen Sohn, Theodosios II., zum Augustus. Alarich wird in das Gebiet zwischen Pannonien und Dalmatien zurückgedrängt.

403 Zur gleichen Zeit sammelt der Ostgote Radagis die jenseits der Donau verbliebenen 200 000 Ost-Goten, Sarmaten, Alanen, Quaden, Vandalen und andere »Barbaren« um sich, um während der Streitigkeiten zwischen Stilicho und Alarich über die Alpenpässe nach Italien einzufallen.

Aus Angst vor den eindringenden Fremdvölkern wird die Hauptstadt des weströmischen Reiches von Mailand in das schwer einnehmbare Ravenna verlegt.

406 Die Burgunden gründen am mittleren Rhein ein Reich mit der Hauptstadt Worms. – In Pannonien erheben sich Provinzbewohner gemeinsam mit Germanenstämmen gegen die römische Obrigkeit. Ende der Römer-

herrschaft in Britannien. Am 31. Dezember 406 setzen Vandalen, Alanen und Sueben über den Rhein nach Gallien.

407 Die letzten Römer verlassen ihre Garnisonen in England. – Constantin III. nimmt in Britannien den Purpur und bringt anschließend Gallien und Spanien in seine Gewalt. In dieser Zeit verbessert sich das Verhältnis zwischen West-Rom und den Hunnen immer mehr – bis zum Austausch von Geiseln.

408 Im Sommer 408 überqueren die Hunnen die Donau und erobern das Gebiet von der Mündung des Olt-Flusses bis zum Eisernen Tor.

Arkadios, der Kaiser des oströmischen Reiches, stirbt. Sein achtjähriger Sohn Theodosios II. wird (zunächst unter der Vormundschaft von Anthemios und Arkadios' Schwester Pulcheria) Kaiser von Ostrom.

Aetius wird Geisel bei den Westgoten.

409 Die Vandalen erreichen mit Alanen und Sueben Spanien. – König Uldin überquert mit Hunnen und Skiren die untere Donau und führt vergeblich Krieg um Castra Martis. – Einfall der Vandalen, Alanen und Sueben in Spanien.

Westgotenkönig Alarich läßt in Rom den Senator Attalus zum Gegenkaiser ausrufen und zieht mit ihm gegen Ravenna.

410 Alarich erobert und plündert nach langer Belagerung Rom; er stirbt auf dem Weg nach Süden und wird im Bett des Flusses Busento bestattet.

411 Die Alanen gründen ihr Reich in Portugal. – Die Sueben gründen ihr Reich in Spanien. – Alarichs Schwager Athawulf führt die Westgoten nach Gallien.

412 Bei den Hunnen herrscht Großkönig Kharaton. Die Westgoten unter dem König Athawulf ziehen ins südliche Gallien.

413 Die Burgunder gründen am Mittelrhein ein Reich unter Gundahar. – Die Westgoten erobern weströmische Städte in Gallien.

414 Der Westgotenkönig Athawulf heiratet in Narbonne Galla Placidia, die Tochter des weströmischen Kaisers Theodosius I.
Nach dem Ende des Regimes des Anthemios geht die Regentschaft in Ostrom für das kaiserliche Kind auf seine damals sechzehnjährige Schwester Pulcheria über.

415 Attilas Vater Mundschuk wird zum hunnischen Ostkönig. – Die Westgoten verdrängen in Spanien die Alanen, Vandalen und Sueben. – Nichtchristen werden von allen Ämtern in West- und Ostrom ausgeschlossen.

417 Westgoten besiegen in Spanien Germanen und Alanen. – Ende des Alanenreiches in Portugal.

Galla Placidia heiratet den Feldherrn Constantius.

418 Westgoten erhalten von Westrom Teile Galliens.

Toulouse wird die Hauptstadt des Westgotischen Reiches (»Tolosanisches Reich«). Theoderich I. wird zum König der Westgoten.

420 Ostkönig Mundschuk stirbt.

421 Constantius wird am 8. Februar 421 Mitregent in Rom. – Galla Placidia erhält die Würde einer Augusta. – Pulcheria bewegt ihren Bruder Theodosius, zu heiraten. – Ostrom greift das persische Armenien an.

422 Angriff der Hunnen auf Moesien, über die untere Donau nach Thrakien. Dadurch wird Konstantinopel zu Friedensverhandlungen mit den Sassaniden veranlaßt.

423 Galla Placidia wird angeklagt, gegen ihren Bruder zu intrigieren, und flieht gemeinsam mit ihrem vierjährigen Sohn Valentinian und ihrer Tochter Honoria nach Konstantinopel. Ihr Bruder, Kaiser Honorius, stirbt, und sein Neffe Theodosios II., der Regent des Ostens, wird formell Alleinherrscher über das gesamte Reich.

Senator Johannes wird am 20. 11. 423 in Rom zum Kaiser ausgerufen. Er überträgt die Hofmeisterwürde (*cura palatii*) dem Kommandanten des Hofregiments Aetius und schickt ihn mit der Bitte um 60 000 Hunnenreiter zu Großkönig Ruga. Westrom tritt die Provinz Savia an die Hunnen ab.

424 Friedensschluß Großkönig Rugas mit Ostrom. Ruga verlegt seinen Sitz in die Theißgegend.

425 Oströmische Truppen erobern noch im Winter 424/425 Salona in Dalmatien. Von hier aus dringt ein Teil des oströmischen Heeres über die Julischen Alpen nach Italien vor. – Ein Sturm zerstört die Flotte vor Ravenna.

Kaiser Johannes wird 425 hingerichtet. Aetius und Attila treffen mit 60 000 Hunnen zu spät ein.

Die Hunnen werden reichlich abgefunden und nach Hause geschickt; Aetius erhält den Rang eines Comes und den Auftrag, in Gallien Krieg gegen die Westgoten zu führen, die gegen die Mittelmeerküste vorgedrungen sind.

Valeria ripensis wird den Hunnen überlassen.

Das seit 390 bearbeitete Staatshandbuch »Notitia dignitatum« erscheint mit allen zivilen und militärischen Ämtern im Ost- und Weströmischen Reich.

426 Aetius befreit mit seinen hunnischen Truppen das von den Westgoten besetzte Arelas/Arelate.

427 Bonifatius, römischer Befehlshaber in Nordafrika, wird durch Palastintrigen in Ravenna zur Rebellion getrieben und fühlt sich durch die Ankunft einer überlegenen kaiserlichen Armee in Afrika bedroht. Er ruft die Vandalen zu Hilfe, die in den spanischen Provinzen Baetica und Carthaginiensis siedeln.

428 Großkönig Ruga vereinigt die europäischen Hunnen und viele Germanenstämme zu einem Großreich zwischen Rhein, Donau und Schwarzem Meer, an das Ostrom hohe Tribute in Gold zahlen muß. Zu dieser Zeit erstreckt sich die tatsächliche weströmische Herrschaft nur noch auf das mittlere Gallien, Italien und die Alpenprovinzen. – Die Oströmer annektieren das zum weströmischen Reich gehörende Pannonia secunda.

429 Bis 454 ostgotisch-hunnische Föderation auf römischem Boden mit Vindobona als Verwaltungshauptstadt. – 80 000 Vandalen setzen unter König Geiserich nach Nordafrika über. Sie gründen nach einer Reihe von Siegen einen mächtigen und unabhängigen Staat in Proconsularis und Byzacena, den reichsten afrikanischen Provinzen. – Pannonien wird offiziell an die Hunnen übergeben.

430 Ostrom zahlt an den Großkönig Ruga jährlich 175 kg Gold. – Der nördliche Teil Galliens ist in der Hand der Franken; der südliche Teil und Spanien bilden das Reich der West-

goten, im römischen Rheinland ist das Reich der Burgunden entstanden, Nordafrika ist von Vandalen besetzt. – Erfolgloser Feldzug der Hunnen gegen die Burgunden, König Oktar stirbt, bei seiner Totenfeier werden 10 000 Hunnen von den Burgunden umgebracht.

431 Drittes Konzil zu Ephesus gegen die Anhänger des Patriarchen von Konstantinopel Nestorius († 450). Die Kirche erklärt Maria zur Mutter Gottes und verdammt die Lehren von Nestorius.

432 Gründung des Vandalenreiches in Nordwestafrika.
Aetius wird vom Kaiser aller Ämter enthoben und flieht zum hunnischen Großkönig Ruga.

433 Aetius tritt als Gegenleistung für ihre Hilfe Weiderechte in Pannonien an die Hunnen ab.
Der Tribut Ostroms an den Großkönig Ruga erhöht sich auf 350 kg Gold.

434 Aetius wird mit hunnischer Unterstützung wieder in alle Ämter eingesetzt und damit Oberbefehlshaber des weströmischen Reiches.
Großkönig Ruga greift Thrakien an.
Großkönig Ruga teilt sein großes Reich auf seine Neffen Bleda und Attila auf und stirbt.
Pannonia prima gerät unter hunnische Herrschaft.

435 Bledas und Attilas Friedensdiktat bei

Margus: Erhöhung des Tributs von 350 auf 700 kg.

436 Vernichtung und Untergang des Burgundenreiches am Mittelrhein.

437 Kaiser Valentinian III. reist nach Konstantinopel und heiratet im Oktober die Kaisertochter. – Litorius besiegt die bretonischen Bagauden in Armorica, nimmt ihren Anführer Tibattus gefangen und befreit mit Hilfe der Hunnen das besetzte Narbona.

438 Veröffentlichung des Codex Theodosiani als römisches Rechtsbuch.

439 Niederlage des Litorius und seiner Hunnen bei Tolosa. – Theoderich schließt Frieden mit Aetius. – Die Vandalenflotte unter König Geiserich erobert Korsika und Sardinien. – Karthago wird dem Vandalenreich einverleibt.

440 Leo (der Große) nennt sich als erster Bischof von Rom selbst »Papst«. Er ist der 45. Bischof von Rom. – Erfolgreicher Feldzug Bledas gegen die Oströmer. Pannonia secunda gerät unter hunnische Herrschaft.

441 Die Perser besiegen Ostrom in Armenien (Vorderasien) und verleiben es als Provinz ihrem Reich ein. – Kurzer Krieg Bledas und Attilas gegen die westlichen Balkanprovinzen. Einnahme von Viminacium. Waffenstillstand.

442 Fortführung des Kriegs Bledas und Attilas. Nach dem Fall von Margus, der Schlüsselstellung im Morawatal, stoßen die Hunnen südwärts und nehmen Naissos. Singidunum, Sirmium und alle anderen Festungen an der Straße Sirmium-Naissos fallen. Die Hunnen brechen in Thrakien ein. Sieg auf der Chersonesos. – Aetius siedelt Alanen in der Nähe von Orleans an.

443 Aetius läßt die Burgunden nach Savoyen umsiedeln. – Friedensschluß zwischen Hunnen und Ostrom (1. Friede des Anatolios).

444 Die Alamannen besetzen römisches Gebiet.

445 Großkönig Bleda wird ermordet, sein Bruder, Ostkönig Attila, wird Alleinherrscher der Hunnen. – Attila führt Krieg gegen die Akatzieren. – Galla Placidia erhält in Ravenna ein Mausoleum mit Mosaikschmuck.
Im Vandalenreich wird der Großgrundbesitz Roms und der Kirche enteignet.

446 Aetius überläßt Attila die Provinz Savia. Attila wird zum weströmischen Magister militum ernannt. – Attila läßt seinen hölzernen Palast bauen.

447 Papst Leo fordert die Hinrichtung von Feinden der christlichen Kirche. – Attilas erneuter Krieg gegen Ostrom im Balkan, Schlacht am Fluß Utus.

448 Vorfrieden der Hunnen mit Anatolios. Ost-

rom zahlt jährlich 2100 Pfund Gold (151 200 Solidos) Tribut an König Attila. – Der Arzt Eudoxius, Anführer der gallischen Bagauden, flüchtet zu Attila. – Angeln, Sachsen und Jüten setzen sich in Südbritannien fest.

449 Die weströmische Prinzessin Honoria verlobt sich mit König Attila. – Ende des Sommers sind Maximinos und Priskos am Hofe Attilas. – Attila schließt mit den Vandalen ein Bündnis gegen Westrom.

450 Anatolios und Nomos schließen mit Attila Frieden. Theodosios II., Kaiser von Ostrom, stirbt. – Galla Placidia stirbt fern von ihrer Lieblingsresidenz Ravenna in Rom.

451 Attila zieht mit drei Heeressäulen nach Gallien und kommt bis Orleans. Erst hier stoppen ihn die Armeen des Imperium Romanum. Es kommt zur unentschieden endenden Schacht auf den Katalaunischen Feldern bei Châlons (Campus Mauriacus).

452 Attilas italienischer Feldzug nach Oberitalien. Seuchen brechen aus. Papst Leo überredet ihn am Fluß Mincio, nicht gegen Rom zu ziehen, und bietet ihm dafür die Erlaubnis zur Plünderung aller oberitalienischen Städte an.

453 Attila stirbt in der Hochzeitsnacht mit der Germanin Hildiko.

454	Der römische Kaiser Valentinian III. tötet eigenhändig seinen eigenen Oberfeldherrn Aetius.
455	Schlacht am Fluß Nedao und Sturz des Hunnenkönigs Ellac. Ende des Hunnenreiches in ganz Europa. Germanen unter Führung des Gepidenkönigs Ardarich lösen sich von den Hunnen. – Erster gotisch-hunnischer Krieg. Geburt des späteren Gotenkönigs Theoderich der Große. Vandalen aus Nordafrika erobern und plündern Rom. Valentian III. wird vor der Front seiner Soldaten von Anhängern des Aetius getötet. Damit sind die drei großen Gegenspieler fast gleichzeitig von der Weltbühne abgetreten.
456	Ostgoten setzen sich an der Donau fest. Erster Angriff der Attila-Söhne Deng Tsik und Ernak gegen die Ostgoten in Pannonien. – Teile von Spanien werden von den Westgoten annektiert.
463/4-466	Zweiter gotisch-hunnischer Krieg. Deng Tsik und Ernak belagern Bassiana. Deng Tsiks Sturz.
469	Deng Tsik fällt in die Thrakische Diözese ein und wird getötet.
476	Germanische Legionäre setzen das Kind Romulus Augustulus als letzten römischen

Kaiser ab und rufen ihren Heerführer Odoaker zum König von Italien aus. Das ist das Ende des Weströmischen Reiches.

Personen

Anmerkungen:
* Alle wichtigen Personen sind durch Quellen belegt.
* Namensvereinheitlichungen mit -os stehen für oströmische, mit -us für weströmische Personen.

Adamos	Hunne, Verwalter der Hunnenkönigin Greka.
Aetius	(390-454) Flavius, Oberbefehlshaber (Heeresmeister) des Weströmischen Reiches aus Durostorum (Silistra) an der unteren Donau, Geisel bei Westgoten-König Alarich und den Hunnen, zeitweise befreundet mit Attila und sein Gegner auf den Katalaunischen Feldern. Ohne A. und die Hunnen ist der Fortbestand des weströmischen Kaisertums zwischen 425 und 454 kaum denkbar. Wird ein Jahr nach Attilas Tod von Kaiser Valentinian III. eigenhändig ermordet.
Aijbars Oebarsius	Hunne, der *Dunkle Mondpanther*, Bruder von Ruga, Oktar und Mundschuk, Schamane und wichtiger Berater Attilas.
Alarich I.	(374-410), Westgote, römischer Feldherr, wird zusammen mit den von Kaiser Theodosius I. angeworbenen westgotischen Legionären entlassen, versucht, ein eigenes Königreich mit Waffengewalt zu schaffen, belagert mehrmals Rom und erobert es 410.

Ammianus Marcellinus — Römischer Offizier, beschreibt die Verhältnisse der Donaugegend und der Schwarzmeerküste im 4. Jh., folgt aber der Pflicht seiner Zeit, Klischees antiker Autoren zu übernehmen, um seine Bildung nachzuweisen; eine Hauptquelle über die Hunnen.

Anatolios — Konsul, Senator, Oberbefehlshaber der Orient-Armee des Reiches, schließt 443 mit den Hunnenkönigen Attila und Bleda den »ersten Frieden des Anatolios«.

Andagis — Ostgotenfürst aus dem Geschlecht der Amelungen, tötet bei der Schlacht auf den Katalaunischen Feldern Westgotenkönig Theoderich.

Anian — 5. Bischof von Orleans; später St. Aignan; seine Biographie ist eine wichtige Quelle zu den Attila-Kriegen.

Arkadios — Arcadius, Flavius (377-408), Sohn von Theodosius; erster Kaiser des Oströmischen Reiches, Bruder von Honorius, dem ersten Kaiser des Weströmischen Reiches, sein Kaisertum geht 408 auf seinen erst 7jährigen Sohn Theodosios II. über.

Ardabur — Flavius, Sohn von Aspar, Alane, arianischer Germane, oström. General, befehligt die Truppen mit seinem Vater gegen die Vandalen in Africa (432-434), die Perser (441) und Attila (447-450); 471 werden er und seine Söhne umgebracht.

Ardarich	Ardariks, gepidischer Vasallenkönig Attilas ohne dynastische Bezüge und einer seiner wichtigsten Berater; kämpft mit Attila auf den Katalaunischen Feldern, zieht nach Attilas Tod mit den Ostgoten gegen dessen Söhne und vertreibt sie.
Armegiskulos	Armegisculus, 447 Oberbefehlshaber der Oströmer beim Kampf am Utus.
Aspar	Alane, oströmischer Feldherr 425-472, gewinnt trotz Schiffbruch seiner Truppen für Galla Placidia den Thron in Ravenna zurück; unterliegt 442 auf dem Chersonessos, der heutigen Halbinsel Gallipoli, in der ersten offenen Schlacht zwischen den Heeren den Hunnen; Vater von Ardabur.
Atakam	Hunne, Sohn von König Uldin, flieht mit seinem Bruder Mama nach Konstantinopel und wird 434 nach der erzwungenen Rückkehr gekreuzigt.
Athanarich	Kindlicher König der Westgoten, erfleht zusammen mit Alatheus und dem Alanen Safrax an der unteren Donau Einlaß ins Römische Reich.
Athawulf	Athaulf, König (reg. 410-415) der Westgoten, führt sein Volk nach Alarichs Tod 412 nach Gallien, verstößt dort seine Ehefrau und Alarichs Schwester mit ihren sechs Kindern, um Galla Placidia, die Tochter von Kaiser Theodosius I. heiraten zu können, bemüht sich erfolglos um ein Foedus mit

Jovinus, weil die barbarischen Verbündeten des Usurpators in ihm einen Konkurrenten sehen. Wird 415 in Spanien ermordet.

Attalus — Stadtpräfekt Roms, General, vom römischen Senat 408 gewählter Gegenkaiser zu Honorius im Gefolge der Gotenkönige Alarich und Athawulf.

Attila — (395-453), der wirkliche Name ist nicht überliefert, got. »Väterchen«, in seiner Jugend Geisel am weströmischen Kaiserhof, König der Hunnen und zeitweise römischer General (Magister militum), zwingt Ost- und Westrom zu Tributen, ist an Strafexpeditionen gegen die Burgunden im Auftrag Roms beteiligt; Gegner von Aetius bei der unentschieden endenden Großschlacht auf den Katalaunischen Feldern; stirbt in der Nacht der Hochzeit mit der Germanin Hildiko. In der germanischen Sage fließen A., Ostkönig Oktar und der weströmische Oberbefehlshaber Aetius als »Etzel« zusammen; einen Burgundenzug zur Hochzeit nach Wien oder Ungarn hat es nie gegeben.

Augustinus — Aurelius (354-430), ab 396 Bischof von Hippo Regius, Kirchenvater aus Numidien (Algerien), schreibt gegen die Barbaren aus dem Osten und über »De civitate dei – vom unverlierbaren Staat Gottes«.

Avienus — Weströmischer Konsul, Leiter der Bitt-Delegation mit Papst Leo I. zu Attila im Jahr 452.

Balamber — Großkönig der Hunnen, schließt den ersten Tributvertrag mit Rom über 300 Pfund Gold im Jahr.

Bleda — Der *Weise Herrscher*, älterer Bruder von Attila, König der Hunnen ab 434; wird nach elfjähriger Herrschaft ermordet. Danach fällt die Alleinherrschaft Attila zu.

Bonifatius — Röm. Feldherr (422-432), Befehlshaber in Africa, ruft die Vandalen unter Geiserich nach Africa, unterliegt ihnen 430 in Numidien; 432 von Galla Placidia zum Patricius erhoben und nach Rom gerufen, soll er Aetius ablösen. Stirbt im Kampf gegen Aetius; sein Schwiegersohn Sebastianus wird sein Nachfolger als oberster Feldherr Westroms.

Carpilius — Carpilio, Sohn von Aetius, weström. Experte für hunnische Angelegenheiten, nach 435 Gesandter am Hof von König Bleda.

Cassiodorus — Senator, Großvater des gleichnamigen späteren Schriftstellers und gotenfreundlichen Ministers, begleitet Carpilius zum Hunnenhof.

Chrysaphios — Eunuch, oberster oströmischer Minister, Praepositus sacri cubiculi (440-472), plant mehrmals einen Anschlag auf Attila.

Constans — Sohn des Usurpators Constantin III., Caesar, begünstigt das Eindringen der Germanen in Gallien; 410 zum Augustus erhoben, will C.

nach Spanien, wird aber geschlagen und in Vienna ermordet.

Constantin III. — Römischer General, schlägt sich in Britannien mit einem Gegenkaiser, wird 407 vom Heer in Britannien zum Augustus erhoben und auch in Gallien anerkannt. Honorius schickt aber 411 Constantius gegen ihn, C. kapituliert, Honorius läßt ihn töten.

Constantius — Flavius aus Naissos, Magister militum, Konsul, Augustus 421. Besiegt Constantin III., zwingt die Westgoten 416 zum Abschluß eines Foedus, daraufhin wird Galla Placidia an Rom ausgeliefert und gegen ihren Willen 417 mit ihm vermählt, stirbt 421, Kinder: Valentinian III. und Honoria.

Deng Tsik — * ca. 416, Dänzig, *Der dem Meer und dem Himmel ähnlich ist*, oder auch »kleiner See«, Attilas zweiter und ihm ähnlichster Sohn, nach dessen Tod König (455-469) des hunnischen Restreiches am Schwarzen Meer.

Diokletian — Vom einem einfachen Soldaten zum römischen Kaiser (284-305) und Gott aufgestiegen, Verwaltungsgenie und erbitterter Christenverfolger.

Donath — Donatos, um 412, evtl. hunnischer Ostkönig (unsicher).

Edekon — Gebürtiger Hunne mit germanischem Namen, Vasallenkönig von Attila, Kommandant der skirischen Hoftruppen von Groß-

	könig Bleda, wird von Konstantinopel beauftragt, Attila umzubringen. Gegner von Orestes, dem Vater des letzten römischen Kaisers Romulus Augustulus. Vater von Odoaker, der den letzten Imperator Westroms besiegt.
Ellac	* ca. 412, Attilas und Grekas erster Sohn; der Name kann auch den Titel eines Fürsten über die Akatzieren bedeuten, König 449-453.
Epigenes	Oströmer, Begleiter Plinthas' in der Gesandtschaft zu Hunnenkönig Rugas Nachfolgern.
Ermanerich	Hermanarich, (350-375), König der Ostgoten aus dem Geschlecht der Amelungen von der Ostsee bis zum Schwarzen Meer; grausamer Tyrann, zählt 17 unterworfene Völker, z.B. Heruler, Skiren, Iranier, Slawen zu seinem Machtbereich, wird 375 von den Hunnen unterworfen.
Ernak	* ca. 428, Irnik, Attilas dritter und liebster Sohn mit unbekannter Mutter (im Buch Svanhild drei), König (455-?) des östlichen Hunnenreiches.
Eskam	Einziger bekannter hunnischer Großgrundbesitzer und Schamane an der unteren Donau, Schwiegervater von Attila.
Esla	Der *Große Alte* aus den Ostprovinzen, Vertrauter von Großkönig Ruga, geht zu Attila und Bleda über.

Eudo	Eudoxius, Arzt, Anführer gallischer Bagauden (Partisanen), flüchtet zu Attila.
Eudokia (1)	Athenais aus Athen, mit Kaiser Theodosios II. verheiratet. Seit 423 Augusta, 422 gebiert sie Eudoxia, 431 Flacilla. Fleht den Blitz auf Hunnenkönig Ruga herab, was für das römische Westreich schlimmere Folgen hat als für die Hunnen.
Eudokia (2)	Enkelin von Eudokia (1), Tochter von Eudoxia (2) und Kaiser Valentian III., * 439, ab 445 mit Geiserichs Sohn Hunerich verlobt, 455 mit ihrer Mutter von Geiserich nach Africa entführt.
Eudoxia (1)	Aelia, Gemahlin von Kaiser Arkadios, gebiert 397 Flacilla, 399 Pulcheria, 400 Arcadia, 401 den späteren Kaiser Theodosios II., 403 Marina, seit 400 Augusta, beherrscht ihren Mann, wird aber selbst von Hofdamen und Eunuchen beeinflußt.
Eudoxia (2)	Licinia, * 422, Enkelin von Eudoxia (1), Tochter von Theodosios II. und der Eudokia (1); heiratet 437 Valentinian III., 439 Augusta, 439 und ab 450 in Rom, wird 455 von Petronius Maximus, dem Mörder ihres Mannes, zur Heirat gezwungen, 455 von Geiserich mit ihren Töchtern nach Africa entführt.
Eugenius	Vermögensverwalter und Geliebter von Justa Grata Honoria, wird hingerichtet, nachdem er sie geschwängert hat.

Eurich	(440-484) König der Westgoten, gelangt durch die Ermordung seines Bruders Thorismund an die Macht.
Flavier	Römisches Kaisergeschlecht von 364-455.
Frithigern	König (367-382) der Westgoten, als Arianer Gegenspieler des heidnisch gebliebenen Athanarich, erhält von Valens 376 die Genehmigung zum Überschreiten der Donau. Weitere Unzufriedene um sich sammelnd, schlägt er am 9. August 378 Valens bei Adrianopel vernichtend.
Galla Placidia	Aelia Galla P. (ca. 390-450), Tochter aus zweiter Ehe von Kaiser Theodosius I.; Halbschwester des Kaiser Honorius, heiratet 414 Athawulf, den Schwager und Nachfolger von Westgoten-König Alarich I.; wird nach einem Foedusvertrag ausgeliefert, 417 gegen ihren Willen mit General Constantius verheiratet. 421 flieht die zur Augusta erhobene und dann erneut verwitwete P. mit ihren Kindern (Honoria – die spätere Verlobte des Hunnenkönigs Attila – und Valentinian) Anfang 423 nach Konstantinopel, erobert aber 425 mit oströmischer Hilfe trotz drohenden Eingreifens von Aetius und 60 000 Hunnen den vom Usurpator Johannes besetzten Thron zurück. Für weitere 25 Jahre die eigentliche Herrscherin im Westteil des Imperium Romanum.
Gaudentius	Aus Durostorum (Scythia, Niedermoesien), Vater von Aetius, zerstört als Befehlshaber in

	Africa (399-401) Tempel und Götterbilder in Karthago, kommt als Magister equitum und Militäroberbefehlshaber von Gallien bei einer Revolte um.
Geiserich	Giserix, König der Vandalen (390-477), als unehelicher Fürstensohn jahrelang nur Feldherr, nach einem Sturz vom Pferd hinkend, Gegner von Aetius, verabredet mit Attila dessen Zug gegen Gallien, erobert Karthago, Korsika, Sardinien, Sizilien und plündert Westrom (455).
Generidus	Kommandeur der weströmischen Streitkräfte in Oberpannonien, Noricum und Raetien bis zu den Alpen, wird 409 von Kaiser Honorius zum Sonderführer der Truppen in Dalmatien ernannt.
Goar	König der Alanen, siedelt nach seinem Einfall in Gallien (406/407) mit dem Hauptteil seines Volkes als Föderat der Römer in der Gegend von Mainz.
Gratian	Wird als 16jähriger weströmischer Kaiser (367-383), Sohn von Valentian. Gratian zieht von Mailand aus gegen die Alamannen in Raetien, in Lyon ermordet.
Greka	Hreka, Arykhan, die *Reine Fürstin*, erste Ehefrau von Attila, Mutter von Ellac und Deng Tsik.
Gundahar	Gunther, König der Burgunden, als diese unter Bruch des 413 mit Kaiser Honorius ge-

schlossenen Foedusvertrages in Belgica I einbrechen, im Auftrag Roms 436 von den Hunnen bestraft und etwas später von Aetius im späteren Burgund angesiedelt werden. Aus der Niederlage der Burgunden entsteht später das idealisierende Nibelungenlied.

Gundebaud	Ältester Sohn von Frankenkönig Chlogio und Fürst der ripuarischen (linksrheinischen) Franken, kämpft mit Attila gegen Aetius und seinen jüngeren Bruder Merowech, während seine Mutter bei Attila bleibt.
Heraclius	Eunuch und Vertrauter von Kaiser Valentinian III., Anführer der Gegner von Aetius, überredet den Kaiser zur Ermordung von Aetius und wird 455 selbst ermordet.
Hildiko	Ildico, Attilas letzte Frau, im Nibelungenlied mit Krimhild verbunden.
Honoria	(416 o. 417-450) Justa Grata, Tochter von Kaiser Constantin III. und Galla Placidia, Schwester von Valentinian III., verlobt sich mit Attila, der als Mitgift Gallien verlangt.
Honorius	Flavius, * 384 in Konstantinopel als Sohn von Theodosius dem Großen, mit elf Jahren erster Kaiser des weströmischen Reiches, Bruder von Arkadios, dem ersten Kaiser des oströmischen Reiches; Halbbruder von Galla Placidia, regiert zunächst in Mailand, ab 402 in Ravenna. Heiratet Stilichos Töchter Maria (398-408) und Thermantia (408); vollzieht aber die Ehe nicht.

Hunerich	Sohn von Vandalenkönig Geiserich, soll auf Befehl seines Vaters in 2. Ehe das Kind Licinia Eudoxia, die Tochter Kaiser Valentinians III., heiraten. War aufgrund von Friedensverträgen 435 oder 442 ebenfalls Geisel in Rom.
Hunimund	Sohn von Balamber und Ermanerichs Enkeltochter, »Schützling der Hunnen«, ostgotischer Vasallenkönig der Hunnen nach Ermanerich.
Hyacinthus	Eunuch, überbringt Attila den Ring von Prinzessin Honoria, wird nach seinem Geständnis unter Folter von den Römern enthauptet.
Johannes	Primicerius notariarum, wird im Dezember 423 in Rom zum Kaiser erhoben. Um den Westen der theodosianischen Dynastie zu erhalten, schickt Theodosius im Herbst 424 ein Heer unter Ardabur und dessen Sohn Aspar gegen Johannes. Da das Gros seiner Armee zum Kampf gegen Bonifatius aufgebrochen war, schickt der Kaiser Aetius um Hilfe bei den Hunnen. 60 000 Hunnen kommen 425 zu spät, denn Johannes ist bereits hingerichtet.
Kharaton	*Der schwarze Mächtige*, Großkönig (≈412) der Hunnen, empfängt als einer der ersten Hunnen offizielle römische Gesandtschaften.
Konstantin I.	Der Große, erster christlicher Kaiser (325-337) des römischen Reiches, Sohn eines Cae-

	saren und einer Schankwirtstochter aus Makedonien; erhebt Byzanz (Konstantinopel) an Stelle Roms zur Hauptstadt, führt die Gold-Solidi (auch: Solidos) als Münze mit stabilem Wert ein. Unter ihm besteht bereits ein erheblicher Teil des römischen Heeres bis in höchste Offiziersränge aus Germanen.
Konstantinos	Flavius, Konsul 457, Patricius, baut 447 die durch ein schweres Erdbeben zerstörten Mauern von Konstantinopel wieder auf und geht 464 als Gesandter zum Perserkönig.
Laudarich	Laudarix, Zweitkönig der gotisch-germanischen Gepiden, enger Berater Attilas, fällt 451 in der Schlacht auf den Katalaunischen Feldern, vermutl. begraben im wiederentdeckten Fürstengrab von Pouan bei Troyes.
Leo	der Große (399-461), bezeichnete sich selbst als erster Papst im heutigen Sinn; schützt Rom vor Attila im Austausch gegen oberitalienische Städte. Zwei Jahre nach dem Tod Attilas fleht er bei Vandalenkönig Geiserich vergeblich um Gnade für Rom.
Litorius	Heide, Adlatus und Stellvertreter von Aetius; kommandiert auch Hunnen in Gallien; kommt dabei im Befriedungskrieg mit dem westgotischen Königreich in Gallien um.
Lupus	Bischof von Troyes, war zuvor wohlhabend und verheiratet, führt Attilas Heer 451 auf geheimen Partisanenwegen zum Rhein zurück.

Mama	Sohn von Hunnenkönig Uldin mit seiner dritten Frau; flieht mit seinem Bruder Atakam nach Konstantinopel und wird nach seiner Rückführung 434 in der Festung Karsos von den Hunnen gekreuzigt.
Mao-Tun	(234-214 v. Chr.), König der ursprünglichen Hunnen, greift mehrfach erfolglos China an.
Markianos	Flavius Julius Valerius (* 392), oströmischer Kaiser (450-457), Thrakier, Kandidat der »blauen« Partei, Ex-Offizier und Adjutant von Aspar, muß als Gegenleistung für seine Erhebung die Augusta Pulcheria in Josefsehe heiraten. Entschiedener Gegner von Attila.
Maximinos	Comes und Magister scriniorum, wirkt bei der Abfassung des *Codex Theodosianus* mit und geht 449 als oströmischer Gesandter an den Hof von Attila, wird von Priskos begleitet.
Merowech	Fürst der salischen Franken, jüngerer Sohn des 448 verstorbenen Königs Chlogio. Gründungskönig der fränkischen Merowinger.
Mundschuk	Mundzucus, *Knauf und Schmuck der Fahne*, Großkönig (415-420) der Hunnen, Vater von Bleda und Attila.
Nomos	Konsul, Patricius, 450 Delegationsleiter Ostroms.
Odoaker	(433-492) Skire, Sohn von König Edekon, ei-

	nem Vasallen Attilas, germanischer Feldherr und »Patricius der Römer«. Von seinen Truppen zum König ausgerufen, stürzt er 476 den letzten weströmischen Kaiser Romulus Augustulus; wird im Auftrag Ostroms von den Ostgoten unter Theoderich I. getötet.
Oktar	Uptar, der *Brave Starke*, östlicher Hunnenkönig (?-430) zusammen mit seinem Bruder Ruga.
Olympiodoros	Griechischer Historiker, nimmt 412 an einer Delegation zu König Kharaton teil. Wichtige Quelle der Hunnenforschung.
Onegesios	Hunigis (-ios), Grieche, Bruder von Scottas, erster »Minister« und wichtigster Berater Attilas, dritter Mann nach ihm und seinem Onkel Aijbars.
Optila	Hunne im engeren Gefolge von Aetius, rächt diesen gemeinsam mit Aetius' Schwager Traustila (Trasila) am 16. März 455, indem er den weströmischen Kaiser Valentinian III. umbringt, womit er seine Aufgabe als Mitglied der Leibgarde erfüllt.
Orestes	Um 448 Sekretär Attilas, Sohn von Tatulus, einem Gutsbesitzer aus Savia; wird oberster Heeresmeister, ernennt seinen Sohn Romulus Augustulus zum letzten weströmischen Kaiser. Da er die Forderungen seiner Soldaten nicht erfüllt, erschlagen sie ihn unter Odoaker 476 in Placentia.

Plinthas | Gote, Magister militum im Osten, Konsul 419, Arianer, evtl. Schwiegervater von Aspar, trifft 434/435 als Gesandter Ostroms mit Attila in Margus zusammen.

Priskos | Panites (411-474), griechischer Geschichtsschreiber aus der oströmischen Provinz Europa bei Konstantinopel, begleitet die oströmische Gesandtschaft von Maximinos zu Attila. Sein 450 veröffentlichter Bericht ist die wichtigste, wenn auch parteiische Quelle über die Hunnen.

Pulcheria | (* 398) Tochter von Arkadios, Schwester von Theodosios II., gelobt in ihrem 14. Lebensjahr öffentlich ewige Keuschheit und überredet ihre Schwestern Arcadia und Marina, dasselbe zu tun. Augusta ab 4. Juli 414, sehr fromm, später mit großem Einfluß auf Kaiser und Ehemann Markianos.

Radagis | Germanischer (ostgotischer) Heerführer, versammelt 200 000 Ostgoten, Sarmaten, Alanen, Quaden und Vandalen, um während der Streitigkeiten zwischen den beiden in weströmischen Diensten stehenden Heerführern, dem Westgoten Alarich und dem Vandalen Stilicho, die Donau zu überschreiten und (405/406) über die Alpenpässe in Italien einzufallen; wird von beiden mit Hilfe von Hunnen vernichtet.

Romulus Augustulus | (459-484) »das Kaiserlein«, letzter weströmischer Kaiser, Sohn von Orestes, 476 von den Germanen Odoakers abgesetzt.

Ruga	Ruga (um 380-434), zunächst zusammen mit seinem Bruder Oktar König des Hunnenreiches. Einigt nach dessen Tod die aus Westasien nach Südeuropa eingewanderten Hunnen in einem Staatswesen am Mittellauf der Donau (im heutigen südlichen Ungarn). Er schafft ein stehendes Heer und vererbt sein Reich an seine Neffen Bleda und Attila.
Sangiban	König der Alanen, Nachfolger von Goar; mit Einverständnis der Westgoten Statthalter von Orleans, bietet Attila die Stadt an, muß aber mit Aetius auf den Katalaunischen Feldern gegen ihn kämpfen.
Saul	Alane, 394 Kommandant von Theodosios Föderatenkontingenten, wird im August 408 zusammen mit anderen Generalen in Ticinum ermordet.
Scottas	Grieche, Bruder von Onegesios, einer der wichtigsten Berater Attilas.
Sebastianus	Schwiegersohn von Bonifatius, nach dessen Tod 432 sein Nachfolger als weströmischer Oberbefehlshaber, muß 433 nach Ostrom fliehen.
Serena	Lieblings(pflege)tochter von Kaiser Honorius. Ehefrau von Stilicho, Mutter von Maria, Eucherius und Thermantia, in Rom wegen (wahrscheinlich fingiertem) Hochverratsverdacht hingerichtet.

Sigerich	415 König der Westgoten.
Sigisvultus	437 Mitkonsul von Aetius.
Stilicho	(365-408), vandalischer Herkunft, aber bereits als Römer geboren, übernimmt ab 395 als erster germanischer Generalissimus des weströmischen Reiches die Befehlsgewalt für den unmündigen weströmischen Kaiser Honorius und verteidigt Westrom an allen Fronten, verheiratet seine Töchter mit dem Kaiser, wird 408 beim Kirchgang erstochen.
Svanhild	Sunilda, Ehefrau des Rosomonenvertreters am Hof des Gotenkönigs und als spionierende Geliebte Hermanarichs von Pferden zerrissen. Ihre Brüder töten den Gotenkönig am Vorabend der großen Begegnung mit den Hunnen.
Svanhild I.- V.	Erdachte Nachkommen der Sarmaten bzw. Amazonen nördlich des Schwarzen Meeres.
Tatulus	Gutsbesitzer in der Provinz Noricum mediterraneum, Vater von Attilas Sekretär Orestes und Großvater des letzten römischen Kaisers Romulus Augustulus.
Theoderich I.	König der Westgoten (418-451). Macht Tolosa zur Hauptstadt des ersten germanischen Königreichs auf römischem Boden, mehrmals von Römern belagert, zieht nach langem Zögern 451 mit Aetius gegen Attila und fällt auf den Katalaunischen Feldern.

Theoderich II.	König der Westgoten 453-466, Sohn Th.s I., erneuert das Foedus mit Rom und überredet 455 seinen Lehrer Avitus, Kaiser zu werden; 466 von seinem Bruder ermordet.
Theodosius (I.)	(346-395) der Große, römischer Kaiser, verbietet die Olympischen Spiele, letzter römischer Alleinherrscher; nach seinem Tod wird das römische Reich unter seine Söhne Honorius (Westrom) und Arkadios (Ostrom) aufgeteilt. Vater von Galla Placidia.
Theodosios II.	(* 10. April 401) ab 409 Augustus und Nachfolger von Arkadios als Kaiser (reg. 408-450) von Ostrom, Bruder von Kaiserin Pulcheria, drei weitere Schwestern. Entschließt sich mit 30 Jahren zur ehelichen Enthaltsamkeit mit seiner Frau Eudokia. Sein *Codex Theodosianus* ist ein Ursprung des modernen bürgerlichen Rechts; schwach gegen die Hunnen und Attila.
Thorismund	König der Westgoten (reg. 451-453) folgt seinem im Kampf gegen Attila auf den Katalaunischen Feldern gefallenen Vater Theoderich; 453 von seinen Brüdern ermordet.
Traustila	Trasila, Hunne im Gefolge von Aetius, rächt diesen am 16. März 455, indem er den weströmischen Minister Heraclius umbringt.
Trigetus	Präfekt der Ewigen Stadt, Mitglied der Friedensdelegation des Jahres 452 zu Attila.
Uldin	Der *Oftmals Glückliche*, westlicher Hun-

nenkönig (399-410), im Rang niedriger als Balamber, vermutlich Großvater Attilas. U. besiegt 400 den Rebellen Gaina und schickt seinen Kopf nach Konstantinopel, besiegt 405 mit dem römischen Feldherrn Stilicho bei Fiesole/Toskana den Ostgotenanführer Radagis. 408 überschreitet er die untere Donau, wird besiegt und muß sich schmachvoll zurückziehen.

Valamir — Walamir, *Von gutem Ruf*, von Attila nach Jahren ohne Herrscher wieder über die Ostgoten eingesetzter König (447-467), kämpft mit Attila auf den Katalaunischen Feldern gegen das Heer des Imperiums.

Valens — Flavius, Römischer Kaiser (reg. 364-378), verliert 378 bei Adrianopolis gegen die über gebrochene Verträge erbosten Westgoten unter Frithigern Schlacht und Leben.

Valentinian III. — Flavius Placidius, weströmischer Kaiser (424-455), geb. 419 zu Ravenna als Sohn von Constantius III. und Galla Placidia; als Fünfjähriger 424 in Thessaloniki zum Caesar und 425 vom oströmischen Kaiser Theodosios II. zum Kaiser der westlichen Reichshälfte ausgerufen; erschlägt 454 eigenhändig den übermächtig gewordenen Aetius und wird 6 Monate später (am 16. März 455) von Aetius' hunnischen Leibwächtern ermordet.

Viderich — Der Knabe und Gotenkönig Viderich erfleht zusammen mit Alatheus und dem Alanen Safrax Einlaß ins Römische Reich.

Vigilas	Oströmischer Dolmetscher, Vertrauter des Obereunuchen Chrysaphios in Byzanz, in Attentatsversuch auf Attila verwickelt, wird hingerichtet.
Vinitharius	Ostgotischer König 376-405, Sohn von Ermanerich und Gegner der Hunnen.
Vallia	(386-418) König der Westgoten, besiegt im Auftrag des Imperiums Alanen und Germanen in Spanien.

Völker

Europa hatte zu Attilas Zeit ca. 20 Milionen Einwohner (heute 650 Millionen)

Amazonen	Sarmaten nördlich des Schwarzen Meeres; weibliche Krieger, durften nicht heiraten, ehe ein Feind getötet worden war.
Akatzieren	Von den Hunnen unterworfener Stamm am Schwarzen Meer in der Nähe der Krim.
Alamannen	»Alle Männer«, der westgermanische Volksstamm kämpfte erfolgreich gegen die Römer und dehnte sein Reich während der Völkerwanderung vom Main bis in die Alpen aus; nach 496 dem Frankenreich eingegliedert.
Alanen	Iranisches Reitervolk, dehnte sich seit dem 1. Jh. v. Chr. nördlich des Kaukasus bis in die Ukraine aus; um 370 von den Hunnen unterworfen, schlossen sich die A. teilweise diesen und teilweise den Goten und anderen germanischen Stämmen an – z.B. den Vandalen, mit denen sie 429 bis nach Nord-Afrika kamen.
Amaler, Amelungen	Ostgotisches Königsgeschlecht, kämpfte mit Attila bei den Katalaunischen Feldern.
Amilzur	Stamm im Gefolge der Hunnen.
Asdinger	Königsgeschlecht der Vandalen.

Armoricaner	Keltische Rebellen im Nordwesten Galliens (Bretagne) und an der Loire.
Bagauden	Bund der mehr als 150 Jahre immer wieder gegen Westrom rebellierenden gallischen Bauern in der Loiregegend bzw. Bretagne.
Baltha	Balten, gotisches Fürstengeschlecht, nicht mit den heutigen Balten identisch.
Boisker	»Die Verschwägerten«, vom Maiotischen Sumpfmeer nach Ostrom gezogener Stamm im Gefolge der Hunnen.
Burgunden	Kleiner germanischer Volksstamm aus dem Weichselgebiet, der sich nach seiner Ansiedlung am Rhein durch Überfälle auf die weströmische Provinz Belgica unbeliebt machte und mehrfach durch Strafexpeditionen befriedet wurde. Nach dem letzten Kampf gegen die im Auftrag Roms kämpfenden Hunnen in die Saupadia, das heutige Burgund, umgesiedelt.
Franken	Germanischer Stamm (»die Freien und Frechen«), mehrmals von römischen Kaisern (u.a. Aurelian) vernichtend geschlagen; Vorstöße bis nach Spanien und Nordafrika; gnadenlose Zerstörer römischer Siedlungen und Städte in Gallien, gelegentlich gemeinsam mit den Römern und Hunnen oder auch gegen sie kämpfend, gelang ihnen nach der Niederlage ihres legitimen Thronfolgers vor der Schlacht auf den Katalaunischen Feldern und dem Tod von Aetius der Durchbruch

	auf den Trümmern des römischen Reiches. Aus den Anführern der Salier zwischen Maas und Somme entstand das Geschlecht der Merowinger. Dem Bruderstamm der ripuarischen (linksrheinisch zwischen Maas, Rhein und Mosel) Franken entstammen die Pippine als Hausmeier (Major domus) der Merowingerkönige, die Vorfahren Karls des Großen.
Friesen	»Die Hünen«, das einzige germanische Volk, das nicht an der Völkerwanderung teilgenommen hat.
Gepiden	Ostgermanen, ursprünglich Teile der Goten, blieben im 2. Jh. im Weichseldelta zurück und entwickelten sich zum selbständigen Volk mit starkem Erbkönigtum. Mitte des 3. Jh. wanderten sie unter Aufnahme fremder Gruppen südwärts bis Dakien (Siebenbürgen, Karpatenbecken, Transsylvanien). Um 400 abhängig von den Hunnen, nach Attilas Tod Gegner der restlichen Hunnen.
Germanen	Sammelbegriff für eine Gruppe von Völkern, der sowohl von den Griechen als auch von Caesar in seinem Werk über den Gallischen Krieg verwendet wird. Bis heute ist unklar, ob die Germanen aus einem indoeuropäischen Urvolk hervorgegangen sind. Sie müssen aber irgendwann nach dem Ende der letzten Eiszeit vor etwa 10 000 Jahren aus südlichen Richtungen in die Regionen an Nord- und Ostsee eingewandert sein, die sie während der Völkerwanderung wieder verließen. Die Ur-

germanen werden von den Griechen als dunkelhäutig geschildert.

Goten	Der Name bedeutet wahrscheinlich »Volk«. Im späten 2. und im 3. Jh. drangen einige Gruppen der germanischen Goten bis an die Ufer des Dnjepr vor. Sie trafen auf pontische, sarmatische, baltische und andere germanische Völker, die sich unter ihrer Führung zu einem mächtigen Bündnis zusammenschlossen. Durch ihre ständige Expansion kamen sie in gewaltsame Konflikte mit Rom. Sie überfielen die östlichen Provinzen des Imperiums um das Schwarze Meer und drangen tief in das Reich ein. Nur unter großen Schwierigkeiten gelang es den Kaisern Claudius II. 262 und Aurelian 271, die Goten zu besiegen. Aus den Resten des großen germanischen Bündnisses entstanden zwei neue Stammesverbände: Östlich des Dnjestr sammelte die königliche Familie der Amaler die Geschlagenen zu einem neuen Königreich der Greutungen (siehe Ostgoten). An der unteren Donau entstand eine dezentrale, aber vitale Gesellschaft unter Führung der sogenannten Terwingen (siehe Westgoten).
Greutungen	(Siehe Ostgoten)
Hunnen	Im Chinesischen Hiung-nu; Sammelbezeichnung für mehrere nomadische Hirten- und Reitervölker, die vor mehr als 5000 Jahren (2697 v. Chr.) in den Ebenen Innerasiens und durch Reichsgründungen in Ost-Asien

(China, Mongolei), Süd-Asien (Indien, Persien) und auch in Südost-Europa in ihrer Bewegungsfreiheit eingeengt wurden. Sie zwangen diese Reiche häufig zu Tributleistungen und Heeresfolge. 375 überschritten sie Wolga und Dnjepr und drängten die hier vor ihnen ausgewichenen oder zwei Jahrhunderte vor ihnen aus dem Ostseeraum eingewanderten Völker über die Donaugrenze des Imperium Romanum. Letztes großes Machtzentrum der Hunnen unter Attila war die Theißebene. Nach dem Ende des letzten Großkönigs verlieren sich die Hunnen.

Kelten — Indo-germanisches Volk ab etwa 1200 v. Chr. in Mittel- und Westeuropa und auf den Britischen Inseln.

Langobarden — Germanisches Volk mit der Urheimat zwischen Skandinavien und der Unterelbe. Ein durch Los bestimmtes Drittel des damals noch Winniler genannten Volkes mußte wegen Überbevölkerung unter der Führung des mythischen Brüderpaars Ibor und Agio auswandern. Zu Beginn der Markomannenkriege überschreiten 166 n. Chr. 6000 Langobarden und Obier die mittlere Donau, nachdem ihnen Kaiser Mark Aurel die Aufnahme ins Römerreich verwehrt hat. Sie werden vernichtend geschlagen. Sieben Generationen später sind die Langobarden der wichtigste Machtfaktor an der mittleren Donau und im Karpatenbecken im Rahmen byzantinischer Balancepolitik und fränkischer Großmachtbestrebungen. Sie kämpfen auf den Katalaunischen Feldern gegen die Hunnen.

Markomannen	»Bewohner einer Mark«, Sueben, ursprünglich von der mittleren Elbe, 433 in Pannonien unter die Herrschaft der Hunnen geraten, nahmen 451 ohne eigenen König am Zug Attilas gegen Gallien teil.
Ostgermanen	Nach der antiken Ethnographie neben Herminonen, Ingvaeonen und Istvaeonen der vierte Kultverband der germanischen Stämme beiderseits der Oder, bestehend vor allem aus Rugiern, Burgunden und Vandalen.
Ostgoten	(Austrogothi = evtl. »strahlende Goten«) Germanenstamm aus Skandinavien, der beim Auftauchen der Hunnen um 375 in seinem Siedlungsgebiet an der Mündung des Borysthenes (Dnjepr) nur durch Unterwerfung überleben konnte. Sie wurden auch »Greutungen« (Feldleute) genannt, die von den Hunnen leichter untertan zu machen waren als die »Terwingen« (Waldleute) = Westgoten. Ein Teil des Volkes blieb an der Grenze zwischen Europa und Asien zurück. Der Kern der Ostgoten kämpfte unter drei königlichen Brüdern für Attila und wendete sich erst nach seinem Tod erfolgreich gegen seine Söhne.
Quaden	Das ursprünglich starke Reitervolk der suebischen Quaden hatte sarmatische Bräuche angenommen.

Rosomonen	Verbündete der Ostgoten.
Roxolanen	Sarmatischer Stammesverband, der ständig die römische Provinz Dacia angriff. 337 verließen sie auf Druck der Ostgoten die rumänischen Gebiete, ein Teil vereinigte sich mit den Jazygen im heutigen Ungarn.
Rugier	Germanischer Volksstamm (siehe Rugiland), der der Lehre des Arianismus anhing, hielt barbarische Goldschmiede durch das Durchschneiden von Fußsehnen am Königshof fest (wie in der Sage von Wieland dem Schmied). Zu Attilas Zeit in der Gegend um Wien angesiedelt.
Sassaniden	Persische Herrscherdynastie (227–651).
Sarmaten = Alanen	Volk iranischer Herkunft mit skythischer Sprache am Tanais; matriarchalische Nomaden mit Pferd und Wagen, ihre Frauen nahmen als Reiterinnen mit besonders wilden Attacken an Kämpfen teil. 4 Stämme: Iazyken, die königlichen Sarmaten und die Urgi wohnten zwischen Dnjepr und Donau, die Roxolanen weiter ostwärts zwischen Djnepr und Don. Alle zogen langsam westlich bis ins heutige Ungarn. Kaiser Constantinus nahm 300 000 auf und siedelte sie in Italien und im Balkan an. Später leitete der polnische Adel seine Herkunft von den Sarmaten ab, während das Volk abfällig den Goten und Gepiden zugerechnet wurde.
Skythen	Bezeichnung der Byzantiner für alle Völker

	im Norden der Donau, im Kern aber ein Volk im sibirisch-mongolischen Altaigebiet, das sich seit dem 7. Jh. v. Chr. von wenigen Zentren aus als Reiternomaden über die Steppen nach Westen hin ausbreitet und durch Kurgan-Gräber archäologisch erfaßbar wird.
Skiren	Ostgermanen, seit 381 Waffenbrüder und Hilfstruppen der Hunnenkönige.
Sueben	Volksstamm der Elbgermanen mit Ursprung im heutigen Mecklenburg, Sachsen-Anhalt und Thüringen.
Rugier	Ostgermanen.
Terwingen	(siehe Westgoten)
Vandalen	Stamm der Ostgermanen mit evtl. Ursprung in Jütland, siedelte im späteren Schlesien und am Nordrand des Riesengebirges. Während der Völkerwanderung zogen die V. über die griechische, italische und spanische Halbinsel bis in die römische Kornprovinz Africa. Sie eroberten unter Geiserich Karthago im heutigen Tunesien und 455 Rom. Befreundet mit den Hunnen und Attila.
Westgoten	(Visigoten = evtl. »edle Goten«, im Gegensatz zu den ostgotischen »Greutungen« = Feldleute auch »Terwingen« = Waldleute genannt.) Germanenstamm, der durch das Auftauchen der Hunnen um 375 aus seinem Siedlungsraum zwischen Karpaten, Donau

und Schwarzem Meer vertrieben wurde. Die christlichen W. drängten ins römische Reichsgebiet, wurden von der korrupten römischen Verwaltung schlecht behandelt und verhungerten fast. Sie besiegten Kaiser Flavius Valens bei Adrianopel. Der ihm folgende Kaiser Theodosius I., mußte sie als verbündeten Stammesverband mit eigenen Anführern auf römischem Boden siedeln lassen. Die W. zogen in einem verheerenden Marsch mit Waffengewalt durch Thessalien, die Thermopylen, ganz Hellas und den Peloponnes. Im Jahr 410 eroberten und plünderten die W. unter König Alarich I. Rom. Sein Schwager und Nachfolger Athawulf führte die W. bis nach Südgallien, wo sie ein eigenes »tolosianisches« Königreich auf dem Boden des Imperium Romanum errichteten, das bis zur Zerstörung durch die Mauren im Jahr 711 Bestand hatte.

Orte, Gegenden, Gewässer zur Zeit Attilas

Altinium	Versunkene Stadt an der Via Annia, Oberitalien.
Antiochia	Am Ende der Karawanenstraßen in Syrien, 395 von Hunnen erobert.
Aquileia	Mit 200 000 Einw. viertgrößte Stadt Italiens nach Rom, Mailand und Capua; neuntgrößte Stadt des gesamten Reiches. Die Südwestfassade der Südhalle des Theodorus, der heutigen Eingangsseite der Basilika aus Ziegelsteinen trägt noch heute Brandspuren von der Eroberung der Stadt durch Attila im Jahr 452.
Aquincum	Teil von Budapest auf dem westlichen Ufer der Donau, keltische Siedlung Ak-Ink; das spätrömische Legionslager des 4. Jh. schloß die Donau-Haupstraße in die Befestigung ein. Die Nibelungen Geschichte der Etzelburg auf den Ruinen des Amphitheaters von A. ist nur eine Sage.
Ariminum	Rimini an der Adria, Zielort der Via Flaminia und Beginn der Via Aemilia.
Arelate	Kaiserliche Residenz in Gallia Narbonensis, heute Arles.
Armorica	Tractus Armoricanus, Bretagne im Nordwesten Galliens, Stammland der rebellischen Bagauden.

Asimus	Musalewo, Stadt an der unteren Donau.
Augusta Raurica	Augst bei Basel (Kaiseraugst), keltische Siedlung, wichtige römische Grenzstadt, um 275 von den Alamannen zerstört.
Augusta Vindelicum	Augsburg, ehemalige römische Kaiserstadt, nach den Überfällen der Alamannen unbedeutend.
Barcino	Barcelona, iberische Gründung, in westgotischer Zeit Bischofsstadt.
Bergamus	Bergamo, Oberitalien, von den Hunnen 452 erobert.
Brexia	Brescia, Oberitalien, von den Hunnen 452 erobert.
Britannien	Römische Provinz, 406 aufgegeben.
Brolium	Saint Mesmin bei Troyes in der Champagne.
Brundisium	Brindisi in Unteritalien.
Burgund	Landschaft in Ostfrankreich nach der Umsiedlung der Burgunden von Worms 443.
Campania	Champagne zwischen Reims und Troyes.
Carnuntum	Donauübergang der Bernsteinstraße von der Ostsee bis zur Adria östlich von Wien, 395 geräumt, verfallen.

Carthago	Hauptstadt der römischen Getreideprovinz Africa, ab 439 Hauptstadt der Vandalen.
Castra Martis	Kula, wichtige römische Festung in Moesien (Dacia ripensis, heute Rumänien), 408 durch die Hunnen unter Uldin eingenommen.
Celeia	Cilli in Slowenien, Römerfestung an der Bernsteinstraße.
Châlons	Durocortorum Catalaunum an der Marne.
Chersonesos	Die taurische C. entspricht der Krim-Halbinsel (Ureinwohner: Taurier); gleichnamige griechische Stadt 4 km von Sewastopol entfernt.
Chersonessos	Die thrakische C. entspricht der Gallipoli-Halbinsel.
Colonia Agrippina	Köln/Rhein, ehemalige Römerfestung.
Concordia	Antike, versunkene Stadt in Oberitalien.
Crissos	Fluß Körös in der ungarischen Tiefebene, frühere Gepidengrenze.
Danaper	Borysthenes, als Fluß Dnjepr zum Schwarzen Meer, als Stadt Olbia.
Danaster	Tyras, Fluß Djnestr zum Schwarzen Meer.
Dazien	Dacia, Dakien, die letzte große Provinz, die Rom in Europa dem Imperium angliederte –

	im heutigen Rumänien, Siebenbürgen. Der Eroberungszug von Kaiser Trajan 101-105 ist schriftlich eher mangelhaft belegt, auf der römischen Trajanssäule hingegen hervorragend dargestellt.
Donau	Danubius, Ister, fast in ihrer gesamten Länge Grenzfluß des römischen Imperiums.
Deserta Boiorum	Neusiedler See zwischen Ostrand der Alpen und Donau, zu Attilas Zeit ostgotischer Siedlungsraum.
Durocortorum	Reims, Endpunkt der großen Römerstraße nach Basel (Kaiseraugst).
Durostorum	Silistra, Geburtsort von Aetius an der unteren Donau.
Emona	Römische Garnison an der Bernsteinstraße, Laibach, heute Ljubljana in Slowenien.
Gallien	Bis zur Gründung des westgotischen Germanenreiches von Tolosa dreigeteilt in Aquitanien, Celtica und Belgium.
Hadrianopolis	Kastell an der Heerstraße nach Konstantinopel, heute Erdine, Türkei.
Heracleia	Iregli am Marmarameer.
Hippo Regio	Stadt im römischen Nordafrika (bekannt vor allem als Ort des heiligen Augustinus, der die Eroberung durch die Vandalen noch erlebte).

Hypanis	Der Fluß Bug zum Schwarzen Meer.
Illyrien	Illyricum, von den Illyrern seit dem 4. Jh. v. Chr. besiedeltes Gebiet, das ungefähr Bosnien und Dalmatien und später Moesien, Dalmatien, Pannonien, Raetien und Noricum umfaßte. Unter Diokletian wurde I. eine der 4 Präfekturen, erweitert um Griechenland, Kreta, Makedonien, Dardanien und Dakien.
Katalaunische Felder	Campus Mauriacus, die Ebene nördlich der Römerstraße Basel-Reims bei Châlons-sur-Marne in der Champagne.
Konstantinopel	Byzanz (gr.) von Kaiser Konstantin zu seiner Hauptstadt des Imperium Romanum am Bosporus ausgebaut und 330 eingeweiht, seit der Teilung des Imperiums durch Theodosius Hauptstadt des oströmischen Reiches.
Loire	Fluß Liger in Gallien.
Mantua	452 von den Hunnen mit dem Einverständnis von Papst Leo geplündert.
Maiotisches Sumpfmeer	Maeotis Palus, Asowsches Meer.
Mediolanum	Mailand, bis 402 Kaiserstadt, 452 von den Hunnen geplündert.
Metz	Divodurum, am Ostersamstag 451 von den Hunnen abgebrannt.
Mincio	Fluß vom Gardasee zum Po, Zusammen-

	treffen von Attila mit Papst Leo (dem Großen).
Moguntiacum	Mainz
Mons Jovis	Großer St. Bernhard (Alpenpaß)
Margus	Fluß Margum, Morave, zwischen Donau und Niš, Stadt Margus an halber Wegstrecke.
Mundiacum	Lage ungewiß, soll die römische Krönungsstadt (411) der Burgunden gewesen sein.
Naissos	Niš, alte Thrakerstadt, Serbien, illyrischer Markt, am Nordufer Einmündung des Flusses Nischava in den südlichen Margus, Geburtsstadt Konstantins I.
Narbona	Narbonne, wichtige römische Verwaltungsstadt in Gallien.
Noricum mediterraneum	Römische Provinz zwischen Alpenhauptkamm und dem Fluß Drau.
Noricum ripense	Römische Provinz Ufernoricum an der mittleren Donau im heutigen Österreich.
Odessos	Varna, oströmische Stadt am Westufer des Schwarzen Meeres.
Orleans	Genabum (der kelt. Carnuten) Civitas Aurelianorum an der Loire, Bischofsstadt, westgotisches Tor nach Norden.
Osima	Stadt an der unteren Donau.

Oxos	Fluß Amu-darja; östlichster Rand der griechischen Welt.
Padus	Fluß Po in Oberitalien mit verzweigtem Delta ins Hadriatische Meer.
Pannonien	Mehrfach veränderte römische Provinz südlich und westlich der Donau mit Bergen in mäßiger Höhe.
Paris	Lutetia, seit 3. Jh. Civitas Parisiorum, Bischofsstadt, Metropole Paris auf der Seineinsel.
Patavia	Padua, Oberitalien, 452 von den Hunnen erobert.
Pelso Lacus	Balaton, Plattensee in der Provinz Valeria.
Phillippopolis	Garnison an der Heerstraße nach Konstantinopel im heutigen Plovdiv in Bulgarien.
Placentia	Piacenza, 452 von den Hunnen zerstört.
Poetovio	Römische Garnison an der Bernsteinstraße im heutigen Pettau, Slowenien.
Pontus Euxinus	Schwarzes Meer.
Pyretus	Pruth, Fluß zum Schwarzen Meer.
Raetien	Römische Provinzen: Raetien I umfaßt das Gebiet um Augsburg, Raetien II das Donautal zwischen Straubing und Passau.

Ratiaria	Artschar, an der unteren Donau in Rumänien.
Ravenna	Stadt mit ehemals großem Hafen am Ionischen Golf (Adria), geschützt durch Sümpfe, nach Mailand von 404 bis 448 Sitz des weströmischen Kaiserhofes.
Rhein	Rhenus, zweiter großer Grenzfluß des Imperium Romanum.
Rom	Roma, Verwaltunghauptstadt (1,2 Mio Einwohner) des weströmischen Reiches; der kaiserliche Hof befand sich zur Zeit Attilas zeitweise in Ravenna.
Rugiland	Krems im heutigen Niederösterreich, Sitz der ostgermanischen Rugier (vermutlich von der Insel Rügen eingewandert).
Sarmizegetusa	Hauptstadt der Daker und Provinzhauptstadt der Römer, heute Várhely, Siebenbürgen, Karpaten.
Scantinavia	Skandinavien, vermutlich Ursprung der Goten.
Scythia	Minor Dobrudschda südlich vom Donaudelta in Rumänien.
Sens	Agedincum, seit 3. Jh. Civitas Senorum, Metropole Sens, Mittelpunkt der nordgallischen Bistümer zwischen Paris, Orleans und Troyes, Ursprung der Senonen, die 387 v. Chr. Rom eroberten.

Serdica	Kastell an der römischen Heerstraße von Aquincum nach Konstantinopel, heute Bukarest, Hauptstadt von Rumänien.
Singidunum	Verkehrsknoten und Legionslager an der Mündung der Save in die Donau, heute Belgrad.
Sirmium	Kaiserstadt an der Save, Waffenfabriken, heute Sremska Mitrovica.
Tanais	Don, Fluß an der Nordseite des Deltas zum Asowschen Meer, 350 von den Goten eingenommen.
Thermopylen	Der einzige für Truppenbewegungen brauchbare Paß zwischen Nord- und Mittelgriechenland, von Alarich 395 kampflos genommen.
Theiß	Tisia, großer Donauzufluß aus der pannonischen Tiefebene.
Thrakien	Oströmische Provinz im heutigen Bulgarien.
Tibisia	Temesch, Donauzufluß aus den Karpaten.
Ticinum	Pavia, verkehrsreicher Knotenpunkt an der Via Aemilia, 452 von den Hunnen erobert.
Tolosa	Toulouse, Hauptstadt des ersten germanischen (westgotischen) Königreichs auf römischem Boden.
Trier	Augusta Treverorum, seit den Überfällen der

	Germanen Anfang des 5. Jh. verlassene römische Kaiserstadt.
Troyes	Augustobona, seit 3. Jh. Civitas Tricassium (der kelt. Trecasser) an der Seine; wichtiger Ausgangspunkt für die Christianisierung der Campania (Champagne), Sitz von Bischof Lupus.
Verona	452 von den Hunnen mit dem Einverständnis von Papst Leo geplündert.
Vicentia	Vicenza, 452 von den Hunnen mit dem Einverständnis von Papst Leo zerstört.
Viminacium	Kostolac an der Donau südwestlich der Karpaten, hier biegt die Heerstraße aus dem Donautal nach Süden in Richtung Konstantinopel ab.
Vindobona	Wien, Donaufurt bei Nußdorf.

Erläuterungen

Adler	Totem- und Herrschaftsvogel.
Ala	Militäreinheit der Römer.
Amphoren	Unterschiedlich geformte längliche Tongefäße für Öl, Wein und Getreide, z. B. zum Transport auf Schiffen.
Arianer	Arianus aus Alexandria lehrte, Jesus sei ein Geschöpf Gottes und nur wesensähnlich mit Gott. Auf dem ersten allgemeinen Kirchenkonzil von Nicaea in Kleinasien wurde jedoch die Lehre des Patriarchen Athanasios von Alexandria durchgesetzt, nach der Christus Gott und Mensch zugleich sei. Arianus und seine Anhänger wurden aus der Kirche ausgestoßen und verbannt. Der Glaubensstreit flammte immer wieder auf, da mehrere europäische Stämme wie Langobarden und Goten Arianer waren.
Attilas Dakien	Das Kernreich Attilas rund um die südlichen Karpaten war nicht viel größer als das des Dakerkönigs Burebiste in der Mitte des ersten Jahrhunderts vor Christus.
Augustus	Titel und Bezeichnung (west-)römischer Kaiser.
Auxiliartruppen	Hilfstruppen, die aus Nichtrömern bestanden. Nach 25 Jahren Dienst erhielten ihre

Angehörigen zum Dank das römische Bürgerrecht, d. h. jährlich etwa 200 000 Neubürger, die als Veteranen ein hohes Ansehen genossen.

Bagauden — Widerstandsgruppe gegen die Römer in Gallien an der Loire und im Tractus armoricanum (Bretagne).

Barbaren — Bezeichnung für alle Völker, die nicht griechisch oder Latein sprachen.

Baritus — Schildgesang. Vor der Schlacht sangen die Germanen möglichst tief und laut und hielten die Schilde als Resonanzboden vor den Mund.

Brachiati — Römische Söldner wurden nach germanischer Sitte auch mit Armringen belohnt. Die derartig Ausgezeichneten hießen Brachiati.

Byzanz — Abfällige alte Bezeichnung für Konstantinopel und Ostrom.

Capitol — Mons Capitolinus, Hauptberg, der wichtigste der 7 Hügel Roms.

Consul — Konsul, höchstes Staatsamt seit der altröm. Republik, einjährige Amtszeit ab 1. Januar, Kompetenzbereich waren alle Militär- und Zivilgeschäfte, z. B. das Recht der Senatorenernennung, das Recht, den Senat und die Volksversammlung einzuberufen usw. Seit Diokletian relativ unbedeutender Titel, aber nach wie vor »oberste Würde«.

Decurio	Dekurio, Provinzstadtrat mit Purpurstreifen an der Toga und ähnlichen Rechten wie ein Senator, aber nur umgerechnet ca. 50 000 DM Jahreseinkommen.
Denar	Scheidemünze, Leitwährung
Ehe	Bei den Hunnen waren so viele Ehefrauen möglich, wie ein Mann mit Versorgungsgarantie unterhalten konnte; die Eheschließung wurde durch Vertrag und ein Fest besiegelt; Witwen wurden von männlichen Verwandten versorgt; im Imperium Romanum war die Ehe dagegen absolut formlos und privat.
Ehrenzeichen	Die Hunnen trugen geschmückte Waffen und Ehrenzeichen als individuellen Schmuck. Eine Verehrung des Staates oder der Organisation durch vorangetragene Standarten war ihnen fremd. Vergleichbar sind aber ihre Schildsymbole mit Tieren und anderen Zeichen.
Föderat	Schriftlich bestätigter Bündnispartner der Römer, Einheimische, Hilfstruppen.
Forum	Lat. Marktplatz (gr. Agora).
Geld	1 Goldpfund = 0,327 kg, 350 Pfund Gold (erster Tribut an die Hunnen) = 25 200 Solidi (1 Solido = 4,5 Gramm). Die jährlichen Einkünfte des Ostreiches betrugen ca. 270 000 Pfund Gold, davon wurden 45 000 für die Armee ausgegeben. Attilas höchster jährlicher Tribut betrug ca. 4,7 % dessen, was die

	oströmische Armee jährlich brauchte. Ein Senator verdiente zur Zeit der Belagerung Roms durch Alarich 1000 bis 1500 Pfund Gold im Jahr.
Generationen-Konflikt	Zu Attilas Zeit waren die Hunnen nicht mehr die grobschlächtigen Nomadenreiter, die sechzig Jahre zuvor die Ostgoten besiegt und die Westgoten vertrieben hatten. Die zweite Hunnengeneration hat so viel Abendländisches angenommen, daß sie in vielen Lebensgewohnheiten den Germanen ähnlicher waren als ihren Vorfahren.
Halirunen	Zauberweiber der Goten, von denen die Hunnen abstammen sollen.
Häuser in Rom	Die Gesamtzahl der Häuser in den 14 Vierteln der Stadt betrug unter der Regierung von Theodosius 48 382. Die Zahl der Stockwerke betrug 3-6.
Hunnen	Im Chinesischen Hiung-nu; Sammelbezeichnung für mehrere nomadisierende Hirtenvölker, die vor mehr als 5000 Jahren (2697 v. Chr.) die weiten Ebenen Innerasiens bevölkerten und durch Reichsgründungen in Ost-Asien (China, Mongolei), Süd-Asien (Indien, Persien) und Südost-Europa in ihrer Bewegungsfreiheit eingeengt wurden.
Itinerar	Marschkarte; jeder Feldherr brauchte gute Marschkarten als Informationssammlung, wenn irgend möglich mit Angaben über

Wasserstellen, Wegstrecken und deren Beschaffenheit. Dabei waren Hinweise auf Übernachtungsmöglichkeiten, Stationen für den Pferdewechsel und ummauerte Städte besonders hilfreich. Eine solche Marschkarte war das Pergament des Castorius aus dem Jahr 365.

Kamon — Gegorenes Hirsebier der Hunnen und östlichen Germanen.

Kolonen — Pächter, die zu Leibeigenen werden, bzw. Kleinbauern, abhängig von Großgrundbesitzern.

Kopfumformung — Bereits im 4. Jh. v. Chr. berichtet Hippokrates von der künstlichen Kopfumformung (Makrokephalen = künstliche Langköpfe) durch Drücken und Binden im frühesten Kindesalter in der Gegend des Maiotischen Sumpfmeeres (Asowsches Meer), da die nach hinten und oben geformten Langköpfe als die Edelsten galten.

König — Kunigs (got.: Reiks, lat. Rex), Führer eines militarisierten germanischen Stammes, dessen Sieg ein Zeichen göttlicher Gunst ist. Die Heereskönige bemühen sich stets um eine Legitimation des Kaisers in Rom.

Kunst — Religiöse Motive in der hunnischen Kunst waren Schnabelköpfe (wie bereits bei den Skythen), Dreiecke, schraffierte Quadrate, schräge Punktlinien, Schuppenmotive des Adlergottes.

Latifundien — Agrarische Großbetriebe der Römer.

Legion — Ursprünglich 6000 Mann (5100 Krieger + Troß); ab Konstantin wieder stehendes Heer im Inneren. Er schuf auch die beiden neuen Ränge des Magister equitum für die Reiterei und des Magister peditum für die Fußtruppen.

Limes — Römische Grenzbefestigung vom Firth of Clyde in Schottland über die Rheinmündung durch Holland und Deutschland bis zu den Schweizer Alpen. Dort bog der Limes nach Osten ab und verlief an der Donau entlang durch die große pannonische Tiefebene bis zum Schwarzen Meer über eine Entfernung von fast 5000 Kilometern. In Britannien waren drei Legionen stationiert, an der Rheingrenze vier, an der Donau elf. Der Donaulimes zwischen Regensburg (Castra Regina) und Wien (Vindobona) ist noch im 3. Jh. mit drei Legionen und mehreren Infanterie-, Kavallerie- und Marineeinheiten stark befestigt. In der ersten Hälfte des 5. Jh. werden die Verbindungen zum Mutterland zunehmend brüchiger; Sold, Nachschub und Anweisungen der Zentralgewalt werden immer seltener.

Logades — Wichtige Entscheidungsträger bei den Hunnen.

Märkte — Die Hunnen unterhielten zwei Marktplätze für den Handel mit Markomannen und Quaden. Die Römer drohten mit Todesstrafe für alle, die Waffen oder Material für die Herstellung an die Barbaren verkauften. Nur ein Hunnenmarkt einmal im Jahr war am Nordufer der Donau zugelassen, nach 447 in Naissos im späten Frühling.

Medoss — Honigwein, wahrscheinlich Met.

Meile — römische = 1481,5 m, 1500 Schritte.

Ordu — Sitz eines Hunnenkönigs: Auf einem in den Tiefebenen üblichen Siedlungshügel aus der Vorzeit stand der Fürstenpalast mit offener Vorhalle als ein aus Balken und gehobelten Brettern errichtetes Bauwerk.

Pfeile — Die Hunnen verwendeten Pfeile mit Knochenspitzen für die Jagd auf Vögel, um das Gefieder nicht zu verletzen; für andere Zwecke wurden Pfeile mit geschmiedeten Eisenspitzen verwendet.

Pferde — Die meisten hunnischen Pferde waren Wallache (im 2. Jahr kastriert). Kein Wohlhabender ritt einen Hengst oder eine Stute. Mit wenigen Ausnahmen waren alle Pferde Gemeinschaftseigentum.

Praetor — Römischer Heerführer, »der Vorangehende«.

Römische Marine — Die große Zeit der Triemen/Trieren war vorbei. Die Marine Westroms hatte keine Bedeutung mehr. Das westliche Mittelmeer wurde von den Flotten der Vandalen beherrscht. Die oströmische Marine konzen-

	trierte sich auf den Schutz der Meerengen Hellespont (Dardanellen) und Propontis (Marmarameer) und die untere Donau durch Flußliburnen.
Römische Adelstitel	Kaiser oder Kaiserin trugen den Titel »Augustus/Augusta«; darunter war der »Caesar« als Mitregent angesiedelt. Neben dem Consul als erstem Mann im Staat gab es den hohen Ehrentitel »Patricius« ohne Amt und Funktion, während »Nobilissimi« Angehörige der kaiserlichen Familie waren.
Römische Dienstgrade (Auswahl)	Praetor: Stellvertreter des Heerführers oder hoher ziviler Organisator / Praefect: Statthalter, Befehlshaber, Kommandeur / Comes: Graf, Hofmeister, Minister / Dux: Befehlshaber eines Grenzbereichs (Ducat) bis Provinzgröße / Magister: Meister, Anführer, Vorsteher / Magister officiorum: Kanzleivorsteher, Minister / Magister militum: Heermeister, General / Magister equitum: General der Reiterei / Magister peditum: General der Fußtruppen / Magister utriusque militae: General beider Waffengattungen / Magister praesentalis: kommandierender General / Centurio: Hauptmann / Decurio: Zugführer.
Sattel	Aus Holz und Leder mit Beschlägen, erfunden an der Wende vom 3. zum 4. Jh. in Innerasien, vorn und hinten mit hohem Sattelknopf für besonders hohe Sicherheit. Das Fehlen von Steigbügeln erforderte von den Hunnen und Persern im 4.-6. Jahrhun-

	dert den Gebrauch von asymmetrischen Bögen.
Schamanen	Seher, Wahrsager, Heiler, Künstler, oft androgyn, gehören zur gehobenen Schicht der Logades, treten in Trance und Ekstase in visionäre Bereiche ein, Kontakt mit Geistern, Dämonen und jenseitigen Wesenheiten, praktizieren die Schulterblattschau, singen zur Nacht.
Schilde	Bei den Hunnen ohne Buckel wie bei Römern und Germanen; bis 90 cm hoch, kleiner für Reiter. Bei allen Parteien waren die Schilde mit Farben und Bildern verziert.
Schwadron	Kleinste römische Reitereinheit.
Schwerter	Die Schwerter der Hunnen waren über einen Meter lang.
Senat	Beide Teile des Imperium Romanum verfügten über einen Senat als teilweise erbliche Körperschaft von Adligen; die Mitglieder waren hochgeachtet, hatten aber zu Attilas Zeit kaum noch Herrschaftsfunktionen.
Sprachen	Attilas Krieger sprachen neben ihrem eigenen Idiom meist auch noch Hunnisch, Gotisch, Iranisch, Latein oder (seltener) Griechisch. Es war nicht selten, daß Hunnen germanische oder römische Namen trugen.
Stiefel	Aus Leder mit weicher Sohle; hunnische Militärführer ahmten die goldenen Stiefel-

schnallen der römischen Kaiser und persischen Großkönige nach.

Tamgas: Zeichenfamilie ähnlich den Graffiti-Monogrammen, chinesischen Schriftzeichen oder Brandzeichen auf Tieren, aus denen satzartige Aussagen gebildet werden konnten – wahrscheinlich aus Mittelasien, vorwiegend um das Maiotische Sumpfmeer in griechischen Häusern und sarmatischen Gräbern gefunden.

Tempel: Die Hunnen brauchten keine großen Haupttempel, da in jeder Yurte an der Nordseite ein kleiner Altar zur Verehrung der Geister und Ahnen eingerichtet war.

Vicus: Lagerdorf, Bauernhof, Stadtviertel.

Villa: Römischer Gutshof.

Völkerwanderung: Kein Volk ist jemals gewandert. Es waren viel mehr Fluchtbewegungen, mühsame Trecks und Vertreibungen. Als Vorläufer der sog. Völkerwanderung anerkannt sind die Züge der Kimbern, Teutonen und Ambronen, der Markomannenkrieg des 2., die Goten- und Alamannenkämpfe des 3. Jahrhunderts. Trotzdem werden die Hunnen als Ursache, Auslöser der germanischen Völkerwanderung dargestellt.

Waffen: Die Hunnen besaßen Bogen, Pfeile, Lanze, Dolch, Peitsche und Wurfseil.

Wagen	Die mit Häuten, Fellen, Filz bespannten Planwagen der Hunnen waren beweglicher als die der germanischen Völker.
Wein	Es gab ihn pannonisch, kaukasisch, von der Krim und oströmisch aus Thrakien.

Quellen

Altheim, Franz: Attila und die Hunnen, Baden-Baden, 1991

Ariès, Philippe und Duby, Georges: Geschichte des privaten Lebens, Bd. 1, Vom Römischen Imperium zum Byzantinischen Reich, Frankfurt 1989

Bóna, István: Das Hunnenreich, Stuttgart 1991

Boor, Helmut de: Das Attila-Bild in Geschichte, Legende und heroischer Dichtung, Bern 1932 (ND Darmstadt 1963)

Christlein, Rainer: Die Alamannen, Stuttgart/Aalen 1991

Cordt, Ernst: Attila – Flagellum dei, Etzel, Atli. Zur Darstellung des Hunnenkönigs in Sage und Chronistik. Quaderni del Ist. di Filologia Germanica, Triest 1984

Cunliffe, Barry: Rom und sein Weltreich, Bergisch Gladbach 1979

Dahn, Felix: Attila (Roman), Berlin/Leipzig o. J.

Delor, Jean-Paul: Voies Romaines, Auxerre 1993

Die Bajuwaren von Severin bis Tassilo 488-788, Begleitbuch zur Ausstellung, Rosenheim / Mattsee 1988

»Die Skythen und ihr Gold«, in: Zwei Gesichter der Eremitage, Ausstellungskatalog, Bonn 1997

Droysen, H. (Hrsg.): Paulus Diaconus, Historia Romana, Berlin 1879

Elbe, Joachim von: Die Römer in Deutschland, München 1984

Fabbri, Paolo: »Il bassopiano Ravennate«, in: Roma, Ravenna e le residenze imperiali tardo-antiche, Milano, 1992

Freytag, Gustav: Attila (Roman), Berlin/Leipzig 1927

Gordon, C.D.: The Age of Attila, Michigan 1960

Grant, Michael: Die Geschichte Roms, von den Etruskern bis zum Untergang des Römischen Reiches, Bergisch Gladbach 1986

Grousset, René: Die Steppenvölker, Attila – Dschingis Khan –

Tamerlan, in: Kindlers Kulturgeschichte Bd. 28, München 1970
Guilhaume, Phillip: Attila Le Fléau de Dieu, Paris 1994
Harhoiu, Radu: Die frühe Völkerwanderungszeit in Rumänien, Bukarest 1997
Heine, Alexander (Hrsg.): Jordanis Gotengeschichte nebst Auszügen aus seiner Römischen Geschichte, Essen 1985
Hoffmann, D.: Das spätrömische Bewegungsheer und die Notitia Dignitatum, Düsseldorf 1969
Homeyer, Helene: Attila, Der Hunnenkönig von seinen Zeitgenossen dargestellt, ein Beitrag zur Wertung geschichtlicher Größe, Berlin 1951
Ivánka, Endre v. (Hrsg.): Byzantinische Geschichtsschreiber, Bd. IV: Byzantinische Diplomaten und östliche Barbaren, Graz-Wien-Köln, 1955
Jones, A.H.M.: The Later Roman Empire 284-602 (Karten), Cambridge o.J.
Knapp, Fritz Peter (Hrsg.): Nibelungenlied und Klage, Passauer Nibelungengespräche 1985, Heidelberg 1987
Maenchen-Helfer, Otto: Die Welt der Hunnen, Wien, Köln 1978
Menghin, Wilfried: Die Langobarden, Stuttgart 1985
Miquel, Pierre / Le Gall, Yvonne: Au Temps des Romains, Paris 1978
Nack, Emil: Germanien, Wien/Heidelberg 1958/1977
Out of Rome – Augusta Raurica / Aquincum – Das Leben in zwei Römischen Provinzstädten, Begleitbuch zur Ausstellung, Budapest 1997
Peters, Arno: Synchronoptische Weltgeschichte, 2 Bde., München 1980
Pleticha, Heinrich (Hrsg.): Weltgeschichte in 14 Bd., Bd. 3 Rom und der Osten, Gütersloh 1990
Pleticha, Heinrich / Schönberger, Otto (Hrsg.): Die Römer, Bindlach 1992
Roth, Helmut: Kunst und Handwerk im frühen Mittelalter, Stuttgart 1986

Samjatin, Jewjenij: Attila, die Geißel Gottes (Roman), Zürich 1979
Schmöckel, Reinhard: »Die Hirten, die die Welt veränderten«, Reinbek 1982
Schreiber, Hermann: Auf den Spuren der Goten, München 1977
Schreiber, Hermann: Auf Römerstraßen durch Europa, München 1985
Schreiber, Hermann: Die Hunnen; Attila probt den Weltuntergang, Düsseldorf 1976
Thierry, Amadée: Attila. Schilderungen aus der Geschichte des V. Jahrhunderts, Leipzig 1852
Wachter, Dorothea: Die Burgunden, Historische Landschaft, versunkenes Volk, Kiel 1986
Weeber, Karl-Wilhelm: Alltag im Alten Rom, Düsseldorf/ Zürich 1997
Williams, Jennifer: Etzel der rîche, Publications Universitaires Européennes I,I, Vol. 364, Bern 1981
Ziegler, Konrat und Sontheimer, Walter (Hrsg.): Der Kleine Pauly, Lexikon der Antike in 5 Bd., München 1979

Mitarbeit und nützliche Hinweise: Saskia Bähren, Anja Busch, Marcus Olaf Mielke, Freunde im Internet

Beziehungsraster

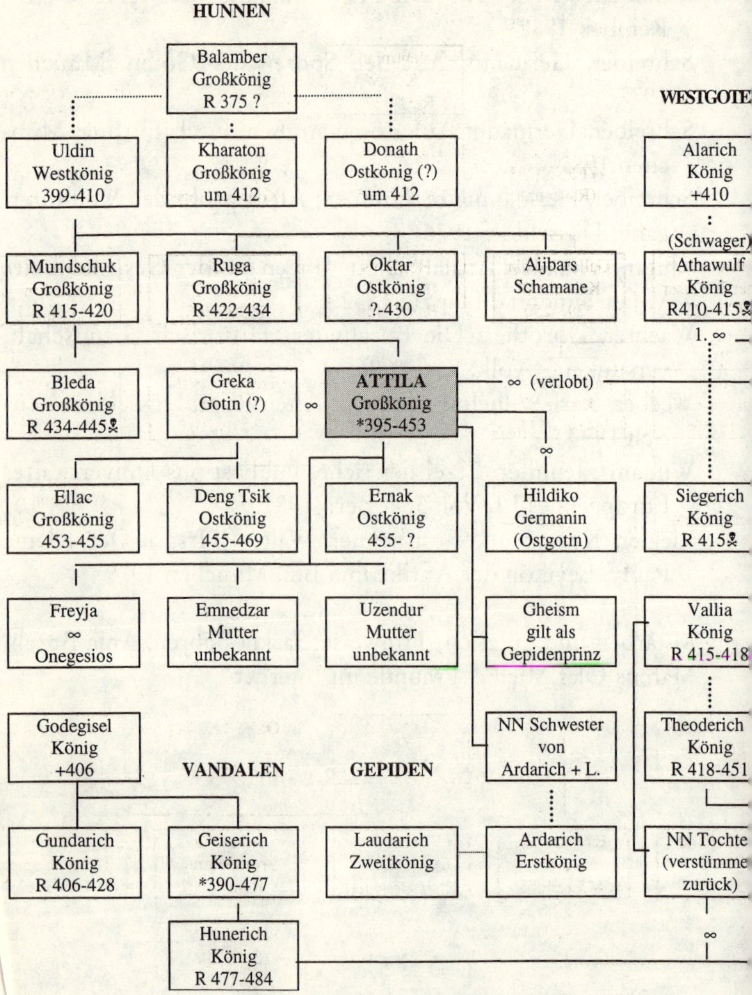

= Sohn/Tochter, = Stammesverbindung, ∞ = verlobt/verheitatet, ☠ = ermor

). J. Maenchen-Helfen und »Der kleine Pauly«

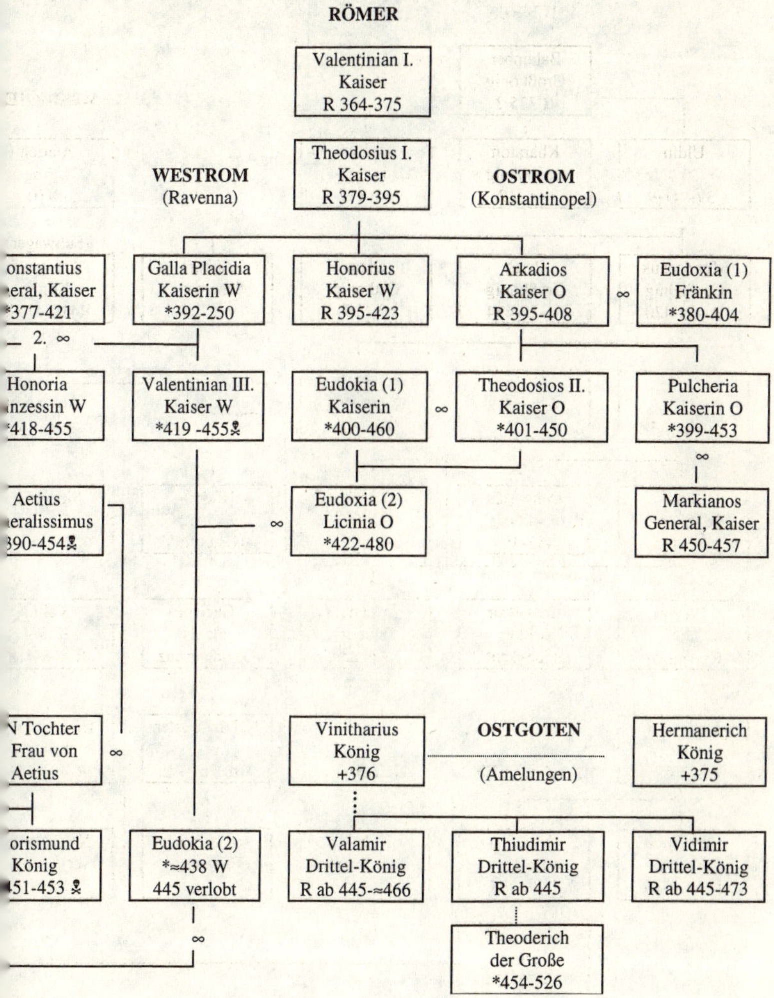

· Westrom, O = Ostrom, © Autor nach István Bóna, H. Schreiber

Britannien
Weser
Oder
Colonia Agrippina
Elbe
Main
Paris
Mosel
Châlons
Trier
451
Armorica
Troyes
Rhein
Castra Regina
Orleans
Loire
Donau
Raetien
Vindobona
Carnu
Burgund
Aquincun
Poetovio
Drau
Bergamus
Mediolanum
Verona
Emona
Ticinum
Aquileia
Sirn
Rhone
Padus
Ravenna
Illyrien
Tolosa
Arelate
Massilia
Ariminum
MARE HADRIATICUM
Ebro
Barcino
Rom
MARE TYRRHENUM
Carthago

ATTILAS FELDZÜGE

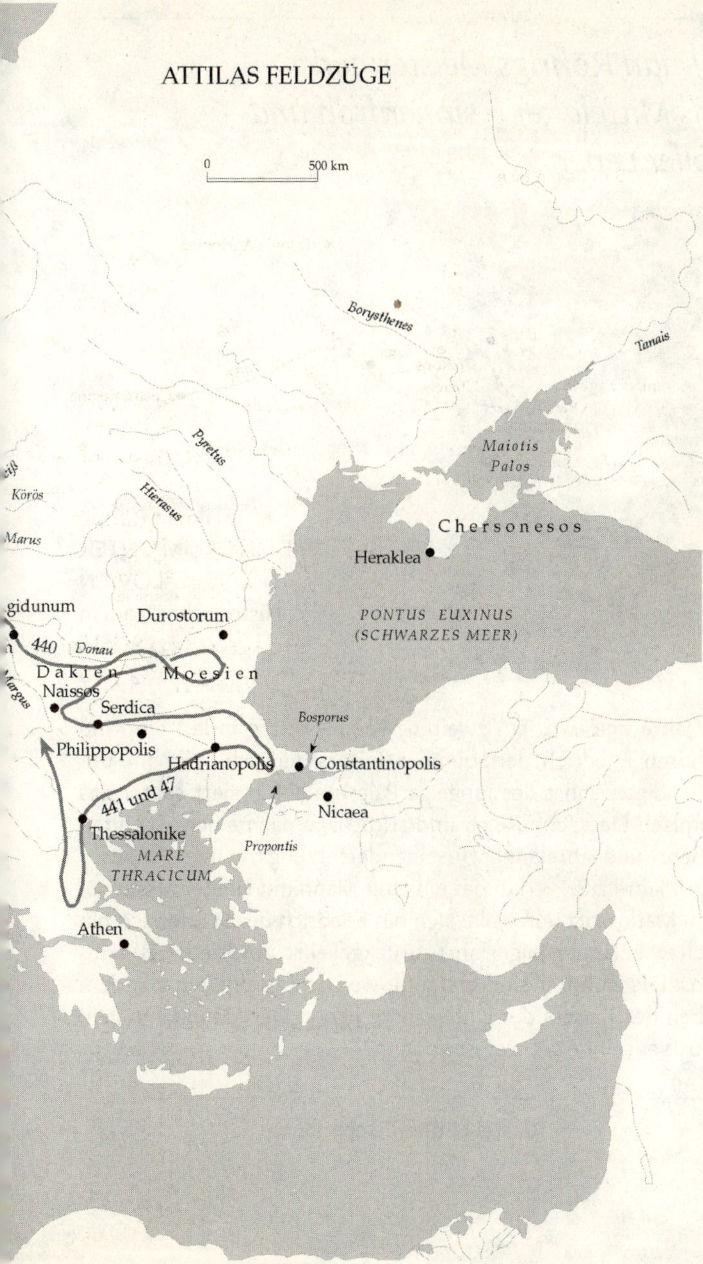

Historischer Kreuzzugs-Krimi im Stil von Ellis Peters und Paul Harding

Simon Beaufort
DAS GEHEIMNIS
DER HEILIGEN STADT
Historischer Roman
400 Seiten
ISBN 3-404-15344-8

Jerusalem, im Jahre 1100 n. Chr.: Die Eroberung der Heiligen Stadt liegt ein Jahr zurück, doch die Sarazenen sind keineswegs besiegt, und in der Stadt gibt es viele Widerstandsnester. Geoffrey Mappestone ist einer der wenigen Ritter, die den Kreuzzug überlebt haben. Doch nun droht ihm neue Gefahr. Ein Mörder schleicht durch die Gassen der Stadt und tötet Ritter und Mönche. Die Mächtigen der Stadt beauftragen Geoffrey, den Fall zu untersuchen. Schon bald gerät er zwischen die Fronten und stellt fest, dass eine Intrige im Gange ist – und dass selbst seine engsten Freunde auch tödliche Feinde sein könnten …

Bastei Lübbe Taschenbuch

Das Mädchen, das Frankreich befreite, aber sich selbst nicht retten konnte

Pamela Marcantel
JOHANNA VON ORLÉANS
Historischer Roman
ca. 800 Seiten
ISBN 3-404-15429-0

1423 hört Johanna zum ersten Mal die Stimmen der Heiligen. Was sie ihr sagen, erschreckt das Bauernmädchen zutiefst: Sie soll Frankreich vom Elend der englischen Besatzung befreien und den Dauphin Karl zum französischen König machen. Zweifelnd und doch gehorsam macht sich Johanna auf den Weg. Sie ahnt nicht, was vor ihr liegt: In blutigen Schlachten wird sie das französische Heer zu strahlenden Siegen führen, aber am Ende wird der Verrat der Herrschenden stehen – und ein grausamer Tod …

Bastei Lübbe Taschenbuch